혁명가들

지은이 **김학준**

1943년에 중국 선양瀋陽에서 태어났다. 인천대학교 총장, 동아일보사 사장 및 회장, 한국과학기술원KAIST 김보정석좌교수金寶鼎碩座敎授, 단국대학교 이사장을 역임했으며, 2012년 9월 이후 동북아역사재단 이사장 및 단국대학교 석좌교수(휴직)로 봉직하고 있다.
최근 저서들로 『북한의 역사 1·2』(서울대학교출판문화원, 2008), 『서양인들이 관찰한 후기 조선』(서강대학교출판부, 2010)을 비롯해 '한국정치학의 뿌리를 찾아서' 3부작인 『구한말의 서양정치학 수용 연구』(서울대학교출판문화원, 2012), 『두산 이동화 평전』(단국대학교출판부, 2012), 『공삼 민병태 교수의 정치학』(서울대학교출판문화원, 2013) 등이 있다.

혁명가들
마르크스에서 시진핑까지, 세계공산주의자들의 삶과 죽음

제1판 제1쇄 2013년 5월 6일
제1판 제2쇄 2013년 12월 12일

지은이　김학준
펴낸이　주일우
펴낸곳　㈜문학과지성사
등록번호　제1993-000098호
주소　121-840 서울 마포구 서교동 395-2
전화　02)338-7224
팩스　02)323-4180(편집) 02)338-7221(영업)
전자우편　moonji@moonji.com
홈페이지　www.moonji.com

ⓒ 김학준, 2013. Printed in Seoul, Korea.
ISBN 978-89-320-2401-1

* 이 책의 판권은 지은이와 ㈜문학과지성사 에 있습니다.
　양측의 서면 동의 없는 무단 전재 및 복제를 금합니다.

혁명가들

마르크스에서
시진핑까지,
세계공산주의자들의
삶과 죽음

김학준 지음

문학과지성사
2013

마르크스와 공산권 연구를 이끌어주셨던
민두 양호민 교수님(1919. 9. 24~2010. 3. 17)의 3주기에
졸저를 바칩니다.

| 개정증보에 붙여 |

⨯1⨯ 이 책은 저자가 이미 펴냈던『붉은 영웅들의 삶과 이상: 소련과 동유럽 공산주의자들의 발자취』(동아일보사, 1997)와『동아시아 공산주의자들의 삶과 이상』(동아일보사, 1998)을 하나의 책으로 통합하면서 부분적으로 개정하고 보완한 것이다. 어떤 장章들이나 절節들은 새로 써서 추가했다. 통합된 새 책의 제목은『혁명가들: 마르크스에서 시진핑까지, 세계공산주의자들의 삶과 죽음』으로 붙였다.

책의 제목에 '죽음' 이라는 단어를 포함시킨 까닭은 이 책에 등장하는 공산주의자들이 맞이했던 '죽음' 의 특이성에 있다. 그들은 대체로 암살됐거나 처형됐고 옥사했거나 의문 속에 변사했다. 어떤 공산주의자들은 자살했거나 자살한 것으로 발표됐다. 어떤 공산주의자들은 망명지에서 숨을 거뒀거나 유폐된 채 치료를 받지 못하고 사망했다. 그러나 그들 가운데 소련의 니콜라이 부하린, 중국의 류사오치, 헝가리의 임레 너지 등은 훗날 무죄가 선고됐고 영예롭게 복권됐다. 반면에 또 다른 공산주의자들은 권력을 누리는 가운데 자연사했다고 해도 비웃음이나 저주를 받으며 죽었으며, 스탈린의 경우에서 보듯, 심지어 뒷날 그 묘가 파헤쳐지기도 했다. 오직 저우언라이와 덩샤오핑 및 호찌민, 그리고 티토를 포함한 몇몇 공산주의자들만이 영예롭게 죽었다. 저자는 그들의 '죽음' 이 갖는 의미를 독자들과 함께 되새기고자 한다.

2 약 15년이 지난 시점에서 이 책을 개정증보의 형식을 통해 다시 펴내는 까닭은 다음과 같다. 가난한 나라에서 가난한 시대에 가난하게 성장한 10대 후반의 소년, 그리고 20대의 청년이면 대체로 그러했듯, 저자 역시 일찍부터 사회주의에 깊은 관심을 가졌다. 고등학생 시절에는 우선 급우 한종수韓宗秀 군의 영향을 받았다. 한 군은 사회문제에 대한 의식意識에서 조숙했다. 그는 부평에서 통학을 했는데, 부평의 미군기지촌 인근에 사는 사람들의 '불쌍한' 상황을 전해주며 저자를 그곳에 데리고 갔다. 미군부대가 내주는 '덩어리 분유'를 받기 위해 줄을 서서 몇 시간을 기다리던 남루하면서도 수척한 사람들을 가리키며 "저 덩어리 분유를 집에 가져가 물에 녹이고 끓여 식사로 때우는 사람들을 위해 우리가 무엇을 해야 할까"를 함께 고민하자고 했다. 그는 우리 사회의 '빈곤'과 '불평등'에 대해 언급하면서 이것을 해소하는 길을 찾기 위해 함께 공부하자고도 했다.

한 군이 학생회 회장으로 선출되면서 저자는 학예부장이 됐다. 3학년 때였던가? 그때 학생회 간부들이 함께 관악산 삼막사 연주암에 묵으며 토론을 가졌다. 어느 늦은 밤에 한 군은 저자에게 '정신병자들'을 보러 가자고 했다. 그곳 일대에는 '정신병'을 치료하기 위한 목적으로 천막을 쳐놓고 기도하면서 생활하게끔 집에서 내보낸 사람들이 모여 살았다. 한 군은 '사람을 미치게 하는 원인은 무엇인가' '무엇이 정상적인 사람을 정신병자로 만드는가'에 대해 함께 공부하자고 했다. 한 군의 잠정적 결론은 사회에 대해 가진 불만으로 말미암은 그 사람의 '사회와의 불화'라는 것이었다. 결국 '정신병'의 원인은 그가 속한 사회에도 책임이 있다는 취지였던 것으로 기억된다.

우리의 이러한 대화에 관심을 가진 학생회 지도교사 김근수金根洙 선생님은 우리에게 대학에 진학해 사상 또는 이데올로기를 공부하라고 권유하셨다. 선생님은 서울대학교 문리대 독어독문학과에서 학사학위를 받은 데 이어 철학과에서 석사학위를 받으신 분으로, 우리에게 많은 영향을 주었다. 한 군은 결국 철학과를 택했고 저자는 정치학과를 택했다. 저자는 지금까지도 한 군을 높이 평가한다. 고등학생으로 대학입시 같은 현안을 우습게 알고 인간의 '불평등'과 '불행'을 자신의 문제로 받아들여 고민하던 모습이 지금도 잊히지 않는다. 네 개의 절로 구성된 모교의 교가는 매 절이 "아아, 네가 참 우리나라 학도로구나"라는 구절로 끝맺음되는데, 저자는 한 군이 야말로 이 구절에 꼭 들어맞는다고 생각했다.

3 대학생 시절에는 민병태閔丙台·김성희金成熺·김영국金榮國·구범모具範謨 교수님들의 영향을 받았다. 민병태 선생님은 런던정치경제대학교 교수이며 영국노동당 및 페이비언협회Fabian Society의 민주사회주의이론가인 해럴드 라스키Harold J. Laski를 한국정치학계에 처음으로 소개하셨고, 김영국 선생님과 구범모 선생님 역시 라스키와 페이비언사회주의를 강의하셨다. 김성희 선생님은, 선생님의 박사학위논문의 제목 그 자체가 말해주듯, 독일사회민주당의 성립배경과 정치경제이론을 강의하셨다. 이처럼 선구자적 학문의 길을 밟으며 민주사회주의를 가르쳐주신 선생님들의 학은學恩을 저자는 70세가 된 오늘날까지도 잊을 수 없다.

저자가 정치학도로 배움의 길을 밟던 때 양호민梁好民 교수의 가르침을 따로 받을 수 있었음은 또 하나의 축복이었다. 일본과 독일에서 유학하셨으며 마르크스주의 및 레닌주의와 사회민주주의 이론에 밝으셨던 선생님은 그때 대구대학 교수로 서울 종로구 한청빌딩 안에 자리를 잡은 월간 『사상계』의 편집주간을 겸하셨는데, 저자를 비롯한 몇몇 학우들에게 『사상계』사의 사무실 한쪽에서 정기적으로 마르크스주의와 레닌주의 및 독일의 사회민주주의를 강의해주셨다. 서방학계에서 소련의 공산주의에 대한 비판을 이끌었던 알프레드 마이어Alfred G. Meyer 교수의 『마르크스주의』 및 『레닌주의』, 양호민 교수가 박준규朴浚圭 교수(훗날 국회의장으로 활동한다)와 함께 번역한 휴 시튼-왓슨Hugh Seton-Watson 교수의 『레닌으로부터 흐루시초프까지: 세계공산주의의 역사』(1953; 번역판 1961), 그리고 양호민 교수의 『맑스-레닌주의 비판』(1963) 등을 교재들로 썼던 것으로 기억한다.

    선생님은 레닌주의, 곧 볼셰비즘에 대해서는, 그리고 이른바 김일성주의에 대해서는 단호히 반대하셨다. 그러나 선거와 의회를 통한 평화적 방식으로의 사회주의 실현에 대해서는 찬성하셨다. 선생님은 그러한 전제 아래서 자본주의와 사회주의가 공존하는 길을 찾아야 하며, 자본주의를 정正(테제These)으로, 사회주의를 반反(안티테제Antithese)이라고 볼 때 양자 사이의 모순과 대립을 지양止揚(아우프헤벤Aufheben)한 합合(진테제Synthese)으로서의 새로운 이데올로기를 모색해야 한다고 역설하셨다. 선생님은 그 새로운 이데올로기가 남북통일은 물론이고 우리 겨레의 밝은 미래 건설을 뒷받침할 중요한 나침반이 될 것이라고 강조하셨다. 저자는 '새로운 이데올로기' '제3의 이데올로기' '제3의 이데올로기 아래서의 남북통일'이라는 말이 황홀했다.

    저자는 조선일보사 정치부기자로 일하던 때 선생님을 다시 모시게 됐다. 선생님께서 조선일보사 논설위원으로 부임하셨기 때문이다. 이러한 인연에서, 선생님은 저자의 졸저 『러시아 혁명사』 초판(1979)에 대해 과분한 서평을 『주간조선』 1980년 3월 16일자에 기고해주셨고, 저자는 선생님의 회갑기념논문집(1980)에 졸고를 게재할 수 있었다. 저자가 이제 이 졸저를 출판하면서 선생님에게 봉정하는 까닭이 그러한 인연에 있다.

    4 저자는 정치학과의 학우들과도 대한민국이, 나아가 남북한이 함께,

앞으로 지향해야 할 이데올로기적 방향에 대해 토론하면서 많은 자극도 받았고 가르침도 받았다. 그때 우리에게 이른바 세속적 출세는 관심 밖이었다. 오로지 추상적인 '민족의 통일과 장래'가 관심의 핵심이었다. 환상의 세계 속에서 살았다고나 할까?

우선 정치학과의 김문원金文元 군 및 이준일李俊— 군, 그리고 외교학과의 황정일黃征— 군 및 경제학과의 김종섭金鍾燮 군 등과 김영국 교수님의 지도로 '네오 이데아 소사이어티Neo-Idea Society'를 발족시켰다. 글자 그대로 '새로운 이데올로기'를 찾겠다는 취지였다. 우리는 라스키 교수의 『국가론: 이론과 실제』를 읽으며 마르크스의 계급국가론에 처음 접했다. 국가와 국가의 기구들은 지배계급이 자신의 이익을 지키기 위해 피지배계급을 억압하고 착취하는 수단들이라는 이론을 당연히 접했다. 김준엽金俊燁 교수의 『중국최근세사』와 『중국공산당사』, 최문환崔文煥 교수의 『민족주의의 전개과정』, 김상협金相浹 교수의 『모택동 사상』, 그리고 내외문제연구소가 편집한 『중소논쟁 문헌집』도 함께 읽으며 토론을 거듭했다. 그 밖의 책들을 읽으면서, 우리는 자유와 평등의 조화에 관해서는 물론이고 나세르 및 카스트로로 대표되던 제3세계의 민족주의운동, 그리고 네루로 대표되던 제3세계의 민주사회주의운동에 대해 토론하곤 했다.

이 토론과정에서 저자는 정치학과의 선배들 가운데 박범진朴範珍 선배로부터 많은 영향을 받았다. 그의 지도자다운 풍모, 그리고 어느 무엇보다도 애국애족적 열정 앞에서 세속적 일들은 화제로 떠오를 수 없었다. 그는 한때 '인민혁명당사건'과 '서울대학교 민족주의비교연구회사건'으로 투옥된 경험을 가졌으면서도, 조선일보사 정치부기자로 언론자유투쟁을 이끌었으며, 민주자유당 소속 국회의원을 두 차례 역임했고 민주자유당 총재 비서실장을 역임한 뒤, 한성디지털대학교(오늘날의 디지털서울문화예술대학교) 총장을 끝으로 공직에서 물러났다. 이 다사다난했던 역정에서도 그는 애국애족의 정신에서 한 치도 물러선 일이 없었다. 저자는 오늘날까지도 외우畏友 송진혁宋鎭赫 군 및 이주혁李柱赫 군 등과 함께 정기적으로 박 선배와 대화를 나누면서 계발을 받고 있다. 오늘날에도 저자는 박 선배가 자기 자신의 개인적 일에 대해 말하는 것을 들어본 일이 없다. 언제나 공적인 일에 대해서만 말한다. 이 자리에는 때때로 저명한 지도적 언론인 류근일柳根一 선배가 참석한다. 새삼스런 설명이 필요없이, 류근일 선배는 문리대 정치학과 학생 때부터 민주사회주의와 민족통일에 대한 일관된 언설로써 두 차례에 걸쳐 장기간 감옥생활을 했다.

그 후 나이를 먹으면서, 더 배우면서, 가정생활을 하면서, 사회생활을 경험하면서, 그리고 여러 외국들을 여행하면서 대학생 시절에 가졌던 생각들에는 많은 변화가 일어났다. 특히 '제3의 이데올로기 아래서의 남북통일'은 환상임을 깨달았다. 그때 우리는 남南의 자본주의가 북北의 사회주의 쪽으로 접근하면서 발전적으로 변화하고 북의 사회주의가 남의 자본주의 쪽으로 접근하면서 발전적으로 변화하면 남북 사이에 민주사회주의의 공통점으로 수렴이 발생할 것이라고 믿었으며, 그러한 한반도가 열강에 대해 '중립주의적 노선'을 취할 수 있다고 믿었는데, 이러한 믿음은 이상적일 수는 있어도 현실적일 수는 없다는 결론에 도달한 것이다. 그렇지만 이상적이었다고 할까 환상적이었다고 할까, 순수하기만 했던 그 20대 초 정치학도의 시절이, 그리고 우리들의 사색과 토론의 무대였던 문리대 동숭동 캠퍼스가 새삼 그립게 떠오른다.

⑤ 이러한 배경에서, 저자는 대학원 과정을 밟으면서 '비교 공산주의 Comparative Communism'를 전공의 하나로 설정했다. 마르크스주의에서 시작해 레닌주의를 거쳐 소련과 동유럽에서 실험된 공산주의, 중국과 일본 및 베트남, 북한을 비롯한 동아시아에서 전개된 공산주의, 마지막으로 쿠

바를 비롯한 라틴아메리카에서 전개된 공산주의 등을 폭넓게 공부하고자 노력했다.

이때 저자를 열성적으로 가르쳐주셨던 은사들이 '이데올로기'의 측면에서는 리처드 테일러Richard Taylor 교수와 존 채프먼John Chapman 교수 및 트레이시 스트롱Tracy Strong 교수였다. 스트롱 교수와 채프먼 교수로부터는 마르크스학, 이른바 마르크솔로지Marxology를 배웠다. '체제'의 측면에서는 칼 베크Carl Beck 교수, 케네스 콜튼Kenneth Colton 교수, 어윈 슐먼Irwin Schulman 교수, 윌리엄 도릴William Dorrill 교수, 조지프 자슬로프Joseph Zasloff 교수, 그리고 제임스 멀로이James Malloy 교수로부터 가르침을 받았다. 이 과정에서 저자는 어떤 다른 책들보다도 에리히 프롬Erich Fromm 교수의 『마르크스의 인간관Marx's Concept of Man』 및 로버트 터커Robert Turker 교수의 『칼 마르크스의 철학과 신화Philosophy and Myth in Karl Marx』로부터 커다란 영향을 받았다. 그래서 귀국한 이후 뒤의 책을 공역하기도 했다. 죽기 전에 이러한 책을 하나라도 쓸 수 있다면 여한이 없겠다고 생각한 때로부터 어언 40년이 지났다. 칠순에 접어든 이 시점에, 그 가망성이 전혀 안 보이니, 이제는 그 꿈을 접어야 하는 씁쓸함을 느낀다.

6 저자는 저술들을 통해 공산주의와 공산국가들에 대해 공부했을 뿐 현장을 방문해 실체에 접근하지는 못했다. 그래서 공산국가들을 방문할 기회를 찾고 있었는데, 1985년과 1986년 사이의 어느 시점에 우선 동유럽의 몇몇 나라들을 방문할 수 있었다. 그때 알렉산더 폰 훔볼트 재단의 재정지원을 받아 서독의 뮌헨대학교 동유럽연구소에서 공부하던 때, 소장 베르너 굼펠Werner Gumpel 교수, 그리고 같은 학교 국제정치연구소 소장 고트프리트 카를-킨더만Gottfried Karl-Kindermann 교수 등의 소개로 동독의 여러 도시들을 순방할 수 있었고 그 연장선 위에서 헝가리와 체코슬로바키아 및 유고

슬라비아를 여행할 수 있었다. 1988년 12월과 1989년 1월 사이에는, 카를-킨더만 교수의 주선으로, 헝가리의 국립경제연구소, 그리고 유고슬라비아의 베오그라드대학교 및 자그레브국제정치경제연구소를 방문해 정치경제학자들과 토론할 수 있었다. 저자는 공산국가의 저명한 정치경제학자들이 공산주의를 노골적으로 비웃고 심지어 저주하면서 '미국식 경영방식'을 도입함으로써 고질적 빈곤에서 벗어나고자 시도하는 사실에 충격을 받았다. 공산국가에서 공산주의는 정신적으로 이미 소멸하고 있었다.

이러한 경험 때문에 저자는 1989년 11월에 동독에서 주민들이 공산당 압제의 상징이던 베를린장벽을 무너뜨린 역사적 현실에 크게 놀라지 않았다. 같은 흐름 속에서, 1991년 12월에 소련이 해체됐으며 이 세기적 사건을 전후해 동유럽의 공산정권들은 모두 붕괴됐다. 저자는 해체와 붕괴의 현장들을 저자 눈으로 직접 보고 싶었다. 그래서 1993년 여름부터 그곳들을 여행하면서, 특히 공산정권지도자들의 무덤들을 돌아보았다. 사망한 공산주의의 상징을 그 무덤들에서 확인하고 싶었던 것이다.

1995년 여름의 어느 날, 저자의 이러한 학문적 관심과 여행담을 들으신 김병관金炳琯 동아일보사 회장님은 저자에게 월간지『신동아』에 "공산주의 혁명가들의 무덤들"이라는 제목으로 연재하도록 권유하셨다. 태어나서 묻힐 때까지의 생애를 될 수 있는 대로 쉽게 써보라고 덧붙이셨다. 저자는 그 권유를 받아들여『신동아』에 1996년 1월호부터 1997년 12월호까지 연재했고, 그것을 개고해 동아일보사 출판국에서 두 권의 책으로 출판했다. 이 책들에 묘지 얘기들이 자주 등장하는 것은 바로 그러한 배경에 연유한다.

이 두 책에는 공통점이 있다. 그 책들에서 토론된 공산주의자들은 대체로 폭력적 사회주의, 곧 볼셰비즘을 따랐던 사람들이었다. 쑨원과 에드거 스노 및 오언 래티모어는 예외인데, 이들은 중국공산당을 설명하면서 함께 토론하는 것이 도움이 된다고 생각해 여기에 포함시킨 것이다.

7 오늘날 세계적으로 자본주의의 위기가 운위되고 있다. 한국에서도 마찬가지다. 계층들 사이에 양극화가 깊어지는 상황에서 자본주의는 한계에 직면했다는 목소리들이 높아지고 있다. 그리고 그 탈출구를 또는 대안을, 자본주의의 수정에서 또는 새로운 내용을 지닌 사회주의에서 찾으려는 흐름들이 성장하고 있다. 저자는 다른 나라들에서도 그렇지만 한국에서는 폭력적 사회주의, 곧 볼셰비즘이 성장하거나 심지어 집권해서는 안 된다고 굳게 믿고 있다. 오늘날의 북한 현실을 보면 '폭력적 사회주의'(북한은 사회주의국가의 반열에 포함될 수 없는 왕조적·봉건적 군부지배체제다)가 얼마나 인간을 파괴하고 나라를 황폐하게 하며 국제평화를 위협하는가를 쉽게 이해하게 된다. 그러한 뜻에서, 저자는 이 책을 수정·보완해 펴내고자 하는 것이다.

같은 맥락에서, 저자는 이 책의 후속으로 유럽의 민주사회주의운동가들 또는 사회민주주의운동가들을 다룬 책을 펴내려고 계획하고 있다. 안토니오 그람시Antonio Gramsci를 비롯한 서유럽의 공산주의자들은 서술의 편의상 그 책에서 다룰 예정이다. 다행히 저자가 그 책까지 출판할 수 있다면, 그다음으로는 라틴아메리카를 비롯한 제3세계의 공산주의자들과 사회민주주의자들을 다룬 책을 펴내고 싶다. 피델 카스트로Fidel Castro와 체 게바라Che Guevara, 그리고 살바도르 아옌데Salvador Allende 등은 거기서 다루고자 한다. 만약 이 계획이 실현될 수 있다면, 저자의 대학생 때부터의 꿈인 "세계마르크스주의혁명가 열전"의 집필이 그런대로 마무리되는 셈이다.

8 이 개정증보판이 나오기까지 한국과학기술원KAIST 문화과학대학 김보정석좌교수직으로부터 도움을 받았다. 부족한 저자에게 이 교수직을 맡겨 주신 문화과학대학장 김동원金東源 박사에게 깊이 감사드린다. 또 이 책의

원 출판사인 동아일보사에 대해, 특히 출판국장이던 어경택魚慶澤 님과 출판국 출판부장이던 노용욱盧鏞旭 님께 감사드린다. 집필을 권유해주셨던 고 김병관 회장님에게 새삼 감사드리며 명복을 빌고자 한다. 회장님의 권유가 없었더라면 이 책의 집필과 출간은 하지 못했을 것이다.

   단국대학교 죽전캠퍼스의 퇴계기념도서관 및 천안캠퍼스의 율곡기념도서관에도 감사드린다. 이 도서관들은 이 책의 출간을 준비하는 저자를 적극적으로 도와주었다. 출판을 맡아준 문학과지성사도 감사드린다. 자료의 수집과 타자 그리고 교정의 어려운 일들을 성실히 맡아준 이일배李一培 조교에게도 고마움을 표시하고자 한다. 단국대학교 이사장 비서실의 조한석趙漢石 님과 김윤수金潤秀 님에게도 고마움을 표시하고자 한다. 그러나 이 책에 대한 모든 책임은 오직 저자 한 사람에게 있다. 독자 여러분의 가르침을 기대하고자 한다.

2013년 2월 28일
단국대학교 죽전캠퍼스 연구실에서
김학준 씀

차례

개정증보에 붙여 007

1부 소련과 동유럽 공산주의자들의 삶과 죽음

01 '과학적 사회주의'의 창시자들: 카를 마르크스와 프리드리히 엥겔스 027
   1. 마르크스의 사상적 스승: 헤겔을 거쳐 포이어바흐로 027
   2. 마르크스, 엥겔스와 공동연구를 시작하다 034
   3. 망명지 런던에서 『자본』이 탄생하다 043
   4. 마르크스철학의 순교자적 구세사상 047

02 최초의 사회주의국가 건설자: 블라디미르 레닌 055
   1. 혁명가가 되기까지 055
   2. 레닌주의이론을 정초하다 060
   3. 제국주의론의 발표와 볼셰비키쿠데타의 성공 065
   4. 오랫동안 감춰졌던 레닌의 사망원인 070

03 독일제국의 공산혁명가들: 리프크네히트 부자, 로자 룩셈부르크, 카를 카우츠키, 에두아르트 베른슈타인 083
   1. 독일공산주의운동의 시조, 리프크네히트 부자 084
   2. 수정주의노선의 등창: 카우츠키와 베른슈타인 089
   3. '마르크스 이후 가장 뛰어난 두뇌,' 로자 룩셈부르크 093
   4. '사회주의자 기념장소'에 묻힌 독일의 사회주의자들 104

04 볼셰비키혁명의 설계자: 레온 트로츠키 107

1. 역사적인 암살현장을 찾아서 107
2. 스탈린을 상대로 전개한 건곤일척의 후계투쟁 111
3. 망명생활의 어려움을 견뎌내며 스탈린반대투쟁을 전개하다 118
4. 스탈린이 보낸 자객의 손에 목숨을 잃다 122

05 볼셰비키 최고의 경제이론가: 니콜라이 부하린 131

1. 혁명이론가이자 혁명투쟁가로서 살다 132
2. 레닌, 스탈린, 트로츠키와의 만남 137
3. 10월혁명의 성공 이후 이론가로 위상을 굳히다 140
4. 고문과 처형을 당하면서도 위엄을 잃지 않다 150

06 소련을 허위와 폭력의 공간으로 만든 포악한 독재자: 이오시프 스탈린 155

1. 스탈린이 권력을 장악하기까지 156
2. 몇 차례의 숙청을 통해 최고권력자의 지위에 오르다 161
3. 심한 질병에 시달리며 의심이 늘어나다 166
4. 부하들에게 방치된 채 최후를 맞이하다 170

07 국가폭력을 주도한 고문기술의 천재: 라브렌티 베리야 181

1. '무제한의 무자비'를 자행하다 184
2. 국가폭력기구의 정상에 오르다 190
3. 스탈린이 죽은 뒤 흐루쇼프의 음모로 체포되다 196
4. 베리야의 처형에 관한 의문들 205

|보론| 거짓과 폭력 위에 선 '범죄정권': 베리야의 아들이 말하는 소련 209

08 같은 곳에 잠든 두 정적: 니키타 흐루쇼프와 뱌체슬라프 몰로토프 223

1. 노보데비치사원에 묻힌 러시아의 명사들 223

2. 흐루쇼프의 집권과 몰락 232
　　3. 권력당국이 통제한 흐루쇼프의 장례식 242
　　4. 흐루쇼프의 정적이자 투철한 스탈린주의자였던 몰로토프의 삶 245

09 소련의 쇠락을 관리한 노인통치자들: 레오니트 브레즈네프, 유리 안드로포프, 콘스탄틴 체르넨코 251

　　1. 간부들의 안정에 치우쳤던 브레즈네프 252
　　2. 국제정치에 밝았으나 대외관계에서 곤경을 겪은 안드로포프 261
　　3. 소련정치의 새로운 흐름들 268
　　4. 소련역사에서 가장 짧았던 체르넨코체제 272

10 소련의 해체를 주도한 개혁가: 미하일 고르바초프 277

　　1. 소련의 적은 소련공산당이었다 277
　　2. 서울올림픽을 둘러싼 김일성과의 회담 284
　　3. 남북총리회담과 소련의 막후역할 289
　　4. '카레이스키'와 고르바초프의 알려지지 않은 인연 292

11 비동맹의 중심 유고슬라비아와 고립된 약소국 알바니아의 공산주의자들: 요시프 티토와 엔베르 호자 297

　　1. 나치독일을 상대로 빨치산독립운동을 전개하다 298
　　2. 소련을 상대로 자주성을 발휘하다 302
　　3. 비동맹의 제3세계운동을 이끌다 305
　　4. 알바니아를 비밀경찰국가로 만든 호자 310

12 체코슬로바키아의 공산주의자들: 클레멘트 고트발트, 루드비크 스보보다, 알렉산드르 둡체크, 구스타프 후사크 315

　　1. 공산당집권 이전의 체코슬로바키아 315
　　2. 스탈린주의자들의 공산통치 320

3. 둡체크의 '인간의 얼굴을 가진 사회주의' 324

   4. 후사크체제와 젊은이들의 항의분신자살, 그리고 벨벳혁명 328

13 노선을 두고 엇갈렸던 헝가리의 공산주의자들: 쿤 벨러, 너지 임레, 카다르 야노시, 루카치 죄르지 335

   1. 단명했던 헝가리소비에트공화국 335

   2. 공산주의국가의 수립과 자유화운동 340

   3. 소련해체기에 복권된 너지 345

   4. 카다르의 '굴라시 공산주의' 350

14 폴란드, 불가리아, 루마니아, 동독의 공산주의자들: 브와디스와프 고무우카, 그리고르 디미트로프, 니콜라에 차우셰스쿠, 발터 울브리히트, 에리히 호네커 357

   1. 폴란드의 공산주의자들 357

   2. 불가리아의 공산주의자들 366

   3. 루마니아의 공산주의자들 370

   4. 동독의 공산주의자들 378

2부 동아시아공산주의자들의 삶과 죽음

01 중국공산당의 성장에 디딤돌을 놓은 민족주의자들: 쑨원과 쑹칭링 385

   1. 청조 말기의 반만 분위기와 쑨원의 사상적 성장 386

   2. 중국동맹회 결성, 신해혁명 성공, 제2혁명 실패와 일본 망명 391

   3. 제3혁명의 실패와 광둥군사정부의 수립, 그리고 국공합작의 길 407

   4. 쑹칭링의 삶과 죽음 415

02 중국공산주의운동의 창시자들: 천두슈와 리다자오 419

   1. 천두슈와 리다자오의 등장 420

2. 중국공산당 창당으로 가는 길 432
   3. 리다자오의 처형과 천두슈의 축출 440
   4. 취추바이, 샹중파, 리리싼의 죽음 443

03 중화인민공화국 건국의 주역: 마오쩌둥 449
   1. 마오쩌둥의 사상적 성장, 소비에트공화국을 세우기까지 450
   2. 장정과 항전 461
   3. 중화인민공화국의 건국 468
   4. 국가폭력이 뒷받침한 문화대혁명과 마오쩌둥의 역사적 과오 476

04 중화인민공화국 초기의 실권자: 류사오치와 저우언라이 485
   1. 소비에트정부 수립 이전의 류사오치와 저우언라이 486
   2. 류사오치와 저우언라이의 중화소비에트공화국 참여, 그리고 옌안에서의 활동 495
   3. 중화인민공화국 건국 이후의 류사오치와 저우언라이 502
   4. 문화대혁명이라는 이름의 국가폭력과 갈라진 운명 508

05 개혁과 개방을 통한 중국현대화의 총설계자: 덩샤오핑 517
   1. 공산혁명지도자로 마오쩌둥을 선택할 때까지 518
   2. 장정과 옌안시대 528
   3. 류사오치의 실용주의를 지지함으로써 마오쩌둥과 대립하다 534
   4. 문화대혁명의 핍박을 딛고 일어나 개혁개방의 문을 열다 539

06 덩샤오핑 이후 현대중국정치의 견인차들: 장쩌민, 후진타오, 시진핑, 리커창 553
   1. 덩샤오핑의 실용주의를 발전시킨 3세대 지도자, 장쩌민 554
   2. '빠른 성장, 공평한 분배'를 지향한 4세대 지도자, 후진타오 570
   3. 새로 등장한 5세대 지도자들, 시진핑과 리커창 579
   4. 현대중국의 문제점들과 장래 583

07 문화대혁명기 가해자와 피해자로 나뉜 여걸들: 장칭, 덩잉차오, 왕광메이 587

1. 멸시를 받은 권력욕의 화신, 장칭 587
2. 현숙한 총리부인 덩잉차오, 우아한 주석부인 왕광메이 595
3. 장칭이 홍위병을 앞세워 왕광메이와 저우언라이를 박해하다 600
4. 장칭의 투옥과 자살, 덩잉차오와 왕광메이의 아름다운 말년 606

08 중국공산당을 세계에 알린 서방언론인들: 에드거 스노, 님 웨일스, 안나 루이스 스트롱, 아그네스 스메들리 613

1. 미국의 전설적 기자 스노, 중국을 심층취재하다 614
2. 『중국 위의 붉은 별』이 탄생하다 622
3. 님 웨일스의 『아리랑』이 탄생하다 634
4. 안나 루이스 스트롱 및 아그네스 스메들리의 삶 636

09 '공산주의스파이'라는 음해를 받았던 중국전문가: 오언 래티모어 643

1. 미국에서 만주와 몽골의 전문가로 성장하다 644
2. 루스벨트의 추천으로 장제스의 보좌관으로 기용되다 648
3. 공산주의자로 음해를 받아 시련을 겪다 658
4. 유럽학계에서 새 출발을 하다 665

10 '황금 요람'에 잠든 몽골의 공산주의자들: 수흐바타르, 초이발산, 체덴발 669

1. 칭기즈칸의 제국에 수흐바타르의 지도로 공산국가가 세워지다 670
2. 초이발산의 스탈린식 통치 680
3. 체덴발체제의 등장과 소련의 몽골착취 682
4. 소련의 해체와 몽골의 민주화 687

11 베트남의 독립영웅: 호찌민 695

1. 프랑스의 침략과 베트남의 민족운동 개시 696

2. 프랑스에 저항하는 독립운동이 공산주의에 접목되다 701
3. 베트남민주공화국을 세우다 713
4. 베트남통일의 기반을 닦다 717

12 캄보디아를 킬링필드로 만든 크메르 루주: 폴 포트, 키우 삼판, 누온 체아 727
1. 크메르 루주가 집권하게 된 배경 727
2. 폴 포트의 광신과 끝없는 악행들 732
3. 크메르 루주 정권의 붕괴 737
4. 학살범에 대한 국제재판 740

13 일본공산주의운동의 선구자들: 가타야마 센, 고토쿠 슈스이, 사카이 도시히코, 야마카와 히토시, 가와카미 하지메, 후쿠모토 가즈오 743
1. 일본의 초기 사회주의운동 744
2. 사회주의탄압에 맞선 다양한 운동가의 출현 752
3. 일본공산당의 창당과 해산 763
4. 일본공산당의 재건 769

14 후퇴의 시기와 합법화시대의 일본공산주의자들: 사노 후미오, 도쿠다 규이치, 미야모토 겐지, 노사카 산조, 후와 데쓰조 773
1. 후퇴의 시기의 공산주의자들 773
2. 맥아더사령부, 일본공산당을 합법화하다 781
3. 시련에 봉착한 일본공산당 787
4. 1970년대 이후의 일본공산당 794

맺는 생각들 801

참고문헌 807
찾아보기 819

1부

소련과 동유럽 공산주의자들의 삶과 죽음

'과학적 사회주의' 의 창시자들

카를 마르크스와 프리드리히 엥겔스

01

1. 마르크스의 사상적 스승: 헤겔을 거쳐 포이어바흐로

하이게이트의 영혼들

영국의 수도 런던의 근교에 자리를 잡은 하이게이트공동묘지는 빅토리아여왕의 재위 초기인 1839년에 만들어졌다. 인구의 폭발적인 증가와 그것에 비례한 사망률의 증가에 따라 전통적 방식의 교회무덤이 수용의 한계에 부딪히자, 런던공동묘지회사가 런던의 주변인 하이게이트에 커다란 공동묘지를 만든 것이다. 빅토리아왕조시대의 특유한 건축양식과 조각양식에 바탕을 두고 정문을 비롯한 여러 건물들을 기품 있게 세웠으며, 공동묘지 전체를 종교적 분위기와 엄숙한 느낌이 살아나도록 설계한 데다가 아름다운 나무와 꽃을 많이 심었기 때문에, 이 공동묘지는 금세 인기를 모았다. 그래서 1854년에 이르러서는 인접지역에 또 하나의 공동묘지를 만들게 됐다.

이때부터 앞의 것을 하이게이트공동묘지 서부지역이라고 부르고 뒤의 것을 하이게이트공동묘지 동부지역이라고 부른다.

이 공동묘지에는 많은 명사들이 묻혀 있다. 우선 서부지역을 보면, 전자기 유도 및 방전放電 현상의 연구와 전기분해법칙의 발견으로 명성을 떨친 영국의 세계적인 물리학자이자 화학자인 마이클 패러데이 Michael Faraday(1791~1867)가 잠들어 있다. 「누가 바람을 보았는가」라는 시를 남긴 여류시인 크리스티나 로세티 Christina G. Rossetti(1830~1894)의 가족도 모두 이곳에 잠들어 있다. 이탈리아의 시인이었으며 학자로, 영국에서 망명생활을 하다가 죽은 가브리엘레 로세티 Gabriele Rossetti(1783~1854)가 바로 크리스티나 로세티의 아버지인데, 그를 필두로 그의 자녀들이 모두 이곳에 묻힌 것이다.

이어 동부지역을 보면, 영국이 낳은 세계적 철학자이며 사회학자로 이른바 사회진화론을 정립한 허버트 스펜서 Herbert Spencer(1820~1903)가 잠들어 있다. 또 조지 엘리엇 George Eliot이라는 필명으로 많은 소설을 썼던 여류문인 메리 앤 에번스 Mary Ann Evans(1819~1880) 등이 묻혀 있다. 그리고 마르크스 Karl Marx가 바로 이곳에 잠들어 있다. 역사책에서 대하게 되는 이처럼 많은 명사들의 무덤들 때문에 이 공동묘지는 때로는 견학장소로, 때로는 관광장소로 활용되고 있다.

헤겔철학에 몰두하다

그러면 독일에서 태어난 마르크스가 어떻게 이곳에 묻히게 되었을까? 그 경위 자체가 그의 일생을 축약적으로 말해준다.

마르크스는 1818년 5월 5일에 프로이센왕국의 라인란트 지역에 자리 잡은 트리에 Trier에서 태어났다. 트리에는 오늘날 독일과 프랑스의 접경지대에 위치한 남부독일의 도시다. 아버지가 유대교에서 루터교로 개종했기 때문에 마르크스는 자유로운 개신교의 분위기 속에서 성장할 수 있었다. 트리에에서 5년제 고등학교인 프리드리히 빌헬름 김나지움을 졸업했는데, 그곳은 상당히 우수한 학생들만을 선발해 높은 수준으로 가르치는 학교였다. 그는 이곳에서 문학과 예술에 대해 깊이 공부했으며, 수학과 신학에 대해서도 높은 성취를 보였다. 이 학교를 졸업한 뒤 그는 17세 때인 1835년 가을에 트리에에서 별로 멀지 않은 곳에 위치한 본대학교 법과대학으로 진학했다. 변호사였던 아버지가 아들 역시 변호사로 키우기 위해 강력히 권했기 때문이었다.

본대학교 1학년생으로 마르크스는 일곱 과목을 수강하면서 열심히 공부했다. 헤겔철학에 깊이 빠져들면서도 라틴어로 쓰인 시詩들을 읽었고, 신화학과 현대예술론 등의 강의도 들었다. 기본적으로 그는 낭만주의자였다. 그는 서정시 쓰기를 좋아해 이 시절에 수많은 아름다운 시들을 남겼다. 연애시도 적잖게 썼다. 그가 시 쓰기를 좋아했다는 사실은 그의 저작들을 이해하는 데 중요한 단초가 된다. 마르크스의 저작이라고 하면 사람들은 아주 딱딱하고 무미건조할 것이라고 생각하기 쉬운데, 그렇지 않은 경우가 더 많기 때문이다. 실제로 아름다운 문장들도 적잖게 발견된다. 그의 대표작인 『자본 Das Kapital』도 아주 이론적이고 통계적인 부분만 빼놓으면 감동을 불러일으키는 문장들로 구성됐다는 평을 받는다.

본대학교에서 공부하던 때 마르크스는 술을 많이 마시기도 했고, 무도회에 자주 다니기도 했으며, 심지어 싸움질에 끼어들기도 했다. 그래서 많은 빚을 지게 돼 아버지의 노여움을 사기도 했고, 왼쪽 눈썹에 상처를 입기도 했으며, 비록 하룻밤 동안이었으나 구금되기도 했다. 이처럼 자유분방한 생활 탓이었는지 결핵에 걸린 그는 군복무를 면제받았다.

마르크스의 아버지는 아들을 본보다 훨씬 보수적인 도시인 베를린으로 보내기로 결심했다. 그래서 본대학교 1학년 과정을 끝낸 뒤인 1836년 여름에, 마르크스는 베를린대학교로 전학했다. 18세 때의 일이었다. 이 대목에서 우리는 그때의 독일의 대학들이 어떤 학문적 분위기에 싸여 있었는가를 살피는 것이 좋겠다. 한마디로 말하기는 어렵지만, 그래도 단순화의 위험성을 무릅쓰고 말하건대, 인문사회과학 계통의 교수들이나 대학생들 사이에서는 신神의 존재나 절대자의 존재에 대한 관심이, 그리고 인간의 존재에 대한 관심이 지배적이었다. 그렇기 때문에, 신과 인간을 사유의 중심과제로 삼았던 철학자들에 대해 관심을 쏟았다.

이러한 그들에게 멀리는 고대그리스철학, 가까이로는 이마누엘 칸트 Immanuel Kant와 프리드리히 헤겔 Georg Wilhelm Friedrich Hegel이 토론의 주제일 수밖에 없었다. 인간이 신과 같은 존재가 되겠다는 목표를 세우고 거기에 맞게 끊임없이 자기수양을 함으로써 가장 높은 도덕적 수준에 도달한다면 신의 경지에 도달하는 것이나 다름없다는 칸트의 가르침, 그리고 인간의 본질이나 신의 본질에는 차이가 없기 때문에 인간은 자기의 노력에 따라 절대지식에 도달할 수도 있고 동시에 신이 될 수 있다는 헤겔의 가르침은 그들을 격동시키기에 충분했다. 여기서 그들은 "우리는 신의 비밀을 알아냈다. 신은 다름 아니라 인간이다. 신은 죽었으며 그 위에서 인간은 다시 탄생했다"고 외치기에 이르렀다.

시대적으로 보아 칸트와 헤겔 사이에 자리 잡은 괴테 Johann Wolfgang von Goethe의 『파우스트 Faust』가 그들에게 사랑을 받았던 것도 똑같은 배경에서였다. 무한無限의 경지에 도달하고자 했던, 그리하여 신이 되고자 했던 파우스트의 욕망은 그들에게도 공통되는 욕망이었던 것이다.

'그 시대의 아이'였던 마르크스 역시 똑같은 욕망을 지니며 살았다. 그 사실은 마르크스의 한 전기작가가 그때를 회상하면서 마르크스는 신이 되겠다는 한 가지 열망을 지닌 채 대학생활을 보냈다고 말한 데서도 확인된다. 실제로 마르크스는 그의 아버지의 표현으로는 파우스트적 정열을 안고 많은 강의들을 고루 수강하려고 애썼으며 도서관의 장서들을 책벌레처럼 읽어나갔다. 그 과정에서 그에게 학문적으로 가장 큰 영향을 준 최초의 사람은 헤겔법철학 교수인 에두아르트 간스Eduard Gans였다. 마르크스는 간스를 통해 헤겔의 저작들에 몰두하게 됐다.

헤겔의 정신세계는 참으로 광대했다. 마치 알렉산드로스대왕이 남긴 영토가 후계자 한 사람이 계승하기에는 너무 광대해 일곱 명의 장군들에 의해 나뉘었듯, 헤겔이 남긴 정신세계 역시 후계자 한 사람이 계승하기에 너무 광대해 일곱 명의 제자들에 의해 나뉘었다. 그 후계자들은 크게 보아 우파와 좌파로 나눌 수 있다. "현실적인 것은 이성적인 것이고, 이성적인 것은 현실적인 것이다(영어로는 "The real is the rational, the rational is the real"이라고 번역됐다)"라는 헤겔의 명제 가운데, 앞의 부분을 수용한 사람들이 헤겔우파를 형성했고, 뒤의 부분을 수용한 사람들이 헤겔좌파를 형성했다. 청년들은 대체로 헤겔좌파를 추종했으며, 그리하여 '청년헤겔학파'라고 하면, 그것은 이성적이어야 할 현실이 이성적이지 못한 데 대해 비판적 태도를 취하는 청년들을 지칭했다. 이성적이지 못한 현실세계를 뒤집어엎어야 한다는 과격한 발상을 지닌 청년들도 없지 않았다.

마르크스는 자연히 이른바 청년헤겔학도들을 만나게 됐다. 그들은 그 무렵 절정에 도달한 헤겔열풍 속에서 헤겔철학의 비밀을 풀어냈다고 자부하고 있었다. 다른 헤겔학도들보다 훨씬 더 과격했고 좌파적이었으며 그래서 기성의 학설이나 관념의 파괴를 주저하지 않았던 그들은 "신은 따로 있지 않다. 신은 다름 아닌 인간이다"라는 명제가 헤겔철학의 핵심이라고 풀이했는데, 이것은 헤겔이 신과 인간의 통합을 추구했다는 기존의 해석을 벗어난 것이었다. 마르크스 역시 똑같은 입장에 서서 청년헤겔학도들의 토론을 이끌었다.

이처럼 헤겔철학에 몰두하면서부터 마르크스는 법학 대신에 철학을 공부하며 장차 철학교수가 되겠다고 결심했다. 그러나 마르크스의 희망은 곧 좌절됐다. 그를 교수직으로 이끌어주겠다고 약속한 브루노 바우어Bruno Bauer가 그의 반종교적·친헌정적 활동 때문에 그때의 반동정권에 의해 교수직에서 쫓겨났기 때문이다. 학교당국과의 충돌을 피하려고 마르크스는 자신의 박사학위논문을 예나대학교에 제출해 23세 때인 1841년에 학위를 받았다. 논문은 「자연에 관한 데모크리토스와 에피쿠로스 철학의 차이」로서, 에피쿠로스학파의 변증법을 옹호한 이 논문은 그의 분석이 헤겔철학에 입각했음을 보여주었다.

이 논문에서 중요한 부분은 마르크스가 그리스신화에 나오는 프로메테우스를 격찬한 서문이다. 프로메테우스가 모든 신들을 증오하고 부인하면서 불을 훔쳐 인간에게 전해준 신화를 소개하면서, 자기 스스로도 신의 존재를 부인한 것이다. 지난날 소련의 관영철학은 이 대목을 마르크스가 유물론의 입장에 선 증거로 해석했다.

박사학위를 받던 때, 마르크스를 열렬히 지지하고 찬양한 사람이 모세스 헤스Moses Hess였다. 그는 마르크스보다 6년 연상의 저널리스트로 이미 이 시점에 공산주의사상을 지니고 있었다. 사유재산제를 모든 악의 근원으로 파악하면서 경제적 불평등과 착취가 용납되는 사회에서는 정의란 존재할 수 없다는 것이 그의 정치사상의 핵심이었다. 그는 이제 막 박사학위를 받은 마르크스를 현존하는 철학자들 가운데 가장 위대한 철학자라고 불렀다.

포이어바흐에 기울어지다

교수직을 포기한 마르크스는 헤스가 중심이 돼 쾰른에서 창간한 과격지 『라이니셰 차이퉁Rheinische Zeitung(라인신문)』의 편집인으로 출발해서 1842년 10월에 편집장이 됐다. 그는 프로이센왕정체제를 집중적으로 공격했다. 검열을 피하기 위해 때로는 교묘한 서술방법을 택하기도 했다. 그러나 정부의 정간처분에 걸려 1843년 3월에 사임했다.

짧기는 했으나 신문에 종사했던 이 시기는 마르크스의 삶에 중요한 계기가 됐다. 그는 현실정치와 맞부딪침으로써 정치경제학 연구의 필요성을 절감하게 된 것이다. 특히 이 기간에 『헤겔철학 비판Kritik des Anti-Hegels』과 『기독교의 본질Das Wesen des Christenthums』 등 루트비히 포이어바흐Ludwig Feuerbach의 저작들을 읽게 된 것은 마르크스의 사상형성에 중요한 계기들을 마련했다. 포이어바흐는 우선 헤겔철학을 관념론으로 규정했다. 헤겔은 역사의 원동력을 정신과 이성理性이라고 간주했다. 반면에 포이어바흐는 헤겔에 대조적으로 역사의 원동력이 물질적 조건의 총합이라고 보았다. 포이어바흐의 표현으로, "인류의 역사는 물질적 환경이 사회를 구성한 인간들에게 결정적 영향을 미친 역사다." 이 점에서 포이어바흐의 철학은 유물론 위에서 성립됐다. 마르크스는 포이어바흐의 이 유물론적 철학을 수용하는 데서 새롭게 출발했다. 풀어 말해, 그는 헤겔이 인간을 신과 동격에 놓음으로써 무신론자이면서 반反기독교 철학자인 것처럼 보이지만 사실은 이미 몰락해가던 기독교와 기독교적 신을 살려내기 위해 사변적思辨的 철학이론을 정립한 기독교적 신학자일 뿐이라고 비판하는 데서 자신의 독특한 인간관을 제시했다.

포이어바흐가 1841년에 출판한 『기독교의 본질』에 따르면, 신이 인간을 창조한 것이 아니라 인간이 신을 창조했다. 신은 애초부터 없으며 인간이 만유萬有의 으뜸이다. 그런데도 인간은 신을 만들어놓고 그 신에 경배하면서 스스로를 자신의 피조물인 신의 노예로 만들었고, 그 결과 신의 노예로 전락한 인간은 원래의 인간으로부터 소외되고 말았다고 포이어바흐는 주장했다.

여기에서 한 걸음 더 나아가 포이어바흐는 인간은 신을 부정함으로써 신으로부터 해방돼야 하며 인간 본래의 자리로 돌아와야 한다고 주장했다. 마르크스는 이미 청년헤겔학도 시절에 "신은 다름 아닌 인간"이라는 명제에 도달했었지만, 포이어바흐의 주장을 접했을 때 새로운 빛을 본 것 같은 충격을 받았다. 마르크스에게 이제 인간은 모든 것의 으뜸인 존재로 확고히 섰다. 그런데 인간이 중세시대에 신의 노예로 전락했듯 근대의 자본주의 시대에는 돈의 노예로 전락했음에 탄식을 금할 수 없었다. 이러한 마르크스에게 포이어바흐의 저술들, 특히 『기독교의 본질』은 새로운 교과서와 같았다. 인간을 신으로부터 해방시킨 이 책은 강력한 인간해방이론서였다. 그리하여 마르크스는 포이어바흐가 인간을 신으로부터 해방시켰듯 자신은 인간을 자본으로부터 해방시켜야겠다고 결심했다.

마르크스가 포이어바흐에게 얼마나 깊이 빠졌던가 하는 점은 마르크스가 포이어바흐의 이름을 '포이어'와 '바흐'로 파자破字하면서 이렇게 말한 데서도 잘 나타나 있다. "포이어는 불이라는 뜻이고, 바흐는 시내라는 뜻이다. 포이어바흐는 '불의 시내'다. 우리가 새로운 철학적 경지에 도달하려면 반드시 이 '불의 시내'를 건너야 한다. 이 '불의 시내'를 건너지 않고서는 우리는 결코 새로운 철학적 경지에 도달할 수 없다. 그러한 뜻에서 포이어바흐는 우리가 반드시 거쳐 지나가야 할 연옥煉獄이다."

2. 마르크스, 엥겔스와 공동연구를 시작하다

「경제학 · 철학 원고」를 집필하다

박사학위를 받은 때로부터 2년 뒤인 1843년 6월에, 마르크스는 트리에의 유지인 어느 남작의 맏딸인 아름다운 예니 폰 베스트팔렌Jenny von Westphalen과 결혼했다. 그가 만 25세 때의 일이었다. 마르크스는 트리에에서 살던 때부터 이웃집 처녀인 그녀에게 진정으로 깊이 빠져 있었다. 그래서 트리에를 떠나 본이나 베를린에서 살 때도 그녀에게 수많은 아름다운 연애편지들을 썼다. 마르크스는 18세이던 1836년의 어느 시점에 자신보다 4년 연상의 그녀와 비밀리에 약혼했었는데, 이제 그 약혼을 결혼으로 발전시킨 것이다.

이 젊은 부부에게 돈이 제대로 마련되어 있을 리 없었다. 그래서 그들의 결혼생활은 가난 속에 시작됐다. 그런데 결혼 직후인 1843년 10월에 색슨계 저널리스트로 파리에서 활동하던 아르놀트 루게 Arnold Ruge로부터 파리에 와서 함께 『독일-프랑스연보 Deutsch-Französische Jahrbücher』라는 잡지를 발행하자는 제의가 왔다. 이때 파리는 유럽의 도시들 가운데 가장 자유로운 곳이었으며, 다양한 사상적 흐름들을 너그럽게 받아들이는 곳이었다. 그래서 유럽의 많은 문인들은 물론 예술가들과 이론가들, 특히 망명객들과 혁명가들이 몰려와 살았다. 반동정권의 억압으로 질식할 것만 같은 독일의 분위기에 질렸던 마르크스는 루게의 제의를 받아들여 아내와 함께 1843년 11월에 프로이센을 떠나 파리에 도착했다. 그런데 마르크스가 오로지 파리의 자유로운 분위기를 탐해 파리행을 결심했던 것은 아니다. 그는 1789년에 일어난 프랑스혁명이 끝내 독재정권을 거쳐 제정으로 귀결된 과정을 연구하고 싶어 했다. 더 좁혀 말해, 사회변동을 지배하는 법칙의 발견을 통해 혁명을 수호하는 방법을 찾고자 했던 것이다.

마르크스의 이름은 이미 파리의 자식인들 사이에 알려져 있었으며 특히 독일로부터의 망명객들 사이에서는 높이 평가되고 있었다. 이러한 우호적 분위기 속에서, 그는 루게와 함께 『독일-프랑스연보』라는 잡지를 출간했다. 이 연보는 1844년 2월에 첫 호를 내고 끝났는데, 마르크스는 이 잡지에 「유대인 문제」와 「헤겔법철학 비판」을 기고했다. 이 저술들에서 마르크스는 처음으로 프롤레타리아계급이 사회변화의 주도세력이라고 말했다. 이 저술들 가운데 특히 후자가 중요하다. 「헤겔법철학 비판」을 통해 마르크스는 헤겔을 비판하면서 헤겔의 관념철학을 청산한 것이다.

망명지 파리에서 마르크스는 프랑수아 케네François Quesnay, 애덤 스미스Adam Smith, 데이비드 리카도David Ricardo, 피에르-조제프 프루동Pierre-Joseph Proudhon 등의 저작들을 탐독했다. 마르크스는 책들만 읽은 것이 아니라 여러 사상가들도 만났다. 그 대표적인 사람이 러시아의 무정부주의자 미하일 바쿠닌Mikhail A. Bakunin, 그리고 프랑스의 공산주의자 프루동이었다. 마르크스는 프루동이 쓴 『경제적 모순의 체계, 또는 빈곤의 철학 Système des contradictions économiques ou Philosophie de la misère』을 읽고 그 책을 반박하는 『철학의 빈곤 La misère de la philosophie』을 썼다. 이 책은 마르크스가 유물론적 역사관을 형성하는 과정에서 하나의 중요한 요소를 형성한다.

마르크스가 파리에서 전개한 지적 활동들은 마르크스의 이론형성과정에서 매우 중요하다. 프리드리히 엥겔스Friedrich Engels는 뒷날 마르크스의 이론이 세 요소들로 구성되어 있다고 말한다. 첫째 독일의 관념철학, 둘째 프랑스의 평등주의적 사회사상, 셋째 영국의 경제학이론이 바로 그것들로, 마르크스가 첫째 요소를 독일에서 배웠다면, 둘째 요소와 셋째 요소는 파리에서 배운 것이다. 이러한 연구의 바탕 위에서, 마르크스는 「경제학·철학 원고Ökonomisch-philosophische Manuskripte」를 집필했다. 「경제학·철학 원고」에 대해서는 저자가 계간지 『문학과지성』 제7권 제1호(1976년 봄호)에 발표한 「마르크스의 「경제·철학」 수고 논쟁」(이때는 '경제학·철학 원고'라고 쓰지 않고 '경제·철학 수고'라고 썼다)을 통해 이미 자세히 설명했기에 여기서는 되풀이하지 않겠다. 그러나 마르크스가 1844년 2월과 8월 사이에 26세의 청년으로 집필했던 이 논문만큼 마르크스의 사상을 이해함에 있어서 반드시 읽어야 할 논문은 없다시피 하기 때문에 간단히 소개하기로 한다.

원래 「경제학·철학 원고」는 출판이 되지 않은 원고였기에 마르크스가 살아 있을 때는 다른 사람들에게 전혀 알려지지 않았다. 그러다 그가 죽은 뒤에야, 그리고 마르크스에 대한 관심이 국제적으로 점점 높아진 뒤에야, 마르크스의 모든 글들을 찾아야겠다고 결심한 몇몇 사회주의자들에 의해 비로소 발굴됐다. 그때가 이 논문이 쓰인 지 80년 정도가 지난 1920년대였다. 이 논문을 찾아냄으로써 마르크스연구자들은 마르크스의 철학이 형성되는 과정을 제대로 이해하게 됐고, 마르크스철학의 뿌리를 정확히 파악하게 됐다.

그러면 「경제학·철학 원고」의 주된 내용은 무엇인가? 이 논문에서 마르크스는 우선 자본주의사회를 분석하고 부르주아정치경제학을 비판했으며 공산주의 개념에 대해 아주 길게 논의했다. "인간은 원래 자유롭고 창의적인 존재인데도 돈을 최고의 가치로 여기는 자본주의사회에서 돈을 버는 기계 또는 돈의 노예로 전락함으로써 인간 본연의 자리로부터 멀리 떨어져버렸다"고 비판하면서, 마르크스는 이것을 종합적으로 '인간소외'라고 불렀다. 그는 인간 본연의 자리로부터 멀리 떨어져버린 인간을 자유롭고 창의적인 존재로 복귀시키는 일이 인간해방의 근본적인 과제라고 보고, 그것은 오로지 자본주의사회의 타도와 공산주의사회의 건설로 가능하다고 설명했다. 그에게 공산주의사회란 인간이 자유롭고 창의적인 존재로, 곧 인간 본래의 속성으로 복귀된 사회를 뜻했다.

「경제학·철학 원고」에 나타난 마르크스의 철학은 그의 생애를 일관한다. 이렇게 볼 때, 뒷날 소련과 동유럽에서 현실적으로 나타났던 공산주의사회는 마르크스의 철학을 철저히 배반한 사회였다고 하겠다. 왜냐하면 현실적으로 나타났던 소비에트공산주의는 인간을 억압의 대상과 피동被動의 존재로 전락시켰기 때문이다.

마르크스와 엥겔스의 만남

마르크스가 파리에서 「경제학 · 철학 원고」를 집필한 것이 파리생활의 큰 소득이었다면, 이곳에서 1844년 가을에 엥겔스를 동지로 받아들인 일도 파리생활의 또 다른 큰 소득이었다. 그 후 엥겔스는 마르크스의 변함없는 사상적 반려이며 정치적 동지이자 생활의 후원자가 되기 때문이다. 그러면 엥겔스는 어떤 사람이었나?

엥겔스는 1820년 11월 28일에 독일의 바르멘Barmen에서 태어났다. 그때의 기준으로, 바르멘은 마르크스의 출생지인 트리에로부터 우편마차로 이틀 정도 걸리는 곳에 있었다. 엥겔스의 아버지는 독일의 바르멘과 영국의 맨체스터 두 곳에 방직공장을 소유한 자본가였다. 그래서 그는 부유하게 자랐으며 또 뒷날 아버지의 공장을 이어받게 됨에 따라 더욱 부유하게 살 수 있었고, 마르크스의 생계를 거의 전적으로 책임질 수 있게 됐다. 엥겔스가 파리에서 마르크스를 만났을 때 엥겔스는 독일과 영국에서 상업학교 교육을 받은 뒤였으며 또 이미 자본주의사회에 대한 비판적인 글들을 발표한 뒤였다.

부유한 자본가의 아들 엥겔스가 어떤 배경에서 자본주의의 타도를 외치는 공산주의자가 됐는가? 그 가장 근본적인 계기는 소년 시절부터 목격한 공장노동자들의 참혹한 궁핍이었다. 그는 아주 가난한 공장노동자들이 굶주림과 헐벗음 속에서, 그리고 더러운 주거환경에 살면서 천대와 질병으로 고통을 받는 모습에 충격을 받았다. 특히 그들이 삶에 대한 희망 자체를 포기한 채 대체로 술주정꾼으로 전락해버리고, 그래서 그들의 자식들 가운데 도둑들과 창녀들이 나오는 현실, 다시 말해 가난과 고통이 대물림되는 현상에 분노를 느꼈던 것이다.

그러한 성향의 엥겔스에게 공산주의를 확실하게 심어준 사람은 청년헤겔학도들 가운데 한 사람인 모제스 헤스였다. 부유한 유대인의 아들로 태어났지만 자본주의사회의 병폐에 일찍 눈을 떠 기존체제의 변혁을 추구하는 운동과 출판에 앞장을 섰던 헤스는 헤겔철학에 깊은 관심을 쏟던 급진적 시인이자 저널리스트인 엥겔스에게 헤겔철학은 결국 공산주의로 귀결된다고 설득했던 것이다. 그 과정이야 어떠했든 26세 청년 마르크스와 24세 청년 엥겔스가 만났을 때, 엥겔스의 표현으로, 두 사람은 모든 이론 분야에서 금세 완전한 합의를 볼 수 있었다. 엥겔스는 마르크스를 높이 평가했다. 엥겔스는 뒷날 마르크스에 대해 이렇게 말했다. "마르크스는 우리들 모두보다 더 높이 섰고 더 멀리 봤고 상황파악을 더 넓고 더 빨리 했다. 마르크스는 천재였다. 우리 나머지 사람들은 기껏해야 재주가 좋은 사람들이었다."

그러나 그들 사이에는 곧 기질에서 어느 정도의 차이가 나타나게 된다. 마르크스는 훨씬 더 학자적이며 이성적이었음에 반해, 엥겔스는 상대적으로 보아 저널리스틱했고 감정적이었던 것이다. 이렇게 말한다고 해서 엥겔스의 저작들을 낮춰 보아서는 안 된다. 그의 저작들 역시 학문적으로 탁월한 것들이었다. 다만 굳이 두 사람 사이의 차이점을 지적하라고 한다면 엥겔스의 성향이 한결 더 저널리스틱하다고 말할 수 있을 뿐이다.

마르크스와 엥겔스는 곧바로 함께 저술활동에 들어갔다. 그들의 첫 공저가 1845년에 출간된 『신성가족 *Die beilige Familie*』이었다. 여기서 마르크스와 엥겔스는 청년헤겔학파의 이론을, 특히 바우어 형제의 이론을 비판했다. 마르크스와 엥겔스에 따르면, 그들은 프로이센왕국의 반동정치를 부르주아민주주의의 관점에서만 비판할 뿐 부르주아민주주의 자체를 깊이 있게 비판하지 못했다.

1845년 1월에 마르크스는 프로이센정부의 강청을 받아들인 프랑스정부의 조처에 따라 다른 독일망명객들과 더불어 벨기에의 수도 브뤼셀로 추방됐다. 영국으로 잠시 돌아갔던 엥겔스도 「1844년 현재 영국 노동자계급의 상황」의 집필을 완료하고 곧 브뤼셀로 합류했다. 여기서 잠시 「1844년 현재 영국 노동자계급의 상황」에 대해 살펴도록 하자. 엥겔스는 영국의 사회 역사에 관한 결정적인 책을 쓰고 싶어 했고, 그래서 『영국 노동자계급의 상태 Die Lage der arbeitenden Klasse in England』라는 책의 한 장章으로 이 글을 썼던 것이다. 25세의 청년이 쓴 이 글은 우선 학문적으로 수준이 높았다. 어느 학자는 "사회학 분야에서 의심의 여지없이 가장 재능 있고 많은 정보를 지닌 저술"이라고 논평했다. 이 글은 또 선동적이기도 했다. 영국에서 가장 더러운 공장도시의 가장 더러운 공장지구에 대한 분석과 설명은 공장노동자들이 겪는 깊고 깊은 빈곤의 실상을 가장 잘 드러냈다는 평가를 받고 있다. 이 글은 읽는 사람으로 하여금 자본가에 대해서는 하늘 끝까지 치솟는 분노를, 노동자에 대해서는 바다 끝까지 닿는 연민을 느끼게 했다.

유물사관의 정립과 『공산당 선언』 집필

마르크스와 엥겔스는 자본가에 대한 분노와 노동자에 대한 연민을 함께 나누면서 자본주의의 역사와 함께 경제학자들과 사회주의자들의 저술들을 깊이 연구했다. 이해 여름에 두 사람은 함께 영국을 방문했다. 여기서 마르크스는 참정권확대를 부르짖는 차티스트운동의 지도자들을 처음으로 만났으며 영국 경제학자들의 저술들에 깊이 접했다.

이러한 그들의 연구활동이 종합되어, 1846년 여름에 『독일 이데올로기 Die deutsche Ideologie』의 완성으로 나타났다. 이 저서에서 마르크스와 엥겔스는 처음으로 유물사관을 제시했다. 마르크스가 28세, 엥겔스가 26세 때였다. 그러면 유물사관이란 무엇인가? 변증법적 유물론(영어로 dialectical materialism이라고 표기되며, 'diamat' 라고 약칭된다)에 입각해 인류의 역사를 풀이하는 방식을 유물사관(영어로 the materialistic conception of history로 표기되며, 짧게는 materialism으로 표기된다)이라고 부른다. 이 이론은, 아주 간단히 설명하면, 공장노동자계급이 자본가계급과 투쟁해서 자본가계급과 자본주의체제를 반드시 무너뜨리고 공산주의체제를 세울 것이라는 예언으로 연결된다. 그들은 이 공산주의사회에서만이 어느 한 계급에 의한 다른 계급의 착취가 사라지고 따라서 계급투쟁이 사라지며 인간소외가 극복되어 세상에는 자유롭고 창의적인 존재로서의 인간이 꽉 차게 될 것이라고 내다보았다.

1847년 1월에 마르크스와 엥겔스는 정의연맹正義聯盟의 권유에 따라 이 단체에 가입하고 곧 이 단체의 지도자가 됐다. 이해 여름에, 이 단체는 공산주의자연맹으로 개칭했는데, 이 연맹의 목적을 선명히 밝힌 문서가 유명한 마르크스와 엥겔스의 『공산당 선언 Manifest der Kommunistischen Partei』(영어로는 흔히 The Communist Manifesto로 약칭된다)이다. 1848년 2월에 발표된 이 문서는 우선 "유령 하나가 유럽을 배회하고 있다. 공산주의라는 유령이"라는 유명한 문구로 시작했다. 이 문서는 이어 "이제까지 존재해온 모든 사회들의 역사는 계급투쟁의 역사였다"라고 주장했다. 이어 "프롤레타리아들이 잃을 것이라고는 사슬밖에 없다. 그들은 승리할 세상을 갖고 있다. 모든 나라의 노동자들이여, 단결하라!"라는 유명한 문구로 끝을 맺는다. 마지막 문장은 영어로는 "Workers of the world, unite!"로 번역되어 왔다. 독일어로는 "Proletarier aller Länder, vereinigt euch!"다.

『공산당 선언』에 담긴 내용 가운데 마르크스의 몫은 어떤 것이고 엥겔스의 몫은 어떤 것인가를 가린다는 것은 의미가 없을 것이다. 왜냐하면 마르크스의 견해가 대부분을 차지하기 때문이다. 엥겔스의 몫은 그가 1847년에 작성한 「공산주의의 원칙」에서 이미 나타냈던 견해를 반영한 것에 지나지 않았다. 그러나 그러한 구분보다 훨씬 중요하게, 이 문서는 문서 그 자체로 역사적 의미를 갖고 있다.

한편 결코 잊어서는 안 될 점은 학자들에 따라서는 『공산당 선언』이 마르크스의 사상 형성과 전개에서 하나의 중요한 분기점이라고 본다는 사실이다. 어떤 학자들은 이 문서 이전의 마르크스를 '청년 마르크스' 또는 '초기 마르크스'로 본다. 그리고 '청년 마르크스'의 사상을 인본주의적 또는 인간주의적 사상이라고 본다. 그들은 이 문서를 계기로 마르크스가 '노년 마르크스' 또는 '성숙된 마르크스' 또는 '후기 마르크스'의 시기로 들어갔으며, 이때부터 그의 사상이 투쟁적이며 폭력적·혁명적으로 변모했다고 주장한다. 반면에 어떤 다른 학자들은 그 구분이 무의미하다고 주장한다. '초기 마르크스'의 사상이 '후기 마르크스'의 사상으로 이어졌다는 것이다. 그래서 마르크스의 철학은 두 개가 아니라 하나라고 주장한다. 그리고 그 하나의 마르크스주의는 바로 인간주의라고 주장한다.

"마르크스는 인간주의다"

이 대목에서 분명히 설명해야 할 논점이 있다. 마르크스주의를 인간주의 또는 휴머니즘이라고 해석하는 것에 대해 어떤 사람들, 특히 마르크스주의에 반감이 큰 사람들은 그 해석이 마르크스와 마르크스주의를 미화하는 것이며 따라서 그런 해석을 내놓는 사람은 마르크스주의자이거나 심지어 '빨갱이'라고 주장한다. 이 주장은 타당한가? 결코 아니다. 그러한 해석을 내놓은 미국과 유럽의 학자들은 대체로 자유민주주의자들이며 반反소비에트주의자들이다. 그들은 마르크스주의는 인간주의라는 명제로써 우선 자본주의의 병폐를 공격하고 자본주의사회가 보다 더 인간주의적 사회가 되도록 채찍질한다. 그러나 그들은 그 명제로써 소비에트체제의 병폐도 공격한다. 마르크스주의에 기반을 두고 마르크스주의를 구현하겠다는 소비에트체제는 현실적으로 너무나 비인간주의적이며 따라서 마르크스주의를 왜곡한 체제라는 것이다. 그래서 지난날 소련의 관영철학은 마르크스주의를 인간주의로 규정하는 해석을 부르주아적 반동철학이라고 혹독하게 공격했던 것이다.

이상에서 살폈듯 "마르크스주의는 인간주의다"라는 명제는 양날의 칼과 같다. 한쪽 날로는 자본주의체제를 비판하고, 다른 쪽 날로는 공산주의체제를 비판하기 때문이다. 이렇게 마르크스주의를 양날의 칼로 정립해 자본주의체제와 공산주의체제를 모두 공격하는 데 이론적으로 주도적 역할을 수행한 학파가 독일의 유명한 프랑크푸르트학파였다. 그리고 그들 가운데 널리 알려진 철학자가 『일차원적 인간 One-Dimensional Man』과 『소비에트 마르크스주의 Soviet Marxism』 등의 저서로 유명한 헤르베르트 마르쿠제 Herbert Marcuse였다.

어쨌든 매우 투쟁적인 『공산당 선언』이 출간되자 벨기에정부는 마르크스를 추방했다. 그는 독일로 돌아와 엥겔스와 더불어 『노이에 라이니셰 차이퉁 Neue Rheinische Zeitung』(신新라인신문)을 창간하고 「임금, 노동, 자본」을 비롯해 수많은 논문들을 썼다. 그러나 이 신문도 곧 폐간됐다. 마르크스는 선동혐의로 재판을 받고 석방됐으나 1849년 5월에 다시 추방령을 받았다. 노동자들의 반란을 시도해 가두시위에 나서 선동적 연설을 하기도 했던 엥겔스에 대해서도 체포령이 내려져, 그는 스위스로 망명했다가 런던으로 돌아갔다.

3. 망명지 런던에서 『자본』이 탄생하다

런던으로의 망명과 연구활동

"유럽의 모든 수도들이 마르크스를 추방함에 따라"(이 구절은 서방세계의 저명한 마르크스연구자들이 쓴 표현이다), 그는 1849년 8월에 런던으로 가 엥겔스와 합류했다. 그가 31세 때였다. 그 이후 마르크스는 죽을 때까지 그곳에서 살았다. 물론 주거는 여러 차례 옮겼는데, 주로 소호 soho 지역에서 살았다. 생활은 여전히 궁핍했다. 그러나 기는 꺾이지 않은 채 대영박물관에 묻혀 경제연구에 몰두했다. 특히 대영박물관 도서실의 출입증을 얻은 1850년 여름 이후, 그의 생활은 충실한 연구자 그리고 성실한 구도자의 생활 그 자체였다. 글자 그대로 수천수만 권의 장서에 파묻혀 연구에 연구를 거듭했고 집필을 계속했다.

맥주를 무척 좋아했던 마르크스는 저녁에 집에 들어가기에 앞서 박물관 앞 블룸즈버리 지역에 자리 잡은 '박물관 주점the Museum Tavern'이라는 이름의 서민용 맥줏집에 들러 한잔하곤 했다. 어떤 때는 독일의 지도적 사회주의자로 영국에 잠시 망명한 빌헬름 리프크네히트Wilhelm Liebknecht와 에드거 바우어Edgar Bauer 등과 함께 맥주를 마신 뒤 길거리의 가스등을 깨뜨리는 것으로 울분을 발산하다가 경찰관에게 쫓기기도 했다. 그러나 마르크스가 워낙 골목 지리에 밝아 잡히지는 않았다. 1890년대에 새롭게 개장한 이 맥줏집은 오늘날에도 마르크스가 손님이었다는 사실을 자랑하고 있다. 그러나 저자가 이 집에 들러 마르크스가 맥주를 마시던 그 자리에 앉아 런던사람들에게 여러 차례 그 사실에 대해 알고 있는지 확인했으나 모르는 사람들이 적잖았다. 심지어 마르크스가 누구인지조차 모르는 사람도 없지 않았다.

런던에서의 첫 논문은 「1848~50년 프랑스의 계급투쟁」과 「루이 보나파르트의 브뤼메르」(브뤼메르Brumaire는 프랑스혁명 때 만들어진 달력에서 제2월을 뜻한다) 등이다. 뒤의 글은 마르크스가 쓴 가장 천재적인 정치팸플릿이라는 평가를 받고 있다. 이 글들은 프랑스혁명에 대한 마르크스의 학문적 관심을 반영한다. 마르크스는 프랑스혁명을 좌절시킨 힘들이 무엇이었던가를 끊임없이 구명함으로써 교훈을 얻고자 했던 것이다. 이어 1852년에 마르크스는 당시로서는 과격한 논지를 펴던 『뉴욕 데일리 트리뷴New York Daily Tribune』의 통신원이 되어 그 후 약 10년 동안 여러 글을 기고했는데, 이것은 생계를 돕기 위해서였다. 그러나 실제로 이 기사들 가운데 상당히 많은 기사들은 엥겔스가 썼다. 이 글들은 뒷날 엥겔스의 이름 아래『독일에서의 혁명과 반혁명 Revolution und Konterrevolution in Deutschland』이라는 책으로 출판됐다. 이 책을 읽어보면 마르크스가 영국과 중국 사이의 아편전쟁을 다룬 글을 썼음을 알 수 있다. 그는 영국이 중국에 아편을 판 사실을 공격하면서도, 강대국처럼 보이던 중국이 이 전쟁에서 패배함으로써 전 세계적으로 웃음거리가 됐음을 꼬집고, 이 패전을 계기로 중국의 봉건왕조체제는 심각한 위기에 직면하게 됐다고 지적했다.

『정치경제학 비판』 등을 출간하다

만 39세에서 41세 사이에 해당하는 1857년부터 1859년까지의 3년은 여러 방면에서 마르크스의 생애 가운데 가장 생산적인 시기였다. 이 기간에 그는『정치경제학 비판의 개요 Grundrisse der Kritik der Politischen Ökonomie』를 집필했다. 이 원고 역시 출판되지 않고 오랫동안 묻혀 있다가 1939년부터 1941년까지 소련공산당 중앙위원회 부설 마르크스레닌주의연구소에 의해 처음으로 공개됐다. 학계에서는 그저 '그룬트리세 Grundrisse'라고 부른다. 한국에서는『정치경제학 비판 요강要綱』으로 번역되기도 했다. 이 원고와 더불어 그는 같은 시기에 다른 경제학 원고들도 집필했는데, 어떤 마르크스연구자들은 이 원고들을 제대로 읽어야 그의『자본』을 제대로 이해할 수 있다고 평가한다.

마르크스는 이어 1859년에『정치경제학 비판 Zur Kritik der Politischen Ökonomie』을 간행했다. 이 책에는 마르크스의『자본』의 주요 논점들이 이미 제시되어 있다. 한 보기가 마르크스의 저 유명한 '하부구조-상부구조론'이다. 한 사회는 경제적 구조인 하부구조 infrastructure, 그리고 법률적·정치적·정신적 구조인 상부구조 superstructure로 구성된다고 전제한 그는

'생산관계의 총체'로서의 경제적 구조가 법률적·정치적·정신적 구조의 성격과 내용을 결정한다는 이른바 경제결정론economic determinism을 제시했다. 단순화시켜 말해, 경제적 구조가 자본주의적이면 법률적·정치적·정신적 구조 역시 자본주의적 성격을 갖는다는 것이다. 여기서 그는 "인간의 의식이 인간의 존재를 결정하는 것이 아니라 거꾸로 인간의 사회적 존재가 인간의 의식을 결정한다"는 명제를 제시했다. 그리고 이 명제는 의식이 존재를 결정한다고 보았던 헤겔의 견해를 '전도'시킨 것으로 해석됐다. 이 명제는 『자본』에서 되풀이된다.

1864년에 국제노동자협회가 런던에서 창립됐을 때 마르크스는 그 운동의 주도적 역할을 수행했다. 그는 창립선언문을 비롯해 수많은 선언문들을 썼다. 이 단체를 뒷날 '제1인터내셔널'이라고 부른다. 엥겔스 역시 이 단체에서 주요한 역할을 했다.

마르크스가 49세가 된 1867년에 그의 대표적 저작인 『자본』 제1권이 출간됐다. 『자본』을 구성하는 모든 이론들 가운데 매우 중요한 이론이 '노동의 잉여가치설'이다. 모든 가치는 노동에 의해 창조되는데, 바로 노동자가 만들어낸 잉여가치surplus를 생산수단을 소유한 자본가들이 착취하고 노동자에게는 목숨을 유지할 만큼의 임금밖에는 지불하지 않는다는 것이 노동가치설의 핵심이다. 이것이 인간에 의한 인간의 착취라고 마르크스는 주장했다. 그러나 마르크스는 그러한 자본주의체제는 결코 끝까지 유지될 수 없다고 단언했다. 자본주의가 발전하면 할수록 반드시 과잉생산, 실업자의 증대, 임금의 저하가 연쇄적으로 나타나 임금노동자의 생활은 점점 비참해지고 무산대중의 수는 점점 늘어나는 한편, 생산수단은 점점 자본가에게 집중되거나 독점된다고 보았다. 이러한 재부財富의 집중과 무산대중의 빈곤화는 결국 무산대중의 구매력을 거의 무기력하게 만들어 경제침체와 경제공황을 가져오는데, 이 일련의 위기들이 결국 자본주의체제 전체를 붕괴시킨다고 그는 예언했다.

러시아혁명가들과의 교신

『자본』은 영국에서는 거의 주목을 받지 못했다. 그러나 독일을 포함한 유럽대륙에서 호평을 받았고 러시아의 지성계에 큰 동요를 일으켰다. 이것을 계기로 마르크스와 러시아혁명가들 사이에 교신이 시작됐다. 자연히 마르크스는 러시아어를 열심히 공부했다. 그는 대체로 6개월 만에 러시아어로 교신할 수 있었다. 독일어와 러시아어 사이에 공통점이 많아서 가능했던 것으로 보인다.

이 교신에서 중요한 부분은 후진국인 러시아에서도 공산주의혁명이 일어날 수 있을까 하는 문제였다. 마르크스는 자본주의가 고도로 발달한 선진공업국가에서만 자본주의를 타도하는 무산대중의 혁명이 가능하다고 주장했는데, 그렇다면 후진국이면서 농업국가인 제정러시아에서는 그러한 혁명이 요원하다는 결론이 불가피해진다. 그러한 결론은 물론 러시아혁명가들의 기를 꺾을 수 있는 것이기도 했으며, 그래서 그들은 마르크스로부터 고무적인 대답을 듣고 싶어 했다. 마르크스는 공산주의혁명이 유럽 전체에서 동시에 전개되는 경우, 러시아의 상황에 비추어 러시아는 자본주의의 단계를 거치지 않고 공산주의로 진전할 수 있다는 러시아혁명가들의 주장에 동의했다.

4. 마르크스철학의 순교자적 구세사상

조문객 11명이 참석한 마르크스의 장례식

34년 동안 계속된 런던생활에서 마르크스는 궁핍과 함께 가정적 비애를 여러 차례 겪었다. 특히 1850년 초기가 마르크스 가족의 운명에서 가장 나쁜 시기였다. 첫아들과 첫딸이 아주 어려서 모두 죽었다. 또한 둘째 아들은 여덟 살에 마르크스의 팔에 안겨 죽었다. 일주일 내내 빵과 감자만을 먹고 사는 경우가 한두 번이 아니었다. 그런데도 딸 예니Jenny(어머니와 이름이 같았다)와 라우라Laura는 뒷날 모두 혁명가의 길을 걸었다. 마르크스는 "나는 다시 태어나도 고달픈 혁명가의 길을 그대로 밟겠다. 그러나 내 딸들은 그렇게 키우고 싶지 않다"라고 타일렀지만 소용이 없었다. 그래서 아버지의 기대와 달리 그들의 생활은 늘 불안정했고 아까운 나이에 죽는다.

이처럼 고달픈 삶 속에서도 마르크스는 엥겔스의 도움으로 가정부 헬레네 데무트Helene Demuth와 함께 살았는데, 마르크스는 그녀와의 사이에 사생아 프레데릭Frederick을 두었다. 마르크스는 엥겔스의 묵인 아래 프레데릭을 엥겔스의 아들이라고 말했다. 그러나 엥겔스는 임종의 자리에서 프레데릭이 마르크스의 소생임을 확인했다.

한편 마르크스의 평생의 반려 예니는 마르크스가 죽기 15개월 전인 1881년 12월에 암에 신경쇠약이 겹쳐 56세로 생애를 마감했다. 명문 집안의 귀여운 딸로 태어나 가난을 모르고 살다가 마르크스와 결혼한 뒤 평생 고생만 했던 그녀의 마지막 말은 "여보, 나는 이제 기운이 다 빠졌어요"였다. 이때 마르크스는 지병인 늑막염 때문에 몸이 너무 아파 장례에 참석하지 못했으며 이 사실을 두고두고 가슴 아파했다.

1883년 3월 14일에 마르크스는 책상 앞에 앉아 책을 읽던 가운데 조용히 숨졌다. 숨을 거둘 때 펜을 들고 있었다는 주장도 뒤따랐다. 향년 65세였다. 마르크스의 장례는 11명의 조문객만이 참석한 채 하이게이트공동묘지에서 아주 간소하게 치러졌다. 엥겔스가 조문객을 대표해 조사를 했다. 엥겔스는 마르크스가 사회주의사상의 발전에 크게 이바지했다는 사실을, 특히 유물사관과 잉여가치설을 창안함으로써 역사의 발전과 자본주의사회의

혁명적 변화를 가져오게 한 사실을 높이 평가했다. 그는 찰스 다윈Charles Darwin이 자연현상에서 진화론을 발견함으로써 자연과학을 한 차원 높게 발전시켰듯 마르크스가 사회현상에서 유물사관과 잉여가치설을 발견함으로써 사회과학을 한 차원 높게 발전시켰다는 취지의 발언도 했다. 그리고 "마르크스는 어느 무엇보다 혁명주의자였다"는 말로 조사를 끝냈다.

마르크스의 1주기 날에는 참으로 많은 지지자들이 모여들었다. 5~6천 명의 지지자들이 마르크스를 추모하는 깃발을 들고 하이게이트공동묘지로 몰려갔다. 그러나 공동묘지 입구에는 5백여 명의 경찰관들이 지켜 서서 그들의 입장을 막았다. 그래서 마르크스의 유일한 생존 자녀인 딸 엘리너Eleanor조차 들어갈 수 없었다. 이러한 일은 마르크스의 기일 때마다 매년 일어나곤 했다. 그러나 엥겔스와 엘리너는 조용히 개인자격으로 방문해 무덤 주변에 나무를 심기도 했고 장미를 키우기도 했다.

무덤조차 거부한 엥겔스

마르크스가 죽은 뒤 헬레네 데무트는 엥겔스의 가정부가 됐다. 그녀는 슬픔 속에서도 마르크스의 사생아인 프레데릭의 정기적 방문에서 위안을 찾곤 했다. 그녀는 마르크스가 죽은 지 7년 뒤인 1890년 11월에 갑자기 죽었다. 엥겔스는 그녀를 마르크스의 묘지에 묻어주었다. 엥겔스는 그 후 12년을 더 살며 마르크스의 유작들을 편집하는 일에 주력했다. 우선 『자본』 제2권을 편집했으며, 마르크스가 남긴 골격에 자신의 연구를 덧붙여 『자본』 제3권을 준비했다. 『자본』에 대해 엥겔스가 이바지한 몫이 어느 정도인가에 대한 연구는 학계에서 아직 나오지 않았다.

이처럼 마르크스의 유작을 정리하는 일에 많은 힘을 쏟으면서도 엥겔스는 마르크스와 마르크스주의를 옹호하는 글들을 쓰는 데도 많은 시간을 바쳤다. 엥겔스의 이름 아래 1884년에 출판된 『가족과 사유재산 및 국가의 기원*Der Ursprung der Familie, des Privateigenthums und des Staats*』도 모건 L. H. Morgan이 1877년에 출판한 『고대사회*Ancient Society*』에 대한 마르크스의 설명과 평가에 바탕을 둔 것이었다.

이러한 활동을 하는 엥겔스는 사람들이 보기에 마르크스의 하나뿐인 후계자임이 분명했다. 엥겔스는 물론 그 점을 기뻐했다. 어떤 사람들은 엥겔스의 업적을 마르크스의 업적보다 높게 보기도 했다. 이 점과 관련해 엥겔스는 "마르크스가 살아 있을 때 나는 과소평가되기도 했다. 그러나 그가 죽은 뒤 나는 확실히 과대평가되고 있다"라고 웃으며 말하기도 했다.

엥겔스는 자신의 신념에 충실해 어느 공장의 여공과 20년 가까이 부부로 살았다. 그녀는 아일랜드 출신의 메리 번즈 Mary Burns로, 1863년에 죽었다. 그러자 그는 메리의 여동생과 부부처럼 15년 동안 함께 살았다. 그녀가 죽게 되자 그는 임종의 자리에서 정식으로 결혼했다. 그녀를 기쁘게 해주기 위해서였다. 엥겔스는 식도암으로 1895년 8월 6일에 향년 75세로 죽었다. 엥겔스는 자신의 유산 가운데 상당히 많은 부분을 마르크스의 유족에게 주었으며, 그 덕분에 그들은 평생 처음으로 안정되게 살 수 있었다. 엥겔스는 자신을 화장해서 유해를 바다에 뿌리라고 유언했고, 그 유언은 충실히 지켜졌다. 그는 무덤조차 거부했던 것이다.

엘리너는 사회민주동맹의 활발한 맹원으로 남아 사회주의의 전파를 위해 글을 쓰고 강연하곤 했다. 그녀는 마르크스가 죽은 지 1년 뒤인 1884년에 유부남인 에드워드 에이블링 Edward Aveling 박사를 만났다. 그는 아주 못생겨서 당시 런던의 사교계에는 "에이블링처럼 못생긴 사람이 또 어디에 있을까"라는 말이 유행했다. 그러나 대중집회에서건 소수가 모인 자리에서건 또는 일대일의 자리에서건 워낙 말을 멋있게 잘해 사람들을 끄는 힘을 갖고 있었다. "어떤 미녀 앞에 미남과 에이블링을 세워놓고 미남에게 10분을 주고 에이블링에게는 30분을 주면 그 미녀는 에이블링을 선택할 것이다"라는 말이 나돌 정도였다. 그런 사람이었으니 엘리너가 그에게 끌렸던 것도 당연한 일이었는지 모른다. 어떻든 그녀는 곧 그의 정부情婦가 됐다.

두 사람은 이념적으로 굳게 결합되어 있었다. 그러나 사회정의감이 강해 공산주의활동에 헌신한 에이블링은 돈과 여자에 대해서만큼은 양심이 없는 사람이었다. 그래서 자신의 부인이 죽은 뒤에도 엘리너를 정식 부인으로 받아들이지 않고, 가명을 만든 뒤 자신의 신분을 감춘 채 어린 소녀와 비밀리에 결혼했다. 13년 이상 그의 정부로 살아왔던 엘리너는 낙담했다. 결국 그녀는 1898년 3월 31일에 자살했다. 그녀는 화장됐다. 그러나 에이블링은 그녀의 유해를 받아들이기를 거부했다. 그래서 사회민주동맹이 그녀의 유해를 보관하다가 마르크스기념도서관에 넘겼다.

마르크스묘지의 내력

1955년에 영국공산당은 마르크스의 기념물을 공동묘지 안에 세우기로 결정하고 그 결정을 실천하기 위해 '마르크스기념물기금'을 발족시켰다. 1956년에는 하이게이트공동묘지 동부지역의 동북쪽으로 난 넓은 길 한 모퉁이에 마르크스를 위한 새 묘지가 장만됐다.

원래 무덤에 묻혀 있던 가족들의 유해, 그리고 엘리너의 유해가 함께 이 새 묘지로 옮겨졌다. 그리고 조각가 로렌스 브래드쇼Laurence Bradshaw가 화강암으로 대좌臺座를 세우고 청동으로 마르크스의 두상頭像을 주조했다. 원래의 무덤 앞에는 묻혀 있는 사람들의 대리석 이름판이 세워져 있었다. 사람들은 이 이름판을 이곳에 옮겼으며, 거기에 엘리너의 이름을 덧붙여 새겼다.

마르크스의 새 묘비는 그의 73주기가 되는 1956년 3월 14일에 공개됐다. 제막식에는 마르크스의 증손자 두 명을 포함해 약 2백 명이 참석했다. 묘비의 상단에는 『공산당 선언』의 마지막 문장인 "모든 나라의 노동자들이

여, 단결하라!"가 새겨졌고, 하단에는 마르크스가「포이어바흐에 대한 테제Thesen über Feuerbach」에서 쓴 문구인 "철학자들은 여러 방법을 통해 세계를 해석하려고만 해왔다. 그러나 문제의 핵심은 세계를 변화시키는 것이다"가 새겨졌다.

이 새로운 마르크스의 무덤에 묻힌 사람은 모두 여섯 명이다. 마르크스, 마르크스의 아내 예니, 마르크스의 정부인 헬레네 데무트, 마르크스의 셋째 딸 엘리너, 마르크스의 큰딸인 예니 롱게의 첫째 아들인 찰스 펠리시엔 마르크스 롱게Charles Felicien Marx Longuet, 예니 롱게의 셋째 아들인 해리 롱게Harry Longuet 등이다. 예니 롱게의 둘째 아들인 장 롱게Jean Longuet는 뒷날 프랑스에서 사회당의 좌파지도자가 된다. 그는 제1차 세계대전이 일어나자 반전평화운동을 전개했다. 그의 아들, 그러니까 마르크스의 증손자 로베르 장 롱게Robert Jean Longuet는 프랑스가 군사점령한 모로코에서 출판활동을 통해 프랑스군정을 반대함과 아울러 모로코사람들의 권익을 옹호했다.

마르크스의 무덤 바로 옆에는 중미의 작은 나라인 트리니다드토바고 출신의 여성혁명가 클라우디아 베라 존스Claudia Vera Jones의 무덤이 있다. 1915년에 서인도제도 최남단의 섬인 트리니다드에서 흑인으로 태어난 그녀는 49세의 한창 나이로 1964년에 런던에서 죽을 때까지 인종주의 및 제국주의와 싸웠다.

앞에서도 말했듯, 마르크스주의가 소련을 비롯한 공산주의국가들의 공식적 이데올로기로 채택되어 있던 때 마르크스의 무덤에는 참배객이 줄을 이었다. 공산국가들의 당과 정부 요인들이 영국을 방문하는 경우, 그들은 대체로 마르크스의 무덤에 참배한 뒤 헌화하곤 했다. 그러나 하나의 통치이데올로기로서의 공산주의가 붕괴된 뒤 마르크스의 무덤도 형편이 바뀌었다. 참배객이 끊기다시피 한 것이다. 뿐만 아니라 마르크스는 그에게 모욕적이라고 할 수 있는 재담의 대상으로 전락하기도 했다. 다음과 같은 재담이 그 보기이다. "독일은 두 개의 마르크스를 창조했다. 하나는 사상가 마르크스이고, 다른 하나는 독일화폐 마르크를 복수로 표시한 마르크스다. 그런데 사상가 마르크스를 따라간 쪽은 모두 망했고 화폐 마르크스를 따라간 쪽은 모두 흥했다." 다음과 같은 재담도 있다. "마르크스를 따라간 쪽은 모두 망했다. 그러나 그의 대표 저작 이름 그대로 자본을 따라간 쪽은 모두 흥했다."

마르크스가 부활해 남북한을 방문한다면

그렇다고 해서 마르크스의 철학이 역사적으로 부정됐다고 말할 수 있을까? 마르크스의 공산주의사상은 오늘날의 현실세계에서 하나의 통치이념으로서는 분명히 거부됐다. 아니, 마르크스의 이론체계를 형성하는 이론들 가운데 많은 이론들이 오류를 지녔다고 세계적 석학들이 이미 논파했다. 그러나 궁핍과 불평등에 희생된 불우한 사람들을 구제하겠다는 인간주의적이면서 종교적인 철학이 여전히 하나의 이념, 하나의 사상으로서 힘을 발휘하고 있음을 고려한다면, 마르크스의 철학 그 자체가 매장됐다고 말하는 것은 시기상조가 아닐까?

영국의 세계적 철학자 버트런드 러셀Bertrand Russell 경이 이미 지적했듯, 마르크스의 철학을 감싸고 있는 일반적인 분위기는 자기희생적이면서 순교자적인 구세사상救世思想이라는 점이다. 가난과 질병에 시달리는 사람, 천대와 불평등에 시달리는 사람, 제도적 폭력과 구조적 모순에 시달리는 사람을 국가나 정부 또는 사회가 구제해주지 못한다는 느낌이 확산된 사회에서는 나를 희생해서라도, 내 한 몸을 죽여서라도, 그들을 구제하는 데 도움을 주겠다는 비장한 메시아주의Messianism가 출현하게 된다. 마르크스의 철학에서 그 순교자적 메시아주의의 분위기가 사라지지 않는 한, 그리고 사회가 그 순교자적 메시아주의를 수용하는 한, 마르크스의 철학은 역사의 무덤 속으로 쉽게 매장되지는 않을 것 같다. 이렇게 볼 때, 마르크스철학에 대한 심판은 현재진행형이라고 하겠다.

여기서 잠시 여담이지만 중요한 토론 주제를 제시하고자 한다. 그것은 북한의 상표인 주체사상의 대표적 이론가였다가 대한민국으로 귀순한 조선로동당 중앙위원회 비서국 국제담당비서 황장엽黃長燁과 관련된다. 황장엽이 망명한 직후 국내의 몇몇 신문들에는 다음과 같은 내용의 기사가 실렸다. 황장엽이 지난 1995년 11월에 영국공산당의 초청을 받아 런던을 방문했을 때 공식일정을 마치고는 마르크스의 묘지를 찾아가 헌화한 뒤 "마르크스 선생, 당신의 사회주의는 이미 어느 곳에도 남아 있지 않소. 어떤 길로 가야 할지 모르겠소"라고 독백했다는 것이다. 이것은 이때 그를 안내했다가 1개월 뒤 대한민국으로 귀순한 최세웅崔世雄이 전한 말로, 조선로동당에서 국제금융업무를 위해 이미 몇 해째 런던에 파견됐던 최세웅은 무척 당황했었다고 한다.

황장엽의 독백에는 북한이 마치 마르크스사회주의사상을 따랐던 것 같은 뜻이 함축되어 있다. 그렇다면 북한의 사회주의는 마르크스철학에 충실한 사회주의였을까? 아니다. 북한의 사회주의는 봉건왕조체제를 합리화한 전체주의적 독재주의의 한 변종에 지나지 않는다. 마르크스의 인간주의적 사회주의는 북한의 1인우상숭배적·세습주의적 독재주의와는 거리가 너무나 멀다.

하나의 가정을 제시해본다. 만일 마르크스가 부활해서 남북한을 순방했다고 치자. 그는 남과 북에 대해 어떤 점수를 줄까? 저자의 생각으로, 그는 남도 북도 모두 비판할 것이다. 그러나 점수는 상대적으로 남에 후하게 줄 것이다. 북에 대해서는 "더 이상 나를 연결시킴으로써 내 이름을 더럽히지 말라"고 질타할 것이다. 북한도 내면적으로는 그 점을 깊이 깨달았던 것인지, 이미 1980년대 이후 자신을 마르크스에 연결시키지 않고 있다.

최초의
사회주의국가 건설자

02

블라디미르 레닌

1. 혁명가가 되기까지

사회주의 선구자들의 기념비

러시아의 수도 모스크바의 붉은 광장에는 크렘린궁전이 서 있다. 이곳은 소련의 정상급 권력자들이 집무하던 곳으로 오늘날에도 러시아의 대통령이 이곳에서 국사를 처리한다. 이 크렘린궁전의 정면을 바라보는 위치로부터 오른쪽으로 걸어가다 왼쪽으로 돌아서면, 20명 정도의 사람 이름이 러시아어로 줄줄이 새겨진 키 큰 기념비를 보게 된다. 이 기념비가 바로 세계적 사회주의자들의 추념비다. 그렇다고 해서 그들 개개인의 무덤이 그곳에 있는 것은 아니다.

이 기념비의 화려한 명단은 우선 마르크스와 엥겔스로 시작한다. 그 두 거장의 이름은 곧 마르크스의 선배들로 이어진다. 여기에 기록된 마르크스의 선배들은 흔히 '유토피아적 사회주의자' 또는 '공상적 사회주의자'라고 불리는 평등주의사상가들이다.

우리가 잘 알고 있듯, 19세기에 들어서서 영국을 비롯한 유럽의 여러 나라들에서 산업혁명이 진행되자 국가의 생산력과 재부財富는 빠른 속도로 커졌다. 그러나 기계가 발달하고 널리 보급되면서 생산의 많은 부분을 기계가 맡게 되자 노동자들의 임금은 자연히 낮아졌다. 게다가 공장이 도시를 중심으로 세워지자 노동자들이 도시로 몰려들었고, 노동자들의 임금은 더욱 낮아졌다. 산업혁명이 재부의 절대적 증가를 가져온 것도 사실이지만, 경제적 불평등을 깊게 만든 것도 사실이었다.

이러한 상황에서 이른바 유토피아적 사회주의자들이 나타났다. 프랑스의 프랑수아 바뵈프François Émile Babeuf(1760~1797)와 클로드 앙리 드 루브루아 생-시몽Claude Henri de Rouvroy Saint-Simon(1760~1825) 및 프랑수아 푸리에François Marie Charles Fourier(1772~1837), 그리고 영국의 로버트 오언Robert Owen(1771~1858) 등이 바로 그 대표적인 사람들이다. 그들은 사회주의적인 이념과 제도를 구상하고 그러한 것들을 통해 불평등문제를 해결해보고자 했다. 그러나 그들의 노력은 현실적으로 열매를 맺지 못했다.

이 기념비의 명단은 이어 마르크스의 동시대인들과 후배들로 이어진다. 마르크스가 때로는 제휴했고 때로는 반목했던 독일의 페르디난트 라살레 Ferdinand Lassalle(1825~1864), 『빈곤의 철학』이라는 저서를 통해 사유재산의 폐지를 주창한 공산주의자였으나 마르크스로부터 철학이 빈곤하다는 이유로 비판을 받아야 했던 프랑스의 피에르-조제프 프루동, 무정부주의혁명가로 평생을 유형지와 감옥에서 보내다시피 한 러시아의 미하일 바쿠닌, 러시아인민주의의 이론적 정립자이면서 행동가였던 니콜라이 체르니셰프스키 Nikolay Gavrilovich Chernyshevsky(1828~1889), 그리고 '러시아마르크스주의의 아버지'로 추앙되던 게오르기 플레하노프Georgi V. Plekhanov(1856~1918)

의 이름도 물론 새겨져 있다. 소련건국의 아버지인 블라디미르 레닌Vladimir Ilyich Lenin이 사회주의혁명의 스승으로 모셨던 사람이 바로 플레하노프였다.

한편 레닌과 동시대인으로 프랑스에서 사회주의운동과 반전운동을 이끌다가 프랑스국수주의자 손에 암살된 장 조레스Jean Léon Jaurès(1859~1914)의 이름도 새겨져 있다. 그는 우리나라에는 덜 알려진 사람이지만 국제사회주의운동계에서는 원로로 추앙받고 있다. 그는 『위마니테 I' Humanité(인간성)』라는 사회주의적 일간지의 창간인으로, 그리고 『프랑스혁명의 사회주의 역사Histoire socialiste de la Révolution française』의 저자로도 명성이 높았다.

조레스의 무덤은 파리의 판테옹국립묘지 안에 있다. 판테옹에는 프랑스가 자랑하는 명사들 중의 명사들만 묻힐 수 있는데도, 그는 오랜 기간 일반인들에게 잊혀 있었다. 그러나 프랑스대통령에 당선된 사회당 당수 프랑수아 미테랑François Mitterrand이 대통령 취임식 직후인 1981년 5월 21일에 붉은 장미 한 송이를 들고 판테옹을 찾아가 그의 무덤에 바침으로써 조레스는 세계의 많은 사람들에게 상기됐다.

세계공산주의운동사를 한눈에 파악할 수 있는 이 기념비를 찾는 사람은 공산주의가 몰락한 오늘날에는 드물다. 이 기념비가 세계적 사회주의자들을 추념하기 위해 세워졌다는 사실을 아는 사람이 러시아 안에서조차 아주 적다고 안내자는 말했다.

형의 처형에 자극받아 혁명가가 된 레닌

이 사회주의자들의 추념비는 말하자면 크렘린궁전의 정면에 자리 잡은 레닌국립묘지의 전주곡이자 예고편이다. 마르크스를 계승하고 마르크스주의를 실천해 인류 최초의 사회주의국가를 세운 혁명가가 바로 레닌이었다고 지난날 소련의 국가이념을 설명하고 옹호하며 전파하는 이론가들이 설명했기 때문이다.

레닌의 생애에 대해서는 저자가 1999년에 펴낸 『러시아 혁명사』 수정증보판에서 비교적 자세히 다뤘으므로 이 책에서는 간략하게 설명하기로 한다. 다만 그의 무덤의 의미를 이해하는 데 필요한 범위 안에서 다시 설명하기로 한다. 레닌은 볼가강 남쪽 하류의 타타르 지역에 속하는 심비르스크라는 작고도 가난한 도시에서 1870년 4월 22일에 태어났다. 아버지는 몽골족 계통의 피를 받아 교사로 입신해서 나중에는 성省의 장학관으로 승진했으며, 제정러시아에 충성을 다한 교육공무원이었다. 어머니는 독일계 여성으로 교양이 높았으며 가정과 자녀의 교육에 모든 것을 바친 전형적인 현모양처였다.

레닌의 원래 이름은 블라디미르 일리치 울리야노프Vladimir Ilyich Ulianov였고, 형의 이름은 알렉산드르 일리치 울리야노프Aleksandr Ilyich Ulianov였다. 두 사람은 모두 심비르스크고등학교를 각각 1등으로 졸업할 정도로 우수했고 성실했다. 형 알렉산드르는 어머니를 닮아 콧날이 오뚝 서고 얼굴이 각지며 피부색이 흰 전형적인 코카시안Caucasian 미남이었다. 성직자같이 엄숙한 알렉산드르의 용모를 보고 그가 뒷날 혁명가가 되리라고 예감했던 사람은 없었다. 반면에 아버지를 닮은 레닌은 코가 납작하고 광대뼈가 나왔으며 얼굴색이 누런 전형적인 몽골족 후예였다. 그의 얼굴에서도 그가 세계적 혁명가가 되리라고 예고할 수 있는 특징은 없었다.

그러나 고등학교 시절에 상황은 일시에 바뀌었다. 수도 상트페테르부르크에 자리를 잡은 제정러시아학계의 정점인 상트페트르부르크대학교의 자연과학대학에 진학한 형 알렉산드르가 그때 대학생들을 사로잡은 반체제사상을 받아들여 황제암살사건에 가담했으며 특히 황제를 암살하는 데 쓰일 폭탄을 만든 것이 밝혀져 1887년에 처형된 것이다. 알렉산드르는 죽음을 조금도 두려워하지 않고 당당하게 자신과 자신의 동지들의 뜻이 정당함을 강조해 판사들까지도 감동시켰다. 레닌의 어머니도 감동을 받았으며 레닌도 나름대로 큰 충격을 받아 혁명가의 길에 들어서기로 결심한다.

레닌에게는 물론 연좌제가 적용됐다. 그래서 대학진학에 제한이 따랐다. 그러나 어머니가 천신만고로 노력한 끝에 카잔대학교 법과대학을 졸업할 수 있었고, 만 23세이던 1893년에 마침내 상트페테르부르크에서 변호사로 입신할 수 있게 됐다. 그렇지만 레닌은 법률에는 관심이 없었다. 그 대신에 이미 제정러시아에 흘러들어온 마르크스주의의 연구에 힘을 쏟았고, 그리하여 스스로 마르크스주의자로 행세하게 됐다. 그는 우선 마르크스주의에 입각해서 "농촌으로 돌아가 농민들을 북돋아 농민혁명을 일으킨다"는 취지의 인민주의를 논파한 데 이어, "노동자들의 경제적 형편을 개선시키는 방향으로 노동운동을 이끄는 것으로 충분하며 정치투쟁은 하지 않는 것이 좋다"는 취지의 경제주의를 논파했다. 이로써 그는 20대의 청년으로서 '러시아에서 제일가는 마르크스주의이론가'라는 평을 듣게 됐다.

레닌은 곧바로 노동운동에 뛰어들어 상트페테르부르크에서 최초의 마르크스주의자 노동운동단체를 조직했다. 이때 평생의 반려가 될 나데즈다 콘스탄티노브나 크룹스카야Nadezhda Konstantinovna Krupskaya를 만나 결혼하게 된다. 레닌보다 한 살 위로 교육학을 전공하던 투박한 인상의 이 여자 역시 반체제적 노동운동가였다. 이들의 결혼은 그 후 혁명가들에게 하나의 이상적 부부상이 된다. 정치적 신념과 개인적 애정을 함께 나눌 수 있는, 말하자면 운동권에 함께 속한 남녀의 결합을 그들은 이상화했던 것이다.

레닌은 곧 체포되어 1895년에 상트페테르부르크에 있는 '피터 앤드 폴 Peter and Paul' 요새 감옥에 수감됐다가 시베리아로 유형됐다. 그는 유형지에서 『러시아에서의 자본주의의 발달The Development of Capitalism in Russia』이라는 책을 썼다. 이 책은 철저히 마르크스주의적 분석에 바탕을 두었다. 마르크스는 어느 한 나라에서 프롤레타리아혁명이 일어나려면 자본주의가 일정한 수준으로 발달해 있어야 한다고 강조했다. 그래서 러시아의 혁명가들은 러시아에서는 자본주의가 어느 수준에 도달했는가를 알아보는 데 힘을 쏟았는데, 레닌은 이 책을 통해 러시아에서도 공장노동자들이 프롤레타리아혁명을 일으킬 만큼의 수준으로 자본주의가 발달해 있다고 주장함으로써 러시아혁명가들에게 용기를 심어준 것이다.

2. 레닌주의이론을 정초하다

『이스크라』 창간과 레닌주의의 탄생

레닌이 유형지에서 풀려나 상트페테르부르크로 돌아온 때는 그가 만 30세이던 1900년이었다. 그는 곧바로 유럽으로 망명했다. 그는 여러 곳을 전전했는데, 유럽에 망명해 살던 러시아의 대표적 지도자인 플레하노프를 '혁명의 스승'으로 받들고 1900년 12월에 주간지 『이스크라Iskra』를 창간하는 데 성공했다. 그리고 대체로 이 무렵부터 레닌이라는 필명을 쓰기 시작했다.

이스크라는 러시아말로 '불꽃'이라는 뜻이다. 그는 이 신문이 제정러시아를 무너뜨리는 혁명의 불꽃이 돼야 한다는 믿음 아래 이 신문을 반反차리즘tsarism적이고 반체제적인 논설들과 기사들로 가득 채웠다. 레닌은 곧 이 신문을 정기적으로 러시아에 밀반입하는 몇 갈래 통로들을 확보하는 데도 성공했다. 이 성공이 갖는 의미는 컸다. 러시아의 혁명가들 사이에서 『이스크라』의 노선을 따르고 또 레닌을 따르는 혁명가들이 꽤 많이 나타났던 것이다. 레온 트로츠키Leon Trotsky 같은 20대 혁명가가 유형지를 탈출해 『이스크라』를 찾아온 것도 이 신문을 읽고 혁명에 대한 결심을 다졌기 때문이었다. 이오시프 스탈린Iosif Vissarionovich Stalin 역시 이 신문을 읽고 레닌의 지지자가 된다. 이렇게 볼 때 『이스크라』의 창간은 레닌이 유럽으로 망명한

때로부터 '10월혁명'을 통해 집권할 때까지 17년 동안 일관되게 계속되는 그의 혁명투쟁사에서 첫번째로 중요한 사건이 된다.

정열적인 저술가였던 레닌은 『이스크라』를 통해 참으로 많은 논설들을 발표했다. 그것들 가운데 중요했던 것들이 「우리 운동의 긴급한 과제」와 「시작해야 할 시점」이었다. 그는 이 두 논설을 확대해 1902년에 저 유명한 『무엇을 할 것인가 What Is To Be Done?』라는 작은 책을 펴냈다. 이 작은 책이 제시한 이론들이 바로 레닌주의 또는 볼셰비즘의 뼈대를 형성한다. 따라서 이 이론들을 이해하는 것은 레닌주의를 이해하는 데 매우 중요하다.

이 작은 책은 무엇보다 차리즘의 타도를 위한 직업적 혁명가들의 비밀스럽고 음모적인 지하정당의 결성을 제의했다. 하루 24시간 내내, 1주일 7일 내내, 1년 365일 내내 오로지 차리즘의 타도와 공산주의세계의 확립을 위해 헌신할 직업적 혁명가들, 달리 표현해 혁명을 자신의 직업으로 선택한 운동가들이 비밀리에 정당을 만들어 음모의 방식을 통해 차리즘을 폭력적으로 타도해야 한다는 것이다. 레닌은 이 정당을 '프롤레타리아계급의 전위대'라고 불렀다.

이 대목에서 중요하게 지적돼야 할 것이 있다. 쉽게 말해, 레닌의 이 이론은 엄밀하게 말해 마르크스이론으로부터의 이탈이라는 사실이다. 마르크스는 자본주의의 발달이 어느 일정한 수준에 도달하면 자본가계급과 무산계급 사이의 모순이 폭발해 무산계급의 혁명이 반드시 일어난다고 예언했다. 이것은 그가 혁명의 객관적 조건을 중시했음을 뜻한다. 그래서 마르크스 이후의 사회주의혁명가들은 그 나라에서 자본주의의 발달이 어느 단계에 도달했느냐를 분석하는 데 힘을 쏟았다. 그런데 레닌은 혁명의 객관적 조건보다 혁명가들의 주관적 의지를 중시한 것이다. 혁명의 객관적 조건도 중요하지만, 혁명을 반드시 일으켜 성공시켜야 한다는 혁명가의 의지가 더욱 소중하다고 본 것이다.

트카초프의 폭력혁명론을 받아들이다

레닌의 이 이론은 새로운 것이 아니었다. 제정러시아의 또 한 사람의 과격한 혁명가인 표트르 트카초프Pyotr Nikitich Tkachov가 이미 이 이론을 제시했었는데, 정통마르크스주의자에 의해 폭력혁명론이라고 배척받던 그의 이론을 레닌이 좀더 정교하게 다듬었던 것이다. 그러면 트카초프는 어떤 사람이었고 그의 폭력혁명론은 구체적으로 어떤 내용을 지녔던 것인가?

1844년에 지주의 아들로 태어난 트카초프는 레닌의 또 다른 스승이었다. 레닌보다 26년 연상이었던 그는 폭력혁명론을 러시아의 실정에 맞게 이론적으로 정립한 혁명가였다. 그는 레닌이 16세이던 1886년에 망명지 파리에서 42세로 죽었다. 레닌은 일생 동안 한 차례도 트카초프와 만난 일이 없었고 편지를 주고받은 일도 없었다. 그러나 레닌은 트카초프가 쓴 『혁명과 국가』라는 책을 읽은 뒤에 그것에 심취해 폭력혁명론을 사실상 그대로 받아들여 실천했다. 레닌이 창도한 볼셰비즘의 연원을 트카초프에서 찾는 학자들이 적잖은 까닭이 거기에 있다. 레닌은 10월혁명이 성공한 직후인 1918년에 『국가와 혁명The State and Revolution』이라는 책을 출판하는데, 그 책의 이름은 물론 트카초프의 『혁명과 국가』에서 따온 것이다.

그렇다면 트카초프의 이름은 앞에서 말한 사회주의자의 기념비에 올라 있을 것으로 짐작된다. 그러나 막상 찾아보니 없었다. 레닌 역시 폭력혁명론자였지만, 마르크스의 과학적 사회주의를 계승했다고 주장하는 레닌으로서는 단순한 폭력혁명론자를 자신의 스승으로 공인하고 싶지 않았다. 그러했기에 트카초프는 소련의 공식적 공산주의역사에 기록될 수 없었고 따라서 기념비에도 새겨질 수 없었던 것이다. 트카초프는 무덤도 갖지 못한 불운의 혁명가였다. 죽은 직후에 망명동지들이 파리의 동남부 교외에 있는 이브리 마을의 한 공동묘지 한 구석을 전세로 얻어 묻어주었지만 전세 계약기간 5년이 지난 뒤에는 영구매장비 500프랑을 지불할 수 없어서 파헤쳐졌기 때문이다. 그의 유골만이 이 공동묘지의 납골당에 보관돼 있다.

다시 주제로 돌아가기로 하자. 그러면 레닌은 『무엇을 할 것인가』에 제시한 자신의 혁명이론 또는 당조직이론을 어떻게 활용했나? 그는 1903년에 처음에는 브뤼셀에서, 이어 런던에서 열린 러시아사회민주노동당 제2차 대회에 이것을 제시하고 이 당의 공식강령으로 채택시키려 했다. 그러나 마르크스주의의 정통성을 지키는 핵심적 지도자로 자처하던 플레하노프가 반대했다. 플레하노프는 레닌의 이론은 혁명의 주체가 돼야 할 일반대중을 무시한 음모적 엘리트들의 쿠데타를 의미할 뿐이며 만일 레닌방식의 쿠데타가 성공해 새로운 정권이 서게 되면 그 정권은 결국 민중을 탄압하는 독재정권으로 전락할 것이라고 반박했다. 그의 예언자적 반박은 뒷날 소련에서 현실로 나타난다.

볼셰비키를 이끌다

레닌과 플레하노프의 대립은 레닌으로 하여금 자신을 지지하는 세력만으로 볼셰비키파를 만들게 하는데, 이것을 '볼셰비키의 러시아사회민주당'이라고 불렀다. 그리고 볼셰비키당의 창당이 레닌에게 해외망명혁명투쟁사에서 두번째로 중요한 사건이 된다. 이때가 레닌이 30대 초반이던 1903년과 1904년 사이였다. 다른 한편으로 레닌의 노선에 반대하는 세력은 곧 멘셰비키파를 형성했다. 이것을 '멘셰비키의 러시아사회민주당'이라고 불렀다. 그들은 대중에 기초하고 대중이 주도하는 공개적인 혁명을 옹호했다. 레닌의 노선이 혁명가들이 위에서 아래로 내려가는 엘리트형 혁명을 제시한 것이라면, 멘셰비키의 노선은 아래에서 위로 올라가는 대중중심형의 혁명을 제시한 것이었다.

'볼셰비키'는 러시아어로 '다수'라는 뜻이고 '멘셰비키'는 '소수'라는 뜻이다. '볼셰비키' 와 '멘셰비키' 는 복수형이고, '볼셰비크' 와 '멘셰비크' 는 단수형이다. 레닌과 플레하노프가 대결했을 때 레닌은 여러 가지 책략을 써서 잠시 다수를 형성했었고 결과적으로 플레하노프는 잠시 소수를 형성했었다. 상징조작에 밝은 레닌은 그것을 이용해 자기 지지세력을 볼셰비키라고 부르고 플레하노프의 지지세력을 멘셰비키라고 불렀다. 그러나 앞에서 지적했듯, 그가 다수를 형성했던 것은 잠시였을 뿐, 그 후에는 언제나 소수파가 된다. 그런데도 그는 볼셰비키라는 이름을 끝까지 지켜 마치 자신이 언제나 다수파의 지도자인 듯한 인상을 대중에게 주고자 했다.

그 후 10년 정도 해외에서 전개된 러시아의 사회주의혁명투쟁은, 그리고 그것에 영향을 받아 러시아 국내에서 전개된 사회주의혁명투쟁은, 단순화시켜 말할 때 볼셰비키파와 멘셰비키파의 대결이라는 측면을 지닌 채 진행됐다. 이 과정에서 레닌은 러시아사회주의혁명투쟁의 주도권을 쥐기도 하고 놓치기도 했다.

러시아사회민주당이 볼셰비키와 멘셰비키로 분열된 지 1년이 지난 1905년은 러시아의 역사와 러시아혁명사에서, 그리고 레닌의 해외망명혁명투쟁사에서 중요한 전환의 해였다. 이해 1월의 어느 일요일에 상트페테르부르크에서 러시아의 너무나 불쌍한 노동자들이 자신의 고통을 호소하고 자비를 얻기 위해 러시아정교의 신부 가폰 Georgy Gapon의 지휘 아래 황제의 겨울궁전으로 평화롭게 행진해 갔다가 집단적으로 학살당한 이른바 '피의 일요일 Bloody Sunday' 사건이 일어났고, 이 사건을 계기로 그해 말까지 전국에서 노동자들의 파업과 투쟁이 벌어졌던 것이다. 그리고 그 과정에서 노동자들이 자신들의 대표를 뽑아 '협의체' 라는 뜻의 소비에트를 구성하고 자신들이 장악한 지역을 그것을 통해 통치했다. 그러한 맥락에서 1905년의 사건들은 1917년에 성공하는 러시아혁명의 예고편이었다.

바로 이 운명의 해인 1905년에 레닌은 망명지 핀란드에서 스탈린을 처음 만났다. 그해 11월의 일이었으니, 레닌이 만 35세 때였고 스탈린이 만 26세 때였다. 레닌은 스탈린을 주목했다. 혁명의 진로를 놓고 혁명가들이 여러 갈래로 나뉘고 노선투쟁이 치열하던 이 시점에, 그래서 뭔가 외롭게 느껴지던 레닌에게, 레닌노선을 적극 지지하는 스탈린의 출현은 무척이나 반가운 일이었던 것이다. 다른 한편으로 '피의 일요일'이라는 새로운 혁명적 역사의 전개 앞에서 볼셰비키와 멘셰비키가 손을 잡은 것도 레닌에게는 적잖은 소득이었다.

3. 제국주의론의 발표와 볼셰비키쿠데타의 성공

제1차 세계대전의 발발과 레닌의 제국주의론 발표

레닌의 해외혁명투쟁사에서 세번째로 중요했던 사건은 1914년에 일어난 제1차 세계대전과 이에 대한 그의 노선 정립이었다. 그가 만 44세 때의 일이었다. 독일의 선전포고로 러시아도 제1차 세계대전에 참전하게 되자 러시아의 사회주의혁명가들 사이에는 애국주의를 옹호하는 세력이 나타났다. 러시아가 비록 차리즘체제 아래 신음하고 있으나, 그래도 조국인 만큼 승전해야 한다는 것이었다. 차리즘의 타도를 평생의 목표로 삼고 해외에서 수십년 동안 투쟁해온 플레하노프조차 조국의 승리를 위해 러시아의 젊은이들은 총을 들어야 한다고 외치기 시작했다. 그러나 레닌은 '혁명적 패배주의 Revolutionary defeatism'의 선두에 섰다. 러시아는 마땅히 패배해야 한다는 것이었다. 러시아뿐만 아니라 제1차 세계대전에 참전한 제국주의국가들이 모두 이 전쟁을 계기로 서로 치고받다가 망해야 한다는 것이었다. 그래야만 각국에서 프롤레타리아혁명이 성공할 수 있고 자본주의체제가 타도되어 새로운 국가가 세워질 수 있다고 그는 주장했다. 그것을 그는 혁명적 패배주의라고 불렀다.

　이러한 배경에서 레닌은 1916년에 『제국주의: 자본주의의 최고단계 Imperialism: the Highest Stage of Capitalism』라는 작은 책을 출판했다. 레닌의 제국주의론이 독창적인 것은 아니다. 그러나 레닌의 많은 저술들 가운데 정치학 또는 국제정치학의 발달에 이바지한 저술을 찾는다면 이 책을 우선적으로 뽑아야 할 것이다. 그러면 이 책은 마르크스주의의 이론적 전개과정에서 어떤 역할을 수행했던가? 이 책은 우선 "자본주의는 반드시 망한다"는 마르크스의 '과학적 이론'이 왜 현실로 나타나고 있지 않은가에 대한 해답을 추구한 중요한 시도였다. 레닌의 대답은 "서구의 자본주의가 제국주의로 변모했기에 망하지 않고 생존하고 있다"는 것이었다. 단순화시켜 말해, 자본주의국가들이 해외에서 제국주의적 침략정책을 써서 식민지들을 확보하고 그곳들을 착취해 얻은 재부財富로써 본국의 노동계급의 불만을 무마하고 있기에 노동계급이 혁명을 일으키지 않아 자본주의가 망하지 않고 생명을 유지하고 있다는 뜻이다.

　『제국주의』가 출판된 때로부터 5년 뒤인 1921년에 이탈리아공산당을 창당하고 무솔리니의 파시스트체제에 대항한 안토니오 그람시는 '문화헤게모니' 이론으로써 자본주의가 쉽게 망하지 않는 이유를 설명한다. 부르주아계급이 '문화헤게모니'를 장악한 채 부르주아계급의 가치관을 강력히 전파하고 있기에 프롤레타리아계급이 거기에 영향을 받아 혁명을 일으키지 않는다는 취지다. 그래서 그람시는 프롤레타리아계급에게 '문화헤게모니'를 장악할 것을 권장했다. 이 이론은 레닌의 제국주의론에 이어 자본주의 존속을 설명한 가장 유력한 이론으로 간주된다.

　이러한 큰 틀 안에서, 레닌의 『제국주의』를 다시 살피기로 한다. 레닌은 자본주의가 가장 높은 단계로 발전한 것을 제국주의라 이름붙이고, 제국주의의 단계에 이르면 그 나라는 해외식민지를 얻지 않고는 국내노동자들의 욕구를 채워줄 수 없으며, 그래서 반드시 식민지획득전쟁을 벌이게 된다고 보았다. "해외에서 식민지를 얻게 되면 식민지를 착취해 국내노동자들의 욕구를 어느 정도 만족시켜주게 되며, 그래서 프롤레타리아계급의 혁명열기를 식히게 된다. 그러나 식민지가 없는 자본주의국가는 그러한 길을 걸을 수 없게 된다. 러시아는 식민지가 없다. 그래서 러시아는 노동자들의 욕구를 앞으로도 만족시켜줄 수 없으며, 바로 그 점 때문에 프롤레타리아혁명의 가능성은 매우 높아진다. 러시아의 패전은 그런 가능성을 더욱 높여준다." 이것이 레닌의 주장이었던 것이다.

이 주장으로부터 레닌은 아시아와 아프리카에 수없이 많던 서구제국주의국가들의 식민지들이 스스로 해방투쟁을 벌이도록 선동했다. 레닌 자신도 제정러시아를 타도하고 사회주의국가를 세운 뒤에는 식민지들의 해방투쟁을 힘껏 지원하겠다고 약속했다. 그의 이 다짐이 아시아와 아프리카의 민족주의자들로 하여금 그를 일종의 구세주로 바라보게 만들었음도 사실이다. 조선의 독립운동가들 가운데 레닌을 지지하거나 추종했던 사람들이 나타났던 원인도 바로 거기에 있다.

1914년의 제1차 세계대전은 실제로 러시아의 차리즘체제에 엄청나게 큰 부담을 주었다. 그리고 그것은 결국 차리즘의 약화를 가져왔고, 1917년 2월에 일어난 부르주아혁명의 중요한 한 원인이 됐다. 이 혁명은 프롤레타리아계급이 아니라 부르주아계급이 주도했기에 부르주아혁명이라고 부른다.

10월혁명의 성공과 소련의 성립

2월혁명으로 차리즘체제가 무너진 뒤 러시아에는 이중권력이 나타났다. 하나는 제정 말기에 구성된 '국가두마Duma,' 곧 의회를 중심으로 형성된, 따라서 부르주아계급이 이끄는 임시정부였다. 다른 하나는 소비에트체제였다. 노동자들, 그리고 노동자들에 호응한 병사들이 각각 자신들의 대표들을 뽑아 협의체, 곧 소비에트를 출범시켰던 것이다. 이 두 개의 권력 가운데 공식적인 권력은 임시정부가 장악하고 있었으나 현실적 권력은 소비에트가 장악하고 있었다.

2월혁명의 소식을 듣고 레닌은 곧바로 귀국했다. 이때 그는 자신이 귀국해 집권하면 독일과의 전쟁을 종결시키겠다고 약속하는 대가로 독일로부터 혁명자금을 받기도 했고, 동지들과 함께 이른바 '밀봉된' 기차편을 얻어 상트페테르부르크의 많은 역들 가운데 하나인 핀란드역에 무사히 내릴 수 있었음은 널리 알려진 사실이다.

귀국한 직후, 레닌은 종횡무진으로 활약했다. 그때 레닌은 만 47세였다. 임시정부는 "모든 권력을 소비에트로"라고 외치는 그의 활동을 제약하고 금지했으며, 그리하여 그는 마침내 다시 해외로 망명하지 않으면 안 됐다. 그래도 그는 좌절하지 않고 볼셰비키가 주도할 쿠데타를 준비했다. 그러나 그의 오랜 혁명동지들이나 후배들 가운데서 그 쿠데타계획에 반대하는 사람들이 나타났다. 그리고리 지노비예프Grigory Zinoviev 같은 혁명가가 대표적인 사람이었다. 그들은 볼셰비키가 쿠데타를 일으켜 집권할 수 있는 여건이 성숙하지 않았다고 주장한 것이다.

이것에 맞서 레닌은 그해 4월에 이른바 '4월테제'를 발표했다. 임시정부를 타도하고 소비에트권력을 세울 여건이 충분히 성숙했다는 것이었다. 그래서 그는 4월테제를 갖고 자신의 동지들부터 끈질기게 설득했다. 이때 지난날에는 멘셰비키에 속하기도 했던 트로츠키가 레닌을 적극적으로 지원했다. 이미 군부에 깊이 침투해 있었던 트로츠키의 지원은 레닌에게 큰 도움이 됐다. 레닌과 트로츠키는 굳게 손잡고 쿠데타를 빈틈없이 추진했다. 마침 임시정부의 권위와 힘은 땅에 떨어질 대로 떨어져 있었다. 그리하여 2월혁명으로부터 8개월 뒤인 1917년 10월에 레닌은 알렉산드르 케렌스키Aleksandr F. Kerensky를 수반으로 하는 임시정부를 타도하고 인류역사상 최초의 공산주의국가체제인 러시아소비에트사회주의연방공화국을 세울 수 있었다. 이것이 그의 해외망명투쟁사에서 중요한 네번째 사건이었으며 정점이기도 했다.

레닌은 소비에트국가를 세우면서 정부를 수립하던 때 장관이라는 이름을 버리고 인민위원이라는 이름을 채택했다. 장관이라는 이름은 부르주아적이라는 것이었다. 그래서 예컨대 외무장관에 해당하는 직함을 외무인민위원이라고 불렀고, 내각을 '인민위원들의 회의'라고 불렀다. 레닌은 인민위원들의 회의, 곧 '소브나르콤Sovnarkom'의 의장이 됐다. 서방식으로 말하면 총리 또는 수상이 된 것이지만 그러한 명칭은 쓰지 않았다.

레닌의 이러한 평민주의적 발상은 당직에서도 나타났다. 그는 '볼셰비키의 러시아사회민주노동당'을 '볼셰비키의 전숖러시아공산당'으로 개칭한 뒤 그 당의 최고결정기관인 정치국 위원들 가운데 한 사람으로 만족했다. 당의 업무가 더 늘어남에 따라 효율적인 집행을 위해 당중앙위원회 안에 총비서(영어로는 General Secretary이고, 이는 서기장으로 번역되기도 한다)라는 직위도 두었지만, 이 직위에 그 스스로는 취임하지 않았던 것이다. 그는 자신이 당에서나 정부에서나 '동료들 가운데 한 사람' 또는 기껏해야 '동료들 가운데 선임자'로 불리는 것에 만족했다. 이러한 취지에서 그가 늘 강조한 것은 동료의식에 입각한 집단지도체제였다.

그러나 레닌이 집권한 기간은 짧았다. 뿐만 아니라 그 기간은 매우 혼란스럽고 위험하기까지 했다. 우선 공산주의와는 양립할 수 없는 제국주의를 대표한 독일과 휴전함으로써 전쟁수행에 따르는 부담에서는 벗어났으나, 볼셰비키정권에 반대하는 여러 세력들과 3년 반 정도에 걸친 내전을 치러야 했다. '전시공산주의'라는 전투적 공산주의 방식으로 경제를 운영하기도 했고, 그것이 경제를 파탄시키기도 했다. 그리고 이런 요인들이 겹쳐 1921년에는 소비에트국가 자체가 위기에 빠지기도 했다. 그래서 그는 자본주의적 요소들을 도입한 '신新경제정책'으로 돌아섰다. 이 두 가지 사례, 곧 독일과의 휴전 및 신경제정책의 채택은 그를 상황에 따라 공산주의 이데올로기에 교조적으로 매달리지 않고 신축적으로 행동한 정치인으로 평가하게 만들었다.

그래도 레닌은 죽기 직전인 1922년 12월에 주변국가들을 정복하고 그 나라들과 소비에트사회주의공화국연방USSR, 곧 소련을 세울 수 있었다. 이로써 그는 '10월혁명의 아버지'일 뿐만 아니라 '소련건국의 아버지'라는 호칭을 듣게 됐다. 이 대목에서 잠시 상기시킬 일이 있다. 그것은 10월혁명이 성공한 직후 레닌정권은 구력舊曆 그레고리 캘린더를 신력新曆 율리우스 캘린더로 바꿨다는 사실이다. 이 신력에 따르면 2월혁명은 3월에 일어난 것이 되고, 10월혁명은 11월에 일어난 것이 된다. 그래서 10월혁명 기념식을 11월에 치르게 되었다.

4. 오랫동안 감춰졌던 레닌의 사망원인

레닌의 '유언'

1917년에 인류역사에서 처음으로 소비에트국가를 세웠으며 1922년에 소련을 세우는 등 어려운 일들을 성취했지만, 레닌은 죽어가고 있었다. 1922년 5월에, 그러니까 겨우 52세의 나이에 뇌출혈로 쓰러진 것이다. 그는 곧 회복됐다. 그렇지만 1922년 12월에 두번째 뇌출혈을 일으켜 반신불수가 된 채 누워 지내야 했다. 그러다가 1924년 1월 21일에 54세의 나이로 집권 6년 3개월 만에 죽었다.

2009년 10월 22일에 영국의 일간지 『데일리 메일 Daily Mail』은 레닌이 중풍이 아니라 매독에 걸려 죽었음을 보여주는 새로운 증거가 나왔다고 보도했다. 영국의 작가 헬렌 라파포트Helen Rappaport가 미국 콜럼비아대학교에서 발견한 문서에 러시아의 저명한 생리학자로 노벨의학상을 수상한 이반 파블로프Ivan Pavlov의 설명이 기록되어 있는데, 이것에 따르면 레닌은 중풍이 아니라 매독으로 신경체계가 마비됐으며 결국 죽었다는 것이다. 파블로프는 "이른바 혁명은 매독이 뇌를 침범함으로써 미친 사람이 된 병자에 의해 성취됐다"고 진술한 것으로 이 문서에는 기록됐다. 레닌의 시신을 부검한 소련의사들도 이 사실을 알았으나 함구령을 받았다고 파블로프는 덧붙였다.

두번째 뇌출혈로부터 죽음을 맞이할 때까지의 13개월 동안 레닌은 크렘린 안의 아파트에 갇혀 살다시피 했다. 아내 크룹스카야와 누이동생 마리아Maria 및 몇몇 비서들만이 그를 곁에서 뒷바라지했다. 이 시기에 이미 후계자의 지위를 둘러싼 권력투쟁이 벌어지기 시작했고, 그동안 레닌의 오른팔 노릇을 하던 스탈린은 레닌에게 등을 돌린 채 독자적 세력을 구축하기 시작했다. 이러한 상황에서 자신의 죽음을 예견한 레닌은 1922년 12월 23일과 1923년 1월 4일 사이에 몇 차례 간격을 둔 채, 1923년 봄에 열리게 될 제12차 당대회에 전달할 자신의 뜻을 비밀리에 받아쓰게 했다. 이 기록이 뒷날 레닌의 '유언'이라고 불리게 된다.

이 '유언'에서 레닌은 당과 국가의 관료화가 빠르게 진행되고 있음을 비판했다. 당과 국가의 관료화가 빠르게 진행됨으로 말미암아, 당과 국가의 봉사대상이 돼야 할 노동자들과 농민들이 당과 국가로부터 소외되고 있음을 아울러 지적했다. 레닌은 후계자가 되려는 야심을 품은 지도자로 스탈린과 트로츠키를 지목하고 두 사람 사이의 권력투쟁으로 당이 분열될지 모른다고 경고하기도 했다. 레닌은 특히 스탈린이 당의 총비서로 선출되자 그가 이 자리를 악용해 자신의 손에 무한대의 권력을 집중시키고 있다고 경고했다. 이 자리는 정치적 자리라기보다는 당의 사무를 총괄하는 사무적 자리인데도, 스탈린이 그 본래의 뜻을 버리고 정치적으로 활용하고 있다고 꾸짖었다. 레닌은 거기서 한 걸음 더 나아가 '아주 거친' 성격의 스탈린을 그 자리에서 해임시킬 것을 제의했다.

레닌은 편지 형식으로 쓴 이 문서의 복사본을 몇 부 만든 뒤 각각 밀봉하고 "비밀임. 레닌에 의해서만, 그리고 레닌이 죽은 뒤에는 그의 아내 나데즈다 크룹스카야에 의해서만 개봉될 수 있음"이라고 써넣었다. 그러나 뒷날 밝혀졌듯, 이 편지는 곧바로 스탈린의 손에 들어갔다. 그래서 스탈린은 레닌의 속셈을 정확히 파악하게 됐고 레닌의 후원을 받지 못한 상태에서 독자적으로 집권하는 길을 구상해 추진하게 됐다.

레닌이 죽었을 때 소련의 수도는 모스크바였다. 1918년 봄에 독일군이 제정러시아의 수도였으며 소비에트러시아의 첫번째 수도인 상트페테르부르크를 포위해 들어오자 수도를 모스크바 대공국大公國의 수도였던 모스크바로 옮겼고, 크렘린을 정부 수뇌들의 집무실로 삼은 것이다. 모스크바 대공국의 이반 3세(1440~1505)가 이탈리아 건축가들을 불러 지은 크렘린은 성채城砦라는 뜻이다.

미라로 보존된 레닌의 시신

레닌이 죽자 소련정부는 성대한 국장을 치른 뒤 급조된 묘소에 그의 유해를 안치했다. 그 후 스탈린이 집권하면서 1930년에 크렘린의 정면에 붉은 화강암으로 레닌국립묘지를 만들고 성대한 의식을 거친 뒤 이 묘지 안에 그의 시신을 안치해놓았다. 스탈린이 이 일을 주도했던 배경에는 정치적 계산이 숨어 있었다. 후계권력투쟁에서 겨우 승리한 그는 이 일을 주도함으로써 자신이 가장 충성스러운 레닌의 제자임을 과시하고 그것을 통해 정통성을 보완하고자 했던 것이다.

이 레닌국립묘지는 한 채의 집처럼 구성됐는데, 소련공산당 중앙위원회 정치국 위원들은 5월 1일의 노동절 기념행사 때나 볼셰비키 10월혁명 기념행사 때 이 집 위에 올라서서 퍼레이드를 벌이는 군대의 사열을 받기도 하고 국민들의 박수를 받기도 했다. 그곳이 마치 자신들의 정통성의 원천인 것처럼 그들은 행동했다.

여기서 지적돼야 할 것은 레닌의 시신은 처음부터 미라로 처리됐다는 사실이다. 그의 시신은 그가 죽을 경우에 대비해 세워놓은 레닌연구소의 과학자들과 의사들의 손으로 그렇게 처리된 것이다. 주로 내과의사와 해부과의사들이 이 작업을 이끌었는데, 그들은 미라제조의 최고권위자들이었다. 그들은 레닌의 시체에서 뇌와 심장 및 허파 등과 같은 내장기관들을 모두 빼냈다. 뼈도 모두 빼내서 레닌의 사체에는 뼈가 하나도 없다. 미라제조의 중요한 부분은 흔히 정수靜水라고 불리는 사체보존액이다. 포르말린이나 글리셀린, 또는 초산칼륨이나 에틸알코올 등이 주된 재료를 이루고 거기에 50가지 정도의 첨가물들을 섞는다. 이러한 것들을 어떤 비율로 어떻게 혼합하느냐에 따라 미라제조의 성패가 좌우된다. 또 피부의 표피를 감싸는 천의 스펙트럼 및 생화학 분석도 중요하다. 물론 레닌의 경우에는 최고의 기술자들이 빈틈없이 일해 아무런 흠이 나타나지 않았다. 레닌연구소는 이렇게 만들어진 레닌의 미라를 계속해서 관리했다. 이 일에는 레닌연구소에 소속된 과학자 및 의사 12명과 레닌국립묘지의 경비대장, 그리고 크렘린의 경비대장만이 참석할 수 있었다.

생구조生構造과학연구센터라고 불리는 레닌연구소는 크렘린에서 러시아 주재한국대사관을 지나 그렇게 멀지 않은 곳에 있다. 이곳을 취재한 황성준黃晟準 박사의 설명에 따르면, 과학자들과 의사들은 머리 쪽으로만 레닌의 시신에 접근할 수 있다. 열쇠를 돌리면 보통 방문객들에게는 공개된 일이 없는 방탄 석관石棺의 문이 열린다. 그다음에는 먼지를 방지하는 문이 열린다. 이어 단추를 누르면 기계장치가 아주 느리게 레닌의 시신을 얹은 침상을 수레 위에 올려놓는다. 일반 방문객에게 공개된 일이 없는 레일을 따라 레닌의 시신이 방 안으로 들어온다. 레닌의 시신은 석관 안의 유리관에 잘 보존되어 있는데, 석관도 그렇지만 매우 투명한 이 유리관은 수류탄을 맞아도 견딜 수 있을 정도로 강하다. 곧바로 의사들은 특별히 살균된 천으로 제작된 천막을 거둔다. 아주 조심스럽게 마스크를 쓴 사람들이 레닌시신에서 노출된 표면인 손과 얼굴에 사체보존액을 바른다. 그러고는 시신에 대한 스테레오카메라의 촬영작업, 시신의 피부 색깔 분석 등을 진행한다.

이처럼 완벽하게 처리해 보존하고 관리해왔기 때문에, 러시아아카데미의 발레리 비코프 교수는 1997년 4월 21일에 "복제기술을 활용한다면 레닌을 현재에 부활시키는 것이 가능하다"고 주장했다. 그에 따르면 "레닌의 세포와 유전자 조합이 원상 그대로 유지돼 있기 때문에 유전자복제기술을 활용하면 레닌을 되살려낼 수 있다"는 것이다. 실제로 그렇게 하기는 어려울 것이다. 그뿐 아니라 누구도 그의 부활을 바라지 않을 것이다.

레닌연구소는 오늘날까지도 미라 제작과 보존에서 세계 최고의 권위를 자랑하고 있다. 이 연구소는 또 옛 소련 시절에는 그 소장이 필요하면 언제든지 곧바로 소련정부의 장관들은 물론 소련공산당 정치국 위원들과 직접 통화할 수 있는 권력기관이기도 했다. 외국의, 특히 공산국가와 제3세계독재국가의 최고권력자들은 죽은 뒤 레닌연구소 제작진의 손으로 미라처리되는 경우가 적잖았다. 체코슬로바키아대통령 클레멘트 고트발트Klement Gottwald(1895~1953), 몽골의 첫번째 공산주의권력자 수흐바타르, 북베트남 국가주석 호찌민, 앙골라대통령 아고스티뉴 네투Agostinho Neto, 가이아나대통령 포브스 버넘Forbes Burnham, 그리고 북한의 김일성이 대표적인 경우다. 미라처리에 소요되는 기일은 적어도 6개월 정도인 것으로 알려져 있으며, 죽은 이의 피부색과 고향의 풍토 등을 모두 고려하면서 만든다고 한다.

계속되는 이장 요구

소련이 해체된 뒤, 다른 연구소들에 대해서는 말할 것도 없지만 레닌연구소에 대해서조차 국가 차원의 지원이 크게 줄어들었다. 그래서 이 연구소의 우수한 인재들이 하나둘 떠나고 있어 오늘날에는 그 명성이나 위세가 많이 약해졌다. 그 영향은 레닌묘지에도 미쳤다. 레닌의 미라를 보존하고 관리하는 데 들어가는 돈은 물론 소련정부가 부담했다. 그런데 소련이 해체된 뒤 러시아정부는 예산부족으로 비용을 제대로 감당하지 못하게 되자 공식적으로 국가보조금을 끊었다. 레닌묘지경비대도 해체했다. 그래서 최근에는 아직도 레닌을 추종하는 사람들이 만든 레닌묘지보존협회가 돈을 거둬 충당하고 있으며, 그러한 만큼 레닌시신보존작업은 지난 시절에 비해 충실하지 못하다.

그러나 레닌국립묘지에 대해 더 치명적인 것은 그것을 폐쇄하고 레닌의 시체를 옮겨야 한다는 정치인들의 주장이 끊임없이 나오고 있다는 사실이다. 특히 공산주의와의 단절을 선언한 러시아연방의 초대 대통령 보리스 옐친Boris Yeltsin은 러시아가 소련과의 단절을 국내외에 과시하려면 소련의 국가적 정통성의 상징물같이 여겨진 레닌국립묘지를 허물고 레닌의 시신을 레닌의 가족들이 묻혀 있는 상트페테르부르크의 공동묘지로 옮겨야 한다고 주장했다. 이 경우에 미라는 땅에 묻히게 되며 사실상 해체된다.

물론 옛 소련공산당을 발전적으로 계승했다고 주장하는 러시아공산당은 보존을 부르짖었다. 그들은 레닌의 역사적 공로를 결코 부인할 수 없다고 주장하면서 유네스코에서도 이미 레닌국립묘지를 '보호해야 할 역사적 기념물'로 선정한 만큼 이제 와서 폐쇄하려는 것은 정치적 음모라고 비난했다. 그들은 옐친의 폐쇄시도를 원천적으로 봉쇄하려고 자신들이 제1당을 형성한 국가두마, 곧 하원에 보존결의안을 내 1997년 6월에 채택시키기에 이르렀다.

그렇지만 레닌의 가족묘지가 있는 상트페테르부르크의 일부 시민들은 1993년 말부터 오늘날까지 레닌시신의 이장운동을 펴고 있다. 소련시대에 레닌을 기념해 레닌그라드라는 이름으로 불렸던, 따라서 레닌에게는 정치적 고향이라고 할 수 있는 상트페테르부르크로 묘지를 옮기자는 것이다. 그러한 제의는 적어도 두 가지 측면에서 타당하다.

첫째, 레닌의 주도로 10월혁명이 일어났던 때 러시아의 수도였던 상트페테르부르크에는 유명한 마르스Mars광장이 있다. 마르스는 로마신화에 나오는 군신軍神의 이름이다. 이 광장에는 10월혁명에 참가했다가 죽은 사람들의 공동묘지와 기념비가 있다. 말하자면 많은 레닌의 지지자들과 추종자들이 이곳에 잠들어 있는 것이다.

둘째, 더구나 레닌의 부모와 누이 및 누이동생도 이 도시의 볼코보(영어의 wolf, 늑대)공동묘지 안에 마련된 레닌가족묘지에 묻혀 있고 그래서 레닌 스스로도 그곳에 묻히기를 바랐던 만큼, 레닌을 그곳으로 합장하면 모두 좋아할 것이라는 주장이다. 이 가족묘지는 스탈린이 죽기 1년 전인 1952년에 새롭게 단장했다.

여기서 한 가지 덧붙이고 싶은 것이 있다. 러시아인들은 사람이 죽으면 땅에 묻혀야 한다는 믿음을 강하게 지녔다는 사실이다. 그래서 그들은 화장을 거부할 뿐만 아니라, 레닌이나 스탈린 같은 권력자들을 미라로 만들 때 마음속 깊이 경멸했다고 한다. 이 점에 유의할 때, 레닌이 미라에서 해방되어 가족공동묘지로 옮겨가게 된다면, 그것은 레닌을 위해서도 바람직한 일이 아닐까?

그러나 러시아정부는 아직 결론을 내리지 않고 있다. 옐친은 하원의 보존결의안이 통과된 이후에도 레닌시신의 상트페테르부르크 이장안을 국민투표에 부치겠다고 공개발언했다. 비록 그렇다고 해도, 레닌의 동상이 마구 파괴되거나 화려한 자리에서 어느 한적한 구석으로 옮겨지는 분위기 속에서 그의 묘지를 받아들이겠다고 선뜻 나선 도시가 있다는 사실은, 그것도 역사적으로 유서 깊은 고도古都가 그렇게 나섰다는 사실은, 레닌을 위해 다행스런 일이다.

이러한 맥락에서 또 하나 덧붙이고 싶은 것은 지난날 공산주의를 채택했던 나라들 가운데 2012년까지 레닌의 동상을 그대로 유지한 나라가 몽골이라는 사실이다. 그러면 몽골은 공산주의를 버리고 시장경제를 도입한 뒤에도 왜 레닌의 동상을 그대로 내버려두었던가? 몽골사람들은 레닌이 몽골인의 피를 받았다고 믿기 때문이라고 한다. 그러한 믿음에는 충분한 근거가 있다. 앞에서 이미 지적했듯이, 레닌의 어머니는 독일계 여성이었으나, 레닌의 아버지는 몽골족의 한 지파인 칼무크족과 타타르족의 피를 함께 받았던 것이다. 아버지의 얼굴을 그대로 닮은 레닌의 두상이며 눈이며 낮은 코며 광대뼈며 대머리가 몽골족에게는 친근하게 느껴지게 마련이고, 그래서 몽골사람들은 자신들의 후예가 한때 세계에서 핵을 보유한 양대 초강대국의 하나인 소련을 건국했다는 사실에 커다란 긍지를 느낀 것이다. 그러나 2012년 10월 14일에, 몽골사람들마저 수도 울란바토르 중심가에 세워졌던 '세계의 마지막 레닌동상'을 철거했다.

레닌의 두 여인

레닌의 미라가 레닌의 가족묘지로 이장된다고 하자. 그렇게 될 때, 레닌의 두 여인의 묘지는 어떻게 될 것인가? 레닌에게는 혁명의 동지이자 합법적인 아내가 있었다. 그녀는 한때 '혁명의 어머니'로 칭송되던 나데즈다 크룹스카야다. 그녀는 레닌이 혁명의 가시밭길에 발을 디디던 때로부터 시작해 그가 크렘린에서 죽을 때까지 혁명의 동지로서, 그리고 무엇보다 아내로서 충실하게 보살폈다. 다만 애석했던 것은 그들 사이에 소생이 전혀 없었다는 사실이다.

그런데 레닌이 병석에 누워 사실상 무능력상태에 빠졌을 때부터 스탈린이 그녀를 괄시하기 시작했다. 그녀가 스탈린의 잔인성과 난폭성을 경계하고 레닌에게 주의를 환기시키는 것을 눈치챘기 때문이다. 스탈린은 심지어 그녀를 모욕하기도 했다. 그 이야기를 듣고 레닌은 격분했다. 그래서 스탈린에게 편지를 써서 그녀에게 사과하도록 요구하면서 만일 사과하지 않는다면 스탈린을 더 이상 동지로 여기지 않겠다고 경고했다. 그런데도 스탈린은 사과하지 않았다. 스탈린은 "제 말을 철회하라면 철회하겠습니다. 그러나 도대체 뭐가 문제인지 모르겠습니다. 제 잘못이 무엇인지 이해할 수 없습니다"라는 답장을 보내는 데 그쳤다. 어떤 학자들은 스탈린의 행동은 치밀하게 계산된 것이라고까지 분석했다. 레닌이 빨리 죽기를 바란 스탈린이 그를 격분시켜 그의 질병을 악화시키고자 했다는 것이다. 레닌이 죽은 직후 스탈린이 레닌을 독살했다는 소문이 나돌았음을 상기할 때, 그러한 분석이 아주 근거가 없는 것만은 아니라고 하겠다.

레닌이 죽고 스탈린이 마침내 소련의 최고권력자가 되자 크룹스카야에 대한 스탈린의 홀대는 더욱 심해졌다. 그녀는 그녀대로 굴복하지 않고 대담하게 스탈린을 비판했다. 스탈린을 '새로운 차르'이며 '파시스트'라고 부르기도 했다. 스탈린은 보복을 계획했다. 흐루쇼프Nikita S. Khrushchev의 회고록 제1권에 따르면, 스탈린은 소련공산당 정치국 회의에서 그녀가 정말 레닌의 부인이었는지 의문을 제기하기까지 했다. 이것은 그녀가 레닌의 아내였다는 사실조차 부인하려는 음모의 신호탄이었다. 스탈린의 음모는 어떤 여자를 골라 레닌의 진짜 부인인 것처럼 조작하려는 작업으로까지 이어졌다. 그러던 시점인 1939년에 그녀는 자연사했다. 만 70세였다. 스탈린은 크룹스카야가 죽자 그녀에 대해 너그러워졌다. 그래서 정중한 장례를 치러주었고, 레닌국립묘지와 크렘린 외벽 사이에 있는 빈터에 그녀의 무덤을 마련해주었다. 거기에는 그녀의 흉상도 세워주었다.

그런데 레닌에게는 크룹스카야 말고 또 한 사람의 여성이 있었다. 미모의 프랑스인 유부녀 이네사 아르망Inessa Armand이었다. 레닌이 파리에서 망명 중이던 1910년에 처음 만난 뒤 그녀가 1920년에 코카서스에서 콜레라로 죽을 때까지 10년 동안 내밀한 관계를 유지했다. 크룹스카야가 레닌에게 그녀와 관계를 끊을 것을 간청했으나 레닌은 듣지 않았다. 그녀가 죽었을 때는 레닌이 건강하게 크렘린의 주인으로 행세하던 때였다. 그래서 장례는 국장에 가까운 수준에서 장엄하게 치러졌다. 그녀의 유해가 모스크바로 돌아왔을 때 국립볼쇼이악단이 쇼팽의 장송곡을 연주했으며 60대의 장갑차가 운구를 호송했다. 레닌은 흰색 히아신스 생화를 보냈다. 그뿐만이 아니다. 화장된 그녀의 유골은 흔히 영어로 '크렘린 월The Kremlin Wall'이라고 불리는 크렘린 외벽의 국립묘지에 묻힐 수 있었다.

이 대목에서 저자는 크렘린 외벽의 국립묘지에 대해 설명할 필요를 느낀다. 여기에는 화장된 뼛조각들과 재만 묻고 그 앞에 명패를 붙였는데, 10월혁명의 주역들을 비롯해 약 2백 명의 세계적 공산주의자들이 그런 식으로 안치돼 있다. 그 가운데는 존 리드John Reed라는 미국인 청년도 포함되어 있다. 그는 1887년에 태어나 하버드대학교를 졸업한 뒤 기자가 됐다. 이 점에서 리드는 훗날 미국언론계의 거목으로 존경을 받았던 월터 리프먼Walter Lippmann과 공통됐다. 리프먼 역시 리드와 같은 해에 하버드대학교를 졸업하고 기자로 사회생활을 시작했던 것이다. '과격한 성향'을 지녔던 리드는 『매시즈The Masses』라는 급진적 잡지의 기자가 되자, 30세이던 1917년에 2월혁명 이후의 러시아를 보기 위해 상트페테르부르크로 갔다가 현장에서 볼셰비키10월혁명을 목격했다. 여기에 바탕을 두고 그는 1919년에 볼셰비키혁명을 아주 호의적으로 본 『세계를 뒤흔든 열흘Ten Days That Shook the World』이라는 책을 출판해서 일약 세계적 명사가 됐다. 이 책의 짧은 서문은 레닌이 썼다.

볼셰비키혁명에 자극을 받은 리드는 미국에서 공산주의운동을 시작했으며, 1920년에 모스크바에서 열린 세계공산당대회에 미국대표로 참가했다. 그러나 거기서 볼셰비키혁명의 현실을 목격하고 깊이 실망한 데다 발진티푸스에 걸려 아깝게도 33세에 죽었다. 그가 볼셰비키혁명 직후에 보였던 뜨거운 지지와는 정반대로, 나중에는 소비에트러시아의 현실에 대해 좌절하고 비판했지만 볼셰비키지도자들은 그를 화장한 뒤 그의 유골을 그의 명패와 함께 크렘린 외벽에 보존해둔 것이다. 그를 주제로 미국에서 1981년에 제작된 영화가 한국에도 소개된 「레즈Reds」이다. 명배우 워런 비티 Warren Beatty가 리드 역을 맡아 열연해, 오스카상 남우주연상 후보로 올랐었다.

군주제 부활설의 출현

저자는 레닌의 무덤에 대해 말하면서, 마지막으로 한 번쯤 생각해볼 만한 부분이 있다고 느낀다. 그것은 레닌국립묘지가 폐쇄돼야 한다는 주장이 나온 시점에, 레닌이 타도하자고 외쳤던 황제제도가 부활돼야 한다는 주장이 나왔다는 사실이다.

저자가 졸저『러시아 혁명사』에서 자세히 썼듯, 레닌이 볼셰비키혁명을 성공시킨 때로부터 1년도 지나지 않은 1918년에 레닌정권은, 1917년의 혁명을 통해 폐위되고 유폐된 제정러시아 300년사의 지배자 로마노프황가의 마지막 황제인 니콜라이 2세와 그 가족들을 무자비하게 학살했다. 어떤 학자의 주장에 따르면, 레닌 스스로가 학살을 지시했다고 한다. 그들을 위해서는 어떠한 형태의 무덤도 마련되지 않았다. 그들을 석유불로 태운 뒤 땅속에 묻어버리는 것으로 끝냈다.

그런데 상황은 비록 일시적이었으나 역전됐다. 앞에서 살폈듯, 레닌국립묘지를 폐쇄해야 한다는 주장이 나옴으로써 그에 대한 러시아판 '부관참시'가 논의되는 마당에, 로마노프황가를 부활시키자는 주장이 나오기에 이른 것이다. 참으로 역설적인 이야기가 아닐 수 없다. 구체적으로 말하자면, 1997년 1월 초부터 옐친정부는 로마노프황가를 복권시키고 현재 로마노프 황가의 적통을 이어받은 게오르기 미하일로비치 로마노프Georgy Mikhailovich Romanov를 황제로 추대하자고 제의했다. 게오르기 미하일로비치 로마노프는 그때 스페인의 수도 마드리드에 있는 영국학교의 학생이었다. 이 소년은 1997년 3월에 만 16세가 됨으로써 제정러시아의 전통에 따라 황제에 등극할 수 있는 연령상의 자격도 갖췄다.

옐친정부의 의도는 황제제도를 되살림으로써 국가의 구심점을 만들고 이것을 통해 혼란스러운 상황 속에서 국민적 단합을 꾀하는 것이었다. 볼셰비키혁명의 계승자로 자처하는 러시아공산당도 왕정복고를 찬성했다. 그러나 후진적이면서도 혹독한 전제체제로 상징되는 황제의 부활에 선뜻 동의하지 않는 국민들도 적잖아, 정치인들의 왕정복고 구상이 어떻게 매듭지어질 것인지는 두고 볼 일이다. 동시에 이러한 역사의 반전을 지하에 있는 레닌과 니콜라이 2세는 어떻게 평가하고 있을지 궁금하기만 하다.

독일제국의
공산혁명가들

03

리프크네히트 부자, 로자 룩셈부르크,
카를 카우츠키, 에두아르트 베른슈타인

세 사람의 L

레닌이 볼셰비키쿠데타를 통해 인류역사상 처음으로 소비에트국가를 세운 1917년 10월 직후 독일에서는 '세 사람의 L'에 대한 기대가 무산자계급 사이에서 높아져갔다. 이름의 첫머리가 모두 L인 레닌과 룩셈부르크와 리프크네히트가 그들로, 그들 가운데 로자 룩셈부르크Rosa Luxemburg와 카를 리프크네히트Karl Liebknecht는 독일공산주의운동에서 높은 지위를 차지하고 있었다.

룩셈부르크는 여성이었고 리프크네히트는 남성이었다. 그러나 그들 사이에는 큰 공통점이 있었다. 두 사람 모두 프로이센왕국의 주도로 독일이 통일을 성취한 1871년에 태어나 함께 독일공산주의운동과 세계공산혁명운동에 뛰어들었고, 함께 스파르타쿠스단團을 결성해 프롤레타리아혁명을 일으키려 했다가 1919년 1월 15일 밤에 무참히 피살됐다. 그들은 지금 베를린에 있는 한 시민공동묘지에 함께 묻혀 있다. 그러나 그들은 부부도 연인도 아니었다.

룩셈부르크의 48년 생애는 파란만장한 혁명가의 삶 그 자체였다. 여성으로서는 매우 진귀한 생애를 살았다. 리프크네히트의 48년 생애 역시 파란만장하기는 마찬가지였다. 이 두 공산주의혁명가들의 삶과 죽음을 살핀다는 것은 바로 독일공산주의운동, 그리고 제정러시아를 포함한 유럽공산주의운동을 살핀다는 것을 의미한다. 그만큼 그들의 삶의 궤적이 크고 치열했던 것이다.

1. 독일공산주의운동의 시조, 리프크네히트 부자

혁명가의 길을 택한 빌헬름 리프크네히트

두 혁명가의 얘기는 아무래도 빌헬름 리프크네히트Wilhelm Liebknecht의 얘기로 시작해야 할 것 같다. 빌헬름 리프크네히트는 카를 리프크네히트의 아버지이면서 독일에서 공산주의운동을 시작한 사람들 가운데 하나이기 때문이다.

빌헬름 리프크네히트는 1826년에 프로이센왕국의 기센에서 태어났다. 어려서 아버지를 여의었으나 집안이 비교적 여유로워 베를린대학교 법과대학을 졸업하고 21세에 변호사로 입신할 수 있었다. 그러나 그는 평탄한 삶의 길을 걷는 대신 공산주의혁명가의 길을 택했다. 그래서 1848년에 프랑스에서 이른바 2월혁명이 일어났을 때 거기에 가담하고자 프랑스로 달려가기도 했다. 독일로 돌아와서는 여러 차례 민중봉기를 계획했으나 뜻을 이루지 못했고, 그 과정에서 한때 8개월 동안 투옥되기도 했다.

석방된 뒤 빌헬름 리프크네히트는 스위스 제네바로 가서 노동운동을 지도했다. 노동자들은 그를 성심성의껏 따랐으나 그는 당국에 의해 추방됐으며, 1849년에 영국 런던에 정착할 수 있었다. 런던에서의 망명생활은 13년 동안 계속됐는데, 이 기간에 그는 독일의 『아우크스부르크 매일신문』의 통신원으로 일하면서 이미 런던에서 활동하던 마르크스 및 엥겔스와 긴밀히 협조했다. 만 36세가 된 1862년에 리프크네히트는 프로이센정부로부터 특별사면을 받아 베를린으로 돌아올 수 있었다. 그는 『북부독일 매일신문』에 논설을 기고하면서 사회주의운동을 이끌었다. 이로써 사회주의지도자로서 그의 명성이 더욱 높아지게 됐다.

1862년에 프로이센왕국의 국무총리로 취임한 비스마르크Otto Eduard Leopold von Bismarck는 리프크네히트의 명성을 사회주의세력을 회유하는 데 이용하고자 했다. 그러나 그는 비스마르크에 협력하기를 거부했다. 화가 난 비스마르크는 그에게 추방령을 내렸다. 그리하여 그는 라이프치히로 옮겨갔고, 거기서 저명한 독일의 사회주의자 페르디난트 라살레가 1863년 5월 23일에 라이프치히에서 발족시킨 전全독일노동자동맹ADAV에 가입했다.

빌헬름 리프크네히트, 아우구스트 베벨을 만나다

이 무렵, 빌헬름 리프크네히트는 14세 연하의 아우구스트 베벨August Bebel(1840~1913)과 친구가 됐다. 베벨은 목재선반공으로 민중의 비참한 생활상에 일찍 눈을 떠 사회주의운동에 참여한 현실적인 정치인이었다. 그는 사회주의운동의 이념을 전파하고 사회주의운동의 비용을 모금하기 위해 독일의 방방곡곡을 찾아다닐 정도로 열성적인 사회주의운동가였다. 그는 『여성과 사회주의Die Frau und der Sozialismus』를 출판하면서 여성이 남녀평등 사상에 바탕을 두고 사회주의운동에 참여할 것을 권장했는데, 일제 때 일본의 지식인들이 검열을 피하기 위해 책 제목을 "부인론婦人論" 또는 "여성론"으로 번역했으며, 한국의 독서계에도 그 제목으로 소개됐다.

리프크네히트와 베벨의 만남은 확실히 상호보완적이었다. 리프크네히트는 대학교육을 마친 변호사요 언론인으로, 말하자면 사회주의운동의 이론가였다. 이에 비해 베벨은 고등교육을 받지 못한 노동자 출신이되 대중조직과 대중연설에 뛰어난, 말하자면 사회주의운동의 조직인이었다. 이 두 사람이 손을 잡고 19세기 말까지 독일의 사회주의운동을 이끌게 된다.

그사이 리프크네히트는 북부독일에서 국회의원으로 선출됐다. 리프크네히트와 베벨은 우선 1869년 8월 7일에 아이제나흐에서 독일사회민주노동당SDAP을 창설하는 데 성공했다. 그리고 이 당을 런던에 본부를 둔 제1인터내셔널에 가입시킬 수 있었다. 그러나 곧 시련이 닥쳤다. 1870년에 프로이센과 프랑스 사이에 전쟁이 시작되자 두 사람은 전쟁을 거부하는 평화운동을 벌인 것이다. 그들은 반역죄로 2년 동안 투옥됐다.

그들이 투옥되어 있는 동안 독일의 역사는 빠르게 바뀌었다. 1871년에 프로이센왕국 군대는 파리를 점령했으며, 그 여세를 몰아 같은 해 프로이센왕국의 주도로 독일통일이 성취돼 독일제국이 출범했다. 독일제국의 황제, 곧 카이저에는 프로이센국왕이던 빌헬름 1세Wilhelm I가 추대됐고, 빌헬름 1세를 도와 철혈정책을 강력히 수행한 프로이센왕국의 국무총리 비스마르크가 독일제국의 국무총리로 임명됐다. 이 독일제국을 '제2제국'이라고 불렀다. 지난날 약 800년에 걸쳐 오스트리아헝가리합병제국을 비롯해 독일의 여러 지역들도 관할했던 이른바 신성로마제국을 '제1제국'으로 간주했기에 그렇게 명명한 것이다. 뒷날 나치독일은 유럽의 많은 나라들을 강점하고 자신이 유럽에 '제3제국'을 세웠다고 주장한다.

비스마르크는 대외적으로 제국주의적 팽창정책을 추구하는 한편 대내적으로는 부국강병책을 썼고, 그러한 테두리 안에서 사회주의운동에 대한 탄압을 강화했다. 그러나 사회주의운동은 대중적 지지기반을 넓혀가고 있었다. 그리하여 리프크네히트와 베벨은 1875년 2월 14~15일에 튀링겐주

州의 작은 도시 고타에서 자신들의 독일사회민주노동당에 독일노동자협회를 접목시켜 독일사회주의노동당SAPD을 창당할 수 있었다. 이 창당대회에서 이른바 고타강령이 채택됐는데, 이 강령은 정부당국과의 협력을 통해 실질적인 성과를 얻어낸다는 일종의 타협적 노선을 제시했다. 바로 그 점 때문에 이 강령은 마르크스와 엥겔스로부터 매서운 비판을 받았다. 마르크스의 비판은 뒷날 『고타강령에 대한 비판 Kritik des Gothaer Programms』이라는 작은 책으로 출판된다. 여기서 마르크스는 리프크네히트를 '경박스럽고 건방진 젊은이'로 평가절하했다.

독일사회주의노동당이 결성되자 비스마르크는 사회주의운동에 대한 탄압을 더욱 강화했다. 1878년에는 악명 높은 반反사회주의법을 통과시켜 사회주의적 언론과 출판을 사실상 금지하고 사회주의적 집회와 결사를 제약하기에 이르렀다. 이처럼 불리한 상황에서 리프크네히트는 교육과 계몽의 중요성을 역설했다. 무산자혁명을 앞세운 것이 아니라 사회주의의 이념과 정책을 대중에게 널리 알려 그들이 정부와 의회를 상대로 조직적 영향력을 행사하도록 유도한 것이다.

리프크네히트의 노선은 1890년에 비스마르크가 퇴진하는 것을 계기로 반사회주의법이 폐지되고 사회주의정당들이 여러 방면에서 합법적으로 활동할 수 있게 되면서 빛을 보게 됐다. 그리하여 그는 베벨과 손잡고 1890년 10월 12~18일에 독일의 동북부에 위치한 작은 도시 할레에서, 기존의 독일사회주의노동당을 발판으로 삼아 마르크스주의를 공식적으로 지향하는 독일사회민주당SPD을 출범시킬 수 있었다. 오늘날까지도 독일의 유력한 정당으로, 그리고 세계 사회주의정당계의 지도적 정당으로 영향력을 발휘하는 독일사회민주당은 이렇게 그 막을 연 것이다.

그 후 리프크네히트는 남은 9년의 삶 동안 당기관지 『포르뵈르츠 Vorwärts(전진)』를 통해 사회민주주의의 이념을 발전시키고 전파하는 데 많은 힘을 기울였다. 그는 1900년 8월 7일에 베를린에서 향년 74세로 자연사했다. 많은 사람들이 노동자들의 권익향상에 일생을 바친 그의 죽음을 슬퍼했다.

아버지의 유업을 계승한 카를 리프크네히트

빌헬름 리프크네히트의 아들이 바로 카를 리프크네히트로, 카를은 1871년 8월 13일에 라이프치히에서 태어났다. 카를이 태어난 해에 프로이센의 군대는 파리를 점령하는 데 성공해 군국주의의 기세를 올리고 있었다. 또 그다음 해에 카를은 아버지 빌헬름이 반역죄혐의로 투옥되는 것을 지켜봐야 했다. 카를이 유소년이던 시절에 아버지 빌헬름은 반사회주의법으로 많은 고초를 겪었다. 이러한 성장과정은 카를로 하여금 아버지에 대한 깊은 존경심과 아울러 사회주의에 대한 애정과 자본주의 및 군국주의에 대한 강한 반감을 갖게 만들었다.

카를은 아버지가 걸은 길을 그대로 따라 걸었다. 우선 베를린대학교 법과대학을 졸업하고 23세에 변호사가 됐다. 그렇다고 변호사로 출세하고 싶은 생각은 없었다. 대학을 졸업하던 날 마르크스주의의 옹호에 평생을 바칠 것을 결심한 그에게 변호사라는 직업은 사회주의운동을 효과적으로 수행하기 위한 좋은 수단에 지나지 않았다. 특히 29세이던 1900년에 아버지 빌헬름이 세상을 떠난 뒤에는 아버지의 유업을 잇겠다는 차원에서도 '정통마르크스주의'에 대해 헌신하겠다는 각오를 더욱 굳히게 된다.

그리하여 카를의 변호는 대부분 사회주의자들이나 농민 및 노동자들을 위한 것이었다. 그 대표적인 보기가 쾨니히스베르크법정에서의 변호였다. 1904년에 몇몇 농민들이 동프로이센으로부터 제정러시아로 사회주의를 유포하려 했다는 혐의로 기소됐을 때, 그는 주저하지 않고 그들을 무료변론했다. 그는 이 기회를 자본주의와 군국주의에 대한 비판과 사회주의에 대한 옹호의 무대로 활용한 것이다.

그렇다고 해서 카를의 사회주의활동이 법정투쟁에 국한된 것은 아니다. 그는 36세이던 1907년에 슈투트가르트에서 청년인터내셔널의 창설을 주도했으며, 같은 해에 「군국주의와 반反군국주의」라는 논문을 발표해 독일제국의 군국주의정책을 공격함과 아울러 사회주의를 강력히 옹호했다. 이 논문은 독일제국정부를 몹시 자극했다. 그리하여 그는 18개월 동안 투옥됐다. 그래도 그의 투지는 꺾이지 않았다. 그는 감옥에 있으면서도 프로이센 지방의회 의원으로 선출될 정도로 일정한 수준의 지지를 확보하고 있었기에 더욱더 강력히 군국주의를 비판할 수 있었다. 그는 군국주의와 평화는 결코 양립될 수 없다고 보았으며, 자본주의를 타도하고 사회주의를 실현해야만 평화를 성취할 수 있다고 믿었다.

카를은 41세이던 1912년에 이른바 제2제국의회의 의원으로 선출되기에 이르렀다. 그의 발언무대가 훨씬 넓어진 것이다. 그는 정부의 정책을 과감히 비판했다. 그의 비판은 자신이 속한 독일사회민주당에도 가해졌다. 사회민주주의를 표방한다는 이 당이 진정한 마르크스주의노선에서 이탈해 수정주의노선을 걷고 있다는 것이었다.

2. 수정주의노선의 등장: 카우츠키와 베른슈타인

카우츠키의 수정주의

그러면 카를 리프크네히트가 공격한 수정주의란 무엇인가? 이 물음에 대답하려면 우리는 자연히 독일에서 펼쳐진 사회민주주의운동의 역사를 살펴야 한다. 앞에서 이미 지적했듯, 빌헬름 리프크네히트와 아우구스트 베벨 등의 주도로 창당된 사회민주당은 1891년에 에르푸르트강령을 채택했다.

이 강령은 1875년에 채택됐던 고타강령의 타협적 노선에서 벗어나 정통마르크스주의노선에 훨씬 더 충실했다. 이때는 마르크스가 별세한 지 8년이 지난 때였다.

이 대목에서 강조돼야 할 점은 에르푸르트강령의 성안을 주도했던 이가 바로 카를 카우츠키Karl Johann Kautsky(1854~1938)였다는 사실이다. 그는 1854년에 당시 오스트리아헝가리합병제국에 속한 보헤미아왕국의 수도 프라하에서 태어났다. 그는 이 합병제국의 수도였던 빈의 빈대학교에서 공부하던 때 오스트리아사회민주당에 입당했다. 1880년에 스위스의 취리히로 이주하면서 마르크스주의자가 됐으며, 그 후 마르크스와 엥겔스의 제자이자 동지로서 마르크스주의를 깊이 연구했다. 그래서 마르크스와 엥겔스가 모두 죽은 뒤에는 스스로를 정통마르크스주의의 계승자로 여겼는데, 다른 이들도 이에 동의해 '마르크스-카우츠키주의' 라는 말까지 만들어냈다. 그를 '마르크스주의의 교황' 이라고 불렀던 까닭이 거기에 있다.

그런데 에르푸르트대회에서 에르푸르트강령이 채택되던 때 소수파를 대변한 게오르크 폴마르Georg Von Vollmar는 '지배계급과의 유익한 휴전' 을 제의했다. 숲 속의 두 마리 새보다는 손에 잡힌 한 마리 새가 더 가치가 있으니만큼, 당이 '생산의 사회주의적 조직' 이라는 궁극적 목적이 '먼 장래의 문제' 임을 인정하고 유산자계급과 협상해 노동자의 이익을 위한 많은 양보를 얻어내야 한다는 것이 그가 주장하는 내용의 핵심이었다. 폴마르는 확실히 영국의 사회주의운동이 걷고 있던 길을 독일의 노동운동이 뒤따라야 할 것임을 제시하고 있었다. 우리가 다음에서 보게 되듯, 카우츠키 역시 나중에는 그 길, 이른바 수정주의의 길을 걷게 된다.

베른슈타인의 수정주의

폴마르의 제의는 에르푸르트대회에서는 채택되지 못했다. 그러나 점차

지지를 얻어가고 있었다. 그리하여 그것은 마침내 베른슈타인의 수정주의로 이론화됐다. 에두아르트 베른슈타인Eduard Bernstein(1850~1932)은 이미 1891년에 에르푸르트강령이 성안되던 때, 그 안에 실용주의적 부분들을 포함시켰었다. 그는 거기서 한 걸음 더 나아가, 1898년 1월부터 독일사회민주당의 신문인 『노이에 차이트Neue Zeit(새 시대)』를 통해 마르크스의 명제들을 비판하는 일련의 논문들을 발표했는데, 거기에는 폴마르의 제의와 골격을 같이하는 구상들이 포함돼 있었다. 베른슈타인은 이 논문들에서 우선 마르크스의 파국이론, 곧 자본주의의 생명은 폭력적이며 극적인 타도로 종결될 수 있다는 이론을 부인했다. 이어 그는 마르크스주의의 이론적 기초들을 형성한 거의 모든 것들을 폭격했다. 그는 점진적 방법 또는 평화적 방법에 의한 사회주의의 실현이 가능하다고 본 것이다. 이러한 베른슈타인의 주장을 '마르크스주의자 수정주의선언the Manifesto of Marxist Revisionism'이라고 부른다.

원래 베른슈타인은 베를린의 가난한 유대인 철도원의 아들로 태어나 마르크스와 엥겔스의 저작들에 빠져 사회민주주의자가 됐던 혁명지망생이었다. 그래서 반사회주의법에 걸려 투옥되기도 했다. 그러나 그는 영국에서 20년 동안 망명생활을 하면서 영국형의 점진적 개혁주의운동이 거둔 성과에 커다란 감명을 받았다. 그리하여 망명생활에서 풀려 귀국한 뒤에는 자신에 대한 매도가 쏟아질 것을 각오하고 마르크스의 프롤레타리아혁명론을 비판함과 아울러, 의회민주주의와 노동조합을 통한 평화적 개혁노선을 제시하기에 이르렀던 것이다. 여기서 중요하게 지적돼야 할 것은 베른슈타인이 자본주의체제의 자기변화능력을 중시했다는 사실이다.

이러한 베른슈타인의 이론에 대해 독일사회민주당원들 가운데 대부분은 저항하지 않았다. 그만큼 수정주의의 분위기는 익어왔던 것이며, 그렇기에 당의 대표적 이론가이며 『노이에 차이트』의 편집장인 카우츠키가 게재를 허용했던 것이다. 이 무렵에 카우츠키는 그 이전 시대에 비해 훨씬 더 의회민주주의적이면서 점진적인 개혁주의로 기울고 있었다. 달리 말해 '사회주의적 의회주의'를 지향하고 있었던 것이다. 그러나 비非독일인 마르크스주의이론가인 게오르기 플레하노프와 알렉산드르 파르부스 Aleksandr L. Parvus 및 로자 룩셈부르크는 곧바로 반발했다. 러시아의 사회주의혁명을 위해 일생을 바치고 있는 이들에게 베른슈타인의 수정주의란 자신들이 추구해온 대의大義의 전면적 포기를 뜻하는 것이기도 했다.

당내에서의 반발이 잇따르자 카우츠키는 베른슈타인의 논문연재를 중단했다. 그러자 베른슈타인은 1899년 초에 사회주의의 이론적 기초에 과격한 수정을 요구하는 『사회주의의 전제조건들과 사회민주주의의 과제들Die Voraussetzungen des Sozialismus und die Aufgaben der Sozialdemokratie』을 출간했다. 이 책은 수정주의의 지지자들과 반대자들 사이에 심각한 갈등을 표면화시킴으로써 독일사회주의운동뿐 아니라 국제사회주의운동 자체를 뒤흔들었다.

『사회주의의 전제조건들과 사회민주주의의 과제들』을 통해 베른슈타인은 우선 자신이 여전히 노동계급의 이익과 사회주의의 수호에 헌신하고 있으며 이러한 입장에서 마르크스와 엥겔스의 저술을 완전하게 만들고자 한다고 주장했다. 그러면 완전하게 만든다는 것은 무슨 뜻인가? 베른슈타인에 따르면, 마르크스와 엥겔스가 『공산당 선언』을 발표한 이후에 나타난 역사적 진화는 마르크스와 엥겔스의 분석에 바탕을 두고 있는 세계관의 많은 요소들이 유토피아적이거나 단순히 잘못된 것임을 입증한 만큼, 그것들을 과감히 버리고 그 대신에 오늘날의 현실에 상응하는 사회주의이론을 정립하는 것을 뜻한다. 총괄적으로 말해, 베른슈타인은 앞에서 지적했듯 혁명보다 진화적 발전을 강조하면서 의회활동과 노조활동을 통한 사회의 민주화로써 노동자의 이익을 증대시켜야 한다고 주장했다.

그러면 어떤 시대적 배경에서 베른슈타인은 수정주의를 제창했던가? 독일제국(이른바 제2제국)은 1890년대에 들어와 자본주의를 수정하면서 노동자의 복지를 향상시키는 쪽으로 돌아섰다. 1890년에는 반사회주의법이 철폐됐으며, 이와 더불어 노동자들과 그들의 대변세력으로 하여금 의회와 노조를 통해 자본주의의 폐해를 교정해 나아갈 수 있는 길을 열어주었다. 바꿔 말해, 자본주의의 궤도수정은 사회주의의 궤도수정을 가져오게 했다. 여기에서 베른슈타인의 수정주의가 나올 수 있었던 것이다. 카우츠키는 여기에 동조했다. 그는 1902년에 행한 한 연설에서 "민주주의는 프롤레타리아에게 빛과 공기와도 같은 존재다"라고 말한 것이다.

독일사회민주당은 많은 논쟁을 겪으면서도 베른슈타인의 수정주의노선에 가깝게 활동하면서 성장했다. 베른슈타인 스스로도 독일제국 의회의 의원으로 당선돼 의정활동을 벌이는 가운데 근로자들의 복지향상을 위해 힘썼다. 정통마르크스주의의 옹호자임을 자처하면서 프롤레타리아혁명노선을 지지해온 카를 리프크네히트는 바로 이 점을 비판했던 것이다. 이것은 그가 이 당 안에서 과격파 또는 극좌파에 속했음을 말하는 것이었고, 결국 또 한 사람의 과격파요 극좌파였던 룩셈부르크와 행동을 함께하게 될 것임을 예고하는 것이었다.

3. '마르크스 이후 가장 뛰어난 두뇌,' 로자 룩셈부르크

폴란드에서 독일까지

그러면 룩셈부르크는 누구인가? 그녀에 대해서는 파울 프륄리히Paul Frölich가 매우 호의적으로 쓴 『로자 룩셈부르크 생애와 사상Rosa Luxemburg: Gedanke und Tat』에 잘 설명돼 있다. 저자도 이 책의 제3수정판 영역본(Paul

Frölich, *Rosa Luxemburg: Her Life and Work*, trans. Johanna Hoornweg, New York: Monthly Review Press, 1972)을 읽고 「로자 룩셈부르크의 정치사상: 러시아혁명 속에서의 그녀의 이론가적 지위와 관련하여」라는 소개문을 발표했다. 이것은 저자의 졸저『마르크시즘의 이해』(정음사, 1984)의 제7장으로 실렸다. 그래서 이 글에서는 개략적으로 소개하기로 하겠다.

마르크스의 전기작가인 프란츠 메링 Franz Mehring은 로자 룩셈부르크를 '마르크스 이후 가장 뛰어난 두뇌'라고 불렀다. 이것에 대해 토니 클리프 Tony Cliff는 "그 말은 조금도 과장이 아니다"라고 평가하면서, "그러나 그녀는 자신의 두뇌를 노동운동에만 바치지 않았다. 그녀는 자신이 가졌던 모든 것, 즉 그녀의 심장과 정열, 그녀의 강력한 의지, 그녀의 생명 그 자체를 노동계급에 주었다. 무엇보다 그녀는 혁명적 사회주의자였다. 그리고 위대한 혁명적 사회주의지도자들과 교사들 속에서 그녀는 그녀 자신만의 특별한 지위를 갖고 있다"라고 덧붙였다. 사회주의를 연구하는 학자들은 이 평가만큼 그녀를 정확히 나타낸 것도 없을 것이라고 말한다.

유대인인 로자 룩셈부르크는, 앞에서 말했듯이 독일이 통일된 1871년에 태어났다. 흔히 그녀의 출생연도를 1870년으로 쓰고 있는데 이는 잘못된 것이다. 카를 리프크네히트보다 5개월 앞서 태어난 그녀의 출생지는 그때 제정러시아의 식민지였던 폴란드의 루블린지구에 있는 한 작은 마을 자모시치였다. 그때 폴란드는 여러 차례에 걸친 외국의 식민지배와 전쟁으로 경제가 피폐해졌으며, 특히 제정러시아의 절대주의적 폭정 아래 신음하고 있었다. 자모시치의 형편은 더욱 나빴다. 그 마을은 가난에 찌든 곳이었으며 주민의 문화수준은 매우 낮았다. 이러한 환경에서 유대인으로 태어난다는 것은 이중의 형벌이었다. 그때 유대인은 시민권을 거의 갖지 못한 채 반反유대적 관료체제의 억압에 시달려야만 했다. '폴란드 유대인'이라고 하면, 그것은 천대받고 가난에 울며 고통 속에 목숨을 부지해나가는 가련한 존재의 대명사와도 같았다.

로자 룩셈부르크의 가정은 다행히도 지극히 예외적이었다. 그녀는 번창하는 상인의 딸로 태어났기에 비교적 넉넉하게, 그리고 폭넓은 교육을 받으며 성장할 수 있었다. 그래서 폴란드의 수도 바르샤바에서 여자고등학교를 수석으로 졸업한 뒤 스위스의 취리히대학교에서 정치경제학을 전공해 만 26세이던 1897년에는 박사학위를 받기에 이르렀다. 학위논문은 제국주의와 자본축적의 연관성을 다뤘다.

그렇다고 해서 그녀가 폴란드의 현실에 무심한 것은 결코 아니었다. 그녀는 고등학교를 졸업한 직후인 1887년에 16세의 어린 나이로 '프롤레타리아의 혁명적 사회주의자 당'에 가입했으며, 1892년에는 이 당을 비롯한 여러 사회주의단체들이 '폴란드사회당'으로 통합될 때 주도적으로 참여했다. 또한 1893년에 젊은 세대가 중심이 되어 '폴란드왕국사회민주당'을 창당할 때 역시 주도적으로 참여했으며, 이 당이 리투아니아사회주의자들과의 통합을 통해 '폴란드왕국과 리투아니아의 사회민주당'으로 창당될 때 역시 주도적으로 참여했다.

로자 룩셈부르크는 또 여성참정권을 적극적으로 옹호했다. 여성이라는 이유만으로 참정권을 제약하는 것은 남녀평등사상에 어긋날 뿐 아니라 야만적 행위라고까지 거세게 비난했다. 이러한 운동 때문에 그녀는 경찰의 체포령을 피해 농부의 마차 바닥에 숨은 채 폴란드에서 도망쳐 나오지 않으면 안 됐다. 그 과정에서 그녀는 레오 요기헤스Leo Jogiches라는 혁명가를 만났다. 그녀보다 5년 연상인 그는 대단히 남성적인 성격의 소유자로 당시 이미 남녀평등사상을 갖고 있었을 뿐 아니라 여성의 정치적·사회적 활동을 장려하고 있었다. 그와 로자의 동지적 결합은 두 사람의 생애를 지배하게 된다.

폭력혁명론자로 부각된 로자 룩셈부르크

로자 룩셈부르크의 본격적인 혁명활동은 그녀가 만 27세이던 1898년에 베를린에 도착함으로써 시작됐다. 그녀는 독일제국에 사는 옛 친구의 아들과 겉치레로 결혼해 독일제국의 시민권을 얻음으로써 외국인들의 정치활동을 철저히 금지한 이 나라의 법망을 피할 수 있었다.

이 무렵 독일의 사회주의운동계는 우리가 앞에서 살핀 베른슈타인논쟁에 빠져 있었다. 그녀 역시 이 논쟁에 참여했다. 그녀는 『사회개혁인가 혁명인가 Sozialreform oder Revolution?』라는 작은 책을 통해, 개혁의 가치를 인정하면서도 오늘날의 독일사회주의자들은 혁명을 추구해야 한다고 주장했다. "개혁은 개혁대로 가치가 있다. 그러나 베른슈타인처럼 개혁 그 자체를 목적으로 삼아서는 안 된다. 왜냐하면 개혁이 아무리 많이 이뤄진다고 해도 현존 자본주의체제의 존속에는 변함이 없기 때문이다. 사회주의자의 최종적 목표는 프롤레타리아에 의한 권력장악이다. 그것이 혁명이다. 따라서 개혁만으로 만족하겠다는 것은 혁명의 포기를 의미하는 것이다"라는 것이 그녀의 주장이었다. 그녀는 이 주장을 자신의 혁명투쟁에서 일관되게 유지한다.

이러한 입장의 로자 룩셈부르크에게 개혁주의적 사회주의자들이 제시하는 부르주아정당과의 연립정부계획은 도저히 받아들일 수 없는 것이었다. 부르주아사회에서 독일사회민주당의 역할은 본질적으로 반대당의 그것이어야 하는데 부르주아정부의 내각 안에서는 진정한 반대당의 역할을 수행할 수 없으며, 따라서 이 연립정부에 각료로 참가한 사회주의자는 자신의 사회주의를 부르주아민주주의의 수준으로 떨어뜨리고 있을 뿐이라고 판단한 것이다.

개혁주의와 연정계획에 대한 논전을 통해 로자 룩셈부르크는 폭력혁명론자로 부각됐다. 그녀는 부르주아체제 안에서는 개혁도 연합도 모두 부르주아체제의 유지를 도울 뿐이며, 특히 개혁론자나 연합론자가 강조하는 '폭력배제의 합법주의투쟁'은 더욱더 부르주아체제의 폭력을 감싸고 있을 뿐이라고 비난하면서, 결국 부르주아체제는 프롤레타리아의 폭력적 집권에 의해서만 타도되고 그래야만 프롤레타리아의 새 세계가 열릴 수 있다고 강조했다. 이것은 확실히 그녀가 폭력혁명주의자로 비치는 소지가 되기에 충분했다. 이 때문에 로자 룩셈부르크는 당내에서뿐 아니라 국제사회주의 운동계에서 비판의 초점이 되며 당국의 날카로운 주목을 받게 된다. 1904년에 빌헬름 2세를 모욕한 죄로 1개월의 금고형을 선고받은 것도 이러한 주목의 결과였다.

폴란드, 독일, 러시아의 혁명운동에 참여하다

이듬해인 1905년 1월에 제정러시아에서는 '피의 일요일'이라는 역사적 사변이 일어났으며 그것을 계기로 1년 내내 노동자들의 파업과 시위가 전국에서 벌어졌다. 로자 룩셈부르크는 흔히 '최초의 러시아혁명'이라고 불린 이 사건의 의미를 높게 평가하면서, '농민에 의존하는 프롤레타리아의 혁명적 독재론'을 전개했다. 사회주의자들이 농민들과 연합하고 그들의 혁명적 행동에 의존해 절대주의를 타도한 다음, 단독으로 정부권력을 장악하고 '혁명적 대중'을 무장시킨 뒤 '무장된 노동계급'을 군대조직으로 편성해야 한다는 것이었다. 그리고 곧바로 독재적 수단에 의해서 사회의 정의가 정치적·경제적 변형에 필요한 모든 기본조치들을 수행해나가지 않으면 안 된다는 것이었다.

로자 룩셈부르크의 이러한 주장은 그 무렵 트로츠키가 제정러시아에서 전개하던 이론에 가까웠다. 그러나 레닌의 이론과는 차이가 있었다. 레닌은 농민의 중요성을 배제했을 뿐 아니라 '혁명적 대중'의 중요성마저 인정하지 않은 채 직업적·음모적 혁명가들이 당의 중앙을 형성하고 국가의 핵심

무력기관들을 장악함으로써 혁명적 쿠데타를 성사시켜야 한다는 입장에 서 있었기 때문이다. 그래서 로자 룩셈부르크와 레닌 사이에는 뜨거운 논쟁이 벌어졌다. 그때 그녀는 '혁명의 살아 있는 불꽃'으로 공인되어 있었다. 따라서 어느 누구와의 논쟁에도 자신이 있다던 레닌에게도 매우 부담스러웠다. 그녀는 그녀대로 상대방이 레닌이라고 해서 주눅이 들거나 굽히는 일이 없었다.

로자 룩셈부르크의 명성이 높아지자 폴란드의 독립운동가들, 특히 사회주의운동의 지도자들은 그녀에게 지원을 요청했다. 이에 따라 그녀는 레오 요기헤스와 함께 1905년 12월에 폴란드로 잠입해 활동하다가 3개월 뒤 함께 체포되기에 이르렀다. 그 시절에는 정식재판 없이 '행정적인 절차'를 통한 처형이 가능했기에 그녀는 무척 긴장했고 이 때문에 건강을 크게 해치게 됐다. 그러나 독일사회민주당의 매수공작이 성공해 보석금을 걸고 석방될 수 있었다.

다시 베를린으로 돌아온 로자 룩셈부르크는 참정권확대운동을 주도함과 아울러 독일사회민주당의 당학교에서 강의하는 한편 『경제학개론』과 『자본축적론Die Akkumulation des Kapitals』을 출판했다. 이 두 책 가운데 오늘날까지도 높이 평가되는 책은 『자본축적론』으로, 이 책을 통해 그녀는 선진공업국가들과 후진농업국가들 사이의 상호관계를 분석하는 가운데 자본주의가 제국주의로 변화하는 과정을 날카롭게 분석했다. 또한 제국주의가 자본주의를 오랜 기간 안정화시킬 것임을 예언함과 아울러 제국주의가 일으키는 전쟁에 대한 반대론을 명석하게 전개했다.

그녀는 뒷날 "『자본축적론』을 집필하던 때가 내 인생에서 가장 즐거운 때였다"라고 술회한다. 그녀는 자신의 천부적 재능과 후천적 노력을 결합시킨 모든 힘을 이 책에 쏟아부었기에 큰 성공을 거둘 수 있었다. 몇몇 전문가들은 이 책이 글자 그대로 '천재의 주도면밀한 저술'이며, 마르크스가

『자본』에서 보인 몇 가지 이론적 허점들을 보완함으로써 마르크스주의에 중대한 공헌을 했다고까지 평가한다.

그녀의 이러한 경력, 곧 폴란드와 독일 및 러시아의 사회주의혁명운동에 깊이 관여했다는 경력은 매우 특이한 것이었다. 그것은, 우리가 이미 살폈듯, 러시아의 식민지인 폴란드에서 태어나 독일에서 오랫동안 생활한 특수한 이력 때문에 가능했음은 물론이다. 이 경력을 통해 그녀는 세 나라의 노동운동에 독특하게 기여할 수 있었다. 독일의 노동운동에 그녀는 러시아적 정신, 곧 혁명적 행동의 정신을 심어주었다. 그리고 폴란드와 러시아의 노동운동에 노동자의 자립과 민주주의 및 자기해방이라는 서구적 정신을 전해주었다.

카를 리프크네히트와 로자 룩셈부르크의 제휴

바로 이러한 배경에서 카를 리프크네히트와 로자 룩셈부르크의 제휴가 성립됐다. 그들은 수정주의에도 반대하고 연립정부에도 반대하는 입장에서 노선의 일치를 보았던 것이다.

그 무렵 독일사회민주당의 수정주의자들은 전쟁이 일어날 개연성이 높지 않다고 내다보았다. 예컨대 베른슈타인은 많은 유럽국가들의 국민들이 평화를 바라고 있으며 따라서 그 국가들의 정치인들 역시 전쟁방지와 평화유지에 힘쓴다는 현실에 주목해, 전쟁예방의 길을 열강의 군축과 국제사법재판소의 조정 및 '유럽합중국'의 창설 등에서 찾고자 했다. 카우츠키 같은 사회민주주의운동의 국제적 거장도 비슷한 입장에 서 있었다. 그는 제1차 세계대전이 일어났을 때 예상과 달리 애국주의의 입장에 서서 '조국의 승전'을 기원하게 된다. 그리고 바로 이 점 때문에 베른슈타인과 카우츠키는 혁명적 마르크스주의자들로부터 사회주의의 배신자로 매도된다.

그러나 카를 리프크네히트와 로자 룩셈부르크는 그러한 입장에 반대했다. 이 두 사람은 제국주의적 부르주아의 호의에 평화를 맡길 수 없다고 주장하면서, 부르주아는 본질적으로 무산대중의 약탈과 예속을 추구하는 제국주의자들로 쉽게 돌아설 수 있으므로 무산대중은 '부르주아의 외교적 가면'에 현혹되지 말아야 한다고 경고했다. 두 사람은 각국이 진정으로 군비경쟁을 중단하고자 한다면 그들의 무역정책을 고쳐야 하고, 세력권을 유지하려는 정책을 버려야 하며, 식민지침략전쟁을 그만둬야 한다고 주장했다.

1914년 7월에 제1차 세계대전이 일어나면서 카를 리프크네히트와 로자 룩셈부르크의 제휴는 확고해졌다. 여기서 그들은 1916년에 과격파 또는 좌파세력을 중심으로 강력한 반전조직인 스파르타쿠스단을 조직하기에 이르렀다. 스파르타쿠스는 고대로마의 검투노예로, 자신의 동료들인 검투노예들을 규합해 반란을 일으켰으나 체포돼 십자가형틀에서 목숨을 잃은 영웅적 혁명가였다. 스파르타쿠스단의 이름은 그에게서 따온 것이었다.

스파르타쿠스단이 처음으로 힘을 과시한 때는 1916년 5월 1일 노동자의 날이었다. 수많은 노동자들이 베를린에 모여 반전운동에 참여한 것이다. 이때 로자는 여러 구호들을 만들어내고 선언문을 썼으며 카를은 군중 앞에 직접 나서 "전쟁타도! 정부타도!"를 외쳤다. 물론 경찰은 두 사람을 구속했다. 두 사람이 수감돼 있던 1917년 2월과 10월에 제정러시아에서는 각각 '부르주아2월혁명'과 '볼셰비키10월혁명'이 일어났으며, 그 결과 인류역사상 최초의 소비에트국가가 세워졌다. 1918년 11월에는 제1차 세계대전이 끝났다. 독일은 패전국이 됐으며, 이에 따라 '제2제국'은 47년 만에 무너졌다. 카를과 로자도 석방됐다.

'제2제국'이 붕괴하면서 독일사회민주당, 그리고 독일사회민주당의 좌파가 세운 독일독립사회민주당을 중심으로 임시공화정부가 수립됐다. 총리로는 프리드리히 에베르트Friedrich Ebert가 임명됐다. 1871년에 재봉사의 아들로 태어난 그는 마구馬具를 만드는 기술자로 성장해, 노동운동에 뛰어들었다. 그러나 그는 마르크스주의에 빠지지 않은 채 노동자들의 생활향상에 관심을 쏟아 1905년에 독일사회민주당의 사무총장이 됐으며, 1913년에 베벨의 후임으로 이 당의 당수로 선출됐다. 온건노선을 이끌었던 그의 지도력 아래, 임시공화정부는 제헌국민의회의 구성을 위한 선거일정을 발표했다. 카를과 로자는 곧바로 반기를 들었다. 독일에서도 프롤레타리아혁명이 일어나 프롤레타리아국가가 세워져야 한다는 믿음으로 제헌국민의회 선거를 거부하면서 스파르타쿠스단을 중심으로 독일공산당 창당을 이끌었다. 그리하여 1918년 12월에 마침내 독일공산당이 창당됐다.

그런데 여기서 한 가지 꼭 덧붙일 것이 있다. 그것은 로자 룩셈부르크가 볼셰비키10월혁명을 독일에 그대로 재연시키려고 했던 것은 아니라는 점이다. 로자는 볼셰비키혁명 이후 러시아에 나타난 정치체제는 프롤레타리아를 위한, 그리고 프롤레타리아에 의한 독재체제가 아니라 프롤레타리아에 대한 독재체제라고 정확히 비판했던 것이다. 그녀가 지향했던 것은 노동자계급이 권력과 국가와 역사발전에 당당하면서도 창조적 주체가 되는 이상주의적이고 인간주의적인 체제였다고 하겠다.

이 점에서 우리는 로자 룩셈부르크에게서 특유한 인간중심적 세계관을 다시 확인하게 된다. 그녀는 마르크스주의로부터 '깊은 인간주의적 내용'을 배제하고 그것을 단순히 '생명 없는 기계적 유물론의 사슬'로 만들려는 공산주의자들과 싸웠다. 그녀는 깊은 인간주의적 정열을 지니고 있었으며, 이는 그녀의 삶에서 중심이 되는 동력이었던 것이다. 이 때문에 그녀는 레닌과도 싸웠으며, 또 이 때문에 그녀는 뒷날 스탈린주의자들에게 공격을 받기도 했다.

로자 룩셈부르크가 이러한 자세를 취할 수 있었던 까닭은 그녀가 마르크스주의자들이 흔히 저지르는 교조주의적 사고로부터 해방되어 있었기 때문이다. 그녀는 마르크스주의자들이 쉽게 무릎을 꿇는 대상인 '무오류의 권위'를 못 견뎌 했다. 진리에 대한 그녀 특유의 정열은 그녀로 하여금 독자적이며 자유로운 사고와 행동을 어느 무엇보다 존중하게 만들었다.

피살당한 로자와 카를의 최후

카를 리프크네히트와 로자 룩셈부르크가 독일공산당을 창당하고 프롤레타리아혁명을 추구하자 독일정부의 우익세력은 몹시 긴장했다. 이때 독일사회의 일각에서는 '등 뒤에서 칼로 찌르기'론이 유행했다. 독일이 패전한 것은 독일의 힘이 약해서가 아니라 독일사회 내부의 공산세력 또는 극좌세력이 독일을 '등 뒤에서 칼로 찔렀기' 때문이었다는 설명이었다. 이 이론은 특히 독일의 군부와 극우세력이 퍼뜨렸다. 같은 논리에서 그들은 카를과 로자를 매우 증오하게 됐다.

1919년 1월 초, 베를린에서는 민중봉기가 일어났다. 그동안 에베르트가 이끄는 임시공화정부와 극좌세력 사이에서 계속된 일련의 유혈충돌이 이른바 1월봉기 또는 1월폭동으로 격화된 것이다. 임시공화정부는 카를과 로자를 비롯한 스파르타쿠스단의 간부들과 독일공산당의 간부들을 검거하기 시작했으며 기관지 『로테 파네 *Rote Fahne*(붉은 기)』를 폐간시킴과 동시에 당사를 폐쇄했다. 이러한 역경 속에서 임시공화정부는 1919년 1월 말까지 제헌국민의회 총선을 마무리했고, 2월 6일에 바이마르에서 소집된 제헌국민의회는 에베르트를 초대 대통령에, 필립 샤이데만Phillipp Scheidemann을 초대 총리에 선출했다. 이로써 바이마르공화국이 출범했다. 샤이데만은 언론인으로 정계에 투신한 뒤, '제2제국'의 의회와 내각에서 각각 의원과 장관을 역임했으며 임시공화정부에서도 장관을 역임했다. 그는 총리직을 사임한 뒤 카셀시장으로 일하다가 나치정권의 출범을 앞두고 덴마크로 망명해 그곳에서 별세한다.

임시공화정부가 독일공산당을 불법화하자, 카를과 로자는 우선 피신했다.

생명의 위협을 느꼈기 때문이다. 그러나 그들은 1919년 1월 15일 밤 9시에 군인들에게 잡혀 곧 부대로 끌려갔다. 거기에는 파브스트Pabst 대위가 이끄는 군인들이 기다리고 있었다. 군인들은 두 사람을 온갖 야비한 욕설로 모욕하고 협박하며 심문했다. 짧은 심문을 마친 뒤 그들은 우선 카를을 끌고 나갔다. 건물 밖을 나오자마자 오토 룬게Otto Runge는 총의 개머리판으로 몇 차례 카를을 후려갈기고 자동차 안으로 끌고 갔다. 몇몇 군인들이 승차한 자동차는 모아비트교도소로 달렸다. 그러나 베를린시내에 자리를 잡은, 불빛이 흐린 어느 동물원 정원의 호수에 이르렀을 때 자동차는 멈췄다. 군인들은 의식이 반쯤 살아 있는 카를을 자동차 밖으로 끌어내고 걸어가라고 했다. 카를이 몇 발짝 옮겼을 때 그들은 그를 사살했다. "도망가려고 했기 때문에 처형했다"는 것이었다. 그들은 시체를 어느 병원의 응급실에 '신원 미상의 시체'라면서 맡겼다.

    카를을 이렇게 살해함과 동시에, 다른 군인들은 로자를 군부대 안에서 살해했다. 포겔Vogel 중위의 지시를 받은 룬게가 자신이 가진 총의 개머리판으로 두 차례 로자의 머리를 힘껏 후려갈겼다. 그들은 쓰러진 로자를 역시 몇몇 군인들이 탄 자동차 안에 싣고 떠났다. 군인 한 사람이 자신의 총 개머리판으로 로자의 머리를 다시 갈겼다. '마르크스 이후 가장 뛰어난 두뇌'라고 칭송되던 로자의 육체적 두뇌는 곧바로 박살이 났다. 이렇게 두뇌가 박살이 났는데도, 포겔 중위는 로자의 머리에 총을 쏘았다. 로자의 시신은 카를이 총살됐던 바로 그 동물원의 정원으로 옮겨졌으며, 포겔의 지시에 따라 거기서 란트베르운하 속으로 던져졌다. 그녀의 시신은 1919년 5월 31일에야 발견돼 지상으로 인양됐다.

    카를과 로자의 피살은 사회주의자들에게 큰 충격을 주었다. 노령의 프란츠 메링은 충격을 받아 1월 29일에 죽고 말았다. 격분한 레오 요기헤스는 진상조사에 나서 살해자들이 살해를 마친 뒤 열었던 술자리의 사진을 입수해 그들의 음모를 폭로하는 데 성공했다. 이 일에 대한 보복으로 그는 1919년 3월 10일에 체포됐고 경찰에게 살해됐다. 그 후 스파르타쿠스단 간부들과 독일공산당 간부들에 대한 살해와 투옥 및 박해가 체계적으로 이뤄졌다.

증거가 드러났기에 독일의 군부와 경찰은 형식적인 사법절차를 밟아 음모자들 가운데 몇 사람만을 처벌했다. 그것도 가벼운 처벌이었다. 그들은 뒷날 "우리는 기독교 문명을 붉은 사탄으로부터 수호하기 위해 그렇게 행동했다"고 자신들을 변호했다. 카를과 로자의 피살은 독일에서 파시즘이 일어나기 시작하고 있음을 알리는 가장 정확한 첫 신호였다. 이때로부터 15년 뒤인 1934년에 독일에서는 아돌프 히틀러Adolf Hitler 총통이 이끄는 나치정권이 출범하게 되며, 바이마르공화국은 무너진다. 여담이지만, 카를과 로자의 살해에 관여한 음모자들은 대부분 '제3제국'을 자처한 히틀러의 나치체제에서 출세한다.

4. '사회주의자 기념장소'에 묻힌 독일의 사회주의자들

그러면 카를과 로자는 어디에 묻혔는가? 저자는 이 물음에 대한 해답을 얻기 위해 1996년 7월 16일에 베를린을 방문한 길에 몇몇 베를린시정부 공무원들에게 물어보았다. 다행히 한 공무원이 친절하게 안내해주었다. 안내자는 저자에게 우선 카를과 로자가 타살된 장소인 문제의 동물원을 보여주었다. 그는 거기서 로자의 시체가 던져진 란트베르운하로 안내했다. 란트베르운하는 동물원 앞을 지나 흐르고 있었는데 비교적 깨끗한 편이었다. 동물원에서 가까운 란트베르운하의 어느 지점에 로자 룩셈부르크라는 글씨로만 만들어진 철제 기념물이 설치되어 있었고 그 뒤쪽 벽에 기념판이 걸려 있었다. 그녀의 시체가 인양된 지점이었다. 이 기념판에는 카를과 로자가 독일군국주의의 군부세력에 의해 타살됐다는 사실이 기록되어 있었으며 폭력을 비판하는 짧은 문구 역시 기록되어 있었다. 1987년에 만들어진 것이니, 그들이 타살된 때로부터 68년 뒤의 일이다.

안내자는 저자를 태우고 옛 동베를린 지역으로 차를 몰았다. 우리는 곧 구드룬 거리에 위치한 프리드리히스펠데공원묘지에 닿았다. 안내자는 이 묘지가 베를린에서 가장 큰 공원묘지라고 설명했다. 이 공원묘지는 크게 두 부분으로 나뉘어 있다. 서쪽 입구로 들어가면, 주로 예술가들 또는 문화창조자들이 잠들어 있다. 여성 그래픽미술가이면서 조각가인 케테 콜비츠Käthe Kollwitz(1867~1945), 동독예술원장을 역임한 화가 오토 나겔Otto Nagel(1894~1967) 등이 그 대표적인 사람들이다.

동쪽 입구로 들어가면 접하는 곳이 바로 '사회주의자 기념 장소'다. 입구에서는 남근男根을 연상하게 하는 큰 비석을 보게 되는데, 거기에는 "죽은 사람들이 우리에게 경고하고 있다"는 유명한 문구가 새겨져 있다. 이 비석을 가운데 놓고 독일의 사회주의운동을 이끌었던 10명의 혁명가들 또는 정치인들이 똑같은 너비의 무덤 속에 잠들어 있다. 매우 작은 평수로, 저자의 어림짐작으로는 한 사람에 겨우 한 평이 되는 것 같았다.

비석의 정면 바로 아래에, 그러니까 '사회주의자 기념 장소'의 핵심 부분에, 카를과 로자가 따로, 그러나 나란히 묻혀 있다. 그리고 비석의 후면 쪽으로는 프란츠 메링이 묻혀 있다. 메링은 1898년에 『독일사회민주주의의 역사Geschichte der Deutschen Sozialdemokratie』를 출간한 데 이어, 1902년에는 마르크스와 엥겔스 및 라살레의 유고들을 모아 세 권의 전집으로 출간한 당대 사회민주주의운동계의 정상급 이론가요 학자였다. 이 비석과 비석 중심의 무덤들을 가운데 두고 주변 벽에는 격이 조금 낮은 사회주의혁명가들 또는 정치인들의 무덤이 마련되어 있다. 이 무덤은 시신을 화장한 뒤 유해를 적절히 처리해놓은 것이다. 이 무덤들 가운데 하나가 카를 리프크네히트의 가족묘다. 여기에 카를의 아버지인 빌헬름, 그리고 카를의 아내가 함께 묻혀 있다.

이제 마지막으로, 회고적 분석방법에 힘입어 카를과 로자의 노선을 종합적으로 평가하기로 한다. 이 두 혁명가는 독일사회민주당의 과격파를 대표했다. 따라서 그들의 견해가 당 전체의 견해를 대표한 것은 아니었다. 그들의 이론은 당내에서도 지나치게 이상주의적이며 지나치게 투쟁적이라는 비난을 받았다. 그들의 과오들 가운데 하나만 지적한다면, 임시공화정부가 새 공화국의 출범을 위해 실시하려고 한 제헌국민의회 총선을 거부하고 공산혁명을 일으키려고 한 결정이다. 그들은 공산혁명을 시도할 것이 아니라 제헌국민의회 총선에 참여했어야 했으며, 새 공화국의 틀 안에서 활동했어야 했다.

독일사회민주당은 그들의 이론적 지침에 따라 발전하지 않았다. 오히려 그들이 비판한 카우츠키나 베른슈타인의 이론적 지침에 따라 발전했다. 역사는 카우츠키와 베른슈타인의 노선이 옳았음을 입증하고 있다. 카우츠키와 베른슈타인이 옹호한 복지국가론을 룩셈부르크는 '신성한 사회주의를 부르주아의 하수인'으로 전락시킨 결과의 부산물이라고 공격했지만, 영국과 스칸디나비아 4개국 등으로 상징되는 유럽의 복지국가들은 혁명의 유혈사태를 슬기롭게 피하면서 이상주의적 사회주의의 목표를 실현한 것이다.

그렇다고 해서 그들의 삶과 투쟁이 무의미한 것은 결코 아니었다. 파시즘과 제국주의에 대한 그들의 날카로운 경고, 국제평화에 대한 그들의 적극적인 옹호, 그리고 창조적이며 주체적인 존재로서 인간에 대한 철학적 뒷받침 등은 오늘날까지도 세계지성계에 적잖은 영향을 주고 있다. 특히 로자 룩셈부르크의 이론들은 학문적으로도 진지한 연구대상으로 자리 잡고 있다.

볼셰비키혁명의
설계자

레온 트로츠키

04

1. 역사적인 암살현장을 찾아서

비장한 삶의 상징 트로츠키

저자가 러시아혁명사를 공부하던 때 가장 깊은 관심을 쏟았던 인물은 레닌보다 트로츠키였다. 레닌이야말로 이론과 행동 모두에서 다른 혁명가들을 압도한 러시아10월혁명의 으뜸가는 주역이었음에는 틀림없으나, 트로츠키 역시 이론과 행동 모두에서 크게 이바지했을 뿐만 아니라 삶의 비장성에서 다른 혁명가들의 그것에 비견할 수 없을 정도로 극적이면서 치열한 모습을 보였기 때문이다. 특히 트로츠키는 스탈린에 맞서 장엄한 투쟁의 삶을 살았는데, 이 점은 스탈린이 권력을 장악하기 전에 죽은, 레닌의 삶을 일관했던 치열함을 앞서는 것이었다.

트로츠키는 투사였을 뿐 아니라 뛰어난 이론가요 문장가요 웅변가였다.

트로츠키 이후에는 이 세 가지 자질을 겸비한 카리스마적 투사형 정치가는 더 이상 찾아보기 어려울 정도다.

레닌이 일세를 풍미한 혁명가답지 않게 중풍으로 또는 매독균의 뇌 침투 때문에 가만히 누운 채 죽음에 이르렀음에 비해, 그리하여 최후의 모습은 그의 일생을 지배한 극적인 투쟁의 연속성과는 너무나 거리가 멀었음에 비해, 트로츠키는 자객의 칼에 목숨을 빼앗김으로써 와석종신臥席終身을 거부하는 풍운아다운 최후의 모습을 보였다. 더구나 트로츠키는 죽는 순간에도 펜을 쥐고 있었다. 힘차면서도 정확한 수많은 언어들로 차리즘을 공격하고 스탈린주의를 매도하던 그 펜을 쥐고 죽음으로써 '종이 위에서의 혁명'을 시도했던 혁명가답게 생을 마감했던 것이다.

트로츠키의 최후는 바이킹의 최후를 연상하게 만든다. 전투적인 해양민족 바이킹의 사내들은 죽을 때 칼을 들고 죽어야 '용사'로서 예우를 받으며 장례를 받을 수 있었다. 칼을 놓치고 죽은 사내에게는 초라한 장례가 돌아갈 뿐이었다. 그래서 바이킹의 사내들은 죽는 순간에 어떻게든지 칼을 놓치지 않으려고 발버둥을 쳤고, 그래서 너그러운 적수敵手는 칼을 놓친 채 죽어가는 바이킹전사에게 칼을 쥐어주는 '승자의 아량'을 베풀기도 했다.

'언어의 인간' '문장의 인간' (이 용어는 미국의 저명한 정치학자로 세계의 혁명가들을 비교연구한 해럴드 라스웰Harold D. Lasswell 교수가 개발했다)인 트로츠키는 마치 바이킹의 용사가 칼을 쥐고 죽듯 펜을 쥐고 죽었다. '언어의 인간'들, '문장의 인간'들 가운데 그러한 행운과 명예를 동시에 누린 혁명가가 과연 몇 사람이나 될까. 이 점에서도 트로츠키는 깊은 관심의 대상이 되기에 충분했다. 그렇기에 저자는 트로츠키가 동갑내기 스탈린과 벌인 건곤일척의 권력투쟁에서 패배하여 해외망명을 거듭한 끝에 정착한 멕시코시티의 교외에 마련된 무덤을 찾고 싶었다. 그가 1940년 여름에 61세의 한창 나이로 스탈린이 보낸 자객에게 암살당한 집에 그의 무덤이 마련됐음은 이미 책을 통해 알고 있었기에 더욱 그러했다.

저자의 희망은 우선 1983년 4월의 짧은 멕시코여행에서 실현됐다. 그때의 기쁨이라니! 그래서 저자는 그 결과를 『한국문학』 1983년 7월호에 「트로츠키의 무덤」이라는 기행문으로 발표했다. 그러나 그 글에는 부족한 부분이 적잖았다. 언젠가 다시 고쳐 썼으면 했는데 이번에 새로운 자료들을 보충할 수 있게 됐다.

멕시코에 세워진 트로츠키박물관

멕시코의 수도 멕시코시티에서 열린 제24차 국제정치학회 International Studies Association의 공식행사가 완전히 끝난 것은 1983년 4월 9일 토요일 오후 2시였다. 귀국 비행기는 다음 날 아침 8시 40분에 출발한다. 그러므로 저자가 개인적인 목적을 위해 쓸 수 있는 시간이란 잠잘 시간을 빼놓으면 얼마 남지 않았다. 더욱이 관광을 할 수 있는 낮 시간은 지극히 제한되어 있는 셈이었다. 이처럼 빡빡한 상황 속에서 시간을 절약하기 위해 동행한 경희대학교 정치외교학과 신정현申正鉉 교수와 함께 두 시간 동안 택시를 세내 우선 국립멕시코대학교로 달렸다. 어느 도시를 가든지 그곳의 대학교를 먼저 살펴야 직성이 풀리는 버릇 때문이기도 했지만, 본관 외벽의 대형 벽화가 참으로 아름답다는 얘기를 들었기 때문이었다.

학교에 다다르니, 과연 머릿속에 그리던 그대로였다. 토요일 오후의 따가운 햇볕이 쏟아지는 캠퍼스 자체가 멋있을 뿐만 아니라 여러 가지 색깔이 조화된 벽화는 현란하기까지 했다. 그동안 50여 개 외국 대학교들을 보았으나, 국립멕시코대학교의 벽화만큼 인상적인 것도 드물었다. 1968년에 여름올림픽의 개회식이 열렸다는 이 대학교의 대형스타디움도 장관이었다.

국립멕시코대학교에서 곧장 트로츠키박물관으로 달려갔다. 택시운전사는 50세가량의 마음씨 좋아 보이는 멕시코사람으로 영어를 조금쯤은 이해했다. 자신이 멕시코시티에서 몇 십 년을 살았지만 트로츠키박물관은 가본 일이 없으며 트로츠키가 누군지도 모른다고 했다.

처음엔 도무지 믿어지지가 않았으나 곧 수긍할 수 있었다. 트로츠키가 암살당한 때는 1940년이니 그 시점에 이미 43년 전의 일인 데다 멕시코서민들에게는 분명히 남의 일이었을 것이며 더구나 그 기사에게는 어린 시절의 일이었다. 하기야 두꺼운 관광안내책자 어느 곳에도 트로츠키박물관에 대한 언급은 전혀 없었잖은가. 그래서 저자도 그 안내책자나 호텔안내인들을 통해서가 아니라 이곳 사정에 정통한 우리 대사관의 직원을 통해 주소를 입수하지 않았던가. 또한 입장을 바꿔놓고 생각해봐도, 한국정치를 전공한다는 저자가 트로츠키처럼 암살당한 웅변가형 정치인인 몽양夢陽 여운형呂運亨의 묘가 서울 수유리에 있다는 사실을 안 것이 겨우 이태 전 아니었던가.

운전사는 주소가 쓰인 종이를 열심히 들여다보며 차를 몰았다. '코요아칸 지역 제21지구, 모렐로가街와 교차하는 지점의 비엔나가 45번지,' 이것이 '무세오 카사 데 레온 트로츠키Museo Casa De Leon Trotsky, 곧 트로츠키박물관의 주소였다. 쉽게 찾을 것 같은데도, 운전사는 여러 차례 차를 세우고 행인들에게 묻고 또 물었다.

그러나 저자는 조금도 지루하지 않았다. 목적지에 가까워질수록 도심의 모습과는 몹시 다른 풍경을 많이 볼 수 있었다. 훨씬 덜 서구화된 지역인지라, 멕시코 특유의 경치들이 살아 있는 것처럼 느껴졌다. 과일행상이 줄지어 서 있는 풍경도 인상적이었다. 여러 가지로 미뤄 짐작하건대, 코요아칸 지역은 분명히 멕시코시티의 변두리 또는 교외에 해당하는 곳이었다. 마침내 우리는 트로츠키박물관 앞에 도착했다. 트로츠키가 1936년부터 약 4년 동안 사실혼관계의 아내였던 나탈리아 세도바Natalia Sedova 및 손자들과 생활하면서, 추종자나 협력자의 도움을 받으며 스탈린을 공격하는 역사적 문서들을 집필했던 이층집이 나타난 것이다.

2. 스탈린을 상대로 전개한 건곤일척의 후계투쟁

레닌과 짝을 이뤘던 '10월혁명의 영웅'

　트로츠키는 1879년에 제정러시아의 변방지대이던 우크라이나 헤르손성 省의 한 시골마을인 야놉카에서 태어났다. 그는 16세에 인민주의자로서, 그리고 17세에 마르크스주의자로서 혁명운동에 뛰어들었고, 열아홉번째 생일을 그의 생애 두번째 감옥에서 맞이했다. 이것은 그가 그 후 여섯 나라의 스무 군데 형무소에서 그의 반평생을 보내는 '수인囚人으로서의 인생'이 시작됐음을 뜻하는 것이었다.

　트로츠키가 그때부터 망명지 멕시코에서 만 61세의 나이로 암살될 때까지 혁명가로서 걸었던 생애는 아이작 도이처Isaac Deutscher가 자세히 설명했다. 도이처는 폴란드에서 태어나 20세 때 소련공산당원이 됐으며 스탈린과 트로츠키의 논쟁에서 트로츠키를 지지해 제명됐고, 곧 영국으로 망명해 귀화했다. 그는 『무장하는 예언자』(1954), 『무장해제된 예언자』(1959), 『추방당한 예언자』(1963)로 구성된 트로츠키 전기 3부작을 통해 트로츠키의 풍운아다운 혁명가적 일생을 잘 나타냈다. 그리고 저자는 저자 나름으로 『러시아 혁명사』(문학과지성사, 1979, 수정증보판 1999)와 『소련정치론』(일지사, 1976)을 통해 그의 일생을 부분적으로 설명했다. 그러므로 이 글에서는 중복을 피하기로 한다.

　다만 러시아혁명 이전의 시기에 관해 짧게 설명한다면, 트로츠키는 특히 1905년 '피의 일요일' 직후에 해외망명지에서 귀국해 26세의 청년으로 혁명운동을 눈부시게 지도함으로써 확고한 명성을 얻었다. 그리하여 그해 12월에는 상트페테르부르크에 세워진 '노동자대표들의 소비에트'에 2대 의장으로 선출될 수 있었다. 트로츠키는 이 일을 앞뒤해 레닌과 여러 차례

노선충돌을 빚었다. 그러나 1917년 2월혁명 직후에 레닌과 손을 잡고, 피신하고 있던 레닌을 대신해 적위대를 창설함과 아울러, 이때는 상트페테르부르크로부터 페트로그라드로 개명된 수도의 '노동자와 병사 대표들의 소비에트'에 군사혁명위원회를 창설하는 데 성공했다. 이 업적으로 그는 소련군의 창설자라는 영예로운 칭호를 받기도 했다.

이것은 트로츠키가 레닌이 강조한 '무력장악을 통한 혁명론'을 실천했음을 뜻했다. 실제로 트로츠키는 '페트로그라드 노동자와 병사 대표들의 소비에트 군사혁명위원회' 위원장 자격으로 각급 소비에트에 조직된 적위대들을 동원해, 2월혁명 뒤에 세워진 임시정부의 주요한 기관들을 장악하고 임시정부의 요인들을 체포한 뒤, 임시정부의 모든 권한이 '페트로그라드 노동자와 병사 대표들의 소비에트 군사혁명위원회'로 이양됐다고 선언했다. 이로써 10월혁명은 성공하게 됐던 것이다. 이때 그는 38세의 청년이었다.

트로츠키의 업적은 그를 레닌과 짝을 이룬 '10월혁명의 영웅'으로 불리기에 충분하게 만들었다. 그리하여 그는 10월혁명의 성공과 더불어 소련공산당 중앙위원회 정치국 정위원으로, 그리고 소련정부의 초대 외무장관으로, 이어 국방장관으로 권력의 핵심에 진입할 수 있었다. 그러면 소련공산당 정치국 정위원이면서 소련정부의 국방장관으로 일세를 풍미하던 혁명가 트로츠키가 어떻게 멕시코시티 근교의 이 집으로 옮겨오게 됐던가? 이 물음에 대답하는 것은, 다음에서 보듯 레닌이 죽은 뒤 벌어진 스탈린과 트로츠키의 권력투쟁사를 일별하는 일과 맞먹는다.

대중적 인기는 높았으나 조직적 기반이 약했던 트로츠키

1924년에 레닌이 죽은 뒤, 레닌의 계승자로 가장 강력히 떠올랐던 지도자는 바로 트로츠키였다. 그는 볼셰비키혁명의 실질적 설계자이며 소련의 초대 외무장관으로 독일과의 협상을 성공적으로 마무리했고, 소련이 세워진 뒤 일어난 내란을 진압하는 일에 가장 눈부신 공로를 세웠을 뿐 아니라 이론가이며 웅변가로 국민들 사이에 인기가 높았고 국방장관으로 병권을 장악했으며 스스로 야심을 드러내고 있기도 했다. 나이도 패기만만한 40대 중반, 곧 45세였다.

트로츠키의 대중적 인기는 그의 반대자들을 결속시켰다. 트로츠키를 자신의 가장 큰 적으로 여긴 스탈린은 그리고리 지노비예프와 레브 카메네프Lev B. Kamenev를 끌어들여 트로이카, 곧 3두체제를 형성하고 트로츠키에 맞섰다.

트로츠키의 강점은 국민적 인기였다. 그러나 당내 지지는 약했다. 반면에 3두체제 쪽은 '인기스타'는 없었으나 당을 쥐고 있었다. 물론 트로츠키도 당정치국 정위원이기는 했다. 하지만 3두체제 쪽 세 사람은 모두 당정치국 정위원이었을 뿐만 아니라 스탈린은 비서국 총비서를 겸한 데다가 조직국과 중앙통제위원회를 쥐고 있었고, 카메네프는 전국에서 첫번째로 중요한 지역당조직인 모스크바당의 책임자였으며, 지노비예프는 전국에서 두번째로 중요한 지역당조직인 레닌그라드당의 책임자였다. 여기에 더해 그들은 다른 정치국 정위원인 니콜라이 부하린Nikolai Ivanovich Bukharin과 미하일 톰스키Mikhail Pavlovich Tomsky 및 알렉세이 리코프Alexei Ivanovich Rykov의 지지를 확보하고 있었다. 이처럼 당에 대한 그들의 지배는 철저한 것이어서, 만일 트로츠키가 국방장관의 직위를 이용해 쿠데타를 일으킨다면 그것을 반당행위로 규정할 충분한 힘을 갖고 있었다. 3두체제 쪽은 여기서 그치지 않고 자신의 당 지배권을 이용해 점차 하급당부에까지 세력을 심어나갔다. 그뿐 아니라 반대세력을 체포하고 축출하거나 그들의 연설과 출판을 금지하는 등 강압적인 자세를 취했다.

이에 대한 반발이 서서히 나타나기 시작했다. 그것은 레닌 시대에 채택됐던 신경제정책이 잠정적으로 난관에 봉착하고, 파업과 실직이 다시 도시를 휩쓸며, 특히 지노비예프가 의장인 코민테른의 지도로 실천에 옮겨진 독일에서의 공산혁명이 실패한 1923년 10월에, 46명의 저명한 볼셰비키지도자들이 서명한 서한으로 나타났다. 이들은 당중앙위원회에 보낸 공동 서한에서 3두체제에 의한 당권의 장악과 독재를 비판하고 당내 민주주의를 회복시킬 것을 요구했다. 뒷날 좌파반대세력으로 불리게 된 이들의 집단행동은 3두체제를 당황케 했다. 그리하여 마침내 3두체제로 하여금 적어도 표면상으로 그들의 주장의 정당성을 인정하게 하는 한편 당내 민주주의를 약속하게 만들었다. 그러나 트로츠키는 거기에 만족하지 않았다. 그는 「새로운 노선에 관한 서한」을 발표하고 당내 비판에 대한 탄압과 당의 기구들에 의한 당의 장악을 맹렬히 공격했다.

트로츠키의 공격에 대해 3두체제는 1924년 1월에 열린 제13차 당대회에서 트로츠키는 종파분자이며 그의 주장은 레닌의 가르침과는 대립되는 트로츠키주의라는 신화를 만들어냈다. 트로츠키는 자신의 주장은 레닌주의와 일치하는 것임을 여러 차례 해명했으나, 트로츠키주의는 레닌주의에 어긋나는 이단이라는 인상을 일반당원과 대중의 뇌리에서 지우지 못했다.

두 파의 대결은 1924년 말에 트로츠키가 『10월혁명의 교훈』을 출간하면서 격화됐다. 이 책에서 트로츠키는 지노비예프와 카메네프가 1917년에 볼셰비키의 집권을 반대했던 것을 비판하고, 혁명의 기회를 적절히 포착하지 못한 그들의 오류는 1923년에 실패한 독일혁명에서도 되풀이됐다고 공격했다. 그는 그들의 이러한 과오는 타성과 보수주의에 기인하는 것이라고 지적하면서 이러한 그들이 앞으로 혁명의 주도권을 장악할 수 없다고 비판했다.

3두체제의 트로츠키비판도 더욱 격화됐다. 특히 스탈린은 「트로츠키주의인가 또는 레닌주의인가」라는 논문에서, 10월혁명 당시 트로츠키는 오직 당의 의사를 실천했을 뿐인데도 그의 역할과 공적이 과장됐다고 주장하고 "트로츠키주의는 볼셰비키당에 대한 충성심의 결여, 볼셰비즘의 지도자들에 대한 불신, 레닌주의의 지도자들과 당의 중앙기관에 대한 모욕을 의미한다"고 성토했다. 이 논쟁의 과정에서 스탈린도 상당히 높은 수준의 이론가라는 인상이 심어졌다.

그러면 트로츠키의 주장은 레닌의 가르침에서 벗어나는 것인가? 그래서 트로츠키주의라는 용어가 성립될 수 있는가? 이 물음에 대해 트로츠키는 일관되게 아니라고 답변했다. "나는 마르크스의 가르침에 충실한 마르크스의 제자로서 레닌학교의 성실한 졸업생이다. 나는 마르크스와 레닌의 가르침에서 한 발짝도 이탈한 일이 없다. 그렇기에 트로츠키주의라는 용어는 성립될 수 없다. 스탈린주의자들이 나를 매도하기 위해 트로츠키주의라는 용어를 만들어냈을 뿐이다"라고 항변했다. 학계의 의견도 대체로 트로츠키의 항변에 동정적이다. 소수의 반론자들을 빼놓으면, 대부분의 공산주의이론가들은 트로츠키의 주장은 레닌주의 테두리 안에 들어 있다고 분석한다. 그러나 스탈린과 스탈린주의자들이 만들어낸 '트로츠키주의'라는 용어는 확실히 트로츠키에게는 파괴적이었다. 그 용어를 들은 뒤, 소련국민들 사이에서는 트로츠키가 레닌의 가르침을 벗어나 사설邪說을 전파하는 이단이라는 인상이 형성됐기 때문이다.

세계혁명론 대 일국사회주의론

『10월혁명의 교훈』이 제기한 또 하나의 쟁점은 트로츠키의 '세계혁명론' 또는 '영구혁명론' 대 스탈린의 '일국—國사회주의론'이었다. 그런데 우선 지적해야 할 것은 그 논쟁은 권력투쟁의 원인이었다기보다는 오히려 결과라는 점이다. 레닌의 죽음 당시에는 당내에 이 문제에 관해 중요한 견해차이가 별로 없었다. 지도층은 모두 "볼셰비키는 러시아에서의 혁명의 성과를 보호하고 세계 곳곳에서 사회주의의 마지막 승리를 달성하기 위해 해외에 혁명을 파급시키지 않으면 안 된다"는 레닌의 견해를 따르고 있었다.

이러한 레닌의 견해에 트로츠키는 『10월혁명의 교훈』에서 다음과 같이 좀더 부연했을 따름이다. 곧, "러시아에 있어서 노동자계급의 출현은 유럽의 자본주의국가들로부터 즉각적인 적의를 불러일으킬 것이며 그리하여 그들은 소비에트정권을 타도하려 할 것이다. 이 때문에 소비에트러시아의 노동자들은 혁명을 유럽의 자본주의국가들로 확산시키지 않으면 안 된다. 자본주의가 곳곳에서 타도되고 노동자계급이 집권해서 새 정부들을 세워 소비에트러시아를 지원해야 한다. 러시아는 너무 후진된 곳이어서 선진공업국의 지원 없이는 자신의 사회주의정부를 유지하기 어렵다. 쉽게 말해, 유럽 프롤레타리아국가들의 직접적 지원 없이 러시아의 노동계급은 권력을 유지할 수 없다." 이것이 트로츠키 주장의 핵심적인 부분이다.

이것을 스탈린이 공격하고 나선 것이다. 원래 스탈린도 트로츠키의 견해와 다른 주장을 갖고 있지는 않았다. 「레닌의 죽음에 관해」라는 논문에서 그는 "소련 그 자체가 목적이 될 수 없으며 소련은 동서의 모든 나라에서 혁명운동의 연쇄를 강화하는 데 필요한 연결고리이다"라는 레닌의 견해에 전적인 동감을 표시하고 있었다.

스탈린은 또한 자신이 1924년 4~5월에 행한 강연들을 기초로 출판한 『레닌주의의 기초들 The Foundations of Leninism』에서 사회주의가 한 나라에서만 달성될 수 있다는 주장을 특별히 힘주어 부인했다. 어느 한 나라가 그 나라의 부르주아계급을 타도할 수는 있으나, 더 선진된 국가에서 혁명이 발생하여 그 나라를 지원하지 않으면 궁극적으로 사회주의를 달성할 수 없기 때문에 그 나라는 외국의 혁명을 조장하고 지원할 의무가 있다고 주장한 것이다.

그러나 이제 트로츠키를 거세하기 위해 스탈린은 트로츠키의 세계혁명론을 분쇄할 필요를 느꼈다. 그래서 그는 1924년 12월에 발표된 논문 「10월혁명과 러시아공산주의자들의 전술」에서 종전의 주장을 바꿔 "사회주의는 한 나라에서만 승리할 수 없다는 이론은 인위적이며 더 지탱하기 어려운 것이

되어버렸다"고 비판하고, 볼셰비키의 7년 통치는 소비에트정권이 제국주의의 반대에 직면해서도 생존할 수 있음을 입증한 것이라고 강조했다. 그는 특히 "유럽 프롤레타리아국가의 직접적 지원 없이 러시아의 노동계급은 권력을 유지할 수 없다"는 트로츠키의 주장은 러시아프롤레타리아의 역량을 과소평가한 것이며, 전 세계에 사회주의를 전파하는 가장 빠른 길은 사회주의를 우선 어느 한 나라에라도 굳게 심어 세계혁명을 시작할 강력한 기반을 세우는 것이라고 주장했다.

트로츠키, 그리고 트로츠키를 지지하는 좌파반대세력은 스탈린의 주장이 부르주아적 민족애국주의이며 세계혁명을 포기하고 국가와 당기관의 관료적 이익을 추구하는 행위라고 비판했다. 그러나 트로츠키는 1925년 1월에 그가 갖고 있는 유일한 무기이며 또한 결코 써보지 못한 무기인 강력한 국방장관의 직위에서 해임됐다.

그러면 '10월혁명의 영웅' 트로츠키가 어쩌다가 크렘린의 권력투쟁에서 패배한 것인가? 여러 가지 요인들이 지적될 수 있겠지만, 여기서는 세 가지만 지적하도록 하겠다. 첫째, 소련국민의 대다수는, 그리고 소련공산당 당원의 대다수는, 세계혁명을 바라지 않고 있었다. 2월혁명과 10월혁명, 내전, 잦았던 정책적 전환에 따른 혼란 등에 지친 그들은 혁명보다는 안정을 바라게 됐고, 그래서 트로츠키의 세계혁명론보다 스탈린의 일국사회주의론에 기울어졌던 것이다. 둘째, 이 시점에는 스탈린이 당을 조직적으로 거의 확실하게 장악하고 있었다. 이에 반해, 트로츠키는 '들판에서 외롭게 홀로 뛰면서 울부짖는 늑대'라는 별명처럼 조직적 기반이 취약했다. 셋째, 트로츠키가 『10월혁명의 교훈』을 출간한 시기가 부적절했다. 10월혁명 때 지노비예프와 카메네프가 애매모호한 태도를 취했음을 자세하게 증명한 이 책은 지노비예프와 카메네프로 하여금 스탈린에 더 가깝게 달라붙어 트로츠키를 완전히 거세해야겠다는 결심을 굳히게 했던 것이다.

3. 망명생활의 어려움을 견뎌내며 스탈린반대투쟁을 전개하다

스탈린의 탄압으로 망명길에 오르다

트로츠키라는 공동의 적이 무력해지자 3두체제는 다시 분열됐다. 스탈린은 정치국의 우파인 리코프와 톰스키 및 부하린과 제휴하고, 지노비예프와 카메네프는 스탈린을 견제하기 위해 트로츠키 및 좌파반대세력과 손을 잡았다. 이 두 세력 사이의 논쟁은 주로 경제문제에 집중됐다. 자본주의적 요소를 도입한 신경제정책을 썼는데도 러시아는 심각한 식량부족과 일용품부족을 겪지 않으면 안 됐다. 공업성장률은 내려갔고 실업률은 늘었다. 좌파는 1926년 7월에 「13인 선언」을 통해 이러한 상황을 비판하면서, 중앙계획과 중앙통제 아래서의 급속한 공업화와 기계제 집단농장을 대안으로 제시했다. 그들은 공업화비용의 큰 몫을 농업이 감당해야 하며, 특히 부농富農은 더 많은 세금을 내야 한다고 주장했다. 이들은 또한 신경제정책은 러시아에 자본주의적 요소를 계속 도입하고 있다고 비판하고 당내에 비非프롤레타리아적인 관료지배가 성장하고 있다고 공격했다.

이것에 비해 부하린과 리코프 및 톰스키 등 우파는 신경제정책의 계속을 지지하고 특히 집단농업제를 반대했다. 원시적인 농경방식에 의존하고 있는 러시아에서 집단농업제는 부적당하고 농민에게서 그들의 토지를 빼앗는다면 격렬한 저항이 있을 것이라고 경고한 것이다. 이들은 또한 자본과 기술이 부족한 러시아에서 급속한 공업화를 추진함으로써 얻을 수 있는 것이 무엇이냐고 반문했다.

이 논쟁에서 스탈린은 일단 우파의 정책을 지지하는 자세를 취했다. 그와 동시에 좌파에 자아비판을 강요해 트로츠키를 포함한 좌파 간부들로 하여금 자신들의 '종파반당' 행위를 '회개' 하게 했다. 그에 그치지 않고 스탈린은 1926년 10월에 이것을 근거로 지노비예프와 트로츠키를 정치국에서 추방하고 카메네프를 정치국 후보위원으로 강등시켰다. 지노비예프는 코민테른 의장직에서도 해임됐다.

이 과정에서 트로츠키와 스탈린 사이에 극적인 대결이 영화의 한 장면처럼 나타났다. 1926년 10월 25일에 열린 정치국 회의에서였다. 트로츠키는 스탈린을 마주보면서 "스탈린은 자신의 직위를 '혁명의 무덤을 파는 사람' 의 지위로 전락시켰다"고 매도한 것이다. 이 구절은 마르크스가 프랑스에서 혁명을 배반하고 황제가 된 나폴레옹과 그의 조카인 루이 나폴레옹을 공격하면서 쓴 구절이었다. 스탈린은 자제력을 잃은 채 벌떡 일어서서 회의장을 나간 뒤 문을 쾅 소리가 날 정도로 거세게 닫았다. 한 목격자는 이 장면을 트로츠키의 사실상의 부인 세도바에게 이렇게 전했다. "나는 탄약 냄새를 맡았습니다. 나는 이런 장면을 목격한 일이 없습니다. 트로츠키는 왜 그렇게 말했을까요? 스탈린은 제3대, 제4대에 이르기까지 트로츠키를 용서하지 않을 겁니다."

이처럼 권력투쟁이 격화되는 상황에서, 좌파는 1927년 5월에 「84인 선언」을 통해 다시 한 차례 공세를 폈다. 이 선언이 발표된 때로부터 몇 주 안에 3백 명의 볼셰비키가 서명했다. 그들은 중국에서 공산주의자들을 오도해 도시폭동을 일으키게 함으로써 국공합작이 깨지게 하고 중국국민당의 장제스로 하여금 중국공산당을 탄압하게 만든 스탈린의 전략적 실패와 스탈린1인독재의 위험성 및 당기구의 관료화를 경고했다. 특히 트로츠키는 러시아혁명은 이제 프랑스혁명처럼 '테르미도르의 반동'에 도달했다고 비판하고 반동세력의 교체를 주장했다. '테르미도르'는 프랑스의 혁명정부가 제정한 새 달력에서 '열월熱月'로, 열한번째 달이었다. 1794년 '열월'에 과격한 혁명에 반대한 세력이 쿠데타로 집권하고 억압정책을 씀으로써 이러한 표현이 생겨난 것이다.

1927년 10월은 볼셰비키10월혁명 10주년의 달이었다. 10월혁명의 영웅이라는 신화를 여전히 유지하고 있는 트로츠키의 스탈린공격은 더욱 거세졌다. 트로츠키는 레닌의 유서 가운데 스탈린의 잔인성을 지적한 그 유명한 문구를 상기시키면서 스탈린은 당내 비판세력에 대해서까지 잔인하게 다루고 있다고 공격했다. 스탈린의 반격도 거세졌다. 스탈린은 "레닌의 유서가 나를 비판한 것은 사실이다. 그러나 트로츠키를 비롯한 다른 동지들에 대해서도 비판했다. 그런데 레닌의 유서가 나를 비판한 점은 잔인성 하나뿐이다. 그렇다. 반당분자에 대해 나는 잔인성 하나로 맞서 레닌의 당을 지킬 것이다"라고 선언했다.

실제로 10월혁명 10주년 기념일에 트로츠키가 모스크바와 레닌그라드에서 가두시위를 조직하고 지휘했을 때 스탈린은 그들을 잔인하게 탄압했다. 스탈린의 반격은 거기서 끝나지 않았다. 스탈린은 곧바로 트로츠키를 지노비예프 및 카메네프와 더불어 우선 당중앙위원회에서, 이어 당에서 추방했다. 이해 11월에 소집된 제15차 당대회에서 지노비예프와 카메네프는 다시 '회개'하고 얼마 뒤 복권됐다. 그러나 트로츠키는 '회개'를 거부하고 이로써 1928년 1월에 중앙아시아의 알마티로 추방됐고, 1929년 2월에 영구히 망명길에 올랐다.

자객에 쫓기면서도 명저를 발표하다

트로츠키는 우선 터키에 입국할 수 있었다. 4년 동안 계속된 터키에서의 망명생활은 그에게는 어떻게 보면 축복이었다. 왜냐하면 그는 이스탄불 부근에 있는 프린키포 섬에 살면서 저술에 전념해 『나의 생애 My Life』라는 자서전과 『러시아혁명사 History of the Russian Revolution』를 완성할 수 있었기 때문이다. 앞의 책도 명저로 꼽히지만 뒤의 책 역시 학문적 수준이 높은 명저로 꼽힌다.

트로츠키의 공식 교육은 우리 식으로 말한다면 고등학교 졸업으로 끝났다. 물론 그는 그때로써는 국제적 항구도시였던 오데사에서 수준 높은 교육을 받았다. 아마 오늘날의 평범한 대학교육보다 수준이 훨씬 더 높았을 것이다. 그렇다고 해도 트로츠키의 학문적 저술능력은 천부적인 것이었다고 하겠다. 『러시아혁명사』 하나만 놓고 보아도, 그 유려하면서도 정교한 문장, 그리고 석학 수준의 치밀한 분석능력과 논리전개는 적잖은 역사학도로 하여금 경탄을 연발하게 만든다.

트로츠키의 망명생활은 고달팠다. 스탈린의 박해가 계속됐기 때문이다. 그는 1933년에 프랑스로 옮겼고, 1935년에 노르웨이로 옮겼다. 그 과정에서 스탈린이 보낸 자객들로부터 여러 차례 습격을 당했다. 그러나 주재국의 보호와 트로츠키 스스로의 엄중한 경계에 자객들의 실수가 겹쳐 그는 목숨을 건질 수 있었다. 이러한 극심한 어려움 속에서도 그는 독일에서 나치즘이 발흥하고 있음을 경고하는 글을 발표했으며 『배반당한 혁명Revolution Betrayed』과 『영구혁명론Permanent Revolution』 등의 저술을 출간했다. 이 저술들을 통해 그는 소련에서 10월혁명의 정신은 스탈린과 스탈린을 떠받드는 관료체제에 의해 이미 사라졌으며, 그리하여 소련은 또 하나의 관료독재 국가로 전락했다는 주장을 일관되게 유지했다. 스탈린을 혹독하게 비판하고 매도한 책인 『스탈린』을 쓴 것도 이때였다. 트로츠키는 스탈린의 성격과 사생활까지도 매섭게 비판하고 조롱함으로써 그에 대한 적개심을 유감없이 드러냈다.

트로츠키가 노르웨이에서 망명생활을 하던 때인 1936년 7월에 스탈린은 모스크바에서 결석재판을 통해 트로츠키에게 국가반역죄로 사형을 선고했다. 지노비예프와 카메네프에게도 사형이 선고됐다. 지노비예프와 카메네프는 사형장으로 끌려가면서도 "스탈린 만세!"를 외쳤지만 스탈린은 사형을 집행했다. 이듬해 1월에 트로츠키는 겨우 멕시코에 입국할 수 있었다.

소련정부를 비롯한 친스탈린적 국제공산주의운동계가 방해하고 거기에 발맞춰 멕시코공산주의자들이 항의했지만, 라사로 카르데나스Lázaro Cárdenas 대통령은 단호한 결단을 내렸던 것이다. 카르데나스는 가난한 집안에서 태어나 제대로 교육을 받지 못했고 인쇄공으로 생활하다가 멕시코혁명군에 가담했고 마침내 대통령에 올랐다. 그는 이 무렵 자신이 영도하는 국민혁명당을 멕시코혁명당으로 개칭하고 노동자와 농민의 권익을 신장시키기 위해 노력했으며, 특히 대규모의 농지개혁을 통해 특권층의 기득권을 과감히 줄였다. 이러한 혁명가적 정치가였기에, 트로츠키의 입국을 허용할 수 있었다. 그리하여 '입국사증을 갖지 못한 떠돌이별'이라고 자처한 이 카리스마적 혁명가는 정착지를 얻을 수 있었던 것이다.

그러나 트로츠키의 생활이 결코 평탄할 수는 없었다. 그는 예상되는 스탈린의 암살단으로부터 자신을 보호하기 위해 코요아칸의 이 집을, 그의 표현을 빌리면, 성채 또는 요새처럼 꾸몄다. 멕시코정부도 수비대를 상주시켜 주었고 트로츠키의 안전을 멕시코국립경찰청의 정보부장 레안드로 산체스 살라사르 대령의 직접적 책임 아래 맡겨두었다. 트로츠키는 그 대신 멕시코 국내정치에 대해서는 전혀 발언하지 않는다는 다짐을 주었다. 비교적 안전한 여건 속에서 그는 『마르크스주의를 옹호한다In Defense of Marxism』를 저술했다.

4. 스탈린이 보낸 자객의 손에 목숨을 잃다

암살의 진상

한때는 난공불락의 병영과도 같았던 이 역사적 건물 앞에 서니 참으로 감개가 무량하고 만감이 교차했다. 책에서 읽었던 모양 그대로였으나 몇 가지 다른 점이 곧바로 눈에 들어왔다. 우선 트로츠키가 스탈린암살단의 침입을 막기 위해 콘크리트 담을 높게 쌓았다고 했는데, 그 담이 상상했던 것만큼 높지는 않았다. 3.5미터에서 4미터 정도라고 할까. 성채 또는 요새라는 표현은 좀 지나쳤다는 느낌이 들었다. 그러나 어떠한 형태로든 문이나 틈이 거의 없다시피 한 것은 사실이었다. 또한 어느 책에서 이 집을 '한적하고 쓸쓸한 외딴집'이라고 묘사했는데, 그것은 잘못이었다. 앞에서 설명했듯이, 멕시코시티의 변두리 또는 그 교외에 있는 것은 사실이다. 그러나 외딴집은 결코 아니었다. 주택가를 형성하고 있는 어느 블록의 끝에 위치한 집일 뿐으로, 번잡하지는 않았으나 쓸쓸한 느낌을 주지도 않았다.

다른 집과 잇닿아 있는 쪽으로는 육중한 문이 있고 그 문 옆으로 동그란 판이 매달려 있었는데, 그것에 트로츠키의 얼굴이 새겨져 있었으며 '무세오 카사 데 레온 트로츠키'라고 씌어 있었다. '어떻게 안으로 들어가야 하나?' 하고 두리번거리다가 문 앞에 걸린 게시문을 찾을 수 있었다. 박물관 관리인의 이름으로 쓰인 이 안내판에 따르면 저자가 찾아간 토요일은 오후 4시까지로 개관이 제한되어 있었다. 시계를 보니 3시 40분. 다행히 20분 정도 남아 있었다.

그 안내판 위로 "pull and wait" 곧 "잡아당기고 나서 기다리시오"라는 표지가 있었다. 그 표지가 시키는 대로 설렁 줄을 잡아당겼더니 안에서 소리가 났다. 조금 있다가 20세 미만쯤으로 보이는 파란눈의 소녀가 나왔다. 그녀는 문을 조금 열고 상체만 내민 채 머리를 흔들었다. 관리인이 아파 누워서 내부를 보여줄 수 없으므로 다음 주에 다시 찾아오라는 것이었다. 무척 난감했다. 이곳까지 와서 안을 볼 수 없다니. 별수 없이 이쪽 사정을 털어놓았다. 한국에서 머나먼 여기까지 찾아왔는데 내일 아침에는 귀국해야 하므로 지금밖에는 기회가 없다고 설명했다. 그러자 그녀는 꼭 몇 분만 보아야 한다고 다짐하면서 입장을 허용해주었다. 구사하는 영어의 수준이나 용모로 보건대, 그녀는 현지인이 아니라 유럽인 같았다. 스스로를 트로츠키의 추종자라고 불렀다.

내부는 머릿속에 그리던 것만큼 넓지 않았다. 좌우 양편으로 이층집이 서 있고 그사이에 정원이 있었으며, 그 정원 한가운데 트로츠키의 무덤이 있었다. 그러나 트로츠키는 암살당한 때로부터 닷새 뒤에 화장되었으니까, 이 무덤은 상징적인 봉분이리라. 묘비 또한 인상적이었다. 트로츠키의 이름이 크게 새겨져 있었고 소련국기의 핵심인 낫과 망치가 그려져 있었다. 주변에는 트로츠키가 평소에 좋아했다는 선인장들이 자라고 있었다. 이 묘지의 왼쪽, 그러니까 저자가 들어온 문 쪽의 이층집이 트로츠키가 생활했고 끝내 암살당한 곳이었다. 그 안까지 들어가보자고 했으나 그 소녀는 완강히 거절했다. 관리인이 없어서 절대로 허용할 수 없다는 것이었다. 뭔가 경계하는 눈치마저 보였다.

저자가 읽은 글에는, 그 암살의 현장인 1층 서재의 책상 위에 암살 당일의 달력, 즉 1940년 8월 20일자의 달력이 그대로 펼쳐져 있으며, 책상 주변에는 마르크스의 저서들이 꽂힌 책꽂이와 간이침대가 있다고 했다. 지금은 낡고 변색되었으나 옛 모습 그대로 남아 있다고 했다. 그러나 이것을 확인하지 못하고 떠나게 되어 무척 섭섭했다.

하지만 몇 가지 새롭게 확인한 사실이 있었다. 첫째는 암살자가 사용한 흉기에 관한 것이었다. 저자가 읽은 책들은 그것을 얼음도끼라고 표현하기도 했고, 그냥 도끼라고 쓰기도 했으며, 피켈 또는 곡괭이라고 부르기도 했다. 그러나 그것은 아이스피크였다. 등산할 때 얼음을 깨뜨리기 위해 쓰는 일종의 대형 송곳이었다. 도끼라든가 곡괭이라고 표현하기에는 너무 작고 그냥 송곳이라고 번역하기에는 너무 컸다. 더구나 암살자는 상대방의 눈에 띄지 않으려고 손잡이를 없앴기 때문에 도저히 도끼나 곡괭이라고 부를 수는 없었다.

또 하나는 암살자가 트로츠키의 비서가 아니라는 사실이다. 소련비밀경찰요원이 자신의 신분을 감춘 채 트로츠키의 비서로 취직해 있다가 기회를 보아 그를 살해한 것으로 알았는데, 막상 확인해보니 암살자는 트로츠키 여비서의 애인이었다. 암살자, 곧 당시 25세의 스페인청년으로 제법 미남이었던 라몬 메르카데르Ramón Mercader는 자크 모르나르Jacques Mornard라는 가명으로 트로츠키가 신임하던 여비서 실비아 아겔로프Sylvia Ageloff에게 접근하여 그녀와 몇 년 동안 애정관계를 유지하고 그것을 바탕으로 트로츠키의 서재까지 들어갈 수 있었던 것이다. 그러나 실비아는 무고했다. 그녀는 애인의 정체나 속셈을 전혀 모른 채 그가 진심으로 트로츠키를 숭배하는 것으로 오판하여 자신이 그처럼 존경해 마지않던 '혁명의 상징적 존재'에게 인사시켰던 것이다.

암살당하기까지 트로츠키는 여러 차례 죽을 고비를 넘겼었다. 멕시코에서만 해도 암살되기 3개월 전인 1940년 5월 24일 새벽 3시쯤, 스탈린이 밀파한 암살특공대 약 20명이 이곳을 기습하여 적어도 3백 발 정도의 총알을 쏘아댔다. 그때 트로츠키의 침대에 두 발이, 그리고 부인의 침대에 한 발이 명중했으나 그들은 기적적으로 조그만 상처도 입지 않고 살아남았다. "운명이 나에게 유예를 부여했다"는 트로츠키의 표현 그대로, 운명의 여신은 스탈린의 주도면밀한 계획을 무참하게 좌절시켰던 것이다.

그러나 "비록 운명이 나에게 유예를 부여했지만, 스탈린이 나를 살해할 것을 결코 포기하지 않을 것이므로 그 유예는 짧은 기간에 지나지 않을 것"이라던 스스로의 예언처럼, 트로츠키는 그때로부터 3개월이 채 되지 않은 시점인 8월 20일에 암살되고 말았다. 음흉한 암살자는 자신의 논문을 읽어보고 논평해달라는 교묘한 말로 트로츠키의 서재에 단신으로 들어가, 이에 응해 펜을 들고 줄을 쳐나가던 트로츠키에게 결정적 일격을 가한 것이다.

암살자는 그 일격으로 트로츠키의 뇌의 급소를 찌름으로써 소리 없이 그를 해치우고 곧장 달아날 수 있다고 계산했다. 그러나 결과는 달리 나타났다. 급소가 아니라 그 부근을 찔렀기 때문에 61세의 나이에도 불구하고 힘이 장사였던 트로츠키의 반격을 받았던 것이다. 뇌수를 7센티미터나 찔리고도 큰소리를 지르며 반격을 가했다는 것은 역시 트로츠키의 초인적 정력을 말해준다. 그리고 이 소동 때문에 집에 머물던 추종자들과 경비원들이 몰려들어 범인은 잡히고 말았다. 트로츠키는 곧 빅토리아 이 레비야히헤도Victoria y Revillagigedo의 크루스 베르데Cruz Verde(영어로는 베라크루스) 병원으로 호송됐다. 그러나 트로츠키는 일급 의료진의 뇌수술에도 불구하고 사건이 발생한 26시간 뒤인 8월 21일에 절명한다. 그리고 그의 죽음으로 1930년대에 소련을 공포 속에 몰아넣었던 그 전율스런 스탈린의 대숙청은 종결된다.

트로츠키가 죽은 뒤 장례식은 멕시코시티 중심가에 자리 잡은 알카사르 장의사에서 치러졌다. 미국의 트로츠키추종자들이 트로츠키의 유해를 미국으로 가져가려 했으나 미국정부는 입국을 거절했다. 그의 관이 들어올 경우 여러 가지 시끄러운 일들이 벌어지게 될 것을 염려했기 때문이었다. 트로츠키는 망명을 거듭하는 가운데 입국사증을 얻지 못해 고생한 일이 한두 번이 아니었다. 그래서 '입국사증 없는 떠돌이별'에 자신을 비유하곤 했다. 그는 죽어서도 입국사증문제로 고생한 셈이었다.

트로츠키의 전설

10월혁명의 대영웅인 트로츠키가 머나먼 이역땅인 멕시코에서 비극적인 종말을 맞이했다는 사실이 풍운의 사나이로 산 그의 생애를 장엄하게 만들고 있는지도 모른다. 스탈린과 타협하여, 더더구나 스탈린에 아부하여 생명을 유지하고 권좌의 기간을 연장시켰다면 트로츠키의 전설은 결코 존재하지 않았을 것이다. 스탈린과 타협하지 않았다고 해도 멕시코에서 와석종신의 형태로 평범한 최후를 마쳤다면 그 역시 혁명아 트로츠키의 이미지에 금가는 일이리라. 베리야를 생각해보자. 권력의 주구 또는 권력의 변견이 되어 스탈린에게 갖은 아첨을 다하며 트로츠키암살을 포함해 대숙청극을 지휘해나갔던 베리야는 트로츠키보다 13년을 더 살며 부귀영화를 누렸으나 그는 국민적 증오의 대상이 되어 동료들에 의해 모살됐을 뿐 아니라 어느 누구도 그를 존경하지 않는다. 무이념적 권력편집광의 최후란 그런 법이다.

많은 아쉬움을 지닌 채 트로츠키박물관을 나오면서 저자는 멕시코야말로 트로츠키가 묻힐 만한 곳이라는 생각이 들었다. 우리 모두가 잘 알고 있듯, 멕시코로 상징되는 중남미는 오랫동안 혁명을 여러 차례 경험하기도 했으나 여전히 혁명을 요구하는 곳이다. 그 엄청난 빈부격차, 그리고 그 격차를 만들어낸 정치적·경제적·사회적 모순들은 명백히 근원적인 혁명을 기다리고 있다. 이러한 중남미의 멕시코에 프롤레타리아혁명의 화신인 트로츠키가 묻혔다는 것은 지극히 상징적인 일이었다.

그러나 트로츠키와 트로츠키주의가 중남미의 혁명가들에 의해 정열적으로 수용되지 않고 있다는 사실은 흥미로운 일이다. 중남미의 혁명가들은 대체로 어떤 하나의 체계적 교리나 이데올로기에 얽매이지 않는 이념적 자유주의자들이다. 그러므로 이론적 수준이 높은 트로츠키주의, 더구나 소련과 유럽을 염두에 두고 체계화된 트로츠키의 혁명이론은 그들에게 호소력이 크지 않았을 것이다. 다만 아르헨티나 출신의 혁명가 체 게바라Che Guevara에게서 한 가닥 공통점을 발견하게 되는데, 그것도 이념적 공통점이라기보다는 성격적 공통점이다. 정열적이면서 낭만적인 트로츠키의 혁명주의를 우리는 체 게바라에게서 발견하게 되는 것이다. 그러나 체 게바라에게 트로츠키 수준의 이론이 있었던 것은 아니다. 그는 '이론 없는 트로츠키'였을 뿐이라고 할까.

암살범의 그 후 행방

마지막으로 암살범 메르카데르의 그 후 행방에 대해 알아보자. 멕시코법정에서 최고형인 20년 징역형을 선고받은 그는 20년형을 마치고 1960년에 출감해 카스트로가 막 집권한 쿠바로 갔다. 재판과정과 옥중에서 자신의 정체와 배후에 대해 철저히 함구했던 그는 쿠바의 아바나공항에 내린 이후 행방이 묘연해졌다. 세인의 기억 속에서도 잊혔다. 그러나 영국에 있는 트로츠키추종자단체인 노동자혁명당의 기관지 『뉴스 라인』이 메르카데르의 행방을 끈질기게 추적했으며, 『선데이 타임스』도 그 추적작업을 도왔다.

그 결과 다음과 같은 사실들이 밝혀졌다. 메르카데르는 스탈린에게 충성을 다했으나 대체로 비극적 종말을 맞이한 스페인의 한 공산주의자 집안의 일원이라는 것, 그의 어머니 역시 스탈린의 밀정으로 국제공산주의운동계에서 암약했으나 최후는 비참했다는 것, 그는 쿠바를 떠난 뒤 체코슬로바키아로 들어가 그곳에서 망명생활을 보내던 스페인공산주의자들과 번역이나 출판 일에 종사했다는 것, 때로는 스파이학교에서도 강의했으며 1967년에는 멕시코로 잠입하여 트로츠키박물관도 찾아보았다는 것, 1968년 봄부터 체코슬로바키아에서 자유화운동이 본격화하자 소련으로 피신하여 소련에 망명 중이던 스페인공산주의자들과 함께 일했다는 것, 특히 라 파시오나리아La Pasionaria로 더 잘 알려진 스페인공산당 의장 돌로레스 이바루리 Dolores Ibárruri의 보좌관으로 일했다는 것 등이 그것이다.

1977년에 모스크바에 주재하던 영국 로이터통신의 특파원은 고심 끝에 메르카데르의 친동생을 찾아내 그에 대한 우리의 지식을 조금 더 넓혀주었다. 그가 모스크바에서 비교적 여유 있게 생활하고 있다는 것, 복역 중에 사귄 나이트클럽 무용수와 결혼하여 두 자녀를 두고 있다는 것, 그리고 주로 문학서적 번역에 종사하고 있다는 것 등이다. 메르카데르의 이러한 여생은 일종의 축복이라 하겠다. 왜냐하면 그를 하수인으로 하는 트로츠키암살음모에 관련된 소련비밀경찰요원들은 영원한 침묵을 필요로 하는 스탈린에 의해 모두 처형됐거나 암살됐기 때문이다.

스탈린 사후에도 복권이 거부되다

다시 트로츠키에게로 돌아가자. 트로츠키가 암살당한 지 13년이 지난 1953년 3월에 마침내 스탈린도 죽었다. 그리고 이어 몇 달 지나지 않아 베리야도 죽었다. 그때로부터 다시 3년이 지난 1956년 2월, 스탈린이 벌였던 여러 차례의 대숙청극을 아슬아슬하게 피하면서 육체적 생명과 정치적 생명을 동시에 유지해온 흐루쇼프는 세계공산주의역사에서 획기적인 장章을 연 스탈린격하의 신호를 올렸다. 스탈린은 살인귀로 규정됐으며 소련의 모든 공식간행물들에서 그에 관한 기록들이 삭제됐다. 소비에트백과사전에서도 스탈린이라는 항목이 없어졌다.

이와 동시에 스탈린에 의해 희생된 많은 노老혁명가들은 비록 사후에나마 복권됐다. 트로츠키의 사실혼상 부인이었던 나탈리아 세도바는 남편의 복권을 신청했다. 그러나 허용되지 않았다. 흐루쇼프가 반反스탈린주의자이기는 했으나 소련체제 자체를 비판한 트로츠키를 복권시키기는 어려웠으리라. 그러나 우크라이나에서 태어나 멕시코에서 한 줌의 재로 끝난 트로츠키의 저술은 오늘날까지 그런대로 지지자들을 확보하고 있다. 펜이라는 뜻의 필명 '페로Pero'를 지녔던 그답게, 죽는 순간에도 펜을 들고 있었던 그의 펜에서 쏟아져 나온 수만 마디의 말들은 세계 여러 나라들에서 여전히 읽히고 있는 것이다.

저자는 1993년에 트로츠키박물관을 다시 방문할 수 있었다. 꼭 10년 뒤의 재방문이었다. 10월 22일부터 23일까지 멕시코시티에서 미국 아시아학회Association for Asian Studies 서부지회와 남부지회의 합동연례 학술회의가 열렸을 때 토론자로 참석했던 계제를 이용한 것이다. 이때는 멕시코주재한 국대사관의 도움으로 좀더 자세히 살필 수 있었다. 러시아혁명에 관련된 많은 자료들이 전시되어 있어서 이 방면에 관심이 큰 저자에게도 많은 도움이 됐다. "소련은 프롤레타리아의 독재국가가 아니라 프롤레타리아에 대한 독재국가가 됐다"던 트로츠키의 유명한 명제가 쓰인 원고의 사진도 볼 수 있었다.

2차 방문을 계기로 저자는 트로츠키에 관한 글들을 새롭게 읽었다. 트로츠키의 영구혁명론은 사실상 현실정치에서 실현불가능한 정체政體를 제시하고 있을 뿐이라고 비판한 프랑스의 정치사상가 모리스 메를로-퐁티 Maurice Merleau-Ponty의 글도 비로소 읽었다. 그리스에서 태어나 파리8대학교 철학교수로 활동하던 코스타스 마브라키스Kostas Mavrakis가 1972년에 그리스어로 출판한 『트로츠키주의에 관해: 이론과 역사의 문제들』은 트로츠키의 이론에 대해 매우 비판적이었다. 독창성이 없다는 것이 그 이유였다. 그는 이 책을 1973년에 "Du Trotskysme"이라는 제목 아래 프랑스어로 출판했는데, 이 책이 1976년에 "On Trotskyism: Problems of Theory and History"이라는 제목으로 영역되었다.

볼셰비키 최고의 경제이론가

니콜라이 부하린

소련의 정치지도자들 가운데 그 역사적 무게에 비해 한국에서는 비교적 덜 알려진 사람이 있다. 바로 니콜라이 이바노비치 부하린이다. 부하린은 볼셰비키10월혁명의 지도자들 가운데 '가장 큰 이론가'로서, 레닌이 신경제정책을 폈던 시기에 이르러서는 그 정책을 이론적으로 뒷받침하는 데 기둥역할을 수행했다. 레닌이 죽은 뒤에 벌어졌던 권력투쟁의 어느 한 시기에 그는 스탈린과 함께 양두체제를 형성하고 소련의 공업화를 위한 우파적 프로그램을 추진함으로써 소련의 진로에 적잖은 영향을 미쳤다.

그러나 부하린은 곧 스탈린에 의해 처형됐다. 레온 트로츠키와 함께 그는 '당과 국가에 대한 반역자 일당의 2대 우두머리'로 지목된 것이다. 이로써 부하린의 50년 생애는 끝났다. 그러나 그가 제시했던 노선, 이른바 부하린주의Bukharinism는 소련공산당 중앙위원회 총비서 미하일 고르바초프 Mikhail S. Gorbachev가 1985년부터 1991년까지 이끈 소련의 개혁정치시대에 새롭게 조명되면서 빛을 보게 된다.

1. 혁명이론가이자 혁명투쟁가로서 살다

모스크바대학 시절의 혁명운동과 망명

니콜라이 이바노비치 부하린은 신력으로 따져 1888년 10월 9일에 태어났다. 아버지는 모스크바대학교 수학과 졸업생으로 모스크바에서 교사로 입신해 뒷날 감세관監稅官을 거쳐 성省 정부의 참사관으로까지 승진했다. 어머니 역시 그때로써는 높은 수준의 교육을 받은 교사였다. 부하린의 아버지의 경력은 레닌의 아버지의 경력과 놀라울 정도로 비슷했다. 둘 다 19세기 러시아에서는 결코 흔하다고 할 수 없는 대학 졸업생이었으며, 게다가 모두 수학 전공이었다. 두 아버지 모두 교사로 입신해 관리로 출세했다. 부하린의 출생지는 모스크바였다. 그는 망명 시기를 빼놓고는 생애의 거의 모든 시기를 이 도시에서 보내는데, 이 사실은 뒷날 그에게 정치적으로 중요하게 작용한다.

부하린의 부모는 아들을 높은 지적知 분위기에서 키웠다. 그래서 부하린은 이미 네 살 반의 나이에 글을 읽고 쓸 수 있었다. 거기서 한 걸음 더 나아가 그는 세 분야에 관심을 키웠다. 자연사와 세계문학 및 그림이 그것인데, 이 세 분야에 대한 그의 관심은 평생에 걸쳐 계속되며 높은 수준을 유지한다. 구체적으로 말해, 그는 모스크바의 한 초등학교를 1등으로 졸업한 뒤 모스크바에서 일류로 꼽히는 한 고전학교古典學校를 역시 1등으로 졸업했다. 그때 러시아의 고전학교가 유지했던 교육수준은 높아서, 철학과 윤리학 및 논리학은 물론 역사학과 외국어와 수학 및 자연과학 등도 깊이 공부하지 않으면 안 됐다.

그 과정에서 부하린은 다른 우수한 급우들과 마찬가지로 정치적 과격주의에 빠졌다. '피의 일요일'로 상징되는 1905년의 혁명은 이듬해 그를 마침내 마르크스주의자이자 볼셰비키로, 쉽게 말해 과격한 공산주의혁명 지망생으로 만들었다. 그래서 그는 볼셰비키당원으로 모스크바의 어느 한 지역에서 차리즘타도를 부르짖는 전단을 뿌리는 일에 앞장섰고, 곧이어 모스크바의 소년혁명단체들을 하나의 통일체로 만드는 데 성공하기에 이르렀다. 이때까지만 해도 그는 경찰의 주목을 받지 않았다. 그리하여 19세가 된 1907년에 모스크바대학교 경제학과에 무사히 입학할 수 있었다. 그렇다고 해서 혁명사업에서 손을 뗀 것은 아니었다. 그는 경제학공부에 몰두하면서도 지하운동에 계속해서 참여해 만 20세가 된 1908년에 그때 러시아에서 가장 큰 도시인 모스크바의 볼셰비키당위원회 위원으로 선출되기에 이르렀다.

이때부터 부하린은 경찰의 주목을 받았다. 그 결과는 1909년부터 1911년까지 2년 동안 세 차례의 체포로 나타났다. 그는 세번째 체포의 결과로 시베리아 북부의 한 외딴 시골로 유배됐다. 그러나 1911년 8월에 그곳을 탈출하여 독일로 망명하는 데 성공했다.

경제이론가로 자리를 굳히다

부하린이 방랑하는 망명객의 삶을 선택하고 러시아를 떠났을 때, 그는 만 23세였으며 5년 경력의 볼셰비키혁명가였다. 이때부터 1917년에 러시아에서 혁명이 일어나 귀국할 때까지 6년 동안 그는 독일, 오스트리아, 스위스, 스웨덴, 노르웨이, 덴마크, 미국 등 7개국을 오가면서 혁명이론가이자 혁명투쟁가의 삶을 살았다.

우선 부하린은 학문연구에 몰두했다. 독일어와 프랑스어 및 영어를 계속해서 공부해 독일어와 프랑스어를 구사할 수 있게 됐으며 영어를 읽을 수 있게 됐다. 이어 자신의 전공인 경제학을 붙들고 늘어져 오스트리아에 체류하던 때는 빈대학교에 학적을 두기도 했다. 그때 빈대학교의 경제학자들, 예컨대 오이겐 폰 뵘-바베르크Eugen von Böhm-Bawerk와 카를 멩거Karl Menger 및 프리드리히 폰 비저Friedrich von Wieser 등은 이른바 오스트리아 경제학파를 형성하고 마르크스의 경제이론들을 맹렬히 공격하고 있었다.

그들의 공격의 초점은 마르크스의 경제이론들 가운데 가장 취약한 부분인 '노동가치설'이었다. 그들은 가치란 마르크스가 말하는 대로 생산물에 내포된 노동의 양에 따라 결정되는 것이 아니라 개별적 구매자들의 효용에 따라 결정된다고 주장하면서 이른바 한계효용설을 제시한 것이다. 한계효용학파의 노동가치설에 대한 공격은 마르크스의 경제이론에 대한 경제학적 공격들 가운데 영향력이 가장 큰 공격이라는 평가를 받고 있었다. 특히 뵘-바베르크가 1896년에 출판한 『카를 마르크스와 그의 체계의 종막Zum Abschluss des Marxschen Systems』은 뵘-바베르크 개인의 성공이자 한계효용학파의 성공으로, 마르크스의 경제학 전반에 대한 성공적 가격으로 여겨졌다.

부하린은 한계효용학파의 공격으로부터 마르크스주의를 수호해야겠다고 결심했다. 그래서 뵘-바베르크의 강의와 비저의 강의를 직접 수강했다. 그 결과 그는 만 26세가 된 1914년에 『유한계급의 경제이론』을 완성할 수 있었다. 그는 한계효용학파에 대해 이미 이론적으로 논박했던 오스트리아의 마르크스주의 경제학자인 루돌프 힐퍼딩Rudolf Hilferding의 이론에서 출발했다. 그 기초 위에서 그는 "한계효용론은 '생산과정에서 이미 제거된 부르주아의 이데올로기'에 지나지 않는다"는 자신의 명제를 부연했다.

이 책은 러시아에서 10월혁명이 성공한 뒤인 1919년에 비로소 출판됐다. 그것은 대단한 성공이었다. 마르크스의 노동가치설을 살리고 싶었던 마르크스주의자들에게 이 책은 "한계효용론은 한계선상에 있는 부르주아의 한계적 이론일 뿐"이라는 믿음을 심어줄 수 있었던 것이다. 그래서 이 책은 여러 나라 말로 번역됐으며, 소련에서는 각종 경제학교과서에 부하린의 이름과 함께 반드시 소개됐다.

부하린은 이처럼 빈학파의 한계효용론을 논박하면서 다른 한편으로 빈을 거점으로 하는 오스트리아의 마르크스주의자들을 만나 그들로부터 배울 수 있었다. 그 과정에서 그는 오토 바우어Otto Bauer 및 루돌프 힐퍼딩과 가까워졌는데, 힐퍼딩이 1910년에 출판한 『금융자본: 자본주의 발달에 있어서 가장 새로운 단계』로부터 큰 영향을 받았다. 힐퍼딩의 『금융자본』은 독점자본주의와 제국주의가 성립하고 발전하는 과정을 날카롭게 파헤친 대작이었다. 부하린은 이 문제에 열정적으로 매달렸다. 그리하여 1915년, 그러니까 『유한계급의 경제이론』을 완성한 때로부터 1년 뒤에 『제국주의와 세계경제』의 집필을 끝낼 수 있었다. 훗날 영어로 "Imperialism and World Economy"로 번역되는 이 작은 책 역시 러시아에서 10월혁명이 성공한 뒤인 1918년에 출간된다.

『제국주의와 세계경제』는 우선 힐퍼딩이 『금융자본』에서 전개한 이론들을 그대로 받아들였다. 금융자본주의의 형태로 바뀐 독점자본주의는 국내에서는 시장을 독점하고 국외에서는 높은 보호관세율의 설정을 통해 외국의 경쟁을 막고서 더 큰 이익을 얻기 위해 팽창주의적 정책, 곧 제국주의의 길을 추구한다는 것, 그리하여 식민지들을 획득함으로써 싼값에 원자재를 공급받음과 아울러 비싼 값에 상품을 수출해 소화한다는 것, 따라서 제국주의는 금융자본주의의 대외정책이 된다는 것 등이 그 내용이었다. 이렇게 볼 때, 부하린의 책은 이론적 독창성을 결여했다고 할 수 있다.

그러나 부하린이 이바지한 부분이 있다. "금융자본은 제국주의정책 이외에는 어떤 다른 정책을 추구할 수 없다. 그러므로 제국주의는 현대자본주와 아주 긴밀하게 연결된 체제일 뿐만 아니라 현대자본주의의 가장 핵심적 요소다"라는 사실을 논증함으로써 힐퍼딩의 이론을 과격화하는 데 성공한 것이다. 부하린의 이러한 논점은, 힐퍼딩의 논점 역시 그러했듯, 자연히 전쟁문제를 제기했다. 그러나 부하린은 "제국주의시대에는 전쟁이 불가피하다"는 논점을 힐퍼딩과는 다르게 아주 확실하게 제시했다. 이것은 무슨 뜻인가?

그 무렵에 유럽의 사회민주주의자들 사이에서는 "제국주의국가들이 전쟁 없이 공존할 수 있다"는 명제가 광범위하게 유포되고 있었다. 그들은 자본주의가 더 발달하면 그다음 단계에서는 '세계경제의 평화적 조직'을 볼 수 있을 것이라고 예견했으며, 카를 카우츠키는 그것을 '초제국주의'라고 불렀다. 부하린은 이러한 논리에 반기를 든 것이었다. 그에게 제국주의는 반드시 전쟁을 동반하는 것이었다. 그러므로 제1차 세계대전은 '작은 일을 잘못 처리해 그 결과로 확대된 전쟁'도 아니었고 '피할 수 있었던 전쟁'도 아니었으며, 일어날 수밖에 없는 불가피한 전쟁이었다.

부하린의 『제국주의와 세계경제』는 레닌의 『제국주의: 자본주의의 최고 단계』보다 몇 달 앞서 탈고된 것이었다. 그래서 레닌은 부하린에 대해 언급하지 않으면서 부하린으로부터 상당히 많은 부분을 빌려다 썼다. 이로써 부하린은 '오직 레닌에게만 버금갈 뿐인' 또는 보는 사람에 따라서는 '레닌을 뛰어넘는' 볼셰비즘의 정상급 이론가로 자리를 잡게 됐다. 그가 20대의 청년으로 망명지에서 완성한 두 책들, 곧 『유한계급의 경제이론』 및 『제국주의와 세계경제』는 '새로운 볼셰비키 이데올로기'에 크게 이바지했던 것이다.

2. 레닌, 스탈린, 트로츠키와의 만남

레닌의 파격적인 방문

망명생활 가운데 부하린은 레닌을 처음 만났다. 부하린은 망명 다음 해인 1912년에 그 무렵 크라쿠프Krakow에 망명하고 있던 레닌을 찾아가 가르침을 받았다. 크라쿠프는 원래 폴란드의 유서 깊은 역사적 도시였으나 1759년에 오스트리아에 귀속됐으며 1815년에 빈회의의 결과로 하나의 공화국이 되었다. 그러다 제2차 세계대전 이후 다시 폴란드로 돌아간다. 부하린이 뛰어나다는 것을 인정한 레닌은 1913년, 그 무렵 빈에서 생활하던 부하린을 찾아주었다.

자존심이 강한 레닌이, 더구나 이 무렵이면 이미 볼셰비즘의 움직일 수 없는 대표자로 공인된 레닌이, 어느 누구를 방문한다는 것은 상상하기 어려웠다. 따라서 레닌의 부하린방문은 부하린에게 '영예'를 베풀어준 것으로 여겨졌다. 레닌과 부하린의 '사제師弟 관계'는 대체로 순조로웠다. 그러나 워낙 독립심이 강한 부하린은 비록 레닌의 이론이라고 해도 납득이 가지 않으면 이의를 제기하곤 했는데, 다른 사람의 이의제기에 매우 민감했으며 심지어 거부반응을 보이던 레닌으로서도 부하린의 이의제기에 대해서는 비교적 너그러웠다.

부하린은 스탈린도 만났다. 1913년에 레닌의 지시를 받은 스탈린이 빈으로 찾아온 것이다. 스탈린은 볼셰비키당의 민족정책을 밝히는 논문을 끝내야 할 임무를 지니고 있었다. 부하린은 외국어를 전혀 모르는 스탈린을 도와 그로 하여금 「마르크스주의와 민족문제」를 끝맺도록 해주었다. 레닌은 곧 이 논문을 승인해주었다. 부하린과 스탈린의 만남은 이렇게 우호적으로 시작됐으나, 그때로부터 25년 뒤 스탈린의 대숙청 앞에서 부하린은 목숨을 잃는다.

부하린은 트로츠키도 만났다. 그때는 1917년 1월로, 두 사람 모두 자신들의 마지막 망명지로 미국의 뉴욕을 선택하고 있을 때였다. 두 사람은 뉴욕에서 러시아망명자들이 발간하던 러시아어 일간지 『노비 미르 Novyi Mir』의 편집에 참여하게 됐던 것이다. 『노비 미르』는 '새로운 세계'라는 뜻이다. 부하린과 트로츠키는 그때로부터 2개월 뒤에 러시아에서 혁명이 일어났다는 소식을 듣고는 곧바로 귀국한다. 그러나 그 후 그들이 걸었던 길은 정반대였다. 부하린이 종국적으로 볼셰비키우파의 길을 걸었음에 반해 트로츠키는 종국적으로 볼셰비키좌파의 길을 걸었다. 그러나 그들의 최후는 똑같았다. 두 사람 모두 스탈린에 의해 목숨을 잃은 것이다.

10월혁명에 적극적이었던 과격파

1917년 2월에 혁명이 일어나 차리즘을 무너뜨리게 된 배경과 경위에 대해서는 저자가 『러시아 혁명사』에서 상세히 썼기에 이 글에서는 되풀이하지 않기로 한다. 다만 한 가지만 다시 말한다면, 그 혁명은 레닌을 최고지도자로 하는 볼셰비키당의 지도에 따라 일어난 것이 아니라 사실상 자연발생적으로 일어났다는 사실이다. 그래서 레닌에게도, 부하린에게도, 트로츠키에게도, 스탈린에게도, 커다란 놀라움이었다. 대조적으로, 그해 10월에 일어난 볼셰비키혁명은 달랐다. 이 혁명은 레닌과 트로츠키를 비롯한 볼셰비키당 내부의 과격파가 주도해서 무력을 동원해 일으킨 것이었다. 그것을 쿠데타로 보는 까닭이 거기에 있다. 이 과정에서 부하린은 어떤 역할을 수행했는가.

구력으로는 2월에, 신력으로는 3월에, 혁명이 일어나 한편으로는 부르주아를 중심으로 임시정부가 세워졌으며 다른 한편으로는 '노동자와 병사 대표들의 소비에트'가 세워졌다는 소식에 접한 부하린은 귀국을 서둘렀다. 그때로써는 선박을 이용할 수밖에 없어서 4월 초에야 겨우 귀국길에 오를 수 있었다. 도쿄에서 잠시 구금됐던 부하린은 극동러시아에서도 그 지역을 통치하던 멘셰비키에 의해 잠시 구금됐다가 5월 초에 비로소 모스크바로 귀환했다. 앞에서 이미 보았듯, 모스크바는 그의 출생지이면서 성장지였고 망명 이전 지하운동의 본거지이기도 했다. 한편, 트로츠키는 1905년의 혁명 때 자신이 활약했던 본거지인 페트로그라드로 돌아갔다.

이 무렵에, 수도 페트로그라드에 본부를 둔 볼셰비키지도부는 과격파와 온건파로 나뉘어 있었다. 과격파는 "임시정부를 타도하고 모든 권력을 소비에트로"라는 구호를 내건 채 아래로부터의 전면적인 사회혁명을 옹호한 레닌의 4월테제를 지지하는 세력이었고, 온건파는 "러시아는 아직 프롤레타리아혁명의 단계에 이르지 못했으므로 부르주아민주주의의 단계를 보다 길게 밟아야 한다"는 논리로 4월테제를 거부하는 세력이었다.

온건파에는 저명한 볼셰비키들이 상당수 포함됐다. 지노비예프와 카메네프 및 류코프 등 레닌의 오랜 부하들이 임시정부를 부르주아민주주의정부로 인정하고 현 단계를 부르주아민주주의 단계로 인정해 임시정부타도에 반대했다. 심지어 스탈린도 처음엔 같은 논리로 임시정부타도에 반대했다. 그러나 그는 곧바로 레닌 지지로 돌아섰으며, 뒷날 자신은 처음부터 레닌을 지지했고 레닌의 가르침으로부터 이탈한 때는 한 차례도 없었다고 강변한다. 그러나 부하린과 트로츠키는 처음부터 레닌의 4월테제를 지지했다. 부하린과 트로츠키의 입장은 똑같았다. 그들은 "러시아는 부르주아민주주의의 단계를 거칠 필요 없이 곧바로 프롤레타리아독재국가의 단계로 들어서야 한다"고 역설하고, "그렇게 하기 위해 사회혁명, 곧 밑으로부터의 반란을 일으켜야 한다"고 주장했다.

이 대목에서 꼭 지적해야 할 사실이 있다. 그것은 만 29세의 부하린이 모스크바에서 역시 20대의 과격한 볼셰비키혁명가들의 지지를 받아 모스크바를 본거지로 하는 '좌파공산주의'의 지도자처럼 대접받고 있었다는 사실이다. 이 세력의 뒷받침에 힘입어 부하린은 곧 중앙당에서도 두각을 나타내게 됐다. 그해 8월에 페트로그라드에서 열린 제6차 당대회에서 그는 '1917년의 볼셰비키 총사령부'인 21인 중앙위원회의 정위원으로 선출된 것이다. 그가 당중앙위원회에 선출된 것은 이때가 처음이었다. 비슷한 시점에, 그는 『러시아의 계급투쟁과 혁명』을 출판했다. 이 책은 그의 찬양자들로부터 '1917년의 러시아혁명을 가장 잘 설명한 책'이라는 칭찬을 받았다.

3. 10월혁명의 성공 이후 이론가로 위상을 굳히다

독일과의 휴전을 반대하다

10월혁명이 성공하면서 임시정부는 타도됐고 모든 권력은 '노병勞兵 소비에트'로 돌아왔다. 이로써 인류역사에서 처음으로 소비에트국가가 수립됐다. 소비에트국가에서, 또는 달리 표현한다면 볼셰비키의 통치에서, 부하린은 핵심적인 역할을 수행했다. 그는 우선 10월혁명 직후인 1917년 11월에 실시된 선거를 통해 구성된 제헌의회에서 볼셰비키당을 대변했다. 제헌의회는 사회혁명당을 비롯한 반反볼셰비키세력이 다수를 차지하고 있었다. 그래서 볼셰비키정부는 곧 이 제헌의회를 힘으로 해산시켰는데 부하린 역시 그것을 적극 지지했다. 제헌의회는 혁명의 길을 가로막고 있기에 제거돼야 한다는 것이었다.

부하린은 자신의 전공인 경제분야에서 더 중요하게 일했다. 그는 레닌으로 하여금 최고경제협의회를 구성하게 하여 소비에트국가 전체의 경제에 관해 정책을 세우고 집행하게 했으며, 스스로 이 기구의 집행위원회 부위원장으로 취임했다. 그는 곧 당기관지 『프라우다 Pravda(진실)』의 최고책임자 자리인 편집인으로도 취임했는데, 그 후 약간의 시기를 제외하곤 이 중요한 자리를 12년 동안 유지한다.

그러나 부하린의 앞에, 그리고 동시에 소비에트국가의 앞에, 큰 시련이 닥쳤다. 그 첫째는 독일과의 전쟁을 어떻게 처리하느냐의 문제를 둘러싼 당 지도층의 심각한 분열이었다. 한쪽은 제국주의의 본산인 독일과의 '성스러운 혁명전쟁'을 계속해야 한다는 명분론이었고, 다른 한쪽은 우선 '숨 쉴 여유'를 갖기 위해서는 휴전해야 한다는 현실론이었다.

레닌은 현실론에 섰다. "볼셰비키정부라는 건강한 아이가 태어났으니만큼, 우선 이 아이를 잘 키우는 일이 더욱 중요하다"고 그는 주장했다. 그러나 명분론도 거셌다. 이때 부하린은 명분론에 서서 "독일과 휴전해 목숨을 연장하느니 차라리 죽는 한이 있더라도 속전해서 명예롭게 살자"고 호소했다. 그러자 레닌은 "그따위 낭만적 언사로써 죽느냐 사느냐의 전쟁에 임할 수는 없다"고 반박했다. 이 중대한 논쟁에서 부하린은 패배했으며, 레닌의 현실론에 따라 볼셰비키정부는 1918년 3월에 독일과 휴전했다. 이 무렵 볼셰비키정부는 수도를 페트로그라드로부터 모스크바로 옮겼다. 그 후 페트로그라드는 레닌그라드로 이름이 바뀐다.

둘째는, 그러나 훨씬 더 심각하게는, 1918년 봄과 여름 사이에 볼셰비키정부에 반대하는 내란이 러시아의 여러 곳에서 일어났으며 동시에 볼셰비키정부에 적대적인 외국의 무력간섭이 개시됐다는 사실이다. 참으로 볼셰비키정부의 앞날은 매우 위태로워 보였다. 이처럼 엄중했던 위기상황 앞에서 볼셰비키정부는, 특히 레닌은, 모든 힘을 볼셰비키정부의 생존확보라는 목표 하나에 쏟았다. 그 결과, 1921년 2월에 접어들어 위기를 극복할 수 있었다.

그러면 이 시기에 부하린은 어떤 길을 걸었는가? 부하린에 관해 가장 권위 있는 책으로 평가되는 미국 프린스턴대학교 스티븐 코언Stephen F. Cohen 교수의 『부하린과 볼셰비키혁명: 하나의 정치 전기, 1888~1938』*Bukharin* and the Bolshevik Revolution: A Political Biography, 1888~1938』에 따르면, 이 시기에 부하린은 그 이전 시기에 보였던 명확성과는 대조되는 모호성을 적잖게 보였다. 그러나 한 가지 확실한 것은 소련이 독일과 휴전을 성립시킨 이후에는 부하린이 모스크바를 근거지로 하는 '좌파공산주의'와 관계를 크게 약화시켰다는 사실이다. 그리고 레닌에 대해 훨씬 더 '복종적' 또는 '협조적'이 됐다는 사실이다. 그는 독일과의 휴전에 반대했던 자신의 '착오'에 대해서 공개적으로 시인하는 글을 발표하기도 했으며, 내란의 시기에 레닌이 '전시공산주의'를 채택했을 때 당내의 적잖은 반발에 직면하고서도 적극 지지했다.

이 무렵에 레닌은 부하린을 자신의 후계자로 생각하는 듯한 발언을 하기도 했다. 이렇듯 부하린에 대한 레닌의 신뢰는 두터웠다. 1919년 3월 18일부터 23일까지 열린 제8차 당대회가 중앙위원회 안에 정치국을 공식적으로 출범시켰을 때 그는 정위원으로 선출되지는 못했다. 정위원은 레닌, 트로츠키, 스탈린, 카메네프, 크레스틴스키Nikolai N. Krestinski로 한정됐다. 그러나 지노비예프 및 미하일 칼리닌Mikhail I. Kalinin과 더불어 후보위원으로 선출될 수는 있었다. 이들 가운데 크레스틴스키는 전문가들에게도 익숙하지 않은 이름이다. 그러나 그가 볼셰비키혁명이 성공한 이후 처음 구성된 정치국에서 정위원으로 선출됐으며 그다음 해인 1920년 4월 5일에 다시 정치국 정위원으로 선출된 사실로 미뤄볼 때, 볼셰비키혁명에서 주도적 역할을 수행했음이 확실하다. 칼리닌 역시 두드러지게 명성을 떨친 사람은 아니었다. 그러나 1919년부터 1946년까지 28년에 걸쳐 소련의 국가원수에 해당하는 자리들을 차례로 맡았다. 그 자리들은 물론 한직들이었다. 그는 온건하고 청렴결백한 성품으로 많은 사람들의 사랑을 받았다.

부하린이 정치국 후보위원으로 선출되던 시점인 1919년 3월 2~6일에, 레닌은 모스크바에서 국제공산주의운동기구인 코민테른Communist International, Comintern을 창설했다. 이 기구에는 30개국의 35개 공산당 및 좌익 정당이 참여했다. 이 역사적인 계제에 부하린은 코민테른의 선언문을 썼으며 집행위원회 부위원장으로 선출됐다. 위원장은 정치국 후보위원 지노비예프였다.

이처럼 그가 활발하게 일하는 모습들을 보면서, 사람들은 레닌에게 왜 부하린에게 장관자리를 맡기지 않느냐고 물었다. 레닌은 "우리는 '두뇌는 갖고 있지만 관료주의는 갖고 있지 않은 사람'을 적어도 한 사람은 갖고 있어야 하는데, 그가 바로 부하린이다"라고 답변했다. 레닌의 이 말에 압축됐듯, 부하린은 정직하고 청렴하며 공평무사한 사람이었다. 다른 사람들은 절대권력이 집중된 볼셰비키당의 고위간부임을 내세워 권력을 남용하던 시기에 그는 언제나 겸손하고 결백하게 처신했다.

장관직을 맡기지 않은 대신에, 레닌은 그에게 이론적인 과제들을 많이 맡겼다. 부하린이 1921년에 출간한 『역사적 유물주의』는 큰 성공이었다. 레닌은 이 책을 격찬하면서 부하린을 당의 '가장 큰 이론가'라고 불렀다. 부하린이 망명 시기에 탈고했던 『제국주의와 세계경제』 및 『유한계급의 경제이론』이 마침내 1918년과 1919년에 각각 출판된 데 이어, 그리고 『전환기의 경제학』이 1920년에 출판된 데 이어, 『역사적 유물주의』마저 출판되자 볼셰비즘이론가로서 부하린의 명성은 확고해졌다.

이 무렵에 부하린이 또 한 사람의 청년이론가인 예브게니 프레오브라젠스키 Yevgeny Preobrazhensky와 함께 쓴 작은 책인 『공산주의의 ABC ABC of Communism』가 출판됐다. 이 소책자는 이론적인 책이라기보다는 일반독자들을 위한 해설서였다. 이 책은 스탈린집권 이전 시기에 소련에서 가장 널리 읽혔으며, 공저자 프레오브라젠스키의 이름은 잊힌 채 부하린을 전국적으로 유명하게 만들었다. 이 책으로 그는 러시아에서 레닌과 트로츠키에 이어 세번째로 유명한 볼셰비키지도자로 등장했다는 평가를 받았다.

레닌의 신경제정책을 지지하다

앞에서 이미 지적했듯, 1921년 2월에 접어들며 볼셰비키정부는 내란의 소용돌이에서 마침내 벗어났다. 그러나 그 승리의 맛은 너무나 썼다. 왜냐하면 내란은 '인류역사상 유례없는' 경제적 붕괴를 가져왔기 때문이다.

구체적인 지표를 놓고 말한다면, 1913년에 비해 국민소득은 3분의 1로 떨어졌으며, 공업생산은 5분의 1로 떨어졌고, 수송체계는 완전히 무너져버렸으며, 농업생산은 너무나 보잘것없어서 국민 대다수가 겨우 스스로를 지탱할 정도였고 그 밖의 수백만 명은 그 수준도 지키지 못했다. 식량부족은 거의 모든 곳에 만연했으며, 어떤 곳들에서는 인육을 먹는 사건들이 발생하기도 했다.

이 무렵인 1921년 3월에 발트해의 크론시타트요새에서 군인들과 주민들이 합세한 반란이 일어났다. 자유선거 실시를 요구하면서 동시에 볼셰비키정부의 타도를 외친 이 반란은 곧바로 내륙으로도 빠르게 번져, 1917년 2월혁명과 10월혁명에 이은 제3의 러시아혁명이 임박한 듯한 분위기를 조성했다. 다급해진 레닌은 중무장한 군대를 파견해 수많은 시위자들을 무자비하게 학살했다. 글자 그대로 대규모의 민중학살이었다. 레닌은 이처럼 야만적인 처사로써 사태를 겨우 수습할 수 있었다.

확실히 부하린의 표현으로는 "공화국의 운명이 머리카락 하나에 걸려 있는 것"처럼 위태로웠다. 이러한 배경에서 레닌은 자본주의로 전략적 후퇴를 감행해 이른바 신경제정책을 썼다. 우리가 앞으로 보게 되듯, 이 정책은 스탈린이 '위로부터의 혁명'을 단행할 때까지 약 7년 동안 계속된다.

신경제정책은 쉽게 말해 시장경제로의 전환이었다. 전국적인 자유통상과 시장판매가 신경제정책의 구체적 표현이었다. 따라서 자본주의에 반대해 세워진 소비에트국가가 3년을 겨우 넘긴 뒤 정반대 방향인 자본주의로 돌아선 셈이었다. 그 결과, 소련은 1923년께 이미 공산주의와 자본주의의 혼합경제체제를 형성하기에 이르렀으며, 1924년께에는 경화정책硬貨政策이 정착되어 루블화貨가 안정됐다.

신경제정책의 결과 국가기구들이 확대되는 경향도 나타났다. 그것은 국가기구를 신경제정책의 '사령탑'으로 삼아, 모든 중공업과 수송체제와 중앙은행체제 및 대외무역체제를 총괄하게 했기 때문이다. 그리하여 레닌의 표현으로, 또 부하린의 표현으로, '경찰도 없고 상비군도 없으며 관료도 없는 혁명적 공동체국가 코뮌스테이트'의 출현을 기대하던 볼셰비키지도자들에게는 매우 역겹게도, 소비에트국가의 관료주의화가 눈에 두드러지게 나타나기 시작했다.

그러했기에 신경제정책은 당 내부에서 끝없는 논쟁을 불러일으켰다. '볼셰비키혁명과 소비에트러시아를 사라지게 하겠다는 것인가?' '신경제정책의 목적지는 자본주의인가 사회주의인가?' '과연 사회주의가 러시아에서 세워질 수 있는 것인가?' '세워질 수 있다면 어떻게 세울 것인가?' 이러한 것들이 논쟁의 초점이었다. 이러한 논쟁을 더욱 복잡하게 만든 것이 1924년 1월의 레닌사망이었다. 그것은 후계자의 지위를 둘러싼 권력투쟁을 불러일으켰으며, 이 권력투쟁은 자연히 노선투쟁과 결합됐기 때문이다. 이렇게 볼 때 "1921년 초(크론시타트요새에서 반란이 일어난 시기) 이후의 사건들은 소비에트러시아와 볼셰비키혁명에서 하나의 전환점을 마련했다"는 코언 교수의 지적은 정확했다.

소비에트러시아의 장래를 둘러싼 논쟁은 크게 보아 두 갈래로 집약됐다. 첫째는 '혁명적·영웅적' 전통론이었다. 온갖 어려움 속에서도 10월혁명을 영웅적으로 성공시켰고, 또 내란의 위기 속에서도 볼셰비키혁명을 영웅적으로 수호했듯, 어떠한 시련이 닥친다 해도 그 전통을 계승해 소비에트러시아의 혁명성을 살려나가야 한다는 뜻이었다. 이것은 '혁명적 낭만주의'의 반영이기도 했다. 둘째는 진화론적 개혁론이었다. 독일과의 휴전을 성립시킨 현실론에서 이미 확인됐듯, 혁명적 영웅주의에서 벗어나 사려 깊은 실용주의를 채택함으로써 진화론적 개혁의 길을 밟자는 뜻이었다.

'혁명적·영웅적' 전통론의 중심에는 트로츠키가 서 있었다. '10월혁명의 영웅'이며 내란진압의 핵심지도자로 트로츠키는 '혁명적·영웅적' 전통의 계승을 강력히 옹호하면서, 신경제정책을 볼셰비즘의 '타락'이라고 보았다. 그는 신경제정책이 계속된다면 마치 프랑스대혁명 때 이른바 테르미도르의 반동이 일어남으로써 시민혁명이 종말을 고했듯, 소비에트러시아에도 반동의 계절이 반드시 올 것이라고 경고했다.

반면에 실용주의적 개혁론의 중심에는 부하린이 있었다. 그는 1921년과 1922년에는 거의 아무런 글도 쓰지 않았다. 이것은 그가 자신의 지난날의 과격주의 또는 '좌파공산주의'를 재고하고 있었음을 말해주는 것이었다. 그 과정을 거쳐 1923년에 비로소 그는 자신의 새로운 목소리를 내기 시작했던 것인데, 그것은 바로 개혁론이었다.

부하린은 우선 "새로운 경제정책으로의 전환은 우리의 환상의 붕괴를 상징한다"고 말함으로써, 지난날에 옹호했던 '좌파공산주의' 또는 '공동체국가관'이 환상이었음을 인정했다. 그는 이어 레닌의 신경제정책에 대한 지지를 분명히 표시했다. 그의 새로운 생각이 보다 분명히 나타난 논설이 같은 해에 발표한 「경제정책에 있어서의 새로운 진로」다. 이 논설에서 그는 '초超경제적 강압'은 혁명의 자기파괴적 시기에 제한돼야 하며 일단 구질서가 무너지고 나면 건설적 시기가 열려야 하고 그 시기는 평화적이어야 한다고 역설했다. 그는 또 다른 논설을 통해 "신경제정책의 러시아는 발전의 유기적 단계를 거치면서 결국 사회주의로 성장해갈 것"이라고 주장했다.

부하린이 제시한 이러한 단계론적이면서 진화론적인 개혁주의는 '좌파공산주의'가 옹호하는, 더 강력한 계급투쟁의 노선에 어긋나는 것이었다.

또 '좌파공산주의'가 옹호하는 중공업우선주의로의 즉각적인 이행과 달리 농공병진農工竝進을 지지하는 것이었다. 종합적으로, 그는 이제 러시아는 개혁주의를 통해 평화롭게 사회주의에 도달해야 한다고 역설하고, "러시아에는 1910년의 2월혁명과 10월혁명에 이은 제3의 혁명은 있을 수 없다"고 결론지었다. 부하린이 그 후에 발표한 논설들은 그가, 독일의 수정주의자 에두아르트 베른슈타인의 수정주의노선과 같은 궤도 위에 서 있었음을 분명하게 말해준다. 이렇게 볼 때, 뒷날 부하린이 숙청된 뒤 소련의 권력당국이 부하린을 '소비에트 베른슈타인'에 비유했던 것은 정확하다고 하겠다.

레닌은 부하린의 개혁주의를 조금도 나무라지 않았다. 신경제정책이 개혁주의의 산물이라면 신경제정책의 제안자인 레닌이야말로 개혁주의자가 아니겠는가. 실제로 이 무렵 레닌은 자신이 지난날에는 그렇게 비판했던 개혁주의를 옹호하는 글을 쓰기도 했고 그러한 취지의 발언을 하기도 했다. 레닌은 개인적으로도 부하린을 사랑했다. 자식이 전혀 없던 레닌은 자신보다 18세 어린 30대 초반의 부하린을 아들처럼 여겼으며, 부하린의 이론가적 재능을 아꼈다. 부하린도 레닌을 아버지처럼 모셨다. 이렇게 볼 때, 레닌이 죽으면서 남긴 당의 정치국 정위원 자리를 그때까지 후보위원이던 부하린이 물려받았다는 것이 우연만은 아니었다.

4막에 걸친 권력투쟁

레닌이 죽은 뒤 후계문제를 둘러싸고 크렘린 내부에서는 일곱 명의 소련 공산당 정치국 정위원들 사이에 심각한 권력투쟁이 벌어졌다. 이것은 4막으로 구성되어 전개됐는데, 그 구체적 내용을 우리는 4장에서 이미 살폈으므로 여기서는 중복을 피하고자 부하린에게만 초점을 맞춰 간단히 다시 살피기로 한다.

권력투쟁의 무대는 모두 4막으로 구성됐다. 제1막은 스탈린과 지노비예프 및 카메네프의 3두체제 대 트로츠키의 대결구도로 진행됐다. 톰스키와 리코프는 3두체제의 편에 섰다. 그러나 부하린은 어느 쪽에도 가담하지 않은 채 조정자의 역할을 수행하고자 했다.

제1막은 1924~25년께 3두체제의 승리로 귀결됐다. 이것과 동시에 제2막이 올라, 스탈린은 어제까지의 동지였던 지노비예프 및 카메네프를 공격하기 시작했다. 부하린은 서서히 스탈린과 손잡았다. 그 직접적 계기는 스탈린이 부하린의 노선에 대체로 부합하는 우파적 정책을 취함으로써 마련됐다. 이 점에 대해서는 약간의 설명이 필요하다.

당시 신경제정책으로 회복세를 보이던 소련경제는 1923년에 들어서서 다시 심각한 위기에 빠졌으며 그 위기상황은 그 후에도 계속됐다. 그 주된 요인은 계속된 농업파탄에 있었다. 농촌은 전국적으로 흉작에 휩싸였고 농민의 불평불만은 늘어갔다. 이러한 상황에서 소련공산당 안의 좌파세력은 우선 중앙계획과 중앙통제 아래서의 급속한 공업화와 기계제 집단농장을 대안으로 제시했다. 이어 그들은 공업화를 추진하는 데 소요되는 비용의 큰 몫을 농업이 담당해야 하며, 특히 부농富農은 더 높은 비율의 세금을 내야 한다고 주장했다. 마지막으로 그들은 신경제정책이 러시아에 자본주의 요소를 계속 도입하고 있다고 비판하고 당에 비非프롤레타리아적인 관료지배가 자라고 있다고 공격했다.

이것에 대해, 스탈린은 여전히 톰스키와 리코프의 지지를 확보한 채 우파적 입장을 취했다. 그것은 기본적으로 농민들에 대해서 신경제정책을 더욱 확대해 농민의 입장을 대변하는 정책으로, 예컨대 국가가 곡물가격을 결정할 때 농민의 형편을 고려하는 것, 농업세를 줄이는 것, 토지대여 기간을 연장하는 것 등으로 나타났다. 이것은 부하린의 지론과 대체로 일치했다. 그래서 부하린은 스탈린진영에 가담하게 된 것이다. 이때가 1925년께였다.

제3막은 스탈린과 부하린의 양두체제 형성과 그것에 맞선 트로츠키와 지노비예프 및 카메네프의 반대연합전선의 형성으로 시작됐다. 1926년과 1927년에 걸친 이 시기에 떠오르는 별은 확실히 부하린이었다. 30대 후반에 접어든 그는 '사회주의로의 점진적 접근방법'을 이론화하고 구체화한 부하린주의를 정립하고 전파하는 데 앞장을 선 것이다.

부하린은 우선 신경제정책이 국내를 안정시켰고 무엇보다 농민을 안심시켰으며, 따라서 장차 경제가 더욱 발전하기 위해서는 신경제정책을 더욱 지속해야 한다고 주장했다. 그는 특히 농업생산을 높이기 위해, 고용노동의 사용을 금지한 법령과 부농에 대한 차별대우를 완화해야 한다고 주장했다. 그의 주장은 "여러분 자신을 부유하게 만들라!"라는 그의 구호로 잘 요약됐다.

좌파가 제시한 집단농업제에 대해 부하린은 어떻게 반응했나? 그는 집단농업제는 자발적이며 단계적으로 수행해야 한다고 주장하고, 각 개인의 토지를 병합하지 않은 채 공동구입과 공동판매 및 신용조합을 모두 포함하는 협업의 형태로 출발할 것을 제의했다. 이것이 성공하면 빈농과 중농의 수입이 차차 늘어날 것이며 따라서 부농에 대한 의존도가 줄어들고, 이러한 변화는 농민에 대한 자극제가 되어 종국에는 토지까지 병합한 대규모의 협업으로 유도될 것이라고 보았다. 부하린은 이처럼 점진적으로 농민이 부를 축적하고 거기서 나온 저축과 증산된 식량의 해외수출을 통한 외화로 공업화를 추진할 것을 주장했다. 공업이 농업보다 뒤떨어져 있으며 또 그 정책 아래서는 계속 뒤떨어질 것이라는 좌파의 공업우선정책에 대해, 그는 국영공업에 내재하는 비능률 때문에 생산량이 줄어들고 생산품의 가격이 높아 상품기근현상이 나타나고 있으며, 이것 때문에 도시의 공업제품과 농촌의 식량 사이의 교역이 가로막히고 더 나아가 식량부족현상이 빚어진다고 주장했다.

비록 짧은 시기였으나 부하린은 스탈린과 양두체제를 이룬 권력자로서,

그리고 가장 영향력이 큰 정책가로서 각광을 받았다. 지노비예프가 맡았던 코민테른의 집행위원장 자리도 이때 함께 맡았다.

제4막은 스탈린이 좌파정책, 곧 '위로부터의 혁명'으로 급선회한 1928년부터 시작됐다. 몇 차례의 권력연합을 통해 반대자들을 무력화한 스탈린은 부하린을 비롯해 톰스키와 리코프 등 자신이 제휴했던 정치국 위원들을 차례로 제거했다. 그 결과 1929년에 스탈린은 단독지배권을 확립하게 됐고, 이로써 제4막은 폐막됐다.

4. 고문과 처형을 당하면서도 위엄을 잃지 않다

숙청재판극에 불려나오다

스탈린이 왜 좌파정책으로 돌아섰으며 그 정책은 어떻게 전개됐는가에 대해서는 다음 장에서 살피기로 하자. 여기서는 권력의 자리에서 물러난 부하린이 결국 스탈린의 대숙청에서 처형되기까지의 과정을 다루기로 한다.

5~6년 동안 계속된 권력투쟁에서 마침내 승리한 스탈린은 1936년부터 1938년까지 노老볼셰비키에 대한 몇 차례 숙청을 단행했다. 그리하여 1936년 8월에는 지노비예프와 카메네프 및 톰스키 등 16명에 대한 숙청재판극이, 1937년 1월에는 카를 라데크Karl Radek 등 17명에 대한 숙청재판극이, 그리고 1938년 3월에는 부하린과 리코프 등 21명에 대한 숙청재판극이 각각 벌어졌다. 이 숙청재판극은 야만적인 고문을 동반한 채 불법적으로 진행됐다. 차리즘의 혹독한 탄압 아래서도 신념을 잃지 않고 험난한 가시밭길을 걸으며 투쟁했던 국제적 명성의 볼셰비키지도자들이 모스크바의 루뱐카 거리에 위치한 비밀경찰의 지하취조실에서 스탈린의 사나운 사냥개들에 의해 필설로 설명할 수 없는 야만적인 고문을 받았다. 그리고 시키는 대로 '자

백'하지 않으면 아내와 자녀까지 죽이겠다는 위협에 굴복하곤 했다. 그러나 그들은 그렇게 하고도 총살형에 처해지곤 했다.

부하린도 예외가 아니었다. 스탈린이 이미 짜놓은 범죄의 틀을 순순히 받아들이지 않는다면 아내와 갓난 아들을 죽이겠다는 위협을 받고 그는 재판연극에 어느 정도 협조했다. 그러나 그는 헝가리 출신의 소설가 아서 케스틀러Arthur Koestler가 1947년에 출판한 소설 『한낮의 어둠Darkness at Noon』에 나오는 주인공 루바쇼프처럼 행동한 것은 결코 아니었다. 스탈린의 숙청재판극을 소재로 한 이 소설에서 강건한 볼셰비키지도자인 루바쇼프는 고문에 시달리다가 마침내 굴복해버리고 고문자들에게 철저히 협력함으로써 자신의 경력과 인격을 모두 파탄내고 마는데, 세상에는 이 루바쇼프가 부하린을 모델로 삼은 것처럼 알려져 부하린의 최후는 매우 수치스러웠던 것으로 인식되고 있었다. 그러나 진상은 그렇지 않았다.

뒷날 부분적이나마 공개된 재판기록과 그때의 상황에 정통한 증인들의 증언을 꼼꼼하게 살핀 코언 교수의 연구에 따르면, 부하린은 자신의 위신을 지키기 위해 악조건 속에서도 최선을 다했다. 물론 이 재판 자체를, 그리고 스탈린을 직설적으로 비판하지는 못했다. 그러나 자신을 독일나치즘과 영국제국주의 및 일본군국주의의 스파이로, 그리고 레닌과 스탈린을 각각 암살하려 했던 음모의 주범으로 몰아가는 검찰총장 안드레이 비신스키Andrey Vyshinsky의 악랄한 심문에 비록 짧게나마 한결같이 부인했다.

비신스키는 부하린은 "유다와 같은 배신자이고, 알 카포네와 같은 악한이며, 여우와 돼지의 잡종"이라고 비난했다. 그리고 "부하린과 같은 매국노, 파괴분자, 반당분자, 반국가분자는 자비를 얻을 자격이 없으며 더러운 개처럼 총살돼야 마땅하고, 그것을 소련인민은 두 손 들고 환영할 것"이라고 진술했다. 그러고는 "부하린과 같은 혐오스런 배반자의 무덤 위에서는 오직 잡초와 엉겅퀴만 자랄 뿐"이라고 저주한 뒤, "그러나 우리는 경애로운 수령님이신 위대한 스탈린의 영도를 받으며 공산주의를 향해 진군할 것"이라는 아첨을 덧붙였다. 검찰총장이 공식적으로 사용한 이러한 단어들은 스탈린이 통치하는 소련이라는 국가가 얼마나 저열하고 저급한 국가였나를 보여주었다.

그다음 날인 1938년 3월 13일에 부하린은 사형을 선고받았다. 이틀 뒤 소련정부는 그가 처형됐음을 발표했다. 이로써 그가 1918년에 베를린을 방문했을 때 그곳의 한 점술인이 "당신은 당신의 조국에서 언젠가 처형될 것"이라고 말한 그 불길했던 예언이 현실로 나타났다. 소련정부는 부하린이 어디서 어떻게 처형됐는지에 대해 전혀 밝히지 않았다. 그러나 부하린 역시 광란의 대숙청기에 수십 수백만 명의 희생자들이 밟았던 길을 걸었을 것이다. 그것은 감옥의 지하실에서 완전히 벌거벗겨지고 무릎을 꿇린 채 뒤통수에 총을 맞음으로써 총살되는 일로 시작됐다. 시체는 곧바로 그곳에 마련된 화장터에서 불태워졌고, 재는 따로 마련된 구덩이로 들어갔다. 수백 수천 킬로그램의 재가 들어가는 구덩이가 꽉 차면, 비밀경찰의 하수인들은 그 재를 자동차에 싣고 나와 모스크바의 아스팔트 길 위에 뿌렸다.

부하린도 아마 그렇게 사라졌을 것이다. 그러나 한 가지 확실한 것이 있다. 그것은 그가 자비를 구하지 않고 위엄을 지키며 죽었다는 사실이다. 지노비예프나 카메네프는 처형장으로 끌려가게 되자 울며불며 '위대하신 수령 스탈린'에게 용서와 자비를 구했는데, 부하린은 그 전철을 밟지 않았다.

처형 50년이 지나 복권되다

부하린은 죽기 5년 전쯤인 45세 때 자신보다 스물여섯 살이나 어린 19세 소녀 안나 라리나Anna Larina와 결혼했다. 둘의 만남은 부하린에게 반한 16세 소녀 안나의 뜨거운 구애의 편지로 시작됐다. 그 편지는 스탈린을 통해 부하린에게 전달됐으며 이로써 3년간의 연애가 시작됐다. 안나의 아버지는 볼셰비키혁명가들 가운데 한 사람으로 "부하린과 10년을 사는 것이 어느 다른 사람과 평생을 사는 것보다 훨씬 더 재미있을 것"이라며 딸의 결혼을 축복해주었다.

부하린이 체포됐을 때 부하린과 안나 사이에는 겨우 13개월 된 아들이 하나 있었다. 안나는 20년의 징역 또는 유배형을 선고받았으며, 아들은 친척의 손에 맡겨졌다. 감옥에 있는 동안 그녀는 "만일 부하린의 유죄를 인정하거나 부하린과의 관계를 끊겠다는 문서에 서명한다면 석방해주겠다"는 제의를 받았다. 그러나 그녀는 끝내 거절했다.

안나는 20년형에서 풀리기 직전에 비로소 아들의 방문을 허락받을 수 있었다. 소련공산당 중앙위원회 제1비서로 스탈린격하운동에 앞장선 흐루쇼프정권이 들어섰기에 가능해진 일이다. 만난 장소는 유형지 근방의 조그만 기차정거장이었다. 돌이 겨우 지난 어린 아기 때 헤어졌던 아들 유리Yuri가 그 후 처음 보는 어머니를 먼저 알아봤다. 안나는 곧바로 20세 성년이 된 유리의 얼굴에서 남편 부하린의 얼굴을 발견할 수 있었다. 그들은 자연스럽게 포옹하며 눈물을 흘렸다. 잠시 후 유리는 자신의 아버지가 누구냐고 물었다. 자신의 아버지가 '영광스런' 그러나 처형된 볼셰비키혁명가라는 말만 들었을 뿐 누구인지 알 수 없도록 통제받기 때문이다. "누구인가요? 트로츠키? 라데크? 카메네프? 지노비예프?" 하나씩 거명하던 유리가 마침내 부하린의 이름을 꺼냈다. 어머니는 그저 짧게 "바로 그분이다"라고 대답했다.

유형지에서 석방되고 모스크바로 돌아와 아들과 함께 살 수 있게 된 안나는 1961년과 1962년에 흐루쇼프에게 편지를 썼다. 부하린의 혐의가 이제는 벗겨져야 한다는 것, 그리고 부하린의 명예가 회복돼야 한다는 것을 호소한 것이다. 1962년 12월에 소련당국은 부하린의 무죄를 공식으로 인정했다. 그러나 그의 복권은 고르바초프 시대에 와서야 실현될 수 있었다.

그때는 1988년 2월 5일, 그러니까 부하린이 처형된 때로부터 50년이 지나서였다. 소련정부는 부하린을 포함한 1938년 재판의 희생자들이 '불법적으로 수집됐고 조작된 증거'에 따라 유죄를 선고받았기에 무죄라고 선언하고 그들의 복권을 발표한 것이다.

여기서 상기하고 싶은 것은 1930년대의 시점에서 서유럽을 대표하는 지성인들로 존경받던 프랑스의 좌파지식인들 가운데 적잖은 사람들이 1930년대에 진행된 그 숙청재판극을 비난하기는 커녕 오히려 옹호했다는 사실이다. 그들은 소련의 역사발전단계에 미뤄 그러한 숙청은 불가피하다는 논리를 공개적으로 전개함으로써 스탈린체제를 뒷받침했던 것이다. 장-폴 사르트르Jean-Paul Sartre가 그 대표적 사례다.

다시 안나로 돌아가기로 하자. 안나는 남편이 무죄를 선고받던 때까지 살아서 남편의 복권을 볼 수 있었다. 또 남편을 옹호했던 코언 교수의 책 『부하린과 볼셰비키혁명』이 소련에서 더 이상 판금되지 않고 자유롭게 팔리고 읽히게 된 것을 볼 수 있었다. 뿐만 아니라 그녀는 코언 교수와 함께 모스크바의 거리를 거닐며 남편에 대해 훨씬 더 자세한 얘기를 들려줄 수 있었다. 코언 교수로서도 보람 있는 시간이었다. 그는 자신의 책에서 부하린의 점진적 개혁주의가 무자비했던 스탈린주의를 대체하는 소련의 한 대안일 수 있었음을 강력히 주장했었는데, 실제로 그 길을 1985년 3월에 소련공산당 중앙위원회 총비서로 선출된 고르바초프와 그의 지지자들이 걷는 것을 볼 수 있었기 때문이다.

소련을 허위와 폭력의
공간으로 만든 포악한 독재자

이오시프 스탈린

히틀러보다 더 많은 사람들을 죽인 스탈린

역설적이게도 인류역사상 '위대한' 이라는 형용사를 자신의 이름 앞에 받은 통치자들 가운데 상당수가 학살자였다. 서양역사에서 가장 넓은 제국을 건설했다는 알렉산드로스대왕도 무자비한 집단살육을 자행한 수많은 정복을 거쳐 그 지위에 올랐고, 인류역사에서 가장 넓은 제국을 건설했다는 칭기즈칸 역시 참혹한 집단살육의 행군을 통한 무수한 정복을 거쳐 그 지위에 올랐다. 나폴레옹 또한 예외가 아니었다. 그러나 그들이 각각 죽인 사람의 숫자가 히틀러나 스탈린이 죽인 사람의 숫자보다 많을까? 아닐 것이다.

히틀러는 제2차 세계대전 기간에 유대인만 아주 낮게 잡아도 약 564만 명을, 아주 높게 잡으면 약 692만 명을 죽였으며, 그가 일으킨 전쟁으로 말미암아 약 325만 명의 독일사람들이 죽었다. 이 숫자만 놓고 따져도 히틀러는 아주 낮게 잡아도 약 889만 명을, 아주 높게 잡으면 약 1,017만 명을 죽인 셈인데, 이들 말고도 수백만 명이 히틀러의 감옥에서, 집단수용소에서, 그리고 포로수용소에서 죽었다.

한편 스탈린은 히틀러보다 훨씬 많이 죽였다. 그는 농민의 집단화정책을 추진하는 과정에서 1천만 명에 가까운 사람들을 처형하거나 강제노역장에서 죽게 만들었고, 1930년대의 대숙청과정에서 약 8백만 명을 살해하거나 결과적으로 죽게 만들거나 폐인으로 만들었다. 그 후에도 그는 숙청의 도끼를 놓은 일이 없었다.

그리하여 히틀러와 스탈린 아래서 약 4천만 명에서 5천만 명 사이의 사람들이 무고하게 목숨을 잃었다. 그들의 흉악무도한 범죄가 이뤄진 1930년대 초부터 1950년대 초까지의 약 20년의 시기를 서양역사에서 가장 암울했던 시기로 보는 까닭이 거기에 있다. 한 가지 다행스러운 일은 그들의 집단살육이 '위대한' 행위로 미화되고 있지 않다는 사실이다. 그들은 세계 역사상 가장 잔인했고 가장 포악했던 살인귀로 평가될 뿐이다. 이 장에서는 우리 민족의 운명에 대해서도 적잖은 영향을 끼쳤던 스탈린을 다루기로 한다.

1. 스탈린이 권력을 장악하기까지

신학교 학생에서 혁명운동가로

스탈린의 생애에 대해서는 저자가 졸저 『러시아 혁명사』에서 상세히 썼기에 여기서는 핵심적인 부분들에 대해서만 쓰기로 한다. 스탈린은 1879년 12월 21일에 태어났다. 레닌보다 9년 8개월 늦게, 트로츠키보다 2개월 늦게, 부하린보다 9년 앞서, 그리고 히틀러보다 10년 앞서 태어난 것이다.

스탈린이 태어난 곳은 유럽과 중앙아시아의 길목인 소아시아에 자리를 잡은 그루지야(영어로는 조지아로 현재 이 국가의 공식명칭이지만 이 책에서는 시대적 상황을 고려해 그루지야로 썼다)의 수도 티플리스Tiflis(현지발음으로는 트빌리시)의 한 작은 외곽지역 고리Gori였다. 그루지야는 오늘날 하나의 독립된 국가로 존재하고 있으나, 원래는 제정러시아의 변방에 속했었다. 옥스퍼드대학교 부총장을 역임한 영국의 세계적 역사학자 앨런 불럭Allan Bullock 교수가 지적했듯, 알렉산드로스는 당시 헬레니즘왕국의 변방이던 마케도니아 출신이었고 나폴레옹은 프랑스의 코르시카 섬 출신이었으며 히틀러는 합스부르크제국의 변방인 브라우나우 출신이었던 것처럼, 스탈린 역시 장차 자신이 통치할 나라의 한계선상에서 태어난 외곽인外廓人이었다.

그루지야는 제정러시아에 식민지로 편입되기 전에는 오랫동안 독립을 유지했던 왕국이었다. 그렇기에 그루지야사람들은 제정러시아에 저항하면서 독립을 꿈꾸곤 했고, 스탈린 역시 어려서부터 민족주의적 분위기를 느끼며 컸다. 그러나 그는 마르크스주의자가 되면서부터 그루지야민족주의를 받아들이기보다 대大러시아국수주의를 받아들였다. 따라서 소비에트러시아가 세워진 뒤 레닌정부가 제정러시아에 예속됐던 소수민족들을 해방시키기보다는 오히려 계속해서 소비에트러시아에 묶어두려고 시도했을 때 스탈린은 민족문제장관으로서 그 일을 적극적으로 돕는다. 그는 스스로를 '러시아에 의한 그루지야 희생자들'에 동일시하지 않고 '그루지야에 대한 러시아 정복자들'에 동일시했던 것이다.

스탈린의 부모는 원래 모두 농노였다. 그래서 너무나 가난했고, 교육을 전혀 받지 못했기에 글도 읽을 줄 몰랐다. 그들이 농노의 신분에서 해방된 때는 1864년이었다. 스탈린의 아버지는 농노의 신분을 벗어난 뒤 구두수선공이 됐다. 수입은 아주 적었다. 게다가 술주정꾼이어서 방 두 개짜리의 살림조차 제대로 꾸려나가지 못했다. 그런데도 아내를 늘 난폭하게 두들겨 패곤 했다. 이처럼 너무나 가난했고 무지했던 탓에 그들은 두 아이를 낳자마자 잃었고, 셋째 아이로 태어난 스탈린이 다섯 살 때 천연두에 걸렸을 때도 제대로 보살피지 못해 스탈린은 얼굴이 곰보가 되고 말았으며, 얼마 뒤 한 작은 사고로 다쳤을 때도 제대로 치료해주지 못해 스탈린은 왼팔의 어떤 부분이 평생토록 불구가 되고 만다. 그가 제정러시아의 징병검사에서 불합격판정을 받은 까닭이 거기에 있었다. 그러나 뒷날 그는 소련 적군赤軍의 대원수가 된다.

이러한 가정환경은 스탈린의 성격에 큰 영향을 미쳤다. 그는 자신이 보는 앞에서 어머니를 마구 때리는 아버지를, 그리고 자신을 마구 때리는 아버지를 보고 자라는 가운데 "세상은 폭력으로 가득 찼으며 스스로를 보호하기 위해서는 상대방을 거칠게 다뤄야 한다"는 믿음을 갖게 됐다. 이것은 그의 성격을 냉혹하고 난폭하게 만들었다.

아버지는 스탈린을 구두수선공으로 키우려고 했다. 그러나 어머니는 그 빈곤과 무식의 세계에 살면서도 놀랍게도 아들을 정상적으로 교육시켜 신부로 출세시키고 싶은 의욕을 지녔다. 그것은 그녀와 같은 처지에서는 꿈도 꿀 수 없는 일이었다. 그런데도 그녀는 러시아정교에 소속된 한 신부의 하녀로 취직한 것을 계기로 신부의 도움을 얻어 아들을 신학교에 보낼 수 있었다. 스탈린은 다행히 좋은 성적을 냈고 성가대에서 활약하기도 했으며 마침내 우등으로 졸업했다. 그래서 장학금을 받아 티플리스의 신학교에 진학할 수 있었다. 15세 때인 1894년의 일이었다. 이 무렵에 아버지가 죽었는데, 그것은 오히려 스탈린에게 해방감을 주었다. 그 뒤 스탈린은 자애로운 어머니가 베푸는 사랑을 받으며 자랐다.

신학교에서의 생활은 무척 단조로웠다. 외출은 사실상 거의 금지되어 있었고 외부로부터 책을 들여올 수도 없어서 병영에서 생활하는 것 같았다. 신학생들에 대한 감시는 엄격했다. 신학생들이 혹시 외부의 불온한 혁명사상에 접하는 것은 아닌가, 혹시 이단사상을 받아들이고 있는 것은 아닌가,

또는 신학교당국에 어떤 저항을 꾀하고 있는 것은 아닌가 등을 감시하느라 분주했다. 그래서 신부들은 몰래 신학생들의 편지들을 검열하고 소지품을 뒤졌으며 신학생들을 미행하기도 했다. 첩자들을 심어 그들 사이의 대화를 보고하게도 했다. 때로는 혐의가 가는 신학생을 붙잡아서 구타하고 감금하면서 자백을 강요하기도 했다.

신학교의 이러한 분위기와 관행은 스탈린의 성격을 더욱 왜곡시켰다. 그는 음모와 밀고를 자주 목격하는 가운데 사람에 대한 신뢰를 잃었으며 스스로 교활과 부정직을 내면화하게 됐다. 속셈을 감춘 채 다른 사람의 마음을 떠보는 기술, 그리고 남을 적절히 속이는 기술도 신학교에서 배운 것이었다.

무장단을 이끌고 은행을 털어 혁명자금을 마련하다

신학교 생활은 스탈린이 20세 때인 1899년에 끝났다. 티플리스의 한 혁명운동단체와 접선했던 것이 밝혀지면서 퇴교를 당한 것이다. 그때로부터 1917년의 10월혁명까지 18년 동안 스탈린이 걸었던 혁명가로서의 길은 참으로 험난한 가시밭길이었다. 그는 여섯 차례 체포되어 시베리아로 유배됐으며, 여섯 차례 탈출했다. 이 과정을 제한된 지면에 자세히 설명하기란 불가능하므로 핵심적인 부분만 간략하게 설명하기로 한다.

초기에 스탈린은 볼셰비키 쪽이 아니라 멘셰비키 쪽에서 활동했다. 그러나 그는 레닌이 주도한 신문 『이스크라』를 읽으면서 곧바로 '이스크라의 사람'으로 돌아섰다. 이 신문의 전투적인 노선에 끌렸기 때문이다. 그러나 스탈린은 혁명운동계에서 두각을 나타내지는 못했다. 그는 이론에 뛰어나지도 않았고 문필이나 연설이나 웅변에 능하지도 않았고 대중을 사로잡는 카리스마를 갖지도 않았으며, 어떤 독특한 색깔을 갖지도 못한 보통 사람이었기 때문이다. 게다가 그의 무대는 지방이었다. 그것도 그루지야에 국한되다시피 해서 전국적 관심을 끌기 어려웠다. 그는 세번째 유형에서 탈출한 뒤에야 비로소 수도 상트페테르부르크에서 활동하기 시작했다.

배경이 이러했기에 그가 볼셰비키당의 중앙위원회 위원으로 처음 선출된 것은 1912년 1월에 프라하에서 열린 '프라하당대회'에서였다. 이것은 뒷날 소비에트러시아에서 활약하게 되는 볼셰비키지도자들에 비해 늦은 진출이었다. 그나마도 당대회의 의결을 거쳐서가 아니라 레닌의 무리한 '특별선발'에 의해서였다. 그러면 레닌은 왜 스탈린을 '특별선발' 했을까? 대답은 스탈린의 '특별한' 투쟁경력에서 찾을 수 있다.

스탈린은 이때 이미 목적을 위해서는 수단과 방법을 가리지 않고 있었다. 그래서 그는 티플리스에서 대담하게도 몇 차례에 걸쳐 무장단을 이끌고 은행을 털어, 그 돈을 레닌에게 보내기도 했고 현지에서의 혁명운동에 쓰기도 했다. 많은 사회주의혁명가들은 스탈린의 이 은행털이가 비도덕적이라고 규탄했다. 그러나 레닌에게 그것은 전혀 비도덕적이지 않았다. 레닌은 스탈린에게서 '뛰어난 실천적 혁명가'를 발견했던 것이다.

중앙위원회 위원으로 발탁된 지 3개월 만에 스탈린은 다시 체포됐고 시베리아로 유배됐다. 5개월이 지나 탈출에 성공했지만, 10개월 후 다시 시베리아로 유배됐다. 그는 1917년 3월에야, 그러니까 2월혁명이 성공한 뒤에야 겨우 수도로 돌아올 수 있었다. 스탈린은 두드러지게 활동하지 못했다. 레닌과 트로츠키가 상황을 이끌어가고 있었으며, 그것은 10월혁명이 임박하면서 더욱 확실하게 드러났다. 스탈린에게 호의적인 전기작가 도이처조차 이렇게 묘사했다. "봉기의 날에 스탈린은 주요한 실행자들 가운데 있지 않았다. 보통 때 이상으로 스탈린은 그늘에 머물렀는데, 이 점은 그의 공식적 전기작가들에게 당혹감을 불러일으켰던 요소이며 아마도 '사태의 폭이 크면 클수록 그 안에서 스탈린의 자리는 더욱 적었다'라는 트로츠키의 말을 정당화해주는 것이었다. 부분적으로 이것은 스탈린 자신의 비중이 그 밖의 어느 기관에서보다 컸던 중앙위원회의 무능력의 결과였다." 그러나 뒷날 스탈린은 자신의 역할을 극대화하고 미화한다. 그리고 그것에 방해가 되는 혁명동지들을 무자비하게 숙청한다.

2. 몇 차례의 숙청을 통해 최고권력자의 지위에 오르다

'위로부터의 강압적 혁명'과 스탈린주의

10월혁명으로 러시아에 소비에트국가가 선 뒤 스탈린이 어떤 길을 걸었는가에 대해서는 앞 장에서 이미 설명됐다. 그러므로 이 제한된 지면에서 되풀이하지 않고, 그가 마침내 최고권력자의 자리에 올라선 뒤의 시기에 초점을 맞추기로 한다.

스탈린이 의심의 여지 없는 최고권력자의 지위에 올랐음이 공인된 때는 1929년 12월 21일이었다. 그의 50번째 생일인 이날 소련공산당 기관지 『프라우다』는 그를 처음으로 레닌의 계승자라고 불렀으며 그의 생일을 전국에서 축하했던 것이다. 레닌이 죽은 지 5년 11개월 만의 일이었다. 이때부터 스탈린은 '보즈드vozhd'로 불리기 시작했다. 그것은 공식직함이 아니라 호칭이었는데, 러시아말로 '수령'이라는 뜻이다. 북한의 김일성이 자기 스스로를 위해 썼던 호칭인 '수령'은 바로 '보즈드'에서 나온 것이다.

권력의 정상에 올라선 스탈린의 통치는 그 이전 시기보다 훨씬 더 거친 철권통치였다. 그의 본명은 이오시프 비사리오노비치 주가시빌리 Iosif Vissarionovich Dzhugashvili이고, '스탈린'이라는 가명은 혁명운동가 시절부터 썼다. 러시아말로 '강철의 인간'이라는 뜻이다. 이 이름에 걸맞게 그는 죽을 때까지 철권통치로 일관했던 것이다.

스탈린의 명분은 소련의 공업화였다. 낙후되고 후진적인 소련을 공업화시켜 현대적 공업국가로 키우는 것이 자신의 역사적 과제라는 것, 그리고 그렇게 하지 않으면 틈만 나면 침공해 들어오려는 서구제국주의를 효과적으로 막아낼 수 없다는 뜻이었다. 그렇다면 공업화를 어떻게 달성할 수 있을 것인가? 그때 소련은 국내저축이 없다시피 하고 민족자본도 형성되어 있지 않았다. 그렇다고 소련에 대해 적대적인 서방의 자본주의국가들로부터 차관을 얻어올 수 있는 형편도 아니었다.

이러한 조건 아래에서는 결국 두 가지 방법밖에 없다고 스탈린은 주장했다. 하나는 노동자들의 노동력을, 아니 모든 국민의 노동력을 무자비하게 착취하는 것이고, 다른 하나는 농민들로 하여금 온갖 희생을 감내하면서도 식량을 증산하게 해 공장노동자들을 먹여 살리는 것이다. 이러한 방식을 그는 '원시적 사회주의 자본축적'이라고 불렀다. 이로써 정치학에서 흔히 말하는 '위로부터의 강압적 혁명'이 시작됐다.

스탈린의 추진방식은 우선 농업의 집단화로 나타났다. 쉽게 말해, 모든 농민들을 '소프호스sovkhoz'라고 불린 국영농장과 '콜호스kolkhoz'라고 불린 집단농장 속으로 몰아넣는 것이었다. 농민들은 처음에는 저항했다. 그러자 스탈린은 비밀경찰을 기둥으로 하는 공안기관들을 동원해 마구 투옥하거나 마구 죽였다. 농민들은 참다못해 관리들을 죽이거나 폭행했다. 그래도 스탈린은 굽히지 않고 농민들을 더욱 혹독하게 다뤘으며 마침내 그들을 굴복시켰다. 뒷날 스탈린은 모스크바를 방문한 영국총리 윈스턴 처칠Winston Churchill에게 자신과 농민들 사이에서 전쟁이 벌어졌었다고 말하면서, 그 전쟁이 현재 진행되고 있는 소련과 독일 사이의 전쟁보다 더 무서운 것이었다고 회고했다. 이것은 농민의 집단화과정이 얼마나 무자비한 유혈투쟁을 동반한 것이었나를 말해준다.

이 과정에서 스탈린이 드러냈던 포악한 성격을 말해주는 자료들은 참으로 많지만 한 가지만 소개하겠다. 그것은 아내 나데즈다 알릴루예바 Nadezhda Alliluyeva를 죽인 일이다. 나데즈다는 혁명운동에 참가한 한 철도노동자의 딸로, 열 살이 된 1911년에 스탈린을 처음 만났다. 시베리아유형지에서 탈출한 32세의 스탈린을 아버지가 집에 숨겨주었기 때문이다. 볼셰비키혁명 직후 그녀는 레닌의 비서실에서 근무했으며, 스탈린이 40세가 됐고 그녀 자신이 18세가 된 1919년에 결혼했다. 둘 사이에는 아들 바실리Vasily와 딸 스베틀라나Svetlana가 태어났다.

1932년 11월 9일 당의 극소수 고위간부들이 참석한 가운데 스탈린의 공관에서 열린 만찬에서 나데즈다는 스탈린의 귀에 거슬리는 발언을 했다. 농민들의 반발이 얼마나 격심한가, 그리고 그러한 농민들에 대한 비밀경찰의 탄압이 얼마나 무자비한가를 전해 들은 그녀가 마침내 자신의 의견을 털어놓은 것이다. 다음 날, 그녀는 맹장염이 악화돼 사망한 것으로 발표됐다. 그녀의 나이 만 31세였다. 시신을 조사한 두 명의 의사는 그녀가 맹장염의 악화로 죽었다는 문서에 서명하기를 거부했으며, 곧바로 그녀가 스탈린의 총에 맞아 죽었다는 소문이 나돌았다. 뒷날 그 의사들은 '반혁명분자'로 처형된다.

스탈린은 그녀의 장례를 조용히 치른 뒤 모스크바 교외의 노보데비치사원에 자리 잡은 그녀의 친정가족묘지에 묻어주었다. 그녀의 묘지는 반스탈린주의자들이 혹시 저지를지 모를 파묘破墓로부터 보호될 수 있도록 투명하되 강한 특수유리로 감싸두었다. 노보데비치사원에 대해서는 8장에서 자세히 살피도록 하겠다.

다시 주제로 돌아가기로 하자. 스탈린의 '위로부터의 강압적 혁명'은 다른 한편으로는 공업화의 강행으로 나타났다. 그는 1차 5개년계획(1928~32)과 2차 5개년계획(1933~37)을 거의 전적으로 노동력의 가혹한 착취 위에서 추진했던 것이다. '굴라크gulag'라는 이름의 강제노동수용소가 이곳저곳에 수없이 세워져 소련이 하나의 거대한 '굴라크 열도列島'를 이뤘던 때가 바로 이 시기였다.

그러면 강제의 도구는 무엇이었나? 그것은 악명 높은 정치경찰 오게페우 OGPU(연방국가정치행정부)의 후신인 엔카베데NKVD(내무인민위원회)였으며, 이 기관을 이끌었던 스탈린의 번견番犬들 가운데 공포의 상징처럼 된 대표적 죽음의 사자가 우리가 다음 장에서 보게 될 라브렌티 베리야Lavrenty Beria였다.

내무인민위원회 안에 창설된 별동단의 단원은 자신이 '사회적 위험분자'로 여긴 사람을 법의 절차 없이 체포해서 최고 5년까지 구속하거나 강제노동수용소에 보낼 수 있었다. 이렇게 처분된 사람은 재판을 청구할 수 없었다. 이런 식으로 1920년대 말부터 1930년대 말까지 10년에 걸쳐 강제노동수용소로 끌려간 사람들은 350만 명에서 1,250만 명 사이에 이르렀다. 그들 가운데 상당수는 결코 다시 자기 집으로 돌아가지 못했다. 강제노동수용소에서 뼈 빠지게 일하다가 죽어버렸기 때문이다. 죽은 사람의 시체는 대체로 강제노동수용소에 부설된 화장터에서 불태워졌다. 집으로 돌아올 수 있었던 행운아들 가운데 상당수는 불구가 됐거나 폐인이 됐다.

세계역사상 유례가 없었던 이러한 희생 위에 소련에서는 '대변혁'이 일어났다. 두 차례의 5개년계획이 끝났을 때 소련은 후진국의 대열에서 벗어나 공업국가의 대열에 올라서게 된 것이다.

제2차 세계대전 이후 얄타체제를 주도하다

스탈린이 철권으로 소련의 공업화를 추진하던 시기에 유럽에서는 파시즘이 성장하고 있었다. 독일에서는 히틀러가, 이탈리아에서는 무솔리니Benito Mussolini가 각각 그 중심인물이었다. 독일과 이탈리아 가운데 스탈린에게 더 큰 위협을 준 쪽은 물론 독일이었다. 우선 이념적으로 독일의 나치즘은 공산주의의 파괴를 부르짖는 극우적 반동주의였기에 볼셰비즘과 양립할 수 없었다. 실제로도 히틀러는 소련침공을 계획하고 있었다. 이것은 소련이 걸을 수 있는 길이란 나치독일과의 전면대결일 뿐임을 명백하게 말하는 것이었다.

그러나 스탈린은 철저한 현실주의자였다. 그는 소련의 국가적 안전을 지키기 위해서는 나치독일과 손을 잡는 것이 유리하다고 판단했으며, 그리하여 1939년 8월 23일에 독일과의 불가침조약을 체결하기에 이르렀다. 나치독일의 외무장관 요하임 폰 리벤트로프 Joachim von Ribbentrop와 소련의 외무장관 뱌체슬라프 몰로토프 Vyacheslav M. Molotov가 스탈린의 임석 아래 모스크바에서 조인한 이 조약은 물과 기름의 결합이었으며, 세상을 깜짝 놀라게 한 '외교적 쿠데타'였다. 이 조약을 체결하면서 두 나라는 동유럽을 독일과 소련이 공동으로 분할하기로 하는 비밀의정서를 채택했다.

그러나 히틀러는 1941년 6월 22일에 불가침조약을 일방적으로 파기하고 소련에 대한 침공을 개시했다. 그 속도는 대단히 빨라 상당히 많은 소련 국토가 급격히 나치의 전차 밑에 점령됐으며 마침내 모스크바의 근교까지 점령되기에 이르렀다. 이로써 전쟁준비가 덜 됐던 소련은 나라를 지키느냐 빼앗기느냐 하는 절체절명의 위기에 빠졌다.

스탈린은 다급해졌다. 나치가 침공해올 것 같다는 군부의 보고를 수없이 받고도 히틀러를 철석같이 믿어 아무런 대비를 하지 않은 책임이 자신에게 돌아올 것임을 절감했기 때문이다. 그래서 무자비하고 냉혈한 폭군이었던 그였지만 이때는 무엇보다 자신의 부하들을, 특히 군부의 지도자들을 두려워했다. 그들이 "당신은 도대체 어떻게 하다 나치의 침공을 받고 국가를 누란의 위기에 빠뜨렸느냐"며 집단적으로 반발하지나 않을까 겁을 먹었으며, 그래서 그는 모스크바의 교외에 마련된 한 비밀별장으로 숨었다.

그러나 스탈린의 부하들은 그에게 조직적으로 덤벼들 만큼 용기 있는 사람들이 아니었다. 그래서 그들은 그를 찾아가 '구국'을 위해 '헌신' 해줄 것을 건의했으며, 마음을 놓은 스탈린은 크렘린으로 돌아왔다. 그는 마르크스주의와 레닌주의로는 이 위기를 결코 극복할 수 없음을 깊이 깨달았다. 그래서 그는 자신이 과거에 부르주아애국주의라고 매도했던 민족주의에 호소하면서 러시아민족이 '위대한 애국전쟁' 또는 '조국을 위한 위대한 전쟁'을 성공적으로 수행해나갈 것을 제의했다. 소련공산당이 철저하게 탄압했던 러시아정교에 대해서도 지원을 요청해 긍정적인 반응을 얻어냈다. 동시에 미국과 영국을 비롯한 서방의 자본주의국가들과 연합을 형성했다.

스탈린의 피눈물 나는 노력, 소련국민들의 헌신적인 봉사, 그리고 연합국의 원조는 위기에 빠진 소련에 결정적인 도움을 주었다. 그리하여 소련과 독일이 각자의 운명을 걸고 모든 힘을 쏟으며 대결했던 스탈린그라드에서의 전투는 1943년 1월에 들어서면서 소련의 승리로 굳어졌다. 이것은 소련의 역사뿐 아니라 제2차 세계대전의 역사에서 하나의 분기점이었다. 이 전투에서 패배한 나치독일은 그 후 전세를 만회하지 못한 채 항복의 길로 들어서게 됐기 때문이다.

이제 스탈린은 전승국의 대열에 서게 됐다. 그는 제2차 세계대전의 말기에 열린 연합국의 정상회담들, 특히 얄타회담과 포츠담회담에 당당히 참여해 제2차 세계대전이 끝난 이후에 나타날 새로운 국제질서, 이른바 얄타체제를 만들어내는 일에 직접 관여하게 됐다. 이 일련의 회담들은 한반도의 장래에도 많은 영향을 끼쳤다. 오늘날까지도 우리 겨레에게 멍에가 되고 있는 한반도분단의 원인도 이때 씨앗이 뿌려졌다.

3. 심한 질병에 시달리며 의심이 늘어나다

잔인성을 부채질한 뇌동맥경화증

4년 3개월에 걸친 나치독일과의 전쟁을 끝낸 뒤 스탈린은 우선 국내복구사업에 치중했다. 그 결과는 뜻밖에 성공적으로 나타났다. 1949년 현재 소련의 공업에서 1일 평균 총생산은 1940년의 그것보다 41퍼센트나 높았으며, 1950년까지 자본재 공업생산은 1940년의 수준을 넘어섰다. 당내 숙청사업을 새롭게 진행했던 것도 이때였다. 스탈린은 1930년대의 숙청을 통해 이미 제거했던 노_老볼셰비키의 잔재를 더욱 철저히 숙청하면서 그 자리들에 '스탈린세대'를 크게 진출시켰던 것이다. 1952년의 제19차 당대회에서는 그 이전의 당명인 '볼셰비키의 전_全러시아공산당'을 폐지하고 '소련공산당'으로 개칭했다.

그런데 1951~53년의 시기에 크렘린에서는 미묘하면서도 심각한 권력투쟁이 전개되기 시작했다. 그것은 1951년 무렵부터 스탈린의 고질적인 뇌동맥경화증이 악화된 사실과 연관되어 있었다. 이 사실은 스탈린의 시체부검에 직접 참여했던 소련의사 미아스니코프A. L. Miasnikov가 1989년에 와서야 비로소 마무리한 미출간 회고록에서 확인됐다. 그는 "시체를 보건대 스탈린은 몇 해 동안 심각한 뇌동맥경화증을 앓았음이 확실했다. 70대의 중환자 노인이 거대한 이 나라를 경영하고 있었던 셈"이라고 써놓은 것이다.

그런데 문제는 스탈린의 심각한 뇌동맥경화증이 그의 생래적인 의심병과 변덕증세 및 잔인성을 더욱 부채질했다는 데 있었다. 이 현상은 특히 1951년 이후에 나타났다. 스탈린은 노인이 되면서 아주 늦은 밤부터 다음 날 아침까지 이어지는 '밤샘 만찬'을 매일같이 즐겼다. 이 만찬장에 측근 부하들을 불러 엄청난 양의 술을 마시며 때로는 떠들면서 보내곤 했던 것이다. 그런데 어느 날부터 만찬장에 으레 부르던 몰로토프와 클리멘트 보로실로프Kliment E. Voroshilov 등 소련공산당 정치국 정위원들을 빼놓기 시작했다. 스탈린의 깊어가는 의심증은 그들마저 '서구제국주의의 첩자'로 보이게 만든 것이다.

충견 베리야마저 의심하다

스탈린의 의심증은 거기서 끝나지 않았다. 스탈린은 놀랍게도 자신의 충견인 베리야마저 의심하고 제거하려고 했다. 스탈린은 우선 자신과 베리야의 출신 공화국인 그루지야공화국에 깊이 심어진 베리야의 심복들 가운데 적잖은 사람들을 제거했다. 처형하거나 투옥시키고 해직시키기도 했다. 동시에 베리야의 세력기반인 경찰 및 공안기구 안에 자리를 잡은 베리야의 사람들을 같은 방식으로 제거하기 시작했다. 이때 스탈린이 도구로 쓴 사람이 비밀경찰기구인 국가공안부MGB의 장관 빅토르 아바쿠모프Viktor S. Abakumov였다. 그는 스탈린의 지시에 충실하게 움직여, 없는 사건도 조작해가며 베리야의 인맥을 단계적으로 제거했다. 그러나 베리야의 인맥이 거의 다 제거되자 스탈린은 이번에는 아바쿠모프를 투옥해 온갖 고문을 가하고 무자비하게 제거한다.

이처럼 베리야를 점점 어려움에 빠뜨리면서, 스탈린은 흐루쇼프를 성장시켰다. 이미 1949년 12월에 스탈린은 베리야를 견제할 필요성을 느끼면서 우크라이나공화국의 당 제1비서인 흐루쇼프를 모스크바의 시 및 지역당 제1비서로 일약 출세시킨 것이다. 이로써 흐루쇼프는 소련공산당 중앙위원회 정치국 정위원 겸 중앙위원회 비서로, 중앙과 지방 전반에 걸쳐 큰 영향력을 행사할 수 있게 됐다. 그를 이렇게 키워준 목적은 그로 하여금 베리야를 견제하게 하는 데 있었다.

흐루쇼프는 물론 스탈린의 뜻을 잘 알고 있었다. 그는 자신의 첫번째 회고록인 『흐루쇼프는 기억하고 있다 Khrushchev Remembers』에서, 자신이 모스크바로 승진해 왔을 때 스탈린은 이미 베리야를 두려워하고 있었으며 그래서 베리야를 제거하고 싶었지만 그 방법을 모르는 것 같았다고 회상했다. 흐루쇼프에 따르면, "스탈린은 그렇다는 사실을 나에게 전혀 말하지 않았다. 그러나 나는 느낄 수 있었다." 그래서 흐루쇼프는 베리야를 제거하는 작업에 직간접적으로 참여했다.

베리야숙청의 첫 신호는 그때 소련의 강력한 통제를 받던 체코슬로바키아에서 나타났다. 1951년 11월에 체코슬로바키아공산당 중앙위원회 총비서 루돌프 슬란스키Rudolf Slánský와 그의 측근세력이 체포되고 꼭 1년 뒤에 그들에 대한 재판이 체코슬로바키아의 수도 프라하에서 열렸는데, 그들에게 씌워진 혐의는 부르주아국제주의와 유대주의에 종사했다는 것이었다. 그러나 그들이 모두 '베리야의 사람들'임은 누가 봐도 명백했다. 노련한 스탈린은 외곽부터 공격하기 시작한 것이다.

바짝 긴장하고 있던 베리야의 눈앞에 마침내 도끼가 떨어졌다. 1953년 1월 13일에 모스크바에서 공식발표된 저 악명 높은 '의사들의 음모' 사건이 바로 그것이다. 여섯 명의 유대계를 포함한 아홉 명의 의사들이 미국제국주의자들의 교사를 받고 소련의 정치 및 군사 지도자들을 의학적으로 죽이려 했다는 혐의였다. 한때 스탈린의 후계자라는 소문이 나돌던 정치국 정위원 안드레이 즈다노프Andrei A. Zhdanov, 그리고 알렉산드르 바실레프스키Aleksandr M. Vasilevsky 원수 등이 이들의 음모에 걸려 죽은 것으로 발표됐다.

한때는 이 사건을 조작한 장본인이 베리야인 것으로 알려졌다. 피에 굶주린 스탈린이 새로운 희생자를 찾으려 하는 것을 재빨리 눈치채고 베리야가 한 건 만들어 올렸다는 추측이 나돌았다. 그러나 이 사건은 오히려 베리야를 처단하기 위한 전주곡으로 준비된 것이었다. "비밀경찰을 비롯한 경찰과 공안기관들은 의사들의 그러한 음모도 파악하지 못하고 무엇하고 있었느냐? 결국 베리야가 총책임을 맡았던 경찰과 공안기관들이 의사들의 음모를 뒷받침한 것 아니냐?"고 몰아가려고 허구의 사건을 조작했던 것이다.

그런데 이 사건의 조작을 스탈린에게 부추긴 사람은 다름 아닌 흐루쇼프였다. 베리야를 스탈린 이후의 후계경쟁에서 가장 강력한 적수로 여겼던 흐루쇼프가 스탈린이 베리야를 몹시 경계하고 있음을 알아차리고 베리야를 제거하기 위한 수단으로 이 사건의 조작을 부추겼던 것이다. 불행히도 이 사건에 연루된 의사들 아홉 명 가운데 한 사람은 얼마 전까지만 해도 스탈린의 몇 명 안 되는 주치의들 가운데 한 사람이던 비노그라도프V. N. Vinogradov였다. 그는 1952년 초에 스탈린을 진단한 뒤 휴식을 취할 것을 권유했었는데, 이 권유가 스탈린을 격분시켰다. 이미 육체적으로나 정신적으로 깊이 병든 스탈린은 그를 의심하게 됐고, 그리하여 비정하게도 이 사건에 포함시킨 것이다.

'의사들의 음모'가 발표된 지 2개월이 채 안 된 시점에 마침내 스탈린이 죽었다. 그래서 베리야는 목숨을 건질 수 있었다. 흐루쇼프에 따르면, 베리야는 곧바로 스탈린에 대한 증오심을 밖으로 나타냈을 뿐만 아니라 심지어 자신이 '이 지구 위에 생존해온 모든 사람들 가운데 가장 위대한 창조적 천재'라고 공개적으로 찬양했던 스탈린을 조롱하기도 했다. 스탈린의 죽음으로 베리야만이 목숨을 건진 것은 아니다. 일이 자칫 잘못되면 대량으로 시베리아의 강제노동수용소로 유배됐을지도 모르는 무고한 유대인들, 그리고 권력당국의 의심이나 미움을 받아 그 사건에 연루될 수 있었던 무고한 시민들도 목숨을 건지게 되었다.

4. 부하들에게 방치된 채 최후를 맞이하다

스탈린의 최후에 관한 다양한 증언들

그러면 스탈린은 과연 어떻게 죽었을까? 이 물음에 대한 확실한 대답은 아직 나오지 않았다. 스탈린의 하나뿐인 딸인 스베틀라나 알릴루예바의 회고, 흐루쇼프의 회고, 스탈린의 경호관들 가운데 한 사람이었던 리빈A. T.

Rybin의 회고, 그리고 스탈린의 최후병상에 머물렀던 의사의 회고 사이에는 공통점과 차이점이 섞여 있다.

우선 공통점을 지적하기로 하자. 첫째, 1953년 2월 27일에 스탈린은 모스크바시내의 중심가에 위치한 볼쇼이극장에서 발레 「백조의 호수」를 관람했다. 이때는 자신의 공산당 부하들을 대동하지 않았다. 둘째, 그다음 날인 2월 28일 저녁에 스탈린은 크렘린에서 정치국 정위원들인 베리야, 게오르기 말렌코프Georgy M. Malenkov, 흐루쇼프, 니콜라이 불가닌Nikolai A. Bulganin 등과 함께 영화를 보았다. 영화가 끝나자 스탈린은 그들 모두를 데리고 크렘린 부근의 쿤트세보에 있는 별장으로 가서 늘 하던 대로 '밤샘 만찬'을 가졌다.

그런데 그 후부터 벌어진 일에 대한 설명들 사이에는 여러 가지 차이점이 두드러지게 나타난다. 우선 흐루쇼프의 회고를 들어보자. 흐루쇼프에 따르면, "식사는 3월 1일 아침 5시와 6시 사이까지 계속됐다. 스탈린은 꽤 취해 있었으나 기분이 좋아 보였다. 그래서 그들은 즐겁게 귀가할 수 있었다." 그다음 날은 일요일이기도 해서, 흐루쇼프는 밤이 되면 또 크렘린에서 연락이 오겠거니 예상하며 집에서 아침부터 잠을 잤다. 예상했던 대로 3월 1일 밤에 전화가 걸려왔다. 그러나 그 전화는 말렌코프에게서 왔다. 말렌코프는 자신이 스탈린의 경호관들로부터 스탈린에게 뭔가 이상한 일이 일어난 것 같다는 연락을 받았으며 그래서 이미 베리야와 불가닌에게 전화한 뒤 흐루쇼프에게 전화하는 것이라고 설명했다.

흐루쇼프는 곧바로 스탈린의 별장으로 갔다. 거기에는 '밤샘 만찬'에 참석했던 정치국 동료들이 와 있었다. 그들 앞에 경호관들이 나와서 그사이의 일들을 설명했다. 이 설명에 따르면, 스탈린의 나이 많은 가정부 마트료나 페트로브나Matryona Petrovna가 스탈린을 관찰하기 위해 가까이 가보니 스탈린이 마루 위에서 잠자고 있더라는 것이었다. 그녀는 곧바로 이 사실을 경호관들에게 보고했으며, 그래서 경호관들은 스탈린을 들어 올려서 옆방의 소파 위에 눕혀놓았다는 것이었다. 흐루쇼프는 스탈린이 취해 있다고 판단했다. 그래서 흐루쇼프를 포함해 현장에 나와 있던 정치국 동료들은 "스탈린이 그처럼 남 보기 흉한 상태에 있을 때 우리들이 그 옆에 있다는 것을 알게 하는 것은 적절하지 못하다"고 결정했다. 그래서 그들은 각자 집으로 돌아갔다.

그날 밤에 흐루쇼프는 다시 말렌코프에게서 전화를 받았다. 스탈린의 경호관들이 스탈린에게 뭔가 아주 나쁜 일이 일어나고 있다고 알려왔다는 것이었다. '밤샘 만찬'의 정치국 동료들은 쿤트세보별장에서 다시 만났다. 그들은 의사들을 불렀다. 의사들의 진단 결과 스탈린의 상태는 매우 심각했다. 그래서 그들은 모두 스탈린의 침상 옆에서 경계를 하고 있었다.

그런데 스탈린의 경호관들 가운데 한 사람이었던 리빈의 회고는 흐루쇼프의 회고와 꽤 다르다.

정치국 위원들, 스탈린을 치료하지 않고 죽도록 유도하다

리빈은 쿤트세보별장 관리사무소 부소장이었던 로즈가쇼프Lozgachev의 현장목격담을 바탕으로 1988년에 다음과 같은 취지의 글을 썼다.

흐루쇼프를 비롯한 '밤샘 만찬' 동료들은 과일주스만 마신 뒤 쿤트세보별장을 3월 1일 새벽 4시에 떠났다. 그러자 스탈린은 경호관들에게 자신은 잠을 자려고 하니 경호관들도 잠을 자라고 말했다. 3월 1일 낮 12시에 경호관들은 스탈린이 자고 있는 곳에서 아무런 움직임이 없다는 점에 주목하고 걱정하기 시작했다. 그러나 3월 1일 저녁 6시 30분쯤에 스탈린의 방과 복도에 전깃불이 켜졌다. 경호관들은 스탈린의 호출을 기다렸다. 그러나 아무런 호출이 없었다. 밤 10시 30분이 되자 그들은 누군가가 가서 스탈린을 살펴야 한다고 결정했다. 그러나 누가 가야 하는지에 대해 결론을 내리지 못했다.

그 무렵에, 로즈가쇼프에게 스탈린을 보고 오라고 지시하는 문서가 도착했다. 로즈가쇼프가 경호관을 데리고 가보니 스탈린은 탁자 근처의 양탄자 위에 사지를 쭉 뻗은 채 누워 있었는데 말을 하지 못했다. 그러나 의식은 깨어 있어서 스탈린의 몸을 움직여도 좋겠느냐고 묻자 고개를 끄덕이며 허락했다. 경호관들은 스탈린이 그날 밤 7시나 8시 이후 그렇게 누워 있었으며 추워하고 있다고 판단했다. 그래서 그들은 스탈린을 침대 위에 눕히고 비밀경찰기구인 국가공안부의 장관인 세묜 이그나티에프Semyon D. Ignatyev에게 급히 연락했다. 이그나티에프는 겁을 먹은 목소리로 베리야에게 연락하라고 지시했다.

이 점은 매우 이상했다. 왜냐하면 이그나티에프와 베리야 사이는 적대관계였기 때문이다. 그래서 그들은 베리야에게 연락하지 않고 말렌코프에게 연락했다. 말렌코프는 얼마 뒤 경호관들에게 전화하면서 자신은 베리야를 찾을 수 없으니 경호관들이 베리야를 찾도록 하라고 지시했다. 30분 뒤 베리야가 경호관들에게 전화를 걸어 어느 누구에게도 스탈린의 와병에 대해 말하지 말라고 지시했다. 이 대목에서 강조할 점은 이때 말렌코프와 베리야 사이에는 협조가 매우 돈독했다는 사실이다.

로즈가쇼프는 말렌코프가 의료진을 불렀으려니 생각하고 스탈린 옆에 앉아 있었다. 3월 2일 새벽 3시에 베리야와 말렌코프가 도착했다. 이때는 스탈린이 코를 골면서 깊이 잠들어 있는 것처럼 보였다. 그러자 베리야는 "아무 것도 아닌 것을 갖고 소란을 피웠다"면서 경호관을 심하게 나무랐다. 로즈가쇼프는 스탈린이 병중이라고 주장했다. 그런데도 베리야와 말렌코프는 아무런 조처도 취하고 않고 떠났다. 아침 7시에 흐루쇼프가 도착해서 의료진이 오고 있다고 말했다. 그동안 다른 경호관이 몰로토프에게 연락하자 그는 곧바로 현장으로 가겠다고 대답했다. 의료진은 3월 2일 아침 8시 30분과 9시 사이에 도착했다. 그들은 즉시 스탈린이 뇌동맥경화증으로 쓰러졌다고 선언하고 스탈린에게 주사를 놓고 산소호흡기를 씌웠으며 나쁜 피를 뽑아냈다. 이때는 베리야를 비롯한 '밤샘 만찬'의 동료들이 옆에 서 있었다.

리빈의 이러한 설명에는 흐루쇼프의 설명에 나오는 스탈린의 가정부 마트료나 페트로브나가 전혀 등장하지 않는다. 리빈의 설명은 또 흐루쇼프가 스탈린에게 뭔가 이상한 일이 생긴 것 같다는 연락을 받고 3월 1일 밤에 쿤트세보별장을 처음 방문했을 때 말렌코프 및 베리야와 함께 있었다는 흐루쇼프의 설명에 부합하는 부분이 전혀 없었다. 또 흐루쇼프는 이 첫번째 방문 뒤에 경호관들이 말렌코프에게 다시 전화했다고 말했음에 반해, 리빈은 그 점에 대해 전혀 말하지 않았다.

그런데 진상규명을 더욱 복잡하게 만드는 것은 스탈린이 죽어가던 때 병상에서 그를 치료했던 의사들 가운데 한 사람인 미아스니코프의 회고다. 1989년 3월 1일자 소련의 한 유력지에 소개된 그의 회고에 따르면, 경호관들이 스탈린의 와병을 인식한 것은 3월 2일 아침 7시였다는 것이다.

스탈린의 딸 스베틀라나가 1990년 10월 21일자 소련의 다른 한 유력지에 밝힌 내용은 또 다르다. 그녀는 별장관리인들 가운데 한 사람으로부터 직접 들은 정보에 바탕을 두고, 스탈린의 와병이 다뤄진 방식에 대해 깊은 의문을 제기했다. 그녀에 따르면, 스탈린의 가정부가 스탈린이 의식을 잃고 쓰러져 있는 것을 처음 발견한 때는 3월 1일의 늦은 시점이었다. 가정부는 곧바로 경호관들에게 연락해서 바로 옆 건물에서 언제나 대기하는 의사를 즉시 불러주도록 요청했다. 경호관들은 의사를 부르는 대신 자신들의 상사들에게 먼저 보고하기로 결정했고 마침내 '밤샘 만찬'의 동료들이 도착했다. 이때까지 스탈린에 대한 응급조치 같은 것은 전혀 취해지지 않았다.

다시 스베틀라나에 따르면, 별장에 도착한 '밤샘 만찬'의 동료들은 상황에 어떻게 대처할 것인가를 토론했다. 물론 스탈린은 그대로 방치된 채였다. 그러자 별장의 남녀 종업원들과 경호관들이 들고일어나 의사를 부르라고 강력히 요구했다. 그래도 '밤샘 만찬'의 동료들은 "겁먹을 필요가 없다"고 말했으며, 베리야는 "아무 일도 없다. 그는 잠자고 있을 뿐이다"라고 주장했다. 베리야의 이 발언과 동시에 '밤샘 만찬'의 동료들은 모두 떠났다.

그러나 별장의 종업원들과 경호관들이 '이러한 속임수'에 분노하고 항의하자 '밤샘 만찬'의 동료들은 몇 시간 뒤에 돌아왔다. 그러고는 의사를 부르지 않은 상태에서 종업원들과 경호관들에게 스탈린을 다른 방으로 옮기고 그 방의 침대 위에 눕히라고 지시했다. 이 대목에서 스베틀라나는 "이러한 일은 의학적 견지에서 허용될 수 없다. 뇌동맥경화증환자는 결코 옮겨져서는 안 된다. 더구나 바로 옆에서 대기하는 의사를 부르지도 않고 말이다"라면서 분노를 표시했다. 다시 스베틀라나에 따르면, 의사들이 도착한 것은 3월 2일 오전 10시께였다. 그러나 의사들은 별달리 손을 쓸 수 없었다. 다시 사흘 지난 3월 5일에 스탈린은 사망한 것으로 발표됐다. 그러자 베리야는 쿤트세보별장에 폐쇄령을 내렸다. 별장에서 일하던 모든 종업원들과 경호관들에게는 함구령이 내려졌다. 그들은 곧 해고됐다.

이상에서 살핀 여러 회고들을 종합하면, 하나의 큰 공통점이 떠오른다. 그것은 적어도 네 사람의 정치국 정위원들이 스탈린의 심각한 질환발생을 확인하고도 의학적 치료를 베풀도록 지시하지 않은 채 결국 죽음에 이르도록 유도했다는 사실이다. 그때 그들은 두 가지 두려움에 빠져 있었다. 첫째, 스탈린이 살아나더라도 반신불수가 된다면 자신을 의학적으로 적절히 치료하지 못했다는 혐의로 그들을 처형할 수 있으며, 둘째, 스탈린이 설령 다시 깨어나 정상으로 돌아온다고 해도 자신이 혼수상태에 빠졌던 사실에 대해 어떤 음모가 개입됐다는 의심을 갖고 그들을 처형할 수 있다는 것이다.

그들의 심리적 불안감은 베리야의 처신에서 잘 나타났다. 아주 죽은 줄 알았던 스탈린이 잠시 의식을 회복한 것처럼 보였을 때 곧바로 스탈린의 무릎 아래 꿇어앉아 아첨하다가 벌떡 일어나 스탈린의 손에 입을 맞추기도 했다. 스베틀라나에 따르면, 그러한 짓거리는 상스러워 보였다고 한다. 그만큼 그들은 스탈린의 의심증과 변덕에 겁을 내고 있었다. 그래서 그들은 스탈린을 그냥 죽게 내버려두는 것이 좋겠다는 암묵적인 합의에 도달했으며 그 결과 의사를 부르지 않았던 것이다.

여러 자료들로 미뤄볼 때 스탈린은 1953년 3월 1일 오후부터 3월 2일 이른 아침 사이의 어느 시점에 쿤트세보별장에서 결정적으로 대단히 위독한 상태에 들어갔음이 확실하다. 정확한 사망시점은 우리로서는 알 수가 없으며, 따라서 공식발표를 따르게 된다. 공식적으로는 3월 5일에 모스크바의 아파트에서 죽은 것으로 발표됐다.

스탈린의 죽음을 기뻐한 베리야와 말렌코프

스탈린이 죽었을 때 가장 기뻐한 소련공산당 지도자는 베리야였다. 스탈린이 죽지 않고 회복됐더라면 베리야는 분명히 체포되고 처형됐을 것이었다. 따라서 정치국 정위원들 가운데 스탈린의 죽음에서 가장 큰 이득을 얻은 사람은 베리야였다. 반면에 가장 큰 어려움에 직면한 정치국 정위원은 흐루쇼프였다. 이미 살폈듯, 흐루쇼프는 스탈린의 뜻에 따라 베리야제거작업을 벌여왔다. 따라서 베리야의 보복이 충분히 예상될 수 있었다.

실제로 베리야는 기세등등해졌다. 그는 이미 지난 10년 정도 제휴해온 말렌코프와의 협력관계를 더욱 돈독히 하면서 자신의 권력을 강화하기 시작했다. 이렇게 볼 때, 흐루쇼프가 그때의 상황을 회고하면서 "나는 스탈린을 위해 울고만 있지 않았다. 베리야가 벌써부터 1인자 행세를 하며 설쳐대는 것을 보며 나라의 앞날을 몹시 걱정하게 됐다"라는 취지로 썼던 것은 솔직한 표현이었다고 하겠다.

흐루쇼프가 걱정했던 베리야와 말렌코프의 제휴는 빠르면서도 구체적으로 나타났다. 스탈린의 사망 몇 시간 전에 열린 당과 정부의 합동수뇌회의에서, 베리야는 말렌코프를 내각총리로 추천해 통과시켰다. 말렌코프가 총리직을 받아들이면서 베리야를 몰로토프와 불가닌 및 라자르 카가노비치 Lazar Kaganovich와 더불어 제1부총리로 지명했다. 말렌코프는 이어 정규경찰을 거느리는 내무부와 비밀경찰을 거느리는 국가공안부를 내무부 한 곳으로 통합할 것과 통합된 내무부의 장관에 베리야를 겸임시킬 것을 제의해 통과시켰다. 반면에 흐루쇼프는 모스크바 시 및 지역 당 제1비서에서 해임되었고, 중앙당 정치국 정위원 및 비서국 비서 자리만 유지하게 됐다.

3월 10일에 스탈린의 장례식이 거행됐을 때 베리야와 말렌코프의 제휴와 그들의 우위는 눈에 두드러지게 나타났다. 스탈린의 관을 메고 나오는 대열의 오른쪽 앞자리는 베리야가, 그리고 왼쪽 앞자리는 말렌코프가 각각 차지하고 있었다. 반면에 흐루쇼프는 스탈린의 관 뒤쪽에 선 채 얼굴의 일부만 보일 뿐이었다. 장례식에서 조사를 읽은 사람도 말렌코프와 베리야, 그리고 몰로토프에 국한됐다. 그런데 이 자리에서 보여준 말렌코프 및 베리야의 태도와 몰로토프의 태도 사이에는 큰 차이가 있었다. 몰로토프는 진정으로 슬퍼하는 표정이었으며, 그의 조사는 스탈린의 업적에 대한 칭찬으로 가득 찼다. 그러나 말렌코프와 베리야의 표정은 밝기만 했다. 이 자리에 동석했던 소련작가 콘스탄틴 시모노프 Konstantin M. Simonov에 따르면, "그 두 사람은 슬픔이라든가 유감이라든가 당황 또는 상실감 같은 것을 한 줄기도 보여주지 않았다. 그들의 조사도 스탈린에 대한 칭찬보다는 소련의 미래에 쏠려 있었다."

이러한 점들은 베리야의 경우 더욱 심했다. 베리야의 한 심복이 뒷날 회고한 내용에 따르면, 베리야는 조사를 작성하면서 자신의 심복들과 함께 농담을 나누고 껄껄 웃으며 즐거워했다. 조사는 조사대로 스탈린에 대한 존경심을 훨씬 덜 나타냈다. 베리야의 조사는 소련이 앞으로 스탈린의 정책으로부터 벗어나야 한다는 점마저 암시하고 있었다. 반면 베리야는 자신의 조사에서 신임 총리 말렌코프를 높이 평가했다. 그러면 이것은 무엇을 뜻하는가? 베리야의 아내 니노Nino는 이 점과 관련해 뒷날 "베리야는 실용주의적이고 현실적인 사람이어서 그루지야 출신인 자신이 스탈린의 후계자가 된다는 것은 불가능하다는 것을 인식하고 있었으며, 그래서 자신이 이용할 수 있는 말렌코프를 내세우고 싶어 했다"고 회상했다. 말렌코프는 진정한 독재자가 될 만한 의지와 정치적 예리함을 갖고 있지 않았다. 따라서 베리야로서는 말렌코프가 자신이 앞으로 내세워놓고 충분히 조종할 수 있는 사람이라고 계산했을 것이다. 어떻든 말렌코프와 베리야의 제휴는 강력했다. 더구나 베리야가 지휘하는 내무부의 군대가 모스크바시내 여기저기에 눈에 띄게 배치되어 있어서, 누구도 그들의 제휴에 도전할 수 있을 것 같지 않았다.

그러나 모든 것을 장악했던 스탈린이 죽으면서 남긴 공백은 너무나 컸고 그 공백을 말렌코프와 베리야 두 사람이 채울 수는 없었다. 정치국의 다른 위원들이 눈에 보이지 않게 견제하기 시작한 것이다. 그들은 특히 베리야를 두려워했다. 스탈린이 살아 있던 때 스탈린의 충견으로 베리야가 저질렀던 그 참혹하고 비정했으며 무자비했던 야만적 행위들을 그들은 잊지 않고 있었다.

이러한 배경에서 그들은 우선 심지가 굳세지 못한 말렌코프부터 견제하기 시작했다. 이에 따라 말렌코프가 중앙위원회 비서국 비서직에서 해임되고 총리직을 맡기로 결정됐음이 3월 21일에 발표됐다. 이제 비서국에서는 흐루쇼프를 비롯해 네 명의 비서가 남게 됐다. 비서국의 선임은 흐루쇼프였다. 베리야는 비서는 아니었다. 이로써 스탈린이 죽은 뒤 크렘린의 권력투쟁은 당을 대표하는 흐루쇼프와 국가기관을 대표하는 말렌코프-베리야 연합의 투쟁으로 압축되는 듯했다. 그 싸움이 어떻게 마무리됐는가는 다음 장에서 살피기로 한다.

현대판 '부관참시'

스탈린의 장례는 물론 국장으로 성대하게 거행됐으며 그의 시신은 미라로 처리된 뒤 레닌국립묘지에 안치됐다. 그러나 그의 뒤를 이은 흐루쇼프는 우리가 8장에서 보게 되듯, 1956년 2월에 열린 제20차 소련공산당대회에서 스탈린격하연설을 하는데, 그때로부터 5년 8개월이 지난 1961년 10월에 스탈린의 미라를 레닌국립묘지에서 쫓아냈다. 구체적으로 말해, 흐루쇼프는 1961년 10월 17일에 열린 소련공산당 제22차 대회에서 스탈린의 유체를 레닌묘지로부터 옮기도록 하는 결정을 유도하고, 같은 해 10월 31일에 열린 소련공산당 중앙위원회 전원회의에서 이장移葬에 관한 결정을 유도한 것이다. 이 결정들에 따라 10월 31일 밤에 크렘린궁전의 담벼락 아래에 작은 구덩이를 파고 거기에 스탈린의 관을 옮겨 묻었다. 비석에는 이름과 출생일 및 사망일만 쓰였다. 이 작업은 비밀리에 진행돼 아는 사람이 거의 없었다.

현대판 '부관참시'는 거기서 끝나지 않았다. 동유럽의 곳곳에 세워졌던 스탈린의 동상들은 여기저기서 파괴됐다. 소련이 해체되던 시기인 1990년대 초에는 소련을 구성했던 공화국들 일부에서조차, 예컨대 발트3국에서, 그의 동상들이 마구 파괴됐다. 차라리 처음부터 세우지 않았던 것만 훨씬 못한 상황이었다.

그래도 스탈린에게 위로가 되는 일이 러시아에서 일어났다. 소련이 해체된 뒤 소련을 함께 구성했던 공화국들이나 소련을 계승한 러시아 전역에서 무정부적 혼란이 계속되자, 서민들 사이에서 스탈린을 추모하는 열기가 부분적으로 나타난 것이다. 스탈린 같은 강력한 독재자가 다시 나타나야 질서가 잡히리라고 그들은 주장했다. 이러한 분위기 속에서 스탈린의 고향 그루지야의 티플리스에서는 스탈린재단이 발족했다. 이 재단은 스탈린의 치적을 객관적으로 연구할 것과 그의 무덤을 고향으로 옮길 것을 제의했다. 이 재단은 또 모스크바에서 파괴에 직면한 스탈린의 동상들을 옮겨 세웠다.

고향에서의 이러한 분위기로 어느 정도 개선된 스탈린의 이미지는 스탈린의 딸 스베틀라나의 발언으로 망쳐졌다. 미국에 망명해 살다가 미국을 비난하면서 소련으로 돌아갔던 그녀는 다시 미국으로 망명했는데, 말년을 보내던 위스콘신의 한 일간지『위스콘신 스테이트 저널』과 2010년에 가진 회견에서 아버지를 거세게 비난한 것이다. 그녀는 아버지가 자신의 일생을 망쳐버렸다는 격한 표현까지 썼다. 그녀는 2011년 11월 28일에 결장암으로 별세했다.

스탈린격하는 그의 고국에서도 나타났다. 2012년 4월에 그루지야정부는 스탈린의 생가에 세워졌던 스탈린박물관을 '스탈린 시대의 희생자들을 기념하는 박물관'으로 바꾸기로 결정한 것이다. 그래도 8개월 뒤 그루지야정부가 그 결정을 번복해 수도 트빌리시에서 북동쪽으로 꽤 떨어진 제모 알바니에 스탈린의 동상을 다시 세운 것이 지하의 그에게 위로가 되지 않았을까.

07 국가폭력을 주도한 고문기술의 천재

라브렌티 베리야

베리야에 대한 기존의 인식

세계의 많은 나라 사람들에게 소련이라는 말을 들려준 뒤 연상되는 사람들을 지적해보라고 하면 어떤 말들이 나올까? 이 물음에 대한 대답을 실증적 통계로 대해본 적은 없지만, 저자의 추측으로 아마 베리야라는 이름이 레닌, 스탈린, 흐루쇼프, 고르바초프와 함께 다섯 손가락 안에 들어갈 것이라고 생각한다. 스탈린의 잔혹했던 철권공포정치시대에 비밀경찰의 수장으로 임명돼 무고한 소련사람들의 목숨을 수없이 앗아간 스탈린의 1등 번견이 바로 라브렌티 베리야다.

베리야는 1940년대 이후 스탈린에 버금가는 권력자였다. 미국의 시사주간지 『타임 Time』이 1948년 3월 22일자에서 그를 표지인물로 선정한 까닭도 거기에 있었다. 이 시점에서 이미 그는 스탈린의 후계자로 비칠 정도로 스탈린의 다른 부하들을 앞지르며 무소불위의 권력을 휘두르고 있었다. 베리야가 얼마나 잔혹한 권력자였던가를 말해주는 일화는 책 한 권을 엮을 만큼 많다. 작은 일화 한 가지만 소개하자면, 베리야가 정규경찰을 거느리는 내무장관과 비밀경찰을 거느리는 국가안전부장관을 겸하고 내각부총리에다 정부의 전시국방위원戰時國防委員까지 겸했던 1940년대 초 어느 날의 일이었다. 경호관들의 경호를 받으며 차를 타고 모스크바시내를 질주하던 그는 차창 밖으로 어느 미녀가 한 남자와 함께 걸어가는 장면을 목격했다. 그 남녀는 부부였지만, 그는 그 자리에서 부관에게 그 여자를 자신의 숙소로 데려가도록 지시하고, 그녀의 남편은 악명 높은 시베리아의 강제노동수용소로 보내도록 지시했다. 그의 지시는 물론 충실히 이행됐다.

베리야의 행태가 대체로 그러했기에 그는 소련사람들에게 공포와 저주의 대상이었다. 그래서 스탈린이 죽은 뒤 곧바로 벌어진 크렘린의 권력투쟁에서 패배한 그가 흐루쇼프가 주도한 세력의 손에 처형됐다는 소식이 알려졌을 때, 사람들은 소련에서도 마침내 악인이 지옥으로 가는 시대가 열렸다는 느낌을 갖게 됐다. 그 반사효과로 흐루쇼프는, 어느 일정한 기간에는, 악인을 지옥으로 보낸 정의의 사나이로 각인될 수 있었다.

베리야에 대한 재평가, 그는 개혁가인가

그런데 1993년에 스탈린 사후의 시기에 국한해 베리야를 재평가한 연구서가 출판됐다. 에이미 나이트Amy Knight 여사의 『베리야: 스탈린의 첫째가는 부하 Beria: Stalin's First Lieutenant』가 그것이다. 이 책은 스탈린이 죽은 뒤 스탈린체제의 나쁜 점들을 개혁하기 위해 앞장선 크렘린지도자가 베리야였으며, 베리야가 개혁정치의 주도권을 잡고 국민의 인기를 얻기 시작하자, 그의 손에 숙청당할 것을 두려워 한 정적 흐루쇼프가 선수를 쳐 베리야를 처형했다고 주장했다.

이 책의 주장은 좀더 충격적이다. 1980년대 후반에 소련에서 개혁정치를 본격적으로 추진했던 고르바초프의 사상적, 이론적 선배로 학자들은 1982년에 소련공산당 중앙위원회 총비서로 선출됐던 유리 안드로포프Yuri V. Andropov를 꼽는데, 이 책은 베리야를 안드로포프의 선구자 비슷하게 평가한다. 그것뿐이 아니다. 스탈린이 죽은 뒤 베리야를 제거하고 소비에트권력의 정상에 올라 스탈린격하운동을 이끌면서 소련의 새 시대를 연 정치가로 평가되는 흐루쇼프를 오히려 스탈린체제를 굳힌 인물로 평가한다.

저자가 이 책을 읽은 때는 미국 워싱턴 D. C.에 자리 잡은 우드로윌슨국제연구소 객원연구원으로 근무하던 1994년 1월이었다. 저자는 통설에 반대되는 이론을 제시하면서도 잘 연구되고 잘 쓰인 이 책의 저자를 꼭 만나고 싶었다. 아니, 베리야가 개혁운동의 지도자였다니. 만일 베리야에게 희생된 사람들이 지하에서 이 책을 읽는다면 집어던지지 않을까? 그녀는 재래의 학설에 도전하는 자신의 결론에 정말 어느 정도 확신을 갖고 있을까? 그녀의 대답을 직접 듣기 전에는 이 책의 내용을 감히 소개할 수 없다는 생각이 들었다.

다행히도 나이트는 윌슨센터에서 아주 가까운 곳에 자리를 잡은 미국 국회도서관의 선임연구관으로 근무하고 있었다. 그녀는 자신도 윌슨센터의 연구원이었다며 저자를 친절히 맞이해주었다. 1946년생인 그녀는 런던정치경제대학교에서 소련학의 국제적 석학들 가운데 한 사람인 레너드 샤피로Leonard Schapiro 교수의 지도를 받아 소련정치를 연구했다. 특히 소련의 비밀경찰제도를 깊이 공부했으며, 그리하여 베리야를 주제로 박사학위 논문을 쓰게 된 것이다. 러시아어를 높은 수준에서 읽고 말하는 그녀는 1980년대 말 이후 소련에서 스탈린 시대와 흐루쇼프 시대의 문서들이 공개되자 1992년까지 세 차례에 걸쳐 소련을 방문해 그것들을 직접 읽었으며, 특히 스탈린과 베리야의 출신지인 그루지야에도 찾아가 공개된 문서들을 살폈다.

이 무렵에, 참으로 긴 세월 동안 침묵과 망각의 세계로 던져졌던 베리야의 아내와 아들이 마침내 입을 열었다. 그들은 물론 처음부터 끝까지 베리야를 옹호하는 얘기들만 늘어놓았지만 거기에는 확실히 새로운 정보들이 포함되어 있었다. 이 모든 새로운 자료들을 충분히 활용하면서 나이트는 자신의 박사학위논문을 보완해 책으로 출판했다. 다른 분야에서도 그렇지만 소련학 분야에서도 세계적 명성을 누리는 프린스턴대학교출판부가 출판을 맡았다. 배경이 그러하다면 이 책에 나타낸 그녀의 새로운 해석을 받아들여도 좋겠다는 확신을 저자는 가질 수 있었다. 그래서 그녀의 책에 바탕을 두고 베리야의 삶과 죽음을 다시 생각해보고자 한다.

1. '무제한의 무자비'를 자행하다

교활한 열등생이라는 평가를 받은 청년 시절

그루지야는 소아시아 지역에 속한 작은 나라다. 서쪽으로는 흑해에 접해 있고 남쪽으로는 터키에 접해 있으며 동남쪽으로는 아르메니아 및 아제르바이잔에 접해 있고 북쪽으로는 러시아에 접해 있다. 수도는 트빌리시다. 그루지야와 아르메니아 및 아제르바이잔 세 나라를 묶어서 영어로는 트랜스코카시아transcaucasia라고 부르고, 러시아어로는 '자캅카스'라고 부른다. 그루지야는 자연경관이 빼어나고 역사유산이 풍부한 곳이며, 국민들은 아름답고 매력적인 마음씨를 지닌 것으로 유명하다. 이러한 그루지야에서 소련역사의 2대 정치악한으로 불리는 스탈린과 베리야가 태어났다는 것은, 더구나 이 두 사람이 뒷날 소련의 권력자로서 고국 그루지야를 무자비하게 짓밟게 된다는 것은, 확실히 역사의 역설이라고 하겠다.

베리야는 1899년 3월 29일에 그루지야의 쿠타이시 지역에 속하는 메르

케울리 마을에서 태어났다. 이때는 그루지야가 아제르바이잔 및 아르메니아와 함께 제정러시아에 강제로 편입된 채 제정러시아의 지배를 받던 때였다. 그래서 제정러시아를 타도하려는 반체제혁명가들이 사회혁명당이나 러시아사회민주노동당을 통해서 활발히 투쟁을 전개하고 있었는데, 이러한 혁명의 열기는 그루지야를 포함한 자캅카스 전역으로 확산되고 있었다. 이렇게 볼 때 베리야는 혁명적 분위기 속에서 태어난 셈이었다.

베리야의 어머니는 신앙심이 깊은 시골농부였다. 그녀는 첫번째 결혼에서 아들 하나를 본 뒤 남편과 사별했으며, 두번째 결혼에서 베리야를 낳았다. 아버지는 베리야가 중학생이던 때 죽었다. 그래서 스탈린이 그러했듯 베리야 역시 어머니의 강력한 영향을 받으며 컸다. 베리야의 어린 시절을 잘 아는 사람의 회고에 따르면, 베리야는 어려서부터 성격이 교활했고 못됐다. 공부도 제대로 하지 못했다. 그러나 그는 이웃 나라 아제르바이잔의 수도 바쿠에 있는 바쿠기계건설기술전문학교에 진학해 4년 동안 공부했다. 베리야 본인이 일을 하며 학교를 다녔고, 베리야의 어머니도 바쿠의 한 방직업자 집에서 가정부로 일하며 아들의 공부를 도왔다.

16세가 된 1915년에 베리야는 다른 친구들과 함께 학교 내부에 불법적인 마르크스주의 독서회를 조직하고 외부의 노동자단체들과 접촉했다. 바쿠에는 정유공장을 비롯해 공장들이 많았기에 마르크스주의혁명운동을 전개하기에 풍요로운 땅이었던 것이다.

베리야가 18세가 된 1917년 2월에, 러시아에서는 부르주아혁명이 일어나 제정을 무너뜨렸다. 베리야는 곧바로 러시아사회민주노동당의 볼셰비키파에 가담했다. 그러나 3개월 뒤 러시아군대에 징집돼 루마니아전선에 배치됐다. 그는 자신이 속한 작은 부대에서 볼셰비키당위원회 위원장으로 선출됐다. 이 무렵인 1917년 10월에 러시아에서는 레닌이 이끈 볼셰비키혁명이 성공해 인류역사상 처음으로 소비에트국가가 세워졌다.

1918년 1월에 베리야는 제대하여 바쿠기계건설기술전문학교로 복학함과 동시에 바쿠소비에트에서 일했다. 이 무렵에, 러시아 전역도 그러했지만 자캅카스 역시 내전상태에 가까운 큰 혼란에 빠져 있었다. 우선 같은 러시아사회민주노동당 안에서 볼셰비키파와 멘셰비키파 사이의 투쟁이 치열했으며, 러시아사회민주노동당과 사회혁명당 사이의 투쟁 역시 치열했다. 다른 한편으로, 터키의 침략은 이 도시 저 도시를 파괴했으며, 이 과정에서 1915~16년에는 특히 터키이슬람교도들의 손에 기독교를 신봉하는 아르메니아인들이 수없이 학살됐다. 아르메니아는 오늘날까지 그때 약 1백만 명의 희생자가 나왔다고 주장하면서 이 집단학살사건의 진상이 철저히 구명돼야 한다고 주장한다. '아르메니아인집단학살'의 여파를 비롯한 소아시아 일대에서의 소용돌이를 헤치며 아제르바이잔에서는 부르주아계급이 중심이 되어 볼셰비키에 반대하는 하나의 정당으로 무사바트Musavat가 성장해 바쿠에 정부를 구성하기에 이르렀다. '무사바트'는 아제르바이잔 말로 '평등'이라는 뜻이다.

베리야는 20세가 되던 1919년에 건축기술자자격증을 받고 바쿠기계건설기술전문학교를 졸업했다. 그는 이제 볼셰비키당을 위해 더 많은 시간을 보낼 수 있게 됐다. 실제로 그는 볼셰비키당으로부터 무사바트정부에 위장침투해 첩보활동을 벌이라는 임무를 부여받고 무사바트정부에 들어갔다. 이곳에서의 활동은 1년 정도로 끝났다. 그러나 뒷날 그는 무사바트정부의 정보기관에 매수되어 볼셰비키당을 해치는 일을 했다는 비난에 두고두고 시달려야 했다. 베리야는 그 후 그루지야로 배치됐다가 다시 아제르바이잔으로 배치됐다. 그에게 맡겨진 일은 한결같이 첩보활동이었다. 이 과정에서 그는 두 차례 투옥되기도 했다.

잔인성에서 타의 추종을 불허하다

베리야의 경력에서 중요한 전환은 22세가 되던 1921년에 이뤄졌다. 그는 악명 높은 정치경찰기구인 체카의 아제르바이잔지부 요원으로 임명된 것이다. 체카는 볼셰비키혁명이 성공한 지 약 한 달 뒤인 1917년 12월에 세워진 기구로, 정식이름은 '반혁명과 태업에 투쟁하기 위한 특별위원회'였다. 폴란드 출신의 창백한 살인귀 펠릭스 제르진스키Feliks Dzerzhinsky를 위원장으로 하는 이 기구는 볼셰비키정권에 반대하거나 반대한다고 의심되는 사람들을 적법한 절차 없이 투옥하거나 처형할 수 있는 무제한의 권한을 갖고 있었다.

베리야에게 체카는 적성에 꼭 맞는 직장이었다. 그는 체카의 아제르바이잔지부 비밀공작과 과장으로서 '빛나는' 실적을 올렸다. 반反소비에트 음모를 여러 차례 탐지해 파탄시켰으며, '반소비에트인사'를 수없이 체포해 고문하거나 처형했다. 그가 조성한 공포가 얼마나 컸는지 그에 대한 비난이 아제르바이잔의 볼셰비키지도자들 사이에서도 마구 퍼져나가 모스크바에 자리를 잡은 체카본부로부터 현지로 조사단이 파견되기까지 했다. 조사단은 베리야의 행위가 지나쳤음을 인정하는 보고서를 작성해 체카의 위원장 제르진스키에게 올렸다. 그러나 악명 높은 제르진스키는 아무런 조처도 취하지 않았다. 베리야에게는 오히려 금시계와 브라우닝자동총 한 세트가 상으로 주어졌다. 베리야는 뒷날 소련의 정치경찰 수장이 됐을 때 그 보고서를 작성했던 사람과 그의 아들을 처형하는 것으로 보복한다.

이처럼 무자비한 체카요원으로 자리를 굳혀가던 1921년 가을에 베리야는 그루지야의 볼셰비키당 간부의 질녀인 니노와 결혼했다. 니노는 이때 16세로 매우 아름다웠다. 니노는 뒷날 이렇게 회상했다. "그때 고아이던 나는 삼촌 집에 얹혀살고 있어서, 결혼을 하면 내 가정을 갖게 된다는 점에 이끌렸다. 더구나 베리야는 나의 아름다움에 이끌려 나를 깊이 사랑한다고 고백했는데 그 고백은 진실돼 보였다. 그는 자신이 곧 벨기에지부로 파견될 것이며 거기서 내가 공부하도록 돕겠다고 약속했다. 나는 그의 청혼을 곧바로 받아들였다. 그러나 벨기에파견은 실현되지 않았다." 베리야와 니노의 결혼은 평생토록 유지되지만 그것은 곧 형식에 머문다. 왜냐하면 베리야의 직업은 너무나 많은 시간을 요구하는 것이었고 게다가 그는 출세욕에 불타 지나치게 많이 일했기 때문이다. 그들 사이에서는 1924년에 세르고Sergo라는 아들이 태어났다.

체카는 1922년 2월에 국가정치행정부라는 뜻의 '게페우GPU'로 개칭됐다. 이 초법적인 비밀경찰기구의 무자비한 억압에 힘입어 러시아의 볼셰비키정권은 초기의 심각한 위기를 극복하고 주변의 작은 나라들을 합병해 1922년 12월 30일에 마침내 소비에트사회주의공화국연방, 약칭 소련을 출범시켰다. 동시에 아르메니아와 아제르바이잔 및 그루지야는 자캅카스연방소비에트사회주의공화국으로 통합됐고 같은 날 소련에 가입했다.

1개월 뒤인 1923년 1월에 게페우는 '오게페우OGPU,' 곧 연방국가정치행정부로 개칭됐다. 1934년에 스탈린은 정치경찰과 정규경찰을 통합해 내무부를 신설했다. 이 부서는 국경감시군부대와 국내군부대를 별도로 거느렸고 형무소와 강제노동수용소를 관할했으며, 특히 별동단을 거느렸는데 이 별동단은 자신의 판단으로 '불온하다'거나 '위험하다'고 간주되는 사람에게 사법절차 없이 행정명령만으로 5년 징역을 부과할 수 있는 권한을 지녔다. 따라서 정규경찰과 더불어 비밀경찰은 소련 전역에 걸쳐 조직적으로 훨씬 더 높은 연결성과 체계성을 지니게 됐고 훨씬 더 효율적으로 움직이게 됐다.

베리야의 출세는 매우 빨랐다. 27세인 1926년에 오게페우의 그루지야 지부장이 됐으며 32세가 된 1931년에 오게페우의 자캅카스공화국 지부장이 됐고 다음 해에는 자캅카스공화국당의 제1비서를 겸했다. 1939년에 마침내 모스크바로 전근하기까지 그는 자캅카스 일대에서 최고의 권력자로 군림했다.

그동안 자캅카스에서는 수많은 민중봉기와 민족운동이 여러 형태로 전개됐다. 볼셰비키통치에 반대하는 민주운동과 자캅카스에 대한 소비에트러시아의 지배에 반대하는 민족운동을 비롯해 참으로 다양한 성격의 반소운동이 끊임없이 벌어진 것이다. 이 운동을 체계적으로 분쇄한 중심기관이 바로 오게페우였고, 그 중심에 베리야가 서 있었으며, 그 배후에 물론 스탈린이 서 있었다. 앞에서도 말했지만 베리야와 스탈린은 모두 그루지야사람으로서 독립과 자유를 염원하는 대다수 그루지야인들의 열망을 짓밟았던 것이다.

오게페우와 베리야의 행동강령은 '무제한의 무자비'였다. 비록 행동으로 나타난 게 없더라도 뭔가 의심이 가는 사람은 무조건 투옥하거나 고문하거나 처형했다. 저항운동이 매우 뜨거웠던 1920년대 전반기에는 자캅카스 전역을 놓고 볼 때 처형이 이뤄지지 않은 날이 하루도 없었다. 하룻밤 사이에 수백 명이 한꺼번에 처형되는 경우도 때때로 있었다. 농업의 집단화가 추진된 1920년대 후반기에는 집단농장으로 들어가기를 거부하는 농민들을 마구 학살해 마을 전체가 사라진 경우도 여기저기서 나타났다.

스탈린을 미화하기 위한 역사개작

스탈린은 베리야의 잔인성을 높이 평가했다. 스탈린은 비밀경찰이란 마땅히 베리야처럼 일해야 한다고 생각했다. 그러나 스탈린이 베리야를 다시금 높이 평가하게 한 이유는 베리야가 스탈린의 뜻을 헤아려 충실히 이끌어간 역사개작이었다. 스탈린은 그의 출생지역인 그루지야를 포함한 자캅카스에서 이미 깊숙하게 진행되던 볼셰비키혁명운동에 뒤늦게 참여하여 혁명가로서의 경력이 얼마 되지 않았다.

따라서 결코 중심적 지도자의 역할이 아니었는데도, 스탈린은 자캅카스에서의 볼셰비키혁명이 바로 자신의 지도에서 시작됐다는 취지로 새롭게 책을 펴내고 싶었는데, 이 역사개작을 베리야가 주도한 것이다. 그 결과 1935년부터 『자캅카스에서의 볼셰비키조직들에 관한 역사에 대해』라는 책이 출판되었다. 베리야는 새로운 사실들을 조작해야 했고 어떤 사실들은 왜곡해야 했다. 그래서 이러한 작업에 걸림돌이 되는 역사의 증인들을 무자비하게 죽였다.

아들이 소련의 최고권력자로 모스크바에서 사는데도 여전히 그루지야의 고향에 살던 스탈린의 노모를 돌볼 수 있으며 그래서 스탈린이 아내와 딸을 데리고 이곳을 때때로 방문할 때 직접 예방할 수 있는 지리적 위치에 있었다는 것도 베리야에게는 유리했다. 1937년에 스탈린의 어머니가 별세했을 때 스탈린을 대신해 그녀의 장례식에 참석한 것 역시 베리야의 소중함을 입증했다. 그러나 스탈린의 아내 나데즈다 알릴루예바는 베리야의 교활함을 싫어해 보고 싶어 하지 않았다고 딸 스베틀라나는 뒷날 회고했다. 베리야에게는 다행스럽게도, 나데즈다는 뒷날 스탈린을 비판하다가 스탈린에게 살해되었다.

2. 국가폭력기구의 정상에 오르다

39세에 루뱐카의 주인이 되다

1938년에 소련의 국내정치에는 중요한 변화가 일어났다. 1930년대를 특징지은 공포의 대숙청이 대체로 마무리된 것이다. 이와 더불어 스탈린은 그동안 쌓이고 쌓인 국민의 원성을 가라앉히기 위한 방편들 가운데 하나로 자신의 뜻을 받아들여 피의 대숙청을 지휘해온 비밀경찰의 총수 니콜라이 예조프Nikolai I. Yezhov를 희생양으로 삼아 처형하기로 결심했다. 스탈린의 악랄한 결심은 베리야에게는 축복이었다. 1938년 8월에 스탈린은 베리야를 모스크바로 불러들였다. 베리야는 스탈린이 자신을 처형하고자 부르는 것으로 예단해 아내 및 아들과 눈물의 포옹을 나눈 뒤 비행기에 올랐다. 크렘린에 도착해서야 베리야는 자신이 예조프가 장관으로 있는 내무부의 제1차관으로 발령된 것을 알았다.

3개월 뒤 스탈린은 예조프를 해임했다. 그가 소련의 법절차를 무시하고 수많은 무고한 국민들을 고문하고 투옥하고 처형하는 잘못을 저질렀다는 것이었다. 쉽게 말해, 스탈린은 자신이 저지른 모든 악행의 책임을 예조프에게 뒤집어씌운 셈이다. 그래서 소련의 관영언론매체들은 1930년대에 권력당국이 저지른 모든 악행을 '예조프사건'이라고 부르기까지 했다. 예조프는 곧 투옥됐고 자신의 '범죄'를 자백하도록 극심한 고문에 처해졌으며 결국 처형됐다. 이 점에서는 예조프도 전임자 겐리크 야고다Genrikh Iagoda가 걸은 길을 그대로 밟은 셈이었다.

예조프의 해임과 동시에 베리야는 내무장관으로 승진했다. 앞에서도 말했지만 내무부는 정규경찰과 비밀경찰을 총괄했다. 내무부 직할의 국경감시군부대와 자체보위군부대도 거느리고 있었다. 따라서 모스크바시내 루뱐카에 자리를 잡은 내무부의 장관은 소련의 권력자들 가운데서도 막강한 권력자였다. 39세의 젊은 나이에 베리야는 "우는 아이의 울음도 멈추게 하고 나는 새도 떨어뜨린다"는 권력을 휘두르게 된 것이다.

이미 그루지야와 자캅카스에서 사악하면서도 포악한 권력자의 모습을 보여준 베리야는 이제 그러한 권력자의 모습을 더욱 잘 드러낼 수 있게 됐다. 그러나 시대적 상황에 따라 권력의 난폭한 행사가 어느 정도 통제되고 있다는 모습을 보여줄 필요가 있었다. 그래서 스탈린은 예조프를 처형했던 것이며, 따라서 베리야는 스탈린의 새로운 요구에 철저히 부응해 포악한 권력행사를 어느 정도 자제하게 됐다. 수사는 어느 정도 법절차를 존중하는 범위 안에서 진행됐다. 물론 고문은 여전히 자행됐으나 선택적으로 실시됐다. 정치범들 가운데 수천 명이 석방됐다. 전반적으로 소련경찰의 불법성과 난폭성과 잔인성은 꽤 줄어들었다. 그래서 베리야의 재임기간에 소련경찰이 비로소 제도화됐다는 평가가 나오기에 이르렀다.

그러나 스탈린이 잔인성을 발휘하도록 요구한 분야에서 베리야는 '타고났으며 길러진 잔인성'을 충분히 발휘했다. 그 보기가 예조프와 가까웠다는 혐의를 받은 정부 및 당의 관련자들에 대한 숙청이었다. 베리야는 자신의 죄를 자백하거나 인정하기를 거부하는 관련자들을 혹독하게 고문하도록 허가했으며, 상대방이 거물급일 때는 스스로가 고문을 지휘하면서 상대방의 고통을 즐기기도 했다. 예조프 관련자들에 대한 숙청은 군부에도 미쳐 약 4천 명이 투옥되거나 처형됐다. 극동군사령관 블류헤르Vasily K. Bliukher 원수의 고문은 베리야가 직접 맡았다. 블류헤르는 너무나 괴로워 "스탈린 대원수여! 저 사람이 저에게 하고 있는 짓을 듣고 계십니까?"라고 소리쳤다. 고문은 계속됐으며 그의 눈알 하나가 빠져나왔다. 그는 마침내 죽고 말았다. 베리야는 이번에는 블류헤르의 아내를 고문했다. 그녀는 목숨을 잃지는 않았다. 뒷날 그녀는 그 일을 회상하면서 베리야는 새디즘, 곧 가학적 취미를 가졌으며 사람이 고문에 시달릴 때 어떤 상태에 빠지는가를 흥미 있게 관찰하는 악마의 취미를 가진 것 같았다고 증언했다.

베리야는 호색행각에도 나섰다. 뒷날 베리야가 체포된 뒤, 베리야와 함께 재판에 회부됐던 베리야의 한 경호관은 반베리야세력에게 베리야가 권력을 이용해 간음한 39명의 명단을 제시했다. 베리야의 다른 경호관의 증언에 따르면, 경호관들은 모스크바시내를 돌아다니다가 미인들을 납치해 베리야의 숙소로 보내기도 했는데, 그들 가운데 한 여자는 소련공군 정예장교의 아내였다. 베리야는 이처럼 무절제한 성행위로 매독에 걸리기도 했다.

물론 이러한 주장들은 반베리야세력이 과장했거나 날조한 것이라는 반론이 성립될 수 있다. 베리야가 장관으로 있던 때 내무부에서 일했던 한 고위관료는 "베리야는 예외적인 자제력을 지닌 채 극도로 열심히 일했다"고 증언하면서 그러한 추문들을 부인했다. 베리야의 아내와 아들도 모두 베리야의 결백을 옹호했다. 그러나 그때 모스크바주재미국대사관에서 근무했던 한 미국외교관은 뒷날 그러한 추문들을 뒷받침했다. 베리야의 집이 미국인 거주지에서 가까워 관찰이 쉬웠는데, 베리야의 집으로 늦은 밤에 경호관들이 여성들을 데리고 들어가는 모습이 자주 눈에 띄었다고 그는 회상했다.

　베리야의 악명 높은 호색행각은 그의 출세에 걸림돌이 되지 않았다. 그는 소련공산당의 최고결정기관인 정치국의 후보위원으로 승진했으며, 내각의 부총리를 겸하기에 이르렀다. 1941년 2월에 스탈린은 내무부가 관장하던 정치경찰을 국가안전부로 독립시켰다. 그러나 독일과의 전쟁이 일어나면서 국가안전부는 다시 내무부로 통합됐으며, 그리하여 베리야의 권력은 더욱 막강해졌다.

군부에 대한 철저한 감시

　1941년 6월 22일, 베리야가 42세가 된 때 시작된 나치독일의 소련침공은 베리야는 물론이고 스탈린의 운명까지 바꿔놓을 수 있었다. 정보기관들은 물론 군사령관들이 나치의 침공이 임박했음을 여러 차례 경고했는데도 스탈린은 전혀 믿지 않았고, 스탈린이 그러한 보고를 받고 싶어 하지 않는 것을 잘 안 베리야는 그러한 보고를 묵살했을 뿐만 아니라 때로는 그러한 보고를 올린 사람들에게 취소를 강요하기도 했다. 그러했기에 스탈린과 베리야는, 적어도 베리야는, 상황전개에 따라 책임을 추궁당할 수 있었다. 그러나 누구도 감히 스탈린과 베리야에게 책임을 묻지 않았다. 스탈린 역시 베리야를 희생양으로 삼지 않았다.

스탈린은 곧바로 자신을 위원장으로 하고 외무장관 몰로토프를 부위원장으로 하는 5인의 국가방위위원회를 구성했다. 내무장관 베리야는 경찰을 대표해, 군을 대표하는 보로실로프 원수 및 당을 대표하는 중앙위원회 비서 말렌코프와 함께 위원으로 임명됐다. 이 5인 위원회는 일종의 전시내각으로 모든 정부기관들과 군기관들 및 당기관들을 지휘할 수 있었다. 이 다섯 사람들 가운데 스탈린을 빼놓으면 말렌코프와 베리야가 가장 강력했다. 스탈린이 오로지 군사작전에 관심과 노력을 기울이게 되자 국정의 거의 모든 부문이 사실상 말렌코프와 베리야 두 사람에게 맡겨졌으며, 이것을 계기로 두 사람 사이에 우호적 연합이 이뤄졌다. 베리야는 방위산업을 서부지역으로부터 우랄산맥 너머로 소개하는 일, 강제노동수용소를 철저히 가동해 전시경제에 맞게 노동력을 끊임없이 공급하는 일, 군대와 장비의 전선 이동을 감시하는 일, 국내치안을 유지하는 일, 비군사적 성격의 대외정보활동과 방첩활동을 총괄하는 일 등을 맡았다.

그뿐 아니라 베리야는 군부를 철저히 감시하는 일도 맡았다. 특히 스탈린은 군부지도자들이 혹시 쿠데타를 일으키지나 않을까 끊임없이 의심했기에 베리야의 군부감시는 매우 중요했다. 이 문제와 관련해 스탈린은 1941년 7월 16일에 한때 당이 군부를 통제할 수 있도록 마련됐던 정치장교제도를 다시 채택했다. 7월 20일에는 '믿을 수 없는 요소들'을 숙청하라는 명령을 내렸으며, 독일군의 포위망을 뚫고 탈출한 모든 장교들과 병사들을 내무부의 특별과에서 철저히 조사하라는 지시를 내렸다. 특별과의 활동은 신속했다. 7월 25일에는 약 1천 명을 체포해 총살했고, 7월 27일에는 독일군의 소련침공 때 서부전선사령관이던 파블로프G. D. Pavlov 소장과 그의 참모장을 비롯한 아홉 명의 고위장교들을 총살했다. 체포와 고문과 총살은 계속됐다. 어느 부대는 전원이 조사대상으로 무장해제된 채 조사장으로 끌려가다가 독일군의 기습을 받았는데, 손에 무기가 전혀 없어 그대로 죽었다.

베리야는 자연히 군부의 증오의 표적이 됐다. 군부에서는 베리야를 독일군에 결코 못지않은 내부의 적이라고 귀엣말로 속삭였다. 베리야의 보복은 더 철저해졌다. 그래서 예컨대 육군참모총장 게오르기 주코프Georgy K. Zhukov 대장의 부하인 24군 사령관 칼리닌S. A. Kalinin 중장을 자기 마음대로 해임하면서 주코프를 모욕하기도 했다. 이 일을 계기로 주코프와의 갈등이 싹텄다. 주코프는 1942년에 모스크바전투를 승리로 이끌고 1943년에는 스탈린그라드전투를 승리로 이끌어 전세를 역전시키는 데 결정적 역할을 수행한 인물이다. 그는 마침내 1945년에 나치독일의 수도 베를린을 점령하는 데 성공해 전쟁영웅이 되었으며, 1953년에 흐루쇼프의 베리야제거작전에 가담해 군장성들을 이끌고 베리야를 직접 체포한다.

소련군이 나치군대를 패퇴시키며 나치가 점령했던 나라들을 장악하면서 그 지역주민들의 사상과 충성도를 조사하는 일은 물론 베리야의 내무부에 맡겨졌다. 이 과정에서 수백만 명이 무고하게 투옥되고 고문당했으며 시베리아로 끌려가고 처형됐다. 여러 소수민족들의 소개작업도 베리야의 소관이었다. 이 작업은 야만적으로 실시돼, 그 과정에서 1백만 명 가까이 되는 사람들이 굶주림이나 질병, 추위로 죽었다. 그러나 스탈린은 베리야의 추천에 따라 이 작업을 추진했던 413명의 내무부관리들에게 훈장을 주었다.

원폭제조로 지위가 더욱 확고해지다

베리야는 소련 안에 베리야제국을 건설한 것이나 다름이 없었다. 그런데도 제2차 세계대전의 종전과 더불어 그것을 더욱 확장시킨 일이 일어났다. 미국과 소련 사이에 냉전이 시작되면서 소련은 미국을 따라잡기 위해 원자폭탄을 만드는 일에 착수했다. 이 목적을 달성하기 위해 소련정부는 아홉 명으로 구성된 '원자폭탄에 관한 특별위원회'를 발족시켰는데, 스탈린은 이 위원회의 위원장으로 베리야를 임명한 것이다. 위원장 아래, 말렌코프를 포함한 여덟 명이 위원으로 임명됐다. 이때 베리야는 원수 칭호를 받음으로써 위신을 더욱 높였다.

베리야는 원자폭탄제조가 소련에는 물론 자신에게도 얼마나 중요한 일인가를 깊이 깨닫고 이 일에 전념했다. 스탈린은 1946년 초에 국가안전부를 다시 내무부에서 독립시키면서 베리야를 어느 부의 초대 장관으로도 임명하지 않았다. 베리야가 원자폭탄제조계획에 더욱 전념하게 하기 위해서였다. 베리야는 여전히 내각의 부총리직을 유지하고 있었으며, 1946년 3월에는 마침내 당의 정치국 정위원으로 승진했다.

이 무렵에, 소련은 스탈린이 정상을 차지한 채 말렌코프와 베리야의 연합이 이끌어가는 형세를 보였다. 그러나 강력한 도전자가 나타났다. 레닌그라드의 시 및 당 제1비서이면서 중앙당 비서인 안드레이 즈다노프가 바로 그 사람이었다. 잠시 그는 스탈린의 후계자인 것처럼 비치기도 했다. 그러나 그가 1948년 8월에 심장병으로 죽은 뒤, 베리야는 말렌코프와 함께 다시 강력한 지위에 올라섰다.

1949년 8월 29일에 소련의 첫번째 원자폭탄이 성공적으로 폭발했다. 이로써 베리야의 지위는 더욱 확고해졌다. 그러나 그렇게 강력해지면 강력해질수록 베리야는 의심이 많고 변덕스런 스탈린의 숙청대상으로 떠오르기 시작했다.

3. 스탈린이 죽은 뒤 흐루쇼프의 음모로 체포되다

광범위한 개혁을 추진하다

그때로부터 4년 뒤의 스탈린사망은 베리야를 구출했다. 스탈린 사후에 벌어진 권력투쟁에 대해서는 앞 장에서 이미 살폈다. 특히 당을 대표하는 흐루쇼프와 국가기관을 대표하는 말렌코프-베리야연합의 대결구도가 설정됐다는 사실도 아울러 지적했다.

이러한 상태에서 선수를 치고 나온 것은 베리야였다. 네 명의 제1부총리들 가운데 선임처럼 행세하기 시작한 그는 어느새 누구보다 먼저 소련국민들의 바람에 부응하는 개혁을 시도하기 시작한 것이다. 이때 그는 내무장관도 겸했다. 스탈린이라는 강력한 독재자가 사라진 마당에 스탈린식 공포정치수법은 더 이상 지탱되기 어려웠다. 그래서 폭력과 공포를 사용하지 않은 채 권위를 유지하는 방법이 무엇인가에 대한 관심이 소련공산당의 고위층 사이에서도 자라게 됐다. 이 분위기를 자신의 정치적 야망에 연결시킨 지도자가 바로 정치적 기민성이 남달랐던 베리야였던 것이다.

베리야는 제1부총리로서 경찰기구에서 경제에 이르기까지 광범위한 자신의 책임부서들을 통해 가능한 한 많은 개혁을 추진하고자 했다. 그는 우선 비효율적인 스탈린주의적 경제운용방식을 버리고자 했다. 그래서 볼가강에서 발트해에 이르는 운하건설계획, 그리고 돈강 하류지역에 대규모 수력발전소를 세우려던 계획을 비롯한 약 20개의 건설계획을 취소시켰다. 이어 농민 대다수가 불만을 표시해온 흐루쇼프 주도의 '농업마을' 계획에 대해서도 비판했다.

베리야는 이어 정치범들에 대한 대규모 사면안을 당의 핵심기관인 중앙상임위원회에 제출했다. 이때는 정치국이 없어지고 거기에 상응하는 기구로 중앙상임위원회가 신설되어 있었다. 이 사면안에 따르면 현재 강제노동수용소에 갇혀 있는 정치범들은 무려 252만 6,402명인데, 그 가운데 '국가의 안전에 대해 특히 위험스런 범죄자'는 22만 1,435명에 지나지 않았다. 베리야는 말하자면 230만 명 이상의 정치범들을 국가나 사회에 대해 위험한 존재가 아니라고 보증하고 나온 셈이었다. 베리야의 사면안은 원안대로 통과됐다. 그리하여 곧바로 1백만 명 정도의 정치범들이 석방됐으며, 나머지는 감형됐다. 교도소의 규제들도 크게 완화됐다. 특히 정치범들에 대한 갖가지 규제들이 크게 완화됐다. 그들은 집에서 소포를 받을 수 있게 됐고 가족들의 면회를 받을 수 있게 됐으며 글도 쓸 수 있게 됐다.

베리야가 주도한 이러한 일련의 조처들은 확실히 소련국민들에게 심리적으로 큰 영향을 주었다. 그러나 보다 더 선정적인 조처가 뒤따랐다. 소련공산당 기관지 『프라우다』는 1953년 4월 4일에 '의사들의 음모'를 전면부인하면서 당시 체포됐던 의사들을 모두 석방함과 아울러 원상복구해줄 뿐만 아니라 이 사건을 조작하는 데 관여한 관리들을 체포한다는 정부의 결정을 발표한 것이다. 이 발표는 내무부의 발표라는 형식을 취했다. 그래서 이 결정은 내무부장관인 베리야가 주도했다는 인상을 강하게 풍겨주었다. 내무부의 발표는 확실히 소련국민들의 기대를 높였다. 이 사건을 조작하기 위해, "전前 국가안전부의 수사관들이 소련법이 엄격히 금지하고 있는, 용납될 수 없는 수사수단을 사용했다"는 점을 밝히고, 그러한 수사관들이 보여준 '정치적 맹목성과 부주의성'은 형사적 책임의 대상이 된다고 선언한 내무부의 발표는 앞으로는 경찰 및 공안기관의 고문과 폭력이 더는 허용되지 않을 것임을 예고하는 것이었다. 이 발표가 있은 뒤 수사관의 자의적 권리행사를 제한하는 방향으로 형법 및 형사소송법을 고쳐야 한다는 주장이 공론화됨으로써 국민들의 기대는 한결 높아졌다.

베리야는 이어 개인숭배의 수준을 훨씬 약화시키도록 지시했다. 이에 따라 신문과 방송에서 스탈린에 대한 언급이 크게 줄어들었다. 국경일집회 때 지도자들의 사진이나 초상화를 전시하는 것도 금지했다. 여기서 한 걸음 더 나아가 베리야는 스탈린이 '의사들의 음모'를 조작한 장본인임을 밝히는 자료들을 당중앙위원회 위원들에게 공개했다. 이 자료들은 물론 일반대중에게는 전혀 공개되지 않았으나 중앙위원들에게라도 공개됐다는 것은 놀라운 일이었다. 베리야는 곧이어 또 하나의 중요한 조처를 취했다. 그것은 각

행정부에 당의 통제로부터 벗어나 훨씬 자유롭게 행동해도 좋다는 뜻으로 풀이되는 결정을 내린 것이다. 이 결정이 계속해서 발효되는 경우 당의 통제는 훨씬 약화되며 당을 대표하는 흐루쇼프의 권력 역시 축소됨을 뜻했다.

베리야의 개혁정치는 국내정치에 국한되지 않았다. 그는 국제적 긴장을 완화시키는 쪽으로 중요한 조처들을 취하는 데 앞장섰다. 그래서 모스크바에 상주하던 『뉴욕 타임스』 특파원 해리슨 솔즈베리Harrison Salisbury는 "스탈린이 죽은 뒤 아주 놀라운 일이 벌어지고 있다. 해빙의 징후들이 나타나고 있다. 이제는 러시아사람들이 아주 합리적이며 솔직하게 말하고 있다는 말들이 모스크바의 외교계에 나돌고 있다"고 보도했다. 실제로 소련은 한반도에서 휴전을 추구하는 쪽으로 방향을 돌렸다. 그리하여 4월 25일에 『프라우다』는 긴장완화를 위해 소련이 미국과 함께 노력할 것을 호소하는 아이젠하워Dwight D. Eisenhower 미국대통령의 연설을 긍정적으로 평가하는 논설을 내보냈다.

이러한 조처들은 모두 베리야가 취한 것으로 풀이됐다. 실제로 그는 뒷날 체포된 뒤 "자기 마음대로 외무부를 통해 대외정책에서 새 조처들을 취했고, 심지어는 유고슬라비아와 화해를 논의하기 위해 유고슬라비아대통령 요시프 브로즈 티토Josip Broz Tito와의 비밀회담을 추진하려 했다"는 비난을 받았다. 대외정책에서 베리야가 시도한 개혁은 동독에서 가장 극적으로 나타났다. 그는 동독을 하나의 독립된 국가로 존속시키려는 소련의 기존정책을 과감히 버리고 사실상 서독에 의한 동독의 통일을 허용하는 것이나 다름없는 새로운 독일정책을 구상해 6개항의 문서로 정리한 뒤 1953년 6월 2일에 각료회의 상임위원회에 제출한 것이다.

몇몇 지도자들은 강력히 반대했지만, '베리야문서'는 마침내 채택됐다. 동시에 소련은 동독에 주재하는 소련의 최고감독관을 군인에서 민간인으로 바꿨다. 그 민간인은 물론 베리야의 심복들 가운데 한 사람이었다. 소련이 동독에 대한 통치방침을 바꿔나가는 데 고무된 동독국민의 일부가 6월 17일에 궐기했다. 그들은 공산당의 통치에 반대하는 구호를 외치기 시작했다. 이러한 사태는 소련의 반베리야세력을 결집시키는 좋은 구실이 됐다. 그리하여 소련공산당의 지도층은 우선 6월 17일 한낮에 소련탱크를 앞세워 동독국민의 봉기를 진압했다.

흐루쇼프의 베리야제거작전

상황의 새로운 전개를 바라보며 흐루쇼프는 음모를 꾸미기 시작했다. 흐루쇼프는 우선 말렌코프를 베리야와의 연합으로부터 떼어내고 자기편으로 끌어들이려고 시도했다. 흐루쇼프의 회고에 따르면, 스탈린이 죽은 뒤 말렌코프는 자신의 주견을 완전히 잃고 어찌할 줄 몰라 했으며 그래서 이 사람 말에도 쉽게 귀를 기울이고 저 사람 말에도 쉽게 귀를 기울였다. 이처럼 심약한 말렌코프에게 음모를 발설했다가 무슨 일이 일어날지 알 수 없었다. 그러나 내각총리인 말렌코프의 지지를 얻는 일은 아주 중요했다. 흐루쇼프는 말렌코프의 심약한 성격을 이용해 그에게 겁을 주고 그를 자신의 음모에 끌어들이는 데 성공했다. 흐루쇼프는 이어 제1부총리 몰로토프를 은밀하게 설득하는 데도 성공했다. 철저한 스탈린주의자인 몰로토프는 베리야의 대내외적 개혁정치에 반대하고 있었기에 흐루쇼프의 설득을 쉽게 받아들일 수 있었다. 흐루쇼프는 이어 제1부총리 겸 국방장관 불가닌도 설득했다. 불가닌은 1930년대 초에 모스크바에서 흐루쇼프와 함께 일한 뒤 흐루쇼프와 친밀한 관계를 유지했으며, 특히 동독문제를 둘러싸고 베리야에게 반대하다가 사임하라는 압력을 받았으므로 흐루쇼프에게 쉽게 동의했다. 흐루쇼프는 이어 국가계획위원회 의장 미하일 사부로프Mikhail Saburov도 쉽게 설득했다.

이로써 흐루쇼프는 소련공산당의 최고결정기관인 중앙위원회 상임위원회, 약칭 중앙상임위원회 정위원 10명 가운데 자신을 포함해 다섯 명을 확보하게 되었다. 나머지 다섯 명의 중앙상임위원회 정위원들 가운데 베리야를 빼놓고 페르부킨Mikhail G. Pervukhin, 미코얀, 보로실로프, 카가노비치 등 네 명의 포섭 역시 중요했다. 흐루쇼프와 말렌코프의 공동설득으로 부총리 출신의 페르부킨 역시 포섭됐다. 보로실로프의 경우, 흐루쇼프의 회고에 따르면, 흐루쇼프가 찾아가자마자 곧바로 "베리야찬송가를 부르기 시작했다." 이것을 보고 흐루쇼프는 베리야제거음모에 대해 한마디도 꺼내지 않았다. 그러나 막판에 가서 흐루쇼프는 보로실로프를 설득하는 데도 성공했다. 미코얀은 베리야에게 그대로 말을 전할 것이 확실해 이야기를 꺼내지도 않았다. 제1부총리 카가노비치의 경우 지방을 여행하고 있어서 전혀 말하지 않았다.

비록 중앙상임위원회의 다수를 설득하는 데 성공했다고 해도 그것은 믿을 만한 다수가 아니었다. 몰로토프와 불가닌을 빼놓으면 언제 어떻게 돌아설지 알 수 없었다. 그러한 점도 고려하여 흐루쇼프는 군대에서 행동파를 찾게 됐다. 이 시점에서 소련의 군부지도자들 사이에서는 베리야에 대한 불만과 의심이 컸다. 자체의 군대를 지닌 내무부와 그 장관인 베리야가 오랫동안 경찰의 힘을 빌려 군대를 견제하거나 군부장교들을 처형해온 사실이, 그런데도 스탈린이 죽은 뒤 내무부와 베리야의 힘이 더욱 커지는 현실이, 그러한 분위기를 조성했던 것이다. 여기에 불을 붙이기 시작한 것이 동독에 대한 베리야의 개혁정책이었다. 특히 동독에 대한 소련의 현지 최고통치권자를 군인으로부터 경찰 출신의 민간인으로 바꾼 일은 베리야에 대한 불만을 합리화시킬 수 있었다.

그러나 베리야가 자신에게 충실한 군부대를 장악하고 있다는 점이 흐루쇼프에게는 걸림돌이었다. 정규경찰과 공안경찰 및 국경감시군 모두를 직할하는 내무장관으로서 베리야는 모스크바에만 적어도 2개 사단을 지휘하고 있었는데, 이 부대는 반란진압부대로 철저히 훈련됐기에 베리야의 말 한 마디에 따라 그대로 움직였다. 또 크렘린은 베리야가 직할하는 내무부 소속의 군대가 철통같은 태세로 경비하고 있었다. 그 부대의 충성심 역시 의심할 수 없었다.

이러한 상황에서 흐루쇼프의 베리야제거작전은 매우 모험적인 일이었다. 그는 동독에서 민중봉기가 일어난 때로부터 9일이 지나 이 문제를 다루기 위한 당중앙상임위원회가 열리는 6월 26일 아침 9시에야 비로소 군인행동대를 확보할 수 있었다. 그가 고른 군인은 모스크바항공방위사령관 모스칼렌코Kirill S. Moskalenko 대장이었다. 모스칼렌코는 특히 우크라이나전선 사령관으로 복무하던 때 흐루쇼프와 가까워졌으며 흐루쇼프가 스탈린에게 직접 높이 추천해 승진했던 사람이다. 모스칼렌코는 곧바로 공군참모총장 바티츠키Pavel F. Batitsky 소장과 주브I. B. Zub 대령을 비롯한 자신의 항공방위사령부 안의 심복 영관장교 세 명을 동원했다.

국방장관 불가닌이 모스칼렌코에게 구체적 지시를 내렸다. 부하들을 무장시킨 채 함께 국방장관실로 와서 기다리라는 것이었다. 그들이 도착하자 불가닌은 모스칼렌코에게 베리야를 직접 체포해야 한다고 명령하고 몇몇 군인들을 지체 없이 더 가세시키라고 지시했다. 마침 주코프 원수가 국방부에 와 있었다. 그 역시 동의했다. 모스칼렌코는 자신 및 흐루쇼프가 우크라이나에서 함께 싸웠던 동료들인 국방부 정치행정총국 제1부국장 레오니트 브레즈네프Leonid I. Brezhnev, 포병사령관 네델린M. I. Nedelin, 게트만A. L. Gettman 등 모두 네 명을 불러들였다. 여기에 등장하는 브레즈네프가 뒷날 소련의 최고권력자가 되는 브레즈네프 바로 그 사람이다.

그들은 불가닌의 관용차와 주코프의 군용차에 각각 나누어 타고 검은 커튼을 내린 채 오전 11시에 크렘린 안으로 들어가는 데 성공했다. 내무부에 소속된 경비군인들이 아무런 의심 없이 들여보냈던 것이다. 그들은 중앙상임위원회가 곧 열릴 장소인 말렌코프 총리의 사무실 바로 옆의 대기실로 들어갔다. 흐루쇼프와 불가닌은 "베리야는 인민의 적으로 당을 파괴하려 하고 있다"고 설명하고, 말렌코프의 비서관이 신호를 주면 곧바로 회의실에 들어가 베리야를 체포하도록 지시했다.

무장장교들에 의해 체포된 베리야

베리야가 회의실에 도착했다. 그는 넥타이를 매지 않은 채 낡은 옷을 입고 있었다. 밖의 응접구역에 15명 정도의 부관들이 기다리고 있기는 했지만, 그것은 통상적인 것이었다. 평소 흐루쇼프를 과소평가했던 베리야는 음모의 낌새를 전혀 느끼지 못한 듯했다.

총리 말렌코프의 사회로 회의가 열렸다. 말렌코프가 개회를 선언하자 곧바로 니키타 흐루쇼프가 일어서서 베리야를 비난하기 시작했다. 그러나 베리야는 놀란 표정으로 흐루쇼프를 바라보며 "이거 무슨 짓이야, 니키타? 뭘 중얼거리는 거야?"라고 반문했다. 곧바로 불가닌과 몰로토프 순서로 흐루쇼프를 거들었다. 그러자 미코얀은 베리야를 옹호했다. 말렌코프가 의장으로 여태껏 벌인 토론을 요약할 때가 됐다. 그러나 그는 겁에 질려 아무 말도 못하고 앉아 있었다. 흐루쇼프가 베리야를 모든 직책에서 해임할 것을 제의했다. 말렌코프는 완전히 공포에 질렸다. 그래서 흐루쇼프의 제의에 대해 투표할 것을 선언하는 일을 잊어버리고 비밀단추를 눌러 옆방의 군인들을 들어오게 했다.

이때가 오후 1시쯤이었다. 모스칼렌코를 필두로 모두 다섯 명의 무장장교들이 들어섰다. 말렌코프는 여전히 겁에 질린 채 아주 낮은 목소리로 베리야의 체포를 발표했다. 모스칼렌코는 권총을 휘두르며 베리야에게 두 손을 들도록 명령했고, 주코프는 베리야의 몸을 수색했다. 음모를 사전에 통보받지 못했거나 소극적으로 동의했던 몇몇 중앙상임위원회 정위원들은 불안한 나머지 자신들의 의석에서 뛰쳐나가려고 했다. 그러자 주코프가 "동지들, 마음 편히 먹고 앉으십시오"라고 말했다.

베리야는 그사이 붉은 글씨로 '비상경보'라는 글을 급히 썼다. 어떻게 해서든지 이 쪽지를 밖에서 대기하는 자신의 부관들에게 전하고 싶었기 때문이다. 그는 자신의 핵심 경호관인 사르시코프R. S. Sarsikov와 나다라이아 Sardeon Nadaraia가 이미 체포된 사실을 모르고 있었던 것이다. 한편 체포자들은 그 쪽지마저 빼앗았다. 체포자들은 곧바로 자신들이 원래 대기하고 있던 방으로 베리야를 끌고 갔다. 이렇게 회의는 끝났고 모든 참석자들은 조용히 퇴장했다. 체포자들은 밤이 될 때까지 그 방에서 그냥 기다려야 했다. 내무부의 군인들이 크렘린을 경비하고 있어서 낮에는 베리야를 데리고 나가기가 어려웠기 때문이다. 이 점을 알고, 베리야는 끊임없이 화장실을 가겠다고 요구했다. 화장실로 가는 길에 어떻게 해서든 자신의 위급상황을 알리려고 했던 것이다. 그러나 허용되지 않았다.

밤 10시에서 11시 사이에, 내무부의 제1차관인 마슬레니코프I. I. Maslennikov 육군대장이 응접구역에 나타나 도대체 무슨 일이 벌어지고 있느냐고 소리치며 진상을 말해달라고 요구했다. 모스칼렌코는 급히 불가닌에게 전화를 걸어 그에게 연결시켜주었다. 불가닌은 그를 설득했다. 밤 12시가 되어 모스칼렌코는 다섯 대의 정부관용차를 확보해 모스크바항공방위사령부 본부로 보냈다. 사령부의 작전과장이 지휘하는 30명의 무장장교들은 다섯 대의 차에 나누어 탄 채 크렘린으로 들어와 아무런 충돌 없이 베리야의 경호원들을 대체했다. 곧바로 모스칼렌코와 그의 부하들은 베리야를 크렘린 밖으로 빼냈다. 이어 브레즈네프와 다른 부하들을 태운 차가 뒤따라가 베리야를 레포르토보형무소에 수감하는 데 성공했다.

4. 베리야의 처형에 관한 의문들

재판과 처형 과정의 진상

비록 체포와 수감에는 성공했으나 체포자들은 베리야추종자들의 반발이 결코 만만치 않으리라고 예상했다. 그래서 베리야를 모스크바군사지구사령부 참모본부 지하에 2층으로 건축된 참호로 이감시켰다. 모스칼렌코는 거사가 성공한 직후 모스크바군사지구사령관으로 영전하면서 거사에 참여했던 부하들을 모두 이곳으로 전근시켰기에 베리야에 대한 감시를 계속 맡게 됐다.

베리야의 체포와 더불어 측근세력에 대한 체포가 진행됐다. 우선 48세의 아내 니노는 부트미르카형무소에, 28세의 아들 세르고는 레포르토보형무소에 각각 수감됐다. 그들은 처음에는 반공혁명이 일어나 반공세력이 국가를 장악했다고 생각했다. 니노는 수감된 직후 조사를 받으면서 비로소 진상을 알게 됐다. 그녀는 "나는 좋은 정보든 나쁜 정보든 내 남편에 관해서는 한마디도 말하지 않을 것이오"라고 말한 뒤 침묵으로 일관했다. 이 두 사람의 체포와 동시에 주로 내무부에 포진된 베리야의 심복들에 대한 체포가 진행됐다.

베리야가 체포된 때로부터 사흘 뒤인 6월 29일에 중앙상임위원회는 '베리야의 형사적 범죄와 반당·반국가행위에 대한 수사 조직에 관한 결의안'을 통과시켰다. 곧이어 7월 2일부터 7일까지 216명의 정위원들과 후보위원들이 참석한 가운데 중앙위원회가 흐루쇼프의 사회로 비공개리에 열렸다. 이 회의는 7월 7일에 베리야의 출당과 재판에 관한 결의안을 만장일치로 통과시켰다. 사흘 뒤인 7월 10일에 『프라우다』는 처음으로 베리야의 체포와 관련된 소식들을 짧게 보도했다.

그 후 소련당국이 공식적으로 발표한 내용에 따르면, 12월 18일부터 23일까지 베리야와 여섯 명의 '공범자들'에 대한 재판이 연방최고법원 특별재판부에서 진행됐다. 순전히 법률적인 시각에서만 보아도, 그 재판부는 정상적인 재판부가 아니라 정치재판부였다. 베리야체포의 핵심인물인 모스칼렌코가 모스크바군사지구사령관 자격을 그대로 지닌 채 검찰부와 재판부에 동시에 속했던 사실이 그 증거였다. 공식발표에 따르면 12월 24일에 피고인들은 모두 사형선고를 받았으며 그날 밤에 총살됐다.

그러면 베리야는 공식설명처럼 과연 체포된 때로부터 6개월에 걸친 수사와 재판을 받은 뒤 총살된 것인가? 이 물음에 대해 긍정적인 대답도 가능하다. 공판정의 대화녹음을 옮겨놓은 것으로 주장되는 기록들이 고르바초프의 개혁개방시대에 군검찰부의 문서보관소에서 발견된 것이 이를 뒷받침한다. 이 기록에 따르면, 베리야와 여섯 명의 '공범자들'은 분명히 공판의 모든 과정에 참여했고 진술하기도 했다.

또 이 특별재판부에 참여했던 재판관들 가운데 한 사람인 쿠차바는 1990년에 가진 회견에서 자신의 그때 일기를 원용하면서 공판정에 베리야가 분명히 있었다고 회고했다. 그는 "그루지야뿐만 아니라 나라 전역에 걸쳐 진짜 베리야는 재판정에 있지 않았으며 재판정에 베리야로 등장한 사람은 가짜 베리야였다는 낭설이 있다. 이것은 전혀 근거가 없는 거짓말이다. 베리야는 재판정에 있었고 증언을 했으며, 12월 23일에 최후진술을 했다. 그 자리에 있던 나와 다른 모든 사람들은 피고인석에 앉아 있는 그 사람이 실제로 베리야이며 그의 대역이 아님을 완벽하게 분명히 볼 수 있었다"고 주장했다. 뿐만 아니라 "베리야는 긴장해 있었고, 완고함과 악마 같은 모습을 그대로 드러냈다. 다른 피고인들과 달리 베리야는 재판부에 대해 자신의 목숨을 살려줄 것을 여러 차례 요청했으며, 자신의 요청을 흐루쇼프에게 전해달라고 간청했다"고 덧붙였다. 모스칼렌코의 심복으로 베리야체포에 직접 참여했던 공군대령 주브도 똑같은 취지로 증언했다. 1987년의 회견에서, 그는 그때 공판정에서 재판을 지켜봤으며 베리야를 분명히 보았다고 회고했다.

녹취기록은 이미 그때 조작된 것으로 볼 수도 있다. 또 쿠차바의 회고와 주브의 회고는 1953년 당시 당국의 공식발표 그대로여서 믿음이 가지 않는다고 주장할 수도 있다. 그러나 당시 모스크바에 주재했던 몇몇 서방의 대사관들이 본국 정부에 보낸 보고서에 따르면, 재판이 진행된 곳으로 알려진 모스크바군사지구사령부는 이 시기에 엄중한 군사경비 아래 놓여 있었다. 이 상황은 공식발표대로 재판이 거기서 진행됐음을 증명하는 것으로 풀이될 수도 있다.

그러나 반론도 강하다. 우선 베리야의 아들 세르고는 아버지가 중앙상임위원회 회의실에서 체포됐다는 설명 자체가 조작된 것이라고 주장하면서 이렇게 회고했다. "6월 26일, 나는 친구로부터 아버지가 계신 집에서 총소리가 났다는 말을 듣고 달려갔다. 경호관은 누군가 한 사람이 들것에 실려 나가는 것을 보았다고 내게 말했다. 나는 그것이 내 아버지의 시신일 것이라고 생각했다. 아버지는 집에서 총살된 것이다. 따라서 그 후의 재판과 처형이라는 것은 거짓말이다." 세르고의 회고는 직접목격이 아니다. 또 그의 아버지를 옹호하기 위해 그렇게 말했을 수도 있다. 그러나 공식적 발표와 설명에 허점이나 의문점이 적지 않은 것도 사실이다. 예컨대 재판 당시의 형사소송법에 따르면 피고인과 그의 대리인은 재판정에 출정할 수 없다. 그런데 베리야와 그의 '공범자들'은 어떻게 출정이 허용된 것일까?

공식설명으로는 베리야가 6개월 동안 갇혀 있었던 모스크바군사지구사령부의 지하참호에서 총살되고 화장됐다고 한다. 반면 그의 '공범자들'은 같은 날 루뱐카에서 총살됐다. 어째서 분리시켰을까? 더구나 베리야를 6개월 동안 살려둔 이유는 무엇이었을까? 스탈린이 죽은 뒤, 그리고 후계자가 분명히 드러나지 않아 불안정한 그 시기에 강력한 추종자들이 있는 베리야를 6개월씩 가둬놓을 만한 여유가 반베리야세력에게 있었을까?

이러한 의문을 부채질했던 사람이 다름 아닌 흐루쇼프였다. 그는 1956년 5월에 모스크바를 방문한 프랑스사회주의자들과의 대화에서 베리야는 1953년 6월 26일의 회의 때 살해됐다고 말한 데 이어, 1956년 9월에는 이탈리아의 공산주의지도자들과의 대화에서 그 회의 때 몇몇 참석자들이 함께 달려들어 베리야의 목을 졸라 죽였다고 말한 것이다. 흐루쇼프는 이탈리아공산주의지도자들과의 대화 직후 자신의 발언을 취소하고 종래의 공식설명으로 돌아갔으며, 공식설명을 뒷받침하기 위해 재판녹취테이프를 들려주었다. 그러나 이탈리아 공산주의지도자들은 그것을 조작이라고 보았다.

스베틀라나의 주장도 의문을 부채질했다. 그녀는 소련 육군의무감으로부터 들었다고 말하면서 베리야는 체포 직후 급조된 재판을 거쳐 곧바로 처형됐다는 설을 제시했던 것이다.

그 진상은 시간이 좀더 지난 뒤 보다 확실히 드러날 수 있겠다. 어떻든 베리야는 지난날의 흉악무도한 행위들에 비추어 그렇게 처형되어야 마땅한 사악한 권력자였다. 그가 스탈린이 죽은 뒤 약간의 개혁정치를 취했다고 해서 조금도 감형될 수는 없다. 그래서 오늘날 그의 무덤이나 납골당이 어디인지조차 알려지지 않고 있다. 아니, 그의 무덤이나 납골당이 아예 존재하지 않을 확률이 높다. 그뿐만 아니라 그의 죽음에는 눈물 한 방울 흘려주는 사람조차 없다. 남아 있는 그의 죽음을 둘러싼 몇몇 의문은 언젠가 풀릴 것이다.

| 보론 |

거짓과 폭력 위에 선 '범죄정권'
베리야의 아들이 말하는 소련

• 이 보론은 『한국정치학회보』 제35집 제4호, 2001, pp. 435~42에 발표된 Sergo Beria, *My Father: Inside Stalin's Kremlin*(London : Gerald Duckworth & Company, 2001)에 관한 서평을 수정·보완한 것이다.

베리야에 관한 기존의 연구들

소련이라는 국가의 유지에 있어서 국가폭력은 필수적인 기둥이었다. 국가폭력의 지속적이며 제도적인 행사 없이는 소련은 존속하기 어려웠을 것이라고 결론내릴 수 있을 정도로, 국가폭력은 소련사회 전반에 일상적으로 깊이 개입되어 있었다. 이 점은 소련의 역사에서 국가폭력의 행사가 정점에 도달했던 스탈린의 통치 시기에 더욱 그러했다. 그러므로 소련의 정치를, 특히 스탈린 시대를 연구할 때 국가폭력에 대한 연구는 필수적이었으며, 그러한 시각에서 국가폭력행사의 상징적 인물이던 비밀경찰 및 정규경찰의 두목 베리야에 대한 연구 역시 중요한 과제였다.

이렇게 볼 때, 이미 여러 전문가들이 베리야에 대한 연구를 상당히 많이 해놓았다는 사실은 당연하다. 우선 핀란드의 공산주의자였던 운토 파르빌라흐티Unto Parvilahti가 쓴 『베리야의 정원: 소비에트제국에서의 노예노동자 경험 *Beria's Gardens: A Slave Laborer's Experiences in the Soviet Empire*』을 지적할 수 있다. 이 책은 핀란드어 원서를 앨런 블레어Alan Blair가 영역한 것인데, 베리야의 책임으로 운영되던 강제노동수용소의 참상을 통해 베리야의 포악성, 그리고 유토피아를 자처했던 소련체제의 비인도성을 고발했다. 이어 새디어스 위틀린Thaddeus Wittlin의 『인민위원: 베리야의 삶과 죽음*Commissar: The Life and Death of Lavrenty Pavlovich Beria*』을 지적할 수 있다. 570쪽이 넘는 이 방대한 책은 베리야를 권력광이자 색마, 살인마로 일관되게 묘사했다. 오로지 자신의 출세와 영달을 위해 스탈린의 충견으로서 이루 셀 수 없을 정도의 많은 사람들을 무고하게 투옥하거나 죽였고 심지어 스탈린마저 독살한 사람으로 베리야는 그려져 있다. 그러나 베리야 스스로가 어떤 과정을 거쳐 누구에 의해 체포됐고 처형됐는가에 대해서는 몇 가지 풍설들만을 제시하는 데 그쳤다.

이러한 책들에 비해 에이미 나이트가 쓴 『베리야』는 베리야에 관한 새로운 정보와 해석을 제시한다. 이 책을 쓴 나이트는 런던정치경제대학교에서 소련정치연구의 대가 레너드 샤피로 교수의 지도 아래 소련정치를 연구했고 특히 소련의 국가폭력기구를 깊이 공부한 뒤 이 방면의 논문으로 박사학위를 받았다. 『KGB: 소련에서의 경찰과 정치 *The KGB: Police and Politics in the Soviet Union*』는 그녀의 박사학위논문의 직접적 산물이면서 『베리야』와 짝을 이룬다.

여기서 중요하게 지적돼야 할 사실은 나이트가 고르바초프의 페레스트로이카(개혁)와 글라스노스트(개방)로부터 연구의 혜택을 받았다는 사실이다. 지난날에는 비밀문서로 처리된 채 국가문서처에 매몰되어 있던 자료들이 비록 부분적으로나마 공개됨에 따라 새로운 정보를 얻을 수 있었다. 특히 베리야의 체포를 정당화하고 재판을 준비하기 위해 1953년 7월에 열렸던 소련공산당 중앙위원회 전원회의의 회의록 전문을 발굴할 수 있었던 것은 큰 소득이었다. 한편 베리야의 체포 직후 투옥됐다가 고향 그루지야로 추방되어 거기서 조용히 지내야 했던 베리야의 아내 니노가 86세의 노령이 된 뒤 그루지야의 한 신문과 회견할 수 있었고, 또 베리야와 니노 사이의 하나뿐인 자식인 아들 세르고 역시 익명의 생활에서 벗어나 우크라이나의 수도 키예프의 한 신문과 여러 차례에 걸쳐 회견할 수 있게 됐는데, 이 회상들이 베리야연구에 새로운 자료들이 됐음은 물론이다.

나이트의 『베리야』는 베리야의 악마적 성격, 그리고 그것이 빚어낸 죄악들을 철저히 지적했다. 동시에 이 책은 스탈린 시대와 관련해 잘 알려지지 않았던 많은 사실들 가운데 몇몇 사실들을 새롭게 조명했다. 또 미궁에 빠진 베리야의 체포와 재판 및 처형에 관한 진상에 대해서도 훨씬 자세하고 설득력 있게 설명했다. 그러나 이것들보다 더 중요한 것은 이 책이 스탈린의 죽음 이후 베리야가 소련의 대내외정책에서 능동적으로 개혁을 추진했다고 주장하면서, 베리야가 추진했거나 추진하려고 계획했던 개혁이 결국 뒷날 소련공산당 중앙위원회 총비서 유리 안드로포프와 또 한 사람의 총비서 고르바초프가 추진한, 또는 추진하고자 한 개혁의 원형으로 이해될 수 있다고 주장했다는 사실이다.

그렇다면 나이트는 베리야가 추진한 개혁의 뼈대는 무엇이라고 분석했을까? 첫째, 베리야는 당의 권력을 약화시켜 정부의 통제하에 두려고 했다. 그렇게 함으로써 경제를 비이념적이면서 실용적인 차원에서 운영하려고 했다. 이것은 물론 당이 모든 존재의 우위에 서서 국가와 정부를 이끌어야 한다는 레닌의 가르침에 어긋나는 것이었다. 둘째, 소련 내부의 수많은 소수민족들에게 훨씬 폭넓은 자유 또는 자율을 주고자 했다. 이것은 소련을 구성하는 공화국들 가운데 적잖은 수가 사실상 친소적 독립국가로 떨어져나가는 것을 허용하겠다는 뜻으로 풀이될 수 있었다. 셋째, 동독의 경우에는 서독으로 통합되도록 내버려두고자 했다. 동독의 유지가 소련에게 너무 큰 부담이 된다는 사실을 그는 직시하고 있었던 것이다.

이 대목에서 흥미로운 것은 흐루쇼프세력이 베리야를 단죄할 때, 무고한 사람들을 수없이 숙청 또는 처형한 스탈린 생시의 범죄가 아니라, 스탈린 사후의 그의 개혁정책을 단죄의 근거로 삼았다는 사실이다. 베리야가 레닌주의에서 벗어나 자본주의의 길을 걸었으며 서구제국주의의 편에 서려고 했고 소련과 소련공산당에 대한 적대적 행위를 저질렀다고 논죄한 것은, 베리야가 개혁정책을 추진했음을 반증한다고 나이트는 주장했다. 이 분석을 받아들이는 경우, 베리야를 제거한 흐루쇼프세력은 역사의 진보를 가로막은 수구반동세력으로 귀착된다. 물론 그들도 베리야를 제거한 뒤 몇 가지 괄목할 만한 개혁조치들을 취했다. 스탈린격하운동과 국내정치의 해빙, 그리고 유고슬라비아와의 화해시도 및 서방세계와의 긴장완화 등이 그것들이다. 그런데 나이트에 따르면, 그러한 조치들은 이미 베리야가 추진하기 시작했거나 추진하려는 계획안에 포함되어 있었다.

여기서 제임스 리히터James Richter가 쓰고 미국의 우드로윌슨국제연구소의 국제냉전사연구프로그램이 1992년에 출판한 『베리야 잠정통치 시기의 소련의 독일에 대한 정책 재검토*Reexamining Soviet Policy toward Germany during the Beria Interregnum*』를 살펴볼 필요가 있다. 왜냐하면 이 연구 역시 스탈린의 죽음 이후 베리야의 처형 때까지의 약 1백 일을 베리야가 소련을 잠정통치한 시기로 파악하고, 이 시기에 베리야가 사실상 소련의 동독포기를 뼈대로 하는 독일정책을 수립해 부분적으로 추진하고 있었다고 주장했기 때문이다. 이 주장은 물론 나이트의 주장과 맥을 같이한다고 하겠다.

베리야의 아내와 아들이 걸었던 길

베리야에 관한 이러한 연구의 맥락을 고려해볼 때, 베리야의 아들 세르고가 쓴 『나의 아버지 베리야』는 어떤 자리를 차지하는가? 이 물음에 대답하기 위해, 베리야의 하나뿐인 자식 세르고에 대해서부터 이야기해보기로 한다.

세르고는 아버지와 어머니의 고향이자 스탈린의 고향이기도 한 그루지야에서 1924년 11월에 태어났다. 이때는 러시아에서 볼셰비키10월혁명이 성공한 뒤 7년이 지나고, 그루지야와 아르메니아 및 아제르바이잔 등 세 지역이 합쳐져 자캅카스소비에트사회주의연방공화국ZSFSR을 구성한 때로부터 2년이 지났으며, 또 러시아소비에트사회주의연방공화국이 자캅카스소비에트사회주의연방공화국을 비롯한 이웃의 소비에트사회주의공화국 세 곳을 통합해 소비에트사회주의공화국연방, 곧 소련을 세운 지 1년이 지난 시점이었다. 소련건국의 아버지 레닌이 죽음으로써 후계를 둘러싼 권력투쟁이 본격적으로 시작된 지 10개월이 지난 시점이기도 했다.

이때 베리야는 소련의 첫번째 비밀경찰기구 체카Cheka의 그루지야지부 부부장이었다. 그는 곧 체카의 후신인 게페우의 그루지야지부 부장으로, 자캅카스공화국지부 부장으로, 자캅카스공화국의 당 제1비서로 승진하고, 1938년에는 소련의 내무장관으로 승진했으며, 그 후 원자폭탄개발계획위원장, 부총리, 당정치국원, 내무장관 겸 부총리 등으로 승진했다. 그러나 스탈린이 사망한 지 약 1백 일이 지난 1953년 6월에 체포되어 같은 해 12월에 총살됐다. 이때 세르고는 만 29세였다.

베리야의 이러한 경력은 세르고가 이른바 노멘클라투라Nomenklatura, 곧 특권계급의 가정에서 그 시기의 많은 소련사람들이 겪어야 했던 두려움과 굶주림을 모른 채, 순탄하고 유복하게 성장할 수 있었음을 의미한다. 실제로 아버지가 모스크바에서 근무하기 시작할 즈음 14세이던 세르고는 최고위층 인사들의 자제들과 같은 학교를 다니면서, 또 그들의 집들을 내왕하면서, 특권계급의 자식으로 생활했다. 스탈린의 딸 스베틀라나와 아들 바실리Vasily와도 아주 가깝게 지냈다. 스탈린과 그의 어머니를 직접 만나기도 했으며, 스탈린의 어머니의 장례식에는 부모와 함께 참석하기도 했다. 소련공산당과 소련정부 및 소련군부의 핵심적 지도자들을 대면하기도 했다. 또 아버지와 어머니를 통해 크렘린의 권력정치, 그리고 소련에서 일어나는 중요한 사건들에 대해 듣기도 했다. 그 스스로는 군사정보학교를 거쳐 제2차 세계대전 때 정보장교로 이란에서 활동하기도 했으며, 그 후 레닌그라드의 군사아카데미에 입학해 과학과 공학 분야에서 훈련을 받았다. 아버지는 그가 당이나 정부의 관리로 입신하는 것보다 과학자 또는 엔지니어로 성장하기를 희망했다. 그의 적성도 그 분야에 맞았다. 그래서 그는 소련의 미사일과학자가 되는 길에 들어서기에 이르렀다.

제2차 세계대전이 끝나갈 무렵에 스탈린은 이란의 테헤란과 소련의 얄타 및 독일의 포츠담에서 각각 미국대통령과 영국총리를 상대로 전후처리 문제들과 관련해 회담을 가졌는데, 이 세 회담 모두에 베리야는 스탈린을 수행했고 세르고 역시 아버지를 따라 세 회담 모두의 막후에서 일하는 귀중한 기회를 얻었다. 세르고는 미국의 프랭클린 루스벨트 대통령과 해리 트루먼 대통령을 비롯한 미국정부의 요인들, 그리고 영국의 윈스턴 처칠 총리와 클레멘트 애틀리Clement Attlee 총리를 비롯한 영국정부의 요인들을 직접 볼 수 있었고, 그들 사이의 대화는 물론이고 그들과 스탈린 사이의 대화를 직접 들을 수 있었다. 여기서 중요하게 지적해야 할 점은 세르고가 이 회담들에서 대체로 도청에 직접 관여했다는 사실이다. 군사정보장교 출신답게, 그리고 공학 분야에서 훈련된 기술자답게 그는 도청에 참여했으며, 도청의 결과를 문서로 만들어 스탈린에게 보고했다. 따라서 그는 이 중요한 회담들에 대해 비교적 상세히 기억할 수 있었다.

제2차 세계대전이 끝난 뒤에도 베리야는 크렘린의 권력구조 안에서 여전히 막강한 힘을 행사했다. 따라서 세르고의 위치도 언제나 튼튼했다. 그는 계속해서 소련의 중요한 권력자들을 대면하고 그들과 의견을 나눌 수 있었으며 아버지로부터 여러 중요한 사안들에 대한 정보를 들을 수 있었다. 그러나 1953년 3월에 스탈린이 죽은 뒤 벌어진 권력투쟁에서 베리야가 패배해 6월에 체포되고 12월에 처형됨에 따라, 세르고의 운명에는 커다란 전환이 일어났다. 그가 29세 때의 일이었다. 그는 어머니와 마찬가지로 투옥돼 엄혹한 수사를 받은 뒤 1년 6개월 만에 석방됐으나 모스크바에서 추방됐다. 러시아의 세계적 작가 막심 고리키Maxim Gorky의 손녀딸인 그의 아내 및 자녀들과도 떨어져 살지 않으면 안 됐다. 그러나 과학기술자로서 미사일 개발계획에 종사하는 것은 허용됐다. 그때로부터 36년 남짓한 긴 세월이 지나, 동독은 해체됐고 소련을 구성했던 많은 공화국들이 분리독립했으며 마침내 소련 역시 와해됐다. 이 시점에서 그와 그의 어머니는 입을 열 수 있게 됐다.

　이러한 배경을 지닌 채 세르고의 생생하고 매우 긴 회상이 1999년에 "Beria mon Pere"라는 제목으로 파리의 한 출판사에서 프랑스어로 출판됐다. 이 과정에서 스탈린 시대의 소련공산당사에 밝은 소르본대학교의 프랑수아 톰François Thom이 중요한 역할을 수행했다. 그녀는 그로 하여금 회상을 계속하게 만든 한편 그의 회상을 다른 자료들과 대조하면서 회상 전체를 한 권의 책으로 편집했으며, 거기에 매우 꼼꼼한 해설을 덧붙였다. 이 책의 영역은 1950년대에 런던주재소련대사관에서 영어를 가르쳤고 베리야의 몰락 때 러시아에서 살았던 브라이언 피어스Brian Pearce가 맡았다. 톰은 세르고의 회상들 가운데 상당히 많은 부분이 신빙성이 높은 것으로 보았다. 그렇기에 이 시기를 깊이 연구하는 소련전문가들은 이 책의 가치를 높이 평가했던 것이다. 실제로 이 책은 스탈린 시대의 소련정치체제연구에 대단히 중요한 보완이 되기에 충분하다.

베리야의 아들이 회고한 내용들

그러면 이 책이 밝히고 있는 중요한 논점들은 무엇인가? 첫째, 이 책은 스탈린 말기에, 특히 1951년 이후, 그리고 1952년 10월에 열린 제19차 당대회를 전후한 시기부터, 스탈린이 소련공산당 정치국 중앙위원회 정위원이던 네 사람, 곧 불가닌, 말렌코프, 흐루쇼프, 그리고 베리야를 차례로 제거하려 했다고 주장했다. 이 사실이 세르고의 입을 통해 처음으로 밝혀진 것은 아니다. 이 사실에 대해서는 이미 몇몇 소련연구학자들이 지적했었다. 그러나 이 책은 이 사실을 좀더 상세하게 회상했다. 거기서 한 걸음 더 나아가 세르고는 아버지가 매우 치밀하게 방어를 준비하고 있었다고 회상했다. 스탈린이 베리야를 숙청하려고 한다면 베리야가 효과적으로 저항함으로써 스탈린을 위태롭게 만들 수 있을 것이라는 암시를 베리야 스스로 스탈린에게 보냈으며, 스탈린도 그 암시에 담긴 뜻을 이해하고 있었다고까지 회상했다.

둘째, 이 책은 베리야가 마음속으로는 일찍부터 스탈린의 강압통치에 반대하고 있었을 뿐 아니라 스탈린의 대내외정책 전반에 걸쳐 비판적이었다고 주장한다. 그래서 베리야는 자기 나름의 개혁안을 가지고 있었고, 스탈린이 죽자마자 곧바로, 그리고 빠르게 그 개혁안을 실천해나갔다고 주장한다. 개혁안들은 다음과 같다. 1) 동독의 해체와 서독으로의 통합 묵인. 2) 발트3국을 비롯한 비非러시아민족들의 국가들에 대한 자율권의 대폭 확대와 그 국가들에 대한 소련의 지배권 대폭 축소. 3) 서방세계와의 긴장완화 및 관계 개선. 4) 정부에 대한, 특히 경제에 대한 당의 지배의 약화. 5) 비밀경찰의 권한 축소, 비밀경찰의 검찰에 대한 통제 약화, 형사정책의 개선, 예컨대 고문 금지. 6) 강제노동수용소의 축소 및 강제노동수용소로 끌려온 노동자들의 대폭 석방. 7) 스탈린의 사실상의 격하를 통한 스탈린체제의 본질적 변화 추진.

셋째, 베리야의 이러한 개혁정책은 스탈린의 강압통치가 빚어낸 수많은 범죄들에 직접적으로 연결됐던 흐루쇼프를 비롯한 소련공산당의 핵심적 고위간부들을 긴장하게 했으며, 그 결과 그들이 반베리야운동에 나서게 했다고 이 책은 주장한다. 이 반베리야세력의 명분은 베리야가 소련체제를 전복하려 하고 있으며 레닌주의 원칙에서 이탈해 자본주의의 길을 걷고 있기 때문에 레닌주의 원칙을 지키고 소련체제를 살리자는 데 있었다고 말한다. 이 사실에 비춰보아도 베리야가 걸은 길은 뒷날 안드로포프와 고르바초프가 걸은 길의 이정표였음이 확실하다고 이 책은 주장한다. 이렇게 볼 때, 이 책은 나이트의 『베리야』와 흐름을 같이한다고 하겠다.

넷째, 이 책은 독일의 분할점령안이 확정된 얄타회담 때 베리야가 스탈린에게 그것에 반대하는 의견을 건의했다고 주장한다. 독일을 분할하고 독일을 가혹한 상태 아래 두려는 계획은 게르만민족에 대한 복수심에서 유대인들이 구상한 것으로, 루스벨트 대통령은 유대인들의 영향을 많이 받고 있었기에 그러한 계획을 추진하고 있다고 간파한 베리야는 소련이 굳이 그 계획을 따라갈 필요가 있느냐고 반문했다는 것이다. 독일이 분단되면 독일사람들은 민족적 수치를 씻기 위해서도 반드시 통일을 꾀할 것인데 그것은 또 다른 세계대전을 유발할 위험성이 있다고 베리야가 경고했다고 이 책은 주장한다.

다섯째, 베리야는 중국공산당보다 중국국민당에 더 깊은 관심을 갖고 있었다고 이 책은 주장한다. 중국국민당이 자본주의와 사회주의를 결합시키려고 노력하고 있으며, 비록 부패한 관료들 때문에 좋은 효과를 낳고 있지는 못하지만 농민정책의 뼈대는 좋다고 이해했다는 것이다. 베리야는 또 마오쩌둥의 저술들을 철저히 분석했는데, 마오가 공부를 많이 하긴 했으나 '도서관 사서'에 지나지 않는 사람으로 보았다고 세르고는 회상했다. 베리야는 중국공산당의 지도자들 가운데 저우언라이만이 국제정치를 정확히 이해하고 있다고 분석하며 그를 높이 평가했다고 세르고는 덧붙였다.

여섯째, 이 책은 미국이 원자폭탄개발에 성공한 뒤 대외정책 수행에 대한 자신감을 더욱 확실하게 드러냈으며, 따라서 그 이전보다 훨씬 공격적으로 나오게 됐다고 주장했다. 이 주장은 물론 이 책에서 처음 제기된 것은 아니다. 이 책은 이어 그 결과 스탈린이 미국에 대해 신중하게 대처하게 됐다고 주장하면서, 미국이 언젠가는 소련을 상대로 전쟁을 일으키리라고 예상하고 거기에 대비하고자 했다고 주장했다. 소련은 1949년 8월에 마침내 원자폭탄을 확보하는 데 성공했다. 그 결과 스탈린은 이제 소련도 공격적으로 나서도 된다고 판단했다고 이 책은 주장한다.

일곱째, 이 책은 1950년의 한국전쟁이 그렇게 바뀐 스탈린에 의해 준비되고 계획됐다고 주장한다. "최근에 와서 북한의 김일성이 이 전쟁을 주도했다는 주장이 나오고 있으나 그 주장은 잘못된 것이다. 북한사람들은 경제적으로 너무 취약하고 가난해서 그들의 야심은 그저 그들이 갖고 있는 것이나 지키겠다는 것이었다"고 주장하면서 "김일성은 우리가 사용한 시시한 존재"였다고 덧붙였다. 이 전쟁은 스탈린이 계획한 것으로 김일성에게 그 계획을 하달함으로써 시작됐다고 세르고는 회고했다. 그런데 자신의 아버지는 이 전쟁이 서방세계를 결속시킬 것을 우려해 개전을 바라지 않았다고 그는 덧붙였다. 그러나 6·25전쟁발발에 관한 김일성의 역할에 대한 세르고의 회상은, 이미 국제적으로 공인된 학설에 어긋난다.

여덟째, 이 책은 베리야가 사망한 것은 그가 체포된 날로 알려진 1950년 6월 26일에 집으로 몰려온 흐루쇼프세력의 군인들에 의해 거기서 총살되었다고 주장하면서, 자신의 아버지가 소련공산당 중앙상임위원회 전원회의에 참석했다가 거기서 체포됐고 또 재판을 거쳐 1950년 12월에 처형됐다는 소련당국의 공식발표는 사실이 아니라고 주장한다.

아홉째, 이 책은 소련이라는 국가는, 특히 스탈린 시대의 소련은, 세르고의 표현 그대로 하나의 '범죄정권crime regime'이었음을 보여준다. 세르고에 따르면, 소련공산당의 간부들은 거의 모두 그 사실을 깊이 깨닫고 있었으며, 그래서 인민봉기가 성공하면 처형될 것이라는 두려움 때문에 언제나 강압통치에 의존하게 됐다고 한다. 참으로 많은 무고한 사람들을 무도하게 체포하고 고문하고 굶기고, 처형하거나 강제노동수용소로 보내는 일이 일상적으로 일어나도록 만든 정권이 바로 소련이었다는 것이다.

그러면 어떻게 그런 일이 가능했을까? 그 해답은 두 가지였다. 하나는 구조적이며 체제적인 것이었다. 볼셰비키방식의 쿠데타로 소비에트국가를 세우고 보니 처음부터 국가폭력의 제도적이며 상시적인 행사가 없이는 그 국가를 유지할 수 없었기 때문이다. 다른 하나는 스탈린의 성격적 특성이었다. 세르고의 표현으로, "스탈린은 악마의 화신이었다Stalin was Satan incarnate." 그는 사람을 괴롭히고 모욕하고 겁주고, 자기가 살고자 남을 밀고하고 배반하게 만들고, 사람을 죽이는 데서 큰 쾌감을 느꼈으며 그 쾌감을 충족시키려고 똑같은 일을 거듭했다는 것이다. 특히 말기에 이르러 이런 병적 증세가 더욱 커졌다고 세르고는 보았으며, 스탈린이 구축한 완전에 가까운 감시와 통제 및 처형의 체제 아래에서는 누구나 스탈린이 저지르는 범죄의 하수인이 될 수밖에 없었다고 주장했다.

이상에서 소개한 논점들 말고도 더 많은 논점들이 이 책에 제시되어 있다. 어떻게 이렇게 많은 것들을 자세히 기억하고 있었는지 놀랍기도 하고 따라서 자연히 그 기억에 의문이 가기도 한다. 그러한 의문은 이 책 전체에 대한 신뢰를 떨어뜨리는 중요한 요인이 된다. 또 그 기억이 모두 사실이라고 해도, 그 기억 자체가 처음부터 당시의 현실과 차이가 있을 수 있다. 편집을 맡은 톰이 지적했듯, 소련은 거짓말과 허위로 가득한 세계였다. 따라서 그는 거짓말을 사실인 것처럼 착각했을 수도 있다. 이 점 역시 이 책 전체에 대한 신뢰를 떨어뜨리는 또 하나의 중요한 요인이 된다. 또 이 책은 자신이 일생 존경하고 사랑한 아버지에 대한 회고이므로, 그에 대한 변호의 성격이 강하다. 물론 아버지의 범죄를 전적으로 부인하지는 않았다. 그러나 합리화시킨 대목이 적잖을 것이다. 이 점 역시 이 책의 신뢰도에 문제를 제기한다.

베리야의 아들이 규정한 소련이라는 국가의 성격

이 책의 내용을 그대로 받아들인다면, 소련은, 특히 스탈린사망 이전의 소련은 잔인하고 비인도적이며 거짓과 위선이 가득한 악독한 정권이었음을 인정하게 된다. 이 책에 등장하는, 그리고 세르고가 직접 관찰했던 그때 소련의 고위지도자들은 거의 모두가 악한들이었다. 세르고는 상당히 많은 소련의 고위지도자들에 대해 평가했는데, 거의 모두에 대해 혹평했다. 위선자, 거짓말쟁이, 비열한, 사기꾼, 아첨꾼, 배신자, 악한, 바보멍텅구리, 색마, 알코올중독자, 살인마 등등의 평가가 보통이다. 1930년대의 대숙청을 표면적으로 지휘했던 검찰총장 비신스키에 대해서는 '이 louse 같은 존재,' 달리 표현해 '비열한 놈'이라고 혹평했는데, 이런 식의 혹평은 말렌코프와 흐루쇼프를 비롯한 거의 모든 지도자들에게 똑같이 적용됐다.

스탈린의 생모인 에카테리나 주가시빌리Ekaterina Djugashvili에 대해서도 마찬가지였다. 그녀는 젊어서 유부녀의 몸으로 적당히 매춘해 돈을 벌던 여자로, 미모인 베리야의 부인에게 젊은 미남들과 재미를 보며 지내라고 권했다고 폭로했다. 이러한 행적에 비춰, 스탈린은 그의 아버지로 공인되어 있는 주가시빌리의 아들이 아니라 이름 모를 어느 남자의 아들일 수도 있다고까지 혹평했다. 레닌이 소련의 최고권력자가 된 뒤 거의 매일 자신의 집무실에서 여비서들과 바람피운 얘기, 그래서 부인 크룹스카야가 당의 고위간부들에게 "말리지 않고 뭣들 하고 있느냐"고 공식항의한 얘기, 여자관계에 비교적 잡음이 없었다고 알려진 스탈린의 염문과 사생아들에 관한 얘기들도 자세히 회상했다. 말하자면 소련권력자들의 비도덕적 측면을 여기저기서 드러내고 있다.

　이런 점에서 이 책은 도덕적 명제를 앞세워 집권했고 통치했던 소련의 허위를 적나라하게 보여주었다고 하겠다. 확실히 볼셰비키혁명과 제도공산주의 및 소련을 재조명할 때 빠뜨릴 수 없는 자료라고 생각한다.

같은 곳에 잠든
두 정적

니키타 흐루쇼프와 뱌체슬라프 몰로토프

1. 노보데비치사원에 묻힌 러시아의 명사들

모스크바의 유서 깊은 사원들 가운데 노보데비치사원이 있다. 노보데비치는 '새 처녀'라는 뜻인데, 이 사원은 러시아역사에서 제정러시아시대의 직전에 해당되는 모스크바대공국시대인 16세기 초에 세워졌다. 이 사원은 일차적으로 종교적 목적에서 세워졌으나 국방에도 활용됐다. 모스크바의 변두리에 세워진 이 사원은 모스크바를 방어하는 요새로도 쓰인 것이다.

러시아정치사에서 사람들이 노보데비치사원을 각인하게 만든 사건이 하나 있었다. 제정러시아의 가장 걸출한 황제인 표트르 대제가 그의 이복여동생 소피아Sophia가 반란을 꾀했을 때, 무력으로 그것을 진압하고 그녀를 노보데비치사원에 유폐시킨 것이다. 그녀는 죽을 때까지 15년 동안 사원 밖을 한 차례도 나가지 못했다. 이 노보데비치사원에 잇닿아 노보데비치공동묘지가 있다. 사원과 공동묘지가 동시에 만들어졌으며 19세기 말에 공동묘지가 확장되어 오늘날에는 약 7헥타르, 곧 7만 제곱미터의 땅을 차지하고 있다.

영예로운 공동묘지의 예술가들

노보데비치공동묘지는 모스크바뿐만 아니라 러시아에서도 '영예로운 공동묘지'로 손꼽힌다. 러시아가 자랑하는 많은 예술가들이 묻혀 있다는 사실이 명성에 큰 보탬을 준다.

문학인을 보면, 우선 제정러시아시대의 안톤 체호프Anton P. Chekhov를 꼽을 수 있다. 그는 『세 자매들』『벚나무 과수원』『갈매기』 등의 희곡을 썼고 또 많은 단편들로 러시아사람들의 사랑을 받았다. 의사인 그는 평생의 지병인 결핵으로 만 44세이던 1904년에 죽으면서 이곳에 묻혔다. 체호프의 무덤 위에는 모스크바예술극장이 그의 희곡 『갈매기』에서 따와 자신의 상징으로 삼은 갈매기 모형물이 걸려 있다. 모스크바예술극장의 배우였던 아내는 그보다 훨씬 오래 살아 1959년에 죽었는데, 남편의 무덤 부근에 묻혔다.

니콜라이 고골Nikolai V. Gogol도 이곳에 잠들었다. 제정러시아의 뛰어난 소설가요 희곡작가로 『죽은 영혼들』과 『검찰관』이라는 작품을 남긴 그는 특히 『외투』를 통해 러시아사실주의의 전통을 쌓아올렸다는 평가를 받았다. 고골은 『죽은 영혼들』의 2부를 끝낼 무렵 광신적 종교지도자인 콘스탄티노프스키 신부의 강력한 영향에 빠져 그의 지시대로 『죽은 영혼들』의 2부 원고를 불태워버린 뒤 모스크바에 있는 상트다니엘사원으로 들어갔다. 거기서 그는 곧바로 모든 음식을 거부한 채 드러누웠다가 8일 뒤인 1852년 3월 4일에 죽었다. 그때 나이는 43세였다. 그의 시신은 처음에는 이 상트다니엘사원의 공동묘지에 묻혔다. 그런데 스탈린의 공포정치시대에 교회들과 사원들에 속한 공동묘지들 가운데 많은 것들이 파괴됐으며, 저명한 사람들의 유해는 다른 공동묘지로 이장됐다. 고골의 유해도 마찬가지 운명에 처해져 1939년에 노보데비치공동묘지로 옮겨졌다. 이때 새로운 사실이 발견됐다. 고골의 관을 열었을 때 그의 유해는 옆으로 누워 있었다. 이 사실은 그가 혼수상태에 빠져 있을 때 산 채로 매장됐다는 당시 풍문을 뒷받침하는 자료로 풀이됐다.

이어 음악가를 살펴보자. 우선 제정러시아 말기에 태어나 소련의 브레즈네프 통치 시기에 죽은 세계적 바이올린연주자 다비트 오이스트라흐David F. Oistrakh를 지적할 수 있다. 그가 세계음악계의 주목을 받은 것은 29세 때인 1937년으로, 21개국 68명의 바이올린연주자들이 경연한 브뤼셀국제대회에서 1위를 차지했다. 스탈린이 죽고 철의 장막이 걷힌 뒤 그는 파리와 런던에서의 공연으로 세계적 명성을 떨치게 됐고, 1955년에 미국에서의 첫 순회공연으로 극찬을 받았다.

작곡가 세르게이 프로코피에프Sergei S. Prokofiev도 이곳에 잠들어 있다. 제정러시아 말기에 태어난 그는 러시아혁명 직후 조국을 떠나 유럽과 미국에서 활동해 국제적 명성을 쌓았다. 그는 1933년에 귀국해 소련시민이 됐으나 1948년에 소련의 다른 세계적 작곡가들과 함께 '반소비에트적·반민주적 음악가'로 비판받았다. 공교롭게도 스탈린이 죽은 날인 1953년 3월 5일에 죽는 바람에 그의 사망소식은 세계에 뒤늦게 알려졌다.

제정러시아가 전 세계 앞에 자랑했던 뛰어난 피아노연주가이며 지휘자요 교사였던 니콜라이 루빈시테인Nikolai. G. Rubinshtein도 이곳에 묻혀 있다. 러시아음악협회와 모스크바음악원을 창설한 그는 파리의 국제경연에서 자신의 가까운 친구 차이콥스키의 「피아노협주곡 제1번」을 연주함으로써 국제음악계에 화려하게 등장했다. 루빈시테인은 50세에 파리에서 별세했다. 파리에서 거행된 장례식은 참으로 엄숙했다. 러시아의 작가 이반 투르게네프Ivan S. Turgenev와 프랑스의 작곡가 샤를 구노Charles F. Gounod를 비롯한 세계적 명사들이 모두 눈물로 그를 보냈다. 관이 모스크바로 옮겨졌을 때 도시 전체가 깊은 슬픔에 빠졌다. 모스크바에서 다시 거행된 그의 장례식은 그 이전이나 이후를 막론하고 모스크바에서 치러진 음악가들의 장례식들 가운데 가장 엄숙한 장례식으로 기억되고 있다. 그는 처음에는 상트다니엘사원의 공동묘지에 매장됐다. 고골의 묘역 근방이었다. 그러나 1939년에 고골과 같은 이유로 노보데비치공동묘지로, 그리고 역시 고골의 묘역 근방으로 이장됐다.

또 한 사람의 탁월한 러시아작곡가 드미트리 쇼스타코비치Dmitrii D. Shostakovich도 이곳에 묻혀 있다. 제정러시아 말기에 태어나 소련의 브레즈네프 시대에 만 69세로 죽은 그는 특히 교향곡과 실내악의 작곡으로 국제적인 명성을 누렸다. 나치는 소련을 침략한 1941년에 레닌그라드를 포위해 주민들을 굶주림에 빠지게 만들었고, 실제로 약 30만 명을 죽게 만들었다. 이때 쇼스타코비치는 흔히 레닌그라드교향곡이라고 불리는 「제7심포니」를 작곡하고 연주해 레닌그라드의 시민들은 물론 소련국민들에게 용기를 불어넣었다. 그러나 1948년에 소련공산당이 '반소비에트적·반민주적 예술가'들을 비판했을 때 그도 명단 안에 포함돼 곤욕을 치렀다.

볼셰비키를 비판한 크로폿킨

제정러시아의 세계적 무정부주의자인 표트르 크로폿킨Pyotr A. Kropotkin도 이곳에 묻혀 있다. 그는 제정러시아의 니콜라이 1세 시대에 해당하는 1842년에 유서 깊은 귀족 집안에서 태어나 제국소년사관학교를 비롯한 명문학교들을 졸업한 뒤 법률가로 입신했다. 그러나 그는 소년 시절부터 평등주의사상에 심취해 만 29세이던 1871년에는 스스로 작위를 버렸다.

크로폿킨은 탐험을 좋아했으며 그래서 시베리아 지역의 자연생태계 조사에 나섰다. 그의 보고서는 학문적으로 뛰어나 그에게 지리학자의 명성을 덧붙여주었다. 그는 학자로서도 성공적인 삶을 누릴 수 있었다. 그러나 사회주의문헌을 읽으면서 그는 점점 사회정의의 실현에 자신의 일생을 바쳐야 한다는 소명의식에 빠지게 됐다. 그는 1872년에 스위스를 방문하고 유럽의 저명한 사회주의자들과 무정부주의자들을 만난 뒤 무정부주의에 대한 신념을 굳혔다. 그리하여 귀국 직후 노동자들을 위한 비밀결사에 가담했다. 그는 곧 체포되었는데 1876년에 서유럽으로 탈출하는 데 성공했다.

크로폿킨은 서유럽, 특히 영국에서 활동하며 '상부상조론相扶相助論'이라는 이론을 정립했다. 이 이론은 영국의 생물학자 찰스 다윈의 '생존경쟁론生存競爭論'과 '적자생존론適者生存論'에 대한 반박이었다. 과학연구, 특히 자연생태계의 연구를 통해 그는 생물이 다윈이 말하는 생존경쟁과 적자생존에 의해서라기보다 상부상조에 의해 생활하고 있다는 확신을 갖게 됐다. 그는 이 이론을 『상부상조: 진화의 한 요인』이라는 책으로 1890년대에 출판했다. 이 책은 영어로도 번역돼 영어권에서 널리 읽혔다.

크로폿킨의 무정부주의는 바로 이 상부상조론에서 비롯됐다. 인간은 상부상조를 바탕으로 자연발생적이며 자발적이고 자유로운 결합을 통해 국가나 정부가 없이도 얼마든지 행복하고 창의적인 생활을 영위할 수 있다는 것이다. 또 그렇게 생활할 때라야 생존경쟁과 적자생존의 이론으로 합리화되는 자본주의사회에서의 비인간적이며 비정한 무한경쟁, 그리고 그 경쟁에서 탈락한 사람들의 비참한 삶이 시정될 수 있다는 것이다. 이렇게 볼 때, 그의 무정부주의는 '질서의 파괴'와 '사회적 혼란'을 연상시키는 이데올로기가 아니라 정반대로 '인간의 자유로운 의사와 창의적 행동이 결합돼 선의 속에서 서로 도우며 생활하는 공동체'를 옹호하는 이데올로기로 풀이돼야 한다고 주장하는 학자들이 적잖다.

러시아에서 제정을 타도한 혁명, 곧 2월혁명이 일어나자 크로폿킨은 귀국했다. 그는 임시정부를 지지하고 볼셰비키를 비판했다. 그러나 볼셰비키는 10월혁명을 통해 임시정부를 타도하고 소비에트국가를 세웠다. 크로폿킨은 크게 실망해 공적 생활에서 은퇴한 뒤 모스크바 근교인 드미트로프에 자리를 잡은 자신의 저택에서 연구와 저술에 몰두했다. 그는 레닌을 비롯한 볼셰비키지도자들을 악당이라고 불렀고, 볼셰비키체제는 본질이 악하기 때문에 반드시 멸망하리라고 확신했다.

크로폿킨의 그러한 언동은 당연히 볼셰비키정권을 격분시켰다. 그러나 레닌은 그를 체포하지 말라고 지시했다. 크로폿킨이 오랜 세월에 걸쳐 제정의 타도를 위해 싸운 고결한 인격의 혁명가였다는 사실, 특히 그가 쓴 자서전 『한 혁명가의 회상 Memoirs of a Revolutionist』이 국내외에 큰 영향을 주었다는 사실 등을 레닌은 정확히 기억했던 것이다. 영어권에서 널리 읽힌 이 책은 회고록의 백미로 꼽혔으며, 참으로 많은 사람들에게 영향을 주었다.

크로폿킨은 볼셰비키정권과 그 정권에 반대하는 세력들 사이에 일어났던 내란이 볼셰비키정권의 승리로 마무리되던 시절인 1921년에 조용히 숨을 거두었다. 그가 살던 집은 1948년부터 1977년까지 영미학교英美學校의 교사校舍로 쓰였다.

군사 및 외교 지도자들의 무덤: 쿠즈네초프와 리트비노프, 그로미코

소련의 해군제독으로 나치의 소련침공 때 무훈을 세운 니콜라이 쿠즈네초프Nikolai G. Kuznetsov도 이곳에 묻혀 있다. 제정러시아 말기에 태어난 뒤 전형적인 해군장교의 길을 걸었던 그는 1937년에 태평양지역사령관으로, 1939년에는 해군장관으로 승진했다. 쿠즈네초프에 관련한 한 가지 일화를 들자면, 쿠즈네초프는 나치가 소련을 침공하지 않으리라고 스탈린이 장담했지만 이를 묵살한 채 만반의 경계태세를 갖추고 있었다. 그래서 나치가 소련침공을 개시했을 때 소련정부의 고위층 인사로서는 처음 그 사실을 인지했고, 1941년 6월 22일 침공당일 새벽 3시 30분에 곧바로 스탈린에게 전화로 알리려고 했다. 그러나 스탈린의 부관들은 스탈린을 깨울 수 없다며 전화연결을 거부했다. 쿠즈네초프는 곧바로 제2인자 격인 말렌코프를 전화로 불러 알렸고, 말렌코프는 스탈린에게 긴급상황을 전달했다. 그는 1974년에 죽었다.

소련외교계의 거물들 가운데 한 사람이던 막심 리트비노프Maksim M. Litvinov도 이곳에 묻혀 있다. 제정러시아의 알렉산드르 2세 시대인 1876년에 태어난 그는 볼셰비키혁명에 가담했으며 그 직후 영국을 방문했다가 체포됐다. 1920년에 볼셰비키정권은 자신들이 억류한 영국의 유명한 외교관 브루스 록하트Bruce Lockhart를 풀어주는 대신 리트비노프를 귀국시킬 수 있었다. 그 후 리트비노프는 외교관의 길을 걸었으며, 1930년에 외무장관으로 승진했다. 그의 활동은 컸다. 1932년에 국제연맹의 주관으로 제네바에서 열린 군축회의에 소련의 수석대표로 참석했으며, 1934년에는 미국과의 국교수립교섭을 성공적으로 매듭지었다. 리트비노프는 나치의 소련침공 가능성을 내다보면서 서방국가들과의 군사협력을 통해 소련의 안보를 튼튼히 하려는 '친서방·반나치 외교'에 주력했다. 그러나 스탈린이 오히려 나치와 손잡는 것이 유리하다고 판단해 독일과 불가침조약을 체결하는 쪽으로 돌아서면서 해임됐다. 그때가 1939년 3월이었다.

2년 3개월 뒤 나치가 소련과의 불가침조약을 파기하면서 소련을 침공하자 스탈린은 리트비노프를 주미대사로 파견했다. 그는 1943년에 외무차관으로 귀국해 제2차 세계대전 기간의 소련외교에 깊이 개입했다. 그러나 미국과의 냉전이 표면화된 1946년에 스탈린은 그를 다시 해임했다. 그로부터 5년 뒤에 그는 조용히 숨졌다. 최근의 어떤 자료는 그가 변덕스러운 스탈린에게 미움을 사서 '계획된 교통사고'로 숨졌다고 주장했다.

소련외교의 대부로 불린 안드레이 그로미코Andrei A. Gromyko도 이곳에 잠들어 있다. 제정러시아 말기에 태어난 그는 20대에는 농업경제분야에서 성공적인 경력을 쌓았다. 그러나 30세가 되던 1939년에 중요한 전환이 이뤄졌다. 대숙청의 여파로 유능한 외교관들이 많이 내쫓긴 외무부로 비외무부 사람들과 더불어 충원된 것이다. 그는 우선 주미소련대사관의 참사관으로 임명됐으며, 34세가 되던 1943년에 일약 주미대사로 승진해 리트비노프의 후임으로 활약했다.

주미대사로서 그로미코는 제2차 세계대전 기간에 열린 주요한 연합국회담들, 예컨대 테헤란회담과 얄타회담 및 포츠담회담에 참석해 능력을 발휘했다. 스탈린의 신뢰도 크게 쌓였다. 그리하여 종전과 더불어 탄생한 유엔 주재소련대사의 중책을 맡을 수 있었다. 소련의 초대 유엔대사로 재직하는 동안 그는 서방의 외교계와 언론계로부터 '미스터 니에트'로 불렸다. 니에트는 러시아말로 '아니요'를 뜻한다. 안전보장이사회에서 언제나 거부권을 행사했기에 그런 별명을 얻게 됐던 것이다.

그 후 그로미코는 잠시 주영대사로 전임됐다가 한국전쟁이 막바지에 도달한 시점에 외무부 제1차관으로 영전했다. 그는 냉전시대에서 벗어나 평화공존시대로 접어든 흐루쇼프집권 시절이던 1957년에 48세의 나이로 외무장관에 발탁됐으며, 그 후 브레즈네프와 안드로포프, 체르넨코의 집권 시절을 거치면서 그 자리를 무려 28년 동안 유지했다. 외무장관으로 그로미코가 상대한 미국대통령만 아이젠하워, 케네디, 존슨, 닉슨, 포드, 카터, 레이건 등 일곱 명이었다. 1959년에는 흐루쇼프를 수행해 중국을 방문하고 중국공산당 주석 마오쩌둥과 중화인민공화국 주석 류샤오치 및 중화인민공화국 국무원 총리 저우언라이 등을 상대로, 악화되어가는 중국과의 관계를 개선시키고자 노력했으나 뜻을 이루지 못했다.

1985년 3월에 소련공산당 중앙위원회 총비서 콘스탄틴 체르넨코 Konstantin U. Chernenko가 죽자 소련공산당 중앙위원회 정치국은 중앙위원회 총비서에 누구를 뽑을 것인가를 놓고 조용하면서도 심각한 권력경쟁을 벌였다. 이때 정치국 정위원을 겸한 그로미코가 중간 역할을 수행해 고르바초프가 총비서로 선출되도록 만들었다. 고르바초프는 그 대가로 그로미코를 소련의 국가원수에 해당하는 자리인 연방최고소비에트간부회 의장으로 선출해주었다. 3년 뒤 그는 은퇴했으며, 그때부터 1년 뒤인 1989년에 만 80세의 나이로 죽었다.

우리가 이제까지 살폈듯, 그로미코는 꼭 50년 동안 전쟁의 시대와 냉전의 시대 및 평화공존의 시대를 함께 헤쳐간 소련외교의 큰 나무였으며 외교의 달인이었다. 반세기에 걸쳐 국제외교무대에서 종횡무진으로 활약한 외교관은 그 말고는 세계의 어느 나라에도 없으며, 그 점에서 20세기 세계외교사에 그의 이름은 크게 기록되어 있다.

세계적 거물외교가답게 그로미코는 수많은 일화들을 남겼다. 그 가운데 하나를 꼽는다면, 그로미코를 외무장관으로 발탁했던 흐루쇼프가 그로미코를 평가한 말이다. 그로미코에게 얼음판 위에 맨살로 앉아 있으라고 지시하면 얼어 죽는 한이 있어도 그렇게 할 정도로 상관에게 충성스런 사람이라고 흐루쇼프는 말했던 것이다. 또 다른 일화는 카터 미국대통령에게 거짓말을 한 일이다. 1979년 겨울, 소련의 아프가니스탄침공 하루 전날 소련군의 아프가니스탄침공 가능성을 물은 카터에게 그로미코는 외무장관의 자격으로 소련군은 절대로 아프가니스탄을 침공하지 않을 것이라고 다짐했던 것이다. 카터는 그로미코의 이 거짓말을 결코 용서할 수 없다고 선언했으며, 그 다음 해 모스크바에서 열린 올림픽에 미국선수단을 보내지 않았다. 서방국가들 역시 선수단 파견을 거부함으로써 모스크바올림픽은 사회주의진영의 올림픽으로 끝났다. 소련은 이것에 대한 보복으로 1984년에 미국 로스앤젤레스에서 열린 올림픽을 보이콧했고, 소련의 영향을 받은 동유럽국가들 역시 보이콧했다.

2. 흐루쇼프의 집권과 몰락

흐루쇼프의 정치적 성장

노보데비치공동묘지의 정치적 명사들 가운데 대표적 인물로 누구나 흐루쇼프를 꼽을 것이다. 그는 분명히 공산주의역사, 소련역사, 그리고 세계역사의 물줄기를 바꾸는 데 일정하게 이바지한 정치가였기 때문이다.

흐루쇼프는 1894년 4월 17일에 우크라이나의 쿠르스크 지방에 자리한 작은 농촌에서 태어났다. 그의 아버지는 가난한 농민이어서 농한기인 겨울에는 광산으로 가서 일을 해 돈을 벌지 않으면 가족을 부양할 수 없을 정도였다. 흐루쇼프의 집안만 가난한 것은 아니었다. 그 마을, 아니 그 지방 일대가 다 가난했다. 그래서 크리스마스 이전에 이미 식량이 떨어지기 일쑤였으며, 양배추와 오이 같은 기본적인 채소조차 제대로 먹을 수가 없어 많은 사람들이 굶주림과 질병에 시달리곤 했다. 이 지방에 관한 어느 의사의 보고서에 따르면, 다른 지방의 농가에 흔한 벌레조차 이곳에는 거의 없었다. 벌레들이 먹을 음식찌꺼기조차 없었기 때문이다. 따라서 흐루쇼프는 다른 어린이들과 마찬가지로 어린 시절부터 고되게 일해야 했다. 가축을 돌보는 일이 주된 일이었다. 한때는 이웃마을의 한 지주에게 고용되어 양떼를 돌보는 일을 했다. 이렇게 일하면서도 7세와 12세 사이에 시골의 한 작은 초등학교를 다니며 기초적인 읽고 쓰기와 산술을 익혔다.

흐루쇼프는 뒷날 소련의 최고권력자로 군림했을 때 모스크바에 주재하는 서방세계의 대사들을 위해 마련한 연회장에서 술에 취한 채 갑자기 자신의 고달팠던 어린 시절을 다음과 같이 회고해 그들을 당황시킨 일이 있다. "당신들은 좋은 집에서 태어나 좋은 학교를 다니며 좋은 교육을 받았겠지. 당신들이 좋은 가정과 좋은 학교에서 즐거운 시간을 보내던 그때, 나는 찢어지게 가난한 농민의 자식으로 추운 들판에서 양을 키워야 했어. 굶주림과 추위 속에 양떼를 돌봐야 하는 일, 그건 어린 소년에게는 너무 힘든 일이었어."

흐루쇼프가 14세가 된 1908년에 그의 아버지는 온 식구들을 데리고 이웃 탄광마을로 이사했다. 이곳에서 그는 기계부속품조립공의 보조원이 되어 일을 배우기 시작했다. 9년 뒤인 1917년에 2월혁명과 10월혁명을 거쳐 러시아에 볼셰비키정권이 세워졌다. 흐루쇼프는 곧바로 볼셰비키에 가담했으며 적군에 입대했다. 그 후 주로 자신의 출생지역인 우크라이나에서 각급 당 간부로 차례차례 경력을 밟았으며, 그때 모스크바 시 및 지역 당위원회 제1비서로 스탈린의 신임을 받던 라자르 카가노비치의 도움을 받아 모스크바당조직으로 영전한 뒤 부하린을 대상으로 하는 반우파투쟁에서 두각을 나타냈다.

그리하여 흐루쇼프는 1934년에 중앙당의 중앙위원회 정위원으로 발탁됐으며, 이듬해에는 대숙청의 소용돌이 속에서 오히려 살아남아 모스크바 시 및 지역 당위원회 제1비서로 승진했다. 그가 만 41세 때의 일이었다. 이때의 모스크바시장이 뒷날 소련의 총리가 되는 니콜라이 불가닌이다. 흐루쇼프는 3년 뒤에는 우크라이나공화국 당중앙위원회 제1비서로 전임했고, 그 이듬해에 중앙당 정치국 정위원을 겸했다. 우크라이나의 전임은 결코 좌천이 아니었다. 이 무렵에 나치독일은 소련침공의 첫 대상지로 소련의 곡창인 우크라이나를 공공연히 지목하고 있었다. 스탈린의 판단대로 만일 나치독일이 반소민족주의 성향이 강한 우크라이나를 유혹해서 제휴를 성립시킨다면 그것은 소련의 국가안전에 치명적 타격이 될 수 있었다. 그래서 스탈린은 우크라이나당 지도부를 절대적으로 믿을 수 있는 사람들로 대체해야 한다고 결정했던 것이다.

우크라이나당 지도부는 스탈린의 결정에 저항했다. 비밀경찰의 군대들로 회의장을 포위한 채 흐루쇼프를 당 제1비서로 선출하라는 스탈린의 명령을 모스크바의 비밀경찰 두목이 직접 전달했는데도 두 차례나 거부한 것이다. 이에 스탈린은 비밀경찰을 동원해 그들을 모스크바로 불러들인 뒤 죽여버렸다. 그 후에야 비로소 흐루쇼프는 당 제1비서로 선출될 수 있었다.

나치와의 전쟁 시기에 흐루쇼프는 육군중장의 계급을 단 채 여러 전선에서 정치위원으로 활약했다. 이어 우크라이나공화국 당중앙위원회 제1비서직을 지닌 채 우크라이나공화국 총리를 겸했다. 전후 시기인 1946~47년에 흐루쇼프는 잠시 몰락하는 것 같았으나 1948년에 제자리를 찾았다. 1949년에 그는 다시 모스크바 시 및 지역 당 제1비서로 영전됐다. 말렌코프와 베리야의 연합세력, 특히 베리야를 견제하려는 스탈린전략의 결과였다. 우리가 앞 장에서 살폈듯, 흐루쇼프는 스탈린의 뜻에 충실하게 움직였다. 그러했기에 1953년의 스탈린사망은 흐루쇼프에게는 큰 타격이었다. 그러나 우리가 이미 살폈듯, 흐루쇼프는 우선 베리야를 제거하는 데 성공했으며 이어 경쟁자 말렌코프를 제치고 그해 9월에 소련공산당 중앙위원회 제1비서직을 장악하는 데 성공했다. 이때 그의 나이는 만 59세였다.

제20차 당대회에서 벌인 스탈린격하연설

흐루쇼프도 볼셰비키공산주의자로서 적잖은 잘못을, 심지어 인권탄압의 범죄를 저질렀다. 스탈린이 통치하던 시대에 고위권력층에 속했던 사람이라면 어느 누구도 스탈린의 범죄로부터 자유롭지 못했다. 그러나 흐루쇼프는 역사의 물줄기를 잘 알고 있었다. 그러했기에 그는 국내적으로는 공포정치를 훨씬 줄이고 인권탄압을 완화해 국민들이 어느 정도 숨을 쉬고 살 수 있게 하려고 노력했으며, 국제적으로는 미국과의 긴장완화를 추구함으로써 국민들을, 그리고 인류를 핵전쟁의 공포로부터 해방시켜주려고 노력했다.

흐루쇼프의 이러한 노력은 1956년 2월 14일부터 25일까지 모스크바에서 열린 소련공산당 제20차 대회 때 정점에 이르렀다. 스탈린이 죽은 뒤 처음 열린 이 당대회에서 흐루쇼프는 우선 최근에 죽은 '세 명의 공산주의운동의 지도자 스탈린, 고트발트, 도쿠다 규이치에 대한 묵념'을 제의했다. 스탈린의 이름을 체코슬로바키아공산당 지도자와 일본공산당 지도자의 이름과 함께 불렀다는 것은 벌써 스탈린의 격하를 예고하는 것이었다. 그 예고는 대회 마지막 날인 2월 25일에 구체적으로 나타났다. 흐루쇼프는 연설을 통해 스탈린과 그의 전제정치에 대해 선정적인 공격을 가한 것이다. 이 연설문은 소련에서 공식적으로 출판된 일이 한 차례도 없다. 그래서 '비밀연설'이라고 부른다. 그러나 이 연설문은 뒷날 폴란드를 통해 서방에서 출판됐으며, 그것이 진본이라는 사실에 아무도 이의를 제기하지 않았다.

흐루쇼프의 스탈린격하연설의 내용은 충격적인 것이 아닐 수 없었다. 스탈린의 잔인성과 비인도성을 공격한 흐루쇼프는 스탈린에 대한 강요된 숭배와 신격화는 마르크스-레닌주의와 부합될 수 없으며 무관한 것이라고 단죄하고 당 지도를 1인지도체제로부터 다시 집단지도체제로 환원하며, 국민생활의 전반에 다시 '레닌방식의 민주주의'가 깃들 수 있도록 '혁명적 사회주의의 법률'을 되찾아야 한다고 주장했다. 소련이 결코 전제정치로 후퇴하지 않겠다는 약속을 의미한 이 연설은 어느 정도의 자유화와 시민생활의 개선을 의미한 내부개혁을 기약하는 것이었다.

물론 이 연설에는 흐루쇼프 자신을 위한 변명도 포함되어 있었다. 스탈린 시대에 정치국 위원이라고 해서 신변이 안전한 것은 결코 아니었다는 사실, 스탈린의 초대를 받고 연회석에 앉아 있지만 그다음 행선지가 자신의 가정이 될지 감옥이 될지 몰라 불안했다는 사실, 스탈린은 정치국의 투표를 거쳐야 할 사안에 대해서 투표를 실시하기는커녕 정치국 회의를 열려고도 하지 않았다는 사실의 폭로 등이 그러했다.

당중앙위원회는 표면상 전원일치로 흐루쇼프가 스탈린격하연설을 하도록 지지했다는 입장을 취했다. 그러나 이 연설에 앞서 중앙상임위원회의 다수는 반대했다. 흐루쇼프의 회고에 따르면, 표결권을 가진 11명의 정위원들 가운데 몰로토프, 카가노비치, 말렌코프, 보로실로프를 포함한 최소한 여섯 명의 정위원들이 반대했다. 특히 몰로토프와 카가노비치는 중앙위원회에서도 다수를 장악하고 있어서 그들의 반대는 심각했다. 그런데도 흐루쇼프가 어떻게 그 연설을 할 수 있었던가는 확실하지 않다. 다만 추측만이 가능하다. 그는 우선 이론상 당의 최고기관인 당대회에서 그가 연설을 해야 할 것인지의 여부를 묻겠다고 위협한 것 같다. 또한 그는 정치경찰을 동원할 수 있는 힘을 가진 중앙상임위원회 정위원이며 총리인 불가닌의 지지를 받고 있었던 것 같다. 어떻든 흐루쇼프의 결정은 흐루쇼프 스스로의 강력한 의지의 승리였다.

흐루쇼프의 비밀연설이 국내외에 준 충격은 너무나 컸다. 특히 국내와 동유럽에서는 자유화에 대한 큰 기대를 낳았다. 특히 헝가리와 폴란드에서는, 우리가 13장과 14장에서 각각 살펴보게 되듯, 전국적인 대규모 반소봉기로 이어졌다. 이러한 사태의 진전은 흐루쇼프의 당내 지위를 위태롭게 하는 것이었다. 그러나 국민 사이의 인기는 높아졌다. 그의 반대파가 그를 중앙상임위원회 정위원직에서 사임시키지 못한 요인은 그의 개인적 인기 때문인 것으로 평가됐다.

미국과의 평화공존 추구

제20차 당대회 때 있었던 또 하나의 중요한 사건은 흐루쇼프가 공개회의에서 행한 '현재의 국제정세의 기본문제'에 관한 보고였다. 여기서 그는 레닌 이래 일관되게 주장되어온 전쟁불가피론을 비판하고 획기적인 평화공존론을 제창했다. 국제적으로 그는 소련으로 대표되는 사회주의진영과 미국으로 대표되는 자본주의진영 사이에 전쟁이 불가피한 것이 아니라고 주장하면서, 두 진영이 평화롭게 함께 살 수 있는 길을 걸어야 한다고 강조했다. 이 평화공존론을 제시하면서 그는 핵심을 찌르는 말을 했다. 레닌 시대에는 핵무기가 없었기에 전쟁불가피론을 고수할 수 있었으나 핵무기가 등장한 이후에도 전쟁불가피론에 매달리면 결국 핵전쟁으로 치닫게 되며, 핵무기는 부르주아계급과 프롤레타리아계급을 구별하지 않고 모두 살상하므로 핵전쟁을 반드시 피해야 한다는 것이었다.

실제로 흐루쇼프는 미국과의 데탕트détente, 곧 긴장완화를 추구했다. 때로는 미국에 대해 협박적인 언사를 쓰기도 했지만 기본적으로는 '협박을 통한 협상'을 성사시키고자 했다. 그래서 그는 1959년 9월에 소련의 최고권력자로서는 처음으로 미국을 방문해 메릴랜드주 서몬트Thurmont에 위치한 미국대통령의 휴양지 캠프 데이비드Camp David에서 아이젠하워 대통령과 회담하고 두 나라 사이의 긴장완화를 약속했는데, 이것을 사람들은 '캠프 데이비드의 정신'이라고 불렀다.

이 정신은 아이젠하워 대통령의 후임인 케네디 대통령 때도 유지됐다. 1962년 10월의 쿠바미사일위기를 극복한 뒤에는 케네디와 흐루쇼프의 이른바 K-K 협력시대를 열어 미소관계를 중심으로 한 국제관계를 대결보다 대화의 방식으로 풀고자 했던 것이다. 이처럼 밖으로 긴장완화정책을 쓴 까닭은 군비를 줄임으로써 국내경제를 발전시키고 민생을 안정시키려는 데 있었다. 이것은 흐루쇼프가 공산주의를 '물질적 풍요'와 같은 것으로 보고 있었음을 뜻했다. "소시지를 공급하지 못한다면 그것이 무슨 공산주의냐?"라고 스스로 물은 데서도 잘 나타났듯, 그는 국민의 물질생활을 향상시키고자 했던 것이다.

이것은 흐루쇼프가 '소비자공산주의'의 요소를 어느 정도 받아들이고 있었음을 뜻했다. 어떻게 보면, 부하린류의 공산주의에 동조하고 있다는 뜻으로도 풀이됐다. 따라서 이념적 정통성을 앞세우는 강경파 보수주의자들의 반발을 불러일으키게 된 것이다. 구체적으로, 흐루쇼프노선은 국내 보수파뿐만 아니라 중국의 반발 또한 불러일으켰다. 미국으로부터 외교적으로 봉쇄당하고 있고 군사적으로도 대결 중이던 중국은 흐루쇼프의 평화공존론을 받아들일 수 없었던 것이다. 또 스탈린방식으로 중국을 통치하던 마오쩌둥에게 흐루쇼프의 스탈린격하운동은 자신에 대한 위협으로 여겨졌던 것이다. 그리하여 세계공산주의운동을 두 쪽 나게 만든 중국과 소련 사이의 이념논쟁이 시작되기에 이르렀다.

브레즈네프의 궁정쿠데타

실제로 흐루쇼프의 새로운 노선에 대한 국내의 도전은 이듬해 6월에 나타났다. 지난날 정치국으로 불리던 중앙상임위원회에서 말렌코프 부총리, 카가노비치 부총리, 몰로토프 제1부총리, 보로실로프 국가원수는 불가닌 총리와 미하일 사부로프 제1부총리 및 미하일 페르부킨 제1부총리의 지지를 확보해 산술적 다수를 이룬 다음에 흐루쇼프의 사임을 요구했다. 이것이 흐루쇼프에게는 이른바 '6월위기'였다.

그러나 흐루쇼프는 자신의 지지자가 훨씬 많은 중앙위원회를 열어, 말렌코프와 카가노비치 및 몰로토프를 반당분자로 규정한 뒤 그들을 당의 지도부에서 추방하는 결의안을 통과시키는 데 성공했다. 여기서 주목할 부분은 이들이 인민의 적으로서가 아니라 반당분자로서 제거됐다는 사실이다. 그것은 스탈린의 교리 중 하나인 인민의 적이라는 개념이 폐기됐음을 의미했다. 그러나 그들은 당에서 완전히 축출된 것도 투옥된 것도 아니었다. 얼마 뒤 그들은 모두 예전의 지위에 비해 격이 낮기는 하지만 각자의 특수자질에 따라 중요한 직위를 부여받았다. 또 하나 중요한 것은 중앙상임위원회의 결정을, 즉 정치국의 결정을, 차하급기관이지만 중앙상임위원을 선출하는 권한을 가진 중앙위원회가 뒤엎는 관례가 성립됐다는 사실이었다. 이것은 소련공산당의 정책결정이 좀더 민주화되고 있음을 말해주었다.

흐루쇼프는 1년 뒤인 1958년 3월에는 불가닌을 각료회의 의장, 곧 총리에서 물러나게 하고 스스로가 총리를 겸함으로써 당과 정부의 1인자가 됐다. 그것에 앞서 '스탈린그라드의 영웅'이면서 '베를린의 해방자'로, 흐루쇼프의 베리야체포를 직접적으로 도왔으며, 그리하여 직업군인으로 정치국 정위원으로 처음 진출한 국방장관 주코프 원수도 모든 공직에서 해임시킬 수 있었다. 그러나 그의 권력과 권위는 결코 스탈린에게 미치지 못했다.

그렇지만 흐루쇼프는 국제정치무대에서는 언제나 큰 주목을 받았다. 우선 1957년 8월에 미국에 앞서 인류역사에서 처음으로 대륙간탄도유도탄 ICBM을 발사하는 데 성공했다. 소련은 같은 해 10월 4일에 역시 인류역사에서 처음으로 인공위성을 쏘아올리는 데 성공했다. 이 인공위성의 이름은 스푸트니크1호였다. 1개월 뒤, 소련은 스푸트니크2호를 발사했는데, 거기에는 살아 있는 개가 타고 있었다. 소련은 1959년 1월 2일에는 역시 인류역사에서 처음으로 달에 로켓을 착륙시키는 데도 성공했다. 이것들은 소련이 우주과학을 포함해 현대적 과학기술에서 미국을 앞섰으며 미사일개발에서도 미국을 앞섰다는 인상을 국제사회에 심어주기에 충분했다.

흐루쇼프는 또 의전을 무시한 채 거칠고 무례한 행동을 함으로써 외교적 기행奇行의 권력자라는 인상을 심어주었다. 캄보디아의 노로돔 시아누크 Norodom Sihanouk 국왕의 회고에 따르면, 자신만을 불러도 되는데 아내까지 크렘린의 공식회담장으로 오게 한 뒤 자신이 보는 앞에서 미인으로 이름난 아내 모니크를 노골적으로 유혹했다. 시아누크의 표현으로, 흐루쇼프는 "아내 모니크의 차분한 미소가 무척 인상적이라면서 아내를 동반하지 않으면 소련입국을 허가하지 않겠다"고 했다. 그래서 시아누크가 부인과 함께 모스크바에 도착해 회의장에 들어가자 "내가 앉아야 할 그의 맞은편 자리에 모니크를 앉혀놓고 은근한 눈길로 그녀를 응시하기도 했다"고 말했다. 시아누크는 결론적으로 자신의 회고록에서 흐루쇼프를 '늙은 메추라기'라고 불렀다.

흐루쇼프는 또 1960년의 제15차 유엔총회에서 자신의 구두를 벗어들고 그것으로 책상을 치며 서방국가들의 '제국주의'를 비난하기도 했다. 미국의 아이젠하워 대통령에 대해서는 대통령을 그만둔 뒤 원한다면 고아원장을 시켜주겠다고 공개적으로 조롱하기도 했다. 서방의 외교관들이 모인 자리에서는 "우리 공산주의는 당신들을 매장시킬 것이다"라고 호언장담하기도 했다. 1960년 10월과 11월 사이에 1개월에 걸쳐 모스크바에서 열린 세계 81개국 공산당·노동당대회에 조선로동당 대표단의 이론고문으로 참석했던 북한의 황장엽에 따르면, "흐루쇼프는 점잖게 행동하는 사람이 아니었다. 그는 [……] 농담과 거친 쌍소리를 해대며 사람들을 웃기거나 놀라게 했다."

1960년대 들어서면서 흐루쇼프의 권위는 크게 잠식됐다. 쿠바에 비밀리에 공급했던 소련의 미사일을 1962년 10월에 내려진 케네디 미국대통령의 단호한 결의 앞에서 철수하지 않을 수 없었던 사건, 1963년에 일어난 대흉작, 그리하여 소련농민들이 절대적으로 필요로 하는 밀을 1963년과 1964년 두 해에 걸쳐 '미국제국주의'로부터 사들여야 했던 일, 그리고 스탈린치하의 강제노동수용소생활을 고발한 알렉산드르 솔제니친 Aleksandr I. Solzhenitsyn의 『이반 데니소비치의 하루』를 비롯한 반체제인사들의 작품들에 대한 부분적인 출판허용 등은 보수파들이 주동이 된 흐루쇼프반대세력을 결집시켰다.

그런데도 흐루쇼프는 반대세력의 움직임을 전혀 눈치채지 못하고 점점 당과 정부의 공식기구들을 거치지 않은 채 독단적으로 결정을 내리기 시작함으로써 반대세력을 더욱 자극했다. 그 작은 보기가 사위 알렉세이 아주베이 Aleksei Adzhubei의 정치적 활용이었다. 정부기관지 『이즈베스티야 Izvestia』의 편집국장 이외에는 다른 공식적인 직위가 없던 그를 흐루쇼프는 1964년 여름에 서독으로 보내 자신의 서독방문을 준비하게 한 것이다. 아주베이는 그 밖에도 정치적으로 여러 중요한 일들을 수행했다.

이러한 상황 속에서 흐루쇼프가 흑해 연변의 유명한 휴양지 소치에서 쉬던 1964년 10월 14일에 소련공산당 중앙위원회는 흐루쇼프를 당 제1비서와 당중앙상임위원회 위원 및 내각총리에서 해임했다고 『프라우다』가 10월 16일에 발표했다. 그의 실각은 그가 정치적으로 성장시킨 브레즈네프가 미하일 수슬로프Mikhail A. Suslov 및 알렉산드르 셸레핀Aleksandr N. Shelepin과 손을 잡은 궁정쿠데타의 산물이었다. 그들은 중앙상임위원회에서 긴급히 다룰 의제가 있다면서 흐루쇼프를 급히 모스크바로 불러들였는데 그것이 함정이었다. 마음을 놓고 있던 그는 음모의 냄새를 전혀 맡지 못했기에 별 준비 없이 회의장에 도착했던 것이다. 그러나 거기에는 반대파들이 집결시켜놓은 비밀경찰이 무장을 한 채 기다리고 있었다.

흐루쇼프는 비록 실각했으나 그가 시작한 미국과의 평화공존노선은 뒷날까지 살아남았다. 그의 후임자들 역시 미국과의 평화공존이 소련에도 큰 이득이 된다는 사실을 잊지 않았던 것이다. 그러한 의미에서 흐루쇼프의 역사적 공로는 오늘날까지도 일정하게 기억된다고 하겠다. 그 후 흐루쇼프는 연금생활자로 전락한 채 익명의 인간으로 조용히 살았다. 그러나 그는 이 시기에 역사적으로 중요한 기록을 남겼다. 자신의 생애를 돌이켜보면서 중요한 사건들에 대한 증언들을 녹음테이프들에 남겼고, 이 테이프들을 서방세계에 은밀하게 내보내 그가 죽은 뒤 세 권의 회고록으로 출판되게 만든 것이다.

3. 권력당국이 통제한 흐루쇼프의 장례식

흐루쇼프는 1971년 9월 11일에 모스크바에서 77세의 노령으로 죽었다. 그가 죽었을 때 소련공산당 기관지 『프라우다』와 소련정부 기관지 『이즈베스티야』는 56시간이 지나 장례식이 열리는 바로 그날 아침에야 부음을 보도했다. 『프라우다』의 경우, 첫 페이지 맨 하단에 작은 글씨로 다음과 같은 공고문을 실었다. "소련의 당중앙위원회와 각료회의는 전 중앙위원회 제1비서이자 각료회의 의장이었으며 그동안 연금으로 생활하던 니키타 세르게예비치 흐루쇼프가 오랫동안 병고에 시달리다 77세의 나이로 유명을 달리했음을 애석해하면서 공고한다." 이 공고문에 나오는 각료회의 의장은 우리 식으로 말해 총리다.

이 공고문에는 의례적으로 쓰는 표현인 "깊이 애도하며"라는 말이 빠져 있다. 그만큼 흐루쇼프에 대한 대접은 냉대에 가까웠다. 흐루쇼프의 아들이 뒷날 출판한 회고록에 따르면 당중앙위원회는 애초 『프라우다』 뒷면에다 검은 테두리를 두른 간단한 공고문만 싣자고 했으나, 이 신문의 편집국장이 그럴 경우 자신이 『프라우다』에 대한 외국언론의 신용을 지킬 수 없게 되어 사임할 수밖에 없다고 위협해 바꿔놓았다고 한다. 그러나 이 보도는 이미 늦은 것이었다. 흐루쇼프가 모스크바 근교의 쿤트세보병원에서 죽자 그의 아들은 곧바로 평소 가깝게 지낸 서방언론인들에게 알렸고 그래서 서방의 매체들은 계속해서 보도하고 있었던 것이다.

쿤트세보병원에서 간단한 발인제가 열렸다. 권력당국에서는 당중앙위원회와 내각의 공동명의로 '니키타 세르게예비치 흐루쇼프 동지에게' 작은 화환을 보내왔다. 동시에 국가공안위원회 요원들과 무장군인들을 보내 감시하게 했다. 장례식은 노보데비치공동묘지에서 열렸다. 이곳에도 무장한 군인들이 배치되어 있었고, 다른 묘지들에 대한 일반방문객들의 참배조차 금지되었다. 심지어 공동묘지 부근의 지하철역에서는 승객들이 기차에서 내릴 수 없도록 했고, 근처를 지나는 버스와 전차는 아예 온종일 운행이 금지됐다. 그렇게 하고도 모자라 사복경관들이 들어와 장례식장에 모인 사람들의 사진을 하나하나 찍어갔다.

장례식 절차는 간단했다. 가족장인 데다 권력당국이 모든 것을 감시하고 통제하는 상황이어서 추모객들 가운데 조사를 해줄 사람을 찾기가 어려웠다. 그래서 아들이 조사를 했다. 그는 우선 자신의 아버지에 대해 여러 가지 평가가 내려질 수 있음을 시인했다. 그는 이어 "그러나 한 가지 의심할 여지가 없는 사실은 니키타 세르게예비치는 이 세상을 모든 사람이 잘살 수 있는 새로운 세계, 더 나은 세상으로 만들기 위해 할 수 있는 모든 노력을 다 기울였다는 점입니다. 물론 그러는 도중에 실수가 없었던 것은 아닙니다. 실수를 피하는 유일한 방법은 아무것도 하지 않는 것입니다. 그러나 니키타 세르게예비치는 많은 일을 하는 길을 택하셨습니다"라고 말했다.

장례를 감시하기 위해 공동묘지에 와 있던 당국자들은 몹시 당황했다. 그래서 다른 절차들을 생략하고 서둘러 장례를 끝내도록 직접 나섰다. 이 무렵 소련공산당의 원로지도자로, 늘 변신을 잘해 아슬아슬하게 숙청의 도끼날을 피해왔던 아나스타시 미코얀Anastas I. Mikoyan의 화환이 도착했다. 아르메니아 출신의 노老볼셰비키 미코얀은 흐루쇼프집권 시기에 언제나 흐루쇼프를 도왔으며 그래서 흐루쇼프는 비록 한직이기는 하지만 그를 소련의 국가원수에 선출해주기도 했다. 그는 브레즈네프집권 초기까지 소련공산당 중앙위원회 정치국 정위원 자리를 유지했다가 그 후 탈락했다.

장례식은 그런 식으로 끝났다. 그 후 권력당국은 일반인들의 참배를 묵시적으로 금지하는 태도를 보였다. 보수주의로 회귀하고 경우에 따라서는 스탈린 시대에 대한 비판을 억제할 뿐만 아니라 스탈린 시대의 어떤 부분은 찬양하기도 하는 브레즈네프정권에 흐루쇼프는 걸림돌같이 느껴졌기 때문이다. 흐루쇼프의 묘지에 참배한다는 것은 브레즈네프정권에 반대하는 시위로 풀이되던 시절이었음을 상기하면 좋을 것이다.

　장례식을 마친 뒤 흐루쇼프의 아들은 묘지 위에 기념비를 세우고자 했다. 그러나 권력당국은 그것을 허용하지 않았다. 마침내 흐루쇼프의 미망인이 어렵게 알렉세이 코시긴Aleksei N. Kosygin 총리에게 직접 전화해 뜻을 전할 수 있었다. 코시긴은 따뜻한 마음으로 도와주었다. 그리하여 흐루쇼프가 죽은 때로부터 4년이 지난 1975년 8월에 기념비에 해당하는 묘비를 세울 수 있었다. 기념비는 흐루쇼프가 만 70세 때, 그러니까 여전히 소련권력구조의 정상에 있을 때 찍은 사진을 모형으로 삼았다. 아주 행복하게 웃는 얼굴 그대로 기념비를 만든 것이다. 작가는 유명한, 그러면서도 흐루쇼프에게 저항했던 용감한 조각가 네이즈베스트니Ernst I. Neizvestny였다. 그래서 흐루쇼프 기념비는 더욱 유명해졌다. 권력당국은 이것을 참을 수 없었다. 우선 노보데비치공동묘지 전체를 수리한다는 이유로 10년 넘게 일반인들의 출입을 통제했다. 네이즈베스트니에 대해서는 외국으로 이민을 가게 만들었다. 그래도 1984년에 흐루쇼프의 미망인이 죽었을 때 합장은 허용해주었다. 고르바초프정권이 등장하고 소련에서도 개혁과 개방의 훈풍이 불면서 노보데비치공동묘지에 대한 출입통제가 풀렸다. 사람들은 자유롭게 흐루쇼프의 묘지에 참배할 수 있게 됐고, 네이즈베스트니의 귀국도 허용됐다.

　소련이 해체되고 소련권의 공산정권이 모두 붕괴하던 1989~92년의 시기에 소련권에서는 묘지혁명이 일어났다. 화려하게 국장을 치른 뒤 국립묘지에 묻혔던 공산주의권력자들의 묘지들을 파헤치고 시신들을 이장하는 현대판 부관참시의 소용돌이가 여기저기서 거세게 불어닥쳤던 것이다. 그러나 흐루쇼프의 무덤에는 아무런 위해가 없었다. 오히려 그의 무덤에는 오늘날까지 일반시민의 참배와 헌화가 이따금씩 이어지고 있다. 저자는 1993년 12월에 러시아과학아카데미 동방학연구소의 초청으로 모스크바를 다시 방문했을 때, 이 연구소 연구원의 안내로 그곳을 찾았다. 저녁이었지만 눈이 수북하게 내려 아주 어둡지는 않았다. 원래 흐루쇼프의 얼굴은 '퓨마puma'를 닮았다. 그러나 동상의 얼굴은 환하게 웃는 모습이었다.

4. 흐루쇼프의 정적이자 투철한 스탈린주의자였던 몰로토프의 삶

17년간의 구술을 정리한 회고록

흐루쇼프에 대조되는 측면을 자주 보여준 소련의 수뇌급 공산주의권력자로 저자는 뱌체슬라브 미하일로비치 몰로토프를 꼽고 싶다. 흐루쇼프보다 훨씬 먼저 볼셰비키당에 가입했으며 또 흐루쇼프에 훨씬 앞서 총리를 지냈던 몰로토프는 흐루쇼프집권시대에 그의 노선에 반대하는 길을 걸었으며 그래서 흐루쇼프에 의해 거세된 노볼셰비키였다.

흐루쇼프는 소련의 수뇌급 공산주의권력자로서는 유일하게 회고록을 남겼다. 그 점 때문에 그는 정통 마르크스-레닌주의자를 자처하는 소련공산주의자들의 비난을 사기도 했다. 많은 사람이 함께 이룩한 일에 대해 어느 특정한 개인이 회고하는 행위 자체는, 특히 회고록의 출판으로 돈을 버는 행위는 부르주아적이라고 그들은 비판했다. 한편 몰로토프는 회고록을 남기지 않았다. 1890년에 태어나 1986년에 만 96세의 고령으로 죽었기에, 게다가 소련공산당의 최고권력기관인 정치국의 정위원 및 소련정부의 총리와 부총리 및 외무장관으로 수십 년 동안 봉직하며 국내외의 크고 작은 일들에 깊이 관여했기에, 그가 회고록을 남겼더라면 소련역사에 대해서는 물론 세계사에 대한 우리의 지식은 더 많아졌을 것이다. 그런데도 그는 레닌도 남기지 않고 스탈린도 남기지 않은 회고록을 자신이 남길 수 없다며 집필의뢰에 끝까지 거부했다.

그 대신 몰로토프는 소련의 시인이며 전기작가인 펠릭스 추예프Felix Chuev의 끈질긴 요청에 응해 1969년부터 죽을 때까지 17년 동안 자신이 기억하고 있는 것들을 하나하나 구술해주었다. 그 대화는 모두 140회에 걸쳤다. 추예프는 그것들을 정리해 1991년에 단행본으로 출판했으며, 이 책의 영역본 『몰로토프는 기억한다: 크렘린 내부의 정치 Molotov Remembers: Inside Kremlin Politics』는 1993년에 미국 시카고의 한 출판사에서 나왔다. 400페이지가 넘는 큰 책이다.

이 대목에서 하나 덧붙이고 싶은 것은 몰로토프의 뛰어난 기억력이다. 추예프가 몰로토프와 대화를 시작한 1969년은 몰로토프가 79세인 해였다. 그러니까 몰로토프는 79세 때부터 96세 때까지 추예프와 대화를 나눈 것인데, 추예프에 따르면 몰로토프는 지난 수십 년 전의 일들을 매우 자세하고 대단히 정확하게 기억하고 있었다고 한다.

철저한 스탈린주의자의 고난

몰로토프의 혁명투쟁경력은 흐루쇼프의 그것과 비교가 되지 않을 만큼 험난했다. 상트페테르부르크공과대학에 재학했던 그는 볼셰비키지하당에 입당해 두 차례에 걸쳐 투옥됐으며 특히 10월혁명 때는 군사혁명위원회 위원으로 활약했고, 소비에트정권이 수립된 뒤에는 당중앙위원회 위원 겸 당비서국 비서에 발탁됐으며, 이어 인민위원회 위원장, 곧 내각총리를 맡았던 레닌의 비서실장으로 발탁됐다. 이때 그의 나이는 31세였다. 레닌이 죽고 권력계승투쟁이 벌어졌을 때 몰로토프는 스탈린을 지지했다. 스탈린은 1926년에 몰로토프를 정치국 정위원으로 선출해주었는데, 그는 이 자리를 1953년까지 무려 27년 동안 유지하게 된다. 몰로토프는 만 40세이던 1930년에는 내각의 총리로 선출됐다.

1936년부터 1938년까지의 이른바 대숙청의 고조기에 몰로토프는 스탈린 및 비밀경찰과 함께 체포와 처형의 주동적인 역할을 수행했다. 1939년 8월에 총리직을 유지한 채 리트비노프의 후임으로 외무장관을 겸했고 곧바로 독일과의 불가침조약체결을 매듭지었다. 이 조약은 소련과 독일 사이에 위치한 국가들을 두 나라가 분할점령한다는 비밀의정서를 채택했는데, 이 비밀의정서에 따라 소련은 1939년 11월에 핀란드를 침공해 이른바 겨울전쟁을 일으켰다. 이 전쟁에서 소련은 핀란드의 수도 헬싱키의 도심에 소이탄을 마구 투하했다. 자연히 국제사회의 비난이 거세졌는데, 몰로토프는 "우리는 시민들에게 빵을 공급한 것이다"라고 태연히 거짓말을 했다. 핀란드 사람들은 "그렇다면 너는 이 술이나 받아라"라고 소리를 지르며 화염병을 던졌다. 사람들은 이 화염병을 '몰로토프 칵테일'이라고 불렀다.

몰로토프가 외무장관으로 일하던 때의 일화들이 많다. 그중 하나만 소개하자면, 1940년에 스탈린은 독일과의 영토문제를 더욱 분명히 밝히기 위해 협상대표로 몰로토프를 독일로 보내면서 혹시 몰로토프가 망명하지 않을까 경계해 비밀경찰요원들로 하여금 언제나 그를 감시하게 만들었다. 그러면 몰로토프에게 어떤 조그만 의심이라도 갈 만한 요소가 있었던가? 아니다. 몰로토프는 스탈린에 대한 충성심 하나로 살았던 철저한 스탈린주의자였다. 독재자에게 공통되는 심리적 특성으로 으뜸가는 것이 의심이다. 이렇게 볼 때, 몰로토프에 대한 스탈린의 의심은 전혀 이상할 것이 없다. 그런데 그처럼 철저했던 의심병환자 스탈린이 히틀러만큼은 끝까지 믿었다는 것은 역설적이다.

스탈린의 신뢰를 짓밟으며 독일은 소련과의 불가침협정을 일방적으로 깨뜨리고 1941년 6월 22일에 소련침공을 개시했다. 그 직전에 스탈린은 몰로토프를 총리에서 해임하고 자신이 총리를 겸했는데, 침공 직후 스탈린은 국가방위위원회 위원장을 겸하면서 몰로토프를 부위원장으로 임명했다. 전시에 몰로토프는 외무장관으로서 스탈린을 도와 연합국들을 상대하는 어려운 외교에 전념했다. 그는 이때 영국과 미국을 방문하면서 소련공군의 전투기를 이용했다. 독일이 점령한 지역의 상공을 비행하면서 독일군의 대공포격에 대비하기 위해서였다. 비록 전투기를 이용한다고 해서 안전이 보장되는 것은 아니었다. 따라서 그의 여행은 글자 그대로 목숨을 건 여행이었다. 그러나 그는 이 여행을 헌신적으로 마쳤다.

몰로토프는 테헤란회담과 얄타회담 및 포츠담회담에 참가해 협상에 일관되게 끈질기고 교활하게 임함으로써 소련의 이익을 지키는 데 최선을 다했다. 그는 1945년 4월에 유엔창설을 위한 샌프란시스코회담에 소련대표로 참가하면서 백악관을 방문했으며, 이때 대통령직을 막 승계한 트루먼으로부터 '냉전적 발상의 엄격한 훈계'를 들었다. 몰로토프는 "내 평생 상대국으로부터 이런 말을 들어본 일이 없다"고 회상했다. 어떤 학자들은 이 자리가 바로 냉전이 시작된 자리였다고 주장한다.

몰로토프는 1945년 12월에 모스크바에서 4대국 외무장관회의를 열고 저 유명한 한반도신탁통치조항을 포함하는 '코리아에 관한 의정서'를 채택하는 데 주도적 역할을 수행했다. 이것 역시 몰로토프의 외교적 승리였다. 원래 4대국이 다루기로 합의된 한반도문제를 사실상 미국과 소련 두 나라가 다루도록 변경했으며, 특히 미국과 더불어 소련이 거부권을 행사할 수 있게 만들어놓았기 때문이다.

1946년에 몰로토프는 부총리를 겸했다. 그러나 가정적으로 불행한 일이 일어났다. 스탈린은 몰로토프가 27년 동안 함께 살아온 조강지처 폴리나 젬추지나Polina S. Zhemchuzhina가 유대인이기 때문에 믿을 수 없다며 이혼을 강요한 것이다. 비극은 거기서 끝나지 않았다. 그녀는 1949년 2월에 국가반역혐의로 체포됐고 강제노동수용소에 수용됐다. 이것을 몰로토프는 그대로 바라보고 있을 수밖에 없었다. 이렇게까지 맹종했는데도 스탈린은 1개월 뒤에 몰로토프를 외무장관에서 해임하고 그 자리에 검찰총장을 역임한 안드레이 비신스키를 임명했다.

몰로토프에게는 다음과 같은 우스갯소리가 따라다녔다. "스탈린은 몰로토프에게 서방 측과 회담할 때 그저 '아니요'라고만 대답하라고 시켰다. 몰로토프는 그 지시에 완벽하게 충성했다. 그런데 어느 날 스탈린은 몰로토프가 자기 앞에서 어느 서방외교관과 통화하던 가운데 '아니요'를 연발하다가 끝에 가서는 '예'라고 대답하는 소리를 듣고 화를 냈다. 그러자 몰로토프는 상대방이 귀하는 앞으로 '아니요'라고만 대답할 작정이냐고 묻기에 '예'라고 대답했다고 해명했다." 이처럼 스탈린에게 충성을 다했건만 그는 때로는 험한 꼴을 겪어야 했던 것이다.

1953년 3월에 스탈린이 죽은 직후 몰로토프는 내각 제1부총리 겸 외무장관으로 발표됐다. 동시에 조강지처는 석방됐고 두 사람은 다시 결합했다. 소련의 외무장관으로서 몰로토프는 1954년에 인도차이나문제와 한반도문제를 함께 다루기 위해 제네바에서 열린 국제회담에 소련대표단을 이끌고 참가했다. 그 후에도 그는 여러 국제회담에 소련대표로 참가했다.

장례비용만 남긴 채 죽은 몰로토프

그러면 외교관으로서 그는 어떤 평가를 받았는가? 영국의 유명한 외교사학자인 와트D. C. Watt는 낙제점을 주었다. 20세기의 강대국 외무장관들 가운데 가장 멍청한 축에 포함된다고 비판한 것이다. 그러나 영국총리 처칠과 미국국무장관 존 포스터 덜레스John Foster Dulles의 평가는 매우 높다. 몰로토프를 직접 상대했던 경험을 가진 그들은 모두 몰로토프가 뛰어난 협상가였고 기민한 책략가였다고 칭찬한 것이다.

몰로토프는 흐루쇼프가 집권한 뒤 벌인 스탈린격하시도에 분명하게 반대했다. 그는 철저한 스탈린주의자였던 것이다. 그리하여 그는 제1부총리 겸 외무장관에서 모두 해임됐다. 곧이어 1957년에는 반당분자로 지목돼 당

중앙위원회에서도 추방됐다. 그러나 곧바로 몽골주재소련대사로 유배되어 1960년까지 봉직했다. 이 자리는 너무나 한직이어서 일부 사람들은 현지로 부임하기 위해 그때로써는 1주일 이상 걸리는 시베리아횡단열차를 탄 몰로토프를 비웃기도 했으나 그는 담담했다.

몽골대사로 봉직하는 동안 그는 철저히 스탈린노선을 지키던, 그리하여 흐루쇼프와 관계가 악화되던 중국의 마오쩌둥과 가까워졌다. 흐루쇼프는 그 꼴을 보기가 싫었다. 그래서 몰로토프를 1960년부터 2년 동안 오스트리아의 수도 빈에 본부를 둔 국제원자력위원회IAEA에 소련대표로 발령했다. 그렇게 하고도 흐루쇼프는 속이 편하지 않았다. 그래서 1962년에 몰로토프의 당원자격을 빼앗고 모든 공직에서 물러나게 했다. 몰로토프가 만 72세 때의 일이었다. 그때부터 그는 연금생활자로 조용히 살았다. 1970년에 조강지처가 죽자 그는 더욱 외로워졌다.

체르넨코가 집권하던 때인 1984년에 몰로토프는 당원자격을 다시 받았고, 그때로부터 2년 뒤인 1986년 11월 8일에 죽었다. 11월 8일은 바로 볼셰비키혁명이 성공했던 날이다. 꼭 69년 전 그날 몰로토프는 크렘린에서 소비에트정권의 탄생을 선언하는 레닌 옆에 서 있었다.

몰로토프의 유언장은 간단했다. 유일한 유산으로 5백 루블을 남겼으니 이 돈으로 장례를 치르라는 것 하나였다. 그는 아내와 함께 노보데비치공동묘지에 묻혔다. 정적 흐루쇼프의 묘역에서 그리 멀지 않은 곳이었다.

소련의 쇠락을 관리한 노인통치자들

09

레오니트 브레즈네프, 유리 안드로포프, 콘스탄틴 체르넨코

안정에서 쇠락으로

호루쇼프를 실각시키고 집권한 브레즈네프가 자신의 통치 18년 동안 일관되게 추구한 것은 소련공산당 간부들의 안정화였고 그 목표는 성취됐다. 그러나 그 기간에 소련은 노인통치의 시대에 들어갔으며 그 결과 활력을 잃고 쇠락해갔다.

브레즈네프의 후임 유리 안드로포프는 소련을 다시 살리고자 부하린식의 개혁을 시도했다. 그러나 이미 병약한 노인이던 그는 얼마 뒤 죽었다. 뒤를 이은 콘스탄틴 체르넨코 역시 병약한 노인이었다. 그는 이렇다 할 일을 시작도 하지 못하고 죽었다. 그의 후임이 바로 고르바초프였다. 그는 50대의 정열과 패기로 개혁과 개방을 과감히 추구했다. 그러나 그의 시대에 소련은 결국 해체되고 말았다.

브레즈네프가 죽은 1982년부터 체르넨코가 죽은 1985년까지 약 2년 반

동안 소련은 무려 세 차례에 걸쳐 권력교체를 경험한 셈이었다. 이 시기는 '강력한 미국'을 부르짖던 레이건Ronald Reagan 미국대통령이 미국과 세계 정치를 이끌고 있었으며 '강력한 미국'의 교묘한 '소련붕괴유도전략'에 휘말려 소련의 쇠락이 더욱 촉진된 시기이기도 했다. 이 장에서는 소련의 이 늙은 세 지도자의 삶과 죽음을 살피기로 한다.

1. 간부들의 안정에 치우쳤던 브레즈네프

'은혜를 모르는 부하' 브레즈네프

브레즈네프는 1906년 12월 19일에 우크라이나의 공장촌인 카멘스코예에서 태어났다. 이곳은 뒷날 큰 공업도시로 발전해서 드니프로제르진스크로 불리게 된다. 브레즈네프의 주장에 따르면, 자신의 아버지는 러시아인 철강노동자로서, 1905년에 발생한 '최초의 러시아혁명'에 뒤따르던 노동자파업에 참여했다.

브레즈네프가 11세가 되던 1917년 10월에 러시아에서는 볼셰비키혁명이 일어나 마침내 인류 최초의 소비에트정권이 수립됐다. 그는 17세가 된 1923년에 청년공산동맹, 곧 콤소몰Komsomol에 가입했으며, 21세 때인 1927년에 토지기술학교를 졸업하고 우랄 지방에서 농업관계 중급전문가로 직장생활을 시작했다. 그의 임무는 스탈린의 국유화정책에 따라 농민으로부터 빼앗은 토지의 재분배를 감독하는 일이었다. 25세 때인 1931년에는 고향으로 돌아가 금속공학전문대학에 입학함과 동시에 공산당원이 됐다. 그는 1935년에 금속공학전문대학을 마쳤으며, 그사이 당의 관리, 곧 '아파라치키'의 일원으로 성장했다. 소련공산당의 기구 또는 장치들을 '아파라트apparat'라고 불렀고 거기서 일하는 사람들을 '아파라치크apparatchik'라고 불렀다. '아파라치키'는 복수형이다.

　1930년대 중반부터 1940년까지 스탈린의 대숙청이 벌어졌다. 그러나 브레즈네프는 숙청의 도끼를 피했을 뿐만 아니라 숙청으로 제거된 선임당원들이 차지했던 자리들로 승진을 거듭했다. 여기서 한 가지 재미있는 사실은 브레즈네프를 발탁한 사람이 나중에 그에게 밀려날 흐루쇼프였다는 점이다. 33세 때인 1939년에 브레즈네프는 당시 우크라이나공화국당 제1비서였던 흐루쇼프에 의해 우크라이나공화국 드니프로제르진스크당위원회 선전담당비서로 기용됐으며, 이때부터 그는 '우크라이나 마피아'의 일원이 되어 이 그룹과 더불어 출세를 거듭하게 됐고, 그와 흐루쇼프의 관계는 점점 더 밀접해졌다. 제2차 세계대전 때는 정치장교로 활약했으며, 한때 흐루쇼프의 보좌관으로 일하기도 했다.

　전쟁이 끝난 뒤 브레즈네프는 우크라이나공화국당에서 주요한 직책들을 두루 맡았다. 전쟁 동안 적잖은 수의 선임당원들이 죽거나 제거되었으므로 그의 승진이 빨라졌다. 그는 곧 몰도바공화국당 제1비서를 거쳐, 46세 때인 1952년에 열린 제19차 소련공산당대회 직후 스탈린에 의해 마침내 당의 최고기관인 정치국 후보위원 겸 비서국 비서로 발탁됨으로써 중앙정계에 화려하게 등장했다.

　이듬해 3월에 발생한 스탈린의 사망은 그에게 정치적 시련을 안겨주었다. 권력투쟁의 소용돌이 속에서 그는 정치국과 비서국에서 쫓겨나 해군의 정치교육본부장으로 좌천된 것이다. 그러나 1953년 9월에 정치적 후견인인 흐루쇼프가 당 제1비서로 취임하면서 재기할 수 있었다. 특히 흐루쇼프가 당중앙상임위원회 회의실에서 베리야를 제거할 때, 행동대의 일원이 되어 총을 들고 회의실에 들어와 베리야를 체포하는 데 일조함으로써 흐루쇼프의 신임을 얻었다. 그는 카자흐스탄공화국당 제2비서로 임명되어, 흐루쇼프가 주로 중앙아시아와 시베리아 지역에서 전개하던 '처녀지개간사업'

을 적극적으로 뒷받침했고, 1956년에는 대풍년을 기록할 수 있었다. 이것들에 힘입어, 50세가 된 그해에 그는 다시 정치국 후보위원 겸 비서국 비서 자리를 차지했다.

이듬해 몰로토프와 말렌코프 및 카가노비치 등이 흐루쇼프에게 반기를 든 이른바 반당사건이 발생했다. 이때 브레즈네프는 흐루쇼프를 지지했으며 그 공로로 정치국 정위원으로 승진했고, 1960년에는 보로실로프 원수에 뒤이어, 그때로써는 한직이지만 그래도 영예로운 국가원수에 선출됐고, 1963년에는 다시 비서국 비서를 겸했다.

이처럼 철저히 흐루쇼프의 사람이었던 브레즈네프는 1964년 10월에 흐루쇼프를 실각시킨 궁정쿠데타에 가담했다. 수슬로프 및 셸레핀과 손을 잡고 자신을 성장시켜준 흐루쇼프를 몰아낸 것이다. 마키아벨리Niccolo Machiavelli는 『군주론』에서 윗사람이 아랫사람에게 베푸는 은총에 정치적 결속력이 있는지 의심했었다. 쉽게 말해, 윗사람에게 은총을 받은 아랫사람이 그 은총을 기억하면서 윗사람에게 충성을 바치리라고 믿지 말라고 마키아벨리는 가르쳤다. 흐루쇼프와 브레즈네프의 관계를 볼 때 마키아벨리의 가르침은 옳았다. 흐루쇼프가 사랑을 베풀었는데 브레즈네프는 그를 배신한 것이다. 로버트 맥닐Robert McNeal 교수가 브레즈네프를 '은혜를 모르는 부하'라고 불렀던 까닭이 그 점에 있다.

3두체제에서 1인자의 지위로

흐루쇼프의 실각과 더불어 소련의 권력구조에는 3두지배체제가 나타났다. 당 제1비서 브레즈네프와 내각총리 코시긴 및 국가원수 니콜라이 포드고르니Nikolai V. Podgorny를 중심으로 한 집단지도체제가 성립된 것이다. 이 집단지도체제의 초기에는 브레즈네프의 권력이 크게 제한되어 있었다. 저명한 소련전문가인 버트럼 울프Bertram Wolfe가 1965년의 한 논문에서

3두지배체제 시기를 '일종의 대공위시대'라고 규정하고 브레즈네프를 이 대공위시대의 '중요하지 않은 과도적 인물'이라고 평가했던 것도 그때로써는 무리가 아니었다. 비록 1966년에 제1비서라는 칭호 대신 총비서라는 칭호를 얻기는 했으나, 그가 선전매체들을 지배하는 것은 여전히 허용되지 않았으며, 1964년과 1969년 사이에 있었던 정치국의 개편도 부분적으로는 그에게 불리하게 작용했다. 반면에 코시긴은 제한된 상태에서나마 상당한 영향력을 행사했다. 소련정치에서 당의 기구를 장악하지 않고도 지도적 역할을 수행한 총리는 코시긴밖에 없다는 분석이 있을 만큼, 그는 국가의 행정기관을 중심으로 정책과제를 추진하려고 했다.

그러나 3두지배체제는 시간이 흐르면서 차차 브레즈네프의 우위체제로 바뀌었다. 대체로 1970년부터 브레즈네프의 우위는 뚜렷해졌다. 같은 해에 그의 연설문들을 모은 『레닌주의자의 진로』가 출간됐다. 흐루쇼프가 실각한 이후, 생존한 정치인의 전집이 나온 것은 이것이 처음이었다. 외교적 의전에서도 국가와 정부 대표에게로 가야 할 1인자의 예우가 그에게 돌아갔다. 이와 더불어, 브레즈네프는 1971년과 1973년 사이에 정치국을 자신의 지지자들을 중심으로 개편해나갔다. 뒷날 그의 후임으로 당총비서가 되는 안드로포프가 정치국 정위원으로 승진한 것도 이때였고, 안드로포프의 경쟁자들 가운데 한 사람으로 꼽혔던 모스크바 지역 및 시 당 제1비서 빅토르 그리신 Viktor V. Grishin이 정치국 정위원으로 발탁된 것도 이때였다. 이처럼 집단지도체제 안에서 우위를 확보함과 동시에 정부에 대한 당의 우위, 특히 경제정책과 공업경영에서의 당의 주도권을 다시 확인했다.

1977년은 브레즈네프의 우위체제에 또 하나의 전기였다. 이해부터 약 3년 동안 브레즈네프는 자신의 추종세력을 당의 비서국과 최고소비에트의 간부회에 진출시키기 시작했다. 우선 반反흐루쇼프궁정혁명 때 애매모호한 태도를 보였으며, 그 후 브레즈네프에게 달갑지 않은 인물로 남았던 최고소비에트 간부회 의장 포드고르니를 해임하고, 스스로 그 후계자가 됐다. 이 자리는 국가원수의 자리에 해당했다. 이로써 브레즈네프는 소련정치사상 처음으로 당수직과 국가원수직을 겸한 명실상부한 소련의 제1인자가 되었다.

이어 자신의 측근인 콘스탄틴 루사코프Konstantin Rusakov를 비서국 비서로 승진시켰고, 바실리 쿠즈네초프Vasili Kuznetsov를 외무부 제1차관에서 최고소비에트 간부회 제1부의장으로 승진시켰으며, 티아젤니코프Yevgeny M. Tyazhelnikov 콤소몰 책임자를 중앙위원회 선전책임자로 발탁했다. 정부 기관에서도 추종자의 진출이 두드러졌다. 1978년 말에 콘스탄틴 마주로프 Konstantin Mazurov는 당정치국원 직과 그가 10년 이상 유지해온 제1부총리직으로부터 해임됐고, 그 대신 브레즈네프와는 1920년대의 학생 시절부터 가까운 친구였던 니콜라이 티호노프Nikolai S. Tikhonov가 정치국 후보위원과 제1부총리로 승진했다.

이 시기에 역시 브레즈네프의 측근인 체르넨코가 정치국 후보위원에 올랐고 불과 19개월 만에 정치국 정위원으로 승진했다. 이때 총리 코시긴이 와병으로 1980년 가을에 은퇴했다가 그해 12월에 향년 76세로 사망하자, 제1부총리 티호노프가 그의 후임이 되면서 동시에 정치국 정위원이 됐다. 브레즈네프의 측근들은 그의 정치적 고향인 드니프로제르진스크 또는 몰도바에 연관된 사람들이 대부분이었다.

말기의 권력투쟁

이처럼 브레즈네프에게 권력이 집중되는 과정에서 다음의 몇 가지 특징들이 나타났다. 첫째, 브레즈네프는 어느 특정인이 자신의 뚜렷한 후계자로 여겨질 만한 인상을 남길 인사를 하지 않았다. 이 점 때문에 누가 그의 후계자가 될 것인가 하는 의문은 언제나 남아 있었다. 둘째, 브레즈네프는 될 수 있는 대로 인사에서 급격한 변화를 피하려 했다. 앞에서 살폈듯, 승진을 거듭한 그룹이 있었던 것은 사실이지만, 스탈린방식의 숙청으로 목숨을 잃거나 아니면 자리를 잃는 일이 없도록 배려했고, 또 흐루쇼프방식의 제도개편으로 중앙의 고관이 지방으로 전출을 강요당하는 일도 발생하지 않도록 배려했다. 그 결과 소련의 정치체제는 기본적으로 안정성을 획득할 수 있었다. 이러한 배경에서, 영국 맨체스터에서 발행되는 유력일간지 『가디언 Guardian』이 브레즈네프의 죽음이 발표된 직후 "브레즈네프가 자신의 나라를 위해 추구했던 목표와 자신이 정말로 성취했다고 주장할 수 있는 유산을 표현하는 단어가 하나 있다면, 그것은 안정성이다"라고 논평한 것은 적절했다.

그러나 1976년에 70세의 고령이 된 브레즈네프가 질병에 시달리게 되면서 그의 사망 또는 퇴진이 예고되기 시작했고, 이와 더불어 권력투쟁의 조짐이 나타나기 시작했다. 무엇보다 1982년 1월에 당정치국의 중요한 실력자이면서 대표적 이론가로 크렘린 내부의 권력투쟁에 대해 상당한 발언권을 가진 수슬로프가 79세의 일기로 사망하자 브레즈네프의 후계경쟁이 재촉됐다. 크렘린의 킹메이커로서 브레즈네프체제의 새로운 체제로의 이전을 관리할 것으로 기대되던, 그리고 후계자의 선출에서 그의 가부可否가 결정적이었을 수슬로프가 죽으면서 노령인 브레즈네프의 배후에서 권력투쟁이 벌어진 것이다.

후계투쟁의 징후들은 우선 브레즈네프의 딸 갈리나 추르바노바Galina Churbanova가 관련된 소문으로 나타났다. 그녀의 친구로서 소련정부의 서커스분야 행정책임자인 아나톨리 콜레바토프Anatoli Kolevatov가 권력을 이용해 뇌물을 받아 축재한 혐의로 수사를 받고 있다는 소문이 모스크바에 나돌기 시작했으며, 많은 사람들은 이 소문이 브레즈네프의 위신을 실추시키려는 세력에 의해 조직적으로 유포된 것으로 믿었다.

이것과 더불어 소련공산당 기관지 『프라우다』는 1982년 2월 22일자 독자기고란과 논평을 통해 분명히 브레즈네프일가를 암시적으로 비판하는 내용의 글들을 내보냈다. 이 신문은 여기서 멈추지 않았다. 3월 1일자에서는 유명한 서커스곡예사인 유리 니쿨린Yuri Nikulin의 회견을 큰 기사로 내보냈는데, 여기서 니쿨린이 콜레바토프와 그 주변을 은유적으로 공격한 것이다. 브레즈네프에 대한 은유적 비판도 엿보였으며, 기사의 행간을 깊이 음미하는 당과 정부의 고위관리라면 이 글이 브레즈네프의 위신을 깎아내리고 동시에 그의 퇴진을 요구하는 세력에 의해 쓰인 것임을 간파할 수 있었다.

크렘린 내부에서 권력투쟁이 전개되고 있다는 조짐은 3월 12일자의 한 기획기사에 명백히 나타났다. 이 장문의 기사의 주인공은 클라브디 스베츠니코프Klavdi Svechnikov라는 가상적인 지방당의 비서였다. 국영농장을 이끌어나가는 이 충실하고 열정적인 당비서가 어느 날 부패에 관련됐다는 혐의로 비서직에서 쫓겨났다. 그러나 국영농장의 덕망 있는 공산주의자들이 그의 결백을 입증해주고 상부기관에 재심을 요청한다. 상부기관은 엄밀한 재조사를 통해 그의 결백을 인정하고 복직을 명한다. 이 과정에서 스베츠니코프의 반대파들은 스베츠니코프가 '건강상의 이유로' 당비서직을 감당하기 어렵다는 의사의 진단서도 제출한다. 그러나 상부기관은 그가 당위원회에 의해 '만장일치로' 비서직에 선출됐던 사실을 상기시키면서 그의 해임은 오직 당위원회에 의해 결정될 수 있다고 판정한다.

그러면 이 기사가 의도하는 것은 무엇일까? 결론부터 말해, 이 기사는 브레즈네프에 대한 옹호로서 3월 1일자의 은유적 공격에 대한 일종의 반격이었다. 이 기사는, 1981년에 열린 제26차 소련공산당대회가 구성한 중앙위원회에서 '만장일치로' 총비서에 선출된 브레즈네프는 오직 당중앙위원회에 의해서만 해임될 수 있음을 은연중에 강조한 것이었다.

브레즈네프 시대에 소련이 직면했던 문제점들

이처럼 권력투쟁이 전개되던 상황에서 소련의 국내외적 여건은 어떠했을까? 결론부터 말해, 소련은 나라 안팎으로 여러 가지 어려운 문제점들을 안고 있었다. 이 무렵의 소련을 하나의 거대한 병자로 묘사한 이도 있거니와, 미국의 손꼽히는 소련전문가인 세베린 비앨러Seweryn Bialer 교수가 "소비에트제국의 체제는 질병으로 고통을 겪고 있다"고 지적한 것은 소련의 곤경을 입증하기에 충분했다. 비앨러는 폴란드에서 반나치운동에 참여했다가 체포돼 폴란드의 오시비엥침Oświęcim(독일어로는 아우슈비츠Auschwitz) 또는 강제노동수용소에 감금됐다. 그는 나치가 패망하면서 석방됐고 곧 폴란드공산당 중앙위원으로, 국립사회학연구소 연구원으로, 폴란드학술원 경제학 회원으로 활동했다. 1956년에 서베를린으로 망명한 그는 미국으로 이주해, 컬럼비아대학교에서 정치학박사학위를 받고 그 대학의 정치학교수가 됐다. 그는 1981년에 소련은 10년 이내에 망할 것이라고 예언한다.

그러면 비앨러가 지적한 소련의 어려운 문제들은 구체적으로 무엇이었나? 첫째, 다민족국가 소련은 주요한 소수민족들이 더 큰 정치적 발언권을 요구하는 데 따른 문제를 안고 있었다. 그들 가운데 특히 중앙아시아 이슬람교도들의 압력이 가장 컸는데, 소수민족들이 제기하는 문제는 투자의 분배나 경제적 지방분권화 및 정치적 민주화 등에 걸쳐 다양했다.

둘째, 소련의 정치체제에 대한 개혁요구가 제기되고 있었다. 소련의 정치체제를 민주화해야 한다는 주장이 체제 내부에서 대두했던 것이다. 예컨대 아나톨리 부텐코Anatoli Butenko 같은 이는 노동자에 의한 공업의 자치적 경영과 대의제도 개선을 강력히 주장했으며, 사회과학원 철학과장 표도르 부를라츠키Fodor Burlatski는 국가의 많은 기능을 공공기관들로 이양하는 형태로서의 국가소멸을 주장했다. 당중앙위원회 사회주의국가과 부과장 게오르기 샤크나자로프Georgy Shakhnazarov는 정치체제의 개혁을 연구하기 위해 정치학의 보급과 정치학연구소의 설립을 제창했다.

셋째, 소련의 대외관계와 국방정책 전반에 걸쳐 문제점들이 있었다. 미국과의 데탕트는 1962년의 쿠바미사일사건 이후 아주 미미한 상태에 머물러 있었고, 중국과의 관계는 브레즈네프 말기에 소련이 '무조건 화해'를 제의함으로써 새로운 국면이 열릴 때까지는 악화되어 있었다. 제3세계에 대한 소련의 개입은 팽창정책이라는 비난만 듣게 했을 뿐 거의 아무런 보상을 받아내지 못했다. 무엇보다 아프가니스탄침공과 이후의 무력점령은 소련에 상당한 외교적·군사적·경제적 부담이 됐다. 한편 폴란드사태가 말해주었듯, 소련의 영향력에서 벗어나려는 동유럽의 노력은 꾸준히 진행됐는데, 그것에 대한 소련의 견제력은 점차 한계를 드러낼 뿐이었다.

이러한 대외상황과 직결된 문제가 국방비에 관한 것이었다. 브레즈네프 말기에 와서, 그는 핵전쟁에서 반드시 승리해야 한다는 발상은 '위험스러운 광기'라고 주장함으로써 핵전쟁에서의 필승을 위해 국방비를 증액해야 한다는 군부강경파의 주장을 간접적으로 견제했다. 브레즈네프의 입장은 체르넨코의 연설이나 논설을 통해 되풀이됐다. 예컨대, 1981년 4월 22일의 레닌탄생기념일에 브레즈네프는 핵전쟁이 모든 인류에게 위협을 제기하고 있다고 주장하면서 인류가 총체적으로 파멸될 수 있는 핵전쟁의 위협에 대해 경고한 것이다. 이러한 인식은 원래 스탈린이 죽은 뒤 말렌코프에 의해 공식제기됐었다. 그러나 그러한 인식은 이단으로 간주됐는데, 이제 체르넨코와 브레즈네프에 의해 옹호됐으며 이에 따라 당중앙위원회가 발행하는 대외관계 소책자들에도 반복적으로 게재됐다.

넷째, 이러한 국방정책과 직결된 분야가 바로 경제였다. 과중한 국방비 부담으로 브레즈네프체제는 경제적 미궁 속으로 빠져든 것이다. 비앨러 교수가 소련의 1980년대를 '가혹한 10년'이라고 부르면서 "1980년대에 소련은 스탈린 사후 최악의 시기를 경험하게 될 것이다. 성장률은 최저에 이를 것이며, 주민들은 생활수준의 정체 또는 하강을 각오해야 할 것이다. 사회주의체제의 안정성 그 자체가 문제될 것이다"라고 말했던 것도 그 때문이었다.

같은 맥락에서, 하버드대학교 러시아연구소 부소장 마셜 골드먼Marshall Goldman 교수도 "경제의 모든 부문에 문제가 있다"고 지적하면서, 다음과 같이 경고했다. "소련인들은 자신들이 무엇을 위해 혁명을 했는가라는 생각을 하게 될 것이다. 그들은 혁명이 과연 가치 있는 것이었느냐고 반문할 것이다."

확실히 공장관리제도와 농업제도를 포함한 경제제도 전반에 대한 노동자와 농민의 반발이 적잖았다. 국영기업의 부패도 큰 문제로 제기됐다. 여기에 소련은 3년 연속의 흉작으로 1981년 한 해에 4,600만 톤의 밀, 즉 전체소비량의 20퍼센트를 무려 70억 달러를 지불하면서 수입해야만 했다. 소련의 주요한 수출품인 원유의 가격도 내려가, 1981년 한 해의 대서방 외환적자는 40억 달러에 이르렀다. 따라서 이 격차를 메우기 위해 소련은 250톤의 금을 팔아 30억 달러를 확보해야 할 처지에 놓였다.

2. 국제정치에 밝았으나 대외관계에서 곤경을 겪은 안드로포프

헝가리자유화운동을 목격하고 경제개혁을 지지하다

이처럼 권력투쟁의 어두운 그림자가 짙게 깔리고 많은 문제점이 제기되는 상황에서 브레즈네프가 자연사했다. 표면적으로 브레즈네프 사후의 권력투쟁은 두드러지게 나타나지 않았다. 브레즈네프가 죽고 이틀 만인 1982년 11월 12일, 소련공산당 중앙위원회 전원회의는 체르넨코가 추천한 68세의 안드로포프를 새로운 총비서로 선출한 것이다. 물론 중앙위원회는 정치국의 결정을 따른 것이었다. 이어 안드로포프는 11월 23일에 소련의 국회에 해당하는 최고소비에트회에서 이 기구의 간부회 의원에 선출됐고, 이듬해 6월에 간부회 의장에 선출됨으로써 소련의 국가원수를 겸하게 됐다.

여기서 잠시 안드로포프의 경력을 살피기로 한다. 안드로포프는 1914년 6월 15일에 캅카스 북부지역의 나구츠코예에서 철도노동자의 아들로 태어나 전보원과 선원으로 일했다. 22세가 되던 1936년에 리빈스크에서 수도水道기술학교를 졸업했고 1938년에 청년공산동맹원으로 정치에 발을 들여놓았으며, 제2차 세계대전 시기에는 핀란드전선에서 정치위원으로 활약했다. 그 후 당의 관료로 성장하면서 동유럽전문가로 부각됐고, 페트로자보츠크대학교와 당黨고급학교를 졸업했으며, 1954년부터 1957년까지 헝가리주재소련대사를 지냈다. 그는 헝가리대사 때인 1956년에 헝가리에서 자유화운동이 일어나자 면밀한 보고를 통해 소련군의 헝가리개입을 유도하기도 했다. 1957년에 당중앙위원회 사회주의국가담당과장으로 전임되어 10년 동안 이 자리를 유지했다. 이 시기에 동유럽의 소련권 국가들 그리고 동유럽에 속하지만 소련과의 관계가 소원한 알바니아 및 유고슬라비아를 여행했고 베트남을 방문하기도 했다. 그러나 그는 비공산권 국가는 한 차례도 여행한 일이 없다.

사회주의국가담당과장이던 때인 1961년에는 비서국 비서를 겸했다. 이어 1967년 5월에 국가공안위원회KGB 의장으로 발탁됐고, 1973년에는 외무관 그로미코 및 국방장관 드미트리 우스티노프Dmitri Ustinov와 더불어 정치국 정위원으로 승진했다. 1982년 5월에는 3개월 전에 사망한 수슬로프가 담당했던 분야인 이데올로기 및 외교 전담비서가 되면서 국가공안위원회 의장을 사임했다.

안드로포프의 이러한 경력들 가운데 주목해야 할 부분은 세 가지다. 첫째, 헝가리대사 경력이다. 그는 헝가리자유화운동을 목격하고 결국 헝가리의 자유주의적 경제개혁을 지지했으며, 이것이 헝가리가 동유럽에서 비교적 번영을 이룩한 요인의 하나라고 평가했다.

둘째, 사회주의국가담당과장으로 10년 동안 근무했다는 사실이다. 안드로포프는 이 기간에 김일성과 북한체제에 대해 비교적 소상하게 접했으며, 따라서 북한문제에 대해 상당한 정보와 지식을 확보했다. 특히 이 시기에 북한은 대체로 중국공산당 편향의 경향을 보였으며, 소련에는 하나의 골칫거리였다. 그러므로 그가 김일성체제에 가진 인상은 호의적이지 않았다.

또 이 자리에 있을 때, 안드로포프는 이데올로기와 대외문제에 관해 수슬로프의 강경노선에 맞서 스탈린격하운동과 데탕트를 지지한 핀란드 출신의 공산주의자 오토 쿠시넨의 충실한 부하였다는 사실이다. 안드로포프는 쿠시넨의 영향을 많이 받았을 뿐만 아니라, 1964년에 쿠시넨이 죽은 뒤에는 쿠시넨의 자문위원단을 인계받아 자신의 정책결정에 도움을 청했다. 이 자문위원단의 지도자가 바로 기오르기 아르바토프Giorgy Arbatov였다. 그때는 청년학자였던 아르바토프는 1967년에 안드로포프가 국가공안위원회 의장이 되면서 그의 후원을 받아 미국캐나다연구소를 설립해 미국과 서방세계를 연구하는 두뇌집단을 이끌었다.

셋째, 국가공안위원회 의장 경력이다. 국가공안위원회는 국내비밀경찰 활동을 관장할 뿐만 아니라 대외정보를 수집하는 업무도 담당했다. 따라서 안드로포프는 국제문제에 밝았으며 미국과의 긴장완화를 지지할 수 있었다.

'이데올로기가 아닌 국가기관이 정책을 주도해야 한다'

그러면 안드로포프는 어떠한 정치적 견해들을 지녔던가? 그는 당이 아닌 국가기관이 국내외문제를 해결해야 한다고 생각했다. 당의 이데올로기가 아닌 국가기관의 전문적인 관료집단이 대내외정책을 주도해야 한다는 견해를 지녔던 것이다. 그 증거의 하나로 1982년 4월 22일의 레닌탄생기념일에 행한 연설을 지적할 수 있다. 여기서 그는 당의 일차적인 과제는 대중교육에 있다고 강조했다. 이것은 당의 일차적 임무가 경제운용에 대한 감시와 대중교육에 있다고 주장한 체르넨코의 입장과는 대조되는 것이다. 바꿔 말해, 안드로포프는 당의 일차적 임무를 대중교육에 한정시킴으로써 경제운용은 정부의 전문관리들에게 맡겨야 한다는 점을 암시한 것이다.

이것과 관련해 주목되는 것은 안드로포프의 그 연설이 진행됐던 레닌탄생기념일 행사를 보도하면서,『프라우다』는 식전에 소련국가가 연주됐다고만 지적한 것이다. 예년에는 소련국가와 더불어 당가黨歌인「인터내셔널」이 함께 연주되었다고 보도했음에 비추어 당가에 대한 언급이 전혀 없었다는 것은 적잖은 의미를 지녔다. 이러한 분석이 지나친 억측이 아니라는 것은 그 후에 나타난 몇 가지 신호들에 의해 명백해졌다. 1982년 4월 30일자 당의 한 이론지에서 볼고그라드시당市黨 제1비서는 "레닌은 소련통치 초기에, 우리 당의 일차적이며 대단히 중요한 과제는 조직사업이 실질적 성적을 올리도록 독려하는 것이어야 한다고 주장했다"고 말했다. 이것은 은유적으로 안드로포프의 연설을 반박했다. 한편『프라우다』는 다시 당가인「인터내셔널」에 대한 해설을 실었다.

대외문제에 관해 안드로포프는 미국과의 긴장완화를 오랫동안 옹호했다. 1976년의 레닌탄생기념일에 그는 '데탕트과정에서의 지연'은 '물질적 자원의 무목적적 낭비'를 가져올 뿐이라고 경고했으며, 1978년 8월에 다른 소련지도자들이 데탕트에 대해 냉담하거나 비판적인 태도를 취했을 때도 그는 데탕트의 성공을 찬양했다. 동유럽문제에 대해서도 안드로포프는 동유럽을 이해해주는 태도를 취했다. 그는 몰로토프가 외무장관으로 있던 1950년대에 "각 사회주의국가가 자신의 조국을 사랑하는 인민의 마음을 무시함으로써 동유럽인민들에게 상처를 입혔다"고 비난했다. 동유럽에 대한 그와 같은 동정적인 태도는 동유럽의 개혁지향적 공산주의지도자들이 그에게 호감을 표시한 점에서도 분명히 나타났다.

그러나 안드로포프를 분석함에 있어서 이러한 측면만을 강조하는 것은 잘못일 것이다. 그가 실용적 경향을 지녔던 것은 명백하나, '비둘기'인 것만은 아니어서 국가공안위원회 의장 때 반체제운동에 대해 강경책을 썼던 사실도 함께 기억되어야 할 것이다.

과감한 경제개혁의 추진

그러면 이제 안드로포프체제의 치적을 살펴보자. 안드로포프체제는 기본적으로 일종의 과도적 잠정체제였기 때문에 상당한 기간에 걸쳐 어느 무엇보다도 권력구조의 안정을 위해 정력을 기울일 것으로 예상됐다. 그러나 집권 1년 동안에는 브레즈네프가 남긴 권력구조에 거의 아무런 변화도 불러오지 않았다. 정치국만 해도 브레즈네프와 수슬로프 및 안드레이 키릴렌코Andrei Kirilenko의 사망으로 세 자리가 비어 있었다. 그러나 안드로포프는 이 세 자리를 모두 채우지 않고, 정치국 후보위원 겸 아제르바이잔공화국당 제1비서 게이다르 알리예프Geidar Alyev를 승진시켰을 뿐인데, 알리예프는 브레즈네프에 의해 이미 정치국원 직에 내정된 것으로 알려졌던 사람이다. 집권 1년 동안에는 비서국도 거의 개편하지 않았다. 이것은 그가 사실상 브레즈네프체제를 큰 변동 없이 이끌어나갔음을 의미했다.

안드로포프의 집권과 더불어 가장 심각하게 부각된 쟁점은 확실히 경제문제였다. 바로 이러한 배경에서 안드로포프는 총비서 취임과 동시에 중앙위원회 전원회의에서 "국가경제의 부문들에는 시급한 과제가 많다"고 솔직하게 시인하고, 그러나 자신은 "그 해결을 위한 처방을 준비하지 못하고 있다"라고까지 고백했다. 안드로포프가 경제침체의 원인으로 지적한 요소들은 타성과 낡은 방식에 대한 집착이었다. 그러므로 그는 창의와 새로운 실험의 중요성을 강조하면서 개혁의지를 선언했다. 그는 특히 "우리 역시 형제국가들의 경험을 고려해야 한다"고 강조했는데, 여기서 지적된 '형제국가들의 경험'은 국가경제에 대한 엄격한 중앙통제를 이완시킴으로써 소련권에서 경제적으로 가장 활기를 보인 헝가리의 경우를 가리킨 것으로 풀이됐다.

안드로포프는 실제로 어느 정도 과감한 경제개혁을 추구했다. 근로자의 작업기율확립운동을 전개해 근무지이탈자단속선풍이 일었으며, 이에 따라 공장에서는 노동생산성이 두드러지게 개선됐다. 1983년 한 해 동안 공업노동생산성 향상률은 3.5퍼센트로 1982년의 2.1퍼센트에 비해 훨씬 높아졌고, 공업생산 상승률도 목표치 3.2퍼센트를 초과해 4퍼센트를 기록했다. 1978년 이후 줄곧 흉작으로 허덕이던 곡물생산도 약 2억 톤을 기록해 한숨을 돌리기도 했다. 이와 함께 1983년 한 해 동안 장관급 20여 명을 비롯해 당과 정부의 중견간부들 가운데 10퍼센트 이상을 퇴진시키고 비교적 젊은 기술관료들을 크게 진출시켜 참신한 경제운용을 꾀했다.

안드로포프는 또한 서서히 시장개방적 발상을 정책으로 옮기기 시작했다. 그런데 이러한 행동은 결국 소련공산당 내부에 있는 또 하나의 큰 뿌리인 평등주의적 발상과 충돌할 것이 예상됐다. 이러한 가능성은 이미 브레즈네프체제에서도 보였던 점이다. 시장경제적 정책을 추구하는 경우, 그것은 자연히 평등주의를 이상으로 삼는 사회정책과 갈등관계에 들어가게 된다. 그리고 이 갈등관계는 소련의 정치지도층을 분열시키는 쟁점으로 성장할 수 있으며, 더 나아가 소련정치체제의 안정성을 위협할 가능성마저 있는 것이었다. 어떻든 그의 발상은 우리가 5장에서 살폈던 부하린의 발상을 닮은 것이었다.

안드로포프의 경제개혁은 또한 불가피하게 국방예산의 삭감을 요구했다. 즉 재원의 상당한 부분을 소비재공업으로 이전시켜서 공장경영인들과 노동자들에게 물질적 유인을 줄 때 안드로포프가 말하는 경제개혁이 가능해지는데, 농업부문으로부터 이전이 불가능한 형편임을 고려한다면 결국 국방비로부터의 이전을 단행해야 했던 것이다. 그러나 군부의 지원에 힘입어 집권한 안드로포프가 군부의 기득권을 제약하기란 쉬운 일이 아니었다. 바로 여기서 안드로포프가 추구한 경제개혁이 한계를 보였던 것이다.

한편 안드로포프체제의 출범과 더불어 국제사회가 어느 정도 기대를 걸었던 분야는 소련의 대외정책이었다. 안드로포프가 대외문제에 정통한 인물일 뿐만 아니라 데탕트옹호세력의 일원으로서 브레즈네프체제 말기에 두드러졌던 소련의 대외관계의 경직성을 개선해나갈 것으로 예상했던 것이다.

그러나 안드로포프체제의 첫해에 해외에서는 무자비한 대결들과 위기들이 발생했다. 폴란드와 아프가니스탄으로부터 레이건 미국대통령의 '반소 십자군전쟁'이 전개되는 레바논과 중미에 이르기까지, 그리고 대한항공기의 피격사건 등이 일어난 동북아시아에 이르기까지, 세계는 대전의 위기들을 계속 겪었다. 국제사회의 일각에서 기대했던 미소정상회담도 열리지 않았으며 두 나라 사이에 열린 군축회담에서도 아무런 진전이 없었다. 브레즈네프 말기부터 개선의 조짐이 나타났던 중소관계에서도 두드러진 변화가 거의 없었다. 특히 대한항공기 격추사건은 소련의 국제적 이미지를 결정적으로 손상시켰으며 소련이 꾸준히 추구해온 평화애호국 이미지 부각작업을 사실상 원점으로 돌아가게 만들었다. 미국의 AP통신이 안드로포프의 사망 직후에 모스크바에서 내보낸 논평에서 "안드로포프가 재임기간에 당한 가장 큰 외교적 시련은 1983년 9월 1일에 소련전투기들이 대한항공기를 격추하면서 빚어진 전 세계적 소련 규탄과 보복조치였다"고 주장한 것은 적절했다고 하겠다.

안드로포프의 집권은 곧 종말을 맞이했다. 그는 1983년 11월 5일의 볼셰비키혁명기념일 전야제와 11월 7일의 볼셰비키혁명기념 군사열식에 각각

'감기'를 이유로 불참함으로써 중병설 또는 사망설을 포함한 숱한 소문들을 낳으며 소련정치의 장래에 대해서 많은 의문을 불러일으켰다. 그때로부터 3개월 뒤인 1984년 2월 9일에 그가 70세를 일기로 사망했다. 이로써 1982년 11월 12일에 브레즈네프의 장례를 치르면서 정상의 권좌에 올랐던 안드로포프의 시대는 15개월의 단막극으로 끝나고 말았다.

3. 소련정치의 새로운 흐름들

볼셰비키혁명 이후 소련의 권력분산과정

브레즈네프로부터 안드로포프로의 권력승계가 빨랐듯이, 안드로포프 사후의 권력승계도 신속했다. 2월 13일에 소련공산당 중앙위원회 특별회의는 15개월 전 안드로포프와 권력투쟁에서 패배했던 체르넨코를 당총비서로 선출한 것이다. 여기서 우리는 잠시 안드로포프체제가 등장하기 이전 시기의 소련정치를, 권력이 분산되고 권력계승이 제도화되는 과정에 초점을 맞추어 살피기로 한다. 이것은 이 시점의 소련정치를 보다 선명하게 설명해 줄 것이기 때문이다.

우선 권력분산과정부터 살피기로 한다. 1917년의 볼셰비키혁명 직후 소련의 정치권력은 볼셰비키혁명의 소수 지도자들 사이에 어느 정도 나뉘어 있었다. 물론 볼셰비키혁명을 이끈 레닌의 정치적 권위가 소련공산당을 월등하게 지배했던 것은 사실이다. 그러나 그가 당을 대표하는 제1비서 또는 총비서의 지위를 갖지 않고 정치국의 일원으로 당을 이끌었다는 사실, 그리고 그때는 총비서라는 지위가 정치적 권위를 상징하는 것이 아니라 사무적 의미를 더욱 강하게 가졌다는 사실은 혁명 직후의 소비에트러시아가 집단지도체제를 채택했음을 말해준다.

이러한 상황은 스탈린이 집권하면서 크게 달라졌다. 스탈린은 레닌이 유언을 통해서까지 강조했던 집단지도체제의 원칙을 무시하고 당총비서인 자신에게 권력을 집중시켰다. 그리고 자신한테 권력집중을 가능하게 하려고 당의 공식기관들을 크게 약화시키거나 또는 볼셰비키혁명의 노병들을 제거하고 그들의 자리를 공산주의이념보다는 직업적 전문성이 더 뛰어난 행정 및 기술 전문관료들로 충원했다.

흐루쇼프의 집권 이후 소련의 권력구조는 다시 바뀌었다. 흐루쇼프는 스탈린이 가졌던 총비서 칭호를 사용하지 못했으며 총비서라는 칭호보다 권위가 약해 보이는 제1비서라는 칭호밖에는 사용하지 못한 점에서 알 수 있듯, 그리고 당의 공식기관들이 각각 자신의 기능을 상당히 성공적으로 수행해나가면서 서로 균형과 견제를 유지했던 점에 나타났듯, 소련공산당 내부에서의 권력분화는 움직일 수 없는 현실이 됐다. 그뿐 아니라, 소련의 권력구조 내부에 당 이외에 몇 개의 별도의 기둥들이 나타나 자신들의 고유한 이익을 지키거나 확대하기 위한 경쟁과 갈등마저 벌이기도 했다. 이러한 현상을 서구식 개념인 이익집단의 개념으로 설명할 수 있느냐 하는 논쟁은 여기서는 하지 않기로 한다. 그러나 소련을 '전체주의적 독재체제'라는 개념으로 파악하기에는 전체주의적 성격이 상당히 희석됐다는 점만큼은 확실했다.

브레즈네프통치의 소련에서는 흐루쇼프 시대에 나타난 추세들이 더욱 두드러졌다. 브레즈네프는 개혁주의적 성향보다 보수주의적 성향이 강했으며 소련체제 전반의 안정을 무엇보다 강조했다. 물론 그는 흐루쇼프에게는 거부됐던 총비서라는 칭호를 사용할 수 있었으며, 그 칭호를 당헌에 의한 공식적 직위로 규정하는 데도 성공했다. 그러나 브레즈네프는 정부기관의 권력엘리트들, 그 가운데서도 특히 군부의 권력엘리트들과 타협이나 공존을 이룩해서 그들의 권력을 제약하지 않았다. 총비서라는 직위가 브레즈네프 시대에 와서 비로소 당헌에 규정된 공식적 직위로 격상되고 제도화됐는데도 총비서의 권력 자체는 그 이전 시기에 비해 약화됐다는 평가가 바로 이 점을 뒷받침했다.

권력승계의 제도화

다음으로 권력승계의 제도화과정을 개괄하기로 한다. 우리가 소련의 권력승계를 이야기할 때는 대개 위기 또는 투쟁이라는 단어와 연결지었다. 이것은 레닌에게서 스탈린에게로 권력승계가 이뤄지는 과정이나 스탈린으로부터 흐루쇼프로 권력승계가 이뤄지는 과정에서 받은 인상이며, 그 인상은 정확한 것이었다. 흐루쇼프로부터 브레즈네프로 권력이 넘어갈 때에도 궁정 쿠데타 또는 비잔틴제국적 음모가 결정적 역할을 수행했다. 그러나 이미 유혈숙청은 사라졌다. 흐루쇼프는 비록 은둔상태였지만 비교적 안온하게 여생을 마칠 수 있었다. 말렌코프와 몰로토프를 비롯한 스탈린 시대의 정치지도자들도 흐루쇼프 시대에 일정한 공직을 맡았으며, 그 이후 자연사할 수 있었다. 말렌코프의 경우, 총리에서 물러난 뒤 발전소담당장관으로 봉직했으며, 그 이후에는 카자흐스탄을 비롯한 외곽에서 수력발전소장으로 봉직했고, 만년에는 러시아정교의 한 교회에서 성가대원으로 봉사하다가 1988년에 향년 86세로 별세했다. 이 사실들은 소련정치에서 권력의 승계가 차차 제도화되고 있었음을 말해주는 보기였다. 그러므로 1976년에 발표된 한 논문에서 비앨러 교수는 소련의 권력계승이 극적인 성격을 잃을 것이며 어느 정도 예측가능한 대상이 될 것이라고 장담할 수 있었다.

안드로포프체제는 우리가 방금 살펴본 소련정치의 두 가지 추세를 그대로 확인해주었다. 첫째, 권력승계의 제도화라는 맥락을 살펴보자. 1976년에 70세의 고령에 도달한 브레즈네프가 질병에 시달리게 되면서 그의 사망 또는 퇴진이 예고되기 시작했고, 이와 더불어 권력경쟁의 조짐이 조금씩 나타났다. 그러나 그것은 모살謀殺이나 쿠데타를 수반하지 않았으며, 따라서

극적인 사건 없이 비교적 순조롭게 매듭지어졌다. 이 점은 안드로포프가 죽고 체르넨코가 집권하는 과정에서도 다시 확인됐다.

그러면 소련정치에서 권력승계가 제도화됐다는 것은 구체적으로 무슨 뜻인가? 그것은 당 공식기구에 의해서, 그리고 당 지도자들 사이에 합의된 절차에 따라 당의 정상부가 형성된다는 뜻이었다. 풀어 말하자면, 가장 중요한 역할을 수행하는 기관이 정치국이고 이 정치국의 정위원들 사이에서 합의된 정치국 정위원이 각각 총비서와 국가원수 및 총리에 선출됐던 것이다.

물론 당총비서는 당중앙위원회에서 선출되며 국가원수는 최고소비에트 간부회에서 선출되고 각료회의 의장, 곧 총리 역시 최고소비에트 간부회에서 선출된다. 그러나 이 세 요직은 물론이거니와 정치국 정위원과 후보위원, 그리고 비서국 정위원과 후보위원 및 중앙위원회 정위원과 후보위원은 모두 당정치국에 의해 원칙적으로 사전에 결정됐던 것이다. 그러므로 가장 중요한 결정은 자기선출적이며 자기영속적인 정치국에서 내려졌다. 정치국의 결정에 대한 반대는 곧 당과 국가에 대한 반역으로 여겨졌다.

그러나 정치국이 분열되어 합의점을 찾지 못하는 경우에는 군부가 개입하거나 또는 중앙위원회가 중재자 역할을 수행했다. 그러므로 소련정치에는 소련의 권력구조를 뒷받침하는 주요한 기둥들 사이의 경쟁과 제휴가 자주 발생했다. 그러나 그러한 경쟁과 제휴 역시 주어진 제도적 틀과 정치적 관행 속에서 이뤄지고 있었던 것이다.

둘째, 권력의 분산화라는 관점에서 살피기로 한다. 안드로포프가 당총비서의 직위와 국가원수의 직위를 겸했던 것은 사실이다. 그러나 이 표면적인 사실 때문에 그가 권력을 그의 손 안에 집중시키고 있었다고 해석해서는 안 된다. 왜 그러한가?

앞부분에서 이미 몇 차례 암시했듯, 소련의 권력구조를 형성하는 기둥이 꽤 많아졌다. 물론 소련공산당이 그 중추지만, 군부와 정부기관 및 경제기관, 그리고 경찰사법기관도 중요한 정치적 영향력을 행사했다. 기술인텔리겐치아라고 불리던 행정·기술·관리 엘리트들의 세력은 앞에서 방금 지적한 기관들에 산재해 있으면서 사실상 소련을 이끌어나갔다. 당의 정상부를 형성한 과두지배층이 이 다양한 정치세력들을 힘으로만 억누르던 시대는 이미 지나갔다. 그 다양한 정치기관들 사이에 나타나는 이해관계의 갈등과 조정 속에 오히려 당의 권위가 유지되고 있었다고도 할 수 있으며, 이러한 뜻에서 특히 브레즈네프 시대의 소련국내정치를 다원주의의 각도에서 파악하고자 시도한 학자들도 있었다.

　이러한 성향은 안드로포프의 집권기에도 계속됐다. 따라서 안드로포프의 권력은 크게 제약되어 있었다. 비단 그러한 성향 때문에 그의 권력이 제약되어 있었던 건 아니었다. 원래 출범했을 때부터 안드로포프체제는 잠정적인 과도체제이며 그 정치적 수명이 결코 길지 못할 것이라는 진단을 받고 있었다. 안드로포프체제 출범 당시에 『타임』지는 이미 안드로포프의 남은 수명이 길지 못할 것이며 따라서 그가 '안드로포프 시대'를 이룩할 만한 시간적 여유가 없을 것이고, 바로 이러한 점들 때문에 정치국원들 사이에는 안드로포프체제가 과도기적 잠정체제라는 일종의 합의가 성립되어 있을 것으로 추측했었는데, 그 추측은 정확한 것이었다.

4. 소련역사에서 가장 짧았던 체르넨코체제

지칠 줄 모르는 사람 체르넨코

　이제 우리의 관심을 안드로포프체제를 계승한 체르넨코체제로 돌리기도 한다. 체르넨코는 시베리아의 크라스노야르스크 지역에서 1911년에 농민의 아들로 태어났다. 공식적인 학교교육이라고는 거의 받아본 일이 없고,

하급수준의 실무경험조차 쌓지 않은 지도자였다.

그러나 체르넨코는 대단히 영리한 전형적인 당비서로 브레즈네프의 신임을 받았으며, 그 자신도 브레즈네프에게 충실한 추종자로서 브레즈네프가 이끈 몰도바파벌에 속해 있었다. 체르넨코가 브레즈네프의 '가방 운반인' '정치적 시중꾼,' 또는 브레즈네프가 글을 읽을 때 '페이지를 넘겨주는 사람'이라고 불린 까닭이 여기에 있었다. 그리하여 체르넨코는 1976년 3월에 브레즈네프에 의해 중앙당 비서국의 총무부장이라는 요직에 발탁되어, 당정치국의 정기회의에 자료들을 제공하며 따라서 정책집행에 막강한 영향력을 행사하는 지위를 차지하게 됐다. 1977년 10월에 정치국 후보위원을 겸했으며 1978년 11월에는 정치국 정위원으로 승진했다. 1982년 3월에는 소련노동조합개편대회를 주재했고, 수슬로프가 죽은 뒤에는 사실상 소련공산당의 부당수로 등장했다.

그 후 당의 공식기관지 『프라우다』는 여러 차례에 걸쳐 체르넨코의 활동을 크게 보도하면서 그가 군사·경찰·농업·외교 분야에서 사실상 브레즈네프를 대신하여 총비서직을 대행하고 있음을 시사했다. 1981년 9월에 맞이한 70세 생일에 브레즈네프에게서 '지칠 줄 모르는 사람'이라는 찬양을 받았던 그가 대내외 관측자들에게 브레즈네프의 사실상의 후계자로 추정되기 시작한 것은 이 무렵이었다.

그러나 1982년 11월 10일에 브레즈네프가 사망했을 때 그의 후임으로 선출된 인물은 체르넨코가 아니라 안드로포프였다. 그렇다고 체르넨코가 제거된 것은 물론 아니었다. 안드로포프는 군부를 대표한 국방장관이면서 정치국 위원인 우스티노프의 부분적인 물리적 시위의 지원을 받아 '불완전한 승리'를 거둔 것으로 그쳤다. 체르넨코를 추종하는 세력의 힘은 여전히 남아 있었다. 체르넨코가 안드로포프를 총비서직에 추천하면서도 그 자리에서 "이제 당무를 집단적으로 운영해나가는 일이 두 배, 세 배 중요해졌다"고 강조한 것도 이러한 상황을 시사하는 것이었다.

그러나 체르넨코의 지위는 점차 약화되는 기미를 보였다. 1983년 4월에 한 달 동안 그가 병을 이유로 공식석상에서 모습을 감췄을 때도 안드로포프로부터 모욕을 당했던 것으로 전해졌다. 다만 같은 해 6월에 체르넨코는 이념문제를 다룬 중앙위원회 전원회의에서 소련체제의 극적인 변화에 반대하고 나섬으로써 그의 영향력이 완전히 사라지지 않았음을 보여주었다. 그러나 그다음 날 그는 중앙위원회의 한 간부직을 내놓음으로써 역시 권력을 차차 잃어가는 노권력자의 모습을 보여줄 수밖에 없었다.

체르넨코의 권력상실이 정지된 것은 안드로포프의 신병이 심각해진 1983년 가을께부터였다. 체르넨코는 중앙당과 안드로포프의 휴양지를 반복해 오가면서, 정치국과 죽어가는 총비서 사이를 연결하고 있었던 것 같다. 이 무렵에, 소련의 한 고위외교관은 체르넨코가 소련을 사실상 이끌어가는 최고지도자라는 인상을 미국정부에 주었다고 한다. 만일 그것이 사실이었다면 안드로포프가 죽기 전 마지막 단계에서 정치국원들 사이에서는 체르넨코가 안드로포프의 후계자라는 암묵적 합의를 이룩했을 것이다. 그리고 그러한 암묵적 합의가 있었기에 안드로포프가 죽자마자 권력계승이 순탄하게 이뤄졌을 것이다.

돌이켜 생각하면, 체르넨코의 권력승계를 암시하는 신호가 없었던 것은 아니었다. 1983년 11월 7일에 볼셰비키혁명을 기념하는 군사행렬식장에서 와병 중인 안드로포프를 대신하여 정치국 위원들과 군부지도자를 이끌고 사열대 위에 나타난 이가 체르넨코였다. 안드로포프의 생존 말기에 와서는 체르넨코의 '정치적 스승'인 브레즈네프에 대한 새로운 찬양이 소련의 관영매체에 비교적 자주 나타났다. 그리고 안드로포프가 죽기 바로 1개월 전에 『프라우다』는 체르넨코의 글을 모은 책을 소개하는 기사를 실었는데, 생전에 자신의 글을 모은 책의 출간을 볼 수 있는 지도자가 소련에서는 극히 드물다는 점에서, 이 기사는 체르넨코의 재등장을 강력히 암시하는 것이었다. 그 암시는 정확했다. 체르넨코는 안드로포프의 장례위원장직을 맡았고 곧 당의 총비서로 선출된 것이다.

13개월, 가장 짧은 기간 소련의 권좌에 앉았던 체르넨코

그러면 체르넨코는 어떠한 정치적 성향의 지도자인가? 그는 이론가도 아니었으며 조직가도 아니었다. 다만 대단히 합리적인 공산주의적 행정가라는 평가를 받았다. 한 연구에 따르면, 체르넨코는 시민의 반응에 대한 과학적 자료를 얻기 위해 여론조사를 제도화해야 한다는 주장을 전개했으며, 그의 이러한 주장에 따라 1970년대 말에 당비서국 안에 여론조사를 담당하는 부서가 창설됐다.

1980년에 체르넨코의 이름으로 출판된 한 해설서는 소비자의 바람이나 성향을 깊이 이해하기 위해 여론조사에 관한 특별계획이 수립되어야 한다고 지적했다. 이어 같은 해 폴란드에서 발생한 노동자봉기를 목격한 다음에 쓴 한 논설에서는 "사회주의국가에서 인간의 욕구를 등한시하는 경우에는 사회적 긴장과 정치적·사회경제적 위기의 위험성이 뒤따른다"고 경고하기도 했다. 그렇다고 하여 체르넨코가 물질적 또는 금전적 자극으로 노동자와 농민의 생산성을 높여야 한다는, 이른바 실용주의파나 정부관리들과 공장 및 농장의 관리자들이 경제운용을 주도해야 한다고 주장하는 세력에 속하지는 않았다. 그는 당이 이데올로기적 규율로 행정부를 강력히 이끌어나가야 한다는 전형적인 당료의 성격을 지녔던 것이다.

체르넨코는 대외문제에서 상당히 온건한, 비호전적 견해를 나타냈다. 이 점은 1981년 4월의 레닌탄생기념일에 체르넨코가 발표한 논문에서도 잘 나타났다. 여기서 그는 핵전쟁이 인류에게 주는 위협을 강조하면서 인류가 총체적으로 파멸될 수 있는 핵전쟁을 피해야 한다고 주장했다. 그의 이러한 주장은 군부강경파의 주장과 어긋났다. 군부강경파는 소련이 핵전쟁에서 반드시 승리해야 하며 또 승리할 수 있다고 강조했던 것이다. 1981년 7월에 육군참모총장 니콜라이 오가르코프Nikolai Ogarkov는 인민들에게 전쟁의 위험이 제기하는 위협을 지나치게 과장하지 말고 상세하게 잘 설명해주는 것이 당의 의무라고 주장했는데, 이러한 입장이 군부강경파의 기본적인 핵전쟁관이었다고 하겠다.

체르넨코는 집권 2개월 뒤인 4월 11일에 최고소비에트 간부회 의장직에 선출됨으로써 국가원수직을 겸하게 됐다. 그러나 곧바로 중병설이 나돌았으며, 마침내 1985년 3월 10일에 병사했다. 따라서 13개월이라는, 소련역사상 가장 짧은 기간 권좌에 있었을 뿐이었다. 그의 후임은 바로 고르바초프였다.

브레즈네프와 안드로포프 및 체르넨코는 모두 크렘린 외벽에 마련된 묘지에 묻혔다. 그들 각자의 무덤 앞에는 그들 각자의 흉상이 서 있다. 사람들의 눈에 자주 띄는 곳이 아니어서인지, 또는 아예 잊혀서인지, 그들의 무덤에 대해 왈가왈부하는 러시아사람은 거의 없다.

소련의 해체를
주도한 개혁가

미하일 고르바초프

• 이 글은 『신동아』 1995년 3월호, pp. 436~45에 게재된 것이다. 저자는 고르바초프에 대해 『러시아사』 개정증보판, 대한교과서, 2005, pp. 519~94에서 자세히 설명했으므로 여기서는 고르바초프와의 대담만을 소개하기로 한다.

---

1. 소련의 적은 소련공산당이었다

"개혁하지 않으면 우리는 붕괴한다."

"불변이라고 스스로 주장하는 체제까지 포함하여 태양 아래서 영원한 것은 아무것도 없다."

"소련은 정보과학시대에서 가장 값진 자산이 새로운 지식, 폭넓은 세계관, 그리고 창조적인 상상력이라는 것을 가장 늦게 깨달은 나라들 가운데 하나다."

이제는 20세기의 고전처럼 되어버린 페레스트로이카와 글라스노스트로 그 자신이 최고의 지도자였던 소비에트제국을 스스로 깨버린, 그리하여 세계사에 새로운 물길을 열었던 인물, 미하일 고르바초프와의 만남은 저자로서는 이번이 세번째였다. 첫번째는 1991년 4월에 제주도에서 열린 노태우 대통령과 고르바초프의 역사적인 한소정상회담에 대통령정책조사보좌관으로 배석한 것이었고, 두번째는 1994년 여름 그가 야인으로서 서울에 왔을 때 역시 야인으로서 노태우 전 대통령이 베푼 만찬에서였다.

고르바초프는 1991년 여름에 일어난 소련군부의 쿠데타 기도에 휩쓸리면서 급격히 영향력을 잃고 모든 권력에서 밀려났다. 그의 퇴장을 앞뒤해 거대한 제국 소련은 15개의 국가로 쪼개졌고, 동유럽의 수많은 위성국가들도 이 제국으로부터 차례차례 떨어져나갔다. 세계를 호령하던 국가에서 가난한 나라로 전락하는 수모를 맛보기도 했고, 지금도 그러한 사정은 크게 나아지지 않았다.

그럼에도 고르바초프는 여전히 세계사의 길목에서 거대한 봉우리를 이루고 있으며 대외활동 역시 조금도 위축되지 않고 있다. 그는 내년(1996년)으로 예정된 러시아대통령선거에서 유력한 후보들 가운데 한 사람으로 꼽히기도 한다. 1995년에 고르바초프는 국제녹십자 총재의 자격으로 한국에 왔고, 동아일보사가 2월 5일 오후에 서울 하얏트호텔에 마련한 대담에서 저자를 반갑게 맞아주었다. 개인적으로는 집안이야기부터 이번 여행 등에 이르기까지 궁금한 점이 적잖았으나, 빡빡한 그의 일정 탓에 한담을 나눌 여유는 없었다. 그와의 회견을 위해 호텔방 밖에는 또 다른 취재진이 수없이 대기하고 있었다. 때문에 우리는 대뜸 본론으로 말머리를 돌리기로 했다.

저자 당신이 권력의 정상을 떠난 지도 벌써 4년이 다 돼갑니다. 그럼에도 역사와 인류는 페레스트로이카와 글라스노스트로 냉전을 종식시키고 세계사의 흐름을 바꾼 인물로 당신을 기억하고 있습니다.

잘 알다시피 1931년에 태어난 당신은 1955년에 국립모스크바대학교 법과대학을 졸업한 직후부터 소련공산당의 하부조직에 발을 들여놓아 오직 그 길만 걸은 전형적인 아파라치크(당료黨僚)로 철저한 레닌주의자였습니다. 한 차례도 그 길에서 벗어난 적이 없었습니다. 그 덕분에 평당원으로 입당한 지 30년 만인 1985년 3월에는 '대망의' 소련공산당 중앙위원회 서기장에 이르렀습니다. 그러한 정통공산주의자가 결과적으로 소련공산체제를 무너뜨리는 선구자 역할을 했다는 것은 역사의 역설 같기도 합니다. 그때의 신념이랄까 철학을 말씀해주시지요.

고르바초프 한마디로 정리하면 이렇습니다. '개혁해야 한다. 개혁하지 않으면 우리는 붕괴한다'는 것이었습니다. 나는 노동자들과 농민들의 작업현장에서 성장해 크렘린의 정상에 오른 사람으로 소련체제의 문제점들을 누구보다 잘 알고 있었습니다. 내가 서기장에 올랐던 1980년대 중반인 1985년에 이미 공산당조직은 그 자체가 동맥경화증에 걸린 공룡이었습니다. 그대로 내버려두면 멸종될 수밖에 없었어요.
우선 소련의 인민대중은 일하겠다는 의욕이 거의 없었어요. 모든 것을 당과 국가가 결정하고 분배하는 상황에서 인민들은 근로의욕, 자발성, 창의성을 모조리 상실했습니다. 또한 당료들도 관료적 안일에 빠져 인민 위에 군림하겠다는 생각뿐이었습니다. 인민들의 의욕이나 창의력을 살려야겠다는 것은 그들에게 관심 밖이었습니다. 그때 소련 제1의 공적 公敵이 무엇인 줄 아십니까? 그것은 소련공산당이었어요. 개혁이나 개방은 내가 원했다기보다 소련체제가, 역사가, 인민이 요구했다고 보는 것이 더 정확할 것입니다.

"흐루쇼프를 가장 존경한다"

저자 구체적으로 개혁과 개방을 구상한 것은 언제부터였습니까. 서기장 취임 이전에도 그런 생각을 갖고 계셨던 것으로 알고 있습니다만.

고르바초프 그 질문에 답하기에 앞서 역대 소련의 최고지도자들을 한번 평가할 필요가 있습니다. 나는 소련의 정치사에서 흐루쇼프 소련공산당 중앙위원회 제1서기를 가장 높이 평가합니다. 그는 30년 가까이 계속된 스탈린체제의 교조적 경직성을 타파하려고 노력한 첫번째 개혁정치가였습니다. 그때 많은 사람들이 새로운 희망을 가질 수 있었습니다.

그다음으로 안드로포프 소련공산당 중앙위원회 서기장을 잊을 수 없습니다. 개인적으로 그는 나를 총애했지만, 그러한 사사로운 감정을 떠나 나를 자신이 추진할 개혁정치에서 가장 믿을 수 있는 동지로 인정해주었습니다. 그는 소련의 역사에서 서방세계를 잘 이해한 최초의 최고실력자였습니다. 서방과 소련을 비교하고 그에 따라 몇 가지 개혁안들을 준비해놓고 있었으나 1년 만에 병마가 그를 앗아갔습니다. 게다가 안드로포프가 개혁을 시도할 무렵에, 소련의 병은 너무 깊었어요. 그 이전의 브레즈네프 서기장은 18년 동안 일관되게 소련의 '안정'만을 추구했는데, 그 안정은 불행히도 소련공산당 간부들만의 안정이었습니다. 소련의 병폐는 여기에서 비롯된 것입니다.

조금 전에 김 박사께서 내가 언제부터 개혁과 개방을 구상했느냐고 물으셨는데, 그건 안드로포프집권 때였습니다. 그는 나와 함께 소련과 세계의 많은 문제를 언제나 상의했지요. 이미 그때 페레스트로이카, 글라스노스트, 탈냉전, 유럽군축, 동서화해, 소련경제개혁 등에 관해 이야기를 나누었어요.

안드로포프가 죽고 다시 70대 노령의 체르넨코 서기장의 집권 1년을 거치면서 소련은 더는 '노인정치'를 감당할 여력이 없었습니다. 비교적 젊은 세대에 속하는 내게 권력이 넘어온 것은 그 때문입니다. 내가 잘나서 서기장이 된 것이 아니라 소련이 변화를 요구했기 때문에 상대적으로 젊은 내가 정상에 오른 겁니다. 그것은 역사가, 소련이, 내게 부과한 사명이었지요.

공산국가의 지도자교체는 대체로 치열한 권력투쟁의 결과다. 고르바초프가 서기장에 오를 무렵 그의 강력한 경쟁자는 소련공산당 정치국 정위원으로 모스크바 시 및 지역 당 제1서기를 겸했던 노인 빅토르 그리신이었고, 또 한 사람의 정치국 위원으로 레닌그라드 시 및 지역 당 제1서기를 겸했던 완강한 교조주의자 그리고리 로마노프Grigory Romanov는 그리신을 강력히 후원했다. 고르바초프가 이러한 도전 속에서도 또 한 사람의 정치국 위원으로 비교적 온건한 보수주의자로 알려진 외무장관 그로미코 등의 후원을 업고 강경보수파들을 제압한 사실은 이미 알려진 그대로다.

냉전이 극에 달한 시기, 고르바초프의 선택

이 대목에서 원래의 대담에는 없었으나 독자들의 이해를 돕기 위해 명지대학교 강규형姜珪亨 교수의 칼럼 「고르바초프가 북한에 주는 교훈」(『조선일보』 2012년 1월 9일자)에 실린 몇몇 일화들을 소개하고자 한다. 강 교수는 세계냉전사연구의 국제적 권위자인 존 루이스 개디스John Lewis Gaddis 교수의 지도를 받아 오하이오대학교에서 역사학박사학위를 받은 인물이다.

우리가 9장에서 이미 보았듯, 소련은 1982년 11월부터 1985년 3월까지 2년 4개월 동안 국장國葬을 세 차례나 치렀다. 노령과 숙환에 시달리던 브레즈네프, 안드로포프, 체르넨코가 차례로 병사했기 때문이다. 이로써 소련이 계속해서 국장을 치를 수 없다는 의견이 우세해져서 결국 54세의 젊은 고르바초프가 서기장으로 선출된 것이다.

강규형 교수에 따르면, 고르바초프는 소련공산당 중앙위원회 서기장으로 취임하기 전날 저녁, 소련공산당 중앙위원회 정치국 후보위원인 에두아르트 셰바르드나제Eduard A. Shevardnadze와 휴양지인 흑해의 어느 해변을 걸으며 속마음을 나눴다. 셰바르드나제가 "모든 것이 썩었소"라고 말하자, 고르바초프는 "우리는 이대로 계속 살 수는 없소"라고 대답했다. 두 사람은 체제를 근본적으로 개혁하기로 다짐한 것이다. 고르바초프는 그날 밤에 부인 라이사에게도 같은 얘기를 했다. 서기장 취임과 동시에 셰바르드나제는 외무장관과 정치국 정위원에 임명됐으며, 그의 주도로 '새로운 사고思考의 외교'가 시작됐다.

저자 귀하가 서기장에 오를 무렵은 동서냉전이 극에 달한 시기였습니다. 레이건 미국대통령은 소련을 '악의 제국'으로 규정하고 '선제적 방위전략Strategic Defense Initiative, SDI'으로 대표되는 강력한 군비경쟁정책을 통해 소련에 엄청난 압력을 쏟고 있었고요. 귀하의 개방개혁정책은 그러한 경쟁에서 소련의 패배를 자인한 것이라는 의견도 있습니다.

고르바초프 사회주의나 공산주의가 냉전에서 졌다고 말하는 사람들은 낡은 세계에서의 사고방식을 아직도 유지하고 있는 것에 불과합니다. 내가 미국을 비롯한 서방과의 관계개선에 힘을 쏟은 것은 그러한 냉전구도에서는 누구도 승자가 될 수 없다는 것을 깨달았기 때문이지요. 미국과의 관계를 개선해야 동서진영 사이에서의 군축이 가능하고, 그럼으로써 소련은 군비경쟁의 과도한 부담에서 벗어날 수 있었거든요. 이것은 또 소련경제를 살리는 출발점이기도 했습니다.

여기서 다시 강규형 교수의 칼럼을 인용하기로 한다. 강 교수는 자신의 은사 개디스 교수의 저서 『냉전의 역사』로부터 다음과 같이 인용하고 있다. "고르바초프는 사회주의를 구원하고 싶었지만, 그것 때문에 무력을 쓰고 싶지는 않았다. 그는 공포 대신 사랑을 선택했고 〔……〕 그렇게 함으로써 그 자신이 (정치적) 종말을 맞았다. 그러나 그로 인해 역사상 가장 자격을 갖춘 노벨평화상수상자가 되었다." 고르바초프는 냉전을 종식시키는 데 이바지한 공로로 1990년에 노벨평화상을 받았다.

이러한 고르바초프의 페레스트로이카와 글라스노스트는 소련체제의 변화에 그치지 않았다. 그 여파는 독일통일과 동유럽권의 연쇄몰락으로 이어졌다. 사실 그대로 말해, 소련은 오랫동안 독일통일의 가장 큰 방해세력이었다. 그런데 1989년 여름에 시작된 동독인들의 대규모 탈출사태와 뒤이어 베를린장벽이 붕괴됐을 때 고르바초프는 동독정권의 군사지원요청을 냉정히 거절했다. 말하자면, 고르바초프가 이끈 소련정부는 동독의 붕괴를 묵인한 것이며, 결과적으로 독일의 통일을 묵인한 것이다. 그때 그는 어떠한 역사적인 조망에서 그러한 결정을 내렸을까.

고르바초프 무력으로 동독을 지탱한다는 건 더는 불가능한 일이었지요. 즉 '동독의 붕괴는 필연'이라는 현실을 고통스럽지만 받아들일 수밖에 없었고, 따라서 거듭되는 동독의 군사지원요청도 거부한 것입니다.

브레즈네프 서기장이 이끌던 소련공산당은 1968년 초에 체코슬로바키아에 알렉산드르 둡체크로 대표되는 민주사회주의정권이 들어서자 여름에 군대를 동원하여 그것을 무너뜨리고 후사크로 대표되는 친소정권을 세웠습니다. 그 결과 그 정권을 뒷받침하기 위해 무리한 부담을 계속 지지 않을 수 없었고요. 이러한 과오를 20년이 지난 시점에 독일 땅에서 다시 되풀이하라고요? 어림없는 일입니다. 그것은 도덕적으로도 정당한 일이 아니잖아요.

2. 서울올림픽을 둘러싼 김일성과의 회담

김일성의 올림픽 남북공동개최 제의를 거절하다

저자 독일통일을 이야기한 것은 우리에게는 그것이 한반도의 남북관계에도 적용될 수 있는가 하는 물음 때문입니다. 귀하는 소련의 최고권력자 시절에 북한에 대해서는 그러한 역할을 할 수 없었던가요?

고르바초프 김일성을 처음 만난 것은 내가 서기장에 취임한 다음 해인 1986년 10월이었습니다. 그가 모스크바로 나를 찾아왔습니다. 그때는 1988년에 서울에서 열릴 올림픽에 관한 이야기를 많이 나누었지요. 그때도, 그리고 그 후에도, 나는 틈나는 대로 "북한도 개혁과 개방을 해야 한다"고 말했습니다. 개혁과 개방을 해야 북한체제도 산다고요. 그러나 강요는 하지 않았습니다. 다만 동맹국으로서 충고한 정도지요. 그러나 북한은 이 '우정 어린 설복'을 받아들이지 않았을 뿐 아니라 우리를 적대시하기까지 했습니다.

고르바초프는 이 대목에서 1988년 서울올림픽과 관련한 비화 한 가지를 들려주었다. 1986년 10월에 김일성은 열차편으로 모스크바에 도착했다. 그때는 "미국이 일본과 중국 및 한국과 더불어 반소협력체제를 구축하고 있다"고 판단한 소련이 북한을 끌어안으면서 대결하는 자세를 취해 동북아시아의 군사안보상황이 상당히 날카로웠던 무렵이었다. 때문에 국내에서는 김일성의 소련방문을 두고, 소련과 북한 사이의 군사협력관계 강화, 그리고 김정일후계체제의 지원 등이 협의됐을 것으로 추측하기도 했다. 고르바초프는 이 모든 것은 가설일 뿐이라고 잘라 말했다.

고르바초프 김일성 주석은 압도적으로 서울올림픽에만 관심이 있었어요. "서울올림픽에 소련은 가지 마라. 소련이 안 가면 동유럽권도 안 갈 것 아닌가. 88서울올림픽은 한반도의 분단을 고착화하려는 제국주의자들의 국제적 음모이니 소련이 이 음모를 깨뜨려달라"는 것이었습니다. 나는 그때 분명히 말했습니다. "제국주의자들의 국제적 음모? 그런 용어부터가 구시대적이다. 우리는 지금 낡아빠진 교조주의적 사고의 틀에서 벗어나려고 페레스트로이카를 하지 않는가. 당신이 생각을 바꿔라"라고 말해줬지요.

김일성은 이야기가 빗나가자 대안을 내놓았다고 한다. 서울과 평양이 50 대 50으로 공동주최하는 방식을 제안했다는 것이다. 김일성은 또 이 자리에서 최소한 축구경기는 평양에서 열릴 수 있도록 협조해달라는 말도 했다고 고르바초프는 회고했다.

고르바초프 김 주석에게 분명하게 이야기했습니다. "올림픽개최는 50 대 50 같은 산술_{算述}의 문제가 아니다. 올림픽개최는 인류사회의 공동의 약속이고 그걸 성공시켜 동서화합에 이바지해야 한다"고 말했습니다. 1980년 모스크바올림픽, 1984년 로스앤젤레스올림픽이 모두 동서냉전에 희생되어 반쪽이었는데, 1988년 서울올림픽까지 그렇게 된다면 동서화해는 요원해진다고 이야기했지요.

"한반도의 통일방안으로는 국가연합제가 적합하다"

저자 귀하가 바라던 동서화해는 어느 정도 이뤄졌지만, 한반도의 남북관계는 여전히 진전이 미미합니다. 혹시 독일통일에서 우리가 검토할 만한 교훈은 없을까요. 독일의 상황과 한반도의 상황 사이에는 차이점이

큽니다만.

고르바초프 독일의 통일은 강대국들의 역할보다 독일인들의 노력이 더 컸던 경우에 속합니다. 한반도도 한민족이 더 많은 역할을 적극적으로 수행해야 합니다. 또 김 박사도 지적했듯, 한반도문제는 역사적 배경에서 독일과 많은 차이가 있잖아요. 무턱대고 독일통일의 과정을 반복할 수는 없지요. 나는 차라리 한민족이 중국의 경우에서 배울 필요가 있다고 말하고 싶습니다. 중국이 강조하는 '1민족 1국가 2체제'가 한민족에게 유용한 모델이 되지 않을까요. 그런 점에서 북한이 제안한 '국가연합제'에 관심이 있습니다.

저자 북한의 제안은 국가연합제가 아닌 연방제입니다. 오히려 남한이 제안한 한민족공동체통일방안이 당신이 말한 국가연합에 가까운 모델입니다.

고르바초프 그렇습니까? 어쨌든 나는 연방제보다 국가연합제가 한반도에 더 맞다고 봅니다. 국가연합은 상대방의 존재를 인정하는 데서 출발하는 제도잖아요. 한반도의 통일은 오랜 시간을 요구하리라 보기 때문에 그 중간 중간에 많은 과도기적 조치들이 필요합니다. 예컨대 인적 왕래와 물적 교류가 반드시 실현돼야 합니다. 그에 따라 상호신뢰도 쌓이게 되거든요. 또 신뢰가 쌓이면 군축에 합의하게 됩니다. 한반도는 지금 고도로 군사화되어 있는데, 이 군사화의 수준을 낮춰야 합니다.

저자 김일성 사후의 북한정권을 어떻게 전망할 수 있을까요. 또 김정일정권은 변화의 바람에 어떻게 대처할 것으로 보십니까?

고르바초프 북한이 대내외적으로 어려운 것은 우리 모두가 잘 아는 사실입니다. 한 개인의 카리스마나 특정한 이데올로기로 인민들의 물질생활을 향상시킬 수 있는 시대는 이미 지나갔습니다. 북한도 예외가 아닙니다. 따라서 김정일정권도 개혁과 개방을 해야 하고, 그래야 정권과 인민을 모두 살릴 수 있을 겁니다. 나는 북한이 그러한 방향으로 서서히 전환하고 있다고 보며, 그것은 남북관계에도 좋은 역할을 할 것으로 기대합니다.

저자 북한을 방문할 계획은 없습니까?

고르바초프 아직은 없습니다. 내가 그곳에 간다 해도 별다른 장애는 없을 테지만 북한에서는 아직 나를 만날 생각이 없는 것 아닌가요. 내가 한국과 소련의 수교를 실현시킨 주인공이라고 해서 북한정권은 한때 나를 미워했지요.

저자 남북한의 관계개선을 위해 남북정상이 만나는 문제는 어떻게 보십니까.

고르바초프 아까 지적한 대로 그 문제도 상호신뢰회복이 선행돼야 더 효과적일 것입니다. 그러나 남북정상회담으로 그 모든 문제의 출구를 찾을 수 있다면 그 또한 다행일 것입니다. 필요하다면 나도 그 일을 주선할 용의가 있습니다.

대통령선거에서 참패하다

저자 귀하는 1996년의 러시아대통령선거에 강한 의욕을 가진 것으로 보도되고 있는데, 출마하실 생각입니까?

고르바초프 인민들의 뜻에 따를 뿐입니다. 그들이 나를 필요로 한다면 기꺼이 봉사할 생각입니다. 문제는 내년의 선거가 과연 민주적으로 치러질 것이냐 하는 점인데, 아직 의문점이 있어요. 어쨌든 자유민주선거로 정권과 사회의 간격이 좁혀져야 합니다. 정권이 사회의 욕구를 잘 읽지 못하면 또 다른 위기가 올 수 있거든요.

1991년 12월에 소련이 해체된 뒤 성립된 러시아연방은 1996년 6월 6일에 소비에트러시아를 포함한 러시아역사에서 처음으로 대통령직선을 실시했다. 10명이 입후보한 이 직선에서 보리스 옐친 Boris Yeltsin 현직 대통령이 1위를 차지했으며, 고르바초프는 7위를 기록해 결선투표에 나서지 못했다. 7월 3일에 실시된 결선투표에서 옐친이 당선됐다. 고르바초프는 공산독재체제의 해체와 냉전의 종식에 크게 이바지했으나 러시아사람들의 눈에 곱게 보이지 않았던 것이다. "선지자는 자신의 고향에서 환영을 받지 못한다"는 예수님의 말씀이 떠오르는 대목이다.

저자 지금 귀하의 지적은 러시아사회가 아직도 불안요소들을 많이 지니고 있다는 뜻으로 들리는데요.

고르바초프 체첸사태에서 보듯 불안요소들이 많다는 사실은 부인할 수 없습니다. 경제나 공공질서에도 어려움이 적잖습니다. 또 그 상황은 매우 엄중합니다. 그러나 나는 기본적으로 낙관론자이므로 잘될 것으로 믿으며, 러시아인민들의 저력을 높이 평가합니다. 러시아는 이른 시일 안에 세계의 평화와 번영을 위해 일정한 역할을 반드시 수행할 것입니다.

3. 남북총리회담과 소련의 막후역할

노태우-고르바초프 회담이 성사된 배경

저자 화제를 1990년에 성사된 한소수교韓蘇修交로 돌려보겠습니다. 한소수교의 드라마는 1990년 6월에 미국 샌프란시스코에서 열린 귀하와 노태우 대통령 사이의 정상회담에서 시작됐습니다. 그 회담이 성사된 배경을 말씀해주시겠습니까?

고르바초프 나는 1988년의 서울올림픽을 통해 한국에 대해 매우 좋은 인상을 갖게 됐습니다. 모두들 서울올림픽을 높이 평가했습니다. 소련뿐만 아니라 동유럽에서도 서울올림픽에 대한 칭찬이 높았거든요. 나는 나의 보좌관들에게 내가 강조한 신사고新思考에 근거해 한소관계를 재조명하라고 지시했습니다. 나의 보좌관들은 한국이 1988년의 정권교체를 계기로 대내적으로 민주주의를 지향하고 대외적으로 자주성을 높이고 있으며, 또 놀라운 경제발전을 과시하고 있는 만큼, 소련의 훌륭한 협력자가 될 수 있다고 보고해왔습니다. 그래서 한국계 러시아인으로 소련과학원 동방학연구소에서 연구원으로 봉직하는 게오르그 김 박사가 1988년 말에 청와대를 방문할 예정이라는 보고를 받고 그를 통해 노 대통령에게 나의 인사를 전하게 했습니다. 나의 인사는 간단한 것이었습니다. "우리 소련은 한국에 대해 좋은 인상을 갖고 있습니다"라는 것이었습니다.

1989년과 1990년 사이에 한국에서 많은 인사들이 모스크바를 방문했습니다. 현재의 김영삼 대통령도 이때 여당의 대표최고위원으로 소련을 방문해 나와 회담했습니다. 그들은 한결같이 한국이 소련과 국교를 맺고 싶어 한다고 말했습니다. 나는 한소수교문제를 본격적으로 연구하도록 관계부서들에 지시했습니다. 국가공안위원회와 외무부는 한소수교는 좀 더 시간이 지난 뒤에 검토할 문제라고 결론을 내렸습니다. 북한의 반대를 염두에 두었던 것이지요.

이 무렵 한국정부로부터 내가 미국을 방문하는 기회에 노 대통령과 회담하는 것이 어떻겠느냐는 제의가 크렘린으로 직접 전달됐습니다. 나는 이 문제를 국가공안위원회나 외무부와 상의하지 않고 크렘린의 내 보좌관들하고만 상의했습니다. 보좌관들은 한소정상회담에 찬성했습니다. 그래서 1990년 6월 5일에 샌프란시스코에서 역사적인 정상회담이 열린 것입니다.

나는 노태우 대통령한테 아주 좋은 인상을 받았습니다. 그의 국제정세분석에, 그리고 그의 한반도통일방안에, 나는 전적으로 동의할 수 있었습니다. 우리는 전쟁이 없는 평화로운 세계로 나아가야 한다는 데 의견을 같이했습니다.

그때 나는 이미 한소수교를 결심했습니다. 그러나 국가공안위원회와 외무부를 설득할 시간이 필요했습니다. 마침 외무장관인 셰바르드나제는 북한의 김일성체제에 비판적이었고 한국에 호의적이었습니다. 그는 내 입장을 지지했습니다. 그래서 그해 10월에 한소수교가 공식적으로 성립됐고 12월에 노 대통령의 소련방문이 뒤따랐던 것입니다.

대한민국정부의 유엔가입을 지지하다

저자 귀하는 1991년 4월에 제주도를 찾아왔고 거기서 제3차 한소정상회담이 열렸지요. 그때 주로 어떤 것들이 논의됐습니까?

고르바초프 제주도는 참으로 아름다운 곳이었습니다. 아침에 호텔 부근을 산책하면서, 내가 크림반도에 와 있는 것이 아닌가 하고 착각했습니다.

제주도의 분위기는 소련에서도 손꼽히는 명승지들이 있는 크림반도의 분위기와 비슷했습니다.

제주도의 회의에서 우리는 주로 한국의 유엔가입문제를 논의했습니다. 나는 남북한이 모두 유엔에 가입해야 한다는 생각을 오래전부터 갖고 있었습니다. 그래서 한국정부가 이 문제를 제기했을 때 나는 적극 도와주겠다고 약속했습니다.

문제는 북한이었습니다. 북한은 남북한의 유엔동시가입은 한반도의 분단을 합법화하고 영구화하는 것이라고 반발했습니다. 그러나 나는 그러한 주장에 동의할 수 없었습니다. 왜냐하면 한반도가 분단되어 있고 그래서 두 개의 국가가 실존하고 있다는 것은 엄연한 현실이고, 그 현실은 40년 이상 유지되어왔기 때문입니다. 이 현실을 남북한이 모두 받아들일 때 비로소 진지한 대화가 가능하다고 나는 믿었습니다. 또 독일의 경우에도, 동서독의 유엔동시가입이 그들의 통일을 방해하지 않았음을 명백히 증명해 보여줬습니다. 소련은 이 점을 북한에 아주 강하게 말했습니다. 내가 알기로 중국도 이 논리를 북한에 강하게 전달했습니다. 북한은 결국 승복하지 않을 수 없었습니다.

저자 1990년 가을에 한반도의 분단사상 처음으로 남북총리회담이 열렸습니다. 그때 북한은 이 회담에 응하지 않으려고 했으나, 소련의 설득으로 결국 응하게 됐다는 소문이 퍼졌는데, 어떻게 생각하십니까?

고르바초프 우리가 아주 강하게 설득한 것은 사실입니다. 셰바르드나제 외무장관이 평양에 직접 가서 남북총리회담의 필요성을 거듭 강조했습니다. 한반도상황에서 가장 중요한 것은 당국과 당국 사이의 정기적인 대화입니다. 이 대화를 어느 쪽도 기피해서는 안 됩니다. 어떠한 상황에서도 남과 북은 언제나 직접 대화할 수 있는 통로를 열어놓아야 하고, 실제로 대화의 실적을 쌓아나가야 합니다. 북한은 우리의 태도에 크게 반발했습니다만 결국 서울로 대표단을 보냈지요.

저자 현재 가장 역점을 두고 하는 일에 대해 말씀해주시겠습니까? 환경보호운동을 이끌고 있는 것으로 알고 있습니다만.

고르바초프 제가 하는 일로 가장 중요한 것은 국제녹십자사 총재의 일입니다. 이 기구의 업무는 환경보호입니다. 현재 세계 곳곳에서 벌어지고 있는 환경파괴는 대단히 심각합니다. 환경보호는 국제적 협력, 특히 선진국의 협력을 요구합니다.

4. '카레이스키'와 고르바초프의 알려지지 않은 인연

러시아에서는 한국인을 '카레이스키'로 부른다. 원뜻은 '고려인'으로, 지역에 따라서는 '돈 많은 사람'을 지칭하기도 한다. 한국인들이 워낙 부지런하고 영리하게 일해 돈을 많이 벌었기 때문이다. 그 카레이스키가 고르바초프의 출세가도에서 일정한 역할을 했다면 흥미 있는 이야기가 아니겠는가. 지난해 여름, 서울에 왔을 때 그는 저자에게 이런 이야기를 들려주었다.

고르바초프는 국립모스크바대학교 법과대학을 졸업한 법학박사다. 그때 소련에서는 법대 졸업생은 자동으로 법학박사 겸 변호사 자격을 취득하던 시기였다. 그런데 그는 법률가로 활동하지 않고 소련공산당 하부조직의 사무당원으로 자신의 경력을 시작했다. 그리고 소련의 국내정치에서 정책과 관련해 가장 중요한 농업문제에 관심을 두어 초급당료 시절에 통신강의록으로 농업연구소를 졸업했다. 그 후 농업전문가로 성장하게 되는데, 그를 돌봐준 사람은 그때 소련공산당 제1서기 겸 내각수상인 흐루쇼프였다. 흐루쇼프는 미국을 따라잡기 위해서는 우선 인민의 생활을 풍족하게 해야 한다고 믿고 농업생산에 상당한 관심을 기울였다.

이 시절에 소련 전역에 흉작이 들었다. 특히 채소부족으로 모스크바의 인심이 흉흉해질 정도였다. 소련정부는 각 지방에 채소반입을 독촉했는데 고르바초프가 책임을 맡았던 지역이 가장 많은 채소를 보내주었다고 한다. 그가 뒷날 중앙으로 영전될 수 있었던 것은 이때 보인 농업솜씨도 한몫을 했다는 것이다. 고르바초프는 이 대목을 이렇게 회고했다.

고르바초프 내가 맡은 지역도 사실은 작황이 좋지 않았어요. 그런데 채소 농사가 잘된 집단농장들은 전부 카레이스키가 하고 있었습니다. 그들은 누구보다 근면하고 우수한 민족이었어요. 내가 오래전부터 한국사람들에게 친근감을 가진 것은 그것과도 연관된 것입니다.

저자 한국사람들도 당신에게 퍽 호감을 갖고 있습니다. 당신 이마의 무늬가 꼭 한반도를 닮은 것 같다는 말도 있을 정도입니다.

고르바초프 한국인은 어려운 여건 속에서도 민주발전, 경제성장, 동북아 평화를 위해 많은 노력을 해왔습니다. 한국인의 그러한 저력이 한반도에 평화통일을 가져오는 원동력이 될 것으로 믿습니다.

저자는 2001년 11월 19일에 고르바초프를 다시 만났다. 대한민국 제2대 부통령 인촌仁村 김성수金性洙 선생을 기념하기 위해 고려대학교에서 마련한 인촌기념강좌 제17회의 강연자로 그가 방한했을 때였다. 그는 70세를 막 넘긴 나이였건만 여전히 정력적이라는 인상을 주었다. 이지적이면서 세련된, 그러면서도 친절하고 겸손한 자세는 비잔틴세계의 음모적 권력자들의 모습을 지녔던 옛 소련공산당 지도자들의 인상과는 거리가 멀었다.

동아일보사 20층 접견실에서의 한 장면이다. 저자는 그곳에서 청와대 일대를 보여주며 "저기에 일제의 조선총독부와 총독관저가 자리를 잡고 있다. 그래서 동아일보사를 창업한 김성수 선생이 우리 민족이 저곳을 감독해야 한다는 뜻에서 이곳 세종로 네거리에 사옥을 지었고, 그래서 동아일보는 그 정신에 따라 대한민국이 건국된 뒤에도 계속해서 역대 정부를 감시해왔다"고 설명했다. 그러자 그는 곧바로 자신의 손을 이마에 대고 눈을 크게 뜬 뒤 청와대 일대를 바라보더니 앞으로 동아일보의 상징물은 '어떤 한 시민이 이마에 손을 대고 눈을 부릅뜬 채 먼 곳을 내다보며 권력을 감시하는 모습'으로 만들면 어떻겠느냐고 권고하기도 했다.

그는 자신이 남북한의 지도자들과 몇 차례에 걸쳐 각각 한반도의 평화와 통일에 관해 의견을 나눴던 일들을 회상하면서, 남한방식이 북한방식보다 훨씬 더 합리적일 뿐 아니라 실현가능성도 높다는 믿음을 갖게 됐다고 말했다. 그러고는 북한의 본질적 변화 없이는 한반도에서의 진정한 화해와 평화 및 통일의 길은 결코 쉽게 열리지 않을 것이라고 역설했다. 한편 고르바초프는 최근 자신의 관심은 빈부격차의 완화에 있다고 말했다. 국내적으로나 국제적으로 빈부격차가 커지면 평화가 오기 어려우므로 노벨평화상수상자로서 자신의 임무는 바로 빈부격차의 완화를 위해 일하는 것이라고 부연했다.

당시에는 외과의사인 딸 이리나 여사가 별세한 어머니 라이사 여사를 대신해 아버지를 돕고 있었다. 그녀는 짧은 방한기간에 "한국에서는 여성이 차별받고 있다는 느낌을 금세 받았다"고 술회했다. 고르바초프가 딸을 향해 "내 일생 최고의 작품이며 최대의 업적"이라고 치켜세운 것도 인상적이었다. 소련의 퍼스트레이디였던 라이사 여사는 언행이 활달했다. 비공식회담에 남편과 함께 참석한 경우, 참석자들이 보는 앞에서 주저하지 않고 남편의 발언을 중간에 끊으면서 자신의 의견을 거침없이 털어놓곤 했다. 그녀는 1999년 9월에 독일 뮌스터시의 한 대학병원에서 백혈병을 치료받다가 별세했다. 향년 67세였다. 그녀의 유해는 그때 러시아대통령이던 옐친이 제공한 특별기를 통해 모스크바로 운구됐으며, 모스크바의 유서 깊은 공동묘지인 노보데비치사원의 공동묘지에 묻혔다. 고르바초프는 독신으로 살고 있다.

11

비동맹의 중심 유고슬라비아와 고립된 약소국 알바니아의 공산주의자들

요시프 티토와 엔베르 호자

　소련의 공산주의자들을 말한 다음에 유럽의 공산주의자들을 말하면서 제일 먼저 거론해야 할 지도자가 바로 옛 유고슬라비아사회주의연방공화국을 건국하는 데 가장 중추적인 역할을 수행했던 요시프 브로즈 티토다. 그는 또 제2차 세계대전이 끝난 이후에 전개된 냉전시대에 비동맹운동을 이끈 세계적 정치가들 가운데 한 사람이었다. 이 두 가지 사실만으로도 그는 역사에 크게 이바지했다는 평가를 받기에 충분하다.

　티토에 대조되는 공산주의지도자가 알바니아의 엔베르 호자Enver Hoxha다. 면적에서나 인구에서 유고슬라비아에 비교도 되지 않을 만큼 작은 나라로, 늘 소련과 유고슬라비아의 침공을 두려워했던 이 나라는 비밀경찰에 의존한 무자비한 독재자 호자의 철권통치 아래 극단적인 폐쇄정책을 유지해 유럽에서 가장 낙후하고 가장 가난한 농업국가로 남았다.

　이 대목에서 우선 설명해야 할 사실이 있다. 그것은 동유럽이라는 용어에 대해서다. 우리가 흔히 쓰는 동유럽이라는 용어는 지리학적 용어가 아니라 정치적이면서 이념적인 용어라는 사실이다. 냉전시대에 서방세계는 유럽을 서방세계와 동방세계로 양분하고 소련의 통제와 영향 아래 놓인 공산국가들을 모두 동유럽이라고 불러 '밝은' 서방에 대비해 '어두운' 동방이라는 인상을 외부세계에 심어주었다. 그러면 동유럽을 지리학적으로 어떻게 불러야 할 것인가? 정확히 말해, 중부 및 동남부 유럽이다. 예컨대, 체코슬로바키아는 중부유럽에 속하며 유고슬라비아와 알바니아는 동남부유럽에 속한다. 11장부터 14장까지는 이러한 전제 아래 읽어주기 바란다.

1. 나치독일을 상대로 빨치산독립운동을 전개하다

영국의 후원을 받아 임시정부를 세우다

티토는 1892년 5월 7일에 오스트리아헝가리합병제국에 예속된 작은 나라 크로아티아에서 태어났다. 이 나라는 우리나라의 전라도와 경상도를 합친 것보다 조금 더 큰 면적을 지녔다. 그의 고향은 쿰로베츠라는 이름의 농촌마을이었다. 아버지는 크로아티아사람이었고 어머니는 슬로베니아사람이었으며 직업은 농부였다.

본명이 요시프 브로즈인 티토는 초등학교를 졸업하고 나서 농사일을 거들다가 시사크로 옮겨갔고, 그곳의 대장간에서 도제식 노동자로 일을 배워 금속기능공으로 성장했다. 그는 20세가 된 1912년에 크로아티아를 떠나 체코와 독일 및 오스트리아에서 금속기능공으로 일했다. 그는 유고슬라비아의 대통령이 된 뒤에도 소년 시절에 익힌 기술을 발휘해 여러 가구를 만들었는데, 목재도 잘 다뤘다.

요시프 브로즈는 1913년에 징집되자 크로아티아의 수도이면서 역사적으로도 유서 깊은 자그레브에서 복무를 시작했다. 1914년에 제1차 세계대전이 일어나면서 오스트리아군에 배속돼 참전했으나 1915년 4월에 러시아군에 포로로 잡혔다. 그러나 1917년에 러시아에서 혁명이 일어난 것을 계기로 국내의 혼란이 커진 틈을 타서 포로수용소를 탈출했다. 그는 혁명 직후에 발생한 내란의 시기에 러시아의 여러 곳을 여행했는데, 이 과정에서 볼셰비즘의 세례를 받았다. 그사이인 1918년에 제1차 세계대전이 끝나면서 패전국인 오스트리아헝가리합병제국은 해체됐고, 그 제국에 종속됐던 세르비아와 크로아티아 및 슬로베니아가 연합해 세르비아-크로아티아-슬로베니아왕국을 세웠다. 수도는 이 세 나라들 가운데 가장 큰 나라인 세르비아의 수도 베오그라드였다. 이 왕국은 1929년에 유고슬라비아왕국으로 개명된다. 유고슬라비아는 '남南슬라브인들의 땅'이라는 뜻이다.

1920년에 귀향한 요시프 브로즈는 제분소에서 직공으로 일함과 동시에 공산당인 크로아티아의 사회민주당에 입당했다. 이때 비밀활동을 위해 당이 만들어준 가명이 티토였으며, 그는 그 후 이 가명을 즐겨 사용했다. 그는 공산주의자로서 곳곳에서 파업을 주도하다가 1928년에 체포돼 5년형을 받았다. 감옥에서도 당의 지시에 따라 활동했으며 출옥한 이후 훨씬 더 적극적으로 활동했다. 당의 지시에 따라 크로아티아와 슬로베니아 및 오스트리아를 은밀히 순회하며 정보를 수집했으며, 1935년에는 유고슬라비아왕국 사회민주당 대표단의 일원으로 모스크바에서 열린 코민테른회의에 참가했다. 이 계제에 그는 유럽의 여러 공산주의지도자들과 교류할 수 있었다.

우리가 소련의 공산주의자들을 설명하면서 몇 차례 언급했듯, 1930년대 중반에 스탈린은 소련 국내의 공산주의자들은 물론이고 소련으로 망명해온 국외의 공산주의자들도 '믿을 수 없는 공산주의자들'이라는 이유만으로 학살했다. 이 대숙청의 소용돌이 속에서 티토의 첫 아내가 소련의 비밀경찰에 체포됐다. 그러나 티토는 당황하지 않고 침착하게 대응했을 뿐만 아니라 현실적인 감각을 발휘해 살아남았다. 살아남았을 뿐만 아니라 승진을 거듭해, 1937년에는 스탈린의 지시에 따라 밀란 고르기치가 체포되자 그가 맡았던 유고슬라비아공산당 중앙위원회 총비서의 대리를 맡았으며 1939년에는 정식으로 총비서가 됐다.

그 시점인 1939년 9월에 나치독일의 폴란드침공개시로 제2차 세계대전이 일어나면서, 유고슬라비아왕국은 나치독일에 협력했으며 1941년 초에 나치독일이 그리스를 침공하는 길을 열어주었다. 그러했는데도 나치독일은 파시스트이탈리아와 함께 1941년 4월에 유고슬라비아왕국을 침공해 이 왕국을 소멸시켰다. 이때부터 티토의 활동이 빛을 발휘했다. 그는 빨치산부대를 조직해 군사적으로 나치독일군에 맞서 싸우기 시작했다. 그러나 그 싸움은 결코 간단하지 않았다. 유고슬라비아왕국은 서로 다른 언어와 문화 및 종교를 지닌 여러 소수민족들의 연합체였기에, 나치에 대항하는 전선에서 그들의 연합을 유지하는 것 자체가 어려웠다. 유고슬라비아왕국 안의 어떤 세력들은 반공을 표방하면서 나치독일과 손을 잡고 티토의 빨치산부대를 공격했다. 게다가 나치독일의 대규모 빨치산토벌작전은 크게 보아 세 차례에 걸쳐 전개됐는데, 그 과정에서 티토는 많은 부하들을 잃고 체포될 위기에 빠지기도 했다.

티토는 연합군이 수비하던 한 섬으로 겨우 탈출해 사령부를 세우는 데 성공했다. 다행히 영국은 티토를 적극적으로 도왔으며, 영국의 총리 처칠은 티토를 만나줌으로써 그의 위신을 높여주기도 했다. 그의 빨치산부대는 빠르게 성장해 약 80만 명의 대원을 거느리기에 이르렀다. 그는 인민해방군 총사령관으로 추대됐다. 힘을 얻은 티토는 소련을 방문해 스탈린과 회담하고 지원을 약속받았다. 그런데 이 시점에 이미 영국이나 소련은 종전 이후의 유럽질서를 내다보면서 티토를 자기 나라의 단독적 영향 아래 두고자 했다. 이 점을 간파한 티토는 스탈린과 만날 때 그 사실을 영국에 알리지 않았다.

중부 및 동남부 유럽에서 연합국의 전세가 확실하게 우세해지고 나치독일군이 패퇴를 거듭하게 된 1943년에 들어서면서, 티토의 빨치산부대는 지난날에 유고슬라비아왕국에 속했던 여러 지역들을 해방하기 시작했고 자신을 정규군체제로 바꿔나갔다. 동시에 티토는 임시정부에 해당하는 전국해방위원회를 발족시키면서 그 기구의 의장에 취임했으며 원수元帥의 칭호를 받았다. 임시정부를 세우는 일은 영국정부가 적극적으로 도왔다.

유고슬라비아인민공화국의 수립

티토는 곧 소련군과 연합해 유고슬라비아왕국의 수도 베오그라드를 점령함으로써 나치독일과의 전쟁을 끝냈다. 이 시점에 영국군과 소련군은 유고슬라비아왕국 안의 여러 지역에서 자신에게 유리한 방향으로 군사작전을 펼치고자 했다. 티토는 특유의 뚝심을 발휘해 그것들을 좌절시켰다. 이에 따라 티토에 대한 두 나라의 의심이 자라났다. 티토가 장차 '배은망덕하게도' 독자성을 발휘하지 않을까 하는 의심이었다.

이 과정에서 티토는 1945년 3월 7일에 '유고슬라비아민주연방공화국'이라는 국호 아래 공산당 1당이 독재권을 행사하는 정부를 베오그라드에 세웠다. 자연히 왕정은 폐지됐으며 국왕을 비롯한 왕정체제의 지도자들은 영국으로 망명했다. 티토는 자신이 이끈 빨치산세력의 주도로 세워진 공화국 정부에서 총리와 국방장관으로 취임했다. 그는 자신에게 대항했던 반공적 지도자들을 대체로 처형했다. 그러나 그들이 거느렸던 군부대들의 병사들은 자신의 군대로 받아들였다.

'유고슬라비아민주연방공화국'은 1946년에 '유고슬라비아인민공화국'으로 이름을 고쳤다. 이 시기에 중부 및 동남부 유럽의 공산국가들은 '인민민주주의'라는 새로운 용어를 개발했는데, 유고슬라비아도 이 용어를 받아들인 것이다. 이 나라는 사실상의 최고의사결정기구로 국가평의회를 개설했으며, 티토를 의장으로 선출했다. 이 직위가 서방세계의 국가원수에 해당됐다. 그래서 그때부터 서방세계는 그를 '티토 대통령'으로 불렀다.

2. 소련을 상대로 자주성을 발휘하다

코민포름의 파문에 맞서다

　독립국가를 세우면서 티토는 대외관계에서 그 이전 시기에 비해 훨씬 독자적인 길을 걸었다. 우선 영국을 비롯한 서방국가들의 영향은 쉽게 배제시킬 수 있었다. 자신이 이끈 빨치산투쟁이 독립의 가장 중요한 요인이었고 소련의 지원은 소극적이었다는 판단에서, 그는 소련에 대해서도 자주성을 발휘하기 시작했다. 스탈린은 1947년 9월에 공산국가들의 협의체로 지난날의 코민테른을 승계했다고 볼 수 있는 '코민포름Cominform'을 발족시키고, 이 기구를 통해 그들을 자신의 통제 아래 두려고 했다. 유고슬라비아도 이 기구에 가입했다. 그러나 티토는 결코 고분고분하지 않았다. 그는 우선 스탈린이 소련의 세력권으로 간주한 발칸반도에서 지역패권을 확보하고자 했다. 그는 이어 스탈린이 반대하는데도 불가리아와 우호친선동맹조약을 맺으려고 했으며, 스탈린이 주저하는데도 그리스내전에 소련을 깊숙이 끌어들이고자 했다. 마지막으로 그는 스탈린의 동의를 받지 않은 채, 유고슬라비아공화국을 구성하는 세르비아와 몬테네그로 및 마케도니아에 둘러싸인 약소국 알바니아에 군대를 투입해 알바니아를 유고슬라비아에 병합시키려고 했다.

　스탈린은 티토의 행위들이 앞으로 중부 및 동남부 유럽의 친소공산국가 지도자들 중에서 나올 수 있는 '불충스런 불복종'의 전조라고 보고 싹부터 제거하기로 결심했다. 그리하여 유고슬라비아가 요청한 경제원조 제공 및 통상조약 체결을 거부하면서 유고슬라비아에 파견했던 군사사절단을 철수시켰으며, 코민포름을 통해 유고슬라비아의 지도자들을 '기회주의적이며 우익편향적이고 반소비에트적'이라고 반복적으로 비난했다. 스탈린은 동시에 유고슬라비아의 지도부를 분열시켜 티토를 비판하고 스탈린을 지지할 세력을 이끌어내려고 여러 방면으로 공작했다. 그러나 티토는 굴복하지 않았으며 유고슬라비아의 지도부도 분열되지 않았다.

마지막 방법으로, 스탈린은 루마니아의 수도 부쿠레슈티에서 1948년 6월 하순에 열리기로 예정된 코민포름 전체회의에 티토를 비롯한 유고슬라비아의 지도자들을 초청했다. 모든 사람들의 눈에 그 초청은 '집단적 사문査問에의 소환'으로 비쳤다. 티토와 그를 지지하는 유고슬라비아의 지도자들은 초청을 거부함으로써 스탈린에 대한 저항을 행동으로 표시했다.

스탈린은 군사적 침공을 고려했다. 그러나 "우리에게는 숲이 있다. 최악의 경우 우리는 나치독일의 침공과 점령 시기에 그렇게 했듯 숲으로 들어가 빨치산운동을 재개할 것이다"라고 공언하며 강력한 저항의식을 과시하는 티토, 상황전개를 날카롭게 주시하는 서방세계의 강경한 반소자세, 그리고 유고슬라비아로의 군대이동이 결코 쉽지 않다는 지형적 불리 등을 종합적으로 고려할 때, 그것은 매우 모험적이었다. 스탈린은 이 사실을 인정하고 침공계획을 철회했다.

티토의 성공적 도전은 공산세계가 소련을 중심으로 하나의 큰 돌덩어리처럼 단결되어 있다는 믿음, 곧 단일체적monolithic이라는 믿음에 균열을 가져왔다. 당황한 스탈린은 다른 공산국가들의 이탈을 막기 위해 중부 및 동남부 유럽공산국가들에 대해 우선 감시와 통제를 강화했다. 조금이라도 민족주의적 성향을 가진 지도자들에 대해서는 '티토주의자' 또는 '우익편향주의자' 또는 '유대인적 국제주의자'라는 낙인을 찍어 무자비하게 숙청했다. 우리가 다음에서 보게 될 폴란드공산주의자 고무우카의 숙청이 그

한 보기였다.

스탈린은 유고슬라비아의 지도자들을 파문한다는 뜻에서 1948년 7월에 코민포름의 이름으로 유고슬라비아공산당을 국제공산주의운동계에서 축출했다. 이때 소련은 자신의 영향과 통제 아래 놓인 공산국가들에게 코민포름의 결정을 지지하는 성명을 발표하게 했는데, 김일성을 위원장으로 하는 북조선로동당은 곧바로 지지성명을 발표했다.

유고슬라비아공산당의 내분 수습

유고슬라비아공산당은 코민포름의 결정에 당황하지 않았다. 당은 티토의 노선을 지지하면서, 다른 한편으로 서방과의 관계회복에 노력했다. 소련과 중국공산당의 지원 아래, 북한의 김일성이 1950년 6월 25일에 본격적으로 개시한 한반도에서의 전쟁은 티토에게 유리하게 작용했다. 스탈린은 37개월에 걸쳐 진행된 이 전쟁에 전념하게 돼, 유고슬라비아에 관심을 쏟을 여력을 잃어버렸기 때문이다.

그러나 1950년대 초반부터 밀로반 질라스Milovan Đilas로 대표되는 반대세력의 목소리가 표면에 나타나기 시작했다. 질라스는 티토와 함께 독일을 상대로 빨치산투쟁에 참여했던 인물로, 유고슬라비아공산당 중앙위원회 정치국의 정위원이면서 유고슬라비아국회의 의장이었다. 그는 유고슬라비아 국가평의회의 부의장들 가운데 한 사람이지만 서방세계에는 한 사람뿐인 '유고슬라비아 부통령'으로 알려져 무게 있게 다뤄졌다. 따라서 그의 비판은 가볍게 다뤄질 수 없었다. 더구나 질라스는 서방세계의 출판사를 통해 티토나 유고슬라비아식 공산주의의 약점을 폭로하는 저술들을 출판하기도 했다. 1962년에 미국에서 출판된 『스탈린과의 대화Conversations with Stalin』가 그 대표적 보기다. 티토는 결국 질라스의 모든 공직을 박탈하고 투옥했다.

그러나 티토는 대부분의 반정부인사들에 대해서는 대체로 너그럽게 대처했다. 물론 여기서 '너그럽게'라는 말은 공산정권의 기준에서 볼 때 상대적으로 그렇다는 뜻이며, 서방세계의 기준에서 볼 때 인권탄압에 해당했다. 실제로 그는 지식인들과 문화예술계인사들에 대해 사상과 표현의 자유를 통제했으며, 일반국민에 대해서도 서구적 기본권을 허용하지 않았다. 그러했기에 서방세계의 어떤 우익언론매체들은 그를 '독재자' 또는 '인권탄압자'로 단정했다. 이러한 인상은 1956년에 헝가리와 폴란드에서 자유화운동이 일어났을 때 그것을 비판한 티토의 행위로 더욱 굳어졌다. 철저한 공산주의자였던 그는 그 운동이 반공적이며 따라서 탄압돼야 한다고 믿었던 것이다. 그는 크로아티아가 연방에서 탈퇴해 독립하려고 했을 때도 엄격히 통제했다.

3. 비동맹의 제3세계운동을 이끌다

4개국 지도자들의 회합을 성사시키다

티토는 냉전시대에 어느 한 진영으로 기울지 않고 중립성을 확보하고자 노력했다. 그러한 노력으로 그는 이른바 비동맹운동 또는 제3세계운동을 이끌었다. 미국으로 대표되는 서방진영에도, 소련으로 대표되는 동방진영에도 가담하지 않고, 그 양대 진영 사이에서 제3세계를 형성해 독자성을 유지하자는 뜻이었다. 이러한 취지에서 그는 1956년 여름에 인도총리 자와할랄 네루Jawaharlal Nehru, 이집트대통령 가말 압델 나세르Gamal Abdel Nasser, 인도네시아대통령 아크멧 수카르노Achmed Sukarno를 유고슬라비아의 아름다운 섬들 가운데 하나인 브리오니에 초청하고 '비동맹운동 공동선언서'를 채택했다. 이로써 1955년 4월에 인도네시아의 반둥에서 열린 제1차 아프리카아시아국가정상회담에서 싹이 튼 비동맹운동의 원칙들을 구체화하는 데 성공했다. 자연히 티토는 세계정치의 주요한 한 무대에 우뚝 선 국제정치가로 부각됐다.

따라서 유고슬라비아의 수도 베오그라드는 국제적 관심을 받는 중요한 도시가 됐다. 1961년에 제1차 비동맹국가정상회담이 바로 베오그라드에서 열렸는데, 그 후에도 비동맹권회의가 때때로 여기서 열리면서 세계정치와 세계경제의 중요한 쟁점들에 대한 선언들을 발표했다. 그 이후 아프리카의 신생국가 가나의 대통령 콰메 은크루마Kwame Nkrumah가 적극적으로 참여했다. 국제사회는 티토, 네루, 나세르, 수카르노, 은크루마를 '비동맹의 5인'이라고 불렀다.

티토의 비동맹운동은 마오쩌둥에게 가혹한 평가를 받았다. 마오쩌둥이 소련과 이념논쟁을 벌이기 전에, 중국은 대외문제에서 스탈린의 노선을 충실히 따랐다. 그러했기에 중국공산당은 티토를 국제공산주의운동의 배신자로 매도했던 것이다. 티토는 티토대로 마오쩌둥을 혹독하게 매도했다. 그러나 이후 티토는 1977년 8월에 중국을 방문하고 마오쩌둥의 묘지에 헌화한다.

이렇게 국제정치계에서 티토의 위상이 높아지자 소련은 계속해서 그를 외면하기가 어려워졌다. 이에 따라 우선 소련의 흐루쇼프가 티토와의 화해를 모색했으나 성과를 거두지 못했다. 그래서 1971년과 1973년 사이에 다시 티토와의 화해를 모색했으며, 브레즈네프 당총비서와 코시긴 내각총리가 베오그라드를 방문하고 티토가 모스크바를 방문했다. 이러한 기초 위에서, 1977년에 소련이 유고슬라비아의 내정에 간섭하지 않는다고 약속한 결과 마침내 둘 사이의 관계가 정상화됐다.

종신대통령으로 추대된 이후

티토는 그동안 국내에 사회주의이념을 확산시키기 위해 노력했으며, 그러한 취지에서 1963년에 국호를 '유고슬라비아사회주의연방공화국'으로 바꿨다. 또 부분적으로 이윤제를 비롯한 시장경제의 요소들을 도입해 국내 경제를 활성화하고자 했다. 그러나 그는 1974년 5월에 발효한 신헌법에 근거해 종신대통령에 추대된 이후 국내정치보다는 국제외교에 치중해, 해외 순방을 자주 했다. 1977년 8월에는 중국방문을 마치고 북한을 방문해 김일성과 회담했다. 김일성은 스탈린주의를 맹종하던 때 스탈린에 대한 충성의 표시로 티토를 '국제반동세력의 앞잡이' 또는 '미제국주의의 머슴'이라고 매도했었다. 그러나 이 자리에서 김일성은 북한과 미국 카터행정부 사이에 대화가 열리도록 도와달라고 요청했으며, 티토는 그 요청을 받아들였다. 실제로 티토는 1978년 3월에 카터 대통령을 방문하고 자신의 뜻을 전달했다. 이때 그는 북한과 미국 사이의 회담에 대한민국 역시 참여해야 한다는 말을 덧붙였다.

티토의 만년은 개인적으로 불운했다. 1952년에 세번째로 결혼한 요반카 부디사블레비치와 심각한 갈등을 겪으면서 1977년 말에 별거에 이르렀다. 1980년 1월에는 유고슬라비아사회주의연방공화국을 형성하는 한 국가인 슬로베니아의 수도 류블랴나의 병원에서 왼쪽 다리를 절단하는 수술을 받았고, 그 후유증으로 결국 그 병원에서 4개월 뒤인 5월 4일에 88세로 별세했다. 그의 부인인 요반카는 2013년 10월 20일 88세로 별세했다.

티토의 장례식은 국장으로 화려하면서도 엄숙하게 치러졌다. 세계의 수많은 나라들에서 현직은 물론 전직 국가원수들과 정부수반들이 참여했다. 김일성도 참여했다. 티토는 베오그라드에 자신만을 위해 세워진 국립묘지에 모셔졌다.

티토를 여러 차례 만났던 캄보디아의 국가원수 노로돔 시아누크는 이렇게 회상했다. "나는 그 이유가 무엇인지 잘 모르지만, 티토와 요반카가 이혼한 것도 그가 만년을 울적하고 고독하게 보낼 수밖에 없도록 한 원인이 되었다. 들리는 소문에 의하면, 티토가 노쇠해짐에 따라 요반카는 국내정치 문제에 지나치게 관여하려고 들었다. 나는 티토가 부인과 헤어진 것을 슬퍼한 것을 안다. 티토는 죽기 전에 북한을 비롯한 몇 개의 국가들을 혼자 방문해야만 했다. 나는 당시의 사진들을 보았다. 부인이 곁에 없는 그는 예전의 그가 아니었다."

티토에 대한 시아누크의 회상은 전반적으로 매우 호의적이다. 시아누크는 "내가 처음 티토에게서 가장 감명을 받은 것은 그의 매혹적인 외모와 옷차림이었다"고 회상하면서, 다음과 같이 부연했다. "외모가 준수했던 그는 흠잡을 데 없는 옷차림에다가 항상 단정하게 차려입었으며, 비동맹운동그룹에 참여한 카리스마적인 지도자들 가운데서 옷차림이 가장 훌륭했다는 데 이론의 여지가 없었다. 그는 얼굴이 둥근 편이었는데, 우리 캄보디아사람들은 나의 부친과 나의 경우처럼 약간 뚱뚱한 사람이 높은 직위로 출세할 운명을 타고났다고 믿었다. 티토는 세련되고 당당한 몸가짐을 보였다. 몇 군데 붉은 머리털이 섞인 금발머리의 티토는 이마 위의 머리가 약간 곱슬곱슬했다. 반짝이는 그의 푸른 눈동자는 날카로운 지성을 나타냈다. 미소로 사람들을 매혹시킨 티토의 네모진 턱은 강력한 의지를 나타냈다."

시아누크의 회상은 다음으로 이어졌다. "티토는 언제나 흠잡을 데 없이 우아한 도시풍의 양복을 입었다. 그는 엷은 색깔의 정장에 어울리는 넥타이와 모자 그리고 구두를 특히 선호했다. 색상의 조화는 항상 완벽했다. 그가 패용하는 금으로 만든 넥타이핀에는 다이아몬드가 박혀 있었다. 한마디로 말해서, 그는 우아한 멋을 아는 신사였다." 이러한 묘사가 사실이라면, 티토의 모습은 가난한 나라의 가난한 사람들이 흔히 생각하는 공산주의지도자의 모습에 어울리는 것이었을까?

티토가 죽고 10년이 지난 후 유럽의 국제관계에는 구조적인 변화가 일어났다. 냉전구조의 와해가 그것이었다. 그것은 유고슬라비아사회주의연방공화국에도 영향을 주었다. 동서냉전의 양자택일적 분위기에 힘입어 성립된 이 연방은 동서냉전의 해체분위기 속에서 분열의 길에 접어든 것이다. 1991년에, 이 연방공화국을 구성한 여섯 공화국들 가운데 슬로베니아, 크로아티아, 마케도니아, 보스니아-헤르체고비나의 네 나라가 분리·독립했으며, 이에 따라 1992년에는 연방에 잔류한 세르비아와 몬테네그로가 '유고슬라비아연방공화국'을 세웠다. 그러나 2003년에 국호가 '세르비아몬테네그로'로 바뀌면서, 유고슬라비아라는 이름은 사라졌다. 2006년에 몬테네그로는 개별국가로 독립했다.

이 과정에서 옛 유고슬라비아의 곳곳에서 여러 차례 내란이 벌어졌으며 수많은 사람들이 죽었다. 연방에서 가장 강력한 나라였던 세르비아는 '인종청소'라는 이름으로 특히 이슬람교도들이 많이 사는 지난날의 연방구성국가들에서 이슬람교도들을 상대로 집단적인 살육을 자행했다. 그 대표적 살육자가 1989년에 세르비아대통령으로 선출된 슬로보단 밀로셰비치 Slobodan Milošević였다. 그는 세르비아 밖의 이슬람교도들뿐만 아니라 세르비아 안의 코소보 지역에서 대다수를 형성하고 생활하는 알바니아계 이슬람교도들도 무자비하게 학살해 '발칸의 도살자'라는 악명을 얻었다. 우여곡절 끝에, 밀로셰비치는 결국 네덜란드의 행정수도 헤이그에 개설된 옛 유고슬라비아국제형사재판소에 의해 전범으로 기소되고 재판을 받다가 2006년 3월에 감옥에서 죽는다. 그가 무자비하게 탄압했던 코소보는 결국 2008년 2월 17일에 '코소보공화국'으로 독립을 선언하며, 2010년 7월에 국제사법재판소는 코소보의 독립을 인정했다. 대한민국 역시 코소보의 독립을 인정했다. 2012년 말 현재, 코소보의 독립을 승인한 나라는 97개에 이르렀다.

상황이 이렇게 전개되면서, 티토에 대한 재평가가 자연스럽게 이뤄졌다. 티토가 절대독재자로 군림했던 것은 비판을 받아야 하지만, 그리고 연방을 유지했던 것은 비록 냉전 때문에 가능했다고 해도, 그의 통합적 리더십 덕분이 아니었느냐는 주장이 나온 것이다.

4. 알바니아를 비밀경찰국가로 만든 호자

오늘날의 알바니아는 그 면적이 우리나라의 경상도보다 조금 더 크다. 2011년의 공식통계로, 인구는 약 283만 명이다. 수도는 티라나Tirana로, 그 인구는 약 30만 명으로 추정된다. 몬테네그로, 세르비아, 마케도니아, 그리스에 둘러싸여 있으며, 바다를 건너 이탈리아와 마주 보고 있다. 국민의 대다수는 알바니아어를 쓰는 알바니아인이다. 그들은 대다수가 이슬람교를 신봉하며, 소수가 알바니아정교회와 로마가톨릭을 신봉한다. 개신교는 약하다. 그러나 이 작은 나라에 이웃 나라들로부터 많지는 않으나 일정한 숫자의 사람들이 들어와 살고 있다.

알바니아는 한때 오스만제국의 지배를 받았으며 그 후신인 터키의 지배도 받았다. 이 나라가 독립한 것은 1912년이고, 1928년부터 왕국이 됐다. 그러나 제2차 세계대전의 발발과 더불어 파시스트이탈리아의 침략을 받아 왕정은 폐지됐고 이탈리아의 점령통치를 받았다. 이 시기인 1941년에 티토가 이끄는 유고슬라비아공산당의 지원을 받아 알바니아공산당이 창당돼 빨치산운동을 전개했는데, 그 지도자들 가운데 한 사람이 엔베르 호자였다.

호자는 1908년에 알바니아의 남부 지로카스터르Gjirokastër에서 태어나 왕정의 국비유학생으로 1930년부터 몇 해에 걸쳐 프랑스와 벨기에에 유학했다. 이때 프랑스어를 익혀, 시아누크의 표현으로, 그 후에도 '우아한 프랑스어'를 구사했다. 그는 잠시 벨기에주재알바니아공사관에서 외교관으로 일했다. 1936년에는 귀국해 중학교 교사로 일하면서 정치활동에 참여했으며, 1941년에 알바니아공산당 창당에 참여했고, 1943년에는 마침내 이

당의 중앙위원회 총비서로 선출됐다.

호자는 알바니아의 공산주의자들을 중심으로 이탈리아에 대항하는 민족해방전선을 조직해 빨치산운동을 전개했으며, 1943년에 이탈리아가 연합국에 항복한 뒤 나치독일이 알바니아를 점령하자 그에 맞서 싸웠다. 1944년 11월에 나치독일군이 철수하자 민족해방전선이 정권을 장악했다. 이때 호자는 알바니아에 공산국가를 세우고 총리와 외무장관을 겸했으며, 1954년에는 알바니아공산당 중앙위원회 총비서를 겸했다. 알바니아공산당은 그 후 알바니아노동당으로 개명한다.

알바니아는 전형적인 약소국으로 강대국들의 침략과 지배에 시달렸기에 처음부터 반외세의 길을 걸었으며, 특히 서구제국주의에 대한 반감을 강하게 드러냈다. 이러한 맥락에서, 동서냉전의 시대에 철저하게 스탈린의 외교노선을 지지했으며, 서구제국주의에 맞서 강력히 투쟁하기 위해서는 1인 독재자의 강력한 통치가 효과적이라는 명분을 내세워 국민의 기본권을 금압했으며 야당과 반대세력의 존재를 인정하지 않았다. 글자 그대로 그는 알바니아의 '작은 스탈린'이었다.

이러한 호자에게 흐루쇼프의 스탈린격하운동 및 긴장완화추구는 커다란 위협이었다. 그는 흐루쇼프를 '마르크스-레닌주의의 배반자'라고 비난하면서, 소련공산당과 중국공산당 사이에서 전개되는 이념논쟁에서 중국공산당으로 기울어졌다. 이처럼 '마르크스-레닌주의의 순결성'을 내세우는 그에게 지난날의 빨치산동지 티토가 걷는 비동맹운동은 '마르크스-레닌주의로부터의 이탈'로 비쳤다. 그는 이미 티토를 '알바니아를 집어삼키려는 사나운 호랑이'로 보던 터에, '마르크스-레닌주의로부터 이탈하려는 행위'를 용서할 수 없었다. 그래서 티토와 호자 사이의 관계, 그리고 유고슬라비아와 알바니아 사이의 관계는 악화됐다.

1961년은 알바니아의 대외관계에서 하나의 중요한 전환이 일어난 해였다. 흐루쇼프가 호자를 길들이려는 목적에서 그사이 알바니아에 베풀었던 경제원조를 중단하고 알바니아에 파견했던 기술자들을 철수시킨 것이다. 호자는 소련이 알바니아의 내정에 간섭한다고 비난하면서 친중노선으로의 전환을 선언했다. 동시에 그는 마오쩌둥의 사상과 통치방식을 찬양했다. 이때로부터 중국공산당은 알바니아에 대한 경제적·기술적 지원을 증대시켰다.

대체로 이 무렵에 북한 역시 중소분쟁에서 친중으로 기울면서 흐루쇼프를 비난했다. 자연히 알바니아와 북한의 관계는 돈독해졌고, 국제사회 일각에서는 북한을 '극동의 알바니아'로 불렀다. 1972년 2월에 중국공산당이 닉슨 미국대통령의 중국방문을 받아들이고 미국과 긴장완화에 들어가자 호자는 중국공산당을 비난했다. 1967년에 알바니아가 '무신론국가'임을 공식적으로 선언했던 호자는 1976년 12월에 '알바니아인민공화국'이던 국가명칭을 '알바니아사회주의인민공화국'으로 바꿨다.

티토와 호자 두 사람의 초청을 받아 1975년에 유고슬라비아와 알바니아를 차례로 방문한 시아누크의 회고에 따르면, 티토는 호자와의 관계를 개선하고 싶어 했다. 그래서 시아누크에게 알바니아에 가면 자신의 뜻을 전해달라고 부탁했고 시아누크는 기꺼이 그 요청을 받아들였다. 그러나 호자는 티토의 제의를 거절했다. 티토가 여전히 알바니아를 정복하려는 욕심을 숨긴 채 자신을 회유하려 하지만 자신은 거기에 속을 만큼 바보가 아니라고 말한 것이다. 호자와 함께 빨치산운동에 참여했던 호자의 부인은 티토의 부인이 안부인사를 전하더라는 시아누크의 말을 듣고 "나는 그런 여자를 모른다"고 대답했다. 심지어 시아누크가 알바니아에 입국하면 먹으라고 티토가 선물로 준 유고슬라비아 특산의 최고급 치즈와 냉동고기를 티라나공항에서 몰수하기도 했다.

호자는 철저한 대외폐쇄정책을 썼으며 외국과의 경제협력을 단절했고 농업과 축산업만을 장려했다. 그 결과 알바니아는 유럽에서 가장 가난한 나라가 됐다. 1970년대 후반까지도 수도 티라나에서조차 자동차라고는 거의 없다시피 했고 우마차들이 교통수단으로 쓰였다. 그는 또 비밀경찰에 의지해 혹독한 억압정책으로 일관했다. 그 한 보기로, 그는 자신의 항독빨치산 동지였으며 자신의 총리로 1954년부터 1981년까지 무려 27년 동안 충실하게 봉직한 메흐메트 셰후Mehmet Shehu에게 1981년 12월에 자살을 강요했다. 셰후는 제2차 세계대전 시기에 알바니아공산당이 빨치산운동을 전개하던 때 군사전략가로 크게 이바지했다. 어떤 이들은 그의 군사전략이 없었다면 알바니아공산당의 빨치산운동이 성공하기 어려웠을 것이라고까지 말했다. 시아누크의 표현으로 셰후는 매우 정직하고 애국심에 불타는 사람이었다. 그런데도 왜 호자가 그를 '반역자'라고 공개비난하면서 죽게 만들었는지 이해할 수 없다고 회상했다. 셰후의 비극은 거기서 끝나지 않았다. 그의 아내와 아들들이 모두 투옥됐던 것이다.

포악한 공산주의자였던 호자는 77세이던 1985년 4월 11일에 죽었다. 그가 죽은 때로부터 몇 해 뒤 유럽에서는 공산정권들이 차례로 붕괴했으며, 이 나라도 1992년에 공산주의를 포기하고 민주주의와 공화주의를 채택했다. 그리하여 국호를 알바니아공화국으로 바꿨다. 그 이후 군주제를 부활시키려는 운동이 전개됐으나 1997년에 실시된 국민투표에서 부결됐다. 대한민국과는 1991년 8월에 수교했다.

체코슬로바키아의 공산주의자들

클레멘트 고트발트, 루드비크 스보보다,
알렉산드르 둡체크, 구스타프 후사크

1. 공산당집권 이전의 체코슬로바키아

중부유럽의 분단국 체코슬로바키아

저자 세대의 사람들에게 체코슬로바키아는 대체로 다음과 같은 세 개의 단순화된 인상을 준다. 첫째, 체코제製 총이다. 초등학생 시절에 6·25전쟁을 겪었기에 어려서부터 무기에 대해 이런저런 얘기를 듣고 자란 우리 세대에게는 "기관총은 체코제가 제일이다"라는 말이 사실 여부에 관계없이 정설처럼 구전됐다.

둘째, 적성국敵性國감시위원단이다. 1953년 7월에 성립된 한반도휴전협정은 휴전이 제대로 지켜지는가의 여부를 감시하는 기구로 중립국감시위원단을 설치했는데, 서방 측에서는 스웨덴과 스위스가, 공산 측에서는 폴란드와 체코슬로바키아가 각각 참여했다. 그때 이승만 대통령은 처음부터 휴전에 반대했기에 중립국감시위원단을 못마땅하게 여겼다. 그래서 1955년 여름에 폴란드와 체코슬로바키아를 '적성국감시위원단'으로 규정하고 중립국감시위원단으로부터의 추방을 요구하는 대규모시위를 일으키도록 유도했기에, 각급 학교의 학생들은 시위에 동원되곤 했다.

셋째, 「몰다우강」의 작곡가 베드르지흐 스메타나Bedřich Smetana, 「신세계」와 「유모레스크」의 작곡가 안토닌 드보르자크Antonín Dvořák, 그리고 독일계 유대인 출신의 문인 프란츠 카프카Franz Kafka 등이다. 그들은 모두 체코슬로바키아가 낳은 세계적 예술가들로, 우리나라에도 널리 알려졌다. 1952년에 열린 제15회 헬싱키올림픽에서 5킬로미터와 10킬로미터 마라톤에서 각각 우승해 인간기관차로 불린 에밀 자토페크Emil Zátopek의 경우도 마찬가지다.

국제정치학을 전공했다고 하면서도 저자가 체코슬로바키아에 대해 가졌던 인상이나 지식은 부끄럽게도 이게 고작이었다. 그러다가 1970년 4월 이후 저자는 체코슬로바키아에 대해 새롭게 눈을 떴다. 켄트주립대학교에서 정치학석사학위를 받고 막 피츠버그대학교 정치학박사과정에 진학한 저자는 이 대학교 국제문제연구소장이던 칼 베크Carl Beck 교수의 연구조교진으로 일하게 됐는데, 소련과 동유럽을 전공하던 그분이 저자에게 체코슬로바키아에 대한 자료를 정리하도록 맡김으로써 이 나라에 대해 새로이 공부하기 시작했던 것이다.

막상 체코슬로바키아를 공부하게 되자 이 나라의 역사와 우리나라의 역사 사이에 몇몇 공통점들이 있음을 알게 됐다. 한반도보다는 작고 남한보다는 조금 큰 나라로, 인구는 1,600만 명 정도인 체코슬로바키아는 중부유럽에 자리를 잡은 내륙국으로 주변의 강대국들이 탐내는 전략적 요충지이기에 침략을 자주 받았다. 나치독일은 제2차 세계대전을 일으키기 1년 전인 1938년에 체코슬로바키아의 수데텐 지방을 강제로 빼앗았으며 결국 나라 전체를 사실상의 식민지로 삼았다. 그리고 제2차 세계대전이 끝나자 이번에는 소련이 체코슬로바키아를 다른 동유럽나라들과 함께 자신의 위성국으로 만들었고, 1993년 1월 1일에는 체코슬로바키아가 체코와 슬로바키아로 분리된다. 체코슬로바키아의 역사 역시 한국과 마찬가지로 비운의 계속이었음을 증명한다.

국민의 지지를 받은 초대 대통령 토마시 마사리크

체코슬로바키아는 보헤미아와 모라비아 및 슬로바키아의 세 지역으로 구성됐다. 수도 프라하를 껴안은 보헤미아는 공업지대로 세 지역 가운데 경제적으로 가장 부유하다. 보헤미아와 이에 이어진 모라비아에는 주로 체코사람들이 산다. 반면에 슬로바키아는 농업지대로 세 지역 가운데 경제적으로 가장 낙후했는데, 이 지역에는 주로 슬로바키아사람들이 산다. 체코인들이나 슬로바키아인들은 인종적으로는 동슬라브족에 속하는 동일 민족이다. 같은 민족이로되 사는 지역이 달라 체코사람, 슬로바키아사람으로 불릴 뿐인데, 우리가 앞으로 보게 되듯, 다수파인 체코인들과 소수파인 슬로바키아인들 사이의 뿌리 깊은 갈등과 반목은 체코슬로바키아의 역사에서 중요하게 작용한다.

체코인들과 슬로바키아인들은 15세기 이후 몇 백 년 동안 오스트리아와 헝가리 또는 '오스트리아헝가리합병제국'의 식민지노예로 신음했다. 그러다가 제1차 세계대전 때 체코인들과 슬로바키아인들은 함께 손을 잡고 영국과 프랑스 및 러시아의 3국협상세력에 맞서 싸웠다. 그 과정에서 체코인들과 슬로바키아인들은 미국 펜실베이니아주 피츠버그시에서 이른바 피츠버그협정을 맺고 앞으로 독립을 얻으면 체코인들과 슬로바키아인들이 동등한 지위를 갖는 체코슬로바키아공화국을 세우기로 약속했다. 제1차 세계대전이 끝난 직후인 1918년에 체코인들과 슬로바키아인들은 독립을 얻었고 체코슬로바키아공화국을 세웠다. 초대 대통령으로는 독립운동의 지도자였던 68세의 토마시 마사리크Thomáš Masaryk가 선출됐다.

　토마시 마사리크는 슬로바키아 출신의 아버지와 모라비아 출신의 어머니 사이에서 1850년에 모라비아와 슬로바키아의 접경지대인 호도닌에서 태어났다. 그는 오스트리아의 빈대학교에서 그때의 유명한 철학자 프란츠 브렌타노Franz Brentano에게서 플라톤철학을 배웠다. 그는 이 학교에서 박사학위를 받은 뒤 독일의 라이프치히대학교에서 철학연구를 계속하다가 음악과 학생 샬럿 가리구에Charlotte Garrigue를 만나 결혼에 이르렀다. 그녀는 미국의 유복한 가정 출신으로 기독교에 대한 신앙심이 깊었으며, 이는 그의 사상형성에 큰 영향을 끼쳤다. 그녀를 통해 그는 영국 민주주의사상가들의 저술을 접하게 됐고 서유럽에 친화적인 세계관을 갖게 되었다.

　마사리크는 곧 빈대학교 강사를 거쳐 프라하에서 철학교수가 됐다. 그는 가톨릭교회에 대해서도 반대하고 마르크스주의에 대해서도 반대하는 반면에 서유럽에 친화적인 입장을 분명히 밝혔다. 이처럼 철학자로 활동하면서 그는 정치활동에도 뛰어들어 오스트리아헝가리합병제국 의회의 의원으로 선출되기도 했으며, 제1차 세계대전이 일어나기 직전에는 진보당이라는 작은 정당을 창당하기도 했다. 제1차 세계대전이 일어나자 마사리크는 런던으로 망명해 독립운동을 지도했다. 그의 독립운동은 체코인들과 슬로바키아인들의 독립에 국한되지 않았다. 그는 유럽의 수많은 약소민족들의 독립을 동시에 호소했다. 이 목적을 달성하기 위해 그는 러시아와 미국을 방문하기도 했다.

　마사리크의 이러한 경력과 역할은 1918년에 체코슬로바키아공화국이 건국됐을 때 그로 하여금 압도적인 지지를 받고 초대 대통령으로 선출되게 만들었다. 그는 체코슬로바키아를 민주국가이자 공업국가로 발전시키기 위해 많은 노력을 기울여 국민들의 지지를 받았다. 그래서 그는 대통령을 연임할 수 있었다. 그러나 그는 노령으로 건강이 나빠지자 1935년에 사임했고, 1937년에 87세로 자연사했다.

런던에서 망명정부를 세운 베네시와 얀 마사리크

마사리크의 후임이 그의 정부에서 외무장관과 국무총리를 지낸 에드바르트 베네시Edvard Beneš 박사였다. 베네시 대통령은 마사리크 전 대통령의 장례식 때 "베르니 주스타네메"라는 말을 남겼다. "우리는 당신의 뜻을 충실히 따르겠습니다"라는 뜻인데, 이 평범한 말이 체코슬로바키아국민들에게 감동적으로 기억돼, 그 후 체코슬로바키아에는 '베르니 주스타네메' 라는 정치단체가 출현하기도 했다.

그처럼 성공적인 대통령 치하에서도 체코인들과 슬로바키아인들 사이에 형성된 불화의 골은 점점 더 깊어갔다. 인구가 많고 경제가 앞선 체코인들이 정치적으로나 사회적으로 더 많은 권리를 누리게 되자, 인구가 적고 경제가 뒤진 슬로바키아인들이 '체코제국주의'에 대해 강한 불만을 나타내기 시작한 것이다.

그러나 그들 사이의 갈등과 불화보다 더 심각했던 것은, 앞에서 이미 지적했듯, 나치독일의 침략이었다. 나치독일은 무력으로 보헤미아와 모라비아를 점령해 자신의 보호국으로 만들고, 체코인들과 슬로바키아인들을 이간시키기 위해 슬로바키아를 겉으로 보기에는 독립국인 것처럼 보이는 슬로바키아공화국으로 만들되 사실상 자신의 괴뢰국으로 삼았다. 여기서 중요한 것은 슬로바키아인들이 체코인들에 대한 반감 때문에 나치독일의 결정을 받아들였다는 사실이다. 이때 나치독일에 협력해 1939년부터 1945년까지 6년 동안 슬로바키아공화국의 대통령으로 봉직했던 이가 요제프 티소 Josef Tiso 신부였다. 그는 체코슬로바키아가 해방되고 나서 1947년에 처형됐다.

이처럼 조국이 유린당하자 베네시 대통령은 정부의 지도자들과 더불어 런던으로 망명해 '체코슬로바키아공화국망명정부'를 세웠다. 연합국들은 곧바로 이 정부를 승인했다. 이 망명정부의 외무장관에 토마시 마사리크의 아들 얀 마사리크Jan G. Masaryk가 임명됐다.

비슷한 시기에, 다른 한 무리의 체코슬로바키아지도자들이 망명길에 올랐다. 그들은 1921년에 창당된 체코슬로바키아공산당의 지도자들로, 코민테른의 본부가 자리를 잡은 모스크바로 발길을 옮긴 것이다. 그 대표적인 공산주의망명자들이 클레멘트 고트발트, 루돌프 슬란스키, 즈데네크 네예들리 Zdeněk Nejedlý 등이었다.

스탈린은 처음에는 그들은 물론이고 다른 동유럽국가들의 공산주의망명자들을 대수롭지 않게 여겼다. 왜냐하면 체코슬로바키아를 비롯한 동유럽국가들을 침략한 나치독일의 히틀러와 불가침조약을 맺는 등 타협했기 때문이었다. 그러나 1941년 6월에 나치독일이 불가침조약을 깨뜨리고 소련을 침공하자 스탈린의 태도는 달라졌다. 이제부터 나치독일과 목숨을 건 전쟁을 벌여야 하는 스탈린에게는 나치에 반대하는 동유럽공산주의망명자들이 소중한 도구가 될 수 있었던 것이다.

2. 스탈린주의자들의 공산통치

베네시가 이끄는 런던의 망명정부세력과 고트발트가 이끄는 모스크바의 망명공산세력 사이의 대결은 나치독일이 패망하면서 체코슬로바키아 국내에서 심각하게 전개됐다. 런던의 망명정부세력은 미국군대가 서쪽으로 진공해 체코슬로바키아를 해방시키기를 기대했다. 그러나 체코슬로바키아를 해방한 것은 동쪽으로 진공해 1945년 4월에 우선 슬로바키아의 동부를 점령한 소련군대였다. 이렇게 되자 베네시 대통령은 런던에서 슬로바키아의 제2도시 코시체로 돌아와 체코슬로바키아정부를 구성했다. 이때만 해도 베네시정부의 국제적 지위가 확고했기에 모스크바세력은 베네시의 대통령직 수행을 받아들이면서 그 정부에 참여했다.

쿠데타로 집권한 고트발트

1개월 뒤인 1945년 5월에 소련군대는 마침내 체코슬로바키아의 수도인 프라하를 해방했다. 체코슬로바키아정부는 곧 프라하로 돌아왔다. 이때 이미 베네시는 사실상 허수아비였다. 명색은 민족전선정부로 각 정당이 고르게 참여한 듯한 외양을 갖췄으나, 실제로는 소련의 계획과 지시에 따라 움직이는 체코슬로바키아공산당의 지도자들이 좌지우지하고 있었다.

외무장관으로 다시 임명된 얀 마사리크만은 베네시 대통령에게 충성을 다했다. 마치 지난날 베네시 외무장관이 토마시 마사리크 대통령에게 충성을 다했듯, 이번에는 토마시 마사리크의 아들 얀 마사리크 외무장관이 베네시 대통령에게 충성을 다한 것이다. 물론 베네시 대통령과 얀 마사리크 외무장관은 모두 친서방외교정책을 수행하고자 했다.

1946년에 소련군의 점령 아래 실시된 제헌국회총선에서 체코슬로바키아공산당은 제1당이 됐다. 체코슬로바키아공산당이 제창한 과감한 토지개혁과 대기업국유화 및 사회보장정책이 득표의 중요한 원인이 됐음은 사실이다. 그러나 그들의 공공연한 공갈 및 폭력행사, 그리고 무엇보다 소련점령군의 위세가 많은 도움을 준 것도 사실이다.

어떻든 제헌국회총선을 계기로 체코슬로바키아공산당 중앙위원회 제1비서 고트발트는 국무총리로 선출됐으며, 당의 정치국 위원들은 거의 모두가 장관으로 임명됐다. 따라서 베네시와 얀 마사리크는 더욱 외로워졌다. 상황은 거기서 끝나지 않았다. 1948년 2월에 체코슬로바키아공산당은 마침내 소련군의 지원을 받아 쿠데타를 일으켰다. 그러나 쿠데타를 합법화하기 위해 여전히 베네시 대통령의 이름이 필요했다. 고트발트는 2월 25일에 중병에 시달리던 베네시를 협박해 공산당이 주도하는 새 내각을 승인받는 데 성공했다. 물론 고트발트는 다시 국무총리에 임명됐다. 그는 4개월 뒤에 베네시를 사임시키고 대통령에 올랐다. 베네시는 그로부터 3개월 뒤에 병사했다.

반면에 외무장관 얀 마사리크는 쿠데타 직후 자살한 것으로 발표됐다. 향년 만 62세였다. 많은 사람들은 그가 자살한 것이 아니라 공산주의자들 손에 타살된 것이라 믿었다. 그때로부터 20년 뒤인 1968년에 전개된 '프라하의 봄' 때, 탈소脫蘇개혁주의세력이 이끌던 체코슬로바키아정부는 얀 마사리크의 죽음의 진상을 밝히는 조사단을 구성했다. 그러나 타살설을 입증할 만한 자료를 찾지 못했다. 그렇다고 해도 얀 마사리크는 오늘날까지 체코슬로바키아민주주의의 순교자로 추념되고 있다.

토마시 마사리크의 무덤과 얀 마사리크의 무덤은 프라하에서 서남쪽으로 1킬로미터 정도 떨어진, 보헤미아 동남쪽의 래니라는 조그만 마을에 있다. 저자는 1995년 4월 하순에 프라하에서 열린 유럽한국학회 AKSE 제17차 학술대회에 참석했다가 그곳을 방문할 수 있었다. 작지만 품위 있는 공동묘지 한 모퉁이에 토마시 마사리크 내외의 무덤과 얀 마사리크 내외의 무덤이 함께 자리를 잡고 있었다.

유령의 집 같은 고트발트국립묘지

체코슬로바키아의 공산화, 그리고 친소화는 그렇게 이뤄졌다. 그 후 체코슬로바키아는 대통령 겸 공산당수인 고트발트의 집권 아래 충실하게 소련을 추종했다. 그 과정에서 루돌프 슬란스키를 비롯한 고트발트의 경쟁자들은 1951년에서 1952년 사이에 처형됐거나 옥사했다.

보헤미아 출신의 체코사람 고트발트는 철저한 스탈린주의자였다. 그래서 체코슬로바키아국민들은 다음과 같은 우스갯소리를 만들어내기도 했다. "프라하의 어느 청명한 날에 고트발트가 민정시찰을 이유로 시내를 걸어 다녔다. 날씨가 맑은데도 그의 비서들은 좌우에서 우산을 들고 그를 호위하고 있었다. 시민들이 '대통령 각하, 웬 우산입니까?'라고 묻자, 그는 '지금 모스크바에는 비가 내리고 있어. 스탈린 각하께서도 우산을 받고 계시다네'라고 대답했다."

1953년 3월 5일에 스탈린이 죽자 체코슬로바키아국민들은 귀엣말로 "고트발트가 자살해서 스탈린의 뒤를 따르지 않겠느냐"고 속삭였다. 물론 그것은 비웃는 말이었는데, 고트발트는 과연 충성스러웠다. 9일 뒤 갑자기 죽은 것이다. 스탈린의 장례식에 참석했다가 걸린 폐렴 때문이었다. 고트발트의 부하들은 레닌연구소 기술진에 부탁해 그를 미라로 만들어 성대한 국장을 치렀다. 그러나 미라와 국장이 무슨 소용이랴! 저자가 1994년 1월에 프라하를 방문했을 때 그의 무덤을 찾으려고 체코의 여러 요인들이나 시민들에게 묻자, 그들은 한결같이 "그 따위 소련 앞잡이의 무덤을 누가 기억하고 있겠는가. 고트발트라는 이름을 듣는 것조차 역겹다"고 반응하는 것이 아닌가.

저자는 1996년 7월 중순에 다시 프라하를 방문했다. 이번에는 고트발트의 무덤을 찾을 수 있었다. 공산통치가 계속되던 때 시내 한복판에 거창하게 지은 큰 국립묘지가 그것이었다. 그러나 오늘날에는 찾아오는 사람이 없어서 꼭 유령의 집 같았다. 등잔 밑이 어둡다고 했던가? 시내 한복판에 있는 것을 지난번에는 찾지 못할 정도로 사람들에게 잊힌 것이었다.

여기서 잠시 마사리크 부자의 무덤과 고트발트의 무덤을 비교하게 된다. 앞에서 말했듯 마사리크 부자는, 특히 초대 대통령 토마시 마사리크는, 체코슬로바키아국민들로부터 높은 존경을 받았다. 그래서 고트발트조차 국무총리 시절까지만 해도 그에 대한 찬양을 언제나 앞에 깔고 나서야 공산주의

정책을 선전할 수 있었다. 그러나 고트발트는 대통령이 된 뒤 토마시 마사리크를 마구 헐뜯었다. "서구제국주의의 앞잡이요 반동적 부르주아였다"는 것이었다. 이 비난은 체코슬로바키아가 공산당의 통치를 받는 동안 계속됐고 그리하여 마사리크 부자의 무덤에 대한 참배와 헌화는 사실상 금지됐다. 그러나 공산당의 통치가 무너진 뒤 상황은 뒤바뀌었다. 고트발트를 비롯한 공산당 지도자들의 무덤은 찾는 이가 없는 데 반해, 마사리크 부자의 무덤에는 늘 참배와 헌화가 끊이지 않고 있다.

3. 둡체크의 '인간의 얼굴을 가진 사회주의'

고트발트가 죽은 뒤 대통령직은 보헤미아 출신의 체코인 안토닌 자포토츠키Antonín Zápotocký 국무총리에게 승계됐고 당 제1비서직은 역시 보헤미아 출신의 체코인 안토닌 노보트니Antonín Novotný에게 승계됐다. 자포토츠키가 1957년에 죽으면서 노보트니는 대통령직을 겸했다.

노보트니는 그 후 계속해서 스탈린주의적 모델을 고집하면서 개혁에 대해 저항적이었다. 그 결과 마사리크 시대에는 중부 및 동부 유럽에서 가장 발달한 공업국이라는 말을 듣던 체코슬로바키아가 1960년대 중반에는 가장 낙후된 나라로 전락하고 말았다. 이렇게 되자 체코슬로바키아에서는 국민들은 물론이고 공산당의 간부들까지도 개혁의 필요성을 절감하게 됐다. 그러한 정치적·사회적 분위기가 무르익은 가운데 당중앙위원회는 1968년 초에 노보트니를 당 제1비서직과 공화국대통령직 모두에서 해임하고 알렉산드르 둡체크Alexandr Dubček를 당 제1비서에, 루드비크 스보보다Ludvík Svoboda를 공화국대통령에 각각 선출했다.

프라하의 봄

비교적 덜 중요한 자리인 대통령에 선출된 모라비아 태생의 체코인 스보보다는 육군장성 출신으로 국민에게 덜 알려진 비정치적 인물이었다. 가장 중요한 자리인 당 제1비서에 선출된 둡체크는 젊고 유능한 당료였다. 그는 소년 시절을 소련에서 보냈으며, 모스크바의 소련공산당 고급당학교를 졸업했고 그의 경력 어느 한 곳에도 그가 탈소 독자노선을 걸을 것임을 암시하는 대목이 없었다. 그래서 소련은 이 지도자교체를 경계하지 않았다.

그러나 소련의 판단은 잘못이었다. 둡체크는 슬로바키아에서 태어난 전형적인 슬로바키아인이었다. 따라서 체코슬로바키아에서 수십 년 동안 계속된 체코인들의 패권장악에 반감을 품은 슬로바키아인들의 개혁열망을 대변하기 시작했으며, 체코슬로바키아 국정 전반의 민주화를 추구하는 개혁세력을 대변하기 시작했다. 그것은 4월에 발표된 '행동강령'에 잘 표현됐듯, 모든 언론매체에 대한 검열폐지, 억압중지, 민권보호, 창조적인 지적 활동 보장, 관료적 중앙집권제 종결, 경제개혁 등으로 나타났다. 이로써 프라하의 봄은 시작됐다.

개혁세력의 운동은 거기서 끝나지 않았다. 그들은 그해 6월에 '2천어 선언'을 발표했는데, 소설가 루드비크 바출리크Ludvík Vaculík가 기초한 이 선언은 마침내 공산당1당통치를 비난하기에 이르렀다. 사회주의를 하기는 하되 스탈린주의적 사회주의가 아니라 '인간의 얼굴을 가진 사회주의'를 지향해야 한다는 취지도 담겼다.

여기서 우리는 '인간의 얼굴을 가진 사회주의'에 대해 좀더 알아보도록 하자. 이 책의 1장에서 이미 토론했듯, 마르크스를 인간주의자 또는 휴머니스트로 이해하는 학자들은 마르크스사상을 레닌주의 또는 볼셰비즘과 엄격히 구별한다. 그들은 마르크스의 사상은 인간중심의 사상이며 인간본위의 사상인데, 소련의 집권자들이 그것을 왜곡시켜 무지막지한 독재체제의 이론적 도구로 악용했으며 그 결과 '소비에트 마르크스주의'가 나왔다고 풀이한다. 다시 그들에 따르면, 따라서 사회주의자들은 '소비에트 마르크스주의'를 버리고 원래의 마르크스주의, 곧 인간중심의 마르크스주의로 돌아가야 한다. 그리고 그들은 그 마르크스주의를 바로 '인간의 얼굴을 가진 사회주의'라고 불렀던 것이다.

소련군의 침공

이렇게 체코슬로바키아에서 볼셰비즘을 거부하는 운동이 크게 일어나자, 당황한 소련은 소련과 체코슬로바키아, 그리고 나머지 바르샤바조약 회원국들의 회의를 폴란드의 수도 바르샤바에서 열었다. 이때 폴란드, 동독, 헝가리, 불가리아는 참석했으나 이미 탈소노선을 걸어온 루마니아는 참석을 거부했다.

이 회의에서 소련은 반혁명세력이 체코슬로바키아에서 사회주의를 전복시키려 한다고 경고했다. 그러나 둡체크는 굽히지 않았다. 체코슬로바키아는 노보트니의 장기집권체제가 만들어낸 많은 과오들을 바로잡으려 할 뿐이며, 소련에 대해서는 계속해서 충성할 것임을 역설했다. 불만을 느낀 소련은 체코슬로바키아공산당의 지도층과 직접면담을 요청했다. 체코슬로바키아지도자들은 소련영토 안에서의 회담을 거부했다. 이에 소련영토로부터 수백 미터밖에 떨어지지 않은 체코영토 안의 '치에르나'라는 작은 마을에서, 그리고 곧이어 슬로바키아의 주도州都인 브라티슬라바에서, 소련과 바르샤바조약 회원 4개국 및 체코슬로바키아가 참석한 6자회담이 열렸다.

이 두 차례 회담에서 체코슬로바키아지도자들은 자신들의 견해가 받아들여진 것으로 이해했다. 자신의 개혁안을 조심스럽게 추진해도 괜찮을 것이라는 인상을 받고 회담장을 나왔다. 소련은 소련 나름대로 위기해소가 가능하다고 판단했다. 소련은 자신의 판단이 잘못된 것이었음을 8월이 되어서야 깨닫게 됐다. 체코슬로바키아공산당은 9월에 열릴 당대회에 제출할 새로운 당규약을 발표했는데, 소련으로서는 도저히 용납할 수 없는 '사설邪說'이 포함됐다. 그것은 비非공산주의자의 견해도 충분히 고려되어야 한다는 내용이었으며, '아래로부터의 통제'가 가능해야 한다고 주장했다. 그뿐 아니라 당내에 반대파가 존재할 수 있다고 규정했다. 간단히 말해, 소련이 해석해온 레닌주의의 원칙이 무너지고 있었다. 이 당규약이 곧 열릴 당대회에서 채택될 것은 분명했으며, 더구나 그 후에는 둡체크의 당내지위가 더욱 굳어질 것이 뚜렷해졌다.

따라서 소련의 입장에서 볼 때, 당대회가 끝나면 체코슬로바키아에 손대기가 어려워질 것이 확실했다. 이에 소련은 8월 21일에 체코슬로바키아침공을 단행했다. 바르샤바조약 회원 4개국의 군대를 거느린 압도적인 소련군이 무저항상태의 프라하를 손쉽게 침공한 것이다. 이것을 서방의 언론매체들은 '체코슬로바키아의 강간'이라고 불렀다. 반면에 소련은 이른바 제한주권론으로 자신의 행동을 합리화했다. 모든 사회주의국가들은 '프롤레타리아국제주의'의 테두리 안에 포함된 만큼 그들의 개별적 주권은 이미 제약된 것이며, 따라서 그들은 마음대로 '프롤레타리아국제주의' 노선으로부터 이탈할 수가 없고, 그러므로 만일 어느 한 사회주의국가가 이탈한다고 판단될 때 다른 사회주의국가들은 힘을 합쳐 그것을 막을 권리가 있다는 이론이었다. 서방의 언론매체들은 이것을 브레즈네프선언이라고 이름 붙였다. 그때 소련의 최고권력자가 소련공산당 중앙위원회 총비서 브레즈네프였기 때문이다.

소련군은 프라하를 점령하자마자 당 제1비서 둡체크와 국무총리 체르니크Oldřich Černík를 비롯한 정치지도자들을 체포해 소련으로 끌고 갔다. 이와 동시에 소련점령군은 체코슬로바키아의 당과 정부를 개조해나갔다. 우선 스보보다 대통령을 방문해 자신들이 바라는 개편안을 내놓고 승인해줄 것을 요청했다. 그러나 노ㅊ대통령은 단호히 거부하고 체르니크 총리를 만나게 해줄 것을 요구했다. 이것은 소련으로서는 예상 밖의 일이었다. 그러나 소련은 스보보다마저 체포할 수는 없었다. 그는 공화국의 대통령이며 국회의장일 뿐 아니라 국민의 기대를 받고 있었다. 국민들도 스보보다의 행동에 용기를 얻고 수동적이나마 저항하는 모습을 보였다.

이에 소련은 스보보다의 모스크바방문을 허용했다. 모스크바에서 국가원수로서의 완전한 예우를 받은 그는 다시 소련인들을 놀라게 했다. 소련으로 끌려온 체코슬로바키아의 정치지도자들을 자신에게 합류시키지 않는 한 소련과 어떠한 협상에도 들어가지 않겠다고 선언한 것이다. 소련은 이 요구에 응해 그들을 크렘린으로 불러들였다.

며칠 동안의 협상에서 체코슬로바키아의 지도자들은 무서운 압력을 완강히 버텨냈다. 그러나 그들은 마침내 소련의 요구에 굴복하여 두 나라 사이에 합의가 성립됐다. 둡체크와 체르니크를 비롯한 지도자들의 귀국도 허용됐다. 그러나 9월로 예정됐던 당대회는 연기됐고 새 당규약안도 폐기됐다. 이로써 프라하의 봄은 끝났다.

4. 후사크체제와 젊은이들의 항의분신자살, 그리고 벨벳혁명

그 후 개혁파들은 차차 당에서 제거됐다. 해가 바뀌어, 1969년 봄에 마침내 둡체크는 실각하고 구스타프 후사크Gustáv Husák가 당 제1비서로 선출됐다. 여기서 반드시 상기돼야 할 사실이 있다. 후사크 역시 둡체크처럼 슬로바키아 출신의 슬로바키아인이었다는 사실, 그리고 후사크는 1950년대에 '민족주의의 편향을 지닌 부르주아'라는 낙인을 받고 숙청되기도 했고 투옥되기도 했던 거물급 공산주의자였다는 점이다. 소련으로서는 슬로바키아 출신의 둡체크를 제거하고 그 자리에 체코 출신의 친소강경파를 앉혀놓으면 프라하의 봄을 만들어낸 원동력으로서의 슬로바키아저항주의와 또 그것에 연결된 체코슬로바키아 전체의 민주개혁열망이 한꺼번에 폭발할 것으로 판단한 것이다. 따라서 그러한 선택을 포기하고 후사크를 회유해 활용했던 것이다. 이로써 둡체크는 민족주의와 민주주의의 순교자로, 그리고 후사크는 반민족적 소련의 괴뢰이면서 민주탄압자로 비치게 됐다.

하벨의 반체제활동

그렇다고 체코슬로바키아인들의 기가 완전히 꺾이지는 않았다. 그 사실은 1969년 1월 16일에, 알프스 북쪽의 유럽에서 가장 오래됐으며 체코슬로바키아에서 최고의 명문으로 꼽히는 찰스대학교 철학과 학생 얀 팔라흐Jan Palach가 프라하의 중심가에서 소련의 체코슬로바키아침략에 항의하며 분신자살한 데 이어, 청년들이 필젠과 브르노 및 프라하에서 각각 항의자살을 한 데서 잘 나타났다. 체코슬로바키아국민들은 크게 격앙됐으며, 그들의 장례식 때마다 소련점령당국이 탄압하는데도 대규모시위를 일으켰다. 1977년 8월에는 반체제지도자들이 체코슬로바키아의 민주화를 요구하는 '인권헌장 77'을 발표했다. 이 운동을 이끌었던 사람들 중에는 반체제적 성격의 『뜰의 축제』라는 희곡으로 국제적 극작가의 반열에 올라선 바츨라프 하벨Václav Havel도 포함됐다. 그는 1936년에 태어났으니 이때 41세였다.

프라하의 시내 국회의사당 앞에는 광장이 있고, 그 광장에는 체코슬로바키아를 대표하는 민족영웅들의 동상이 서 있다. 그 동상들의 바로 앞에, 체코슬로바키아국민들은 1980년대 후반 체코슬로바키아에서도 공산독재가 무너져갈 때, 얀 팔라흐와 얀 자이츠Jan Zajíc의 기념명소를 만들었다. 바로 그곳에서 자살한 이 두 젊은이를 기념해 '오베템 코무니스무Obetem Komunismu'라는 팻말을 세운 것이다. 이것은 '공산주의의 희생자'라는 뜻이라고 한다.

하벨이 1989년 1월에 얀 팔라흐의 분신자살 20주년의 뜻을 되새기기 위해 헌화하려다가 후사크정권에게 구속되고, 그것이 시민들의 저항을 촉발시켰다는 것은 그의 죽음이 갖는 역사적 의미를 일깨워준다. 오늘날까지도 자연히 체코슬로바키아의 민족주의와 민주주의의 성지로 대접받는 이곳에는 시민들의 헌화가 끊이지 않는다.

고르바초프보다 20년 앞선 둡체크

그러면 스보보다와 둡체크 및 후사크는 그 후 어떻게 됐을까? 스보보다는 5년 임기의 대통령직을 유지하다가 1973년에 퇴임했다. 스보보다가 대통령직을 사임하지 않고 제 임기를 마친 것은 후사크정권의 정통성 유지에 도움이 됐다. 이것이 1968년의 여름 위기 때 보여준 용기 있는 행동으로 그에게 바쳐진 국민적 존경을 감소시켰다. 그는 1979년 9월에 향년 84세로 자연사했다.

둡체크는 당 제1비서직에서 해임된 뒤 잠시 터키대사로 유배됐다가 곧바로 슬로바키아의 산림청 직원으로 내쫓겼다. 반면에 후사크는 스보보다의 퇴임 이후 대통령직을 겸하면서 자신의 체제를 굳히고자 했다. 이 대목에서 잠시 후사크에 대한 여담을 한 가지 덧붙이겠다. 그는 1973년 6월 23일에 체코슬로바키아대통령의 자격으로 평양을 방문했다. 김일성은 그를 맞이하면서 한반도통일을 위한 '5대 강령'을 발표했다. 거기에는 연방제통일이 포함돼 있었다.

1980년대 중반 이후 소련과 동유럽에는 급격한 변화가 일어났다. 1985년 3월에 소련공산당 중앙위원회 총비서로 선출되어 '소련제국'의 최고권력자가 된 고르바초프는 개혁·개방정책을 주도했는데, 그것은 '소련제국' 전체를 둡체크가 1968년에 주도했던 '인간의 얼굴을 가진 사회주의' 쪽으로 움직이게 만들었다.

그때는 1988년이었다. 고르바초프는 소련의 체코슬로바키아침공 20주년의 날에 소련의 체코슬로바키아침공은 분명히 잘못이었다고 시인하고 소련권의 모든 나라들이 '인간의 얼굴을 가진 사회주의'를 지향하고자 하는 뜻을 인정한 것이다. 이것은 이미 소련의 사슬에서 벗어나고자 틈을 보던 동유럽사람들을 부추기는 결정적 계기가 됐다. 이렇게 볼 때, 둡체크가 "나는 고르바초프보다 20년 앞섰으며, 우리 체코슬로바키아 역시 소련보다 20년 앞섰다"고 자랑스럽게 외쳤던 것은 전혀 자만이 아니었다고 하겠다.

'벨벳혁명'의 성공

'인간의 얼굴을 가진 사회주의' 운동이 큰 힘을 얻고 역사발전에 새로운 동력으로 작용하게 되면서 체코슬로바키아에서는 마침내 1989년 11월에 후사크체제가 무너졌다. 하벨이 이끌던 반체제연합체인 '시민 포럼'이 대규모의 군중시위를 지도하면서 공산독재체제를 붕괴시키는 데 성공한 것이다. 사람들은 이 성공이 평화적 방식으로 이뤄졌다고 해서 '벨벳혁명Velvet Revolution'이라고 불렀다. 이에 따라 하벨은 1989년 12월에 국회에서 임시대통령으로 선출됐다. 실의 속에 후사크는 2년 뒤인 1991년에 향년 78세로 죽었다.

둡체크는 곧바로 민주적 형태의 새로운 국회에서 의장으로 선출됐다. 그러나 그는 안타깝게도 1992년 9월에 향년 71세로 죽었다. 역사의 흐름을 바꾸는 데 크게 이바지한 정치가답지 않게 단순한 교통사고로 어처구니없게 목숨을 잃은 것이다. 그래서 한때는 그의 교통사고가 반대파의 음모였다는 소문도 나돌았으나 그것은 사실이 아니다.

체코슬로바키아의 민주화와 탈소화는 그렇게 성취됐다. 그러나 그 목표가 성취되자 체코인들과 슬로바키아인들 사이에 해묵은 갈등이 재연됐고,

마침내 평화적 분리가 이루어졌다. 앞에서 말했듯, 1993년 1월 1일을 기해 체코공화국과 슬로바키아공화국으로 갈라선 것이다. 1993년 1월 말에 실시된 선거에서 하벨은 5년 임기의 대통령에 선출됐으며 2011년 12월 18일에 향년 75세로 별세했다.

대조되는 둡체크와 후사크의 무덤

그러면 둡체크와 스보보다, 후사크의 무덤은 어떤 모습으로 남아 있을까? 저자는 그들의 무덤을 찾아 마사리크 부자의 무덤을 떠나 곧바로 모라비아로 갔다. 모라비아는 보헤미아에 비해 전원의 분위기를 많이 보여주었다. 멘델Gregor Mendel이 신부의 몸으로 콩을 재배하면서 유전의 법칙을 발견한 사원이 있던 브루노를 지나자 곧 모라비아의 남부지역인 크로메르지 시에 닿았다. 이 작은 도시에 깔끔하면서도 규모가 작지 않은 공동묘지가 있는데, 그 한 부분에 스보보다의 가족묘역이 자리를 잡고 있었다.

주변은 깨끗하게 정리되어 있었다. 참배객은 없었다. 저자는 사진을 찍은 뒤 몇몇 현지인들을 상대로 스보보다를 어떻게 평가하느냐고 물었다. 그들의 대답은 간단명료했다. "우리는 그를 증오하거나 멸시하지는 않습니다. 그러나 지금까지도 그를 존경하지는 않습니다. 그는 아마도 점점 잊혀져갈 것입니다."

스보보다의 무덤을 떠난 저자는 곧바로 모라비아를 벗어나 슬로바키아로 들어갔다. 74년 동안 한 나라였다가 둘로 갈라진 분단국가의 현실을 실감할 수 있었던 것은 국경선 아닌 국경선에 세워진 여권 및 입국사증 검열 초소에서였다. 슬로바키아로 들어서면서 주변의 풍경은 완전히 산수화로 바뀌었다. 수림이 울창해 보이는, 그러면서도 농경사회의 모습 그대로여서 아름답기까지 했다.

곧 슬로바키아공화국의 수도 브라티슬라바에 들어섰다. 수도라고 하지만 일부 도심지를 빼놓고는 한적하게 느껴지는 곳이었다. 1950년대 말과 1960년대 사이의 우리나라에서 쉽게 접하던 중소도시의 모습을 다시 보는 느낌마저 받았다. 사람들의 표정은 대체로 순박했다.

시내의 중심부 가까운 곳에 '슬라비키우 돌리'라는 이름의 소규모 국립 공동묘지가 있었다. 결코 화려하지 않으나 비교적 깨끗하게 정돈된 이 묘지 입구에 들어서자마자 정면에 자리를 잡은 둡체크의 묘지를 볼 수 있었다. 사람들은 '사랑하는' 둡체크를 쉽게 찾을 수 있도록 그 자리에 그를 묻었던 것이다. 그 무덤 앞에는 싱싱한 붉은 장미꽃다발이 놓여 있었다.

반면에 후사크의 무덤은 초라했다. 그것은 브라티슬라바 변두리에 자리 잡은 '두브라브라카'라는 한촌寒村에 위치한, 어느 가톨릭교회의 뒷산에 마련된 교회공동묘지에 있었다. 참배객의 발길도 헌화도 끊긴 지 오래된 거기에는 황량함이 감돌 뿐이었다. 더구나 딱한 것은 아내와의 사후死後 이별이다. 후사크의 아내는 후사크가 권좌에 있을 때 죽었기에 국립묘지에 화려하게 묻혔으나 후사크는 실세한 뒤에 죽었기에 국립묘지로 가지 못하고 교회공동묘지로 온 것이다. 소련에 충실하면서 20년 동안 누렸던 체코슬로바키아 최고권력자의 쓸쓸한 무덤풍경은 다시 한 번 속된 권세의 허망함을 실감하게 했다.

노선을 두고 엇갈렸던 헝가리의 공산주의자들

쿤 벨러, 너지 임레, 카다르 야노시,
루카치 죄르지

1. 단명했던 헝가리소비에트공화국

제1차 세계대전에서의 패전과 소비에트정권 수립

중부 및 동부 유럽에 자리를 잡은 헝가리는 이 지역의 다른 나라들이 대체로 그렇듯 작은 나라다. 면적은 남한보다 조금 작고 인구는 서울과 비슷한 1천만 명 수준이다. 체코, 슬로바키아, 오스트리아, 옛 유고슬라비아, 루마니아, 그리고 옛 소련에 속했던 우크라이나 등에 둘러싸인 내륙국으로, 농업을 주로 하되 공업 또한 만만치 않다.

헝가리를 구성하는 민족들 가운데 가장 높은 비율을 차지하는 것은 마자르족이다. 그 점은 헝가리국민 스스로 헝가리를 마자르공화국이라고 부르는 데서도 알 수 있다. 그 밖에 체코인, 슬로바키아인, 집시, 그리고 독일인이 섞여 산다.

마자르족은 아시아계다. 한민족은 우랄알타이어족 가운데 알타이어계에 속하고, 마자르족은 우랄알타이어족 가운데 우랄어계에 속한다. 동아시아의 민족들 가운데 하나이던 흉노족을 영어로 훈Hun이라고 부르는데, 이 훈족이 4~5세기 때 유럽일대를 휩쓸다가 일부가 정착해 나라를 세웠기에 훈가리Hungary, 곧 헝가리로 불린다. 본래는 아시아민족이던 그들이 오랜 세월에 걸쳐 유럽의 백인들과 피를 섞으며 살았기에 황백혼혈의 모습이 나타났다.

저자가 민족학이나 인종학의 전공자가 아니어서 자신 있게 말할 수는 없다. 그러나 그 방면의 몇몇 전문가들에 따르면, 마자르족과 한민족 사이에는 민족학적으로 몇 가지 비슷한 점들이 있다. 첫째, 어린이들의 엉덩이에 몽골반점이 나타난다는 사실이다. 둘째, 성을 앞세우고 그다음에 이름을 적는다는 사실이다. 어떤 학자들은 마자르의 철자 Magyar를 '마갸르'라고 읽을 수 있다고 지적한 뒤, 그렇다면 그것은 말갈을 뜻한다고 주장한다. 발해를 고구려유민들과 말갈족이 함께 세웠음을 상기시키면서, 그렇기에 헝가리사람들은 한민족과 핏줄로나 역사적으로 이어져 있다고 설명한다.

그러나 이것들보다 더 중요한 공통점이 있다. 그것은 한민족이 그러했듯, 마자르족도 주변의 강대국들로부터 끊임없이 침략을 당했다는 사실이다. 몽골의 유럽침략에서 예외가 될 수 없었음은 물론이고 투르크족의 오스만제국에 짓밟혀 노예생활을 하기도 했다. 오스트리아의 합스부르크황실한테도 2세기에 걸쳐 지배를 받았다. 합스부르크황실은 자신의 통치 아래 들어온 헝가리를 무마하기 위해 '오스트리아헝가리합병제국'이라는 이름을 내걸기는 했으나 헝가리인들은 정부의 요직에서 거의 모두 배제된 채 착취당하기만 했다. 뒷날 합스부르크황실은 프로이센과의 전쟁에서 패배하자 헝가리인들이 그 틈을 타 독립운동을 일으킬 것을 두려워하고 헝가리에 대해 많은 자치권을 내주기는 했다. 그러나 오스트리아가 제1차 세계대전을 일으켰을 때 헝가리는 그들에 가담하지 않을 수 없었고, 따라서 패전국으로 전락했다.

헝가리는 곧바로 카로이 미하이Károlyi Mihály(서구식 이름 표기 순서를 따르면 '미하이 카로이'가 된다) 백작이 이끄는 정부를 구성했다. 그는 패전 이전 시기에 헝가리의 외교노선을 비판하면서 패전을 경고했던 지배층 인사였기에 새 정부의 수반이 될 수 있었다. 그러나 전승국의 요구는 감당하기 어려울 만큼 컸다. 헝가리에 너무 많은 영토할양을 요구한 것이다.

이러한 분위기 속에서 헝가리의 일부 지도자들은 소련과 손잡을 것을 생각했다. 그리하여 카로이정부는 물러서고 사회민주주의자들이 정권을 잡았는데, 이 무렵인 1919년 초에 헝가리공산당의 지도자 쿤 벨러Kun Béla가 인민봉기를 일으킨 뒤 사회민주주의자들도 받아들여 헝가리소비에트공화국을 수립하는 데 성공했다.

헝가리에서 인민혁명을 일으킨 쿤 벨러의 삶

쿤 벨러는 1886년에 태어났으며 제1차 세계대전 때 출전했다가 제정러시아군에 포로로 잡혔다. 제정러시아에서 1917년 10월에 볼셰비키혁명이 일어나 인류역사상 처음으로 소비에트국가가 들어서는 것을 보면서, 쿤은 커다란 감명을 받고 공산주의자가 됐다. 그는 곧바로 귀국해 헝가리공산당을 조직하고 인민혁명을 일으켰다. 그의 나이 만 33세 때였다.

쿤의 공산주의혁명은 마르크스-레닌주의의 혁명론에 비춰볼 때 불가능한 일을 성취한 것이었다. 왜냐하면 마르크스와 레닌은 공산주의혁명은 선진공업국가에서 먼저 일어난다고 가르쳤는데, 헝가리는 후진농업국에 지나지 않았기 때문이다. 바로 그러한 이유 때문에, 역설적이게도 레닌은 너무나 기뻤다. 소비에트국가를 세운 지 18개월밖에 안 되어 무척 불안정한 시점에 유럽에서 처음으로 공산주의혁명이 성취됐기에 그는 "헝가리의 프롤레타리아혁명은 유럽에서 프롤레타리아혁명의 봉화가 될 것"이라고 환호하기도 했다.

그렇지만 헝가리소비에트공화국은 단명했다. 기성지배층을 중심으로 하는 세력이 급진적인 공산주의정책과 대규모의 처형에 반감을 품고, 공산혁명의 전파를 두려워한 이웃 루마니아의 군부와 손잡고 쿠데타를 일으킨 것이다. 이때 내전 탓에 남을 돌볼 수 없었던 소련이 군사적으로 지원해주지 않음으로써, 헝가리소비에트공화국은 133일 만에 무너졌다. 쿤을 비롯한 공산주의지도자들은 곧바로 소련으로 망명했다.

쿤은 그 후 모스크바에 살면서 코민테른을 중심으로 활동했다. 그러나 그는 1930년대에 스탈린이 지휘한 대숙청 때 목숨을 잃었다. 소련의 세계적 사학자이면서 반체제인사였던 로이 메드베데프 Roy A. Medvedev가 1971년에 출판한 『역사가 심판하게 하라 Let History Judge』에 따르면, 숙청이 최고조에 이르렀던 1930년대 말에는 하루에 1천 명 정도가 학살됐다고 한다. 바로 이 시기인 1938년에 쿤은 만 53세의 나이로 학살된 것이다.

쿤이 처형되는 장면은 미국의 신문기자 데이비드 렘닉 David Remnick이 1993년에 출판한 『레닌의 무덤 Lenin's Tomb』에 잘 나왔다. 이 책에 따르면, 스탈린은 자신에게 반대하는 국내인사들은 물론 민족주의적 성향을 지닌 외국의 공산주의자들도 마구 학살했다. 외국의 민족주의적 공산주의자로 학살된 이들은 미국공산당의 존 페너 John Penner, 독일의 반파시스트지도자들인 헤르만 레멜레 Herman Remmele와 프리츠 슐트케 Fritz Schultke, 헤르만 슈베르트 Herman Schubert 등이었다. 또한 유고슬라비아공산당의 블라디미르 초피치 Vladimir Chopich, 루마니아공산당의 마르첼 파우케르 Marcel Pauker와 알렉산드르 도브로자누 Aleksandr Dobrodzhanu, 그리고 헝가리공산당의 쿤 벨러와 마지르 라이오시 Madyr Laiosh 등도 포함됐다.

비밀경찰은 그들을 모스크바의 노보스파스키사원으로 끌고 가서 비밀경찰의 은어로 목욕탕이라고 불린 방에 몰아넣었다. 곧 옷을 벗기고 무릎을 꿇린 다음에 머리 뒤를 쏘았다. 비밀경찰은 이 일련의 행위를 '의학적 과정'이라고 불렀다. 비밀경찰은 시체들을 사원에 설치해놓은 화장실에서 불태웠고 유해를 길거리에 뿌렸다. 어떤 전문가들은 그들의 유해가, 특히 쿤의 유해가 뒷날 크렘린 외벽의 무덤으로 옮겨졌다고 주장한다. 그러나 쿤의 유해는 부다페스트의 케레페시 공동묘지에도 보관되어 있다. 헝가리의 공산주의자들을 기념하는 이 공동묘지 한쪽에 세워진 큰 벽에 그의 이름이 새겨진 것도 확인할 수 있었다.

그러면 쿤은 헝가리사람들에게 어떻게 기억되고 있을까? 공산당이 통치하던 시대에 쿤은 공식적으로는 잊혔다. 그러나 1980년대 말에 공산당통치가 끝나고 소련이 해체된 뒤 쿤은 비록 부분적으로나마 새롭게 회상되기 시작했다. 그가 비록 공산주의자이긴 했지만 인민을 탄압하던 시대의 공산주의자가 아니었고 기본적으로 민족주의자였다는 평가가 등장한 것이다. 그러나 그 역시 공산주의자였으니 추앙될 가치가 없다는 시각도 여전히 강하다.

헝가리의 호르치정부 수립과 수정주의

그러면 다시 제1차 세계대전 패전 직후의 헝가리로 돌아가기로 하자. 쿤의 헝가리소비에트공화국을 무너뜨린 세력은 곧바로 수구정권을 세웠다. 그 대표자는 호르치 미클로시 Horthy Miklós였는데, 그는 오스트리아헝가리 합병제국의 해군제독이었고 황제 프란츠 요제프 Franz Josef의 시종무관이었던 사람이다. 그는 합병제국 시절의 정치질서와 권력구조를 헝가리에 복구시키겠다고 결심했다.

그러나 그가 그러한 방향으로 노력하기에 앞서 전승국들로부터 굴욕적인 조약체결을 강요받았다. 패전국의 운명은 가혹했다. 헝가리는 1920년에 체결된 조약에 의해 영토의 67퍼센트, 인구의 약 58퍼센트를 잃었다. 이때부터 헝가리인들의 외침은 오로지 하나였다. 수정修正, 그것이었다. 1920년의 조약을 수정하고 국경선을 수정하자는 것이었다. 이 노선을 '수정주의'라고 불렀는데, 1920년부터 제2차 세계대전이 끝난 1945년까지의 헝가리 역사는 수정주의를 관철하려는 헝가리국민들의 투쟁의 역사였다.

제2차 세계대전 때 호르치정부가 나치독일의 편에 서는 잘못을 저질렀던 배경에는 부분적으로 수정주의 흐름이 깔려 있었다. 나치독일이 헝가리에 1920년의 조약으로 잃었던 영토들 가운데 일부를 주겠다고 하자, 호르치정부는 그것을 받고 그 대가로 소련을 상대로 참전한 것이다. 제2차 세계대전의 막판에 나치독일의 패색이 짙어지자 호르치는 소련에 항복하기로 결정했다. 그러나 그는 소련군이 들어오기에 앞서 나치독일에 의해 처형됐다.

2. 공산주의국가의 수립과 자유화운동

헝가리의 '작은 스탈린' 라코시와 개혁적 성향의 너지 임레

제2차 세계대전이 막바지로 접어들면서 소련은 헝가리를 비롯한 중부 및 동부 유럽의 국가들을 소련의 세력권 안에 편입시키기로 결정했다. 소련의 그 결정은 미국과 영국의 양해를 얻었다. 이로써 소련군은 1944년 12월에 헝가리를 점령한 데 이어 몇 단계를 거쳐 1949년 8월에 헝가리사회주의노동당, 통칭 헝가리공산당이 단독집권하는 헝가리인민공화국을 출범시킬 수 있었다.

이 과정에 소련의 1등 하수인으로 움직인 헝가리공산주의자가 라코시 마차시Rákosi Mátyás였다. 1892년에 태어난 그는 쿤처럼 제1차 세계대전 때 러시아의 포로가 됐다가 볼셰비키혁명을 보고 공산주의자가 되어 헝가리공산주의운동에 참여했다. 그 후 제2차 세계대전 때 소련으로 망명했다가 소련군과 함께 헝가리로 돌아와 소련점령군이 수행하는 헝가리의 소비에트화 전략에 앞장섰다. 그리하여 우선 헝가리공산당의 총비서로, 이어 내각의 총리를 겸하며, 헝가리의 최고권력자로 등장했던 것이다. 이러한 라코시의 통치 아래, 헝가리는 스탈린주의체제를 철저히 유지한 채 친소노선을 충실히 밟았다.

1953년 3월 5일에 '소련제국의 황제' 스탈린이 죽으면서 헝가리를 포함한 중부 및 동부 유럽 공산국가들의 정세는 바뀌기 시작했다. 우선 각국에서 '작은 스탈린' 노릇을 하던 권력자들의 위세가 꺾였다. 스탈린이 만들어 놓은 공포분위기도 자연히 줄어들었다. 반면에 일반국민들은 좀더 대담해져 서서히 반체제적 성향을 드러내기 시작했다.

그러한 분위기 속에서, 스탈린이 죽고 3개월이 지난 1953년 6월에 동베를린의 노동자들이 집단적인 항의운동을 개시했고, 이것은 곧바로 동독의 주요 도시들로 확대됐다. 놀란 소련지도층은 소련군을 동원해 겨우 사태를 진정시킬 수 있었다. 그렇다고 해서 반소반공의 열기가 죽지는 않았다. 지하에서는 여전히 끓고 있었다. 헝가리의 경우도 마찬가지였다. 그래서 1953년 7월에 헝가리의 '작은 스탈린' 라코시는 자신이 가진 당총비서직과 내각총리직 가운데 내각총리직을 너지 임레Nagy Imre에게 넘겨주지 않을 수 없었다. 이때 너지는 만 57세였다.

너지는 1896년 6월에 헝가리 커포슈바르에서 태어났으며, 제1차 세계대전 때 오스트리아헝가리합병제국의 군인으로 참전했다가 러시아군에 포로가 됐다. 그는 러시아에서 볼셰비키혁명이 성공해 적군赤軍이 조직되자 거기에 참가했다. 그 후 곧 헝가리로 귀국해 비합법농민운동을 지도했으며, 1922년에 소련으로 망명해 본격적인 공산주의운동가로 활동했다. 소련군이 헝가리를 점령하고 헝가리에 소비에트국가를 세울 때 그도 헝가리의 다른 공산주의자들과 함께 열심히 도왔다. 그는 공산주의만이 헝가리의 앞날을 보장할 수 있다고 굳게 믿었던 것이다. 그리하여 그는 내무장관과 부총리로 승진할 수 있었다. 그러나 그는 본질적으로 민족주의자였다. 그래서 때때로 소련의 헝가리정책에 맞서 충돌하기도 했다. 이러한 경력 덕분에 그는 스탈린이 죽은 뒤의 헝가리에서 내각총리가 될 수 있었다.

너지는 총리로 취임하자 새로운 개혁정책을 과감히 추진했다. 우선 정치에서는 자유화정책을 써서 강제수용소를 폐지했고 사법부에 대한 비밀경찰의 통제를 폐지했으며 종교에서의 관용을 제도화했다. 경제에서는 농민의 토지사유를 인정했고 상인의 사기업을 허용했으며, 중공업에 대한 투자를 줄이는 한편 소비재생산을 늘렸고 노동자의 임금을 올렸다. 너지의 개혁정치는 너지에 대한 국민의 신뢰와 인기를 높였다. 그러나 여전히 당총비서직을 지닌 라코시로 대표되는 수구세력이 반발하고 나서서 헝가리의 정치지도층은 너지파와 라코시파로 양분됐다.

이에 대해 소련은 중립적인 태도를 취했다. 그러나 1955년에 들어와 소련에서 그동안 소비재우선정책과, 그리고 비록 제한된 것이었으나 민주화정책을 취했던 말렌코프가 내각총리직에서 물러나고 그가 '우익편향적 소비자공산주의정책'을 썼던 것으로 비판을 받자, 헝가리에서는 라코시의 입장이 호전되고 너지의 입장이 어려워졌다. 실제로 그해 4월에 너지는 총리직에서 해임됐으며 모든 권력은 라코시에게 돌아갔다. 라코시는 곧바로 스탈린주의적 통치방식을 보여주기 시작했다. 그러나 라코시에 대한 국민들의, 특히 지식인들과 학생들의 반발이 표면화됐다. 충실한 헝가리공산주의자들의 눈에도 라코시는 헝가리공산주의의 장애물로 비쳤다. 이러한 분위기를 직시한 라코시는 소련의 힘에 의존하고자 했다.

1956년의 자유화혁명

그러나 소련에서는 스탈린격하운동이 막 시작된 참이었다. 1956년 2월에 열린 소련공산당 제20차 대회에서 당의 제1비서이면서 내각의 총리인 흐루쇼프는 스탈린과 스탈린의 공포시대를 통렬히 비판하는 폭탄선언적 연설을 하면서 소련이 다시는 그처럼 불법적 암흑시대로 돌아가서는 안 될 것임을 다짐했는데, 이것은 라코시의 입장을 점점 어렵게 만들었다. 그리하여 그는 1956년 7월에 마침내 권좌에서 물러나지 않을 수 없었다.

당의 총비서직은 라코시의 측근으로 너지를 반대하는 게뢰 에르뇌Gerő Ernő에게 돌아갔다. 이것은 정치개혁을 열망하는 국민을 더욱 실망하게 했고 시곗바늘을 거꾸로 돌리려는 음모로 비칠 뿐이었다. 이에 따라 반체제세력은 점점 더 확대됐다. 그들은 너지의 복귀를 공개적으로 요청하기 시작했다. 군대 안에서도 반체제지식인들에 동조하는 세력이 늘어났다. 마침 폴란드에서 반소민족공산주의자 브와디스와프 고무우카Władysław Gamułka가 국민들의 뒷받침으로 집권하게 되자, 헝가리의 개혁세력은 큰 용기를 얻었다. 1956년 10월 중순에 헝가리국민들은 게뢰의 사임을 요구하는 시위를 벌이기 시작했고, 이에 맞서 경찰이 발포하면서 헝가리에는 비극이 시작되고 있었다.

이처럼 긴장이 높아지는 상황에 헝가리공산당 중앙위원회는 10월 23일 밤에 소련과 상의하지 않은 채, 그동안 교사로 봉직하며 생계를 유지하던 너지를 새 총리로 뽑았다. 다른 한편으로, 헝가리사회민주당 출신으로 반스탈린주의노선을 걸었기 때문에 투옥됐다가 최근에 풀려난 뒤 헝가리공산당의 정치국원으로 선출된 머로샨 죄르지Marosán György가 정치국의 이름으로 소련군에 개입을 요청했다. 그는 너지정권을 반혁명에서 구하기 위해서는 소련군의 지원이 필요하다는 논리를 취했다. 소련도 다른 방법이 없다고 보고 그 요구에 응했다.

그러나 막상 부다페스트에 들어온 소련군은 헝가리의 정치상황에 어리둥절해졌다. 정부는 너지가 이끌고 있었으나 당은 여전히 게뢰가 장악하고 있었으며 너지는 질서회복을 호소하고 있었다. 또 10월 25일에 게뢰를 대체한 카다르 야노시 Kádár János는 반란세력에 대한 관용을 약속하면서 너지와 마찬가지로 질서회복을 호소하고 있었다. 이러한 상황에 반드시 군사개입을 해야 했는지 소련지도층도 다시 생각하지 않을 수 없었다. 더구나 국제공산주의세계에서도 소련의 군사개입을 비판하는 여론이 높아지고 있었다. 마침 너지는 10월 28일부터 반란세력과 협상하기 시작했다. 이에 소련은 그다음 날부터 철군하기 시작했다.

이 시점에 반란세력의 대다수는 독재로의 복귀를 방지할 수 있는 명백한 제도적 보장을 요구하고 나섰다. 소련이 주저하는 모습을 보고 대담해진 그들은 이 기회에 라코시세력의 뿌리를 뽑고 구체제세력의 복귀를 불가능하게 만들어야 한다고 결심한 것이다. 그들은 너지가 불투명한 행동을 취했다는 이유로 비판하기까지 했다.

이제 너지는 사회민주주의노선에 따라 정치질서를 기본적으로 재편하라는 압력을 받아들이지 않을 수 없게 됐다. 따라서 그는 공산주의체제에서는 도저히 용납될 수 없는 다당제정부를 구상하고 우선 공산당원이 아닌 사람들을 입각시켰다. 그래서 10월 30일에 소비에트체제의 헝가리에서는 처음으로 다당제내각이 성립됐다. 이튿날 그는 자신이 소련군의 개입을 요청한 사실이 없다고 밝히고, 헝가리의 바르샤바조약기구로부터 탈퇴하는 방안을 고려하고 있다고 선언했다. 이튿날에는 동서 양대진영 사이의 냉전에서 헝가리는 중립을 지키겠다는 뜻을 밝혔다. 이때만 해도 너지와 손을 잡고 있었던 카다르는 개혁노선에 발맞춰 집단농장제도의 폐지를 공언했다.

이러한 혁명적 상황에 소련공산당 정치국 정위원인 수슬로프와 미코얀이 부다페스트를 직접 시찰한 뒤 모스크바로 돌아갔다. 그들의 귀국과 더불어 소련의 국영언론매체들은 헝가리사태를 날카롭게 비판하기 시작했다. 이어 11월 4일에 소련군은 헝가리 전역을 공격하면서 진입했고, 부다페스트에는

1천 대의 탱크가 배치됐다. 소련은 자신의 세력권인 중부 및 동부 유럽에 중립적이며 민주적인 정부가 성립될 수 없다는 것을 명백히 한 것이다.

너지정부는 속수무책이었다. 소련군은 너지의 동지로서 자유화운동의 기수들 가운데 한 사람인 당총비서 카다르의 요청에 따라 개입한 것임을 밝히고 그에게 모든 권력을 넘겼다. 이로써 너지의 표현으로 '사회주의건설에서 우리 자신의 민족적 특성에 상응하는 헝가리의 길'을 찾으려던 헝가리국민의 노력은 좌절됐다. 동시에 헝가리의 탈소중립과 민주화를 추구하던 너지정부는 13일 만에 막을 내렸다.

3. 소련해체기에 복권된 너지

민주혁명의 기수 너지가 학살되다

그러면 너지의 운명은 어떻게 전개됐는가? 이 물음에 답하는 것은 헝가리비극 이후에 전개된 헝가리의 역사 그 자체를 매우 슬프면서도 감동적으로 설명하는 것과 일치한다.

소련군의 헝가리침공이 개시되던 시점에만 해도 너지정부는 서방세계의 군사지원에 기대를 걸었다. 너지정부는 헝가리가 탈소중립을 선언한 것은 사실상 친서방노선을 선언한 것이나 다름이 없는 만큼, 미국을 비롯한 서방의 지도적 국가들이 도와주리라고 예상했다. 서방세계를 상대로 직접 지원을 호소하기도 했다. 그러나 서방세계는 냉담했다. 기본적으로 서방세계의 입장은 중부 및 동부 유럽의 공산국가들은 소련의 세력권에 포함된 것이며 소련의 세력권은 그것대로 인정해야 한다는 것이었다. 풀어 말해, 미국을 비롯한 서방국가들은 1945년 2월에 얄타에서 체결된 협정이 중부 및 동부 유럽에 대한 소련의 지배권을 보장했으며 이 보장은 유지돼야 한다고 판단했던 것이다.

헝가리가 서방세계의 군사지원을 받지 못하는 상태에서, '회오리바람 작전'이라는 암호 아래 6만 명의 큰 병력을 동원해 헝가리를 점령한 소련군이 저항하는 헝가리의 자유투사들을 무자비하게 죽였다. 그리하여 4천여 명이 죽고, 1,300여 명이 체포됐으며, 수천 명이 해외로 탈출했다. 탈출의 유일한 통로는 오스트리아 쪽 국경통로였다. 우리가 앞에서 살폈듯, 헝가리는 오스트리아와 함께 '오스트리아헝가리합병제국'을 형성하고 함께 살았던 역사를 지녀서 오스트리아를 어느 다른 나라보다 가깝게 느낀다. 더구나 이때는 오스트리아가 친서방중립화된 지 1년이 지난 시점이어서 헝가리의 '형제들'에게 망명의 통로를 베풀어주기가 그 이전보다 유리했다.

1950년대 말에 우리나라에서도 상영됐던 미국영화 「여로The Journey」는 바로 헝가리자유투사들의 오스트리아망명을 소재로 삼은 것이었다. 율 브리너Yul Brynner가 소련군국경수비대장으로, 그리고 데버러 커Deborah Kerr가 헝가리자유투사의 아내로 멋진 연기를 보여주었다. 헝가리자유투사의 아내를 사랑한 나머지, 그 내외를 포함한 탈출자들이 국경을 넘도록 도운 뒤 바로 그 자리에서 헝가리의 자유게릴라들에 의해 사살되는 국경수비대장을 연기하던 율 브리너가 지금도 눈에 선하다.

위급한 상황에서 너지와 그의 동료 네 명은 부다페스트에 주재하는 유고슬라비아대사관으로 피신했다. 이 시점에는 이미 유고슬라비아의 탈소독자노선이 소련에 의해서도 공인돼 있었기 때문에 자신들을 비호해줄 것이라고 믿었던 것이다. 그러나 그것은 착각이었다. 최근에 발굴된 자료들에 따르면, 유고슬라비아정부는 소련정부와 협력하고 있었다. 유고슬라비아정부는 헝가리의 탈소노력에 대해서는 공감하고 있었다. 그러나 헝가리의 자유화 및 민주화 투쟁이 성공하는 경우, 그것이 유고슬라비아의 반체제인사들을 북돋울까봐 두려워했던 것이다. 그리하여 너지와 그의 동료들은 소련과 유고슬라비아가 함께 파놓은 함정에 빠지고 말았다. 서방세계로 안전하게 탈출시켜주겠다는 유고슬라비아대사관의 제의를 받아들였다가 밖에서 대기하던 소련군에 붙잡힌 것이다.

그러나 소련군은 그들을 곧바로 죽일 수 없었다. 국제여론이 워낙 거셌기 때문이다. 그래서 1년 넘게 그들을 감옥에 가둬두었다가 헝가리공산당으로 하여금 재판에 회부하도록 했다. 헝가리공산당은 1957년 12월 21일에 중앙위원회 회의를 열었다. 아무리 소련군의 철저한 꼭두각시로 전락했다고 해도 카다르와 그의 협력자들은 너지의 처형에 대한 직접적 책임을 지고 싶어 하지 않았다. 그래서 너지와 그의 동료들을 재판에 회부한다는 원칙적인 결정을 내리고 구체적인 사항에 관한 결정은 보류했다.

그러나 소련의 압력은 거셌다. 1958년 2월 14일에 열린 당정치국 회의에서 카다르는 두 개의 안을 제의했다. 곧 동서 양대진영의 정상회담이 열리게 되어 있음을 고려해, 그 이전에 빨리 재판을 끝내 가벼운 형을 내리는 1안과, 정상회담 이후에 재판을 열어 중형을 내리는 2안이 그것이었다. 그 후에 열린 당중앙위원회는 2안을 채택했다. 그리하여 그들은 반역죄를 범했다는 이유로 1958년 6월 16일에 교수형에 처해졌다.

62세로 죽은 너지의 시체는 관에 들어가는 것조차 허용되지 않았다. 그의 시신은 타르종이에 둘둘 말리고 쇠줄에 묶였다. 그의 동료 네 명의 시체도 똑같이 처리됐다. 그들은 부다페스트의 코즈마거리에 있는 공동묘지로 옮겨졌다. 그곳에는 시체운반인들의 쉼터가 있는데, 그들은 그곳에 묻혔다. 너지는 제301묏자리에 묻혔다. 그들의 묘지에는 아무런 표지도 마련되지 않았으며 장소는 국가기밀로 선언됐다. 따라서 조문객이나 참배객은 있을 수가 없었다.

성역화된 너지의 무덤

그때로부터 31년이 지난 1989년에 헝가리에도 자유화운동이 확산되면서 카다르정권이 물러나고 민주적 개혁정권이 들어서자 1956년의 민중봉기와 너지에 대한 재평가가 이뤄졌다. 1956년의 민중봉기는 민주혁명으로, 너지와 그의 동료들은 민주혁명의 희생자들로 정의됐다.

그들이 처형된 6월 16일을 기해, 그러니까 처형 31주년을 기해, 부다페스트에서는 대규모의 추모식과 재매장식이 거행됐다. 장소는 헝가리독립운동의 역사에서 가장 빛나는 인물인 코슈트 장군의 동상을 비롯해 수많은 건국영웅들과 독립영웅들의 동상과 기념비가 서 있는 영웅광장이었다. 1956년의 반소자유화운동이 바로 이 유서 깊은 영웅광장에서 시작됐기 때문이다.

헝가리국민들은 너지와 그의 네 명의 동료들을 결코 잊지 않았다. 그래서 이날 무려 20만 명의 군중이 부다페스트시내를 메웠다. 해외로 망명하거나 이주했던 헝가리인들도 1만 명 넘게 귀국했다. 추모식장은 헤아릴 수 없을 만큼 많은 꽃들로 뒤덮여 이 행사를 취재한 서방기자들은 꽃이 산을 이뤘다고 표현했다. 추모식장에는 여섯 개의 관이 운구되어왔다. 아무런 표지도 없이, 아니 관도 없이, 개의 주검처럼 묻혔던 너지를 비롯한 다섯 지도자들의 유해들을 파내 각각 관에 넣고, 그렇게도 묻히지 못한 채 희생된 수많은 자유투사들을 상징하는 또 하나의 관을 마련했기에 모두 여섯 개가 됐던 것이다.

추모식장에서 첫번째로 추모사를 한 사람은 너지의 대변인이던 바샤르헤이 미클로시Vásárhelyi Miklós였다. 그는 "우리는 이제 비로소 비극적이었으며 고통스러웠던 한 시대를 모두 청산함과 아울러 우리 국가의 역사에서 새 장을 열게 됐다"고 선언했다. 그는 이어 "우리는 희생자들을 조문하기 위해 이곳에 모이지 않았다. 희생자들의 정신을 부흥하고자 이곳에 모였다"고 선언했다. 그러자 모든 군중이 "우리는 이제 더 이상 포로가 아니다. 우리는 앞으로 결코 포로가 되지 않을 것이다"라고 외쳤다. 이 추모식에 헝가리주재소련대사관도 공식대표를 보냈다. 그러나 헝가리사람들은 "소련은 물러가라! 소련대사관의 헝가리입국비자는 이제 만료됐다"고 외쳤다.

이 추모식을 통해 한 20대 청년이 전국적 인물로 떠올랐다. 빅토르 오르반Viktor Orbán이 그였다. 그는 헝가리 중부의 작은 도시에서 태어나 24세이던 1987년에 부다페스트에서 법과대학을 졸업하고, 1988년에 급진적 좌파 성향의 학생단체인 청년민주동맹, 약칭 피데스FIDESZ를 창립했다. 그는 이듬해에 열린 이 추모식에서 청년대표로 연설하면서 소련군철수와 자유선거 실시를 제의함으로써 국민들의 심금을 울렸다. 이것을 계기로 그는 1990년에 공산정권의 붕괴 이후 처음 실시된 총선에서 국회의원으로 당선됐으며 마침내 1998년에 35세의 젊은 나이로 총리에 선출된다. 그는 2010년에 다시 총리로 임명되어 2013년 4월 현재에도 총리직을 수행하고 있다.

너지와 그의 동료들을 위한 추모식이 끝난 뒤 총리 네메트 미클로시Németh Miklós와 국회의장 쉬뢰시 마차시Szűrös Mátyás를 비롯한 헝가리의 국가적 지도자들이 너지의 관을 운구해 그들이 원래 묻혔던 곳으로 행진했다. 그곳에 새롭게 단장된 묘지에 재매장하기 위해서였다.

재매장지는 국립묘지 판테온으로 새롭게 지정됐다. 수많은 군중이 뒤따랐다. 또 이 모든 것을 중계하는 텔레비전 앞에 나머지 헝가리국민 거의 모두가 앉아 있었다. 재매장식에서 이곳에 묻힌 것으로 추정되는 260명의 자유투사들의 이름이 하나하나 발표됐다. 그리고 이름이 발표될 때마다 추모의 횃불을 든 사람이 "당신은 우리 속에 살아 있습니다. 당신은 죽지 않았습니다"라고 외쳤다. 너지는 딸의 요청에 따라 그들 옆에 묻혔다.

저자가 판테온을 찾아간 때는 1994년 2월 초였다. 이때 1956년의 혁명을 연구하기 위해 부다페스트에 창립된 '1956년의 헝가리혁명연구소'의 초청을 받아 그곳에서 그 연구소의 젊은 연구원들과 토론한 뒤 그들의 안내로 쉽게 예방할 수 있었다. 판테온에는 헌화가 끊이지 않고 있었다. 저자가 만난 한 할머니는 "지난날 우리는 헌화는커녕 참배조차 금지당했다. 그러나 이제 헌화할 수 있게 되어 그분들에 대한 죄책감을 씻을 수 있게 됐다"고 말했다. 너지의 무덤 앞에는 큰 종鍾이 마련되어 있었다. "정의와 진리는 영원하다. 이 종은 역사의 진실은 반드시 밝혀지며 최후의 승리를 거둔다는 뜻에서 마련됐고 그러한 취지가 새겨져 있다"고 안내자들은 설명했다.

4. 카다르의 '굴라시 공산주의'

그러면 카다르는 어떤 길을 걸었는가? 한때 너지가 이끈 탈소민주화운동에 참여했으나 결국 소련이 뒷받침하는 괴뢰정권의 수반이 된 카다르의 운명은 어떻게 귀결됐을까?

카다르는 1912년생으로 너지보다 열여섯 살 아래였다. 공산주의자로서의 경력으로도 너지의 후배였다. 19세가 된 1931년에 헝가리공산당에 입당한 그는 제2차 세계대전 기간에는 유고슬라비아의 티토와도 손을 잡아 나치독일에 반대하는 투쟁에 참여했고, 그 공로가 인정돼 라코시내각에 내무장관으로 발탁되기도 했다. 그러나 그의 민족주의적 성향과 행정가로서의 유능함을 미워한 라코시는 그를 미제국주의의 간첩이자 티토주의자로 몰아 투옥했다. 그는 스탈린의 죽음으로 라코시의 권력이 줄어든 뒤인 1954년에야 겨우 석방될 수 있었다.

이러한 카다르의 경력은 1956년 10월에 헝가리에서 탈소자유화운동이 시작되던 때 헝가리공산당으로 하여금 그를 총비서로 선출하게 만든 중요한 근거가 됐다. 그 자신도 탈소자유화운동에 적극적으로 공명해 너지와 손을 잡았음은 이미 지적했다. 그러한 그가 소련군이 점령한 이후 너지로부터 이탈한 것이다. 그리하여 당총비서와 내각총리를 겸한 그는 소련의 헝가리 정책에 충실하게 자유투사들을 철저히 탄압하고 친소노선을 걸었다.

헝가리의 최고권력자로 30년 이상 군림한 카다르에게도 종말이 왔다. 중부 및 동부 유럽의 공산국가들 가운데 가장 먼저 자유화의 물결이 닥친 헝가리에서 1988년 5월에 퇴진을 강요당한 것이다. 그래서 그는 당의장이라는 한직 하나만 지닌 채 사실상 정치적 은거에 들어갔다. 그러나 이듬해 자유화의 파도가 더욱 높아지면서 카다르는 당의장직마저 내놓게 됐다. 같은 해 6월 16일에 너지의 추모식과 재매장이 이뤄졌을 때 그는 너무나 상심했다. "너지의 비극은 내 개인의 비극이기도 했다"라고 대답하는 것밖에 더할 말이 없었다. 상심이 컸던 탓인지 그때로부터 3주가 지난 1989년 7월 6일에 카다르는 77세의 노령으로 부다페스트에서 자연사했다. 장례는 헝가리 공산당의 주도 아래 치러졌다.

일부 관측자들은 카다르의 장례가 쓸쓸할 것으로 예상했다. 그러나 뜻밖이었다. 너지의 추모식 때 나타났던 그러한 전국적 애도의 분위기에 비교될 수는 없었으나, 그래도 예상보다 훨씬 많은 사람들이 자발적으로 애도의 뜻을 나타냈다. 그러면 카다르는 어떤 배경에서 그런 대접을 받을 수 있었던가?

첫째, 카다르의 개혁주의정책의 성공이었다. 그가 너지와 그의 동지들을 처형했으며 자유투사들을 탄압한 것은 물론 그의 역사적 과오였다. 그러나 그는 경제적으로 개혁정치를 채택해 소비재생산을 늘렸고 노동자들의 생활여건을 개선시켰으며, 서방과의 경제협력도 부분적으로 추진해 헝가리경제를 공산권경제 가운데 가장 앞서도록 만들었다. 경제여건이 그런대로 좋아지자 정치적·사회적 분위기도 꽤 많이 풀렸다.

카다르의 이러한 국가운영방식을 흐루쇼프는 '굴라시 공산주의Goulash

Communism'라고 불렀다. 굴라시는 헝가리 특유의 국이다. 고기와 채소, 감자가 들어간 이 국을 빵 한두 개와 함께 한 그릇 먹으면 아쉬운 대로 아침식사나 점심식사가 된다. 그러므로 흐루쇼프가 '굴라시 공산주의'라는 말을 썼을 때 그것은 '헝가리식 공산주의'라는 뜻도 되고, '물질적으로 뒷받침되는 공산주의'라는 뜻도 된다. 이 '굴라시 공산주의'라는 말에 요약되듯, 카다르는 헝가리경제를 발전시켰고, 헝가리국민들은 그 점을 인정했던 것이다.

둘째, 카다르의 공사생활이 철저히 깨끗했다. 32년이라는 긴 세월 동안 헝가리의 최고권력자로 있으면서도 권력남용이라든가 친인척비리라든가 축재라든가 성추문이라든가 따위의 모든 비리에서 자유로웠다. 그 점을 헝가리국민들은 높이 평가했던 것이다.

저자는 너지의 무덤을 떠나 곧바로 카다르의 무덤을 찾았다. 부다페스트에는 공동묘지가 네 곳 있는데, 그의 무덤은 자동차를 타고 시내중심가로부터 북방으로 10분 정도 가면 나타나는 제8지구에 있었다. 아담하고 정중히 마련된 이 무덤에는 그의 아내가 합장되어 있었다.

루카치의 무덤

카다르의 무덤을 둘러보던 저자에게 부다페스트주재한국대사관의 안내자는 루카치 죄르지Lukács György의 무덤도 이 공동묘지에 있다고 알려주었다. 그러고 보니 이 일대는 헝가리를 이끌었던 지도적 공산주의자들의 무덤들로 꽉 차 있었고 그들을 기리는 기념물들도 서 있었다. 그것들은 물론 헝가리에서 공산주의가 붕괴하기 이전에 공산당통치 시절에 만들어진 것이었으나, 헝가리사람들은 그것들을 파괴하지 않고 그대로 놓아두고 있었다.

저자는 대학생 시절에 은사 민병태 교수님의 정치철학강의를 통해 루카치를 알았고 그 후에도 루카치의 정치사상을 공부하려고 무척 애를 썼으나 너무 어려워 포기했다. 따라서 루카치의 무덤 앞에 섰을 때 개인적 감회가 깊을 수밖에 없었다.

루카치는 1885년 4월에 부다페스트의 부유한 은행가 집안에서 태어나, 베를린대학교와 하이델베르크대학교를 비롯한 유럽의 여러 명문대학들에서 철학과 정치학 및 사회학을 전공한 헝가리의 대표적 마르크스주의자였다. 대학생 때 독일의 세계적 사회과학자 막스 베버의 영향을 많이 받았다. 그는 33세이던 1918년에 헝가리공산당에 가입했고 1919년에는 쿤이 이끌던 헝가리소비에트공화국에서 교육장관이 됐으나, 이 체제가 무너지자 곧바로 오스트리아의 수도 빈으로 망명했다. 이곳에서 그는 공산주의자로서 출판활동을 계속하면서 1923년에 평생의 대표작으로 꼽히는 『역사와 계급의식: 마르크스주의의 변증법 연구 Geschichte und Klassenbewusstsein』라는 논문집을 출판했다.

『역사와 계급의식』은 제1차 세계대전 직후에 유럽에서 전개된 상황에 절망해, 러시아혁명에 기대를 걸고 좌파가 된 루카치가 자신의 정치적·사상적 입장을 이론화한 책이다. 이 책에서 그는 마르크스주의 그 자체를 설명함과 아울러 로자 룩셈부르크와 러시아혁명에 대해서도 설명했다. 이것들보다 중요한 것은 그가 마르크스의 "하부구조(경제구조)가 상부구조(이데올로기, 윤리, 도덕, 정치제도, 법)를 결정한다"는 이른바 경제결정론 또는 경제환원주의에 저항했다는 사실이다. 그는 자신의 사회적 존재에 무관하게 프롤레타리아계급의식을 갖는 것이 중요하다고 지적함으로써, 유럽의 부르주아지식인들을 마르크스주의로 유도하는 데 이바지했다. 루카치와 같은 시대에 활동한 이탈리아공산당의 당수 그람시 역시 경제결정론에 도전해, 정치와 문화 및 이데올로기를 독자적 자율성을 갖는 영역으로 인식했다.

나치독일이 오스트리아를 합병하려는 움직임을 보이자, 루카치는 모스크바로 망명했다. 양호민 교수에 따르면, 1930년대에 스탈린이 외국의 민족적 공산주의자들을 숙청하던 때 루카치는 적당히 스탈린을 찬양하고 자신의 이론을 스스로 깎아내림으로써 목숨을 건질 수 있었다. 소련군이 헝가리를 나치독일의 점령으로부터 '해방' 하자, 그는 '해방' 의 감격을 안고 귀국해 부다페스트에서 철학교수가 됐다. 1948년에 『실존주의냐, 마르크스주의냐』를 독일어로 출판했는데, 이 책은 실존주의를 '비합리주의적 이데올로기' 라고 비판한 반면에 마르크스주의를 '합리적 이데올로기' 라고 평가했다. 이 책 역시 철학자로서의 그의 명성을 높였다. 이러한 명성에 힘입어, 그는 1956년의 혁명 때 너지정부의 문화장관으로 발탁됐다. 너지정부가 무너지면서 그는 루마니아로 망명했으며, 그 후 상황이 안정되자 귀국했지만 정치활동을 전면 포기하고 마르크스주의의 연구와 집필로 여생을 보내다가 1971년 6월에 86세로 자연사했다. 어떻게 보면, 그의 무덤은 카다르의 무덤 쪽이 아니라 너지의 무덤 쪽에 있어야 할 것처럼 생각됐다.

리스트의 「헝가리광시곡」, 그리고 브람스의 「헝가리무곡」의 나라 헝가리는 결코 공산주의국가가 될 수 없는 나라였다. 국민성이 낭만적이고 기독교 신앙이 깊으며 자유에 익숙해 있었기 때문이다. 중부 및 동부 유럽에서 가장 아름다운 도시인 '작은 파리' 부다페스트를 떠나며 헝가리가 너지의 희생정신 아래 번영하기를 빌었다.

마지막으로 한 가지 사실만 덧붙이겠다. 『동아일보』 2011년 7월 20일자 칼럼 「횡설수설」에 방형남 논설위원이 쓴 내용에 따르면, 레이건 전 미국대통령의 동상이 그의 탄생 100주년에 즈음해 부다페스트의 '자유의 광장' 에 세워졌다고 한다. 헝가리정부는 6월 29일에 동상제막식을 열면서 "냉전을 종식시켜 헝가리인들에게 주권을 되찾게 해준 레이건 대통령에게 감사를 드리며 그를 영원히 기억할 것이다"는 성명을 발표했다. 비단 헝가리에서만이 아니다. 지난날 강제로 '소련제국' 에 편입됐던 폴란드와 체코 등에서도 레이건의 탄생 100주년에 즈음해 그의 냉전종식업적을 기리는 행사들이 활발하게 열렸다. 폴란드의 경우, 6월 27일에 세인트 메리 바실리카 성당에서 레이건에게 감사를 표하는 미사를 거행했다. 체코의 경우, 6월 30일에 미국대사관의 앞 거리를 '로널드 레이건 거리'로 개명하는 행사를 열었다.

레이건의 대통령 재임 때, 서방세계의 이른바 진보적 지식인들은 그가 동서냉전을 재생시키고 있다고 비난했다. 특히 그가 소련을 '악惡의 제국'이라고 명명했을 때, 그들은 그가 '시대착오적 대결주의'에 빠져 있다고 혹평했다. 그러나 역사는 그의 소련에 대한 압박정책이 결국 소련을 붕괴시키고 동유럽을 해방시키는 데 이바지했음을 증명했다.

폴란드, 불가리아, 루마니아, 동독의 공산주의자들

브와디스와프 고무우카,
그리고르 디미트로프, 니콜라에 차우셰스쿠,
발터 울브리히트, 에리히 호네커

1. 폴란드의 공산주의자들

유럽의 코리아, 폴란드

폴란드는 우리 국민들의 귀에 비교적 익숙한 나라다. 지동설을 제창한 코페르니쿠스, 피아노의 시인 쇼팽, 소설『쿠오바디스Quo vadis』의 작가이면서 노벨문학상수상자인 시엔키에비치Henryk Sienkiewicz, 만국공통어를 자임하는 에스페란토의 창안자 자멘호프Ludwig Lejzer Zamenhof, 그리고 노벨물리학상과 노벨화학상을 받은 과학자 퀴리Marie Curie부인 등은 그들의 조국인 폴란드를 우리 국민들에게 친숙하게 만들어주었다.

그러나 곰곰이 따지고 보면 폴란드가 겪은 비운의 역사가 우리 국민들로 하여금 폴란드를 가깝게 느끼도록 한다는 것을 알 수 있다. 폴란드는 게르만족과 대大러시아족 사이에 놓인 지정학적 위치 때문에 그들 사이의 전쟁에 시달려야 했다. 네 차례에 걸쳐 분할되기도 했으며, 한때는 어느 한쪽의 식민지가 되기도 했다. 유럽의 코리아가 폴란드였고, 아시아의 폴란드가 코리아였던 것이다.

오늘날의 폴란드는 러시아와 독일 사이에 끼어 있다. 면적으로 따지면 한반도의 1.4배쯤 되고, 인구는 남한보다 좀 적지만 북한보다는 훨씬 많다. 폴란드국민은 대체로 슬라브계이며 가톨릭을 신봉한다.

1795년의 제3차 분할로 지구 위에서 아주 사라졌던 폴란드가 하나의 독립국으로 다시 등장한 때는 1세기 남짓 지난 1918년이었다. 제1차 세계대전이 끝나면서 그동안 열강의 식민지로 신음하던 많은 약소민족들이 독립을 얻던 그해에, 폴란드 역시 공화국으로 새롭게 탄생할 수 있었다. 이때 초대 대통령으로 추대된 이가 무장투쟁노선에 앞장섰던 독립운동가 유제프 피우수트스키Józef K. Piłsudski였고, 초대 총리 겸 외무장관으로 선출된 이는 유명한 피아니스트였으며 독립운동가였던 이그나치 얀 파데레프스키 Ignacy Jan Paderewski였다. 파데레프스키는 그 후 주로 미국에서 활동하다가 뉴욕에서 죽었고 미국의 수도에 있는 앨링턴국립묘지에 묻혔다. 그러나 그의 유해는 1991년에 고국으로 이장됐다.

제1차 세계대전의 종전과 더불어 독립을 얻었으나 폴란드의 앞날이 밝지만은 않았다. 폴란드가 독립을 얻기 몇 개월 전에 세워진 소련은 곧바로 폴란드를 상대로 전쟁을 벌였으며, 그 후에는 나치독일이 폴란드를 못살게 굴었기 때문이다. 그러다가 1939년 9월에 나치독일은 폴란드를 침공함으로써 제2차 세계대전을 일으켰고, 소련 역시 곧바로 폴란드침공에 참여함으로써 폴란드는 독립 21년 만에 다시 외세에 의해 국토를 강점당했다.

폴란드의 공산주의운동과 고무우카의 활동

폴란드공산당의 역사는 이러한 폴란드의 슬픈 역사와 직결되어 있다. 폴란드가 독립을 얻은 해인 1918년에 창당한 폴란드공산당은 1938년에 스탈린의 명령에 따라 해산돼야 했다. 이것을 계기로 폴란드공산당의 지도자들 가운데 어떤 지도자들은 모스크바로 이주해 코민테른의 테두리 안에서 활동했으며, 어떤 지도자들은 국내의 다른 독립운동지도자들과 함께 폴란드노동당을 창당했다.

이 과정에서 폴란드의 공산주의운동을 대표할 만한 지도자가 자연스럽게 성장했다. 그가 바로 브와디스와프 고무우카였다. 우리나라에서 흔히 고물카로 발음하는 고무우카는 1905년 2월 6일에 폴란드의 크로스노 근교에서 태어났다. 그의 아버지는 하급의 공장노동자였으며, 그를 초등교육만 시킨 뒤 자물쇠제조공으로 키웠다.

고무우카는 만 21세가 된 1926년 그때 지하비밀정당이던 폴란드공산당에 입당했으며 곧바로 혁명운동에 뛰어들었다. 그러나 곧 체포됐다. 석방된 뒤 그는 주로 노동조합을 통해 활동했으며 마침내 전국화학노동조합의 간부로 성장했다. 27세이던 1932년에 그는 전국적인 파업을 주도했다. 이때 경찰관의 총에 맞아 평생 그의 상징처럼 인식되는 절름발이가 됐으며 2년 동안 투옥됐다. 석방된 뒤 그는 모스크바로 가서 1년 동안 레닌국제대학교에서 공부했다.

고무우카는 곧 폴란드로 돌아와 주로 실롱스크(영어로는 실레지아) 지역에서 혁명운동을 계속했다. 그러나 다시 1936년에 체포됐고 7년형을 선고받아 투옥됐다. 이것은 역설적으로 다행이었다. 스탈린은 1938년을 앞뒤해 국내의 볼셰비키지도자들을 숙청함과 아울러 소련에서 활동하던 다른 나라의 공산주의자들도 숙청했다. 이때 폴란드 출신의 공산주의자들도 살해됐는데, 그는 소련에 머물지 않고 폴란드에 머물렀기에 목숨을 건지게 됐던 것이다.

1939년에 나치독일이 서쪽으로부터 폴란드를 침공하는 것을 본 스탈린은 곧바로 소련군으로 하여금 동쪽으로부터 폴란드를 침공하게 했다. 이때 스탈린은 폴란드 국내의 공산주의자들로부터 협력을 받는 것이 필요하다고 계산했고, 그래서 감옥에 있던 폴란드공산주의자들을 석방시켰다. 그들 가운데 고무우카도 포함됐다. 그는 곧바로 소련점령지역으로 들어가 종이공장에서 일했다. 1941년에 독일과 소련 사이에 전쟁이 일어나자 그는 정치활동을 다시 시작했다. 우선 수도 바르샤바로 가서 폴란드공산당을 뼈대로 삼는 폴란드노동당의 창당에 참여했고 이 당의 중앙위원회 위원으로 선출됐다. 그의 활동은 두드러졌다. 그는 1943년 11월에 나치에 대한 공격작전을 지휘해 큰 성과를 올렸으며, 그 공로가 인정돼 폴란드노동당 중앙위원회 총비서로 선출됐다.

이 대목에서 잠시 상기시키고 싶은 사실이 있다. 그것은 나치독일이 폴란드유대인을 상대로 자행한 대규모 학살이다. 우선 바르샤바 북부지역의 유대인집단거주지 게토에서, 이어 그 이웃의 트레블링카수용소에서, 그리고 폴란드의 제2도시인 크라쿠프 부근의 오시비엥침에서 수백만 명의 폴란드유대인들을 독가스로 죽였다. 악명 높은 아우슈비츠수용소의 경우에는 15분 간격으로 4백 명씩 죽어나갔다.

제2차 세계대전 시기에 폴란드는 런던에 망명정부를 두고 있었다. 이 망명정부는 물론 우익지도자들이 이끄는 친서방 성격의 것이었다. 서방세계는 이 망명정부를 정통성을 가진 망명정부로 승인하고 있었다. 이에 맞서 소련은 1944년 7월에 폴란드를 침공한 직후 동부의 공업도시인 루블린에 좌익지도자들이 이끄는 친소 성격의 임시정부를 세우게 했다. 이것을 흔히 루블린임시정부라고 불렀는데, 고무우카는 여기에 참여해 부총리가 됐다. 그는 곧 지난날에 독일이 점령했으나 이제는 소련이 점령한 이른바 수복된 영토의 행정을 책임 맡는 정부부서의 장관을 겸하게 됐다.

소련군이 폴란드 전체를 완전히 점령한 직후인 1945년 12월에 처음으로 열린 폴란드노동당의 제1차 대회에서 고무우카는 정치국 위원 겸 중앙위원회 총비서로 선출됐다. 이때 그의 나이 40세였다. 그는 대내적으로 강권통치자로 등장해 공산당에 반대하는 세력을 무자비하게 제거했다. 그뿐 아니라, 유럽 각국에서 사회당을 공산당으로 통합시키라는 스탈린의 지시를 받아들여, 폴란드사회당을 폴란드노동당으로 흡수통합시키는 계획을 강력히 지지했다. 그러나 고무우카는 소련의 지시 가운데 어떤 다른 것들에 대해서는 반기를 들었다. 소련이 강요하는 농업의 강제적 집단화에 반대했고, 1947년 9월에 소련이 동유럽공산국가들을 소련에 묶어 코민테른의 후신으로 코민포름을 창설했을 때도 반대했으며, 대담하게도 소비에트노선 그 자체를 비판했다.

스탈린의 고무우카 박해와 화려한 복귀

고무우카의 이러한 행동들은 스탈린을 격분시켰다. 스탈린은 곧 고무우카를 '민족편향주의자'로 비판하도록 지시했으며, 그 결과 그는 1948년 9월에 폴란드노동당 중앙위원회 총비서직에서 해임됐다. 그의 후임으로는 철저한 스탈린추종자인 볼레스와프 비에루트Bolesław Bierut가 선출됐다.

3개월 뒤인 1948년 12월에 폴란드노동당이 마침내 폴란드사회당을 강제로 흡수통합해 폴란드통합노동당으로 출범하게 됐을 때, 고무우카는 정치국에서 탈락했다. 이어 1949년 1월에는 정부의 모든 직위에서 해임됐고, 같은 해 11월에는 당원자격마저 박탈됐다. 2년 뒤인 1951년 7월에는 투옥되기에 이르렀다. 이때 그의 나이는 46세였다. 이 모든 과정에서, 심지어 투옥된 뒤에도, 그는 자신의 위신을 유지한 채 용기 있게 대응했다. 그는 자신에게 과오가 있음을 한 차례도 인정하지 않았다.

고무우카가 자신의 생애에서 네번째로 투옥된 지 19개월이 지난 1953년 3월에 스탈린이 죽었다. 그로부터 1년이 훨씬 지난 1954년 말에 비로소 그는 석방됐다. 1956년 2월에 소련공산당 중앙위원회 제1비서 흐루쇼프는 스탈린격하운동을 시작했고 1개월 뒤에 폴란드통합노동당 중앙위원회 총비서 비에루트가 죽었다. 흐루쇼프의 스탈린격하운동과 비에루트의 사망은 폴란드국민들에게 새로운 기대를 갖게 했다. 우선 그 역사적인 해의 6월에 폴란드 중서부의 공업도시이면서 철도교통의 요지인 포즈난에서 노동자들이 공산정권에 반대하는 조직적인 운동을 벌였다. 이 운동은 폴란드의 많은 국민들에게 공감을 불러일으켰다. 그리하여 그해 10월까지는 폴란드의 많은 지역들이 반소반공분위기에 젖어들었다.

마르크스는 "폴란드는 프랑스혁명이 일어난 1789년 이래 모든 혁명의 강도와 활력의 수준을 나타내는 하나의 수은주水銀柱다"라고 말했었다. 굳이 이 표현을 빌리지 않더라도 우리는 폴란드의 역사에서 저항적이며 반항적인 사례들을 익히 보았었는데, 이해 6월부터 10월까지의 4개월 동안 일어난 반정부운동은 바로 그 점을 증명하는 것이었다.

이 대목에서 중요하게 지적돼야 할 것은 폴란드국민들이 고무우카의 권력복귀를 요구하기 시작했다는 사실이다. 스탈린으로부터 박해를 받았다는 사실이 그를 민족적 영웅으로 부각시킨 것이다. 폴란드통합노동당의 지도자들은 굴복할 수밖에 없었다. 그리하여 1956년 10월에 그는 당정치국 위원 겸 당중앙위원회 제1비서로 선출됐고, 곧 국가평의회 위원으로 뽑혔다. 이때 그의 나이는 만 51세였다.

폴란드국민들의 개혁에 대한 기대는 매우 높아졌다. 그러나 고무우카의 개혁은 온건했다. 공포정치와 가톨릭교회탄압이 중지되고 농업집단화가 폐지된 것은 좋았다. 그러나 지식인들이 요구하는 학문과 사상 및 표현의 자유는 여전히 제약됐으며, 국민 대다수가 기다리는 경제개혁은 거의 이뤄지지 않았다. 그래도 그들은 고무우카를 지지했다. 그가 소련의 드센 압력 때문에 잠시 조심한다고 믿었던 것이다.

아마 이 점들 때문에 소련은 헝가리에서와는 달리 군사적으로 개입하지 않았던 것 같다. 고무우카는 못마땅한 민족적 공산주의자이기는 하지만 공산주의의 기본원칙들을 버리지는 않았다. 예컨대, 헝가리의 너지처럼 복수정당제도를 옹호하고 국제냉전에서 중립을 주장하는 선까지 가지는 않았던 것이다. 게다가 고무우카의 인기가 너무 높다는 사실도 소련으로서는 부담스러웠다. 그래서 소련은 그의 재집권을 묵인할 수밖에 없었다.

고무우카의 쓸쓸한 퇴장

1961년에 소련에서 흐루쇼프는 스탈린격하운동을 다시 시작했다. 고무우카는 이 기회를 이용해 개혁을 추진했어야 옳았다. 그러나 어떻게 된 까닭인지 그는 개혁에 착수하지 못했다. 이때부터 그의 인기는 빠르게 떨어졌다. 7년 뒤인 1968년 3월에는 지식인들과 학생들이 수도에서는 물론 몇몇 주요한 도시들에서 그를 규탄하는 시위를 일으키기에 이르렀다.

그래도 그는 1968년 3월에 열린 제5차 당대회에서 여전히 중앙위원회 제1비서 겸 정치국 위원으로 선출될 수 있었다. 그러나 그의 정치적 영향력은 매우 약해졌다. 뒤늦게 그는 경제개혁에 착수했으나 폴란드경제는 이미 심각하게 망가진 상태였다. 마침내 몇몇 주요 도시들에서 노동자들의 집단적인 항의운동이 일어났으며, 그는 1970년 12월에 제1비서직을 내놓게 됐다. 노동자들과 국민들의 집단시위에 힘입어 집권했던 그가 노동자들과 국민들의 집단시위에 의해 퇴진했다는 것은 지도자란 국민들 앞에 언제나 겸손해야 한다는 것을 가르친다.

고무우카는 1972년부터 조용히 은퇴생활에 들어갔다. 폴란드경제는 여전히 나빴으며 그 결과로 1980년에 폴란드에서는 자국의 역사를 바꾸게 되는 자유노조운동이 거세게 일어났다. 고무우카는 2년 뒤인 1982년 9월 1일에 77세의 노령으로 바르샤바에서 자연사했다. 1956년의 화려한 권력복귀에 비교할 때 고무우카의 퇴장과 사망은 초라했다. 그러나 폴란드국민들은 그를 미워하지 않는다. 나치독일에 용기 있게 저항했고, 스탈린주의에 과감히 맞서 싸웠던 민족적 공산주의자의 역사적 공로에 대해 그들은 그 몫만큼 인정하는 데 인색하지 않았던 것이다. 그래서 바르샤바의 포바즈코프스카 거리에 자리를 잡은 국립국군묘지에 묻힌 그는, 죽은 뒤 묘가 파헤쳐지거나 옮겨지는 수모를 겪지 않은 채 편히 잠들어 있다.

바웬사의 등장

그러면 그 후 폴란드공산주의자들은 어떤 길을 걸었던가? 고무우카가 1970년에 물러난 뒤 정권은 또 한 사람의 공산주의지도자 에드바르트 기에레크Edward Gierek에게로 넘어갔다. 그는 1913년에 태어났으니 고무우카보다 8년 연하인 셈인데, 제2차 세계대전 때 벨기에에서 폴란드사람들의 반나치저항운동을 지도하면서 역량을 발휘했다. 그는 1948년에 귀국한 뒤 폴란드통합노동당에서 계속 성장해 1959년에 이 당의 정치국 위원으로 승진했으며, 1970년에 57세로 폴란드의 최고권력자가 된 것이다.

기에레크는 폴란드의 경제를 일으킴으로써 노동자들의 생활수준을 향상시키고자 그 나름대로 노력했다. 그러나 소련의 수탈이 계속되는 상황에, 더구나 노동자들이 공산주의적 경제운영방식에 본질적인 불만을 지닌 상황에, 당의 명령에 따라 비효율적으로 돌아가는 폴란드경제가 살아날 수는 없었다. 그 결과 1976년에 다시 노동자들이 전국적인 파업을 일으켰고, 1980년에는 고기값 인상에 자극을 받은 노동자들이 전국적으로 파업을 일으키기에 이르렀다. 이 시점인 1980년 8월에 폴란드의 중요한 무역항일 뿐만 아니라 동유럽의 중요한 무역항인 그단스크Gdánsk(독일어로는 단치히)에 위치한 조선소의 전기기사인 레흐 바웬사Lech Wałęsa를 지도자로 하는 '솔리다르노시치Solidarność'라는 이름의 자유노조운동이 시작됐다. 이에 기에레크는 사임했다.

　상황이 더 악화되자 군부가 개입했다. 육군참모총장과 국방장관을 역임한 보이치에흐 야루젤스키Wojciech W. Jaruzelski를 지도자로 하는 군부는 1981년 1월에 야루젤스키를 국방장관 겸 총리로 취임시켰으며 10월에는 그를 폴란드통합노동당 중앙위원회 제1비서로 취임시켰다. 그 결과, 정부와 당을 지휘하게 된 야루젤스키는 자신을 의장으로 하는 구국군사평의회를 발족시키면서, 1981년 12월에 자유노조의 급속한 성장을 경계하는 '소련의 침공을 예방하기 위해' 라는 명분을 내걸고 전국에 계엄령을 선포하고 기에레크를 부패혐의로 구속함과 아울러 바웬사를 비롯한 자유노조지도자들을 구속했으며 자유노조 그 자체를 해산시켰다. 야루젤스키는 1923년생으로, 이때 그는 58세였다.

　그러나 노벨평화상위원회는 1983년에 바웬사에 노벨평화상을 수여해 자유노조운동을 격려했다. 이러한 국제분위기에 물가폭등이 겹치면서, 야루젤스키정부는 자유노조를 합법화하고 협상의 대상으로 인정했다. 그러한 기반 위에서 야루젤스키는 1989년에 대통령으로 선출됐으나 통치가 더욱 힘들어지자 사실상 자유노조에 정권을 이양하는 길을 밟았다. 그리하여 바웬사는 1990년 11월에 초대 직선대통령으로 선출됐다. 그는 1995년에 실시된 대통령선거에서 패배함에 따라 정계에서 은퇴하고 원래의 직장으로 돌아갔다. 한편, 2012년 말의 시점에서 90세가 된 야루젤스키는 여러 질병으로 시달리고 있다. '솔리다르노시치' 세력은 그를 '민족반역자' 로 간주하고 있다. 일반국민들도 그가 과연 '소련의 침공을 예방하기 위해' 계엄령을 선포했던 것인지 이제 그가 솔직히 설명해야 한다고 묻고 있다.

2. 불가리아의 공산주의자들

반나치운동의 기수, 디미트로프

고무우카의 무덤과 대조되는 것이 불가리아의 공산주의지도자 그리고르 디미트로프Grigor Dimitrov의 무덤이다. 그에 대해 알아보기 전에 우선 불가리아는 어떤 나라이고 디미트로프는 어떤 공산주의자였는지 살펴보자.

불가리아는 한때 세계의 화약고라고 불리던 발칸반도의 동부에 위치한 작은 나라다. 동쪽으로 흑해가, 북쪽으로 루마니아가, 서쪽으로 옛 유고슬라비아가, 그리고 남쪽으로 그리스와 터키가 있다. 면적은 남한보다 조금 크나 인구는 7백만 명 정도인 농업국이면서 목축업국이다. 슬라브계통의 불가리아인들 가운데는 그리스정교를 믿는 사람이 많다. 이들은 워낙 부지런해 '발칸의 프로이센사람'이라는 별명을 지녔다. 세계적으로 유명한 몇몇 장수마을들이 바로 이 나라에 있다.

14세기 이래로 터키의 지배를 받던 불가리아가 입헌군주국의 형태로 독립을 얻은 때는 1908년이었다. 그러나 제1차 세계대전 때 독일과 오스트리아헝가리합병제국의 동맹에 터키와 함께 가담해 영국과 프랑스 및 러시아 연합국에 맞서 싸우다가 패전하게 되자 국왕 보리스 3세가 이끄는 왕실을 비롯한 기존체제는 심각한 타격을 받았다.

그리하여 마치 헝가리에서 그러했듯, 전쟁에 반대했던 지도자들이 영향력을 행사하게 됐는데 그 대표적 정치인이 농민운동가 알렉산다르 스탐볼리스키Aleksandar Stamboliyski였다. 그는 1919년 8월에 정부를 구성하고 토지개혁을 비롯해 몇몇 개혁정책들을 과감히 추구해 지지를 넓혀갔다. 바로 이해에 불가리아에서도 공산당이 창당됐다. 불가리아공산당이 바로 그것으로, 이 일에 주도적 역할을 수행한 지도자가 디미트로프였다. 그는 불가리아의 코바체프차에서 1882년에 태어나 인쇄공으로 입신해 노동조합의 지도자로 성장했으며, 사회주의운동에 가담하기도 했다. 그 역시 참전에 비판적인 입장을 취했고 이 일 때문에 선동죄로 잠시 투옥됐기에 패전 이후 어느 정도 영향력을 확보할 수 있었다.

디미트로프는 소련으로 가서 1921년에 코민테른 집행위원회 위원으로 선출됐다. 그 후광을 안고 귀국한 그는 공산주의운동을 이끌었으나 1923년의 총선에서 불가리아공산당은 부진했다. 그러자 그는 공산주의혁명을 일으키려 했다.

이 무렵 스탐볼리스키정권은 승리의 기세를 타고 국왕의 권한을 제한했다. 동시에 그는 그때로써는 유고슬라비아에 나라를 빼앗겼다고 믿는 마케도니아망명자들이 반대하는데도 유고슬라비아와 우호관계를 맺으려고 했다. 이러저러한 상황에 자극된 군부는 국왕의 묵인 아래 1923년 6월에 쿠데타를 일으켜 스탐볼리스키를 죽이고 정권을 장악했다. 군부는 디미트로프에 대해 사형을 선고했다. 이때 그의 나이 41세였다. 그러나 다행히도 해외추방으로 감형받았고 독일의 베를린으로 이주했다. 거기서 그는 코민테른의 중부유럽담당부장으로 활동했다. 1933년 2월에, 독일의 신임 총통 히틀러는 국회의사당에 방화한 뒤 그 죄를 모두 공산주의자들에게 뒤집어씌웠고 그것을 명분삼아 공산당을 불법화했다. 이때 디미트로프도 체포됐으나 재판정에서 워낙 잘 싸워 석방됐다.

이 시점에 불가리아의 국왕 보리스는 군부의 영향력을 약화시키고 스스로 정권을 장악하는 데 성공했다. 그는 곧 제한된 범위 안에서나마 자유화를 추진했으며, 마케도니아를 유고슬라비아로부터 분리해 불가리아로 편입시켜야 한다고 주장해온 마케도니아망명자들의 투쟁기구인 '전국마케도니아혁명기구'를 누르고 유고슬라비아와 우호관계를 수립했다.

그러나 불가리아로서는 어쩔 수 없었다고 해도, 보리스 3세는 나치독일의 편에 서기 시작했다. 보리스 3세의 나치독일에 대한 협조는 제한적이었다. 불가리아에 거주하는 유대인을 독일로 보내라는 요구도 거절했으며, 소련에 대해 선전을 포고하라는 요구와 불가리아의 군대를 나치독일군이 소련을 상대로 전개한 동부전선으로 파병하라는 요구 역시 거절했다. 화가 난 히틀러는 그를 동프로이센으로 불러 협박했다. 거기서 돌아온 직후인 1943년 8월 28일에 그는 향년 47세로 갑자기 죽었다. 불가리아국민들은 국왕이 히틀러와의 만찬에서 독이 든 음식을 먹었기에 급서한 것으로 믿었다. 보리스 3세가 별세한 뒤 그가 이끌던 정부는 뒤늦게나마 나치독일을 떠나 소련에 가담하려 했으나 이미 때는 늦었다. 소련은 그것을 허용하지 않는 것이 앞으로 불가리아를 마음대로 조종하는 데 더 유리하다고 판단해 1944년 9월에 불가리아를 무력점령하게 되며, 이로써 불가리아는 소련의 위성국으로 전락하게 된다.

불가리아가 이처럼 친독반소노선을 추구했을 때 디미트로프는 모스크바에서 코민테른의 집행위원회 사무총장으로 활동하고 있었다. 그는 국제적으로 영향력이 큰 이 자리를 활용해 중부와 동부 유럽에서 반나치저항운동이 일어나도록 조직하고 후원하는 일을 적극적으로 추진함과 아울러 1944년부터는 불가리아의 친독정권타도운동을 지휘했다.

디미트로프의 집권과 사후에 겪은 수모

소련군의 불가리아점령은 친독정권타도운동에 결정적 도움을 주었다. 그리하여 곧바로 반나치저항운동에 참여한 공산당과 농민당 및 사회민주당 등이 제휴해 조국전선정부라는 이름의 연립정부를 세웠으며, 디미트로프는 이 연립정부의 총리로 임명됐다. 그는 불가리아공산당 중앙위원회 총비서 겸 정치국 위원으로 소련의 불가리아소비에트화정책을 충실하게 수행했다. 그는 우선 정부와 군의 조직 안에서 비공산세력들을 단계적으로 제거했다. 그리하여 소련군이 점령한 때로부터 6개월 이내에 무려 2,100여 명이 처형됐다.

이렇게 사전에 정비작업을 거친 뒤 연립정부는 1947년 10월에 총선거를 실시했다. 결과는 불가리아공산당의 압승이었고, 이에 따라 디미트로프는 새롭게 출범하는 불가리아인민민주주의공화국의 초대 총리로 선출됐다. 이듬해 그는 불가리아사회민주당을 불가리아공산당에 흡수시켜 단극적單極的 공산당지배체제를 확립했다.

디미트로프는 진심으로 불가리아의 소련화를 추구했다. 그래서 불가리아는 이미 그때부터 중부와 동부 유럽에서 소련에 가장 충실한 모범생으로 불렸다. 심지어 "불가리아는 독립국으로 남기보다 소련연방의 16번째 공화국으로 편입되기를 열망한다"는 조롱을 받기도 했다. 놀라운 것은 불가리아의 공산당 지도자들이 그 조롱에 아무런 반박도 하지 않았다는 사실이다. 그래서인지 소련은 불가리아에 대해 늘 각별한 원조를 베풀어주었다.

이 무렵 디미트로프는 신병에 시달리기 시작했다. 그래서 그는 치료를 위해 모스크바로 가 꽤 긴 세월에 걸쳐 입원생활을 했다. 그러다가 1949년 7월 2일에 모스크바 근교에서 향년 67세로 병사했다. 권력의 정상에서 죽은 만큼 그의 장례는 국장으로 성대히 치러졌다. 불가리아공산당은 심지어 '불가리아인민의 스승'을 잘 모셔야 한다며 그의 유해를 미라로 만든 뒤 많은 노동자들을 동원해 1주일 만에 국립디미트로프기념관을 짓고 1949년 7월 10일에 그곳에 안치했다. 그 후 40년 동안 그의 기일이 되면 성대한 추도식이 그곳에서 열렸으며 그때마다 그는 위대한 지도자로 추모됐다.

그러나 1989년 11월에 베를린장벽이 무너진 것을 계기로 동유럽에서 공산주의지도자들이 몰락하게 되자 그 바람은 40년 전에 죽은 디미트로프에게도 불었다. 불가리아국민들은 그를 위한 국립기념관을 부술 것을 요구했다. 국립기념관은 다행히 부서지지 않았으나 그 대신에 1990년 7월 17일에 그의 유해는 국립기념관에서 꺼내져 화장된 뒤 수도 소피아의 중앙공동묘지에 자리 잡은 가족묘지로 옮겨졌다. 국립기념관은 그 후 공중집회장소로 쓰였다. 유행가 가수들의 공연장소로도 쓰였고 때때로 공중변소로도 쓰였다. 그러다가 1990년대 중반 이후에는 불가리아의 역사적 인물들과 영웅들을 기념하는 신전으로 활용되고 있다.

3. 루마니아의 공산주의자들

루마니아의 공산화

죽은 뒤 41년이 지나서 유해가 화장되고 무덤이 옮겨지는 수모를 당했다고 해도, 불가리아의 최고권력자였던 디미트로프의 처지는 루마니아의 최고권력자였던 니콜라에 차우셰스쿠Nicolae Ceaușescu의 운명과는 비교되지 않을 정도로 훨씬 나은 편이었다. 왜냐하면 차우셰스쿠의 종말은 우리들의 기억에 지금까지도 생생할 만큼 너무나 굴욕적이고 처참했기 때문이다.

루마니아는 발칸반도 동북부에 자리 잡고 있다. 남쪽으로는 불가리아, 남서쪽으로는 옛 유고슬라비아, 북서쪽으로는 헝가리, 동북쪽으로는 옛 소련과 마주 보고 있으며 동쪽으로는 흑해를 끼고 있다. 면적으로 따지면 한반도보다 조금 크나 인구는 남한의 절반 정도다. 농업과 임업 및 목축업이 주요한 산업이며 석유가 많이 난다.

주민은 라틴계통이다. 루마니아가 '로매니아'로도 발음되는 데서 알 수 있듯, 옛 로마제국의 군인들 가운데 이곳에 왔던 군인들이 본국으로 돌아가지 않고 현지의 여자들과 결혼해 뿌리를 내리면서 세운 나라다. 국민의 다수는 루마니아정교를 믿는다.

루마니아는 발칸반도의 여러 나라들이 그러했듯, 터키의 지배를 오랜 기간 받았다. 그러다가 1829년에야 비로소 독립을 얻었으며 1881년에 왕국으로 새롭게 출발했다. 제1차 세계대전 때는 영국과 프랑스 및 러시아의 연합에 가담해 독일과 오스트리아헝가리합병제국에 맞서 싸운 덕분에, 제1차 세계대전이 끝난 뒤 영토를 넓힐 수 있었다. 그래서 이른바 대大루마니아를 건설할 수 있었다.

그러나 루마니아의 국내외정세는 늘 불안했다. 국내적으로는 기성 보수세력과 자유주의세력 및 농민세력 사이에 갈등이 끊이지 않았고 잡다한 소수민족들 사이의 분쟁도 잦았다. 국제적으로는 열강의 다툼 속에서 독립을 지키는 일이 매우 어려운 과제였다. 실제로 어떤 땅은 소련에, 어떤 땅은 불가리아에, 어떤 땅은 헝가리에 빼앗겨야 했으며, 그래서 나치독일의 강압이 거셌던 1940년 말에는 영토 가운데 약 33퍼센트가 할양됐다.

이렇듯 국가적으로 수치스러운 상황에 이온 안토네스쿠Ion Antonescu 장군이 쿠데타를 일으켜 군부독재정권을 세웠다. 그는 강력한 민족주의독재정권을 세워 외세에 대항하려 했으나, 결국 나치독일과 손을 잡고 소련을 공격하는 어리석은 노선을 걷고 말았다. 이것을 계기로 국왕은 1944년 8월에 자유민주세력과 공산세력 및 농민세력 모두를 규합해 안토네스쿠정권을 타도하고 전쟁에서 손을 떼겠다고 선언했다.

그러나 이미 때는 늦었다. 소련은 그리스에 대한 영국의 우월권을 인정하고, 미국과 영국은 루마니아를 비롯한 동유럽국가들에 대한 소련의 우월권을 인정한 것이었다. 그리하여 소련은 1945년 초 이후 루마니아의 국내 파공산주의자들을 중심으로 루마니아에 친소소비에트정권을 만들기 시작해, 1946년 11월과 1947년 2월 사이에 마침내 루마니아인민민주주의공화국을 수립할 준비를 끝냈으며 국왕을 퇴위시켰다.

강대국들의 틈바구니에서 힘없는 루마니아국민들이 어떤 고초를 겪었는가가 가장 잘 나타난 소설은 아마도 루마니아정교의 신부로 파리에서 시무한 콘스탄틴 비르질 게오르기우Constantin Virgil Gheorghiu가 1949년에 출판한 『25시 Ora 25(프랑스어로 La vingt-cinquième heure, 영어로 The Twenty-Fifth Hour)』일 것이다. 백성들의 그러한 짓밟힘을 외면한 채 루마니아공산주의자들의 집결체인 루마니아노동자당은 게오르기우-데지 Gheorghe Gheorghiu-Dej의 지도 아래 스탈린과 소련을 높이 찬양하며 루마니아를 소련에 충실한 위성국가로 만들기에 바빴다. 한편 게오르기우 신부는 철저한 반공주의자로, 한국에서 1981년에 제5공화정이 출범한 이후 전두환 대통령을 공개적으로 지지했다. 그는 1992년 파리에서 향년 76세로 별세했다.

차우셰스쿠의 득세

그런데 루마니아의 반민족적 친소노선에 반기를 들고 루마니아국민들의 지지를 받으며 등장한 공산주의지도자가 있었다. 그가 바로 차우셰스쿠였다. 차우셰스쿠는 1918년에 태어나 농부와 공장노동자로 자랐으며 만 25세이던 1933년에, 그때로써는 지하비밀정당이던 루마니아공산당에 가입했다. 그는 두 차례 투옥될 정도로 맹활약했으며, 루마니아가 인민민주주의공화국으로 출범한 뒤 농업장관으로 임명됐다. 곧이어 육군소장으로 임명됐으며 국방차관을 겸했다.

1965년에 게오르기우-데지가 죽으면서 차우셰스쿠의 출셋길은 활짝 열렸다. 게오르기우-데지의 후원을 받으며 빠르게 성장했던 차우셰스쿠는 곧바로 그의 후계자로 뽑혔다. 또한 그는 루마니아공산당이 다른 정당들을 흡수해 1948년에 발족시킨 루마니아노동당의 중앙위원회 제1비서로 선출됐으며 1967년에는 공화국의 대통령 격인 국가평의회 의장을 겸하기에 이르렀다.

이때부터 차우셰스쿠는 루마니아의 자주노선을 표방했다. 소련의 동유럽정책을 과감히 비판하기도 했고, 루마니아의 국가이익에 맞게 독자노선을 걸을 것임을 선언하기도 했다. 1965년에는 소련이 부여했던 인민민주주의공화국이라는 이름을 버리고, 사회주의공화국이라는 이름을 쓰기도 했다. 이러한 언동은 국내에서 그에 대한 지지기반을 넓혔을 뿐만 아니라 국제적으로도 큰 관심을 모았다.

차우셰스쿠의 독자노선은 1968년 여름에 정점에 이르렀다. 우리가 12장에서 이미 보았듯, 소련이 바르샤바조약기구 가맹국들을 동원해 자유화를 추진하는 체코슬로바키아를 공동으로 침공했을 때 루마니아는 소련의 거센 압력을 물리치고 불참한 것이다. 그래도 소련이 차우셰스쿠에게 손을 댈 수 없었음은 물론이고, 그래서 그의 지위는 유고슬라비아의 티토에 버금갈 정도로 격상됐다.

그때로부터 3년 뒤인 1971년 6월에 차우셰스쿠는 북한을 방문했다. 그의 북한여행은 그와 루마니아에 큰 영향을 끼쳤다. 그는 북한에서 김일성 개인숭배와 족벌체제, 그리고 거대한 기념물의 정치적 가치를 확인한 것이다. 특히 자신을 환영하기 위해 평양에서 몇 차례 개최된 열광적인 대규모 군중집회에 넋을 잃다시피 했다. 그래서 귀국한 뒤 김일성통치방식을 적용하기 시작했다. 이미 싹을 보이던 차우셰스쿠개인숭배는 더욱 조장됐으며, 족벌체제는 급속히 확대됐고 인민궁전과 같은 대규모 건축물이 여기저기에 세워졌다. 또 자신을 환영하는 평양의 군중집회를 담은 기록영화물을 얻어 루마니아국민들을 상대로 텔레비전을 통해 수없이 방영했다. 이어 그는 1974년에 대통령제를 신설하고 초대 대통령에 취임했다.

격상된 차우셰스쿠의 국제적 지위는 국제무대에서 그의 중재적 역할을 증대시켰다. 리처드 닉슨 대통령의 중국방문을 실현시키고자 미국과 중국 사이의 거중조정을 맡기도 했는데, 그것에 대한 답례를 겸해 닉슨이 1972년 2월에 중국을 방문한 뒤 루마니아를 방문하기도 했다. 차우셰스쿠가 중동평화협상에 관여해 요르단국왕 후세인 Amir Abdullah Hussein의 방문을 받은 것도 이 무렵이었다.

차우셰스쿠는 1974년 8월 하순에 제럴드 포드Gerald Ford 미국대통령에게 김일성의 메시지를 전달했다. 그것은 김일성이 포드 대통령과 정상회담을 하고 싶다는 뜻을 담고 있었다. 한국의 영부인 육영수陸英修 여사가 '북한의 사주를 받은 재일교포'에 의해 암살됨으로써 한국의 대북자세가 매우 굳어졌던 시점이었다. 포드 대통령은 이 제의를 거절했다.

1975년 5월에는 김일성이 루마니아를 방문했다. 1975년 4월에 인도차이나가 공산화된 데 고무된 김일성이 이른바 남조선공산화전략에 대한 지원을 얻고자 중국을 방문한 데 이어, 아프리카의 알제리와 모리타니 등을 방문하고 동유럽순방에 오르면서 루마니아를 방문했던 것이다. 차우셰스쿠는 6월에 미국을 방문하고 포드 대통령과 회담하면서 한반도문제를 거론했다. 1978년 4월에 차우셰스쿠는 다시 미국을 방문해 카터 대통령과 한반도 평화문제를 논의한 뒤 곧바로 평양을 방문해 김일성을 상대로 남북한 및 미국 사이의 3자회담안을 논의하기도 했다.

이때만 해도, 루마니아국민의 생활여건도 비교적 괜찮았다. 서방세계와 교류협력이 활발했으며, 국민들은 다른 공산국가들의 국민들에 비해 훨씬 자유롭고 넉넉하게 생활했다. 그들은 루마니아의 높아진 국제적 위상에 자랑스러움을 느끼기도 했다.

드라큘라가 된 차우셰스쿠

이미 독재적 성향을 지닌 차우셰스쿠는 이러한 성공으로 철저히 타락하기 시작했다. 그는 우선 개인숭배를 더욱 광범위하게 강요하기에 이르렀다. 그래서 그는 '위대한 지휘자' '카르파티아산맥의 천재' '생각하는 도나우강' '모든 것을 통달한 사람' 등의 극찬에 가까운 표현으로 불리게 됐다.

차우셰스쿠는 이어 족벌체제를 더욱 폭넓게 구축했다. 우선 아내 엘레나 Elena를 당의 정치국 위원과 내각의 제1부총리 및 국립학술원의 원장으로 임명해 자신의 후계자로 키워나간 데 이어, 동생들을 국방장관과 국가계획위원회 부위원장 및 내무차관에 각각 임명했으며, 아들을 비롯한 일가친척들을 당과 정부의 요직에 임명했다. 이에 따라 루마니아의 권력과 재부는 극소수의 차우셰스쿠족벌체제에 집중됐다.

차우셰스쿠는 이것을 뒷받침하기 위해 공포정치의 도구들을 발달시켰다. 그 핵심은 보안대로, 약 8만 명의 군인과 10만 명의 무장경찰관으로 구성됐다. 그들은 대체로 죄수를 비롯해 과거를 감추고 살아야 하는 사람들로, 사회에서 제대로 대접받지 못하는 사람들 가운데서 선발됐다. 그래서 자신들에게는 생명의 은인이나 다름없는 차우셰스쿠에게 맹목적이면서 광란적으로 충성하게 만들었다. 이들 가운데 어떤 부대는 차우셰스쿠가족을, 어떤 부대는 당요인들을, 어떤 부대는 정부요인들을 경호하도록 상시배치되어 있었다. 그런가 하면 어떤 부대는 투옥과 고문을 전담하고 있었다. 그들은 물론 완전히 초법적인 존재로 국가 안의 국가를 형성하고 있었다.

이 보안대와 긴밀히 연결된 기구가 내무부였다. 이들은 보안대와 함께 전 국민의 10퍼센트에 가까운 2백만 명 정도를 공식적·비공식적 정보요원으로 썼다. 편지검열과 전화도청은 일상생활의 일부였다. 불법적인 체포와 투옥은 여기저기서 쉽게 이뤄졌다. 그래서 1980년대에 들어서는 많은 국민들이 해외탈출을 꿈꾸게 됐는데, 탈출하다가 잡히는 경우 경찰의 맹견들에게 산 채로 뜯어 먹히는 일도 드물지 않을 정도였다.

국가의 예산은 이 기구들을 유지하는 데 사용됐고 따라서 국민들의 물질생활은 더욱 궁핍해졌다. 차우셰스쿠는 국민들에게 더 많은 노동을 강요했다. 흡혈귀 드라큘라 백작의 얘기는 트란실바니아 지방의 전설 또는 실화에 바탕을 둔 것인데, 이 지방은 바로 이 루마니아에 자리를 잡고 있다. 그래서 루마니아국민들은 귀엣말로 차우셰스쿠를 드라큘라라고 부르기도 했다.

루마니아는 점점 고립되고 황폐해지며 가난하고 우울한 나라가 됐다. 오로지 차우셰스쿠일가와 보안대요원들만 행복했다. 1982년에 루마니아를 방문했던 시아누크는 다음과 같이 회고했다. "우리는 (우리가 루마니아를 방문했던 때인) 1972년에서 1975년 사이의 당시와 비교했을 때 몰라보게 가난해지고 쇠락한 루마니아를 발견하고 놀라지 않을 수 없었다. 루마니아사람들은 정부관료의 자동차행렬과 마주치기를 노골적으로 피했으며 차우셰스쿠에게 환호하며 몰려들기는커녕 일부러 등을 돌리곤 하는 것을 볼 수 있었다."

　루마니아의 상황은 점점 나빠지고 있었다. 1987년에 다시 루마니아를 방문한 그는 "수도 부쿠레슈티는 소름끼치는 암흑 속에서 아침을 맞고 또 저녁을 맞고 있었다. 〔……〕 그전에는 그렇게도 생기가 넘쳐흘렀던 거리며 공원에서 사람의 그림자라고는 찾아볼 수 없었다"고 회상하면서 "루마니아의 불행은 독재자 차우셰스쿠 때문이었다"고 단언했다. 이러한 상황에서 차우셰스쿠가 김일성과 점점 가까워졌다는 것은 매우 흥미로운 일이었다. 두 독재자는 서로 상대방을 '나의 가장 가까운 동지이자 친구'라고 공개적으로 불렀던 것이다.

차우셰스쿠의 처형과 무덤

　1985년 이후 소련에서 소련공산당 중앙위원회 총비서인 고르바초프가 개혁과 개방을 부르짖으면서 공산권의 분위기는 빠르게 바뀌어갔다. 그 바람은 물론 루마니아에도 불어왔다. 실제로 소련공산당 기관지 『타스통신』은 차우셰스쿠를 '가장 더럽고 시대착오적인 독재자'로 매도했다. 그래도 차우셰스쿠는 보안대를 믿고 있었다. 그러나 1989년 가을에 베를린장벽이 무너지는 것을 계기로 반공민주운동이 동유럽 곳곳에 확산되면서 루마니아 민중도 마침내 봉기했다. 첫번째 봉기장소는 티미쇼아라였다. 그러자 1989년 12월 17일에 보안대는 평화적 시위자들을 상대로 발포를 개시했고, 마침내 4천 명 정도의 시민들을 무참하게 학살했다.

이 소식은 금세 전국에 전해졌다. 분노한 국민들은 곳곳에서 봉기해 미친 개처럼 날뛰는 보안대원들과 싸웠다. 수도 부쿠레슈티에서도 시가전이 벌어졌다. 이 비극의 내전 속에서 시민들은 자연스럽게 전국구국전선을 조직했다. 승리는 결국 루마니아국민에게 돌아갔다. 다급해진 차우셰스쿠 내외는 12월 23일에 헬리콥터로 부쿠레슈티를 탈출해 수도 북방 60킬로미터에 위치한 중세도시 트르고비쉬테로 피신했으나 결국 그곳에서 국민군에게 잡혔다. 그리고 그곳에 설치된 국민재판소에서 사형을 선고받았으며 크리스마스 밤에 함께 처형됐다. 국민들 가운데서는 약 7천 명이 학살된 것으로 나타났다. 그러나 그들 말고도 차우셰스쿠가 통치하는 동안 불법적으로 처형된 국민은 6만 4천 명 정도인 것으로 밝혀졌으니 그는 확실히 거대한 드라큘라 그 자체였다고 하겠다.

만 71세에 그렇게나 치욕적으로 죽은 차우셰스쿠 내외는 수도 외곽에 위치한 겐체아공동묘지에 따로따로 매장되어 있다. 차우셰스쿠의 경우, 묘지는 한 평이 안 되는 좁은 땅이다. 몇 해 동안 묘비조차 없었는데, 1996년 5월에야 비로소 그의 옛 추종자들에 의해 묘비가 세워졌다. 아내 엘레나의 경우 묘비가 없는 것은 물론이고 봉분조차 없어 무덤이라는 생각을 갖기 어려울 정도였다.

저자가 그곳을 방문한 때는 1996년 7월이었다. 루마니아주재한국대사관 안내자의 호의에 힘입어 이곳으로 발길을 돌릴 수 있었다. 그들의 무덤을 보면서 우리는 "겨우 이렇게 초라하게 묻히려고 살아 있을 때 그렇게 안하무인으로 날뛰며 부귀영화를 누리고자 했던가"라고 탄식하지 않을 수 없었다. 차우셰스쿠 내외가 그렇게 묻힌 뒤, 자녀들은 차우셰스쿠 내외의 유해들이 다른 사람들의 것일 수 있다는 의혹을 법원에 제기했다. 이에 따라, 2010년 7월에 국립법의학연구소는 유해들에서 조직의 일부를 채취해 자녀들의 조직과 유전자감식을 실시했다. 그 결과, 차우셰스쿠의 유해는 차우셰스쿠의 것이라고 판정했으나 부인의 것은 확인하기에 충분한 소재가 없다고 판정했다.

4. 동독의 공산주의자들

철저한 스탈린주의자로 출발한 울브리히트

이제 마지막으로 동독공산주의자 두 사람의 운명을 살피기로 하자. 첫째가 동독의 첫번째 권력자였던 발터 울브리히트Walter Ulbricht이고, 둘째가 동독의 마지막 권력자였던 에리히 호네커Erich Honecker이다.

독일이 분단된 뒤, 서독에서는 콘라트 아데나워Konrad Adenauer가 기독교민주당을 중심으로 독일연방공화국을 만들어 서독의 민주화와 경제부흥을 이끌던 그 시기에 동독에서는 울브리히트가 중심이 되어 독일민주공화국을 만들어 동독이 하나의 국가로 존속할 수 있도록 그 기초를 닦는 일에 정력을 쏟았다. 여기서 우선 울브리히트가 걸었던 길을 살피기로 하자.

울브리히트는 1893년 6월 30일에, 그러니까 아데나워보다 17년 뒤에, 라이프치히에서 재단사의 아들로 태어났다. 그는 아데나워와 다르게 정상적인 교육이나 고등교육을 받지 못했으며, 캐비닛을 만드는 직공으로 삶을 시작했다. 제1차 세계대전 때는 사병으로 징집되어 동부전선에 배치됐는데 두 차례나 탈영했다. 이러한 배경은 그로 하여금 20대 중반에 독일공산당에 입당하게 만들었다. 그는 곧 유능한 조직인이라는 정평을 얻으며 당중앙위원회 위원으로 승진했다.

이 무렵인 1920년대 중반에 소련의 권력은 스탈린에게 집중됐다. 울브리히트는 철저한 스탈린주의자가 되어 독일공산당을 스탈린이 바라는 방향으로 볼셰비키화하는 일에 앞장섰다. 그 결과 그는 모스크바로 불려가서 코민테른을 위해 일할 기회를 얻었다. 몇 해 뒤 독일로 돌아온 울브리히트는 1928년부터 1933년까지 독일제국의 국회의원으로 활약했다. 그러나 나치 정권이 세워지면서 그는 소련으로 망명해, 거기서 이른바 그루페 울브리히트, 곧 울브리히트파벌을 형성함과 아울러 독일공산당을 실질적으로 이끌었다.

나치가 패망한 직후인 1945년 4월 29일에 울브리히트는 귀국해 소련군이 점령한 지역 안에서 정치활동에 참여했다. 그는 우선 독일공산당의 후신이라고 할 수 있는 독일통합사회당의 창당에 주도적 역할을 수행해, 1946년부터 1950년까지 이 당의 정치국 위원 및 의장권한대행으로 활동했다.

울브리히트는 소련점령지역 안에 독일민주공화국, 곧 동독을 세우는 일에도 앞장섰다. 그래서 1949년 10월 11일에 동베를린에서 독일민주공화국의 수립이 선포될 때 그는 부총리가 됐으며, 곧 독일통합사회당의 사무총장을 겸했다. 그 후 그는 국회의원으로, 총리로, 독일통합사회당 제1비서로 성장하는 과정에 정적들을 무자비하게 제거했다. 그러한 철권강압통치를 통해, 그는 스탈린이 죽은 뒤 동유럽을 휩쓸던 자유화운동의 물결을 막을 수 있었다.

베를린장벽을 쌓아올린 울브리히트

1960년 9월에 동독의 초대 대통령으로 이 시점까지 대통령직을 유지하던 빌헬름 피크Wilhelm Pieck가 향년 84세로 별세하자, 대통령직제가 폐지되고 그 대신에 국가평의회가 신설됐다. 울브리히트는 서방세계의 대통령에 해당하는 국가평의회 의장에 취임하면서 동시에 국가보위부 의장을 겸했다.

울브리히트를 국제적으로 악명 높게 만든 일은 1961년 8월 19일에 벌어졌다. 자유를 찾아 서베를린으로 넘어가려는 동독사람들의 탈출을 막으려고 동베를린과 서베를린 사이에 높은 장벽을 쌓아 올린 것이다. 그렇게 하고 나서야 그는 비로소 엄격한 대내적 통제를 어느 정도 완화시키고 경제적 자유화와 탈중앙집권화를 어느 정도 허용했다.

결과는 비교적 성공적이었다. 동독은 공산권에서 가장 발달한 산업과 경제를 가졌다는 평가를 받게 됐으며, 동독의 국제위상도 향상됐다. 이러한 국력신장을 바탕으로 울브리히트는 소련에 대해서도 어느 정도 독자적인 길을 걷고자 노력했다. 그러나 울브리히트는 서독과의 화해에 대해서는 반대했다. 서독과 섣불리 화해하면 동독은 해체될 개연성이 높다고 판단했던 것이다. 이러한 그의 입장은 1970년대 초에 들어서서 미국과 화해를 추구하는 가운데 동서 양대진영 사이의 긴장완화를 바라던 소련에는 부담스러웠다. 그래서 그는 소련의 압력과 공작 아래 1971년 5월에 독일통합사회당의 제1비서직을 내놓게 됐다. 그러나 국가평의회 의장직은 그대로 유지할 수 있었다.

그때로부터 2년 2개월 뒤인 1973년 8월 1일에 울브리히트는 향년 80세로 죽었다. 그는 곧바로 프리드리히 교외에 위치한 시립중앙묘지의 사회주의자들 기념묘역에 묻혔다. 이 묘지에 대해서는 이 책의 3장에서 자세히 설명했기에 되풀이하지 않겠다. 울브리히트가 죽은 때로부터 16년쯤 지나서 그가 쌓아 올렸던 베를린장벽은 무너졌다. 또 그의 출생지인 라이프치히에서 동독시민들의 촛불시위가 벌어지면서 자유화운동이 전국으로 확산되더니, 다시 1년이 지나서는 동독이라는 국가 자체가 소멸됐다. 무덤 속에서 그는 무엇이라고 자신의 감회를 말했을까. 역사의 진전을 철권통치로 가로막으려던 그의 온갖 노력이 물거품으로 끝난 것을 보면서, 그는 자신이 역사 속에서도 사망선고를 받았음을 확인하고 비로소 아주 눈을 감았을 것이다.

칠레에서 죽은 호네커

1971년 5월에 소련이 울브리히트를 실각시키면서 대안으로 내세운 인물이 호네커였다. 그는 1913년에 독일 자를란트주에서 광산노동자의 아들로 태어나 58세에 마침내 동독에서 최고권력자의 자리인 독일통합사회당의 총비서로 출세하기에 이르렀다. 그는 1976년에는 동독의 국가평의회 의장을 겸했다. 이듬해 12월에는 북한을 방문해 김일성과 회담하기도 했다.

1989년에 동독사람들이 공산주의압제의 상징이던 베를린장벽을 무너뜨리면서 민주화를 요구했을 때, 호네커는 역사의 흐름을 외면한 채 민주화운동가들에게 발포를 명령했다. 그러나 때는 이미 늦었으며 그는 대통령직과 당총비서직 모두를 내놓지 않으면 안 됐다. 그 후 1990년 10월 3일에 동독의 붕괴와 더불어 독일통일이 실현됐음은 우리 모두가 잘 아는 사실이다.

통일독일정부는 곧바로 호네커에게 발포혐의로 체포영장을 발부했다. 그는 다음 해 3월에 소련으로 피신하는 데 성공했으나, 1992년 7월에 독일 정부의 송환요구를 받아들인 소련정부의 결정에 따라 독일로 강제송환됐고 교도소에 수감됐으며 재판에 회부됐다.

반년 남짓 지난 1993년 1월 13일에 재판부는 간암을 앓던 호네커를 병보석했다. 그러자 그는 다음날 칠레의 수도 산티아고로 망명했다. 그의 딸이 그곳에 살고 있었던 것이다. 칠레정부도 그것을 명분으로 그의 망명을 받아주었다. 그는 그 이듬해인 1994년 5월 29일에 81세를 일기로 별세했으며 산티아고의 어느 공동묘지에 초라하게 묻혔다.

독일통일에 이바지한 데 메지에르

이 대목에서 우리는 동독의 마지막 총리였던 로타어 데 메지에르Lothar de Maizière를 간단히 언급하는 것이 좋겠다. 그는 1940년에 독일 중부에 위치한 노르트하우젠에서 태어났다. 프랑스 개신교도인 위그노계 집안에서 태어났기에 기독교적 전통 속에서 컸다. 독일이 동서로 분단된 시점에 그의 집은 동베를린에 있었다. 그래서 그는 거기서 성장하고 그곳의 훔볼트대학교에서 법학을 공부해 변호사가 됐다.

  데 메지에르는 동독의 집권공산당인 독일통합사회당과 협력을 유지하던 기독교민주동맹에서 정치적으로 성장했으나 '악역'을 의식적으로 회피했다. 비교적 정직하고 성실하게 생활했기에, 베를린장벽이 무너진 직후인 1989년 11월에 이 당의 당수로 선출됐다. 온화한 인상을 주는 그는 동독에서 공산정권이 붕괴한 뒤 실시된 총선거에서 기독교민주동맹을 제1당으로 도약시켰고 총리로 선출됐다. 그는 서독정부와 협력하면서 독일통일에 이바지했다. 그는 2012년 현재 살아 있다.

2부

동아시아 공산주의자들의 삶과 죽음

01

중국공산당의 성장에
디딤돌을 놓은 민족주의자들

쑨원과 쑹칭링

　중국공산당의 중화인민공화국과 중국국민당의 중화민국 모두에서, 국부 國父로 존경받는 쑨원孫文은 결코 공산주의자가 아니다. 그러나 그는 국민당의 최고지도자로서 처음으로 연아용공聯俄容共 정책을 공식채택했다. '아라사(소련)와 연합하고 공산주의를 수용함'을 뜻하는 이 정책 아래, 국민당정부는 소련의 국제공산주의운동기구인 코민테른의 지도를 받아들였으며 중국공산당과 합작을 성사시켰다. 이것이 중국공산당의 초기 성장과정에 커다란 영향을 주었음은 물론이며, 바로 이러한 배경에서 중국공산주의운동의 초기 역사를 읽을 때 쑨원의 이름을 자주 대하게 되는 것이다.

　쑨원은 중국공산당이 창당된 때로부터 4년이 지난 1925년에 별세했다. 그렇다고 해서 그의 이름이 그 후의 중국공산당사에서 더 이상 떠오르지 않는 것은 아니다. 그의 아내 쑹칭링宋慶齡은 중국국민당을 선택하지 않고 중국공산당을 선택했으며 중화인민공화국이 성립된 뒤에도 고위지도자로 남았기 때문에 그는 그녀를 통해 계속해서 중국공산당의 역사 전개에 모습을 보이게 됐던 것이다. 이러한 맥락에서, 우리는 중국공산주의운동사의 서술을 쑨원으로부터 시작해도 괜찮을 것이다.

1. 청조 말기의 반만 분위기와 쑨원의 사상적 성장

태평천국의 난을 일으킨 홍수전을 존경하다

쑨원은 영어로는 'Sun Wen'으로 표기된다. 그의 첫번째 이름은 다샹帝象이었다. 자字는 얏센으로, 자에 따라 그는 쑨얏센Sun Yat-sen으로 알려졌다.

쑨원은 중국의 남부지방인 광둥성廣東省 주장珠江 삼각주에 위치한 샹산현香山縣의 농촌 추이헝翠亨에서 1866년 11월 12일에 태어났다. 청조 제10대 황제 동치제同治帝(재위 1861~74) 때였다. 그가 출생한 지역과 시기는 그의 장래에 적잖은 영향을 주게 된다. 우선 그가 태어난 광둥성의 반골적 기질이다. 이곳은 만주족이 한족의 명나라를 무너뜨리던 때 마지막까지 저항했던 성이다. 만주족이 청조를 세운 뒤 명나라의 수도 베이징을 장악한 때로부터 6년이 지나서야 겨우 이 성을 함락시킬 수 있었다는 사실이 그것을 증명한다. 그 전통을 이어받아 광둥 출신의 한족 홍수전洪秀全은 1850년에 반란을 일으켜 태평천국太平天國을 세우고 난징南京을 수도로 정하면서 1864년까지 14년 동안 '천왕天王'으로 군림했다. 그는 관군에게 토벌되는 마지막 단계에서 자살했거나 병사한 것으로 알려졌는데, 그때 그의 나이는 50세였다. 관군은 무덤을 파헤쳐 시신이 그의 것임을 확인한 뒤 불태워버렸다.

광둥 자체가 이처럼 반골기질이 강했던 데다가 쑨원이 태어난 샹산현은 광둥성의 성도인 광저우廣州와 가까운 곳으로, 이 일대 삼각주는 1517년에

서양인으로는 처음으로 포르투갈인들이 도착한 이후 중국과 유럽해양국가들 사이에 가장 오래된 연계점이었다. 그래서 이 지역은 일찍부터 기독교에도 접했으며 서양과의 교역에도 눈을 떴다. 이 지역 가운데서도 샹산은 그 일부인 마카오가 상징적으로 보여주었듯 예수교 선교사들의 거점이었을 뿐만 아니라 서양식 교육이 보급된 주요한 무대이기도 했으며 많은 매판상인들을 배출했다. 매판상인이란 원래 외국회사의 대리인을 말하는 것으로, 뒷날 중국에서는 '반민족적 외국회사의 앞잡이' 또는 '서방자본주의의 주구走狗'를 뜻하게 된다.

이러한 상황에 쑨원이 일찍이 서양에 눈을 뜨고 기독교 학교를 다녔다는 것은 결코 예외적인 일이 아니었다. 게다가 그는 청조가 나라 안팎으로 크게 창피를 당한 아편전쟁의 패전으로부터 24년 뒤이자 태평천국의 반란이 진압된 때로부터 2년 뒤에 태어났기에, 반만反滿의 민족주의적 분위기 속에서 혁명아 홍수전을 존경하며 자라게 됐다.

쑨원의 집안은 무척 가난한 농가였다. 그래서 그의 집안에는, 광둥의 가난한 사람들이 그랬듯, 이민을 가서 새로운 삶을 찾는 사람들이 적잖았다. 그가 13세가 된 1879년에 하와이로 가서 영국계 학교와 미국계 학교를 차례로 다니며 서양문물을 익히게 된 것도 하와이로 먼저 이주한 맏형이 도왔기 때문이었다. 이때 하와이는 오늘날처럼 미국의 한 주州가 아니라 폴리네시아 계통의 원주민들이 사는 하나의 독립왕국이었다.

쑨원은 21세가 된 1887년에 홍콩으로 가서 오늘날 홍콩대학교 의과대학의 전신인 서의서원西醫書院에서 의학을 공부한다. 이때 중국에서는 서양의 대학에 해당되는 학교를 서원이라고 불렀다. 서의서원은 영국에서 교육받은 중국인이 세운 의과대학으로, 교수진에는 두 사람의 스코틀랜드 의사가 포함돼 있었다. 그들 가운데 제임스 캔틀리James Cantlie는 제2대 교장으로 쑨원을 무척 아꼈다. 쑨원이 26세가 된 1892년에 이 학교를 최우등생으로 졸업할 수 있었던 것은 거의 전적으로 그의 지도와 격려의 덕택이었다. 그러나 이 학교는 홍콩일반의료위원회의 기준에 적합하다는 판정을 받지 못했고, 따라서 그가 받은 의사면허로는 병원 개업이 어려웠다. 그래서 그는 한의학과 서양의학을 결합시켰다는 뜻에서 중서약국中西藥局을 여는 것으로 탈출구를 찾았다.

혁명을 꿈꾸며 흥중회를 조직하다

그러나 쑨원은 의학에 전념하는 것으로는 만족할 수 없었다. 의과대학생 때도 홍수전을 깊이 연구했을 만큼 정치적 야망이 컸던 것이다. 게다가 서양제국주의의 침탈이 더욱 노골화되는 상황은 그를 더욱 격하게 만들었다. 28세이던 1894년에 북상을 단행한 그는 우선 상하이로 가서 선진적 학자인 정관잉鄭觀應을 만났다. 정관잉은 샹산 출신의 매판으로 1880년 이래 개혁을 부르짖는 글들을 발표해왔고, 특히 서양의 지식을 전파하는 데 주력한 중국어 월간지『만국공보萬國公報』를 후원해온 사람이었다. 그는 일본이 메이지유신을 통해 서양의 문물과 제도를 받아들여 근대화를 추진하고 있음을 강조하면서 중국 역시 같은 길을 걸어야 한다고 역설했다.

쑨원은 깊은 감명을 받았다. 그는 서양이 중국보다 앞선 이유를 과학과 지식의 발달에서 찾았다. 서양이 근대적 과학과 지식을 발달시켜 그 바탕 위에서 근대화와 산업화를 성취했다고 이해한 것이다. 그는 중국의 농업과 자원 활용에 커다란 진보가 이뤄져야 한다는 결론을 내리고 개혁안을 마련했다. 그는 자신의 개혁안을 들고 그때 몇몇 최고권력자들 가운데 한 사람인 이홍장李鴻章을 만나러 그의 본거지면서 행정처소인 톈진으로 찾아갔다. 그러나 만날 수는 없었다. 베이양대신北洋大臣이며 즈리성直隸省 총독이던 그는 조선에서 막 시작된 청일전쟁에 몰두해 있었기 때문이다. 그래서 쑨원은 자신의 개혁안을『만국공보』에 발표하는 것으로 만족해야 했다.

쑨원이 그 선에서 자신의 정치적 야망을 꺾은 것은 아니었다. 그는 곧 다시 하와이로 가서 1894년 11월에 비밀결사 훙중회興中會를 결성할 수 있었다. 중국을 부흥시킨다는 평범한 이름을 붙이기는 했으나 사실은 청조에 반대하는 뜻이 그 밑에 깔려 있었다. 회원들은 모두 광둥사람들이었고 그 가운데서도 하층계급이었다.

영국에서 싹튼 쑨원의 삼민주의

이듬해인 1895년에 일본에 패함으로써 청의 위신이 다시 한 번 심각하게 꺾이는 것을 보자 쑨원은 청조를 타도할 기회라 생각하고 곧바로 홍콩으로 가서 광둥성의 성도 광저우에서 무장봉기를 일으키려고 계획했다. 그가 보기에는 홍콩이야말로 청조의 '부드러운 하복부'를 마비시킬 수 있는 반란 음모의 중심지로 가장 적합했다.

쑨원은 홍콩에서 훙중회의 지부를 결성하는 데 성공했다. "만주족을 몰아내고 중국을 회복하며 공화국을 창립한다"는 것이 이 조직의 목표였다. 그는 곧바로 광저우봉기를 준비했다. 그동안 벌어놓은 돈 전부를 거사에 투입했다. 그에 호응한 동지들 역시 자금을 내놓았다. 한 동지는 혁명깃발을 도안했는데, 그것이 오늘날까지도 타이완의 중화민국이 국기로 쓰는 청천백일만지홍기靑天白日滿地紅旗다. 1895년 10월 26일로 예정됐던 그들의 거사는 실패했다. 경찰이 그들의 움직임을 파악해서 대처했기 때문이다. 쑨원은 다행히 일본으로 망명할 수 있었다. 이때 그는 29세였다. 이것이 1911년까지 16년 동안 지속된 그의 긴 망명생활의 시작이었다.

이 대목에서 잠시 이때의 중국 형편을 살펴보자. 청일전쟁이 일어나기 얼마 전에, 제정러시아의 거물급 외교관인 청국주재러시아공사관 공사 카시니 백작은 "중국에서는 무엇인가가 필요할 때 그것을 달라고 말한 다음에 그냥 가져버리면 그만이다"라고 조롱했다. 이 일화에도 잘 나타났듯, 중국은 열강의 강탈 앞에 아무런 저항도 하지 못하는 무력한 나라로 전락한 상태였다. 그러나 열강이 보기에는 여전히 뜯어먹을 것이 너무나 많은 나라였다. 그래서 광저우에 주재하던 영국의 부영사는 중국을 "젖이 풍부하게 나오면서 살코기도 많은 큼직한 암소"에 비유하곤 했다.

일본은 그 암소를 독식하려는 전초작업으로 청나라를 상대로 전쟁을 일으켰으며 그에 승리했다. 그 결과, 일본은 시모노세키下關에서 패전국 청나라에 굴욕적인 조약을 강요한 뒤 일본돈으로 무려 3억 2천만 엔의 전쟁배상금을 뜯어냈다. 이 돈은 그때 일본정부의 4년분 세출예산에 해당됐다. 청나라 돈으로는 2억 냥에 해당됐는데, 청나라의 3년분 세출예산에 가까웠다. 일본은 거기서 한 걸음 더 나아가 펑후다오澎湖島와 타이완 및 요동반도를 할양받고자 했다. 그러나 일본의 야심은 러시아와 독일, 프랑스의 이른바 3국간섭으로 좌절됐다. 앞에서 인용한 영국부영사의 표현을 빌리건대, 중국이라는 큼직한 암소로부터 여러 나라가 젖을 계속 짜내려면 모두 제 몫만 챙겨야 했다. 그런데도 일본이 독점하려는 욕심을 보였기에 젖을 함께 나누려는 다른 강대국들이 견제했던 것이다. 이처럼 중국의 상황이 너무나 비참해지자 국민들의 배외의식과 혁명사상이 강렬해졌다. 이러한 배경에서 광저우봉기계획, 그리고 그것이 성사된 뒤 중국 전역으로 혁명의 횃불을 확산시킨다는 커다란 반청운동이 추진될 수 있었던 것이다.

다시 쑨원의 망명생활로 돌아가기로 한다. 그는 일본에 잠시 머문 뒤 하와이로 건너갔다가 이듬해인 1896년 가을에 영국의 수도 런던으로 갔다. 미국 본토로의 진출이 쉽지 않았을 뿐만 아니라 영국에서 무엇인가 배울 수 있다는 느낌을 가졌던 터에, 영국으로 돌아간 서의서원의 은사 캔틀리 교수가 영국유학을 강력히 권했기 때문이었다.

그러나 쑨원은 부주의하게도 영국주재청국공사관에 스스로 걸어 들어갔다가 이미 그의 신원을 파악하고 기다리던 공사관원들에게 붙들리고 말았다. 다행히 캔틀리 교수가 영국의 외무부를 개입시켜 석방될 수 있었으며, 이 과정이 영국언론에 상세히 보도돼 쑨원은 '중국의 혁명가'로 널리 알려지게 됐다. 더구나 그의 짧은 자서전과 더불어 피랍기도 출판돼 그는 영국뿐만 아니라 유럽에서도 좋은 평판을 얻게 됐다. 크게 고무된 그는 영국을 비롯한 유럽국가들이 청조를 타도하도록 도와주면 자신이 구성할 새 정부는 그 서양국가들과 협력해 중국에 새로운 민주국가를 세울 것임을 약속했다. 그러나 영국정부는 물론 유럽의 어느 나라도 움직이지 않았다.

쑨원은 실망하지 않고 대영박물관에서 독서에 몰두했다. 특히 영국이 자본주의에 바탕을 두고 의회민주주의를 운영하면서도 사회주의를 일정 부분 흡수한 뒤 광범위한 사회보장정책을 쓰고 있으며, 노동당이 노동계급의 입장을 대변하는 현실에 자극을 받았다. 이때의 독서가 자신으로 하여금 민족주의·민권주의·민생주의로 구성되는 삼민주의의 뼈대를 세우게 만들었다고 그는 뒷날 회고했다.

2. 중국동맹회 결성, 신해혁명 성공, 제2혁명 실패와 일본 망명

일본에서 캉유웨이 등을 상대로 투쟁하다

쑨원의 영국체류는 10개월 정도로 끝났다. 그는 캐나다를 거쳐 1897년 8월에 일본에 도착했다. 홍콩으로 돌아가 혁명사업을 계속하고 싶었지만 홍콩당국이 그의 입국을 거부했다. 그래서 그는 일본을 자신의 혁명기지로 삼기로 작정했다. 그때 쑨원은 31세의 젊은이에 지나지 않았으나 런던에서 얻은 평판으로 일본사회의 인식과 대우는 호의적이었다. 더구나 서양제국주의에 맞서려면 아시아가 일본의 깃발 아래 단결해야 한다는 대아시아주의大亞細亞主義를 따르는 일본의 지도자들은 그의 활용가치를 인정했다. 그러한 분위기에 힘입어, 그는 오쿠마 시게노부大隈重信, 소에지마 다네오미副島種臣, 이누카이 쓰요시大養毅 등과 같은 일본정계의 거물급 지도자들로부터 정치적, 재정적 지원을 받기에 이르렀다. 크게 고무된 쑨원은 혁명사업을 활발하게 벌이기 시작했다. 대체로 이 시점에 그는 나카야마 사코노中山樵라는 일본식 이름을 쓰기 시작했으며, 그 후 중산을 자신의 자字처럼 썼다.

이 대목에서 우리는 그때의 청나라 국내정치를 잠시 살피기로 하자. 청이 일본을 상대로 전쟁 중이던 1894~95년에 중국을 통치하던 황제는 제11대 광서제光緖帝(재위 1874~1908)였다. 그는 제9대 함풍제咸豊帝(재위 1850~61)와 함풍제의 외아들 동치제同治帝의 뒤를 이었다. 그러나 국정의 실권은 서태후西太后가 장악하고 있었다. 그녀는 함풍제의 후궁으로 동치제를 낳았기에 동치제의 즉위와 더불어 서태후로 불리며 동치제의 섭정이 됐던 것이다. 동치제가 18세 때 천연두로 죽자 서태후는 자신의 누이동생의 아들로 갓 세 살이 된 아기를 광서제로 즉위시키고 다시 섭정이 됐다. 광서제는 16세가 된 1887년부터 친정을 시작했으나, 여전히 서태후가 실권을 장악한 채 국정을 좌지우지했다. 그녀의 연이은 섭정기에 청조는 계속해서 망국의 깊은 늪으로 빠져들기만 했다.

자연히 조정 안팎에서 개혁론이 제기됐다. 특히 캉유웨이康有爲와 그의 제자 량치차오梁啓超는 중국이 일본처럼 서양의 제도와 문물을 받아들여 "법을 고쳐 스스로 강해져야 한다"는 변법자강운동을 전개했는데, 광서제는 1898년 무술년戊戌年에 그들의 헌책을 받아들여 이른바 무술변법을 시작했다. 그러나 서태후를 정점으로 하는 수구파는 무술변법이 시작된 때로부터 1백 일 만에 쿠데타로써 개혁운동을 좌절시켰다. 이것을 무술정변이라고 부른다. 이에 따라 광서제는 궁중에 유폐됐고, 캉유웨이와 량치차오는 일본으로 망명했다.

쑨원은 일본에서 우선 캉유웨이가 이끌던 보황회保皇會와 싸웠으며, 캉유웨이가 캐나다로 가버린 뒤에는 량치차오와 대립했다. 쑨원의 눈에 그들은 여전히 황제 품안에서의 개혁을 꿈꾸고 있을 뿐이었기 때문이다. 그가 추구하는 것은 청조의 타도였으며 민국民國의 수립이었다.

필리핀 독립운동가들과 제휴하다

쑨원은 같은 목적에서 스페인의 식민통치당국을 상대로 무력투쟁하는 필리핀의 독립운동가들과도 손을 잡았다. 그들이 독립전쟁에서 승리한다면 중국의 혁명가들은 필리핀에 청조타도의 혁명기지를 확보하게 되리라고 기대했던 것이다. 필리핀의 독립운동가들은 자신들의 꿈을 실현하는 데는 실패했으나 전쟁자금에서 남은 돈 가운데 한몫을 쑨원에게 주었다. 그는 이 돈으로 자신의 동지들로 하여금 홍콩에서 『중국일보』를 창간하게 했다. 보황론을 공격하고 아울러 민주주의혁명의 필요성을 역설한 이 신문은 나라 밖의 화교들 사이에서 널리 읽혔다.

그 무렵 중국의 대내외상황은 청조의 멸망이 임박했다는 분위기를 고조시키고 있었다. 점점 격심해지는 외세의 중국침탈에 분개해 1899년에 의화단義和團이 주로 북부중국을 중심으로 반제국주의투쟁을 시작하자, 거기에 고무된 청 조정은 1900년 6월에 열강을 상대로 전쟁을 선언하기에 이르렀다. 의화단은 곧 베이징에 진입해 열강의 공사관들을 공격했다. 여기에 맞서 영국과 러시아, 프랑스를 비롯한 8개국은 연합군을 형성하고 베이징으로 진입해 농성 55일에 접어든 열강의 공사관원들을 구출했다. 이 전말을 주제로 삼은 미국영화가 바로 「북경의 55일 55 days at Peking」이었음은 우리의 기억에 새롭다. 이러한 배경에서, 1901년 신축년辛丑年 9월에 베이징에서 이른바 신축조약이 성립됐는데, '베이징의정서'라고도 불린 이 조약은 청의 배상금을 엄청나게 늘려 청으로 하여금 오랫동안 경제적 고통을 겪게 만들었다.

이 역사적 소용돌이 속에서 쑨원은 대담한 비밀공작을 추진했다. 홍콩 총독과 홍콩의 유력한 중국인들과 음모한 뒤, 광둥과 광시의 두 성省을 관할하는 양광兩廣 총독으로 집무하던 이홍장을 설득해 이 지역을 독립시킨다는 것이었다. 이홍장은 처음에는 적잖은 관심을 보였다. 그러나 조정이 의화단사건을 마무리하기 위한 열강과의 협상 주역으로 활용하기 위해 그를 핵심 직위인 즈리성 총독으로 다시 임명하자 북상의 길을 선택했다. 그래도 쑨원에 연결된 세력들은 후이저우惠州에서 봉기했지만 실패로 끝났다. 다른 한편으로 쑨원은 이 후이저우봉기에 앞서 프랑스의 식민지인 베트남으로 건너가 프랑스당국에 자신의 혁명계획을 도와 그것이 성사된다면 프랑스에 이권을 주겠다고 제의했으나 거부당했다.

동맹회 결성과 『민보』 창간

1903년에 이르러 쑨원의 정치적 입장은 강화됐다. 흔히 '쑨원의 정치경력에서 전환점이 되는 중요한 해'로 여겨지는 이해부터 중국에서 가장 권위 있고 유력한 세력인 지식인계급이 그의 혁명운동에 가담하기 시작한 것이다. 그러나 미국의 중국사학자 완 Y.C.Wan 교수는 변화가 일어나게 된 요인으로 다음 두 가지를 지적했다. 첫째는 이 시기에 청조의 쇠퇴가 너무나 뚜렷해져서 청조의 타도를 부르짖는 쑨원의 혁명론이 힘을 얻게 됐다는 점이다. 둘째는 보황론의 입장에서 개혁을 외치던 거물급 지식인 량치차오 역시 혁명론을 제시함에 따라 쑨원의 혁명론에 탄력이 붙게 됐다는 점이다. 물론 량치차오의 혁명론은 쑨원의 혁명론에 비해 덜 본질적이었다. 그러나 그가 개혁론으로부터 혁명론으로 전환했다는 인상을 줌으로써 쑨원의 혁명론에 대한 지지를 확산시키는 데 이바지했다.

그러한 분위기 속에서, 쑨원은 이 시점에는 미국의 영토로 편입된 하와이와 미국본토를 여행하고 영국을 방문한 데 이어 벨기에의 수도 브뤼셀에 자리 잡은 사회주의인터내셔널Socialist International, SI 서기국과 프랑스를 방문했다. 그는 가는 곳마다 중국혁명의 필요성을 역설하면서 외국이 중국혁명을 도와야 한다고 주장했다. 그 결과는 1905년에 중국동맹회, 통칭 동맹회의 결성으로 나타났다. 중국의 18개 성省 가운데 17개 성의 대표를 자처하는 유학생 70명이 쑨원이 제시한 네 개의 강령, 곧 만주족을 쫓아내고 중화를 회복하며 민국을 건설하고 지권地權을 평등하게 한다는 강령에 충성을 바치기로 서약하는 가운데 이 조직을 발족시킨 것이다. 쑨원은 중국동맹회의 '총리總理'에 선출됐고 또 한 사람의 지도적 혁명가인 황싱黃興이 그다음 서열을 차지했다.

쑨원의 전기들 가운데 가장 권위 있는 것으로 꼽히는 해럴드 시프린 Harold Z. Schiffrin 교수의 『쑨얏센: 마지못한 혁명가Sun Yat-sen: A Reluctant Revolutionary』는 중국동맹회를 '중국 최초의 근대적 혁명정당'이라고 평가했다. 1980년에 출판한 이 책에서 예루살렘 헤브루대학교의 시프린 교수는 "그것은 기본적인 조직과 이데올로기 및 선전과 행동을 위한 강령을 지녔다"고 평한 것이다. 시프린 교수는 이 조직이 쑨원에게 준 이익에 대해서도 지적했다. 중국 사대부집안의 아들들이 그를 지지했다는 사실은 미천한 집안 출신이라 괄시를 받던 그가 중국사회에서 중시되던 가문과 출신의 벽을 뛰어넘었음을 뜻한다는 것이다.

동맹회는 1905년 11월 26일에 『민보民報』라는 월간 기관지를 창간했다. 쑨원은 이 창간호에 머리말을 쓰면서, 민족주의·민권주의·민생주의라는 개념을 처음 내놓았다. 시프린 교수에 따르면, 쑨원에게 민생주의는 사실상 사회주의를 의미했다. "사회주의에 대한 자신의 해석을 표시하기 위해 민생이라는 고전적 용어를 사용했다"고 그는 썼다. 다시 시프린 교수에 따르면, 머리말은 쑨원의 이름으로 쓰였으나 실제로는 그의 심복인 후한민胡漢民이 썼다고 한다.

쑨원은 이듬해에 『혁명방략革命方略』이라는 작은 책을 출판했는데, 이 소책자를 통해 그는 3년간의 군정軍政 단계와 6년간의 훈정訓政 단계를 차례로 거친 뒤 마침내 헌정憲政 단계에 들어가는 '입헌정부수립 3단계론'을 제시했다. 이어 그는 '5권헌법'론을 제시했다. 서양의 3부에 감찰기구와 고시원考試院을 두는 5부정부기구론을 제창한 것이다. 쑨원의 3단계론은 조선의 몇몇 독립운동가들에게도 일정하게 영향을 준다.

그러나 동맹회는 금세 내부문제들을 드러냈다. 우선 회원들의 사고방식이나 기질이 달랐으며, 어떤 수구적 회원들은 민생주의 또는 평균지권론平均地權論에 대해 수긍하지 않았다. 그래서 때때로 분파운동이 벌어지기도 했고 어떤 경우에는 쑨원을 상대로 배척운동이 일어나기도 했다. 이를 무마하기 위해 쑨원은 민생주의라든가 평균지권이라는 말을 쓰지 않기도 했다. 동맹회는 외부의 공격에도 시달려야 했다. 캉유웨이와 량치차오 및 그의 지지자들로 이어지는 개혁파는 기관지 『신민총보新民叢報』를 통해, 동맹회의 혁명론에 따라 무장혁명을 일으키면 중국은 내란에 시달리게 되고 반드시 외세의 간섭을 불러온다고 반박했던 것이다.

일본의 태도변화도 동맹회에 불리하게 작용했다. 1905년에 강대국 러시아를 물리치고 승리함으로써 제국주의국가의 반열에 당당히 올라선 일본에게, 그리하여 중국에 대해서도 확실하게 침략자의 자리에 서게 된 일본에게, 이제 중국혁명가들은 그리 필요하지 않게 된 것이다. 그래서 1905년 말부터 1907년 초 사이에, 일본에 유학하면서 혁명운동에 가담하거나 동조한 중국의 학생활동가들을 출국시켰고 1907년 초에는 많은 돈을 주어 쑨원조차 출국시켰다.

'핑류리 기의'와 '황허강기의'

그래도 쑨원과 동맹회 동지들의 기는 꺾이지 않았다. 우선 그는 화교들이 많이 거주하는 동남아시아국가들을 여러 차례 방문했으며, 1909년 5월에는 네번째 세계여행길에 올라, 혁명의 대의를 선전하고 아울러 혁명자금의 모금에 힘썼다. 그의 동지들은 조직적인 차원에서건 개인적인 차원에서건 중국의 이곳저곳에서 무장봉기를 유도하곤 했다. 1906년 12월에 장시성 핑샹현萍鄕縣과 후난성 류양현瀏陽縣 및 리링현醴陵縣 등에서 일어난 무장봉기가 그 한 보기였다.

세 곳의 앞 글자를 따 흔히 '핑류리萍瀏醴 기의起義'라고 불리는 이 무장봉기에 이어 다른 곳들에서도 무장봉기가 뒤따랐다. 그것들 가운데 가장 뜻깊었던 것은 쑨원과 황싱이 주도해 1911년 4월에 광둥성의 성도 광저우에서 추진한 무장봉기였다. 흔히 '황허강黃花岡 기의'로 불리는 이 무장봉기 역시 앞의 것들처럼 실패했다. 그러나 이 무장봉기는 일반백성에게 많은 영향을 주었으며 혁명에 대한 기운을 높였다고 호리가와 데쓰오堀川哲男는 『쑨원: 구국의 정열과 중국혁명』(1973)에서 평가했다. 이 과정에 동맹회는 점점 중국의 신흥부르주아계급을 대변하는 정당으로 성장했다.

이처럼 점점 높아지는 혁명열기에 직면해 청조의 사실상의 통치자 서태후는 그 나름의 대응책을 마련했다. 이미 1901년에 이른바 '신정新政'을 발표했던 서태후는 1905년에는 '입헌대강立憲大綱'을 마련할 계획임을 밝혔으며, 1906년에는 '예비입헌豫備立憲'을 선포했고, 1908년에는 '흠정헌법대강欽定憲法大綱'을 반포했다. 이것들은 청조가 전제군주제에서 입헌군주제로 전환할 뜻이 있음을 보여주는 것이었다. 그러나 그것은 위장이었다. 서태후는 헌법제정기간을 9년으로 정해 실제로는 입헌의 뜻이 없음을 드러냈다. 그래도 캉유웨이와 량치차오로 대표되는 이른바 입헌파는 입헌군주제에 대한 기대를 버리지 않았다.

그로부터 몇 달 지나지 않은 1908년 11월 15일에, 많은 사람들로부터 '독사와 같이 교활하면서도 잔인한 권력자'라는 혹평을 받던 서태후가 향년 73세로 죽었다. 그녀는 자신의 죽음이 임박했음을 느끼고, 죽기 하루 전에 자신의 정적으로 자신이 유폐시킨 조카 광서제를 독살했다. 이에 따라 생후 30개월인 푸이溥儀가 제12대 황제로 등극했다. 연호는 선통宣統으로 정해졌으며 그의 나약한 아버지가 섭정이 됐다. 이러한 일들은 청조의 수명이 다했음을 분명하게 알리는 것으로 혁명가들을 크게 고무했다.

실제로 섭정의 통치는 무능을 그대로 드러냈다. 황혼기의 황권을 둘러싸고 황족의 발호는 더욱 거세졌으며 조정의 고위직들도 자주 바뀌었다. 무능한 그들은 1911년 5월에 자신들의 무덤을 파는 일을 저지르기에 이르렀다. 재정이 궁핍해지자 외세에게 두 개의 중요한 철도를 팔기로 결정한 것이다.

신해혁명의 성공과 쑨원의 임시대총통 취임

이 결정은 중국 남부지방에서 대규모 철도보호운동을 유발시켰다. 쓰촨성四川省에서 총독이 발포를 명령함으로써 유혈참사가 빚어지자 이 운동은 곧바로 무장투쟁으로 바뀌었다. 그 연장선 위에 1911년 10월 10일에 후베이성湖北省의 우창武昌에서 반청反淸 무장봉기가 발발했다. 혁명군은 우창을 장악한 데 이어 한양漢陽과 한커우漢口를 점령했다. 이른바 우한삼진武漢三鎭(우창, 한양, 한커우)을 장악하게 된 혁명군은 청조의 명망가를 자신들의 우두머리로 내세우는 것이 도움이 되리라고 판단해, 청조 신군新軍의 고위지도자였던 뤼위안훙黎元洪을 도독으로 추대하고 '후베이군정부湖北軍政府'의 출범을 선언했다. 이 정부는 청조의 연호 선통을 폐지하고 국호를 중화민국으로 고쳤다. 이해가 신해년辛亥年이어서 우창혁명을 신해혁명이라고 부르고, 우창혁명이 일어난 10월 10일을 쌍십절雙十節이라고 부른다. 또 신해혁명을 주도한 세력은 부르주아계급이었기에 이 혁명을 중국의 부르주아혁명이라고 한다.

'후베이군정부'의 수립을 계기로 반청혁명의 기세는 여러 성으로 빠르게 확산됐다. 1개월쯤 지난 시점에 전국의 약 67퍼센트에 해당하는 14개 성이 청조로부터 독립을 선언했으며, 그해 12월에 각 성의 대표들은 중국 중부지역의 중요한 도시인 난징을 중화민국의 임시수도로 결정했다. 그런데 여기서 우리가 반드시 기억해야 할 일이 있다. 그것은 이 모든 상황전개에 혁명군이 주도권을 장악하지는 않았다는 사실이다. 혁명군의 힘은 제한되어 있었기에 지역에 따라서는 입헌파가 또는 입헌파와 구세력의 연합세력이 각각 반청혁명운동을 이끌었다. 이러한 세력배분이 지역적 요소와 얽히면서 혁명의 주도권을 놓고 양쯔강을 중심으로 남과 북이 대립하는 양상이 나타나기도 했다.

상황을 더욱 복잡하게 만든 것은 군사력을 배경으로 삼은 군벌 위안스카이袁世凱의 등장이었다. 즈리성의 총독과 중앙정부의 외무대신 및 군기대신을 지낸 그는 중국 북부지역의 실세였는데, 반외세를 부르짖는 혁명정부의 등장에 두려움을 느낀 서양제국주의국가들은 그만이 혁명세력에 맞서 싸울 힘을 지녔다고 보고 힘껏 뒷받침했다. 청조 역시 똑같은 발상에서 그에게 총리대신을 맡김과 아울러 혁명군 토벌의 최고책임을 맡겼다. 그때 50세였던 위안스카이는 야심가였다. 청조가 소생할 수 없음을 이미 간파한 그는 때때로 혁명군을 공격하면서도 청조와 혁명군 사이를 조정하며 자신의 입지를 굳히는 전략을 쓰기 시작했다.

이 시점에 쑨원은 망명지 미국으로부터 유럽을 거쳐 상하이에 도착했다. 상하이는 무혈혁명을 통해 도독에 취임한 동맹회의 간부 천치메이陳其美가 장악하고 있었다. 16개 성의 대표들로 구성된 난징의 혁명정부는 12월 29일에 쑨원을 임시대총통으로 선출했으며, 쑨원은 1912년 1월 1일에 취임하면서 이날을 중화민국 원년 1월 1일로 정했다. 이렇게 성립된 중화민국은 중국에서는 물론이고 아시아에서 성립된 최초의 공화체제였다.

쑨원은 또 '중화민국 임시약법'을 제정했다. 3월 11일에 공포된 이 임시약법은 일종의 임시헌법으로, "중화민국의 주권은 국민 전체에 속한다"는 제2조를 포함해, 서양자유민주주의국가의 헌법이 보장하는 국민의 기본권에 관한 조항들을 마련했다. 전반적으로 보아, 이 임시약법은 상당히 민주적인 내용을 갖추고 있었다.

여전히 정식정부를 구성하지 못한 채 임시정부를 유지하던 혁명정부는 곧 여러 문제들을 드러냈다. 우선 자체 힘이 약했다. 거기에 더해, 남북대치는 점점 노골화됐고 재정난도 심해졌다. 이것을 간파한 제국주의국가들은 내분을 조장해 마침내 입헌파로 하여금 위안스카이를 지지하게 했다. 또 제국주의국가들은 남북화해를 요구하는 방식을 통해 혁명세력에 정권을 내놓으라고 강요했다.

이러한 상황에서, 쑨원은 위안스카이를 상대로 협상을 제의했다. 황제가 퇴위해 왕정체제를 끝내고 공화체제를 출범시켜야 하며 특히 위안스카이가 공화체제의 출범을 공개적으로 지지해야 한다는 전제를 내걸고, 첫째 난징을 공화정부의 수도로 정하고, 둘째 위안스카이 스스로 난징에 내려오며, 셋째 임시약법을 준수한다는 세 가지 조건을 받아들인다면, 자신은 임시대총통을 위안스카이에게 이양하겠다고 약속했다. 첫째 조건과 둘째 조건을 제시한 이유는 구세력이 자신들의 집결지인 베이징을 중심으로 반동체제를 그대로 유지할 개연성을 막으려는 데 있었다.

위안스카이는 이 세 가지 조건을 받아들였다. 그는 우선 청조를 종식시키기 위해, 청조의 유지를 목적으로 조직된 종사당宗社黨의 간부들을 암살함과 아울러 군대를 휘몰아 조정을 겁박해, 일곱 살이 채 안 된 선통제 푸이가 퇴위하도록 만들었다. 그때가 1912년 2월 12일이었다. 이 선통제 푸이가 바로 영화「마지막 황제The Last Emperor」의 주인공이다. 이로써 260여 년에 걸친 만주족의 중국지배는 끝났으며 2천여 년 동안 중국을 지배한 봉건적 군주제 역시 끝났다.

제2혁명의 실패와 쑨원의 일본 망명

자신이 추구한 목표가 달성됐다고 판단한 쑨원은 임시대총통에서 물러났으며 위안스카이가 그 자리를 이어받았다. 쑨원은 이 결정으로 중국의 안팎에서 높은 평가를 받았다. 국가의 이익을 위해 개인의 권력을 양보한 큰 정치가라는 칭송을 받은 것이다. 미국의 한 유력지는 그를 "중국혁명의 아버지"라고까지 불렀다.

임시대총통에 취임하면서, 위안스카이는 곧바로 속셈을 드러내기 시작했다. 난징을 공화정부의 수도로 정하겠다던 약속을 파기하고 3월 10일에 베이징에서 취임식을 가진 뒤, 대지주세력과 대매판세력 및 베이양군벌을 뼈대로 하는 수구적 반동정권을 세운 것이다. 이때부터 중국에는 베이양군벌의 통치시대가 열렸다. 바꿔 말해, 민주공화국으로서의 중화민국은 그저 5개월 정도 유지되다가 붕괴됐다는 뜻이다. 이것은 무엇을 뜻하는가? 여러 역사학자들이 지적했듯, 자산계층에 의한 신해혁명은 중국의 마지막 왕조를 뒤엎기는 했지만 제국주의와 봉건주의의 착취와 압박을 제거하지는 못했다. 따라서 중국은 여전히 반#식민지, 반#봉건사회로 남게 됐다.

임시대총통에서 물러난 뒤 쑨원은 정계은퇴를 선언하고 실업實業, 특히 철도건설사업에 모든 힘을 쏟겠다는 뜻을 나타냈다. 민생주의의 실현을 위해 여생을 바치겠다는 뜻이었다. '교활한 음모가'라는 혹평을 받던 위안스카이는 그러한 혹평에 걸맞게 쑨원의 순수한 뜻을 정략적으로 이용했다. 그는 쑨원을 중국 전체의 철도를 관장하는 '전국철로 독판'에 임명하고 엄청난 월급과 특권을 주어 호화생활을 즐기도록 유도했다. 쑨원은 그것을 눈치 채지 못하고, 서태후가 쓰던 사치스러운 전용열차를 물려받아 기차가 달릴 수 있는 모든 지역을 호화스럽게 여행했다. 그의 추종자들과 심지어 매춘부에 가까운 여성들이 전용열차의 많은 침대석을 메웠다. 이때 그를 수행했던 오스트레일리아의 기자 도널드W. H. Donald는 그를 '미친 사람'으로 보았다.

그러나 시대는 쑨원을 다시 정치의 세계로 불러내고 있었다. 첫째, 신해혁명과 중화민국 건국을 계기로 정당정치시대가 열렸다는 사실이다. 민주주의시대의 개막과 더불어 수많은 정당들이 경쟁적으로 출범하게 되자 곧이어 정당통합운동이 일어났던 것인데, 이러한 소용돌이 속에 동맹회의 창립회원들 가운데 한 사람이며 열렬한 민주혁명가인 쑹자오런宋教仁이 다른 동맹회 동지들과 더불어 동맹회를 뼈대로 삼아 다른 정당들을 합병한 뒤 국민당을 결성하면서 쑨원을 이사장으로 추대한 것이다. 어려서부터 반청사상을 지녔던 쑹자오런은 와세다대학에서 공부하며 민주공화제 이념을 더욱 열렬히 받아들였으며 쑨원을 추종했다. 그는 조선의 독립에도 관심을 갖고 조선의 독립운동가들을 지원했다.

둘째, 위안스카이의 독재가 심해졌다는 사실이다. 그는 임시대총통에 취임하자마자 임시약법을 무시하는 동시에 민주세력을 탄압하고 자신의 권력을 강화했다. 이에 맞서 임시약법을 탄생시키는 데 앞장섰던 동맹회세력은 위안스카이를 공격하게 됐으며, 쑨원은 그 공격의 선봉에 서지 않을 수 없었다.

임시약법 아래 1913년 2월에 실시된 선거를 통해 중의원과 참의원 모두에서 압승을 거둬 제1당으로 진출한 국민당은 내각책임제를 구현하고자 했다. 위안스카이는 물론 이에 맞섰다. 거기서 한 걸음 더 나아가, 그는 자객을 시켜 국민당의 실질적 1인자로 유능한 행정가이면서 동시에 뛰어난 민중운동가인 쑹자오런을 1913년 3월 20일에 그가 연설하던 상하이역에서 암살하기에 이르렀다. 이때 쑹자오런은 겨우 31세였다.

쑹자오런암살사건은 국민당을 위축시키기보다는 오히려 격발시켰다. 그러나 위안스카이는 훨씬 더 무리한 조치를 취했다. 국회를 무시한 채, 외국

다섯 곳으로부터 거액의 차관을 받아들이기로 결정한 것이다. 그렇지 않아도 외채압박에 시달리던 국민들은 이 조처를 망국적이라고 비난했다. 그래도 위안스카이는 굽히지 않고 정식대총통에 올랐으며 마침내는 국회를 해산하고 임시약법을 폐지했다.

이에 쑨원은 위안스카이 타도를 외치며 이른바 제2혁명의 선두에 섰다. 이때가 1913년 7월이었다. 쑨원의 '위안 토벌'에 호응해, 여기저기서 반란이 일어나 처음에는 기세가 높았다. 그러나 위안스카이는 매수공작으로 반란군을 분열시킴과 아울러 강력한 휘하부대를 동원해 이들을 공격했다. 외세도 위안스카이를 도왔다. 결국 반란군은 약 2개월 만에 와해되고 쑨원은 다시 일본으로 망명했다.

쑨원의 마음은 참으로 참담했을 것이다. 그러나 그는 좌절하지 않고 동맹회 동지들과 손을 잡아 1914년 7월에 도쿄에서 중화혁명당을 창당할 수 있었다. 그는 위안스카이로 축약되는 중국 수구세력과 외세의 공동합작 때문에 국민혁명이 실패했다고 보고, 중화혁명당을 중심으로 국민혁명에 다시 불을 지펴야 한다고 주장했다. 이때 그는 레닌이 내세운 음모가적 비밀정당의 원칙에 따랐다. 국민당이 개방적 정당이어서 실패했다고 판단했기에, 그는 이 실패를 되풀이해서는 안 된다고 믿었던 것이다.

쑨원과 쑹칭링의 결혼

중화혁명당을 창당하고 4개월이 지난 1914년 10월 25일에 쑨원은 쑹칭링과 결혼했다. 이것은 그의 생애에서 중요한 의미를 갖는 일이었기에 다음에서 자세히 다루기로 한다.

쑹칭링은 영어책에서는 Soong Chingling, Song Chingling, Rosamonde Soong 등으로 나타난다. 그녀의 아버지는 중국어로는 쑹자수, 영어로는 찰리 쑹으로 널리 알려진 송약여宋躍如다. 그는 중국현대사에서 전설적 인물들 가운데 한 사람으로, '쑹씨 왕조'를 형성한 사람이다. 그의 과거는 조작됐거나 신비화됐거나 가려진 부분들이 적잖다. 그러나 스털링 시그레이브 Sterling Seagrave는 1985년에 출판한 『쑹씨 왕조 The Soong Dynasty』에서 그의 과거를 비교적 상세히 들춰내는 데 성공했다.

이 책에 따르면, 쑹자수는 1864년에 광둥성 하이난海南 섬에서 조직적 밀수에 조선업을 겸하던 상인의 아들로 태어났다. 그래서 그는 어릴 때부터 동남아 일대를 배로 여행하면서 밀수와 장사에 눈을 떴으며, 마침내 미국 보스턴으로 가서 선원이 될 수 있었다. 그의 성은 한韓씨였는데, 미국에서 공문서로 등록하는 과정에 쑹씨로 바뀌었다. 쑹자수는 한 미국인 감리교 목사를 만났다. 그 목사는 그를 감리교 선교사로 키워 '하느님을 모르는 미개의 나라' 중국에 보내려 했다. 그래서 그로 하여금 오늘날 듀크대학교의 전신인 트리니티대학 1년 과정을 거친 뒤, 밴더빌트대학교 신학대학을 졸업하게 했다. 덕분에 그는 1886년에 감리교 선교사의 자격으로 귀국할 수 있었다.

쑹자수는 상하이에서 목사로 일하기 시작했다. 그리고 곧 상하이의 한 명문가의 딸을 아내로 맞았으며, 홍방紅幇이라는 비밀결사에 가입했다. 홍방은 청조타도를 목표로 삼은 정치조직이면서 동시에 비밀사업을 운영하는 상업조직이기도 했다. 그는 목회보다 성경인쇄소 운영과 성경 판매에 더 큰 관심을 가졌다. 이 사업은 홍방의 비밀조직과 연결돼 크게 성공했다. 그는 금세 상하이에서 큰 부자의 반열에 올라서게 됐으며, 그것을 바탕으로 중국 전역의 큰 부자로 자리 잡게 된다.

쑹자수는 1890년에 첫아이를 보았다. 딸이었는데, 이름은 아이링靄齡이라고 지었다. 1892년 1월 27일에 둘째를 보았다. 역시 딸이었다. 그녀가 바로 칭링이었다. 1894년에 셋째를 보았다. 아들이었다. 그가 뒷날 중국국민당의 재정부장과 중화민국의 외교부장 및 국무총리가 되는 쯔원子文으로,

영어로는 'T. V. Soong'으로 널리 알려지게 된다. 그리고 1897년에는 넷째 메이링美齡을 낳았고, 그 후 쯔량子良과 쯔안子安이라는 두 아들을 더 낳았다.

이 3남 3녀 가운데 세상 사람들에게 큰 관심을 받은 이는 세 딸 아이링, 칭링, 메이링이다. 아이링은 뒷날 미국 예일대학교 경제학석사로 중국 최고·최대의 전당포연쇄망을 소유해 중국에서 가장 돈이 많은 고리대금업자라는 말을 들었던 쿵샹시孔祥熙의 아내가 되고, 칭링은 뒷날 쑨원의 아내가 되며 쑨원이 죽은 뒤에는 중국공산당을 따라가 중화인민공화국의 부주석이 되었다. 메이링은 장제스蔣介石의 아내가 된다. 이것을 두고 사람들은 "아이링은 돈을 사랑했고, 칭링은 조국을 사랑했으며, 메이링은 권력을 사랑했다"고 말했다. 이 글에서는 초점을 칭링에게 맞추기로 한다.

쑹칭링은 타고난 미인이었다. 이재승이 번역한 『송씨 왕조』는 칭링에 대해 이렇게 썼다. "가루반죽처럼 통통한 얼굴과 몸매를 가진 다른 자매와는 달리, 칭링은 진짜 미인이었다. 얼굴은 섬세하고 여리며 우수에 잠긴 듯했다. 아랫입술은 약간 뾰로통한 여인처럼 도톰했으며 눈빛은 부드럽고 그윽하면서도 슬픈 빛을 띠고 있었다. 중세의 성탑에 갇힌 왕녀처럼, 인생을 멀리서 처연히 관망하는 듯했다. 참을성 없이 머리를 뒤로 빗어 넘기는 활달한 아이링이나 버릇이라곤 없는 메이링과 달리, 칭링은 머리칼이 이마 위로 부드럽게 흘러내리도록 두고 목덜미쯤에서 리본으로 눌러두었다. 다른 자매들의 오만한 성격도 칭링에게서는 찾아볼 수 없었고, 대신 한결 고상하고 우아한 매력이 있었다."

쑹칭링은 1900년에 일곱 살의 나이로 언니를 따라 상하이의 '최고 일류 외국인학교'로 알려진 맥타이어학교Mctyeire School에 입학했다. 한자로는 중서여숙中西女塾으로 표기되는 이 학교에서, 그녀는 기독교를 접했으며 영어를 익히는 가운데 서양문물을 배웠다. 그녀는 1907년에 동생 메이링과 함께 언니 아이링이 공부하던 미국으로 유학의 길에 올랐다. 그녀는 뉴저지 주의 서미트학교Summit School에서 1년을 보낸 뒤, 1908년 가을에 조지아주 메이컨Macon시에 있는 웨슬리언Wesleyan대학에 진학했다.

웨슬리언대학에서 공부하던 때부터 쑹칭링은 중국의 상황전개에 관심을 두었다. 그녀는 청조의 멸망소식을 듣자 교지에 신해혁명을 뜨겁게 지지하는 글을 발표하기도 했다. 그녀는 왕조의 도덕이 얼마나 전근대적이었고 야만적이었는지 날카롭게 비판한 뒤 공화국 수립을 열렬히 환영했다. 또한 공화국 국기를 자신의 방에 걸어놓기까지 했다. 그녀는 물론 쑨원에 대해서도 알게 됐고 존경의 마음을 품었다.

쑹칭링은 웨슬리언대학을 졸업하면서 조국의 혁명이 성공할 수 있도록 힘이 닿는 대로 도와야 한다고 결심했다. 이 무렵, 아버지 쑹자수는 가족들과 함께 쑨원이 활동하는 일본으로 망명했고, 쑨원은 위안스카이 타도를 선언하면서 제2혁명을 시작하고 있었다. 앞서 말했듯이, 칭링의 아버지는 청조타도를 목표로 삼은 비밀결사 홍방의 회원이었다. 그래서 그는 자연스럽게 쑨원에 연결됐으며 두 사람은 혁명동지의 관계로 발전해 있었다. 쑨원을 재정적으로 무수히 도왔던 대표적 혁명동지가 바로 그였다. 그러했기에 칭링은 곧바로 쑨원의 비서가 될 수 있었다.

그렇게 47세 유부남 쑨원과 21세 처녀 쑹칭링 사이에 뜨거운 사랑이 커가고 있었다. 이것을 알고 누구보다 쑹칭링의 아버지가 격노했다. 쑨원에게 "자네가 나의 우정을 이렇게 배반할 수 있는가?"라며 윽박질렀으나 효과가 없었다. 그는 딸을 연금했으나 칭링은 몸종의 도움으로 집을 도망쳐 나와 쑨원에게로 달려갔다. 그리하여 두 사람은 1914년 10월 25일에 일본에서 결혼식을 올렸다. 두 사람 사이에는 끝내 자식이 출생하지 않는다. 그러나 쑨원에게는 정식 부인과의 사이에서 출생한 아들이며 그의 유일한 자식인 쑨커孫科가 있다.

혁명동지들 사이에서 그 결혼은 추문이었다. 법적으로 두 사람은 간통을 저지른 것이었고 쑹칭링은 쑨원의 정부에 지나지 않았다. 게다가 쑹자수의 공개적 비난은 쑨원의 도덕성을 더욱 손상시켰다. 그러다 1918년에 쑹자수가 죽었다. 공식적으로는 위암이 그의 목숨을 앗아간 것으로 발표됐다. 그러나 늘 건강하던 54세의 이 부유한 장년이 갑자기 죽은 것에 대해 억측이 많았다. 앞에서 소개한 『송씨 왕조』는 쑨원의 측근이 그를 암살한 것 아니냐는 인상을 독자들이 가질 만한 분위기를 조성하고 있다. 그러나 발표 그대로 위암으로 죽었을 수 있음은 물론이다.

3. 제3혁명의 실패와 광둥군사정부의 수립, 그리고 국공합작의 길

제3혁명을 주도하다

쑨원이 쑹칭링과 결혼하던 시점을 앞뒤해서 중국은 새로운 격변의 시기에 접어들었다. 그것은 제1차 세계대전을 계기로 촉발됐다. 그들이 결혼하기 전인 1914년 7월에 유럽에서 제1차 세계대전이 일어나자 중국을 침탈하던 유럽의 제국주의국가들은 전장戰場에 더 많은 힘을 쏟게 돼, 결과적으로 중국에 대한 침탈이 수그러들었다. 그러나 제1차 세계대전에 개입하지 않은 일본은 중국에 대한 침탈을 강화할 수 있었다. 구체적으로 말해, 일본은 위안스카이정부를 상대로 1915년 1월에 21개조에 걸친 요구를 제시했는데, 그것은 중국을 여러 방면에서 압박하고 수탈하려는 내용들로 구성됐다.

일본은 이 요구를 들어주면 위안스카이가 추진하는 황제체제의 성립을 돕겠다는 뜻을 표시했다. 위안스카이는 이 흥정에 굴복해 1915년 5월에 21개조 요구를 거의 원안대로 받아들였다. 중국국민들은 당연히 격분했다. 쑨원은 일본에 머문 채 항의했다. 그는 황제가 되려는 욕심을 품은 위안스카이가 먼저 일본에 도움을 청하는 바람에 21개조 요구가 나타났다고 주장하면서 "매국노 위안스카이를 타도해야 한다"고 호소했다. 이러한 비난 앞에서도, 위안스카이는 황제체제를 성립시키려는 운동, 이른바 제제운동帝制運動을 강력히 추진했다. 국민대표대회라는 것도 조직해, 이 기구로 하여금 자신을 황제로 추대하도록 결의하게 했다. 마침내 1916년 1월 1일에 그는 황제로 즉위했다.

이것은 반위안스카이세력을 새롭게 결집시켰다. 쑨원의 중화혁명당은 곧바로 위안스카이 타도를 위한 무장봉기를 선동했으며 그의 국내 추종자들은 여기저기서 궐기했다. 쑨원에 대항하고 위안스카이에 협조했던 입헌파세력도 이번에는 쑨원 편에 섰다. 그들은 모두 민국을 보호한다는 듯에서 호국군護國軍을 편성하고, '호국군 기의'를 부르짖으며 제3혁명의 깃발을 높이 들었다. 제3혁명의 불길이 심상치 않음을 간파한 열강은 태도를 바꿔 제제연기를 결정했다. 이것을 보고 위안스카이 측근의 장군들조차 제제취소를 권고했다. 위안스카이는 안팎에서 타격을 입은 것이다. 그는 결국 1916년 3월에 제제취소를 선언했다. 그런데도 반위안스카이운동이 계속되자, 그는 6월에 실의와 슬픔 속에서 병사했다. 향년 57세였다. 훗날 저우언라이는 위안스카이의 무덤을 잘 수리해주었다. 위안스카이가 죽으면서 군부지도자들 가운데 한 사람인 돤치루이段祺瑞가 중화민국의 국무총리와 임시집정을 맡으면서, 이른바 베이양정권北洋政權을 세웠다.

여담을 덧붙이기로 하겠다. 위안스카이가 23세이던 1882년에 조선에서 임오군란이 일어났을 때, 민비세력은 청에 파병을 요청했다. 베이양대신 이홍장은 군대를 보내면서 동시에 위안스카이를 한성방위책임자로 보냈다. 그는 베이양대신의 파견원 신분이었으나 사실상 '조선주재총리'로 행세하며 고종과 조선조정을 겁박하기도 했다. 이때, 그리고 그 이후에도 다시 조선에서 청이 파견한 세도가로 지내며, 그는 조선에서 세 여인을 첩실로 맞아들였는데, 그 여인들은 모두 15명의 자녀들을 출산했다. 그들 가운데 서울에서 태어난 아들 위안커원袁克文은 중국총리 저우언라이도 높이 평가한 문호文豪로 성장했으며, 그의 며느리, 달리 말해 위안스카이의 손녀며느리 우젠슝吳健雄은 '아시아의 퀴리Curie 부인'이라고 불리는 세계적 물리학자로 성장했다. 그녀는 미국 캘리포니아대학교 버클리캠퍼스에서 물리학박사를 받은 뒤 컬럼비아대학교 교수와 미국물리학회 회장으로 봉직했다. 그사이 미국의 원자폭탄개발계획에도 참여했다. 물리학에서의 그녀의 업적은 노벨물리학상 수상자후보로 오르내리게 만들었으나 받지는 못했다. 그녀는 1997년에 향년 84세로 별세했다.

쑨원은 제3혁명의 기세에 기대를 걸고, 위안스카이가 죽기 3개월 전인 1916년 3월에 상하이로 돌아왔다. 그러나 제3혁명은 위안스카이의 죽음과 동시에 사실상 끝났다. 호국군은 위안스카이의 죽음으로 제제운동은 끝났으므로 자신의 목적이 달성됐다고 보았기 때문이다. 그러나 중국에는 군벌정치가 더욱 기승을 부려 혼란이 깊어가고 있었다. 불만 속에서 정세의 흐름을 바라보는 가운데 쑨원은 『민권초보民權初步 : 사회건설』과 같은 책을 썼다.

이듬해인 1917년에 쑨원은 다시 정치무대로 돌아갈 수 있었다. 중국 서남지방의 몇몇 군벌들이 그를 추대해, 그는 그해 9월에 광둥성의 성도 광저우에서 중화민국 군정부를 조직하고 이 정부의 대원수로 취임하게 된 것이다. 이것을 제1차 광둥군정부라고 부른다. 그는 다시 호법을 내걸고 이것을 관철하기 위해 북벌을 개시했다. 이것을 '호법북벌'이라고 부른다.

그러나 이 군정부는 오래가지 못했다. 북쪽의 군벌들이 책략을 부리자 광둥군정부에 가담했던 몇몇 군벌들이 배신함으로써 1918년 여름에 이 군정부는 무너졌다. 쑨원은 다시 상하이로 갔다. 거기서 그는 『건국방략』의 완성에 힘을 쏟았다. 이 책에서 그는 중요한 관점을 제시했다. 중국은 서방

자본주의의 폐해를 반성하는 기초 위에서 새로운 사회를 세워야 한다고 주장한 것이다. 그는 이것을 '중국의 사회주의'라고 불렀다. 그는 또 이 책을 통해 유명한 문구를 남겼다. 오늘날까지도 인용되는 '알기는 어렵고 행하기는 쉽다〔지난행이知難行易〕'가 바로 그것이다. 사람들은 흔히 '알기는 쉬우나 행하기는 어렵다〔지이행난知易行難〕'라고 믿고 있는데, 그는 자신의 경험으로 그것이 그 반대임을 파악했던 것이다.

5·4운동에 관심을 쏟다

1919년 5월 4일, 베이징에서는 돤치루이가 이끄는 베이양정권이 친일적 행보를 보이는 데 항의하는 역사적인 5·4운동이 일어났다. 반외세민족주의의 거대한 횃불이었던 이 운동에 쑨원은 직접 관계하지는 않았으나 이 운동에 집결된 힘이 그 이전의 운동에서 보았던 힘과는 전혀 다른 새로운 힘임을 깨달을 수 있었다. 그는 그 힘이 1915년 이후 지식인들에 의해 전개된 '신문화운동'에 의해 격발된 것으로 파악하고, 이 운동에 깊은 관심을 쏟기 시작했다. 그리고 스스로 새로운 조류에 대응한다는 뜻에서 중화혁명당을 중국국민당으로 고치고 새로운 출발을 다짐했다.

이듬해인 1920년 10월에 쑨원은 다시 광둥군벌들의 추대를 받아 제2차 광둥군정부를 세울 수 있었다. 이것에 힘입어, 쑨원은 1921년 5월에는 광저우에서 비상국회를 소집하고 정식으로 중화민국정부를 조직하게 했으며 스스로는 '비상대총통'에 취임했다. 미국정부는 쑨원에 호의를 표시했으며, 영국의 철학자 버트런드 러셀 역시 공개적으로 쑨원을 칭찬했다. 이 바탕 위에서 그는 1922년 2월부터 다시 '호법북벌'의 길에 올랐다. 그러나 이번에도 예하군벌 천중밍陳炯明이 주도한 쿠데타 때문에 실패해, 홍콩을 거쳐 상하이로 피신하게 됐다. 광둥성 출신의 천중밍은 법률가로 청조에서 관리를 지냈으나 중국혁명에 참여했으며 광둥성의 총독을 몇 차례 지내면서 자신의 지지기반을 쌓았다.

국공합작의 길

쑨원은 자신이 걸어온 혁명의 길을 돌이켜보았다. 자신의 권력기반이 약했기에 늘 군벌의 도움으로 집권했다가 군벌의 배신으로 실권하곤 했음을 새삼 깨달은 그는 이제 변덕스럽지 않은 확실한 대안을 찾아야겠다고 마음먹었다. 쑨원은 그 대안을 소련에서 찾게 됐다. 1917년 10월에 레닌의 지도로 일어난 볼셰비키혁명은 인류역사에서 최초의 소비에트국가를 세웠다. 레닌은 볼셰비키혁명을 전 세계에 전파하기 위해 코민테른을 창설했으며, 특히 서양제국주의의 침탈에 신음하는 아시아의 해방투쟁을 적극적으로 후원하겠다고 선언했다. 그렇잖아도 쑨원은 이미 레닌의 음모가적 비밀정당 조직원리, 그리고 사회주의체제에 깊은 관심을 갖고 있었다. 그래서 그는 레닌에게 소비에트국가의 출범을 축하하는 전보를 보냈다.

레닌정부의 대외정책은, 특히 중국에 대한 정책은, 쑨원의 기대를 부풀리기에 충분했다. 레닌정부의 외무인민위원(서방세계의 외무장관에 해당) 대리 레프 미하일로비치 카라한Lev Mikhailovich Karakhan은 1919년 7월 25일과 1920년 9월 27일에 제정러시아가 중국에 대해 가졌던 모든 불평등한 특권을 포기한다고 선언하면서, 그 뜻을 쑨원에게 전달했다. 이 이른바 카라한선언으로 소비에트러시아는 중국민족주의의 수호자로 비쳐졌는데, 게다가 1920년에 레닌이 쑨원에게 소련방문을 제의하자 레닌에 대한 그의 호감은 더욱 커졌다.

쑨원은 그 제의에는 응하지 않았으나, 소련이 1920년 가을에 코민테른의 첫번째 중국주재대표로 그리고리 보이틴스키를 보내자 그를 만나주었다. 이어 1921년 12월에 코민테른이 헨드리퀴스 마링Hendricus Maring이라는 네덜란드공산주의자를 보냈을 때도 면담에 응했다. 이때는 중국공산당이 비밀리에 창당된 지 5개월이 지났을 때였다. 쑨원은 이어 1922년 여름에 중국을 방문한 코민테른의 또 다른 대표 세르게 달린Serge Dalin과도 면담했다.

이들 가운데 우리가 관심을 가질 만한 사람은 마링이다. 그는 네덜란드의 식민지들 가운데 하나인 인도네시아의 자바에서 노동운동을 전개하면서 1914년에 인도네시아사회민주동맹을 창립했다. 그는 이 조직을 통해 인도네시아청년들에게 공산주의와 민족주의를 결합시키는 길을 가르쳤다. 그는 중국에서 국공합작을 성사시키는 일에 참여한 후 네덜란드에서 국회의원을 지냈으나, 나치군이 네덜란드를 점령한 직후인 1942년에 나치군에 총살됐다. 향년 59세였다.

코민테른 파견원들과 가진 일련의 면담들을 통해 쑨원은 소련과 레닌을 더욱 좋게 보았다. 그래서 코민테른이 마링을 통해 중국공산당과의 합작, 이른바 국공합작을 제의하자 그것을 받아들였다. 쑨원은 중국공산당에 중국국민당이 먹힐 것이라는 생각은 조금도 하지 않았다. 중국공산당을 '보잘것없는' 존재로 여겼으며 중국공산당을 결성했다는 '젊은이들'로부터 취할 것이 있다면 열정과 조직력뿐이라고 믿었기 때문이다. 다른 한편으로, 쑨원은 국공합작에 응하면 소련이 자신에게 무기와 돈을 대줄 것이며, 소련이 자기 대신에 다른 지도자와 제휴할 개연성을 막을 수 있다는 계산도 했다.

쑨원은 1922년 8월에 상하이에서 '연아용공'에 입각한 국공합작에 합의했다. 이 합의는 1923년 1월에 상하이에서 열린 코민테른의 소련대표 아돌프 이오페Adolf A. Ioffe와 쑨원의 회담 끝에 발표된 공동성명에서 다시 확인됐다. 이것이 이른바 제1차 국공합작인데, 그것은 당 대 당의 합작이 아니었다. 중국공산당원은 공산당원으로서가 아니라 개인 자격으로 입당한다는 것이었다.

그러나 이 합의는 중국국민당에 큰 영향을 끼치게 됐다. 쑨원이 같은 해

3월에 제3차 광둥군정부를 수립한 뒤 11월부터 코민테른의 중국대표인 소련인 미하일 보로딘Michael Borodin의 지도 아래 국공합작에 맞게 중국국민당의 개조에 착수했기 때문이었다. 그 결과는 중국국민당 내부에서 중국공산당의 세력이 빠르게 성장하는 것으로 나타났다. 중국국민당 우파는 이 점을 경계하면서 공산주의자들의 제거를 강력히 권고했으나, 쑨원은 국공합작을 성공시켜야 한다면서 오히려 그들을 설득했다.

1924년에 들어서자 쑨원은 삼민주의의 강연에 힘을 쏟았다. 여섯 차례에 걸친 이 강연에 매번 수천 명의 청중들이 몰려들었다. "밭갈이하는 사람이 그 밭을 가져야 한다〔경자유기전耕者有其田〕"라는 제목의 강연이 특히 유명했다. 이 연속 강연에서 그는 건국대강 25조를 발표했다. 이것은 그의 지론인 삼민주의와 5권헌법의 이론을 상세히 밝힌 것인데, 삼민주의의 순서를 민생주의·민권주의·민족주의로 바꿔놓았다. 그는 이렇게 민생주의에 중점을 두면서, 종전의 '평균지권'과 '절제자본節制資本'에 '부조농공扶助農工'을 덧붙였다. 농민과 노동자에 대한 원조를 강조한 것이다.

한편 국공합작의 산물로 이해 6월 16일에는 중국 최초의 근대적 사관학교인 육군군관학교가 광저우 교외의 황푸黃埔에 문을 열었다. 이것이 유명한 황푸군관학교다. 소련은 교관들을 보내 학생들을 훈련시키면서 동시에 갖가지 무기들과 장비들을 보내주었다. 그때 37세이던 장제스가 교장으로 발탁됐다. 중국공산당의 지도자들 가운데 한 사람이던 저우언라이는 이 학교에서 정치부의 부주임으로 취임했다. 이 학교에서 교육과 훈련을 받은 린뱌오林彪가 훗날 중국공산당군의 지도자로 중국국민당군을 패배시키는 데 일역을 담당한 것은 역사의 역설이기도 하다.

어느 정도 힘을 키웠다고 판단한 쑨원은 세번째로 '호법북벌'을 개시했다. 그러나 그의 힘에는 한계가 있었으며 북벌군은 광둥성을 벗어나지 못했다. 이 무렵에 베이징의 군벌정부는 그에게 북상을 요구했다. 일종의 남북

협상을 통해 중국의 국내외상황에 새로운 국면을 열자는 것이었다. 그는 이 요구에 응해 상하이로 갔다가 일본에 잠시 들러 고베神戶에서 그 유명한 '대아시아주의 강연'을 세 차례 했다. 이 연설을 통해 그는 중국과 일본 두 나라의 진정한 협력만이 아시아를 서양제국주의의 침탈로부터 구원할 수 있다고 전제한 다음, 그러한 만큼 일본은 중국에 대한 침탈을 중지하고 중국의 국민혁명을 지원하라고 호소했다.

일본에서 연설을 마치고 1924년 12월에 톈진에 닿았을 때 그는 심한 복통을 느껴 치료를 받기 위해 베이징으로 옮겼다. 10만 명이 넘는 군중이 역에 나와 그를 맞았다. 그는 기독교 병원인 셰허의원協和醫院에 입원해 수술을 받았으며 간암판정을 받았다. 그는 죽음이 임박했음을 느끼고 '혁명이 아직 성공하지 못했음〔혁명상미성공革命尙未成功〕'을 탄식하면서 '동지들이 혁명의 성공을 위해 계속 힘써줄 것〔동지내수노력同志仍須努力〕'을 당부했다. 이때 쑨원이 신임하던 왕징웨이汪精衛가 쑨원의 유언을 받아썼다. 유언을 마친 쑨원은 곧바로 상하이의 사저로 옮겨졌다. 여기서 1개월 뒤, 쑨원은 다시 유언을 했다. "나는 국사에 진력하다 보니 집안일을 돌보지 않았다. 내가 남긴 서적, 의복, 주택 등 일체는 아내 칭링에게 주어 기념으로 삼게 하라"는 뜻이었다. 그는 1925년 3월 12일에 58세로 별세했다.

장례는 33세가 된 부인 쑹칭링의 강력한 요청에 따라 사적이면서 교회식으로 치러졌다. 그러나 전통의례를 주장하는 사람들과 타협해 베이징 근교의 샹산 비윈사碧雲寺에 그의 혼령을 모시는 의례도 가졌다. 북벌에 성공한 직후인 1929년 6월 1일에, 장제스를 비롯한 중국국민당 고위간부들은 쑨원의 관을 국장형태로 베이징에서 난징으로 옮겨, 난징의 동쪽 교외에 자리 잡은 쯔진산紫金山에 대리석으로 꾸민 웅장한 능에 이장했다. 중산능원中山陵園이라고 이름 붙인 이 능은 오늘날에도 거국적인 성지로 대접을 받는다.

4. 쑹칭링의 삶과 죽음

여동생의 남편 장제스를 규탄하다

그러면 쑹칭링은 그 후 어떤 길을 걸었는가? 그녀는 우선 쑨원의 유업을 달성하기 위한 여러 사업들에 능동적으로 참여했으며, 중국국민당의 중앙집행위원회 위원 겸 부녀부장으로, 또는 중국국민당정부의 정부위원 겸 중앙정치위원회 위원으로 활동했다.

그러나 쑹칭링은 장제스를 몹시 싫어했고 미워하기조차 했다. 그녀가 보기에 장제스는 군벌과 재벌의 앞잡이로 인민을 탄압하는 군사파시스트에 지나지 않았던 것이다. 그래서 1927년 4월 12일에 장제스가 상하이에서 반공쿠데타를 일으키자 그것을 '반反혁명정변'으로 규탄하는 성명서를 발표했다. 그녀는 이어 7월 14일에는 장제스가 쑨원의 혁명원칙을 배반했다는 성명을 발표하고 자신은 앞으로 장제스가 이끄는 중국국민당과 관계를 끊겠다고 밝혔다. 그녀는 이러한 태도를 1928년에 자신의 동생 메이링이 장제스와 결혼한 뒤에도 전혀 바꾸지 않았다.

쑹칭링은 1개월 뒤 소련과 유럽 여행길에 올랐으며, 소련의 혁명을 찬양하고 장제스를 거듭 규탄했다. 1929년 4월에 잠시 귀국해 쑨원의 이장식에 참여한 그녀는 다시 유럽을 여행했으며, 일본의 중국침략이 본격적으로 시작된 1931년에 귀국해서는 장제스를 더욱 거세게 규탄했다. "중산의 40년 혁명노력이 사리사욕에 눈먼 국민당의 일개 군벌에 훼손되는 것을 차마 눈 뜨고 볼 수 없다"는 성명을 내고, "중국국민은 한마음 한뜻으로 일본제국주의의 중국침략, 그리고 국민당의 암흑통치에 과감히 투쟁해야 한다"고 제의했다.

그 후 쑹칭링은 일관되게 반국민당노선과 항전노선을 걸었다. 특히 항전의 명분 아래 중국국민당과 중국공산당이 합작할 것을 호소했다. 그렇지만 그녀는 중국공산당에 입당하지는 않았다. 자신은 중국의 혁명을 위해 싸울 뿐 중국공산당의 승리를 위해 싸우지는 않는다는 것이었다. 실제로 그녀는 중국공산당의 과오에 대해서도 비난하는 것을 꺼리지 않았다. 그러한 비난은 물론 중국공산당이 대륙을 장악한 1949년 이후에도 계속됐다.

여기서 꼭 상기해야 할 것은 쑹칭링이 대체로 상하이의 집을 지켰다는 사실이다. 상하이의 프랑스조계지이던 몰리에르가街에서 쑨원과 함께 살던 그 집을 그녀는 깊이 사랑했다. 그 집에는 쑨원과의 추억이 배어 있었고 쑨원의 혁명정신이 깃들어 있다고 믿었기 때문이다. 1963년 이후에야 비로소 중화인민공화국의 수도 베이징으로 이사했는데, 상하이의 집은 그대로 유지했다. 이 집은 오늘날까지 쑨원기념관으로 보존되고 있다.

홍위병들에게 모욕을 당하다

1949년 10월 1일에 중국공산당이 중화인민공화국정부를 세울 때 쑹칭링은 당연히 이 정부를 지지했다. 중국공산당은 그녀를 중화인민공화국정부의 부주석 여섯 명 가운데 한 사람으로 추대했다. 마오쩌둥이 1957년 모스크바에서 열린 국제공산당대회에 참가할 때, 그녀는 마오쩌둥의 요구를 받아들여 동행했으며, 이 계제에 스탈린을 방문해 회담했고 스탈린평화상을 받기도 했다. 1959년과 1965년에는 중화인민공화국의 부주석으로 연거푸 선출됐다. 그러나 문화대혁명이 시작된 1966년 가을에, 마오쩌둥의 아내 장칭江青의 사주를 받은 홍위병들로부터 주거를 침입당하는 모욕을 받기도 했다. 저우언라이와 마오쩌둥이 개입하지 않았다면 이때 이미 70대 중반이던 그녀는 폭행을 당했을 것이다. 중국의 여황제를 꿈꿨던 장칭에게 쑹칭링은 정적으로 여겨진 것이다.

1981년 5월 15일, 쑹칭링은 비로소 중국공산당에 정식으로 가입했다. 이튿날 중국의 국회인 전국인민대표대회의 상임위원회는 그녀에게 중화인민공화국 명예주석 칭호를 부여했다. 말하자면 중국의 명예대통령으로 추대한 셈이었다. 그로부터 2주일 뒤인 5월 29일에 그녀는 88세의 노령에 만성임파세포성백혈병이 겹쳐 베이징의 자택에서 세상을 떴다.

쑹칭링의 장례는 국장으로 치러졌고, 화장된 뒤 유골은 6월 4일에 상하이에 위치한 만국공묘의 한 묘역에 묻혔다. 상하이는 남편과 함께 살던 집이 있는 곳이자 오랫동안 그녀의 생활터전이던 곳이었다. 또 그녀의 부모가 함께 묻힌 곳이기도 했다. 그녀는 부모의 묘역 한 구석에 묻히기를 바랐다. 어째서 남편의 묘에 함께 묻히기보다 부모의 묘에 함께 묻히기를 바랐는지는 알 수 없는 일이다.

재산을 한 푼도 남기지 않고 영예롭게 별세하다

쑹칭링은 한 푼의 재산도 남기지 않았다. 그녀의 다른 형제자매는 부정하게 축적한 엄청난 재산을 미국으로 빼돌려 돈 걱정이라고는 전혀 없이 매우 풍요롭게 살았다. 아이링과 메이링 모두 중국을 떠나 미국으로 이주했고 거기서 죽었다. 그들만이 아니었다. 중국공산당은 "중국이 장제스가 이끄는 국민당 치하에서 장제스로 대표되는 장씨, 장제스의 아내 쑹메이링과 처남 쑹쯔원으로 대표되는 쑹씨, 쑹아이링의 남편으로 장제스의 동서인 쿵샹시로 대표되는 쿵씨, 그리고 장제스의 저장성浙江省 동향으로 이른바 저장재벌을 형성한 천리푸陳立夫와 천귀푸陳果夫로 대표되는 천씨 등 이른바 '중국 4대가족'의 지배를 받고 있다"는 선전으로써 중국민중의 반反장제스 분위기를 조성했다. 이 선전에서 거명된 네 집안의 중심인물들은 거의 예외없이 미국으로 재산을 빼돌렸고 거기서 살다가 죽었다.

그러나 쑹칭링은 이미 젊은 시절에 자신의 재산을 가난한 사람들을 위해, 또는 민족적 대의를 위해 아낌없이 썼다. 스스로는 옌안에 가지 않았으나 자신의 사재로 많은 의료기구들과 의약품들을 사서 옌안으로 보내주기도 했다. 그녀는 장년과 노년에 서민처럼 검소하게 살았으며 무일푼으로 세상을 떴다. 그래서인지 아직도 만국공묘의 쑹칭링묘역에는 그녀를 추모하는 사람들의 행렬이 끊이지 않고 있다.

중국공산주의운동의 창시자들

천두슈와 리다자오

02

하나의 통치체제와 공식적 이데올로기였던 공산주의가 세계적으로 무너진 오늘날에도 공산당1당독재체제를 유지하는 대표적인 나라가 바로 우리의 이웃인 중화인민공화국, 곧 중국이다. 그러면 중국에서 공산주의는 어떻게 탄생했고 어떻게 성장했는가?

1장에서 이미 보았듯, 청조는 건국 200년이 가까운 1800년대 들어서면서 부정부패와 무능으로 탈진한 모습을 보이더니, 마침내 유럽제국주의국가들의 침략을 받게 됐다. 그 대표적인 경우가 1840년에 영국이 일으킨 아편전쟁으로, 청은 이 전쟁에 패배해 홍콩을 영국에 떼어주고 광둥과 상하이 등 다섯 항구를 열어주게 됐다. 늙은 대국의 취약성이 그대로 드러나자, 프랑스, 러시아, 독일 등 유럽의 많은 제국주의국가들은 물론이고 뒤늦게 제국주의국가의 대열에 참여한 일본까지 '청나라 뜯어먹기'에 나섰다. 특히 1900년에 배외적 민족주의단체인 의화단의 투쟁이 좌절된 뒤 중국은 유럽제국주의국가들의 식민지 또는 반$^+$식민지로 전락했다.

절체절명의 위기상황에서 우선 '위로부터의 개혁'을 시도하는 운동이 나타났다. 캉유웨이와 같은 학자형의 관료는 1898년에 광서제를 받들어 청나라를 유럽식으로 개조해 부국강병의 근대국가로 전환시켜보려고 시도했다. 그러나 그의 개혁정치는 수구파에 밀려 실패했다. 반면 '아래로부터의 혁명'을 시도하는 운동 역시 나타났다. 대표적인 것이 쑨원이 일으킨 '만주족을 타도하고 한족을 부흥시키자'는 도만흥한倒滿興漢 또는 '만주족을 멸망시키고 한족을 부흥시키자'는 멸만흥한滅滿興漢 운동이었다.

역사적 전환의 소용돌이 속에서 서방세계의 다양한 사조들이 중국으로 계속 흘러들어왔다. 젊은이들 가운데는 일본이나 유럽으로 유학길에 오르는 이들이 적잖았다. 그들은 새로운 사조와 제도를 배워 썩어문드러진 중국을 개조해야 한다는 사명감에 불타고 있었다. 이처럼 다양한 경로를 통해 자유민주주의, 자본주의, 사회주의, 무정부주의가 중국의 지식인사회에 자리를 잡게 됐다. 거기에는 하나의 공통된 흐름이 있었다. 그것은 하루빨리 청조의 잔명이 끊어지고 새 나라가 세워져야 한다는 열망이었다.

1. 천두슈와 리다자오의 등장

중국사회의 급격한 변화

1911년 10월의 신해혁명은 이러한 배경에서 일어나 성공한 것으로, 이것에 기초해 1912년 1월 1일에 중화민국의 수립이 선포됐고 초대 '임시대총통'에 쑨원이 취임했다. 그러나 중화민국의 앞날은 험난했다. 비록 청조는 무너졌으나, 그 왕조 아래 힘을 키우고 유지해온 수구반동세력이 위안스카이를 중심으로 결집해 중화민국의 실권을 장악하려 했기 때문이다. 쑨원은 이 세력을 무마하는 것이 자신의 목표인 국민혁명에 크게 도움이 될 것으로 보고, 임시대총통을 위안스카이에게 넘겨주었다. 위안스카이는 곧 '임시'를 떼어버리고 정식으로 '대총통'에 취임했으며 공화당을 창당해 자신의 지지세력을 규합하면서 마침내 제정복귀와 자신의 황제등극을 추진하기에 이르렀다.

이처럼 탐욕적인 위안스카이를 상대로 일본은 1915년 1월에 악명 높은 21개조 요구를 관철시키려고 했다. 위안스카이는 일본이 자신의 황제등극을 도와줄 것이라 기대하며 1915년 5월 9일에 그것을 받아들였다. 중국국민은 격분해서 그날을 국치일이라고 부르며 배일운동에 나섰다. 그런데도 위안스카이는 같은 해 12월에 제정수립을 선포하고 곧 황제즉위식을 갖겠다고 발표했다. 그것은 당연히 반反위안스카이운동을 확대시켰다. 이에 당황한 그는 1916년 초 자신의 발표를 취소했으나, 자신에 반대하는 운동이 확대되자 번뇌 속에 신장염과 요도염이 겹치면서 죽었다.

위안스카이는 죽었지만, 그의 심복으로 위안스카이정권에서 국무총리를 역임하며 힘을 키웠던 군벌 돤치루이는 위안스카이의 후임으로 대총통에 취임한 뤼위안홍 아래서 국무총리 겸 육군총장으로 임명돼 실권을 장악했다. 그가 바로 우리가 이 장에서 때때로 대하게 되는 반동적인 베이양군벌의 우두머리다. 그는 1924년에 베이징에서 중화민국정부의 '임시집정臨時執政'에 취임한다.

대체로 1914~15년을 전후한 시점에 중국은 중대한 변화의 격류에 휩싸였다. 첫째, 노동자들이 빠른 속도로 늘어나기 시작했다. 1914년에 일어난 제1차 세계대전을 계기로 서양제국주의국가들이 전쟁에 몰두하면서 중국에 대한 침략속도를 늦추자 중국의 민족공업이 약진하게 된 것이다. 더구나 그사이 유럽에서 일하던 중국의 노동자들이 종전과 더불어 대부분 귀국했다. 그리하여 1911년의 신해혁명 직전에는 약 60만 명에 지나지 않던 중국의 공업노동자 총수가 제1차 세계대전이 끝난 그다음 해인 1919년께에는 무려 약 2백만 명에 이르렀다. 공업노동자의 성장은 도시의 인구증가로 나타나, 베이징의 경우 1919년에 약 60만 명이던 인구가 1923년에는 그 갑절에 근접했다.

둘째, 제1차 세계대전이 끝나면서 서양제국주의국가들은 특히 경제 방면에서 중국으로 다시 진출했으며, 그 결과 중국에서는 현대적인 은행 및 금융제도가 빠르게 성장했다. 이것은 중국의 전통적 경제가 서구적 경제로 바뀌고 있음을 의미했다.

셋째, 1915년 이후 이른바 신문화운동이 일어났다. 그리고 그것이 1919년 5월 4일에 베이징학생단체들을 중심으로 일어난 민족운동, 곧 5·4운동으로 이어졌다. 이 운동들에 중국공산주의운동의 양대 창시자라고 할 수 있는 천두슈陳獨秀와 리다자오李大釗가 중요하게 개입됐다. 천두슈는 영어로는 Chen Duxiu 또는 Ch'en Tu-hsiu로 표기된다. 리다자오는 우리 식 발음으로 한때 이대교 또는 이대쇄로 표기된 일이 있으나, 이대조라는 표기가 정확하다. 중국발음으로는 리다자오, 영어로는 Li Dazhao 또는 Li Ta-chao로 표기된다.

천두슈의 반청운동

천두슈의 본명은 천강성陳乾生으로, 그는 1879년 10월 8일에 태어났다. 출생지는 옛날에 허페이合肥라고 불린 안후이성安徽省의 성도 화이닝懷寧이다. 이곳은 안캉安康이라고도 불렸다. 그가 태어나고 몇 달 안 되어, 아버지가 별세했다. 그의 아버지는 지방에서 치러진 1차 과거시험에 합격한 뒤 만주에서 군관으로 활동했기에 일정한 토지와 재산을 남겼다. 자연히 천두슈는 편모슬하에서 커야 했다. 천두슈의 회고에 따르면, 어머니는 성격이 착해 사기꾼들에게 속기도 했으며 그렇게 당하고도 자신을 해치는 사람들에게 보복을 하지도 못했다. 뒷날 천두슈는 자신이 어머니의 이러한 성격에 영향을 받아 자신의 정적들에게 적절히 대응하지 못하고 주로 당하기만 했다고 회상했다.

아버지가 일찍 별세했고 어머니는 무학이었지만, 다행히 할아버지가 가정교사 여럿을 초빙해 고전을 가르쳤다. 그래서 그는 19세이던 1896년에 향시에 합격할 수 있었다. 그러나 이듬해 난징에서 실시된 강남향시江南鄉試에서는 합격하지 못했다. 그렇다고 해도 그는 실망하지 않았다. 이 시험을 치르면서, 그는 이 시험이 얼마나 우스꽝스러운 것인지 실감했기 때문이다. 대체로 이 시점에 그는 이웃마을의 처녀 가오高씨와 결혼했으나, 실제로는 처제 가오쥔만高君曼과 동거한다.

고전교육과 과거시험은 천두슈의 사고방식에 큰 영향을 미쳤다. 그는 전통적인 교육제도와 과거제도, 그리고 그것들에 기초한 관료제도가 낡았음을 깨닫고 봉건주의에 젖은 중국의 정치와 사회의 개혁자가 되기로 결심했다. 캉유웨이와 량치차오 등이 중심이 된 변법자강운동의 전개는 그의 그러한 결심을 더욱 굳혀주었다. 그래서 1898년 봄에 항저우의 유명한 신식학교인 구시서원求是書院에 진학해 프랑스어와 영어를 배웠고 조선술을 배웠다. 여기서 '구시'는 '실사구시實事求是'를 의미하는 것으로, 서양의 학풍에 따라 과학적으로 사실을 구명하고 진리를 찾아야 한다는 선진적 지식인들의 새로운 사조를 반영한 것이다.

천두슈가 22세가 된 1901년은 그의 생애에서 중요한 전환의 해였다. 의화단사건을 계기로 청조의 무능이 만천하에 드러난 상황에서 급진활동이 만연되는 것을 목격한 그는 구시서원에서 반청연설을 한 뒤 경찰에 쫓기게 되자 난징으로 피신한 것이다. 그는 곧 고향으로 돌아가 도서관을 세우고 혁명사상을 전파했다. 그의 전기 『천두슈(1879~1942)와 중국공산주의운동 Chen Tu-hsiu, 1879~1942, and the Chinese Communist Movement』(1975)을 출판한 토머스 쿠오Thomas Kuo 교수의 표현으로, 이제 그는 개혁가에서 혁명가로 바뀐 것이다. 그는 다시 경찰의 주목을 받고 쫓기게 됐다.

1902년 여름에 천두슈는 도쿄로 건너가 약 6개월에 걸쳐 한 영어회화학원에서 공부했다. 그때 일본은 중국의 청년학도들이 외국어를 배우는 중심지였다. 그들은 외국어를 배우면서 동시에 여러 단체를 결성하고 중국의 장래에 대해 토론했다. 천두슈는 소년중국회에 가입했는데, 이 단체는 민족주의와 혁명을 공개적으로 내세웠다.

그러다가 유학생들 사이에 벌어진 개인적 싸움에 연루된 탓에 천두슈는 더 이상 도쿄에 머물지 않고 1903년 초에 귀국해 상하이에서 청조를 비판하는 『국민일보』를 창간했다. 그러나 정부가 곧 이 신문을 폐간시키자, 그는 고향으로 내려가 신문 간행이나 단체 발족 등의 일을 하면서 혁명운동을 이끌었다. 이 일련의 활동들을 통해, 그는 혁명가로서 역량을 쌓으면서 일정한 혁명기반을 조성했다.

이렇게 혁명활동에 정력적으로 참여하면서도 천두슈는 자신의 지적 세계와 안목을 넓혀야겠다고 결심했다. 그리하여 1906년 초에 다시 도쿄로 건너가 와세다대학에 적을 두었다. 비슷한 시기에 쑨원은 도쿄에서 청조의 타도를 목표로 삼는 중국동맹회를 발족시켰다. 천두슈로서는 거기에 가입할 만했다. 그러나 그는 가입하지 않았다. 쑨원이 발표한 민생주의·민권주의·민족주의의 삼민주의 가운데 민족주의가 마음에 들지 않았기 때문이다. 그는 이미 국제주의를 수용하고 있었던 것이다. 국제주의는 뒷날 그의 사상의 큰 기둥들 가운데 하나가 된다.

일본에서는 중국인 망명자들이 발행하는 두 개의 신문이 이론적으로 대립하고 있었다. 하나는 량치차오를 중심으로 입헌주의자들이 발행하는 『신민총보』로, 이것은 1899년에 시작된 『청의보淸議報』를 1902년에 개제한 것이었다. 이 신문은 중국에서의 혁명을 옹호하기보다는 입헌군주제의 실현을 옹호했다. 다른 하나는 중국동맹회가 발행하는 『명보明報』로, 이것은 중국에서의 혁명을 옹호했다. 토머스 쿠오 교수의 분석에 따르면, 천두슈는 『신민총보』나 『명보』를 지지하지 않고 어떤 다른 방법을 찾고자 했다. 천두슈는 1906년 말에 귀향해서 한 중학교 교사로 취임함과 아울러 『백화보白話報』라고 하는 또 하나의 신문을 창간했다. 1907년부터 1909년까지의 시기에 그가 어떤 활동을 벌였는지에 답해주는 자료는 아직 발견되지 않았다. 어떤 학자들은 그가 프랑스에 유학해 프랑스문화에 심취했다고 말하나, 쿠오 교수는 그러한 증거를 찾지 못했다고 썼다. 천두슈에 대한 기록은 1910년에 그가 형의 장례식에 참가하기 위해 만주의 선양으로 갔다는 사실로 다시 시작된다. 그는 곧 항저우의 육군소학교에서 교편을 잡았다.

신해혁명이 진행되던 1911년에 천두슈는 주로 난징에서 활동했다. 1912년에 중화민국의 건국이 선언되면서, 천두슈는 중국국민당이 장악한 안후이정부의 비서장으로 취임했으며 동시에 성립省立 안칭고등학당의 교장을 겸했다. 그러나 위안스카이가 안후이정부의 고위직들을 해임하자, 천두슈는 위안스카이를 혁명의 반역자로 비난하는 논설을 발표했다. 이것은 천두슈가 1913년에 본격화된 위안스카이정부에 반대하는 운동, 이른바 제2차 혁명에 참여했음을 의미했다. 이 운동은 실패했다. 그는 다시 일본으로 망명해, 중국의 정치혁명을 요구하는 중국사람들이 1914년 갑인년甲寅年 5월 10일에 창간한 『갑인잡지甲寅雜誌』의 편집을 도왔다.

천두슈는 이 잡지의 11월호에 「애국심과 자각」이라는 정치평론을 발표했다. 이 평론을 면밀히 분석한 쿠오 교수에 따르면, 천두슈의 사상은 캉유웨이와 량치차오로 대표되는 개혁주의자들의 사상을 넘어섰다. 천두슈는 국가란 과연 무엇인가, 국가의 목적은 무엇이어야 하는가, 중국은 현대세계 안에서 국가가 될 자격이 있는가 등의 본질적인 문제들을 제기하는 가운데, 급진적인 사상을 보여주었다는 것이다.

천두슈의 『신청년』 창간과 신문화운동

천두슈가 다시 귀국한 때는 그가 36세이던 1915년 여름이었다. 위안스카이정부가 일본제국주의로부터 21개조 요구를 받아들이는 굴욕적인 조치를 취하는 것을 보고, 그리하여 중국국민들의 반일애국심이 전국적으로 확산되는 것을 보면서 귀국한 것이다. 이해는 그의 삶에서 또 하나의 큰 전환점이 된 해였다. 이해에 상하이에서 월간지 『청년잡지』를 창간한 것이다. 『청년잡지』는 곧 『신청년』으로 이름을 바꿨는데, 이 잡지의 창간과 더불어 봉건체제와 봉건사상의 타파를 부르짖고 민주주의와 과학의 존중을 강조하는 이른바 신문화운동이 전개됐기 때문에 1915년은 20세기 중국사에서 중요한 전환의 해로 기억된다.

앞에서 살폈듯, 천두슈는 일찍부터 중국봉건주의의 타도를 외쳤던 선진적 지식인이었다. 물론 그때의 중국사회를 봉건사회로 규정짓는 데는 학술적으로 문제가 따른다. 그러나 반#봉건사회로 규정짓는 데는 학술적으로도 아무런 문제가 없다. 어떻든 그는 1915년 9월에 창간된 『청년잡지』 제1호에 「삼가 청년에게 고함敬告靑年」이라는 논문을 발표하고, "자주적이며 비노예적, 진보적이며 비보수적, 진취적이며 비은둔적, 세계적이며 비쇄국적, 실리적이며 비허식적, 과학적이며 비공상적"이라는 신문화운동의 6개 지침을 내세운 뒤, 중국의 모든 청년은 이 신사상新思想에 따라야 한다고 역설했다. 이어 그는 "중국청년이여! 내가 만나는 열 사람 가운데 다섯 사람은 연령적으로는 젊으나 정신적으로는 늙었다. 열 사람 가운데 아홉 사람은 생리적으로는 젊으나 심리적으로는 늙었다. 육체가 늙으면 그 육체는 사망한다. 사회가 늙으면 그 사회는 멸망한다. 우리가 살아나가려면 언제나 청년을 유지해야 한다. 우리가 부패하지 않으려면 언제나 청년을 유지해야 한다. 우리 사회를 위한 단 하나의 희망은 청년에게 있다"라고 호소했다.

『신청년』의 창간은 물론이고 특히 천두슈의 「삼가 청년에게 고함」 발표는 중국의 선진청년들에게 큰 충격을 주었다. 국치에 격분하면서도 극복의 방향을 확신하지 못하던 그들에게 이 잡지는 새로운 사상적 지평을 열어준 것이었다. 이 잡지에는 그때의 정상급 지식인들이 주요 기고자로 참여했다. 천두슈보다 2년 연하인 35세의 루쉰魯迅을 비롯해 25세의 후스胡適, 그리고 28세의 리다자오가 대표적 인물이었다. 이 세 사람 모두 20세기 중국역사에서 중요한 자리를 차지한다. 그러나 이 글과 관련해 우리가 가장 중시하게 되는 사람은 바로 리다자오다.

리다자오의 순교자적 정치의식

리다자오는 1889년 10월 29일에 태어났다. 리다자오의 고향인 허베이성 러팅현樂亭縣의 다헤이차大黑坨는 황허유역에 펼쳐진 평야지대의 농촌이었다. 허베이성은 중국문명의 가장 오랜 발상지들 가운데 하나로, 베이징이나 톈진 같은 도시가 모두 허베이에 있다.

리다자오의 아버지는 농부였다. 리다자오가 태어났을 때 19세 소년이던 그의 아버지는 그가 첫돌을 맞기 전에 세상을 떴다. 몇 달 뒤 어머니마저 죽었다. 그에게는 형제자매도 없었다. 다행히 조부모가 생존해 있었고 재산도 넉넉해서 리다자오를 제대로 가르칠 수 있었다. 리다자오는 마을의 사설학교에서 중국고전을 공부했고, 그 사이인 1900년에 이웃 농부의 딸인 자오지란趙級蘭과 결혼했다. 그들 사이에는 여섯 명의 자녀들이 태어난다.

할아버지가 남긴 재산은 비교적 넉넉했다. 그래서 리다자오는 17세가 된 1905년에 허베이성 융핑부永平府에 있는 서양식 중학교에 입학해 2년 동안 영어를 비롯한 서양학문의 기초를 공부할 수 있었다. 곧이어 1907년에 톈진으로 가서 일본식 교육을 실시하는 베이양법정전문학교에 입학해 1913년까지 정치학과 경제학을 전공하면서 동시에 영어와 일어를 배웠다. 아내가 그에게 그 학교를 선택하도록 격려했다는 자료에 미뤄, 아내 역시 선진학문에 눈을 떴던 것으로 보인다.

리다자오가 국제적인 도시인 톈진에서 공부하던 6년 동안 중국은 많은 격변을 겪었다. 특히 1911년에 성공한 신해혁명으로 청조는 무너져내리고 중화민국이 수립됐다. 그리하여 2천여 년 동안 중국을 통치해온 봉건군주제도는 막을 내렸다. 그러나 중화민국의 실권은 대지주와 대매판을 중심으로 하는 위안스카이 일파에게 돌아갔고, 이것을 계기로 베이양군벌의 통치시대가 열렸다. 부르주아계급이 중심이 돼 성립된 민주공화국은 사실상 짧은 기록을 남겼을 뿐이다.

이러한 역사적 전환기에 리다자오는 10대 후반과 20대 초기를 보내며 다음과 같은 신념을 갖게 됐다. 즉 자신과 같은 지식인은 개인을 위해서가 아니라 국가와 민족을 위해 헌신해야 한다는 것, 심지어 순교해야 한다는 것, 그리고 헌신의 길은 정치에 참여하는 것이라는 내용이었다. 리다자오의 전기로 가장 뛰어나다는 평을 듣는 책은 『리다자오와 중국 마르크스주의의 기원들 Li Ta-chao and the Origins of Chinese Marxism』이다. 이 책의 저자인 하버드대학교 사학과의 모리스 메이스너 Maurice Meisner 교수는 "리다자오에게 정치는 경력이라기보다는 열정이었다. 일생을 통한 그의 중요한 관심사는 중국을 구제하는 일이었으며, 정치생활 속에서 자신이 맡은 역할에 대한 그의 이미지는 민족적 봉사와 개인적 희생이었다"라고 썼는데, 그 구절들은 리다자오의 신념과 인품을 가장 잘 요약한 것이라고 하겠다.

이 대목에서, 우리는 리다자오가 소년 시절부터 존경했던 인물이 춘추전국시대의 유명한 충신이며 학자였던 굴원屈原이었다는 사실을 상기할 필요가 있다. 굴원은 기원전 3세기께 초楚에서 대신으로 공직생활을 하다가 타락한 현실정치세계를 개혁하려는 뜻에서 왕에게 헌책했으나 받아들여지지 않고 추방되자 「이소離騷」라는 시를 남기고 자살함으로써 '순교자'의 인상을 각인시킨 사람이었다. 리다자오는 늘 굴원을 기억하면서 자신도 상황에 따라서는 굴원의 길을 걸어야겠다고 결심했다.

천두슈가 그러했듯, 리다자오의 활동영역도 언론과 출판으로 쏠렸다. 그는 베이양법정전문학교 졸업반 시절에 이미 베이양법정연구회의 조직에 앞장섰고, 그 연구회의 기관지로『언치言治』를 창간하기도 했다. 이 잡지에 몇 편의 논문을 기고했는데, 그 내용이 좋다고 해서 다른 유명한 신문과 잡지에 실리기도 했다. 졸업한 뒤에는 베이징으로 가서『법언보法言報』의 편집을 맡았다.

그러면 그때 리다자오가 지녔던 사상적 경향은 어떠했는가? 결론부터 말해, 그는 천두슈와는 대조적이었다. 천두슈가 중국의 전통사상을 모두 타파의 대상으로 비판하고 서방세계의 사상을 존중했음에 비해, 그래서 민족주의를 비판하고 국제주의를 지지했음에 비해, 리다자오는 중국의 전통사상을 선별적으로 비판하고 선별적으로 찬양했으며, 민족주의와 애국주의를 지지했다. 그는 잠시 중국 고유의 구민사상적 불교인 정토종淨土宗에 관심을 두기도 했다.

리다자오의『신청년』참여

베이양법정전문학교를 졸업하고 몇 달이 지난 1913년 가을에 리다자오는 일본유학길에 올랐다. 이때 그의 일본유학을 재정적으로 후원한 사람은 입헌군주제 주창자로 량치차오와 함께 진보당의 이론적 기초를 제공한 탕화룽湯化龍이었다. 그렇다고 해서 그가 탕화룽의 이론을 받아들였던 것은 아니다. 그는 와세다대학 정치경제학부에 입학해 서양의 정치사상, 특히 민주주의에 대해 집중적으로 배웠다. 이 과정에 그는 입헌민주주의의 장점을 높이 평가하게 됐다. 다른 한편으로 그는 쑨원의 중국동맹회에 가입했고, 1915년에 본국에서 21개조에 반대하는 민족주의운동이 일어나자 유일학생총회留日學生總會의 이름으로 규탄문을 쓰기도 했다. 1916년 4월에 그는 탕화룽에게 긴급전보를 받았다. 위안스카이의 황제등극을 반대하는 운동이 절정에 이르렀으니 급히 귀국하라는 내용이었다. 그는 졸업시험이 임박했는데도 주저하지 않고 상하이로 떠났다.

리다자오는 곧 탕화룽의 개인비서 일을 맡으면서 상하이의 진보당과 손을 잡고 반위안스카이운동에 참가했다. 2개월 뒤에 위안스카이가 죽었다. 리다자오는 진보당과 함께 베이징으로 올라가 탕화룽의 추천으로 진보당의 기관지『신종보晨鐘報』의 책임편집자가 됐다. 이때의 '신종'이란 '새벽종'이라는 뜻이다.

리다자오와 진보당의 관계는 오래가지 못했다. 탕화룽과 량치차오를 비롯해 입헌민주주의를 옹호하던 진보당 간부들이 입헌민주주의의 실현가능성이 사라지자 군벌과 손을 잡은 것에 실망했기 때문이다. 리다자오는 곧『갑인일간甲寅日刊』이라는 입헌민주주의자들의 신문에서 편집자가 됐다. 그러나 그는 4개월 뒤에 베이징을 떠나야 했다. 베이양군벌이 이 신문과 편집자인 리다자오를 탄압했기 때문이다. 리다자오는 상하이로 가서 천두슈의『신청년』에 참가했다. 천두슈가 1915년 9월에 상하이에서『청년잡지』로 창간한 이 잡지는 1916년에『신청년』으로 바뀌었다. 리다자오는 이 잡지에「청년」을 기고했었는데 이번에는 아예 편집진으로 참여한 것이다. 이때가 1917년 6월과 1918년 1월 사이였다.

『신청년』, 그리고 이 잡지를 매개로 하는 신문화운동의 인기는 지식청년들 사이에서 날로 높아가고 있었다. 신문화운동의 기본내용은 민주주의와 과학을 제창하는 것이었다. 신문화운동의 지도자들은 정말로 뜨겁게 민주주의와 과학을 옹호했다. 그래서 대표적 지도자 천두슈는 '민주주의 씨氏' '과학 씨氏'로 불리기까지 했다. 여기서 민주주의라 할 때 그것은 유럽식의 부르주아민주주의를 뜻하는 것이었고, 과학이라고 할 때 그것은 근대 자연과학의 지식을 말하는 것이었다. 그들은 공자학설도 마구 비판했다. 리다자오 같은 이는 공자가 역대 봉건군주제도의 이론가였다고 비판하고 새로운 중국의 건설은 공자사상의 타파로부터 시작돼야 한다고 역설하기도 했다. 메이스너 교수는 이 시기에 리다자오는 '새로운 급진 성향'을 보였다고 논평했다.

1917년과 1918년은 신문화운동, 그리고 그 지도자인 천두슈와 리다자오 등에게 중요한 해였다. 1916년 12월에 프랑스유학에서 돌아온 자유주의자 차이위안페이蔡元培는 베이징대학 교장(우리나라의 '총장'에 해당)에 취임하면서 베이징대학의 교육방향을 새롭게 정립했다. 대학이란 자유로운 분위기 속에서 진리를 탐구하는 곳이지 돈을 벌거나 관리로 출세하는 길을 열어주는 곳이 아니라고 선언한 것이다. 이것은 중국사회의 전통적인 보수주의적 교육방향으로부터의 큰 전환을 의미하는 것이었다.

그러한 취지에서 차이위안페이는 1917년 초에 천두슈를 문과부장으로, 1918년 초에 리다자오를 경제학교수 겸 도서관사서주임으로, 그리고 후스를 비롯한 다른 신문화운동의 동인들을 교수나 도서관사서로 각각 초빙했다. 이로써 베이징대학은 신문화운동의 중심이 됐다. 신문화운동은 베이징대학이라는 튼튼한 터전을 확보하게 됨으로써 더욱 활발히 전개될 수 있었다.

베이징대학은 1919년 10월에 대학생들의 잡지로 『신조新潮』의 창간을 허락하고 도서관에 사무실을 열어줌과 아울러 재정지원을 약속했다. 후스 교수가 고문을 맡은 이 잡지는 1919년 1월 1일에 첫 호를 냈다. 『신청년』의 자매지 역할을 수행한 이 잡지는 전국의 젊은이들 사이에서 널리 읽혔다.

2. 중국공산당 창당으로 가는 길

5·4운동, 그리고 천두슈와 리다자오의 공산주의화

중국의 지식인사회가 신문화운동의 소용돌이에 빠진 1917년에 러시아에서는 2월혁명과 10월혁명이 잇따라 일어나 제정이 붕괴되고 인류역사에서 최초의 소비에트체제가 들어섰다. 대조적으로, 이해에 돤치루이의 베이양 군벌이 막강한 영향력을 행사하는 베이징정부는 일본정부의 차관을 받아들여 일본의 중국진출을 허용했으며 남방의 혁명세력에 대한 탄압을 강화했다. 이러한 상황에서, 중국의 지식인사회는 러시아혁명을 보고 커다란 충격을 받았다. 천두슈와 리다자오는 러시아혁명을 지지하고 나섰다. 특히 리다자오는 몇몇 지식인들과 더불어 1918년 7월에 러시아 10월혁명을 지지한다는 성명을 발표했다.

그 후 천두슈와 리다자오는 1918년 12월에 『매주평론每週評論』을 창간하고 과격한 논설들을 발표했다. 천두슈의 경우 『매주평론』 제5호(1919년 1월 19일)에 발표한 「제삼해除三害(세 가지 해를 제거하자)」라는 논설을 통해 '군국주의자·관료주의자·정치가'를 '삼대악三大惡'으로 규정하면서 이들의 제거를 요구함과 아울러 대중적 정당의 조직을 제의했다. 이 논설은 베이양 군벌로 하여금 천두슈를 원수로 여기게 만든다.

그러나 마르크스사상에 대한 천두슈와 리다자오의 관심에는 차이가 나타났다. 천두슈가 별다른 관심을 보이지 않은 것과 달리 리다자오는 적극적인 관심을 보였다. 메이스너 교수의 고증에 따르면, 리다자오가 마르크스주의를 처음 접한 때는 와세다대학에서 공부하던 1916년이었다. 리다자오는 일본사회에 마르크스주의를 포함한 사회주의를 소개한 가와카미 하지메河上肇 교수의 저술들에 몰두했던 것이다. 가와카미에 대해 우리는 이 책의 2부 13장에서 자세히 살필 것이다. 리다자오는 그동안 자신의 저술들에서 마르크스주의에 대해 침묵했었는데, 볼셰비키혁명을 목격한 이후 이를 열렬히 지지하기 시작한 것이다.

리다자오는 30세가 된 해인 1918년 말에 베이징대학 안에 마르크스주의 연구회를 발족시킨 뒤 열심히 마르크스주의를 연구했다. 그 결과 그는 『신청년』 1919년 5월 1일자에 마르크스주의 특집을 마련하고 거기에 「나의 마르크스주의관」이라는 긴 논문을 발표할 수 있었다. 이 논문에서 그는 마르크스주의를 '세계에 큰 변동을 몰고 온 정통 학설'로 규정했고, 이러한 학설을 보급해야 한다고 강조했다. 마르크스는 선진공업국에서 프롤레타리아혁명이 먼저 일어날 것이라고 전망했었는데, 러시아 10월혁명은, 마르크스의 전망과는 달리 후진농업국에서 프롤레타리아혁명이 먼저 일어났음을 보여주었다. 이것과 관련해, 트로츠키는 후진농업국에서의 프롤레타리아혁명이 선진공업국들의 프롤레타리아계급에 자극을 줄 것이며 그리하여 혁명은 앞으로 '계속해서' 일어날 것이라고 전망했다. 여기서 트로츠키의 대명사와 같은 '영구혁명론'이 자라게 됐음은 널리 알려진 사실이다. 리다자오는 트로츠키를 언급함이 없이 비슷한 전망을 제시했다. 마오쩌둥 역시 앞으로 그러한 전망을 제시하게 된다. 이러한 맥락에서, 메이스너 교수는 리다자오가 마오쩌둥사상의 이론적 선구자였다고 논평했다.

그때로부터 사흘이 지난 1919년 5월 4일에 20세기 중국의 역사에 한 획을 긋는 5·4운동이 일어났다. 그렇다고 해서 마르크스주의가, 그리고 리다자오가 이 운동에 영향을 끼친 것은 아니었다. 이 운동에 관한 수많은 연구들이 이미 자세히 분석했듯, 그것은 그동안 성장한 반제국주의와 반식민주의 및 애국심, 특히 항일민족주의의 발로였다. 제1차 세계대전을 마무리 짓기 위해 프랑스의 수도 파리에서 열린 평화회의가 산둥성에 대한 독일의 이권을 중국에 돌려주는 것이 아니라 일본에 준다는 결정을 내리자 5천 명 이상의 베이징대학생들이 항의시위를 벌임으로써 이 폭풍과 같은 역사적 사건이 발생한 것이다. 그리고 이 운동에 중국국민들이 거국적으로 참여함으로써 중국역사의 물줄기를 새로운 방향으로 돌려놓게 된 것이다.

그러면 5·4운동은 중국역사의 물줄기를 어떤 방향으로 돌려놓았나? 메이스너 교수가 지적했듯, 우선 '민족주의와 사회주의, 그리고 정치활동을 위한 충동 등이 결합된 새로운 사상적 분위기' 라는 물줄기가 형성됐다. 그리고 그러한 물줄기 속에서 현대중국사의 2대 정치세력이 나타나게 됐다. 다시 생기를 찾은 중국국민당과 중국공산당이 그것들이다. 이제 5·4운동을 계기로 중국공산당이 창당되는 과정에 초점을 맞추기로 한다.

5·4운동이 일어나기 전까지만 해도 천두슈는 과격한 논문을 계속해서 발표했을 뿐 정치에 직접 참여하는 것을 좋아하지 않았다. 그러나 이 운동을 겪은 뒤 학생들에 동조해, 같은 해 6월 11일에는 베이징 시가에서 전단을 뿌리기도 했다. 그는 체포돼 83일 동안 투옥됐다. 석방된 뒤에는 다시 체포될 것이 두려워 교수직을 버리고 상하이로 이사했다.

천두슈가 베이징을 떠나자 베이징의 지식인사회는 거의 전적으로 리다자오의 영향 아래 놓이게 됐다. 그는 마르크스주의의 열렬한 수용자의 수준을 넘어서서 전도자가 됐다. 그는 '중국 마르크스주의의 아버지' 로 불리게 됐고, '중국의 플레하노프' 라 불리기도 했다. 우리가 이 책의 1부 2장에서 이미 보았듯, 플레하노프는 러시아에 처음으로 마르크스주의를 도입했던 사상가다.

이 무렵, 신문화운동의 또 한 사람의 동지인 후스는 리다자오의 마르크스주의 수용을 비판하고 자유주의 수용을 제시했다. 미국의 실용주의철학자 존 듀이John Dewey 교수의 가장 유명한 중국인 제자인 후스는 "더 많은 문제를 제기하고, 더 적게 주의主義를 말하자" 는 구호를 내건 뒤, 마르크스주의로 대표되는 사회주의에 매달릴 것이 아니라 자유주의의 틀 안에서 문제해결에 치중하자는 노선을 제시하면서 리다자오를 공격한 것이다.

이제 『신청년』 동인들 사이에서 분열은 피할 수 없게 됐다. 리다자오는 후스를 향해 "정치에서는 근본적 문제해결 없이 개별적 문제해결은 사실상 불가능하다"고 반박하면서, 정치에서의 근본적 해결은 마르크스주의에서 찾을 수 있다고 주장했다. 말하자면, 후스가 개량주의를 옹호하는 데 대해 리다자오는 혁명주의를 제시한 것이다.

리다자오와 후스 사이에 '문제와 주의' 논쟁이 진행됨으로써 중국의 선진지식인사회가 새로운 자극을 받으며 거기에 참여하던 시점인 1920년 초에 천두슈가 마침내 마르크스주의로 전향한다고 발표했다. 그는 자신이 일찍부터 지녔던 서방선진국가들에 대한 믿음을 버렸다. 그에 따르면, 파리평화회의에 참석한 서방선진국들은 상부상조하는 민주주의적인 나라들이 아니라 약육강식하는 제국주의적인 나라들임을 보여주었다. 그리하여 그는 그러한 나라들과 협력해 중국의 독립과 발전을 꾀한다는 것은 환상이며, 이제 중국은 마르크스와 레닌의 가르침, 곧 마르크스-레닌주의에 서서 노동자들의 국가를 세우고 노동자들의 국내외적 협력을 통해 새로운 길을 찾아야 한다고 믿게 된 것이다. 그래서 그도 상하이에서 공산주의의 연구를 위한 작은 모임을 조직했다.

중국공산당의 창당

확실히 1920년에 이르러 중국에서는 공산당이 창당될 만한 내적 여건이 성숙하고 있었다. 여기에 소련이 전 세계의 공산주의운동을 지원할 목적으로 모스크바에 세운 국제공산주의기구인 코민테른이 본격적으로 개입하게 됐다. 구체적으로 말해, 코민테른은 그리고리 보이틴스키를 1920년 초에 베이징으로 파견해 우선 리다자오를 만나게 했고, 곧이어 상하이로 파견해 천두슈를 만나게 했다. 그 결과, 그들 사이에 중국공산당 창당의 구체적 계획에 대해 합의가 이뤄졌다. 이 과정에서, 보이틴스키는 사회주의적 경향의 러시아인들이 1919년에 소비에트러시아의 지원을 받아 상하이에 세운 신문 『상하이 크로니클Shanghai Chronicle』의 특파원으로 위장했다. 이 신문은 중국에 공산주의를 전파하는 데 일정한 역할을 수행했다.

1920년 여름에 천두슈는 전국적인 당조직을 출범시키기 위해 리다자오를 비롯한 마르크스주의 지식인들을 상하이로 초청해 회의를 열었다. 이 회의에서 천두슈는 화난華南을, 리다자오는 화베이華北를 책임지기로 결정했다. 이것이 중국공산당의 초기 역사에 나오는 '남진북이南陳北李'라는 구호다. 남에는 천陳이, 북에는 리李가 주도적으로 활동하고 있다는 뜻이다.

그 후 여러 이름의 작은 공산주의단체들이 베이징을 위시해서 우한, 창사, 지난 및 항저우 등에서 결성됐다. 같은 해 말에, 천두슈는 광둥성 교육위원장으로 취임하게 되자 광둥성에도 작은 공산주의단체를 하나 발족시켰다. 비슷한 시기에 『공산당』이라는 잡지도 상하이에서 출판됐다. 여기서 지적할 것은 이러한 단체들이나 잡지들에서 활약하게 된 초기 공산주의자들은 대체로 천두슈의 제자이거나 리다자오의 제자였다는 사실이다.

이렇게 기본적인 토대가 마련되자, 천두슈와 리다자오는 1921년 7월에 상하이에서 비밀리에 중국공산당을 출범시켰다. 그러나 광둥성에 머물던 천두슈와 베이징에 머물던 리다자오는 이 역사적인 중국공산당 창당대회에 참석하지 않았다. 이 대목에서 우선 강조해야 할 것은 중국공산당 창당대회에 대해서는 아직도 명백하게 설명되지 않은 부분들이 남아 있다는 사실이다. 우선 창당대회가 어느 날 열려 어느 날 끝났는지가 명확하지 않다. 물론 중국공산당은 마오쩌둥의 불분명한 회상을 받아들여 공식적으로 1921년 7월 1일을 창당기념일로 삼고 있다. 그러나 7월 23일에 열려 7월 31일에 끝났다고 보는 이들이 많다. 또 창당대회에 참석한 대표자들의 숫자도 명확하지 않다.

그러나 창당대회에 관해 대체로 다음과 같이 설명할 수 있다. 창당대회인 중국공산당 제1기 전국대표대회는 12~13명의 대의원들이 참가한 가운데 상하이의 프랑스조계지인 왕즈루望志路에 자리 잡은 한 여학교 기숙사에서 열렸다. 중국 관헌의 관할권 밖이라서 이곳으로 정했으나 밀정들이 따라붙었다. 그래서 대의원들은 7월 31일에는 저장성 자싱嘉興의 한 호수에 있는 배 위에서 회의를 계속하고 중국공산당을 출범시켰다. 중국공산당은 창당대회, 곧 제1기 전국대표대회가 열렸던 그곳을 '중공일대회지中共一大會址'라고 부른다. 오늘날의 지번으로는 상하이 루완구盧灣區 싱예루興業路 78번지이다.

당수 격인 '중앙국 서기'에는 천두슈가 선출됐다. 이로써 천두슈는 중국의 레닌으로 불리게 됐다. 이때 천두슈는 만 42세였고 리다자오는 만 33세였다. 대체로 이 시점에 천두슈의 사실상의 아내 가오준만은 그를 떠났다. 경찰이 집 안을 수색하고 자기를 체포하는 데 놀랐던 것이다. 가오준만은 1932년에 난징의 한 빈민가에서 병사한다. 그 사실을 알게 된 천두슈의 동지가 그녀의 장례를 맡아주었다.

천두슈의 노동자노선과 리다자오의 농민노선

중국공산당은 1922년 7월 16일부터 23일까지 상하이에서 제2기 전국대표대회를 열고 중앙국을 중앙집행위원회로 고친 뒤, 위원장으로 천두슈를 선출했다. 이어 1923년 6월 12일부터 20일까지 광저우에서 제3기 전국대표대회를 열고 위원장으로 천두슈를 다시 선출했다. 이어 1925년 1월 11일부터 22일까지 상하이에서 제4기 전국대표대회를 열고 위원장제도를 총서기제도로 바꾼 뒤 총서기에 천두슈를 선출했다.

중국공산당은 1927년 4월 27일부터 5월 5일까지 우한에서 제5기 전국대표대회를 열었다. 이 대회에는 취추바이瞿秋白, 마오쩌둥, 류사오치, 장궈타오張國燾, 리리싼李立三, 리웨이한李維漢, 둥비우董必武, 샹중파向忠發 등 82명의 대의원들이 참석했다. 이때 당원의 수는 약 5만 8천 명으로 보고됐다. 이 대회는 중앙집행위원회를 폐지하는 대신에 중앙위원회와 중앙정치국을 신설한 뒤 중앙정치국에 천두슈, 차이허썬蔡和森, 리웨이한, 취추바이, 장궈타오, 리리싼, 저우언라이, 탄핑산譚平山 등 여덟 명을 정위원으로 선출했다. 중앙위원회는 중앙위원회 총서기에 천두슈를 연임시켰다. 우리가 뒤에 보게 되듯, 리다자오는 바로 이해에 처형되는데 그는 한 차례도 중앙당의 핵심적인 자리에 선출되지 않았다. 그는 여전히 화베이의 지도자로서 중앙당으로부터 독립해 활동했던 것이다.

중국공산당은 창당과 동시에 레닌의 혁명노선을 그대로 받아들였다. 그것은 간단히 말해 노동자계급을 혁명의 주력군으로 삼는 노선이었다. 천두슈는 이 노선에 충실했다. 그는 중국에서 세력이 점점 더 커질 뿐만 아니라 계급의식이 높아진 공장노동자들이 중국을 사회주의소비에트국가로 바꾸는 붉은 혁명의 기관차가 되리라고 믿었다. 그러나 리다자오의 생각은 다소 달랐다. 공장노동자들의 역할을 낮게 평가한 것은 결코 아니었지만 그는 중국의 사회주의혁명은 농민이 주도하리라고 본 것이었다. 이 점에서 그는 뒷날 마오쩌둥이 추구하게 되는 농민중심 혁명노선의 선배라고 할 수 있다. 그렇다고 두 지도자 사이의 노선갈등이 중국공산당의 창당 직후부터 두드러지게 나타난 것은 아니었다. 중국공산당에 대한 코민테른의 영향력은 결정적이었으며, 따라서 중국공산당은 레닌노선에 충실할 수밖에 없었기 때문이다.

초창기 중국공산당의 한계는 곧 드러났다. 1922년 11월부터 12월까지 모스크바에서 열린 코민테른 제4차 대회에 참가한 천두슈에게 코민테른은 "오늘날 중국에서 사회주의와 소비에트공화국이라는 목표는 비현실적이므로 노동자계급은 우선 부르주아계급과 협력해야 하며 따라서 중국공산당은 중국국민당의 그늘에 들어가 자체 역량을 확대해야 한다"면서 중국국민당과 합작을 권고했다. 코민테른은 두 당이 독자적 입장을 유지한 채 협력하는 '당외黨外 합작'이 아니라 중국공산당이 중국국민당에 머리를 숙이고 들어가 협력하는 '당내 합작'을 권고했다. 천두슈는 이 권고를 거부하지 못했다. 그리하여 1923년부터 제1차 국공합작이 성립됐다.

천두슈에 비해 리다자오는 국공합작에 호의적이었다. 리다자오는 중국에서 사회주의혁명이 성공하려면 범국민적 기반 위에서 추진돼야 한다고 믿었기 때문이다. 그래서 그는 중국공산당 당원으로서는 처음으로 중국국민당에도 입당했다. 그의 이러한 행동은 곧바로 쑨원의 주목을 받았다. 쑨원은 1924년 1월에 중국국민당의 최고의결기관인 중앙상무위원회를 5인으로 구성하면서 거기에 리다자오를 포함시킨 것이다. 이때 중국공산당원으로 그 자리에 뽑힌 사람은 리다자오뿐이었다.

그렇다고 해서 리다자오의 지위가 안정됐던 것은 아니다. 그의 활동무대인 화베이지방, 그리고 특히 베이징은 반동적 베이양군벌의 통치 아래 놓여 있었고, 베이양군벌은 공산당의 활동을 혹독하게 탄압하고 있었다. 더구나 1923년 2월에 그가 지휘했던 경한철도京漢鐵道노동자들의 파업이 실패하고 베이양군벌은 그를 검거하려 했다. 그래서 그는 산속의 절로 피해야 했고, 1924년 6월에 모스크바에서 열린 코민테른 제5차 대회에 중국 대표단 단장으로 참석할 때도 장사꾼으로 가장해 비밀스럽게 출국해야만 했다.

1924~25년의 정치상황은 리다자오에게 더욱 불리하게 전개됐다. 1924년에는 군벌 펑위샹馮玉祥이 베이징에서 쿠데타를 일으켜 이 일대의 실질적 최고권력자로 등장하면서 쑨원을 베이징으로 초청해 새 정부를 조직하게 했다. 펑위샹은 그해 11월에는 그사이 베이징의 쯔진청紫禁城(자금성)에서 생활하던 청의 마지막 황제 푸이를 추방하기도 했다. 다른 한편으로, 펑위샹은 베이양군벌 돤치루이를 배후에서 조종해 공산주의자들을 탄압하게 했

다. 상황이 이렇게 전개되던 시점인 1925년 3월에 쑨원이 죽자 중국국민당은 우파의 지배 아래 놓이게 됐다. 반공적인 우파가 지배하는 중국국민당은 국공합작의 무효를 선언하면서 리다자오를 제명했다. 게다가 실력을 갖춘 사람들 가운데 노동자계급에 동조하는 사람은 거의 없다시피 해서 화베이의 공산주의운동은 원점으로 되돌아갔다.

이러한 배경에서, 1926년에 이른바 3·18대학살사건이 일어났다. 돤치루이정부가 펑위샹의 계획을 받아들여 중국국민당좌파와 중국공산당이 주도한 반외세의 민족주의적 반정부시위를 무력으로 진압해 40명 이상이 숨진 것이다. 루쉰은 이날을 '민국 이래로 가장 암흑한 날'이었다고 기록했다. 리다자오 역시 이 반정부시위에 참여했으며 머리에 가벼운 상처를 입었다. 곧 그는 체포망을 벗어나 베이징에 상주하는 소련공사관으로 가족들과 함께 피신했다. 거기서 그는 베이징의 공산당운동을 계속 지도했는데, 그의 관심은 점점 더 농민반란의 방향으로 쏠렸다. 한편 돤치루이는 3·18대학살사건을 계기로 더욱 크게 민심을 잃었고, 결국 그해 4월에 펑위샹에 의해 권좌에서 축출됐다. 그는 톈진의 일본조계지로 망명해 불교에 심취해 살다가 1936년에 상하이에서 71세로 죽었다.

3. 리다자오의 처형과 천두슈의 축출

리다자오, 소련공사관에서 체포되다

1927년 4월 6일, 이미 베이징까지 세력을 확장한 만주군벌 장쭤린張作霖은 서양 및 일본 외교단과 사전에 교섭한 뒤 소련공사관을 습격해 1백여 명의 러시아사람들과 중국사람들을 체포했다. 거기에는 물론 리다자오가 포함됐다. 그의 부인과 두 딸도 함께 체포됐다.

그들은 곧 형식적인 재판에 회부됐다. 리다자오는 위신과 평온을 지키면서 자신의 신념을 의연하게 밝힘과 동시에 아내와 두 딸의 석방을 요구했다. 다행히 아내와 두 딸은 4월 28일 저녁에 석방됐다. 다음 날 그들은 베이징의 한 신문에서 리다자오가 다른 19명의 중국국민당좌파 인사들 및 중국공산당 인사들과 함께 자신들이 석방된 바로 그날에 교수형에 처해졌다는 기사를 읽었다. 그때 그의 나이는 39세에 지나지 않았다.

리다자오의 처형은 공산주의자들뿐만 아니라 많은 국민들에게서도 커다란 항의를 불러일으켰다. 겁을 먹은 베이징정부는 리다자오의 장례식이 공식적으로 거행될 경우 반정부시위가 일어날 것을 우려해, 그의 시신을 가족들에게 내주려 하지 않았다. 그는 베이징의 선무문 밖의 한 불교사원에 임시로 마련된 장지에 매장됐다. 4년 뒤, 베이징대학의 장몽린張夢麟 교장이 리다자오의 미망인을 대신해 베이징정부에 항의함으로써 비로소 리다자오는 합당한 장례식을 거쳐 새롭게 매장될 수 있었다. 이날 리다자오를 추모하는 학생들의 시위가 일어났다. 그들은 국제공산당 당가인「인터내셔널」을 불렀고 공산주의적 유인물들을 배포했다. 이때 약 40명이 체포당했다.

리다자오를 체포해 죽음에 이르게 했던 장본인은 중국공산당이 집권하고 2년이 지난 1951년에 가서야 체포됐다. 장쮜린의 부관 가운데 한 사람으로 대위였던 차오위수曹玉書라는 사람이었다. 중국공산당의 표현으로 "흉악한 전과를 숨기고 살아온" 그는 인민법정에서 사형을 선고받고 그해 2월 22일에 총살됐다. 리다자오는 그 후 중국공산당에 의해 공산주의의 순교자로, 혁명의 열사로 추앙을 받았다. 특히 베이징시인민정부는 1984년 5월 24일에 '리다자오열사능원'을 베이징의 완안萬安공동묘지 안에 세웠다.

천두슈, 당에서 추방되다

그러면 천두슈는 어떻게 됐나? 리다자오가 처형되고 몇 달 지나지 않아,

이미 약화된 제1차 국공합작은 공식적인 수준에서도 마침내 붕괴됐다. 그렇게 되자 코민테른은 그 책임을 천두슈에게 씌워 그를 우선 당의 총서기직과 중앙위원직에서 몰아냈고, 1929년에는 당에서도 몰아냈다. 그는 당내 트로츠키추종자들과 또 다른 소수 비판세력의 지지를 업고 당권을 다시 쥐어보려고 했으나 실패했다.

뿐만 아니라 천두슈는 1932년 10월 15일에 상하이에서 체포돼, 다음 해 난징국민당정부의 재판에서 15년형을 선고받고 복역하는 처지에 빠졌다. 1937년에 중일전쟁이 일어나자 국민당정부는 유화정책의 차원에서 사면령을 내렸는데 그때 그도 가석방됐다. 이 무렵에 그는 어떤 여성노동자와 동거했다. 그러나 그의 불운은 계속됐다. 1938년 말에 국민당정부의 전시 임시수도인 충칭에서 잠시 교편을 잡았으나 건강이 나빠져서 충칭 서쪽의 작은 마을인 장진에서 은거했다가 결국 1942년 5월 27일에 죽고 말았다. 그의 나이 만 63세였다. 천두슈는 중국공산당에 의해 공식적으로 축출됐기에 그가 받아야 할 최소한의 예우조차 받지 못했다. 그래서 그는 고향 땅인 안후이성 안칭시의 교외에 평범하게 묻혀 있다.

마지막으로 한 가지 덧붙일 것이 있다. 1997년 9월 29일에 국내 신문들에 보도된 그의 딸 천쯔메이陳子美의 근황이다. 홍콩의 시사잡지 『아주주간亞洲週間』을 인용한 이 기사들에 따르면, 천두슈에게는 4남 2녀가 있었고 천쯔메이는 다섯째다. 그녀는 중국공산당이 1949년 10월에 중화인민공화국을 세운 뒤에도 혼자 대륙에 남았다. 비록 아버지는 중국공산당에 숙청됐지만 자신은 공산주의를 선택한 것이다. 그녀는 그 후 광저우에서 교사로 일했다. 그러나 문화대혁명이 진행되던 1968년에 '반혁명분자'로 몰려 14개월 동안 투옥됐다. 출옥한 직후 홍콩으로 탈출해 힘들게 번 돈으로 1975년에 미국 뉴욕으로 건너가 가정부생활을 하며 거기서 여생을 마치고자 했다. 그러나 1991년에 둘째 아들이 돈을 전부 갖고 달아나 무일푼이 됐다. 딱한 사정이 알려지면서 뉴욕의 화교들이 조금씩 도왔으나, 1997년 8월에 그동안 밀린 방 한 칸짜리 아파트 관리비를 갚지 못해 퇴거명령을 받았다. 그녀는 그때 87세의 노인이었다. 백발이 성성한 이 할머니는 이데올로기에 짓밟히고 자식에게 버림받은 셈이었다. 이처럼 비참한 말년을 보내면서도 그녀는 아버지 천두슈의 명예회복 하나만을 부르짖었다고 한다. "중국공산당은 내 아버지의 명예를 회복시켜야 한다"라고.

4. 취추바이, 샹중파, 리리싼의 죽음

앞에서 코민테른이 제1차 국공합작이 와해된 책임을 천두슈에게 지운 뒤 지도층을 개편했다고 말했다. 그러면 그 후 중국공산당 지도층은 어떤 길을 걸었는가? 이 물음에 대답하려면 장제스의 저 유명한 1927년 4월쿠데타부터 살펴야 한다.

장제스의 북벌작전과 중국공산당의 위기

중국공산당은 창당된 지 6년 가까이 지난 1927년 봄에 심각한 위기를 맞았다. 중국공산당을 불신의 눈으로 바라보던 장제스가 상하이까지 평정한 북벌작전의 성공에 힘입어, 1927년 4월 12일에 반공쿠데타를 단행한 데 이어 4월 18일에는 단독으로 난징에서 '난징국민정부'를 수립함으로써 국공합작을 깨뜨린 것이다. 이 대목에서 지적돼야 할 것은 장제스의 반공쿠데타를 기획하고 후원한 세력들 가운데 가장 중요한 세력은 우리가 바로 앞 장에서 보았던 저장재벌이었다는 사실이다. 그때 중국의 은행 및 금융을 장악하고 있던 저장재벌은 노동자계급의 급속한 성장과 격렬한 투쟁을 약화시켜야 한다는 계산에서 장제스에게 정치자금 및 군사자금을 제공하며 반공쿠데타를 후원한 것이다.

　승승장구하던 장제스는 '난징국민정부'를 수립한 기세로, 9월에는 국공합작의 토대 위에 서 있던 '광둥국민정부'의 한 지파인 '우한정부武漢政府'를 흡수했고, 12월에는 중국공산당의 절대적 배후세력인 소련과 단교했다. 장제스의 북벌작전은 계속돼, 1928년 6월에는 펑톈奉天을 대표하는 군벌의 우두머리 장쭤린을 베이징에서 축출함으로써 사실상 천하통일의 위업을 달성했다. 이에 따라 영국, 프랑스, 미국 등 서구열강은 장제스의 '난징국민정부'를 정식승인했다. 매우 유리한 고지에 서게 된 장제스는 곧바로 공산당을 소탕하는, 곧 소공작전掃共作戰을 구상하기 시작했다.

　중국공산당은 사실상 절체절명의 위기에 직면했다. 그렇게 되자, 중국공산당은 최후의 도박을 하는 듯한 심리상태에 빠졌다. 코민테른은 코민테른대로 과격노선에서 활로를 찾고자 했고, 중국공산당 지도부에 그렇게 지시했다. 그리하여 중국공산당은 여기저기서 폭동을 일으켰다. 1927년 8월 1일에 주더朱德가 난창南昌에서 폭동을 일으켜 잠시 정권을 세웠다. 8월 7일에는 중국공산당 스스로 중앙집행위원회 비상회의를 소집하고, 이제까지의 노선을 '반동적 우익기회주의'였다고 단죄하며 당의 총서기 자리에서 천두슈를 추방한 뒤 취추바이를 후임으로 선출했다. 중국공산당은 이제부터는 더 적극적인 행동주의의 길을 걸어야 한다는 뜻이었다.

취추바이의 폭동노선, 그리고 거듭된 공산당의 패배

　그러면 취추바이는 어떤 사람이었나? 그는 영어로 Ch'iu Ch'iupai 또는 Qu Quibai로 표기된다. 그는 천두슈보다 20년 뒤인 1899년 1월 29일에 장쑤성 창저우常州에서 태어났다. 베이징의 러시아어 전수관專修館에 재학하던 때 5·4운동에 참여해 사회적 모순에 눈을 떴으며 차차 급진파 학생으로 알려지게 됐다. 그는 결국 리다자오의 권유로 1919년에 조직된 마르크스주의연구회에 가입했다.

취추바이는 1920년에 『베이징신보』의 모스크바특파원이 되어 소련으로 갔다. 그는 소련에 대해 많은 글을 기고한 뒤 1921년에는 『굶주림의 나라로의 여행餓鄕紀程』을, 1924년에는 『붉은 수도의 인상들赤都心史』 같은 책들을 엮어 냈는데, 이 두 책은 중국의 지식인들에게 많은 영향을 주었다.

취추바이는 1922년에 공식적으로 중국공산당 당원이 됐다. 그해 후반기에 천두슈가 중국공산당 당수의 자격으로 모스크바를 방문했을 때, 취추바이는 통역을 맡았다가 천두슈와 함께 귀국해서 당중앙위원회 위원으로 선출됐다. 1924년에 국공합작에 따라 국민당 제1차 전국대표대회가 열렸을 때는 마오쩌둥과 더불어 17명의 중앙집행위원 후보들 가운데 한 사람으로 선출됐다.

취추바이는 곧 천두슈의 지도노선에 반기를 들었다. 취추바이는 중국공산당이 천두슈처럼 국공합작의 장래를 낙관해서는 안 된다고 경고하면서 훨씬 더 적극적인 투쟁을 벌여야 한다고 제의한 것이다. 취추바이의 이러한 주장은 역시 적극적인 투쟁노선을 옹호하던 마오쩌둥과 공감대를 형성했다. 그래서 마오쩌둥이 작성한 「후난농민운동 시찰보고서」가 천두슈에 의해 거부되자, 취추바이는 마오쩌둥의 글에 서문을 달아 그것을 소책자로 간행해주었다. 그렇다고 취추바이가 마오쩌둥의 농민혁명론에 전적으로 공감한 것은 아니었다. 그가 지지한 것은 오로지 폭력혁명론 부분이었다. 그는 도시노동자들에 의한 폭력혁명을 옹호하고 있었는데, 이 노선 때문에 그는 코민테른의 지지를 받아 과격폭동노선을 부르짖는 중국공산당의 총서기로 선출될 수 있었다.

중국공산당의 지방 지도자들은 취추바이의 과격한 폭동노선에 따라 장시성, 광둥성, 장쑤성, 후난성 등에서 이른바 추수폭동을 일으켰다. 마오쩌둥은 후난성의 추수폭동을 이끌었다. 광둥성의 하이펑海豊과 루펑陸豊 지방에서도 그 지역의 공산당 지도자들이 폭동을 일으켰고 잠시 '광둥코뮌'이라는 것이 세워지기도 했다. 그러나 그것들은 장제스정부의 무자비한 진압정책에 밀려 모조리 좌절되고 말았다.

참담한 실패를 겪은 뒤 중국공산당은 코민테른의 지시에 따라 1928년 7월에 모스크바에서 제6기 전국대표대회를 열었다. 이 대회는 역시 코민테른의 지시에 따라 취추바이의 노선을 '맹동주의' 또는 '극좌모험주의'로 단죄하고 취추바이를 해임했다. 그 대신, 이 대회는 '신중노선'을 채택한 데 이어 취추바이의 후임으로 샹중파를 선출했다. 샹중파는 1880년에 후베이성에서 태어난 이후 조선노동자로 일하다가 5·4운동의 영향을 받아 노동운동에 참가했다. 1925년에 소련에서 유학했으며 1927년에 귀국한 뒤 후베이성 노동조합의 주석으로 선출됐다.

리리싼의 '극좌모험주의'

신중노선의 샹중파가 당수로 선출된 지 1년도 안 된 1929년에 중국공산당은 다시 한 번 코민테른의 지시에 따라 과격한 폭동주의로 돌아섰다. 당수의 자리는 리리싼에게 넘어갔다. 리리싼은 취추바이와 동갑으로, 저우언라이와 함께 프랑스에서 노동과 유학생활을 했으며 거기서 공산주의를 받아들였다. 1921년에 귀국한 뒤, 그는 천두슈의 권유로 중국공산당에 가입했다. 1930년 7월의 창사폭동은 코민테른이 지시한 과격한 폭동주의노선에 따른 것이었는데 역시 실패로 끝났다. 이러한 배경에서, '극좌모험주의' 또는 '외국의 예를 무비판적으로 따르는 교조주의'라는 뜻으로 '리리싼노선'이라는 말이 생겨났다.

중국공산당은 다시 우왕좌왕했다. 역시 코민테른의 지시에 따라 리리싼은 모스크바로 소환되어 엄중한 신문을 받고 '코민테른의 올바른 노선'을 어긴 채 '좌익맹동주의' 또는 '좌경을 가장한 우익기회주의'의 길을 밟은 것으로 단죄됐다. 리리싼에 앞서 역시 폭동주의자로 단죄됐던 취추바이도 리리싼과 함께 엄중한 신문에 회부되어 비슷하게 단죄됐다. 그러나 취추바이에게는 귀국이 허용됐고 리리싼에게는 허용되지 않았다. 그는 소련에서 사실상 연금된 채 생활하다가 러시아여성과 결혼했다. 리리싼은 1945년이 돼서야 겨우 귀국하게 된다.

중국공산당의 지도자 공백은 모스크바에서 귀국한 20대 젊은이들로 메워졌다. 그 대표적인 사람이 천사오위陳紹禹였다. 중국공산당의 역사에 왕밍王明으로 더 알려진 그는 중국의 혁명에 대한 현실적 투쟁경험이 전혀 없었을 뿐만 아니라 24세라는 아주 젊은 나이였는데도 오로지 코민테른의 축복 한 가지로 중국공산당의 당수에 오른 것이다. 이때가 1931년 1월이었다.

취추바이, 샹중파, 리리싼의 최후

왕밍에 대해서는 다음 장에서 다시 보기로 하고, 여기서는 취추바이와 샹중파 및 리리싼의 최후에 대해 살피기로 한다.

1930년에 모스크바에서 엄중한 신문을 받고 귀국한 취추바이는 본래의 영역인 문필활동으로 돌아가 중국의 지식인들로 하여금 공산당을 돕도록 하는 데 적잖게 이바지했다. 그는 그 후 마오쩌둥이 주더와 손을 잡고 장시성 루이진瑞金에 세운 소비에트공화국에도 참여해 활동했다. 우리가 다음 장에서 보듯, 이 소비에트공화국은 몇 해 뒤 저 유명한 장정에 오르게 되는데, 취추바이는 장정에 참여하지 말고 현지에 남아 선전과 교육활동에 종사하라는 사명을 받고 충실히 일하다가 1935년 2월에 장제스군대에 붙잡혔다. 그는 굴하지 않았으며 1935년 6월 18일에 푸젠성 창팅현 서문 밖에서 처형됐다. 향년 36세였다. 갇혀 있는 동안 그는 '여러 여담'이라는 뜻의 『다여적화多餘的話』를 썼다. 이 글에서 그는 혁명의 큰 뜻을 위해 개인의 사사로운 욕구를 버려야 했던 고뇌를 털어놓았다.

취추바이는 오늘날까지도 중국공산당에 의해 '중국의 무산계급에 무한히 충성한 전사'이면서 '고상한 품성'을 가진 인간으로 추앙을 받는다. 그래서 그의 무덤은 베이징에 자리 잡은 중국공산주의혁명가들의 공동묘지인 '팔보산 혁명공묘八寶山 革命公墓'에 모셔졌다. 묘비명은 저우언라이가 썼다.

취추바이의 후임자였던 샹중파는 취추바이와 전혀 다른 길을 걸었다. 1928년부터 1년 정도 중국공산당 총서기로 일했던 샹중파는 1931년 6월 23일에 장제스정부의 비밀경찰에 붙잡혔다. 노동자 출신인 그는 곧 당을 비난하고 장제스정부에 충성을 다짐함으로써 목숨을 건지려고 했다. 그러나 장제스정부는 '일개 노동자에 지나지 않았던' 샹중파의 전향이 아무런 도움이 되지 않는다고 판단해 곧바로 처형했고, 중국공산당도 그를 배반자로 취급해 '팔보산 혁명공묘'에 매장하지 않았다.

샹중파의 후임자였던 리리싼이 걸은 길은 취추바이와도 달랐고 샹중파와도 달랐다. 1945년에야 마오쩌둥의 배려로 겨우 귀국할 수 있었던 리리싼은 그 후 중국공산당에서는 수뇌부에 한 차례도 들지 못하고 그저 중간급 지도부에서 명맥을 유지했으며, 중화인민공화국 건국 초기에 정부의 노동부에서 부장으로 활동했다. 그러했건만 문화대혁명의 폭풍에 휘말려 홍위병들의 공격을 받아 공직에서 물러난 채 실의와 질병 속에서 고생을 하다가 1967년에 68세의 나이로 자살한 것으로 알려졌다. 그 역시 '팔보산 혁명공묘'에 매장되지 못했다.

중화인민공화국 건국의 주역

마오쩌둥

 시대를 영웅이 만들어가는 것이냐 민중이 만들어가는 것이냐의 논쟁은 정치사학의 중요한 논쟁들 가운데 하나다. 이른바 영웅사관 대 민중사관이라는 양분법의 틀 속에서 전개된 이 논쟁은 특히 제2차 세계대전이 끝난 이후의 시기에 이르러 민중사관으로 정착되는 경향을 보였다. 이 논쟁을 제한된 지면에서 되풀이할 생각은 없다. 그러나 파란만장한 현대중국의 정치사를 다시 읽어볼 때 우리는 마오쩌둥毛澤東이라는 한 특정 정치가의 역할을 중시하게 된다. 세계적 출판사들 가운데 하나인 미국의 펭귄출판사는 이미 1960년대에 '20세기의 정치지도자들' 총서를 출판했다. 이 총서에 중국에서는 마오쩌둥이 포함됐고, 그의 전기는 영국 런던대학교의 중국전문가인 스튜어트 슈램Stuart R. Schram 교수가 집필했다. 『마오쩌둥Mao Tse-tung』이라는 제목의 이 책은 그를 "현대의 위대하고 두드러진 정치가들 가운데 한 사람"으로 평가했다.

이와 같은 위치로 평가되는 마오쩌둥이 없는 중국공산당의 역사, 그리고 마오쩌둥이 없는 중화인민공화국의 역사는 과연 어떤 모습일까? 역사에는 가정이 없다고 하지만, 우리는 때때로 그러한 의문을 갖지 않을 수 없다. 새삼 강조할 필요조차 없이, 현대중국의 전개과정에서 그가 차지하는 비중이 참으로 크기 때문이다.

1. 마오쩌둥의 사상적 성장, 소비에트공화국을 세우기까지

반항의 아들이 신문화운동에 접하다

우리 식 발음으로 모택동, 영어로 Mao Tse-tung 또는 Mao Zedong으로 표기되는 마오쩌둥은 1893년 12월 26일에 후난성 샹탄현湘潭縣 사오산샹韶山鄕에서 태어났다. 그 자신의 회고에 따르면, 아버지 마오순성毛順生은 농사에 쌀가게를 겸하면서도 고리대금까지 해서 부농이 됐지만, 평생 동안 인정머리라고는 전혀 없는 수전노였다. 그래서 어린 아들에게도 힘든 일을 마구 시켰고 일을 제대로 하지 못한다는 이유로 매질을 하기도 했다. 그는 어린 마음에도 그런 아버지를 존경할 수 없었다. 그래서 아버지에게 대들기도 했으며 때로는 자살하겠다고 위협해, 아버지로 하여금 포기하게 만들었다.

이 반항적인 아들에게, 아버지가 강요하는 농사는 관심 밖의 일이었다. 그에게는 마을의 전통적 서당교육도 매력적이지 않았다. 그는 8세부터 13세에 이르는 5년 동안 그곳에서 사서삼경을 익히는 등 고전적 유학교육을 받았으나, 오히려 그때 '저속한 잡소설'로 분류되던 『삼국지연의』와 『수호지』 등에 재미를 붙였다. 정사正史 『삼국지』를 근거로 소설로 만들어진 『삼국지연의』는 너무나 많이 읽어 거의 전부를 줄줄 암송할 수 있었다. 그러나 우리가 잊어서는 안 되는 것은 그가 그 시대의 기준으로 결코 무산계급 출신이 아니라 유산계급 출신이라는 사실이다. 그는 유모와 하인들의 보호를 받으며 컸고, 아버지의 재력 덕분에 상당히 높은 수준의 학교교육을 받을 수 있었다.

14세이던 1907년에 마오쩌둥은 정관잉이 쓴 『성세위언盛世危言』을 읽게 됐다. 이 책은 청나라가 열강의 침략 앞에서 얼마나 위급한 상황에 처했는가를 경고함과 아울러 근대화의 필요성을 강조했다. 마오는 말할 수 없이 큰 충격을 받았으며 비로소 국가와 세계에 대해 눈을 뜨게 됐다. 2년 뒤 그는 고향을 떠나 샹탄현의 현청소재지에 자리 잡은 신식의 현립 둥산학교東山學校에 입학해 서양학문에 접하게 됐다. 서양의 역사와 지리 및 자연과학에 대해서는 물론 서양의 위인들에 대해서도 배웠다. 이 학교에서의 공부를 통해 그가 가장 숭배하게 된 위인은 미국의 국부 조지 워싱턴이었다. 그러나 그는 차차 그때 청나라의 개혁을 주장하던 정치인이요 사상가인 캉유웨이와 량치차오를 존경하게 됐다.

둥산학교에서의 생활은 마오쩌둥에게는 무척 생산적이었다. 그러나 그는 반항아답게 급우들을 동원해 교장에게 반항하다가 퇴교를 당했다. 그는 곧 후난성의 성도인 창사長沙로 가서 상샹중학교에 입학했다. 거기서 그는 신문을 처음 읽게 됐고, 비로소 쑨원의 삼민주의에 입각한 국민혁명론에 접하고 공감했다. 그뿐이 아니었다. 1911년에 쑨원의 주도로 신해혁명이 일어나자 거기에 호응해 창사에서 조직된 학도의용대에 가담하기도 했다. 여기서 그는 약 6개월 동안 사병으로 생활했다. 우리가 앞에서 이미 살폈듯, 신해혁명이 성공해 청조가 무너지고 중화민국이라는 공화제가 채택되기는 했으나 쑨원이 위안스카이와 타협함으로써 위안스카이가 정식대총통으로 추대되기에 이르렀다. 이것을 보고 19세의 마오는 크게 실망했다. 쑨원에 대해서도 실망했고 삼민주의에 입각한 국민혁명의 앞날에 대해서도 비관하게 됐다. 그러한 그에게 새로운 문이 열렸다. 후난성 창사에 세워진 제1사범학교 입학이 그것이었다. 이 성의 최고학부로 꼽히던 이 학교에서 그는 많은 것을 배웠으나 그것보다 더 중요하게 양창지楊昌濟라는 학자를 만나는 행운을 얻었다. 중국의 고전철학에 밝으면서 일본과 영국 및 독일에서 공부한 이 학자는 혁신적 자유주의자이면서 전진적 민족주의자였는데, 바로 이 점이 마오를 매료시켰다.

마오쩌둥이 24세가 된 1917년에 그는 급우들을 중심으로 신민학회新民學會를 조직했다. 이 단체는 특정한 정치이념에 연결되지 않은 교양단체로, 청년학도들이 인격 도야와 학문 연마를 통해 스스로를 변화시키고 그 힘에 바탕을 두어 중국민족을 새롭게 만들며 다시 그것을 계기로 중국의 운명을 새롭게 개척하자는 순수한 포부를 지니고 있었다. 이 단체에서 그는 지도자들에게 필요한 역량을 키웠다. 조직력, 설득력, 선동력을 키웠으며 책략에도 익숙해졌다. 그것만이 아니라 무력우선주의를 굳히게 됐다. 무력을 확보하지 않고서는 덕이니 이상이니 노선이니 하는 것이 아무런 의미가 없다는 신념을 갖게 된 것이다.

이 무렵 천두슈가 중심이 돼 일으킨 신문화운동이 후난성으로도 전파됐다. 개혁을 하되 유교의 가르침들 가운데 배울 것은 배워야 한다는 쑨원이나 양창지와는 달리 유교를 전면부인한 천두슈의 신문화운동은 타고난 반항아인 마오쩌둥을 흥분시켰다. 마오는 신민학회를 신문화운동의 매개체로 변질시키면서까지 이 운동에 앞장섰다. 제1차 세계대전이 끝난 1918년에 그는 25세의 나이로 제1사범학교를 졸업했다. 그는 그때 중국의 지식층 청년들이 그렇게 했듯 프랑스유학을 꿈꾸면서 베이징으로 올라갔다. 그러나 학자금 마련이 쉽지 않은 데다 국내에서 동지를 모아 정치활동을 준비하는 것이 낫겠다고 판단해 유학을 포기했다. 그 대신에 그는 이때 베이징대학 교수로 봉직하던 은사 양창지의 추천을 받아 이 대학의 도서관장인 리다자오의 사서보司書補로 새로운 출발을 하게 됐다. 비록 직원 신분이었으나 그는 천두슈와 리다자오 및 후스를 비롯해 저명한 교수들의 강의를 청강하면서 서양학문에 한 걸음 더 접근할 수 있었다.

공산주의를 수용하다

1919년의 5·4운동은 현대중국의 역사에서 하나의 커다란 전환점을 마련했다. 우리가 이미 앞의 두 장에서 보았듯, 이 운동을 계기로 신문화운동을 이끌었던 지식인들 가운데 공산주의를 받아들이는 데 앞장선 지도자들이 나타난 것이다. 천두슈와 리다자오가 그 대표적인 지도자들이었다. 마오쩌둥도 리다자오의 영향을 받아 공산주의로 완전히 기울었다. 마오는 곧 창사로 내려가 잡지 『상강평론湘江評論』을 창간하고, 러시아혁명을 찬양했다. 후난성정부는 이 '불온한' 잡지를 폐간시켰다. 그러나 그는 위축되지 않고 제1사범학교 강사로, 또 그 학교 부속초등학교 교장으로 일하면서 공산주의의 보급을 이끌었다. 거기서 한 걸음 더 나아가, 그는 신민학회를 사회주의청년단으로 개조하면서 마침내 소련식 공산혁명을 중국에서 되풀이해야 한다는 믿음을 갖기에 이르렀다. 이 시점에 그는 아버지의 유산을 물려받아 안정된 생활을 할 수 있었다. 양창지의 딸이자 사범학교 동급생인 양카이후이楊開慧와 결혼한 것도 이때였다.

그러나 그것들보다도 더 중요하게, 마오쩌둥의 생애에서 가장 큰 첫번째 성취는 아마도 1921년 7월에 열린 중국공산당 창당대회에 후난성의 대표로 참석한 일일 것이다. 그의 위상은 천두슈나 리다자오의 위상에 비하면 아무것도 아니었다. 우리가 앞 장에서 살폈듯, 천두슈나 리다자오의 명성은 특히 지식인사회에서 전국적인 지도자의 그것이었다. 그러나 마오는 한낱 무명의 지방 공산주의활동가에 지나지 않았다. 그것도 권력당국의 눈을 피해 움직여야 하는 음지의 활동가일 뿐이었다. 그렇지만 그가 앞으로 정치적으로 성장할 수 있는 발판을 확보하게 된 것만은 사실이었다.

실제로 마오쩌둥은 3개월 뒤인 1921년 10월에 중국공산당 후난성지부를 창설하고 지부의 대표인 서기로 취임했다. 거기서 한 걸음 더 나아가, 1923년 6월에 광저우에서 열린 중국공산당 제3기 전국대표대회에서 다섯 명의 책임비서들 가운데 한 사람으로 선출됐다. 그의 정치적 비중은 점점 커졌다. 1924년 1월 20일에 열린 중국국민당 제1기 전국대표대회가 국공합작의 원칙에 따라 중국공산당 지도자들을 받아들였을 때, 마오는 24명의 중앙집행위원회 위원으로 선출되지는 못했으나 17명의 중앙집행위원회 후보위원 중 하나로 선출되기에 이르렀다. 이로써 그는 31세의 나이에 광둥 일대의 집권당인 중국국민당의 중앙집행위원회 후보위원으로 공개적인 정치활동을 벌일 수 있게 됐다. 중국국민당 총리이면서 중화민국 대총통이라는 직함으로 광둥국민정부를 이끄는 쑨원과도 만날 수 있었고, 쑨원에 버금가는 중국국민당 지도자인 후한민의 비서로 잠시 일할 수 있었다.

농민운동을 주도하다

그러나 마오쩌둥에게 시련이 닥쳤다. 중국공산당의 일부 지도자들이 그가 공산주의이념을 버리고 우익편향주의자가 됐다고 의심한 것이다. 게다가 그는 병에 걸렸다. 그래서 그는 1924년 겨울에 고향으로 돌아가 정양에 힘썼다. 1925년 봄, 건강을 되찾았지만 그는 중국정치의 중앙무대라고 할 수 있는 광둥으로 돌아가지 않고 오히려 고향에 남아 농민을 조직하는 일을 시작했다. 그의 새로운 시도는 꽤나 성공적이어서 몇 달 안에 그는 20개 이상의 농민단체를 만들어냈다. 이 과정에서 그는 농민의 혁명적 잠재력을 믿게 됐다. 중국공산당의 거의 모든 지도자들이 소련공산당의 혁명전략인 공장노동자중심의 프롤레타리아혁명노선에 매달리던 때, 그는 농민중심의 혁명노선에 착안했던 것이다. 물론 이것이 독창적인 것은 아니다. 우리가 앞 장에서 보았듯, 천두슈가 공장노동자중심의 혁명노선을 제시했던 때 리다자오가 이미 농민중심의 혁명노선을 제시했던 것이다. 그렇다고 해서 마오가 리다자오의 가르침을 그대로 받아들였다고 해석할 필요는 없겠다. 마오는 현장체험을 통해 농민의 중요성을 스스로 깨달았던 것이다. 그리고 그것을 바탕으로 평생 자신의 상표가 되는 농민중심의 혁명이론을 세우게 된다.

마오쩌둥이 고향에서 농촌운동에 몰입해 있던 1925년 3월에 국공합작의 구심체였던 쑨원이 별세했다. 그러자 중국국민당은 곧바로 내분에 빠졌다. 우파는 공산주의자들의 축출을 요구한 반면에 좌파는 국공합작의 유지를 지지했기 때문이다. 내분은 왕징웨이가 이끈 좌파의 잠정적인 승리로 일단 마감됐다. 왕징웨이의 본명은 왕자오밍汪兆銘으로, 쑨원의 각별한 신임을 받았던 인물이다. 그러나 쑨원이 별세하면서 자신의 힘이 약해지자 장제스에게 도전하곤 했다.

좌파의 승리를 바라보며 마오쩌둥은 광둥으로 돌아와 중국국민당 중앙집행위원회 선전부장 대리를 맡았으며, 이듬해인 1926년 1월에 열린 중국국민당 제2기 전국대표대회에서 중앙집행위원회 후보위원으로 다시 선출됐다. 2개월 뒤에 그는 중국국민당이 광둥에 개설한 중앙농민운동강습소의 소장직을 맡았다. 중국국민당이 이 기관을 세운 목적은 장제스가 추진하게 될 북벌작전에 도움을 줄 수 있도록 전국의 농민들을 조직하는 데 필요한 일꾼들을 길러내려는 것이었다. 그러나 마오는 저우언라이와 리리싼을 비롯한 젊은 공산주의자들을 강사로 채용하면서 농촌에 공산혁명운동가들을 뿌리내리게 하는 계획에 착수했다.

마오쩌둥은 1926년 7월 1일에 장제스가 국민혁명군 총사령관의 자격으로 북벌작전을 개시한 뒤에도 그 계획을 포기하지 않았다. 마오는 북벌작전 성공으로 중국의 많은 지역들이 광둥국민정부의 관할 아래 통일될수록 각지에서 자기 나름의 농민운동을 조직했으며, 그 과정에 중국공산당에서 농민문제에 관해 최고책임자의 자리인 중앙농민위원회 주임으로 선출되기에 이르렀다. 그는 1926년 11월에 고향인 후난성으로 다시 돌아가 고향의 농민운동을 깊이 관찰했다. 이때 그가 중국혁명의 과제라는 큰 틀 속에서 농민문제를 어떻게 파악했는가 하는 것은 그가 만 34세이던 1927년 3월에 완성한 「후난농민운동 시찰보고서」에 잘 나타났다. 그는 중국공산당이 공장노동자를 중시하고 농민을 경시하는 것은 잘못이라고 경고하고, 농민들 가운데도 농촌 전체인구의 7할을 차지하는 빈농을 중심으로 봉건적 지주계급을 타도해야 하며, 그러한 농촌혁명을 뼈대로 반제·반군벌·반부패관료의 중국혁명을 성취해야 한다고 제의했다. 이 보고서에서 그는 "혁명은 결코 연회에 손님을 초대하는 따위의 부드러운 일이 아니며 문장을 만드는 것도 아니고 그림을 그리거나 자수를 하는 것도 아니다. 혁명은 귀족적이며 고상하고 화기애애한 것이 아니라 폭력이며 한 계급이 다른 계급을 타도하는 맹렬한 운동이다"라고 주장했다. 이것은 그의 혁명관을 설명할 때 반드시 인용되는 유명한 구절이다.

징강산투쟁과 유격전술

1927년은 우리가 앞 장에서 이미 보았듯, 중국공산당이 코민테른의 지시에 따라 노선변경을 거듭하던 때였다. 그러면 이 시기에 마오쩌둥은 어떻게 행동하고 있었는가? 이야기는 1927년에 주더가 일으킨 난창폭동으로 돌아간다. 주더는 1886년에 쓰촨성에서 태어나 윈난성의 강무학당講武學堂을 졸업하면서 소위로 임관된 이후 군인의 길을 걸었고, 쑨원의 호국군에서 여단장을 맡았다. 그러나 저우언라이의 도움으로 독일에 유학하며 마르크스주의를 수용했다. 그는 1926년에 귀국한 뒤 1927년 8월 1일에 저우언라이와 함께 중국공산당의 군대로 홍군紅軍을 조직하고 그것을 바탕으로 삼아 장시성의 성도인 난창에서 폭동을 일으켰다. 중국공산당은 오늘날까지도 8월 1일을 중국인민해방군 창군일로 기념하고 있다. 이 난창폭동을 계기로, 중국공산당 지도자들은 4개의 성에서 추수기를 맞아 추수폭동을 일으켰으며 마오쩌둥은 후난성의 추수폭동을 지도했으나 그 폭동들이 모두 실패했음은 이미 지적했다.

이때 마오쩌둥은 자신이 거느린 약 1천 명의 패잔병들을 이끌고 당의 중앙지도부에는 아무 연락도 취하지 않은 채 1927년 10월에 후난성과 장시성의 경계에 위치한 징강산井岡山으로 달아났다. 이 산은 1,300~1,500미터 높이로, 깎아 세운 듯한 절벽은 보이지 않았으나 숲이 우거졌으며 길도 없는, 글자 그대로 험한 산이었다. 그래서 지난 몇 천 년 동안 일반인들은 살지 않고 오직 범법자들이 피난처로 삼거나 산적들이 근거지로 삼은 곳이었다. 그렇지만 관청에서 그들을 잡겠다고 이 산을 뒤진 일은 없었기에 장제스군대의 추격을 피해야 했던 마오에게는 아주 적합한 곳이었다. 이 천혜의 피난처에 닿은 마오는 자신의 애독서 중 하나인『수호지』에 나오는 양산박을 떠올렸다. 마치 송나라 때 '정의로운 범법자들'이 관청의 힘이 미치기 어려운 양산박에 산채를 차렸듯, 자신도 이 산에 요새를 세워야겠다고 결심했다. 그러나 이곳에도 이미 두 명의 산적두목들이 산채를 차려놓고 산 아래의 지역들을 약탈하거나 지배하고 있었다. 마오는 설득도 하고 위협도 해서 그들의 지지를 확보했다. 그는 헤밍웨이Ernest Hemingway의 소설『누구를 위하여 조종弔鐘은 울리나』에 나오는 게릴라 본부지역 시에라 마드레를 닮은 징강산의 꼭대기 지역에 요새를 짓고 그 요새 주변에 다섯 개의 강력한 초소를 세웠다.

징강산은 모두 여섯 현에 닿아 있었다. 그렇지만 이 여섯 현이 모두 이 산의 영향을 받은 것은 아니다. 대체로 징강산에 아주 가깝게 자리 잡은 몇몇 마을들이 세력권에 속했는데, 이 마을들에는 논밭이라고는 거의 없어서 아주 가난한 농민들의 터전이었다. 그들은 대부분 무식했고 미신을 따랐으며 노예부리기, 억압, 매춘, 매독, 아편 등 중국의 후진지역들이 공통적으로 지닌 병폐들을 지니고 있었다. 마오쩌둥은 인구가 7백 명가량 되는 어느 마을에 본부를 세웠다. 거기서 그는 소책자를 두 권 집필했다. 하나는 『왜 붉은 정치권력이 중국에 존재할 수 있는가』였고, 다른 하나는 『징강산투쟁』이었다. 이 산간벽지에서 겪은 이른바 징강산투쟁을 통해 마오는 우선 "정권은 총구에서 나온다"는 무력우위론에 입각한 '타천하打天下' 명제에 대한 확신을 굳혔다. 또 그 유명한 유격전술을 개발했다. "적이 진격하면 우리는 후퇴하고, 적이 정지하면 우리는 그 후방을 교란하며, 적이 피로해지면 우리는 공격하고, 적이 후퇴하면 우리는 추격한다"는 유격전술의 4대 원칙이 그것이다. 『손자병법』의 가르침에서 착상했다는 이 유격전술은 적의 실력과 자신의 실력을 냉철하게 교량하면서 비非교조주의적으로 적절히 대응해야 한다는 논리였다. 이 유격전술로 자신의 생존을 군사적으로 확보함과 아울러 마오는 백성들의 마음을 사는 정책의 구사에 대해서도 눈을 떴다. 민심이 자신을 따르도록 자신의 군대가 기율을 지키게끔 철저히 훈련시키는 것을 잊지 않았던 것이다. 이것은 큰 효과를 낳았다. 농민들이 마오와 그의 군대를 진심으로 지지하게 된 것이다.

이듬해 5월, 마오쩌둥은 큰 원군을 얻게 됐다. 홍군의 군사지도자 주더와 펑더화이彭德懷가 합류한 것이다. 펑더화이는 마오쩌둥이 태어난 후난성에서 1898년에 태어났다. 마오보다 다섯 살 아래였다. 어려서 부모를 잃어 막노동꾼과 광부 등으로 어렵게 살았지만, 다행히 후난군관강무당湖南軍官講武堂을 졸업하고 쑨원의 국민혁명군에 참여하는 것으로 군인의 길에 들어섰다. 1928년에 그는 중국국민당군을 떠나 중국공산당에 가입했고 곧 후난성에서 노동자봉기를 유도했으나 실패했다. 이에 따라 그는 자신보다 12세 연상인 주더를 따라 홍군에 가담했다. 마오쩌둥이 거느렸던 약 1,300명의 군대에 주더가 통솔하는 약 1천 명의 군대가 합쳐지면서, 1928년 5월에 중국공농홍군中國工農紅軍 제4군을 형성했다. 사람들은 이 제4군을 흔히 '주마오군朱毛軍'이라고 불렀다. 주더와 함께 온 천이陳毅가 중앙당을 대표해 제4군을 사상적으로 지도했다. 천이는 프랑스에 공부하러 갔으나 공산주의운동에 참여했다는 혐의를 받아 추방된 뒤 22세이던 1923년에 중국공산당에 가입했다. 그는 곧 저우언라이와 가까워졌고 난창폭동에 가담했었는데, 이때부터 홍군의 지도자로 자리를 잡게 된다. 린뱌오도 이때 제4군에 합류했다.

중화소비에트공화국의 수립

마오쩌둥의 유격투쟁은 해가 갈수록 큰 성과를 나타냈다. 1929년 초에 제4군은 4,200명 규모로 확대됐고, 펑더화이의 주도로 약 8백 명의 제5군이 창군됐다. 통치지역 역시 점차 확대됐다. 다른 한편으로, 1931년에 들어서면서 일제의 만주침략이 가시화됐다. 이러한 상황에서, 마침내 마오는 1931년 11월 7일에, 볼셰비키혁명 14주년을 기해 장시성 남부에 자리 잡은 루이진에서 제1차 전국소비에트대회를 열었다. 이 대회는 중화소비에트공화국의 수립을 선포하고 임시중앙정부의 주석에 48세의 마오쩌둥을 선출했다. 부주석으로는 장궈타오를 선출했다. 장궈타오는 1898년에 장시성에서 태어나 베이징대학을 졸업했으며, 중국공산당 창당에 참여해 조직부장으로 활동한 중국공산당 초기 역사의 산증인이었다.

이 공화국이 수립되면서, 국공합작의 붕괴 이후 중국의 여러 지역에서 장제스군대의 탄압을 받던 공산주의자들이 이곳으로 모여들었고, 자연히 세력이 커졌다. 이 체제가 관할한 인구에 대해 미국에서 활동한 중국인학자 탕성하오唐盛鎬는 6천만 명 정도로 보았으나 미국의 중국전문가 하워드 보어맨Howard Boorman은 3백만 명 정도로 보았다. 징강산투쟁에서 시작해 소비에트공화국의 수립에 이르는 험난한 과정을 통해 마오쩌둥은 중국의 혁명을 위해서는 중국의 특성에 맞는 새로운 지도이념이 절실히 요청된다는 믿음을 굳히게 됐다. 마르크스-레닌주의가 옳기는 하나 그것을 무조건 중국혁명에 적용하려 하다가는, 더구나 코민테른의 지시에 무조건 따르다가는, 이미 처절히 체험했듯, 중국공산당은 궤멸할 것이라고 판단한 그는 마르크스-레닌주의의 창조적 변용을 구상하게 됐다. 여기서 이른바 마오쩌둥사상이 싹트게 됐다.

중화소비에트공화국의 세력이 커지면서 자연히 내분이 일어났다. 그 주된 원인은 모스크바에서 코민테른의 비호를 받으며 유학하고 귀국한 '28인의 볼셰비키'의 도전이었다. 그들은 코민테른의 지지를 받아 중국공산당의 지도권을 잠정적으로 장악하고, 마오쩌둥의 투쟁방식을 비판하기 시작했다. 도시의 노동자계급을 중심으로 투쟁하지 않는 마오는 마르크스와 레닌의 프롤레타리아혁명이론을 따르지 않고 있다는 것이었다. 그들은 마오가 마르크스와 레닌에 의존하지 않고 총에 의존하고 있다고 비판하고, 그러한 점으로 보아 그는 산적두목에 지나지 않는다고 폄훼했다.

그들 가운데 대표적 인물이 보구博古였다. 그는 1907년에 장시성에서 태어나 상하이대학에서 공부하다가 반정부운동에 참여했으며, 모스크바의 쑨중산대학에서 공산주의를 전공했다. 그는 자신이 학생이던 때 그 학교의 교장이었으며, 나중에 코민테른의 동방지역부장으로 중국공산당을 지도하던 파벨 미프Pavel Mif의 후원을 받고 마오에게 도전한 것이다. 하지만 마오는 그들의 비판과 폄훼에 전혀 개의치 않고 자신의 이론과 전략에 따라 중화소비에트공화국의 판도 확장에 힘을 쏟았다.

2. 장정과 항전

쭌이회의와 마오쩌둥의 지도권 확립

　마오쩌둥이 이끄는 소비에트공화국이 계속해서 뻗어가는 것을 장제스는 방관하지 않았다. 장제스가 지휘한 북벌군은 1928년 8월에 베이징에 입성했으며, 이로써 북벌을 선언한 지 2년 만에 그 목표가 달성됐다. 여기에 힘입어, 장제스는 1928년 10월에 난징에 수도를 둔 난징국민정부의 주석에 취임했다. 자신의 통치기반에 자신을 갖게 된 그는 마오의 소비에트공화국을 상대로 대대적인 소탕작전을 펼치기로 결정하고, 1930년 11월부터 1933년 10월까지 네 차례에 걸쳐 소공전掃共戰을 펼쳤다. 그러나 마오의 유격전술이 효과를 보아 장제스군대는 번번이 실패했다. 네번째의 소공전을 겪은 뒤에 홍군은 오히려 10만 대군으로 커졌다.

　장제스는 새로운 안목에서 본격적인 소공전에 나섰다. 우선 독일의 군사전문가 한스 폰 젝트의 조언을 받았으며 군비를 대대적으로 확충하고 마오쩌둥의 유격전술에 대비한 훈련도 시킨 뒤, 1933년 10월에 50만 명 규모의 대군을 동원해 체계적으로 압박했다. 이 시점에서 홍군의 지휘권은 코민테른의 지시에 따라 보구로 대표되는 '28인의 볼셰비키'와 코민테른이 파견한 독일인 군사고문 오토 브라운에게 넘어갔다. 그들은 마오쩌둥과 주더가 펼쳤던 유격전술을 버리고 정규전으로 장제스군대에 맞섰다. 결과는 참패였다. 자연히 군사지도권은 다시 마오쩌둥과 주더에게 넘어왔다. 현실을 직시한 마오쩌둥과 주더는 '28인의 볼셰비키'까지 이끌고 1934년 10월 15일부터 소비에트정부와 홍군의 탈출을 개시했다. 중국공산당에서는 장정長征이라고 자랑스럽게 부르고 장제스정부에서는 대서천大西遷이라고 폄하하는 역사상 드물게 대규모인 이 엑소더스는 소비에트정부와 홍군이 1935년 11월 7일에 산시성 북부에 도착하면서 끝났다.

장정에 관한 최근의 가장 권위 있는 연구는 미국의 대표적 기자들 가운데 한 사람인 해리슨 솔즈베리의 『장정 : 이제까지 알려지지 않은 얘기들 The Long March: The Untold Story』일 것이다. 솔즈베리는 중국정부의 공식허가를 받아 1984년에 장정의 그 길을 처음부터 끝까지 스스로 걸었다. 그 과정에서 그는 장정 때 중국공산당 간부들을 나룻배에 태우고 강을 건넜던 뱃사공을 찾아냈다. 그는 노인이 된 그 역사적 인물에게 옛 얘기들도 들을 수 있었고, 그 무렵에야 전면공개된 장정 시기의 공식문서들을 샅샅이 읽을 수 있었다.

12개월 동안 홍군은 장제스군대와 지방군벌들의 추격을 받으며 11개의 성을 종단하거나 횡단하고, 때로는 1년 내내 흰 눈이 쌓여 있는 우타이산맥을 넘어야 했고, 사람의 발자취라곤 찾을 수 없는 광막한 사막을 건너야 했으며, 절벽의 계곡에 매우 위험한 쇠고리다리를 새로 만들어 걸고 넘어야 했다. 그것은 인간의 인내심에 대한 자연의 가장 냉혹한 시험에 비유되기도 했고, 현대판 군담軍譚으로 설명되기도 했다. 한편 장정은 중국공산당에 새로운 계기를 마련해주었다. 우선 장정 초기에 해당되는 1935년 1월에 구이저우성 쭌이遵義에서 열린 중국공산당 중앙정치국 확대회의는 마오쩌둥의 유격전술을 당의 공식노선으로 공인했으며, 총서기를 소련유학파 왕밍에서 토착파 마오쩌둥으로 교체했다. 중국공산당의 중국화가 이뤄진 셈이었다. 이 역사적 회의에서 '28인의 볼셰비키'에 속했던 양상쿤楊尙昆 등 세 명이 마오를 지지했다. 승자가 된 마오는 그 그룹의 수장인 보구를 중앙정치국의 위원으로 남겨주는 아량을 베풀었다.

7개월 뒤인 1935년 7월에 마오쩌둥은 또 하나의 승리를 거뒀다. 장정과정에 쓰촨성의 북부 마오얼가이毛兒蓋에서 열린 중앙정치국 회의는 "중국공산당과 중화소비에트공화국정부의 연명으로「항일구국을 위하여 전국동포에게 고하는 서書」를 발표하자"는 마오의 제의를 받아들인 것이다. 이「서」

는 8월 1일에 발표됐다. 이것을 8·1선언이라고 불렀다. 이「서」의 핵심은 "국민당군이 홍군에 대한 공격을 중지하면 홍군은 국민당군과 일치단결해 일본의 침략에 대항해 싸우겠다"는 데 있었다. 이때 장궈타오는 "소비에트의 기치를 수호해야 한다"고 맞섰으나 받아들여지지 않았다. 이것을 계기로, 중국공산당 창립멤버였던 장궈타오는 중국공산당을 떠나 중국국민당으로 전향했다. 그는 중국국민당이 1949년에 타이완으로 피난할 때 거기에 합류하지 않고 홍콩으로 망명했다가, 1968년에 캐나다로 이주해 1979년에 향년 82세로 죽었다.

항일민족통일전선론 제창과 제2차 국공합작

마오쩌둥과 홍군은 1935년 10월에 국민당군이 추격하기 매우 어려울 뿐만 아니라 공산주의자들의 활동거점이 적잖은 산시성陝西省 안의 북부에 위치한 한 벽촌에 닿았다. 산시성 안의 북부를 중국인들은 산베이라고 불렀기에, 이 시기를 다룬 책들에는 이 지명이 때때로 등장한다. 홍군은 이제 겨우 숨을 돌릴 수 있었다. 그러나 안전이 보장된 것은 아니었고 언제 다시 쫓기게 될지 알 수 없는 만큼 새로운 활로를 열어야 했다.

이렇게 위급한 시점인 1935년 12월 27일에 마오는「일본제국주의에 반대하는 전술에 관해서」를 발표하고 항일민족통일전선론을 제시했다. 1931년에 만주사변을 일으키고 1932년에 괴뢰국 만주국을 세운 이후에도 중국침략을 계속한 일본제국주의가 1935년에 마침내 화베이지방에서도 두 개의 괴뢰정부를 세우는 것을 보고 중국국민들의 항일의지가 전국적으로 솟구치던 때에 맞춰, 마오는 장제스정부에 대해 "중국공산당과 손을 잡고 '거국일치 항일투쟁'의 깃발 아래 항일민족통일전선을 형성하자"고 제의한 것이다. 그는 이어 1936년 7월에 산시성 옌안延安으로 옮겨 확실한 거점을 마련했다. 이때부터 이른바 옌안시대가 열리는 것이다. 이 시점에서, 중국공산당 창립멤버들 가운데 탈당하지도, 제명되지도, 희생되지도 않고 남은 사람은 마오쩌둥과 둥비우 둘뿐이다.

그러나 장제스는 "외세를 물리치려면 먼저 내부를 평정해야 한다〔양외필선안내攘外必先安內〕"는 뜻을 부르짖으면서 얼마 남지 않은 중공군을 소탕하고자 했다. 그래서 그는 1936년 12월 7일에 난징에서 비행기를 타고 산시성 시안西安에 도착해 제6차 소공전을 명령했다. 이때 저 유명한 시안사변이 일어났다. 아버지 장쭤린이 일본군에 의해 폭살됐기에 일본에 대한 복수심에 불타던 장쉐량張學良, 그리고 양후청楊虎城을 비롯한 소공군의 고위장군들이 12월 12일에 장제스를 구금하고 '내전정지 무장항일'을 비롯해 난징국민정부의 개편과 정치범의 석방 등 8개항을 요구한 것이다. 장제스는 단호히 거절했다. 그러자 그들은 장제스를 죽이려고까지 했다. 이때 마오쩌둥은 저우언라이를 시안에 급파해서 장제스를 구출하도록 했다. 장제스를 살려놓고 국공합작을 다시 실현하는 것이 항일에도, 그리고 중국공산당의 앞날에도 도움이 된다고 계산했기 때문이다. 장제스의 부인 쑹메이링도 난징에서 비행기를 타고 시안으로 와서 장제스를 설득했다. 그는 마침내 동의했으며 12월 25일에 석방됐다. 이로써 1937년 2월에 제2차 국공합작이 성립됐다. 이 과정에서 '28인의 볼셰비키'의 수장이었던 보구는 저우언라이를 적극적으로 도와 국공합작의 성사에 이바지했다. 그 공로로, 그는 곧 당의 조직부장에 임명되며 1941년에는 중국공산당의 공식통신사인 신화新華의 사장에 임명된다.

이 대목에서 주목해야 할 점은 제1차 국공합작은 중국공산당이 중국국민당 안으로 들어간 당내합작이었음에 반해, 제2차 국공합작은 중국공산당이 독자적 지위를 지닌 채 항일민족통일전선의 테두리 안에서 중국국민당과 손을 잡는 당 대 당의 합작, 곧 당외합작이었다는 사실이다. 그만큼 중국공산당의 독립적 지위가 보장된 셈이었다. 게다가 5개월도 채 지나지 않은

1937년 7월 7일에 일본제국주의가 중국본토로의 침략을 개시하면서 시작된 전쟁이 8년을 끌게 되자, 마오쩌둥이 제창한 항일민족통일전선은 깨질 수 없게 됐고 국공합작 역시 지속되는 가운데 중국공산당은 소생을 보장받게 됐다. 한편, 장제스는 장쉐량을 용서하지 않았다. 장쉐량의 지휘권을 박탈하고 투옥했으며, 타이완으로 쫓겨 갈 때 그를 데려가 연금시켰다. 타이완의 중화민국정부는 그가 95세가 된 1993년에 이르러서야 그의 미국으로의 이주를 허용했다. 그는 2001년에 103세의 나이로 하와이에서 별세했다.

마오쩌둥의 이론들과 전략들

그렇다면 문제는 완전히 풀린 것인가? 중국국민당과의 합작은 마르크스-레닌주의의 수정은 아닌가? 중국공산당은 오직 살아남으려는 현실적 목적을 충족하기 위해 이념을 버린 것은 아닌가? 이러한 물음들에 대답하기 위해 마오쩌둥은 여러 이론을 전개했다.

첫째는 1937년 7월에 발표된 「실천론」이다. 「실천론」에 따르면, 모든 진리는 실천을 통해서만 발견되고, 실천을 통해서만 실증되며, 실천을 통해서만 발전한다. 마르크스-레닌주의의 진리 역시 마찬가지다. 그 진리도 중국에서는 항일민족통일전선의 실천을 통해 발전하는 것으로, 이것을 부인한 채 마르크스-레닌주의의 보편적 진리만 앞세운다면 결국 공리공론에 빠지고 만다. 둘째는 1937년 8월에 발표된 「모순론」이다. 「모순론」에 따르면, 중국으로서는 제국주의와의 투쟁이 가장 중요한 모순인 만큼 이 모순을 해결하기 위해 자본가계급과 무산자계급 사이의 모순은 부차적 지위로 내려갈 수밖에 없다는 것이다. 셋째는 1938년 5월 26일부터 6월 3일까지의 강연을 체계화한 「지구전론」이다. 항전 이래 '중국필망론中國必亡論'과 '중국속승론中國速勝論'이 나오고 있지만 모두 맞지 않으며 결국 지구전을 펴게 될 것이라고 내다본 마오는 항일전쟁이 지구전이 될 것인 만큼 국공합작은 절대로 깨져서는 안 되며, 특히 국공 사이에 정규전은 국민당이 담당하고 유격전을 공산당이 담당하는 전쟁분업이 이뤄져야 한다고 역설했다.

1940년에 마오쩌둥은 「신민주주의론」을 발표했다. 이 이론은 유격전술론과 더불어 그를 연상하게 만드는 양대 이론이라 할 만큼 유명한 것으로, 중국공산당의 국공합작 참여를 합리화함과 아울러 일반국민이 중국공산당에 호감을 갖게 하는 데 이바지한 마오의 또 하나의 독창적 이론이다. 그는 우선 중국의 혁명은 신민주주의의 제1단계와 사회주의의 제2단계를 거치는 2단계 사업이라고 주장했다. 그는 이어 지금은 부르주아계급과 프롤레타리아계급이 제휴하는 '신식부르주아민주혁명,' 곧 '신민주주의혁명' 단계인데 이 단계는 상당히 오래 지속될 것이라고 말했다. 이로써 중국공산당이 앞으로 과격한 혁명노선으로 가지 않을까 걱정하는 많은 사람들을 안심시킬 수 있었다.

중국의 대내외상황에 적절히 대응하면서 정립된 마오쩌둥의 이론들과 전략들은 중국공산당의 회생과 발전에 큰 도움을 주었다. 1937년에 4만 명 수준이던 당원의 수가 1941년에는 80만 명 수준으로 늘어난 사실이 그것을 말해주었다. 그러나 양적 팽창은 질적 저하를 가져올 수도 있다. 그렇기에 그는 1941년 1월부터 1942년 2월 사이에 '정풍운동'과 '당내투쟁'을 개시했다. 명분은 질적 저하를 방지한다는 것이었지만, 실제로는 마오에 반대하는 세력을 제거한다는 정략적 목적에서 진행됐다. 약 2년 동안 계속된 이 운동은 상대방을 서로 밀고하는 가운데 보안조직을 담당한 세력에 의해 고문과 살해가 자행됐고 그 과정에서 자살하는 사람들도 나타났다. '28인의 볼셰비키' 그룹의 우두머리였던 왕밍은 군중 앞에서 자아비판을 하는 수모를 당했다. '생래적 악한'으로 불리던 캉성康生은 보안조직을 이끌면서 많은 선량한 사람들을 괴롭혔다. 결과적으로, 이 운동은 마오쩌둥1인지도체제를 굳히는 데 크게 이바지했다. 마침내 그는 1943년에 중국공산당 중앙정치국 총서기에 중임되었고 동시에 중국공산당 중앙위원회 주석이라는 새로운 직위에도 올랐다.

이 무렵 중국공산당과 마오쩌둥에게 새로운 정책의 여지가 열렸다. 1941년 12월에 일본이 미국을 침공하면서 이른바 태평양전쟁이 일어나자 미국은 중국의 대일전쟁을 지원할 뿐만 아니라 독려하게 됐으며, 1943년 들어서는 중국국민당과 중국공산당 사이에 긴밀한 조직적 협력을 요구해왔기 때문이다. 마오쩌둥은 이러한 미국의 정책을 교묘히 이용해 중국국민당이 중국공산당을 탄압하거나 심지어 소탕하려는 계획 자체를 마련하지 못하게 만들었을 뿐만 아니라 미국과 중국국민당으로 하여금 중국공산당을 군사적으로도 돕게 만들었다. 이러한 상황에 마오는 일제의 패망이 눈앞에 보이는 1945년 4월 24일에 옌안에서 중국공산당 제7기 전국대표대회를 열고 「연합정부론」을 발표했다. 이 논문을 통해, 그는 우선 중국국민당을 격렬하게 비난했다. 부패하고 무능한 1당독재체제인 중국국민당정부로는 중국의 민주화와 진보를 바라볼 수 없다고 주장하면서 모든 정당이 과도적 연합정부를 세우자고 제의한 것이다. 중국국민당은 이 제의를 거부했다. 그러나 그것은 중국국민 다수에게는 비타협적이고 수구적인 것으로 비칠 뿐이었다.

1945년 8월 15일에 일본제국주의는 마침내 패망했다. 국공합작을 가능하게 했던 공동의 적이 무너지면서 중국에서는 국민당과 공산당 사이에 자연스럽게 내전이 일어났다. 이 소용돌이 속에서 중국공산당은 중국국민당정부를 무시한 채 화베이지방을 점령하고 만주에 진주하기로 결정했다. 이것을 보고 미국은 1945년 8월부터 1946년 1월 사이의 5개월 동안 두 차례에 걸쳐 대통령특사를 파견해 국공협상을 새롭게 추진했다. 이에 따라 중국국민당정부가 이끄는 중화민국의 임시수도 충칭重慶에서 장제스와 마오쩌둥 사이에 또 한 차례의 국공협상이 진행됐고, 1946년 1월 10일에 마침내 국공휴전이 성립됐다.

그때부터 4개월 뒤인 5월 5일에 중국국민당정부는 난징으로 환도했다. 난징으로 환도한 직후 중국국민당정부가 한 일들 가운데 하나가 왕징웨이 묘의 폭파였다. 앞에서 말했듯, 왕징웨이는 장제스에게 대적하곤 했다. 그런데 그의 행동은 거기서 머물지 않았다. 그는 일제의 중국침략으로 말미암은 중국인의 희생을 막겠다는 취지에서 중일평화협상을 추진한 데 이어 1940년 3월에 난징에서 일제의 괴뢰정권을 세우고 그 정권의 수반이 됐다. 그는 매국노라는 지탄 속에 골수암을 앓게 되자 일본으로 건너가 나고야대학병원에서 치료를 받았다. 그러나 1944년 11월에 그 병원에서 향년 61세로 병사했다. 일제는 그의 유해를 항공편으로 난징에 옮겨 그곳에 묘를 마련하고, 중국인들에 의한 파묘를 우려해 그 묘를 콘크리트로 둘러쌌다. 그러나 중국국민당정부는 난징으로 귀환하자마자 그의 묘를 폭파시키고 유해를 강에 버렸다.

3. 중화인민공화국의 건국

'인민민주전정론'을 제시하다

1946년 1월 10일에 성립된 국공휴전은 잠시였다. 6개월 뒤인 1946년 7월에 이르러 두 세력은 휴전을 깨고 다시 교전에 들어갔다. 미국도 국공협상정책을 버리고 중국국민당정부가 중국을 통일하게끔 돕는 쪽으로 정책을 세웠다. 이때부터 중국공산당의 반미노선은 아주 분명해져, 마오쩌둥부터 미국을 "종이로 만든 늙은 호랑이"라고 조롱했다. 이 시점에 마오쩌둥은 주더를 인민해방군 총사령에 임명했다. 1947년에 들어서면서 중국공산당의 세력은 빠르게 확대됐다. 그리하여 마오쩌둥은 7월 7일에 옌안에서 중국공산당이 주도하는 '연합정부'가 수립됐음을 선언하고, 이 '연합정부'의 통치 아래 놓인 모든 지역에서 토지개혁을 실시한다고 발표했다. 1948년 8월 19일에 이르러 마오쩌둥은 만주에 중국공산당이 주도하는 동북인민정부가 수립됐음을 선언했다. 그해 말에 중국공산당은 만주 전체를 장악했는데, 이것은 중국공산당의 대륙 장악을 예고했다. 중공군의 남하작전이 훨씬 더 쉬워졌기 때문이다. 다급해진 중국국민당정부가 1949년 1월 19일에 무조건 정전을 제의했으나 거부당했다. 실제로 중공군은 1949년 1월 31일에 베이징을 점령했으며 3개월 뒤에 양쯔강을 넘어 1949년 4월 23일에 난징에 입성했다. 난징에 자리를 잡았던 장제스정부는 본토를 버린 채 타이완으로 옮길 수밖에 없었다.

반면 마오쩌둥은 1949년 10월 1일, 베이징에서 중화인민공화국의 제1대 중앙인민정부 주석의 자격으로 중화인민공화국의 '성립'(이것은 중화인민공화국이 쓴 단어다)을 선포할 수 있었다. 이 역사적 자리에서 그는 "이제 중국은 일어섰다"라고 외치고, 앞으로는 어떤 외세도 지난날처럼 중국을 능멸하지 못할 것이라고 선언했다. 이때 그의 나이 56세였다. 마오쩌둥은 중화인민공화국의 통치방식으로 '인민민주전정人民民主專政'을 채택했다. 노동자, 농민, 소시민, 민족자본가 등은 '인민'에 속하며 이들 인민 사이에는 '동지적인 민주주의'가 실시된다. 그러나 제국주의의 주구, 지주, 관료자본가, 중국국민당 반동파 등은 '인민 아닌 자'에 속하며 이들에 대해서는 '적대적인 독재정치'를 실시해야 한다. 이러한 이중적 통치방식을 마오는 '인민민주전정'이라고 부르면서 그것의 주체세력은 중국공산당임을 다시 강조했다.

'인민민주전정'의 깃발 아래 중국공산당은 1950년부터 '인민 아닌 자'에 대한 청산투쟁을 개시했다. 토지개혁운동, 반혁명진압운동, 3반운동(관료주의, 오직汚職, 낭비 등 3해에 반대하는 운동), 5반운동(뇌물수수, 탈세, 국가재산의 절도, 재료와 수공의 협잡, 국가경제정보의 절도와 유출 등 5독에 반대하는 운동), 중국공산당 안에서의 정풍운동 등이 그 대표적인 보기들이었다. 동시에 경제재건을 위한 노력도 기울였다.

마오쩌둥은 대외적으로 소련과의 협력에 치중하는 '일변도—邊倒 외교'를 추진했다. 그때까지 한 차례도 중국 밖으로 나가보지 않았던 그는 1949년 12월 하순에 모스크바를 방문해 1950년 1월부터 스탈린과 회담한 뒤 2월 15일에 미국에 공동으로 대항하는 중소우호동맹조약을 얻어낼 수 있었다. 이것은 확실히 중화인민공화국의 성립 이후 그가 거둔 첫번째 외교적 업적이었다. 그러나 1953년 3월에 스탈린이 죽은 뒤 흐루쇼프정권이 자리 잡으면서 소련이 차차 미국과 관계를 개선하는 방향으로 움직이자 이 조약의 의미는 퇴색한다.

중소우호동맹조약이 체결된 지 4개월 뒤에 한반도에서는 북한의 남침으로 남북한 사이에 전쟁이 일어났고 유엔군이 대한민국을 지원하고자 개입했다. 북한이 패전위기에 처하고 북한정권 자체의 궤멸이 예견되자 마오쩌둥은 1950년 10월 하순에 펑더화이를 총사령으로 하는 중국인민지원군을 파병해 북한을 구원했다. 그 공로가 인정돼 펑더화이는 1952년 7월에 당중앙군사위원회 부주석으로 승진했다. 비록 북한 구원에는 성공했으나, 파병은 중국의 미국과의 관계를 결정적으로 악화시켰고 중국의 경제에 큰 부담을 주었다. 대한민국의 시각에서 볼 때, 마오쩌둥은 대한민국이 주도하는 한반도통일을 방해한 셈이었다. 다른 한편으로, 마오는 1950년 10월 하순에 한반도뿐만 아니라 티베트에도 중공군을 파견해 점령을 완료했다.

이 시점에서, 중화인민공화국 중앙인민정부는 중국공산당의 직접적이면서 철저한 영도를 받으며 전국을 다섯 권역으로 나눠 각 권역마다 중앙국中央局을 설치하고 그 국을 통해 통치하고 있었다. 중앙동북국, 중앙화동국, 중앙중남국, 중앙서북국, 중앙서남국이 그것들이었다. 각 중앙국의 최고책임자는 중앙동북국의 제1서기 가오강高崗, 중앙화동국의 제1서기 라오수스饒漱石, 중앙중남국의 제1서기 린뱌오, 중앙서북국의 제1서기 펑더화이, 중앙서남국의 제1서기 덩샤오핑 등이었다. 이들은 각 권역에서 당정군의 권력을 독점하고 있어서 그 권역의 '독재적 군주'나 마찬가지였다.

마오는 중화인민공화국의 성립 이후 최초의 5개년경제계획을 1953년부터 개시하려고 결정하고 1952년 후반에 중앙인민정부의 직속기구로 국가계획위원회를 신설했다. 쉽게 말해, 이 위원회는 국가경제계획과 정부예산에 관한 최고의 행정기관이었다. 마오는 이 매우 중요하면서도 강력한 기구에 각 국의 수뇌급 인사들을 불러들였다. 중앙서남국의 제1서기 덩샤오핑을 제일 먼저 불러들였고, 이어 중앙동북국의 제1서기 가오강, 중앙화동국의 제1서기 라오수스, 중앙중남국의 제2서기 덩즈후이鄧子恢, 중앙서북국의 제2서기 시중쉰習仲勛 등을 불러들였다. 이 시중쉰이 2013년 현재 중국공산당 총서기인 시진핑의 아버지다.

이때 사람들은 "다섯 마리의 말이 서울에 진입했다(오마진경五馬進京)"고 말하면서, 그들 가운데 "한 마리가 앞서고 있다(일마당선一馬當先)"라고 덧붙였다. 그 '일마'는 그때 47세이던 가오강이었다. 그는 1905년에 산시성에서 태어나 시안사범대학을 졸업했다. 그는 곧 중국공산당에 가입했으며 산베이에 소비에트지구를 세웠다. 마오가 장정을 마치고 산베이에 근거지를 마련하던 때 가오강이 적극적으로 도왔다. 그는 그 후 우리가 흔히 만주라고 부르는 동북지역에 근거를 마련하고 그곳의 수장이 됐는데, 이 지역을 중시하는 스탈린은 그를 철저히 뒷받침해 심지어 승용차를 선물로 주기도 했다. 이 점을 내세우며, 가오강은 자신의 위상을 과시했다. 차차 그는 만주라는 '독립왕국'의 '왕'처럼 비쳤다. 마오가 그를 베이징으로 불러올린 것은 그를 만주라는 근거지에서 떼어놓으려는 심모원려深謀遠慮에서 나왔다는 추측도 있다. 우리가 5장에서 다시 보게 되듯, 1954년에 중국공산당은 가오강과 라오수스가 음모를 꾸며 중앙당의 지도체제를 무너뜨리려고 했다는 '죄목'으로 두 사람을 체포해 혹독하게 고문한 뒤 사실상 죽여 없앤다. 그리고 기존의 '5개 권역국 체제'를 폐지시키고 모든 지역을 중앙당이 직할통치한다.

파탄과 희생으로 물든 반우파운동과 대약진운동

1953년 3월에 스탈린이 죽고 소련의 지도부가 1인독재체제에서 집단지도체제로 옮겨가는 모습을 보여준 것은 중국의 지도층에도 영향을 주었다. 중국도 마오의 1인체제로부터 집단지도체제로 옮겨가야 하는 것이 아니냐는 의견들이 제시됐다. 또 소련에서 '해빙解氷' 현상, 곧 강고한 독재체제의 이완현상이 나타나는 것도 중국의 지식인들 사이에 어떤 기대를 갖게 했다. 이러한 분위기를 감지하면서, 마오는 1955년부터 문학과 예술 및 학문 분야에서 일종의 자유화정책인 '백화제방 백가쟁명百花齊放 百家爭鳴'의 양백운동兩百運動을 개시해 소시민과 민족자본가 출신의 옛 부르주아지식인들이 지닌 현대적 기술을 발동시키고자 했다. 그러나 이 운동을 통해 공산당에 대한, 심지어 마오에 대한 반감이 표출되자 그는 곧바로 억압하는 길을 걸었다. 그것이 1957년에 시작된 악명 높은 반우파운동反右派運動이다. 2007년에 홍콩에서 출판된 책 『망각을 거부하라拒絕遺忘』는 마오가 자신과 중국공산당에 조금이라도 비판적인 사람들에게는 '우파'라는 딱지를 붙여 불법적이면서도 비인도적으로 억압하고 투옥하고 심지어 죽음에 이르게 했음을 생생하게 설명했다. 대체로 반우파투쟁이 전개된 시점에 '28인의 볼셰비키' 그룹의 지도자였던 왕밍은 신병치료를 이유로, 소련으로 사실상 망명하며 1974년에 70세로 별세한다.

마오쩌둥은 1956년 9월에는 중국공산당 제8기 전국대표대회의 결정을 통해 '사회주의혁명의 개시'를 선포했다. 그리고 이 결정의 연장선 위에서 그는 1958년에 '대약진운동'의 개시를 선포하고 '인민공사' 제도를 채택했다. 뒤에서 다시 설명하겠거니와, 이 무렵에 중국과 소련의 사이가 멀어지면서 소련의 원조가 크게 줄어든 상황에, 중국인민 6억 5천만 명의 인적 자원을 철저히 동원해 농업과 공업의 생산성을 높이겠다는 뜻이었다. 그러나 이 방식은 확실히 모험적인 것으로 결국 엄청난 파탄과 희생으로 끝났다. 마오 스스로도 실패를 인정하고 수정을 지시하지 않을 수 없었다. 그리고 그 실패에 영향을 받아 1959년 9월 27일에 중화인민공화국 주석에서 물러났다. 동시에 이 자리에는 류사오치劉少奇가 취임했다. 그 후 죽을 때까지 마오쩌둥은 당주석만 유지한다.

'대약진운동'은 1960년에 공식적으로 종결됐다. 그 3년의 기간에 약 3천만 명 또는 3,500만 명이 굶어죽거나 굶주림에 따른 질병으로 죽었다. 제2차 세계대전으로 말미암은 사망자의 수를 대체로 3천만 명에서 5천만 명 사이로 본다면, 마오쩌둥이 추진한 '대약진운동'은 전쟁을 하지 않은 채 그 규모의 사람들을 죽인 것과 마찬가지였다. '대약진운동'의 실패는 마오쩌둥을 평가하는 데 매우 중요한 하나의 구분점이 됐다. 쉽게 말해, 마오쩌둥의 업적을 이 운동 개시 이전 시기와 이후 시기로 구분할 수 있다는 사실이다. 중국사람들은 앞의 시기에 대해서는 대체로 좋게 본다. 그러나 뒤의 시기에 대해서는 덜 호의적이거나 비판적이다. 1981년 6월에 열린 중국공산당 제11기 제6차 중앙위원회 전체회의는 「중화인민공화국의 성립 이래의 당의 몇 가지 문제에 관한 결의」를 채택하면서, '대약진운동'에 따른 농촌인민공사의 '성급한' 추진은 마오쩌둥의 오류였다고 공식선언했다.

'대중노선'과 반베버적 모델

이 대목에서 우리는 마오쩌둥연구의 세계적 석학들 가운데 한 사람인 미국인 정치학자 프란츠 셔먼Franz Schurmann 교수의 명제인 '마오쩌둥의 반反베버적 모델'론을 다시 새기게 된다. 독일이 낳은 세계적 사회과학자 막스 베버Max Weber는 사회가 근대화할수록, 현대사회에 가까울수록, 지배나 통치가 법적 또는 합리적 권위에 바탕을 두게 된다고 말하고 그것을 당연한 것으로 여겼다. 그런데 셔먼 교수의 분석에 따르면, 마오는 '대중노선'이라는 이름 아래 베버의 이론에 정면으로 대치되는 길을 걸었다. 근대화를 추진하는 것처럼 보이다가도 그것이 어느 수준에 이르렀다 싶으면 깨뜨리고, 법적 또는 합리적 통치의 기반이 마련됐다 싶으면 깨뜨렸다는 것이다.

마오쩌둥은 기본적으로 근대화라든가 경제발전이라는 목표 자체를 인정하지 않는 심성을 가졌던 반反발전의 공산주의자였다. 그는 근대화 또는 경제발전이 상당히 높은 수준으로 이뤄지면 그 사회에는 관료주의가 군림하게 되며 갖가지 불평등과 부조리, 모순이 나타난다고 보았다. 그래서 마오는 공산주의사상을 뜻하는 홍紅을 전문성 또는 전문기술성을 뜻하는 전專보다 앞세웠다. 물론 사람이 홍과 전을 겸하면〔우홍우전又紅又專〕얼마나 좋으랴만, 그 두 가지를 겸할 수 없을 때는 전자가 후자보다 낫다고 보았고, 그래서 사회도 전에 의해서보다는 홍에 의해 이끌리는 것이 바람직하다고 보았던 것이다. 이러한 생각은 그가 소년 시절부터 가졌던 "관리는 나쁘며 따라서 타도돼야 한다"는 타관사상打官思想의 연장이었다고 하겠다.

'대약진운동'은 확실히 전보다는 홍을 앞세운 마오쩌둥의 대중노선적 통치방식을 잘 반영한 경우였다. 또 그것은 셔먼 교수의 지적대로 반베버적 모델을 잘 드러내는 경우였다. 마오의 그러한 견해는 군사문제에도 나타났다. 그는 미국과 군사적으로 대결하면서 자신의 지론인 '인적人的 요소'를 강조했다. 기술과 과학보다 사상이 더 중요하다는 것이었다. 그리고 그것을 정치우선주의라고 이름붙이고 정치가 모든 것을 지도할 수 있다고 주장했다. 마오가 그러한 입장을 취한 배경에는 흐루쇼프정권이 등장하며 소련과 멀어지기 시작한 데서 조성된 자위의식自衛意識이 개입돼 있었다. 1957년에 소련은 인류역사에서 최초의 인공위성 스푸트니크를 쏘아 올렸다. 이해 11월에 볼셰비키혁명 40주년을 기념하기 위해 모스크바에서 열린 세계공산당대회에 중국대표단을 이끌고 참석한 마오는 "동풍東風이 서풍西風을 제압했다"는 말로 소련의 성공을 찬양하면서 원자폭탄제조기술을 중국에 나눠주기를 요구했지만 거절당했다. 그는 또 소련이 미국에 강경히 맞설 것을 요구했지만 거절당했다. 여기서 그는 수억 인구의 중국이 인해전술을 써서라도 '미제국주의의 핵공갈'에 맞서야 한다고 주장하면서 자력갱생노선自力更生路線을 제시하게 됐던 것이다. 앞에서 말한 대약진운동노선 역시 이러한 측면에서 분석될 수 있다.

이에 대해 징강산투쟁 이후 오랫동안 동지였던 국무원 국방부장(우리나라의 국방장관에 해당된다) 펑더화이는 군사무기 및 군사장비의 현대화와 현대전략의 중요성을 강조했다. 성품이 매우 솔직해 마오쩌둥에 대해서도 직언을 꺼리지 않았던 펑더화이는 "마오쩌둥사상으로 비행기가 뜨는 것은 아니다" "현대전은 기술싸움이지 정치싸움이 아니다" "총알은 자본가계급과 노동자계급을 구분하지 않는다. 그러므로 현대적인 무기와 장비를 갖춰야 한다"라는 직설적인 표현으로 마오쩌둥의 군사노선에 정면으로 맞선 것이다. 이미 자신에 대한 비판이라면 그 어느 것에 대해서도 격노할 정도로 교만해진 마오쩌둥은 1959년 8월에 펑더화이를 국방부장에서 해임한다. 마오쩌둥은 문화대혁명의 광풍이 불던 1965년과 1966년 사이에 펑더화이를 그 밖의 모든 공직에서 해임하며, 펑더화이는 1974년에 76세로 별세한다.

마오쩌둥은 그 후에 대체로 반베버적 모델의 길과 홍의 길을 걸었다. 1950년대 말에 소련을 상대로 벌인 이념논쟁의 뿌리에는 베버적 발전모델로 가는 소련에 대한 불신이 깔려 있었으며, 그것은 1960년대 초에는 중소대결로까지 악화됐다. 마침내 1969년 초에는 동북아시아의 한 접경지역에서 두 나라가 군사적으로 대결함으로써 전운이 감돌기조차 했다. 마오는 이미 1950년대 후반부터 주변 사람들에게 "소련은 거인국가지만 결코 넘볼 수 없는 나라가 아니다. 우리가 거인을 다루는 방법만 터득한다면 제아무리 크고 힘이 세다 해도 두려워할 것은 아무것도 없다"라고 말하곤 했다. 전쟁도 사양하지 않을 것 같은 대결자세를 과시했던 것이다.

그러나 소련과의 대결보다 더 심각하게 나타났던 마오쩌둥의 반베버적 모델의 길, 즉 홍의 길은 1960년대 후반에 중국 전역을 휩쓴 사회주의문화대혁명으로 나타났다. 1965년 11월과 1966년 5월 사이에 시작되어 1969년 4월에 공식적으로 마무리됐다고는 하나, 사실상 1976년까지 계속됨으로써 중국인들이 '10년동란十年動亂'이라고 부른, 이 파괴적인 문화대혁명에는 당주석 마오쩌둥을 중심으로 하는 홍 우위의 이념파와 국가주석 류사오치를 중심으로 하는 전 우위의 실용파 사이에 권력투쟁과 이념투쟁이 얽히고 설켜 있었던 것이다.

4. 국가폭력이 뒷받침한 문화대혁명과 마오쩌둥의 역사적 과오

문화대혁명 시기 홍위병의 난동

단순화시켜 말해, 마오쩌둥은 당과 국가가 실용주의자들의 손에 장악돼 중국의 혁명열기가 죽고 보수적이고 관료주의적인 사회로 전락했다고 진단하고, 그들로부터 권력을 빼앗아 인민에게 줌으로써 중국을 진정으로 인민중심적이고 혁명적인 사회로 돌이켜야 한다고 결심했다. 이렇게 볼 때, 마오는 자신의 말 그대로 '중단하지 않는 혁명,' 곧 '부단혁명不斷革命'의 신봉자라고 할 수 있겠다. 그러나 실제에 있어서 마오는 자신의 권력을 되찾고 더욱 강화하기 위해, 인민이 어떤 폐해에 시달리든 상관하지 않고, 류사오치와 그 지지세력을 상대로 투쟁을 전개한 것이다.

마오쩌둥은 그 시발을 『하이루이파관海瑞罷官』이라는 희곡을 둘러싼 논쟁에서 찾았다. 이 희곡은 원래 1959년 말에 역사가이자 베이징 부시장인 우한吳晗이 쓴 것으로, 명의 청백리 하이루이가 타락한 황제를 비판하다가 파면당한 사실을 기초로 했다. 마오는 처음에는 이 희곡을 높이 평가했다. 그러나 1965년에 장칭과 장칭의 후원을 받는 야오원위안姚文元이 이 희곡을 '독초'라고 논평했다. 야오원위안은 이때 상하이의 신문 『문회보文匯報』의 편집장이었다. 그들은 이 희곡이 마오를 타락한 황제에, 그리고 하이루이를 마오가 숙청한 펑더화이에 은유적으로 묘사했다는 논리를 전개했다. 결국 마오는 이 평론을 받아들였다. 그래서 1966년 5월 16일에 마오는 당정치국 회의를 열고 『하이루이파관』을 비판하는 이른바 「5·16통지」를 발표했다. 이것에 기초해 1966년 8월 8일에 중국공산당 중앙위원회는 「중국공산당 중앙위원회의 프롤레타리아대혁명에 관한 결정」을 발표했다. 마오는 곧바로 「사령부를 폭격하라: 나의 대자보大字報」를 발표했는데, 그 핵심은 류사오치와 덩샤오핑에 대해 전 인민이 들고일어나 투쟁하라는 것이었다. 이로써 문화대혁명이 본격적으로 시작됐다.

이 결정을 전후해, 마오는 우선 자신의 아내 장칭, 당의 좌파이론가 장춘차오張春橋와 야오원위안, 그리고 상하이의 젊은 노동자 왕훙원王洪文 등 이른바 4인방으로 하여금 권력의 중추에 도전하게 만들었다. 이어 10대 소년소녀들을 비롯해 20대 젊은이들을 동원해 '붉은 것을 지키는 병사,' 곧 홍위병이라고 명명한 다음 전국에서 광란적으로 들고일어나 실권파에 도전하게 만들었다. 마오는 홍위병에게 '사구四舊,' 곧 '네 개의 낡은 것들'로 지목된 '낡은 사상' '낡은 문화' '낡은 풍속' '낡은 관습'을 공격하도록 지시했으며, 어떤 공안기관도 홍위병의 활동을 통제하지 못하도록 지시했다. 국방부장 린뱌오는 마오를 전면적으로 지지했으며, 류사오치 및 덩샤오핑을 공개적으로 '주자파'로 비난했다. 반면에 베이징시장 펑전은 홍위병을 비판했다.

1967년 1월 3일, 린뱌오와 장칭은 '일월폭풍—月暴風'을 일으키도록 공식적으로 선동했다. 이것은 이미 베이징을 중심으로 전개되던 난동을 상하이를 비롯한 주요 도시들에서도 더욱 격화시키는 결과를 낳았다. 그 결과, 중국에서는 통치 권위구조가 완전히 무너지고 수백만의 홍위병들이 곳곳에서 난동을 벌이는 가운데 이른바 혁명적 분위기가 자리 잡았다. 국가와 당의 간부들은 물론 지식인들과 예술가들 가운데 상당히 많은 사람들이 '사상검증의 광풍' 속에 구타나 투옥을 당하고 심지어 죽임을 당하거나 자살했다. 아주 작은 한 사례로서 중국의 세계적 철학자 펑유란馮友蘭을 지적할 수 있다. 마오쩌둥은 평소에 "철학에 대해 조금이나마 알고 싶다면 펑유란을 찾아가라"고 말할 만큼 그에 대해 경의를 품고 있었다. 보다 구체적으로, 마오는 1963년 11월에 중국과학원 철학 및 사회과학부 확대회의를 방문하고 펑유란이 정립한 중국철학사에 큰 관심을 보였었다. 그러한 펑유란조차 문화대혁명 때 '반동학문의 권위자'라는 죄목이 씌워져 그의 책들이 제자들에 의해 불태워지는 모욕을 감당해야 했다.

이렇게 기존의 질서와 권위를 철저히 파괴하면서, 마오는 자신에 대한 개인숭배를 종교의 차원으로 끌어올렸다. 관공서와 학교마다 그의 사진이 내걸렸으며, 당원들은 물론 일반 청소년들은 마오의 '어록'을 담은 '작은 붉은 책'을 언제나 들고 다니며 마오를 찬양했다.

마오쩌둥의 부단혁명론은 같은 시기에 서유럽의 과격한 반체제적 학생운동가들에게도 영향을 주었다. 그때 유력한 마르크스주의사상가이던 헤르베르트 마르쿠제Herbert Marcuse의 영향을 짙게 받았던 그들은 마르크스Marx, 마오Mao, 마르쿠제Marcuse의 '3M'을 부르짖으며 가두에 나서 자본주의타도를 외치기도 했다. 그러나 이 문화대혁명은 결과적으로 중국을 20년, 아니 30년이나 후퇴시킨 큰 실패작으로 평가되고 있다. 중국공산당 중앙위원회 스스로 1981년 6월에 「중화인민공화국 성립 이래의 당의 몇 가지 문제에 관한 결의」를 채택하고, 문화대혁명을 '반혁명反革命'으로 단죄했다. 그러나 그 책임을 마오쩌둥이 아닌 4인방과 린뱌오에게 물었다. 다만 이 시점에 중국의 대권을 장악하고 있던 덩샤오핑은 개인적으로 마오가 한 일들 가운데 일곱 개는 잘한 것이고 세 개는 잘못한 것이었다고 논평하면서 문화대혁명을 후자에 포함시켰다. 이 논평을 흔히 '공칠과삼功七過三' 론이라고 부른다.

문화대혁명을 통해 류사오치 일파를 숙청하고 다시 권력을 틀어쥐는 데 성공한 마오쩌둥은 1971년에는 타이완의 중화민국을 유엔 안전보장이사회 및 총회에서 축출하면서 중화인민공화국의 유엔 안전보장이사회 상임이사국 지위를 획득했다. 이어 1971~72년에는 미국과의 관계개선에 성공했고 1972년에는 일본과도 국교를 회복하며 중국의 국제적 위상을 높였다. 마오는 소련으로 대표되는 '사회주의적 제국주의'에 맞서기 위해서는 미국 및 일본과 손을 잡아야 한다고 계산했던 것이다. "한쪽 오랑캐로 다른 쪽 오랑캐를 견제한다"는 중국의 전통적 전략인 이이제이以夷制夷를 활용한 셈이다. 이와 더불어 문화대혁명 때 숙청했던 덩샤오핑의 복권과 당정 요직 기용을 실현시켜 실용주의세력의 등장을 준비시키기도 했다.

마오쩌둥의 죽음과 장례

그러나 마오쩌둥은 이미 죽어가고 있었다. 그의 건강이 나빠지게 된 결정적인 계기는 만 78세가 된 1971년 9월에 있었던 린뱌오의 쿠데타음모였다. 문화대혁명이 정점에 도달했던 시기에, 류사오치실각에 앞장을 선 공로로 마오의 후계자로 공식지명됐던 중국공산당 제1부주석 겸 중국공산당 중앙군사위원회 제1부주석 린뱌오는 국가주석제를 부활시켜 자신이 그 자리를 차지하고자 했다. 이것은 마오에게 어떤 변고가 발생하는 경우 자신이 자동으로 마오를 승계하려는 린뱌오의 계산에서 나온 것이다. 마오가 린뱌오의 속마음을 읽고 격노하자 린뱌오는 최후의 수단으로 쿠데타를 준비했다. 그러나 쿠데타음모는 곧 발각됐다. 린뱌오는 두번째 아내 예췬葉群 및 아들을 데리고 비행기를 타고 소련으로 달아났다. 그러나 9월 13일에 연료부족 또는 엔진고장으로 외몽골의 상공에서 비행기가 추락해 모두 죽었다. 이때 그의 나이는 64세였다.

이 사건으로 크게 실망한 마오쩌둥은 마음과 몸이 모두 불안정해지면서 잠을 제대로 자지 못했고 여색에 더 깊이 빠졌다. 젊은 시절부터 호색한이었던 그는 더욱더 문란한 성생활에 탐닉하게 된 것이다. 이 사실에 대해서는 주치의였던 리즈쑤이李志綏가 미국으로 망명한 뒤 1994년에 랜덤하우스 출판사에서 펴낸 『마오의 사생활: 마오쩌둥 주치의의 회고록』에 자세히 기록됐다. 이 책은 이듬해 우리나라에서 손풍삼孫豊三 교수에 의해 『모택동의 사생활』이라는 제목으로 번역·출간됐다.

마오의 병은 더욱 깊어졌다. 그러나 그는 치료과정에서 독살당할 것을 경계해 치료받기를 거부했다. 그때로부터 5개월 뒤인 1972년 2월에 미국의 리처드 닉슨Richard M. Nixon 대통령이 미국대통령으로서는 처음으로 중국을 방문하게 됐다. 리즈쑤이의 회고에 따르면, 마오는 비로소 자신에게 진료를 시작하라고 지시했다. 주치의가 종합검진을 해보니, 그는 우선 울혈성심장병에 걸려 있었다. 폐는 결핵에 기관지염과 폐기종 등이 겹쳐서 때때로 호흡조차 어려웠다. 다행히, 닉슨 대통령의 중국방문을 준비하기 위해, 1971년 여름에 닉슨 대통령의 특별보좌관 헨리 키신저Henry A. Kissinger 박사가 대통령밀사로 중국을 비밀리에 방문했을 때 제공한 고성능의 호흡기로 위기를 넘기곤 했다.

키신저는 2011년에 펴낸 『헨리 키신저의 중국 이야기 On China』에서 1972년 2월 21일에 베이징에 있는 중국공산당 지도자들의 집단거주지 중난하이中南海 내부에 위치한 마오쩌둥의 개인서재 국향서옥菊香書屋에서 닉슨 대통령과 함께 마오를 처음 만났다고 썼다. 마오 쪽에서는 저우언라이 국무원 총리가 배석했다. 그때 키신저는 마오가 한 말을 다음과 같이 소개했다. "내가 좌중에서 유일하게 박사학위소지자라는 것을 지적하면서 마오쩌둥은 '저 양반더러 오늘의 주主 연사가 되라고 하는 게 어떻겠소?'라고 말했다." 키신저는 마오가 "손님들 사이의 '갈등을' 유발하는 게임을 하고 있었다"고 해석했다. '유일한 박사'인 키신저가 회담장의 관심을 가로채면, 닉슨 대통령이 즐거워하지 않을 것을 계산한 발언이었다는 것이다. 키신저의 설명에 따르면, 마오쩌둥은 정상회담 자리에서도 중국외교의 기본전술인 '오랑캐끼리의 갈등'을 유발하기를 즐겼다는 것이다.

그때로부터 2년이 지난 1974년에 이르러 마오쩌둥은 치명적인 신경퇴화증세를 보이기 시작했다. 그것은 근위축성측색경화증이라고도 불리는 루게릭병이었다. 게다가 그는 노쇠현상과 만성폐결핵에도 시달렸다. 그리고 그것들은 심근경색을 가져왔다. 주치의 리즈쑤이의 회상에 따르면, 마오는 평생토록 양치를 하지 않고 차를 마신 뒤 찻잎을 씹어 뱉는 것으로 양치를 대신했기에 이도 거의 전부 빠졌거나 썩었다. 그리하여 현대판 진시황제로 불리던 마오쩌둥은 1976년 9월 9일에 83세의 노령으로 자연사했다. 마오쩌둥이 루게릭병에 걸린 이후 중국 최고의 의료진이 그를 하루 24시간 내내 극진히 간병했다. 막바지에 이르러서는 중앙정치국 위원들이 조를 편성해 의료진에 대한 감시를 겸해 간병하곤 했다. 그런데도 막상 마오가 죽자 정치국원들 가운데 일부는 의료진이 어떤 정치세력과 짜고 마오를 독살한 것 아니냐는 의문을 제기했다. 그러나 정치국은 의료진을 믿고 그의 자연사를 선언했다.

권력은 마오쩌둥이 후계자로 키워놓은 당의 중앙정치국 정위원이면서 국무원의 총리인 화궈펑華國鋒에게 순조롭게 이양됐다. 마오는 죽기 직전에 그에게 "당신이 맡는다면 나는 안심이다"라는 메모를 넘겨 화궈펑이 자신의 후계자임을 다시 확인했다고 한다. 화궈펑은 마오가 별세한 뒤 '양개범시론兩個凡是論'으로써 마오를 옹호했다. 마오가 '결정한 것'과 '지시한 것' 두 가지는 무엇이든 옳다는 뜻이었다. 화궈펑은 이렇게 마오에 대해서는 충성을 다한다. 그러나 우리가 7장에서 자세히 보게 되듯, 화궈펑은 마오의 아내 장칭을 포함한 4인방은 숙청한다.

마오쩌둥은 대약진운동에 실패했고 문화대혁명의 과오를 저질렀다. 또 명분이야 어떠했건 그의 집권과정에, 그리고 통치기간에 수천만 명을 죽였다는 비난을 받았다. 중화인민공화국의 저명한 자유주의경제학자로 이 나라의 대표적 독립연구소인 톈쩌天則경제연구소를 이끌어온 마오위스茅于軾는 2011년에 발표한 글을 통해 "마오쩌둥은 자신의 통치기간에 약 5천만 명이 죽음을 당한 데 대해 공식적으로 책임을 져야 한다"고 주장했다. 그러나 중국공산당은, 비록 과오들이 있었다고는 해도, 마오쩌둥을 항전과 성립으로 요약되는 치적을 쌓은 정치지도자로 평가한다. 그래서 중국공산당은 1주일의 전국적 추모기간을 지낸 뒤 그를 영구히 기억하기 위해 미라로 처리하기로 결정했다.

처음에는 미라처리가 쉽지 않았다. 그래서 미라기술이 제일 앞섰다는 소련으로 사람을 보내 알아보게 했으나 큰 도움을 얻지 못했다. 그 결과 중국의 모든 자료들을 동원한 다음에 그것을 바탕으로 마오의 시신을 미라로 만드는 작업을 추진했다. 그러고는 9월 18일에 영결식을 거행한 뒤 베이징 시내 한가운데 자리 잡은 톈안먼광장에 마오쩌둥기념관을 세우고 그곳에 안치했다.

저자는 1993년 5월에 그곳을 처음 방문했다. 중화인민공화국 사회과학원이 산하에 한국연구중심韓國硏究中心('중심'은 영어의 '센터'에 해당된다)을 개원하면서 저자를 초청해 베이징을 방문했다가 이곳도 안내를 받았다. 그 후에도 베이징을 방문하면 으레 이곳을 안내받곤 했는데, 그러한 경험을 종합해보건대, 마오쩌둥에 대한 중국사람들의 존경심은 비교적 안정되게 유지되는 듯했다. 앞으로 그의 미라가 이곳에서 쫓겨날 확률은 낮다고 말해도 괜찮을 것 같다는 인상을 받았다. 동아일보사 베이징특파원 문일현 기자가 『동아일보』 1996년 1월 29일자에 쓴 기사를 본 뒤 저자는 저자의 인상이 틀린 것이 아님을 확인할 수 있었다. 이 기사에 따르면, 마오쩌둥의 영혼을 모시는 사당이 중국에 잇따라 세워지고 있다는 것이다. 중국의 한 매체도 2012년 12월 26일에 같은 취지의 기사를 내보냈다. 마오의 탄생 119돌인 이날에, 마오의 고향 사오산에는 비가 내리는데도 전국에서 1만 명 이상의 추모객들이 몰려들었다는 것이다. 또 중국의 좌파세력은 여전히 마오를 찬양하며 "마오쩌둥사상으로 중국을 구하자"고 요구하고 있다고 베이징의 매체들은 보도했다.

중화인민공화국 초기의 실권자

류사오치와 저우언라이

중국공산당의 역사, 그리고 마오쩌둥의 정치 생애를 말할 때 참으로 많은 중국의 공산주의자들에 대해서도 함께 말해야 하지만, 결코 빼놓을 수 없는 공산주의자들이 따로 있다. 거기에는 물론 주더와 펑더화이 같은 군사지도자들이 포함되며, 특히 류사오치 및 저우언라이 같은 정치지도자들은 매우 중요한 자리를 차지한다. 류사오치와 저우언라이 가운데 누구를 중시해야 하느냐를 결정하기는 어렵다. 중국을 전공하는 정치학자들 사이에서도 평가가 엇갈리는데, 저자는 그래도 류사오치를 앞세워야 한다고 생각한다.

그 이유는 하나다. 비록 마오쩌둥과의 권력투쟁에서 패배해 비참하게 죽었지만, 류사오치가 제시했던 노선이 오늘날까지도 중국을 이끌고 있기 때문이다. 1978년 이후 오늘날에 이르기까지 중국을 지도하는 덩샤오핑의 실용주의노선은 결국 류사오치에게서 나온 것이며, 그래서 어떤 중국전문가들은 오늘날의 중국이 '류사오치 없는 류사오치노선'에 의해 통치되고 있다고 논평한다.

그렇다고 저우언라이의 역사적 역할이 류사오치의 그것에 비해 작았다는 뜻은 결코 아니다. 류사오치와 동갑인 저우언라이는 '중국공산당의 주부主婦'라는 별명이 말해주듯, 중국공산당의 살림책임자였으며 중화인민공화국의 건국과 관리管理 및 공고화 과정에 균형자의 역할을 수행했다. 무엇보다도 '류사오치 사람'으로 몰려 숙청된 덩샤오핑을 복권시키도록 마오쩌둥을 설득해, 마오가 죽은 뒤 덩샤오핑으로 하여금 '류사오치 없는 류사오치주의'를 바탕으로 중국을 재건하게 만든 점만으로도 저우언라이의 공헌은 빛난다고 하겠다.

1. 소비에트정부 수립 이전의 류사오치와 저우언라이

류사오치와 마오쩌둥의 만남

류사오치는 우리말로는 유소기로 발음되고, 영어로는 Liu Shao-ch'i 또는 Liu Shaoqi로 표기된다. 어떤 사람에 따르면, 류사오치가 허난성河南省 카이펑開封에서 태어났다고 하지만, 그는 후난성 창사시 닝샹현寧鄕縣에서 1898년 11월 24일에 태어난 것이 확실하다. 성省만 놓고 말하면 마오쩌둥과 동향으로 그보다 5년 연하였다. 류사오치는 부농의 막내아들로 태어나 그때의 중국어린이로서는 넉넉하게 자란 셈이었다. 이 점에서도 류사오치와 마오쩌둥은 같았다. 류사오치는 창사에서 중학교와 사범학교를 마쳤는데, 마오쩌둥과는 창사의 제1사범학교 동문이다. 그리고 그 인연으로 류사오치는 마오쩌둥이 조직한 신민학회에 가입했다.

류사오치는 1918년에 북부중국으로 가서 프랑스어를 공부했고, 1920년에 중국사회주의청년단에 가입했으며 이어 모스크바로 가서 코민테른이 세운 학교인 동방노동자공산주의대학교에서 공부했다. 그러다 모스크바에서 유학하던 때인 1921년에 중국공산당이 창당되자 거기서 가입했다. 이 점에서 류사오치는 마오쩌둥과 구별됐다. 우리가 바로 앞 장에서 보았듯, 마오는 중국 밖으로 나가 공부하거나 서양 언어를 공부한 일이 없었다. 또 류사오치가 코민테른의 후원을 받으며 모스크바에서 공부한 경력은 뒷날 그가 '친소적' 길을 걷는 데 일정하게 영향을 미쳤다.

류사오치는 24세가 된 1922년 봄에 귀국했다. 그는 귀국 직후 노동운동에 참여해 그해 5월에 광둥성 광저우에서 제1차 전국노동대회가 열릴 수 있도록 도왔다. 그 후 곧바로 중국공산당 후난성지부에서 이 조직의 서기직을 수행하는 마오쩌둥을 보좌하게 됨으로써 두 사람의 동지적 관계는 더욱 굳어졌다. 이 지부에서의 활동을 통해 마오와 류는 또 한 사람의 저명한 후난성 공산주의자인 리리싼과 손을 잡게 됐다. 마오쩌둥의 지도를 받으며, 류사오치는 리리싼과 더불어 그해 9월에는 장시성 안위안安源에서 탄광파업을 조직했고 광둥성 한커우에서 철도파업을 이끌었다. 이 일들을 경험삼아 류사오치는 주로 노동운동계에서 활약했다.

1925년 2월에 중국의 노동운동계를 격앙시킨 사건이 일어났다. 일본인이 상하이에서 경영하던 내외면주식회사內外綿株式會社에서 경영주가 중국여성노동자를 학대해 죽음에 이르게 한 사건이 그것이었다. 이 사건은 전국의 중국노동자들로 하여금 5월 30일에 항의시위를 벌이도록 만들었다. 이것이 이른바 5·30사건이었다. 이 과정에서, 중국공산당은 5월 1일에 광저우에서 반제국주의와 반봉건주의의 깃발 아래 제2차 전국노동대회를 열고 중화전국총공회中華全國總工會를 발족시킴과 아울러 5·30사건을 지도했다. 류사오치는 이 기구의 부주석에 선출됐다. 그는 1926년에 열린 제3차 전국노동대회에서 이 기구의 주석으로 선출됐다. 중화전국총공회는 쉽게 말해 중국노동조합총연합회라는 뜻이다. 이러한 경력이 말해주듯, 류사오치는 공산주의자로서의 활동을 도시의 노동운동에서 시작했다. 류샤오치에게 도시 노동자를 중심으로 하는 중국혁명론은 자연스럽게 성장했다. 이것이 농민을 중심으로 하는 중국혁명론을 발전시킨 마오쩌둥과의 또 하나의 차이점이다.

  1926년은 중국의 노동운동이 기세를 크게 떨친 해였다. 그러나 그 이듬해는 중국의 노동운동과 공산주의운동이 심각한 타격을 받은 해였다. 1927년 4월 12일에 장제스가 상하이에서 일으킨 반공쿠데타는 제1차 국공합작을 깨뜨렸을 뿐만 아니라 노동운동가들과 공산주의운동가들을 죽게 하거나 지하로 숨게 만들었기 때문이다. 류사오치 역시 동지들과 함께 피신했다. 궁지에 몰린 중국공산당은 4월 27일부터 5월 9일까지 우한에서 제5기 전국대표대회를 열고 활로를 찾고자 했으나 시원한 대답을 얻지는 못했다. 이 대회에서 류사오치는 중앙위원회 위원으로 선출됐고, 저우언라이는 중앙위원회 위원 겸 중앙정치국 위원으로 선출됐다. 이 시점의 중국공산당에서는 저우언라이가 류사오치보다 훨씬 더 중요한 핵심적 지도자였다.

'소년가장' 저우언라이

  그러면 저우언라이는 어떤 길을 걸어왔는가? 우리말로는 주은래로 발음되고, 영어로는 Chou En-lai 또는 Zhou Enlai로 표기되는 저우언라이는 1898년 3월 5일에 태어났다. 류사오치보다 8개월 위였다. 그가 태어난 곳은 장쑤성 화이안淮安이었다. 그러나 저우언라이는 화이안을 자신의 고향으로 여기지 않고 할아버지가 태어난 저장성 사오싱현紹興縣을 자신의 고향으로 여겼다. 스스로 저장성 출신으로 여겼고 사오싱을 자신의 집안 역사가 숨 쉬는 곳이라고 본 것이다. 할아버지는 청조의 낮은 관리였으며 아버지는 그나마의 관직도 얻지 못했으나 계급성분으로 따질 때 그는 '기울어가는 사대부집안'에 속했다. 그러나 그의 생모의 어머니, 곧 외할머니는 배운 것이 거의 없으며 가난한 농부의 딸이었다. 이것에 근거해, 그는 뒷날 자신을 농민계층 출신이라고 설명하곤 했다.

저우언라이는 아주 어려서 작은아버지에게 입양됐고 유모 밑에서 컸다. 생부모와 양부모는 그가 열 살이 되기도 전에 차례로 세상을 떴다. 그러나 유모는 가난과 고생을 견디며 살아남아 그가 중화인민공화국 국무원의 초대 총리 겸 외교부장으로 취임하는 것을 보게 된다(국무원 외교부장은 우리나라의 외무장관에 해당된다). 저우언라이의 세 어머니는 모두 그에게 극진한 사랑을 베풀었으며 그 나름의 가르침들을 남겼다. 그래서 그는 뒷날 "나에게는 세 어머니가 계셨다. 생모로부터는 친절과 관용을, 양모로부터는 자식에 대한 사랑을, 그리고 유모로부터는 노동자들의 생활상을 배울 수 있었다"고 회상하곤 했다. 앞에서 말했듯, 양모는 실제로는 그의 숙모였다. 의사의 딸이었던 그녀는 전통적인 중국의 문학과 서예 및 회화에 뛰어났다. 저우언라이는 그녀로부터 당시唐詩와 송사宋詞를 비롯해 중국의 고전문학을 배웠다. 그는 뒷날 "지금도 나는〔그〕어머니의 교육에 감사하다"고 회고했다. 유모는 가난한 사람들이 살던 산양山陽에 위치한 자신의 집으로 때때로 그를 데리고 가서 마을아이들과 어울려 놀게 했다. 이 경험으로 그는 어려서부터 가난한 사람들의 어려움에 깊은 이해와 동정을 품으며 컸다.

유아기의 어느 시기에, 저우언라이는 외할아버지의 집에서 컸다. 외할아버지의 서재에는 책들이 많았다. 거기서 그는 우선 『서유기』를 읽었고, 곧 『수호지』와 『삼국지연의』도 읽었다. 이 책들은 모두 전통적인 문어체로 쓰였기에 성인이라도 제대로 배우지 않았다면 읽기가 무척 어려웠다. 그런데도 그가 이 책들을 읽었다는 것은 이미 유아기에 그의 공부수준이 높았음을 말해주는 것이다. 그는 또 외가에서 중국의 고전들을 배웠다. "자신을 먼저 수양하고 집안을 거느린 다음에 나라를 다스리고 천하를 평안하게 한다"는 뜻의 '수신제가치국평천하修身齊家治國平天下'라는 가르침도 그때 배웠으며, 스스로를 절제할 줄 알아야 큰일을 할 수 있다는 가르침도 거기서 배웠다. 그는 뒷날 여러 차례 '모욕'을 당하면서도 그것을 적절히 소화하곤 했는데, 그의 상표와 같은 '뛰어난 자기억제'의 미덕은 유아기에 체득한 것이었다. 저우언라이의 생부는 경제적으로 무능했다. 게다가 양부는 일찍 세상을 떴다. 그래서 어린 나이에 동생들을 거느리며 가난한 집안을 이끌어가야만 했지만 그는 이 일을 성실하게 수행했고, 그런 자세는 어른이 된 뒤에 더욱 완벽해졌다. 뒷날, 그가 혁명의 동지들이나 후배들로부터 '타고난 맏아들이자 맏형'이라는 말을 듣게 된 것은 결코 우연이 아니었다.

1950년대 중반 이후 일정한 기간에 걸쳐 세상에 널리 알려진 미국영화로 「모정慕情」이 있었다. 중국인 아버지와 벨기에인 어머니 사이에 태어난 여의사 한수인Han Suyin의 자전적 소설 『여러 가지로 화려한 일A Many-Splendored Thing』을 영화로 만든 것이었다. 그녀는 오스트레일리아에 살면서 중국의 공산주의지도자들과 교우를 계속하는 가운데 마오쩌둥과 저우언라이의 전기를 썼는데, 저우언라이를 중국공산당원들의 '맏형'이라고 불러 그러한 인상이 서방세계에 고착되는 데 일정하게 이바지했다. 한수인은 말년에 스위스 로잔에서 생활했으며, 2012년 11월에 향년 96세로 별세했다.

국가에 헌신하겠다는 포부를 키운 저우언라이의 학창 시절

'소년가장' 저우언라이에게 새로운 세계가 열린 때는 12세이던 1910년이었다. 만주 랴오닝성遼寧省 선양에 살던 큰아버지가 그를 그곳의 신식학교인 동관학교에서 공부하게 해준 것이다. 그는 수학을 비롯한 서양의 자연과학을 접하고 영어를 배웠다. 뿐만 아니라 세계사 수업을 통해 서양제국주의의 침탈을 받는 중국의 비참한 현실에 이론적으로 눈을 떴다. 그는 캉유웨이와 량치차오 등의 입헌주의적 개혁가들의 저술은 물론 쑨원의 저술도 접했다. 그 이듬해에 일어난 신해혁명은 그로 하여금 조국의 장래에 대해 새로운 희망을 갖게 만들었다. 한 교사가 그에게 "왜 공부하느냐"고 물었을 때, 그가 "중국을 강하게 할 수 있는 방법을 찾기 위해 공부한다"고 대답했다는 일화, 그리고 학교에 제출한 작문에서 "나는 앞으로 나라의 무거운 짐을 맡기 위해 공부한다"고 썼다는 일화 등은 10대 전반기의 소년이던 그의 포부와 사상적 성숙을 말해주었다. 종합적으로, 그는 뒷날 "나의 만주생활은 내 인생의 중요한 전환점이었다"고 회상했는데, 그것은 결코 과장이 아니었다.

15세이던 1913년에 큰아버지는 자신의 가족과 조카 저우언라이 모두를 이끌고 톈진으로 이사했다. 이 도시는 상하이에 버금가는 국제도시인 데다가 수도인 베이징에 가까워서 그는 새로운 환경으로부터 많은 자극을 받았다. 그는 곧바로 톈진의 난카이南開중학교에 진학했다. 이 학교는 중앙정부와 지방정부 모두에서 고위직을 두루 거친 선진적 학자 옌수嚴修가 세웠다. 그는 중국을 외세의 침탈에서 구제하기 위해서는 '공公'과 '능能'을 겸비한 학생들을 키워야 한다는 포부에서 이 학교를 세운 것이다.

이 학교에서 저우언라이는 4년의 과정을 성공적으로 마치는데, 1913년부터 1917년까지의 이 시기는 중국이 제국주의, 특히 일본의 침탈에 시달리던 시기였고 중국의 민족주의가 크게 일어나던 시기였다. 자연히 그의 민족주의적 열망은 더욱 커졌다. 그는 사마천司馬遷의 『사기史記』를 비롯한 중국의 고전들을 읽으면서, 동시에 몽테스키외의 『법의 정신』과 애덤 스미스의 『국부론』 및 찰스 다윈의 『종의 기원들』을 비롯한 유럽의 고전들도 읽었다. 그는 특히 루소의 『사회계약론』을 읽고 많은 감명을 받았다.

그는 또 『경업敬業』이라는 교지를 창간하고 『교풍校風』이라는 교내신문에 참여함과 아울러 교내연극에서 주인공을 맡기도 했다. 이 모든 과정에서 그는 봉사와 성실 및 완벽추구의 미덕을 과시했다. 학교는 그 점을 인정해, 그가 1917년 6월에 이 학교를 졸업할 때 졸업식에서 고별사를 하도록 결정했다.

저우언라이, 마르크스주의를 받아들이다

저우언라이는 난카이중학교를 졸업하고 일본으로 유학해 도쿄의 동아학원에서 일어를 배우며 대학진학을 준비했다. 그는 곧이어 교토대학에 청강생으로 등록했다. 돈이 없었기에 막일을 하며 공부해야 하는 일본에서의 생활은 너무나 힘들었다. 일본어학습에 진전이 늦어 대학입시에 두 차례나 실패했다. 그러나 이 시기에 그의 사상형성은 중요한 계기를 맞이했다. 비록 초보적 수준이지만, 마르크스주의를 접한 것이다. 존 리드의 『세계를 뒤흔든 열흘』을 통해 러시아 볼셰비키혁명에 대해 알게 됐으며, 가와카미 하지메 교수의 사회주의 저술들을 읽게 된 것이다. 그는 또 천두슈의 『신청년』에 이끌렸다.

저우언라이의 교토생활은 짧았다. 그래도 1978년에 중국이 일본과 복교하자 교토사람들은 저우언라이를 추모하는 뜻에서 그가 교토 시절에 두 차례 찾아 시를 지었다는 곳인 교토의 교외 아라이야마嵐山에 '저우언라이 시비詩碑'를 세워주었다. 그것은 1979년의 일이었다. 교토시 아라이야마역에서 내려 3~5분 걸어 올라가면 '저우언라이 시비'를 쉽게 찾을 수 있다.

21세이던 1919년에 저우언라이는 귀국했다. 그해 일어난 5·4운동에 자극을 받은 것이다. 그는 난카이대학에 입학한 뒤 곧 학생운동에 뛰어들었다. 학교신문의 기자로 서양제국주의자들과 중국군벌들의 만행을 폭로했고 중국노동자들의 비참한 생활을 고발했다. 9월 16일에는 '우리 모두가 깨달아야 한다'는 취지에서 각오사覺悟社라는 반정부적 학생단체를 조직하기도 했다. 그는 이 조직에서 자신의 아내가 될 덩잉차오鄧穎超를 만났다. 각오사가 하는 일들 가운데 하나는 명사들을 초청해 '진보적인 강연회'를 여는 것이었다. 제네바국제대학원 교수인 바르바라 바르누앙Barbara Barnouin과 중국의 외교사학자 위창건이 함께 쓰고 유상철 기자가 번역한 『저우언라이 평전』에 따르면, 각오사의 첫 연사는 리다자오였다. 그는 1919년 9월 21일에 열린 강연회에서 마르크스주의와 볼셰비키혁명에 대해 강의했다.

이러한 과정을 거치면서 저우언라이는 마르크스주의에 조금씩 가까워졌다. '과학적 사회주의'인 마르크스주의가 중국의 현실을 잘 설명해주며 가장 적절한 대안을 제시해주는 이론이라고 생각하게 됐기 때문이다. 그는 곧 일본상품불매운동을 일으켰다가 경찰에 체포됐다. 그와 그의 동료 학생들은 감옥에서 6개월을 보내며 마르크스주의에 대해 토론했다. 그는 뒷날 감옥에서 보낸 이 기간에 혁명이데올로기의 싹이 자신의 마음속에 자리를 잡기 시작했다고 회상했다.

프랑스에서 공산당에 가입한 저우언라이

1920년 11월에 저우언라이는 프랑스유학길에 올랐다. 그 무렵 프랑스는 중국의 이상주의적 젊은이들이 보기에 유학하기에 가장 매력적인 나라였다. 노동운동과 사회주의운동의 역사가 깊으며, 인류역사상 최초의 사회주의혁명을 성공시킨 러시아에 가까워서, 이 나라에 가면 사회주의에 대해 쉽게 배울 수 있다고 생각됐던 것이다. 게다가 프랑스는 값이 싼 중국의 젊은 노동력을 불러들이고 있었다. 그의 자질을 알아본 리다자오의 권고 역시 중요하게 작용했다. 그러나 난카이중학교의 은사 옌수의 권고와 알선이 가장 중요했다. 옌수는 중국정부와 프랑스정부가 공동으로 관리하는 교육위원회로부터 장학금을 받도록 주선해주었던 것이다.

저우언라이는 마르세유에 도착한 뒤 파리로 가지 않고 우선 런던을 방문했다. 마침 진행되던 노조의 파업을 목격하면서, 그는 노동당에 흥미를 느껐고 스코틀랜드의 에든버러대학교로부터 입학허가를 받았다. 그러나 영국의 학비와 생활비가 프랑스보다 훨씬 더 비싼 것을 알고는 1921년 하순에 파리로 갔다. 그는 정기적으로 장학금을 받기는 했으나 파리에서의 생활은 고달팠다. 어학이 빈약한 것도 문제였지만, 그것보다도 프랑스로 유학 온 중국학생들이 사상적으로 좌경화하는 데 대한 불만으로 프랑스정부가 중국학생들에 대한 재정지원을 없애거나 줄인 것이 더 큰 문제였다. 더구나 그는 공부보다 공산주의운동에 더 큰 관심을 갖고 많은 중국학생들과 접촉하며 활동을 펼치느라 늘 궁핍했다.

프랑스는 저우언라이에게 사회주의사상이나 공산주의사상을 심어주기에 적합한 곳이었다. 원래 사회주의사상의 뿌리가 깊던 이 나라는 러시아 볼셰비키혁명의 영향을 받아 1920년에 하나의 정당으로서의 프랑스공산당을 탄생시켰다. 이 프랑스공산당은 같은 해 코민테른으로부터 프랑스를 대표하는 유일한 공산당으로 승인을 받았다. 이러한 분위기에 영향을 받은 데다가 본국에서 성장하기 시작한 공산주의자들의 지시에 따라 중국의 유학생들과 노동자들도 자신들의 공산당 세포들을 조직했다. 저우언라이는 1921년 3월에 여기에 가입함으로써 공산당원으로서의 생활을 시작했다. 그때 프랑스에는 약 4만 명의 중국인노동자들이 일하고 있었다. 유럽의 다른 나라들에서도 적잖은 수의 중국인노동자들이 일하고 있었다. 그는 우선 중국공산주의자들의 세포조직들을 중심으로 성심성의껏 활동해 인정을 받았고 벨기에와 독일로까지 활동무대를 넓혔다. 그 과정에 역시 유럽으로 유학 온 리리싼을 만났고, 주더와 덩샤오핑을 사귀게 됐다.

이 대목에서 반드시 지적해야 할 점이 있다. 그것은 저우언라이가 이미 실용주의적 자세를 강하게 보여주었다는 사실이다. 그는 교조주의자이기를 거부하고 언제나 현실의 토대 위에서 해결책을 찾으려 했다. 본국의 동지들에게 보낸 편지들을 보면, 영국의 점진주의적 사회주의사상인 페이비어니즘Fabianism에 대해서나, 소비에트러시아의 폭력적 급진사회주의사상인 볼셰비즘에 대해서 절대적이 아니라 절충적인 입장을 보인 것이 그 점을 뒷받침해준다. 그는 또 부드럽고 따뜻한 대인관계를 성공적으로 유지했다. 이것이 그의 강점이었다. 그래서 그가 귀국한 뒤 프랑스경찰은 자신들이 그렇게 정력적으로 잡으려고 했던 '유럽 공산주의운동계의 중요한 연결고리 존 나이트John Knight'가 바로 '온화하고 친절하며 미소를 잃지 않는, 예의 바른 저우언라이'였다는 것을 비로소 깨닫고는 탄식한다.

저우언라이는 1924년 8월에 프랑스를 떠나 다음 달에 중국에 도착했다. 만 26세 때의 일이었다. 중국국민당과 국공합작의 길을 밟기로 결정한 중국공산당의 귀국명령에 따른 것이었다. 그는 1925년에 장제스가 교장인 황푸군관학교 정치부 부주임에 임명됐으며(그는 곧 주임으로 승진한다), 이듬해에 중국공산당 중앙군사위원회 서기로 선출됐다. 저우언라이는 훨씬 더 활동적인 공산운동가로 성장했다. 1927년 3월에는 상하이에서 노동자들의 봉기를 지도했으며, 장제스가 상하이쿠데타를 일으켜 공산주의자들을 숙청할 때는 우한으로 달아나 목숨을 건졌다. 그래서 1927년 4월 27일부터 5월 9일까지 우한에서 중국공산당이 제5기 전국대표대회를 열었을 때 중국공산당 중앙위원회 위원 겸 중앙정치국 위원으로 선출될 수 있었다. 이제 류사오치나 마오쩌둥과 더욱 긴밀히 일할 수 있게 된 것이다.

2. 류사오치와 저우언라이의 중화소비에트공화국 참여, 그리고 옌안에서의 활동

코민테른, 중국혁명을 놓고 우왕좌왕하다

1927년 4월 12일에 상하이에서 일어난 장제스의 반공쿠데타는, 거듭 말하지만, 이제 태어난 지 6년이 채 되지 않은 중국공산당에 엄청나게 큰 타격을 주었다. "한 명의 공산주의자를 놓치기보다는 차라리 1천 명의 무고한 사람을 죽이는 쪽을 택하라"는 반공쿠데타세력의 지시에 따라 4년 동안 공산주의자들과 공산주의혐의자들에 대한 처형이 중국 전역에서 진행됐기 때문이다. 탈출구를 찾아야만 했던 중국공산당은 1927년 7월 18일에 비상회의를 열고 당총서기 천두슈의 권한을 정지시킨 뒤 다섯 명의 지도자들로 임시중앙정치국을 구성했다. 저우언라이는 여전히 위원으로 선출됐다. 그러나 마오쩌둥이나 류사오치는 선출되지 않았다. 이것은 이때만 해도 저우언라이의 당내 지위가 그들에 비해 우위였음을 말해준다.

이 대목에서 상기해야 할 사실은 저우언라이의 무장투쟁주의노선이다. 성품이 온화하고 친절한 그가 반공쿠데타를 주도한 장제스와 장제스정부에 대해서는 과감한 무장투쟁을 옹호했다는 사실이다. "무장공격밖에는 대안이 없다"고 그는 회의 때마다 외치곤 했다. 이 점에 대해 마오쩌둥도 의견을 같이했다. 마오 역시 무장투쟁을 강력히 지지했다. 그러나 두 사람 사이에는 방법론적 차이가 있었다. 저우언라이가 정통레닌주의에 따라 '도시에서의 노동자무장봉기'를 제시한 데 반해 마오쩌둥은 '농촌에서의 농민무장봉기'를 제시한 것이다.

저우언라이와 마오쩌둥의 무장투쟁노선은 마침내 대세를 이뤘다. 중국공산당은, 우리가 앞 장에서 살폈듯, 난창을 비롯해 여러 곳에서 봉기를 시도했다. 그러나 이들은 장제스군대에 의해 무참하게 진압됐다. 마오는 징강산으로 도망쳤으며, 저우언라이는 홍콩을 거쳐 상하이로 도망쳤다.

'중국혁명의 실패'를 보고 코민테른은 1928년 봄에 중국공산당 지도자들을 모스크바로 불렀으며, 7월에 모스크바에서 중국공산당 제6기 전국대표대회를 열게 했다. 저우언라이와 류사오치는 참석했지만, 마오쩌둥은 이 대회에 초대받지 못했다. 이때 저우언라이는 스탈린과 면담할 수 있었고,

소련의 혁명이론가인 니콜라이 부하린과 토론할 수 있었으며, 중국공산당의 2인자라 할 조직부장으로 선출됐다. 그의 비중은 그만큼 컸던 것이다.

모험주의를 강요했던 코민테른은 이번에는 중국공산당 지도자들에게 모험주의를 택해서는 안 된다고 경고하고 '류사오치방식'을 높이 평가했다. 북부중국에서 노동자들의 계급의식을 깨우치고 노동자들을 조직화하는 가운데 공산당의 세력을 키워가는 류사오치를 모범으로 치켜세운 것이다. 확실히 이 시기에 류사오치는 당내에서 상당한 영향력을 행사했다. 그는 중국공산당 노동부장으로, 이어 중국공산당 만주성위원회 주석으로 빠르게 성장하면서 '뛰어난 조직가'로서 명성을 확보한 것이다. 여담을 하나 덧붙이면, 류사오치가 만주성위원회 주석이던 때 중국공산당은 만주를 무대로 동북항일연군을 출범시켰고 김일성은 이 군대에 가입함으로써 항일게릴라운동을 시작했다.

코민테른, 중국공산당 재건임무를 저우언라이에게 맡기다

코민테른의 소환에 따른 모스크바체류는 때때로 저우언라이에게 굴욕적이기도 했다. 코민테른의 극심한 비판을 감내해야 했고 경우에 따라서는 자아비판을 강요당했기 때문이다. 그러나 소득은 컸다. 사실상 붕괴하다시피 한 중국공산당 재건임무가 그에게 맡겨진 것이다. 또한 그는 소련의 비밀경찰과 같은 무자비하면서도 유능한 특수정보기구를 중국공산당도 갖춰야 한다는 것을 깨달았다. 그는 실제로 많은 기술을 배우고 돌아와 '특과'라는 비밀테러기구를 발족시켰다. 이 기구는 당내의 배신자들 또는 당내에 침투한 장제스정부의 첩자들은 물론이고 그렇다고 의심되는 사람들을 가차없이 처형하는 임무를 맡았다. 그래서 사람들은 '특과'를 '단도短刀'라고 부르기까지 했다. 부드럽고 웃는 인상의 저우언라이에게 이렇게 냉혹하고 잔인한 얼굴도 있었다는 사실은 놀라운 일이다. 그러나 그때 장제스정부가 자신의 비밀테러기구를 통해 중국공산당원들이나 그 동조자들에게 가한 광범위하고 잔학한 살상행위를 염두에 둔다면 전적으로 비난할 수만은 없다고 옹호하는 학자들이 적잖다.

1931년에 들어서서 중국공산당의 활동여건은 더욱 악화됐다. 일본제국주의가 본격적으로 만주를 침략하기 시작한 데다가 장제스정부의 탄압이 더욱 가중된 것이다. '특과'의 책임자가 저우언라이라는 사실을 뒤늦게 파악한 장제스정부는 은화 10만 위안이라는 거금을 걸고 저우언라이의 체포를 독려했다. 장제스는 "저우언라이를 처형하면 그날로 중국공산당은 끝장이다"라고 말하기도 했다.

중국공산당 중앙정치국은 하루빨리 중국에도 소비에트공화국을 세워 장제스정부에 맞서기로 결정했다. 마침 그해 11월에 마오쩌둥이 주더 및 펑더화이와 더불어 장시성 루이진에서 중화소비에트공화국 임시중앙인민정부의 수립을 선포했다. 중국공산당 중앙정치국은 이 임시정부가 중국공산당 수뇌부를 맞이하는 준비를 하도록 우선 저우언라이를 루이진에 파견하기로 결정했다.

'전보 공산주의'를 청산하다

저우언라이는 그해 12월에 천주교신부의 차림으로, 다른 설명에 따르면 이슬람교성직자의 차림으로, 상하이를 떠났다. 해가 바뀌기 전에 그는 루이진에 무사히 도착했다. 1년 뒤에, 류사오치도 북부중국을 떠나 이곳으로 왔다. 저우언라이가 도착한 이후, 중화소비에트공화국에는 미묘한 기류가 두드러지게 나타났다. 중국공산당의 위계질서로 따질 때, 이곳에서는 저우언라이가 최고지도자였으나 저우언라이 위에는 여전히 코민테른과 그 지시에 충실한 소련파, 곧 '28인의 볼셰비키'가 자리 잡고 있었기 때문이다. 마오쩌둥은 당의 중앙정치국 위원도 중앙위원회 위원도 아닌, 중앙위원회 후보위원에 지나지 않았다. 이때부터 몇 해 동안 저우언라이가 보인 언동은 훗날 그의 상표가 되는 '온건 합리주의자'의 모습과는 무척 대조적이었다. '특과'로 상징되는 냉혹하면서도 잔인한 얼굴의 저우언라이, 그리고 코민테른의 '중국 소비에트화노선'을 철저히 추종하는 저우언라이의 모습이 더 많이 노출됐던 시기였다.

이 시기에 중국공산당은 "중국을 소비에트화하고 중국공산당을 볼셰비키화한다"는 코민테른과 소련파의 노선에 따라 무리한 정책을 많이 추진했다. 토지개혁에서나 군사노선에서나 과격한 방법이 채택된 적이 한두 차례가 아니었다. 코민테른에서 전보電報를 통해 지시가 내려오면 현지실정은 고려하지 않은 채 그대로 따랐다. 마오쩌둥은 뒷날 그것을 '전보 공산주의'였다고 비웃었다. '전보 공산주의'는 마침내 파탄을 맞았다. 중국공산당은 장제스정부의 소공작전에 쫓겨 장정에 오를 수밖에 없었다.

그 와중인 1935년 1월에 이른바 쭌이회의가 열렸음은 이미 앞 장에서 말했다. 이 쭌이회의에서 저우언라이는 매우 중요한 역할을 수행했다. 그는 '전보 공산주의'의 과오를 진솔하게 인정했으며, 중국공산당이 이처럼 심각한 위기에 빠지게 된 배경에는 자신의 과오도 작용했음을 인정하고 그 책임은 오로지 자신에게 있다고 발언했다. 결론적으로 그는 마오쩌둥노선을 강력히 지지하고 마오가 중국공산당과 중국혁명을 지도해야 한다고 제의했다.

저우언라이의 발언은 우선 회의 참석자들을 감동시켰다. 그들은 저우언라이의 솔직성과 용기를 높이 평가했다. 그들은 자연스럽게 마오쩌둥을 중심으로 새롭게 집결할 수 있었다. 이제부터 중국공산당은 코민테른의 지시에 따라서가 아니라 중국의 고유한 여건에 바탕을 둔 마오쩌둥노선에 따라 중국혁명을 수행한다는 점을 새삼 확인한 것이다. 이때부터 저우언라이는 지난날까지는 자신의 아래에서 일하던 마오쩌둥을 지도자로 받들게 됐다.

마오쩌둥은 저우언라이의 진심을 그대로 받아들였으며, 쭌이회의 이후 장정은 마오쩌둥노선에 따라 계속됐다. 저우언라이는 아내 덩잉차오와 함께 마오쩌둥을 따라 장정에 끝까지 참여했다. 이렇게 형성된 저우와 마오 두 사람 사이의 신뢰관계는 죽을 때까지 변함없이 유지된다.

협상을 지휘한 저우언라이, 정풍운동을 지휘한 류사오치

저우언라이의 이름은 장정이 끝난 이후 열린 옌안시대에 더욱 빛났다. 그는 우선 1936년에 발생한 시안사건 때 중국공산당을 대표해 현장으로 달려가 장제스를 석방하는 조건으로 국공합작과 항일민족통일전선을 성사시키는 어려운 과제를 성공적으로 매듭지었다. 그의 나이 38세 때였다. 1937년 7월에 중일전쟁이 일어나자 국공합작과 항일민족통일전선의 중요성은 더욱 커졌다. 저우언라이는 국공합작의 중국공산당 대표로 중국국민당정부의 수도 충칭에 머물며 수완을 발휘해 국민당정부와 협상했다. 특히 1944년 이후 1946년까지 미국이 파견한 특사들이나 조사단들을 상대로 능란하게 '친미외교'를 벌여 미국정부로 하여금 "중국공산당은 농촌개혁가들의 집단일 뿐 마르크스-레닌주의를 신봉하는 전투적 공산주의자들의 집단이 아니다"라고 오판하게 만들었다. 1945년 8월에 일제가 패망한 이후 충칭에서 전개된 장제스와 마오쩌둥의 역사적 담판 때 저우언라이는 마오쩌둥을 수행해 협상가의 면모를 새롭게 과시했다.

그러면 그동안 류사오치는 어떻게 활동했을까? 류사오치는 중화소비에트공화국 시절에 중화전국총공회 주석으로 선출됐다. 이어 중국공산당 제6기 전국대표대회의 제5차 중앙위원회 전체회의가 1934년에 열렸을 때, 중앙정치국 위원으로 승진했다. 이어 그는 당과 협의해 자신의 지지기반이 강한 북부중국, 특히 베이징으로 가서 노동자를 조직하고 선동하는 가운데 항일운동을 이끌었다.

중국공산당이 장정을 마치고 옌안에 정착하자 류사오치는 곧바로 옌안으로 갔다. 이때부터 그는 이론가로도 떠오르게 됐다. 1936년 7월에 옌안에서 행한 "공산당원의 수양에 관해 논함"이라는 연속강연은 그가 노동운동지도자로서, 그리고 이른바 바이커우白區라고 불린 장제스정부 치하에서의 지하활동가로서, 각각 얻은 경험에 바탕을 둔 것이었다. 이 강연들은 이론적으로 대단히 우수하다는 평가를 얻었다. 그 후 중국공산당이 정풍운동과 당내투쟁을 벌이던 1941년 7월에는 "당내투쟁을 논함"이라는 연속강연을 성공적으로 수행함으로써 이론가의 명성을 다시 굳혔다. 동시에 신사군新四軍 재건공작에서 지도력을 발휘해 당내지위를 더욱 굳힐 수 있었다.

우리가 앞 장에서 살폈듯, 1941~42년에 진행된 정풍운동과 당내투쟁은 마오쩌둥의 1인지도체제를 확립시켰다. 이 과정에 류사오치는 '마오쩌둥사상'이라는 용어를 만들어냈다. 마오쩌둥은 마르크스-레닌주의의 보편적 진리를 중국의 현실이라는 특수성에 맞게 변용해 중국혁명을 가장 효과적으로 이끌 수 있는 '마오쩌둥사상'을 창조한 천재로 찬양됐다. 류사오치의 당내지위는 마오쩌둥의 1인지도체제 확립과 더불어 향상됐다. 1945년 4월에 옌안에서 열린 중국공산당 제7기 전국대표대회에서 그는 중국공산당 중앙위원회 위원 및 중앙정치국 위원 겸 중앙서기처 서기에 군사위원회 부주석을 겸함으로써, 중국공산당의 2인자로 떠올랐다. 권력서열 3위는 주더, 4위는 저우언라이로 결정됐다. 1945년 6월께부터 그는 중국공산당의 대변인 역할도 맡았다. 이어 마오쩌둥이 장제스와 협상하기 위해 충칭에 체류하는 동안에도 마오의 대리인으로 행동했다.

3. 중화인민공화국 건국 이후의 류사오치와 저우언라이

엄격한 류사오치, 너그러운 저우언라이

1946년 6월에 국공협상이 결렬되면서 국공내전이 본격적으로 다시 시작된 이후, 특히 1948년 말 이후, 중국공산당의 승세는 완연해졌다. 그래도 소련은 판세를 제대로 읽지 못하고 계속 장제스정부를 지지했다. 그 무렵이던 1949년 6월 말에 중국공산당은 지난날 소련에서 공부했던 류사오치를 비밀리에 모스크바로 파견해 소련에 대한 중국공산당의 충성을 다짐한 뒤 중화인민공화국의 건국을 도와달라고 스탈린을 설득했다.

1949년 10월 1일에 중국공산당은 마침내 중화인민공화국의 건국을 선포할 수 있었다. 중국공산당 중앙위원회 주석 마오쩌둥이 중화인민공화국의 중앙인민정부 주석과 중앙군사위원회 주석을 겸했으며, 중국공산당 부주석 류사오치는 중화인민공화국의 중앙인민정부 부주석과 중앙군사위원회 부주석을 겸했고, 저우언라이는 국무원 총리와 외교부장을 겸했다. 1954년에 마오쩌둥과 류사오치는 중화인민공화국 중앙인민정부의 주석 및 부주석이 아니라 중화인민공화국의 주석 및 부주석이 된다.

이 대목에서, 중화인민공화국이 건국됐을 때 똑같이 51세였던 류사오치와 저우언라이의 성격을 비교하는 것이 좋겠다. 류사오치는 매우 엄격한 사람으로, 웃는 얼굴을 보이는 때가 거의 없었고 농담도 즐기지 않았다. 반면에 저우언라이는 늘 웃는 얼굴이었고 기지가 빛나는 농담을 즐겼다. 1960년에 북한의 국가주석이던 최용건을 수행해 중국을 방문하고 중국의 정상급 지도자들을 직접 관찰할 수 있었던 황장엽 전 조선로동당 중앙위원회 비서는 『황장엽 회고록』에서 저우언라이에 대해 "매우 총명하고 성실하며 기지가 있었다"고 회상하면서, "늘 사람을 즐겁게 하고 웃기는 사람은 그였다"고 덧붙였다.

이러한 성격차이는 업무수행에서도 대조적으로 나타나곤 했다. 류사오치는 정풍운동이나 당내투쟁의 경우에 빛을 발했다. 엄격하면서 때로는 무자비한 성격은 '반당분자' 나 '부르주아사상을 지닌 자' 에 대해 용서가 없었다. 반면에 저우언라이는 너그러웠다. 철저히 마오쩌둥에게 충성을 다했고 중국공산당을 위해 헌신했지만 옌안시대의 정풍운동 때 아내 덩잉차오와 더불어 자아비판을 강요당했던 쓰라린 경험을 지녔기에, 중화인민공화국이 건국된 뒤 여러 차례 벌어진 숙청 때마다 희생자들의 수를 줄이려고 애썼다. 약 1천 명의 전범들을 포함한 3만여 명의 일본군 포로들이 고국으로 돌아갈 수 있도록 힘을 쓴 것도 그였다. 청나라의 마지막 황제 푸이가 뒷날 일제가 괴뢰국으로 세운 만주국의 황제가 돼 일제의 만주지배 및 중국침략에 협조했다는 이유로 전범으로 단죄되고, 소련군의 감옥을 거쳐 중국의 노동교화소에서 10년 동안 '재교육' 을 받았는데, 그런 푸이를 석방시킨 뒤 정원사로 새 출발을 할 수 있게끔 힘쓴 것도 저우언라이였다.

이론가 류사오치, 협상가 저우언라이

이렇게 두 사람을 비교할 때, 류사오치가 중화인민공화국의 건국 이후 공화국이 나아갈 길을 밝히고 특히 중국공산당의 1당독재정치를 합리화하는 으뜸가는 이론가로 자리 잡은 것은 결코 우연한 일이 아니었다. 그는 우선 대내적으로는 '전국인민정치협상회의 공동강령' 을 이론화했다. 이 문서는 중화인민공화국의 헌법이 제정될 때까지 임시헌법의 역할을 수행할 중요한 문서였다. 이 문서를 채택하고 해설하는 과정에 그는 서구정치제도의 보편적 이론들과 관행들을 모두 '부르주아적' 이며 '반동적' 이라고 단정하고, 중국은 마오쩌둥이 제시한 '인민민주주의전정 人民民主主義專政' 을 실시해야 한다고 역설했다. 5년 뒤인 1954년 9월 15일부터 28일까지 베이징에서 열린 제1기 전국인민대표대회 제1차 회의에서는 공식적인 헌법인 '중화인민공화국 헌법'이 제정되는데, 이 과정에서 그는 주도적 역할을 수행한다. 그 공로로 그는 전국인민대표대회 상무위원회 위원장으로 선출되었다. 이 직책은 우리 식으로 국회의장에 해당된다.

류사오치는 이어 대외적으로는 '중국의 길'을 제시했다. 그 계제는 1949년 11월에 베이징에서 열린 '아시아 및 대양주 국가들의 노동자조합회의'였다. 이 대회에서 그는 중화노동조합총연합회 주석의 자격으로 개회사를 하면서, "다양한 식민지 및 반+식민지 인민들은 자신들의 독립과 인민민주주의를 위한 투쟁에서 중국이 제시한 노선에 따라 중국인민이 걸어온 길을 따라야 한다"고 역설했던 것이다. 이 연설에서 그는 또 1948년 8월 15일에 수립된 대한민국정부를 '미제국주의의 괴뢰'라고 비난하고 대한민국정부에 반대하는 공산주의자들의 투쟁을 격려했다. 그는 1952년 10월에 모스크바에서 열린 소련공산당 제19차 대회에 중국대표단을 이끌고 참가했다.

저우언라이 역시 '마오쩌둥사상'에 충실했으며 국무원 총리와 외교부장으로도 매우 성실하게 일했다. 그는 특히 외교에서 두각을 나타냈다. 1954년 4월부터 6월까지 스위스 제네바에서 열린 '인도차이나와 한반도에 관한 국제회의'에서 그는 필요한 경우에는 타협적 자세를 보이기를 꺼려하지 않았을 뿐만 아니라, 능수능란한 몸짓으로 서방의 외교관들과 언론인들을 매료시켰다. 이때 중화인민공화국을 하나의 국가로 인정할 수 없다는 미국 수석대표 존 덜레스 국무장관에게 악수를 청했다가 거절당한 일은 오히려 저우언라이를 빛내주었다. 덜레스는 옹졸한 사람으로 비친 반면에 저우언라이는 유연한 사람으로 비쳤던 것이다.

제네바에서 높아진 저우언라이의 국제적 위상은 다음 해인 1955년 4월에 인도네시아 반둥시에서 열린 제1차 비동맹회의에서 더욱 돋보였다. 그의 상표는 1954년에 인도의 자와할랄 네루Jawaharlal Nehru 총리와 합의했던 '평화 5원칙'이었다. 아무리 작은 나라 할지라도 그 나라의 주권과 독립은 반드시 존중돼야 하며, 나라와 나라의 관계는 이념과 체제의 차이를 뛰어넘어 평화공존을 바탕에 두고 발전돼야 한다는 취지의 '평화 5원칙'은 반둥회의를 통해 비동맹권은 물론이고 전 세계에 전파돼 중국의 국제위상을 높이는 데 이바지했다. 그는 1958년 2월에 처음으로 북한을 방문하고 두 나라 사이의 우의를 다졌으며, 곧 외교부장 겸직을 그만두고 총리직에 전념한다. 그러나 그의 외교활동은 계속된다.

저우언라이의 후임으로 외교부장에 취임한 사람이 징강산투쟁에 참여한 이후 중국공산당의 군사지도자로 성장한 천이다. 중화인민공화국이 건국된 직후 그는 초대 상하이시장으로 선출됐으며, 반둥회의 때는 국무원 부총리였다. 이해에 중화인민공화국 인민해방군에 원수제도가 도입되면서, 그도 원수로 임명됐다. 저우언라이와 천이를 1955년 4월의 반둥회의에서 만났던 시아누크는 "우리가 처음으로 반둥에서 모이게 됐을 때 맨 처음 내게로 다가선 사람은 저우언라이와 그의 오른손과 같은 존재로서 역시 중국혁명과 항일전쟁의 전설적인 영웅인 천이였다. 우리 세 사람은 그 자리에서 훌륭한 신뢰관계를 맺을 수 있었다"고 회상했다.

인민공사제도를 둘러싼 논쟁에서의 류사오치와 저우언라이

중화인민공화국의 건국 초기에는 중국공산당 고위지도자들 사이에 갈등과 대립이 두드러지게 표출되지 않았다. 그러나 1950년대 중반 이후 노선을 둘러싼 갈등이 나타났다. 그것은 특히 소련에서 스탈린이 죽고 흐루쇼프가 정권을 잡은 뒤 중국과 소련 사이에 이념적 갈등이 표면화하면서 진행됐다.

흐루쇼프는 1956년 2월에 모스크바에서 열린 제20차 소련공산당대회를 계기로 스탈린격하운동을 전개했다. 이 운동에는 개인숭배에 대한 공격이 포함돼 있었기에 그것은 마오쩌둥 개인숭배에 대한, 그리고 마오쩌둥1인지배체제에 대한 공격을 의미하기도 했다. 1956년 9월에 열린 제8기 중국공산당 전국대표대회가 '마오쩌둥사상'에 대해 전혀 언급하지 않은 것은 흐루쇼프의 비난을 피하고 보자는 계산의 결과였을 것이다. 흐루쇼프가 자신을 공격의 대상으로 삼고 있음을 잘 알면서도, 마오는 볼셰비키혁명 40주년을 기념하기 위해 1957년 11월에 모스크바에서 열린 세계공산당대회에 참석해 소련을 찬양하는 연설을 했다. 1953년부터 추진한 제1차 5개년계획의 실적이 부진해 소련의 원조가 필요했고, 미국으로 대표되는 '제국주의세력'의 중국 포위에 효과적으로 대처하려면 소련과 유대관계를 유지해야 했기 때문이다. 그러나 흐루쇼프의 반응은 냉랭했다. 그는 중국에 파견했던 소련의 기술자들을 철수시키기까지 했다. 이제 마오는 흐루쇼프가 미국과의 긴장을 완화하기 위해 공산주의혁명이라는 대의와 국제공산주의의 연대를 버린 채 '현대판 수정주의'의 길을 걷고 있다는 자신의 의심이 사실임을 확신하게 됐다.

소련의 원조를 기대할 수 없게 되자 마오쩌둥은 1958년 3월에 쓰촨성의 성도인 청두成都에서 열린 당중앙위원회에서 '자력갱생'이라는 구호 아래 중국의 물적·인적 자원을 총동원해 "보다 빠르게 사회주의를 건설하자"는 이른바 사회주의건설총노선을 제의했다. 또한 2개월 후에는 중국공산당 제8기 전국대표대회의 제2차 중앙위원회 전체회의를 열고, "15년 안에 영국을 따라잡자"는 구호를 채택하면서 "더욱 많이, 더욱 빨리, 더욱 훌륭히, 더욱 절약해서 사회주의를 건설하자"는 이른바 사회주의건설총노선을 확정지었다. 이것은 중국이 '대약진'을 도모한다는 뜻을 담았다.

이에 따라 1958년 4월에 허난성에서 인민공사人民公社라는 이름의 고급합작사가 처음으로 출현했으며, 4개월 뒤에 중국공산당은 인민공사를 '정사합일체제政社合一體制'로 확정지었다. 정사합일체제란 정부와 생산기능의 통합을 통해 생산과 소유의 공유화를 추구하는 체제로 이해됐다. 이 체제를 정착시키기 위해, 1958년 12월에 마오쩌둥은 당중앙위원회로 하여금 이른바 '삼면홍기운동三面紅旗運動'을 일으키게 했다. 사회주의건설총노선과 대약진운동 및 인민공사운동을 삼면홍기운동으로 묶어서 부른 것이다.

'대약진운동'의 이름 아래, 현縣마다 인민공사가 하나씩 세워지는 '일현일사一縣一社'의 방침이 집행됐다. 한 개의 사社에는 약 2천 가구가 포함됐으며 그것은 결국 한 개의 사가 약 1만 명의 농민들로 구성됨을 의미했다. 이것은 집단생활을 강요하는 체제로, 결국 남자들은 남자공동합숙소에서, 여자들은 여자공동합숙소에서 생활하고, 자녀들은 공동탁아소에서 생활하는 형태로 나타났다. 쉽게 말해, 가족의 해체를 가져왔다. 이것은 의심할 여지 없이 마오쩌둥의 '대중노선'을 반영한 것이다. 한편, 해리슨 솔즈베리는 이 시기에 마오쩌둥이 마약에 의존하고 있었다고 주장하면서 마약중독에 따른 환상적 발상에서 그러한 정책을 추진했다고 비판했다.

1935년의 쭌이회의 이래 일관되게 마오쩌둥을 지지해온 저우언라이는 인민공사제도에 대해서는 반대했다. 저우언라이는 이 제도가 비현실적이며 성급한 것이라고 비판했다. 이에 대해 마오가 화를 냈고 심지어 저우언라이가 사상적으로 문제가 있다고 의심하기에 이르렀다. 그래서 마오는 저우언라이에게 자아비판서를 써 내라고 요구했다. 반면에 류사오치와 덩샤오핑은 찬성했다. 이것은 그들이 평소에 '당중심의 공산주의건설'을 옹호해왔으며 이미 당권을 확실하게 장악하고 있었다는 점에서 놀라운 일이었다.

그러나 인민공사제도는 커다란 실패임이 곧 입증됐다. 우선 자연재해가 발생한 데다가 농민들의 생산의욕이 급속히 하락함으로써 농업과 공업 모두에서 생산량이 빠르게 줄어들었다. 약 3,500만 명의 농민들이 굶어죽는 일마저 벌어졌다. 상황이 이렇게 전개되자, 류사오치와 덩샤오핑도 비판의 대열에 섰다. 류사오치의 경우, 대약진운동은 실패했다고 단정하면서 실패의 원인이 30퍼센트는 자연재해에 있으나 70퍼센트는 '인화人禍,' 곧 정책

과오에 있다고 비판했다. 소련의 비판도 극심했다. 1958년 7월에 베이징을 방문한 흐루쇼프는 인민공사제도를 모험주의라고 비판하기를 주저하지 않았다. 마오쩌둥은 소련이 핵무기를 갖고 있다는 이유로 중국을 깔본다고 생각하고, "우리는 설령 입을 바지조차 없게 된다고 해도 반드시 핵무기를 손에 넣을 것"이라고 선언했다. 흐루쇼프도 결코 만만치 않았다. 그는 "당신들은 '설령'이 아니라 '이미' 입을 바지조차 없다"고 조롱한 것이다.

4. 문화대혁명이라는 이름의 국가폭력과 갈라진 운명

루산회의, 중국공산당의 고비

마오쩌둥의 입지는 좁아졌다. 그는 1958년 11월에 열린 중국공산당 제6차 중앙위원회 전원회의(이른바 6중전회六中全會)에서 대약진운동의 실패에 대한 책임을 지고 국가주석직을 사임할 뜻을 밝혔다. 실제로 그는 1959년 4월에 열린 전국인민대표대회를 통해 중화인민공화국 주석에서 물러났다. 마오쩌둥과 대립해온 류사오치가 중화인민공화국 주석으로 취임해 그의 뒤를 이었다. 류사오치는 곧바로 대약진운동으로 일어난 농촌경제의 침체를 극복하기 위한 '조정정책'을 시행했다. 이 정책은 농민에게 물질적 자극을 주어 농업생산을 향상시키려는 정책이었다. 마오쩌둥은 이 정책을 부르주아적 발상의 산물이라며 비판했다.

이러한 지도부의 갈등은, 장시성에 위치한 중국공산당 고위간부들의 피서지 루산廬山(우리 식으로 발음하는 경우, '노산'이 아니라 '여산'이다)에서 열린 이른바 루산회의에서 극명하게 드러났다. 이 회의는 두 단계로 나뉘어 진행됐다.

첫 단계는 1959년 7월 2일부터 8월 1일까지 열린 중국공산당 중앙정치국 확대회의였다. 이 회의에서 중앙정치국 위원이면서 국무원 부총리 겸 국방부장인 펑더화이 원수가 마오쩌둥의 대약진운동을 직설적으로 비판했다. 펑더화이는 비단 이번만이 아니라 이미 여러 차례 필요하다고 느낄 때마다 마오쩌둥을 거리낌 없이 비판했다. 무인답게 점잖은 표현 대신 노골적인 표현으로 면전에서 공격하곤 했다. 중국의 일반국민들은 이 점을 좋아해서 펑더화이는 살아 있을 때나 죽은 뒤 오늘날까지도 사랑을 받는다.

마오쩌둥은 펑더화이의 공격에서 어떤 음모의 냄새를 맡았다. 당의 관료기구를 장악한 채 중국의 실세로 자리를 굳힌 류사오치와 그의 심복인 덩샤오핑 등이 펑더화이를 앞세워 권력투쟁을 유발하려 한다고 의심한 것이다. 마오쩌둥은 당이 자신과 펑더화이 가운데 하나를 선택해야 한다고 선언하고, 만일 당이 펑더화이를 선택하면 자신은 다시 농촌으로 가서 1930년대에 했던 것처럼 새로운 당과 새로운 홍군을 건설하겠다고 위협했다. 이것은 당이 자신을 지지하지 않으면 내란을 일으키겠다는 협박이었다. 결국 이 중앙정치국 확대회의는 마오쩌둥의 입장을 지지하는 쪽으로 귀결됐다.

이 역사적 회의가 끝난 직후, 중국공산당은 8월 2일부터 16일까지 같은 곳에서 제8차 중앙위원회 전원회의를 열었다. 이 8중전회八中全會는 마오쩌둥의 대약진운동을 지지하면서 펑더화이와 그의 지지자들을 '반당집단'으로 단정했다. 이에 따라 펑더화이는 국무원 부총리 및 국방부장, 그리고 중앙군사위원회 부주석에서 해임됐다. 국방부장 및 중앙군사위원회 부주석에는 린뱌오가 선임됐다. 어떤 학자들은 1966년에 마오쩌둥이 린뱌오를 앞세워 시작한 문화대혁명의 단서가 이때 마련됐다고 주장한다.

이렇게 펑더화이를 제거하는 데 성공했으나, 마오쩌둥은 류사오치와 덩샤오핑까지 제거할 수는 없었다. 거듭 말하지만, 그들은 어느 사이엔가 중국공산당을 거머쥐고 있었다. 중앙조직에서 지방조직에 이르기까지 중요한 간부들은 거의 모두가 그들의 인맥에 속했다. 비단 인맥만이 아니었다. 노선에서도 류사오치와 덩샤오핑은 중국공산당 관료기구의 지지를 받고 있었다. 이제 혁명의 시기가 아니라 건설의 시기인 만큼, 홍紅의 사상과 이념으로 중국을 통치해야 한다는 마오쩌둥의 노선보다는 전專을 중심으로 국가의 근대화와 발전을 추구해야 한다는 류사오치의 노선이 더 설득력을 지녔다. 모든 사람이 똑같은 대우를 받아야 한다는 마오쩌둥의 평등주의노선보다는, 능력과 직위에 따라 대우가 달라질 수밖에 없다는 류사오치의 반평등주의노선이 그들에게 매력적이었음은 물론이다.

마오쩌둥의 눈 밖에 난 류사오치

저우언라이는 마오쩌둥의 인민공사에 반대했고 또 류사오치의 전 노선에 기울어 있었으나, 루산회의에서는 마오쩌둥을 지지했다. 중국공산당과 중화인민공화국의 최고지도자는 누가 뭐라 해도 마오여야 한다는 신념 때문이었다. 이 회의에서 자신마저 마오를 비판하는 쪽에 서면 마오는 고립무원에 처할 것이며 그렇게 되면 마오의 성격으로 미뤄볼 때 중국공산당을 커다란 혼란에 빠뜨릴까봐 두려워한 것이다. 저우언라이는 1956년부터 매번 중국공산당의 부주석들 가운데 한 사람으로 선출됐다. 그러한 저우언라이의 지지는 실제로 마오쩌둥에게 큰 힘이 됐다. 류사오치와 덩샤오핑도 더 이상 움직이지 않았다. 권력암투는 일단 그 선에서 멈췄다. 마오쩌둥은 저우언라이에게 고마워했고 그에게 '경제조정'의 임무를 맡겼다. '경제조정'은 인민공사제도의 실패를 인정하는 바탕 위에서 취해진 갖가지 수정조치들을 뜻하는 것이었다.

마오쩌둥은 1959년에 루산회의를 통해 당내위기를 봉합할 수 있었으나 권력은 점점 류사오치와 덩샤오핑을 중심으로 하는 당권파에 넘어갔다. 1962년에는 류사오치가 당의 고위간부들을 소집한 뒤 인민공사운동을 재평가하는 가운데 펑더화이를 옹호하며 간접적으로 마오를 공격하는 일까지 일어났다. 류사오치와 덩샤오핑은 심지어 "당의 간부들은 지난날의 잘못에 대해 솔직하고 대담하게 비판해도 좋다"고까지 말함으로써 간접적으로 마오쩌둥에 대한 공격을 유도하기도 했다. 이와 관련해 마오쩌둥은 뒷날 "그들은 나를 죽은 사람 취급했다"라고 말했다.

이 대목에서 다시 상기하거니와, 류사오치는 그때 국가주석과 당부주석 직위를 겸하고 있었다. 그는 국가주석으로 주로 아시아를 비롯한 비동맹권을 대상으로 외국방문을 자주 했으며, 그 일환으로 1963년 9월에 그로서는 처음으로 북한을 방문했다. 이때 중국과 소련 사이에는 이념분쟁이 치열했고, 북한은 이 이념분쟁에서 중국을 지지했다. 류사오치는 자신을 환영하는 평양시민들의 집회에서 "중국과 조선은 입술과 이의 관계"라는 표현으로써, 곧 '순치脣齒' 관계라는 전통적 표현으로 두 나라 사이의 동맹이 굳건함을 확인했다. 일본인학자의 주장에 따르면, 류사오치는 북한의 국가주석 최용건과의 회담을 통해 두 나라 사이의 현안이던 백두산의 영유권문제를 매듭지었다. 이때 백두산의 천지를 포함한 백두산의 남반부를 북한의 영토로, 북반부를 중국의 영토로 인정한 것이다.

류사오치는 국가주석의 자격으로 외국의 중요한 내빈들을 자주 영접해 국제적으로도 큰 관심을 받았다. 이것 역시 마오쩌둥에게는 경계의 대상이 됐다. 노선문제에서도 마오쩌둥은 류사오치를 더욱 경계하게 됐다. 그는 류사오치가 추구하는 전專 노선이 중국을 관료주의지배체제로 몰아가고 있다고 확신했다. 권력문제가 마오쩌둥을 괴롭힌 주요한 국내문제였다면, 중국과 소련의 이념분쟁은 그를 괴롭히는 주요한 국제문제였다. 이제 흐루쇼프는 중국을 '교조주의'로 매도하면서 중국을 세계공산주의운동계에서 내쫓으려고까지 했다. 그런데 이 중요한 중소이념분쟁에서 마오쩌둥의 눈에 류사오치는 모호하거나 친소적 입장을 취하는 것으로 비쳤다. 예컨대, 1960년 12월에 모스크바에서 열린 세계 81개국 공산당·노동당대회에서 중국대표단을 인솔한 류사오치는 여섯 차례에 걸쳐 연설하면서도 마오쩌둥에 대해서는 꼭 한 차례 언급했다. 대회가 채택한 공동선언문의 내용도 모호하기 짝이 없다고 마오쩌둥은 판단했다.

반면에 저우언라이는 마오쩌둥을 만족시켰다. 흐루쇼프가 "우리 사이에는 분명히 계급적 차이가 있다. 부르주아계급 출신인 당신이 프롤레타리아계급 출신인 나에게 감히 어떻게 그런 말을 할 수가 있어!"라고 면박을 준 일이 있다. 이때 저우언라이는 "그렇다. 우리 사이에는 분명히 계급적 차이가 있다. 그러나 계급과 관련해 공통점이 있다. 우리 두 사람은 모두 출신계급을 배반한 사람들이다"라고 응수했다. 이 응수에는 "나는 내 출신계급인 부르주아계급을 배반함으로써 프롤레타리아계급이 됐다. 그러나 당신은 당신의 출신계급인 프롤레타리아계급을 배반함으로써 부르주아계급이 됐다"는 뼈아픈 지적이 포함돼 있었다. 이렇게 기지가 넘치는 저우언라이는 중소 이념분쟁에서 일관되게 마오쩌둥의 주장을 대변했다. 1961년 10월, 모스크바에서 열린 소련공산당 제22차 대회에 중국대표단을 이끌고 참석한 저우언라이는 명백한 문구로 흐루쇼프의 '현대판 수정주의'를 비난하는 연설을 마친 뒤, 그다음 날 크렘린의 레닌묘지와 스탈린묘지에 헌화하자마자 남은 일정을 무시한 채 귀국했다.

사회주의문화대혁명의 폭발

권력투쟁에 노선대립이 겹친 마오쩌둥과 류사오치의 관계는 1966년 여름에 이르러 '사회주의문화대혁명' 형태로 폭발했다. 마오쩌둥은 류사오치가 '자본주의의 길'을 밟고 있으며 당내에 '주자파走資派'를 형성해 중국을 소련과 같은 '현대판 수정주의' 국가로 변질시키고 있다고 비난하고, 이러한 위기에서 중국을 구제하기 위해서는 '사회주의문화대혁명'을 수행해야 한다고 주장했다. 말하자면 류사오치와 그의 지지세력에 대해 선전포고를 한 것이다.

거듭 말하거니와 중화인민공화국 주석과 중국공산당 부주석을 겸한 류사오치는 광범위하게 실권을 장악하고 있어서 간단히 제거될 수 없었다. 그래서 자신의 장기인 대중동원에 의존하기로 한 마오쩌둥은 혈기로 움직이는 10대와 20대 청소년들을 '공산주의를 보위하는 병사,' 곧 '홍위병'으로 조직해 전국 곳곳에서 당권파를 공격하게 만들었다. 이때 마오쩌둥은 '조반유리 혁명무죄造反有理 革命無罪'라는 구호를 제시했다. "반란을 일으키는 데는 다 이유가 있으며 혁명을 일으키는 것은 무죄"라는 말로, 젊은 홍위병들을 부추긴 것이다. 대중적 차원에서 마오쩌둥의 권위는 류사오치의 그것을 훨씬 앞지르고 있었다. 마오쩌둥에게는 카리스마가 있었으나 류사오치에게는 없었다. 따라서 홍위병들은 마오쩌둥의 선동에 휘둘린 채 1,500만 명 규모로 운집해 기존질서를 철저히 파괴하려고 나섰다. 이때부터 1969년 초까지 중국은 무질서와 광란의 시대를 경험하게 된다. 평생을 조국을 위해 헌신했으며 청렴하게 살았던 펑더화이와 같은 영웅도 홍위병들에게 폭행을 당했으며, 심지어 조리돌림을 당하기도 했다. 그는 1974년에 암으로 베이징에서 죽었다.

마오쩌둥 곁에 남은 저우언라이, 쫓겨난 류사오치

이 과정에 저우언라이는 마오쩌둥을 따랐다. 비록 문화대혁명을 지지하지는 않았지만 마오가 문화대혁명의 성공을 위해 동원한 이른바 문혁파文革派의 거두들, 예컨대 장칭과 린뱌오, 캉성 등과 그들의 직계 심복들은 매우 나쁜 사람들이기 때문에 그들을 견제하기 위해서라도 자신이 마오쩌둥 곁에 있어야 한다고 믿었던 것이다. 그런 속셈이었다지만 저우언라이가 문화대혁명 시기에 공식적으로 취한 행동은 그의 이미지에 적잖은 흠을 남겼다. 마오쩌둥에게 너무 아부한다는 평도 받아야 했고 심지어 마오의 아내로 문화대혁명의 실질적 지휘자인 장칭에 대해서조차 굴종한다는 의심을 받아야 했다. 그래서 저우언라이에게 호의적이던 중국공산당의 어떤 간부는 그를 '교활한 정치인'으로 매도하기도 했다. 그런 매도는 자신을 수십 년 동안 떠받들어 모시던 경호책임자를 장칭이 숙청하려 할 때 저우언라이가 장칭이 옳다고 반응하자 극에 이르렀다. 그러나 저우언라이가 홍위병들이 표적으로 삼은 공산당 간부들의 신변보호를 위해 많은 노력을 기울인 것은 사실이다. 그의 노력은 효과를 보기도 했지만, 도움을 주지 못한 경우도 적지 않았다.

문화대혁명의 소용돌이 속에서, 1968년 이후 중국공산당에 제명당하고 베이징의 자택에 연금됐던 류사오치는 7월 18일에 홍위병들에게 폭행을 당한 직후 허난성 카이펑으로 쫓겨났다. 이때 류사오치는 "역사는 권력이 쓰는 것이 아니라 인민이 쓰는 것이다"라는 말로써 자신에 대한 권력의 박해를 비판했다. 카이펑에서 류사오치는 난방이 되지 않는 허름한 집에서 어렵게 살았다. 그는 당뇨병과 폐렴이 악화됐는데도 아무런 치료를 받지 못한 채 1969년 11월 12일에 죽었다. 그의 시체는 화장됐으며 유해는 어느 평범한 무덤 속에 다른 사람의 이름으로 매장됐다. 그는 죽은 지 11년이 지난 1980년 5월 17일에 마오쩌둥격하운동의 분위기 속에서 뒤늦게나마 복권돼 국장國葬의 예우를 받았다. 그의 아들 류위안柳原은 중국인민해방군에서 고위직을 두루 맡다가 최근에는 상장上將에 이르렀다.

문화대혁명을 견뎌낸 저우언라이는 1972년 2월에 미국의 닉슨 대통령을 초청함으로써 미국과의 관계를 개선했다. 이 과정에서 그는 남북한 사이의 대화를 촉진시키는 방향으로 북한에 영향력을 행사했다. 그는 이어 1972년 9월에 일본과의 복교를 실현했다. 1976년 1월 8일에 방광암으로 죽은 그는 자신을 화장해 유해를 중국의 땅과 강에 뿌리기만 하고 장례식은 열지 말라고 유언했다. 장례를 치르는 것 자체가 인민에게 폐를 끼치는 행위라고 생각할 정도로 아주 검소한 사람이었던 것이다. 그렇기 때문에 저우언라이의 무덤은 아예 없다. 저우언라이의 기념물로는 그의 모교인 난카이대학이 이 대학의 교정에 세워준 하얀 석상이 대표적이다.

중국국민은 저우언라이를 지금도 사랑하고 있다. 그의 탄생 100주년인 1998년 3월 5일에 중국 전역이 그를 추모하는 열기로 뜨거웠다. 우선 베이징의 톈안먼광장에 가까운 곳에 개설된 혁명박물관에서는 '인민들의 좋은 총리 저우언라이 탄생 100주년 기념전'이 열렸는데, 매일 몰려드는 관람객으로 초만원이었다. 전시장은 330여 평이어서 하루의 적정한 관람인원이 6천 명이었지만, 평균 1만 5천여 명이 몰려와 정상적인 관람이 어려울 정도였다. 이어 저우언라이를 기리는 영화「저우언라이 외교풍운周恩來外交風雲」이 1998년 2월 27일부터 전국의 영화관에서 개봉됐고, 텔레비전에서는 12부작 대형 다큐멘터리드라마「저우언라이 100년」이 방영됐다. 추모열기는 지방에서도 뜨거웠다. 난징에서는 저우언라이도서관이 2월 21일에 문을 열었으며, 광저우에서는 기념 문예공연과 좌담회가 열렸고, 그가 자신의 고향으로 간주한 사오싱에서는 서화전이 열렸다.

저우언라이의 생애에 대한 개략적인 설명을 끝내면서 덧붙이고 싶은 것이 있다. 그것은 그가 고구려와 발해의 역사를 중국역사에 포함시키려고 시도하던 일부 학자들과 관리들을 비판했다는 사실이다. 그러나 중국공산당은 그의 뜻과는 달리 2002년부터 이른바 동북공정東北工程이라는 이름을 내건 중국식의 역사연구를 통해 고구려와 발해의 역사를 모두 중국역사의 일부로 파악하는 모습을 보였다. 이것은 물론 잘못이다. 고구려와 발해의 역사는 한민족의 역사에 속하는 것이기 때문이다.

저우언라이에 대해 키신저는 『헨리 키신저의 중국 이야기』에서 다음과 같이 회상했다. "60여 년의 공직생활에서 나는 저우언라이보다도 더 강렬한 인상을 준 사람을 만난 적이 없었다. 키는 작지만 우아한 자태며 표정이 풍부한 얼굴에 번득이는 눈빛으로, 그는 탁월한 지성과 품성으로 좌중을 압도했으며 읽을 수 없는 상대방의 심리를 꿰뚫어 보았다." 이 회상처럼 저우언라이를 정확히 평가한 경우는 없을 것이다.

개혁과 개방을 통한
중국현대화의 총설계자

덩샤오핑

05

 세계적 언론인들 가운데 한 사람으로 특히 현대중국에 대해 뛰어난 기사들을 많이 썼고 퓰리처상도 받은 『뉴욕 타임스』출신의 미국인 해리슨 솔즈베리는 1992년에 보스턴의 리틀브라운출판사를 통해 『새로운 황제들: 모택동과 등소평 시대의 중국 The New Emperors: China in the Era of Mao and Deng』이라는 책을 출판했다. 이 책은 곧바로 베스트셀러가 됐으며, 이듬해에는 뉴욕의 에이븐출판사를 통해 보급판으로 새롭게 출판되기도 했다. 이미 1985년에 런던의 맥밀란출판사를 통해 『대장정 The Long March』을 출판함으로써 중국전문가라는 명성을 확고하게 세웠던 그는 『새로운 황제들』의 출판으로 이름을 더욱 높일 수 있었다.

 그러면 새로운 황제들이란 누구인가? 이 책의 부제가 말해주듯, 그는 마오쩌둥과 덩샤오핑을 중국의 새로운 황제들이라고 보았다. 중국의 고전들 가운데 하나로, 11세기에 출판된 송宋나라 재상 사마광司馬光의 『자치통감

資治通鑑』은 "폭력을 예방할 수 있고 해害를 제거할 수 있기에 인민들의 생활을 보호할 수 있으며, 선에 대해서는 보상해줄 수 있고 악에 대해서는 징벌할 수 있기에 재앙을 피할 수 있는 사람—그 사람은 황제라고 불릴 수 있다"라고 정의했다. 솔즈베리는 이 정의를 인용하면서 현대중국의 역사에서 거기에 부합되는 사람들로 마오쩌둥과 덩샤오핑을 지적했다.

물론 마오쩌둥과 덩샤오핑은 황제를 봉건제도의 하나로 비판하는 마르크스주의자로 자처했다. 그러나 역설적이게도 그들이야말로 '농민제국'을 세운 '황제'들로서, 중국역사상 그 어느 황제도 따를 수 없는 개인적 권력과 정치적 권력을 동시에 행사했다고 솔즈베리는 주장했다. 우리는 이미 앞의 2부 3장에서 '농민제국'의 첫번째 '황제' 마오쩌둥을 다뤘다. 여기에서는 '농민제국'의 두번째 '황제' 덩샤오핑을 다루기로 한다.

1. 공산혁명지도자로 마오쩌둥을 선택할 때까지

파리유학 때 공산주의자가 되다

덩샤오핑은 쓰촨성 광안현廣安縣 시에싱協興이라는 마을에서 태어났다. 면적이 한반도의 2.5배쯤 되는 쓰촨성은 중국역사에서는 촉蜀이라고 불렸다. 소설 『삼국지연의』에 나오는 유비劉備가 바로 이 쓰촨성을 발판으로 삼아 촉을 세웠다. 중국어로는 웅묘熊猫라고 부르는 팬더의 고향이다. 쌀 수확고가 전국 1위라는 사실이 말해주듯, 쓰촨성은 갖가지 농산물이 매우 풍부한 곳이다. 초원과 호수도 많아 짐승과 물고기 역시 매우 풍부하다. 그래서 요리로도 유명한데, 쓰촨요리는 고추를 많이 쓰기 때문에 매운 편에 속한다. 중국공산당의 역사에서 높은 자리를 차지하는 주더와 천이, 그리고 유명한 문인인 궈모뤄郭沫若와 바진巴金 역시 이 지방 출신이다.

덩샤오핑은 1904년 8월 22일에 태어났다. 이해는 청조 말기인 덕종德宗의 광서光緖 34년에 해당된다. 중원에 살던 한족은 때때로 난리를 피해 중국 남부로 옮겨 살곤 했다. 그래서 그들은 객가客家라고 불렸는데, 그는 바로 이 객가 출신이었다. 그는 『삼국지연의』에 등장하는 조조曹操의 아들 조비曹丕가 세운 위魏의 명장 등애鄧艾의 54대 후손이다. 등애는 촉을 공격해 유비의 아들로 제2대 황제이던 유선劉禪의 항복을 받은 인물이다. 또 덩샤오핑의 선조 중에는 청조에서 오늘날의 법무장관에 해당되는 고위직에 등용됐던 학자가 있었다. 그래서 덩샤오핑 일족은 명문이라는 소리를 들었. 덩샤오핑의 아버지는 덩원밍鄧文明이다. 약 1백 섬의 곡물을 생산하는 땅을 지닌 소지주로 머슴과 소작인을 두고 살았으며, 재력에 의존해서 현의 경찰서장 비슷한 자리에 앉아 위세를 부리기도 했다. 그는 네 명의 아내를 거느렸는데, 덩샤오핑은 아버지의 두번째 아내인 단譚씨의 3남 1녀 가운데 장남이었다.

덩샤오핑은 마오쩌둥보다 11년 뒤에, 류사오치와 저우언라이보다 6년 뒤에 태어났다. 그래서 앞의 세 사람과는 달리, 그가 15세이던 1919년에 일어난 5·4운동에 개인적으로 영향을 받지는 않았다. 그러나 그해는 그의 생애에서 첫번째 중요한 전환점을 마련했다. 아버지의 권유에 따라 쓰촨성에서 가장 큰 도시이자 국제도시인 충칭의 프랑스어예비학교에 입학한 것이다. 서당을 거쳐 근대적 초등학교와 중등학교를 모두 졸업해 이미 수학과 자연과학 및 지리학 같은 서양학문에 익숙해진 그는 이 학교에서 광물학에 관심을 가졌으며 아주 열심히 공부했다. 이 시절의 그를 기억하는 사람들은 그가 뛰어난 기억력을 보여주었다고 뒷날 회상했다.

이 무렵 중국의 젊은이들 사이에는 일하면서 공부한다는 뜻의 근공검학勤工儉學운동이 펼쳐지는 가운데, 중국의 노동자들을 많이 끌어가던 프랑스로 유학하는 바람이 거세게 불었다. 덩샤오핑도 이러한 분위기에 휩쓸려 프랑스어예비학교를 제2기로 졸업한 뒤 1920년 9월에 기선을 타고 프랑스로 떠났다. 그는 1개월 뒤 마르세유에 도착해 곧바로 파리로 갔다. 파리의 '중국-프랑스교육협회'는 그를 노르망디지방의 베이유에 위치한 중등학교급 프랑스어학교로 보냈다. 그러나 그는 곧 학비부족에 시달리게 됐고 그래서 파리와 리옹 사이에 있는 르크뢰조의 기계공장에서 다른 중국노동자들과 함께 일할 수밖에 없었다. 일은 너무나 고달팠다. 그는 고무신공장에서도 일했고 식당에서도 일했으며 르노자동차공장에서도 일했다. 그렇지만 학비는커녕 기본적인 식생활 해결도 쉽지 않았다.

매우 빈궁했던 이 시기에, 프랑스에도 러시아 10월혁명의 바람이 거세게 불어닥치면서 빈곤문제에 민감한 젊은이들을 유혹하는 공산주의가 널리 파급됐다. 노동운동이 새로운 활력을 얻었고, 그러한 분위기 속에서 프랑스공산당이 창당돼 노동계급 사이에 영향력을 갖기 시작했다. 거기에 자극을 받아 프랑스로 유학 온 중국학생들은 빠르게 마르크스주의에 접근했다. 그들 가운데 저우언라이가 큰 영향력을 발휘하고 있었다. 덩샤오핑 역시 저우언라이의 영향을 받아, 학업을 포기하고 마르크스주의운동에 뛰어들었다. 덩샤오핑은 뒷날 어느 유럽기자와의 만남에서 자신은 그때 저우언라이를 형님으로 여겼다고 회고했다.

덩샤오핑이 마르크스주의운동에 뛰어든 시점이 정확히 언제였는지, 그의 공식 전기는 이상하게도 전혀 밝히지 않았고 그 스스로도 말하지 않았다. 그러나 여러 정황으로 미뤄볼 때, 그 시기는 대체로 1921년과 1922년 사이였던 것 같다. 그러니까 그는 17세 또는 18세라는 소년기에 공산주의자가 된 것이다.

그 시기에, 파리에서는 공산주의를 받아들인 중국학생들을 중심으로 '공학호조사工學互助社'라는 공산주의조직이 발족했고 이것을 기초로 1921년 2월에 '청년중국공산당'이 결성됐다. 그해 7월에 중국 본국에서 중국공산당이 창당되자, '청년중국공산당'은 중국공산당의 지시에 따라 1922년 6월에 '유럽주재 중국청년공산당'으로 개편됐다. 이 개편의 주역은 저우언라이를 비롯한 '근공검학' 학생대표 18명이었다. 덩샤오핑은 이 개편작업에 참여하지 못했지만, 같은 해 말에 이 조직에 참여한다. 이 조직은 1923년에 '유럽주재 중국공산주의자청년동맹' 또는 '중국사회주의자청년동맹 유럽지부'로 이름을 바꿨다. 1923년 6월에 그는 19세의 나이로 이 조직의 집행위원회 위원으로 선출됐다. 이로써 그의 일생 동안 계속되는 직업적 사회주의혁명가의 경력이 본격적으로 시작된 것이다.

5년 3개월의 프랑스생활을 끝맺다

덩샤오핑은 곧 '필경筆耕 박사'라는 별명을 얻었다. 이 방면에 능력이 뛰어나 '유럽주재 중국공산주의자청년동맹'이 발행하는 갖가지 선전물들의 필경을 책임졌기 때문이다. 특히 1924년 2월에 이 기구의 기관지로『적광赤光』이 창간된 이후 그는 편집인으로서 기고도 하고 필경도 했다. 이 기구의 사무실은 파리 남부의 어느 값싼 주거지역에 자리 잡은 저우언라이의 침실이었다. 아주 작은 방이어서 세 사람만 들어가도 꽉 차버렸다. 그들은 돈이 너무나 모자라 몇 개의 빵에 채소 한 접시로 한 끼를 때우곤 했고, 어떤 때는 빵 하나와 뜨거운 물 한 컵으로 만족해야 했다. 때때로 크루아상이라는 초생달 모양의 빵을 먹기도 했는데, 두 사람이 하나를 나눠 먹어 그들은 하나만이라도 제대로 먹었으면 좋겠다며 아쉬워했다. 훗날 덩샤오핑이 파리를 공식방문했을 때 그 빵맛을 회상하며 1백 개를 사서 한 상자에 넣어 귀국한 뒤 자신과 파리에서 함께 공부했던 친구들에게 나눠줬다고 한다. 1974년 4월에 중국대표단의 단장으로 유엔총회에 참석했다 돌아가는 길의 일이었다.

덩샤오핑이 저우언라이의 침실을 중심으로 일하던 시기에 파리에는 비공산주의적 중국청년단체가 활동하고 있었다. '중국청년당'이라는 이름의 이 단체는 이탈리아파시즘에 영향을 받아 중국 역시 강력한 독재국가를 세워야만 구제될 수 있다고 주장했고 그래서 '국가주의자'라는 별명을 얻었다. 『적광』은 앞장서서 그들을 공격했고 덩샤오핑도 그들을 공격하는 논설들을 발표했다. 이처럼 중국청년들 사이에 갈등과 대립이 격화되던 분위기 속에서, '중국공산당 유럽지부'가 발족했다. 덩샤오핑은 창립대회 때는 이 조직에 가입하지 않았고, 1924년 후반기에 정식으로 가입했다. '중국공산당 유럽지부'라는 큰 이름을 내걸었고 그 아래 프랑스지부와 독일지부 및 벨기에지부를 두었지만, '중국공산당 유럽지부'는 그저 수십 명의 당원들을 확보했을 뿐이었다. 그러나 활동은 은밀하고 효율적이어서 모스크바의 코민테른 본부 및 상하이의 중국공산당 본부와 긴밀히 연락하면서 운영했는데도 일정 기간 프랑스의 공안당국이 전혀 파악하지 못했을 정도였다.

1925년 초에 덩샤오핑은 파리에서 리옹으로 옮겼다. 당이 그를 '리옹지부 특별대표'로 임명했기 때문이다. 21세에 한 조직의 책임자가 된 것이다. 그러나 리옹체류는 짧았다. 프랑스의 중국 '노동자 겸 학생' 다수가 본국에서 일어난 5·30사건에 항의해 파리를 중심으로 시위를 벌인 것을 발단으로 프랑스공안당국과 충돌하게 된 것이다. 그것이 빌미가 돼 그들 가운데 다수가 본국으로 추방되거나 투옥되는 일이 벌어졌고 그도 파리로 돌아와야 했다. 그 역시 파리경찰청의 수사대상으로 떠올랐다. 1926년 1월 8일, 경찰관들이 그의 숙소에 들이닥쳤다. 그러나 그는 이미 모스크바로 가는 기차에 몸을 싣고 있었다. 이렇게 덩샤오핑의 프랑스생활은 5년 3개월 만에 끝났다. 그러나 그 생활은 그에게 적잖은 영향을 주었다. 중국이 바깥세계를 무시해서는 안 되며 바깥세계로부터 배우지 않고는 결코 발전할 수 없음을 깊이 깨달았던 것이다. 프랑스어를 익힌 것도 큰 소득이었다.

덩샤오핑은 모스크바에 도착해서 '동방노동자공산주의대학교'에 입학했다. 이 학교는 주로 동아시아의 공산주의자들을 훈련시키기 위해 1921년에 코민테른이 세운 것이었다. 몇 주 지나서 그는 역시 모스크바에 개설된 쑨얏센孫逸仙대학교로 전학했다. '쑨중산대학교'라고도 불린 이 학교는 제1차 국공합작의 연장선 위에서 소련공산당이 중국혁명에 필요한 인원을 훈련시키고자 1925년에 세운 것이다.

이 학교의 실질적 책임자였던 파벨 미프는 뒷날 중국공산당의 역사에서 '(소련으로부터의) 귀환 학생들' 또는 '28인의 볼셰비키'라고 불리는 소련파를 만들어내는 데 성공했다. 왕밍이라는 이름을 쓴 천사오위로 대표되는 이들은 소련의 노선, 곧 코민테른의 노선을 철저히 추종하도록 교육받았던 것이다. 덩샤오핑은 이 무리에 속하지 않았다. 그는 오히려 장제스가 첫번째 부인에게서 낳은 아들 장징궈蔣經國와 가까웠다. 장제스는 쑹메이링과 결혼하기 훨씬 전에 고향에서 이웃 마을의 처녀와 조혼했었는데, 그녀가 바로 장징궈의 어머니다.

이 학교에서 덩샤오핑은 많은 과목을 배워야 했다. 러시아어는 필수였고, 세계의 각종 혁명사, 마르크스와 엥겔스의 공동작품인 유물변증법의 철학, 마르크스의 『자본』에 입각한 정치경제학, 스탈린이 저술한 『레닌주의의 기초들』을 중심으로 하는 레닌주의, 그리고 군사학 역시 필수과목이었다. 덩샤오핑은 열심히 공부했다. 그러나 그는 이미 마르크스주의의 핵심은 '사실로부터 진리를 찾는 것,' 곧 실사구시實事求是에 있기 때문에 실천을 통해 진리를 파악해야지, 책의 자구字句에 매달리는 '서적주의書籍主義'로는 진리에 도달할 수 없다고 믿고 있었다.

반공숙청의 위기 때 천두슈에 의해 중앙으로 등용되다

덩샤오핑이 소련에서 공부하던 때 중국에서는 군벌들 사이에 심각한 싸움이 벌어지고 있었다. 이 복잡한 양상을 단순화시켜 말한다면, 우한 방면의 우페이푸吳佩孚와 양쯔강 유역의 쑨취안팡孫傳芳, 그리고 베이징과 만주의 장쭤린으로 대표되는 이른바 북방군벌이 장제스의 중국국민당정부에 맞서 있었고, 장제스는 북벌을 통해 북방군벌을 정복해서 천하통일을 이룩하고자 했다.

이러한 대결 속에서, 또 하나의 군벌인 펑위샹이 장쭤린에 맞섰다가 패배했다. 그래서 펑위샹은 1926년 5월에 모스크바를 방문해 군사지원을 요청했다. 이때 소련은 장제스의 북벌을 지지하고 있었고 또 제1차 국공합작기였던 만큼 중국공산당 역시 그것을 지지하고 있었다. 그래서 소련은 펑위샹이 장제스에 협조해서 북벌에 참가한다는 조건을 붙여 원조를 약속했다. 소련이 이 조건을 이행하는 과정에 덩샤오핑은 1927년 2월에 시안으로 귀국해서 펑위샹의 휘하에 들어갔다. 덩샤오핑은 펑위샹이 총사령관으로 임명된 중국국민당 산하 제7군의 정치공작책임자가 됐으며 동시에 펑위샹이 설립한 '쑨얏센군사정치학교'의 교무주임이 됐다. 물론 이 학교 안에 비밀리에 조직된 중국공산당 기구의 책임비서도 맡았다.

그러나 몇 개월이 지나 우한에서 제1차 국공합작이 깨진 것을 빌미로 중국국민당정부는 공산주의자들을 숙청하기 시작했다. 이 반공숙청을 더욱 부채질한 것이 1927년 6월에 발표된 '왕징웨이와 펑위샹의 공동성명'이었다. 그 직전에 코민테른의 중국주재대표로 새로 부임한 인도사람 로이M. N. Roy는 자신이 스탈린의 지시를 직접 받고 있음을 과시하느라고 스탈린이 중국국민당장군들을 반혁명세력으로 매도하면서 무장농민폭동을 통해 그들을 타도하라고 지시한 비밀전문을 중국국민당의 좌파지도자 왕징웨이에게 보여주었다. 이것은 왕징웨이가 펑위샹과 제휴하는 계기가 됐다. 장제스에 맞서왔던 왕징웨이는 이것을 통해 스탈린의 속셈을 비로소 깨닫고 "중국국민혁명의 주도권은 장제스에게 있다"고 선언하면서 펑위샹을 그 대열에 끌어들이는 데 성공했던 것이다.

평위샹은 때로는 장제스에게 협력하기도 하고 저항하기도 했다. 그러나 그는 일관되게 일제의 중국침략에 맞서 싸워야 한다는 입장을 지켰으며, 실제로 항일전선에 참여해 중국국민당군의 제6전구사령관을 맡았다. 제2차 세계대전이 끝난 뒤, 그는 미국을 여행하면서 장제스정부를 비판했다. 그는 모스크바를 방문하기 위해 여객선을 타고 흑해를 건너던 때인 1948년 9월 1일에 불이 일어나 타 죽었다. 향년 66세였다. 1953년에 중국공산당은 그를 '훌륭한 군벌'로 규정하고, 상당한 예우를 갖춰 유해를 '성산'으로 간주되는 산둥성 타이산泰山에 다시 묻어주었다.

다시 장제스에게 돌아가기로 하자. 장제스가 주도한 반공숙청은 대규모로 무자비하게 진행됐다. 이 소용돌이 속에 덩샤오핑도 체포됐다. 그러나 그가 펑위샹에게 살려달라고 빌자 펑위샹이 불쌍히 여겨 풀어주었다고 하며, 이로 인해 뒷날 문화대혁명 때 홍위병들이 그를 조롱하기도 했다. 덩샤오핑은 중국공산당의 중앙본부가 있던 한커우로 도망쳤다. 그때 당수였던 천두슈는 그를 중앙위원회 서기로 임명했다. 그가 당의 중앙기구에서 일한 것은 이때가 처음으로, 그의 나이 23세였다.

마오쩌둥노선 지지와 해임, 그리고 이혼

그러나 이 시점에 중국공산당은 사실상 궤멸상태에 빠져 있었다. 앞의 2장에서 살폈듯, 중국공산당이 천두슈를 대체한 새로운 당수 취추바이의 지도 아래 도시폭동노선으로 전환해 이곳저곳에서 폭동을 일으켰으나 모두 실패했기 때문이다. 그래도 중국공산당은 본부를 상하이로 옮겨서 겨우 연명할 수는 있었다. 이때 덩샤오핑은 중앙위원회 비서장으로 임명됐다. 개인적인 경사도 뒤따랐다. 1928년과 1929년 초 사이에, 모스크바에서 함께 공부했던 당원 장시위안과 결혼한 것이다. 그러나 그녀는 24세에 첫아이를 출산하면서 죽었고, 딸이었던 그 아이도 몇 달 뒤에 죽었다.

1929년 중반에 덩샤오핑의 경력은 새로운 전환기를 맞았다. 취추바이의 뒤를 이어 신중노선의 샹중파가 지도부를 구성하면서, 당은 그를 중앙위원회 비서장에서 해임하고 먼 남서쪽인 광시성으로 보낸 것이다. 이 성은 베트남과 접한 곳이다. 그는 베트남의 하이퐁을 거쳐 수도 난닝南寧에 도착했다. 덩샤오핑의 임무는 중국국민당정부가 광시성에 주둔시킨 리쭝런李宗仁 부대의 사단장 리밍루이李明瑞 등을 비롯해 이 부대에서 군고위직을 차지한 비밀공산당원들로 하여금 폭동을 일으키게 하는 어려운 일이었다. 그는 이 일을 성공적으로 이끌어 1929년 12월에 '유장右江소비에트정부'를 세울 수 있었고 이 정부의 군대로 '홍 7군'을 편성해 자신이 정치위원이 됐다. 1930년 2월에는 다른 지역에 또 하나의 소비에트정부를 설치하고 '홍 8군'을 편성할 수 있었다. 이 시점에, 중앙당의 지도권은 샹중파로부터 다시 과격한 폭동노선의 리리싼에게 넘어갔다.

이듬해에 덩샤오핑의 운명이 바뀌었다. 중국공산당은 코민테른의 지시에 따른 리리싼노선에 충실해 여러 도시에서 무장폭동을 일으켰고 그도 이것을 실천했는데 그 무장폭동이 곳곳에서 무참하게 실패한 것이다. 뒷날 문화대혁명 때 홍위병들은 덩샤오핑이 1931년 초에 홍콩으로 도망쳤다고 폭로했다. 그것은 사실이었다. 그러나 더 중요한 사실은 그가 홍콩에서 상하이의 당 본부로 돌아왔다는 점이다. 1931년 여름에 중국공산당 중앙은 마오쩌둥이 장시성 루이진을 중심으로 세운 소비에트공화국으로 덩샤오핑을 파견했다. 직책은 이 공화국이 통치하는 중요한 현 세 곳을 관할하는 서기였다. 그는 이듬해인 1932년에 장시성 당위원회 선전부장을 겸했고 여기서 진웨이잉金維映이라는 젊은 당원과 결혼했다. 이 시점에, 당중앙도 루이진으로 옮겨왔다. 이제 루이진이 중심이 된 것이다.

우리가 3, 4장에서 이미 보았듯, 중국공산당은 곧바로 심각한 노선투쟁에 빠져들었다. 흔히 국제파로 불린 '28인의 볼셰비키'는 물론 저우언라이나 주더 같은 이들도 코민테른노선에 입각한 대도시공격전략을 앞세운 반면에 마오쩌둥을 중심으로 한 세력은 마오가 중국의 현실에 맞게 정립했다고 주장하는 유격전술을 지지했던 것이다. 이때 덩샤오핑은 마오를 지지했다. 푸젠성 당위원회 서기 라밍羅明도 마오를 지지했다. 라밍은 마오의 유격전술에 따라 중국국민당군대를 상대로 싸우기도 했다. 그러나 불행히도 그는 패배했다. 이것이 계기가 돼, 마오를 반대하던 세력이 왕밍과 저우언라이의 주도 아래 1933년 2월부터 '반反라밍 투쟁'을 전개했다. 마오를 직접 공격하는 것은 대외적으로 불리하다고 계산했기 때문이었다.

'반라밍 투쟁'은 반마오세력의 승리로 끝났다. 라밍은 '도망을 친 우경 기회주의자'로 비판을 받았고, 덩샤오핑은 장시성 당위원회 선전부장에서 해임됐을 뿐만 아니라 잠시 투옥됐다가 벽촌으로 쫓겨났다. 그 자리에는 덩샤오핑의 프랑스 때 친구였으며 동시에 저우언라이의 친구였던 리푸춘李富春이 임명됐다. 덩샤오핑이 행사하던 세 현에 대한 관할권은 역시 프랑스 때의 친구였던 리웨이한에게 돌아갔다. 리웨이한은 키가 크고 사내다워 대한자大漢子로 불렸는데, 덩샤오핑이 시골구석으로 쫓겨난 틈에 그의 아내를 유혹해 이혼하게 한 뒤 자신의 아내로 삼았다.

29세의 덩샤오핑은 직책과 아내를 한꺼번에 잃어버린 셈이었다. 그러나 그는 곧 복권됐다. 당의 간부들이 그의 능력을 인정한 결과였다. 특히 '28인의 볼셰비키'의 한 사람으로 정치국 후보위원인 왕가샹王稼祥이 그를 적극적으로 후원했다. 왕가샹은 그를 버려두면 그가 중국국민당으로 전향할 것으로 우려했던 것이다. 그리하여 그는 중국공산당군대인 홍군 전체를 정치적·사상적으로 지도하고 감독하는 총정치부의 책임자로 발탁되었다. 곧이어 그는 홍군에서 발간하는 새로운 주간지 『홍성보紅星報』의 책임편집자가 됐다.

2. 장정과 옌안시대

장정의 과정에 쭌이회의를 준비하다

얼마 지나지 않아 장제스정부가 제5차 소공작전을 본격적으로 전개하자 중국공산당은 장정을 준비하기 시작했다. 1934년 10월 15일에 시작된 장정이 1935년 11월 7일에 산시성 옌안의 남쪽에 도착해 끝날 때까지에 대해서는 3장에서 살폈기에 여기서는 되풀이하지 않겠다. 다만 덩샤오핑이 어떤 역할을 수행했느냐에 대해서 쓰기로 하겠다. 그는 홍군 총정치부 선전부장 자격으로 장정에 참여했다. 이때 그는 소가죽을 만들어 팔아 이익을 남기는 상재商才를 발휘하기도 했다. 그가 뒷날 보여주는 실용주의노선의 싹이 이미 이 시절에 나타났다고 말할 수 있을까. 그러나 그것보다도 장정과 관련해 그를 논할 때 더욱 중요한 점은 장정과정에 열린 저 유명한 쭌이회의에서 그가 수행한 역할이다.

1970년 후반에 미국 컬럼비아대학교가 입수한 참석자들 명단에는 덩샤오핑의 이름이 없다. 그러나 덩샤오핑을 다룬 권위 있는 전기인 리처드 에번스Richard Evans의 『덩샤오핑과 현대중국 만들기Deng Xiaoping and the Making of Modern China』에 따르면, 그는 이 회의에 참석했다. 1993년에 뉴욕의 펭귄출판사에서 이 책을 펴낸 에번스는 1992년 베이징에서 중국의 역사학자들과 가진 회견들을 통해 얻은 자료에 근거해 덩샤오핑이 쭌이회의에 출석했다고 단정했다. 1984년부터 1988년까지 주중영국대사를 지낸 직업외교관 출신의 에번스는 덩샤오핑이 이때 당중앙위원회의 '수석비서 Chief secretary'였다고 밝혔다. 그러면서 덩샤오핑이 이 직책 때문에 이 회의 준비와 결의문발표를 위해 많은 일을 했으리라고 추측했다.

그러나 이것보다 더 결정적인 자료는 중국공산당사를 연구하는 학자들이 1984년 3월 4일에 찾아낸 '쭌이회의에 관한 옛 자료'이다. 솔즈베리의 『대장정』은 이 자료를 액면 그대로 받아들였다. 이 책에 따르면, 덩샤오핑은 『홍성보』 편집인으로, 그리고 '새로 임명된 중앙위원회 서기'로 이 회의에 참석했다. 그러나 그의 지위는 투표권이 없는 '열석자列席者'였다.

쭌이회의가 마오쩌둥의 승리로 끝나고 몇 개월 뒤인 1935년 여름에 덩샤오핑은 당중앙을 떠나 린뱌오가 이끄는 제1군단의 부副정치위원이 돼 선전과 교육을 이끌었다. 장정기간 내내 덩샤오핑의 역할은 주로 선전과 교육 같은 정치공작이었으며 전투를 지휘하지는 않았다. 그래서 그는 비교적 덜 위험하게 지냈다. 다만 장정이 끝날 무렵 말을 타기는커녕 일어서지도 못할 정도로 심한 열병을 앓았고, 그 뒤로는 한 차례도 심각한 병에 걸리지 않았을 정도로 건강하게 살았다.

덩샤오핑이 옌안에 도착했을 때, 그의 두번째 아내였던 진웨이잉과 그녀의 새 남편 리웨이한도 무사히 도착했다. 그 세 사람은 자주 마주치곤 했다. 이 무렵 진웨이잉은 딸을 낳았다. 1937년에 리웨이한은 진웨이잉을 병치료와 학습이라는 명분을 내세워 모스크바로 보냈다. 진웨이잉은 버림을 받았다고 생각했고 그것이 계기가 돼 정신병으로 죽었다고 한다. 리웨이한은 그 후 옌안에서 다른 여자와 결혼했다.

항전시대를 전선에서 보내며 승전을 거두다

장정을 마치고 중국공산당은 옌안에 정부를 세웠고 이것으로 중국공산당역사에 옌안시대가 열렸다. 이 옌안시대의 첫번째 시기는 제2차 국공합작 시기로, 중국공산당이 중국국민당과 공동으로 항일전선을 형성하고 일제가 패망할 때까지 침략에 맞서 싸웠던 항전의 시대였다.

이 항전의 시대에 덩샤오핑은 옌안에 머무는 일이 드물었다. 그는 국공합작에 따라 1937년에 홍군이 주더를 총사령으로, 펑더화이를 부총사령으로 하는 '국민혁명군 제8로군'으로 개편되고 이것이 4개의 사師로 나뉘었을 때, 제129사의 정치위원으로 발탁돼 거의 모든 시간을 전선에서 보냈기 때문이었다. 제129사의 사장師長은 류보청劉伯乘이었고 부사장은 샤오샹첸徐向前이었다. 정치위원으로 보낸 기간은 덩샤오핑에게는 무척 유익했다. 그는 이미 장정 때 린뱌오가 이끄는 제1군단 부정치위원으로, 군사와 정치의 긴밀한 관계를 정확히 파악해 '군인적 정치인'이면서 '정치적 군인'의 특성을 키웠는데, 이제 그 특성을 더 큰 차원에서 발전시키게 된 것이다. 또 그 자리를 통해 앞으로 자신을 정치적으로 강력히 뒷받침해줄 군사인맥을 형성할 수도 있었다.

그러나 그것보다 더 중요한 것은 제129사가 군사적으로 중요한 승리를 많이 거둬 류보청의 이름과 함께 덩샤오핑의 이름이 전국에 알려졌다는 사실이다. 사람들은 두 사람의 성을 합쳐 류덩劉鄧이라고 부르며 사랑했다. 1938년에 타이항산구太行山區에 전략기지를 구축한 일, 1939년에 타이웨太岳에 근거지를 건설하고 허난성 남부를 장악한 일, 1940년에 펑더화이와 함께 1백여 개의 연대를 동원한 백단대전百團大戰을 통해 화베이지방의 일본군에 큰 타격을 준 일, 1940년부터 1944년까지 산시성 동남쪽 산악지대에 숨어 게릴라전을 수행한 일, 그리하여 마침내 산시성에서 산둥성에 이르는 황허의 양안兩岸지구에 커다란 세력기반을 마련한 일 등이 류덩이 거둔 승리의 대표적 보기들이다.

그사이 덩샤오핑은 꼭 두 차례 옌안을 방문했다. 1938년 9월에 당중앙위원회 확대회의가 열렸을 때와 1939년 7월에 당중앙정치국 회의가 열렸을 때다. 그는 중앙위원도 중앙정치국원도 아니었으나, 보고도 하고 지시도 받기 위해 갔던 것이다. 중앙정치국 회의가 끝난 직후 그는 푸충잉蒲瓊英을 만났고 이듬해 옌안에서 결혼했다. 결혼식 장소는 마오쩌둥의 동굴 앞이었다. 그가 만 36세이고 그녀가 만 24세로, 덩샤오핑에게는 세번째 결혼이었다.

흔히 쥐린卓琳이라고 불리는 푸칭잉은 1916년에 윈난성 실업가의 딸로 태어나 윈난여자중학교에 다닐 때 윈난성 대표로 베이징에서 열린 운동대회에 참가했으며, 그것을 계기로 베이징여자제1중학교를 거쳐 베이징대학 물리학과에서 1년간 공부했다. 그러나 그녀는 공산주의의 대의에 동조해 1937년에 옌안으로 들어갔다. 그녀와 덩샤오핑은 열두 살 차이였지만 두 사람의 결혼은 행복했다. 1940년부터 1952년까지 다섯 명의 자녀를 낳았으며, 둘의 결혼은 덩샤오핑이 죽은 1997년까지 57년 동안 지속됐다. 중국공산당의 어느 지도자도 그렇게 긴 결혼생활을 유지하지 못했다. 그녀는 자신의 활동을 가정생활에 한정시켰다. 정치적으로 활발했던 마오쩌둥이나 류사오치, 저우언라이의 부인들과 대조되는 생활이었다.

옌안시대의 두번째 시기는 1945년부터 1949년까지 계속되는 국공내전의 시기다. 이 시기에도 덩샤오핑은 홍군의 정치위원으로 일선에서 활약했다. 일본이라는 공동의 적이 패망하자 중국공산당과 중국국민당은 곧바로 내전에 들어갔고 따라서 중국공산당군도 개편됐다. 류보청과 덩샤오핑의 제129사는 그들이 관할하는 네 군데 지방 이름의 첫 글자를 모아서 '진기노예晋冀魯豫군'으로 재편성됐다가 곧이어 '진기노예 해방군'으로 개칭됐다. 총사령 류보청, 정치위원 덩샤오핑의 체제는 물론 그대로 유지됐다. 그 몇 개월 전인 1945년 4월에 옌안에서 열린 중국공산당 제7기 전국대표대회에서 덩샤오핑은 처음으로 서열 28위인 중앙위원회 정위원에 선출됐다. 류보청도 중앙위원회 정위원으로 선출됐다.

류보청과 덩샤오핑은 국공내전에서도 커다란 승리를 기록했다. 우선 1947년에는 황허를 건너는 작전을 성공시켰다. 이로써 중국공산당은 더 이상 본부를 옌안에 둘 필요가 없어져 1948년 3월에 옌안을 떠남으로써 옌안시대를 마감했다. 중국공산당은 1948년 5월부터 1949년 3월까지 허베이성 시바이포西柏坡라는 한 작은 농촌마을에 중국공산당 본부와 중국인민해방군 사령부를 세웠는데, 그 위치를 철저히 감췄다.

중국공산당은 1948년 전반기에는 뤄양과 정저우와 샹판 및 카이펑을 연결하는 데 성공해 네 개의 새로운 군구를 성립시켰고, 1948년 11월부터 1949년 1월까지는 다른 군부대들과 함께 화이하이전투淮海戰鬪를 이끌어 약 55만 5천 명의 장제스군대를 붕괴시켰다. 모두 65일 동안 계속된 이 전투에서 중국공산당군 역시 희생을 치렀다. 그러나 희생자들의 수는 장제스군대의 25퍼센트에 지나지 않는 약 13만 4천 명이었다.

화이하이전투의 성공으로 중국공산당군은 이제 양쯔강 이북의 중요한 지역들을 거의 모두 점령하기에 이르렀고 장제스정부의 수도 난징을 압박할 수 있었다. 장제스정부가 통치하는 상하이와 우한 역시 직접적으로 위협할 수 있었다. 이 시점에 류보청과 덩샤오핑의 부대는 제2야전군으로 확대됐다. 물론 총사령과 정치위원은 여전히 류보청과 덩샤오핑이었다.

화이하이전투의 승리에 발을 맞춰, 린뱌오가 거느리는 동북야전군은 그 때의 이름으로 베이핑北平과 톈진을 중심으로 하는 화베이로 진군을 계속했으며, 1949년 1월 14일에 톈진을 점령했고 1월 31일에 베이핑을 무혈점령했다. 중국공산당군은 이른바 핑진전투平津戰鬪에서도 승리한 것이다. 대세가 완전히 기울었음을 인정한 장제스는 1월 21일에 중국국민당정부의 총통직을 사임했으며, 리쭝런이 총통대리로 취임했다. 중국국민당정부가 리쭝런 총통대리를 앞세워 '평화담판'을 제의함에 따라, 중국공산당은 3월 26일에 저우언라이를 대표로 하는 협상위원들로 하여금 베이징에서 중국국민당을 상대로 담판에 응하게 했다. 그러나 이 담판은 지지부진했다.

담판이 결렬되면서 마오쩌둥과 주더는 4월 21일에 「전국 진군명령」을 발표했다. 이 명령에 따라 덩샤오핑이 지도하는 제2야전군은 천이가 총사령인 제3야전군와 더불어 1949년 4월 21일 새벽에 양쯔강을 건너기 시작했다. 백만에 가까운 대군은 강을 건너 파죽지세로 내달아 4월 24일에 난징을 함락했고 5월 22일에 난창을 함락했으며 5월 27일에 상하이를 함락했다. 마침내 중국공산당은 화둥지구에 중국공산당 중앙화둥국을 설치하고 덩샤오핑을 제1서기로 임명했다. 중공군의 남진은 계속돼, 8월 17일에 푸저우를 점령했으며 10월 14일에 광저우를 점령했다.

대륙의 장악이 확실해지자 1949년 10월 1일에 드디어 베이징에서 중국공산당 주석 마오쩌둥을 중앙인민정부 주석으로 하고 중국공산당 부주석 류사오치를 중앙인민정부 부주석으로 하는 중화인민공화국이 수립됐다. 덩샤오핑은 중앙인민정부 위원으로, 그리고 인민혁명군사위원회 위원으로 임명됐으며, '중화인민공화국 성립식전式典'에 참석했다. 그러나 덩샤오핑은 곧 화중으로 돌아가 군사작전을 계속 지휘했다. 11월 30일에는 충칭을 점령했고 곧이어 티베트자치구인 시캉성西康省의 항복을 받았으며 윈난성을 무혈점령했다.

중화인민공화국은 건국 직후 몇 해 동안 전국을 대체로 여섯 개의 행정위원회로 나누고, 사실상 군사지도자들이 각 행정위원회들을 통치하게 했다. 각 행정위원회는 그 통치지역에서 하나의 독립왕국처럼 행세했다. 덩샤오핑은 쓰촨성, 구이저우성, 윈난성, 시캉성의 4개 성을 통치하는 서남행정위원회 부주석 아홉 명 가운데 서열 2위의 부주석으로 임명됐다. 주석은 류보청이었고 서열 1위의 부주석은 허룽賀龍이었다. 그러나 중앙당의 서열로는 덩샤오핑이 그 두 사람보다 위였고 서남지구를 관할하는 당 기구의 제1서기였으므로, 덩샤오핑은 서남지구에서 최고권력자로 등장하게 됐다. 이때 그는 45세였다.

확실히 덩샤오핑은 '서남독립왕국의 제왕'이나 다름없었다. 중앙당에서도 서남지구는 그의 지시를 중앙당의 지시로 알고 그대로 따르라고 했다. 그 정도로 독자성을 가졌기에 덩샤오핑은 글자 그대로 제왕처럼 행동했던 것 같다. 1960년대 후반에 전개된 문화대혁명 때 홍위병들은 「덩샤오핑의 죄행罪行 조사보고」를 발표했다. 이 문서는 "덩샤오핑은 왕공귀족王公貴族의 기세를 보였으며, 부패한 생활을 즐겨 식생활도 사치스러운 것을 좋아했고 여자에도 탐닉했다. 일하는 시간은 적고 매주 수요일 밤과 토요일 밤 및 일요일 오후에는 트럼프와 마작을 했다"고 비난하면서 그 사례들을 하나하나 열거했다. 4인방도 그의 서남지구 시절을 비판하면서 그가 '서남지구의 전제황제'처럼 생활했다는 점을 부각시켰다.

그 내용은 사실 그대로가 아니라 과장일 수 있다. 그러나 덩샤오핑이 서남시대에 참된 공산주의자답지 않게, 아니 지도자답지 않게, 겉으로는 검소한 생활을 강조하면서도 실제로는 권세를 부리고 호화롭게 살며 사람들 위에 군림했던 것만큼은 사실이다. 그것은 물론 그의 공직생활에서 커다란 오점이었다. 이러한 일은 덩샤오핑에게 국한되지 않았다. 서남지구뿐만 아니라 다른 지구들에서 공산당의 고위지도자들 가운데 적잖은 지도자들이 덩샤오핑처럼 살았다.

3. 류사오치의 실용주의를 지지함으로써 마오쩌둥과 대립하다

중앙정계에서 두각을 나타내다

이처럼 서남지구에서 독자적 세력을 떨치던 덩샤오핑은 1952년 8월에 우리가 3장에서 보았던 '오마진경' 때 '다섯 마리 말들' 가운데 하나로, 중앙정계에 진출했다. 정부의 최고기관인 국무원의 부총리로 임명된 것이다. 3개월 뒤에는 국가계획위원회 위원을 겸하게 됐으며 1953년 6월에는 우리나라의 기획재정장관에 해당되는 국무원 재정부장을 겸해 제1차 5개년계획의 재정정책을 지도했다. 1954년에는 국방위원회 부주석에 선출됐고 국무원 부총리로 재임명됐다. 그는 중앙당 안에서도 두각을 나타내

1954년 5월에 중국공산당 중앙위원회 비서장으로 발탁됐으며 3개월 뒤에는 중국공산당 중앙위원회 중앙조직부장을 겸했다. 이것 때문에 국무원 재정부장은 사임했다. 그러나 당에서 맡은 두 자리는 그에게 당 간부들의 움직임을 조사하고 기밀을 다루는 큰 권한을 주었다.

덩샤오핑의 당내 위치는 1953년부터 1955년까지, 우리가 3장에서 이미 보았던 '가오강高崗-라오수스饒漱石 반당동맹사건'을 다루며 더욱 굳어졌다. 중화인민공화국 중앙인민정부 부주석이며 중국공산당 중앙동북구 제1서기인 가오강은 자신의 정치기반인 만주에서 최고권력자로 군림하며 은밀하게 이 지역을 하나의 독립국으로 세우려 했다는 혐의를 받았으며, 라오수스는 화둥지구의 최고권력자로 1953년에 당의 중앙조직부장으로 발탁되면서 가오강의 야심에 동조해 반당동맹을 결성했다는 혐의를 받았다. 이 두 사람은 또 부주석 류사오치와 총리 저우언라이를 축출하려 했다는 혐의도 함께 받았다. 덩샤오핑은 마오쩌둥과 손을 잡고 1954년에 이 두 사람을 완전히 제거하는 데 성공했다. 한때 마오의 총애를 받아 국가계획위원회 주석도 겸했던 가오강은 1954년 8월에 자살한 것으로 발표됐고 같은 시점에 라오수스는 행방불명된 것으로 알려졌다.

덩샤오핑은 라오수스의 숙청으로 공석이 된 당의 중앙조직부장을 겸하고, 1955년 3월에 열린 중국공산당 전국대표자회의에서(전국대표대회가 아니다) 이 사건에 관해 보고하는 동시에 「가오강-라오수스의 반당동맹에 관한 결의」를 통과시키는 데 앞장섰다. 그 공로가 인정돼, 1개월 뒤 덩샤오핑은 처음으로 정치국 정위원으로 선출됐다. 서열은 13위였으나, 비슷한 서열에 있던 중앙위원회의 다른 위원들보다 훨씬 빨리 정치국에 진입한 것이었다. 만 51세 때의 일이었다.

1956년 2월에 소련에서 소련공산당 제1서기 흐루쇼프의 주도로 개인숭배를 반대하는 운동이 시작되고 집단지도체제의 중요성이 강조되자 그 여파는 중국에도 미쳤다. 중국공산당은 흐루쇼프의 제의를 수용하는 모습을 보였다. 그해 9월에 열린 중국공산당 제8기 전국대표대회가 "마오쩌둥사상은 우리 모두의 공작지침이다"라고 규정했던 당장黨章의 조항을 "마르크스-레닌주의의 학습에 노력하고 끊임없이 자기의 의식을 높여간다"는 구절로 대체한 것, 그리고 정치국에 대립되면서 대등한 지위를 갖는 또 하나의 조직으로 중앙서기처를 신설한 것이 그 증거들이었다. 이 기구는 확실히 마오쩌둥1인지배를 견제하기 위해 만들어진 것이었는데, 덩샤오핑은 중앙서기처 총서기로 선출됐다. 총서기라는 직책 역시 처음 만들어진 것이었다. 이로써 그는 한 명의 당주석과 네 명의 당부주석에 이어 당내 서열 6위로 떠올랐다. 여기에 정치국 상무위원회 위원도 겸했다. 그가 이 대회에서 '당장黨章 개정 보고'를 했고 폐회식을 주관했다는 사실도 그의 격상을 뜻했다.

류사오치노선 지지와 백묘흑묘론 제시

덩샤오핑의 지위가 격상되면서 그와 마오쩌둥의 대립이 서서히 나타나기 시작했다. 그것은 특히 1958년에 마오쩌둥이 '대약진운동'을 주도하면서 인민공사제도를 시행하자 표면화됐다. 마오쩌둥의 급진정책에 대해 류사오치가 반대하고 류사오치가 반마오세력을 바탕으로 이듬해에 마오쩌둥을 대신해 국가주석으로 선출되는 과정에 덩샤오핑은 류사오치를 지지했던 것이다. 이미 마오쩌둥이 파악했던 것처럼, 류사오치는 '사상을 앞세우고 대중노선을 앞세우는 마오쩌둥의 홍紅 노선'에 반대하고 '전문가를 중심으로 실용주의적 행정에 입각해 국가를 운영하는 전專 노선'을 제시했던 것인데, 덩샤오핑 역시 전 노선을 지지하고 있었다.

마오쩌둥의 홍 노선과 류사오치의 전 노선은 1959년 여름의 루산회의에서 심각하게 충돌했으며 결국 마오쩌둥을 비판한 펑더화이의 실각으로 매듭지어진 사실에 대해서는 앞 장에서 다뤘다. 그러므로 이 장에서는 이 사건에서 덩샤오핑이 어떤 입장을 보였는가에 대해서만 다루기로 한다. 무엇보다 정치국 상무위원회 위원이면서 중앙서기처 총서기인 덩샤오핑이 이 회의에 참석하지 않은 사실을 지적해야 할 것이다. 불참의 이유는 신병이었다. 그는 1958년에 오른쪽 다리를 다쳐 지팡이를 짚고 다녀야 했으며 1961년에야 완쾌됐다. 그러나 진정한 이유는 정치적인 것이었다. 펑더화이와 오랜 친구인 그로서는 펑더화이의 실각이 확실하게 예상되는 이 회의에 출석해 방관할 수도 없고, 그렇다고 마오쩌둥과 직접 대결할 수도 없다는 계산에서 불참했던 것이다. 물론 마오는 그것을 정확히 읽고 있었다. 그는 뒷날 문화대혁명 때 덩샤오핑이 1959년부터 자신을 멀리해 한 차례도 보고하러 오지 않았다고 공개적으로 비난했다.

이 회의에서는 비록 승리했으나 마오쩌둥의 권력은, 마오쩌둥에게서 국가주석 자리를 빼앗는 데 성공한 류사오치의 전 노선 세력에 침식되고 있었다. 반면에 류사오치와 덩샤오핑의 세력은 계속해서 커졌다. 류사오치는 비록 간접적이기는 하나 마오쩌둥을 비판하는 연설을 계속하면서 당과 정부의 관료기구를 중심으로 실용주의적 방법을 통해 중국의 경제를 일으키려고 노력했고 덩샤오핑은 류사오치를 뒷받침했다. 1962년의 중앙서기처 회의에서 덩샤오핑은 "현재 가장 시급한 과제는 식량증산이다. 증산만 된다면 개인경영방식을 채택해도 좋다. 흰 고양이든 검은 고양이든 쥐를 잘 잡는 고양이가 좋은 고양이다"라는, 이른바 백묘흑묘론 白描黑描論 을 제시했다.

이 시기에, 1950년대 후반 이후 벌어지기 시작한 중국과 소련의 관계는 더욱 벌어졌다. 두 나라 사이에 이념논쟁이 깊어진 것이다. 덩샤오핑은 1956년, 1957년, 1960년, 1963년에 각각 한 차례씩 소련을 방문하면서 중국의 입장을 충실하게 대변했다. 이 과정에 그는 소련을 상대로 하는 이념논쟁의 1인자로 자리를 잡았다. 이념논쟁에서 그를 도운 사람들 가운데 한 사람이 펑전彭真이었다. 중국공산주의운동의 초기부터 활동했던 펑전은 중화인민공화국이 수립되면서 베이징시장으로 선출됐다.

중소이념논쟁과 관련해 덩샤오핑에게는 일화들이 뒤따른다. 1957년 11월에 소련혁명 40주년을 기념하기 위해 열린 세계공산당대회에 마오쩌둥은 덩샤오핑을 포함한 대표단을 이끌고 모스크바를 방문했다. 이때 마오쩌둥은 흐루쇼프에게 덩샤오핑을 소개하면서 "이 작은 친구를 과소평가하지 마십시오. 이 사람은 장제스의 정예군 백만을 궤멸시킨 사람이오. 이 사람 앞에는 밝은 미래가 있소"라고 말했다고 솔즈베리는 『새로운 황제들』에서 밝혔다. 한편 에번스는 그 일화는 흐루쇼프가 베이징을 방문했던 1954년에 만들어진 것이라고 썼다.

흐루쇼프와 덩샤오핑 사이의 또 다른 일화를 황장엽은 다음과 같이 소개했다. 1960년 10월부터 11월 사이의 1개월 동안 모스크바에서 세계 81개국 공산당·노동당대회가 열렸을 때의 일이다. 11월 7일에 각국 대표단이 레닌국립묘지를 향해 걷고 있었는데, 덩샤오핑이 지팡이를 짚은 채 다리를 절며 뒤쳐졌다. 앞에 가던 흐루쇼프가 덩샤오핑을 보면서 먼저 가라고 권하자 그는 "제가 어떻게 당신 앞에서 걸을 수 있겠느냐"며 거절했다. 흐루쇼프는 "괜찮으니 앞서 가시오. 나는 당신을 뒤에 두고서는 안심이 안 되어 도저히 가지 못하겠소. 회의에서 나를 몰아붙였는데 오늘은 뒤에 오다가 그 지팡이로 후려칠 것 같아서요." 같이 가던 사람들이 모두 박장대소를 했다고 황장엽은 회상했다. 150센티미터의 작은 키, 확실히 덩샤오핑은 단구왜소短軀矮小의 인물이었다. 그러나 마오쩌둥이 예언했듯 덩샤오핑에게는 밝은 미래가 펼쳐진다.

4. 문화대혁명의 핍박을 딛고 일어나 개혁개방의 문을 열다

문화대혁명의 소용돌이 속에서

덩샤오핑에게 밝은 미래가 펼쳐지기에 앞서 엄청나게 큰 시련이 잇따라 닥쳤다. 마오쩌둥이 류사오치와 덩샤오핑 등으로 대표되는 이른바 실권파로부터 권력을 되찾기 위해 문화대혁명을 일으켰기 때문이다. 그 무렵 덩샤오핑은 국무원 총리 저우언라이가 외유에 나서면 총리대리로 일하면서 실권파 2인자로서의 면모를 과시하고 있었다. 그러나 마오쩌둥이 홍위병을 동원해 류사오치와 덩샤오핑을 실각시키려는 군중운동을 지휘하자 이들은 위기에 빠졌다.

덩샤오핑은 1966년 12월에 '자본주의의 길을 걷는 실권파 제2호'로 비판받고 공식석상에서 자취를 감췄다. 중화인민공화국 건국 이후 첫번째 실각이었다. 그러나 류사오치가 마오쩌둥의 탈권시도를 막으려고 1966년 여름에 준비한 '반마오 쿠데타'에 덩샤오핑은 마지막 단계에서 동조하지 않았기에, 류사오치 내외가 받은 박해를 면하고 1968년 10월에 장시성의 '생산건설 병단兵團'으로 하방됐다. 이때 덩샤오핑은 만 62세였다. 거기서 그는 독서와 사색에 전념해 자신이 중앙정계로 복귀한 뒤 제시할 새 노선의 정립에 힘을 썼다.

이 시점에 중국공산당 베이징시당 제1서기면서 베이징시장인 펑전 역시 '반혁명수정주의분자'라는 팻말을 걸친 채 시내를 홍위병들에게 끌려다녔다. 이 장면을 담은 사진이 널리 보도되면서 서방세계에 큰 충격을 주었다. 그는 덩샤오핑이 복권될 때 함께 복권돼 우리 식으로 말하면 국회의장으로 봉직하다가 1997년에 향년 95세로 별세한다.

덩샤오핑의 복권이 발표된 것은 1973년 4월 12일이었다. 베이징에서 캄보디아 국가원수 시아누크를 환영하는 연회가 베풀어졌는데, 이 자리에 덩샤오핑은 마오쩌둥의 질녀로 외교부의 부부장인 왕하이룽王海容의 부축을 받으며 모습을 나타낸 것이다. 국무원 총리 저우언라이는 덩샤오핑을 국무원 부총리로 소개했다. 1973년 1월에 베이징에서 열린 제4기 전국인민대표대회 제1차 회의는 중화인민공화국 건국 이후 두번째로 새 헌법을 채택했다. 이 헌법에 근거해, 덩샤오핑은 국가부주석으로 선출됐다. 그는 1974년에 당정치국 정위원과 당중앙군사위원회 부주석으로 선출됐으며, 이어 1975년에 당부주석과 당정치국 상무위원회 위원으로 복귀했다. 이 시기에 마오쩌둥은 대외적으로는 미국과 관계를 개선하고 일본과 복교를 실현했으며 서방세계와 협력을 추구하면서 대내적으로는 문화대혁명으로 피폐해진 경제를 살리는 쪽으로 움직이고 있었다. 그래서 저우언라이의 권유를 받아들여 덩샤오핑을 복권시켰던 것 같다.

저우언라이는 1975년이 시작되면서 중국이 농업, 공업, 군사, 과학기술 등 4대 부문에서 현대화를 추구해야 한다고 공언했다. 그것은 그의 지론인 실용주의의 공식화를 거듭 다짐하는 것이었다. 여기에 발맞춰, 실제로 덩샤오핑은 실용주의정책을 힘차게 추진했다. 그는 우선 1975년에 '남파북파론南坡北坡論'을 제시했다. 남쪽 기슭을 통해서든 북쪽 기슭을 통해서든 언덕 꼭대기에 오르기만 하면 된다는 뜻이었다. 그는 또 같은 해 5월에는 "자본주의에 반대하고 수정주의를 방지한다"는 것을 앞세우면서도, "안정과 단결을 도모하고 인민경제를 향상시킨다"는 새로운 구호를 제시했다. 그는 또 "기술중시를 잊지 말라. 공산주의로 기술을 지도한다고 해도 기술로부터 이탈할 수는 없다"고 연설했다.

덩샤오핑이 저우언라이와 손발을 맞추며 현대화정책을 본격적으로 추진하던 시점인 1975년 4월 5일에 장제스가 타이완에서 향년 87세로 별세했으며, 그의 장남 장징궈가 중국국민당 총통으로 취임했다. 장제스는 마오쩌둥보다 6년 연상이었고, 류사오치와 저우언라이보다 11년 연상이었으며,

덩샤오핑보다 17년 연상이었다. 중국을 놓고 패권을 겨루며 중국현대사를 함께 엮어온 이 다섯 명 중에서 장제스가 류사오치에 이어 두번째로 별세한 것이다. 마오쩌둥과 저우언라이는 그다음 해에 별세한다.

덩샤오핑이 실용주의노선을 추구하는 데 맞서 마오쩌둥의 후계를 노리는 장칭 등 4인방 중심의 문화대혁명세력은 덩샤오핑을 다시 실각시키려 했다. 덩샤오핑에 대한 공격은 장칭의 '『수호지』비판'으로 분명해졌다. 장칭은 "이 소설에서 송강宋江이 첫번째 두령 조개晁蓋를 허수아비로 만들었듯 현재 당중앙에는 마오쩌둥 주석을 무시하는 자가 있다"고 발언함으로써, 간접적으로 저우언라이와 덩샤오핑을 비판한 것이다.

저우언라이와 덩샤오핑을 모두 실각시키려는 그들의 계획은 1976년 초에 일단 성공했다. 우선 이해 1월 6일에 저우언라이가 별세했다. 덩샤오핑이 추모식에서 추모사를 맡았던 것은 두 사람의 관계를 고려하면 당연했다. 저우언라이는 중국인민의 사랑을 받았다. 그래서 청명절인 4월 3일에 베이징의 톈안먼광장에는 저우언라이를 추모하는 인파가 10만 명이나 자발적으로 모였다. 어떤 사람들은 추모객의 수가 1백만 명을 넘어섰다고 보았다. 저우언라이를 추모하는 사람들은 글과 꽃으로 이 광장을 메웠다. 동시에 마오쩌둥과 장칭을 은유적으로 비난하는 글들도 내걸렸다. 장칭은 그것을 모두 치우게 했다. 그러나 4월 5일 아침에 마침내 군중이 항의시위를 일으켰고, 군경이 진압에 나서 1만 명 정도가 죽었다. 이 일로 장칭 일파에 대한 국민의 반감은 더욱 커졌다. 그런데도 마오는 장칭 일파의 요구를 받아들여 그 배후로 덩샤오핑을 지목하고 다시 실각시켰다. 이 시점에 마오는 자신이 후계자로 키운 화궈펑에게 당의 부주석과 국무원 총리를 맡겼다.

그러나 몇 개월 지나지 않아 마오쩌둥도 별세했다. 이것을 계기로 마오의 후계자로 지목돼 있던 화궈펑은 군 수뇌부의 양해를 얻어 대중적 증오의 대상인 장칭을 비롯한 4인방을 체포했다. 화궈펑은 곧바로 당의 주석과 중앙군사위원회 주석으로 선출됐다. 이 과정에 대해서는 7장에서 다시 살필 것이다.

후야오방-자오쯔양체제를 출범시키다

화궈펑은, 어느 정도 차이를 보이기는 했으나 대체로 저우언라이와 덩샤오핑의 노선을 따랐다. 그래서 1977년 7월 14일에 덩샤오핑을 정식으로 복권시켜 당부주석과 당정치국 상무위원에 국무원 부총리 및 군총참모장을 겸하게 했다. 그리고 그것을 계기로 모든 권력이 빠른 속도로 덩샤오핑에게 집중됐다. 이렇게 중국의 모든 권력을 거머쥔 덩샤오핑은 중국의 현대화에 앞장서서 1978년 2월에 열린 제5기 전국인민대표대회 제1차 회의에서 경제발전10개년계획을 채택했다. 그는 또 이 회의에서 농업, 공업, 군사, 과학기술 등 4개 분야의 현대화정책노선을 다시 확인했다. 그는 거기서 한 걸음 더 나아갔다. 1978년 5월에 중앙당의 간부들에게 회람되는 내부문건에 자신의 심복이면서 자신이 당조직부장으로 발탁한 후야오방胡耀邦으로 하여금 「실천은 진리를 검증하는 유일한 기준이다」라는 글을 집필해 발표하도록 했다. 이 글은 교조주의에 대한 전면적 비판이었으며, 간접적으로는 마오의 후계자 화궈펑에 대한 비판이기도 했다. 그사이인 1978년 3월에 덩샤오핑은 다른 공직들을 유지한 채 전국인민정치협상회의 주석으로 선출됐으며, 1983년까지 5년에 걸쳐 재직한다.

그러면 후야오방은 어떤 사람이었나? 후야오방은 1915년 11월에 후난성 류양현에서 빈농의 아들로 태어났으며 집안이 너무 가난해 학교라고는 전혀 다니지 못했기에 독학으로 글을 익혔다. 그는 14세가 된 1929년에 중국공산당에 입당했으며 18세가 된 1933년에 정식당원으로 인준을 받았다. 1930년대에 전개된 당내투쟁에서 그는 언제나 마오를 지지했으며, 장정에도 참가했고 일제를 상대로 한 항전에도 참가했다. 중화인민공화국이 성립된 뒤, 후야오방은 중앙과 지방에서 여러 당직을 맡는 가운데 덩샤오핑의 노선을 지지했으며 그리하여 덩샤오핑의 정치적 기복의 영향을 받아 문화대혁명 때는 숙청과 복귀를 반복했다. 후야오방이 1980년대에 당총서기로 권력의 정상에 도달했을 때 문화대혁명에서 이런 죄명, 저런 죄명으로 처벌된 사람들 가운데 무려 2백만 명을 사면복권한 배경에는 문화대혁명의 엄청난 폐해를 목격한 개인적 경험이 깔려 있었다.

다시 덩샤오핑에게 돌아가기로 하자. 1978년 이후 덩샤오핑의 권력장악과 개혁정책에는 속도가 붙었다. 그는 1978년 11월에 타이와 말레이시아 및 싱가포르를 방문했는데, 싱가포르에서 최고지도자 리콴유李光耀 총리로부터 개혁개방정책을 과감히 추진하라는 권고를 받았다. 귀국한 직후인 1978년 12월 18일에 열린 중국공산당 제11기 제3차 중앙위원회 전원회의(이른바 3중전회)에서, 그는 저우언라이의 별세 직후에 일어난 톈안먼사건을 '혁명적'이라고 평가했으며 동시에 개혁개방정책을 공식적으로 채택했다. 이 3중전회에서 그는 법치주의의 중요성을 강조하고 개혁개방정책이 법과 제도의 틀 안에서 전개돼야 한다고 부연했다. 그는 이 3중전회에서 '당중앙의 최고영도적 위치'를 구축했으며, 1981년에는 당중앙군사위원회 주석을 맡아 군권마저 확실하게 장악했다. 동시에 공식적이지는 않았지만 임시적으로나마 국가주석직도 맡았다. 대체로 이 시점 이후, 그는 자신을 포함한 '여덟 명의 원로들,' 일명 '바라오八老'와의 회의를 바탕으로 중국을 통치했다. 그 여덟 원로들은 덩샤오핑, 천윈, 리셴녠, 펑전, 양상쿤, 보이보薄一派, 왕전王震, 쑹런충宋任窮 등이다. 이들 가운데 현재까지 살아 있는 이는 아무도 없다.

1983년 6월에 국가주석직이 공식으로 부활되면서 리셴녠이 1대 마오쩌둥, 2대 류사오치에 이어 3대 국가주석으로 취임했다. 그는 1905년에 후베이성에서 태어나 목수일을 하다가 1926년에 중국국민당의 북벌에 참여했다. 그러나 1927년에 중국공산당에 가입했고 장정에 참여했으며 중화인민공화국이 성립된 이후 후베이성에서 당서기와 정부주석으로 일했으며, 1956년 이래 중국공산당 중앙정치국 위원으로 선출됐다. 그러나 그는 문화대혁명 때 숙청을 당했다. 광풍이 가라앉자, 저우언라이는 1973년에 그를 중앙정부의 재정부장으로 임명했으며, 덩샤오핑은 그를 1977년에 당부주석으로 선출했다. 리셴녠은 1983년에 맡은 국가주석 5년 임기를 마친 뒤, 곧바로 중국인민정치협상회의 주석으로 선출되는데 이 자리에 재임하던 때인 1992년 6월에 향년 86세로 별세했다.

'당중앙의 최고영도적 위치'를 구축한 데 이어 군권마저 장악하게 된 덩샤오핑은 곧바로 마오쩌둥의 후계자 화궈펑을 제거하고 자신의 후계자를 키우기 시작했다. 1980년에 화궈펑의 총리직을 자오쯔양趙紫陽에게 넘기게 했고 1981년에 화궈펑의 당주석직을 후야오방에게 넘기게 했으며 당주석을 당총서기로 바꾸게 했다. 당총서기에는 후야오방이 선출됐다. 덩샤오핑은 후야오방을 자신의 왼팔이라고 불렀고 자오쯔양을 자신의 오른팔이라고 불렀다. 이렇게 후야오방-자오쯔양체제를 출범시킨 뒤인 1981년에 덩샤오핑은 이미 사망한 류사오치의 '무죄'를 선언했다. 이에 따라, 중국정부는 1987년에 중국의 공식지폐인 인민폐에 마오쩌둥, 저우언라이, 주더와 더불어 류사오치를 '중화인민공화국 건국의 아버지들' 가운데 포함시켰다. 덩샤오핑은 이미 사망한 펑더화이에 대해서도 명예를 회복시켜주었다. 덩샤오핑은 1983년에 신설된 국가중앙군사위원회 주석을 겸했다가 1987년 들어 당중앙군사위원회 주석과 국가중앙군사위원회 주석만 맡고 나머지 공직들은 모두 내놓았다.

이처럼 개혁개방정책을 공식화하면서 덩샤오핑은 곧바로 서방세계와의 관계증진을 위한 외교노력을 개시했다. 그는 1979년 1월 1일자로 미국과 수교를 실현시킨 뒤 1월 29일부터 9일 동안 미국을 방문해 카터 대통령과 회담하면서 중국정부가 개혁개방정책을 일관되게 추진할 것임을 다짐했다. 그때 덩샤오핑의 특별보좌관이던 링윈凌雲이 2002년에 출판한『(중화인민)공화국 중대정책의 처음과 끝』은 덩샤오핑의 방미와 관련한 비사를 공개했다. 이 책을 소개한『동아일보』2002년 8월 28일자에 따르면, 타이완의 독립을 추구하던 '타이완의 고위급 특수요원'이 미국의 마피아조직에 소속된 '저격수'를 매수해 덩샤오핑을 암살하려 했으나 이 정보를 미리 입수한 중국정부가 미국정부와 협력해 그 시도를 좌절시켰다고 한다.

덩샤오핑은 1984년 12월 19일에 영국으로부터 홍콩반환에 관한 합의를 이끌어냈다. 홍콩은 영국이 아편전쟁을 통해 청으로부터 빼앗았으며 99년 뒤에 돌려주겠다고 약속했던 보석과 같은 땅이다. 이날 발표된「중국 및 영국 사이의 공동선언」에 따라 영국은 홍콩을 1997년에 중국에 반환하기로 약속했다. 그는 반환 이후 홍콩에는 자본주의체제를 50년 동안 유지할 것임을 보장하면서, 이른바 일국양제一國兩制가 대륙과 타이완 사이뿐만 아니라 대륙과 홍콩 사이에서도 실시될 것임을 다짐했다. 포르투갈이 보유한 식민지 마카오는 덩샤오핑이 별세한 지 2년 10개월이 지난 1999년 12월 20일에 역시 일국양제가 50년 동안 유지된다는 조건으로 중국에 반환되었다. 유럽이 아시아에 소유한 마지막 식민지였던 마카오의 반환으로 유럽의 아시아식민시대는 종말을 보게 되었다.

경제성장 속에서 피어난 민주화 열망과 톈안먼사건

덩샤오핑의 실용주의적 지도노선 아래 중국은 대내적으로는 빠르게 경제를 발전시켰으며 대외적으로는 미국 및 소련과의 관계정상화를 비롯해 국제관계의 개선과 확대를 실현했다. 그리하여 마오쩌둥 시대의 가난한 나라에서 벗어나 활기찬 경제대국이면서 국제사회에서 주도적인 역할을 수행하는 강대국으로 발돋움하게 됐다. 같은 맥락에서, 그는 이른바 863계획으로 중국의 과학을 크게 일으켰다. 1986년 3월에 그는 중국의 과학기술연구개발을 위한 국가 차원의 계획을 세우면서, "사상도 당성黨性도 묻지 않는다. 과학자는 무조건 존중하고 보호한다"는 정책을 추진하고 그 정책에 발맞춰 과학교육을 진흥한 것이다. 이 과교흥국科教興國의 정책에 따라, 중국은 마침내 2000년대에 들어서서 우주항공과 해양 개발 등 첨단과학기술에서 미국에 버금가는 지위로까지 올라섰다.

경제가 발전하고 서방세계와의 접촉이 확대되면서 중국국민들 사이에는, 특히 청년지식인들 사이에는, 정치민주화에 대한 열망이 자라났다. 소련에서 고르바초프정권이 개혁과 개방을 추진한 것도 그들에게 큰 자극을 주었다. 그것은 우선 1986년 말부터 1987년 초까지 전국의 약 10개 대도시들에서 일정한 규모의 대학생들이 주도한 자유화운동으로 나타났다. 중국공산당은 이 운동의 배후에 다당제와 언론출판자유 및 결사자유를 요구한 천체물리학자 팡리즈方勵志 교수가 있다고 보고 그와 그의 동조자들을 당에서 제명했다. 그러나 그것으로 진정됐던 자유화운동은 1989년 여름에 톈안먼사건으로 극적으로 다시 표출됐다.

이 사건은 당총서기를 지낸 후야오방이 향년 73세로 1989년 4월 15일에 별세한 것을 계기로 시작됐다. 그는 철저한 공산주의자로 청렴결백했으며 당 간부들의 자제들이 저지르는 이른바 특권층의 부정부패를 척결하고 비교적 자유로운 정치체제를 출범시키려고 노력했다. 바로 그것 때문에 보수파는 그에게 '과오들을 저질렀다'는 누명을 씌워 사직시켰다. 자연히 대중은 그를 동정했으며, 여론은 그의 장례가 국장으로 치러져야 한다는 쪽으로 빠르게 형성됐다. 중국공산당은 그 여론에 눌려 당의 수뇌급 간부들이 참석한 가운데 국장을 베풀었다. 이때 국장에 참례한 사람들이 무려 16킬로미터의 장사진을 형성하자 당의 지도부는 더욱 당황했다.

이러한 분위기 속에서 청년학생들과 노동자들이 자유화를 외치기 시작했으며 5월 13일부터는 톈안먼광장에서 단식투쟁을 시작했다. 참여하는 시위자들이 놀랄 정도로 늘어나자 강경파 양상쿤 국가주석 및 리펑 총리는 덩샤오핑 당중앙군사위원회 주석과 협의한 뒤 5월 20일에 국무원의 이름으로 이 시위를 '반혁명 무장반란'으로 규정하고 베이징에 계엄령을 선포하는 동시에 후야오방에 관한 발언이나 논평을 금지시켰다. 군부에 일정한 지지세력을 확보하고 있던 양상쿤이 리셴녠에 이어 4대 국가주석에 취임한 지 16개월이 지난 시점이었다.

이에 따라, 군은 6월 3일과 4일 사이에 집결해 무력으로 시위를 진압했다. 덩샤오핑은 6월 9일에 군의 유혈진압을 지지하는 연설을 텔레비전을 통해 내보냈다. 그것은 글자 그대로 민중학살이었으며 덩샤오핑의 생애와 중국공산당의 역사에 커다란 오점들 가운데 하나로 기록된다. 달리 본다면, 오늘날 중국이 향유하는 국제적 영향력과 경제대국의 지위는 민중학살의 기초 위에서 성립된 것이다.

여기서 꼭 상기시켜야 할 사실은 리콴유는 덩샤오핑의 결정을 지지했다는 점이다. 리콴유는 자신의 회고록『제3세계로부터 일류국가로 *From the Third World to First*』(2000)에서, 만일 덩샤오핑이 그렇게 대처하지 않았더라면 중국은 그 이후 큰 혼란에 빠졌을 것이라고 말했다. 리콴유는 거기서 한 걸음 더 나아가 덩샤오핑과 고르바초프를 비교하고, 소련의 국내문제에 덩샤오핑처럼 강경하게 대처하지 못했기에 고르바초프는 소련의 해체를 목격할 수밖에 없었다는 취지의 발언을 했다.

이 톈안먼사건, 이른바 6·4사건에서 비상한 용기를 발휘한 중국공산당의 지도자가 중국공산당 중앙위원회 총서기 자오쯔양이었다. 그는 이 사건이 결코 '반혁명폭동'이 아니라 '민주화운동'이라고 규정하면서 무력진압에 반대했다. 덩샤오핑은 그 보복으로 그의 모든 직무를 정지시키거나 그를 해임했다. 이것은 덩샤오핑이 후계자로 키우려고 했던 후야오방과 자오쯔양을 모두 버렸음을 의미했다. 자오쯔양은 곧 베이징의 자택에 연금됐으며, 2005년 1월 17일에 베이징에서 향년 85세로 별세했다. 그는, 마치 흐루쇼프가 권력의 자리에서 물러나 자택에 연금됐던 시절에 그렇게 했듯, 은밀하게 마련된 육성녹음테이프를 통해 이 비극적 사건을 전후한 시기에 관한 회고록『개혁역정改革歷程』을 남겼다.

서방언론으로부터 '베이징의 도살자the butcher of Beijing'라는 악명을 뒤집어쓴 리펑 역시 일기 형태로 회고록을 남겼다. 이 일기는 『관건시각關鍵時刻: 리펑 6·4일기』라는 제목으로 2010년에 홍콩에서 출판됐고, "The Critical Moment: Li Peng Diaries"라는 제목으로 같은 해 미국에도 번역됐다. 후자의 경우, 1989년의 민주화운동에 참여했다가 망명한 젱쿤주Zheng Cunzhu가 세운 웨스트포인트출판사에서 출판됐다. 이 책에 따르면, 리펑은 중국이 문화대혁명 때 겪었던 대혼란이 다시 일어나는 것을 방지하기 위해 '자신의 목숨을 걸고' 덩샤오핑의 강경책을 받아들였다. 이것은 다시 말해 모든 결정은 덩샤오핑이 내렸다는 뜻이었다. 더 쉽게 말해, 학살의 죄를 덩샤오핑에게 돌리려는 뜻이 개입됐다.

유혈진압에 항의하며 중국주재미국대사관으로 들어가 망명을 요청한 중국의 대표적 반체제인사가 바로 천체물리학자 팡리즈였다. 그는 결국 미국으로 망명해 중국의 인권개선을 위한 투쟁을 전개하다가 2012년 4월 6일에 향년 76세로 별세했다. 베이징대학 1학년생으로, 톈안먼시위를 이끌었던 지도자들 가운데 한 사람이었던 왕단王丹은 두 차례에 걸쳐 징역형을 선고받고 감옥생활을 하다가 1998년에 클린턴 미국대통령의 중국방문을 앞두고 '병보석'으로 석방된 데 이어 미국으로의 출국을 허가받았다. 그는 하버드대학교에서 동아시아사를 전공해 2008년에 박사학위를 받고 타이완의 국립정치대학, 그리고 역시 타이완의 칭화대학 교수로 출발했다. 그는 팡리즈의 죽음을 접하고, "중국은 그를 '국가의 자부심'으로 여길 것"이라는 애도사를 발표했다. 왕단은 2012년 10월에 자신의 회고록을 출판했는데, 여기서 그는 "지금의 중국은 거대한 몸짓과 강한 근육을 가졌지만 영혼은 없는 거인과 같다"고 논평했다.

톈안먼사건으로부터 5개월이 지난 시점에 덩샤오핑은 중국공산당 제13기 제5차 중앙위원회 전원회의를 통해 모든 공직에서 물러났다. 그리고 장쩌민江澤民을 당의 총서기로 하는 새로운 체제를 출범시켰다. 그러나 덩샤오핑은 배후에서 '국부國父'로 중국을 이끌었다. 이미 1980년 8월에 약속됐듯, 홍콩에 가까운 선전深圳을 비롯한 여러 곳에 경제특구들이 마련돼 서방 자본주의국가들과의 교역이 활성화되는 가운데 중국의 경제발전 역시 더욱 활발해졌다. 비록 공산당1당독재의 한계 안에서지만 체제의 자유화도 어느 정도 실현됐기에 중국의 평범한 사람들은 생활향상에 만족하면서 그 공로를 덩샤오핑에게 돌렸다.

덩샤오핑은 1992년 1월과 2월에는 우한과 선전 및 상하이 등 동남방의 주요도시들을 순방하면서 이른바 남순강화南巡講話를 발표했다. "과거에는 사회주의 아래서만 생산력이 발전한다고 했다. 그러나 개혁을 통한 생산력 발전이 언급되지 않은 것은 잘못이다. 사회주의를 하면서 개혁과 개방을 하지 않으면 경제가 발전되지 않는다. 또 인민의 생활이 개선되지 않으면 사회주의가 행해지지 않는다. 이론가이든 정치가이든, 사람들에게 위협이 되는 것은 우右가 아닌 좌左다"라는 것이 요지였다. 그는 거기서 한 걸음 더 나아가 "자본주의에도 계획이 있듯이 사회주의에도 경제발전을 위한 도구로서 시장이 있을 수 있다"는 이른바 시장도구이론을 발표했다. 이것은 중국공산당이 1987년에 제시한 사회주의초급단계론, 곧 중국은 사회주의의 초급단계에 있기 때문에 생산력을 발전시키는 데 정책의 우선순위를 두어야 한다는 명제를 발전시킨 것으로, 1992년 10월에 열린 중국공산당 제14기 전국대표대회에서 '사회주의시장경제론'으로 발전해 당의 공식노선으로 확정됐다.

이 무렵 그는 매우 절제되고 규칙적인 생활에 들어갔다. 의사의 권고에 따라 평생 즐기던 줄담배를 끊고 의사가 지정한 식단에 따라 섭생을 했다. 아침에 일어나면 먼저 쓰촨이나 안후이의 녹차를 마시거나 유명한 시후 룽징차를 마셨다. 또 식사 때마다 땅콩과 해바라기씨 등을 안주 삼아 소흥가반주紹興加飯酒를 두 잔씩 곁들였다.

대해에 오색 꽃잎과 함께 뿌려진 뼛가루

덩샤오핑이 90세를 넘기면서 때때로 그의 사망설이 보도되곤 했다. 1997년 7월 1일로 예정된 홍콩의 반환을 보고 싶다고 했던 그는 그해 2월 19일에 만 93세로 별세했다. 온갖 시련과 곤경, 박해를 받아 쓰러지면서도 다시 일어나 부도옹不倒翁 또는 오뚜기라는 별명을 얻었던 그도 죽음의 벽을 넘지 못하고 마침내 숨을 거둔 것이다. 그의 유언에 따라 사망 직후 각막과 장기 일부는 해부학연구용으로 기증됐으며, 6일장을 거쳐 2월 24일에 '팔보산 혁명공묘'에서 화장됐다. 덩샤오핑의 화장은 저우언라이의 화장을 뒤따른 것으로, 마오의 미라처리와 크게 대조됐다.

이튿날 덩샤오핑을 추모하는 대회가 그의 유족과 당·정·군의 최고위지도자들을 비롯해 1만여 명이 참석한 가운데 베이징인민대회당에서 거행됐다. 리펑 총리가 사회를 맡은 이 추모대회에서 장쩌민 국가주석은 추도사를 통해 "덩샤오핑 동지는 위대한 마르크스주의자, 무산계급의 정치가, 군사전략가, 외교가, 중국 개혁개방 및 현대화 운동의 총설계자이자 중국식 사회주의이론의 창시자"라고 높이 평가했다.

추모대회 닷새 후인 3월 2일에, 타이완과 중국의 평화통일, 그리고 홍콩의 반환을 보고 싶다던 그의 뜻을 받들어 덩샤오핑의 뼛가루는 비행기에 실려 동중국해와 남중국해 등 대해大海에 오색 꽃잎과 함께 뿌려졌다. 원래 그는 자신의 골회를 집 뜰의 과일나무 아래 묻고 싶어 했다. 그러나 가족들이 "그러면 누구도 그 나무에 달린 과일을 먹을 수 없을 것"이라며 반대했다. 그 가족들 가운데는 문화대혁명 때 홍위병들에게 등을 떠밀려 떨어지면서 꼽추가 된 아들도, 그리고 윤간을 당한 딸도 있었다. 중국의 관영방송들은 덩샤오핑의 골회가 뿌려진 뒤 "덩샤오핑 동지는 우리 곁을 떠났으나 영원히 대해와 함께 있을 것이며, 조국과도 함께 있을 것이고, 인민과도 함께 있을 것"이라는 표현을 반복해서 내보냈다. 많은 사람들은 그의 장례 때 나타난 중국국민의 추모열기가 마오쩌둥의 장례 때보다 훨씬 높았다고 평가했다.

1971년 이후 2011년까지 50회 이상 중국을 방문하면서 현대중국의 정상급 정치지도자들을 두루 만난 전 미국국무장관 헨리 키신저는 자신의 최근 저서 『헨리 키신저의 중국 이야기』에서 마오쩌둥과 저우언라이 및 덩샤오핑에 대한 자신의 관찰들을 소개했다. 그 논평들을 키신저의 표현을 살리면서 저자 나름대로 다시 구성하면 다음과 같이 요약된다. "마오쩌둥은 '철학자 왕'이고, 저우언라이는 고급관료이며, 덩샤오핑은 산전수전 다 겪은 국익의 수호자였다. 〔……〕 덩샤오핑은 인사말 등으로 시간을 낭비하는 일이 거의 없었고, 마오쩌둥의 습관처럼 하고자 하는 말을 우화나 비유로 돌려 부드럽게 말하지도 않았다. 저우언라이처럼 배려하는 태도로 말을 포장하는 법도 없었고, 마오쩌둥이 나에게 한 것처럼 나를 개인적 관심을 보일 만한 가치 있는 몇 안 되는 철학친구로 대하지도 않았다. 우리 두 사람 모두 나랏일을 처리하기 위해 모인 것이며, 다소 불편한 국면이 있어도 사적으로 받아들이지 않을 정도로 모두 충분히 성숙한 사람이라는 것이 덩샤오핑의 태도였다."

덕성여자대학교 이원복 교수는 현대중국의 지도자들을 깊이 연구한 뒤, "마오쩌둥은 산이었고, 저우언라이는 물이었으며, 덩샤오핑은 길이었다"고 논평했다. 그는 "산이 확고히 다져놓은 이념에서 물과 길이 나왔다"고 덧붙였다. 덩샤오핑과 관련해, 이원복 교수는 한 신문과의 인터뷰에서 "덩샤오핑은 1978년의 개혁선언으로 중국현대사의 물꼬를 완전히 틀었죠. 'BC Before China'와 'AC After China'를 가르는 인물이죠"라고 덧붙였다.

확실히 덩샤오핑이 개혁개방정책의 '길'을 연 이후 중국은 경제대국이자 군사대국으로 성장했을 뿐만 아니라 미국과 함께 G2로 불리기에 이르렀다. 베이징특파원을 역임한 프랑스의 중국전문언론인 카롤린 퓌엘Caroline Puel은 "인류역사상 이렇게 큰 나라가 ── 유럽 23개국을 합친 것보다 더 넓고 인구도 더 많은 나라가 ── 이렇게 짧은 기간에 이토록 대대적인 변화를 겪은 적은 없다"고 찬탄했다. 덩샤오핑은 남순강화 때 "능력이 있는 사람부터 먼저 부자가 되고, 부자가 되면 뒤떨어진 사람을 도우라"는 이른바 '선부론先富論'을 제시해 중국인민들을 격려했으며, 자신이 집권하는 기간에 중국인민들의 1인당 국민소득이 '판량판飜兩番(10년마다 2배)' 하도록 하겠다고 약속했다. 이 약속은 실현됐다.

덩샤오핑 이후
현대중국정치의 견인차들

장쩌민, 후진타오, 시진핑, 리커창

우리가 앞에서 살핀 마오쩌둥과 류사오치 및 저우언라이 등은 모두 중국공산당의 1세대에 속한다. 그들은 중국공산당의 초창기에 중국혁명에 참여했기에 중국공산당이 세운 중화인민공화국의 '건국의 아버지들'로 불리기에 충분하다. 덩샤오핑도 마찬가지다. 그 역시 나이로 보나 입당년도로 보나 중국공산당의 1세대에 속한다. 그러나 오늘날의 관점에서 중국공산당의 지도자들을 평가할 때, 많은 학자들은 덩샤오핑을 2세대로 분류한다. 그는 분명히 1세대에 속하지만, 제2차 세계대전이 끝난 이후 본격화된 국공내전에서 지도력을 발휘한 세대를 따로 떼어내 2세대로 분류할 때 그 2세대의 대표라는 점에 주목한 것이다. 그가 개혁개방노선을 제창하고 중국을 그 길로 이끌어 완전히 새로운 중국을 만들어냈다는 또 다른 관점에서 그를 2세대로 부르는 학자들도 있다.

확실히 중국은 덩샤오핑의 노선에 따라 국가가 경제주체의 하나로서 상업적 활동을 전개하는 가운데 국부를 크게 성장시켜 사실상 새로운 중국이 됐다. 서방세계는 덩샤오핑의 노선에 기초한 중국의 경제발전모델을 '국가자본주의state capitalism' 또는 '신국가자본주의new state capitalism'라고 부르면서 그 향방에 주목했다.

1. 덩샤오핑의 실용주의를 발전시킨 3세대 지도자, 장쩌민

덩샤오핑이 1997년 2월에 별세한 이후, 중국은 새로운 지도자들 아래 여전히 개혁개방노선을 추진하고 있다. 그 대표적 지도자로 우선 장쩌민을 들 수 있다. 1989년 6월에 중국공산당 중앙위원회 총서기 자오쯔양이 톈안먼 사건을 계기로 실각하면서 장쩌민이 그 후임으로 선출됐으며, 같은 해 11월에는 덩샤오핑이 중국공산당 중앙군사위원회 주석에서 물러남에 따라 그의 후임으로 선출됐다. 이어 1993년 3월에 장쩌민은 중화인민공화국 주석에 선출됐다. 이로써 그는 당과 군 및 정부의 권력을 완전히 장악했다. 그로부터 4년이 지난 시점에, 그동안 배후의 실세로 영향력을 행사하던 덩샤오핑이 별세하자, 그는 중국의 권력구조에서 글자 그대로 명실상부한 최고위에 이르렀다.

부유한 배경 속에 성장하다

그러면 장쩌민은 어떤 길을 걸어 오늘날에 이르렀는가? 장쩌민의 전기 가운데 가장 널리 읽힌 책들로, 브루스 질리Bruce Gilley의 『(중국경제의) 붕괴에 직면한 호랑이: 장쩌민과 중국의 새로운 엘리트』(1998)와 로버트 로런스 쿤Robert Lawrence Kuhn의 『중국을 변화시킨 사람: 장쩌민의 생애와 유산』(2004) 등을 꼽을 수 있다. 장쩌민이 중국에서 권력의 정상에 도달한 이후 장쩌민과 손발을 맞춰 경제발전을 추진한 총리가 주룽지朱鎔基로, 그의 회고록에 해당하는 책이 중국인민출판사가 펴낸 『주룽지, 기자에 답하다』(2010)이다. 국내에도 번역된 이 책들은 모두 장쩌민을 높게 평가하면서, "중국을 변화시킨 거인"이라고 불렀다. 저자는 대체로 이 번역서들을 바탕에 두고 다른 자료들도 참조하면서 장쩌민의 생애를 살피는 가운데 주룽지에 대해서도 설명하려고 한다.

장쩌민은 호랑이의 해인 1926년 8월 17일에 장쑤성江蘇省 양저우揚州에서 비교적 부유하면서 학문을 숭상하는 지식인집안에서 태어났다. 그의 이름인 '澤民'은 '인민에게 혜택을 준다'는 뜻으로, 공자의 저술에서 따온 것이다. 양저우는 아름답기도 하지만 물산이 풍부하고 교역이 활발한 도시여서 중국의 많은 도시들 가운데도 부유한 도시로 꼽혔다. 그런데 그의 집안이 이 도시 안에서도 훨씬 부유한 지역으로 이주함에 따라 그는 부유층 자녀들과 함께 초등학교를 다녔다. 어렸을 때부터 중국식 악기들의 연주를 무척 좋아했던 그는 6년 과정을 밟으면서 서양의 고전음악에도 친숙해졌다. 서양의 고전음악에 대한 그의 평생에 걸친 애정은 이 시기에 형성된 것이었다. 그는 슈베르트의 「아베마리아」를 애창곡 가운데 하나로 삼았으며, 중국공산당의 고위지도자가 됐을 때도 "중국인들은 베토벤의 9번 교향곡을 알아야 한다"고 발언하기도 했다. 그의 유아기와 소년기의 생활환경을 추적한 『파 이스턴 이코노믹 리뷰Far Eastern Economic Review』의 홍콩특파원 브루스 질리는 이렇게 평했다. "역설적이게도, 양저우의 가장 부자인 동네에서 미래의 공산당 지도자가 자라나고 있었다."

초등학교를 마친 장쩌민은 11세가 된 1937년에 양저우중학교에 진학했다. 이 학교의 명성은 저우언라이의 모교인 톈진의 난카이중학교에 맞먹었으며, 어려서부터 양질의 교육을 받은 상류층자녀들에게도 입학이 매우 어려운 곳이었다. 그가 36대 1의 경쟁률 속에서 첫 응시에 이 학교에 입학했다는 것은 그가 우수한 학생이었음을 말해주었다. 6년제의 이 중학교는 서양식이었다. 그는 중국의 고전을 배우면서 동시에 러시아를 포함하는 유럽과 미국의 역사 및 문화를 배웠다. 미국 링컨 대통령의 저 유명한 게티즈버그연설을 모두 외운 것도 이 시기로, 그는 뒷날 중국의 지도자가 됐을 때 이 연설을 영어로 인용하기도 한다. 그는 또 서양의 과학을 배웠다. 그는 평생의 직업으로 말한다면 엔지니어였는데, 그 기초는 이 중학교에서 다져진 것이었다.

제2차 세계대전이 끝난 뒤 중국공산당에 입당하다

장쩌민이 양저우중학교에 입학한 시점에, 일제의 중국침략이 본격적으로 전개됐다. 1894~95년의 제1차 중일전쟁(우리가 흔히 말하는 청일전쟁)에 이어, 1937년에 제2차 중일전쟁이 시작되었다. 이 전쟁은 일제의 잔악상을 적나라하게 보여주었는데, 특히 1937년 12월부터 1938년 1월까지 자행한 이른바 난징대학살Rape of Nanjing은 일제의 포악성과 야만성을 그대로 드러냈다. 장제스 총통이 지휘하던 중국국민당정부의 수도 난징을 침공하면서 생매장을 비롯한 극악무도한 방식으로 약 4만 2천 명을 죽였으며 주택의 약 33퍼센트를 방화했다. 무엇보다 약 2만 명의 부녀자들을 상대로 무차별적으로 집단적 강간과 살해를 저질렀다. 대체로 이 시점에, 그동안 은밀하게 공산주의활동에 참여해온 장쩌민의 숙부가 중국국민당군에 살해됐는데, 이에 따라 장쩌민은 숙부의 양자로 입양됐다. 이것은 장쩌민의 정치적 성장에 도움을 준다. 장쩌민에게 '공산혁명가 가문 출신'이라는 영예를 안겨주었기 때문이다.

1943년 봄, 장쩌민은 양저우중학교를 졸업하고 난징중앙대학의 기계전자공학과에 입학했다. 그는 곧 정치운동에 참여했다. 일제가 중국인들을 타락시키기 위해 아편 매매와 흡연을 조장하고 있음을 깨달은 그는 학우들과 함께 아편반대운동을 전개한 것이다. 1945년 8월에 일제가 패망하면서 그동안 피난지 충칭에 수도를 두었던 중국국민당정부는 난징은 물론 이웃 상하이 등을 점령하면서 북상을 거듭했다. 전시에 성립됐던 국공합작은 사실상 와해되면서, 국내에서는 중국국민당과 중국공산당 사이에 내전이 시작되고 있었다. 국민당의 부패, 그리고 일제의 침략에 적극적으로 항전하지 못한 무능에 대한 대중의 불만이 고조되는 것을 보면서, 1946년 4월에 그는 중국공산당에 비밀당원으로 입당했다. 이것은 중요한 의미를 갖는다. 그의 입당일자는 그가 항전에 참여하지 않았으며 따라서 항전세대를 일컫는 2세대에 속하지 않았음을 의미하기 때문이다. 이 시기에 중국공산당에 입당한 청소년들 중에는 18세의 첸치천錢其琛과 21세의 차오스喬石가 있다. 그들은 훗날 장쩌민과 함께 중국의 당과 정부에서 요직을 맡는다.

전기기술자로 입신하다

장쩌민이 중국공산당에 입당한 때로부터 5개월이 지난 1946년 9월에, 난징과 상하이를 포함한 화난과 화둥 일대를 지배적으로 통치하던 중국국민당이 난징중앙대학을 폐쇄하고 상하이자오퉁交通대학이나 충칭자오퉁대학에 합병시켰다. 이에 따라 그는 상하이자오퉁대학으로 전학했으며, 공학원에 적을 두었다. 여기서 그는 주로 기계와 전기 분야를 전공했으며, 특히 발전과 송전을 전공했다. 그러나 다른 한편으로 마르크스주의와 혁명론에 대해서도 공부했다. 그는 1947년 여름에 이 학교를 우수한 성적으로 졸업했다.

대학을 졸업한 1947년 이후 약 8년에 걸쳐 장쩌민은 전기기술자로 생활했다. 우선 중국국민당을 상대로 한 내전에서 승리한 중국공산당이 중화인민공화국의 성립을 선언한 1949년 10월 1일 이전의 시기다. 이 시기에 그는 상하이에서 미국인이 소유한 식품공장의 전기기술자로 일했다. 아이스크림을 비롯한 유제품을 생산하는 이 공장은 결국 중국국민당에게 팔렸다. 그리하여 그는 미국인과 중국국민당을 위해 일했다는 경력을 지니게 됐다. 그러나 그는 1949년에 중국국민당이 타이완으로 후퇴할 때 이 공장의 기계와 설비를 뜯어가지 못하도록 다른 동료들과 함께 힘을 썼다. 그 공로로 그는 중국공산당이 상하이를 점령하고 이 공장을 접수했을 때 이 공장의 사실상의 제2책임자로 임명됐다.

그러나 이 사실보다 더욱 중요한 것은 왕다오한汪道涵과의 만남이다. 왕다오한은 그때 36세로 중국공산당이 영도하는 동중국인민정부의 산업부 부 부장이었다. 자오퉁대학 졸업생인 왕다오한은 장쩌민을 처음 보았을 때부터 좋아했으며 신임했다. 장쩌민에게는 사생활에서도 행운이 뒤따랐다. 1949년 12월에 그는 고교 시절의 연인이던 왕예핑王冶坪과 결혼할 수 있었던 것이다. 그 결혼은 평생에 걸쳐 지속되었다.

중화인민공화국의 성립이 선언된 때부터 소련연수를 떠나는 1955년까지 약 6년에 걸쳐 장쩌민은 왕다오한의 후견을 받으며 사실상 정부의 관리로 일하게 됐다. 왕다오한이 중앙정부가 1952년에 신설한 제1기계제작부 부부장으로 영전하자 장쩌민을 제1기계제작부 제2설계국의 전력과장으로 임명한 것이다. 제2설계국은 상하이에 있었기에, 장쩌민은 여전히 상하이에서 일하게 됐다. 그러나 중앙정부가 1952년 12월에 소련방식의 5개년계획을 입안하게 되면서 그는 1954년 초에 제1기계제작부의 5개년계획 입안에 참여하라는 명령을 받고 베이징으로 갔다. 이 5개년계획은 원래 1953년에 시작해 1957년에 완료되는 목표 아래 구상됐으나, 1954년 9월에야 비로소 공식적으로 채택됐다. 그는 이 과정에서 만주의 창춘長春으로 전근돼 소련의 지원 아래 추진된 제1자동차공장의 설립에 참여했다. 이 공장은 1950년대 후반에 마침내 중국 최초의 승용차인 둥펑東風을 만들어냈는데, 마오쩌둥은 이 자동차를 타고 중국공산당의 고위지도자들이 사는 지역인 베이징의 중난하이를 돌면서 "마침내 나는 중국사람들이 만든 차에 앉아 있다!"고 되풀이해서 외쳤다고 한다.

장쩌민이 중화인민공화국정부의 성립을 전후해 공장의 관리인으로, 또는 공장의 기술자로 일함으로써 사회생활을 시작했다는 사실은 중요한 의미를 갖는다. 이것은 그가 창당과 장정, 그리고 항전의 경험 없이 기술과 지식으로써 공산주의이념을 위해 일하는 사람들을 가리키는 중국공산당의 3세대에 속한다는 것을 의미한다.

소련에서 연수를 받다

1955년 4월에 장쩌민은 다른 동료기술자들과 함께 모스크바로 떠났다. 이것은 그에게 최초의 해외여행이었다. 약 1년에 걸쳐 모스크바의 스탈린 자동차공장에서 일하면서, 소련의 기술과 경영방식을 익혔다. 1956년 4월에 그는 1년 연수를 마치고 귀국했다. 만 30세 때의 일이었다. 그는 곧바로 창춘의 자동차공장에 배치됐으며, 전력사무소 부소장의 직책을 맡았다. 그러나 소장은 비당원의 전문기술자였으므로 당원인 그가 사실상 이 사무소의 최고책임자였다.

대체로 이 시점에, 구체적으로 말해 1957년 5월부터 1958년 7월까지, 중국에서는 마오쩌둥의 특별지시에 따라 '우파'에 반대하는 이른바 반우파투쟁이 전개됐다. 장쩌민에게도 조직 안에서 '우파'를 숙청하라는 명령이 내려왔다. 이때 '우파'라는 말은 대체로 공산주의에 무관하게 전문지식과 전문기술을 더욱 중시하는 사람들을 의미했다. 그러나 경영학석사와 생물학박사이면서 주로 기업에서 활동하는 가운데 중국의 지도자들과 우의를 쌓은 로버트 로런스 쿤에 따르면, 장쩌민은 "나는 기술을 사랑한다"고 공언하면서, 비록 공산주의에 철저하지 않다고 해도 자신의 전문 분야에서 우수한 경우 보호하려고 애를 썼다. 그렇지만 워낙 명령이 거듭되고 거세지자 그는 겨우 두 명을 지적해서 보고했다. 뒷날 이 광풍이 가라앉고 자신의 입지가 강화됐을 때, 그는 그들 가운데 한 명에게 사과하며 그가 복권되도록 거들었다.

문화대혁명의 광풍에서 살아남다

1958년부터 마오쩌둥은 대약진운동을 개시했다. 우리가 3장과 4장에서 이미 살폈듯, 이 대약진운동은 중국의 경제를 사실상 완전히 파탄시켰다. 특히 농촌지역에서는 굶주림이 만연해 여기저기서 굶어죽는 사람의 수가 폭발적으로 늘어났다. 창춘자동차공장에서 근무하다가 창춘발전소장으로 승진한 장쩌민 역시 굶주림 속에서 무리에 무리를 거듭하며 일을 했다. 그 결과 언제부터인가 피오줌을 누게 됐고 위장병을 앓게 됐다. 1961년 후반부터 천원과 덩샤오핑 같은 지도자들이 대약진운동의 본질적 수정을 제의했고 마오쩌둥이 이를 받아들였다.

새로운 변화 속에서 장쩌민은 상하이의 한 연구소로 전근됐다. 그것은 확실히 승진이었다. 그는 영웅적인 사람이 결코 아니었고 스스로 영웅이 되고자 하지도 않았다. 그는 언제나 겸손했으며, 아랫사람들의 사기를 올려주기 위해 그들과 함께 어울릴 때는 광대처럼 놀기도 했다. 또 청렴해서, 살림살이는 아주 단출했다. 자신의 집의 추위를 덜기 위해 공장의 기름을 덜어가는 짓도 일절 하지 않았다. 사람들이 그를 좋아한 까닭이 거기에 있었으며, 그러한 그의 인품과 평판이 그에게 승진을 안겨준 것이었다.

상하이의 전기장비연구소 부소장으로 임명된 장쩌민은 비록 여전히 가난하지만 대체로 안정된 생활을 유지했다. 1965년에는 처음으로 홍콩을 방문해, 기술도입을 성공적으로 마무리했다. 그가 귀국한 직후인 1965년 11월에 그는 상하이에서 발행되는 신문 『문회보』에서 역사극 「하이루이파관」을 비난한 상하이당 선전부의 검열관 야오원위안의 글을 읽었다. 우리가 3장에서 이미 보았듯, 이것은 저 악명 높은 문화대혁명의 개시를 알리는 글이었다. 실제로 1966년에 들어서서 문화대혁명은 본격적으로 전개되기 시작했다. 상황의 전개를 심각하게 받아들인 왕다오한은 장쩌민을 우한의 열발전기계연구소장으로 전근시켜 상하이의 광풍에서 우선 벗어나게 해주었다. 그러나 광풍이 전국으로 몰아치면서 왕다오한도 시골로 쫓겨났으며, 마침내 장쩌민도 홍위병들의 공격대상으로 떠올랐다. 장쩌민이 기술을 중시하는 부르주아라고 공격한 그들은 장쩌민이 두발을 뒤로 길게 늘어뜨리는 서양식을 따르고 있다고까지 트집을 잡았다. 트집의 건수를 줄이기 위해 그는 두발을 짧게 깎았다. 문화대혁명의 광풍이 끝난 뒤 그는 옛 방식으로 돌아간다. 문화대혁명은 여러 측면에서 장쩌민에게 고통스러웠다. 자신의 직장에서 면직된 것이 가장 큰 시련이었다. 그러나 이 기간에 그는 수영을 배울 수 있었다.

장쩌민은 그래도 운이 좋은 편에 속했다. 덩샤오핑 시절에 총리와 당총서기로 봉직하게 되는 자오쯔양은 광둥성의 당서기직에서 쫓겨나 4년에 걸쳐 가택에 연금된 데 이어 1년 동안 내몽골에서 노동을 해야 했고, 장쩌민의 국가주석 시절에 총리가 되는 주룽지는 중앙의 국가계획위원회 위원직에서 쫓겨나 '57간부학교'라는 이름의 사실상의 노동수용소에서 5년을 보내야 했다. 다만 덩샤오핑 시대에 총리직을 맡아 장쩌민 시대까지 계속해서 5년 임기의 총리직을 수행한 리펑은, 공산혁명을 수행하던 가운데 중국국민당에 의해 살해된 공산혁명가의 아들이라는 신분 덕분에 무사했다.

문화대혁명의 광풍이 어느 정도 가라앉으면서, 장쩌민은 1968년부터 1970년까지 지방의 한 농장에 개설된 당원재교육학교에 입교됐다. 엄격한 조사 끝에 그는 아예 버려질 당원이 아니라 재교육을 받아 구제될 당원으로 인정을 받았던 것이다. 이 학교에서 고생스러운 생활을 마치고, 그는 1970년에 베이징으로 귀환할 수 있었으며, 저우언라이의 배려로 제1기계공업부에 신설된 외사국 부국장으로 임명을 받았다. 그는 그 직위를 유지한 채 1971~72년에 중국전문가들을 이끌고 루마니아를 방문해 이 후진농업국에 공장을 세우는 일을 도왔다. 이때의 능력이 인정을 받아, 그는 귀국과 동시에 제1기계공업부 외사국 국장으로 승진해 1980년까지 봉직했다.

4인방 축출 이후 출세를 거듭하다

마오쩌둥이 별세하고 4인방이 축출됨과 동시에 덩샤오핑 시대가 막을 올리면서 장쩌민의 승진이 빨라졌다. 그는 우선 4인방의 본거지인 상하이에서 4인방의 축출에 반대하는 세력을 제거하고 새 질서를 세우기 위해 당이 파견한 14인조의 일원으로 기용됐다. 그는 이 어려운 일을 비교적 성공적으로 수행했다. 1980년부터 1982년 사이에 덩샤오핑은 자신의 개혁개방정책을 실행하기 위해 국가수출입관리위원회 및 국가외국인투자관리위원회를 설립했는데, 장쩌민은 이 두 위원회 각각에서 부위원장 및 총무국 당비서 겸직으로 기용되었다. 이것은 그의 위상이 크게 높아졌음을 의미한다.

장쩌민은 또 전국인민정치협상회의 위원으로 선출됐으며, 이어 전국인민대표대회 상무위원회 위원으로 선출됐다. 그사이인 1980년 가을에 그는 유엔의 후원으로 12개국의 수출입센터들과 자유무역지역들을 순방하는 사절단의 단장으로 임명돼, 40여 일에 걸쳐 동남아시아와 북아메리카 및 유럽을 순방했다. 그는 자신이 순방한 서방세계의 '경제발전'에 놀라움을 금할 수 없었다. 그는 중국이 과감히 '자본주의적 경제운영방식'을 채택해야 하고, 이것에 상응해 서방의 자본주의국가들로부터 자본을 들여와야 하며, 우선 자본주의경제특구를 신설해야 한다는 것을 골격으로 하는 보고서를 작성했다. 당과 정부의 내부토론에서 이 제의는 부분적으로는 지지를 받았으나 대체적으로는 격렬한 반대에 직면했다. 덩샤오핑은 이 사안을 전국인민대표대회에 상정해 토론하도록 했으며, 그 결과 선전에 경제특구를 세운다는 합의가 이뤄졌다. 이 일은 장쩌민의 정치생활에서 중요한 의미를 가졌다. 그는 더 이상 '기술자정치인'이 아니었다. 그는 '정책입안과 정책집행을 수행하는 정치가'로 떠오른 것이다.

상하이시장을 거쳐 당총서기로

장쩌민은 곧 보상을 받았다. 그는 1982년 5월에 국무원에 신설된 전자공업부의 제1부부장 겸 당서기로 임명됐다. 파격적인 승진을 성사시킨 이가 바로 자오쯔양 총리였다. 자오쯔양은 훗날 당총서기로 승진하는데, 역설적이게도 1989년 6월에 자오쯔양이 총서기에서 해임될 때 장쩌민이 그의 후임으로 임명된다. 1982년 9월에 열린 중국공산당 제12기 전국대표대회에서 장쩌민은 중앙위원으로 선출됐다. 이로써 그는 당의 정상부로 진출할 수 있는 기반을 확보하게 됐다.

57세가 된 1983년부터 63세가 된 1989년까지 6년은 장쩌민의 정치적 성장에서 대단히 중요했다. 그는 1983년 6월에 전자공업부 부장으로 승진했으며 그의 지휘 아래 중국은 컴퓨터기술과 가전제품제조기술에서 진전을 이룩했다. 이어 1985년 1월에 그는 상하이시장 왕다오한의 추천에 힘입어 자신의 정치적 고향인 상하이에서 그의 후임으로 임명됐으며, 1989년 6월까지 이 국제도시를 크게 변모시켰고 발전시켰다. 그사이인 1987년에 그는 상하이시장에서 물러나 상하이시 당비서로 승진했으며 동시에 중국공산당의 최고기구인 중앙위원회 중앙정치국의 정위원으로 선출됐다. 시장 후임은 주룽지였다.

상하이시 당비서로서 장쩌민의 마지막 활동은 소련대통령 고르바초프 내외의 영접이었다. 1989년 5월 중순에 고르바초프는 오랜 기간에 걸쳐 지속된 중국과 소련 사이의 분쟁과 갈등을 해소하려는 목적에서 베이징을 방문했다. 그러나 베이징에서는 대규모 학생시위가 진행되고 있어서 그의 중국방문과 중국지도부와의 회담은 주목을 덜 받았다. 그는 곧 상하이를 방문했는데, 장쩌민은 그를 뜨겁게 환영했다.

　1989년 여름에 톈안먼사건이 발생한 과정에 대해, 그리고 이 사태를 계기로 장쩌민이 당의 총서기로 발탁된 과정에 대해서는 5장에서 자세히 살폈으므로 그 과정을 되풀이해 설명하지 않기로 한다. 다만 중요하게 지적해야 할 점이 세 가지 있다. 첫째, 그가 총서기로 선출됐다고 발표했을 때 서방세계의 관측자들은 그가 당의 임시관리인이 됐다고 평가했다. 그러나 그것은 오판이었다. 장쩌민의 정치적 성장과정과 그 과정에서 그가 보여준 능력을 제대로 인식하지 못한 결과였다. 둘째, 그가 총서기로 선출된 것은 중국공산당이 3세대를 최고지도자로 받아들였음을 의미했다. 셋째, 그의 집권은 비록 당중앙정치국 확대회의의 공식적 투표, 그리고 중앙위원회 전체회의의 승인이라는 제도적 절차에 의한 것이었으나 군부에 의한 톈안먼시위 진압에 연결됐다는 사실이다. 더 쉽게 말해, 그의 집권 역시, 비록 자신이 동원한 것은 아니었으나, 군사력에 직결됐다는 사실이다.

청렴한 총서기생활

　장쩌민은 덩샤오핑이 대권을 장악한 이후 선택한 세번째 당총서기였다. 첫번째가 후야오방이었고, 두번째가 자오쯔양이었으며, 세번째가 장쩌민이다. 이 사실은 두 가지를 의미했다. 첫째, 장쩌민은 결코 독자적인 총서기가 아니라 덩샤오핑의 강력한 영향 아래 놓인 총서기라는 사실이다. 실제로 장쩌민이 1989년 6월 28일에 비로소 처음 텔레비전에 나타났을 때, 그를 시청자들에게 소개한 리펑 총리는 장쩌민이 당 원로들의 의견을 존중하며 지도력을 행사할 것이라는 취지로 발언함으로써, 장쩌민의 뒤에는 덩샤오핑이 있음을 암시했다. 둘째, 그렇다고 해서 덩샤오핑이 또다시 총서기를 바꾸기는 어려웠다. 그는 차라리 장쩌민에게 실권을 주는 방식을 선택했다. 당중앙군사위원회의 위원도 아닌, 아니 참전 경험도 없고 총을 잡아본 경험도 없는 장쩌민을 곧바로 군권의 중심인 이 위원회의 주석으로 선출해준 것이다.

장쩌민은 총서기에 취임한 직후 일관되게 부패와의 투쟁을 선언했다. 그는 우선 자신의 가족들과 친지들을 철저히 단속함과 아울러 심지어 덩샤오핑의 아들이 경영하는 회사에 대해서도 수사를 벌였고 일정하게 처벌했다. 이 과정에서 그의 서민생활과 다름없는 청렴한 사생활의 면모들이 많이 드러나 중국사회에 감명을 주었다. 장쩌민은 반부패투쟁을 지휘하면서 동시에 경제성장정책을 이끌었다. 경제성장정책과 관련해, 리펑 총리를 비롯한 보수파는 저항했다. 그들은 장쩌민의 정책이 결국 중국을 빈부격차가 심화되는 자본주의사회로 바꿔놓을 것이며, 중국에서 사회주의적 평등사상이 사라지게 될 것이라고 경고했다. 그러나 대중은 장쩌민을 지지했다. 여기에 힘입어 장쩌민은 자신의 상하이시장 후임인 주룽지를 경제부총리로 입각시키는 데 성공했다.

주룽지를 키우다

그러면 주룽지는 어떤 사람인가? 명나라의 태조 주원장朱元璋의 후손으로 알려진 주룽지는 1928년에 후난성 창사에서 태어났으며 어려서 고아가 됐다. 장학금을 얻어 공부하면서도, 『수호지』를 애독해 양산박 108명 호걸들의 이름과 호를 모두 외웠다. 그는 중화인민공화국의 성립 직후인 21세 때 중국공산당에 입당했고, 23세가 된 1951년에 칭화대학 전기과를 졸업했다. 그는 동북인민정부에서 전기기술자로 일하기 시작했으며 곧 중앙정부의 국가계획위원회에 발탁됐다. 국가계획위원회 기계국 종합처 부처장까지 승진했던 그는 1957~58년의 반우파투쟁이 공식적으로 끝났으나 그 여진이 작용하던 1959년에 국가계획위원회 간부학교 교원으로 좌천된 데 이어, 문화대혁명 때 하방下放됐다. 어느 신문기사에 따르면, 이때 그는 농촌에서 돼지치기를 했다고 한다.

그러나 그는 1975년에 중국사회과학원 공업연구소장으로 기용됐다가 1979년에 국가경제위원회 종합국 부국장으로 발탁됐으며, 1982년 9월의 제12기 당대회에서 중앙위원으로 선출됐다. 그는 곧 국가경제위원회 부위원장을 거쳐 상하이시 부시장으로 기용됐으며 마침내 시장으로 발탁됐는데, 1989년 여름에 베이징의 대학생집단시위에 영향을 받은 상하이의 대학생들 역시 집단시위에 들어가자 군대를 투입하지 않은 채 텔레비전연설로 그들을 자제시켜 소통과 화합의 지도자라는 인상을 남겼다. 그는 웃음과 농담을 모르는 굳은 표정의 엄격한 사람이어서 장쩌민과 대조됐다. 그러나 부총리로 기용된 이후에는 미소로써 사람들을 대하기도 하고 언론인들을 상대로 조크를 던지기도 한다. 그렇지만 주룽지는 부패세력에 대해 "1백 개의 관을 준비하라. 99개의 관은 그들의 것이고 나머지 하나는 내 것이다"라고 공언하면서, 부패에 과감히 맞서 싸웠다. 뿐만 아니라 반부패투쟁을 더욱 강하게 전개해야 한다고 공언했으며, 그 전제 위에서 경제의 활성화를 옹호했다.

덩샤오핑이 1992년 1월부터 2월까지 이른바 남순강화를 강행하면서 경제성장정책을 보다 더 빨리 추진해야 한다고 공언한 것은 장쩌민에게 큰 힘이 됐다. 1992년 10월에 열린 중국공산당 제14기 전국대표대회는 덩샤오핑의 남순강화에 맞춰 경제발전을 가속화한다는 취지의 결의안을 채택했고, 장쩌민을 총서기와 중앙군사위원회 주석으로 재선출했다. 이 대회의 중요한 결정들 가운데 하나는 양상쿤을 얼마 남지 않은 국가주석직 임기는 유지하도록 양해한 채, 중앙정치국 위원직 및 중앙군사위원회 부주석직에서 해임한 것이다. 이것을 계기로 그의 동생 양바이빙楊白冰도 중앙군사위원회 비서장 겸 총정치부장에서 해임됐으며 인민해방군에서 퇴역했다. 그들과 가까웠던 많은 장성들도 퇴역했다. 이것은 인민해방군 안에 일정한 지지세력을 확보한 채 장쩌민을 견제하던 양상쿤-양바이빙 형제의 군맥이 해체됐음을 의미했다. 이로써 장쩌민은 임시지도자라는 초기의 인식을 불식시키고 진정한 지도자로 자리를 잡았다.

계엄령 해제와 대한민국과의 국교수립

1989년 가을 이후 동유럽과 소련에서 공산정권반대운동이 일어나자 장쩌민을 비롯한 중국공산당의 지도자들은 이를 날카롭게 주시했다. 이때부터 장쩌민은 사회적 안정을 강조했다. 중국에서는 반공운동이 일어나서는 안 된다는 뜻이었다. 톈안먼사건의 연루자들은 상대적으로 덜 가혹하게 처리했던 그였지만, 1990년과 1992년 사이에 일어난 반체제운동에 대해서는 엄격하게 대처했다. 비록 그러했다고 해도, 그는 1990년 1월 10일에 베이징에 내려졌던 계엄령을 해제했다. 로버트 로런스 쿤이 정확히 지적했듯, "이것은 단지 새해 혹은 새로운 10년을 알리는 신호가 아니라 전적으로 새로운 시대를 알리는 신호였다." 계엄령을 해제한 직후, 그는 1990년 한 해 동안 북한을 방문한 데 이어 티베트와 신장新疆 및 내몽골을 비롯한 변방지역들을 순회했다. 1980년에 후야오방이 총서기로 방문한 이후 10년 만에 티베트를 처음 방문한 총서기가 바로 장쩌민이었다.

그사이인 1990년 6월에 장쩌민은 미국과의 불편한 관계도 개선시켰다. 미국정부는 톈안먼사건의 진압과정에서 빚어진 인권탄압을 비난하면서 경제제재를 가했던 것인데, 1972년에 미국과 중국 사이의 관계를 본질적으로 개선시켰던 주역인 닉슨 대통령과 키신저 대통령외교안보보좌관이 이 시점에 다시 나서서 두 나라 사이의 물밑협상을 이끌었다. 중국은 톈안먼사건에 항의했던 팡리즈 부부의 미국망명을 허용했고, 미국은 중국에 대한 제재를 풀었다.

1992년 8월에, 중국의 오랜 맹방인 북한이 거세게 반대하는데도, 대한민국과의 국교수립을 단행한 핵심지도자도 그였다. 대한민국의 입장에서 본다면, 제6공화정의 출범으로 민주화의 시대를 개시한 노태우 대통령이 지휘한 북방정책의 대단원이었다. 이때 우리나라의 외무장관에 해당하는 중국 국무원 외교부장 첸치천이 중국 쪽에서 한중수교를 지휘했는데, 그는 장쩌민의 2년 연하로 그와 거의 같은 시기에 중국공산당에 입당한 사람이었다. 그는 소련주재중국대사관 참사관과 기니주재중국대사관 대사 등 주로 외교관으로 일한 사람으로, 한중수교를 성사시킨 이후 국무원 부총리 및 당중앙정치국 위원 등으로 승진했고 만년에 베이징대학 국제관계학원 원장으로 봉직했다.

'정신문명'이라는 개념을 도입하다

앞에서 말한 덩샤오핑의 남순강화 이후 그리고 제14기 당대회 이후 당지도부가 경제고도성장정책을 확실하게 집행하면서, 중국경제는 급팽창하기 시작했다. 외자도입과 외국인투자도 순조로웠다. 이것은 장쩌민의 권력장악을 강력히 뒷받침했다. 1993년 3월에 열린 제8기 전국인민대표대회는 5년의 임기가 만료된 양상쿤 국가주석의 후임으로 장쩌민을 5대 국가주석으로 선출했다. 장정에 참여한 원로인 양상쿤이 1998년에 향년 91세로 별세한 것은 장쩌민의 운신의 폭을 훨씬 넓혀주는 데 도움을 주었다.

정치적 입지가 더욱 강화된 장쩌민은 곧바로 경제부총리 주룽지를 중국중앙은행 총재에 겸임시키고, 과열되기 시작한 경제문제에 대처하게 했다. 그는 또 자신의 심복 쩡칭훙曾慶紅을 중국공산당 중앙위원회 사무국 사무총장으로 승진시켜, 당조직을 거머쥐게 했다. 이렇게 내부를 단속하면서, 그는 1993년 11월에 미국을 방문해 클린턴 대통령과 회담하면서 두 나라 사이의 관계증진을 위해 노력했다. 1995년에 들어서서, 그는 1979년 말에 덩샤오핑이 썼던 '정신문명'이라는 말을 다시 꺼내, 중국공산당은 정신문명을 높임으로써 자본주의적 경제운영이 낳은 폐해들을 극복하자고 호소했다. 1995년 11월에는 중국의 국가정상으로는 처음으로 한국을 방문했다. 1997년 2월에 덩샤오핑의 국장을 마친 그는 1997년 7월 1일로 예정된 홍콩의 중국반환을 앞두고 6월 30일에 홍콩을 방문했다. 1997년 9월에 열린 중국공산당 제15기 전국대표대회는 그를 총서기와 중앙군사위원회 주석으로 다시 선출했다. 자신의 후원자 덩샤오핑이 죽었지만 독자적으로 중국의 정상에 서 있음을 과시하면서, 그는 10월에 미국을 공식방문했다.

주룽지의 총리 선출

귀국한 직후 장쩌민은 5년 임기의 총리직을 마친 리펑의 후임으로 부총리 주룽지를 밀었다. 주룽지의 평판이 워낙 높아, 그는 1998년 3월 17일에 열린 제9기 전국인민대표대회에서 압도적 지지로 5대 총리에 당선됐다. 주룽지는 상하이시장과 부총리 때 과시한 청렴결백과 반부패투쟁을 총리 때도 되풀이함으로써 '바오칭톈包青天'이라는 별명을 확립했다. 한국에서도「포청천」이라는 연속극을 통해 널리 알려졌듯, 바오칭톈은 중국 송왕조 때 수도 카이펑의 부윤으로 청렴한 생활과 반부패투쟁으로써 명성을 떨친 인물이다. 주룽지는 총리의 5년 임기를 마친 2003년 3월 16일에 퇴임했는데, 이후 어떤 공식석상에도 나타나지 않고 은둔함으로써 자신의 이름을 더욱 높였다.

그사이인 1999년 6월부터 장쩌민은 중국전통의 기공수련법인 파룬궁法輪功을 철저하게 박해했다. 수련생이 중국공산당 당원의 수를 능가하면서 7천만 명을 넘어서자 불안해졌기 때문이다. 그 박해는 참혹한 수준의 인권탄압을 동반해, 국제사회에서 커다란 비난을 불러일으켰다.「아베마리아」를 경건하게 부르던 그의 이미지와는 너무나 다른 처사였음은 물론이다.

1999년과 2001년 사이에 중국과 미국의 관계를 소원하게 만든 사건들이 일어났다. 1999년에는 유고슬라비아주재중국대사관을 미공군기가 오폭한 사건이 일어났으며, 2001년에는 미해군첩보기와 중국전투기가 충돌하는 사건이 일어났다. 그러나 이 사건들이 외교적으로 마무리되면서, 미국은 중국의 세계무역기구 가입을 받아들였다.

2. '빠른 성장, 공평한 분배'를 지향한 4세대 지도자, 후진타오

장쩌민이 리펑 및 주룽지 등 3세대 지도자들과 함께 중국을 국제사회에 광범위하게 진출시킴과 동시에 경제대국으로 도약시키던 시기에, 또 하나의 세대를 형성한 지도자들이 성장하고 있었다. 그 대표주자가 후진타오 胡錦濤와 원자바오溫家寶다. 대체로 1940년대에 태어나 2000년대 초기의 약 10년에 걸쳐 중국을 이끌게 되는 이들을 4세대라고 부른다.

그러면 후진타오는 어떤 길을 걸었는가? 장쩌민 전기를 썼던 양중메이 楊中美가 펴낸 『후진타오: 21세기를 맞이하는 중국공산당의 새 지도자』 (1999)는 후진타오가 권력의 정상에 오르기 직전까지의 삶을 살폈다. 이 책은 2002년에 『New China Leader, 후진타오』라는 제목으로 한국에도 번역됐다. 대조적으로, 박근형의 『후진타오 이야기』(2010)는 후진타오가 권력의 정상에 오른 이후의 삶에 대해서도 살폈다. 이건우는 『중국을 말하다: 마오쩌둥에서 후진타오까지』(2009)에서 후진타오의 과학기술중시정책을 자세히 설명했다. 저자는 이 세 책에 바탕을 두고 후진타오의 정치적 성장과 정책을 설명하고자 한다.

공산주의청년단에 정치기반을 마련하다

후진타오는 1942년 12월 21일에 장쑤성 타이저우泰州에서 태어났다. 아버지는 대대로 차茶를 파는 상인이었으나 제2차 중일전쟁으로 모든 재산을 잃게 되자 상하이의 초등학교에서 교사로 일했다. 어머니 역시 교사였다. 이러한 배경의 어버이 밑에서 성장해 그는 어려서부터 공부에 열중했으며, 중화인민공화국이 성립된 때로부터 4년 뒤인 1953년에 타이저우제2초급중학교에 입학했다. 그사이, 아버지는 교사직을 그만두고 다시 사업에 뛰어들어 재산을 모았는데, 공산당체제가 공사합영公私合營이라는 이름 아래 아버지의 가게를 몰수함에 따라 가세는 급속히 기울었다. 그러한 역경 속에서도 그는 고등학교에 해당되는 타이저우중등학교 진학에 성공했다. 1959년 9월에 후진타오는 중국에서 이공계로는 최고로 꼽히는 칭화대학에 입학했다. 전공은 수리공정水利工程 및 전기공학으로, 이 과정은 6년제였다.

　칭화대학의 다른 학과들도 그러했지만, 이 학과는 미국에서 공부한 공학자들이 미국의 과학기술이론을 기초로 강의했다. 소련은 이미 대규모 발전소를 세워 운영하고 있었으나 이론체계는 약했기에 소련이 편찬한 교과서들의 채택률은 낮았다. 그때 칭화대학 총장은 중앙정부의 고등교육장관을 겸한 과학자로, 학생들을 최고수준의 과학기술인으로 키운다는 포부를 갖고 강의와 수업을 독려했다. 한편, 나라 전체는 과학기술보다 대중의 자발적 의지 발현으로 경제를 발전시키겠다는 마오쩌둥의 대약진운동 아래 생산력의 저하와 기근의 만연에 빠져 있었다. 후진타오 스스로도 대학생 시절에 쌀밥과 고기는 먹어보지도 못한 채 거칠면서도 적은 양의 식사에 만족해야 했다. 양중메이에 따르면, 이 과정에서 그는 마음속으로 마오쩌둥의 이른바 유심주의唯心主義를 부정하게 됐다. 그러나 그는 1학년이던 1960년에 공산주의청년단, 약칭 공청단에 가입한 데 이어 5학년이던 1964년 4월에 중국공산당에 예비당원으로 가입했다.

　후진타오는 미남이었다. 그의 학우들은 그를 보면서 "한 폭의 미남도美男圖를 보는 듯했다"고 회고했다. 게다가 그는 쾌활했고 노래를 잘 불렀으며 몽골춤을 잘 추었다. 학업성적도 우수했다. 작은 일에도 성실했다. 공청단이 연극을 할 때, 그는 하찮은 병졸 역을 기꺼이 맡았으며 또 그 역을 성공적으로 수행했다. 무대에 자재를 배치하는 일도 즐겁게 맡았다. 대약진운동이 진행되던 그 혹독한 굶주림의 시대에 그는 한마디의 불만도 표시하지 않았으며, 자기관리에 엄격했다. 사람들이 그를 좋아한 것은 당연했다. 그러했기에 당은 그를 1, 2년생을 책임지는 당의 정치지도원으로 임명했으며, 1965년 4월에 정식당원으로 승진시켰다. 축복은 겹으로 왔다. 그는 졸업과 동시에 미인이면서 고상하고 학업성적이 우수한 동급생 류융칭劉永淸과 약혼했다. 그들은 후진타오가 간쑤성의 기술행정직원이 됐을 때 거기서 결혼했으며, 이 결혼은 평생에 걸쳐 유지된다.

칭화대학에서 정치지도원으로 남아 비교적 안온하게 생활하던 후진타오에게도 문화대혁명의 광풍이 불어닥쳤다. 우선 그의 활동근거지인 칭화대학 자체가 글자 그대로 기존질서의 파괴를 부르짖는 세력과 거기에 맞서는 세력 사이의 투쟁으로 말미암아 난장판이 됐다. 양중메이의 표현을 빌린다면, 1968년 여름에 이르러서는 두 세력 사이에 '100일 전쟁'이 벌어졌으며, 학교 자체가 피비린내 나는 전쟁터로 바뀌었다. 이 참혹한 현장을 후진타오는 대체로 류사오치-덩샤오핑노선에 서서 조용히 관망했다.

간쑤성에서 베이징으로

문화대혁명의 광풍이 어느 정도 진정된 1968년 가을에, 후진타오는 중국 서북부의 황량하고 적막한 곳인 간쑤성의 한 수력발전소로 배치를 받았다. 이 발전소에서 후진타오는 우선 사상개조교육을 받았다. 그는 성실히 임했으며, 무식하면서 거친 노동자들과 함께 무거운 짐을 지어 나르는 고된 일을 수행했다. 그 과정에서 그는 건설공정에 대해서도 열심히 익혔다. 자연히 노동자들 사이에서 좋은 평을 받았다. 그 결과 그는 6개월 만에 사상개조교육을 마쳤고, 그 후 행정직으로 한 단계씩 올라 마침내 1974년에는 간쑤성 건설위원회 비서로 승진했다.

1976년 7월에 베이징 부근의 탕산唐山에서 대지진이 일어나 무려 20만 명의 목숨을 앗아갔다. 베이징의 중앙당은 전국에서 우수한 건설기술자들을 현장으로 불러 수습에 임하게 했다. 후진타오 역시 베이징으로 올라왔다. 그는 베이징의 정치상황을 살피고 다시 간쑤성으로 돌아갔다. 그는 1980년에 간쑤성 건설위원회 부위원장으로 승진했으며 1982년에 공산주의청년단 간쑤성위원회 서기로 승진했다. 이 시기에 후진타오는 칭화대학 출신의 혁명 2세대로 저우언라이의 비서를 역임했으며 중앙정부의 국가계획위원회에서 근무했던 간쑤성 혁명위원회 부위원장 쑹핑宋平의 주목을 받았다. 쑹핑은 마오가 죽은 뒤 간쑤성 당서기로 승진해 간쑤성의 실권자가 됐으며, 1981년에 중앙정부의 국가계획위원회 부위원장으로 승진한다. 일찍부터 후진타오의 자질을 높이 평가했던 쑹핑은 후진타오를 적극적으로 키워주기 시작했다. 공청단 중앙서기처 제1서기 후야오방이 쑹핑의 칭찬을 받아들여 그와 손발을 맞춰주었다. 그리하여 후진타오는 1982년에 공산주의청년단 간쑤성위원회 서기로 발탁된 데 이어, 공청단 중앙서기처 서기로 발탁돼 베이징으로 올라왔다. 그는 곧 제2서기로 발탁됐으며, 1984년 11월에 마침내 공청단 중앙서기처 제1서기로 발탁됐다. 이 자리는 국무원의 부장급, 우리 식으로 말해 장관급에 해당된다.

다시 서남부의 변두리로

1985년에 들어서면서 후진타오는 대외활동에 착수했다. 그는 북한을 방문한 데 이어 일본을 방문했다. 이 시점에 당총서기로 승진한 후야오방은 그의 활동을 힘껏 도왔다. 여기서 반발이 나타났다. 고위간부 자제들의 그룹을 의미하는 태자당太子黨이 반발의 전면에 나섰다. 그들은 평민 출신 후진타오의 승진이 너무도 순조롭다는 데 불만을 가졌던 것이다. 후야오방도 태자당의 거센 불만을 이겨내지 못하고 후진타오를 구이저우성 당서기로 내보냈다. 공청당 제1서기에 올랐던 때로부터 8개월 만에 후진타오는 중국의 22개 성들 가운데 가장 빈궁한 성들에 속하며 험한 지형을 지닌 서남부의 변두리로 밀려난 것이다.

이제 막 42세에 들어선 후진타오는 결코 좌절하지 않았다. 그는 자신이 중화인민공화국 역사에서 최연소로 성의 최고책임자가 됐다는 사실로 스스로를 위로하며 일에 전념하겠다는 결의에서 아내와 자녀들을 베이징에 남겨둔 채 단신으로 구이저우성의 수도 구이양貴陽에 부임했다. 구이양의 사람들은 처음에는 그를 '낙하산을 타고 내려온, 그리고 적당히 세월을 보내다가 베이징으로 돌아가려는 사람'으로 여겼다. 후진타오는 그들에게 자신은 진정으로 이 낙후한 성의 발전을 위해 헌신할 것임을 서약하고 그것을 행동으로 보였다. 특히 마오타이주茅台酒의 고향인 구이저우를 농업특구로 발전시키고자 많은 힘을 기울였다. 학교증설에도 각별히 노력해 교육수준을 끌어올리는 성과를 올렸다. 당총서기인 후야오방은 그에게 힘을 실어주기 위해 1985년 9월에 그를 중국공산당 중앙위원으로 승진시켰다.

그러나 후진타오에게도 시련은 다시 찾아왔다. 1989년 1월에 소수민족 자치구인 티베트의 당서기로 발령을 받은 것이다. 그것은 표면적으로는 분명히 좌천이었다. 그러나 티베트 안에서 반공운동이 격화되는 것을 보고 중앙은 구이저우에서 역량을 과시한 그가 물과 기름이 섞여 있는 것이나 다름이 없는 이 험난한 곳에서도 역량을 발휘하기를 기대한 것이다. 그는 이번에도 단신으로 부임했다. 그의 결정을 촉구하는 사건은 빨리 일어났다. 부임한 지 2개월 만에 수도 라사에서 대규모 반공시위가 일어났던 것이다. 그는 스스로 철모를 쓴 채 계엄령을 펴고 시위를 유혈진압함으로써 중국공산당 통치의 권위를 세웠고 중앙의 신임을 얻었다. '온건한 문관文官'의 인상에서 벗어난 그는 1990년 10월에 티베트군구西藏軍區 제1서기 겸임발령을 받았다. 48세 때의 일이었다.

'사스파동' 때 진상공개를 관철하다

그 후 후진타오는 고속승진의 길에 올랐다. 1992년 10월에 열린 중국공산당 제14기 전국대표대회에서 중국공산당 중앙정치국 상무위원 및 중앙서기처 상무서기로 발탁된 데 이어, 1993년에는 중국공산당 중앙당학교 교장에 겸임발령을 받았으며, 1997년 9월에 열린 중국공산당 제15기 전국대표대회에서 중앙정치국 상무위원으로 재선됐다. 그사이 중국공산당의 원로들이 별세했다. 1992년에는 리셴녠이, 1995년에는 천윈이, 1997년에는 덩샤오핑이 별세한 것이다. 후진타오는 그들의 장례식마다 장례책임자로 선정됐다. 덩샤오핑의 유골을 비행기에서 바다에 뿌릴 때 그는 유족들과 자리를 같이했는데, 그의 경건하면서도 슬픈 얼굴이 텔레비전을 통해 방영되면서 중국사회에 큰 인상을 남겼다. 이어 그는 1998년 3월에 열린 제9기 전국인민대표대회에서 국가부주석으로 선출됐으며, 1999년 9월에 중앙군사위원회 부주석으로 선출됐다. 이제 그가 21세기에 중국을 이끌어갈 극소수 영도자들의 반열에 올라섰음은 확실해졌다.

후진타오를 국가부주석으로 선출한 제9기 전국인민대표대회는 1999년의 제2차 회의에서 의법치국依法治國을 국가통치방침들 가운데 하나로 확정지었다. 의법치국은 1997년 9월에 열린 중국공산당 제15기 전국대표대회의 결정사항이었는데, 전국인민대표대회를 통해 확정된 것이다. 이에 따라 1999년에 국무원은 「의법행정의 전면적 추진 결정」을 발표하고, 최고법원은 사법의 공정과 효율을 앞세우는 개혁안을 발표하며, 중국공산당은 2002년의 제16기 당대회에서 의법집정依法執政을 발표한다. 일종의 중국식 법치주의를 천명하고 제도화한 것인데, 그것은 물론 공산당1당독재 안에서 지켜지는 것이었다.

2002년 10월에 들어서서 중국 전역에는 두려운 소문이 퍼지기 시작했다. 훗날 사스SARS라고 알려진 '중증 급성호흡기 증후군'이 광둥에서 발생하면서 죽는 사람들이 속출하고 있다는 소문이었다. 당국은 이 소문이 퍼지는 것을 금지시켰다. 그러나 사망자가 전국적으로 속출하기에 이르자 중국 공영채널인 중앙방송CCTV은 2003년 3월부터 호흡기병이 발생한 것은 사실이지만 별것 아니라고 보도하기 시작했다. 그사이인 2002년 11월 15일에 열린 중국공산당 제16기 전국대표대회 중앙위원회 제1차 전체회의에서 후진타오는 총서기로 선출됐다. 그는 사태의 심각성에 대해 국가주석 겸 당중앙군사위원회 주석 장쩌민과 상의했다. 장쩌민은 2008년 8월에 하계올림픽을 열게 되는 중국에서 그처럼 괴이한 전염병이 만연하고 있다는 사실을 국제사회에 알리는 것은 국익에 도움이 되지 않는다며 진상의 공개에 반대했다. 후진타오는 진상을 공개하고 적절한 처방을 국가적 차원에서 베풀어 중국인의 불안을 덜어주어야 한다고 반론했으나, 여전히 군권을 장악하고 있는 장쩌민을 꺾을 수 없었다. 사스가 베이징의 중난하이까지 퍼지자 마침내 그는 진상공개에 동의했다. 이 무렵인 2003년 3월에 열린 제10기 전국인민대표대회에서 후진타오는 국가주석으로 선출됐다. 2004년 9월에 그는 당중앙군사위원회 주석도 맡아 당권과 정권 및 군권 모두를 장악하기에 이르렀다.

후야오방의 명예를 회복시키다

장쩌민은 이른바 삼개대표론三個代表論을 제시했었다. 2001년 7월에 중국공산당 창당 70주년을 맞아 그는 중국공산당이 21세기에는 선진생산력, 선진문화, 광대한 인민의 이익 등 세 가지를 대표해야 한다고 말했는데, 이것은 결국 사영사업가私營事業家를 사회주의계층으로 받아들인다는 뜻이었다.

이 삼개대표론은 2002년의 중국공산당 제16기 전국대표대회에서 중국공산당의 공식적 지도이념들 가운데 하나로 공인됐다. 후진타오는 이 이념을 토대로 중국의 자본가들을 중국공산당 안으로 끌어들였으며, '우쾌우호又快又好', 곧 "빠르게 성장하는 것도 좋고 공평하게 분배하는 것도 좋다"는 구호로써 경제성장과 공정분배의 두 목표를 동시에 추구하고자 했다. 여기서 그는 '공정분배'를 '빠른 성장'보다 앞세우고자 노력했다. '빠른 성장'은 성취됐다. 그러나 '공정분배'는 성취되지 못했다.

2005년에 후진타오는 중국인들에게 기억될 만한 일을 했다. 그것은 후야오방의 명예를 공식적으로 회복시키는 일이었다. 후야오방의 생일 90주년이 된 2005년 11월 20일을 이틀 앞두고 중국공산당은 베이징 인민대회당에서 후야오방의 탄신 90주년을 기리는 행사를 개최한 것이다. 후야오방에 반대했던 당 간부들의 저항을 고려해 후진타오는 식에 참석하지는 않았으나 그를 대리해 원자바오 총리와 쩡칭훙 국가부주석이 참석했다.

조화사회건설론을 제시하다

후진타오는 2006년 3월 4일에 열린 전국인민정치협상회의 대표단회의에서 팔영팔치八榮八恥를 제시했다. 여덟 가지의 영예로운 일과 여덟 가지의 수치스러운 일이라는 뜻으로, 여기서 그는 조국에 대한 사랑, 인민을 위한 봉사, 근면한 노동, 과학숭상, 단결과 상호부조, 성실과 신의, 준법, 어려움 속에서의 꾸준한 노력 등을 영예라고 부르고 그것들 각각에 반대되는 것을 수치라고 불렀다. 이것은 공산주의자의 영욕관을 제시함으로써 경제성장에 따라 해이해진 국민의 사고방식과 행동을 바로잡으려는 의도에서 나왔다. 이것과 맥을 같이하는 것이 '조화사회건설론'이었다. 경제성장이 빈부격차를 확대시키면서 도농 및 계급 간 갈등이 심화되자 그의 주도 아래, 2006년 10월에 열린 중국공산당 제17기 중앙위원회 제6차 회의는 「조화사회건설의 결정」을 채택하고, 교육과 의료 및 주택 등 '3대 민생문제'의 해결에 주력하리라고 다짐한 것이다.

그는 거기서 한 걸음 더 나아가 2007년 10월에 열린 중국공산당 제17기 전국대표대회를 통해 '사람을 근본으로 하는 전면적, 협조적, 지속가능적 발전관'을 당의 지도이념들 가운데 하나로 공식채택했다. 흔히 '과학적 발전관'으로 불린 이 이념의 핵심은 도시와 농촌 사이의 균형발전 및 국토의 균형발전, 그리고 에너지와 자원의 절약 및 환경보호에 있다. 이것은 이미 2003년 10월에 열린 제16기 중앙위원회 제3차 회의에서 제기됐었는데, 4년 뒤에 보다 더 구체적인 실천방안을 지닌 채 공식화된 것이다. 제17기 당대회에서 후진타오는 총서기에 재선됐다. 이듬해인 2008년에는 국가주석과 국가중앙군사위원회 주석에도 재선됐다. 같은 해 8월 8일에 베이징에서 열린 올림픽대회는 그와 중국의 위신을 높이는 데 이바지했다. 그사이, 후진타오는 1998년 4월에 국가부주석의 자격으로 한국을 방문해 김대중 대통령과 회담했으며, 2005년 11월과 2008년 8월에 각각 국가주석의 자격으로 한국을 방문해 노무현 대통령 및 이명박 대통령과도 정상회담을 가졌다.

후진타오가 국가주석으로 재선된 직후인 2008년 12월에 중국의 저명한 지식인 303명이 유엔의 세계인권선언 선포 60주년을 맞이하면서 중국의 민주화를 요구하는 「08헌장」을 발표했다. 중국정부가 주도자들을 국가변란죄로 다스리면서 중국의 국제이미지는 상당히 나빠졌다. 「08헌장」운동을 주도한 류샤오보劉曉波에게 노벨평화상위원회는 2010년에 노벨평화상을 수여했지만, 중국정부가 그의 장기형을 확정지은 채 투옥한 것은 중국의 열악한 인권상황에 대한 국제사회의 비판을 높였다.

3. 새로 등장한 5세대 지도자들, 시진핑과 리커창

'후링허우'의 등장

2012년 11월 15일에 새 지도자가 등장했다. 중국공산당 제18기 전국대표대회는 우선 일곱 명의 당중앙정치국 상무위원을 선출했다. 시진핑習近平, 리커창李克强, 장더장長德江, 위정성兪正聲, 류윈산劉雲山, 왕치산王岐山, 장가오리張高麗 등이 그들이다. 후진타오체제에서 당중앙정치국 상무위원은 아홉 명이었으나 이제 일곱 명으로 줄어든 것이다. 이 일곱 명 가운데 시진핑이 제9대 총서기 겸 제8대 중앙군사위원회 주석으로 선출됐으며, 리커창이 국무원 총리로 내정됐다. 시진핑과 리커창은 2013년 3월 14~15일에 열린 제12기 전국인민대표대회에서 각각 국가주석 및 총리로 선출됐다. 이로써 시진핑체제가, 또는 보기에 따라서는 시진핑-리커창 양두체제가 출범했다. 이들은 모두 1950년대에 출생해 1970년대에 중국공산당에 입당했다는 공통점이 있으며, 이 점에서 그들은 중국공산당 지도부의 5세대에 속한다. 다른 용어로는, 두 사람 모두 '후링허우'(50後: 1950년대에 출생한 사람)에 속한다.

그러면 시진핑과 리커창은 어떤 길을 걸어왔던가? 이 두 사람에 대한 대표적 전기로는 중국의 저널리스트 상장위相江宇가 쓴 『시진핑 리커창: 중국의 새로운 리더』가 있다. 전문번역가 이재훈에 의해 같은 제목으로 한국어로 출간됐다. 이 책을 비롯해 조영남 교수의 『용과 춤을 추자: 한국의 눈으로 중국 읽기』를 바탕으로 삼되, 여러 매체에 소개된 그들의 언행을 덧붙여 두 지도자의 정치적 성장과 정견을 아래에서 설명하겠다.

기복이 심했던 시진핑의 성장과정

시진핑은 1953년 6월 1일에, 그때 우리 식으로 말하면 교육과학기술부

차관이던 아버지의 근무지 베이징에서 태어났다. 아버지는 시중쉰으로 1913년에 중국 서북지방의 산시성 푸핑현富平縣에서 태어나 중국공산당의 초기인 1928년에 입당했다. 그때 그는 이미 중국의 기존체제에 저항하는 '혁명운동'에 참가한 까닭에 감옥살이를 하고 있었다. 출옥한 이후, 그는 산시성과 이웃 간쑤성을 근거로 혁명운동을 계속했으며, 이 두 지역에 혁명의 근거를 마련했다. 마오쩌둥의 홍군이 장정을 끝내고 이곳에 정착함으로써 그는 일찍부터 마오의 주목을 받을 수 있었다. 그는 여기서 만난 공산주의활동가 치신齊心과 1944년에 토굴집에서 결혼식을 올렸다. 두 사람 사이에 두 딸과 세 아들이 태어났다. 시진핑은 넷째였고, 아들로서는 둘째였다.

시중쉰은 공산혁명가였으나 인명을 존중해, 여러 형태의 정풍운동이 전개될 때도 함부로 처리하지 않았다. 그는 일제가 패망한 직후 중국공산당 중앙조직부장 및 중앙서북국 서기로 발탁되며, 펑더화이가 이끌던 서북지역야전군 부정치위원으로 펑더화이와 친교를 맺게 됐다. 그는 중화인민공화국이 성립된 이후 중국공산당 중앙선전부장과 국무원 총리 비서실장 및 2대 국무원 부총리로 승진했다. 우리가 3장에서 보았던 '오마진경'의 '다섯 마리 말들' 가운데 한 사람이 바로 그였다.

시중쉰은 어느 자리에 가나 사람의 목숨을 보호하기에 힘을 썼다. 그리고 '폭로'라는 이름 아래 남에 대해 고자질하는 것을 사악한 짓으로 단정하고 아주 싫어했다. 그래서 그는 비열한 모략에 능한 악질들로 말미암아 때때로 숙청되기도 했고 투옥되기도 했으며 모든 공직에서 해임되기도 했고 하방되기도 했다. 그러나 그의 강직한 성품이 인정을 받았기에 1978년에 복권되어 광둥성위원회 제2서기로 임명됐으며 1980년대 11월 이후 전국인민대표대회 부위원장, 당중앙정치국 위원, 당중앙서기처 서기, 전국인민대표대회 상무위원회 부위원장 등 중요한 역할을 수행할 수 있었다. 그렇지만 톈안먼시위에 대한 무력진압에 반대해 권좌에서 밀려났다가 2002년에 향년 89세로 별세했다.

아버지의 삶이 이러했기에, 시진핑의 삶은 기복이 심했다. 우선 교육의 경우, 아버지가 고위직에 있던 어린 시절에 그는 베이징에서 '붉은 귀족학교들' 가운데 하나인 베이징81학교를 다녔다. 상장위의 표현으로 그는 '신神의 아들'로서 여유 있고 품위 있는 나날을 보냈다. 그러나 그가 아홉 살이 된 해에 아버지가 직위해제되면서, 그리고 산시성으로 좌천되면서 그의 생활은 고달파졌다. 특히 문화대혁명 때는 숙청된 아버지를 따라 농촌을 돌아다니며 컸다. 그 스스로 "나는 천당에서도 살았고 지옥에서도 살았다"고 말했던 것은 자신의 성장과정을 압축적으로 표현한 것이었다.

시진핑은 아버지가 복권되고 나서야 겨우 베이징으로 돌아올 수 있었고, 칭화대학 공정화학과에 입학해 1979년에 졸업할 수 있었다. 직업으로만 본다면 그 역시 엔지니어였다. 그 후 시진핑의 정치적 성장은 비교적 순조로웠다. 허베이성과 푸젠성 등에서 당직을 맡아 아래로부터 훈련을 쌓아 중견 간부로 승진했으며, 47세가 된 2000년에 푸젠성 성장 및 당부서기로 발탁됐고, 2002년에 저장성 당서기로 기용된 데 이어, 2007년에 상하이시 당서기로 기용됐다. 그 과정에서 그는 직장학위과정제를 통해 칭화대학에 「중국농촌의 시장화市場化를 위한 법제건설연구」라는 논문을 제출해 법학박사 학위를 받았다.

시진핑의 이러한 순탄한 정치적 성장에는 아버지의 후광이 컸다. 달리 말해, 그는 태자당의 일원이었던 것이다. 그러나 그가 푸젠성 당서기와 저장성 당서기로서 그 지역의 경제를 발전시킨 업적이 작용했음도 사실이다. 그는 54세가 된 2007년에 당중앙정치국 상무위원 및 중앙서기처 서기로 선출된 데 이어, 2008년에 국가부주석으로 선출됐고, 2010년에 당중앙군사위원회 부주석으로 선출됐다. 첫 결혼은 이혼으로 끝났으며, 1987년에 인기가수 펑리위안彭麗媛과 재혼했다.

리커창의 성장과정

시진핑의 경쟁자는 리커창으로, 그는 1955년 7월 1일에 안후이성 펑양현 鳳陽縣에서 태어났다. 아버지는 중국공산당이 집권하기 이전의 시기에 중국 혁명에 참가했으며, 중화인민공화국이 성립된 뒤 현장縣長으로 일했다. 리커창의 아버지도 당 간부였음은 사실이나, 시진핑의 아버지와는 달리 그 급수와 지위가 너무 낮아 리커창이 정치적으로 크게 성장하기 전까지 리커창의 아버지는 중국사회에 전혀 알려지지 않았다. 리커창은 그저 노동자나 농민의 아들 정도로 알려졌으며, 따라서 그의 계급성분이 좋은 것으로 평가됐고 이것이 그의 성장에 도움을 주었다. 사람들은 그가 근홍묘정根紅苗正에 속한다고 평가했는데, 이것은 '그 뿌리가 붉고 공산당의 지도 아래 바르게 잘 자란 사람'이라는 뜻이었다.

리커창은 문화대혁명이 마무리되던 때인 1974년에 고향에서 고등학교를 졸업했으며 곧바로 펑양현에서 노동자로 사회생활을 시작했다. 그러나 문화대혁명 때 폐지된 대학입시가 1977년 8월에 부활되자 그는 12월에 실시된 대학입시를 통해 베이징대학 법학부에 입학하는 데 성공했다. 그는 학부생으로 입학한 지 10년 남짓 베이징대학에 머물면서 학사학위와 석사학위를 거쳐 경제학박사학위를 얻었다. 이 과정에서 그는 공산주의청년단에 가입했으며, 그리하여 후진타오와 마찬가지로 여기에서 정치경력을 쌓기 시작했다. 그는 결국 공청단 중앙서기처 후보서기와 서기를 거쳐 제1서기로 승진하며, 이것을 바탕으로 5년에 걸쳐 허난성 성장과 당서기를 거쳐 랴오닝성 당서기를 역임한다. 그는 52세 때인 2007년에 마침내 중앙정치국 상무위원으로 발탁되고, 2008년에 국무원 부총리를 겸한다. 가정 밖에서의 활동을 자제하며 생활한 부인 청훙程紅은 베이징에 위치한 한 대학의 '영문학 교수'로 알려져 있다.

시진핑이 사회안정을 가장 중시함에 비해 리커창은 경제발전을 가장 중시한다고 사람들은 말한다. 그러나 확실한 것은 두 사람 모두 중국공산당이 이제는 '혁명적' 정당에서 벗어나야 한다고 믿고 있다는 사실이다. 시진핑은 총서기 취임과 동시에 당과 정부의 문서행정을 간소화할 것을 지시하면서 대중에 더욱 가까이 가려고 노력하고 있다.

4. 현대중국의 문제점들과 장래

오늘날 중국이 직면한 문제들 가운데 우선 민주화에 대한 요구를 지적할 수 있다. 우리가 앞에서 보았듯, 1970년대 중반 이후 중국에서는 민주화운동이 간헐적으로 전개됐다. 1986년에 대학생들이 주도한 자유화운동, 1989년에 역시 대학생들이 전개한 톈안먼시위, 1998년에 2백여 명의 지식인들이 전개한 '중국민주당 창당운동,' 그리고 2008년에 303명의 지식인들이 전개한 '08헌장운동' 등이 그 대표적 사례들이다. 중국공산당은 이것들을 모두 국가반란죄로 단정해 탄압했으나, 이러한 민주화운동은 비록 그 목표를 달성하지는 못한다고 해도 멈추지 않고 있다. 시진핑이 당총서기로 선출된 직후인 2012년 12월 26일에 중국의 '진보적' 지식인 71명이 언론자유와 사법독립 및 헌정정치를 촉구하는 「개혁 공동인식 제안서」를 발표한 것이 그 한 보기다.

그러나 이 문제보다 훨씬 더 심각한 것으로 최소한 다음의 두 가지를 지적할 수 있다. 첫째가 경제성장에 따른 부정부패의 확산이다. 2012년 4월부터 공개적으로 드러난 보시라이薄熙來 충칭시 당서기 부부의 부정부패사건, 청렴한 '서민총리'로 알려졌던 원자바오와 그 집안의 상상을 뛰어넘는 축재설, 그리고 후진타오 국가주석의 비서실장을 지낸 링지화令計劃 가족의 부정부패 등이 그것의 한 단면을 보여주었다. 심지어 태자당에 속하는 혁명원로들의 자제들과 그 일가친척들은 물론이고 '서민적'으로 알려진 장쩌민마저 엄청난 재산을 지니고 있다고 서방매체들은 보도하고 있다. 시진핑이 총서기 취임과 더불어 "부패가 근절되지 않으면 당을 망치고 국가를 망친다"고 외치면서 반부패투쟁을 강도 높게 전개하고 있지만, 그것이 과연 본질적으로 척결될 수 있을 것인지는 시간만이 말해줄 것이다.

둘째가 분배의 문제다. 중국이 현대화정책을 추진한 이후 성취한 눈부신 발전의 이면에는 어두운 그림자가 짙게 깔려 있다. 그것은 빈부격차의 확대다. 특히 바다를 낀 성省들, 이른바 하이안성海岸省들에서의 소득은 크게 높아졌으나 내륙의 성들은 여전히 빈곤에 시달리고 있다. 상위 10퍼센트 가구의 소득은 중국 전체소득의 57퍼센트를 차지한 반면에, 1억 명 이상이 유엔이 정한 빈곤선(하루생활비 1.25달러) 이하의 생활을 하고 있다. 2010년 현재 빈부격차의 정도를 말해주는 지니계수는 0.61이다. 1에 가까울수록 소득불평등이 심하다는 것을 의미하는데, 2007년의 0.48에 비해 0.13이나 상승했다. 명나라 말기에 농민반란이 일어났을 때의 지니계수는 0.62, 청나라 말기에 태평천국반란이 일어났을 때의 지니계수는 0.58로 추정되고 있음을 상기한다면, 오늘날 중국의 소득불균형이 얼마나 심각한 수준에 도달했는지 짐작하기 어렵지 않다. 점차 확대되는 빈부격차와 그것이 갖는 정치적·사회적 함의에 주목해 후진타오는 '공부론共富論' 및 '소강사회론小康社會論'을 제시하면서 공평분배에 기초한 안정된 사회의 지향을 강조했고, 시진핑 역시 그 명제를 되풀이하고 있다.

그러나 후진지역들의 인민들은 여전히 불만을 품고 집단시위를 벌이곤 했다. 시진핑이 총서기 취임 이후 첫 시찰에 나선 2012년 12월 7일에 그를 맞이하는 선전에서 격렬한 대규모 시위가 발생한 것은 그러한 사회분위기를 단적으로 말해주었다. 최소 다섯 명에서 50명이 참여하는 집단시위를 중국정부는 2000년부터 군체성치안사건群體性治安事件, 약칭 군체성사건으로 정의하면서 엄하게 다스린다고 호언했으나, 공식통계만으로도 2005년에 8만 7천 건에 이르렀다. 그 후 중국정부는 아예 통계를 발표하지 않고 있다. 그 수가 급증했기 때문이다. 『동아일보』 2012년 12월 11일자에 따르면, 2009년에는 16만 건이 일어났고 2010년에는 18만 건이 일어났다. 그것들 가운데 상당히 많은 집단시위들은 군대가 동원돼야만 진압이 가능한 수준으로 확대됐다. 그리고 이러한 수준의 집단시위는 중국의 모든 성들에서 매일 일어나고 있다고 외신들은 보도한다.

최근 미국의 매사추세츠대학교 애머스트캠퍼스에서 중국사를 가르치는 스티븐 플래트Stephen R. Platt 교수는 '번창하는 해안과 가난한 내지the prosperous coast and the poor interior' 사이에 격차가 확대되는 현실에 주목하면서, 1850년대에 가난한 농민들을 기반으로 홍수전의 태평천국반란이 일어났던 역사적 사실을 상기시켰다. 이러한 관점에서, 중국을 관찰하는 사람들 사이에서는 이른바 중국붕괴론이나 중국분열론이 제시되기도 한다. 그러나 그러할 개연성은 낮다. 중국공산당의 지도부가 심각하게 분열되어 내전 수준의 갈등과 대결로 치달리지 않는 한, 그리하여 중국공산당의 지도부가 단결된 자세로 강력한 군사력을 발동할 수 있는 한, 중국의 공산독재체제는 비록 독재의 강도強度를 완화시키기는 해도 중국대륙의 통일성을 유지시킬 것이다.

07 문화대혁명기 가해자와 피해자로 나뉜 여걸들

장칭, 덩잉차오, 왕광메이

중국공산당의 역사를 이해하려 할 때, 특히 문화대혁명의 시기를 이해하려 할 때, 결코 빠뜨릴 수 없는 여성지도자들이 있다. 마오쩌둥의 부인 장칭, 류사오치의 부인 왕광메이, 그리고 저우언라이의 부인 덩잉차오가 그들이다.

중화인민공화국의 역사에 중요한 한 획을 그은 사건인 문화대혁명 때, 장칭은 결정적으로 중요한 가해자 역할을 했다. 반면에 왕광메이는 중요한 피해자였다. 이 사실을 고려해 이 시기에 전개된 그들의 관계에 초점을 맞춰 살펴보기로 한다.

1. 멸시를 받은 권력욕의 화신, 장칭

마오쩌둥의 아내 장칭은 우리 발음으로는 강청이며 영어로는 Chiang

Ch'ing 또는 Jiang Qing으로 표기한다. 그녀의 본명은 리숙몽李淑蒙 또는 리칭윈李青雲이고 별명은 리윈허李雲鶴이다. 연극배우로 활동하던 때의 예명은 란핑藍蘋으로 '푸른 사과'라는 뜻이다.

캉성과 내연관계를 맺다

장칭은 1914년 3월 20일에 산둥성 주청諸城에서 태어났다. 아버지는 가난한 목수로 술주정꾼이었다. 어머니는 아버지의 첩으로, 사실상 창녀 비슷한 생활을 했다고 한다. 아버지는 어머니와 어린 그녀를 자주 때리곤 했다. 어느 시점인가 정확하지는 않지만, 그녀는 주청에서 살던 캉성의 집안에 여종으로 팔렸다. 캉성의 집안은 대지주의 집안이어서 소작인들은 물론이고 비복들도 많이 거느렸다. 사람들의 말로는, 장칭은 그 집안 남자들의 '공유물'이 된 채 '10대 창녀'와 같은 생활을 했다고 한다. 그것은 과장됐거나 왜곡된 얘기일 수도 있다. 그러나 캉성과 성관계를 일정하게 유지했던 것은 사실인 듯하다.

캉성은 장칭보다 16년 위였고 류사오치나 저우언라이와 동갑이었다. 그의 본명은 장숙핑張叔平이었다. 그는 1924년에 상하이대학을 졸업한 뒤 1925년에 중국공산당에 가입했다. 그는 1931년에 중앙당의 조직부장으로 임명됐으며, 당의 지시를 받아 모스크바에서 코민테른의 한 조직을 위해 일했다. 그는 동시에 스탈린체제가 유지하던 정보기관에서 연수를 받아 이 방면에서 지식을 쌓았다. 그가 뒷날 '타고난 악마'라는 이름을 얻게 된 배경에는 불법체포와 고문 및 강제노동수용소로의 배치, 그리고 처형으로 악명이 높은 스탈린체제의 정보기관에서 쌓은 기술이 개입됐다고 할 수 있다. 이 소련체류기에 그는 코민테른이 후원하는 중국공산당의 지도자 왕밍과 친해졌고, 왕밍의 도움을 받아 중국공산당 중앙위원회 위원으로 선출됐다.

소련생활을 마치고 캉성은 1935년에 옌안으로 갔다. 거기서 그는 권력의 향방을 직감해 자신의 후원자였던 왕밍을 공격하면서 마오쩌둥을 찬양했다. 마오쩌둥은 그에게 당의 보안을 책임지는 사회부의 장長으로 임명하는 것으로써 보답했다. 그는 이 자리를 이용해 수많은 당원들을 일제의 첩자라거나 국민당의 첩자라고 낙인을 찍어 처형했다. 중국공산당에 가입해 오로지 조선의 독립을 위해 투쟁하던 『아리랑』의 주인공 김산을 부당하게 일본의 첩자로 몰아 처형한 사람이 바로 그다. '타고난 악마'라는 별명은 이 시절에 붙여진 것이다.

1942년부터 마오쩌둥이 옌안에서 전개한 정풍운동은 캉성에게 더 많은 힘을 실어주었다. 그는 마오쩌둥의 숙청대상이 된 왕밍과 국민당으로 전향한 장궈타오의 '잔당'을 비롯해 많은 당원들을 '배신자' '첩자'의 이름으로 체포해 혹독한 고문을 가한 뒤 허위자백을 받아내고 그것을 증거 삼아 죽였다. 그의 이러한 '적색테러'는 너무 지나쳤기에 자연히 반발이 확산됐다. 마오쩌둥은 민심의 흐름을 읽고 그를 한직으로 돌렸다.

연극배우로 사회생활을 시작하다

그사이 장칭은 연극배우의 길을 걸었다. 그녀는 우선 1929년에 산둥성 지난에서 연극배우생활을 시작했다. 그녀가 15세 때였다. 그로부터 4년 뒤인 1933년에 그녀는 중국공산당에 입당했는데, 1934년에 중국국민당정부에 붙잡혀 투옥됐다. 이듬해에 석방된 뒤에는 '란핑'이라는 예명으로 상하이의 좌익계 영화사에서 단역배우로 활동했다. 그때의 삶도 결코 아름답지 못한 얘기들로 가득 찼다. 출세욕에 불탄 그녀는 여러 남자들 사이를 오가며 그들을 이용했고, 그 대가로 그녀는 성적으로 이용당했다. 그러던 어느 날 그녀는 한 청년을 만나 결혼했다. 그는 캉성과는 대조되는 '타고난 이상주의자'였다. 그러나 그는 곧 그녀를 떠났다. 그녀는 이 청년 말고도 다른 남자와도 결혼했다가 이혼한 것으로 알려졌다.

23세가 된 1937년에 일본이 상하이를 침공하자 장칭은 중국국민당정부의 임시수도인 충칭으로 피신했다. 이때는 국공합작의 시기로, 저우언라이를 비롯한 중국공산당 대표들도 충칭에 상주하며 장제스정부를 돕고 있었다. 그녀는 이곳에서 정부가 통제하는 중앙영화사에서 일하다가 옌안으로 가서 중국공산당의 주력에 합류했다. 일정한 기간에 걸쳐 내연관계를 유지했던 캉성의 권유를 받아들인 것으로 사람들은 이해했다.

마오쩌둥과 결혼한 장칭, 그리고 마오의 여자들

장칭의 옌안행은 그녀의 일생에 결정적인 전환점이었다. 현대중국의 큰 사상가였으며 큰 문인인 루쉰을 기념하는 루쉰문예학원의 연극강사로 일하다가, 강연을 위해 이 학원을 방문한 마오쩌둥을 만나게 된 것이다. 캉성이 자신의 출세를 노리고 장칭을 마오쩌둥에게 소개했다는 소문이 뒤따랐다. 두 사람은 사랑에 빠져 1938년부터 동거하기 시작했다. 장칭이 24세이고 마오쩌둥이 46세 때였다.

이 대목에서, 마오쩌둥의 결혼에 관해 살피기로 한다. 마오쩌둥의 회고에 따르면, 그는 10대 때 아버지의 강요에 따라 고향처녀와 결혼했다. 그러나 그는 그녀에게 사랑을 느껴본 적이 없었고, 그녀에게서는 소생을 보지도 않았다. 마오쩌둥이 고향을 떠난 이후, 그녀가 어떻게 살았는지에 대해서는 어떠한 기록도 남은 것이 없다. 마오쩌둥은 베이징에서 생활하던 때 두번째 결혼을 했다. 베이징대학에 도서관에서 사서로 일하던 때 스승으로 모시던 양창지의 딸 양카이후이와 사랑에 빠져 1920년에 결혼했던 것이다. 그는 그녀에게서 안잉岸英, 안칭岸靑, 안룽岸龍 등 세 아들을 두었다.

마오쩌둥과 양카이후이의 결혼생활은 길지 못했다. 마오가 공산주의혁명가로서 몇 차례 우여곡절을 겪은 뒤 혼자 징강산으로 피신해 군사기지를 확보하고 거기서 허쯔전賀子珍이라는 여자를 만나 결혼했기 때문이다. 한편 양카이후이는 마오쩌둥과 떨어져 공산주의활동을 계속하다가 창사에서 중국국민당경찰에 체포됐다. 그녀는 아이를 맡길 곳이 없어서 어린 아들 안잉과 함께 감옥에 들어갔다. 그녀는 심지가 굳었다. 전향을 강요당했으나 거부한 탓에 1930년에 스물아홉의 꽃다운 나이로 처형됐다.

마오쩌둥은 뒷날 양카이후이의 처형소식을 듣고 슬퍼했다. 죄의식을 느끼기도 했다. 양카이후이가 죽은 줄 알고 1928년에 허쯔전과 결혼했다고 변명했으나 그것은 거짓말이다. 모든 공식문서들은 그들이 양카이후이가 생존해 있음을 알던 1927년에 결혼했음을 보여준다. 어떻든 '뛰어난 시인'이라는 평을 때때로 듣기도 했던 마오쩌둥은 뒷날 중국의 최고권력자가 된 뒤에도 양카이후이를 잊지 못해 그녀를 추모하는 시를 짓기도 했으며, 매우 이례적으로 그 시를 공표하기도 했다. 양카이후이의 양楊이 버드나무라는 뜻임에 빗대 그는 1957년에 "나는 나의 자랑스러운 버드나무를 잃었도다"라는 구절로 시작하는 시를 썼고, 이듬해에 다른 시 열아홉 편을 묶어 시집을 출판할 때 포함시켰다.

양카이후이가 처형된 뒤 세 아들은 돌봐주는 사람이 없어, 주로 상하이에서 부랑생활을 했다. 그러다가 셋째는 죽었고 첫째와 둘째는 뒷날 마오쩌둥이 옌안에 자리를 잡은 뒤 합류했으며 마오쩌둥은 그들을 소련으로 유학을 보냈다. 큰아들 안잉은 6·25전쟁에 참전했다가 전사했다. 한반도에서 진행된 전쟁에 '중국인민지원군'이라는 이름으로 참전한 중공군의 총사령은 펑더화이였고 마오안잉은 이 총사령실에서 복무했는데, 1950년 11월 25일의 미군폭격 때 네이팜탄을 맞고 죽은 것이다. 이때 그의 나이는 28세였고 기혼자였다. 그는 전사한 곳인 평안북도 회창군에 마련된 중국인민지원군 총사령부 열사능원에 묻혔다.

마오쩌둥은 아들의 전사소식을 저우언라이를 통해 들었다. 그는 잠시 눈시울을 붉히더니, "전쟁에는 희생이 따르는 법이지"라고 말했다고 전해진다. 펑더화이는 너무 미안해서 마오쩌둥에게 직접 보고하지 못했던 것 같다. 그러나 이 일로 마오쩌둥은 펑더화이에게 매우 서운한 감정을 품게 됐고, 이 감정이 1959년의 루산회의를 계기로 펑더화이를 거세하는 방향으로 확대됐다고 해석하는 사람들이 적잖다. 둘째 아들은 당중앙위원회 선전부에서 러시아어 통역사로 일했다. 그러나 그는 정신병을 앓았다고 한다.

마오쩌둥은 셋째 부인 허쯔전에게서 여섯 자녀를 보았다. 그러나 장정의 소용돌이 속에서 다섯을 잃었다. 허쯔전도 병에 걸렸다. 마오쩌둥은 1937년에 그녀를 모스크바로 보내 치료를 받게 했다. 허쯔전은 1947년에 옌안으로 돌아왔으며 1949년부터 상하이에서 살다가 1984년에 향년 75세로 죽는다. 그녀가 낳은 마오쩌둥의 자녀들 가운데 유일하게 생존한 딸 리민李敏은 1979년에 전국인민정치협상회의 위원으로 임명됐다.

마오쩌둥과 허쯔전의 관계에 대해서는 다른 설명도 있다. 중화민국의 관영잡지『작가문적作家文摘』은 마오쩌둥의 애정행각을 다룬『마오쩌둥의 형제와 다른 자매毛澤東的 兄弟和他的姉妹』라는 신간을 요약해서 게재했는데,『경향신문』1997년 5월 6일자에 실린 기사를 참고해보면 그 내용은 다음과 같다.

1937년 2월에 마오쩌둥은 저우언라이와 주더 등 혁명동지들에게 서양춤을 배우라고 권했다. 그러면서 마침 취재차 자신을 방문한 미국의 여기자 아그네스 스메들리Agnes Smedley와 그녀가 데리고 온 여자통역 우광후이吳廣惠에게 춤선생 역을 맡겼다. 혁명군의 간부들이 이들 두 춤선생과 어울리면서 두 여자는 자연히 부인들의 질시를 받게 됐다. 마오쩌둥은 우광후이와 밀실에서 '고담준론'을 자주 나눴다. 마오쩌둥은 자신이 정권을 잡으면 남녀평등을 실현시키겠노라고 약속했다. 그러던 어느 날 허쯔전이 마오쩌둥의 밀실을 덮쳐 우광후이의 머리채를 낚아채 흔들었고 우광후이의 머리에서 피가 흘렀다. 스메들리가 놀라 방으로 들어가자 허쯔전은 "제국주의자, 모든 것이 너 때문이다"라면서 스메들리에게 달려들다가 오히려 스메들리에게 밀려 넘어졌다. 그런데도 마오쩌둥이 수수방관하자 허쯔전은 "제국주의자들에게 당하는 아내를 보고도 가만히 있는 당신이 과연 남편이냐"며 악을 썼다. 이 일이 있은 뒤 허쯔전은 모스크바로 훌쩍 떠났고 두 사람의 관계는 끝났다.

허쯔전이 모스크바로 떠난 직후에 마오쩌둥은 옌안에서 장칭과 동거생활에 들어갔다. 중국공산당의 간부들은 두 사람의 결혼에 반대했지만 마오쩌둥의 욕망이 그들을 제압했다. 당 간부들은 장칭이 정치에 개입하지 않는다는 조건을 붙여 그들의 결혼에 동의했으며, 두 사람은 1939년에 정식으로 결혼했다. 이듬해 딸이 태어났다. 이름은 리너李訥로 마오쩌둥에게는 열째 아이였지만 장칭에게는 하나뿐인 아이였다.

스물다섯 살의 신부 장칭은 대단한 미인이었던 것 같다. 그 점은 그때로부터 13년 뒤인 1952년에 '중화인민공화국 주석 겸 중국공산당 주석'의 부인인 장칭을 만난 마오쩌둥의 주치의 리즈쑤이의 회고록 『마오의 사생활』에서도 확인된다. 그때 만 38세이던 장칭에 대해 그는 "생각했던 것보다 훨씬 화려하고 우아했다. 둥글고 큰 눈이 무척 맑았다. 부드러운 피부는 상아빛을 띠고 있었다"고 회고한 데 이어, "그녀는 우아해 보였다. 젊은 시절에 장칭은 대단한 미인이었다고들 한다"고 덧붙였다.

그러나 장칭은 무식했다. 리즈쑤이의 회고에 따르면, 장칭은 배운 것이 없어서 예컨대 유럽의 나라 이름들이 나오면 알아듣지 못하는 경우가 적잖았다. 어휘도 짧았다. 다시 리즈쑤이의 회고에 따르면, 장칭은 신문을 제대로 읽지도 못했다. 아니, 신문이나 책을 읽는 일에는 재미를 느끼지 못했다. 리즈쑤이는 1988년에 미국으로 망명한 뒤 『마오의 사생활』을 출판했으며, 그리하여 중국의 정보기관들이 파견한 비밀요원들로부터 암살위협을 받았다.

권력행사에 재미를 느끼다

장칭이 재미를 느낀 분야는 권력행사였다. 그녀는 옌안 시절부터 '주석부인'임을 내세워 마오쩌둥을 대신해 발언하겠다고 나서기도 했고 다른 사람들의 일에 심하게 간섭하기도 했다. 마오쩌둥에게 장칭 자신의 과거를 미화해서 공개하라고 조르기도 했다. 마오쩌둥은 "역사는 역사야. 당신 말 그대로 당신이 정말 혁명적인 예술가였다면 굳이 내가 그렇게 설명할 필요가 있겠느냐"고 반박했는데, 이러한 일들이 겹치면서 두 사람 사이는 멀어졌다. 마오쩌둥이 딸의 열일곱 살 난 보모를 건드린 것 같다는 장칭의 의심도 두 사람을 싸우게 만들었다.

1949년 10월 1일, 중국공산당의 수뇌급 간부들은 베이징 톈안먼에 마련된 단 위에 서서 중화인민공화국의 건국을 선포했다. 마오쩌둥은 이 자리에 장칭이 참석하지 못하게 했다. 장칭을 철저히 통제하지 않으면 크고 작은 많은 일들을 저지를 것이라고 확신했기 때문이다. 그래서 장칭은 그 후 오랫동안 공식석상에 나타나지 못했다. 장칭의 불만은 쌓여만 갔다. 마오쩌둥은 이미 그녀에게 흥미를 잃어 다른 많은 여자들과 성관계를 맺고 있었는데, 그 사실이 그녀를 무척 괴롭혔다. 그래도 그녀가 비공식적으로 누리는 엄청나게 큰 권력은 오로지 '주석의 부인'이라는 데서 나오기에 그녀는 환심을 사기 위해 마오쩌둥에게 아첨도 했다. 그녀는 자신이 그렇게 하지 않으면 이혼을 당해 권력을 잃을지 모른다고 생각했으며, 그렇게 되는 것을 가장 두려워했다.

그러한 상황이었던 만큼 장칭의 신경질과 의심은 날로 깊어갔다. 교만하고 냉정하며 잔인한 그녀의 성격은 점점 더 굳어져 '주석의 부인'이라는 지위를 이용해 자신의 기분에 어긋나게 행동한 사람들에게 보복하기를 즐겼고 때로는 마음에 드는 남자를 유혹하기도 했다. 그녀의 그러한 성격과 행동은 주변 사람들로 하여금 마음속 깊이 그녀를 경계하고 멸시하게 할 뿐이었다.

2. 현숙한 총리부인 덩잉차오, 우아한 주석부인 왕광메이

덩잉차오, 10대 소녀로 혁명운동에 뛰어들다

  장칭과 대비되는 중국공산당의 여성지도자가 저우언라이 총리의 아내 덩잉차오鄧穎超였다. 우리 식으로는 등영초로 발음되고, 영어로는 Deng Yingchao 또는 Teng Yingch'ao로 표기된다. 덩잉차오는 장칭보다 10년 연상으로, 1904년 2월 4일에 광시성 난닝에서 태어났다. 아버지가 어린 시절에 별세해 그녀는 홀어머니 밑에서 한약일을 배우며 컸다. 덩잉차오는 베이징에서 초등교육을 받은 뒤 톈진의 제1여자사범학교에 진학했다. 그녀는 이 학교의 학생이던 1919년 5월 4일에 일어난 5·4운동에 참여했으며, 이 운동을 계기로 톈진의 난카이대학 학생들이 중심이 돼 조직한 각오사에 가담했다. 그녀는 여기서 6년 연상의 저우언라이를 만났다. 저우언라이는 곧 프랑스로 유학을 떠났으나 덩잉차오와 교신을 계속했으며, 저우언라이가 귀국하고 1년 후인 1925년 8월 8일에 두 사람은 결혼했다. 덩잉차오는 그 동안 사범학교를 졸업하고 초등학교 교사로 일하며 사회운동에 참여하고 있었고 1925년에는 중국공산당에 가입했다.

  그들의 결혼에 대해, 우리가 4장에서 인용한 바르바라 바르누앙 및 위창건의 『저우언라이 평전』은 상세히 설명했다. 이 책에 따르면, 1925년 1월에 상하이에서 열린 중국공산당 제4기 전국대표대회에서 저우언라이는 자신의 결혼문제를 제기했다. 그때 유효했으며 그리고 저우언라이의 일생에 걸쳐 변하지 않았던 당의 윤리에 따르면, 당의 간부는 당 지도부의 승인을 받지 않고는 자신의 사생활에 대해 어떠한 결정도 내릴 수 없었다. 당 지도부가 승인함에 따라, 1925년 7월에 덩잉차오는 배를 타고 톈진을 떠나 저우언라이가 활동하던 광저우로 향했다. 8월에 그녀가 도착했을 때 부두에는 그녀를 맞으러 나온 사람이 아무도 없었다. 저우언라이는 파업을 조직하는 일에 몰두하고 있었으며, 저우언라이가 덩잉차오를 맞으라고 그녀의 사진을 들려 보낸 젊은이는 그녀를 알아보는 데 실패한 것이다. 그래서 덩잉차오는 쪽지에 적힌 주소를 들고 저우언라이의 소박한 거처로 찾아가야 했다. 덩잉차오의 회고에 따르면, 결혼식도 없었고 혼인신고도 하지 않았으며 증인도 없었다. 그들은 같이 사는 것으로 부부생활을 시작했다.

덩잉차오는 미인은 아니었다. 그러나 총명하고 겸손했으며 현숙했다. 무학이나 다름없는 장칭과는 비교도 할 수 없을 정도로 지식수준이 높았고 이념적으로도 잘 무장돼 있었다. 저우언라이는 덩잉차오의 이러한 점들을 깊이 사랑했다. 이 무렵에는 제1차 국공합작이 성립돼 있어서 덩잉차오도 중국국민당에 가담했으며 1926년에 열린 중국국민당 제2차 전국대표자대회에서 중앙집행위원회 후보위원으로 선출되기도 했다. 1927년에 제1차 국공합작이 깨지면서 그녀는 상하이에서 비밀공작사업을 수행함과 아울러 중국공산당 중앙부녀위원회 서기를 맡았다. 그런데 이해 4월에 반공쿠데타를 일으킨 장제스의 공산당탄압은 극심해서 그녀와 저우언라이는 피신에 피신을 거듭해야 했다. 그녀가 사내아이를 사산한 것이 이때였다. 계속되는 피신으로 몸이 너무 약해져 산고가 심하자, 의사가 약을 쓴 것이 아기를 죽게 만든 것이다. 그래서인지 두 사람 사이에는 자식이 없다.

덩잉차오는 1932년에 남편의 뒤를 따라 마오쩌둥이 이끄는 장시성 루이진의 중화소비에트공화국에 합류했다. 여기에 참가한 여성지도자들의 수는 아주 적었다. 그 점만으로도 중국공산당의 여성운동계에서 그녀가 차지하는 자리는 높다. 그런데 그녀는 거기서 그치지 않고 1934년에 시작된 장정에 남편과 함께 끝까지 참가해 그녀의 위상을 더욱 높였다. 덩잉차오는 남편과 함께 옌안에 닿았으나 그 후 대체로 중국국민당정부의 수도들이었던 우한과 충칭에서 활약했다. 1937년에 제2차 국공합작이 이뤄지고 남편 저우언라이가 중국공산당의 대표들 가운데 한 사람으로 그 도시들에서 일하게 됐기 때문이었다. 이 시기에 그녀는 중국공산당 중앙위원회 후보위원으로, 또는 중국공산당 남방국 위원 겸 부녀위원회 서기로 뽑히기도 했다.

서민들과 똑같은 수준에서 생활한 덩잉차오

1949년 10월에 중화인민공화국이 건국됐을 때 그녀는 45세였다. 그 후 그녀는 공식적으로는 제1기부터 제5기까지의 전국인민대표대회 상무위원회 위원으로, 그리고 제1기부터 제3기까지의 중국대륙부녀연맹 부주석으로 활동했다. 물론 개인적으로는 국무원 총리 저우언라이의 부인으로 활동했다.

덩잉차오의 생활은 언제나 검소했다. 옷차림은 너무나 수수했고 집 안에는 가구라 할 것이 거의 없다시피 했다. 1950년대 후반부터 1960년대 초까지 중국 전체가 흉년과 굶주림에 시달리던 때 그녀는 일반서민들과 똑같은 수준으로 식사하고 생활하며 공산주의지도자로서 모범을 보였다. 이러한 측면은 장칭에게서는 찾아볼 수 없는 일이었다. 장칭은 화려한 의상과 가구에 서양식 고급요리를 즐기곤 했다.

덩잉차오의 검소한 생활은 시아누크에게 깊은 감명을 주었다. 1970년 3월부터 1975년 9월까지 베이징에서 망명생활을 하던 어느 날, 그는 저우언라이 부부네 집을 방문했다. 그는 저우언라이와 부인 덩잉차오는 "중국의 전통방식으로 지은 자그마한 집"에서 살고 있었다고 회상하고, "소박하고 전통적인 중국식 가구와 몇 점의 그림과 골동품으로 꾸며진 그 집에서" 그들의 고상한 취향을 맛보았다고 덧붙였다.

매우 학구적이었던 왕광메이

장칭과도 다르고 덩잉차오와도 다른 또 한 사람의 정상급 여성지도자가 류사오치의 부인 왕광메이였다. 류사오치는 결혼과 이혼의 경력이 많은 사람으로 이 점에서 마오쩌둥과 닮았고 저우언라이와 아주 달랐다. 여러 기록들은 왕광메이가 류사오치의 다섯번째 부인이라고 쓰고 있지만, 타이완의 국제관계연구중심國際關係研究中心이 1975년에 펴낸 책에 따르면 여섯번째 부인이다.

왕광메이는 1921년 9월 26일에 태어났다. 장칭보다 7년 연하였고 덩잉차오보다 17년 연하였다. 왕광메이의 아버지는 일본 와세다대학 졸업생으로, 신해혁명과 더불어 성립된 중화민국의 첫번째 정부에서 주로 국제문제와 외교분야에서 일한 고위관리였다. 영국주재중국대사관에서 일하던 때 아들을 낳아 광잉光英이라고 이름을 지었고, 이어 미국주재중국대사관에서 일하던 때 딸을 낳아 광메이光美라고 이름을 지었다고 한다. 그러나 왕광메이가 베이징에서 태어났다는 기록이 많다.

왕광메이는 미국식 교육을 받으며 컸기에 영어를 모국어처럼 썼으며, 프랑스어와 러시아어도 열심히 공부해 3개 국어를 아주 유창하게 구사할 수 있었고 서양예법에도 익숙했다. 그녀는 미국의 베네딕트가톨릭교단이 베이징에 세운 푸런대학輔仁大學에서 수학과 물리학을 전공했는데, 그녀의 수학 성적은 이 대학 사상 가장 뛰어났다. 핵물리학을 전공한 그녀는 1945년에 이 학교에서 석사학위를 받았다. 왕광메이가 푸런대학에서 석사학위를 받았을 때 미국의 스탠퍼드대학교와 미시간대학교가 그녀에게 '장학생으로 박사과정 입학'을 통고해왔다. 그러나 이 시점에 그녀는 이미 공산주의를 받아들이고 있었고 공산주의활동을 통해 조국에 헌신하는 것이 자신에게 맡겨진 사명이라고 믿고 있었다. 그래서 그녀는 25세가 된 1946년에 옌안으로 가서 중국공산당의 영어통역으로 일했다.

옌안에서 왕광메이는 예젠잉葉劍英의 뜨거운 구애를 받았다. 예젠잉은 광둥성에서 1897년에 태어나 쑨원의 국민혁명군에 가담한 이후 일관되게 군인의 길을 걸었다. 그러나 1927년에 중국공산당에 가입했고 모스크바에서 군사학을 공부했다. 그는 중화소비에트공화국에 참여했고 장정에도 참여했다. 처음에는 장궈타오를 따르다가 곧 마오쩌둥을 지지했다. 학자에 따라서는 그의 마오쩌둥 지지가 장정기간의 권력투쟁에서 하나의 분수령을 형성했다고 본다. 그는 중화인민공화국의 성립 이후, 광둥성정부의 주석으로 선출되고 1955년에 원수제도가 채택되면서 원수로 임명된다. 그러나 왕광메이는 류사오치를 택했다. 지나치게 군사적인 예젠잉에 비해 폭이 넓고 사색적인 류사오치를 택했노라고 그녀는 뒷날 회상했다. 왕광메이는 1948년에 류사오치와 옌안에서 결혼했다. 왕광메이가 27세였고 류사오치가 50세였던 때였다. 철저한 반공주의자였으며 동시에 철저한 유가적 전통의 계승자였던 그녀의 아버지는 이 결혼소식에 놀라 부녀관계를 끊었다.

왕광메이의 지성미가 장칭의 질투를 유발하다

왕광메이의 진가는 1949년 10월에 중화인민공화국이 성립된 이후 두드러지게 나타났다. 중화인민공화국 부주석의 부인으로서 외빈접견을 비롯한 대외활동에 참여하게 됨에 따라 그녀의 뛰어난 외국어와 지성미가 특히 서양사람들을 매료시킨 것이다. 류사오치가 1959년에 중화인민공화국 주석이 되고 '중국대통령'으로 외국을 자주 순방하게 되자 왕광메이의 존재는 더욱 빛이 났다.

왕광메이는 미인이기도 했다. 장칭이 성적으로 매력적인 미인이었다면 왕광메이는 교양미가 넘치는 지성적인 미인이었다. 왕광메이의 이러한 아름다움을 장칭은 참을 수 없었다. 게다가 앞에서 살핀 왕광메이의 가정환경과 교육수준 역시 장칭에게는 질투의 대상이었다. 장칭은 왕광메이가 수영하는 곳에는 가기를 거부했다. 왕광메이가 무척 세련된 자세로 멋지게 수영하는 데 비해 자신은 개헤엄밖에 못했기 때문이다. 수영장뿐만이 아니었다. 왕광메이가 나타나는 곳이면 어디든 가기를 싫어했다. 그 점을 모를 리 없는 왕광메이와 류사오치는 무척 조심했다. 그러나 장칭의 질투가 마침내 왕광메이일가를 엄청나게 박해하리라고는 내다보지 못했다.

3. 장칭이 홍위병을 앞세워 왕광메이와 저우언라이를 박해하다

문화대혁명을 주도한 장칭

장칭은 1956년에 암을 치료하기 위해 조용히 소련으로 갔다가 이듬해 귀국했다. 그렇지만 그녀는 집 안에서 권력을 행사할 뿐, 밖에 나오지는 않았다. 그녀가 처음으로 공개석상에 모습을 나타낸 것은 48세가 된 1962년 9월 말이었다. 일부다처제가 허용되는 인도네시아의 대통령 수카르노가 제2부인을 동반하고 베이징을 방문하자 마오쩌둥과 함께 공항에 출영했던 것으로, 이 장면은 사진을 통해 널리 보도됐다. 여기서 말한 수카르노의 제2부인은 세상에 널리 알려진 데위Dewi가 아니라 하티미Hatimi였다. 데위는 일본에서 1940년에 태어났으며, 본명은 네모토 나오코根本七保子이다. 그녀는 도쿄 긴자에서 호스티스로 일하던 1959년에 일본을 방문한 수카르노의 눈에 들었다. 이때 수카르노는 57세였고 데위는 19세였다. 그들은 1962년에 인도네시아에서 결혼했다. 데위로서는 수카르노의 제3부인이 된 것이다. 수카르노가 1967년에 완전히 실각하면서 그녀는 프랑스와 미국을 비롯한 서방국가로 이주해 안락하게 생활했으며, 2008년 이후 도쿄에 정착해 오늘날까지 살고 있다. 그사이인 1970년에 수카르노는 별세했다. 남편 수카르노가 친북적이었듯, 그녀 역시 친북적 태도를 유지해왔다.

장칭이 마오쩌둥과 함께 공항에 출현하고 그 사실이 중국의 공식매체를 통해 보도된 사실은 그녀가 정치의 표면에 나서기로 결심했음을 보여주는 첫 신호였다. 실제로 장칭은 이듬해부터 새로운 경극운동京劇運動을 주도했다. 중국의 전통예술 가운데 하나로 대중의 인기가 높은 경극에 프롤레타리아 계급성을 접목시키겠다는 뜻이었는데, 이 운동을 통해 그녀는 문화개혁을 제창하기 시작했다. 부르주아계급의 문화를 일소하고 프롤레타리아계급의 문화를 뿌리내리도록 하겠다는 것이었다. 그것만이 아니었다. 그녀는 주자파에 대한 공격도 개시했다. 자본주의를 추종하는 사람들이 문화와 예술에 나쁜 영향을 끼쳤다고 비난한 뒤, 그녀는 이들이 사회주의 방향으로 철저히 재교육돼야 한다고 제의했다. 그녀는 또 농촌지역에서의 사회주의교육운동에 박차를 가했다.

장칭이 1963년부터 주도한 문화개혁운동은 1966년에 이르러 '사회주의 문화대혁명'으로 확대했다. 그 후 짧게 잡아도 3년 가까이 중국대륙을 휩쓸게 되는 이 거대한 광란과 야만의 폭풍은 마침내 왕광메이에게도 닥쳤다.

사형 직전에 구출된 왕광메이

1967년 1월 16일의 깊은 밤이었다. 오늘날에도 그러하지만 그때도 중국공산당의 고위관리들은 중난하이라는 베이징의 한 특정한 구역에서 살았다. 이 구역의 국가주석 공관에서 잠을 청하던 왕광메이에게 전화가 왔다. 국무원 총리 저우언라이의 걱정스러워 하는 목소리가 들렸다. "광메이, 강해져야 해요. 아주 어려운 일이 벌어질 모양이오. 최악의 사태에 대비해야 합니다." 왕광메이는 별의별 생각이 다 들었다. 그러나 "총리님, 감사합니다"라는 대답밖에 다른 대답은 할 수 없었다.

열흘이 지난 1월 26일에 첫번째 시련이 찾아왔다. 왕광메이는 남편 류사오치와 더불어 중난하이에까지 밀려들어온 홍위병들의 집회에 불려나가 심한 모욕을 받은 것이다. 그녀가 46세 때였다. 이때만 해도 두 사람에 대한 홍위병들의 난동은 직접적인 폭력을 동반하지는 않았다. 두 사람을 몇 시간 동안 세워놓고 마오쩌둥사상을 문제로 삼아 질문을 하면서 두 사람으로부터 충성서약을 받아내는 데 그쳤다. 왕광메이는 남편이 잘 대답할 수 있도록 도와주었다. 그러나 1967년 여름 들어 마침내 심한 폭행이 가해졌다. 우선 7월 18일 저녁에 류사오치는 류사오치대로, 왕광메이는 왕광메이대로, 다른 가족들은 그들대로 따로따로 홍위병들에게 끌려갔다. 그들 사이의 교신은 철저히 금지됐다. 이어 8월 8일에는 공개적 구타와 고문이 자녀들이 보는 앞에서 류사오치와 왕광메이에게 가해졌다. 그 구타와 고문은 1개월 이상 계속됐다.

왕광메이의 경우 이런 일도 있었다. 왕광메이는 1963년에 남편이 '중국 대통령' 자격으로 인도네시아를 방문했을 때 동행했다. 귀고리와 진주목걸이로 꾸미고 굽이 높은 구두를 신은 그녀의 화려한 자태를 외신은 크게 보도했다. 장칭은 그것이 무척 배 아팠다. 그때로부터 4년이 지난 1967년의 이 박해 때까지 장칭은 그것을 잊지 않았다. 그래서 홍위병들에게 왕광메이의 그때 옷차림은 "세계 앞에 중국의 체면을 손상시킨 부르주아행위였다"고 규탄하게 만들면서 왕광메이로부터 '사죄'를 받아내라고 시켰다.

9월 들어 상황은 더욱 나빠졌다. 자녀들은 따로따로 다른 지방으로 유배됐으며, 왕광메이는 베이징 근교의 친청감옥秦城監獄으로 내던져졌다. 4장에서 이미 보았듯, 이 모든 미친 짓의 배후에는 질투심으로 날뛰는 장칭이 있었다. 중국사람들은 질투심에 불타는 여자를 '붉은 눈병'에 걸린 사람이라고 부르는데, 이 시기의 장칭은 아주 독한 '붉은 눈병'에 걸려 있었다. 그녀는 어떻게 해서든지 왕광메이를 죽여야겠다고 마음먹었다. 장칭은 왕광메이가 '미제국주의의 간첩'이라고 주장하면서 수사관들에게 그러한 혐의를 뒷받침할 수 있는 자료들을 수집하라고 지시했다. 수사관들은 애꿎은 사람들을 수없이 잡아들여 그렇게 말하게끔 고문했다. 왕광메이의 친정어머니도 잡혀 들어와 고문을 당하다가 옥사했다. 류사오치의 전처들 가운데 한 사람은 고문에 굴복해 류사오치가 '미제국주의의 첩자'였다고 시인했다.

여기에 여담을 하나 덧붙이겠다. 우리는 앞에서 장칭이 배우 시절에 한 남자와 결혼했다가 헤어졌음을 알았다. 그런데 장칭은 문화대혁명기에 그 남자가 자신과 이혼하고 나서 재혼한 여자를 찾아내 홍위병들로 하여금 자신이 보는 앞에서 심하게 고문하게 했다. 그 여자는 정신착란을 일으켰고 뒷날 겨우 어느 정도 정신을 되찾을 수 있었다고 한다.

1969년 4월에 장칭은 자신의 심복이면서 문화대혁명을 추진하는 핵심적 악당들 가운데 한 사람인 린뱌오를 통해 즉각 처형돼야 할 사람들의 명단을 저우언라이 총리에게 제출했다. 그 명단의 첫 줄에 왕광메이의 이름이 올라 있었다. 저우언라이는 그 명단에 서명하고 마오쩌둥에게 최종결재를 청했다. 마오쩌둥은 왕광메이의 이름을 지웠다. "죄수를 살리고 칼을 아끼게." 이것이 마오쩌둥의 말이었다. 저우언라이는 "오, 주석님, 참으로 자비로우시군요"라고 화답했다.

목숨은 건졌지만 감옥생활은 계속됐다. 왕광메이는 독방에 갇힌 채 10년을 더 지내야 했다. 마오쩌둥이 죽고 장칭을 비롯한 문화대혁명 4인방이 체포되고도 3년이 지난 1978년 12월에야 그녀는 석방될 수 있었다. 58세 때의 일이었다. 그녀는 1980년 5월 17일에 베이징에서 덩샤오핑의 사회로 류사오치의 추도회가 성대하게 열리는 것을 볼 수 있었다. 그녀 역시 복권돼 전국인민정치협상회의 위원으로 선출됐으며 국립사회과학원 부원장으로 임명됐다.

측천무후를 꿈꾼 장칭, 저우언라이 제거를 계획하다

류사오치가 옥사하고 왕광메이는 투옥되자 장칭의 앙갚음도 어느 정도 이뤄졌다. 또 문화대혁명도 1969년에 막을 내렸다. 그러나 문화대혁명 기간에 보여준 엄청난 악행들로 이미 '백골의 악마'라는 별명을 얻은 장칭의 병적인 복수심과 파괴욕은 거기서 끝나지 않았다. 그녀의 다음 목표는 저우언라이였다.

앞에서 지적했듯, 저우언라이의 아내 덩잉차오는 미인이 아니었다. 화려한 여성도 아니었다. 그래서 장칭의 질투심을 유발하지는 않았다. 그래도 장칭은 그녀의 남편을 파멸시키고자 했다. 원인은 끝도 없는 장칭의 권력욕에 있었다. 80세를 바라보면서 병약해진 마오쩌둥은 죽어가고 있다고 장칭은 판단했다. 그러면 누가 마오쩌둥의 권력을 계승할 것인가? '마오쩌둥의 죽음과 동시에 나도 정치적으로 죽는 것이 아닐까? 이미 마오쩌둥은 "당신은 늘 사고를 저지르는 사람이야. 내가 죽고 1주일쯤 지나면 사람들은 당신을 죽이려고 할 거야"라고 경고했었는데, 그 경고가 현실로 나타나는 것은 아닐까? 내가 살아남기 위해서는 마오쩌둥이 죽은 뒤 권력을 거머쥐어야 하지 않을까? 다행히 강력한 경쟁자가 될 수 있었던 린뱌오는 1971년에 비행기추락사로 제거되지 않았던가? 게다가 왕훙원을 비롯한 충성파들이 내 명령에 따라 움직이는 가운데 중국의 실권을 장악하고 있지 않은가? 이 현상을 그대로 굳혀나가면 마오쩌둥의 권력은 결국 자신의 손으로 들어오게 되지 않을까?' 이런 계산에 장애가 될 만한 존재가 바로 저우언라이라고 장칭은 판단했다. 그러나 마오쩌둥은 저우언라이는 용납하고 있었다. 게다가 저우언라이는 일반국민들로부터 광범위한 지지를 받고 있었다.

저우언라이를 제거하기 위한 전초전으로 장칭은 1972년부터 비린비공운동批林批孔運動을 개시했다. 린뱌오를 비판하고 동시에 공자를 비판한다는 뜻이었다. 린뱌오는 문화대혁명의 소용돌이 속에서 마오쩌둥의 후계자로 공인됐으면서도 마오쩌둥이 권력이양을 늦추는 데 불만을 품고, 마침내 쿠데타를 음모하다가 발각되자 비행기를 타고 소련으로 도망치다가 외몽골에서 비행기가 떨어지는 바람에 죽었다. 그러한 린뱌오를 비판하는 것은 당연하다. 그러나 성인 공자를 비판한다는 것은 무슨 뜻인가? 하기야 중국공산당 초대 당수인 천두슈도 공자를 통렬히 비판했음을 우리는 이미 보았다. 청나라 말기의 중국지식인들 가운데는 유가사상이 중국의 근대화를 막았다고 생각하는 사람이 많았다. 따라서 장칭이 공자를 '봉건사상의 창시자'이면서 동시에 '부르주아적 반혁명사상의 창시자'로 몰면서 비판하자고 제의한 것이 이상한 일은 아니었다.

그러나 장칭의 속셈은 다른 곳에 있었다. 비공의 과녁은 다름 아닌 저우언라이였다. 저우언라이는 '우익편향주의자'로 바로 공자의 봉건사상을 옹호하고 있다는 것이었다. 물론 장칭은 그렇게 직설적으로 표현하지 않았으나 그녀의 지지자들이 발표하는 글들의 행간에는 저우언라이에 대한 공격이 들어 있었다.

장칭의 비린비공운동에 내포된 공격에서 저우언라이가 어떻게 살아남을 수 있었는가에 대해서는 우리가 4장에서 이미 살폈으므로 되풀이하지 않고 장칭과 덩잉차오에게 관심을 쏟기로 하겠다. 저우언라이가 쉽게 무너지지 않음을 깨달은 장칭은 1974년 이후 비린비공운동으로부터 측천무후則天武后 찬양운동으로 돌아섰다. 측천무후는 당 태종太宗의 후궁으로 들어와, 뒷날 고종高宗이 되는 태종의 아들과 사통했고 잠시 비구니가 됐다가 고종의 비妃가 된 뒤 황후에 오른 여걸이었다. 그녀는 고종이 죽은 뒤 사실상 황제로 중국을 통치했으며 마침내 스스로 황제가 됐다. 이로써 그녀는 중국역사상 앞에도 없고 뒤에도 없는 여성 황제가 됐는데, 무려 15년 동안 중국을 통치했다. 측천무후는 자신의 권력유지와 권력확대를 위해 무자비할 뿐만 아니라 반인륜적인 정략을 구사했다. 태종을 섬기는 후궁으로 태종의 아들과 사통했다는 사실 자체가 그녀의 반인륜성을 말해주는데, 그 정도는 아무것도 아니었다. 그녀는 고종의 비로 뽑힌 뒤 황후가 되고 마침내 황제가 되는 과정에 수많은 사람들을 온갖 악독한 방법들로 가차없이 죽였고, 황제가 된 뒤에도 마찬가지였다. 그래서 그녀는 오랫동안 악녀의 대명사로 알려졌다.

측천무후는 인간적으로 대단히 나쁜 여자였음이 틀림없다. 그러나 통치자로는 유능했고 때로는 훌륭하기조차 했다. 그녀는 출신계급이나 가문이나 친인척 여부를 묻지 않고 능력과 충성심을 기준으로 인재를 썼으며, 농민들을 비롯한 일반백성들의 삶이 향상될 수 있도록 노력했고, 아울러 왕권과 군사력을 강화했다. 그래서 그녀가 통치하는 동안에는 중국역사에 흔하던 농민반란이 사라지고 사회는 안정됐으며 문화는 꽃을 피었고 영토는 크게 넓어져 하나의 제국으로 모습을 갖추기에 이르렀다.

장칭은 측천무후의 치적을 찬양하는 운동을 전개하며 은연중에 자신을 측천무후에 비유했다. 자신이야말로 프롤레타리아문화대혁명을 통해 중국사회를 글자 그대로 프롤레타리아국가로 변화시켜, 중국이 새로운 발전단계에 들어설 국가가 되게끔 만든 강력한 통치자라는 인상을 심어주려고 노력했다. 장칭은 옷차림도 황후의 옷차림으로 바꾸려고 시도했다. 1974년에 필리핀대통령 마르코스의 사치스럽고 탐욕스러운 부인 이멜다가 중국을 방문했을 때 장칭은 중국황후들이 입던 화려한 옷들을 준비시킨 일이 있다. 누구도 장칭에게 그 옷을 입지 말라고 간하지 못했다. 다만 마오쩌둥이 못마땅해 해서 그녀는 입지 못했다. 장칭이 이렇게 발호하던 때 덩잉차오는 조용히 무대 뒤로 사라져 남편을 보호하려 애썼다. 그녀의 활동은 의례적 행사에 눈에 띄지 않게 참가하는 것으로 그쳤다.

4. 장칭의 투옥과 자살, 그리고 덩잉차오와 왕광메이의 아름다운 말년

비참한 최후를 맞이한 장칭과 4인방 세력

현대중국의 측천무후를 꿈꾸던 장칭에게 마침내 종말이 왔다. 마오쩌둥이 1976년 9월 9일 자정을 10분 정도 넘긴 시점에 죽자 그녀를 포함한 4인방의 횡포에 시달리던 중국공산당 정치국 위원들이 은밀히 거세를 준비한 것이다. 물론 장칭은 장칭대로 쿠데타를 준비하고 있었다. 그러나 민심과 천심, 그리고 당심黨心은 이미 장칭을 비롯한 4인방으로부터 아주 멀리 떠나 있었다.

마오쩌둥이 죽고 27일이 지난 1976년 10월 6일의 일이다. 마오쩌둥이 후계자로 키워왔고 실제로 마오쩌둥이 죽은 뒤 불안정하게나마 후계자의 지위에 오른 국무원의 총리 겸 당의 제1부주석 화궈펑을 중심으로 하는 4인방 반대세력은 정치국 위원이면서 오랫동안 마오쩌둥을 경호해온 중앙경호단장 왕둥싱汪東興의 물리적 지원을 확보하고 4인방 체포계획을 세웠다. 그들은 거사장소로 중난하이의 화이런탕懷仁堂을 골랐다. 우선 화이런탕 어느 방에 왕둥싱이 지휘하는 중앙경호단의 정예군인들을 매복시켰다. 그러고는 4인방에게 마오쩌둥선집의 출판에 관련된 회의를 중난하이 화이런탕에서 열고자 하니 저녁 8시에 그곳으로 오라고 연락했다. 정치국 상무위원회 위원이면서 부총리들 가운데 한 사람인 장춘차오가 제일 먼저 도착했다. 그의 경호관들과 비서들은 밖에서 대기하라는 말을 듣고 회의장 안으로 따라 들어오지 않았다. 장춘차오가 들어오는 순간 화궈펑이 체포를 명하자 매복했던 중앙경호단 경호관들이 뛰어나와 그를 체포했다. 그는 체포에 순순히 응했다. 곧이어 당 부주석 왕훙원이 도착했다. 그는 완강히 저항했으나 곧 체포됐다.

이것과 병행해 중앙경호단의 장야오츠張耀祠 준장은 부하들과 함께 저녁 8시 30분께 마오쩌둥의 조카로 4인방과 친했던 마오위안신毛遠新의 집을 급습해 그를 체포했다. 그리고 그들은 곧바로 장칭의 관저를 기습했다. 장야오츠는 "당중앙이 당신을 격리 심사하기로 결정했으니 다른 곳으로 즉시 연행하겠다"고 말했다. 장칭의 경호관들은 모두 장야오츠의 충복들이었던 데다가 장칭도 이미 각오했던 일인지 성난 표정만 지을 뿐 별달리 저항하지 않아서 체포는 쉽게 이뤄졌다. 장야오츠의 회고에 따르면, 장칭은 모든 것을 예감하고 있었던 듯했다. 그래서 입을 굳게 다문 채 잠시 소파에 앉았다가 곧바로 일어나 허리춤에서 금고열쇠를 꺼내더니 종이봉투 하나를 집어 연필로 '화궈펑 동지 친전'이라고 쓰고, 그 안에 열쇠를 넣은 뒤 장야오츠에게 넘겨주었다. 체포조는 정치국 위원 야오원위안의 집을 급습해 붙잡았고 그 밖에도 적잖은 수의 4인방 지지자들을 붙잡았다. 4인방은 우선 마오쩌둥의 시신이 안치된 인민대회당 허난실河南室 지하실에 구금됐다. 이 일이 끝나자 화궈펑과 왕둥싱은 곧바로 정치국 회의를 열고 이 사실을 알렸다. 모든 정치국 위원들은 그들의 행동에 동의했다.

    4인방에 대한 공개재판은 1980년과 1981년 사이에 이뤄졌다. 그들은, 특히 장칭은, 문화대혁명을 철저히 옹호했다. 장칭은 당 지도부가 마오쩌둥 사상을 배반하고 중국을 자본주의국가로 타락시키고 있다고 비난했다. 그녀는 사형을 선고받고 2년 동안 형집행이 유예됐다가 1983년에 무기징역으로 감형됐다. 이 재판과정을 왕광메이는 방청객의 일원으로 바라보았다. 베이징 근교의 친청감옥에 갇혀 있기도 했고 자택에 연금되기도 했던 장칭은 마지막 단계에 베이징의 한 병원으로 옮겨졌다. 식도암을 앓고 있었기 때문이다. 그녀는 병사하는 길을 택하지 않고 그 병원 화장실에서 손수건을 묶어 만든 줄에 스스로 목을 매 죽는 길을 택했다. 1991년 5월 13일 밤, 그녀가 만 77세 때의 일이었다. 이때는 중국이 화궈펑의 과도체제를 거쳐 덩샤오핑체제 아래 실용주의노선에 서서 현대화를 힘차게 추진하던, 말하자면 비非마오쩌둥 또는 탈脫마오쩌둥의 시기였다.

    장칭의 최후행위는 매우 정치적인 것이었다. 5월 13일은 문화대혁명 25주년 기념일이었다. 그러니까 1966년 5월 13일에 열렸던 중국공산당 정치국 회의가 문화대혁명의 개시를 공식승인하고 장칭을 문화대혁명의 소조小組 대표로 임명했던, 그녀로서는 정치적으로 매우 뜻 깊은 날이었다. 그녀는 자신이야말로 마오의 '대중노선,' 또 홍紅을 앞세우는 노선의 충실한 계승자라는 확신을 갖고 있었고, 중국은 그 노선의 완벽한 실현을 위해 문화대혁명을 끝까지 추진했어야 한다고 믿고 있었다. 그러한 그녀에게 마오쩌둥이 죽은 뒤에 나타난 전專을 앞세우는 노선, 즉 류사오치로부터 덩샤오핑에게 계승된 실용주의노선은 마오쩌둥과 그의 사상에 대한 철저한 배반이었다.

그러므로 장칭은 마오쩌둥을 여전히 깊이 숭배하는 중국의 일반대중 앞에 자신을 '마오노선을 지키다가 죽은 거룩한 순교자'로 보이게 하고, 그렇게 함으로써 덩샤오핑에게 타격을 가하려고 시도했다. 자살하기 1년 전인 1990년 4월의 청명절 축제 때 마오의 시신이 안치된 톈안먼광장의 마오쩌둥기념관 방문을 신청했던 것도 그러한 시도의 하나였고, 또 그렇게 이해했기에 덩샤오핑정권은 그녀의 신청을 거절했던 것이다.

장칭은 자살하기 전 마지막 한 달 동안 마오에 대한 생각으로 가득했다. 마오의 저서들을 언제나 베개 옆에 두고 있었으며 윗저고리에는 마오 배지를 달고 있었다. 책상 위에는 그녀가 마오와 함께 산책하는 모습을 담은 사진이 놓여 있었다. 그리고 매일 아침 마오의 시를 읽었다.

장칭의 유서 역시 정치적인 것이었다. 그녀는 "오늘 우리의 혁명은 수정주의자 덩샤오핑 일당에게 강탈됐다. 마오 주석은 수정주의자 류사오치를 처단했으나 덩샤오핑을 남겨둠으로써 인민과 국가에 끝없는 죄악을 물려주었다. 마오 주석, 당신의 학생이며 동지가 이제 당신을 만나러 간다"고 쓴 것이다. 권력당국은 이 유서를 공개하지 않았다. 그녀의 사망에 대해서도 3주가 지난 1991년 6월 4일에야 짧게 발표했다. 심지어 그녀가 마오의 아내였다는 사실, 정치국 위원이었다는 사실조차 발표문에 포함시키지 않았으며, 그녀는 그저 '반혁명주의자'로 설명됐다. 장칭의 주검은 화장돼 아무 곳에도 무덤을 남기지 않았다.

왕훙원은 1981년에 무기징역을 선고받고 감옥살이를 하다가 병원으로 옮겨졌으나 57세가 된 1986년에 병사했다. 장춘차오는 1981년에 사형을 선고받았다가 무기징역으로 감형됐으며, 병원으로 옮겨졌으나 88세가 된 2005년에 병사했다. 야오원위안은 20년 징역형을 선고받았으나 병으로 출소했다가, 74세가 된 2005년에 병사했다.

장칭으로 대표되는 4인방의 몰락은 캉성의 몰락으로 이어졌다. 문화대혁명 때 장칭과 손을 잡은 덕분에 당의 정치국 상무위원과 부주석으로까지 올랐던 그는 1975년에 죽었는데, 1980년에 중국공산당에서 제명됐고, 매장됐던 '팔보산 혁명공묘'에서도 유해가 제거됐다.

아름답게 삶을 마감한 덩잉차오와 왕광메이

장칭이 자살하고 14개월이 지난 1992년 7월 11일에 덩잉차오가 자연사했다. 향년 88세였다. 덩잉차오는 장칭을 비롯한 4인방이 제거된 직후인 1976년 겨울에 전국인민대표자대회 상무위원회 부위원장으로 선출됐고, 1978년에는 중국공산당 중앙정치국 위원으로, 1983년에는 전국인민정치협상회의 주석으로 선출됐다. 이렇게나 화려한 경력의 덩잉차오가 죽으면서 남긴 유서의 정신은 '검소' 하나였다.

"당중앙 귀하. 사람은 반드시 죽는 법입니다. 나의 사후처리에 관해 다음과 같은 부탁을 드리니 들어주시기 바랍니다"로 시작된 이 유서는 "나의 시신은 화장해주십시오. 유골도 보관하지 말고 뿌려주십시오. 이것은 먼저 간 저우언라이 동지와 한 약속입니다. 고별식이나 추도식 같은 것도 하지 말아주십시오. 수의를 따로 만들 필요가 없습니다. 그것을 준비하는 것 자체가 인민들에게 폐를 끼치는 일입니다. 내가 입고 있는 옷으로 염을 하시기 바랍니다. 이상과 같은 나의 부탁을 내가 죽으면 사람들에게 알려주십시오. 이것도 인민을 위한 봉사일 것으로 생각됩니다"로 끝맺었다. 그녀는 심지어 유골함도 따로 만들지 못하게 했다. 저우언라이의 유골함에 자신의 것을 수습하도록 유언했으며, 그 유언은 지켜졌다.

이처럼 훌륭한 정신의 덩잉차오에게 유산이 한 푼이라도 남아 있었을까? 아니다. 저우언라이도 덩잉차오도 동전 한 닢 남기지 않고 죽었다. 그것도 두 사람 모두 화장돼 그 유해가 중국 산하에 뿌려지는 형태여서, 말하자면 유해조차 남기지 않았다. 다만 그녀가 키운 양자들이 크게 성장하고 있었다. 자녀가 전혀 없었던 그는 고아들을 마치 자신의 자녀처럼 키우는 운동을 이끌었는데, 그들 가운데 대표적 인물이 국무원 총리가 된 리펑이다.

왕광메이의 마지막도 아름다웠다. 석방되고 복권된 뒤, 그녀는 가난한 사람들과 낙후한 농촌들을 돕는 운동에 앞장섰다. 70세가 된 1995년에 그녀는 가난한 어머니들을 돕는 것을 취지로 삼은 '행복 프로젝트'의 대표가 됐으며, 자신에게 조금이라도 수입이 생기면 모두 여기에 기부했다. 친정어머니로부터 물려받은 골동품들도 모두 경매로 팔아 수익금 모두를 여기에 기부했다. 그녀는 2006년 10월 13일에 베이징에서 85세를 일기로 별세했다. 그녀가 마지막으로 남긴 글씨는 '포덕행선 봉헌애심 布德行善 奉獻愛心'의 여덟 글자였다. "덕을 베풀고 사랑을 봉헌하라"는 뜻이었다.

중국공산당을 세계에 알린 서방언론인들

에드거 스노, 님 웨일스,
안나 루이스 스트롱, 아그네스 스메들리

08

우리는 1부에서 소련공산주의자들을 다룰 때 볼셰비키10월혁명을 현장에서 세계에 알린 미국기자 존 리드를 간단히 살펴보았다. 그의 책 『세계를 뒤흔든 열흘』은 레닌은 물론이거니와 그의 지지자들에 대해, 그리고 10월혁명에 대해, 서방세계가 호의적인 생각을 갖도록 만드는 데 적잖게 이바지했다. 중국공산당의 역사에도 비슷한 경우들이 나타났다. 미국을 포함한 서방세계의 몇몇 언론인들이, '붉은 비적匪賊의 무리'로 알려졌던 중국공산당이 '중국의 참된 민족주의세력이며 중국농민의 진정한 대변자'라고 서방세계에 주지시키는 데 적잖게 이바지했던 것이다.

이들 가운데 대표적인 사람이 미국의 전설적 기자 에드거 스노Edgar Snow다. 그가 쓴 『중국 위의 붉은 별』은 중국공산당에 대한 서방세계의 부정적 인식을 부분적으로나마 바꿔놓았다. 엄격한 의미에서 스노는 리드에 비교될 수 없을 정도로 성실하고 전문적인 기자였다. 그래서 스노를 '중국판 리드'로 보는 견해는 피상적이라는 비판을 받는다.

미국의 여기자인 안나 루이스 스트롱Anna Louise Strong 역시 스노에게는 미치지 못했으나 중국공산당에 호의적인 인식이 확산되게 하는 데 어느 정도 이바지했다. 두 사람 모두 중국인들의 사랑 속에 베이징에 묻혀 있다. 여기서는 주로 이 두 사람을 중심으로 삼되 부차적으로 그 밖의 기자들을 포함시켜 중국공산당에 관련된 그들의 발자취를 소개하기로 한다. 그리고 그것을 통해 중국공산당의 역사와 지도자들의 중요한 측면들을 다시 살피기로 한다.

1. 미국의 전설적 기자 스노, 중국을 심층취재하다

초년기자의 눈에 비친 수탈당하는 땅, 중국

스노는 조선에서 망국적인 을사조약이 일본제국주의의 강압으로 맺어진 해인 1905년 7월 19일에 미국 중서부에 속하는 미주리주 캔자스시티에서 태어났다. 그의 아버지는 인쇄소를 경영하면서 때때로 『캔자스시티 스타 Kansas City Star』를 비롯한 여러 신문의 발행과 인쇄를 맡기도 했다. 이것이 그로 하여금 신문에 관심을 갖게 만들었던 것인데, 그가 소년 시절부터 품었던 탐험과 여행에 대한 원초적 욕구가 결합되면서 신문기자에 대한 그의 열망은 점점 커졌다. 그래서 고등학교 학생 때나 캔자스시립전문대학 학생 때 교내신문의 편집에 참여했고, 한 학기 수강했던 컬럼비아대학교에서나 전학을 간 미주리대학교에서도 신문학을 전공했다.

스노가 만 23세가 된 1928년은 그의 생애에서 첫번째로 중요한 해였다. 마크 트웨인Mark Twain의 소설 『톰 소여의 모험』과 『허클베리 핀의 모험』을 애독하던 그는 태평양을 횡단하는 한 여객선의 객실보조원으로 취업해 뉴욕을 떠나 하와이와 일본을 거쳐 중국에 도착한 것이다. 1928년 7월 6일에 상하이에 도착한 그는 곧바로 『차이나 위클리 리뷰China Weekly Review』라는 영향력 있는 주간지에 기자로 취직할 수 있었다. 이 신문을 시작한 사람과 그를 계승한 사람 모두가 미주리 출신으로 미주리대학교 저널리즘스쿨 학장과 가까웠기에 학장의 추천서를 지닌 이 청년을 쉽게 받아들였던 것이다.

『차이나 위클리 리뷰』는 대체로 서구제국주의의 중국침략에 반대하는 입장을 취하고 있었다. 중국이 쑨원의 지도 아래 중국국민당을 중심으로 외세를 내쫓고 통일국가를 이룩하는 것이 바람직하다는 것이었다. 1925년에 쑨원이 죽은 뒤 이 신문의 기대는 쑨원의 계승자로 천하통일을 위해 북벌에 나선 장제스에게 기울었다. 스노가 중국에 첫발을 내딛기 사흘 전인 1928년 7월 3일에 장제스군대가 마침내 베이징에 입성했을 때, 이 신문은 '새로운 중국'이라는 특집을 마련하면서까지 장제스에 대한 기대를 나타냈다.

스노가 처음부터 중국에 오래 머물려고 했던 것은 아니다. 그러나 그는 곧 중국의 상황전개에 흥미를 갖게 됐다. 이때는 그의 중국인식이 전문적인 것은 아니었다. 서구제국주의의 중국침략은 옳지 않다는 것, 중국 땅의 주인인 중국사람들이 오히려 천대받거나 착취당하면서 사는 것은 잘못됐다는 것 정도에 머물고 있었다. 1928년 10월에 스노는 장제스가 이끄는 중국국민당정부의 수도인 난징으로 특파됐다. 거기서 그는 장제스를 회견할 수 있었고 중국국민당정부의 주요한 각료들을 만날 수 있었다. 이 여행을 통해 그는 "중국이 다른 나라의 역사에서 그 보기를 찾을 수 없을 만큼 빠른 속도로 변화하고 있다"는 확신을 갖게 됐다.

2개월 뒤 스노는 서방세계의 다른 기자들과 함께 일본제국주의의 영향력이 아주 크게 미치던 산둥성으로 취재여행을 떠나게 됐다. 그는 일제의 수탈이 얼마나 가혹한지를 현장에서 실감할 수 있었다. 중국에서의 취재여행은 계속됐다. 그는 서구제국주의자들의 침탈을 받으며, 그리고 그들과 손잡은 극소수 중국 군벌과 재벌, 그리고 지주들 및 고관들의 억압을 받으며 헐 벗고 굶주린 채 비탄에 빠진 중국인들의 처참한 삶에 더욱 눈을 뜨게 됐다. 탄광에 들어가면 3~4년 만에 온몸이 소진돼 죽고 마는 젊은 광부들이 수 없이 많다는 사실, 어린이들이 부모의 아편 값에 팔려 공장으로 끌려가 하루 평균 12시간씩 일한 뒤 기계 밑의 더러운 이불 속에서 잠자는 현실을 처음 확인하고 눈물을 흘렸다. 동시에 약탈이나 다름없는 높은 과세와 혹독한 고문으로 악명 높은 정보기관에 의존하는 중국국민당정부에 대해 비판의식을 갖게 됐다.

스노는 곧 통합통신사CP와도 계약을 맺고 버마와 베트남을 거쳐 인도를 여행했다. 인도에서는 간디를 만나기도 했다. 이 세 나라 역시 서구제국주의의 침략과 수탈로 신음하고 있었다. 그는 동아시아에는 아주 빠른 속도로 변혁이 와야 한다고 믿게 됐으며, 동아시아의 혁명가들이 내세우는 마르크스주의에 접하게 됐다. 그렇다고 마르크스주의자가 된 것은 아니었다. 인도의 공산주의운동가로, 스노의 표현으로는 "내가 이제까지 본 여성들 가운데 가장 아름다운 여성"인 수하시니 마니라트남 Suhasini Maniratnam이 "마르크스주의만이 동아시아를 구원할 수 있다"고 역설했을 때 그는 승복하지 않았다. 그래서 그는 그녀로부터 "당신은 빙산氷山이구려"라는 빈정거림을 받았다고 한다.

일제침략 현장을 목격한 뒤 장제스를 불신하다

스노의 다양한 취재여행에 관한 이제까지의 설명을 들은 독자들은 그렇다면 그가 어떤 기사들을 썼는지 궁금할 것이다. 그는 참으로 많은 기사들을 썼다. 『차이나 위클리 리뷰』에만 기고한 것이 아니라 미국의 여러 신문들에 기고했다. 그의 기사들은 주로 중국인들이 서구제국주의의 침략과 수탈 아래 얼마나 비참하게 생활하는가를 설명했으며, 거짓이나 과장이 없는 생생한 묘사를 통해 적잖은 수의 고정독자들을 확보하기에 이르렀다.

스노는 1931년 8월에 다시 상하이로 돌아왔다. 이 무렵에 장제스의 중국국민당정부는 이전보다 훨씬 더 부패하고 무능해 보였다. 중국국민당정부는 동쪽 해안의 장쑤성과 저장성만 확실하게 통치할 뿐 나머지 거의 모든 성에서는 지방군벌들과 느슨한 연합을 유지할 뿐이었다. 저장성 바로 옆의 장시성에서는 중국공산당이 막 소비에트공화국을 세워 공산통치를 시작했으며, 중국국민당정부는 1931년 6월부터 제3차 소공작전을 펼치기 시작했다. 이러한 형편에, 중국국민당정부가 약속한 개혁은 거리가 먼 꿈속의 얘기처럼 들릴 뿐이었다. 아주 작은 보기로, 지방관리들은 지방의 은행들과 결탁해 싼 이자로 돈을 빼내 농민들을 상대로 훨씬 비싼 이자로 돈놀이를 하고 있었다. 경우에 따라서는 정부가 공무원들에게 월급을 제때 주지 못하기도 했다. 어떤 지방에서는 앞으로 70년 동안 받을 세금을 미리 거둬들이고 있었다.

앞에서 이미 지적했듯, 장제스에 대해 비판적이었던 스노의 비판은 더욱 거세졌다. 그는 장제스가 결코 영웅이 아니며 비범한 장군도 못 되고 그저 중급 정도의 무인에 지나지 않으며 국가를 통치할 능력이 없다고 보았다. 스노는 장제스의 항일의지에 대해서도 의문을 가졌다. 1931년이면 일본제국주의의 만주침략이 노골화했을 뿐만 아니라 중국의 북부 전체에 대한 침략이 거세지기 시작하던 때였다. 그런데도 그가 보기에 장제스는 현상유지에 급급해 전국적인 항일전선을 형성할 의사가 없는 것 같았다.

스노의 이러한 의심은 만주를 여행하면서 더욱 깊어졌다. 1931년 9월 18일에 일제가 이른바 만주사변을 일으키면서 만주의 모든 지역들을 점령해 들어가는 것을 보고 현장으로 달려간 그는 헤이룽장성 서부에 위치한 치치하얼(원주민의 언어로 '천연목장'을 뜻한다)에 주둔하던 마잔산馬占山 장군의 군대만이, 중국국민당정부와 무관하게, 글자 그대로 최후의 일각까지 싸웠음을 확인할 수 있었다. 전쟁이 끝나버린 전장에는 보급을 제대로 받지 못한 마잔산군대의 병사들이 얼어 죽은 시체로 나뒹굴고 있었다. 사람 고기를 이미 맛보았기에 눈이 시뻘게진 늑대들과 야생의 개들은 그들의 시체들을 뜯으며 돌아다니고 있었다.

스노의 관찰은 정확한 것이었다. 1884년에 태어난 마잔산은 마적으로 입신했다. 그러나 마음을 바꿔 만주의 강무학당을 졸업한 뒤 군부대에서 성장했으며 결국 만주의 세 개의 성 가운데 하나인 헤이룽장성의 주석이 됐다. 만주사변이 일어나자 처음에는 협력하다가 곧바로 저항세력을 이끌었다. 그는 1937년에 일제가 중국대륙에 대한 침략을 본격적으로 전개하자 "만주국에 반대하며 일제에 대항한다"는 뜻의 반만항일군을 일으켰으며, 그 공로로 제2차 세계대전이 끝난 이후 만주에 구성된 군사위원회 위원으로 선출됐다. 마잔산은 1950년에 향년 66세로 죽었다.

스노는 만주의 중심지인 랴오닝성의 성도 선양에서 만주총독으로 새로 임명된 중국사람을 만났다. 그 사람은 청나라관리였던 사람으로 강압에 의해 일본군의 임명을 받아들였음을 시인했다. 이 회견을 통해 그는 일제가 중국 전체를 손에 넣기 위해 점령지마다 중국인을 괴뢰로 내세우려 한다는 것을 깨닫고 이 사실을 크게 보도했다.

1932년 1월 18일에 일본군은 상하이에서 새로운 사변을 일으켰다. 이것이 이른바 상하이사변이었다. 그것은 상하이를 점령하기 위한 구실이었다. 1월 28일 상하이시내에서 마침내 중국군과 일본군 사이에 무력충돌이 벌어졌다. 마침 현장에 있던 스노는 즉각 타전해서, 『시카고 데일리 뉴스 Chicago Daily News』와 『뉴욕 선 New York Sun』의 1면 헤드라인을 장식할 수 있었다. 그때부터 다섯 주 동안 그는 전투의 중심지에서 취재를 계속했다. 그의 생생한 기사는 미국의 주요한 신문들의 1면을 거의 매일 장식했다.

목숨을 건 이 취재를 통해 스노는 일제가 저지르는 갖가지 만행들에 새삼 분노하면서도 중국의 장래에 대해 새로운 희망을 갖게 됐다. 상하이에서 중국국민이 놀라운 애국심과 저항정신을 발휘했다고 평가한 그는 이것이 전국적으로 확대되고 조직화된다면 중국은 소생할 것이라고 전망한 것이다. 상황이 이러한데도 스노가 보기에 장제스는 여전히 현상유지에 급급해 항일의지를 구체적으로 나타내지 않고 있었다. 따라서 그는 중국의 문제는 이제 중국국민에 있지 않고 중국지도층에 있다는 결론에 도달하게 됐다.

쑹칭링을 높이 평가하다

취재과정에서 스노는 상하이에서 거주하던 쑨원의 부인인 쑹칭링을 만나게 됐다. 그녀는 매우 아름답고 따뜻하며 지적 수준이 높았다. 그러나 무엇보다 중요한 것은 그녀의 애국심이었다. 그녀는 중국의 비참한 현실에 개탄하면서 장제스와 중국국민당정부를 무자비하게 비판했다. "내 남편이 살아 있다면 그는 국민당정부와 인연을 끊었을 것이다. 국민당정부가 지금까지도 내 남편을 떠받들고 있는 것 자체가 내 남편에 대한 모욕이다"라고 비난하면서, 중국공산당이 중국에서는 하나뿐인 참된 혁명세력이라고 주장했다.

스노는 쑹칭링의 열렬한 숭배자가 됐다. 그는 "나는 이제까지 쑨원 부인처럼 신뢰와 정을 즉각 불러일으키는 사람을 만난 적이 없다. 그녀야말로 중국의 조지 워싱턴 부인이다"라고 썼다. 그 후 그는 쑹칭링의 집을 자주 방문하면서 자신처럼 쑹칭링의 집을 자주 찾는 중국의 지도자들을 많이 만날 수 있었다. 쑹칭링은 쑹칭링대로 스노를 높이 평가했다. 그의 정의감, 인도주의적 정신, 기자의 자질 등을 사랑했다. 쑹칭링이 자신의 일생 동안 자신의 사생활과 관련해 회견을 허용한 기자가 스노 한 사람뿐이라는 사실은 그녀가 그를 얼마나 깊이 신뢰했던가를 증명한다.

스노의 기사는 자연히 미국의 중국정책에 대해서도 논평하게 됐다. 그는 일제가 1932년 봄에 괴뢰국 만주국을 세웠을 때 미국정부가 불승인정책을 발표한 것은 잘한 일이지만 그것에 머물지 말고 더 적극적으로 일제의 중국 침략을 막는 정책을 취해야 한다고 주장했다. 그는 언젠가는 일본과 미국이 태평양에서 전쟁을 하게 되리라고 예견했는데, 그 예견은 1941년 12월 8일에 일본이 미국 하와이의 진주만을 기습공격하면서 적중한다. 이러한 주장은 그가 1933년에 출판한 『극동전선 Far Eastern Front』에서도 되풀이됐다. 일제의 침략정책을 날카롭게 비판한 이 책 때문에 일제가 증오하는 사람들의 명단에 스노가 포함됐음은 물론이다.

미모의 예비작가와 결혼하다

이처럼 중국에 대한 취재가 깊어가던 스노의 개인생활에 중요한 변화가 생겼다. 결혼이었다. 신부는 헬렌 포스터 Helen Foster라는 푸른 눈의 날씬하고 아름다운 미국여성으로 그때 23세의 꽃다운 나이였다. 애칭은 페그 Peg였다. 스탠퍼드대학교를 졸업한 뒤 유타주에서 개업한 변호사의 딸인 그녀는 공부하는 것을 지극히 좋아하는 여성이었다. 그녀는 1931년에 상하이주재 미국영사관의 직원으로 중국에 부임해 근무하다가 스노를 만났던 것이다.

스노는 첫눈에 그녀를 사랑하게 됐다. 그녀는 자신은 작가가 되기를 바라며 결혼 때문에 개인적 자유를 포기할 생각은 없노라고 그에게 분명히 얘기했다. 두 사람은 빠르게 가까워졌다. 그는 1932년 12월에 상하이의 차가운 부둣가를 거닐며 그녀에게 청혼했고 그녀는 그것을 받아들였다. 두 사람은 그해 성탄절 밤에 도쿄에서 조촐하게 결혼식을 올렸고 베이징으로 이사했다. 그곳에서는 두 사람 모두 자유롭게 글쓰기에 전념할 수 있으리라 기대했기 때문이었다. 그는 그녀에게 님 웨일스 Nym Wales라는 필명을 지어주었다. 님은 그리스어로 이름이라는 뜻인데 그녀가 그리스여신의 조각처럼 아름답다는 칭찬을 듣고 있던 점을 고려한 것이었고, 웨일스는 그녀의 조상이 웨일스에 살았던 사실을 고려한 것이었다. 그가 스물일곱 살, 그녀가 스물네 살 때였다.

베이징에서 스노는 사실상 자유기고가로 활동했다. 따라서 수입이 일정할 수 없었다. 그래도 그는 수입을 위해 특정한 통신사나 신문사에 전속되기를 싫어했다. 예컨대 연합통신사UP 같은 미국의 세계적 통신사로부터나 『뉴욕 헤럴드 트리뷴New York Herald Tribune』과 같은 미국의 세계적 신문사로부터 베이징특파원으로 일해달라는 제의를 받았을 때도 거절했다. 다행히 보수적 주간지로 명성이 높던 『새터데이 이브닝 포스트Saturday Evening Post』가 반反보수주의적 성향을 보이는 그의 긴 기사를 750달러에 사서 게재했다. 그 돈으로 두 사람은 달러가 매우 귀한 베이징에서 1년 동안 왕족처럼 생활할 수 있었다.

베이징에서의 생활은 이 부부에게 또 하나의 보람 있는 지적知的 통로를 열어주었다. 미국의 기독교재단이 세운 자유주의적 성향의 연경대학燕京大學에 출강하면서 그곳의 자유주의적이며 반反국민당적인 미국인 및 중국인 지식인들과 접촉할 수 있었던 것이다. 애국적인 중국학생들과도 가까워졌다. 뿐만 아니라 두 사람은 항일전선에 나서면서 반국민당노선을 따르는 중국의 애국학생들이 벌이는 시위와 집회를 힘껏 도와주었다. 이러한 일들 때문에 두 사람은, 특히 스노는, 중국국민당정부의 정보기관으로부터는 빨갱이라는 낙인을 받게 됐고, 정보기관을 포함한 미국의 일부 보수주의자들로부터는 공산주의자라는 의심을 받게 됐다. 그러나 그는 결코 공산주의자가 아니었다.

2. 『중국 위의 붉은 별』이 탄생하다

류사오치를 통해 옌안으로 가다

일본의 중국침략에 대한 분노가 더욱더 커지는 것을, 그리고 중국인들 사이에 항전의지가 더욱더 확산되는 것을 확인하면서, 스노의 관심은 급속히 중국공산당으로 기울었다. 중국국민당정부가 항일의지를 보이기보다는 오히려 일제와 적당한 선에서 타협하려 한다고 느낀 그에게 중국공산당은 항일의지를 명백히 보일 뿐만 아니라 통일전선을 형성하기 위해 중국국민당에 합작을 제의했기 때문이었다.

물론 기자로서 특종의식도 작용하고 있었다. 그때까지 서방세계의 어떤 기자도 중국공산당의 지도자들이나 중국공산당의 통치지역을 현장에서 취재하지 못했다. 그래서 중국공산당에 대한 보도들은 중국국민당에 의해 왜곡된 것이거나 풍설이 대부분이었다. 1930년 3월에는 국제공산주의운동기구인 코민테른의 공식기관지가 마오쩌둥이 결핵으로 죽었다는 엉터리 기사를 내보내기도 했다. 이러한 상황에 흔히 훙커우紅區라고 불리던 중국공산당의 통치지역을 방문해 마오쩌둥과 회견하고 현황을 취재할 수 있다면 그것은 스노의 표현 그대로 세계적 특종이 되지 않겠는가.

스노의 꿈은 1936년 여름에 이뤄졌다. 그가 어떻게 이 일을 이뤄냈는가에 대해서는 여러 가지 설명이 뒤따랐다. 그 무렵 베이징대학에서 러시아어 문학을 가르치면서 중국공산당의 지도자들과 친교를 유지하던 세르게이 폴레보이Sergei Polevoy의 아들이 1981년에 비로소 밝힌 내용에 따르면, 스노는 세르게이 폴레보이에게 부탁했고 세르게이 폴레보이는 최선을 다하겠다고 약속했으며, 스노의 꿈을 실현시킨 것은 바로 자기 자신이라고 세르게이 폴레보이가 말했다고 한다. 그러나 스노도 스노의 부인도 폴레보이에 대해서는 한마디도 말한 적이 없어 이 설명의 진위를 가릴 길이 없다.

다른 쪽에서 1980년대에 중국공산당의 몇몇 간부들이 회상한 내용을 종합하면 다음과 같다. 스노는 한 중국청년을 만났다. 키가 크고 창백한 용모의 그는 칭다오대학 학생으로 중국공산당에 입당해 지하운동가로 활약하다가 투옥되었다. 그는 석방되자 베이징대학으로 전학해 거기서 다시 지하운동에 참여하고 있었다. 그는 다른 지하운동가들과 함께 스노의 집을 방문해서 중국혁명의 방향에 대해 토론했다. 스노가 보기에 그는 마르크스주의자처럼 행동했고 지도자다운 품위를 지녔다. 스스로를 데이비드라고 부른 그는 어느 날 베이징을 탈출해야 했다. 스노는 그가 위장할 수 있도록 양복 한 벌을 내주고 톈진으로 가는 기차에 태워주었다. 기차가 떠나기에 앞서 데이비드는 자신이 KV에게 스노가 훙커우를 방문하고 싶어 한다는 뜻을 전하겠다고 약속했다.

얼마 지나지 않아 스노는 데이비드가 1936년 3월 말에 쓴 편지를 받았다. 데이비드는 자신이 KV에게 스노의 희망을 전했는데 며칠 안에 대답을 들을 수 있으리라 기대한다고 썼다. 데이비드는 이어 "그들이 귀하의 요청을 거부할 이유가 없다고 생각합니다. 저는 귀하의 요청이 실현되기를 바랍니다"라고 썼다. 그러나 스노는 어떤 연락도 받지 못했으며 데이비드와 접촉하지도 못했다. 스노와 스노 부인의 설명으로는, 스노는 1936년 5월에, 그러니까 데이비드의 편지를 받고 2개월쯤 후에, 상하이로 가서 마오쩌둥과 만나게 해달라고 쑹칭링에게도 부탁했고 스메들리에게도 부탁했다. 스메들리는 서방기자들 가운데 중국공산당의 지도자들과 가장 가깝게 교신하고 있었다. 그러나 그녀 역시 훙커우에는 가본 일이 없었고 따라서 그녀 스스로 현장방문을 희망하는 처지여서 스노의 부탁에 화를 낼 뿐이었다.

바로 그달 하순에 베이징으로 돌아온 스노는 평소에 알고 지내던 한 중국인 대학교수의 방문을 받았다. 그는 스노에게 보이지 않는 잉크로 쓴 편지를 가져왔다. 그는 스노에게 약을 풀어 그 편지를 읽은 뒤 시안으로 가면 거기서 그 편지의 발신인인 마오쩌둥에게 안전하게 갈 수 있도록 안내를 받을 것이라고 말했다. 스노는 그 교수가 공산주의자라는 사실을 그때 처음 알았다. 그리고 배후에서 쑹칭링이 도와주고 있다고 믿으면서 그 교수가 가르쳐준 대로 움직였다. 그때로부터 20년쯤 지나서야 스노는 비로소 그 편지는 데이비드가 말한 KV가 재가한 것이며, KV는 다름 아닌 류사오치였음을 알게 된다. 그때 류사오치는 톈진에 비밀본부를 둔 채 활동하던 중국공산당 화베이국의 최고책임자였다.

그러면 데이비드는 누구였는가? 그의 중국이름은 위치웨이俞啓威로, 장칭의 첫번째 남편이었다. 우리는 앞 장에서 장칭의 첫 남편을 그저 '이상주의적 청년'으로 소개했다. 바로 그가 위치웨이였다. 데이비드는 지하운동가들과 함께 스노의 집을 찾아왔을 때 장칭을 대동했다.

그러면 중국공산당은 왜 스노를 받아들였는가? 이 물음에 대답하려면 그때 중국공산당이 직면한 상황을 다시 한 번 살펴보아야 한다.

1936년이면 중국공산당이 장정을 끝내고 처음에는 바오안保安을, 곧이어 옌안을 거점으로 재생의 길을 열려고 노력하던 때다. 그 재생의 길은 물론 항일전쟁을 효과적으로 수행한다는 명분 아래 중국공산당과 중국국민당의 합작을 성사시킴으로써 중국국민당의 소공작전을 중단시키고 중국공산당의 지지기반을 넓히는 것이었다. 마오쩌둥으로서는 쭌이회의를 통해 당의 지도권을 확립한 직후였으며, 따라서 자신의 존재를 알리는 일이 중요했다. 그렇기에, 공신력이 큰 언론매체를 통해 중국공산당의 존재와 이념, 그리고 자기 자신을 세계적으로 크게 선전하는 기회를 잡고자 한 것이다.

이 일에 영국이나 프랑스, 독일의 언론매체들은 적절하지 않았다. 왜냐하면 그 나라들은 모두 중국에 식민지 또는 반半식민지를 가진 제국주의침략자들이어서 중국인들이 증오와 반감을 느끼기 때문이었다. 소련도 적절하지 않았다. 그때 많은 사람들은 중국공산당이 소련의 지배를 받고 있다고 믿었기 때문이다. 반면에 미국은 중국에 어떤 형태의 식민지 또는 반식민지도 갖지 않았다. 그래서 중국인들로부터 비교적 좋은 반응을 얻고 있었다. 특히 스노의 경우, 이미 객관적인 보도와 논평을 통해, 그리고 그가 교제해 온 중국친구들을 통해, 중국과 중국인민의 벗이라는 평가를 받고 있었다. 또 그의 기사는 미국의 중요한 매체들에 자주 게재됐다. 확실히 그가 가장 적합한 사람이었다.

서방기자로는 처음으로 마오쩌둥을 단독회견하다

스노가 시안의 영빈관에 도착했을 때 '활활 타오르는 듯한 날카로운 눈'의 중국인이 그를 맞이했다. 그 중국인은 자신을 덩파鄧發라고 소개했다. 그는 중국 홍군의 정치보위국 국장, 쉽게 말해 중국공산당군대의 비밀경찰국장이었다. 거기에는 또 조지 하템George Hatem이라는 레바논계 미국인의사가 기다리고 있었다. 그는 1910년에 미국 뉴욕주 버팔로에서 태어나 미국과 레바논 및 제네바에서 의학을 공부한 뒤 1933년에 상하이로 와서 개업했는데 중국공산당에 호의적이었다. 그는 이때의 옌안방문을 계기로 그곳에 남아 홍군의 의료담당고문이 된다.

원래 스노는 베이징에서 사귄 한 젊은 중국인을 통역으로 데리고 갈 계획이었다. 그러나 그는 스노가 준 돈을 갖고 쓰촨성으로 가버리더니 돌아오지 않았다. 스노는 급히 베이징의 아내에게 알렸다. 그녀는 곧 연경대학의 학생지도자 왕주메이를 설득해 동의를 얻었다. 스노 일행은 1936년 7월 초에 트럭에 올랐다. 하루가 지나 그들은 100마일 떨어진 옌안에 닿았다. 그다음 날 아침 일곱 시에 그들은 홍군의 엄격한 안내를 받으며 출발했다. 이틀 뒤 그들은 작은 마을 바이자핑百家坪에 닿았다. 거기에는 '몸이 가냘프고 중국인으로는 유별나게 검은 수염이 많은 젊은 장교'가 기다리고 있었다. 그는 세련된 영어로 "안녕하시오. 누군가를 찾고 계시다고요?"라고 인사했다. 그가 저우언라이였다. 이 시기에 저우언라이는 수염을 기르고 있었다. 스노는 이틀 동안 그와 얘기를 나눴다.

 7월 10일에 스노는 말을 타고 바오안으로 향했고, 사흘 뒤 그곳에 닿았다. 바오안이라는 도시 전체가 그를 환영하는 것 같았다. 밤에 마오쩌둥이 그를 만나주었다. 1주일쯤 지나 마오쩌둥은 그를 어느 동굴에 마련한 자신의 집으로 초청했다. 이것은 마오쩌둥이 외국기자에게 베푼 최초의 회견이었다. 두 사람은 통역을 옆에 둔 채 며칠 밤을 함께 지내며 대화를 나눴다. 스노는 묻고 싶은 것을 모두 물었다. 마오쩌둥의 대답은 몇 개의 주장으로 요약됐다. 오늘날 중국인민 앞에 놓인 기본적인 문제는 일본제국주의에 대항하는 투쟁이라는 것, 이 투쟁은 억압받는 농민의 해방과 동시에 실현돼야 한다는 것, 중국공산당은 현재에도 그렇지만 미래에도 마르크스-레닌주의에 충실하리라는 것, 그리고 앞으로 해방된 중국을 소련에게 넘겨주려고 우리가 이렇게 싸우고 있는 게 아니라는 것 등이었다.

 스노의 마오쩌둥 회견은 12일 밤에 걸쳐 이뤄졌다. 그는 마오쩌둥의 가정배경과 성장과정에 대해서도 자세히 들었다. 이로써 그는 마오쩌둥의 사생활 또는 마오쩌둥이 걸어온 길에 대해 마오쩌둥 자신에게서 직접 들은 최초이면서 최후의 기자가 됐다. 스노는 마오쩌둥 말고도 주더와 펑더화이를 비롯한 중국공산당의 여러 다른 지도자들과도 회견할 수 있었고 장정에 얽힌 얘기들도 들을 수 있었다. 뿐만 아니라, 바오안을 중심으로 홍커우 안에 사는 인민의 생활을 직접 볼 수 있었다. 그것은 중국국민당정부의 통치지역인 바이커우白區 안에서는 볼 수 없는 것들이었다. 열심히 일하고 주변을 깨끗하게 청소하며 서로 나누는 일들이 벌어지고 있었으며 흥에 겨워 노래 부르는 일은 생활의 한 부분이 되어 있었다. 아편 피우기, 구걸, 매춘, 절도, 강도, 전족, 어린이 때리기, 노인 구박하기, 중노동, 착취, 중과세 등 바이커우에 만연된 병폐를 이곳에서는 볼 수가 없었다. 사람들과 사람들 사이의 관계는 형제자매의 관계였고 동지의 관계였다. 사람들은 중국공산당을 진정한 인민의 대변자로 받아들이고 있었고 홍군을 가난한 사람들의 군대로 받아들이고 있었다. 사람들은 중국공산당이 이끄는 소비에트정부를 기꺼이, 그리고 자랑스럽게, '우리 정부'라고 부르고 있었다.

1936년 10월 12일에 스노는 바오안을 떠났다. 스노는 자신이 마치 고향을 떠나는 것처럼 느꼈다고 썼다. 열흘 뒤 그는 베이징의 집에 닿았다. 그가 귀가한 이틀 뒤 합동통신사AP는 그가 공산비적에게 총살됐다는 기사를 내보냈다. 캔자스에 살던 그의 아버지는 이 기사를 읽고, 『캔자스시티 스타』로 하여금 연합통신사를 통해 중국에 직접 물어보게 했다. 그의 기사를 자주 게재하던 런던과 뉴욕의 몇몇 신문사들도 똑같은 질문을 던졌다. 연합통신사 베이징지국은 그의 집으로 전화해서 그의 생존을 확인할 수 있었다. 그리고 몇 시간 뒤 스노는 베이징주재미국대사관에서 기자회견을 가졌다. 그는 자신이 홍커우를 방문한 4개월 동안 아무런 위해를 받은 일이 없으며 대접을 잘 받았다고 밝히고, 자신이 본 것들을 개괄적으로 소개했다.

미국의 유력지들이 스노의 회견을 보도하다

스노의 회견은 우선 중국의 주요 영어신문들에 크게 보도됐다. 그는 또 연경대학의 초청을 받아 거기서 강연도 하고, 자신이 찍은 사진들을 보여주기도 했다. 중국에 주재하는 주요한 외국공관들은 물론, 중국의 주요한 지식인들, 그리고 대학생들은 서둘러 이 강연초록을 구해 읽었다. 스노 스스로 장편의 기사를 썼다. 그래서 런던의 『데일리 헤럴드 Daily Herald』, 미국의 『뉴 리퍼블릭 New Republic』과 『새터데이 이브닝 포스트』 및 『아메라시아 Amerasia』 등이 그것을 연재했으며, 놀랍게도 장제스를 후원하는 미국인이 발행하던 사진 전문지 『라이프 Life』가 1천 달러를 주고 스노의 사진들을 게재했다. 한편 중국국민당정부는 이 기사들과 사진들이 조작이라고 우겼다.

스노는 곧바로 본격적인 집필에 들어가 1937년 7월 하순에 탈고했다. 그것은 양으로 따져도 묵직한 분량이었다. 처음에는 제목을 『중국 안의 붉은 별Red Star in China』로 붙였는데, 그의 조수가 『중국 위의 붉은 별Red Star over China』로 고쳤다. 그는 이 제목이 마음에 들어 그대로 썼다. 이 책은 우선 1937년 10월에 영국에서 그 당시 런던의 최고 출판사들 가운데 하나로 꼽히던 빅토르골런즈출판사를 통해 나오자마자 인기를 끌어, 1개월 만에 3쇄를 기록했으며 약 10만 부가 팔렸다. 1938년 1월에는 랜덤하우스출판사를 통해 미국에서도 출판되었다. 그 인기는 대단해 1개월 안에 약 12만 부가 팔렸으며 6개 언어로 번역됐다.

주요한 언론매체들은 매우 호의적인 서평을 경쟁적으로 실었다. 『뉴 리퍼블릭』의 경우에는, "이 세기에 저널리스트가 이룩한 가장 위대한 단일업적을 꼽으라면 바로 이 책일 것이다"라고 격찬했다. 정치가들과 외교관들도 놀라움 속에서 이 책을 읽었다. 프랭클린 루스벨트 대통령도 예외가 아니었다. 중국인들도 중국어 번역판을 통해 이 책을 읽었다. 『스트레이츠 타임스Straits Times』의 기자 앤서니 폴Anthony Paul에 따르면, 마오쩌둥은 "이 책은 나의 모습을 고대중국의 전설적 황제들인 요堯와 순舜의 모습처럼 만들었다"고 말하며 즐거워했다고 한다. 다시 폴에 따르면, 마오쩌둥과 함께 장정에 참가했던 덩샤오핑은 1980년대에 중국을 방문한 카터 미국대통령의 국가안보보좌관 즈비그뉴 브레진스키Zbigniew K. Brzezinski에게 장정에 관한 스노의 설명들에는 정확하지 않은 것들이 있다고 말했다. 그렇지만 그때는 독자들이 스노의 설명을 액면 그대로 받아들여 중국공산당과 마오쩌둥에 대해 호의적인 반응을 불러일으켰다. 그러한 효과 덕분에 이 책을 읽은 사람들 가운데 상당수의 중국인들이 중국공산당을 지지하기에 이르렀다. 뒷날 마오쩌둥의 아내가 되는 장칭도 이 책에 대한 얘기를 듣고 옌안으로 갔다고 하는데, 그 사실 여부는 알 수 없다.

이러한 격찬의 홍수 속에서 유일한 예외가 있었다. 그것은 놀랍게도 미국공산당의 혹평이었다. 미국공산당은 이 책을 금서로 지정했고 아울러 미국공산당에 연결된 어떤 단체도 이 책 광고를 싣지 못하도록 조처했다. 미국공산당은 소련의 지령을 받았음이 확실했다. 소련이 이 책을 배척하는 데는 까닭이 있었다. 이 책은 우선 중국공산당이 소련의 지원을 받지 않은 채 독자적으로 성장하고 발전해왔음을 강조했는데, 그것은 세계공산주의운동을 소련이 홀로 지도해왔다는 주장에 도전하는 것이었다. 이 책은 이어 중국의 사정을 제대로 파악하지 못한 채 이래라 저래라 지시해 중국공산당을 여러 차례 어려움에 빠뜨렸던 코민테른을 비판했는데, 그것은 코민테른으로 하여금 그토록 변덕스럽게 움직이게 만든 스탈린에 도전하는 것이었다. 트로츠키는 이미 1920년대에 중국혁명에 대한 스탈린의 잘못된 정책을 매섭게 비판했었다. 미국공산당은 이 책을 트로츠키추종자에게 매수돼 쓴 것이라고까지 음해했다.

스노, 매카시선풍에 영향을 받다

이렇게 말한다고 해서, 이 책이 미국공산당과 소련의 비판 밖에는 그 어떤 비판도 받지 않았다는 뜻은 아니다. 이 책은 특히 어느 한 관점에 대해 두고두고 격렬한 논쟁을 불러일으켰다. 그것은 이 책이 중국공산당을 '농촌개혁가들' 또는 '평등주의적 농민운동가들'의 집단으로 보았을 뿐, 궁극적으로 마르크스-레닌주의에 입각해 계급혁명을 수행하려는 공산주의자들의 집단으로 보지 않아 중국공산당에 대한 서방세계의 인식을, 특히 미국정부의 인식을 오도했다는 주장에서 비롯됐다.

그 주장은 특히 중국이 중국공산당에 장악된 1949년 무렵 미국에서 "누가 중국을 잃었는가?"라는 논쟁이 벌어졌을 때 반공주의자들에 의해 제기됐다. 위스콘신주의 연방상원의원 매카시 Joseph McCarthy가 미국정부 안에 수백 명의 공산주의자들이 근무하고 있으며, 그들과 그들에 연결된 '중국공산당의 손들'이 중국공산당과 중국국민당의 합작을 유도하게 만들어 중국을 공산주의자들의 손에 넘겼다고 공격하던 이른바 매카시선풍 때도 역시 이 주장이 반공주의자들에 의해 제기됐다. 그들은 미국의 민주당정부가 스노의 의견을 중시했던 사실을 상기시켰다. 1941년과 1945년에 루스벨트 대통령이 그를 만나 중국과 동북아시아에 대해 의견을 들었던 사실도 비판했다. 스노의 그릇된 인식이 민주당정부를 오도해 중국공산당과 중국국민당의 합작을 추진하게 만들었으며 그것이 결국 중국상실이라는 비극으로 이어졌다고 비판한 것이다.

그러면 그러한 주장은 정당한 것이었나? 스노는 중국공산당의 실체를 어떻게 설명했나? 스노의 이 책을 읽은 독자들이 중국공산당을 '농촌개혁가들'의 집단 또는 '평등주의적 농민운동가들'의 집단으로 이해했다면 그런 독자들을 무조건 나무랄 수는 없을 것이다. 확실히 이 책은 그러한 인상을 적잖게 준다. 그러나 이 책은 중국공산당이 마르크스-레닌주의의 계급투쟁이론과 프롤레타리아혁명이론을 결코 포기하지 않을 것이라는 사실도 명백하게 제시했다. 이렇게 볼 때, 1988년에 스노에 대한 결정적인 전기 『에드거 스노: 하나의 전기 Edgar Snow: A Biography』를 인디애나대학교출판부를 통해 출판한 존 맥스웰 해밀턴 John Maxwell Hamilton 박사가 정확히 평결했듯, "스노는 미국인들을 오도하지 않았다." 비극은 오히려 스노의 건의를, 그리고 스노를 포함한 그 당시 양심적이며 객관적인 미국의 중국전문가들의 건의를 미국정부가 받아들이지 않았던 데 있었다.

스노가 『중국 위의 붉은 별』을 통해 보여준 것은 중국이 광범위한 개혁을 요구하고 있다는 사실이었다. 체계적이며 체제적인 개혁이 전국적으로 추진되지 않는다면 부패와 무능의 늪에 깊이 빠진 중국국민당정부는 결코 일어날 수도 없고, 중국을 통치할 수도 없으며, 일본제국주의의 침략을 막아낼 수도 없다는 주장이 그 책의 밑바탕을 흐르고 있었다.

스노는 자신의 이 주장을 일관되게 개진했다. 그는 장제스의 중국국민당정부가 환골탈태하지 않는다면 국민의 지지를 완전히 잃어, 결국 민심을 얻고 있는 중국공산당에 패배할 것이라고 경고하면서 미국이 개혁에 저항하는 중국국민당정부를 돕는 것은 쓸모없다고까지 충고했다. 그는 자신이 권하는 국공합작은 반공주의자들이 비판하듯 중국공산당을 살리는 것이라기보다는 오히려 다 죽어가는 중국국민당을 살리는 것이라고 주장하고, 국공합작을 통해서만 중국의 항일전쟁이 성공할 수 있다고 역설했다. 또 중국국민당정부가 타이완으로 쫓겨난 뒤에는 미국정부가 계속해서 중국국민당정부를 후원할 것이 아니라 중국공산당의 중화인민공화국을 지지해야 한다고 주장했다. 그것이 미국의 국익에도 합치한다고 보았다.

매카시선풍이라는, 1950년대 초의 신경질적인 극우반공 분위기에서 스노는 마침내 연방하원의 '비非미국적 행위에 관한 조사'에 불려나가기에 이르렀다. 이때 그를 친공분자로 공격한 의원들 가운데 한 사람이 바로 리처드 닉슨이었다. 그러나 스노는 자신의 소신을 굽히지 않았으며, 다행히 비미국적 인사로 단죄되지도 않았다. 그러나 이 일을 계기로 미국의 언론매체에 스노의 기사가 실리는 경우가 드물어졌다. 그래도 그는 계속해서 중국공산당에 대한 글을 썼으며, 1962년에는 중국공산당집권 이후 중화인민공화국이 어떻게 건설되고 있는가를 밝힌 『강江의 저쪽: 붉은 중국의 오늘 The Other Side of the River: Red China Today』을 랜덤하우스에서 출판했다. 이 책은 부분적으로는 1960년에 중국을 방문했을 때 얻은 자료들과 관찰을 포함한 것으로 매우 두꺼웠다.

스노는 1964년 말과 1965년 초 사이에 중국을 방문해 마오쩌둥을 만날 수 있었다. 다른 한편으로, 그는 미국의 베트남정책을 비판했다. 미국의 군사개입은 잘못된 것이고 미국은 이 전쟁에서 결코 명예롭게 빠져나올 수 없으리라고 예언하면서, 될 수 있는 대로 빨리 북베트남과 협상하고 중화인민공화국과도 관계를 개선하라고 건의했다. 그러나 그의 분석에 귀를 기울이는 사람은 많지 않았다.

중국정부, 스노에게 영예를 부여하다

미국정부로부터 무시를 당하던 스노에게 큰 영예가 왔다. 중국정부가 1971년 여름에 스노 내외를 초청한 것이다. 이 무렵에 중국은 대내적으로는 문화대혁명의 광란을 끝냄과 아울러 대외적으로는 미국과 관계개선을 서두르고 있었다. 그래서 중국은 그 중개인들 가운데 한 사람으로 그를 활용하고자 했던 것이다. 그는 기꺼이 응했다. 저우언라이도 만났고 마오쩌둥도 만났다. 그는 그해 10월 1일에 베이징시내의 중심가에 위치한 톈안먼광장으로 초대를 받아 중화인민공화국의 수뇌급 지도자들과 함께 중화인민공화국 건국기념일행사를 참관하는 영예를 누릴 수 있었다.

미국도 베트남전쟁을 빠르게 종결시키려 했고, 아울러 중국과 관계개선을 서둘렀다. 그리하여 닉슨 대통령은 1972년 2월에 미국대통령으로는 처음으로 중국을 공식방문하기에 이르렀다. 닉슨은 이에 앞서 스노에게 안부를 묻는 편지를 보냈다. 지난날 연방하원에서 그를 공산주의자로 몰았던 닉슨이 이제 대통령으로서 중국과의 관계개선을 추구하면서 그에게 안부편지를 보냈다는 사실 자체가 역사의 역설逆說을 말하는 것이었다. 이 시점에 스노의 『중국 위의 붉은 별』은 보급판으로 다시 출판돼, 2개월 만에 1만 2천 권 가까이 팔렸다.

닉슨의 안부편지를 받고 며칠이 지난 1972년 2월 15일 아침에 스노는 스위스에서 췌장암으로 죽었다. 향년 67세였다. 중국인의 음력 설날이었고, 닉슨이 베이징을 향해 앤드루공군기지를 떠나기 62시간 전이었다. 중국정부는 곧바로 조사를 발표했으며, 닉슨이 베이징에 도착하기 직전에 베이징의 인민회의당에서는 그의 명복을 비는 추모식을 가졌다. 이 건물에서 외국인을 위해 추모식이 열린 것은 처음이었다. 마오쩌둥과 저우언라이, 그리고 쑹칭링이 모두 정중한 조사를 보냈다. 쑹칭링은 "에드거 스노는 중국인민의 가슴 속에 영원히 푸르게 남아 있을 것"이라고 말했다.

스노는 본인과 가족의 희망에 따라 화장됐다. 중국정부는 스노 부인에게 베이징의 '팔보산 혁명공묘' 골회당에 스노의 유해를 보관해주겠다고 제의했다. 그것은 혁명가들에게 큰 영예였다. 그러나 그의 아내는 그 제의를 거부했다. 남편은 혁명가도, 순국자도 아니라고 생각했기 때문이었다. 그 대신에 그녀는 남편이 출강했던 연경대학이 위치했던 오늘날의 베이징대학 캠퍼스에 보관해달라고 요청했다.

중국정부는 그 요청을 받아들여 1973년 10월에 학생들이 자주 걸어다니는 길 옆에 무덤을 만들어, 그 안에 그의 골회를 보관했고 대리석으로 비석을 세웠다. 한문으로는 '中國人民的 美國朋友 埃德加 斯諾之墓'라고 썼고 영어로는 'In Memory of Edgar Snow: An American Friend of the Chinese People, 1905~1972'라고 썼다. 한문은 중공군의 원로이자 원수이면서 중국의 국회의장 격인 예젠잉이 썼다. 스노에 대한 중국공산당의 '계산된 애정표시'는 그 후에도 계속됐다. 1978년에 중국공산당은 『중국 위의 붉은 별』을 새롭게 출판해 4년 안에 이 책을 무려 165만 부나 찍었다. 1982년에 중국정부는 스노가 1936년에 마오쩌둥에게 준 홍군 모자를 베이징의 혁명박물관에 비치했다.

이 무렵 미국정부는 타이완에 전투기와 군사장비를 팔려는 계획을 갖고 있었다. 중국은 이미 1940년대부터 중국국민당정부와 단교하라고 공개적으로 제의한 스노를 대대적으로 부각시킴으로써 미국정부에 미국의 타이완 정책이 그릇되게 진행되고 있음을 상기시키려고 했던 것이다. 스노에 대한 중국공산당의 영예 부여는 그의 모교에 자극을 주었다. 미주리대학교는

1983년에 스노에게 명예박사학위를 주었으며, '에드거 스노 객원교수 프로그램'을 출범시켰다.

3. 님 웨일스의 『아리랑』이 탄생하다

그러면 스노의 부인 님 웨일스는 그 후 어떻게 살았는가? 그녀의 생애는 그녀의 자서전에 해당되는 『나의 중국에서의 세월 My China Years』에 잘 나타나 있다. 1984년에 뉴욕의 윌리엄모로출판사에서 출판된 이 책은 옌안시대와 그 후의 중국공산당에 대해 많은 정보를 제공한다.

그녀는 남편이 바오안과 옌안의 홍커우를 취재하는 동안 만주를 여행했고 이어 조선을 여행했다. 이 여행을 통해 그녀는 식민지 조선의 고통을 이해하게 됐다. 그녀는 곧 남편처럼 옌안을 방문할 수 있었다. 1937년 4월부터 10월까지 6개월에 걸친 이 취재여행의 결과는 1939년에 뉴욕의 더블데이출판사를 통해 『붉은 중국의 내막 Inside Red China』으로 나타났다. 이 책 역시 중국공산당을 호의적으로 평가했다.

님 웨일스는 1939년에 옌안에서 조선의 공산주의자이면서 항일독립운동가인 김산이라는 젊은이를 만나 식민지 조선에 대해 더욱 깊은 애정을 갖게 됐다. 그 결과가 그녀와 김산의 공저 형태로 1941년에 뉴욕의 존데이출판사에서 출판된 『아리랑의 노래: 조선인혁명가의 생애 이야기 Song of Ariran: The Life Story of Korean Rebel』이다. 책 제목에서 '아리랑'을 'Arirang'으로 표기하지 않고 'Ariran'으로 표기했다. 이 책은 김산이라는 이름의 조선인 청년이 모든 것을 희생한 채 독립운동에 뛰어들고, 그 길의 연장선 위에서 대한민국임시정부의 거점인 상하이를 거쳐 마침내 중국공산당의 거점인 옌안으로 찾아가 항일의 일선에서 희생적으로 활약하는 모습을 매우 감동적으로 그랬다. 김산의 본명은 장지락이었다. 우리가 앞 장에서 보았듯, 그는 캉성의 손에 억울하게 처형된다. 그러나 1983년에 무죄가 입증되고 복권된다.

헬렌은 님 웨일스라는 필명으로 출판활동을 벌이면서도 남편과 함께, 그리고 뉴질랜드인인 르위 앨리와 함께, 이른바 공합경운동工合經運動을 시작했다. 일본군의 무자비한 폭격으로 폐허가 된 상하이의 공장지대를 돌아보면서 생산자들 사이의 협동조합인 '중국공업합작사'를 생각했던 것인데, 이 운동은 공장노동자들 사이에서 꽤 많은 지지를 얻었다. 이 운동을 영어로는 인더스코Indusco라고 해서, 운동가들은 인더스코의 깃발을 만들어 행사 때 쓰기도 했다. 또 공업합작사의 약칭 공합工合은 중국어발음으로 궁호인데, 이것이 영어로 gungho로 표기되면서 영어단어로 편입될 정도로 관심을 모았다. 그뿐 아니라, 어떤 사람들은 이 운동이 사용자와 노동자 사이에 평화를 이룩할 수 있다는 뜻에서 헬렌을 비롯한 이 운동의 주창자들을 노벨평화상 후보로 추천하기도 했다.

스노와 헬렌의 결혼은 17년 만인 1949년에 이혼으로 끝났다. 헬렌은 고국으로 돌아가 코네티컷주 매디슨에서 독신으로 살았다. 이혼은 단순한 이별로 끝나지 않았다. 이혼한 때로부터 많은 세월이 지나서 위자료지급문제와 그들이 중국에서 찍었던 사진 사용에 따른 저작권문제를 놓고 재판을 벌였던 것이다. 법적 다툼은 1960년대 초에 비로소 끝났다. 헬렌은 1997년 1월 12일에 만 89세로 자연사했다. 두 사람 사이에는 자녀가 없었다.

헬렌과 이혼한 뒤, 스노는 여배우 출신의 작가 로이스 휠러Lois Wheeler라는 젊은 여성과 재혼했으며 거처도 스위스로 옮겼다. 스노가 스위스로 이사한 까닭은 일차적으로는 정치적인 이유 때문이었던 것으로 보인다. 냉전시대에 그는 미국에서는 '친공분자' 또는 '국제공산주의의 첩자'거나 그렇게까지는 아니라고 해도 '이상한 사람'으로 여겨졌기 때문이다. 그는 그러한 분위기에 항의하고 싶었을 것이다. 그러한 정치적 이유에, 스위스의 생활비가 미국보다 싸다는 경제적 고려가 덧붙여졌을 것이다.

4. 안나 루이스 스트롱 및 아그네스 스메들리의 삶

스트롱의 삶

스노 내외와 다르게, 중국공산당의 옹호자로 중국공산당을 국제사회에 호의적으로 널리 소개한 또 한 사람의 기자가 안나 루이스 스트롱이다. 그녀는 1885년 11월 24일에 미국 중서부의 네브래스카주 프렌드에서 목사의 딸로 태어났다. 그녀는 동부의 명문여자대학인 펜실베이니아주 브린모어에 위치한 브린모어대학을 거쳐 1905년에 중서부의 명문대학인 오하이오주 오벌린에 위치한 오벌린대학을 졸업했으며, 만 23세이던 1908년에 역시 명문대학교인 시카고대학교에서 철학박사학위를 받았다. 지금도 마찬가지지만 더구나 그때로써는 이러한 학력을 지닌 여성을 찾기 어려웠다.

그러한데도 그녀는 이른바 출셋길을 걷지 않고 어려운 사람들을 돕는 길을 걸었다. 우선 그녀는 서부의 몇몇 해안도시들에서 '당신의 도시를 아십시오'라는 조직을 만들었으며, 미국의 많은 지역들을 비롯해 아일랜드와 파나마에서 아동복지를 위한 전시회들을 열었다. 그녀의 이타적 활동은 거기서 멈추지 않았다. 그녀는 노동운동에 참여해 1918년부터 1921년까지 워싱턴주 시애틀에서 『시애틀 노동조합 기록』이라는 노동전문신문의 기획부장으로 일했으며, 그사이에 『시애틀 총파업의 역사』를 출판했다.

그녀는 만 36세이던 1921년부터 본격적인 기자생활을 시작했다. '미국 친구들의 봉사위원회'의 폴란드 및 러시아 특파원으로 일하다가 '국제뉴스서비스INS'의 모스크바특파원으로 일했으며, 그 경험을 바탕으로 1924년에는 「역사에서의 첫번째」를, 1925년에는 「혁명의 산물들」을 그림으로 그렸다. 이 그림들은 모두 러시아혁명을 소재로 삼았다. 러시아공산주의혁명의, 그리고 소련의 열렬한 지지자가 된 그녀는 만 40세이던 1925년에 미국으로 돌아왔다. 그녀의 목적은 미국의 기업인들로 하여금 소련의 공업에 투자하게끔 유도하는 것이었다. 그렇다고 해서 그녀가 뒷날 미국의 어떤 비판자들이 말하듯 소련의 정보기관에 매수됐던 것은 아니다. 그녀의 신념이 그렇게 만들었던 것이다. 그녀는 또 미국의 주요한 도시들을 방문하면서 같은 목적의 강연을 계속했다.

그녀는 이어 중국을 비롯한 아시아의 몇몇 지역들을 여행했고, 그 경험을 바탕으로 아시아의 봉건체제와 아시아를 잠식하는 서구제국주의를 비판하는 책들을 출판했다. 그녀의 귀착지는 소련이었다. 만 45세이던 1930년에 모스크바로 돌아온 그녀는 모스크바에서 영어로 발행된 첫번째 신문인 『모스크바 뉴스 Moscow News』의 창간을 도왔으며, 1년 동안은 그 신문의 편집국장을 맡기도 했다. 동시에 그녀는 소련공산당과 중국공산당을 매우 호의적으로 설명한 책들을 출판했다.

51세가 된 1936년에 그녀는 다시 미국으로 돌아왔다. 그녀는 『애틀랜틱 먼슬리 Atlantic Monthly』 『하퍼스 Harper's』 『네이션 Nation』 『아시아 Asia』 등 주요 월간지들에 기고했다. 그녀는 또 스페인내란이 일어났을 때는 인민주의자들을 지원하기 위해 몇 차례 스페인을 방문했고, 그 경험을 바탕으로 『무기 속의 스페인 Spain in Arms』(1937)을 출판했다. 그 후에도 그녀는 소련공산당과 중국공산당에 매우 호의적인 책이나 소설을 썼으며, 만 61세이던 1946년에는 나치군대를 물리치기 위해 폴란드에서 종군했던 경험을 바탕으로 『나는 새로운 폴란드를 보았다 I Saw the New Poland』를 출판했다. 같은 해 그녀는 중국 옌안에서 마오쩌둥과 회견할 수 있었다. 이 회견에서 마오쩌둥은 "미국을 비롯한 세계의 제국주의국가들은 종이호랑이들에 지나지 않는다"는 유명한 지호론紙虎論을 폈다. 그녀는 자신의 중국방문체험과 중국공산당의 활동을 종합해서, 1948년에는 『중국에 새벽이 열리다Dawn Comes Up like Thunder out of China』를, 1949년에는 『중국인이 중국을 정복하다The Chinese Conquer China』와 『내일의 중국Tomorrow's China』을 각각 출판했다.

1949년 10월에 중화인민공화국의 성립을 취재한 뒤 모스크바로 돌아간 그녀는 환영받기는커녕 '간첩' 혐의로 체포됐다. 그녀의 중국공산당 및 마오쩌둥 찬양이 마오쩌둥의 승리를 경계하며 바라보던 스탈린의 비위를 건드렸던 것이다. 자신이 열렬히 지지한 소련으로부터 부당하면서도 모욕적인 대접을 받은 그녀는 곧 미국으로 추방됐다. 소련은 스탈린이 죽고 2년이 지난 1955년에 가서야 그녀의 '무죄'를 인정한다. 그녀는 1950년부터 8년 동안 미국에 머물며, 미국의 자본주의사회를 비판하고 '제국주의적' 대외정책을 비판하는 기사들을 썼다. 그녀의 경력에 이러한 글들이 겹쳐, 그녀는 특히 매카시선풍 이후 미국의 보수사회에서 '공산주의자' 또는 '소련과 중국의 간첩'으로 여겨졌다. 그러나 법적으로는 어떠한 제재도 받지 않았다.

73세가 된 1958년에 그녀는 미국을 떠나 중국에 정착했다. 그녀는 중국의 많은 지역들을 여행하면서 월간신문인 『중국에서 온 편지Letters from China』를 영어로 발행했는데, 이 일은 그녀가 죽은 1970년까지 12년 동안 계속되는 가운데 중국을 영어권에 호의적으로 알리는 데 이바지했다. 그 사이에 그녀는 라오스와 베트남을 방문하고 미국의 인도차이나정책을 공격하는 글들을 썼고, 1960년에는 『중국인민공사의 일어남The Rise of the People's Communes in China』을, 1962년에는 『라오스와 베트남에서의 현금과 폭력Cash and Violence in Laos and Viet Nam』을 각각 출판했다.

문화대혁명 때 그녀는 여든이 넘은 할머니였지만 홍위병운동에 직접 뛰어들었다. 중국공산당이 그녀를 높이 평가했음은 물론이며, 마오쩌둥은 그녀를 가까운 미국인친구로 여겼다. 그래서 그녀가 1970년 3월 29일에 베이징에서 만 85세의 노령으로 죽었을 때, 중국정부는 그녀를 '팔보산 혁명공묘'에 묻어주었다. 중국의 저명한 세계적 문인으로 정계에서도 활약한 궈모뤄가 '中國人民的朋友 美國進步作家 安娜 路易斯 斯特朗之墓'라고 비문을 썼다. 영어로는 'In Memory of Anna Louise Strong, Progressive American Writer and Friend of the Chinese People'이라고 쓰여 있다.

르위 앨리의 삶

스노 부부와 스트롱보다 명성이 훨씬 뒤떨어지지만, 그들처럼 중국공산당을 서방세계에 호의적으로 소개한 서방인들이 있었다. 그들 가운데 우선 꼽을 수 있는 이가 르위 앨리Rewi Alley다. 그는 1897년에 뉴질랜드에서 태어나 제1차 세계대전 때 '뉴질랜드 원정군'에 참여했다. 1927년에 미국의 통합통신사와도 계약을 맺고 상하이에 도착한 뒤, '국제기근구제위원회'에서 일하는 동시에 상하이에서 공장감독관이 돼 중국과 인연을 맺었다. 그는 이러한 경험들을 통해 중국노동자들의 너무나 처참한 생활에 깊은 동정심을 갖게 됐으며, 마침내 중국공산주의자들과 손을 잡기에 이르렀다. 스노가 중국에서 취재활동을 하던 초기에 만난 몇몇 서방지식인들 가운데 그가 포함됐다.

스메들리의 삶

이어 아그네스 스메들리를 꼽을 수 있다. 그녀는 1892년 2월에 미국 미주리주의 한 가난한 농가에서 태어났다. 이때 미주리주는 미국에서 대체로 농촌지대 또는 낙후한 곳으로 인식됐다. 그녀의 아버지는 인디언계 미국인이었고 어머니는 아일랜드 이민자 출신이었다. 그녀의 사진을 보면, 비록 전문적인 인종학자가 아니라고 해도, 그녀가 영화에서 나타나는 인디언을 많이 닮았다는 것을 금세 느끼게 된다.

아버지가 콜로라도주의 광산촌으로 이사함에 따라, 그녀는 열 살 때부터 광산에서 일하면서 어렵게 학교를 다녔다. 이러한 배경에서, 그녀는 가난하고 천대받는 사람들에 대한 깊은 동정심을 갖고 자랐다. 그러나 학교교육을 통해서보다 독학으로 지식을 넓혔다. 17세가 된 그녀는 1899년에 지방의 초등학교교사자격검정고시에 합격해 한 농촌학교에서 한 학기 동안 가르쳤다. 향학열에 불타던 그녀는 21세 때 뉴멕시코주의 한 사범학교에 다닐 수 있게 됐으며, 그 학교에서 교지 기자로 활동했다. 그녀는 곧 사회당원인 어니스트 브루딘Ennest Brudin과 결혼했고, 그와 함께 샌프란시스코로 이주해 사회주의활동에 참여했다. 그러나 그 결혼은 6년 뒤 이혼으로 끝났다.

격정적인 스메들리는 일찍부터 저술에 종사했으며, 21세이던 1919년에 여객선의 승무원이 돼 독일을 여행했고, 미국으로 돌아와서는 미국에서 활동하던 인도의 항영독립운동가들과 제휴했다. 이 때문에 그녀는 영국비밀경찰의 수사대상으로 떠올랐다. 이 과정에서 그녀는 인도인 공산주의자 비렌드라나트 차토파디야나Virendranath Chattopadhyaya와 사실혼에 들어가, 함께 독일로 가서 좌익활동에 종사했다. 1929년에 그녀는 『대지의 딸 Daughter of Earth』이라는 자전소설을 출판했으며 곧 차토파디야나와 헤어졌다. 그녀는 곧 상하이로 이주했다. 거기서 그녀는 독일의 유력일간지인 『프랑크푸르터 자이퉁Frankfurter Zeitung』의 중국특파원이 되어 만주를 취재했고 쑨원의 미망인 쑹칭링과 친해졌으며 르위 앨리와 더불어 중국공산주의 운동가들과 손을 잡게 됐다. 그녀는 1937년에는 옌안으로 들어가 중국공산당의 선전활동을 도왔으며, 영국 맨체스터에서 발행되는 친노동당 일간지인 『가디언』의 중국특파원으로 마오쩌둥과 주더를 회견했다. 그는 상하이에서 소련으로 갔다가 다시 독일의 베를린으로 돌아갔다.

스메들리의 삶에는 또 한 차례의 변화가 일어났다. 상하이에서 그녀는 독일의 신문기자로 소련을 위해 첩보활동을 하던 리하르트 조르게Richard Sorge를 만나 성관계를 맺었으며, 일본 『아사히신문』의 상하이특파원 오자키 호츠미尾崎秀実와도 성관계를 맺었다. 그녀는 조르게를 오자키에게, 또는 오자키를 조르게에게 연결시켜주었다. 훗날 미국의 극동지역첩보부대는 그녀를 조르게 첩보조직의 일원으로 분류한다.

오자키 호츠미는 도쿄제국대학 법학부 출신으로 제국주의와 군국주의에 반대해 마르크스주의자가 됐으며 곧 지하정당 일본공산당에 가입했고 『아사히신문』 기자가 돼, 레닌과 스탈린에 대한 글들을 썼다. 그는 스메들리의 『대지의 딸』을 일본어로 번역했으며, 소련을 위해 비밀리에 첩보활동을 벌였다. 상하이에서는 중국공산당원들과 친교를 맺었다. 그는 귀국한 뒤 고노에 후미마로近衛文麿 총리가 비공개적으로 구성한 자문기관 '조찬모임'의 일원이 됐다. 이때만 해도 일본정부는 그의 정체를 전혀 모르는 채 중국문제에 정통한 저널리스트로 인식했던 것이다. 그는 이 '조찬모임'에서, 일본정부는 소련과의 전쟁을 피하고자 한다는 극비정보를 입수했으며, 이 정보를 이때 도쿄에서 활동하던 조르게에게 전달했다. 조르게는 물론 이 정보를 모스크바에 전달했다. 일본정부는 1941년 10월에 조르게와 오자키의 정체를 파악하고, 재판을 거쳐 처형했다. 제2차 세계대전 기간에 국가반역죄로 유죄판결을 받고 처형된 유일한 일본인이 바로 오자키다.

스메들리와 생거의 제휴

스메들리가 이처럼 여러 나라에서 활동하던 시기에 미국에서는 마거릿 생거Margaret Sanger라는 간호사가 피임과 산아제한 및 낙태 모두의 합법화를 위한 운동을 전개했다. 그때 미국의 법은 피임과 산아제한을 설명하는 도서들을 풍속교란죄로 다스렸으며, 낙태를 금지했다. 뉴욕의 빈민가에서 일하던 생거는 빈곤과 다산이 모자사망률을 높인다고 믿었기에, 박해를 받으면서도 그러한 운동을 전개했던 것이다. 그녀의 선구적인 제안들은 훗날 모두 받아들여진다. 그녀는 미국가족계획연맹과 국제가족계획연맹의 창설에 주도적 역할을 수행하며, 1966년에 향년 83세로 별세한다. 스메들리는 생거의 동지가 되었고, 적극적으로 여성의 낙태권을 옹호했다.

스메들리는 1945년에 미국으로 돌아왔다가 주로 뉴욕주에서 살면서 중국과 중국혁명에 대한 글들을 『더 매시즈』를 비롯한 좌파계열 간행물들, 그리고 『네이션』과 『뉴 리퍼블릭』 등 리버럴계 간행물들에 기고했다. 1947년에는 매카시선풍의 격랑 속에서, 그녀 역시 '간첩'으로 몰렸다. 소련이 해체된 뒤 공개된 스탈린 시대의 기밀문서들은 그녀가 소련을 위해 첩보활동을 했다는 의심에 상당한 근거가 있음을 보여준다. 상황이 어려워지면서, 스메들리는 중국으로 돌아가려 했으나 신병으로 가지 못했다. 그녀는 1949년 가을에 런던으로 피신했고, 1950년 5월에 위궤양수술을 받았으나 향년 58세로 별세했다. 그의 대표작은 주더의 생애를 그린 『대로大路: 주더의 생애와 시대 The Great Road : The Life and Times of Chu Teh』(1956)이다. 이 책은 그녀가 별세한 뒤 출판됐다. 그녀 역시 '팔보산 혁명공묘'에 묻혀 있다.

중국공산당은 1982년대 초에 'SSS 협회'를 출범시켰다. '스메들리-스트롱-스노 협회'라는 뜻이다. 이것은 중국공산당이 이 세 사람의 미국언론인들을 얼마나 높이 평가했는가를 말해주는 보기가 되겠다. 그러나 앞에서 소개한 해밀턴의 『에드거 스노』는 스노를 스메들리나 스트롱과 같은 반열에 세운 것은 스노에 대한 부당한 대접이라고 보았다.

우리는 앞에서 미국인의사 하템에 대해서도 짧게 언급했다. 그는 1950년에 중국공산당에 입당하면서 중국국적을 얻었다. 성명도 마하이더馬海德로 고쳤다. 그는 78세이던 1988년에 암으로 죽었는데, 그 역시 '팔보산 혁명공묘'에 묻혔다.

09

'공산주의스파이'라는 음해를 받았던 중국전문가

오언 래티모어

우리는 8장에서 중국공산주의운동의 본질을 서방세계에 알린 몇몇 미국 언론인들의 생애를 살폈다. 그런데 언론인들 말고도 중국공산주의운동의 본질을 서방세계에 알린 미국학자들도 있었다. 그들 가운데 대표적 학자가 미국 존스홉킨스대학교의 중국전문가였던 오언 래티모어Owen Lattimore이다.

중국공산주의운동의 본질을 정확히 보도한 미국의 언론인들이 1950년대의 매카시선풍 때 '친공' 또는 한 걸음 더 나아가 '국제공산주의의 첩자' 또는 '중국공산당의 첩자'로 몰렸듯, 그러한 미국학자들 역시 그때 그러한 오해를 받았다. 래티모어도 예외가 아니었다. 그러나 그는 결코 공산주의자가 아니었으며, '중국을 공산당에 팔아넘긴, 국제공산주의의 음모에 가담한 사람'은 더더욱 아니었다.

이 장에서는 중국전문가로 일관한 래티모어의 삶을 살피기로 한다. 또 그것을 통해 중국공산당의 성장과정과 중국에 대한 미국정부의 '실패'를 성찰하기로 한다.

1. 미국에서 만주와 몽골의 전문가로 성장하다

어려서 중국관어를 익히다

1951년 7월 18일, 미국 연방상원의 국내안전소위원회가 '친공혐의자' 래티모어를 수사하던 때, 이 소위원회의 특별고문 로버트 모리스Robert Morris는 "래티모어는 자신이 1900년에 워싱턴 D. C.에서 출생했다고 주장하지만 그는 러시아에서 출생한 고아로 뒷날 미국인에게 입양됐다"고 폭로했다. 연방수사국FBI은 기대에 차서 곧바로 사안을 조사했다. 그러나 연방정부에 소속된 '출생과 사망에 관한 통계국'의 자료들을 모두 살핀 FBI는 래티모어가 평소에 주장하던 대로 1900년 7월 29일에 워싱턴 D. C.에서, 두 사람 모두 출생 때부터 미국시민인 데이비드 래티모어David Lattimore와 마거릿 래티모어Margaret Lattimore의 둘째 아이로 출생했다고 발표하지 않을 수 없었다.

데이비드 래티모어는 워싱턴 D. C.의 고등학교 교사였다. 그러나 청조가 서양문물을 도입하기 위해서는 학생들에게 외국어를 가르쳐야 한다는 정책을 세우고 외국어교사들을 채용하기 시작하자 상하이로 건너가 관립학교에서 영어와 프랑스어를 가르쳤다. 1901년에 시작된 그의 중국에서의 교사생활은 무려 20년 동안 계속된다.

그때 중국에서 생활하던 외국의 외교관들과 기업인들 및 교사들은 외국인구역에서 따로 살았다. 이 외국인구역에 거주할 수 있는 중국인은 외국인들에게 고용된 하인들뿐이었다. 래티모어 집안에도 하인이 있었다. 그러나 데이비드는 자녀들이 중국인 하인으로부터 중국어를 배우지 못하게 했다.

그 대신 학교에서 정식으로 중국어를 배우게 했다. 그래서 오언은 완벽한 중국관어中國官語, 약칭 관화官話, 이른바 만다린Mandarin을 구사할 수 있었다. 오언의 부모는 아들이 국제적 안목을 갖게끔 우선 스위스로, 이어 영국으로 유학을 보냈다. 10대의 중요한 세월을 이 두 나라에서 공부했기에, 오언은 영어는 물론이고 프랑스어에도 능통해졌으며 유럽사정에도 밝게 됐다. 그는 옥스퍼드대학교에 진학하고 싶었다. 그러나 장학금을 얻지 못하자 대학진학을 포기했다. 그는 후일에도 대학에 진학하지 못했는데, 현장에서 익힌 만주를 포함한 중국, 그리고 몽골에 대한 깊은 이해가 인정돼 미국과 영국에서 교수급의 연구자로 활동하게 된다.

오언 래티모어는 19세이던 1919년에 중국으로 돌아와 우선 톈진의 한 영어일간지에서 기자로 일했다. 1922년에는 톈진의 영국계 무역회사에서 일하며 중국의 여러 곳을 자주 여행했다. 그 4년은 무척 유익했다. 그는 중국의 정치와 경제는 물론 산적山賊과 지주 및 농민에 대해 깊이 공부하게 됐다. 또 중국어 이외에 러시아어와 몽골어도 익힐 수 있었다.

중앙아시아 연구에 빠지다

25세가 된 1925년에 오언 래티모어는 자신의 생애에서 매우 중요한 일들로 기억될 두 가지 전기轉機를 맞았다. 첫째는 베이징에서 미국 노스웨스턴대학교 교수의 딸인 엘리너 홀게이트Eleanor Holgate를 만난 것이다. 그는 5년 연상인 엘리너와 1926년 3월에 결혼한다. 둘째는 내몽골과 신장성 사이의 국경지대에 위치한 무역도시 크웨이화歸化로 출장을 갔던 일이다. 몽골제국의 어느 황제가 세웠으며 명제국이 키운 이 무역도시는, 이 시점에는 동쪽의 몽골상인들이 말과 털, 그리고 비단을 팔기 위해 낙타를 타고 오고, 서쪽의 중국상인들이 차茶를 팔기 위해 기차를 타고 와서 만나는 곳이었다. 이 진기한 체험은 그로 하여금 몽골에 대해서는 물론이고, 중앙아시아에 대해 깊은 관심을 갖게 만들었다.

이 신혼부부는 독특한 여행계획을 세웠다. 중국 베이징에서 인도 델리로 여행하되, 남편은 육로를 택하고 아내는 시베리아를 횡단하는 철로를 택하기로 합의한 것이다. 그러나 결국 아내는 철로 대신 말이 끄는 썰매를 타고 여행했다. 1926년 8월부터 1927년 9월까지 계속된 이 여행을 바탕으로, 남편은 1928년에 『투르키스탄으로 가는 사막의 길The Desert Road to Turkestan』을 출판하고 이 지역들에 관한 몇 편의 글을 발표한다. 아내는 1934년에 『투르키스탄에서의 재결합Turkestan Reunion』을 출판한다. 여기서 투르키스탄은 '터키사람들의 땅'을 뜻하는 이란어로, 투르케스탄이라고도 표기된다. 이곳은 '세계의 지붕'이라고 불리는 파미르고원을 중심으로 형성된 지역으로, 동투르키스탄 및 서투르키스탄으로 나뉜다. 동투르키스탄은 사실상 중국의 신장新疆을 포함한다.

이 책과 몇 편의 글들은 단연 래티모어를 중앙아시아 분야의 권위자로 격상시켰다. 그래서 그는 미국의 저명한 연구지원기관인 사회과학연구협의회SSRC로부터 연구비를 받아 1928~29년에 하버드대학교에서 인류학자들과 함께 연구할 수 있었으며, 1929~30년에 만주와 몽골을 여행해 이 두 지역을 연구하는 기회를 얻었다. 이 기회들은 그를 학문적으로 성장시켰다. 그는 중국의 영토에 편입된 채 직접적 지배를 받는 내몽골, 그리고 내몽골로부터 분리돼 소련의 위성국이나 다름없는 위치로 전락한 외몽골, 곧 몽골인민공화국의 안팎 사정을 다룬 『높은 타타르지방High Tartary』을 1930년에 출판할 수 있었다.

중소대결을 예언하다

이 책에서 그는 중국과 소련의 지정학적 위치가 이 두 공산대국 사이에 대립을 가져올 것이라고 예언했다. 이것이 탁견이었음은 1950년대 말과

1960년대 초 사이에 입증됐다. 1960년대 초까지도 미국의 정책수립가들은 마르크스주의가 아시아국가들의 정책결정과정에 가장 중요한 힘이 되리라고 믿었다. 그래서 중국과 소련이 마르크스주의라는 공동의 '역사를 움직이는 힘' 위에서 단결하리라고 보았고, 같은 맥락에서 공산주의중국을 소련의 위성국 정도로 보았던 것이다. 그런데 공산주의중국은 자신의 지정학적 이익을 지키기 위해 소련에 맞서 싸우기 시작했던 것이며, 그리하여 1960년대에 들어서서는 역사적인 중소대결이 전개됐던 것이다.

중국을 연구한 래티모어의 업적이 인정돼, 그는 1930~31년에 하버드대학교의 연경학사燕京學舍에서 연구비를 받았다. 그래서 베이징에서 중국과 몽골에 대한 연구를 계속할 수 있었고, 그 결과가 1932년에는 『만주: 갈등의 요람Manchuria: Cradle of Conflict』으로, 1934년에는 『만주의 몽골사람들The Mongols of Manchuria』로 나타났다. 앞의 책은 뉴욕의 맥밀란출판사에서 출판됐고 뒤의 책은 뉴욕의 존데이출판사에서 출판됐는데, 이 출판사들은 당시 미국의 정상급 출판사들이었다. 그만큼 이 책들의 학문적 가치는 높았던 것이다.

이 책들은 몽골의 민족주의를 옹호하고, 몽골의 민족주의를 억누른 중국과 소련의 국경정책을 비난했다. 이것으로 그는 국제적 논쟁의 초점이 됐다. 우선 일본인들은 그를 찬양했다. 1931년에 만주를 침략해 1932년에 괴뢰국 만주국을 세운 일본제국주의는 중국과 소련이 주변의 소수민족들과 그들의 생활터전을 침탈했다고 주장한 그 책들이 결과적으로 자신의 만주국 건국을 합리화하는 근거가 될 수 있다고 계산했기 때문이다. 반면에 중국과 소련은 그가 그 책들을 통해 '제국주의자들의 변호인'이 됐다고 비난했다. 그러나 그의 학문적 업적은 여전히 인정받고 있었다. 미국의 세계적 연구지원재단인 구겐하임재단은 1931~33년에 그에게 연구비를 주었다. 그는 이 연구비로 중국의 북부 변방을 여행하며 연구를 계속했다. 이 시기에 일본의 중국침략이 본격화됐고, 그는 일본제국주의를 규탄하는 글들을 잇달아 발표해 반일의사를 분명히 밝혔다.

2. 루스벨트의 추천으로 장제스의 보좌관으로 기용되다

래티모어는 친공적이었는가

오언 래티모어가 33세가 된 1933년부터 그의 생활은 바뀌었다. 뉴욕에 본부를 둔 태평양관계연구소Institute of Pacific Relations가 출판하는 계간지 『태평양의 문제들Pacific Affairs』의 편집인으로 새 자리를 얻은 것이다. 그러나 그는 1934~37년의 3년 동안 주로 베이징의 사무실에서 편집인 업무를 수행하면서 중국과 그 이웃 나라들을 계속해서 여행했다.

이 연구소와 계간지에는 태평양 연안국가들에 관계된 문제들에 관심을 가진 국가들이 이러저러한 형태로, 그러나 미국의 법률과 제도에 맞게, 회원으로 참여하고 있었다. 미국은 중요한 회원국으로 운영비의 가장 많은 부분을 감당했으며, 소련은 이 연구소와 계간지를 싫어했으나 잠시 회원국으로 참여해 약간의 후원비를 지원했다. 전반적으로 보아, 이 연구소와 계간지는 결코 공산주의적이지도 친공적이지도 않았다. 코민테른이나 소련첩자로부터, 또는 중국공산주의자로부터 후원비를 받은 일이 없었다. 앞에서도 말했지만, 소련은 오히려 짙은 반감마저 표시했다. 그러했기에, 래티모어가 소련입국사증을 몇 차례 신청했을 때 소련당국은 오직 한 차례만 내줬다.

래티모어는 중국공산당과도 특별한 관계가 없었다. 에드거 스노가 서방 기자로는 처음으로 옌안을 다녀온 이후, 서방세계의 많은 기자들과 학자들이 스노의 뒤를 따랐고 중국공산당이 그들을 받아들이던 1937년 6월에 다른 사람들과 함께 다녀왔을 뿐이다. 옌안을 다녀온 뒤 그는 『런던 타임스』

에 2회에 걸쳐 기고했다. 그는 이 기고문을 중국국민당정부의 수도 난징에 주재하던 미국대사관에도 보냈으며, 미국대사관은 이 글을 국무부 본부에 보냈다. 이 무렵 서방세계의 일부 중국전문가들은 중국공산당이 진짜 공산주의자가 아니라 '농촌개량주의자' 또는 '가짜 공산주의자'라고 평가했다. 그러나 그는 이 글에서 중국공산당이 '진짜 공산주의자'임을 강조했다. 중국공산당이 국공합작을 통한 민족통일전선의 형성을 내세우지만 궁극적 목표를 중국의 공산화에 두고 있음을 날카롭게 지적했다. 이것은 뒷날 매카시선풍 때 그가 중국공산당이 진짜 공산주의자가 아니라 농촌개량주의자라고 미국정부를 오도했다는 비난이 얼마나 잘못된 것이었는가를 증명한다.

이 글에서 래티모어는 또 일본의 중국침략이 본격화되면 중국의 군대와 인민 다수는 중국공산당으로 넘어갈 것이라고 경고했다. 중국공산당이 항전의 깃발을 높이 들고 있기 때문이라는 것이었다. 이 경고 역시 정확한 예언이었음은 물론이다. 그러나 그의 옌안방문은 뒷날 매카시선풍 때 그에게 불리한 자료로 쓰인다.

중국공산당의 자주성을 인정하다

38세이던 1938년에, 래티모어는 미국으로 돌아왔다. 워싱턴 D. C. 부근인 볼티모어에 위치한 존스홉킨스대학교 국제관계대학 강사로 새롭게 출발한 것이다. 그는 곧 학장으로 승진한다. 물론『태평양의 문제들』의 편집인 직은 그대로 유지했다. 그가 1941년까지 3년 동안 이 역할들을 수행하며 보여준 태도는 결코 친공적이 아니었다. 이 시기에 그가 쓴 논문들이나 논설들 또는 그가 행한 연설들을 종합적으로 분석한 사람이 미국 피츠버그대학교의 로버트 뉴먼Robert P. Newman 교수다. 그는 자신의 연구를 바탕으로 1992년에 캘리포니아대학교출판부를 통해 펴낸『오언 래티모어와 중국의 '상실'Owen Lattimore and the "Loss" of China』에서 다음과 같은 몇 가지 결론을 제시했다.

첫째, 래티모어는 일본의 제국주의와 침략주의를 일관되게 비난했다. 이러한 맥락에서, 그는 미국정부가 일본에 대한 지원을 전면적으로 끊어야 한다고 주장했다.

둘째, 래티모어는 이제는 장제스가 제정신을 차려 일본제국주의에 대해서뿐만 아니라 모든 서구제국주의에 맞서 투쟁하려고 결심했다고 판단했다. 그래서 그는 미국정부에 장제스가 이 결심을 끝까지 유지하도록 강력히 권고할 것과 그 조건 아래 장제스를 지원하라고 권고했다. 미국정부가 그렇게 하면 장제스정부는 힘을 얻게 될 것이며, 중국국민들은 중국공산당보다 장제스정부를 지지할 것이라고 예견했다.

셋째, 래티모어는 중국공산당의 자주성을 인정했다. 중국공산당은 소련의 괴뢰 또는 스탈린의 괴뢰가 아니라 독자적으로 성장한 세력임을 강조했다. 그는 또 스탈린이 중국에 대한 일제의 침략을 막아내는 구심점이 될 수 있는 것은 마오쩌둥이 아니라 장제스라고 판단해 장제스를 지원한다는 것도 정확히 파악했다.

넷째, 래티모어는 소련이 독일 및 일본과 각각 불가침협정을 맺을 개연성이 적지 않음을 예견했다. 이렇게 예견하면서, 그는 미국이 소련과 관계를 개선해 연합하는 것이 태평양지역에서 미국의 이익을 지키는 길이 될 것이라고 제의했다.

래티모어의 이러한 정견은 뉴욕에 자리 잡은 대외관계협의회Council on Foreign Relations 회원들의 주목을 받았다. 대외관계협의회는 미국정부와 긴밀히 협의하면서 미국의 국익을 지킬 수 있는 대외정책을 연구하는 대표적 민간단체들 가운데 하나다. 그는 이처럼 권위 있는 연구단체에 여러 차례 출석해 자신의 의견을 개진했다. 이러한 배경에서 볼 때, 이 시기의 그를 '미국에 불충한 불온분자'로 여길 요소는 하나도 없었다. 그런데도 뒷날 매카시선풍 때 그가 이 시기에 이미 '체제전복적 성향의 인사'였다는 혐의를 받았다는 주장에 직면해야 했다. 그 근거는 하나였다. 그가 메릴랜드주에서 구성된 '메릴랜드의 시민자유위원회'의 부위원장으로 봉직했다는 사실이다. 메릴랜드주 볼티모어시의 FBI지부가 1941년 5월 16일에 작성한 그에 관한 정보철은 그 사실에 근거해서 그를 '공산주의자'로 분류하고 그에 대해 '활발하면서도 적극적인 수사'를 벌이고 있다고 기록했다. 그러나 그 수사는 어떤 확증도 잡아내지 못했다. 다만 미국정부는 1944년에 문제의 그 단체를 '체제전복적' 조직으로 선언한다.

장제스의 보좌관으로 활약하다

중국사정에 정통한 전문가로 명성을 굳힌 오언 래티모어에게 새로운 전기가 마련된 것은 그가 41세이던 1941년 6월이었다. 중국국민당정부의 주석 장제스의 보좌관으로 등용된 것이다. 이 대목에서 우리가 기억해야 할 점은 그것은 루스벨트 대통령의 결정에 따라 취해졌다는 사실이다. 장제스가 미국과 중국 사이의 관계를 제대로 다룰 수 있는 미국인 보좌관을 찾자 루스벨트는 관계기관의 추천을 받아 그를 만난 뒤 천거했던 것이다. 이 사실은 그가 '체제전복적 인사'가 아님을 미국의 정부와 대통령이 인정했다는 뜻이다. 장제스는 그 추천을 받아들였고, 래티모어는 1941년 7월 19일에 중국국민당정부의 전시수도인 충칭에 도착했다. 장제스는 그의 의견을 묻기 시작했다. 그가 중국어를 완벽하게 구사할 수 있었기 때문에 두 사람의 대화는 통역을 두지 않은 채 처음부터 끝까지 중국어로 진행됐다.

장제스의 첫번째 질문은 이제 막 시작된 독일의 소련침공에 관해서였다. "루스벨트 대통령은 이 전쟁의 장래를 어떻게 내다보고 있느냐"고 물은 것이다. 래티모어가 "루스벨트는 결국 소련이 승리할 것으로 예상하고 있다"고 답변하자 장제스는 만족한 듯했다. "자신의 장군들은 거의 모두 소련이 패전하리라고 내다보고 있지만, 자신은 그렇게 생각하지 않는다"고 말하면서 루스벨트의 전망에 전적으로 동의했다.

이번에는 래티모어가 물었다. 자신의 임무를 수행함에 있어서 누구와 접촉해야 하는가? 이에 대해, 장제스는 충칭에 있는 모든 외국대사관들과 접촉하라고 대답했다. "그러나 미국대사관을 맨 나중에, 또는 거의 마지막으로 접촉하라"고 권했다. 소련대사관과 접촉해도 좋으냐는 물음에 대해 장제스는 물론이라고 대답했다. 중국공산당의 대표들과 접촉하는 것도 허용됐다. "그러나 이쪽에서 먼저 접촉하지 마시오. 그쪽으로 하여금 먼저 접촉해오도록 만드시오"라고 장제스는 말했다.

이 무렵 미국의 몇몇 언론매체들은 래티모어가 미국정부의 원조가 중국내전에 쓰이지 않게끔 중국국민당과 중국공산당의 합작을 더욱 굳게 만들고 있다고 보도했다. 이 보도에 대해 국무부는 강력히 부인했다. 그 부인은 옳은 것이었다. 래티모어는 그러한 임무를 부여받지 않았다. 그는 장제스를 보좌하기 위해 충칭에 온 것이지 미국정부의 정책을 추진하기 위해 온 것이 아니었다.

래티모어가 주로 하는 일은 장제스가 루스벨트에게 보내는 편지 또는 건의의 초안을 만들고 거기에 장제스의 의견을 적절히 수용해 반영하는 것이었다. 래티모어는 장제스의 의견들 가운데 적절하지 않다고 느껴지는 것이 있으면 과감히 그 느낌을 표현했고, 장제스는 거의 예외 없이 받아들였다. 두 사람 사이의 신뢰는 매우 두터웠다. 래티모어는 장제스의 실질적 최고보좌관인 부인 쑹메이링과도 자주 만났다. 미국에서 중고등학교와 대학을 마쳤기에 영어에 능통했던 쑹메이링은 많은 의견들을 내놓았는데, 래티모어와 충돌하는 일은 없다시피 했다. 쑹메이링 역시 래티모어를 전적으로 신뢰했다.

래티모어는 아주 신중하게 처신했다. 미국의 한 유력지는 그가 "지나치게 입을 다물고 있으며" 그래서 그와 매우 오랫동안 사귄 기자들조차 그로부터 듣는 것이 없다고 보도하면서, 그는 자신의 의견을 말하기보다 다른 사람들의 의견을 듣는 편이라고 설명했다. 그러한 성품의 래티모어는 1975년에 장제스가 별세한 뒤에야 비로소 자신이 그의 보좌관으로 일하던 때 있었던 일들에 관해 쓰기 시작한다.

래티모어의 아시아전문가로서의 활약들

장제스 내외의 신뢰가 두터웠고 본인 스스로도 신중하게 처신하고 있었지만, 장제스의 비밀경찰 남의사藍衣社는 그를 날카롭게 감시하고 있었다. 나치독일의 비밀경찰두목인 하인리히 히믈러Heinrich Himmler와 스탈린의 비밀경찰두목인 라브렌티 베리야의 결합이라고 미국인들이 말한 남의사의 우두머리 다이리戴笠가 직접 그를 감시했다. 뒷날 매카시선풍 때 미국의 수사기관들은 남의사의 정보철을 철저히 뒤진다. 이 정보철에 래티모어가 중국공산당과 내통했다는 매카시파의 주장을 뒷받침할 만한 어떤 증거가 들어 있으리라는 기대 때문이었다. 그러나 거기에는 한마디의 언급도 없었다.

래티모어가 장제스의 보좌관으로 일하는 동안 그는 중국국민당정부와 미국정부 사이의 여러 현안을 학자적 양심에 따라 성실하게 다뤘다. 그것들은 앞에서 소개한 뉴먼 교수의 책에 자세히 기록됐는데, 그중 하나만 소개하기로 한다. 1941년 후반기에 미국정부의 일부 세력은 미국과 일본이 '태평양의 상황에 관한 합의'를 이룩하면 두 나라 사이에 평화가 유지될 것이라고 믿고 이것을 성사시키려 했다. 이 구상에 대해 장제스와 래티모어는 공통된 신념을 갖고 강하게 반대했다. 미국의 이러한 노력은 결국 일본제국주의에 대한 유화책에 지나지 않으며, 그 유화책은 중국에 대한 일본의 침략을 강화시킬 것이고 종국적으로는 미국과 일본 사이의 평화도 파괴할 것이라고 믿은 두 사람은 끈질기게 미국정부를 설득했다. 1941년 12월에 일본이 미국을 공격함으로써 그 구상은 자연히 사라지고 말았다. 이렇게 볼 때, 래티모어의 활동은 건설적이었다고 하겠다. 그러나 매카시선풍 때 이 사실은 래티모어에게 불리한 자료로 제시된다. 매카시 상원의원은 래티모어가 미국정부에 압력을 가해 미국과 일본 사이에 성립될 수 있었던 평화를 좌절시켰다는 혐의를 둔 것이다. 다행히 이 혐의는 심각하게 논의되지 않는다.

코리아의 독립을 옹호하다

1942년에 래티모어는 계약조건에 따라 미국으로 휴가를 떠났다. 미국의 여러 권위 있는 연구소들은 그에게 강연을 부탁했고 유력지들은 그에게 기고를 부탁했다. 국방부의 산하 몇몇 군사정보기관들도 그에게 자문을 구했다. 이것은 미국의 기성사회에서 그가 존중받고 있음을 뜻했다. 이 기간에 그가 개진한 의견들은 앞에서 인용한 뉴먼 교수의 책에 잘 요약됐는데, 핵심적인 것들만 소개하면 다음과 같다.

첫째, 래티모어는 일본의 아시아침략을 맹렬히 비판했다. 그는 유럽에서 나치독일과 파시스트이탈리아가 침략전쟁을 확대하게 된 것도 일본의 아시아침략이 처음부터 저지되지 않았기 때문이라고 주장하면서 제2차 세계대전의 뿌리를 일본제국주의의 아시아침략에서 찾았다. 이러한 시각에서, 그는 일본제국주의와는 어떠한 형태의 타협도 받아들여서는 안 된다고 역설했다. 그가 일본의 아시아침략을 그렇게 날카롭게 비판하면서도 일본이 아시아를 침략하는 시발점이었던 한반도침략에 대해서는 별로 말하지 않은 것은 우리로서는 아쉬운 점이다. 그러나 그가 한민족은 일제의 패망과 동시에 독립해야 한다고 명백히 주장한 사실은 정당히 평가돼야 할 것이다. 이 시점에 미국에서 한민족의 독립을 옹호한 사람은 거의 없었다는 사실에 유의하면 그의 주장은 더욱 빛난다고 볼 수 있다. 아시아의 소수민족들에 대한 그의 깊은 연구와 애정이 그로 하여금 자신의 전공대상이 아닌 한민족에 대해서도 올바른 시각을 갖게 만들었을 것이다.

둘째, 래티모어는 소련의 위협을 명백하게 지적했다. 소련이 동아시아와 태평양지역에서 미국과 영국에 맞서 독자적인 이익을 추구할 수 있다고 경고하면서, 미국은 그 점에 유의해 적절한 정책을 세워야 한다고 건의했다.

셋째, 장제스와 장제스정부를 철저하게 옹호했다. 그는 중국의 운명은 장제스와 장제스정부에 달려 있다고 주장하고, 미국은 장제스와 장제스정부가 일본침략자들을 물리치고 외세를 배격하는 가운데 중국을 통일하고 주권을 회복할 수 있게끔 정신적으로나 물질적으로 지원해야 한다고 강조했다. 뉴먼 교수는 래티모어의 이러한 활동을 값으로 따지면 장제스가 그에게 준 월급의 몇 곱절이나 된다고 평가했다.

미국 전쟁정보국에서 일하다

래티모어의 경력에 또 한 차례 전환이 일어났다. 1942년 12월 말부터 미국의 정부기관인 전쟁정보국의 샌프란시스코지부장으로 임명된 것이다. 물론 엄격한 신원조회를 거쳤다. 이 기관의 목적은 적국인 일본의 전쟁의지를 약화시키고 연합국인 영국과 소련 및 중국을 상대로 전쟁의지를 강화시키는 선전활동을 전개하는 것이었다. 선전대상지역은 일본, 한반도, 필리핀, 중국, 인도네시아, 말레이시아를 비롯한 동남아지역들이었다. 래티모어가 이 자리를 맡기 위해 보좌관을 그만두자 장제스 내외는 진심으로 아쉬워했다. 그들은 그의 사임을 받아들일 수 없으며 따라서 미국에 '빌려줄 뿐'이라는 취지의 담화를 발표했고 미화 1만 달러라는 거금을 전별금으로 주었다. 그러나 그는 받지 않았다.

전쟁정보국의 샌프란시스코지부장은 래티모어의 경력에 꼭 맞는 직책이었다. 그는 약 5백 명의 부하들을 지휘하며 열심히 일했다. 그러나 그를 음해하는 부하가 나타났다. 일본담당관인 클레이 오즈번Clay Osborne이 그 사람으로, 배경이 확실하지 않은 기자 출신이었다. FBI의 정보철에 따르면, 그는 "일본을 좋아하는 사람"이어서 래티모어를 경멸했다. 무엇이 그로 하여금 래티모어를 미워하게 만들었는지는 알 수 없으나 그는 래티모어를 해직시키기로 결심하고 래티모어에 불리한 자료들을 수집해서 FBI를 비롯한 관계기관들에 알렸다. 오즈번의 주장에 따르면, 래티모어는 우선 소련에 호감을 갖게 만드는 방송들을 많이 내보냈다. 래티모어는 이어 전쟁이 끝난 뒤에는 일본국왕을 축출해야 한다는 장제스정부의 국회의장의 연설을 방송했는데, 이것은 일본국왕에 대한 공격을 금지한 상부의 지시를 무시한 처사라는 것이었다.

관계기관들은 오즈번의 문제제기를 묵살했다. 그러나 오즈번은 이것저것 자질구레한 문제들을 들어 계속해서 래티모어를 비난했다. 마침내 연방정부의 공무원들을 조사할 권한을 가진 연방노동청이 래티모어를 조사하게 됐다. 래티모어는 자신이 왜 '메릴랜드의 시민자유위원회'의 부위원장이 됐던가를 설명해야 했다. 그는 자신에게 가입을 권유한 사람들은 '볼티모어의 존경받는 저명인사들'로 친공분자가 결코 아니었다고 역설하고, 자신은 미국이 일본에 무기를 파는 것에 반대하는 그 기구에 동조했을 뿐이라고 해명했다. 그는 자신이 미국공산당이 지원한 '미국 평화동원운동'에 반대했음을 상기시켰다. 그는 이어 중국공산당을 지지하는 이유에 대해 설명해야 했다. 그는 중국공산당이 일본의 침략에 반대하는 것을 지지할 뿐이며 중국공산당을 완전히 배제하고는 중국의 항일전쟁이 성공적으로 수행될 수 없다고 믿는다고 해명했다.

래티모어를 면담한 연방노동청의 다섯 직원들은 그의 경력을 철저히 조사했다. 결론은 하나였다. 그들 전원의 일치된 의견으로 그의 결백이 입증됐다. 그를 비난했던 오즈번은 뒷날 정신병원에 입원하게 된다. 그래서 매카시선풍 때 래티모어에게 불리한 증언을 해줄 사람들 가운데 하나로 그가 지목됐으나 정신상태가 너무 나빠 제외된다.

『아시아의 해법』을 출판하다

래티모어는 1944년 3월에 사표를 제출했다. 자유로운 입장에서 미국의 대외정책에 대한 글을 쓰고 싶었기 때문이었다. 그의 사표는 받아들여졌다. 그러나 정부는 그에게 새로운 임무를 주었다. 부통령 헨리 월리스Henry Wallace를 수행해 시베리아와 중국을 방문하라는 것이었다. 이 여행은 3개월에 걸친 것이었다. 래티모어는 기꺼이 수행했으며, 몇 편의 글을 발표했다. 그 글들 가운데는 장제스를 높이 평가하고 장제스에 대한 지원을 호소한 글도 포함됐으나 전반적으로는 뒷날 그에게 불리하게 작용한다. 그가 소련을 찬양했다는 것이었다. 실제로 그렇게 볼 수 있는 부분들이 적잖았다. 그는 그때 미국 및 영국과 연합한 소련이 제국주의와 식민주의에 반대해 투쟁하는 것을 높이 평가했다. 그러나 스탈린정권의 악명 높은 강제노동수용소와 1930년대의 대숙청을 전혀 비판하지 않아 흠을 남겼다.

래티모어는 1944년 7월에 귀국했다. 그는 여러 저명한 기관들로부터 강연초청을 받았고, 1945년에는 『아시아의 해법Solution in Asia』을 출판했다. 이 책에는 그의 정치적 신조가 충실하게 반영돼 있다. 첫째, 그는 아시아가 전후에 새롭게 부흥하기 위해서는 '자유기업'과 '이윤추구'의 자본주의원리를 인정해야 한다고 강조했다. 둘째, 그는 영국과 미국은 중국에 대한 자신들의 정당한 자본주의적 이익을 신중하게 뒷받침함과 동시에 중국에서 제2의 당이 공산당인 만큼 민주적 조화가 이뤄지도록 소련과 협력해야 한다고 제의했다. 셋째, 그는 중국공산당이 소련의 피조물이 아니며 독자성을 지녔다고 판단하면서, 중국국민당은 점점 지주계급의 손에 들어가고 있을 뿐만 아니라 매우 부패하고 있다고 비판했다. 그러나 그는 중국공산당이 중국국민당에 비해 민주적 구조에 더 가깝다고 지적하면서도, 장제스는 중국국민당정부를 개혁하고 중국을 통일시킬 수 있는 능력을 가졌다고 인정했다.

래티모어의 이러한 주장들은 정상적인 것이었다. 그러나 미국의 일부 극우반공주의자들은 그에 대한 비난의 목소리를 높이기 시작했다. 그들은 중국국민당과 중국공산당에 대한 래티모어의 평가를 '거짓말'이라고 비판했으며 소련에 대한 래티모어의 인식이 기본적으로 '공산주의적'이라고 주장했다.

3. 공산주의자로 음해를 받아 시련을 겪다

래티모어에 대한 공격이 확대되다

제2차 세계대전이 연합국의 승리로 귀결되자 래티모어는 존스홉킨스대학교 국제관계대학으로 복귀했다. 동시에 그는 집필활동을 계속했다. 특히 전후에도 아시아에서 식민주의를 유지하려는 유럽의 강대국들을 비판하는 시론들을 발표했다. 이러한 글들은 극우반공주의자들을 화나게 만들었으며 그에 대한 공격을 고조시켰다. 그러나 래티모어에 대한 미국정부의 믿음은, 루스벨트 대통령에 비해 훨씬 더 반공적인 해리 트루먼 대통령이 집권한 1945년 4월 이후에도 흔들리지 않았다. 그래서 그는 아시아지역의 전후배상문제와 일본점령정책을 다루는 에드윈 폴리Edwin Pauley 대통령특별사절단의 일원으로 기용됐다. 그는 이 직책도 성실하게 수행했다. 폴리 단장도 만족스럽게 생각했고 도쿄에 자리를 잡은 미국의 일본점령군사령부 방첩부대의 최고책임자도 폴리의 판단에 공감했다. 그렇지만 래티모어를 계속해서 비난한 몇몇 극우적 논객들은 어떻게 친공친소분자를 그토록 중대한 사절단에 포함시켰느냐면서 더욱더 그에 대한 공격을 강화했다. 존스홉킨스대학교 총장에게는 그를 해임하라는 편지보내기운동도 벌였다. 그래도 총장은 그에 대한 신뢰를 거듭 확인했다.

그러나 전시에 성립됐던 미국과 소련의 제휴가 점차 갈등관계로 바뀌고 냉전분위기가 확산되면서 래티모어의 처지는 어려워졌다. 특히 반소반공분위기가 확산되는 가운데 1946년의 중간선거에서 민주당의 '친공적 유화정책'을 비판하고 반소반공의 목소리를 높인 공화당이 승리하자, 극우반공세력은 '좌익공산주의자들'에 대한 공격을 강화했다. 그러한 흐름 속에서, 자연히 래티모어에 대한 공격 역시 거세졌다.

논쟁의 초점은 국공합작의 지속 여부였다. 반공세력은 트루먼행정부가 국공합작정책을 포기하고 장제스정부만 지원해야 한다는 주장을 폈고, 반면에 래티모어는 국공합작정책을 계속해야 한다고 주장했다. 그는 장제스정부가 중국공산당을 적으로 돌려 그들과 내전에 들어가면 중국국민의 다수는 중국공산당 쪽으로 돌아서리라고 경고했다. 그는 장제스정부의 무능과 부패에 대해서는 그 이전 시대에 비교되지 않을 정도로 강하게 비판하고 이러한 정부에 미국이 막대한 군사적, 경제적 지원을 베풀 필요가 있겠느냐고 묻기 시작했다. 그는 또 중국공산당은 소련의 앞잡이도 아니고, 소련의 원조를 받고 있는 것도 아니라고 역설했다. 거기서 한 걸음 더 나아가, 그는 중국공산당이 점차 승세를 잡아가는 것을 중국공산당을 통해 중국을 공산화하려는 소련의 거대한 음모의 소산으로 돌리는 논객들과 정치인들의 주장을 반박했다.

그렇지만 래티모어는 중국공산당이 궁극적으로 승리하리라고 예견하지는 않았다. 그는 여전히 장제스에 대한 기대를 버리지 않았다. 이것은 중국 전문가로서 그가 저지른 큰 오판이었다. 대체로 이 시점을 계기로 장제스정부는 래티모어를 비난하기 시작했다. 미국 국내에서 장제스정부의 로비스티로 활동하던 알프레드 콜버그Alfred Kohlberg가 래티모어에 대한 공격의 선봉에 섰다. 그는 중국을 상대로 무역을 하는 상인으로, 장제스정부가 부패했다는 래티모어의 주장은 '허위'라고 역설했다. 콜버그는 매카시선풍 때 상원청문회에서 래티모어를 계속해서 괴롭혔다. 그러나 장제스정부가 부패했다는 래티모어의 주장은 매카시주의자들이 래티모어를 친공으로 몰아갈 자료는 결코 될 수 없었다. 여기서 꼭 지적해야 할 대목이 있다. 래티모어는 미국정부의 한반도정책에 대해서도 매우 비판적이었다는 사실이다. 그는 남한의 친미우익정권이 비민주적 억압에 기울고 있으며 대중적 지지를 잃고 있음을 경고하고, 이러한 정권에 미국이 군사적, 경제적 지원을 베푸는 것이 과연 가치 있는가를 물으면서 남한정권의 개혁을 촉구했다.

1949년 1월에 마침내 래티모어를 '소련의 첩자'라고 주장하는 사람이 나타났다. 그리스주재소련대사관의 대리대사 때 미국으로 망명한 알렉산더 바민Alexander Barmine이 바로 그 사람이다. 정체가 불분명했던 그는 자신이 소련 국방정보부장 자니스 베르진Janis Berzin이 제공한 소련의 미국 내 첩자명단을 보았는데 거기에 래티모어의 이름이 포함됐던 것 같다고 발언한 것이다. 그의 진술은 횡설수설에 가까웠다. 그러나 FBI의 에드거 후버 Edgar Hoover 국장은 래티모어에 대한 도청과 미행을 지시했고, 그래도 명백한 증거가 나오지 않자 여러 사람들이 래티모어의 사상을 의심한 글들을 종합해 래티모어를 정식수사하기로 결정했다.

『중국백서』가 출간되다

시대적 분위기는 래티모어에게 극히 불리했다. 이 점을 이해하기 위해 우리는 잠시 1949년 8월 5일에 발표된 저 유명한 『중국백서 China White Paper』를 살피는 것이 좋겠다.

트루먼행정부는 어떻게 해서든지 국공합작을 지속시켜 중국에서 내전이 일어나는 것을 막아보려고 했다. 그래서 1945년 말에는 조지 마셜George

Marshall 장군을, 1947년 여름에는 앨버트 웨드마이어Albert Wedemeyer 장군을 특사로 보내 양자 사이를 조정하려 했으나 모두 실패했다. 특히 웨드마이어 장군의 경우, 장제스정부의 무능과 부패를 통렬히 비난하면서 장제스에 대한 미국의 지원이 과연 가치 있는 것인가를 심각하게 물었다.

1949년 들어 중국공산당의 대륙장악은 결코 역전될 수 없는 기정사실로 굳어졌으며 장제스정부는 가까스로 타이완으로 도피할 수 있었다. 이제 누가 봐도 미국의 중국정책이 실패한 것은 분명했으며, 따라서 미국정부는 그 앞뒤 사정을 미국국민에게 상세히 보고해야만 했다. 이러한 상황에, 트루먼행정부는 공식적으로 『미국과 중국의 관계United States Relations with China』라고 명명한 장문의 백서를 발표한 것이다. 흔히 『중국백서』라고 불린 이 백서는 중국대륙이 중국공산당에게 장악된 주요한 원인을 중국국민당의 극심한 부패에서 찾았다. 그리하여 이 백서는 일반대중에게 장제스정부는 너무 부패해서 타이완으로 쫓겨갔다는 인상을 깊이 심어주었다. 훗날 미국의 어떤 학자들은 이 백서의 주지主旨가 지나치게 과장된 것이었다고 주장한다. "중국을 상실한 책임이 누구에게 있는가?Who Lost China?"에 대한 논쟁이 벌어지는 상황에서, 트루먼행정부는 '중국상실'의 책임을 전적으로 장제스정부에 뒤집어씌우려고 그렇게 했다는 것이었다.

'마녀사냥'이 시작되다

어떻든 이 백서의 발표와 더불어 트루먼행정부는 장제스정부에 대한 지원을 사실상 끊고 중국에 개입하지 않겠다는 정책을 발표했다. 이 발표는 이미 1946년부터 공화당이 장악한 미국의회에서 시작된 '마녀사냥'을 강하게 부채질했다. 중국을 공산당에 빼앗긴 원인이 '미국정부 안에 망을 친 채 곳곳에 배치된 소련첩자들의 공작'에 있다는 가설로부터 그 '소련첩자들'을 찾아내는 '빨갱이사냥'이 특히 상원의원 매카시와 그의 추종자들을 중심으로 본격화됐다. 그것만이 아니었다. 장제스정부에 대한 군사적·경제적 지원을 계속해 장제스정부가 대륙으로 복귀할 수 있도록 도와야 한다는 목소리가 높아졌다. 그러한 사람들에게 장제스에 대한 지원중단을 제의하는 사람들은 모두 '국제공산주의의 첩자들'로 비쳤다.

래티모어가 그들의 '마녀사냥'에 걸려든 것은 1950년 3월 21일이었다. 트루먼 대통령의 특사로 중국에 파견됐던 전직 육군참모총장 조지 마셜과 트루먼 대통령의 국무장관으로 중국불개입정책을 결정한 딘 애치슨Dean Acheson, 그리고 국무부에서 중국문제를 다뤘던 중간급 또는 실무급 외교관들 모두를 빨갱이로 몰아가던 매카시에게 래티모어는 '국무부에 둥지를 튼 소비에트스파이망의 우두머리'로 보였던 것이다.

기분 내키는 대로 마구 말하는 버릇을 지닌 매카시의 검증되지 않은 거친 용어들 때문에 매카시의 래티모어에 대한 공격의 수위는 마구 올라갔다. 매카시는 래티모어가 '국무부에 둥지를 튼 소비에트스파이망의 우두머리'임을 입증하는 증거들을 제시해달라는 기자들이나 의원들의 요청에 대해, "래티모어가 그러한 사람임은 미국의 평범한 사람들도 다 알고 있으며, 그래서 래티모어라는 이름은 미국의 평범한 집안에서의 대화에 일상용어가 돼 있다"고 답변할 뿐이었다. 마침내 매카시는 '오랫동안 소련의 미국 내 최고스파이'인 래티모어의 공작으로 미국국무부가 장제스를 버려 결과적으로 중국이 마오쩌둥의 손에 넘어갔다고 주장하기에 이르렀다. 그리고 래티모어의 공작망에 연결된 국무부직원들이 81명이나 된다고 주장했다.

래티모어가 '오랫동안 소련의 미국 내 최고스파이'였다면 그는 분명히 조르게의 스파이망에 연결돼 있었어야 한다. 우리가 8장에서 보았듯, 독일의 신문기자 리하르트 조르게는 소련을 위해 1930년부터 1941년까지 중국과 일본을 중심으로 간첩활동을 하다가 일본정보기관에 체포돼 처형된 스파이 세계의 신화적 존재였다. 그 시기에 래티모어 역시 주로 중국에 있지 않았던

가. 매카시의 정보원들은 그들대로, FBI 수사관들은 또 그들대로, 조르게에 관한 모든 자료들을 철저히 뒤진다. 그들은 중국과 일본의 자료들은 말할 것도 없고 유럽과 미국의 자료들을 전부 점검했다. 그 작업은 무려 3년이나 걸렸다. 그러나 어느 한 구석에도 래티모어의 이름은 나타나지 않았다.

매카시가 래티모어를 공격하는 동안 래티모어는 아프가니스탄에 있었다. 유엔은 중앙아시아에 있는 이 가난한 나라에 경제원조를 베풀기에 앞서 현지실정을 파악하고자 그를 단장으로 하는 조사단을 파견했던 것이다. 그는 임무를 마치고 3월 말에 런던을 거쳐 귀국했다. 래티모어는 매카시를 한 마디로 '미친 사람'으로 단정했다. 그는 자신이 한 차례도 국무부직원이 아니었음을 상기시키면서 그러한 자신이 어떻게 '국무부에 둥지를 튼 소비에트스파이망의 우두머리'일 수 있겠느냐고 반문하고, 미국정부와 정계에 소련의 이익을 위해 봉사하는 공직자들이 많다는 매카시의 주장은 늘 그렇게 주장해온 소련의 선전에 부합되는 것이며 따라서 매카시 자신이 소련의 이익에 봉사하고 있다고 반박했다. 그는 만일 자신을 조사하기 위해 마련된 의회청문회에서 자신을 소련첩자로 진술하는 사람이 나타난다면 그는 위증죄로 기소돼야 한다고 주장했다.

여기서 한 가지 지적할 사실이 있다. 매카시는 주변적이거나 상황적인 얘기는 기자회견을 통해 터뜨리면서 핵심적인 발언은 상원 공식회의에 국한시켰다. 공식회의에서 한 발언은 면책특권을 지녀 명예훼손 등으로 고발될 수 없었다. 바로 이 면책특권에 의지해 매카시는 무책임하게 언동했던 것이다. 이때 자신이 겪어야 했던 고통을 래티모어는 『중상모략에 의한 시련 Ordeal by Slander』(1950)이라는 책으로 출판했다.

래티모어를 상대로 그 후 3년 동안 계속된 '마녀사냥'의 긴 이야기를 이 글에서 되풀이할 수는 없지만 요약하면 대체로 다음과 같다. 래티모어는 우선 매카시의 공격을 잘 방어했다. 그러나 또 한 사람의 극우반공주의자인

패트릭 매캐런Patrick McCarran 상원의원의 공격에 시달려야 했다. 이 과정에 래티모어는 소련첩자가 아니며 공산주의자도 아니라는 증언과 자료가 수없이 나왔다. 반면에 그가 그러한 사람이라는 증언도 있었다. 그러나 그 경우에는 증인의 정체가 분명하지 않았고 증언의 내용도 모호했다.

래티모어에게 불리하게 진술한 증인들 가운데 중요했던 증인들은 저명한 중국전문가로 워싱턴대학교 교수인 카를 비트포겔Karl A. Wittforgel 박사와 역시 저명한 중국전문가로 워싱턴대학교 교수인 조지 테일러George Taylor 박사였다. 그들은 래티모어가 마르크스주의자이며 친소친공주의자라고 증언했다. 특히 공산주의자였다가 전향한 경력을 지닌 비트포겔은, 래티모어가 『태평양의 문제들』의 편집인이던 때, 비트포겔 자신이 공산주의자였음을 알면서도 이 잡지에 자신의 글을 실어주었다고 증언했다. 그들은 래티모어가 자신의 저술들에서 '봉건적feudal'이라는 단어를 썼는데, 이것은 그가 마르크스의 영향을 받았음을 의미한다고 진술했다. 래티모어는 '봉건적'이라는 단어가 마르크스와 마르크스주의자의 '전매특허품'은 아니라고 반박했다.

독일 하이델베르크대학교에서 막스 베버의 지도를 받았던 비트포겔은 나치의 박해를 피해 미국으로 망명한 경제사학자로, 1961년에 『동양적 전제주의Oriental Despotism』를 출판해 명성을 확고히 한다. 그러면 비트포겔과 같이 탁월한 경제사학자가 왜 그러한 진술을 했을까? 하버드대학교 사학과 교수로 세계적인 중국전문가로 꼽히던 존 페어뱅크John Fairbank 박사는 자신의 회고록에서 비트포겔이 정치적 박해를 피해 독일을 떠났던 사실을 상기시키면서, 용공으로 몰려 자신의 뜻에 반해 미국을 떠나게 될 것을 두려워했던 것 같다고 썼다.

래티모어, 무죄판결을 받다

극우반공적 분위기에서 래티모어는 의회에서 위증했다는 혐의로 1952년 12월에 기소됐다. 자신이 '공산주의 또는 공산주의의 이익을 진흥시킨 사람'임을 부인한 것, 자신이 편집인이던 『태평양의 문제들』에 공산주의자들의 글들을 게재했다는 사실을 부인한 것 등 일곱 가지 사실들에 대해 거짓말을 했다는 혐의였다. 재판을 받으며 래티모어는 이 혐의를 모두 부인했고, 1953년 5월에 연방법원은 무죄를 선고했다. 두번째 기소에서도 그는 무죄판결을 받았다. 1955년 6월의 일이었다. 그 6개월 전인 1954년 12월에 이미 상원은 매카시를 67대 22의 압도적 표결로 견책했다. 매캐런은 죽었다. 이로써 매카시선풍의 광란이 끝난 것이다.

이 대목에서 중요하게 지적돼야 할 사실이 있다. 그것은 이 긴 조사와 수사 과정에서 FBI의 담당수사관들은 모두 래티모어의 무죄를 확신하고 있었다는 사실이다. 그들은 래티모어의 유죄를 입증할 자료를 찾아내라는 압력을 엄청나게 받았다. 특히 래티모어를 싫어한 후버 국장의 닦달이 심했다. 그러나 그들 가운데 어느 누구도, 한 조각의 증거도 찾을 수가 없었다. 이 점은 소련이 해체된 뒤 밝혀진 소련측 자료들에 의해서도 뒷받침됐다. 소련측 자료들 가운데 어느 한 곳에도 그가 소련의 첩자였음을 뒷받침하는 자료가 없었던 것이다.

4. 유럽학계에서 새 출발을 하다

래티모어가 친공혐의로 시달리는 동안 존스홉킨스대학교의 교수들이나 학생들은 대체로 그에게 동정적이었다. 그러나 재단의 이사들 가운데는 그의 해임을 주장하는 사람도 있었다. 그는 점점 어려워졌다. 그가 학장으로 있던 국제관계대학이 그의 문제와는 무관하게 없어졌으며, 또 그가 이끌던 몽골프로그램도 없어졌다. 이에 따라 학교는 그의 교수직을 취소하고 전임강사직을 주었다.

뉴델리대학교에서 케임브리지대학교까지

외로워진 래티모어에게 인도의 뉴델리대학교가 1957년에 그를 초청해 강의를 맡긴 것은 큰 격려가 되었다. 인도는 중앙아시아에 인접했기에 중앙아시아에 대한 그의 연구에 도움이 될 수 있었다. 이어 그는 프랑스 소르본대학교의 초청을 받아 1958년부터 1959년까지 거기서 연구할 수 있었다. 이때 쓴 책 『변경사 연구 Studies in Frontier History』는 1962년에 옥스퍼드대학교출판부에서 출판된다.

그 후에도 래티모어는 유럽의 여러 대학교들로부터 초청을 받았다. 그는 1962년에는 『유목민들과 정치위원들 Nomads and Commissars』이라는 책을 역시 옥스퍼드대학교출판부를 통해 출판하게 된다. 래티모어의 이러한 활동은 영국의 리즈대학교의 관심을 끌었다. 잉글랜드 동북부의 도시 리즈에 위치한 이 대학교는 1962년에 영국의 대학으로는 처음으로 종합적인 중국학과를 개설하기로 결정하고 그를 학과장으로 초빙했다. 62세의 그는 존스홉킨스에서 정년퇴직이 임박했음을 고려해 이 제의를 받아들였다. 그는 만 70세가 되는 1970년까지 이 학교에 근무하며 많은 연구업적을 내놓는다.

1970년 3월 21일에 래티모어는 귀국했다. 귀국 직후, 아내 엘리너가 폐색전증으로 갑자기 죽었다. 향년 75세였다. 이로써 친구들의 표현으로 '44년의 신혼생활'이 끝났다. 귀국한 뒤에도 70세 노령의 래티모어는 학문생활을 계속했다. 그는 세계의 여러 대학교들로부터 강연초청을 받았으며 1972년에는 그를 그렇게나 괴롭혔던 연방상원의 초청도 받았다. 중국과 소련의 관계에 대해 의견을 말해달라는 것이었다. 이때 이미 고인이 된 매카시의 출신지인 위스콘신주의 연방상원의원 윌리엄 프록스마이어William Proxmire가 매카시를 대신해 래티모어에게 사과인사를 했다. 1975년에는 미국 동부의 명문대학교 가운데 하나인 브라운대학교가 그에게 명예법학박사학위를 수여했다.

이러한 영예보다도 중요성에서 결코 뒤떨어지지 않는 또 하나의 사건은 1950년대 상원에서 래티모어에게 불리하게 진술한 소련 출신의 귀순자들 가운데 한 사람인 이고르 보골레포프Igor Bogolepov의 예상하지 못했던 행동이었다. 죽음이 임박했음을 깨달은 그는, 그리고 그 시절에 비해 훨씬 자유로워진 그는, 자신이 그때 '소련 출신의 귀순자'라는 제약된 위치에서 미국정보기관으로부터 래티모어에게 불리한 허위진술을 하도록 강요당했음을 자발적으로 고백한 것이다. 보골레포프는 1973년 4월 10일자 편지에서 자신의 행위가 래티모어에게 엄청난 고통을 주었음을 깊이 사과했다.

래티모어는 1979년부터 1985년까지 영국의 케임브리지대학교에서 교편을 잡았다. 그러다가 만 89세를 2개월 앞둔 1989년 5월 31일에 브라운대학교가 위치한 로드아일랜드주 프로비던스에서 폐렴으로 별세했다. 장례는 브라운대학교 교정에서 치러졌다.

저자는 래티모어의 생애로부터 감명을 받았다. 그래서 래티모어의 무덤을 방문하고 싶어 로버트 뉴먼 교수가 출판한 래티모어의 전기를 꼼꼼히 읽었으나 거기에 대해서는 언급이 없었다. 할 수 없이 뉴먼 교수에게 문의편지를 썼는데, 다음과 같은 답장을 받았다. "래티모어는 평소에 자신이 죽으면 화장하고 남은 골회를 자신의 학문적 바탕인 몽골의 하늘에 뿌리라고 유언했다. 고인의 뜻에 따라 화장은 됐으나, 그의 골회를 싣고 몽골 상공을 비행할 수 있는 경비가 마련되지 않아 그 부분은 실현되지 못했다"는 내용이었다.

토인비의 사관을 지지하다

마지막으로 덧붙일 것이 있다. 그것은 래티모어가 평생에 걸쳐 추구한 연구주제에 대해서다. 그는 '인간사회가 형성되고 전개되며 성장하고 몰락하는 양식樣式을 과학적으로 설명할 수 있는 이론'을 정립하고자 노력했다. 그가 1940년에 출판한 『중국의 아시아 내부의 국경들 Inner Asian Frontiers of China』은 이미 그 이론의 싹과 줄기를 보여주었다. 그러나 그는 이 주제 하나를 놓고 일생을 씨름했다. 이 과정에서 그는 마르크스적 이론을 배격했으며, 대체로 아널드 토인비Arnold J. Toynbee의 이론에 동조했다. 그는 동아시아의 역사는 중국역사의 산물도 아니고 중국역사의 영향을 받은 산물도 아니며, 농경사회와 유목사회의 문명이 서로 영향을 주고받는 가운데 형성된 것이라고 보았다.

래티모어가 별세한 이후, 그의 학문적 업적을 인정하는 행사들이 이어졌다. 예컨대, 미국몽골학연구원은 국제몽골학학회 및 몽골국립대학교와 함께 2008년 8월 20~21일에 울란바토르에서 '오언 래티모어: 내부아시아학 Inner Asain Studies의 과거, 현재, 미래'라는 국제학술대회를 열었다. 몽골의 국립박물관은 몽골에서 새로 발견된 공룡 디노사우르의 화석에 그의 이름을 붙여주었다.

'황금 요람'에 잠든
몽골의 공산주의자들

수흐바타르, 초이발산, 체덴발

10

　저자가 1989~90년에 한국과 몽골의 수교에 관련된 과제들을 놓고 몽골의 정부지도자들을 처음 만났을 때 그들이 우선 제의한 것은 자기들 나라 이름을 더 이상 몽고蒙古라고 부르지 말고 몽골로 불러달라는 것이었다. 몽골은 '은銀'이라는 뜻도 있지만 '정확正確' 또는 '중심'이라는 뜻이 더 강해 말하자면 몽골은 세계의 중심임을 함축하고 있는데, 몽골을 정복한 한족이 몽골의 대외적 인상을 나쁘게 만들려고 '어리석을 몽蒙'에 '낡은 고古'로 음역해 통용시켰다고 그들은 주장했다. 영어권 사람들은 Mongol로 정확히 표기해주고 있다. 그러나 그들이 몽골의 뜻 그 자체를 정확히 파악하고 있다고는 생각되지 않는다. '몽골'과는 아무런 관계가 없는 '蒙古'라는 단어의 영향으로 서양인들은 정신적으로 모자란 사람을 '몽고리즘Mongolism 환자'라고 부르기에 이르렀는데, 이 단어 역시 부당하다.

　그러면 몽골은 어떤 나라인가? 먼저 고려를 여러 차례에 걸쳐 무자비하게 침략했기에 우리 겨레에게는 유쾌하지 않은 기억을 남긴 몽골의 지리와 역사를 간단히 살피도록 하자. 오늘날 몽골의 면적은 약 156만 7천 제곱킬로미터로, 면적으로만 따져서는 세계에서 열아홉번째이며 아시아에서 여섯번째로 큰 나라다. 국토가 한반도 면적의 약 7배, 프랑스 면적의 약 3배나 될 만큼 광활하다. 그렇지만 20퍼센트 남짓이 고비사막으로 대표되는 사막 및 반사막지역인 데다가 만년설에 덮인 고산지역이 따로 있어서 불모지가 적잖다. 혹이 두 개인, 이른바 쌍봉낙타들이 사는 이 고비사막의 경우, 전체의 80퍼센트는 내몽골에 속했고 나머지 20퍼센트가 외몽골에 속했다.

내륙국인 몽골은, 1990년대 통계에 따르면, 국토 가운데 약 70퍼센트가 초원이다. 몽골을 여행하는 사람들을 매료시키는 것들 가운데 하나가 글자 그대로 망망무제인 초원이다. 홉사 공해에 찌들기 훨씬 전인 1950년대 후반의 한국의 가을하늘을 연상시키는, 몽골의 깨끗하고 푸른 하늘 아래 초원을 달리다가 잠시 맑디맑은 강이나 시내에 발을 담그고 있노라면 물질문명의 손이 전혀 닿지 않은 천연 그대로의 아름다운 주변환경에 흠뻑 빠지게 된다. 이렇게 큰 나라치곤 인구가 너무 적다. 2012년 현재 318만 명 정도로 인구밀도는 1제곱킬로미터당 두 명에 지나지 않는다.

1. 칭기즈칸의 제국에 수흐바타르의 지도로 공산국가가 세워지다

아직도 찾지 못한 칭기즈칸의 무덤

몽골이라는 말을 들으면 누구나 다 칭기즈칸成吉思汗을 떠올릴 것이다. 그 점은 미국의 『워싱턴 포스트 The Washington Post』가 1995년의 송년특집호에서 지난 천년의 역사에서 인류문명에 크게 이바지한 인물들을 선정했을 때 그가 1위를 했던 사실에서도 쉽게 확인된다.

본명이 테무진鐵木眞이었던 그는 우선 몽골의 수많은 부족들을 차례로 정복하고 이웃 민족들도 정복한 뒤 만 45세로 추정되는 해인 1206년에 몽골제국을 건설하고 칭기즈칸이라는 칭호를 받아 태조로 등극했다. 칸汗은 말하자면 몽골식의 왕호王號다. 칸 위에는 왕칸王汗 또는 대칸大汗이라는 칭호도 있었다. 칭기즈칸은 왕칸이나 대칸보다 훨씬 높은 '우주의 최고지배자'라는 뜻이다. 그는 재위 22년 동안 호레즘왕국(오늘날의 이란과 이라크에 걸쳐 있었다)을 포함하는 서역을 비롯해 소아시아와 남부러시아를 차례로 정복했다.

이 과정에 '잔혹한 대大살육자'의 모습을 보인 그는 부하들에게 "대항하는 자들을 모두 마구 죽여라. 그들의 아내들과 딸들을 그들이 보는 앞에서 마구 능욕하라. 그래서 그들이 분해서 눈물을 흘리는 것을 마음껏 즐기라"라고 지시했다. 어떤 연구자들은 이 지시는 그의 손자 쿠빌라이가 내린 것이라고 말하지만 사실이 아니고, 그가 이웃 부족들은 물론이고 저 멀리 중동과 북유럽을 정복할 때 항복하지 않고 저항하는 사람들을 무자비하게 대량학살한 것이 사실이다. 그러한 그가 어떻게 지난 천년의 역사에서 가장 위대한 인물로 평가될 수 있는가? 『워싱턴 포스트』는 세계적 사학자들의 설명을 다음과 같이 소개했다.

사람들은 흔히 마케도니아에서 일어난 알렉산드로스대왕의 제국과 로마제국이 인류역사에서 가장 컸다고 생각하는데, 사실은 칭기즈칸의 제국이 더 컸다. 그 제국은 알렉산드로스제국, 로마제국, 나폴레옹제국에 히틀러의 '제3제국'을 합친 것보다 더 컸다. 그리고 그것은 그의 손자로 5대 칸에 추대돼 세조世祖로 불린 쿠빌라이칸忽必烈汗에 의해 원元제국으로 발전했다. 여기서 중요한 것은 땅덩어리가 컸다는 사실보다 동서양을 모두 포함하고 있었다는 사실이다. 구체적으로 말해, 러시아를 포함한 유럽의 동부와 아시아 및 태평양을 연결하는 대제국을 이룩함으로써 동서양이 하나로 회통하게 만들었다. 동서양 사이에 무역이 활발해졌고 문물교류가 성행했으며 기독교와 이슬람교의 전파를 통해 정신세계를 공유할 수 있게 했다.

몽골의 통치자들은 자신들의 제국을 효과적으로 통치하기 위해 역전제도驛傳制度를 활용했다. 말이 하루 달리는 거리를 기준으로 역을 세우고 그곳에 말과 식량, 군량, 장비 및 관리인 등을 갖추어놓았다. 이 제도로 말미암아 동서양 사이에는 일종의 연락망이 만들어졌는데, 『워싱턴 포스트』는 그것이 오늘날의 인터넷보다 700년이나 앞선 국제통신망이라고 높이 평가했다.

이처럼 '위대했던' 칭기즈칸도 죽음 앞에서는 무력했다. 그는 숙적 금金을 침공하기에 앞서 흔히 서하西夏로 표기되는 티베트족 계통의 탕구트를 공격하다가 말에서 떨어져 병을 얻었으며(또는 사냥하다가 낙마해서, 또는 서하의 기후로 인한 병을 얻어), 결국 1227년 8월 25일에 만 65세(또는 72세)의 나이로 죽은 것으로 추정된다. 죽은 장소는 오늘날 중국 간쑤성에 있는 다판산大盤山 부근인 것으로 전해진다. 비록 그는 죽었지만, 그의 부하들은 서하를 멸망시켰으며 몇 해 뒤에 금마저 멸망시켰다.

칭기즈칸은 서하의 수도인 중흥성의 함락을 눈앞에 둔 몽골군의 사기에 영향을 줄 것을 우려해, 자신이 죽었다는 사실을 모르게 하라고 유언했다. 속설에 따르면, 그는 자신의 무덤이 어디라는 것도 모르게 하라고 유언했다고 한다. 그래서 부하들은 그의 시신을 운구하면서 운구행렬을 본 생물은 사람이건 날짐승이건 길짐승이건 모두 죽였다고 전해진다.

그 결과 칭기즈칸의 무덤이 어디인지 오늘날에도 확인되지 않고 있다. 그러나 몽골사람들은 헨티성省의 헬렌 강변에 자리를 잡은 몽골족의 성산聖山 부르한 할둔 언덕에 그가 매장된 것으로 추정한다. 그 근거로 그들은 그의 후손들이 그곳에 매장된 사실을 지적한다. 그러나 황허유역의 오르도스 또는 일정한 시기에 걸쳐 몽골제국의 수도였던 카라코룸Khara Korum(한문으로 약칭 '화림和林') 주위에 있는 어우르 한가이를 지목하는 사람도 있다.

칭기즈칸의 무덤을 꼭 찾아야겠다고 나선 것은 일본인들이었다. 특히 독자의 수만 놓고 볼 때 일본 최대의 신문인 『요미우리신문』이 1990년 이후 몇 해 동안 수백만 달러를 지원하며 그것을 찾으려고 했다. 그러나 몽골과 일본의 학자들 및 기술자들이 최첨단 탐사장비와 헬리콥터를 동원한 레이더탐사, 그리고 인공위성탐사 등을 시도했으나 뜻을 이루지 못해 결국 포기했다. 실패한 이유로 몽골사람들의 '의도적 비협조'를 꼽기도 한다. 몽골사람들에게는 칭기즈칸의 무덤이 그의 유언대로 밝혀지지 않기를 바라는 심리가 있다는 것이다. 칭기즈칸의 무덤이 파헤쳐져 귀한 보물들이나 문화재들이 외국으로 넘어갈 것이라는 경계심 역시 작용하고 있다고 한다.

칭기즈칸의 제국이 '공산위성국'으로

세계역사에서 최대의 정복자로 불리는 칭기즈칸의 후예들이 약 700년 뒤에는 공산주의를 받아들이고 한때는 약 240년에 걸쳐 자신들이 지배했던 러시아의 '변두리 위성국'이 됐다는 사실은 얼핏 앞뒤가 맞지 않는 역사의 진행처럼 느껴진다. 그러나 몽골족의 역사를 살펴보면 전혀 이해가 가지 않는 것도 아니다.

앞에서 지적했듯, 몽골제국은 1271년에 원제국으로 새롭게 태어났으며 1368년에 홍건적의 반란으로 수도인 연경燕京(오늘날의 북경)을 버린 채 원래의 몽골지방으로 쫓겨갔다. 동시에 원에 반기를 들었던 한족은 명明을 세워 몽골을 압박했다. 몽골사람들은 수도 카라코룸을 중심으로 대항했으나 1388년에 멸망하고 말았다. 그 후 몽골은 몽골고원과 중앙아시아 북부에서 부족국가를 형성한 채 변방의 약소국가로 연명했다. 그때로부터 250년쯤 지나 한족의 명이 만주족의 청에 멸망하고 중국을 만주족이 지배하게 됐지만 몽골의 운명은 바뀌지 않았다. 오히려 내몽골과 외몽골 전부를 점령한 만주족에 의해 거의 290년 가까이 식민통치를 강요당했으며 몽골영토 일부가 러시아에 할양되는 비운을 겪어야 했다. 이 대목에서, 우리는 몽골이 우리 한반도와 마찬가지로 분단국가임을 새삼 깨닫게 된다.

몽골의 운명은 외세의 식민통치를 받은 때로부터 약 540년이 지난 20세기에 들어와서야 비로소 바뀌기 시작했다. 1911년에 중국에서 한족이 이끈 신해혁명이 일어나고 그 결과 이듬해에 청이 무너지면서 중화민국이 건국되는 격변은 몽골사람들에게도 독립의 기회를 주었다. 우선 1911년 7월에 몽골의 지도자들은 외몽골의 수도인 우르거에 모여 독립운동을 전개하기로 결의했다. '우르거'는 훗날 '후레'라고 불렸다. 영어로는 Urga로, 중국어로는 쿠룬庫倫이라고 표기됐다.

그때로부터 5개월 뒤인 1911년 12월 16일에 그들은 우르거에 다시 모여 독립을 선언했으며, 12월 28일에 여섯 명의 왕공王公들을 중심으로 임시정부를 조직하고 쿠빌라이칸 이후 몽골국교로 뿌리를 내린 라마교의 수장인 복드게겐으로 하여금 칸, 곧 황제를 겸하게 했다. '복드게겐'은 어떤 특정인의 성명이 아니라 직함이다. 몽골어로 '성스러운 빛의 스승' 또는 '거룩한 광명의 스승'이라는 뜻이다. 그는 곧바로 복드칸으로 불렸다.

이것은 일종의 신정체제였다. 이미 쿠빌라이 때 티베트의 '살아 있는 부처生佛', 곧 달라이 라마의 고문이던 승려 파스파八思巴는 '이원 원칙'이라고 알려진 정치이론을 발전시켰다. 그것은 국가를 통치할 때는 국가의 권위와 교회의 위엄이 이원적으로 작용한다는 신정체제론이었다. 이 이론은 몽골의 역사에 몇 차례 적용됐었는데, 독립과 건국의 매우 중요한 이 시기에 다시 활용된 것이다.

이 대목에서 꼭 지적해야 할 일이 있다. 그 첫째는 몽골의 독립은 외몽골에 국한된 것이었을 뿐 내몽골까지 포함하는 것은 아니었다는 점이다. 그 둘째는 몽골의 독립운동을 제정러시아가 정치적으로나 군사적으로 도왔다는 사실이다. 러시아는 중국에서 혁명이 일어난 시기를 중국권의 세력으로부터 몽골을 제외시킬 호기라고 계산했던 것이다. 여기서 우리는 몽골에 대한 중국과 러시아의 경쟁을 엿볼 수 있는데, 이 경쟁은 오늘날까지도 계속되고 있다.

이제 몽골에는 새로운 역사가 시작됐다. 그러나 중화민국은 몽골의 독립을 인정하지 않았다. 중화민국은 중국이 강대국들의 침략에 얼마나 심한 고통을 겪었는가를 뼈저리게 깨달았기에 제국주의에 반대한다는 대외정책을 표방하면서도 몽골에 대해서는 여전히 제국주의노선을 버리지 않았다. 내몽골은 물론이고 외몽골도 중국의 일부라는 것이 반제국주의를 표방한다는 중화민국의 입장이었다.

중화민국의 이러한 태도는 이웃 나라들에도 영향을 주어 그들 가운데 어느 나라도 몽골의 독립을 인정하지 않았다. 오직 러시아만이 1912년에 우르거에서 몽골정부와 의정서를 체결하고 몽골의 독립을 승인했다. 그러나 러시아도 외몽골의 독립을 지지했을 뿐 외몽골의 범汎몽골주의, 곧 내몽골과 외몽골을 통합하려는 운동에는 반대했다. 그것만이 아니었다. 러시아는 이 의정서를 통해 외몽골에서 러시아의 특권을 확보했으며 이것에 근거해 몽골은 어떤 다른 나라와도 외교관계를 맺어서는 안 된다고 강요했다. 이렇게 볼 때, 몽골의 독립에 대한 러시아의 승인은 사실상 몽골을 러시아의 특수이익권에 포함시키는 것일 뿐 다른 것이 아니었다. 이것은 몽골에 대한 종주권을 강력히 주장하는 중국의 반발뿐만 아니라 몽골사람들의 저항을 불러일으켰다. 몽골사람들의 이 저항은 결국 몽골독립운동의 정신적 원천이 된다.

이러한 상황에, 1915년 5월에 러시아의 접경지대에 있는 마을 캬흐타에서 러시아와 중국 및 몽골 사이에 협정이 맺어졌다. 이 협정은 우선 몽골에 대한 중국의 종주권을 인정했다. 그러나 중국은 종주권을 행사할 때 러시아와 상의해야 하며, 몽골은 1912년의 의정서에서 보장된 러시아의 특권을 폐기해서는 안 된다고 규정했다. 마지막으로 이 범위 안에서 몽골의 자치권을 보장한다고 선언했다. 이 협정은 비록 몽골에는 불평등한 것이었으나 그래도 몽골의 위치를 어느 정도 개선한 것이었다. 이만한 협정이라도 만들어내느라 심혈을 기울였던 이가 두 강대국의 틈바구니에서 조국의 자주권을 확보하려던 한드도르지Handdorji 외무장관이었다. 그는 이 협정의 체결을 둘러싼 교섭이 막바지에 이르렀던 때인 1915년 초에 의문의 죽임을 당했다. 어떤 사람들은 이 애국자가 외세에 연결된 첩자에게 암살된 것으로 추측하기도 했다.

1917년에 러시아에서 2월혁명이 일어나 제정이 무너지고 곧이어 10월혁명이 일어나 볼셰비키정권이 들어서면서 몽골의 상황은 다시 바뀌었다. 국내적 혼란으로 러시아가 몽골을 돌볼 힘이 없어졌음을 간파한 중국은 1918년에 몽골의 수도를 군사적으로 점령하고 몽골의 자치를 부인했다. 제정러시아에 의지했던 몽골정부는 당황했다. 그래서 볼셰비키혁명에 반대한다는 뜻을 분명히 나타냈고, 러시아에 접한 국경을 폐쇄하면서 소비에트외교관의 접수를 거부했다. 그러했다고 몽골의 형편이 좋아지지는 않았다. 볼셰비키정권에 반대해 일어난 이른바 백군白軍에 속한 러시아의 남작 운게른Baron Ungern이 1921년 2월에 '아시아 기병대'라는 이름의 군대를 몰고 수도로 진군해 중국군을 내쫓은 것까지는 좋았는데, 약탈자의 본색을 드러내 몽골사람들의 원성을 샀다. 수도에서 쫓겨난 중국군은 몽골의 지방에서 노략질을 계속했다. 몽골사람들은 강력한 구국영웅의 출현을 기다리게 됐다. 이 시점에 마침내 담디니 수흐바타르Damdinï Suhbator라는 20대 청년장교가 역사의 무대에 등장해 푸른 초원에 붉은 국가를 세우게 된다.

수흐바타르의 붉은 혁명

그러면 수흐바타르는 누구인가? 그는 어떤 과정을 거쳐 몽골에서 공산혁명을 성사시키는가? 그는 1892년 말에, 또는 1893년 2월 2일에 오늘날에는 암갈랑 바타르라고 불리는 마이마시市에서 태어났다. 부모는 대부분의 몽골사람들이 그러했듯 무척 가난한 유목민이었다. 그래서 그는 어린 시절부터 무척 가난한 생활을 했으며, 다른 사람에게 고용돼 시장에서 고기배달, 목재수송, 풀베기, 역참동행 등을 하며 고향집의 부모형제를 도와야 했다. 그 시절에는 국가가 베푸는 의무교육제도가 없어서 학교를 다닐 수 없었다. 그러나 아버지 담딩은 그가 14세가 되자 귀인貴人 짜미양에게 제자로 들여보내 몽골문자와 산수를 배우게 했다.

수흐바타르는 19세이던 1912년에, 제정러시아의 후원으로 수도의 근교 호지르볼란에 설립된 장교예비학교에 입학해 졸업과 동시에 임관됐으며 곧 기관단총부대의 사령관으로 승진했다. 대체로 이때 우르거에 사는 가난한 네멘데의 딸 양쯔마와 결혼했다. 그는 군사지식을 빨리 배웠으며 '강직한 상관'으로 존경을 받았다. 1914년 여름에 군의 상층부가 병사들에게 상한 고기를 보급하자 이에 반발해 항명을 주도한 사건은 그의 명성을 더욱 높였다. 그뿐 아니라, 몇 차례에 걸쳐 주변국들이 침공해 들어올 때마다 맞서 싸워 승리를 거둬 민족적 영웅처럼 떠받들어졌다.

수흐바타르는 곧 군복을 벗고 25세가 된 1918년부터 수도의 몽골출판위원회에서 식자공으로 일하게 됐다. 이것은 그가 지식인세계에서 호흡할 수 있는 기회를 마련해주었다. 이때는 러시아에서 볼셰비키혁명이 일어난 직후였으며, 우르거의 러시아출판사에서 일하던 혁명적 러시아지식인들을 통해 마르크스주의와 레닌주의가 몽골에도 호의적으로 소개되고 있었다. 그는 볼셰비키혁명에, 특히 레닌정권의 반제식민지해방노선에 쉽게 공감할 수 있었다.

수흐바타르는 몽골의 독립을 주도할 비밀단체를 조직했다. 그것과는 별도로 또 하나의 비밀단체가 조직됐다. 1920년 6월에 이 두 단체는 통합해서 몽골인민당을 창당했다. 이 과정에 그가 주도적 역할을 수행했는데, 그를 도운 대표적 독립운동가가 호를로깅 초이발산Khorlooginn Choibalsan이었다. 비록 몽골인민당이라는 단일정당의 깃발 아래 뭉치기는 했으나 혁명가들은 당이 걸어갈 노선에 대해 의견을 달리했다. 수흐바타르는 레닌노선을 강력히 옹호했다. 몽골은 레닌이 걸어온 길, 그리고 레닌이 러시아를 이끌어가는 길을 밟아야 하며, 레닌이 세계의 공산혁명을 유도해내고 특히 아시아와 아프리카의 식민지들에서 일어나는 민족해방투쟁을 돕기 위해 세운 국제공산주의기구인 코민테른의 지도를 따라야 한다는 것이었다. 그의 주장은 많은 토론을 거쳐 당의 공식노선으로 채택됐다.

몽골인민당이 레닌노선을 채택함에 따라 수흐바타르를 비롯한 7인의 몽골인민당 간부들은 1920년 8월에 시베리아의 이르쿠츠크에 자리 잡은 코민테른 동양비서국을 방문하고 레닌정권에 지원을 요청했다. 그는 또 러시아공산당이 에르후 지구에서 소집한 회의에도 참석해 몽골혁명가들의 결의를 전달했다. 이때 그는 "몽골인민들은 라마교의 승려들, 중국의 군사지도자들, 그리고 세계자본주의라는 세 겹의 압박을 받아 신음하고 있다"고 호소하고, "이러한 몽골인민들에게 몽골인민당의 표어가 받아들여지고 있다"고 자랑스럽게 보고했다. 마지막으로 그는 "러시아의 공산주의혁명은 동방에 혁명의 불을 질렀다. 이제 동방의 인민들이 일어서고 있다"고 선언했다. 레닌정권은 당연히 그에 대한 지지를 다짐했다.

수흐바타르는 새로운 개안開眼과 기대 속에 귀국했다. 그는 몽골인민당이 정규군을 창설해야 하고 몽골인민의 독립요구를 더욱 높이는 교육을 실시해야 한다고 제의했다. 이렇게 외세의 지배에 맞서야 한다는 의식이 확산되는 가운데, 앞에서 말했듯, 러시아백군의 침략이 자행되자 몽골사람들의 투쟁열기는 더욱 높아졌다. 수호바타르, 그리고 초이발산을 비롯한 그의 동지들은 기회를 놓치지 않고 1921년 3월에 몽골인민당 제1차 대회를 열어 창군創軍의 임무를 그에게 맡기면서 그를 군총사령관으로 임명했다. 그의 지도 아래 곧 창군이 마무리됐다. 이 과정에 레닌정권의 지원이 중요하게 작용했음은 물론이다.

그는 1921년 3월 18일에 일차적으로 히악트시市를 해방하는 데 성공했다. 이것은 한편으로 그의 지도력을 한층 굳혀주었으며 다른 한편으로 몽골사람들의 자신감을 높여주었다. 그리하여 몽골인민당은 그해 7월 11일에 몽골인민임시정부 수립을 선언할 수 있었다. 이 정부는 입헌군주제를 채택해 황제 복트칸의 지위를 인정했다. 몽골사람들은 이날을 혁명기념일로 삼고 매년 사흘 동안 거국적인 축제를 연다. 이 축제를 몽골인들은 '나담 Naadam'이라고 부르는데, '나담'은 '축제'라는 뜻이다.

몽골인민임시정부는 수도를 점령한 러시아백군을 축출하기로 결정하고, 그해 10월에 총공세를 취해 큰 어려움 없이 승전할 수 있었고 승세를 몰아 12월 6일에 수도에 입성했다. 나흘 뒤 몽골인민임시정부는 스스로를 몽골인민상임정부로 승격시켜 기존 정부를 대신했다. 수호바타르는 국방장관 겸 전군통수권자로 임명돼 새 정부를 장악했다. 이튿날인 1921년 12월 11일에, 이 정부는 몽골에 독립국이 수립됐음을 공식선언했다. 소비에트러시아는 곧바로 이 정부를 승인했다. 상황의 전개를 바라보던 중국도 소비에트러시아를 따라 이 정부를 승인했다.

이듬해 수호바타르는 모스크바를 방문하고 레닌을 만났다. 레닌은 그가 백군을 궤멸시킨 공로를 인정해 무공적기훈장을 수여했으며, 몽골의 새 정부에 대한 지원을 다짐했다. 이것은 수호바타르의 위신을 높이는 데 이바지했다. 그러나 반대세력도 만만치 않았다. 기득권을 놓치게 된 봉건세력은 새 정부를 타도하기 위해 무장봉기를 공모했고 수호바타르를 암살하려

했다. 그러나 그는 조금도 흔들리지 않고 강하게 대처했다. 이처럼 강인한 투지로 건국사업에 전념하던 그에게 예기치 못한 일이 일어났다. 1923년 12월 20일에 30세의 나이로 별세한 것이다. 몽골정부의 공식설명으로는 어떤 음모에 의해서가 아니라 갑자기 죽었으며, "침략자들과 반혁명세력을 경계하고 국민들의 자유와 번영을 증진시키라"는 유언을 남겼다고 한다. 그러나 근본적으로 민족주의자인 그가 소비에트러시아의 제국주의적 본질을 깨닫고 저항하려 하자 소비에트러시아 쪽에서 암살했다고 추정하는 사람들도 없잖다.

수흐바타르는 오늘날까지 몽골의 민족영웅이자 건국영웅으로 추앙되고 있다. 수도의 중심가에 그의 동상이 서 있고 또 그만을 위한 국립묘지가 세워져 있다. 다른 한편으로 몽골의 국가적 지도자들에게만 허용되는 국립공동묘지에도 그와 부인의 묘지가 나란히 마련돼 있다. 수도의 교외에 자리를 잡은 이 지역은 '황금 요람'이라고 불린다.

2. 초이발산의 스탈린식 통치

인민공화국의 수립

수흐바타르가 죽자 권력의 중추는 그와 함께 몽골인민당의 창당과 독립운동에 주도적 역할을 수행한 초이발산에게 넘어갔다. 그러면 초이발산은 어떤 사람이었나? 그는 1895년에 체첸한성의 산베이스호쇼에서 태어났다. 이곳은 그에 대한 존경의 표시에서 오늘날에는 초이발산솜으로 이름이 바뀌었다.

초이발산 역시 가난한 유목민의 아들로 태어났다. 자연히 어린 시절부터 많은 고생을 하며 자랐다. 17세인 1912년에 수도로 도망쳐나와 남의 집을 날라다주는 따위의 육체노동을 했다. 그러한 역경 속에서도 혼자 글을 배운 그는 러시아의 10월혁명에 크게 자극을 받았다. 그래서 23세이던 1918년에 몽골인민당의 창당에 열성적으로 참여했다. 그 과정에 수호바타르의 신임을 받아 그에 버금가는 지도자가 됐고, 수호바타르와 함께 소비에트러시아를 방문해 공산주의교육을 받았다.

1921년에 몽골인민당이 정규군을 창군했을 때도 수호바타르와 함께 적극 참여했고, 하악트를 해방시키는 전투에서도 공을 세워 군의 부사령관으로 임명됐으며, 몽골인민임시정부가 세워졌을 때는 각료로 기용됐다. 같은 해에 몽골혁명청년동맹의 제1비서로 선출되기도 했다. 이렇게 볼 때, 수호바타르가 죽자 초이발산이 권력을 승계한 것은 자연스러운 일이었다. 마침 수호바타르가 죽고 5개월 후인 1924년 5월에 상징적인 국가원수 복트칸이 죽었다. 이것을 계기로 몽골인민당은 군주제를 폐지했다. 동시에 같은 해 8월에 제3차 대회를 열고 스스로를 몽골인민혁명당으로 고치고, 11월 26일에는 몽골인민혁명당의 1당독재를 정당화한 소비에트러시아식의 사회주의 헌법을 채택하면서 국호를 몽골인민공화국으로 바꿨다. 이날은 오늘날까지 건국기념일로 기념되고 있으며, 수도 후레는 울란바토르Ulanbaator로 개칭됐다. 그것은 '붉은 영웅'이라는 뜻이다. 이 모든 일을 초이발산이 주도했음은 물론이다.

이로써 소비에트러시아 이후 처음으로 사회주의국가가 탄생했다. 이것은 몽골이 지구상에서 두번째 사회주의국가였다는 뜻이다. 이때는 소비에트러시아가 주변의 다른 국가들을 정복하고 그것들을 모두 묶어 소련을 출범시킨 직후였다. 소련은 몽골인민공화국을 뒷받침해주기 위해 곧바로 우호협력조약을 체결하면서 이 나라가 독립국임을 다시 선언하면서도, 중국을 고려해 중국의 종주권은 인정하지 않을 수 없었다. 중국은 1945년 2월에 열린 얄타회담에서 외몽골의 독립이 인정되는 것을 본 뒤 1946년에 가서야 몽골인민공화국의 독립을 인정하며, 양국의 외교관계는 1960년에야 비로소 수립된다.

무자비한 유혈숙청

사회주의국가의 수립을 주도한 초이발산은 몽골인민혁명당 중앙위원회 총비서로서 전군사령관을 겸했고 때로는 외무장관, 농축산장관, 부총리, 제1부총리, 제1부총리 겸 국방장관, 제1부총리 겸 내무장관 등을 차례로 거쳤다. 만 41세가 된 1936년에는 원수 칭호를 받았고, 만 44세인 1939년에는 총리를 맡았다.

이처럼 당과 정부의 요직을 거머쥔 초이발산은 소련식 사회주의혁명을 수행했다. 구체적으로 말해, 사유재산의 폐지와 기업의 국유화 및 농업의 집단화를 가혹하게 추진했다. 그것은 엄청난 유혈을 동반한 것이었다. 특히 소련에서 독재자 스탈린의 지휘 아래 피의 숙청이 계속됐던 1930년대에, 몽골에서도 초이발산의 지휘 아래 피의 숙청이 계속됐다. 여기에 반발해 1932년에는 전국의 주요 도시들에서 사실상 무장반란이 일어났다. 이 '1932년의 무장봉기'는 소련이 파견한 전투비행단에 의해 진압됐다. 그래도 못 미더웠던 스탈린은 1937년에 소련의 비밀경찰요원들을 몽골로 보내 당과 정부 및 군에서 '믿음이 가지 않은 요소들'을 직접 숙청했다. 이때 몽골에서는 무고한 사람들이 참으로 많이 학살됐다.

3. 체덴발체제의 등장과 소련의 몽골착취

체덴발의 파격적인 출세

이 무렵 몽골에서는 윰자긴 체덴발Yumjaagiyn Tsedenbal이 새로운 권력자로 성장하고 있었다. 그는 1916년 9월 17일에 태어났으니, 수호바타르보다 23년 연하였고 초이발산보다 21년 연하였다. 그 역시 가난한 유목민가정에서 태어났다. 그러나 그의 성장과정은 수호바타르나 초이발산과 크게 달랐다. 체덴발이 성장하던 시기는 몽골인민공화국이 세워진 뒤였기에 그는 정상적인 학교교육을 받을 수 있었다. 13세이던 1929년에는 소련으로 파견돼 소련이 친소적 몽골관리들을 양성하기 위해 만든 2년의 교육과정을 마쳤으며, 이어 시베리아재정경제대학을 졸업하고 귀국했다. 그는 정부의 재정공무원연수원에서 교수로 일하다가 23세인 1939년 3월에 재무차관으로, 1개월 뒤에 재무장관 겸 무역산업은행의 총재로 발탁됐다. 그의 발탁은 물론 스탈린에 의한 것이었다.

체덴발의 파격적인 출세는 거기서 끝나지 않았다. 그는 그해 4월에 일본이 중국과 몽골의 국경지대에 위치한 노몬한Nomonhan의 할힌골Khalkhin Gol을 공격하자 그에 맞서 싸우는 몽골소련연합군을 위한 몽골의 식품조달 책임자로 일하게 된 것과 연합군이 8월에 승전한 것을 계기로 더욱 소련의 신임을 얻게 됐다. 그래서 1940년 봄에 열린 몽골인민혁명당 제10차 대회에서 당중앙위원회 총비서로 선출됐다. 이로써 당권은 45세인 초이발산으로부터 24세인 체덴발에게 넘어왔다. 이어 1952년에 초이발산이 57세로 죽자 36세인 그는 총리직마저 물려받아 당정 모두를 장악하기에 이르렀다. 몽골의 지배자나 다름없던 스탈린이 죽기 한 해 전이었다.

체덴발은 그 후 30년 넘게 당정의 최고권력자로 군림했다. 몽골은 그의 통치 아래 1961년에는 마침내 유엔에 가입할 수 있었고, 1962년에는 소련이 주도하던 소련동유럽경제협력체인 코메콘COMECON에 가입했으며, 1963년에는 영국이 서방에서는 처음으로 몽골을 외교적으로 승인했다. 1966년에는 소련과 상호우호협력조약을 체결하고 소련군을 몽골에 주둔시켰다. 체덴발은 58세인 1974년에 우리나라의 국회에 해당하는 대인민회의

상임위원회 위원장으로 선출됨으로써 국가원수의 자리에 올랐으며, 이것을 계기로 총리직을 자신보다 10년 연하로, 소련유학을 마치고 몽골국립대학교 총장을 지낸 경제전문가 잠빙 바트뭉흐Jambyn Batmunkh에게 물려줬다. 그리고 10년 뒤인 1984년에 체덴발은 당총비서직과 국가원수직 모두를 내려놓게 되는데, 이 두 자리의 후임 역시 바트뭉흐였다.

가혹한 소련의 수탈과 라마교탄압

처음부터 소련의 위성국으로 출발한 몽골인민공화국은 철저한 스탈린주의자였던 초이발산과 체덴발 치하에서 일관되게 소련을 추종했다. 그래서 바깥세계는 이 나라를 '소련을 구성하는 15개 공화국에 뒤이은 16번째 공화국'이라고 비웃었으며 심하게는 '소련의 속국'이라고 조롱했다. 이것은 중국과 소련이라는 두 강대국에 둘러싸인 이 약소국이 중국과 러시아의 역사적 갈등과 대결에서 철저히 반중친소에 섰음을 의미했다. 몽골인민은 수백 년 동안 자신들을 지배해온 중국이라는 호랑이를 피해 소련이라는 붉은 곰을 선택했던 것이다. 그러나 붉은 곰은 결코 좋은 보호자가 아니었다. 소련은 몽골을 철저히 착취했다. 몽골이 자랑하는 풍부한 천연자원들, 예컨대 석탄·철·구리·텅스텐·금·은·주석·인회토·형석 등을 마구 캐갔다.

여기서 강조돼야 할 점은 소련은 하다못해 그 지하자원의 가공공장 하나 지어주지 않고 원자재 그대로 실어날랐다는 사실이다. 그래서 오늘날에도 몽골에는 풍부한 광업국가로서는 너무나 어울리지 않게 이렇다 할 공장이 몇 개밖에 없는 형편이다. 그것만이 아니다. 소련에 수탈을 당하자 사회간접자본의 투자가 부실해 도로나 통신시설도 빈약하다. 1990년대 이후 개혁과 개방을 지향하는 새로운 몽골에 선진자본주의국가들이 그 풍부한 지하자원을 노리고 투자하려 하다가도 주저앉았던 까닭이 바로 산업의 하부구조가 미비해서였던 것이다.

소련은 몽골을 경제적으로 착취했을 뿐만 아니라 정신적으로나 문화적으로도 착취했다. 우선 몽골사람들로부터 몽골의 역사적·문화적 전통과 유산을 빼앗는 조처들을 취했다. 그 대표적인 조처가 칭기즈칸숭배를 금한 것이다. 물론 만주지배자들도 칭기즈칸숭배를 막았으나 소련은 더욱 가혹했다. 몽골족의 침략을 받아 240년 정도 몽골의 종살이를 했던 쓰라린 경험을 지닌 소련은 칭기즈칸을 '야만적 침략자'로 단죄해 몽골사람들에게 그렇게 세뇌시켰던 것이다.

소련이 몽골의 역사적·문화적 유산을 말살하려는 뜻에서 취했던 가장 중요한 조처는 라마교탄압이었다. 불교의 한 교파로 '황색 불교'라는 별명을 가진 티베트의 라마교는 원제국 때 쿠빌라이칸이 국교로 채택한 뒤 몽골사람들에게 엄청나게 큰 영향을 끼쳤다. 그 영향은 물론 양면성을 지녀 긍정적인 측면과 부정적인 측면으로 나눌 수 있는데, 시간이 흐르면서 부정적인 측면이 더욱 커져 학자에 따라서는 라마교가 원제국을 망친 장본인이라고 보기도 했다.

우선 라마교는 권력을 믿고 국가의 토지를 마음대로 차지했으며 국민들에게 횡포를 부렸다. 많은 젊은이들이 일찍부터 라마사원에 들어가 병역과 부역을 기피함에 따라 국력은 피폐해졌다. 게다가 결혼하기 전날의 처녀와 동침할 수 있다는 이른바 라마승의 초야권初夜權은 그렇잖아도 문란한 성질서를 더욱 어지럽혔을 뿐만 아니라 성병을 만연시키는 매개물이 됐다는 비난마저 받았다. 만주족은 이러한 라마교를 몽골식민정책의 하나로 후원했다. 무엇보다 사납고 용맹스러운 몽골족의 기상을 무디게 하는 데는 현실세계에서 도피하려는 성격이 짙은 라마교의 확산이 긴요하다고 보았던 것이다.

라마승은 독신을 원칙으로 삼았다. 그래서 라마승의 증가는 몽골인구가 감소하는 원인이 되기도 했다. 구체적으로 살펴보면, 몽골 전체인구가

1918년에는 64만 명 정도였고 1925년에는 65만 명 정도였다. 몽골인구는 1960년대에 들어와서야 비로소 1백만 명을 넘었으며 1980년대 들어서야 비로소 2백만 명을 넘어선다. 또 라마사원을 유지하는 데 드는 막대한 비용을 평민들이 부담하려니, 몽골사람들은 대부분 가난할 수밖에 없었다. 게다가 라마승들은 민가로 떼를 지어 다니며 못된 짓들을 많이 해 사회 전체를 무너뜨려갔다.

이러한 라마교의 역사적 배경과 사회적 폐해 때문에 몽골의 사회주의혁명가들이 소련의 라마교탄압에 동조한 것으로 믿어지는데, 그 과정은 참혹했다. 1930년대까지 계속된 탄압을 통해, 몽골 전역에 있던 749개 사원들 가운데 울란바토르에 있는 간단사원을 비롯한 3대 사원을 빼놓고는 모두 없앴다. 사원의 미술품들도 철저히 파괴됐거나 소련으로 실려갔다. 무엇보다도 승려들에 대한 탄압이 심해서, 1930년대 말까지 숙청된 승려가 9만 명 정도였다고 한다. 그들 가운데 약 1만 4천 명은 살해됐다고 한다. 그때의 몽골인구가 70만 명이 채 안 됐음을 생각한다면 피해자의 수가 얼마나 많았는지 짐작하고도 남는다.

칭기즈칸복권운동과 라마교부흥운동

1991년에 소련이 해체되고 몽골과 러시아의 관계가 새롭게 정립되면서 몽골에서 칭기즈칸복권운동이 활발하게 벌어졌다. 그 일환으로, 주요한 기관들에는 칭기즈칸의 대형 초상화를 걸고 있고, 사람들은 칭기즈칸의 무용담을 자랑스럽게 소개하곤 한다. 같은 맥락에서, 몽골의 민족문화를 강조하게 되면서 라마교부흥운동이 활발하게 벌어지고 있다. 파괴됐던 사원들이 다시 세워지고 승려들은 물론 신도들의 수도 부쩍 늘어나고 있다. 칭기즈칸 숭배 및 라마교부활과 더불어 몽골애국자들에 대한 회상도 활발하다. 특히 강대국들의 틈바구니에서 몽골의 독립을 지키기 위해 노력했던 정치인들과 외교관들 및 행정관들의 약전略傳이 신문에 연재되기에 이르렀다. 이러한 분위기는 몽골의 대표적 영자신문인 『몽골리언 메신저 The Mongolian Messenger』 1993년 1월 26일자에 실린 역사학자 발하아야브의 논설 「고귀한 문화유산은 잘 보존돼야 한다」에 잘 드러났다. 이 글에서 그는 몽골의 훌륭한 문화유산이 소련의 강제로 말살되거나 왜곡됐음을 상기시키면서 몽골사람들이 자신의 역사와 문화에 대해 자신감을 갖고 살아야 한다고 역설한 것이다.

4. 소련의 해체와 몽골의 민주화

1988년에 개혁운동이 시작되다

여기서 우리는 소련의 해체로 이어진 고르바초프의 페레스트로이카와 글라스노스트 정책이 몽골에 끼친 영향을 잠시 살펴야 하겠다. 체덴발 이후의 몽골, 그리고 오늘날의 몽골은 그것을 떠나서 생각할 수 없기 때문이다.

몽골의 사실상의 종주국이던 소련에서 1985년 이후 개혁과 개방이 진행되자 몽골에서도 그동안 숨을 죽였던 비판세력이 제 목소리를 내기 시작했다. 이에 따라 이미 1984년에 권력의 정상에서 조용히 물러난 체덴발의 후임 바트뭉흐 몽골인민혁명당 중앙위원회 총비서는 1988년부터 쇄신이라는 뜻의 시네치엘을 표방했다. 그러나 비판세력은 그것으로 만족하지 않고 1989년 12월 10일에 몽골민주연맹을 출범시켰다. 12월 10일은 유엔이 제정한 세계인권의 날 기념일이었다. 이 택일에서 보이듯, 그들은 인권존중의 깃발을 들고 새로운 정당의 창립을 지향했던 것이다.

그들은 1990년 3월 7일에는 단식투쟁을 선언하면서 공산당1당독재체제의 종식 및 다당제의 도입을 부르짖었다. 이어 스탈린동상들을 철거하고 체덴발을 재판에 부치라고 요구했다. 몽골민주연맹은 곧 몽골민주당으로 확대됐으며 몽골의 제1야당으로 자리를 잡았다. 집권세력은 그들의 요구에 부응해, 그들과 함께 원탁회의를 열고 몽골의 민주화를 위한 원칙들에 합의했다. 그 결과 1990년 7월 29일에 몽골역사에서 처음으로 다당제에 기초한 민주적인 자유선거가 실시됐으며 연립정부가 출범했다. 초대 대통령으로는 1990년 9월에 몽골인민혁명당의 푼살마긴 오치르바트Punsalmaagiyn Ochirbat가 선출됐는데, 그는 1993년 6월에 재선됐으며 이때부터 대통령임기는 4년으로 고정됐다. 그 이후 2009년까지 국한시켜 말해, 국회의원선거가 다섯 차례 실시됐고 대통령선거가 다섯 차례 실시됐는데, 모두 비교적 자유롭고 공정했다는 평가를 받았다.

마르크스주의 포기를 선언하다

이러한 상황에서 45년 가까이 권좌에 머물렀던 체덴발은 1991년 4월 21일에 모스크바에 있는 쿠츠네초프병원에서 죽었다. 향년 75세였다. 어떤 사람들은 위급해진 그가 소련이 몽골을 상대로 저질렀던 범죄들을 털어놓을까 경계한 소련정보당국이 그를 소련으로 유인한 뒤 독살한 것 같다는 추측을 제시했다. 그러나 확인되지는 않았다. 장례는 울란바토르에서 4월 26일에 치러졌고 역시 '황금 요람' 국립묘지에 묻혔다. 체덴발의 사망은 구체제의 종식과 일치했다. 이해 2월에 몽골인민혁명당은 마르크스주의와 레닌주의를 포기한다고 선언했다. 몽골인민혁명당은 이어 6월에 국명에서 인민공화국을 없애고 단순히 몽골리아Mongolia로 바꾼 헌법초안을 발표했다. 이 새 이름은 이듬해 발효됐다. 이로써 몽골은 70여 년 동안 계속됐던 마르크스-레닌주의의 속박에서 해방됐다.

동시에 몽골은 러시아의 속박에서도 해방됐다. 소련이 해체된 뒤 처음 있었던 몽골 최고권력자의 러시아방문을 통해 두 나라는 우선 1966년에 맺어졌던 냉전시대적 우호협력조약을 새 시대에 맞게 고쳤다. 1993년 1월에 모스크바를 방문한 오치르바트 몽골대통령은 "국제사회주의라는 이름 아래, 냉전적 이데올로기로 규제됐던 두 나라는 이제 비로소 상호존중과 호혜평등의 보편적 원칙 위에서 새롭게 출발하게 됐다"고 선언했다. 여기에 발을 맞춰, 한때는 몽골인구의 34퍼센트에 가까운 66만 명까지 주둔하던 소련군이 완전히 철수했다.

그뿐 아니라 러시아는 두 나라 원수의 공동성명을 통해 1930년대와 1940년대에 걸쳐 소련이 몽골사람들을 박해했던 역사적 과오에 대해 '깊은 유감'을 나타냈다. 이 일을 계기로 몽골에서는 억울하게 죽은 사람들과 유형을 받았던 사람들을 기리는 행사가 벌어졌다. 『몽골리언 메신저』 1993년 1월 26일자는 「억울하게 죽었던 이들의 영혼이여, 평화롭게 잠드소서!」라는 논설을 내보냈고, 정부는 '정치적으로 박해받았던 사람들의 신원伸怨을 위한 국가위원회'와 '정치적으로 박해받았던 사람들을 연구하는 연구소'를 세웠다. 이 두 기관은 1993년 3월에 백서를 발표했다. 거기에는 1930년대에 박해받았던 644명의 명단이 게재됐다. 이러한 연구에 바탕을 두고, 정부는 1996년에 무고한 희생자의 후손에게 공식사과하고 9월 10일을 '희생자 기념일'로 정했다. 또 1997년에 그들에게 국가가 금전적으로 배상하는 법을 발효시켰다.

이것과 관련해, 그 엄청난 피의 숙청시대에 몽골을 이끌었던 최고권력자 초이발산에 대한 역사적 재조명이 부분적이나마 진행됐다. 초이발산은 수흐바타르와 더불어 울란바토르의 중심에, 더구나 대통령과 국회의장 및 국무총리가 집무하는 국가종합청사 바로 앞에 위치한 국립묘지에 묻혀 있다. 초이발산의 후계자인 체덴발이 그렇게 조처했던 것인데, 1930년대의 유혈극을 지휘했던 초이발산이 과연 거기에 묻혀 있을 수 있느냐는 반론이 조금씩 제기된 것이다.

러시아 및 중국과의 관계를 재정립하다

러시아와의 관계가 재정립되면서 새로운 쟁점으로 떠오른 것이 러시아가 제시한 몽골의 러시아에 대한 빚이었다. 오치르바트 대통령이 러시아를 방문했을 때 발표한 공동성명이 몽골의 부채를 인정한 데 대해 국민들이 반발하고 나선 것이다. 빚의 총액이 공동성명에 적시되지는 않았지만, 그것이 러시아에 대한 베트남의 빚보다 많다고 알려지자, 몽골의 여론은 "말도 안 된다"는 거센 반발을 노골적으로 나타냈다. 예컨대, 정부를 대변하는 『몽골리언 메신저』는 1993년 1월 26일자 기획기사를 통해 "우리 몽골이 자체 비용으로 소련의 중국방위를 위한 전선에서 첨병노릇을 뼈가 빠지게 수십 년 동안 했다는 사실 하나만으로도 그렇게 큰 빚을 졌다는 사실을 인정할 수 없다"고 반박했다.

그렇다고 몽골이 반러시아운동을 벌인 것은 아니다. 울란바토르 한복판에는 몽골의 '해방자' 소련군을 찬양하는 뜻으로 세웠던 소련군장갑차 조형물이 그대로 보존돼 있다. 또 소련의 정부와 군대가 몽골이 어려울 때마다 도와주었으며 그때마다 몽골의 정부와 국민이 감사를 표시했음을 보여주는 조형물과 벽화가 울란바토르를 내려다보는 낮은 산꼭대기에 그대로 보존돼 있다. 레닌의 동상도 2012년까지는 파괴되지 않았다. 몽골은 아직도 러시아를 의식하지 않을 수 없는 것이다. 이것은 또한 오늘날 몽골을 이끌고 있는 지도층의 기본성격과도 연결돼 있다. 공산주의와 결별을 다짐하고 개혁과 개방을 추구한다고 하지만, 그 주체인 몽골인민혁명당은 스탈린체제의 산물이고 그 지도자들은 상당수가 소련에서 교육받아 친소적인 사람들이기 때문이다. 그러므로 공산주의를 버리고 개혁과 개방을 추구하는 러시아를 여전히 바라보고 있는 것이다.

다른 한편으로 수백 년 동안 자신들을 식민통치했던 중국에 대한 경계는 여전하다. 또 하나의 접경 강대국인 중국을 어떻게 다루느냐 하는 것은 몽골외교에 중대한 과제인 것이다. 이제 몽골은 소련이 강요해온 무조건적 반중노선을 수정해가며 중국과 가까워지고 있다. 그러나 거기에는 지난날의 역사가 빚어낸 불신 때문에 한계가 그어지기 마련이다.

이러한 상황에 1993년 봄 중국에서 출판된 책 한 권이 논란을 일으켰다. 12명의 중국역사학자들이 쓰고 베이징의 인문중국출판사가 펴낸『외몽골독립의 내막』이라는 책이 몽골사람들을 화나게 만든 것이다. 모두 10장으로 구성돼 중국어로 출판된 이 책은 기본적으로 오늘날의 몽골을 사실상 중국이 소련에 빼앗긴 식민지로, 따라서 되찾아야 할 중국영토들 가운데 하나로 설명했다.

몽골사람들에 따르면, 중국은 1960년대의 이른바 문화대혁명 시기에는 몽골의 독립을 인정하지 않고 몽골이 중국의 한 부분이라고 주장하는 책들을 발행했다고 한다. 홍위병들의 대자보에도 그러한 주장이 그대로 기록됐다고 한다. 그런데 지금도 이런 책이 나온다니, 중국지도층의 속셈이 과연 무엇이냐고 의심하는 것이다. 이에 대해 중국의 외교부는 이 책의 내용이 중국학자들의 개인적인 의견일 뿐 중국정부의 공식견해와는 다르다고 공개해명했다. 중국정부는 몽골의 독립을 인정하며 몽골의 주권과 영토를 존중한다고 덧붙이기도 했다.

오늘날 몽골은 공산주의독재체제로부터 자본주의민주체제로의 커다란 전환에서 진전을 보이고 있다. 야당도 여러 개 나타나 명실상부한 복수정당체제가 성립됐다. 대통령도 국민들이 직선하고 있으며 1997년과 2009년의 대통령선거에서는 야당이 집권했다. 언론매체도 상당히 많아졌고 적어도 주간 영자지『몽골리언 메신저』만 본다면, 언론자유도 높은 수준에서 향유되는 것 같았다. 저자는 1993년 상반기에 발행된 이 신문의 기사들을 꼼꼼히 읽었는데, 정부와 여당을 매섭게 비판하는 야당들의 주장이 그대로 소개돼 있었고, 마약 · 매춘 · 범죄 · 부정부패 · 물가오름세 등 어두운 측면도 대단히 자세하게 보도되고 있었다.

한 체제로부터 성격이 전혀 다른 체제로 전환하는 것은 어느 나라에서나 쉽지 않은 법이다. 저자는 1993년 7월 20일부터 24일까지 한몽골우호친선협회의 초청을 받아 몽골을 처음 방문했었다. 그때 만난 몽골의 국무총리 푼트사기인 자스라이에게 저자는 그 점을 강조하면서 몽골지도층은 자기희생과 봉사의 자세로, 몽골국민은 인내와 자제의 자세로 임할 것을 역설했다. 저자는 1995년 6월 30일부터 7월 3일까지 몽골국립대학교와 단국대학교가 공동으로 개최한 제1차 한몽학술대회에 단국대학교 대표단의 일원으로 울란바토르를 다시 방문하고 '황금 요람'을 둘러보았다. 찾아오는 사람이 거의 없어 쓸쓸했다. 그러나 수흐바타르에 대한 몽골사람들의 존경심에는 아무 변화가 없음을 확인할 수 있었다. 이 점은 저자가 2009년 7월 25일부터 28일까지 유니세프 한국위원회 대표단의 일원으로 울란바토르와 그 인근지역들을 방문했을 때도 다시 확인할 수 있었다.

새로운 국가적 과제의 등장

1990년대 중반 이후 이 나라에는 새로운 국가적 과제가 제기됐다. 그것은 '사막화' 현상이다. 지구온난화의 영향을 받아 강우량이 줄어든 까닭이 그 한 요인이다. 실제로 호수가 없어지기도 했고 나무가 제대로 자라지 못하기도 했다. 그러나 그것보다 훨씬 중요한 요인으로 두 가지를 꼽을 수 있다. 첫째, 공업화의 진전에 따른 초원의 파괴다. 공장을 짓고 공장노동자들의 주택을 짓게 되니 자연히 초원이 줄어들게 된 것이다. 둘째, 상업화의 진전에 따른 초식동물의 증산과 그것에 따른 초원의 파괴다. 염소를 비롯한 초식동물의 털가죽이 해외에서 비싸게 팔리는 데 착안해, 몽골인구의 다수를 차지하는 목축인들이 초식동물을 증산하게 되자 초원이 빠르게 줄어든 것이다. 특히 염소는 목초의 뿌리까지 먹어치우기 때문에, 염소 떼가 지나간 지역은 쉽게 사막으로 바뀐다. 몽골정부는 물론이고 한국을 포함한 세계의 여러 기구들이 몽골의 사막화진전을 막기 위한 계획들을 추진하고 있으나 효과가 크게 나고 있지는 않다.

 마지막으로 덧붙이고 싶은 것이 두 가지 있다. 첫째, 칭기즈칸에 대한 역사적 재평가가 국제적 수준에서 확산되는 경향이다. 칭기즈칸을 '침략자' '학살자'로 보아서는 안 되며, '위대한 정치가' '위대한 정신적 지도자'로 보아야 한다는 해석이 세계적으로 유명한 학자들에 의해 꾸준히 제기되고 있다. 둘째, 한국에 대한 몽골인들의 인상이 무척 호의적이라는 점이다. 그들은 한국을 '솔롱고'라고 부르는데 이것은 '해가 뜨는 나라'라는 뜻이다. 같은 맥락에서 그들은 한국인을 '솔롱고스,' 곧 '해가 뜨는 나라의 사람'이라고 부른다. 몽골인이 한국과 한국인에 대해 호감을 갖고 있음은 우리의 자산이 된다. 한때 한국과 몽골이 '국가연합'을 구성하는 것이 바람직하다는 구상이 공개적으로 제기됐던 것도 이러한 배경의 산물이라고 생각된다. 몽골이 개혁과 개방을 더욱 힘차게 진전시켜 민주화와 산업화를 함께 성취하게 되기를 바란다. 동시에 몽골과 한국의 관계가 더욱 높은 수준으로 발전해, 공식적인 국가연합은 아니라고 해도 실질적인 협력의 범위를 확대하고 협력의 깊이를 심화하기 바란다.

11

베트남의
독립영웅

호찌민

베트남은 한국과 인연이 깊은 나라다. 베트남은 내부적 요인에 국제적 요인이 얽혀 한반도와 마찬가지로 남북으로 분단됐었고, 한국은 1960년대 중반부터 1970년대 전반까지 10년 가까이 남베트남을 군사적으로 지원했을 뿐만 아니라 남베트남파병을 매개로 이른바 월남특수를 일으켜 경제도약을 위한 발판을 마련하기도 했다. 그리고 1990년대 후반부터 오늘날에 이르기까지 베트남의 젊은 여성들이 한국으로 시집을 오면서 두 나라 사이에는 새로운 관계가 열렸다.

베트남전쟁 때 한국이 지원한 남베트남은 1975년 봄에 북베트남에 의해 군사적으로 점령됐고 이로써 베트남에는 공산화통일이 이뤄졌다. 이것을 우리는 '베트남형型 통일'이라고 부르면서 반면교사로 삼아왔다. 그러면 무엇이 북베트남으로 하여금 남베트남을 군사적으로 정복할 수 있게 했던가. 세계 최강대국인 미국의 군사지원을 10년 넘게 받은 남베트남은 물론이고 실질적 전쟁수행국인 미국을 무릎 꿇게 만든 북베트남의 힘은 어디에서 나온 것인가? 많은 국제정치학자들은 그 해답을 북베트남의 국가원수이던 호찌민 Hô Chi Minh, 胡志明에게서 찾았다.

1. 프랑스의 침략과 베트남의 민족운동 개시

최초의 베트남민족운동가들

베트남은 한반도의 약 1.4배나 되는 면적에, 2012년 현재 인구가 약 9,100만 명인 동남아시아의 큰 나라다. 북쪽으로 중국과 국경을 접하고 서쪽으로 라오스 및 캄보디아와 맞닿아 있다. 동쪽은 남중국해다. 종족은 베트남족이 전체 인구의 약 88퍼센트를 차지하는데, 골격에서나 두뇌에서나 동남아시아의 여러 다른 민족들보다 앞섰다는 말을 듣는다. 그래서 이웃 라오스와 캄보디아를 지배하려는 '제국주의적' 성향을 자주 드러내곤 했다.

그러나 중국은 베트남에 비해 훨씬 강성했다. 그래서 중국의 역대 왕조들은 때때로 베트남을 침공해 자신의 속방으로 삼기도 했다. 베트남인들은 힘에 눌려 복종하기는 했으나 저항심을 지녔으며 경우에 따라서는 독립운동을 벌이기도 했다. 강대국에 저항하는 베트남민족주의는 이렇게 오랜 기간에 걸쳐 양성된 것이었다. 여기서 덧붙일 것은 우리 국내에서 어떤 사람들은 『삼국지연의』의 제갈공명이 침공해 복속을 받은 '남만南蠻'을 베트남으로 생각하고 있는데, 그것은 사실이 아니라는 점이다. 베트남은 중국의 관념으로 분명히 '남만'에 속하지만, 제갈공명이 '칠종칠금七縱七擒'의 고사를 남긴 상대는 오늘날의 중국 윈난성을 지나 서남쪽에 위치했으며 미얀마에 가까운 융창永昌 일대. 19세기에 이르러 이른바 서세동점西勢東漸의 시대, 곧 서유럽의 제국주의국가들이 아시아의 후진국들을 침략하는 시대가 열리면서 베트남의 운명에도 큰 변화가 일어났다. 프랑스가 중국진출을 위한 교두보로 베트남을 지목하고 1858년 9월부터 침공하기 시작했던 것이다.

이 시점에, 베트남은 응우옌Nguyên왕조가 지배하고 있었다. 지역적으로는 북부·중부·남부 또는 북기北圻·중기·남기로 나뉘었지만 그것은 어디까지나 일반적 호칭일 뿐 행정구역을 뜻하지는 않았으며, 베트남 전체는 하나의 왕국으로 통일돼 있었다. 수도는 중부의 중심도시인 후에 Huê, 順化에 두었다. 그런데 프랑스는 이것을 분할통치의 수단으로 활용해, 우선 남부를 '코친차이나 交趾支那 보호령'으로 삼았고, 이어 중부를 '안남安南 보호령'으로 삼았으며, 마지막으로 북부를 '통킹東京 보호령'으로 삼았다. 이로써 응우옌왕조의 명목은 유지됐지만 실제로는 베트남 전체가 완전히 프랑스의 식민지로 전락했으니, 이때가 1885년이었다. 2년 뒤에, 프랑스는 라오스와 캄보디아를 베트남에 묶어놓고, 그 전체를 '프랑스령 인도차이나'로 성립시켰다.

프랑스의 식민지배는 뿌리 깊은 베트남민족주의를 자극했다. 그리하여 반식민주의운동이 끊임없이 일어났는데, 그것은 다음에서 보듯 세 단계를 거치게 된다. 첫째 단계는 프랑스의 침공이 시작되던 시기다. 이 시기의 운동은 유교적 사고방식에 따른 근왕운동이었다. 이것은 조선왕조 말기에 일제의 침략 앞에서 전통적 유학자들이 일으킨 위정척사운동衛正斥邪運動을 연상시키는 것이었다.

둘째 단계는 근왕운동이 좌절하고 베트남이 프랑스의 식민지가 된 직후의 시기다. 이 시기의 운동은 유교식 사고방식을 버리고 서유럽적 사고방식에 기초한 독립운동이었다. 이 무렵에는 중국을 통해 서양의 근대사상이 베트남에도 흘러들어왔고, 특히 청나라 말기에 변법운동을 이끌었던 캉유웨이와 량치차오의 이론들이 소개돼 베트남의 민족주의적 지식인들에게 많은 영향을 주었던 것이다.

이 시기의 대표적 지도자들로 두 사람을 꼽을 수 있다. 판보이쩌우Phan Bôi Châu, 潘佩珠와 판쩌우찐Phan Châu Trinh, 潘周楨이 그들이다. 판보이쩌우는 서양의 근대사상들 가운데 그 시기에 일본이나 중국에서 유행하던 사회적 다윈주의를 받아들였다. 이른바 사회진화론자들은 찰스 다윈의 『종의 기원들』을 원용하면서 "자연세계에서는 강자가 약자를 잡아먹으며 그래서 이 밀림의 법칙에 적합한 자만이 살아남는다고 가르쳤는데, 그 법칙은 사회세계에서도 그대로 적용된다"고 주장한 것이다. 판보이쩌우는 베트남이 프랑스에 예속된 것은 베트남의 국력이 약했기 때문이라고 생각했다. 그래서 베트남이 독립하려면 국력을 길러야 하고, 그렇게 하려면 서양의 근대적 문물제도를 받아들이고 근대화해야 한다고 믿었다. 또한 그는 베트남의 군주제를 유지시킬 수 있는 입헌군주제를 꿈꿨다.

판보이쩌우는 1904년에 유신회維新會를 조직해서 베트남근대화운동을 이끌었다. 동시에 『류큐혈루신서琉球血淚新書』를 써서 류큐가 일본에 속박되면서 얼마나 비참해졌는가를 알려, 베트남이 프랑스의 지배를 받게 되면서 얼마나 비참해졌는가를 새삼 깨닫게 했다. 류큐는 일본에 예속된 이후 오키나와로 불리고 있다. 그는 이어 『베트남 망국사』를 써서 베트남사람들의 독립심을 높이고 아울러 모든 계층으로 구성되는 민족독립전선의 결성을 호소했다.

판보이쩌우는 곧이어 동유운동東遊運動을 전개했다. 베트남학생들의 일본유학을 장려하고 후원하는 운동이었다. 이것은 일제의 조선강점 시기에 조선의 민족주의자들 사이에서 일어났던 애국계몽운동 또는 실력배양운동을 연상시킨다. 그러나 판보이쩌우는 그 선에서 멈추지 않고 무장투쟁을 획책했다. 1908년에 중부지방에서 농민들이 세금거부운동을 일으키는 것을 보고, 그는 베트남의 한 민족주의자가 이미 조직해둔 군대를 동원하려고 한 것이다. 그러나 사전에 발각돼 실패로 끝났고, 그는 홍콩으로 망명했다. 동시에 동유운동도 끝나게 됐다.

판보이쩌우와 보완되는 또 한 사람의 민족주의지도자가 판쩌우쩐이었다. 판쩌우쩐은 판보이쩌우와는 달리 군주제의 폐지를 부르짖었다. 그러나 그는 판보이쩌우처럼 사회적 다윈주의를 받아들였고 그 논리의 연장선 위에서 애국계몽운동에 나섰다. 그리하여 그의 영향을 받아 하노이에서는 1907년에 동경의숙東京義塾이 문을 열었다. 그리고 이 학교를 통해 국산품 애용운동과 문맹퇴치운동이 활발히 벌어졌다.

이 학교는 성공적이어서 여러 지역들로 확대됐다. 그러자 프랑스식민당국은 1908년에 이 학교들을 폐쇄하고 판쩌우쩐을 풀로 콩도르崑崙라는 섬으로 유배를 보냈다. 이 섬은 프랑스식민당국이 베트남의 민족주의자들을 유배 보내는 사실상의 감옥이었다. 그는 3년 뒤 프랑스인권옹호연맹의 도움으로 겨우 석방돼 파리로 갈 수 있었다. 그는 처음 3년 동안 프랑스정부가 주는 연금으로 생활했다. 그러면서도 그는 프랑스식민당국을 맹렬히 비난했다. 그 후에도 그는 프랑스에 대한 공개성토를 멈추지 않았으며, 프랑스의 보호를 받으며 황제 노릇을 계속하고 있다는 이유로 카이딘開定 황제에게 공개적으로 하야를 요구했다. 프랑스에 맞선 이러한 투쟁으로 그는 프랑스법정에서 사형을 선고받기도 했다.

판쩌우쩐은 1925년에야 겨우 귀국할 수 있었다. 15년 만의 귀국이었다. 그는 사이공西貢에 도착하자마자 독립정신을 대중 앞에서 역설했다. 이듬해 그는 45세의 나이로 죽었다. 3월 24일에 치러진 그의 장례식은 국민장이나 다름없었다. 식민당국이 막았는데도 사이공의 거의 모든 시민들이 길거리로 쏟아져 나왔으며 전국의 학교가 동맹휴학에 들어갔을 뿐만 아니라 각자 나름으로 장례식을 치렀다.

새로운 지식층의 등장

서울대학교 동양사학과의 유인선 교수가 『베트남사史』(민음사, 1984)에서 적절히 지적했듯, 판쩌우쩐의 장례식은 구세대에 의한 민족주의운동이 끝났음과 아울러 새로운 세대에 의한 민족주의운동이 시작될 것임을 보여주었다. 여기서 구세대라고 함은 베트남 전통사회의 마지막 지식층을 말하는 것이고, 새로운 세대라고 함은 프랑스 식민지배 아래서 프랑스식 교육을 받고 자라난 1세대 지식층을 말하는 것이다.

그러면 이 새로운 세대는 어떻게 형성됐고 어떤 정치적 정향定向을 지녔을까? 이 물음에 대답하기 위해 우리는 우선 프랑스식민당국의 베트남지배를 살피지 않으면 안 된다.

프랑스는 베트남을 지배하기 위해서 프랑스어를 쓸 수 있는 하급관리들이나 회사원들을 길러낼 필요를 느꼈다. 그래서 프랑스식 교육제도를 실시했다. 이것은 처음에는 읽기와 쓰기, 산술과 같은 아주 초보적인 수준에 국한됐다. 그러나 그것만으로는 부족하다고 판단되자 단계적으로 초등교육을 확대했고 이어 중등교육을 도입했으며 마침내는 대학을 세우기에 이르렀다. 한편 이러한 교육을 받은 베트남인들 가운데 프랑스로 유학하는 젊은이들이 나타났다. 이러한 배경에서 고등교육을 받은 사람들이 베트남의 새로운 지식층을 형성하게 된 것이다.

베트남에서 형성된 새로운 지식층의 초기 세대는 급진적인 사상을 갖지 않았다. 그들은 프랑스의 식민지배를 당연한 것으로 받아들인 채 베트남사회의 근대화를 추구했을 뿐이었다. 그 대표적 지식인으로 우선 하노이지방의 응우옌반빈Nguyên Văn Vinh을 지적할 수 있다. 응우옌반빈은 1913년에 『인도차이나』라는 잡지를 창간하고 베트남의 전통적 사회체제를 비판하고 유럽문화를 찬양했다. 그가 추구한 것은 베트남의 유럽화였다.

또 같은 하노이지방의 팜꾸인Pham Quynh을 들 수 있다('꽘'은 우리 식으로는 '범范'이다). 팜꾸인은 프랑스정보기관의 도움을 받아 1917년부터 월간지 『남풍南風』을 발간했다. 이 월간지는 우선 베트남사회가 응집력과 조직력이 취약해 강자의 지배를 받을 수밖에 없으며, 따라서 프랑스의 식민지배는 당연하다고 인정했다. 이 점에서 그는 분명히 반민족주의자였다. 그러나 그는 국혼國魂의 회복을 부르짖었다. 정치적 독립은 사실상 불가능하니 국혼의 회복을 통해 베트남의 고유문화를 지켜나가자는 뜻이었다. 그 구체적 방법으로 그는 국어보급을 적극 지원했고 그 성과는 컸다.

마지막으로 사이공지방의 부이꽝찌에우Bui Quang Chiêu를 지적할 수 있다. 그는 입헌당立憲黨이라는 서구민주주의 지향의 부르주아적 이익집단을 형성하고 식민지배의 틀 안에서 행정개혁과 경제근대화를 추구했다.

2. 프랑스에 저항하는 독립운동이 공산주의에 접목되다

급진적 민족주의사상의 대두

이상에서 살핀 새로운 세대 초기의 지식인들은, 다시 말하지만, 모두 프랑스의 식민지배를 인정하는 가운데 그 틀 안에서 개혁을 추구한 온건파였다. 그런데 크게 보아서는 새로운 세대의 초기 지식인들로 분류될 수 있으면서도 그들의 후배가 되는 지식인들 가운데, 마침내 프랑스의 식민지배를 인정하지 않고 프랑스로부터의 독립을 추구하는 사람들이 나타났다. 이로써 베트남에서 반식민민족주의운동의 셋째 단계가 시작됐다.

이러한 현상의 배경으로는 우선 제1차 세계대전이 끝난 이후 유럽에서 더욱 거세진 사조들, 예컨대 약소민족의 독립을 옹호하는 사상과 자유민주주의사상 및 사회주의사상 등이 더욱 활발히 흘러들어온 사실을 지적할 수 있다. 이어 중소기업의 성장에 따라 형성된 베트남의 상인계급이 프랑스식민당국의 과도한 조세에 불만을 갖게 된 것을 지적할 수 있다.

새로운 전환의 첫번째 지도자는 응우옌안닌Nguyên An Ninh이었다. 프랑스에서 유학한 응우옌안닌은 1920년대 초 사이공에서 『경종警鐘』이라는 신문을 창간하고 베트남의 독립을 역설했다. 그 결과 그는 판쩌우쩐의 장례식이 치러진 1926년 3월 24일에 체포됐고 신문은 폐간됐다. 그런데도 응우옌안닌을 넘어서서 더 과격하게 움직이는 지식인들이 나타났다. 그들은 1923년에 중국의 광둥성에서 땀땀사心心社라는 독립운동단체를 조직하고, 1924년에는 인도차이나를 지배하는 프랑스총독을 암살하려다가 실패했다.

이 사건은 그 후의 반식민주의투쟁에서 하나의 전환점이 됐다. 1925년에 베트남청년혁명동지회가 조직되고, 1927년에 베트남국민당이 결성된 것이다. 이 두 단체들 가운데 특히 중요한 것은 베트남청년혁명동지회였다. 이 단체가 앞으로 베트남에서 공산주의운동의 핵심으로 바뀌고 또 이 단체를 통해 호찌민이 성장했기 때문이다.

호찌민의 등장

그러면 우리가 우리 식의 한자읽기에 따라 흔히 호지명이라고 부르던 호찌민은 어떤 사람이었나? 호찌민의 전기로 대표적인 책은 프랑스의 언론인 장 라쿠튀르Jean Lacouture가 1968년에 뉴욕의 랜덤하우스에서 펴낸 『호찌민: 하나의 정치전기 *Ho Chi Minh: A Political Biography*』를 꼽을 수 있겠는데, 이 책을 중심으로 호찌민에 대해 설명하기로 한다.

호찌민은 안남의 하틴성省 난단구區 킴리엔, 또는 응에안성 호앙쭈에서 1890년 5월 19일에 태어났다. 본명은 응우옌신꿍Nguyên Sinh Cung이었다. 아버지는 학자 출신의 낮은 관리로, 프랑스에 반대하는 정신이 강했다. 그래서 프랑스식민당국으로부터 해임되어 방랑자로 살다가 객사했다. 자연히 호찌민의 어린 시절은 불우했다. 그러나 독립정신을 일찍부터 체질화시킬 수 있었음은 다행스러운 일이었다.

궁핍한 살림 속에서 그래도 천만다행으로 후에에 있는 국립학교인 국학國學에 다닐 수 있었고, 그 덕분에 그는 뒷날 사립학교 교사가 될 수 있었다. 그러나 그는 거기에 만족하지 않고 프랑스로 건너가 유럽선진국가들의 문물과 제도를 배우고자 했다. 그래서 1911년에 프랑스증기선의 요리사 자리를 얻어 북아프리카의 여러 항구들과 미국의 보스턴 및 뉴욕을 여행했으며, 런던에서 2년 동안 생활한 뒤 마침내 프랑스로 이주했다. 그가 27세이던 1917년의 일이었다.

호찌민은 이때부터 1923년까지 6년 동안 프랑스에 머물게 되는데, 일정한 직업 없이 정원사, 청소부, 식당종업원, 사진사보조원, 화부火夫 등 닥치는 대로 일을 하며 생활을 유지했다. 수입은 너무 적어 생활은 언제나 궁핍했다. 그러면서도 그는 스스로 성명을 응우옌아이꾸옥阮愛國, 곧 '애국자 응우옌'으로 고치고 자신의 일생을 조국의 독립에 바치기로 결심했다. 응우옌이라는 성은 그의 고향에서 가장 흔한 성이었다.

호찌민은 우선 그곳에서 활동하던 판쩌우찐을 만나 동지적 유대를 맺었으며, 베트남인들을 조직하는 데 앞장을 섰다. 좌익계열의 신문에 기고도 했고, 프랑스사회당의 산하조직인 '청년사회주의자'에, 이후에는 프랑스사회당에 가입하기도 했다. 그러나 그는 여전히 이름 없는 존재였다. 하지만 1919년 1월에 그가 취한 행동이 그를 베트남인들의 지도자로 만들어주었다. 1918년에 제1차 세계대전이 끝나면서 파리의 베르사유궁전에서 평화회의가 열리자 그는 이 회의에 참석한 각국 대표들 앞으로 베트남의 독립을 호소한 8개항의 청원서를 제출한 것이다. 각국 대표들은 이 청원을 무시했다. 그러나 베트남인들은 그의 용기에 감복했다.

호찌민의 위상은 1920년 12월에 투르에서 열린 프랑스사회당대회를 통해 다시 높아졌다. 인도차이나대표로 참가한 그는 프랑스의 인도차이나식민지배를 통렬히 비난하고 프랑스사회당이 인도차이나에 조사단을 파견해 실상을 파악해달라고 요청하는 연설을 한 것이다. 마르크스의 사위로 이 대회에 참석한 장 롱게를 비롯한 많은 대표들이 격찬을 했다. 그러나 프랑스사회당의 온건파는 호찌민의 요구를 받아들이지 않았다.

이 무렵에 프랑스사회당의 좌파세력은 프랑스공산당Parti communiste français, PCF을 창당했다. 호찌민은 프랑스공산당이 식민지문제를 훨씬 잘 이해한다고 판단해 프랑스사회당을 탈당하고 프랑스공산당의 창당에 참여했다. 같은 시기에 『프랑스에 의한 식민화 과정』이라는 소책자를 출판해 프랑스의 인도차이나식민통치의 비인도적 성격과 무자비한 탄압을 규탄했으며, '식민지 지역들의 동맹'을 창건하고 기관지로 『르 파리아 Le Paria』를 창간했다. 그것은 '쫓겨난 사람' 또는 '천민賤民'이라는 뜻이었다.

프랑스공산당을 통해 베트남해방투쟁을 전개하던 호찌민에게 레닌과 코민테른은 점점 관심의 대상으로 떠올랐다. 약소민족의 해방투쟁을 지원하겠다고 선언한 레닌, 그리고 그러한 목적에서 레닌이 1919년 3월에 창설한 코민테른은 그에게 구원의 빛처럼 보였기 때문이다. 그래서 호찌민은 1924년 1월에 마침내 모스크바를 방문했다. 공교롭게도 그가 모스크바에 도착하기 며칠 전에 레닌이 죽었다. 그는 레닌을 위해 조사를 썼고, 이것은 소련공산당 기관지 『프라우다』에 게재됐다. 그 후 호찌민은 모스크바에 그대로 머물며 코민테른을 근거로 활동했다. 모스크바에서의 생활은 호찌민의 지적知的 세계를 넓혀주었다. 그는 동방노동자공산주의대학교에서 마르크스주의와 레닌주의를 수강했으며, 부하린과 지노비예프 및 라데크Karl Radek 등 소련의 정상급 정치지도자들을 비롯해 불가리아의 공산주의자 디미트로프와 핀란드의 공산주의자 오토 쿠시넨 및 중국의 공산주의자 리리싼 등과 폭넓게 교유했다. 스탈린과도 얼굴을 익혔다.

1924년 여름에 코민테른 제5차 대회가 모스크바에서 열리자 호찌민은 인도차이나대표로 참석했다. 이 대회에서 그는 '압박받는 농민들'의 혁명적 역할을 강조한 논설을 발표했다. 공장노동자들의 혁명적 역할을 강조한 레닌과 달리 농민들의 혁명적 역할을 강조한 것인데, 호찌민은 평생 동안 이 노선을 견지한다. 이 노선은 마오쩌둥의 노선과 같은 것이었다. 그러나 마오쩌둥으로부터 배운 것이 아니라 그 스스로 터득한 것이었다. 이것은 그가 독자성을 지닌 지도자였음을 말해준다. 그리고 이 사실 때문에 그는 스탈린의 경계대상이 된다.

인도차이나공산당의 창당을 주도하다

1924년 12월에 코민테른은 호찌민에게 중국 광둥성의 성도인 광저우로 가라고 지시했다. 그때 광저우에서는 코민테른의 중국주재대표 보로딘이 갓 태어난 중국공산당의 혁명운동을 지도하고 있었는데, 코민테른은 호찌민이 아시아문제에 정통한 만큼 보로딘을 현지에서 도와주리라 기대했던 것이다. 호찌민은 기꺼이 응했다. 광저우에는 베트남의 독립을 꿈꾸는 베트남민족주의자들이 꽤 많이 모여 있었기 때문이다. 실제로 그는 그들을 움직여 1925년 6월에 베트남청년혁명동지회를 출범시키는 데 성공했다. 이 단체는 '청년'이라는 약칭으로 불렸고, 이 단체 스스로『청년』이라는 기관지를 창간했다.

이 단체는 그 이전의 베트남민족주의단체들과 분명하게 구별되는 이념적 지향을 나타냈다. 그것은 정치적 독립만을 추구하는 것이 아니라 독립한 이후의 경제사회적 변혁까지 추구한다는 것이었다. 그리고 그러한 요구의 밑바탕에는 마르크스-레닌주의의 이론적 틀이 깔려 있었다. 호찌민은 이 단체의 요원들을 중국국민당정부가 운영하는 황푸군관학교에 보내 교육시켰다. 이때는 중국에서 국공합작이 이뤄졌던 시기여서 그것이 가능했다. 호찌민은 또 2~3개월 단기의 간부양성학교를 열고 요원들을 마르크스-레닌주의에 입각해 사상교육을 시켰다. 이렇게 훈련된 요원들은 1925년 말부터 베트남 국내로 잠입하기 시작해, 2년 뒤에는 그 수가 무려 2백여 명에 이르렀다. 이 과정에서 그는 『혁명으로 가는 길』을 저술했다. 이것은 혁명요원들을 가르치기 위한 편람이었는데, 그는 미국의 독립전쟁을 하나의 전범으로 제시했다.

이처럼 비교적 순조롭게 진전되던 혁명요원양성에 큰 장애가 나타났다. 1927년에 장제스가 반공쿠데타를 일으켜 좌익을 숙청했을 뿐만 아니라 국공합작 자체를 파탄시킨 것이다. 이에 따라 호찌민은 모스크바로 망명할 수밖에 없었고, '청년'은 본거지를 광시성이나 홍콩 같은 곳으로 옮겨야 했다. 호찌민은 모스크바로 피신했다가 벨기에의 수도 브뤼셀에서 열린 '제국주의전쟁에 반대하는 회의'에 참석했다. 쑨원의 미망인 쑹칭링, 인도의 독립운동가 자와할랄 네루, 그리고 인도네시아의 독립운동가 모하맛 하타 Mohammed Hatta 등도 참석해 호찌민은 그들과 친해졌다. 이 회의가 끝난 뒤 호찌민은 프랑스와 독일, 스위스 및 이탈리아를 거쳐 1928년에 코민테른의 동남아주재대표로 타이에 도착했다.

그사이 '청년'은 내분에 빠졌다. '청년'의 북부지도자들은 1929년 6월에 인도차이나공산당을 조직했고, '청년'의 남부지도자들은 안남공산당을 조직한 것이다. 다른 한편으로, 동유운동이나 동경의숙에 관련되어 풀로 콩도르에 유형됐다가 석방된 민족주의적 지식인들은 1930년 1월에 인도차이나공산주의연맹을 출범시켰다. 이러한 내분에 당황한 코민테른은 호찌민에게 통합공작을 지시했다. 호찌민은 홍콩으로 돌아와 인도차이나공산당과 안남공산당의 대표들을 불러 회의한 뒤 1930년 2월에 베트남공산당으로 통합시키는 데 성공했다. 이 당은 다시 코민테른의 지시에 따라 1930년 10월에 이름을 인도차이나공산당으로 고쳤으며, 1931년 4월에 코민테른의 지부로 공인됐다.

인도차이나공산당의 목표는 1930년 2월 18일에 채택된 '10개항 선언'에 잘 나타났다. 그것은 프랑스식민주의의 타도와 인도차이나의 완전독립, 노동자와 농민 및 병사로 구성되는 정부의 수립, 제국주의자 및 제국주의협조자가 소유한 은행과 대기업 및 농장의 국유화 내지 농민에의 분배, 8시간 노동제의 실시, 남녀평등, 의무교육 등을 다짐했다. 그러나 이때 호찌민은 "우리의 목표를 일차적으로 프랑스식민주의의 타도와 베트남민족의 독립에 두자"고 역설했다.

베트남국민당의 창당과 몰락

베트남의 좌파세력 또는 공산주의세력이 베트남청년혁명동지회를 거쳐 인도차이나공산당으로 결집되던 시기에 베트남의 우파민족주의세력은 베트남국민당Việt Nam Quôc Dân Đang, VNQDD을 조직했다. 베트남국민당의 창당과 몰락 과정은 다음과 같다.

베트남의 우파민족주의지식인들은 1925년에 남동서사南東書舍라는 출판사를 발족하고 이를 무대로 베트남의 장래를 토론하곤 했다. 1927년에, 장제스가 영도한 국민혁명군의 북벌이 성공해 중국이 잠시 통일됐을 때 남동서사의 지식인들은 큰 감명을 받았다. 그리하여 1927년 12월에 응우옌타이혹Nguyên Thai Hoc이라는 교사가 중심이 돼, 남동서사를 모체로 베트남국민당을 비밀리에 창당한 것이다.

베트남국민당은 베트남의 독립을 부르짖었을 뿐 베트남이 독립한 뒤 어떤 사회를 실현하겠다는 청사진은 내놓지 못했다. 그런데도 학생과 교사, 하급관리, 소상인이 많이 참여해 1929년 초에 1,500여 명의 당원을 확보하기에 이르렀다. 이처럼 빠르게 성장하던 베트남국민당은 1929년 2월 9일에 일어난 한 사건을 계기로 급격히 무너지기 시작했다. 그것은 바쟁Bazin암살사건이었다.

바쟁은 파리의 국립식민지경영대학 졸업생으로, 베트남에서 농장노동자들을 징모하는 일을 담당했다. 프랑스식민당국은 우선 그 일은 '공적인 업무'가 아니라고 강조했다. 이어 그 일은 기본적으로 인구가 조밀한 지역에서 노동자들을 뽑아 인구가 적은 지역으로 보내는 일이어서, 두 지역 모두에 혜택이 된다고 변명했다. 그러나 노동자들의 근로조건은 열악했다. 일해야 할 시간은 너무 긴 데 비해, 급료가 너무 적었기 때문이다. 게다가 한 차례라도 고향에 돌아갈 수 없었다. 그런데도 바쟁은 징모작업을 강압적으로 추진해 베트남인들의 원성을 샀다. 결국 베트남국민당의 과격파가 정부情婦의 집에서 나오는 바쟁을 암살하자, 프랑스식민당국은 베트남국민당 당원들에 대한 일제검거에 나서 베트남국민당의 뿌리를 흔들어버린 것이다.

절체절명의 위기에서 응우옌타이혹은 베트남국민당을 중심으로 1930년 2월에 하노이의 서북쪽 성도 옌바이Yên Bai에 주둔한 프랑스군 병영을 공격했다. 그러나 기대했던 베트남 출신의 병사들이 호응하기는커녕 반격을 가해 실패하고 말았다. 프랑스식민당국은 이 사건을 무자비하게 다뤄 응우옌타이혹을 비롯한 베트남국민당의 지도자들을 모두 죽였으며, 반란에 참가했거나 연루된 베트남인들을 모두 투옥했다. 이 사건을 계기로 베트남의 비공산주의혁명세력은 사실상 소멸되다시피 했다. 따라서 공산주의혁명세력이 프랑스에 저항하며 베트남의 독립을 추구하는 운동을 독점적으로 지도하게 됐다.

인민전선 시기의 호찌민

확실히 1930년 이후 베트남의 독립운동은 거의 전적으로 공산주의자들이 이끌고 있었다. 그렇다고 해서 공산주의자들의 활동이 평탄한 것은 결코 아니었다. 프랑스식민당국의 탄압은 너무나 철저해, 호찌민마저 1931년에 홍콩에서 체포되어 사형선고를 받았다. 혁명이 퇴조기를 맞이한 것이다.

이 시점에 인도차이나의 공산주의자들 가운데 트로츠키파에 속하는 사람들이 중심이 돼 '투쟁'이라는 뜻의 『라 뤼트 La Lutte』라는 신문을 발행하면서 합법적인 독립운동을 시도했다. 이들의 시도는 한때 성공적으로 보였다. 1936년에 프랑스에서 독일과 이탈리아를 중심으로 하는 국제파시즘에 대항하기 위해 공산주의자들을 포함하는 모든 반파시즘세력의 제휴를 옹호한 인민전선이 집권하고, 사회주의자 레옹 블룸 Léon Blum 총리의 인민전선 정부가 들어서 인도차이나에 대해서도 공산주의자들의 활동을 수용하는 정책을 썼기 때문이다. 그러나 1937년에 이 정부가 무너지자 인도차이나에 대한 탄압이 되살아났다.

그러면 이 시기에 호찌민은 어디서 어떻게 활동했는가? 앞에서 언급했듯, 그는 1931년에 홍콩에서 체포됐다. 결핵을 앓던 그는 곧 감옥 안의 병원으로 옮겨졌고, 프랑스인 친구 부부의 도움으로 탈출에 성공했다. 이 사실을 모른 프랑스식민당국은 그가 결핵으로 죽은 줄 알았으며 언론에도 그렇게 보도돼 모스크바에 망명하던 베트남사람들은 추모식을 거행했고 코민테른대표는 이 추모식에서 조사를 읽었다.

호찌민이 상하이와 블라디보스토크를 거쳐 모스크바에 도착한 것은 1933년 초였다. 그는 레닌연구소에서 공부하는 한편 베트남역사에 대해 강의도 했다. 레닌연구소에서 그는 조선의 공산주의혁명가 김단야金丹冶와 박헌영朴憲永 및 박헌영의 아내 주세죽朱世竹과 함께 공부했다. 그들이 레닌연구소 앞에서 함께 찍은 사진은 오늘까지도 남아 있다.

1935년에 코민테른 제7차 대회가 모스크바에서 열렸다. 호찌민은 인도차이나대표로 이 대회에 참석했으며 코민테른의 중앙위원회 위원으로 선출됐다. 이 대회에서 그는 인민전선노선을 강력히 제의했다. 국제파시즘에 대항하기 위해 공산주의자들은 비공산주의좌파세력과 동맹해야 한다는 것이었다. 불가리아의 디미트로프도 이 노선을 지지했다. 물론 스탈린도 이 노선을 지지하고 있었기에 대회는 이 노선을 공식적으로 채택했다.

이 시점에 호찌민은 귀국할 법했다. 그러나 그에게 내려진 사형선고는 여전히 유효해 귀국을 피했다. 중증의 결핵도 그의 귀국을 막았다. 그는 모스크바에서 요양을 계속했다. 그러나 혁명활동을 중단한 것은 아니었다. 그는 사이공에서 출판되는 인도차이나공산당의 기관지 『뉴스』에 정기적으로 기고하면서 투쟁의 노선과 방향을 제시하곤 했다.

1938년 여름에 그의 결핵은 완치됐다. 그러나 동아시아의 상황은 점점 더 나빠지고 있었다. 일본제국주의의 동아시아침략은 확대되고 있었으며, 프랑스에서처럼 인도차이나에서도 인민전선은 무너졌다. 한편 프랑스가 독일에 패전하면서 프랑스에도 독일의 괴뢰정권인 비시정권이 들어서게 되는데, 인도차이나에 주재한 프랑스식민당국 역시 비시정권으로 대체됐다. 그리고 이들은 인도차이나에 주둔한 일본군과 협력관계를 유지한다.

한 가지 다행스러운 일은 일본의 침략전쟁 앞에서 중국에서는 국공합작이 다시 성립됐다는 사실이었다. 그래서 1938년 8월에 호찌민은 체포될 염려 없이 중국공산당의 본거지인 옌안으로 갈 수 있었다. 옌안에서 호찌민은 마오쩌둥과 더불어 2개월 정도를 지냈다. 이때 중국국민당은 중국공산당에게 게릴라전술을 강의해줄 교관들의 파견을 요청했다. 중국공산당은 이 요청에 응했으며, 이때 호찌민도 정치위원 자격으로 중국국민당 군사학교에 파견됐다.

베트남독립동맹을 결성하다

1940년 2월에 호찌민은 윈난성과 광시성 등이 위치한 중국 남부로 파견됐다. 여기서 그는 프랑스식민당국의 혹심한 탄압에 쫓겨온 인도차이나공산당의 간부들을 만났다. 그들 가운데 팜반동Pham Văn Dông 및 보응우옌잡 Vo Nguyên Giap, 武元甲 같은 뛰어난 독립투사들이 포함되어 있었는데, 그들은 호찌민에 대한 충성을 다짐했다. 이 무렵 호찌민은 그저 '아저씨'로 불리고 있었고 민족적 영웅으로 존경받고 있었다. 팜반동이나 보응우옌잡은 모두 '호 아저씨Uncle Ho'를 직접 만났다는 사실만으로도 감격했다.

인도차이나의 새로운 상황은 이 혁명가들에게 어느 정도 기대를 불러일으켰다. 프랑스는 독일에 패배했으며 식민통치도 약화의 조짐을 드러내기 시작했다. 다른 한편으로 일본군은 인도차이나를 침범해, 프랑스군에 일격을 가하고 있었다. 이것은 일본군에 공동대항하기 위한 베트남과 중국국민당의 제휴를 가능하게 할 것 같았다. 이러한 상황에 이들은 3인조 또는 5인조 투사들을 계속해서 베트남으로 침투시켰다. 마침내 이들은 중국과 접경한 베트남 북부의 한 작은 지역 꽉보Pac Bo를 장악했다. 호찌민은 1941년 1월에 이 지역으로 침투해 들어갔다. 조국을 떠난 때로부터 30년 만에 조국 땅을 다시 밟게 된 것이다. 그가 51세 때의 일이었다.

꽉보 지역은 산이 높고 밀림이 울창한 곳이었다. 그는 동굴을 자신의 거처로 삼았다. 산 이름을 카를 마르크스라고 부르고 시내 이름을 레닌이라고 불렀다. 그는 주변 사람들을 끊임없이 가르쳤고, 『독립 베트남』이라는 등사판신문을 만들어 손수 배달하기도 했다.

1941년 5월 10일부터 19일까지 이곳의 한 초가에서 역사적인 집회가 열렸다. 호찌민이 소집한 인도차이나공산당 중앙위원회 제8차 전원회의가 열린 것이다. 집 안에는 대나무 탁자 하나만이 놓여 있었다. 중앙위원들은 나무 그루터기를 의자로 삼아 앉았다. 이 회의에서 베트남독립동맹, 약칭 베트민Việt Minh, 越盟이 결성됐다. 베트민은 프롤레타리아만의, 또는 노동자와 농민만의 조직이 아니었다. 베트민은 노동자, 농민, 소小부르주아, 부르주아, 그리고 애국적 지주 모두를 동맹시키는 광범위한 민족해방전선이었다. 이것은 호찌민의 정치적 정향이 코민테른의 그것에 묶여 있지 않았음을 말해주는 것이었다. 그는 마르크스-레닌주의에 묶여 있는 것이 아니라 베트남민족주의를 표방하고 나섰기에 '구국'을 앞세운 것이다.

베트민은 곧바로 연합국에 대한 지지를 선언했다. 그로부터 1년 후인 1942년 7월에 호찌민은 중국을 방문했다. 이때 그는 '계몽시키는 사람'이라는 뜻의 '찌민'이라는 이름을 처음 썼고 그리하여 호찌민이라는 이름이 태어났다. 호찌민의 방중목적은 두 가지였다. 하나는 중국국민당의 장제스를 만나 항일공동투쟁전선을 형성하는 것이었고 다른 하나는 중국공산당의 협력을, 그리고 중국공산당을 통해 소련의 지원을 얻는 것이었다. 그러나 국경을 넘는 순간 이 지역의 국민당계 군벌인 장파쿠이張發奎에게 체포돼 18개월 동안 갇히게 됐다. 그 기간은 무척 고통스러웠다. 그는 이 감옥에서 저 감옥으로, 때로는 목이나 발이 쇠사슬로 묶인 채 옮겨 다녀야 했다. 그러한 고통을 겪으면서도 그는 많은 시를 썼는데, 이 시들이 뒷날 "옥중일기"라는 제목으로 출판된다. 이 책을 보면 그가 얼마나 의지가 강한 사람이었는가를 알 수 있다. 예를 들면, "감옥에 갇힌 것은 너의 육체일 뿐 너의 정신이 아니다"와 "나는 자유를 얻을 때까지 이렇게 시를 짓겠다"는 구절들이 그러하다.

한때 호찌민이 죽었다는 소식이 동지들에게 알려졌다. 동지들은 너무나 놀라 그의 무덤이라도 찾아야겠다며 중국으로 잠입했다. 그러나 생존이 확인되면서 그에 대한 기대가 다시 살아났다. 1943년 9월에 그는 마침내 자유를 얻었다. 그의 필요성을 인정한 장파쿠이가 베트민의 지도자들과 협상해 그를 석방한 것이다. 이 시점에 전황은 연합군에 유리하게 전개되고 있었다. 그러자 동지들은 혁명적 분위기가 성숙했다고 판단해, 전국적인 무장폭동을 제의했다. 그러나 호찌민은 아직 그럴 단계에 도달하지 못했다고 만류하면서, 그 대신 1944년 12월에 베트남해방군 선전대를 창설했다. 이것이 베트민군의 모체로, 이 조직은 전국의 많은 촌락들에 침투해 조직과 선전 활동에 주력했다.

이 대목에서 지적해야 할 사실이 있다. 그것은 베트민 말고도 프랑스에 저항하는 독립운동단체들이 몇몇 더 있었다는 사실이다. 종교단체를 포함해, 비공산계인 그 단체들은 대체로 일본과 협력하는 가운데 프랑스식민당국에 저항했으며 그런대로 베트남사람들의 지지를 확보하고 있었다. 그러나 아래서 보게 되듯, 제2차 세계대전 막바지에 대세는 베트민이 장악했다.

3. 베트남민주공화국을 세우다

베트남의 독립

1945년 3월에 일본군은 그동안 협력을 유지했던 인도차이나의 프랑스 비시정권을 무력으로 무너뜨리고 곧바로 군정을 실시했다. 일본군은 이미 필리핀을 탈환한 미군이 인도차이나에 상륙하는 경우 프랑스군이 호응할까 봐 두려웠던 것이다. 이로써 80여 년 동안 계속된 프랑스의 인도차이나식민지배는 끝났다. 일본군은 군정을 실시하면서도 외양은 베트남사람의 통치인 듯 꾸미려고 했다. 그래서 응우옌왕조의 마지막 황제로 유명무실하게 제위를 유지하던 바오다이保大로 하여금 베트남의 독립을 선언하도록 유도했다.

일본군이 주둔하고 있다고는 해도 프랑스의 식민지배가 끝난 것은 베트남사람들을 열광시키기에 충분했다. 그러나 베트민은 투쟁이 더 계속돼야 한다고 믿고 윈난성에 주둔한 미군을 통해 미군 전략첩보대OSS와 협력관계를 맺는 데 성공했다. 베트민은 베트남 내의 일본군에 관한 정보를 제공하는 동시에 격추된 미군조종사들을 구조해주는 대신, 미군은 베트민에 무기와 장비 등을 공급하는 것이었다. 다른 한편으로 베트민은 프랑스의 식민지배가 붕괴함에 따라 발생한 공백, 그리고 패망이 임박한 일본군의 방관을 틈타 전국 방방곡곡으로 침투할 수 있었다. 1945년 8월 15일에 마침내 일본이 항복했다. 베트민은 총궐기해 8월 19일에 북부의 중심 하노이河內를 장악했고, 8월 25일에 남부의 중심 사이공을 장악했다. 이것을 베트민은 8월혁명이라고 불렀다.

이에 따라 1945년 8월 30일에 응우옌왕조의 13대 황제로 20년 동안 제위에 머물렀던 바오다이가 퇴위했고 응우옌왕조는 143년 만에 무너졌다. 베트민은 임시정부를 구성했으며 이것을 근거로 9월 2일에 호찌민은 하노이에서 베트남민주공화국의 독립을 선언했다. 그는 새 공화국의 국가주석으로 선출됐다. 우리나라에서는 그 자리를 대통령이라고 불렀다. 그는 바오다이를 자신의 내각 고문으로 임명했다.

이 대목에서 중요하게 지적해야 할 사실이 있다. 그것은 호찌민이 베트남독립선언서에 미국독립선언서를 인용했다는 사실이다. 그는 어떻게 해서든지 미국과의 관계를 강화하고자 했다. 그러한 목적에서 그는 그때 미국대통령이던 트루먼에게 친서를 보내 베트남과 미국의 우호관계는 동남아시아의 평화와 안정에 도움이 될 것임을 역설했다. 그러나 미국정부는 냉담하게 대응했다. 일본이 패망했기에 미국으로서는 더 이상 '공산주의국가'인 베트남과 우호협력관계를 유지할 필요가 없다고 판단한 것이다.

베트남민주공화국을 세우면서, 호찌민은 응오딘지엠 Ngô Đinh Diêm, 吳廷琰 (우리나라에서는 흔히 고딘디엠으로 불렀다)에게 입각을 권유했다. 응오딘지엠은 1901년 후에에서 태어났다. 독실한 가톨릭신자로 하노이에서 프랑스식민통치자들이 운영하던 법률행정대학교를 졸업했으며 내무부 관리로 입신했다. 그러나 프랑스정부가 베트남에 자치권을 확대해주지 않는다는 것이 확실해지자 관직을 버리고 20년 넘게 공직을 기피했다. 호찌민은 이 점을 평가해 그에게 각료직을 제의했던 것이다. 그러나 그는 열렬한 반공주의자로서 호찌민에 동조할 수 없었다. 그는 유럽과 미국을 여행하면서 저명한 우익지도자들과 사귀었고, 그들의 지지를 확보했다. 역사에 가정이 없다고 말하지만, 그때 미국정부가 호찌민의 제의를 받아들여 두 나라 사이에 국교를 맺었더라면, 그리고 응오딘지엠이 호찌민의 제의를 받아들여 함께 일했더라면 베트남의 장래는 크게 달라졌을 것이다.

제1차 인도차이나전쟁

베트남에 독립국가가 세워졌으나 이 신생국가의 앞길에는 새로운 장애물들이 나타났다. 첫째, 연합군은 인도차이나에서 북위 16도 이북의 땅을 중국국민당군대로 하여금 점령하도록 했고 실제로 중국국민당군대는 그렇게 했다. 둘째, 나치독일에서 해방된 프랑스가 베트남에 대한 지배권을 다시 찾으려고 1945년 10월에 군대를 파견해 1946년 1월에는 남베트남을 장악한 것이다. 흔히 위대한 정치가라고 불리는 드골이 이 정책을 결정했다는 것은 강대국 정치가들의 제국주의적 성격을 말해준다.

매우 어려워진 상황을 맞아, 호찌민은 화전양양和戰兩樣으로 나아갔다. 전쟁에 임할 준비는 철저히 하되 우선 프랑스와 협상에 들어간 것이다. 그는 프랑스로 하여금 북쪽의 중국군을 철수시키게 한 후 베트남의 독립을 승인하게 하려 했다. 그는 자신에 대한 국내외적 지지를 넓히기 위해서는 자신이 그저 공산주의자만은 아니며 베트남도 단순히 공산국가만은 아님을 보여주는 것이 좋겠다고 판단했다. 그래서 인도차이나공산당을 해체하고 자신의 정부에 반공주의자들도 과감히 참여시켰다.

우여곡절은 있었으나 프랑스와의 협상은 괜찮은 열매를 맺었다. 프랑스와 외교교섭이 성사돼 중국군을 철수시켰고, 프랑스군은 제한된 구역에서만 활동하게 됐다. 1946년 3월, 베트남은 '자치적 정부와 군대 및 재정을 가진 자유국'임을 인정받으며 프랑스연방에 통합되기로 결정했다. 이 정부의 국방장관으로 임명된 30대의 젊은이가 뒷날 국제사회에 게릴라전의 상징적 인물로 알려지는 보응우옌잡이었다. 1911년에 베트남의 중부에서 태어난 그는 하노이대학교 법과대학을 졸업한 뒤 호찌민의 독립운동에 참여했으며, 이 과정에서 처제는 처형되고 아내는 옥사했다. 그는 굴하지 않고 게릴라부대를 지도했는데, 그때의 능력과 공로가 인정돼 국방장관으로 발탁된 것이다.

베트남에 베트민이 주도하는 국가가 세워지는 것을 보고, 베트남의 마지막 황제 바오다이는 홍콩으로 떠났다. 만 33세였던 그는 그곳에서 왕조의 보물들을 마구 쓰며 주색에 빠진 채 생활했다. 그래서 언론매체들은 그를 '플레이보이 황제'라고 불렀다. 호찌민은 그에게 서한을 보내 "베트남역사의 일부이며 한때 베트남민중의 상징이던 당신은 공인으로서 품위를 지켜 베트남의 국격을 보호해야 한다"고 타일렀다. 그러나 그의 버릇은 고쳐지지 않았다.

베트남과 프랑스가 체결한 협정은 양쪽의 극단주의자들 모두를 불만스럽게 만들었다. 그래서 두 나라는 1946년 6월부터 파리에서 제2차 협상을 벌였다. 호찌민은 직접 파리로 갔다. 협상은 지지부진했고, 9월 14일에야 겨우 성격이 모호한 잠정협정이 체결됨으로써 마무리됐는데, 단순화시켜 말한다면 프랑스의 이권을 보장해주는 대신에 베트남에서 두 나라 사이의 무력충돌을 방지한다는 합의였다.

그러나 이 합의는 곧 무너졌다. 1946년 11월에 베트남에서 가장 큰 항구도시인 하이퐁에서 일어난 우발적인 사고를 계기로 두 나라 군대가 무력충돌하고 결과적으로 약 6천 명의 베트남인들이 죽자 12월 19일부터 전쟁이 확대된 것이다. 이것을 제1차 인도차이나전쟁이라고 부른다. 프랑스는 사이공을 중심으로 베트남국을 세우고 1949년에는 홍콩의 바오다이를 불러들여 '전全베트남의 황제'이면서 베트남의 국가원수로 옹립했다. 전통적 지배계층의 환심을 사서 베트민을 약화시키려고 한 것이다. 그러나 바오다이는 국정에는 뜻을 두지 않고 향락에만 몰두했다.

프랑스군과 전쟁에 들어간 베트민은 보응우옌잡이 이끄는 게릴라전으로 승전을 거듭했다. 1949년 10월 1일에 중국에서 중국공산당이 이끄는 중화인민공화국이 건국된 것은 베트민에 큰 격려가 됐다. 실제로 중국은 1950년 초에 베트민이 이끄는 베트남민주공화국을 승인해주었다. 한편 호찌민은 1951년 2월 11일에 베트남노동당을 창당했고, 이것을 통해 중국 및 소련과 국제적 유대를 강화했다.

1953년 말에 전세는 베트민에 결정적으로 유리하게 전개됐다. 베트남민중의 독립열망을 가장 강력한 무기로 삼은 보응우옌잡의 게릴라전법과 테러행위 앞에, 시대착오적인 식민주의 프랑스군대와 그 앞잡이 바오다이의 군대는 계속해서 무너져갔다. 1954년 5월 7일에, 하노이의 서쪽으로 라오스와의 국경 부근에 위치한 프랑스군대의 마지막 거점인 디엔비엔푸Điên Biên Phu가 사령관 보응우옌잡이 이끄는 베트남해방군에 의해 마침내 함락됐다. 이로써 프랑스는 국제사회에 자신의 무력함을 그대로 노출하게 됐다. 다른 한편으로, 이때 43세이던 보응우옌잡의 명성은 국제적으로 굳건히 세워졌다.

4. 베트남통일의 기반을 닦다

남북으로 분단된 베트남

그 시점에 강대국들이 공동으로 해결책을 찾던 국제분쟁이 두 가지 있었다. 하나가 한반도분쟁으로, 1953년 7월에 성립된 휴전협정을 평화협정으로 전환하는 문제였다. 다른 하나가 인도차이나분쟁이었다.

이 두 개의 분쟁을 다루기 위해 관련국들은 디엔비엔푸가 함락된 바로 그 날인 1954년 5월 7일에 제네바에서 회담을 시작했다. 호찌민은 이 회담에 직접 참여하지 않았다. 그러나 회담이 막바지에 이르렀던 7월 3일부터 5일까지 중국과 베트남의 접경지대에서 중국 총리 겸 외교부장으로 제네바회담에 중국대표단을 이끌고 참석한 저우언라이를 만나 베트남의 주장을 전달했다.

7월 21일에 폐막된 제네바회담은 베트남에 관해 다음과 같은 결정을 내렸다. 잠정적으로 베트남을 북위 17도선을 경계로 남북으로 나눈 뒤 1956년에 남북총선거를 실시해 통일정부를 수립한다는 것이다. 이것은 많은 학자들이 객관적으로 지적했듯 베트민에 부당한 것이었다. 왜냐하면 이미 베트민은 실질적으로 베트남국토의 훨씬 더 많은 부분을 장악하고 있었고 또 남쪽은 곡창지대인 데 반해 북쪽은 자원이 빈약했기 때문이다.

그런데도 베트민이 이 결정을 받아들인 이유는 무엇이었을까? 많은 학자들은 일차적으로 소련과 중국이 서방세계와 대결을 완화하기 위해 베트민에 더 이상 저항하지 말라고 압력을 가한 결과로, 그리고 이차적으로 호찌민 특유의 유연성의 결과로 풀이했다.

휴전이 성립된 이후 베트민은 호찌민의 지도 아래, 전쟁으로 파괴된 경제를 복구하고자 힘썼다. 우선 1955년부터 1956년까지 2년 동안 당 좌파의 주도로 급진적인 농업개혁을 추진했다. 이것은 베트민에 우호적인 서방 언론인들에게조차 '야만적이고 성급한 것'으로 보였으며, 결과는 '파탄 한 걸음 직전'으로 나타났다. 이때 호찌민은 국가주석직만 지녔을 뿐 당이나 내각에서 어떤 자리도 갖고 있지 않았다. 그러나 그는 성난 민심을 달래기 위해 국민들 앞에 사과성명을 발표했다. 국민들은 '호 아저씨'가 당의 책임을 맡지 않아 이런 일이 일어났다며, 그의 당무복귀를 요청했다. 그래서 그는 1957년에 베트남노동당을 개편하고 당수격인 제1서기를 맡았는데,

이 자리는 1960년에 열린 제3차 당대회를 계기로 레주언Lê Duân에게 넘어간다.

한편 바오다이 황제가 통치하는 남베트남에서는 철저한 반공주의자이며 독실한 가톨릭신도인 응오딘지엠이 1954년에 제네바회담을 통해 프랑스와 베트남 사이에 휴전이 성립된 것을 보고 총리직을 맡았다. 그는 1955년에 부정선거를 통해 대통령에 당선되면서 바오다이를 베트남으로부터 '영구추방' 하고 베트남공화국의 수립을 선포했으며, 제네바협정에서 약속된 남북총선거를 거부했다. 바오다이는 프랑스의 남부도시인 칸의 별장에 칩거해서 사치스럽게 살았다. 그는 1963년에 첫째 부인 남푸옹과 사별한 뒤 프랑스인 부인과 재혼했고, 1997년 8월 1일에 파리의 발드 그라스 육군병원에서 향년 83세로 죽었다.

제2차 인도차이나전쟁의 발발

프랑스와 베트남 사이에 휴전이 성립된 때로부터 3년 뒤인 1958년에 남베트남에서는 응오딘지엠정권을 타도하려는 친親베트민 게릴라들이 저항운동을 조직하기 시작했다. 1959년에 베트남노동당은 이 게릴라를 지원하기로 결정했으며, 1960년에 남베트남의 게릴라들은 마침내 베트남민족해방전선, 이른바 베트콩을 창설했다. 이 게릴라운동은 역시 국방장관 보응우옌잡이 이끌었다. 그는 자신의 경험을 토대로 1961년에 『인민의 전쟁, 인민의 군대』를 저술했다.

대체로 이 시점에 국제공산주의운동계는 중국과 소련 사이의 이념분쟁으로 갈라지기 시작했다. 호찌민은 두 동맹국 사이를 잘 헤엄쳤다. 1955년에는 모스크바와 베이징을 각각 방문했고, 1957년 7월에는 평양을 방문했으며, 1958년에는 인도의 수도 뉴델리와 인도네시아의 수도 자카르타를 각각 방문하면서 비동맹운동에 참여했다. 1960년에 모스크바에서 세계 81개국공산당·노동당대회가 열렸을 때 그는 중국과 소련 사이에서 중재자의 역할을 수행하고자 시도했고 그의 이러한 노력은 많은 외국 공산지도자들의 존경을 받았다. 이러한 호찌민의 균형외교는 중국과 소련 두 나라 모두로 하여금 북베트남을 돕게 만들었다.

여기서 여담을 소개하기로 한다. 1997년 2월에 한국으로 망명한 조선로동당 중앙위원회 비서 황장엽의 회고록 『나는 역사의 진리를 보았다』(1999)에 나오는 대목이다. 호찌민의 평양방문에 대한 답방으로 김일성은 황장엽을 포함한 수행원들과 함께 1958년 11월에 베트남을 방문했다. 황장엽은 "베트남에서 받은 첫인상은 호찌민이 매우 소탈한 사람이라는 것이었다. 팜반동 수상도 겸손하고 친절한 사람이었다"고 회고했다. 황장엽의 회고는 이렇게 이어졌다. "김일성은 조선의 사회주의건설경험을 소개하면서 무료의무교육제7년제와 무상치료제를 자랑했다. 그러자 호찌민이 농담조로 말했다. '다른 데 가서는 제발 그런 말 하지 마시오. 인민들이 호찌민은 뭘하고 있는가 하면서 나를 쫓아낼 수도 있소.'"

다시 베트남의 상황으로 돌아가기로 한다. 남베트남에서 반정부운동이 조직화되는 것을 보고, 응오딘지엠정권은 무자비한 탄압으로 대처했다. 그러나 민족주의적 불교도들을 중심으로 정권타도운동이 확산되면서 남베트남의 안전이 흔들리자 미국은 케네디 대통령 취임 이후인 1962년부터 직접적인 군사개입으로 돌아섰다. 이른바 도미노이론에 바탕을 두고, 베트남 전체가 공산화하면 이웃 동남아시아국가들이 차례로 공산화할 것이라고 판단했기 때문이다. 이로써 제2차 인도차이나전쟁이 시작됐다. 케네디행정부는 국민적 지지가 취약한 응오딘지엠을 그대로 두고는 승전할 수 없다는 계산에서 남베트남의 군부지도자들을 중심으로 쿠데타를 은밀하게 기획해 1963년 11월 1일에 그를 암살했다.

그 후의 얘기들은 이 제한된 지면에서 모두 다루기에는 너무나 길다.

1965년부터 미국의 린든 존슨Lyndon B. Johnson 대통령이 북베트남에 대한 폭격을 개시했으며 남베트남에 대한 파병규모를 크게 늘렸다. 이듬해 호찌민은 미국이 북베트남에 대한 폭격을 중단하고 베트콩을 인정해야 미국과 협상에 들어갈 수 있다고 선언했다.

호찌민은 제2차 인도차이나전쟁이 정점에 이르렀던 1969년 9월 2일에 뇌출혈로 별세했다. 향년 79세였다. 그는 죽으면서도 중소관계의 개선에 이바지했다. 그가 별세하기 6개월 전인 1969년 3월 2일과 15일에 우수리강 중류의 전바오섬珍寶島(러시아에서는 다만스키Damanski섬이라고 부른다)의 영유권을 둘러싸고 중국과 소련 사이에 무력충돌이 발생했고, 이어 7월과 8월에도 국경에서 무력충돌이 일어났다. 두 나라 사이에 핵전쟁의 위기가 고조되던 시점에, 호찌민의 장례식에 참석했던 소련의 코시긴 총리가 귀로에 베이징을 방문해 저우언라이 총리와 회담하고 두 나라 사이의 분쟁을 외교적으로 해결한다는 데 합의한 것이다.

호찌민 사후의 베트남

호찌민이 별세하자 권력은 그의 충실한 추종자이던 레득토Lê Đức Thọ와 레주언 두 지도자들에게 넘어갔다. 그들은 북베트남의 외교노선을 친소로 전향했다. 역사적으로 중국은 접경국가인 베트남을 '남만南蠻(남쪽 야만인)'으로 경멸하면서 자신의 속방으로 만들고자 했고, 베트남은 중국을 '대국주의 국가'로 단정해 늘 경계했다. 다만 미국과의 전쟁 때 중국으로부터 지원을 받았던 것인데, 이것을 지렛대로 삼아 중국이 북베트남의 내정에 간섭하자 친소노선을 채택한 것이다.

1970년부터 레득토는 미국의 키신저 대통령국가안보좌관을 상대로 베트남문제의 평화적 해결을 위한 비밀협상에 들어갔다. 이 비밀협상은 우여곡절을 겪었으나 결국 파리에서의 공개회담으로 이어졌고, 1973년 1월에 이른바 파리평화협정을 성사시켰다. 이 공로로 두 사람은 노벨평화상수상자로 발표됐다. 그러나 레득토는 전쟁이 여전히 계속되고 있음을 지적하면서 수상을 거부했다. 그는 곧 남베트남으로 들어가 북베트남의 남베트남작전을 지휘했다.

1975년 4월 30일에 북베트남은 레주언과 레득토의 지도력 아래 마침내 남베트남을 무력으로 정복하고 공산화통일을 이룩했다. 1976년에 베트남노동당은 당명을 베트남공산당으로 고쳤으며, 레주언을 초대 서기장으로 선출했다. 레주언은 1907년에 태어났으며, 21세가 된 1928년 이후 일관되게 호찌민을 따르면서 독립운동에 종사했고, 그 과정에서 두 차례 투옥된 인물이다. 그는 『베트남혁명: 근본적 문제들과 핵심적 과제들』이라는 저서를 남기고 1986년에 향년 79세로 별세했다. 레득토는 베트남공산당이 1986년에 개최한 제6차 대회에서 '도이 머이Đoâi Môi('쇄신' 또는 '혁신'이라는 뜻의 베트남어)'라는 구호 아래 자본주의적 요소들을 도입한 경제개혁안을 채택했을 때 모든 공직에서 물러났다. 그는 1990년에 향년 79세로 별세했다.

그사이 베트남은 반중친소로 완전히 돌아섰다. 남베트남의 화교들을 전부 추방하고 남베트남의 항구도시로 베트남 전체에서 네번째로 큰 도시인 다낭沱㶞을 소련의 극동함대에 빌려주었으며, 그리하여 베트남과 중국의 외교관계는 1978년 1월에 단절됐다. 중국은 베트남침공으로 대응했다. 이로써 1979년 2월 17일에, 공산국가들 사이에서의 최초의 전쟁이 시작되었다. 중국은 쉽게 승전할 것으로 예상했으나 고전을 거듭하게 되자 17일 만에 후퇴했다. 그 후에도 두 나라는 충돌했으며, 1988년에 비로소 화해했다. 이로써 베트남은 프랑스, 일본, 미국, 중국 등 강대국들을 모두 물리친 국가라는 영예를 얻었다.

보응우옌잡의 검소한 생활

이 대목에서 우리는 게릴라전의 '영웅'으로 프랑스군과 미군을 각각 상대해서 승전을 이끌었던 보응우옌잡이 그 후 어떻게 활동했는지 알아보자. 그는 1976년에 통일된 베트남에서 부총리 겸 국방장관으로 임명됐으며, 베트남공산당 정치국 위원으로도 선출됐다. 1981년부터 1991년까지 다시 부총리로 봉사했다. 그사이인 1978년에 『잊을 수 없는 날들』이라는 회고록을 출판하기도 했다.

저자는 1994년 9월에 베트남을 방문했을 때 보응우옌잡을 만날 수 있었다. 그는 저자에게 '친미'의 중요성을 역설했다. 베트남도 한국도 '친미'의 길을 걸어야 한다고 거듭해서 말한 것이다. 한편 저자는 무엇보다 그의 생활이 매우 검소한 사실에 감명을 받았다. 집은 작았으며 가재도구는 물론이고 그의 옷차림과 식사 역시 서민들의 수준에 지나지 않았다. 이렇게 '무욕' '무소유'의 생활을 유지한 까닭인지 그는 100세를 넘기며 장수하다가 2013년 10월 4일 향년 102세로 별세했다.

국부로 존경받는 호찌민

호찌민의 통치는 분명히 권위주의적이었고 때로는 철권정치와 전형적 독재자의 억압통치를 보여주었다. 예컨대, 독립선언 직후 약 1년 동안 그는 반공주의자들과 가톨릭교도들에게 무자비한 탄압으로 일관했다. 1955~56년의 농업개혁 때도 철권통치로 일관했으며, 그것이 빌미가 돼 뒷날 '지식인의 반란'이 일어나기도 했다.

그런데도 호찌민은 대체로 베트남국민들에게 사랑과 존경을 받았다고 많은 학자들이 주장한다. 베트남을 애인으로 삼아 결혼도 거부한 채 평생 독신으로 지낸 그의 애국심, 프랑스와 일본 및 미국 등 세 강대국에 차례로 맞서 조국의 독립과 통일을 성취한 민족주의적 지도력, 중국과 소련 사이에서 균형 있게 운신함으로써 국가의 이익과 위신을 지킨 외교력, 이루 말할 수 없이 검소했던 생활, 죽어서도 남긴 것이라고는 아무것도 없었던 청렴결백한 삶 등이 사랑과 존경의 원천이라는 것이다.

물론 이러한 평가에 대한 반론이 없잖다. 1995년에 출판된 북베트남 육군대령 출신인 부이틴Bui Tin의 회고록 『호찌민을 따라서 Following Ho Chi Minh』에 따르면, 호찌민은 실수도 하고 사랑에 빠지기도 했고 아첨에 넘어가기도 했다. 이 책에 따르면, 호찌민은 필명을 사용해 스스로를 칭찬하는 두 권의 책을 출판하기도 했다. 부이틴은 또 호찌민의 지도력에 한계가 있었다고 썼다. 특히 1950년대 중반의 농업개혁 시기에 베트남사람들은 그 방법을 둘러싸고 분열됐는데 호찌민은 통합의 지도력을 발휘하지 못했다는 것이다.

그러나 전반적으로 보아 호찌민이 오늘날까지도 베트남국민들로부터 국부로 존경을 받고 있음은 사실이고, 그가 통일을 위한 베트남민족의 정신적 지주로 작용했음도 사실이다. 그러했기에 그는 오늘날까지도 통일베트남의 수도 하노이의 중심가에 성스럽게 마련된 국립기념관의 묘지에 미라로 처리된 채 편히 잠들어 있다. 남베트남의 수도였던 사이공은 그의 이름을 따서 호찌민으로 불리고 있다.

저자는 1994년 9월 8일부터 10일까지 베트남의 국립인문사회과학원에서 한국베트남 수교 2주년을 기념하는 학술대회가 열렸을 때 하노이를 방문했다. 자연히 호찌민의 무덤을 보게 됐는데, 무덤 옆의 기념품가게에서는 미국의 대중가수 사이먼 앤드 가펑클의 노래가 울려 퍼지고 있었다. 미국을 '제국주의국가'로 단정하고 거기에 맞서 싸우던 호찌민의 영혼은 그 변화를 어떻게 생각할 것인지 잠시 궁금했다.

여기서 짤막하게나마 응오딘지엠에 대해 쓰기로 한다. 베트남 전체가 공산화되고 공산주의자들 사이에 무자비한 숙청이 벌어짐과 동시에, 반공주의자들에 대한 대규모 숙청이 벌어지는 것을 체험한 뒤 지난날 남베트남에서 살았던 베트남사람들 사이에서는 응오딘지엠에 대한 재평가가 이루어졌다. 응오딘지엠이 청렴했으며 반공에 투철한 애국자였다는 인식이 제한된 범위 안에서나마 확산된 것이다. 그리하여 그의 명예는 어느 정도 회복됐다.

캄보디아를 킬링필드로 만든 크메르 루주

폴 포트, 키우 삼판, 누온 체아

동아시아에 공산주의가 전래되고 수용된 이후 현실사회에 등장한 최악의 경우는 캄보디아왕국에서 실험됐던 크메르 루주의 무지막지하게 광신적이면서도 살인마적인 공산주의였다. 그것은 히틀러의 통치, 스탈린의 통치, 그리고 문화대혁명기 마오쩌둥의 통치의 종합적 축소판이라고 할 수 있다. 이 장에서는 그 실상을 살피기로 하자.

1. 크메르 루주가 집권하게 된 배경

호찌민을 지원한 시아누크

베트남의 서쪽으로, 타이의 동쪽으로, 그리고 라오스의 남쪽으로 유구한 역사를 지닌 불교국가 캄보디아가 자리를 잡고 있다. 이 나라는 베트남 및 라오스와 함께 이른바 인도차이나를 구성한다. 면적은 약 18만 제곱킬로미터로, 한반도 전체보다는 작으나 남한보다는 크다. 인구는 2012년 기준으로 약 1,500만 명이다. 수도는 프놈펜이다. 프놈펜은 캄보디아의 전설에서 '펜'이라고 불린 할머니의 '산山'이라는 뜻이다. 캄보디아는 베트남과 마찬가지로 프랑스의 식민지였고, 제2차 세계대전 말기에는 이 지역을 점령한 일제의 식민지였다. 제2차 세계대전이 끝나면서 이 나라는 독립을 선언했다. 그러나 일제가 물러나면서 다시 들어온 프랑스의 강력한 영향 아래 1949년에 프랑스연방이라는 테두리 안에서 독립국의 지위를 얻었다. 그 틀에서 벗어나 완전한 독립국의 지위를 얻은 때는 1954년 7월이었다. 한반도 문제와 인도차이나문제를 다루기 위해 소집된 제네바회담이 인도차이나휴전협정을 성립시키면서 이 나라에 독립을 부여한 것이다.

독립국으로서의 캄보디아는 곧바로 1940년 이래 국왕의 자리를 유지한 노로돔 시아누크Norodom Sihanouk의 직접통치를 받기 시작했다. 그는 1922년 10월에 프놈펜에서 태어나 거기서 프랑스식 초등교육을 받은 데 이어 사이공의 프랑스식 고등학교와 파리의 고등군사학교에서 교육을 받았다. 시아누크는 처음에는 총리 겸 외무장관으로, 이어 국가원수로 이 나라를 이끌었다. 그는 비동맹노선을 걸으면서 강대국들의 영향을 배제하고 독립을 유지하고자 노력했다. 그러나 서서히 반미적이면서 친중공적 외교노선으로 기울어졌으며 베트남전쟁에서는 호찌민과 베트콩을 지원했다. 특히 캄보디아를 북베트남의 '피난처'로 제공해, 북베트남군과 베트콩의 이동 및 탈출에 협조했다.

북한을 지지하고 남한을 비난했던 시아누크

같은 맥락에서, 캄보디아는 1966년 11월 하순부터 12월 초순까지 프놈펜에서 반서방적 성격의 '신흥국가들의 경기(가네포GANEFO)' 제2회 대회를 개최했다. 이 경기는 1950년대 후반기와 1960년대 전반기에 반미친중공적 외교노선의 선봉이던 수카르노 인도네시아 종신대통령의 제의에 따라 성립됐다. 그가 올림픽경기를 서구제국주의의 경기라고 단정하면서 아시아와 아프리카의 신흥국가들을 중심으로 거기에 대항하는 새로운 국제체육대회를 개최할 것을 제의하고, 1963년 11월에 인도네시아의 수도 자카르타에서 제1회 대회를 개최함으로써 시작됐던 것이다. 그러나 국제올림픽위원회를 비롯한 서방세계의 비판 또는 견제가 심해졌을 뿐만 아니라, 1965년 9월에 인도네시아에서 일어난 반공쿠데타로 수카르노가 실각함에 따라 제2회 대회의 개최가 어려워졌다. 이러한 상황에서 수카르노의 반미친중공적 외교노선을 지지한 시아누크는 제2회 대회를 프놈펜에서 열었다. 그러나 아프리카의 신흥국가들이 참가하지 않은 채 아시아의 신흥국가들만이 참가해, 이 대회는 제1회 아시아 가네포대회로 명명됐다.

국가 스스로의 성향이 이러했기에, 캄보디아는 대한민국에 대해서는 비우호적이거나 때로는 적대적인 행동을 취했고, 북한에 대해서는 우호적인 행동을 취했다. 수도 프놈펜에 북한의 대사관개설을 허용하면서도 대한민국에 대해서는 총영사관만 개설하도록 했다. 같은 맥락에서, 유엔이 한반도에 관한 의제를 심의하는 경우, 대한민국을 비판하는 수준을 넘어서서 규탄하는 나라들의 선두에 섰고 늘 북한을 옹호하거나 찬양했다. 특히 한국의 베트남파병을 혹독하게 비난하면서 한국을 '미제국주의의 식민지'로 매도했다.

캄보디아의 반한친북노선은 1966년의 가네포대회에서 다시 극명하게 드러났다. 이 대회에 북한은 대규모의 선수단을 파견했는데, 거기에는 북한권투선수들의 코치인 김귀하金貴河가 포함됐다. 일본에서 태어나고 성장하는 가운데 1958년에 일본프로권투선수권자가 될 정도로 권투선수로 명성을 쌓은 그는 1959년 이후의 어느 시점에 북송선에 올랐다. 그러나 그는 비록 가난하게 살았지만 일본에서 생활한 경험을 가졌기에 강압적인 북한체제를 싫어하게 되었다. 캄보디아에서 그는 북한선수단을 탈출하여 프놈펜주재일본대사관을 찾아 일본으로의 망명을 요청했다. 일본대사관이 이를 거부하자 김귀하는 한국총영사관을 찾기 시작했다. 이 소식이 전해지자 한국정부는 그의 망명을 받아들이겠다는 뜻을 밝혔다. 그러나 캄보디아경찰은 길을 헤매던 김귀하를 체포해 대회가 끝날 무렵인 1966년 12월 초에 북한선수단에 넘겨주었다. 한국정부는 총영사관폐쇄로 응답했다.

이 사건으로 김귀하의 생사문제가 국제사회의 관심을 받은 때문인지, 북한은 그를 살려둔 채 일본에 머물러 살던 일본인 아내와 두 아들을 북한으로 오게 했다. 그들이 도착한 이후 북한은 그를 북한권투선수들의 '지도원'으로 계속 키웠다. 1998년 가을에 평양에서 출판된 월간지 『금수강산』에 따르면, 그와 그의 세 아들이 모두 북한 권투계에서 활동하고 있다. 셋째 아들은 물론 평양에서 태어났다.

닉슨행정부, 반공쿠데타로 시아누크정부를 전복시키다

시아누크의 반미친중공노선, 그리고 호찌민 및 베트콩 지원에 불만을 가진 미국의 닉슨행정부는 시아누크의 모스크바방문을 기회로 잡아, 캄보디아군부 안에서 친미적 성향을 지닌 국방장관 겸 총리 론 놀Lón Nol 장군, 그리고 역시 친미적 성향을 지닌 그의 사촌 시리크 마타크Sirik Matak를 사주해 1970년 3월 18일에 쿠데타를 일으켜 시아누크정부를 전복시키고 크메르공화국이 들어서게 했다. 이 나라는 전체 인구의 80퍼센트가 크메르어를 사용하는 크메르사람들이어서, 그러한 이름을 붙인 것이다. 론 놀은 곧 크메르공화국의 대통령으로 취임했다.

모스크바에 앉아서 졸지에 정권을 빼앗긴 시아누크는 소련이 제공한 비행기를 타고 베이징공항에 내렸다. 거기에는 중국정부의 총리 저우언라이가 중국정부의 요인들과 함께 기다리고 있었다. 시아누크는 중국정부의 후원을 받아 1970년 5월에 베이징에서 캄보디아민족연합정부를 세우고 이 망명정부의 수반이 됐다. 저우언라이와 마오쩌둥은 공개적으로 이 정부와 시아누크에 대한 지지를 표시했다.

시아누크는 망명지 베이징에서 특히 저우언라이의 각별한 보살핌을 받았다. 그는 거기서 평양을 자주 방문했다. 김일성은 그의 반미노선과 반대한민국노선에 대한 보답으로, 그에게 평생 생활할 수 있는 특별저택을 마련해주면서 극진하게 대접했다. 1971년 8월에 시아누크가 평양을 방문했을 때, 김일성은 환영대회를 열면서 연설하는 가운데 대한민국정부와도 대화할 뜻이 있다고 밝혔다. 이 연설에 최두선 대한적십자사 총재가 화답함으로써 이산가족의 상봉문제를 중심으로 남북대화가 시작됐음은 널리 알려진 사실이다.

론 놀 정권은 처음부터 지지기반이 아주 취약했다. 그러했기에 급진적인 좌익세력이 1967년에 조직한 무장단체 크메르 루주Khmer Rouge(붉은 크메르)는 곧바로 론 놀 정권의 타도를 외치며 게릴라전을 수행했다. 이 시점인 1970년부터 미국은 북베트남의 남베트남에 대한 군사적 지원의 통로, 이른바 호찌민통로를 차단한다는 의도로 그 통로에 인접했거나 연결된 캄보디아와 라오스를 광범위하면서도 무자비하게 폭격하기 시작했다. 이것은 자연히 미국과 론 놀 정권에 대한 캄보디아국민들의 반감을 증대시켰고, 동시에 미국과 론 놀 정권에 반대하는 크메르 루주에 대한 지지를 증대시켰다. 베이징의 시아누크망명정부 역시 크메르 루주를 적극적으로 지원했다. 이로써 론 놀 정권은 점점 궁지로 내몰렸다.

1973년 1월에 파리평화협상에서 성립된 미국과 북베트남 및 베트콩 사이의 합의에 따라, 미군은 인도차이나로부터 철수함으로써 이 지역의 친미정권들을 결정적으로 약화시켰다. 북베트남이 남베트남을 무력으로 정복한

1975년 4월에, 크메르 루주는 그 분위기를 이용해 론 놀 정권을 무너뜨리고 캄보디아 전체를 장악했다. 이때가 정확히 1975년 4월 17일이었다. 론 놀은 미국으로 망명했다가 1985년 11월에 사망한다.

이렇게 볼 때, 크메르 루주의 성장과 집권은 미국의 역대 행정부들이 집행한 인도차이나정책의 실패가 빚어낸 결과라고 말할 수 있다. 북베트남에 대해서만이 아니라 그 이웃들인 캄보디아와 라오스까지 대량폭격으로 대응했지만 결국 미국은 인도차이나로부터 철수하지 않을 수 없었으며 그 과정에서 크메르 루주는 집권할 수 있었던 것이다.

2. 폴 포트의 광신과 끝없는 악행들

미국 상선의 나포로 시작한 크메르 루주의 통치

캄보디아 전역을 장악한 크메르 루주는 곧바로 미국의 민간인상선 마야구에즈Mayaguez호를 나포함으로써 국제적 관심을 이끌어냈다. 1975년 5월 12일에 크메르 루주의 군대는 공해를 항해하던 마야구에즈호가 캄보디아의 영해를 침범했다는 이유로 상선과 승무원들을 나포한 것이다. 미국의 포드 대통령은 군사적으로 강력히 대응해 며칠 만에 상선과 승무원들을 되찾았다. 그러나 이 구출작전에서 미국은 13명의 해병대원 전사자들을 포함해 상당한 수의 희생자들을 냈다.

크메르 루주는 대내적으로 미군을 물리쳤다고 자랑하면서, 자신들의 지지기반을 확충하기 위해 크메르 루주의 최고위급 인사들을 베이징으로 파견하고 시아누크를 국가원수직으로 초청했다. 시아누크는 이 초청을 받아들였다. 시아누크는 훗날 "나는 내 고국과 국민들에 대한 진한 향수에 젖어 있었기 때문에 그의 초청을 선뜻 받아들였다"고 회고했다.

시아누크는 귀국 직전에 병원에서 치료를 받던 저우언라이를 예방했다. 크메르 루주의 최고위급 인사들도 동행했다. 이 자리에서 저우언라이는 중국의 문화대혁명을 회상하면서 그것이 큰 과오였음을 시인했으며, 크메르 루주가 그러한 과오를 되풀이하지 않기를 바란다고 충고했다. 저우언라이는 "공산주의를 이룩하려고 기도하면서 인민의 정신상태와 국가의 현실을 고려하지 않는다면 자기 국민과 자기 나라를 재난 속에 몰아넣을 위험이 있다"고 덧붙였다고 시아누크는 회상했다.

이러한 과정을 거쳐 시아누크는 1975년 9월에 베이징에서 수도 프놈펜으로 돌아와 국가원수직에 복귀했다. 시아누크는 자신을 축출한 론 놀 정권을 무너뜨린 크메르 루주가 고맙기만 했던 것이다. 그러나 크메르 루주는 시아누크가 요구한 군주제의 회복을 거부하고 1976년 1월에 민주캄푸치아공화국의 수립을 선언하면서 20세기에 나치독일과 스탈린주의러시아에서나 유례를 찾을 수 있을 뿐인 무지막지한 독재와 국민학살의 길에 들어섰다. 크메르 루주의 정체를 뒤늦게 깨달은 시아누크는 비로소 저항했다. 그러나 민주캄푸치아정부의 핵심지도부는 1976년 4월부터 그를 프놈펜에 위치한 크메르궁전의 방에 연금했다. 그때의 생활에 대해 그는 "우리는 보잘것없는 식량을 배급받아서 스스로 음식을 만들어 먹고 청소를 해야 했다"고 회상했다.

시아누크의 오랜 친구인 유고슬라비아의 티토는 민주캄푸치아정부의 지도자들에게 시아누크와 그의 가족들의 석방을 공식적으로 요청했다. 그 요청이 받아들여지지 않자, 티토는 유고슬라비아정부의 공식사절단을 파견해 자신의 요구를 관철시키려고 했다. 그러나 민주캄푸치아정부의 지도자들은 거짓말로 사절단을 속였다. 뿐만 아니라, 그들은 시아누크의 자녀들과 손자 손녀들 가운데 다섯을 학살했다. 시아누크는 이 비극을 후일에야 비로소 알게 된다.

시아누크가 크메르 루주의 정권 수반으로 봉직한 기간은 1년이 채 되지 않았다. 비록 그렇다고 해도, 그는 크메르 루주의 집권을 도왔다는 비난에서 자유로울 수 없었다. 그를 혹평하는 사람들은 그가 크메르 루주가 자행하는 대학살의 길을 열었다고까지 주장했다.

마오쩌둥의 문화대혁명을 모방한 폴 포트

민주캄푸치아공화국의 주석에는 키우 삼판Khieu Samphan이 취임했다. 1931년생인 그는 파리대학교에서 경제학박사를 받았으며 시아누크정부에서 상무장관을 지냈다. 이 공화국의 실권을 장악한 총리에는 캄푸치아공산당 서기장 폴 포트Pol Pot가 취임했다. 캄푸치아공산당의 부서기장은 누온 체아Nuon Chea로 그는 이 정권에서 사실상의 제2인자로 간주됐다. 그는 타이의 수도 방콕의 명문인 탐마삿대학교에서 공부했으며 타이공산당과 인도차이나공산당에서 일한 사람이다.

그들을 비롯한 이 정부의 공산주의자들은 글자 그대로 살인마들이었다. 그들의 최고지도자는 그들 사이에서 '큰형Brother Number One'이라고 불린 폴 포트였다. 본명은 살로스 사르Saloth Sar이며 폴 포트는 별명인데, 그 별명의 근거는 알려지지 않았다. 다만 그것이 영어의 '폴리티컬 포텐셜Political potential' 또는 프랑스어의 '폴리티크 포텐티엘르Politique potentiele'의 약칭인 것으로 이해됐다. 이 단어는 '정치실세'로 의역할 수 있겠다.

폴 포트는 1925년과 1928년 사이에, 캄보디아의 한 지방에 자리 잡은 농가에서 태어났다. 유년기와 소년기를 가난하게 보내, 어떤 때는 먹을 것과 잘 곳을 찾아 절에 들어가 중으로 살았는데, 이때의 생활체험이 그로 하여금 가난에 시달리는 빈민들의 참상에 눈을 뜨게 했다고 한다. 그는 곧 프놈펜기술학교를 다니면서 목수일을 배웠다. 또한 왕궁의 무용수인 사촌누나의 집에서 생활할 때 왕궁의 호화롭고 부패한 모습을 전해듣고 왕실에 대한 분노를 키웠다고 한다.

폴 포트는 1949년에 장학생으로 뽑혀 파리에 유학해 무선기술을 배웠다. 그러나 그는 공부보다 정치에 관심이 컸으며 결국 파리에서 공산주의자가 됐다. 그 과정에서 그는 호찌민이 지도하는 반프랑스저항운동에 가담했다. 자연히 학업은 부실해졌고 장학금이 끊기자 그는 1953년에 귀국해 프놈펜의 한 사립학교에서 프랑스어교사로 일했다. 이때 왕정에 반대하는 운동에 참여하다가 지하정당인 캄푸치아공산당 중앙상임위원으로 암약했으며 결국 정글로 들어가 동지들과 함께 1967년에 크메르 루주를 조직하고 그 안에서 폴 포트 일파를 구성했다. 그사이인 1956년에는 파리에서 알게 된 큐 포나리와 결혼했다.

폴 포트는 마오쩌둥을 숭배했으며, 자신이 이해한 바에 따른 마오쩌둥사상에 근거해 캄보디아와 캄보디아국민을 완전히 개조해야 한다고 믿었다. 자본주의사회에 오염된 인간을 '구인간舊人間'으로 부르면서 이 '구인간'을 자본주의로부터 절연된 '신인간新人間'으로 완전히 개조해야 하며, 자본주의와 그것에 유사한 것들은 모두 없애야 한다고 확신했다. 사회주의단계를 거치지 않고 공산주의단계로 돌입할 수 있다는 믿음으로, 그는 점진적 혁명보다는 급진적 혁명의 추구를 목표로 삼았다. 그는 1960년대에 중국에서 진행된 문화대혁명이 지향한 '인간의 완전개조'에 공감했음이 틀림없다.

킬링필드에서 일어난 잔혹한 학살

이러한 사상을 지녔기에 폴 포트는 집권 후 총리로 취임하면서 우선 론 놀 정부는 물론이고 시아누크정부에서 일했으나 피난하지 못한 고관들과 고위장군들 및 그들의 가족들을 거의 모두 죽였다. 그들의 숫자는 약 7백 명에 이르렀던 것으로 추산됐다. 이때 크메르 루주의 군인들은 검은색의 승복을 군복으로 입었기에 사람들은 그들이 오면 까마귀가 왔다면서 겁에 질렸다고 한다.

폴 포트는 곧 '노동자들과 농민들의 유토피아'를 건설한다는 명분을 내걸고 국민을 집단농장으로 몰아넣은 채 급진적 농지개혁을 시도했다. 여기에 반대하는 사람들은 가혹한 방법으로 죽였다. 그것뿐만이 아니었다. 어린이들을 국가가 교육시켜야 그들이 국가의 뜻에 맞는 '신인간'으로 성장한다고 주장하면서, '구인간'들로 구성된 부모와 가정으로부터 격리시켜 국가가 운영하는 탁아소와 소년소녀원에서 생활하게 했다. 그곳에서는 '부모들이 그 사이 저지른 자본주의적 죄행들'을 악의적으로 폭로했으며, 이 교육을 받은 어린이들은 자신들의 부모들을 '죄인'으로 여기기 시작했다. 심지어 어린이들로 하여금 부모들의 '죄행'을 당국에 고발하도록 장려하기도 했다.

또한 도시의 지식인들과 기술자들을 '우익 기회주의자들'로 몰아 마구 죽였다. 안경을 썼다는 이유만으로 지식인으로 단정해 죽였고, 손이 하얗다는 이유만으로 부르주아로 단정해 죽였다. 글을 읽을 줄 아는 사람도 '구세대의 책들에 물든 사람'으로 단정해 죽였다. 죽이는 방법도 잔인했다. 몽둥이로 때려 죽이는 것은 오히려 자비로운 방법에 속했다. 온갖 야만적 고문을 가해 며칠 동안 고통을 느끼게 하다가 죽이기도 했고, 굶겨 죽이기도 했으며, 며칠 동안 물을 전혀 주지 않아 탈수로 죽게 하기도 했다. 임산부의 경우, 길에서 혼자 아이를 낳도록 방치해 산모와 아기가 함께 길에서 죽기도 했다. 그들의 상상을 초월하는 만행들은 이 땅을 '킬링필드 Killing Fields'로 만들었다. 한 보기로, 그때 프놈펜 중심에 세워진 감옥 S-21에는 1만 6천 명의 양민들이 투옥됐으나 14명만이 살아나왔다.

이때 폴 포트가 제시한 구호는 "썩은 사과가 상자 안에 하나라도 들어 있으면 그 상자 전체를 파괴하고 없애라"는 것이었다. 그리하여 폴 포트가 집권한 약 3년 9개월에 걸쳐 그때 기준으로 전체 인구의 약 22퍼센트인 170만 명이 목숨을 잃었다. 2백만 명이 목숨을 잃었다고 주장하는 사람들도 많다. 이러한 사실을 고려할 때, 시아누크가 "폴 포트 일파가 날뛰던 캄보디아는 연옥煉獄이었다"고 논평한 것은 결코 과장이 아니었다. 여기서 기록돼야 할 것은 이러한 야만적 학살정권을 김일성정권은 승인했었으며, 그래서 이 정권의 대사관이 평양에 개설됐었다는 사실이다.

3. 크메르 루주 정권의 붕괴

베트남군의 입성

크메르 루주에 의한 야만적 집단학살이 계속되면서 그들을 제거해야 한다는 국제여론이 높아졌다. 잠시 크메르 루주에 대해 동정적이었던 베트남의 공산주의자들도 머리를 돌렸다. 이러한 움직임들을 간파한 폴 포트는 크메르 루주에 대한 외부의 무력공격이 활발해질 것으로 내다보고 곳곳에 지뢰를 매설했다. 그가 '완벽한 병사'라고 부른 이 지뢰 때문에 많은 크메르인들이 죽거나 다리를 잃었다. 크메르인들의 일부는 이미 미군폭격으로 다리를 잃었는데, 폴 포트의 지뢰로 다리를 잃은 크메르인들이 늘어나 오늘날에도 이 나라에는 다리를 잃은 채 생활하는 사람들이 적잖다. 서방세계의 구호단체들이 캄보디아에 '의족 보내주기 운동'을 전개하는 까닭이 거기에 있다.

크메르 루주에 대한 반대여론이 높아가는 분위기를 활용해, 캄푸치아구국민주통일전선을 결성하고 크메르 루주에 대항하던 헹 삼린Heng Samrin과 훈 센Hun Sen이 1978년 12월에 베트남군을 불러들였다. 1934년생인 헹 삼린과 1952년생인 훈 센 모두 크메르 루주에 속한 장교들이었으나 베트남을 침공하라는 폴 포트의 명령에 불복하면서 크메르 루주에 반기를 들었던 것이다.

베트남군은 1979년 1월에 캄보디아의 수도 프놈펜에 입성했으며 크메르 루주 정권을 무너뜨렸다. 폴 포트를 비롯한 크메르 루주의 공산지도자들은 캄보디아와 타이 사이의 국경지대에 자리 잡은 밀림으로 도망쳤다. 반면에 헹 삼린과 훈 센은 곧바로 캄푸치아인민공화국PRK의 수립을 선언했다. 사실상 베트남의 괴뢰가 된 새 정권은 헹 삼린과 훈 센의 양두지배 아래 놓였다. 그러나 훈 센이 총리직을 장악하면서 영향력을 증대시켰고, 자연히 헹 삼린의 영향력은 감소됐다.

베트남군이 프놈펜에 입성하기 하루 전에 시아누크는 중국정부의 도움을 받아 베이징으로 귀환할 수 있었다. 시아누크는 베트남군의 캄보디아점령에 저항하고 '자유민주적이며 비공산주의적' 캄보디아정부의 수립을 위해 노력했다. 그 결과 1982년 7월에 민주캄보디아연합정부가 망명정부의 형태로 결성됐으며 시아누크는 대통령으로 추대됐다. 1989년 9월에 캄푸치아인민공화국의 정부를 포함해 캄보디아의 국내정치에 관련된 주요한 네 개의 세력들이 자카르타에서의 협상을 통해 내전의 종식을 위한 유엔의 평화안을 수락하고, 선거를 실시할 때까지의 과도적 권력기구로 국가최고평의회를 구성했으며 시아누크를 의장으로 추대했다. 이 시점에서 베트남군은 철수했다.

파리평화협정의 체결

1991년 10월에 체결된 파리평화협정을 통해 내전이 공식적으로 종결됐으며, 이에 따라 1991년 11월에 시아누크는 프놈펜으로 귀국했다. 국내의 다양한 정파들은 합동회의를 열고 그를 '캄보디아 국가원수'로 선언했다. 그는 파리평화협정이 규정한 '새 정부 구성을 위한 유엔 관리 아래서의 국회 총선'을 지지한다고 선언했으며, 실제로 1993년 5월 하순에 유엔 관리 아래서의 국회 총선이 실시됐다. 크메르 루주도 이 선거에 참여하도록 초청됐으나 거부했다. 이 총선의 결과, 1993년 6월에 새 '제헌국회'가 구성됐고 이 국회는 입헌군주제를 채택함과 아울러 캄보디아왕국이라는 국명을 채택했다. 이 국회는 동시에 시아누크를 '캄보디아왕국 국가원수'로 선언했다. 이 선거에서 시아누크의 차남(그러나 왕비 모니크의 소생은 아니다) 노로돔 라나리드Norodom Ranariddh의 정당이 예상 밖의 압승을 거두자 훈 센은 자신과 공동정부를 구성하지 않는다면 다시 내란을 일으키겠다고 협박했다. 이에 노로돔 라나리드를 제1총리로 하고 훈 센을 제2총리로 하는 공동정부가 출범했다. 1997년에 훈 센은 단독 총리로 취임했다.

그 후의 우여곡절 속에서도 캄보디아왕국은 국왕 시아누크를 상징적이면서도 실질적 통치자로 예우했다. 2004년 10월에 자신과 모니크 왕비 사이에서 태어난 장남 노로돔 시하모니Norodom Sihamoni에게 왕위를 물려준 그는 모니크 왕비와 함께 베이징으로 이주했다. 그는 고혈압과 당뇨가 겹친 상태로 베이징의 한 최고급 병원에서 자주 치료를 받았는데, 만 90세가 되기 보름 전인 2012년 10월 15일에 그 병원에서 별세했다. 중국정부는 톈안먼광장에 공식조기를 게양했는데, 이러한 예우는 중화인민공화국의 역사에서 열여섯번째였다. 그 예우에 걸맞게, 후진타오 당총서기 겸 국가주석, 원자바오 총리 등이 조문했고 장쩌민 전 당총서기 겸 국가주석 등은 조화를 보냈다. 시아누크의 시신은 10월 17일에 프놈펜으로 운구된 뒤 주변 도로에 늘어선 10만여 인파의 애도 속에 왕궁으로 호송됐다.

불교국가인 캄보디아에서 죽음은 '환생을 향한 새로운 시작'으로 받아들여진다. 따라서 장례의식을 바르게 치러야 '이 세상에서 다음 세상으로의 이동,' 곧 환생이 순조롭게 이뤄진다고 믿는다. 이러한 믿음 아래, 사람들은 숨을 거둔 사람의 시신을 씻긴 뒤 옷을 입히고 얼굴에 흰 천을 덮은 다음

얼음이나 찻잎으로 시신을 신성하게 보존한다. 장기를 들어내고 미라로 만드는 것은 환생을 가로막는다는 생각에서 금기로 여겨진다. 다만 일정한 기간의 안치를 위해 방부제처리는 허용된다. 시아누크의 경우, 시신을 온전히 유지하기 위해 시신에 금 마스크를 씌운 다음에 방부처리를 했다.

캄보디아정부는 2012년 10월 15일부터 2013년 1월 31일까지의 108일을 애도기간으로 정했으며, 2013년 2월 1일부터 7일까지를 장례기간으로 정했다. 어머니의 자궁 안에 있는 태아의 자세로 3미터의 금관에 입관시킨 다음, 2월 4일에 왕궁 부근의 프레아메루광장에서 다비식을 거행해 화장했다. 2월 5일에 유해를 수습하고, 유언에 따라 일부는 메콩강과 톤레사프호수 및 톤레바사크강이 합류하는 지점에 뿌리고 나머지는 왕실 사리탑에 안치했다.

오늘날 캄보디아왕국은 남북한과 동시수교하고 있다. 그러나 캄보디아왕국은 대한민국을 훨씬 더 중시하고 있으며, 두 나라는 우호와 협력의 관계를 심화시키고 있다.

4. 학살범에 대한 국제재판

크메르 루주의 학살행위를 포함한 반인륜범죄에 대한 국제전범재판인 유엔캄보디아특별법정 ECCC은 2010년에 캄보디아 현지에서 처음으로 열렸다. 이 법정은 주범 폴 포트를 재판에 회부하지 못했다. 정권을 잃은 뒤 다시 정글로 들어간 그가 1997년 6월에 동지들에게 체포되어 7월에 반역죄를 선고받고 자택에 연금되어 있다가 1998년 4월에 병사했기 때문이다. 그때 그의 나이는 69세였던 것으로 추정됐다. 그러나 특별법정은 악명이 높았던 S-21 감옥소장 카잉 구엑 에아브 Kaing Guek Eav(표기법에 따라 '깡 켁

이우'로 불리기도 한다)에게 징역 35년을 선고했다. '두크Duch'라는 별명으로 더 널리 알려진 그는 '악마들 가운데 가장 잔인한 악마'로 불렸다. 그는 자신과 마찬가지로 정권을 위해 학살에 앞장섰던 자신의 매부 두 명도 죽였다. 2012년 2월에 열린 특별법정 상고심은 그에게 종신형을 선고했다. 특별법정은 2심제이기 때문에, 이로써 그의 종신형은 확정됐다.

 그러면 다른 범죄자들에 대한 재판은 어떻게 진행됐던가? 2011년 6월에 속개된 특별법정 제1심에는 캄푸치아공산당 부서기장으로 크메르 루주 학살운동의 이론가였던 누온 체아, 그리고 민주캄푸치아공화국 주석이었던 키우 삼판, 외무장관이었던 이엥 사리 등이 불려나왔다. 이 재판은 국제적 언론매체들에 의해 '세기의 재판'으로 명명됐다. 이 일련의 재판들을 총정리한 『동아일보』 2011년 11월 24일자에 따르면, 그들은 전혀 반성이나 참회를 하지 않고 자기변명을 늘어놓았다. 누온 체아는 폴 포트를 '진정한 애국자'라고 부르며 존경심을 표시했다. 이데올로기에 대한, 특히 교조적 공산주의에 대한 광신이란 이렇게 무서운 것이다.

 한편 2013년 3월 고혈압과 심장질환을 앓아온 이엥 사리가 87세의 나이로 사망함으로써 2011년부터 계속되어온 전범재판의 최종판결이 어떻게 될지 그 귀추가 주목되고 있다.

일본공산주의운동의 선구자들

13

가타야마 센, 고토쿠 슈스이,
사카이 도시히코, 야마카와 히토시,
가와카미 하지메, 후쿠모토 가즈오

1991년 12월에 소련이 해체되고 동유럽에서 소비에트정권이 모두 무너지면서 세계적으로 공산주의는 퇴조했다. 그 퇴조의 물결은 아시아로도 밀려와 아시아 최초의 공산주의국가인 몽골조차 마르크스–레닌주의를 버렸다. 한때 큰 세력을 떨치던 동남아시아 몇몇 나라들에서도 공산당은 사실상 몰락한 상태다.

이렇게 볼 때, 이미 여러 방면에서 선진국 대열에 들어섰으며 국민복지 수준에서도 많은 나라들의 부러움을 받는 일본에서 공산당이 오늘날까지 존속할 뿐만 아니라 일정한 지지를 안정되게 확보하고 있는 현실은 예외적인 일로 보인다. 그렇다면 일본에서 공산주의는 어떻게 성장해왔는가? 공산당의 지지기반은 무엇인가? 대체로 이러한 문제의식에서, 이 장과 다음 장을 통해 일본에서 공산주의운동이 시작되고 성장한 역사를 그 지도자들의 삶과 죽음에 초점을 맞춰 살피기로 한다.

1. 일본의 초기 사회주의운동

기독교지식인들이 사회주의연구회를 세우다

일본에서 사회주의운동은 1894~95년에 일어났던 청일전쟁이 일본의 승리로 귀결된 이후 약 10년에 걸친 기간에 싹이 텄다. 이 시기에 공업화와 도시화가 빠르게 진행되면서 빈부격차와 도농격차 등 여러 가지 불평등문제들이 사회적으로 드러나자 몇몇 지식인들은 평등을 강조하는 사회주의에 관심을 기울이게 됐던 것이다.

그 시작으로 1898년에 도쿄에서 소수의 기독교지식인들이 세운 사회주의연구회를 꼽을 수 있다. 그들은 주로 유럽의 사회주의사상가들, 예컨대 생-시몽, 푸리에, 프루동, 라살레, 베벨, 그리고 마르크스의 저작들을 읽었고 마침내 사회주의를 받아들이기에 이르러 1900년 5월에 사회주의협회를 발족시켰다. 회원은 약 40명이었다. 이때 그들이 지향했던 이념은 기독교적 박애주의, 사회민주주의, 그리고 평화주의의 복합이었다.

다른 한편으로, 이들과는 별도로 현장에서 불평등문제와 씨름하는 사람들이 있었다. 그들은 노동조합운동가들이었다. 원래 노동조합운동은 주로 도쿄와 요코하마 일대의 근대적 공업노동자들을 발판으로 출발했다. 그들의 생활은 참으로 비참했다. 그래서 몇몇 사회개혁운동가들이 나서서 그들의 근로조건과 생활환경을 개선하려는 노력의 하나로 노동조합운동을 시작했던 것이다. 그러나 자본가들, 그리고 자본가들의 편에 선 권력당국은 이 운동을 탄압했다. 예컨대, 정부는 1900년에 치안경찰법을 제정해 노동자들의 조직화된 행위가 공공질서를 파괴한다고 단정했다. 따라서 이 법 아래서는 노조결성이나 파업요구는 불법이 됐다.

기독교개혁주의자 가타야마 센

이처럼 간고한 시기에 노조운동을 이끈 대표적 사회개혁운동가가 가타야마 센片山潛이었다. 가타야마는 1859년 12월에 오카야마현의 한 가난한 농가에서 태어나 도쿄로 올라와 활판공으로 일하다가, 25세이던 1884년에 미국으로 건너가 고학으로 존스홉킨스대학교와 예일대학교에서 공부했다. 미국에서 생활하며 미국노동총동맹American Federation of Labor, AFL이 결성되고 성장하는 과정을 유심히 보았으며, 독일사회주의운동의 개척자들 가운데 한 사람인 페르디난트 라살레의 전기를 감명 깊게 읽었다. 37세가 된 1896년에 귀국한 그는 도쿄에서 빈민촌을 대상으로 기독교 선교활동과 구제사업을 전개했다. 그는 미국에서 돌아온 몇몇 동지들과 더불어 직공의용회職工義勇會를 조직하고, 이 단체를 기반으로 노동조합기성회가 결성되자 간사로 일했다. 이 노동조합기성회의 지도 아래 철공조합을 비롯해 여러 노동조합들이 발족했다. 그는 곧 철공조합의 기관지로 『노동세계』를 창간하면서 주간으로 활동했다. 이로써 그는 일본에서 초창기 노조운동의 중심인물로 자리 잡았다.

이때만 해도 가타야마는 혁명주의자도 공산주의자도 아니었다. 그는 기독교신자로 기독교적 인도주의에 서서 노조운동에 뛰어든 사회개량주의자였다. 이렇게 볼 때, 사회주의협회 회원들과 노조운동가들이 곧 만나게 됐다는 것은 자연스러운 일로, 그들은 1901년 5월 18일에 일본사회민주당을 창당하기에 이르렀다. 여기서 주목되는 것은 창당을 주도한 여섯 명 가운데 다섯 명이 기독교도였다는 사실이다. 가타야마를 비롯해 기노시타 나오에木下尚江 등이 그들이었다. 이 사실은 사회민주당의 기본성격이 어떠했나를 말해준다.

사회민주당은 5월 20일에 발표한 「선언서」를 통해 우선 "순수한 사회주의와 민주주의를 통해 빈부격차를 없애고 평화주의를 통해 세계평화를 실현하는 것"을 자신들의 목표로 설정했다. 그러면 목표를 달성하기 위한 방법은 무엇일까? 그들은 '합법적 수단을 통한 개혁'을 내세웠다. 구체적으로, 그들은 그 무렵 일본사회 일각에 흐르던 무정부주의와 허무주의 및 폭력주의를 배격한다는 뜻을 명백히 밝혔다. 그들은 자신들이 대중의 지지를 얻어 의회에서 다수파를 형성하게 되면 법의 개정과 제정을 통해 국민의 기본권을 향상시키고 특히 보통선거권을 보장하며 의무교육제도를 확립하고 교통과 생산수단을 국유화하며 토지소유를 공공화하고 비무장을 실현하겠다고 약속했다.

고토쿠 슈스이의 과격한 무정부주의

저자는 앞에서 일본사회민주당의 창당발기인 여섯 명 가운데 다섯 명이 기독교도였다고 썼다. 그러면 기독교도가 아닌 나머지 한 사람은 누구였을까? 그는 고토쿠 슈스이幸德秋水였다. 그는 1871년 10월에 시코쿠 고치현의 한 작은 농촌마을인 나카무라에서 태어났다. 한 살이 됐을 때 아버지가 별세해, 그는 어린 시절부터 가난한 환경에서 성장했다. 거기서 소학교를 마치고 중학교를 다녔으나 병치레가 잦았던 탓에 낙제를 하자 자퇴했다. 그는 평생에 걸쳐 병치레로 고생을 하며 징병검사에도 불합격한다.

고토쿠는 곧 도쿄로 올라가 영학관英學館을 다니며 영어를 공부했다. 이 계제에 그는 같은 시코쿠 출신의 정치가이며 사상가인 나카에 조민中江兆民을 만나 그의 집에서 기숙하며 가르침을 받았다. 1847년에 태어난 나카에는 한학에도 뛰어났지만 프랑스유학을 통해 서양의 근대사상을 섭렵할 수 있었으며, 귀국한 뒤 프랑스의 민주주의사상가 장-자크 루소의 『사회계약론』을 번역함으로써 그때 일본의 지식인사회에서 무르익던 자유민권운동을 부채질했다. 그는 곧 중의원으로 당선됐으나 의회의 부패에 분개해 사퇴하고는 정치평론 및 사회평론에 힘을 쏟았다.

나카에는 만년에 유물론으로 기울었다. 그래서 보는 이에 따라서는 그의 사상이 일본에서 사회주의의 원류를 이뤘다고 말한다. 이러한 맥락에서, 그의 문하에서 고토쿠가 나왔다는 것은 조금도 이상한 일이 아니었다. 그가 1901년에 별세하자 고토쿠는 이듬해에 그의 전기를 출판한다.

1893년에 22세가 된 고토쿠 슈스이는 국민영학회를 졸업한 직후 나카에의 추천으로『자유신문』의 기자가 돼 사회생활을 시작했다. 그는『히로시마신문』으로 옮겼다가 다시『중앙신문』으로 옮겼다. 그러나 이 신문이 자유민권운동을 탄압하는 군국주의적 정치가 이토 히로부미伊藤博文의 기관지가 되자 퇴사했다. 그는 곧『요로즈초보萬朝報』의 기자가 돼 많은 평론을 썼다. 그 사이 결혼했으나 2개월 만에 이혼했다. 그는 재혼했지만 이 역시 이혼으로 끝난다.

합법적 개혁노선을 지향했지만 일본사회민주당의 앞날은 험난했다. 이토내각이 사회주의는 싹부터 잘라야 한다고 판단하고 창당된 지 이틀이 지난 5월 20일에 이 당을 불법화한 것이다. 그러나 불법화조처가 알려지면서 이 당의 존재 역시 대중에게 널리 알려졌다. 이 당을 창당했던 사람들은 다시 연구회의 형태로 돌아갔다. 그들은 사회주의협회의 이름 아래 전국을 돌아다니며 토론회를 열고 사회민주주의이념을 전파하는 것으로 만족할 수밖에 없었다.

그들이 사회주의에 관한 일본 최초의 책들을 출간한 것도 이 시기였다. 우선 고토쿠 슈스이는 1901년 4월에 자신의 처녀작인『20세기의 괴물 제국주의』를, 1902년 2월에 논문집『장광설長廣舌』을 출판한 데 이어, 1903년 7월에『사회주의 신수神髓』를, 1904년 9월에『사회민주당 건설자 라살레』를 출판했다. 사회민주당의 창당발기인 여섯 명 가운데 한 사람이었던 기독교도 아베 이소安部磯雄는 1903년에『사회주의론』을 펴냈으며, 역시 여섯 명 가운데 한 사람이었던 가타야마는『도시 사회주의』를 펴냈다. 사회주의자들의 활동이 이처럼 이론적 연구와 출판에 머물렀는데도 군벌 출신의 총리 대신 가쓰라 다로桂太郎가 이끄는 내각은 이를 용납하지 않았다. 그리하여 1904년 11월에는 사회주의협회마저 해산시켰다.

이해에 가타야마는 네덜란드 암스테르담에서 열린 제2인터내셔널의 제6차 대회에 일본대표로 참가해 '러시아마르크스주의의 아버지'인 플레하노프와 만나 반전反戰에 합의했다. 그는 귀국한 뒤 여전히 사회주의운동에 참여했으며, 1912년에 체포됐다가 1914년에 출옥한다. 그는 곧 미국으로 망명해 뉴욕에서 일본공산주의자그룹을 창설하며, 러시아에서 볼셰비키혁명이 일어나 세계 최초의 소비에트국가가 세워진 때로부터 2년 뒤인 1921년에 모스크바로 이주한다. 그에 대해서 우리는 앞으로 다시 살필 것이다.

사카이 도시히코와 『평민신문』의 등장

일본에서 사회주의운동이 시작되던 시기에 사카이 도시히코堺利彦라는 또 한 사람의 젊은 사회주의자가 등장했다. 그는 1870년에 규슈 후쿠오카현의 고쿠라는 마을에서 사무라이의 셋째 아들로 태어났다. 중학교를 수석으로 졸업하고 도쿄의 제1고등중학교(뒷날 제1고등학교가 된다)에 입학했지만, 친구의 유혹으로 유명한 요시와라 유곽에 드나들면서 유흥과 문학에 빠졌고 결국 수업료체납으로 제적돼 귀향했다. 사카이 도시히코는 오사카에서 영어교사도 하고 기자도 하며 소설과 수필을 잇달아 발표해 문단의 주목을 받았다. 26세이던 1896년에 호리 미치코堀美知子와 결혼했는데, 처제가 뒷날 유명한 무정부주의자 오스기 사카에大杉榮와 결혼하기에 이르러 그와 동서가 된다.

사카이 도시히코는 1899년에 『요로즈초보』로 옮겨 「갱부생활의 비참함」 「사회주의와 원로들」「자본과 노동의 조화에 대해」 등의 글을 썼다. 이 글들은 그가 사회주의적 성향을 지녔음을 명백히 보여주었다. 순조롭던 그의 기자생활은 1903년 말에 새로운 전기를 맞았다. 그 무렵 러시아와 전쟁을 해야 한다는 여론이 높아지는 것을 보고 반전론을 폈던 것인데 사장이 여론에 굴복해 개전론으로 돌아서자 퇴사한 것이다. 앞에서 잠시 살핀 고토쿠 슈스이, 그리고 우치무라 간조內村鑑三도 함께 퇴사했다. 우치무라는 그때 일본에서 기독교의 대표적 지도자로 존경을 받았다. 미국에서 신학을 공부하고 귀국해 도쿄에서 고등학교 교사로 봉직했으나 '천황에 대한 불경죄'를 저질렀다는 이유로 해직된 뒤『요로즈초보』의 영문판 주필로 취임했는데, 그의 무교회주의와 기독교박애주의는 일본뿐 아니라 조선에도 영향을 끼친다.

사카이는 고토쿠 등과 손을 잡고 평민주의와 사회주의 및 평화주의를 지향하는 평민사를 세우고 주간지로『평민신문』을 창간했다. 이 신문은 큰 반응을 불러일으켜, 창간과 동시에 1만 부가 팔렸다. 당국은 자연히 이 신문을 경계했다. 마침내 1904년 3월에 게재된 고토쿠 슈스이의 글「아아, 증세!」가 신문지조례를 위반했다는 혐의로 편집인 겸 발행인인 사카이가 투옥됐다. 이것은 사회주의자에 대한 최초의 투옥이었다. 어려움은 겹쳐 일어났다. 출옥 직후 아내가 죽은 데 이어 평민사의 해산과『평민신문』의 발행정지조처가 뒤따랐다. 사카이는 이에 굴복하지 않고 출판사를 세워『사회주의 연구』를 발간했으며, 이 잡지에 고토쿠 슈스이와 함께 전문을 번역한『공산당 선언』을 게재하는 등 마르크스주의의 보급에 힘썼다. 이 일로 그는 일본마르크스주의의 역사에서 최초의 체계적 연구자들 가운데 한 사람으로 꼽힌다.

일본이 러시아와 치른 전쟁에서 승리하고 대한제국을 스스로의 의사에 어긋나게 일본이 '보호하는 나라'로 만든 뒤, 그래서 일본의 제국주의세력이 자신감을 한층 굳힌 뒤인 1905년을 앞뒤해, 가쓰라내각은 사회주의운동을 더욱 심하게 탄압하기 시작했다. 이것은 일본의 사회주의운동가들을 개혁주의를 부르짖는 세력과 과격한 혁명을 부르짖는 세력으로 양분시켰다.

개혁파는 가타야마 센으로 대표되는 기독교적 사회민주주의자들이었다. 그들은 월간『신기원新紀元』을 창간하고 레프 톨스토이Lev N. Tolstoi적인 인도주의를 옹호함과 아울러 의회를 통한 보통선거권확보와 사회개혁을 제시했다. 혁명파는 독일 및 프랑스의 마르크스주의자들과 무정부주의적 집산주의자들의 영향을 받아 유물론자로 거듭난 사람들이었다. 기독교를 공공연히 조롱하는 고토쿠, 그리고 사카이가 여기에 속했다. 그들보다 젊은 야마카와 히토시山川均, 오스기 사카에, 그리고 아라하타 간손荒畑寒村 등도 이 노선에 섰다.

야마카와 히토시의 무정부주의적 집산주의

여기서는 고토쿠 슈스이에 대해 좀더 살피기로 한다. 앞에서 잠시 말했듯, 그는『요로즈초보』기자로 사회민주당 창당에 참여했을 때만 해도 개혁론자였다. 그러나 러일전쟁과 관련해『요로즈초보』가 개전론을 펴는 것에 항의해 사카이 등과 함께 퇴사한 뒤 가두에서 반전운동을 벌인 탓에 5개월 동안 투옥된 것을 계기로, 그리고 이 시기 제정러시아의 대표적 무정부주의자인 혁명가 표트르 크로폿킨의 저술에 접한 것을 계기로, 과격한 무정부주의자로 변신하게 됐다.

고토쿠는 석방된 뒤 1905년 11월부터 이듬해 6월까지 미국을 여행하면서 자본주의제도의 철폐를 지향하는 미국의 과격한 노동운동단체 세계산업노동자동맹Industrial Workers of the World, IWW의 활동을 보게 됐다. 이 단체는 1905년에 시카고에서 7개 단체의 5만여 명이 참가해 결성한 미국 최초의 전국적 노동조합이었다. 워블리스Wobblies라고도 불린 이 단체는 자신의 역사에서 1910년대에 가장 큰 영향력을 발휘했다. 이것이 고토쿠를 단순한 무정부주의자에서 무정부주의적 집산주의anarchro-syndicalism 신봉자로 굳혀주었다.

　귀국과 동시에 고토쿠는 연설이나 논설을 통해 무정부주의적 집산주의 전파에 주력했다. 사람은 국가나 자본주의를 폐지하고 자유로운 사회를 만들어야만 행복해질 수 있다고 주장한 그는, 그 목표를 달성하려면 노동자들이 스스로를 조직해서 그 힘을 통해 직접적 투쟁을 전개해야 한다고 강조했다.

　의회민주주의를 통해서는 사회주의이상이 실현될 수 없을까? 고토쿠는 없다고 단언했다. 자본가계급은 오로지 이윤추구에 몰두할 것이므로 노동자계급과는 영원히 적이 될 터인데, 이러한 속성의 자본가계급은 자신의 이익을 지키기 위해 의회와 정부를 장악해서 자신의 도구로 만들기 때문이라고 그는 대답했다. 그렇다면 노동자들이 단결된 힘을 행사해 자본가계급을 굴복시키고 국가를 폐지한 뒤 어떻게 하겠다는 것인가? 그는 노동자들의 자발적이면서 자유로운 결사를 대안으로 제시했다. 이러한 맥락에서 그는 노동조합의 유용성을 강조했다. 그리고 노동조합의 유용성을 강조한다는 점에서 무정부의적 집산주의는 무정부주의와 구별된다고 설명했다.

　고토쿠의 과격론에 대해 가타야마 센은 반론을 폈다. 무정부주의적 집산주의는 위험한 노선이며, 오로지 대중교육을 통해 선거에 승리하고 의회를 장악해 기독교적 박애주의와 인도주의를 실천하는 것만이 사회주의적 이상사회에 접근할 수 있다고 주장한 것이다. 그러나 야마카와 히토시는 고토쿠를 지지하고 나섰다. 야마카와는 1880년에 오카야마현의 구라시키에서 태어나 교토의 기독교대학인 도시샤同志社에서 공부하며 기독교를 받아들였다. 그러나 도시샤가 문부성의 천황신격론에 복종한다는 이유로 17세이던 1897년에 그곳을 떠나 도쿄로 갔다.

　거기서 야마카와는 동인들과 함께 『청년의 복음』이라는 잡지를 창간했다. 그는 20세이던 1900년에 황태자의 결혼을 비판하는 글을 게재한 것이 문제가 돼 불경죄로 3년 6개월의 징역형을 선고받았다. 그는 석방되자 오카야마로 옮겨 몇 해 동안 의료품상점에서 점원으로 일했다. 그러나 1906년에는 오사카로 옮겨 『오사카 평민신문』에서 일했으며, 1907년에 다시 도쿄로 와 막 창간된 『평민신문』에서 일했다. 이때부터 그는 고토쿠와 사카이의 영향을 받아 점점 과격해졌다. 그리하여 치안경찰법위반으로 다시 투옥됐다가 석방된 뒤 『노동』을 창간했고, 신문지조례위반으로 다시 투옥됐다. 이처럼 거듭된 투옥은 그의 기를 꺾기보다는 오히려 투지를 굳혀주었다.

2. 사회주의탄압에 맞선 다양한 운동가의 출현

적기사건과 대역사건

1906년 1월, 군벌 출신이 아닌 공경 公卿 출신의 원로정치인으로 자유주의자인 사이온지 긴모치 西園寺公望 가 총리대신으로 들어서면서 국내정치의 분위기가 상대적으로 풀렸다. 이 틈을 타서 사회주의자들은 이념과 노선을 둘러싼 차이를 극복하고 일본사회당을 창당하는 데 성공했다. 그래도 그들은 신중을 기해 당의 목표를 "법의 테두리 안에서 사회주의를 실현한다"는 것으로 한정했다. 이 점 때문에 정부는 사회당 창당에 방관하는 입장을 취했다.

당원은 2백 명 정도로 적었는데도 그들은 곧 노선갈등을 재연했다. 이 가운데 고토쿠로 대표되는 과격파가 점점 세를 늘려, 1907년 2월에 열린 당대회는 당헌에서 "법의 테두리 안에서"라는 구절을 삭제하기에 이르렀다. 그렇다고 과격파가 기뻐할 수만은 없었다. 당대회 결과가 1907년 1월에 복간된 『평민신문』에 보도된 것을 보고 정부가 곧바로 해산을 명령했기 때문이다. 1907년 4월에는 『평민신문』마저 폐간됐다.

1908년 1월에 가쓰라가 다시 총리대신이 되면서 사회주의운동은 심각한 위기에 빠졌다. 가쓰라는 사회주의는 아예 뿌리를 뽑아야 한다고 마음먹고, 사회주의적 성향의 출판물은 그것이 무엇이든 없애고 사회주의자는 그가 누구든 투옥하라고 지시했기 때문이다.

그 첫번째 결과가 1908년 6월에 도쿄에서 적기赤旗사건으로 나타났다. 한 사회주의자의 출옥을 축하하는 행사의 하나로, 고토쿠의 지지자들이 '무정부주의'와 '무정부주의 공산주의'라고 쓰인 붉은 깃발을 들고 가두시위를 벌이자 경찰이 시위자 대부분을 체포한 것이다. 사카이, 야마카와, 아라하타, 오스기 등은 징역 2년형을 선고받았으며 나머지 10명도 투옥됐다.

이 사건에 뒤이어 1910년 여름에 이른바 대역大逆사건이 일어났다. 고토쿠를 비롯해 그의 지지자 26명이 일왕암살을 시도했다는 혐의로 체포된 것이다. 그들의 재판은 빠르게 진행됐고 단심으로 끝났다. 1911년 1월에 12명은 사형을, 12명은 종신형을, 두 명은 8~10년의 징역형을 선고받았다. 고토쿠를 비롯해 사형을 선고받은 12명은 사흘 뒤 처형됐다.

고토쿠의 지지자인 한 목재공이 일왕을 죽이겠다며 폭탄을 만들려고 했던 것은 사실이다. 그러나 그 후의 일은, 특히 고토쿠가 개입됐느냐의 여부는 오늘날까지도 밝혀지지 않고 있다. 중립적인 관찰자들은 이 사건이 사회주의운동을 탄압하기 위해 조작된 사건으로 이해한다. 역설적이지만 적기사건으로 투옥했던 사회주의지도자들은 목숨을 건질 수 있었다. 그들은 이 사건이 모의되고 추진됐다고 당국이 주장하는 시기에 복역하고 있어서 이 사건에 얽혀들지 않았기 때문이다.

이른바 대역사건은 가쓰라 총리대신이 노렸던 정치적 목표를 이뤄주었다. 대중은 이 사건을 발표 그대로 믿고 모든 사회주의자들을 불신하게 됐으며 사회주의자들을 탄압하는 경찰의 행동을 신뢰하게 됐다. 그래서 경찰은 무정부주의자들 또는 과격한 혁명주의자들을 끊임없이 비판해온 가타야마 같은 온건한 기독교적 사회주의자조차 1912년에 5개월 동안 투옥할 수 있었다. 자연히 사회주의운동계는 얼어붙어버렸다. 사회주의운동가들의 표현으로 '겨울'이 온 것이다. 이러한 상황 때문에 가타야마는 1914년에 미국으로 망명했고, 어떤 사회주의자들은 망명하거나 낙향했으며, 또 다른 사회주의자들은 경찰의 계속되는 감시를 이기지 못해 미쳐버리거나 자살했다.

'겨울 시절'의 사회주의운동

그래도 사회주의에 대한 신념을 버리지 않은 채 사회주의운동의 명맥을 유지하고자 노력하는 사회주의자들이 남아 있었다. 오스기, 아라하타, 사카이 등이 대표적이었다. 적기사건으로 복역하던 그들은 만기출소한 뒤 잠시 쉬었다가 다시 잡지들을 출간하고 사회주의 전파에 나섰다.

그들 가운데 먼저 나선 사람은 오스기와 아라하타였다. 1912년 10월에는 『근대사상』이라는 무정부주의적 집산주의 성향의 이론지를 창간했으며, 1913년 7월에는 집산주의자연구회를 발족했다. 그러나 당국의 탄압이 워낙 거세 1916년 1월에 모든 것을 중단했다.

그러면 오스기와 아라하타는 어떤 사람들이었나? 오스기는 1885년에 육군소령의 장남으로 태어나 나고야의 한 군사학교를 다녔으나 장교인 교사를 비판하다가 퇴교를 당한 뒤 도쿄의 외국어학교에서 프랑스어를 전공했다. 차츰 사회문제에 관심을 갖게 된 그는 『평민신문』의 기자가 됐다. 오스기는 크로폿킨의 저술들에 접하면서 무정부주의를 받아들이게 됐다. 크로폿킨의 사상은 '모든 인간의 완전한 자유로운 발전'에 출발점을 두었다. "인간은 그 누구든 존귀한 존재다. 그러므로 인간은 그 누구든 자아를 최대한 실현해야 한다. 그런데 문명은 인간의 자아실현을 가로막는 갖가지 장애물을 낳았으며, 사회적인 기존 가치와 관습 역시 인간의 자아실현을 가로막고 있다. 그러므로 인간의 완전한 자아실현을 위해서는 그것을 모두 파괴해야 하며, 그것들 대신에 상호부조의 원리 위에서 자발적 결사를 형성하고 생활해야 한다." 이것이 크로폿킨사상의 핵심이었다.

오스기는 자유연애론자이기도 했다. 그래서 어느 때는 세 여자와 동시에 사귀기도 했다. 그는 1923년 9월에 관동대지진이 일어나 일본정부가 계엄령을 폈을 때 한 일본군헌병장교에게 살해되는데, 그 세 여자들 가운데 한 여자와 함께 살해된다. 이 관동대지진 때 일본군은 이 지역에서 생활하던 무고한 조선인들도 학살했다. 오스기는 서른여덟의 젊은 나이에 죽은 무정부주의운동가였다. 그러나 조지 베크먼 George M. Beckmann 교수와 오쿠보 겐지 교수가 함께 써서 1969년에 스탠퍼드대학교출판부에서 펴낸 『일본공산당, 1922~1945 The Japanese Communist Party, 1922~1945』에 따르면, 많은 일본사람이 보기에 "그는 사회주의운동에서 가장 다채롭고 동력적인 과격파였다."

이어 아라하타에 대해 살펴보자. 그의 본명은 아라하타 쇼조荒畑勝三였다. 그는 1887년에 요코하마의 유흥가에서 다방을 경영하는 집안에서 태어났다. 초등학교를 마친 뒤 그는 아버지의 직업이 역겹다는 이유로 집을 나와 요코하마에서 가까운 요코스카의 해군부대에 속한 무역회사에서 일했다.

아라하타는 『평민신문』을 읽고 사회주의에 빠져들었다. 그래서 18세가 된 1905년에 자진해서 전국을 돌아다니며 사회주의문헌들을 보급하는 데 힘을 썼다. 그에게 사회주의는 새로운 종교나 다름없었다. 특히 사회주의가 안고 있는 순교자적 분위기에 감동한 그는 마치 새로운 입교자를 찾음과 동시에 박해를 기대하는 선교사처럼 농촌지역들을 돌아다녔다. 그해 말에 아라하타는 한 작은 지방신문의 기자가 됐고 그곳에서 결혼했으며 다음 해에 도쿄로 돌아와 고토쿠 및 사카이를 중심으로 하는 무정부주의적 집산주의자들의 모임에 나가게 됐다. 이것이 계기가 돼 그의 아내가 고토쿠와 사랑에 빠져버렸다. 아라하타는 정열적이고 대단히 감정적인 사람이어서 두 사람을 죽이고 자살하려 했으나 모두 실패했다. 그 후 그는 1910년에 도쿄의 유명한 요시와라 유곽의 한 창녀와 재혼했다.

아라하타는 사카이나 야마카와와는 대조적으로 지식인들보다는 서민들과 아주 잘 어울렸다. 1929년에 정부가 공산주의자는 말할 것도 없고 공산주의용의자까지도 마구 잡아들일 때 그 역시 체포됐는데, 보석으로 나온 직후 자살을 시도했으나 실패했다. 미리 써놓은 유서에 당국으로부터 박해를 받느니 차라리 죽는 길을 택하겠다고 말했던 그는 그 후 수많은 박해를 받으면서도 79세까지 살았다.

오스기 및 아라하타의 뒤를 이어 사카이도 운동을 다시 시작했다. 그는 우선 1911년에 대역사건으로 처형된 고토쿠 등의 시체를 인수받아 그해 3월부터 5월까지 2개월 동안 사형자의 유족을 위문하는 여행을 했다. 이어 1915년에는 『신사회』라는 잡지를 창간했는데, 창간호에 유물사관에 관한 글을 게재한 것이 주목된다. 당국은 이 잡지도 폐간시키려 했으나 일반이론들만 다룰 뿐 그 이론들을 일본에 어떻게 적용해야 하는가에 대해서는 전혀 말하지 않았기에 방관했다.

이 시점에, 출옥 이후 도쿄를 떠났던 야마카와가 10년 연상의 사카이를 찾아왔다. 두 사람 모두 그때로써는 수준이 상당히 높은 지식인이었으며 그래서 '선생님 티'가 많이 났다. 그러나 사카이가 남에게 비교적 따뜻했음에 비해 야마카와는 차가웠다. 이러한 두 사람이 손을 잡고 1917년에 『신사회』를 개편하고 아라하타를 참여시켰다. 같은 해 4월에 중의원선거가 실시됐다. 사카이는 사회주의의 전파를 목적으로 입후보했으나 25표의 득표로 끝났다.

볼세비키혁명과 가타야마의 헌신

1917년 2월에 러시아에서 부르주아혁명이 일어나 제정이 무너지고 임시정부가 들어섰다. 10월에는 레닌이 이끈 볼셰비키가 쿠데타를 통해 임시정부를 무너뜨리고 인류역사상 최초의 소비에트국가를 세웠다.

볼셰비키혁명은 일본의 사회주의운동계에 즉각적으로 영향을 주었다. 무정부주의적 집산주의를 표방했던 사회주의자들이 서서히 볼셰비즘으로 돌아서게 된 것이다. 야마카와와 아라하타, 그리고 사카이는 무정부주의적 집산주의에서 아주 떠나지는 않았으나 1919년부터 볼셰비즘의 옹호자로 등장했다. 그들에 따르면, 러시아혁명으로 성공적임이 증명된 볼셰비즘은 무정부주의적 집산주의보다도 일본사회의 사회주의적 변혁을 성취하는 데 더 현실적인 지침이 되리라는 것이었다. 그들은 『신사회』 1919년 5월호를 통해 자신들이 무정부주의적 집산주의에서 볼셰비즘으로 전향했음을 공식적으로 선언했다.

이것을 앞뒤해서 그들은 볼셰비즘의 연구와 전파에 새로운 노력을 기울이기 시작했다. 우선 사카이의 동지인 다카바타케 모토유키高畠素之는 『신사회』 1918년 2월호에 「정치운동과 경제운동」이라는 글을 발표했는데, 이는 레닌의 이론을 일본에 처음으로 소개한 것이었다. 그는 1919년부터 마르크스의 『자본』 완역에 착수해 1920년 6월에 제1권을 출판했고 1924년에 완간했다. 사카이, 야마카와, 아라하타는 그들대로 1919년 4월부터 이론적인 논문집 『사회주의 연구』를 출간했으며, 1920년 2월에 『신사회』를 『신사회 평론』으로 바꾸고 일본의 사회문제를 본격적으로 다뤘다. 아라하타는 1920년부터 자신의 활동근거지인 오사카에서 월간지 『일본노동신문』을 발행하기 시작했다. 1919년에 창간된 『카이조改造(개조)』와 『해방』 역시 이 방면에 적잖게 이바지하게 된다.

미국으로 망명한 가타야마가 이 세 사람을 돕기 시작했다. 우리가 앞에서 살폈듯 독실한 기독교도로 인도주의적 사회주의노선에 서서 사회개혁을 부르짖던 온건파 지도자 가타야마는 미국으로 망명한 후 1916년에 뉴욕에서 공산주의토론회에 가입했다. 그는 이것을 통해 네덜란드의 사회주의자인 럿거스S. J. Rutgers와 접촉했고 그때 미국에서 망명생활을 하던 트로츠키와 부하린을 비롯한 러시아혁명가들을 만났다. 이들은 그에게 큰 영향을 주었다. 현존하는 정치체제 아래 일본에서는 사회주의가 실현될 수 없다고 믿게 됐으며 혁명을 부르짖게 된 것이다.

러시아혁명의 성공은 공산주의에 대한 가타야마의 믿음을 더욱 굳혔다. 그는 '일본의 억압받는 무산대중'을 해방하기 위해서는 러시아의 볼셰비키혁명이 일본에서 되풀이돼야 한다고 확신하게 된 것이다. 공산주의 또는 볼셰비즘에 대한 그의 이해가 이론적으로 깊지는 않았다. 그러나 그의 헌신은 남달랐다. 그는 코민테른에 연결됐으며 뉴욕에서 재미일본인사회주의단을 출범시켰고, 1921년에는 코민테른의 요청에 따라 멕시코로 건너가 멕시코공산당의 결성을 도왔다. 물론 그는 일본의 옛 사회주의운동 동지들을 돕는 것도 잊지 않았다. 세계공산주의운동의 흐름을 알려주고자 노력했으며, 1919년 5월에는 자신의 추종자인 곤도 에이조近藤榮藏를 일본으로 보내 그들과 접촉하게 했다.

위에서 살폈듯 사회주의운동계의 지도자들이 거의 모두 볼셰비즘으로 돌아섰지만 예외가 있었다. 오스기만은 여전히 무정부주의적 집산주의에 매달려 있었다. 그는 『문명평론』『노동신문』『노동운동』 등의 잡지들을 출판하면서 여전히 노동자들이 집단적 파업과 태업 및 폭력을 통해, 그리고 최종적으로는 대중혁명을 통해, 자본주의와 국가를 타도해야 한다고 주장했다. 그래서 그는 당국의 끊임없는 감시와 방해를 받아야 했고 몇 차례 투옥됐으며 그의 잡지들은 자주 폐간됐다.

가와카미 하지메 교수의 마르크스주의 보급

1901년에 사회민주당을 창당했던 사람들이 일본에 공산주의를 보급하는 데 앞장섰던 것은 사실이지만 그들과는 별도로 공산주의 보급에, 특히 마르크스주의 보급에 지도적 역할을 수행한 사람이 있었다. 그는 교토제국대학의 가와카미 하지메河上肇 교수였다.

가와카미 교수는 1879년에 야마구치현에서 태어나 야마구치고등학교를 거쳐 도쿄제국대학 법학부 정치학과를 졸업했다. 그는 곧 도쿄제국대학 농학부를 비롯한 여러 대학에서 강사생활을 하다가 모두 사임하고 '자아포기의 원칙'을 강조하는 한 불교교단에 입단했다. 그것을 계기로 자신이 소장했던 책들을 모두 팔아 가난한 사람들에게 나눠주었으며, 잠시 『요미우리신문』의 기자가 됐다가 『일본경제평론』을 창간했다.

29세이던 1908년에, 그는 교토제국대학의 강사가 돼 다시 교단에 섰으며 곧 조교수로 승진했다. 이 무렵 그는 마르크스의 유물사관에 빠져들기 시작했고, 1913년부터 1915년까지 유럽에서 마르크스철학을 비롯한 서양철학을 공부한 뒤 귀국해 교수로 승진했다. 이후 그는 마르크스주의의 보급에 전념해, 1917년에는 『가난 이야기』를 출판했고, 1919년 1월부터 『사회문제 연구』를 발행하기 시작했다. 이로써 그는 1920년에 들어서서는 일본에서 대표적인 마르크스주의이론가로 자리 잡았으며, 좌익사상에 심취한 대학생들로부터 존경을 받게 됐다.

이상에서 살핀 바와 같이, '혁명적 좌익'의 물결이 새롭게 일어나던 1916년 무렵에 민주주의운동도 함께 일어났다. 이 운동의 이론적 지도자는 도쿄제국대학 법학부 정치학과의 요시노 사쿠조吉野作造 교수였다. 그는 1878년에 태어나 도쿄제국대학 법학부 정치학과를 졸업하고 중국 톈진의 베이양법정전문학당에서 가르쳤다. 그는 곧 유럽과 미국 유학을 거쳐 모교의 교수가 돼 정치학원론과 정치사를 가르쳤다. 그는 강의를 통해, 그리고 유력 월간지 『중앙공론』을 통해, 주권재군主權在君이라는 메이지헌법의 테두리 안에서 민주주의를 확립한다는 '다이쇼 데모크라시'의 이론적 기초를 제공했다.

이 방면에 관한 요시노 교수의 논설로 가장 대표적인 것이 『중앙공론』 1918년 1월호에 발표된 「민본주의의 참뜻을 설명하고 헌정이 유종의 미를 거두는 방도를 논함」이다. 그는 보통선거와 정당정치 및 의원내각제를 통해 민의를 존중해야 한다고 강조했다. 사회운동에도 관심을 가져 1918년 12월에는 여명회黎明會와 신인회新人會를 조직하기도 했다.

민주주의운동은 1920년 2월에 정점에 이르렀다. 학생들과 노동자들이 도쿄와 교토를 비롯한 큰 도시에서 보통선거권을 요구하는 시위를 벌인 것이다. 이 시위들에 고무돼, 몇몇 야당은 보통선거권을 확대하는 법안을 내놓았다. 그러나 하라 다카시 내각은 이것을 거부했다.

노동운동의 성장과 다양한 사회주의운동가의 출현

한편으로는 사회주의사상이 전파되고 다른 한편으로는 자유민주주의사상이 전파되는 가운데 그것들에 영향을 받아, 그리고 더욱더 활발히 진행되는 공업화와 도시화의 결과, 노동운동 역시 빠르게 성장했다. 1918년 8월에 일어나 전국으로 파급된 쌀 소동이 보여주듯 도시에서는 심각하고 광범위한 동요가 일어나고 있었다. 실제로 노동자들의 파업은 자주 일어났고 노동조합의 결성은 활발해졌다.

노동운동이 활발해진 1912년에, 스즈키 분지鈴木文治 등이 주동이 되어 출범한 작은 노동자복지조직인 우애회友愛會가 빠르게 커졌다. 그것만이 아니었다. 1919년과 1920년 사이에는 노사카 산조野坂參三와 와타나베 마사노스케渡邊政之輔 같은 마르크스주의혁명가형 노동운동가들이 나타났다.

노사카는 1892년 3월에 야마구치현 하기萩시에서 태어났다. 아버지는 소상인이었으나 파산했으며, 그나마 그가 14세 때 어머니와 함께 세상을 떴다. 그래서 그는 고베에서 목재상을 하던 형 밑에서 컸고 고베상업학교를 다녔다. 그는 이때 사회주의에 접했다. 곧 게이오대학 법학부 정치학과에 입학했으며 사회주의에 관심을 갖게 된다. 그는 신인회에 가입했으며 우애회 산하의 노학회勞學會 간부로 활약했다. 1917년에 게이오대학을 졸업한 뒤에는 정식으로 우애회에 가입해 편집 및 연구 분야에서 일했다. 그와는 대조되게, 와타나베는 젊은 공장노동자였다. 그는 신인회와 연관을 맺고 신인회의 지원을 받아 1919년에 도쿄에서 전국셀룰로이드공조합을 조직했다.

다른 한편으로는 가가와 도요히코賀川豊彦와 같은 성자형 지도자도 나타났다. 1888년 7월에 고베시에서 첩의 아들로 태어난 그는 멸시와 구박을 받으며 성장했다. 다만 할머니는 그를 사랑했고 용기를 심어주었다. 그는 미국 장로교가 세운 메이지학원 신학부와 역시 미국 장로교가 세운 고베중앙신학교에서 신학을 공부했고 마침내 목사가 됐다. 그러나 그 과정에서 여러 차례 결핵에 감염돼 죽을 고비에 처했다. 이때 자신을 헌신적으로 돌보는 일본인 목사의 박애정신에 감화돼 여생을 빈민구제운동에 바치기로 결심했다.

가가와는 21세이던 1909년 12월에 고베의 빈민가로 이사해 빈민들과 함께 생활하면서 그들을 도왔다. 여기서 그는 빈민들을 위해 헌신하던 여성을 아내로 맞이했다. 그는 신학을 더 깊이 공부하고 미국의 빈민구제운동을 직접 관찰하기 위해 미국 장로교재단의 도움을 받아 미국으로 건너가 프린스턴신학교에서 공부했다. 아내 역시 요코하마의 신학교로 진학해 목사가 됐다. 가가와는 귀국한 뒤, 다시 고베의 빈민촌으로 돌아가 기독교적 인도주의의 입장에서 빈민구제운동과 생활협동조합운동에 앞장을 섰다.

가가와 도요히코는 자신의 이러한 경험들을 33세이던 1921년에 『사선死線을 넘어서』라는 자전적 소설로 회상했다. 이 책은 글자 그대로 베스트셀러가 됐으며 그를 전국적 인물로 키웠다. 그는 지주의 횡포에 시달리는 소작농에 관심을 쏟으면서 일본농민조합의 창립을 주도했고 농민복음학교를 세웠다. 제2차 세계대전 때는 반전평화운동을 전개하다가 헌병대에 구금되기도 했다. 제2차 세계대전이 일본의 패전으로 귀결된 뒤, 그는 사회주의정당의 창당에 힘을 쏟아 1945년 11월 2일에 일본사회당이 창당되는 데 이바지했다. 그는 '성자聖者'로 불리는 가운데 인도주의적이면서 박애주의적인 사회운동가로 일생을 보냈다. 1950년대 중반의 어느 시점에 개인 자격으로 한국을 찾아, 또는 서신을 통해 이승만 대통령에게 일본인으로서는 처음으로 일제의 조선침략에 대해 사죄한 것으로 전해진다. 그는 4월혁명으로 이승만 대통령이 하야하기 직전인 1960년 4월 23일에 향년 72세로 도쿄에서 별세했다.

사회주의동맹의 출범

이처럼 여러 갈래의 사회주의운동가들이 일본의 기존 체제를 통렬히 비판하면서 자기들 나름의 대안을 제시하는 가운데 우애회는 점점 혁명적으로 바뀌었다. 그 점은 1919년 8월에 우애회의 제7차 대회가 열렸을 때 명백해졌다. 어느새 우애회의 분위기를 장악한 무정부주의적 집산주의자들은 우애회의 창시자이면서 현직 회장인 스즈키가 온건노선을 걸어온 점을 비판하며 사퇴를 요구했다. 그들은 동시에 우애회가 사회개혁노선을 버리고 폭력투쟁에 입각한 전면적 사회혁명노선을 채택할 것을 요구했다. 이들의 요구는 채택되지 않았다. 그러나 집행부개편안은 받아들여져 그들의 다수가 집행부에 진출할 수 있었다.

1920년에 '공황'이 시작되면서 도산하는 기업이 많아지고 따라서 실직자의 수도 늘어났다. 우애회의 노선은 더욱 강경해졌다. 기관지 『노동』은 자본주의타도를 위한 계급투쟁과 프롤레타리아혁명을 부추겼으며, 무정부주의적 집산주의의 목소리는 더욱 높아졌다. 1920년 5월 1일의 메이데이 (노동절) 때는 무려 5천여 명의 노동자들이 도쿄의 우에노공원에 모여 실업방지와 최저임금법제정을 요구하는 시위를 벌이기에 이르렀다. 1921년에는 오사카의 한 회사에서 벌인 노동자파업을 시작으로 노동운동이 격화돼, 7월에는 3만 5천여 명이 참가했는데, 이것은 일본역사에서 최초의 대규모 시위였다. 그 중심에는 가가와가 있었다. 그렇다고 해서 그가 공산주의를 받아들였던 것은 결코 아니었다. 그는 마르크스의 계급투쟁론과 프롤레타리아 독재론은 모두 인간에게 가장 소중한 인간의 자유를 부정하는 논리라며 배척하고, 의회민주주의를 통해 평등주의 이념을 실현해야 한다고 주장했다.

이러한 분위기 속에서 우애회를 비롯한 7개 사회주의단체들은 노동조합동맹을 결성하기로 합의했다. 그러나 노선갈등이 다시 나타났다. 무정부주의적 집산주의자들이 우애회의 스즈키노선에 강경히 반대한 것이다. 뉴욕에서 활동하던 가타야마도 편지를 보내 스즈키를 비판했다.

그래도 사카이와 야마카와 및 아라하타 등의 공동노력으로 1920년 8월에 동맹이 결성될 수 있다. 이것이 모체가 돼 회원이 1천 명인 사회주의동맹이 결성됐으며 기관지로 『사회주의』를 발행했다. 사회주의동맹의 주도권은 볼셰비즘의 지지자들, 곧 볼셰비스트들이 쥐었다. 이 단체는 1921년 5월에 제2차 대회를 열 때까지 회원을 무려 3천 명이나 확보했다. 그러나 같은 달에 정부가 해산을 명령함으로써 단명하고 말았다.

3. 일본공산당의 창당과 해산

코민테른, 일본공산당 창당을 지원하다

일본사회주의자들의 운동이 국내에서 많은 시련에 부딪혔으나 코민테른의 관심에서 벗어나지는 않았다. 유럽뿐만 아니라 아시아도 주목해온 코민테른은 1919년 3월의 창립총회 때부터 일본대표를 참석시키고자 했다. 이때 특히 일본에 관심을 기울였던 국제공산주의자는 가타야마의 친구인 네덜란드대표 럿거스였다. 그는 코민테른으로 하여금 가타야마를 초청하게 했으나 가타야마는 자신의 형편 때문에 참석할 수 없었다. 그래도 코민테른은 결의문에 일본에 관한 조항을 넣어주었다.

이듬해부터 코민테른은 아시아 각국에 공산당을 창당시키고자 본격적으로 노력했다. 그 테두리 안에서 코민테른은 상하이에서 활동하던 조선의 공산주의자 이춘숙을 1920년 여름에 도쿄로 보냈다. 그때 그는 도쿄의 중앙대학을 졸업한 뒤 상하이에서 성립된 대한민국임시정부의 군부차장으로 활동하고 있었다. 이춘숙은 도쿄에서 사카이, 야마카와, 오스기를 만나, 곧 상하이에서 열릴 '극동혁명가들의 회의'에 참석해줄 것을 요청했다. 사카이와 야마카와는 그를 믿을 수 없다는 이유로, 그리고 경찰의 감시가 날로 날카로워지는 것을 느껴, 초청을 거절했다. 그러나 덜 신중한 오스기는 초청을 받아들여 같은 해 10월에 상하이로 갔다.

오스기는 상하이에서 코민테른의 대표자들은 물론 중국 및 조선의 혁명가들을 만났다. 그들은 코민테른의 지시를 받으며 혁명을 추진할 정당들의 연합을 극동에서 만들어내는 문제를 제기했다. 그러자 오스기는 자신의 무정부주의적 집산주의에 충실하게 '코민테른의 지시' 대목에 반대한다면서 각 정당은 자율권을 가져야 하며, 다만 각 정당의 연락위원회 구성에 찬성할 수 있다고 대응했다. 그러나 그는 코민테른의 재정지원이 필요하다고 호소하며 반년에 1만 엔씩 도와달라고 요청했다. 코민테른은 그를 볼셰비스트로 전향시킬 수 있으리라고 기대해, 우선 2천 엔을 주며 그가 일본의 볼셰비스트들과 협조하고 소련을 방문한다면 자금을 더 주겠다고 약속했다.

오스기는 그해 10월에 귀국해 처음에는 볼셰비스트들과 어느 정도 협조하려고 했다. 그러나 자신은 앞으로도 계속해서 볼셰비스트들의 이념과 행동을 자유롭고 독자적으로 비판할 수 있어야 한다고 고집했다. 사카이와 야마카와는 이것을 거부했다. 이에 오스기는 가타야마의 추종자인 곤도 에이조와 협력해 『노동운동』의 출판을 재개했다.

코민테른은 1921년 4월에 다시 요원을 도쿄로 보냈다. 그는 조선공산주의자인 이증림李增林이었다. 메이지대학 졸업생인 그는 처음에는 오스기를 만났으나 그의 고집불통에 실망하고 야마카와를 만났다. 이때 곤도는 오스기를 떠나 야마카와를 돕고 있었다. 그들은 '코민테른일본지부'를 세우는 계획에 동의했다. 사카이도 찬성했다. 이들은 아라하타를 비롯한 여러 사회주의혁명가들의 지지를 확보했고 비밀리에 '공산주의자그룹'을 발족시켰다. 사카이는 회장으로, 나머지 동지들은 집행위원회 위원으로 선출됐다. 그들은 곤도를 상하이로 보내 코민테른의 극동요원들에게 보고하게 했다.

곤도는 1921년 5월에 상하이로 가서 조선 및 중국의 혁명가, 그리고 코민테른의 극동요원들을 만났으며 코민테른으로부터 6,500엔을 받아 귀국했다. 그런데 시모노세키에 도착한 직후 사고가 났다. 기차를 놓친 그가 큰 술집에서 호화판으로 놀고 작부와 어울려 길가에 나왔다가, 행동거지를 이상하게 여긴 경찰에게 잡힌 것이다. 그가 지닌 돈의 출처를 캐던 경찰은 그의 감방동료에게서 그가 상하이에서 왔으며 사카이 및 야마카와와 연결돼 있음을 알아냈다. 그러나 그는 자신이 혼자 행동하고 있다고 강조했고, 경찰은 그에게 적용할 법을 찾지 못해 석방했다.

효민공산당에서 일본공산당에 이르기까지

석방되면서 곤도는 사카이와 야마카와에게 접근해 공산당을 만들자고 제의했다. 그러나 사카이와 야마카와는 사태를 좀더 관망하자면서 거부했다. 그러자 곤도는 젊은 지식인들을 중심으로 1921년 8월에 '각성된 인민들의 공산당'이라는 뜻의 효민공산당曉民共産黨을 비밀리에 발족시켰다. 그러나 곧 발각돼 곤도를 비롯한 간부들은 투옥됐다. 사카이와 야마카와도 체포됐으나 이 조직에 가담하지 않았음이 밝혀져 석방됐다. 그래도 코민테른은 희망을 버리지 않았다. 코민테른은 어느 젊은 중국인교수를 도쿄로 밀파해 야마카와를 설득하는 데 성공했다. 그래서 야마카와는 도쿠다 규이치德田球一를 코민테른이 주최할 극동인민대표대회에 보내겠다고 약속했다. 한편 효민공산당은 다카세 기요시高瀨淸를 대표로 선정했다.

도쿠다, 다카세, 그리고 다른 몇몇 혁명가들은 상하이를 거쳐 이르쿠츠크로 가서 1921년 11월에 열린 예비회의에 참석한 뒤 모스크바로 갔다. 거기서 그들은 미국에서 온 일본대표들과 합류했는데, 그들 가운데는 가타야마도 있었다. 다른 한편으로 노사카 산조는 파리에서 열린 국제적색노동조합, 곧 프로핀테른대회에 참석한 뒤 모스크바에 도착했다. 국제적색노동조합은 코민테른의 외곽단체들 가운데 하나였다.

극동인민대표대회는 1922년 1월 21일부터 27일까지 열렸다. 가타야마는 레닌과 트로츠키와 지노비예프 및 스탈린과 더불어 명예의장단의 한 사람으로 뽑혔다. 이 대회가 끝난 뒤 일본에서 참석한 일본대표들은 대부분 귀국했으나 코민테른의 상임집행위원이 된 가타야마는 모스크바에 그대로 남았다. 코민테른은 가타야마가 효용성이 별로 없는 사람임을 곧 알게 됐다. 이론적으로도 아주 약할 뿐만 아니라 일본을 떠난 지 오래여서 일본정세에도 밝지 못했다. 그래도 코민테른은 그의 상징성을 사서 코민테른에 그대로 붙들어두었다. 거기서 그는 국제반제동맹과 국제적색구원회를 지도했으며, 만년에는 병에 걸려 고향을 그리워하다가 1933년에 만 74세로 모스크바에서 죽었다. 그는 크렘린궁의 외벽 무덤에 묻혔다.

극동인민대표대회가 끝난 뒤 귀국한 대표들은, 특히 도쿠다와 다카세는 야마카와, 사카이, 아라하타 등을 설득했다. 그리하여 그들은 1922년 7월

15일에 도쿄에 있는 다카세의 집에서 비밀리에 일본공산당을 창당했다. 사카이가 당위원장으로 선출됐고 야마카와, 아라하타, 곤도 등이 집행위원으로 선출됐다. 1922년 12월에 모스크바에서 열린 제4차 코민테른대회는 이 일본공산당을 코민테른의 지부로 공식승인했다.

일본공산당은 비밀조직이었기에 공식기관지를 둘 수 없었다. 그래서 야마카와의 지지자들이 발행하는 『전위』, 사카이의 지지자들이 발행하는 『무산계급』, 또는 사카이가 일찍부터 발행해온 『사회주의 연구』 등이 일본공산당을 이론적으로 대변하는 언론 역할을 수행했다. 이 세 잡지는 1923년 4월에 『적기赤旗』로 통합되었고, 같은 해 7월에 『계급전階級戰』으로 개명됐다가 1928년 2월에 다시 『적기』로 이름을 바꿨다.

일본공산당의 해산

일본의 볼셰비스트들은 공산당을 창당하는 데는 성공했으나 무정부주의적 집산주의자들을 끌어안는 데는 성공하지 못했다. 오스기로 대표되는 무정부주의적 집산주의자들, 곧 아나르코 생디칼리스트anarcho-syndicaliste들이 여전히 볼셰비스트들을 공격한 것이다. 이 공격에 대해 볼셰비스트들은 반론을 제기했고 그래서 두 세력 사이의 논쟁은 '아나-볼 논쟁'이라고 불리면서 확대됐다. 제한된 지면에서 이 논쟁을 자세히 설명할 수는 없다. 단순화시켜 말하면, '아나' 쪽이 훨씬 더 전투적인 투쟁노선을 제시했다고 할 수 있다. '아나' 쪽은 보통선거권 획득이나 의회를 통한 투쟁 같은 '정치행동'을 멸시하고 노동자가 중심이 된 전면적이면서도 폭력적인 대중투쟁을 옹호한 데 비해, '볼' 쪽은 '정치행동' 그 자체를 중시하지는 않았으나 그래도 어느 정도 인정했다.

이 논쟁에서 야마카와의 지위가 확고해졌다. 이 논쟁을 통해 드러난 마르크스주의에 대한 깊은 이해, 그리고 유럽역사와 러시아혁명에 대한 폭넓은 지식은 그를 사카이에 버금가는 이론가로 인정받게 만들어주었다. 이로써 그는 강당에서 마르크스주의를 강의하는 것으로 끝나는, 이른바 마르크스주의강좌파에 대립해 행동을 강조하는 마르크스주의행동파의 실질적 지도자로 확실하게 인정받았다. 따라서 그의 대표작으로 간주되는 논문 「무산계급의 방향전환」과 저서 『자본주의의 수탈기구』는 계속해서 널리 읽히게 된다.

일본의 혁명운동가들 사이에서 이처럼 '아나-볼 논쟁'이 격화되고 있었다는 사실은 결국 이 시기에 일본에서 과격주의가 점점 힘을 얻어가고 있음을 반영하는 징후이기도 했다. 실제로 1921년과 1922년 사이에 노동분규와 파업은 점차 과격해졌으며, 1921년 10월에는 우애회가 마침내 일본노동총동맹으로 확대됐고, 1922년 9월에는 일본노동조합총연합이 오사카에서 약 2,700명의 회원들을 확보한 채 출범했다. 게다가 농민들도 1922년 4월에 일본농민조합을 결성하고 자신들의 권익을 지키기 위해 투쟁에 나섰으며, 비슷한 시기에 부라쿠민部落民으로 불리는 최하층민들은 전국수평사全國水平社를 창립해 부락해방운동의 깃발을 들었다. 대학생은 또 그들대로 1922년 10월에 전국학생연합회, 이른바 학련을 출범시켰다.

이러한 상황에 정부는 '채찍과 당근 정책'을 썼다. '채찍'으로는 과격주의운동을 극심하게 탄압했다. 그래서 1923년 6월에 사카이를 비롯한 일본공산당의 간부들을 거의 모두 구속했다. 이것은 '공산당 제1차 검거'라고 불렸다. 3개월이 지난 시점에, 관동에서 대지진이 일어나자 정부는 계엄령을 내리고 과격주의운동가들을 죽이거나 체포했다. 앞에서 지적했듯, 무정부주의적 집산주의의 대표자 오스기가 살해된 것이 바로 이 '백색테러'의 시기였다. 오스기의 피살과 더불어 오스기라는 대명사로 표현되던 무정부주의적 집산주의는 일본에서 사실상 죽었다. 정부는 또 1925년 4월에 치안유지법을 제정해 '체제변경을 추구하는 사람'에 대한 엄벌을 다짐했다. 한편, '당근'으로는 1925년 3월에 보통성인선거법을 통과시키고 또 1926년 7월에 노동쟁의조정법을 만들어 노동자들의 노동조건을 어느 정도 개선해 주었다.

여건이 극도로 어려워지자, 일본공산당은 1924년 3월에 마침내 해산을 결의했다. 그렇지만 일본공산당의 구성원들이 흩어진 것은 아니었다. 그들은 하나의 작은 국局을 형성하고 『마르크스주의』라는 잡지를 창간했다. 그러나 코민테른은 곧 불만을 표시하고 재건을 지시하면서 1926년 2월 중순부터 1개월 동안 모스크바에서 코민테른의 극동요원들과 일본공산당의 대표 사이의 회의를 주재했다. 일본공산당 대표로는 도쿠다 규이치가 참석했다. 1926년 2월에 이 회의는 일본공산당의 해산을 비판하고 재건을 지시하는 '모스크바테제'를 채택했다.

4. 일본공산당의 재건

사회주의단체들의 출범과 분열

도쿠다는 1926년 5월에 귀국해 당재건사업을 추진했다. 그러나 상황은 복잡했다. 1925년에 보통성인선거법이 발효하자 의회를 통해 개혁을 할 수 있으리라는 기대를 안고 사회주의적 단체들과 정당들이 많이 출몰했기 때문이다. 예컨대, 1924년 4월과 6월에는 각각 일본페이비언협회와 정치연구회가 발족했고, 1924년 7월에는 전국학생연합회가 전일본학생사회과학연합회, 약칭 가쿠렌學連으로 확대됐다. 1925년 5월에는 기존의 일본노동총동맹과는 별개로 일본노동조합평의회, 약칭 효기카이評議會가 출범했으며, 1925년 여름에는 효기카이 청년부와 가쿠렌이 공동으로 일본공산청년동맹을 결성했다. 1925년 12월에는 농민노동당이 창당됐다가 곧바로 해산됐다. 1926년 12월에는 사회민주당이 창당됐고 곧 이 당에서 떨어져나온 좌파가 와세다대학 정치학교수 오야마 이쿠오大山郁夫를 위원장으로 하는 일본노동당을 창당했으며, 1927년 3월에는 제3의 농민조직으로 전일본농민조합이 결성됐다.

후쿠모토주의의 등장

이러한 분열 속에 하나의 통일전선으로 일본공산당을 창당한다는 것은 이만저만 어려운 과제가 아니었다. 이 시점에 후쿠모토 가즈오福本和夫라는 30대 초반의 이론가가 등장했다. 1894년에 돗토리현에서 유복한 지주의 아들로 태어난 그는 도쿄의 제1고등학교와 도쿄제국대학 법학부 정치학과를 졸업한 이후 때로는 공무원으로, 때로는 교사로 근무했다. 28세이던 1922년에 문부성의 국비장학생으로 유럽에서 유학을 한 그는 곧 마르크스주의에 빠져 독일공산당에 가입하고 1924년에 귀국해 공산주의운동에 뛰어들었다. 그는 『마르크스주의』에 거의 매달 한 편씩의 논문을 발표했는데, 그 논문들을 통해 야마카와의 노선을 비판하고 '새로운 투쟁방법'을 제시했다. 사람들이 '후쿠모토주의'라고 불렀던 그의 이론체계를 단순화시켜 설명하면 다음과 같다.

후쿠모토는 우선 야마카와의 이론은 결국 무산대중의 지지를 확보하고 그 바탕 위에서 무산대중의 전위로 공산당을 창당하자는 것이라고 평가한 다음, 그렇게 해서는 무산대중의 부르주아타도혁명을 성취할 수 없다고 비판했다. 후쿠모토에 따르면, 1929년에 시작된 세계대공황 때 입증됐듯 세계자본주의는 퇴조하고 있으며 그 한 부분인 일본자본주의 역시 퇴조하고 있다. 그러므로 무산대중의 이익을 대변하는 공산당을 먼저 만들고 이 공산당이 일간지를 발행해 무산대중을 계몽시켜 그들로 하여금 진정한 의미에서 무산계급의식을 갖게 만들어야 하며, 그렇게 함으로써 무산대중이 농민 및 소부르주아와 통일전선을 형성해 정치적 투쟁을 할 수 있다는 것이다.

일본공산당은 대체로 이 노선 위에서 1926년 12월 3일에 후쿠시마현에서 재건됐다. 이때 제1차 일본공산당의 위원장이던 사카이는 참여하지 않았다. 그는 1928~29년에 무산대중당을 창당했으며, 1929년에는 일본대중당의 공천을 받아 도쿄시의회 의원으로 당선됐으나, 1930년의 중의원선거에서는 낙선했다. 그 후에도 그는 사회대중당 고문으로 여전히 사회주의운동의 대열에 섰다. 그러다 1931년에 뇌일혈로 쓰러졌고, 일본이 한창 해외 침략과 군국주의의 길을 걷던 1933년 1월 23일에 향년 63세로 죽었다. 그는 "나는 여러분이 제국주의전쟁을 반대하는 외침 속에 죽는 것을 영광으로 생각한다"는 유언을 남겼다.

사카이의 무덤은 요코하마의 소지사에 자리를 잡은 공동묘지에 마련됐다. 저자가 이곳을 찾은 때는 1996년 6월 25일 오후였다. 도쿄의 환태평양문제연구소가 개최한 제10회 조선반도통일문제에 관한 국제학술심포지엄에 참석하고 나서 재일거류민단의 여기성 사무차장의 안내를 받을 수 있었다. 높이 2미터 정도 되는 묘비는 재혼한 아내 다네코爲子와 전처 소생의 딸 곤도 마가라近藤眞柄가, 그가 '주의자主義者'로서 세간에서 백안시되던 때 세운 것이다. 묘비 오른쪽에는 후피향나무, 왼쪽에는 감탕나무가 크게 자라서 회양목 등과 함께 묘역을 둘러싸고 있었다.

마지막으로 사카이의 딸 곤도 마가라에 대해 덧붙이기로 하자. 그녀는 1903년에 도쿄에서 태어났으며, 이듬해 어머니가 별세하자 아버지의 친척 집에서 자랐다. 아버지가 사회주의운동에 참여한 탓에 감옥을 드나드는 것을 보며 컸지만 오히려 일찍부터 사회주의를 받아들였다. 그래서 좌익계 출판사에서 근무하면서 차차 공산주의운동에 뛰어들었으며, 1921년에 효민공산당이 비밀리에 창당될 때 가담했으며, 이 때문에 투옥됐다. 출옥한 뒤 이 당의 대표 다카세 기요시와 결혼했으나 그 결혼은 오래가지 못했다. 그녀는 남녀평등을 부르짖었으며, 여성의 권리신장을 위해 투쟁했다. 32세가 된 1935년에 사회대중부인동맹의 서기장으로 선출됐으며, 1971~74년에는 부인유권자동맹회장으로 활동했다.

후퇴의 시기와 합법화시대의 일본공산주의자들

사노 후미오, 도쿠다 규이치,
미야모토 겐지, 노사카 산조, 후와 데쓰조

1. 후퇴의 시기의 공산주의자들

재건된 일본공산당과 극심한 탄압

앞 장에서 살폈듯, 일본공산당은 1926년 12월 3일에 재건됐다. 이것을 제2차 일본공산당이라고 불렀는데, 사노 후미오佐野文雄가 중앙위원회 위원장으로 선출됐다. 후쿠모토 가즈오는 중앙위원회 위원 겸 정치부 책임자로, 사노 마나부佐野學는 중앙위원회 위원으로 조직부와 노동부의 책임자를 겸했다. 후쿠모토가 당수로 선출된 것은 아니었으나 중앙위원회는 후쿠모토 노선의 지지자들로 채워져 있었다.

그러면 당수 사노 후미오는 어떤 사람인가? 그는 1892년에 군마현의 한 유복한 집안에서 태어나 도쿄의 제1고등학교를 졸업하고 도쿄제국대학 철학과를 중퇴한 뒤 야마구치현의 한 대학에서 가르쳤다. 교직을 떠난 이후에는 남만주철도회사의 도쿄사무소에서 연구원으로 일했으며, 30세가 된 1922년에 외무성 정보과에 취직했는데 이때 제1차 일본공산당에 입당했다. 1923년 6월의 1차 검거 때 신분이 드러나지 않아 잡히지 않은 그는 다음 해 결핵으로 외무성을 떠났다. 그는 제1차 일본공산당이 해산된 뒤에도 지하에서 활동했다.

1925년 1월에 상하이에서는 일본공산당의 장래에 관한 중요한 회의가 열렸다. 코민테른의 극동대표 보이틴스키, 상하이에 머물던 사노 마나부, 그리고 일본에서 온 아라하타 간손, 도쿠다 규이치, 와타나베 마사노스케 등이 참석했다. 사노 후미오도 일본에서 건너와 참석했다. 이 회의에서 채택한 상하이테제는 야마카와 히토시 및 사카이 도시히코를 '해산주의자'로 단정하고, 그들이 여전히 무정부주의적 집산주의의 영향에서 벗어나지 못한 채 공산주의를 지나치게 이상주의적이면서 추상적으로 해석한 결과 대중을 혁명적 전술에 의한 계급투쟁으로 조직하지 못하는 과오를 저질렀다고 비판했다. 이 테제는 결론적으로 일본공산당을 프롤레타리아의 전위대로 재건하라고 지시했다. 사노 후미오는 이 테제의 기초에 참여했다. 그리고 일본공산당의 재건에 주력해 제3차 대회를 비밀리에 소집하는 데 성공함으로써 당을 재건할 수 있었고 마침내 당수로 선출되기에 이르렀던 것이다. 이때 그는 34세였다.

그러나 당은 곧 이론적 분파투쟁에 시달리게 됐다. 크게 보아 후쿠모토 노선과 아라하타노선의 대결이었다. 이것을 보고 코민테른은 1927년 5월에 모스크바에서 부하린을 의장으로 하는 일본위원회를 소집하고, 7월에 이르러 1927년테제, 이른바 모스크바테제를 채택했다. 이 테제는 두 노선 모두를 비판하고, 노동자와 농민의 연합을 뼈대로 삼는 통일전선을 형성해 부르주아민주주의혁명을 사회주의혁명으로 전환시킨다는 목표를 강력히 추진하라고 지시했다. 이 테제는 일본이 아시아의 1급 제국주의국가로 변모했으며 중국의 혁명을 위협하는 존재로 떠올랐음을 강조하면서, 일본공산당이 궁극적으로 프롤레타리아독재를 실현함으로써 일본으로 하여금 반제국주의투쟁의 선봉에 서게 해야 한다고 제의했다.

이것을 보고 후쿠모토노선의 강력한 지지자였던 사노 후미오는 귀국과 동시에 당을 떠났다. 코민테른은 곧바로 당중앙위원회의 개편을 지시했으며 위원장에는 사노 마나부가 선출됐다. 사노 마나부는 1928년에 코민테른 동양부가 파당싸움을 이유로 삼아 조선공산당에 해산을 명령하는 12월테제를 결정할 때 조선위원회 의장 역할을 수행한다. 한편 야마카와 히토시 및 아라하타 간손은 이 개편에 참여하지 않고 로노하, 곧 노농파勞農派를 결성했다.

사노 마나부가 지도하게 된 일본공산당은 곧바로 극심한 탄압에 직면했다. 정부가 1928년 3월 15일을 기해 일본공산당은 물론 좌익계열의 단체들에 속한 사람들을 치안유지법위반혐의로 구속한 것이다. 이것을 3·15사건이라고 불렀다. 이때 구속된 사람들의 수가 1,200명에 이르렀고 그 가운데 5백 명이 기소됐다는 것은 탄압의 수위가 얼마나 높았는가를 말해준다. 이때 사노 후미오도 체포됐다. 일본공산당은 떠났지만 또 하나의 좌익단체로 오야마 이쿠오 교수가 이끌던 정치연구회를 무대로 사실상 공산주의활동을 계속했기 때문이다. 그는 1929년에 감옥에서 전향을 발표했으며, 폐결핵을 이유로 보석됐다. 그러나 이듬해 38세의 젊은 나이에 결국 폐결핵으로 죽었다.

당국은 좌익계 교수들을 대학에서 추방했다. 교토대학의 가와카미 하지메 교수도 이때 교직을 잃었다. 그는 곧 오야마 이쿠오와 함께 신노농당을 결성한 뒤 1930년에 중의원선거에 입후보했으나 낙선하고, 1932년에 일본공산당에 입당한다.

더 극적인 사건은 1928년 10월, 타이완에서 일어났다. 검거를 겨우 면한 뒤 사노 마나부의 후임으로 당중앙위원회 위원장으로 선출된 와타나베 마사노스케가 타이완공산당조직을 돕고자 장사꾼으로 위장해 타이완에 도착했는데 그를 수상히 여긴 경찰관에게 체포된 것이다. 그는 총을 빼들어 경관을 죽이고 달아났지만 막다른 골목으로 쫓기자 자신의 총으로 자살했다. 그의 나이 29세였다.

후퇴의 세월 속 도쿠다, 시가, 미야모토의 생애

당국의 탄압은 1929년에도 계속돼 4월 16일에 대량검거가 이뤄졌다. 이것을 4·16사건이라고 부른다. 이 사건을 계기로 고문으로 죽거나 옥사한 공산주의자들이 줄을 이었다. 그러나 많은 공산주의자들은 전향했다. 1929년 봄과 여름 사이에 당의 해산을 요구하면서 당의 대열에서 이탈한 그들은 모두 병보석으로 석방됐다. 이듬해 그들은 일본에 적합한 합법정당의 결성을 제의했으며, 마침내 '일본공산당노동파'의 발족을 발표하기에 이르렀다.

그러나 역경 속에도 투지를 꺾지 않은 공산주의자들도 적지 않았다. 그들 가운데 우선 도쿠다 규이치가 포함됐다. 도쿠다는 1894년에 오키나와의 나고라는 시골에서 태어났다. 할머니도 창녀였고 어머니도 창녀였다. 집안이 극빈했기 때문이었다. 그래도 그는 중학교를 마칠 수 있었고 곧 일본으로 건너가 가고시마의 제7고등학교에 진학할 수 있었다. 그러나 학비를 부담할 수 없어서 1913년에 귀향해 몇 해 동안 시골의 초등학교에서 교편을 잡았고 이어 지방공무원이 됐다. 어느 정도 저축을 한 뒤 도쿠다는 1917년에 도쿄로 올라와 1920년 니혼대학에서 공부했으며 마침내 법학학사학위를 받고 변호사사무실에 사무원으로 취직했다. 그는 이미 사회주의에 기울어 있었고 야마카와를 지지했으며 28세가 된 1922년에 모스크바에서 열린 극동인민대표대회에 참석하기에 이르렀다. 귀국하면서 그는 제1차 일본공산당에 입당했는데 곧 체포됐다. 이때 8개월의 징역형을 선고받았는데 보석으로 출소해 공산주의활동을 계속했으며, 형이 확정된 직후인 1926년부터 1927년까지 수감됐다.

보석 출소 기간에 그는 우선 1925년에 두 차례에 걸쳐 상하이를 방문해 코민테른 극동국회의에 참가했으며 일본공산당재건에 관한 상하이테제의 기초에 참여했다. 같은 해 8월에는 일본공산당이 해산된 뒤 잠정적 후계자로 발족한 공산주의자그룹의 대표로 활동했고, 1926년에는 모스크바에서 열린 코민테른 집행위원회 제6차 회의에 참석해 일본공산당의 장래에 관한 모스크바테제의 기초에 참여했다. 이어 그는 1926년 12월에 제2차 일본공산당이 창당됐을 때 중앙위원회 위원으로 선출됐고 코민테른의 일본주재 대표로 임명됐다. 이듬해에 모스크바로 가서 일본공산당의 전략과 전술에 관한 코민테른의 토론에 참여하기도 했다.

1928년에 도쿠다는 새로운 시도를 했다. 1928년 2월 20일에 국회의원총선거가 실시됐는데, 이 총선은 1925년 5월에 제정된 보통성인선거법 아래 실시된 것이었다. 자연히 투표권이 노동자들에게도 확대됐다. 이에 주목한 11명의 일본공산당 당원들이 전술상 노농당의 간판을 들고 입후보했는데, 도쿠다 역시 후쿠오카 제4지구에서 입후보한 것이다. 그러나 그를 포함한 11명 전원이 낙선했다. 1개월이 지난 3월에, 앞에서 말한 검거의 소용돌이가 휘몰아쳤다. 그 역시 구속됐으며 1932년에 10년 징역형이 확정됐다. 그러나 1930년대 이후 더 크게 세력을 떨치게 된 군국주의정부는 형기를 넘겨 1945년에 패전할 때까지 그를 수감했다.

도쿠다처럼 불굴의 자세를 견지했던 또 한 사람의 공산주의자가 시가 요시오志賀義雄였다. 그는 도쿠다보다 7년 연하로, 1901년 1월에 야마구치현 하기시에서 기선선장의 아들로 태어났다. 고향에서 초등학교를 마친 뒤 도쿄의 제1고등학교에 입학했는데 거기서 마르크스주의를 접했다. 그는 21세 때인 1922년에 도쿄제국대학 문학부 사회학과에 입학했고, 도쿄제국대학 법학부 학생들을 중심으로 1918년에 조직된 사회운동단체인 신인회에 가입했으며, 전일본학생사회과학연합회의 지도자로 활약했다. 1925년에 도쿄제국대학을 졸업한 뒤, 이미 공산주의지도자들 가운데 한 사람으로 확고히 자리 잡은 노사카 산조가 이끄는 산업노동조사소에 들어가 일하면서 마르크스주의 계열의 출판물들에 활발히 기고했다. 이때 그는 신인회 출신의 마르크스주의이론가 아카마쓰 가쓰마로赤松克麿와 논쟁을 벌여 이론가로도 명성을 쌓았으며 곧 도쿠다의 초청을 받아 공산주의자그룹에 가담하게 됐다.

시가는 1925년 12월에 공산주의를 군軍에 전파하는 것이 중요하다는 생각에서 입대했고 시모노세키에 사령부를 둔 중포병연대에서 1년 동안 복무했다. 군복무를 끝내고 나서 민간생활로 돌아와 『마르크스주의』의 책임편집자로 활동하다가 1928년 3·15사건 때 다른 공산주의자들과 함께 체포됐다. 도쿠다와 마찬가지로 1932년 10월에 10년 징역형을 선고받았으나 결국 패전 때까지 복역했다.

도쿠다 및 시가에 못지않게 투지가 높았던 또 한 사람의 공산주의자가 미야모토 겐지宮本顯治다. 그는 도쿠다보다 14년 아래였고 시가보다 7년 아래로 1908년 10월에 야마구치현에서 태어났다. 시코쿠의 마쓰야마고등학교에 다닐 때 사회과학연구회를 조직했고 동시에 문학에도 관심을 가졌다. 도쿄제국대학 경제학부에 재학하던 1929년에 잡지 『카이조』가 실시한 현상논문공모에 아쿠타가와 류노스케芥川龍之介를 논평한 「패배의 문학」을 응모해 '제1석'으로 당선되면서 문단에 등장했다.

미야모토는 1931년에 도쿄제국대학을 졸업하고 그해 5월 일본공산당에 입당하는 동시에 일본프롤레타리아작가동맹에 가입했다. 1932년에는 9년 연상이면서 한 차례 결혼경험이 있는 작가 나카조 유리코中條百合子('주조 유리코'로 발음하기도 한다)와 결혼했다. 공산주의활동으로 투옥됐던 그녀가 출감하고 1년 만의 일이었다. 그는 1933년에 당중앙위원으로 선출돼 당의 재건활동을 벌이다 검거돼 1945년 패전 때까지 감옥에 있었다. 옥중에서 아내와 편지를 주고받았는데, 이 편지들이 전후에 『12년의 편지』로 출판된다.

위에서 살핀 세 사람의 생애는 종전 이전 시기에 일본공산당이 걸었던 길을 그대로 투영한 것이라고 말해도 좋을 것이다. 그들이 감옥에 있던 1930년과 1933년 사이에 공산주의자들은 계속 검거됐다. 이것은 일본의 군국주의자들이 1931년 9월에 만주사변을 일으키고 1932년 1월에 상하이사변을 일으키며 같은 해 3월에 괴뢰국 만주국의 건국을 선언하고 같은 해 5월에 이누카이 쓰요시 총리를 암살하는 가운데 파시즘체제를 굳혀가던 흐름과 직접적으로 연관된 것이었다.

일본공산당은 1932년의 검거로 완전히 해체돼 지하로 들어갔고, 전위조직들도 모두 와해됐다. 그리하여 1933년부터 일본에서의 공산주의운동은 몇몇 작은 그룹들을 중심으로 명맥을 유지하게 됐다. 그러나 그 그룹들이 통일됐던 적은 한 차례도 없었다. 그들은 늘 서로 충돌했고 그나마도 모두 경찰에 검거됐다. 이로써 베크먼 교수와 오쿠보 교수의 공저 『일본공산당, 1922~1945』가 지적했듯, 일본공산당은 1932년부터 1945년까지 '후퇴의 세월'을 경험했던 것이다.

이 시기에도 일본공산주의자들 가운데 상당히 많은 사람들이 자발적으로 또는 강압에 의해 전향했다. 1933년에는, 당수직을 맡았다가 투옥돼 복역하던 사노 마나부마저 전향서를 발표해 좌익운동계에 큰 충격을 주었다. 그는 패전 직후 노농전위당勞農前衛黨을 창당해 당수로 취임하고 국회의원에 출마했으나 낙선한 뒤 1953년에 죽는다. 다른 한편으로, 1933년에 체포돼 5년 징역형을 선고받았던 가와카미 하지메 교수도 뒤따라 전향해 석방된 뒤 교토에 은둔해 살았다. 그는 패전 1년 뒤인 1946년에 향년 67세로 죽었는데, 그의 묘지는 교토시 사쿄구에 있는 호넨인法然院 절에 있다.

끝까지 전향을 거부한 마르크스주의 문학인, 구라하라

이와 같은 전향의 계절에, 일본공산당의 간부가 아니면서도 끝까지 전향을 거부한 마르크스주의 문학인이 있었다. 구라하라 고레히토藏原惟人가 바로 그 사람이다. 그는 1902년에 도쿄의 중심가에 속하는 아자부에서 태어났다. 아버지는 구마모토현의 명문집안 출신으로, 기독교를 받아들인 뒤 미국과 영국에 유학해 철학과 사회학을 전공했으며 귀국해서는 기독교 계통의 여학교 교장을 거쳐 와세다대학과 게이오대학의 교수를 역임했고 도쿄에서 국회의원으로 당선됐다. 청렴결백했고 노동자들을 깊이 이해했던 진보주의적 성향의 그는 정계에서는 환영을 받지 못해 은퇴했고 만년을 노동운동과 평화운동에 바쳤다.

구라하라 고레히토는 이처럼 고상한 성품인 아버지의 영향을 받으며 자랐다. 다정다감한 소년이었던 그는 도쿄외국어학교 재학 시절부터 러시아문학에 관심이 깊어 러시아작가들의 작품을 번역하기도 하고 그들에 대한 평론들을 발표하기도 하다가 차차 마르크스주의를 접하게 됐다. 23세가 된 1925년에 그는 『미야코都신문』의 모스크바특파원으로 소련을 취재하며 러시아문학을 깊이 공부했다. 그는 이때 공산주의자가 됐다. 귀국하면서 좌익예술운동에 뛰어들어 흔히 냅NAPF이라고 불리던 전일본무산자예술연맹에 가입하고 기관지『전기戰旗』의 편집위원이 돼 창간호에「프롤레타리아 리얼리즘의 길」을 발표했다. 일본공산당에 입당한 것도 이때쯤이었다.

구라하라는 경찰의 요시찰대상이 됐으며, 특히 군국주의가 기승을 부리기 시작하던 1930년대 초에 수배됐으나 하숙집을 전전하며 여러 가지 가명으로 집필을 계속했다. 하지만 1932년에 체포됐고 1935년에 징역 7년형을 선고받아 홋카이도의 삿포로형무소에 수감됐다가 폐결핵 때문에 고스게형무소의 병감으로 이송됐다. 그는 끝까지 전향을 거부했으며 1940년에 만기

출소했다.

고레히토의 몸은 만신창이가 돼 있었다. 기타자토北里연구소 부속병원에 입원했으나 의사의 진단은 절망적이었다. 경찰의 '보호관찰'을 받고 있었기에, 문병을 오는 사람도 없었다. 그래도 그를 계속 격려했던 사람은 아버지와 간호사였다. 의사가 절망적이라고 했던 병세가 차도를 보이기 시작해 그는 1941년에 퇴원할 수 있었고 자신을 보살피던 간호사와 결혼해 요양에 전념했다. 아프다는 이유로 당국의 출두명령에는 한 차례도 응하지 않았다.

고레히토는 패전 이후 일본공산당의 재건에 참여해 특히 신일본문학회의 창립을 이끌게 된다. 1950년을 앞뒤해서 당내의 대립 때문에 지도부에서 배제됐을 때를 제외하곤 당의 요직에 앉아 민주적 문학운동에 힘을 쓰다가 1991년에 향년 89세로 죽었다. 그의 묘는 요코하마의 소지사 공동묘지에 자리 잡은 구라하라 집안의 묘역에 있다. 앞 장에서 소개한 사카이의 묘 역시 이 공동묘지에 있다.

2. 맥아더사령부, 일본공산당을 합법화하다

전후 공산당의 '합법적' 재건

1945년 8월 15일에 일본제국주의는 연합국에 항복했다. 연합국은 곧 패전국 일본을 군사적으로 점령했으며 도쿄에 연합국최고사령관총사령부를 설치하고 일본에 대한 점령통치를 개시했다. 연합국최고사령관 맥아더는 이제 일본의 최고통치자로 군림하게 됐다. 그는 1945년 10월 4일에 모든 정치범의 석방을 명령했다. 거기에는 물론 공산주의자들도 포함됐다. 10월 10일에 도쿠다와 시가가, 10월 16일에는 미야모토가 석방됐다. 이들은 곧바로 일본공산당의 재건에 착수했다. 그 과정은 도쿄의 일본공산당 중앙위원회 출판국이 1973년에 영문으로 펴낸 『일본공산당의 50년 *The Fifty Years of the Communist Party of Japan*』에 잘 설명됐다.

도쿠다와 시가는 우선 전전戰前 시기에 강제폐간됐던 당의 기관지 『적기』(전전에는 음에 따라 '세키'라고 발음됐으나 전후에는 뜻에 따라 '아카하타'라고 발음됐다)를 10월 20일자로 복간시켰다. 그리고 1945년 12월 1일부터 이틀 동안 도쿄 시부야에 있는 당본부에서 제4차 당대회를 열었다. 제3차 당대회가 열렸던 1926년 12월부터 꼭 19년이 지나서였다.

제4차 당대회는 당의 행동강령과 헌장을 채택했다. 그 문서들은 우선 천황, 군부, 관료, 재벌, 지주, 그리고 그들의 '앞잡이 도구들'을 범죄적 세력으로 단죄하고, 일본공산당은 그들 '전통주의적 세력'과 투쟁할 것임을 선언했다. 그 문서들은 이어 연합군을 해방군으로 해석하고 일본공산당은 일본의 모든 국민들과 함께 연합군에 전적으로 협력할 것임을 다짐했다. 그 문서들은 계속해서 일본공산당의 당면과제는 천황제의 폐지와 인민민주주의의 수립이라고 밝히고, 이 과제를 달성하기 위해 일본공산당은 인민전선을 형성해서 민주주의적 혁명을 성취해야 한다고 주장했다.

당대회는 이어 일곱 명의 정위원으로 구성되는 중앙위원회를 선출했다. 도쿠다, 미야모토, 시가가 포함됐으며 조선인공산주의자 김천해가 포함됐다. 이어 일곱 명의 후보위원을 선출했다. 당수인 서기장에는 도쿠다가 선출됐다. 이로써 일본공산당이 1926년에 공식적으로 재건됐다. 무엇보다 중요한 것은 일본공산당이 이제는 합법적인 정당이라는 점이었다.

'영웅'으로 돌아온 노사카 산조

1946년 1월 10일에는 노사카 산조가 망명지 중국에서 귀국했다. 이 대목에서 노사카가 어떤 경위로 중국으로 망명했고 거기서 어떻게 활동했는가에 대해 잠시 살피기로 한다. 노사카는 제1차 일본공산당에 입당한 뒤 1923년

6월에 체포돼 8개월을 복역한 뒤 석방됐다. 그는 곧 합법기관으로, 그러나 실질적으로는 일본공산당의 산하기관인 산업노동조사소를 개설해 소장으로 취임하고 잡지 『산업노동시보』와 『인터내셔널』을 발간했다. 그러나 1928년 3·15사건 때 다른 공산주의자들과 함께 투옥됐다. 형수의 여동생으로, 도쿄여자고등사범학교를 졸업한 뒤 노동운동계의 여성지도자로 활동해온 아내 역시 투옥됐으나 그녀는 곧 석방됐다. 그는 1930년에 안질수술을 이유로 병보석으로 가출옥했고, 1931년 1월에 당중앙위원으로 선출됐다.

당중앙위원회는 곧 노사카를 모스크바에 파견하기로 결의했다. 일본공산당을 대표해 코민테른에서 일하라는 것이었다. 그는 아내와 함께 모스크바로 탈출하는 데 성공했으며 그때부터 1940년까지 코민테른에서 활동했다. 그사이 코민테른의 지시에 따라 두 차례 미국으로 잠입해 거기서 일본 국내의 공산주의자들과 긴밀히 교신했다.

1937년, 일본의 중국침략으로 중일전쟁이 일어나고 2년이 지난 1939년에 제2차 세계대전이 일어나자, 일본의 중국침략은 그 속도가 더욱 빨라졌다. 이것을 본 코민테른은 1940년에 노사카에게 중국 옌안으로 가서 중국공산당을 도우라고 지시했다. 그는 거기서 중국을 침략한 일본군을 상대로 무기를 버리라고 호소하는 선전을 했고, 중공군에 포로가 된 일본군을 상대로 사상개조사업을 맡기도 한다. 일제가 1941년에 태평양전쟁을 일으키자 그는 곧 일본인민해방연맹을 조직했다.

이러한 경력의 노사카가 일제의 패전과 더불어 귀국했으니 영웅 같았고 개선장군 같았다. 그의 전기작가들이 "노사카의 100년 인생에서 가장 화려하게 역사의 무대에 등장한 것은 제2차 세계대전에서 일본이 패전한 직후인 1945년 1월에 중국에서 귀국한 때였다. 중일전쟁과 태평양전쟁 및 군국주의가 맹위를 떨친 15년 동안 해외에서 그 군국주의에 맞서 끝까지 싸운 영웅이었기에 일본국민들은 마치 개선장군같이 맞아들였다"라고 쓴 것은 전혀 과장이 아니었다.

실제로 그가 귀국한 직후 일본공산당의 도쿠다 서기장은 "노사카 동지의 귀국으로 일본민중은 백만 원병을 얻었다. 여러 해 동안 풍부한 국제적 경험을 쌓았으며 중국에서 일본군국주의 대군을 붕괴시킨 위대한 투쟁의 성과를 안고 귀국한 노사카 동지는 민주주의적 변혁을 일본국민들이 성취할 수 있도록 탁월한 교훈을 베풀어줄 것이다"라고 논평했다. 도쿄의 히비야공원日比谷公園에서는 '노사카 환영국민대회'가 열렸는데 무려 3만 명의 인파가 운집했다. 일본공산당의 원로들로, 군국주의의 극악한 탄압과 투옥을 용케 이겨낸 야마카와 및 아라하타가 연단에 서서 그를 환영하는 연설을 했다. 그러나 두 사람 모두 일본공산당에는 참여하지 않는다. 야마카와는 자신이 조직했던 노농파혁명운동을 이끌었고 아라하타는 일본사회당을 조직해 중앙집행위원회 위원장에 취임했으며, 이들은 각각 1946년과 1947년에 중의원에 당선됐다.

다시 노사카 환영국민대회로 돌아오면, 일본 최대의 일간지 『아사히신문』은 1946년 1월 27일자 1면 머리기사로 그 대회의 열기를 크게 보도했다. 이 기사에 따르면, 대회장은 방송국 오케스트라가 국제공산주의운동의 주제가인 「인터내셔널」을 계속 연주하는 가운데 참가자들이 외치는 "용사가 돌아왔다. 노사카가 돌아왔다. 혁명의 날이 가까웠다"는 구호의 열기로 가득 차 있었다. 마침내 노사카가 단상에 올랐을 때 대회는 정점에 이르렀다. 노사카가 흰 얼굴에 홍조를 띤 채 타고난 낮은 목소리로 "민주주의일본을 확립하기 위해 민주전선을 결성하자"고 호소하는 연설을 마치자, 청중은 열광하면서 "노사카, 노사카"를 연호했다. 그는 코민테른과 중국공산당에서 쌓은 이론적 실력을 유감없이 발휘했다. 그는 우선 당의 대중화를 제창했다. '사랑받는 공산당'을 만들자는 것이었다. 사람들은 공산당이라고 하면 경계심을 갖기 마련인데 그래서는 공산당이 대중화될 수 없으므로 국민이 믿을 수 있는, 나아가서 사랑할 수 있는 당으로 변신해야 한다고 역설했다.

이와 관련해 노사카는 평화혁명론을 제창했다. 폭력적 수단으로 기존 체제를 전복할 것이 아니라 범죄적 반동세력을 제외한 모든 진보적이며 애국적인 세력들이 통일된 민주전선을 형성해 대중의 지지를 얻음으로써 그것에 바탕을 두고 평화적 수단을 통해 민주혁명을 성취하자는 뜻이었다. 이 평화혁명론에서 주목되는 부분은 천황에 대한 의견이다. 그는 천황제도는 폐지돼야 하나 천황일가의 안전은 국민의 뜻에 따라 결정돼야 한다고 주장함으로써 천황을 존중하는 일반적 분위기를 어느 정도 만족시켰다. 또 하나 주목되는 부분은 정당들 사이의 평화공존이었다. 노사카는 정당들 사이에 정견차이가 있을 수 있으며 그렇다 해도 얼마든지 공동보조가 가능하다고 주장했다. 이것은 공산당노선만 옳다는 전제 아래 다른 정당들을 비난하던 지난날과는 크게 달라진 것이었다.

노사카의 이 두 가지 제의, 곧 당의 대중화와 평화혁명론은 곧바로 일본 공산주의자들뿐만 아니라 많은 국민들에게 깊은 관심을 불러일으켰다. 그러한 상황에 제5차 일본공산당대회가 1946년 2월에 열리자 그는 중앙위원으로 선출됨과 동시에 정치국원과 서기국원을 겸하기에 이르렀다. 그의 승승장구는 계속됐다. 1946년 4월 패전 이후 처음 실시된 중의원총선거에서 그는 도쿄에서 당선돼 중의원에 진출할 수 있었다. 54세 때의 일이었다. 이 총선에서 다섯 명의 일본공산당원들이 중의원에 당선됐다. 1949년 1월 총선에서 그는 재선됐고, 이번에는 35명의 당원들이 당선돼 일본공산당의 위세를 드러냈다. 그는 두 차례 중의원을 지내며 국회에서 일본공산당 단장으로 활약했다.

코민포름과 맥아더사령부의 공격

도쿠다 및 노사카의 주류파가 제시한 비교적 온건한 노선에 따라 승세를 보이던 일본공산당에 코민포름과 맥아더사령부 양쪽에서 공격의 화살이 날아왔다. 우선 코민포름의 경우를 보자. 코민포름은 1943년에 해산된 코민테른의 후신으로 1947년에 창설된 국제공산주의운동의 지도부였다. 코민포름은 기관지 『영원한 평화를 위해, 인민민주주의를 위해! For a Lasting Peace, For People's Democracy!』 1950년 1월 6일자에 「일본의 상황에 관해」라는 논설을 발표했다. 이 논설은 전후에 일본공산당이 걸어온 길, 특히 노사카노선을 거세게 비판했다. 우선 미점령군을 점령군으로 정확히 파악하지 못하고 해방군으로 잘못 파악했다고 비판하고, 이어 노사카의 평화혁명론은 일본의 인민대중을 속이는 반反마르크스-레닌주의라고 비난했다. 이 논설은 노사카의 이론이라는 것은 결국 미제국주의의 일본점령을 옹호하고 일본독립의 적들에게 봉사하는 것에 지나지 않으며, 따라서 반애국적이고 반일본적이라고 공격했다. 이 논설은 결론적으로 일본공산당이 미점령군과 '그 앞잡이 요시다 시게루吉田茂 총리가 이끄는 정부'를 인민의 힘으로 타도해야 한다고 주장했다.

외신보도를 통해 코민포름이 자신을 비판했다는 소식에 접한 일본공산당 측은 처음에는 오보일 것이라고 반응했다. 그 정도로 그 소식은 믿을 수 없는 것이었다. 그러나 그것이 사실임을 확인한 후 무척 당황했다. 반면에 미야모토 겐지로 대표되는 이른바 국제파는 코민포름의 견해를 지지하며 주류파를 공격했다. 주류파를 더욱 당황스럽게 만든 것은 중국공산당조차 코민포름노선을 지지한 것이었다. 표현은 훨씬 자제된 용어였으나 중국공산당 역시 주류파의 노선이 옳지 않다고 단정한 것이다.

그러면 코민포름은, 따라서 소련은, 그리고 중국은 왜 노사카의 평화혁명론을 비판했던가? 그 까닭은 특히 1947년을 고비로 미국과 소련 사이에

냉전이 격화되기 시작한 데 있었다. 소련은 미국에 강경하게 맞서야겠다고 판단했던 것이고, 따라서 미국에 대한 협조를 앞세운 일본공산당의 평화혁명론을 수정하게 만들어야겠다고 결심했던 것이다. 중국공산당은 1949년 10월 1일에 중화인민공화국을 세운 뒤 소련과 우호동맹을 추구하고 있었기 때문에 소련의 노선을 옹호했던 것이다.

새로운 정세 앞에서 일본공산당의 주류파는 굴복했다. 그들은 당의 이름으로 노사카노선이 오류를 범했음을 인정하고 새로운 노선의 모색을 다짐했다. 그러나 주류파는 "노사카 동지는 대중의 신뢰를 받는 아주 용기 있는 프롤레타리아애국자다"라고 발표하고 기존의 지도체제를 그대로 유지했다. 동시에 노사카노선을 비난한 공산주의자들 가운데 약한 공산주의자들만 골라 제명했다.

소련의 호된 비판을 받고도 주류파가, 특히 노사카가, 기존의 지위를 그대로 지킬 수 있었던 것은 세계공산주의역사에서 예외적인 일이었다. 그것은 일본공산당이 성공했기에 가능한 일이었다. 전전에는 한 차례도 1천 명을 넘어본 적이 없었던 일본공산당의 당원이 '사랑받는 공산당'과 '평화혁명'의 구호 아래 1950년 4월의 공식통계로는 10만 명을 넘어섰고, 비공식 통계로는 15만 명을 넘어섰다는 것은 노사카노선의 현실성을 입증하는 것이었다.

3. 시련에 봉착한 일본공산당

'적색숙청'으로 다시 잠수

앞에서 지적했듯 당의 지도부는 소련의 새 노선에 따라 좌편향의 길로 돌아섰다. 그것은 1950년 1월 19일에 열린 중앙위원회 전원회의에서 확실해졌다. 이 회의에서 도쿠다 서기장은 과격한 용어들로 포장된 좌편향노선을 제시했다. 미점령군은 '일본인민을 족쇄와 종속으로 몰아넣는 제국주의 군대'로 평가됐고 요시다정부는 '미제국주의의 주구'로 단죄됐다. 이러한 상황이 일본공산당으로 하여금 '민족해방민주정부'의 수립을 당면과제로 삼도록 만들고 있다고 주장한 도쿠다는 '요시다반동정부'를 타도하고 새로운 민족해방민주정부를 세워야 미군의 점령이 종결될 수 있다고 선언했다. 이 새 노선에 따라 일본의 여러 곳에서 과격한 운동이 일어났다.

연합국최고사령부는 곧바로 보복했다. 1950년 6월 6일에 일본공산당 중앙위원회 위원 24명의 정치활동을 금지했고 공직에서 추방했으며 노사카를 비롯한 국회의원들의 의석도 박탈했다. 그다음 날에 당기관지『아카하타』의 핵심인물들을 포함한 17명의 당 간부들에 대해서도 같은 조처를 취했다.『아카하타』도 폐간됐다. 이것을 언론은 레드 퍼지 Red purge, 곧 '적색숙청'이라고 불렀다. 이로써 일본공산당은 절반은 비합법적이고 절반은 합법적인 묘한 성격을 갖게 됐다.

당은 더욱 과격해졌다. 1951년에 채택된 '새로운 프로그램'은 사실상 무장폭동을 선동하는 것이나 다름없었다. 다른 한편으로, 숙청대상이 된 공산주의자들은 도쿠다의 경우처럼 중국으로 망명하거나 지하로 들어갔다. 노사카 역시 이때 다시 중국으로 잠행했다. 이로써 로버트 스칼라피노 Robert A. Scalapino 교수가 1967년에 캘리포니아대학교출판부를 통해 펴낸『일본의 공산주의운동, 1920~1966 The Japanese Communist Movement, 1920~1966』에서 말한 것처럼, 일본공산당은 이제 빙산 같은 존재로 바뀌었다. 빙산은 수면 아래 잠긴 부분이 더 크고 또 잘 보이지 않듯, 일본공산당 역시 지하에 가려진 부분이 더 중요해졌고 또 잘 보이지 않게 됐다는 것이다.

그때부터 약 5년 동안 일본공산당은 사실상 비합법정당으로 존재하게 됐다. 그 가운데 노선을 둘러싼 갈등과 분열이 깊어져 국민을 실망시켰다. 특히 요시다정부가 소련을 배제한 채 미국으로 대표되는 연합국을 상대로 대일평화조약을 체결하고 미국을 상대로 미일안전보장조약을 체결한 데 대해 일본공산당이 1951년부터 1952년까지 새 노선에 따라 화염병을 써가면서까지 과격한 투쟁을 전개하자 국민들은 그것을 '극좌모험주의적 전술'의 산물로 단죄했다. 자연히 당원들도 많이 이탈했다.

노선의 재전환과 미야모토체제의 등장

그동안 일본에는 중요한 변화가 일어났다. 일본공산당의 반대투쟁을 무릅쓰고 1951년 9월에 샌프란시스코에서는 대일평화조약과 미일안전보장조약이 각각 체결됐다. 1952년 4월에는 대일평화조약이 발효함에 따라 일본의 주권이 회복됐다. 곧이어 실시된 중의원총선거는 그 조약들을 성사시킨 요시다 총리를 재신임했다. 반면에 일본공산당은 1석도 얻지 못했다.

다른 한편으로 공산당에 관심을 돌려보면, 전후 일본공산당의 초대 서기장이던 도쿠다는 1953년 11월에 망명지 베이징에서 만 59세로 죽었다. 그 해 봄에 소련에서 스탈린이 죽고 난 뒤 출현한 소련의 새 지도부는, 특히 흐루쇼프 소련공산당 제1비서는, 미국과 평화공존을 모색하기 시작했다. 동유럽에서는 그 영향을 받아 각국의 실정에 맞는 공산주의의 채택을 부르짖게 됐다. 중국공산당은 흐루쇼프노선에 반대했다. 미국이 타이완의 중화민국을 승인하고 중국공산당의 중화인민공화국을 인정하지 않고 있을 뿐만 아니라 타이완과 군사동맹을 굳혀가는 마당에 흐루쇼프의 미국에 대한 '유화정책'을 지지할 수 없었던 것이다. 이로써 중소이념분쟁이 시작됐다.

국제공산주의운동계의 미묘한 상황 속에 노사카는 1955년 중반의 어느 시점에 망명지 중국으로부터 갑자기 돌아와 일본에 나타났다. 그와 더불어 지하에 있던 공산주의자들도 공적 활동을 재개했다. 일본공산당은 7월에 제6차 전국협의회, 이른바 6전협六全協을 열었다. 역시 레드 퍼지 때 공직에서 추방돼 자신의 원래 영역인 문예비평으로 돌아갔던 미야모토도 당활동에 전념하기 시작했다. 6전협은 이제까지의 폭력투쟁노선을 청산하고 합법노선으로 돌아선다고 선언했다. 그러한 맥락에서 그것은 확실히 역사적 당대회였다. 6전협은 노사카를 중앙위원회 제1서기로 선출했다. 이 자리가 일본공산당의 당수직이었다. 만 63세 때의 일이다. 이듬해 7월에 실시된 선거에서 노사카는 도쿄지방구에 입후보해 참의원으로 당선됐고, 그때부터 네 차례 연속 당선돼 20년 이상 국회에서 활약했다.

노사카는 물론 친중親中이었다. 전전과 전후에 각각 한 차례씩 있었던 그의 중국망명이 자연히 그의 체질을 그렇게 만든 것이었다. 이 점은 1957년에 작성된 당의 강령초안에서도 분명히 드러났다. 제7차 당대회에 제출하기 위해 마련된 그 문서는 미국을 '제국주의국가'로, 일본을 '미제국주의의 주구들이 지배하는 반半식민지'로 각각 평가하면서 중국공산당과 마찬가지로 제국주의에 대해서는 평화공존보다 투쟁을 강조한 것이다. 그러나 반대세력도 나타났다. 가스가 쇼지로春日庄次郎로 대표되는 반反주류파는 이른바 구조개혁론을 제기했다. 자본주의구조를 개혁하도록 하기 위해 의회진출을 통한 정권장악노력에 대중투쟁을 더해야 한다는 주장이었다.

이러한 배경에서 1958년 8월에 일본공산당 제7차 대회가 열렸다. 이 대회는 우선 중앙위원회 서기장으로 이름이 다시 바뀐 당수직에 미야모토 겐지를 선출했다. 그는 코민포름이 노사카노선을 비난했을 때 코민포름을 지지했던 이른바 국제파의 지도자였지만, 중소이념분쟁 이후 당내에서 중립적 또는 중도적 노선을 지킴으로써 주류파와 타협할 수 있었다. 당수직을 미야모토에게 넘긴 노사카는 중앙위원회 의장으로 선출됐다. 노사카는 만 85세가 된 1977년에 참의원 의원에서 물러나며, 만 90세가 된 1982년에는 당의장직에서도 물러나 명예의장으로 추대된다. 이 과정에 일본공산당은 명실상부한 미야모토체제로 굳었다.

당내 노선갈등과 자주독립노선의 확립

제7차 대회는 주류파와 구조개혁파 사이의 논쟁에서 제기된 중요한 쟁점들에 대해서는 아무런 결론도 내리지 않았다. 이 대회가 채택한 강령은 통상적인 입장의 재확인에 그쳤다. '미제국주의와 일본반동세력'에 대한 반대, 일본 안에 있는 미군기지에 대한 반대, 인민의 생활향상, 노동자들의 권익보장 등이 그것이다. 1959년 9월에 일본공산당은 노사카를 단장으로 하는 대표단을 중국에 보냈다. 노사카는 중국공산당 주석 마오쩌둥과 회담하면서 중국을 지지했다. 그는 1961년 10월에 모스크바에서 열린 소련공산당 제22차 대회에 일본공산당 대표단 단장으로 참석해서도 친중의 인상을 남겼다.

1960년에 일본공산당은 자신의 세력을 확대할 수 있는 좋은 기회를 맞았다고 판단했다. 자유민주당의 기시 노부스케岸信介 내각이 미일안보조약의 연장을 시도했을 때 일본공산당을 포함한 모든 좌익세력이 공동보조를 취하며 반대투쟁을 전개했는데, 여기에 좌익세력이 아닌 일반시민들도 공감했기 때문이다. 그러나 미일안보조약은 기시내각이 추진했던 방향으로 개정됨과 동시에 연장됐다. 일본공산당에 대한 지지는 결코 늘어나지 않았다. 일본국민의 다수는 비록 안보조약의 개정과 연장에 대해 특히 그것을 다루는 기시정부의 방식에 대해 비판적 정서를 갖기는 했어도, 일본공산당을 지지할 마음의 준비는 되어 있지 않았던 것이다.

국민적 정서가 이러했는데도 일본공산당 내부에서는 노선투쟁이 심각하게 전개됐다. 1961년 4월에 열린 일본공산당 중앙위원회 제17차 전원회의에서 구조개혁파가 주류파노선을 공격한 것이다. 주류파가 투표에서 승리하자 구조개혁파는 탈당을 선언했다. 구조개혁파의 지도자 가스가의 주장은 결국 중소분쟁에서 보여준 소련노선에 일치하는 것이었다. 그는 일본공산당의 일차적 투쟁목표는 일본자본주의가 돼야 하고 '미제국주의'는 부차적 투쟁대상이 돼야 한다고 주장했다. 주류파는 그러한 주장을 '수정주의 노선'이라고 비판했다.

1961년 7월에 열린 일본공산당 제8차 대회에서 주류파는 구조개혁파를 공식제명했다. 구조개혁파는 이듬해 5월에 통일사회주의자연맹을 출범시키고 『구조개혁』이라는 월간지를 발행하기 시작했다. 더욱 깊어진 당내분열은 1964년 5월에 극적으로 표출됐다. 중국이 반대하는 가운데 미국과 소련 등이 중심이 돼 1963년에 모스크바에서 체결한 부분핵실험금지조약에 대한 국회의 비준동의투표에서 친소파인 시가 요시오가 당론에 반대하며 찬성투표한 것이다. 중국과 공동보조를 취하며 이 조약을 반대했던 일본공산당의 주류파는 그와 그의 추종자들을 반당분자로 단죄해 출당시켰다. 소련은 주류파를 평화공존에 반대하는 완고한 교조주의자라고 비난하는 한편 시가와 그의 추종자들을 높이 평가했다. 시가는 자신의 지지자들과 더불어 '일본의 목소리를 위한 동지들의 사회'라는 단체를 조직했다.

이처럼 당내갈등이 깊어지는 상황에서 일본공산당은 1964년 11월 25일에 제9차 대회를 열었다. 이 대회의 문서들은 당이 여전히 중국공산당의 '교조주의' 노선을 밟고 있음을 보여주었다. 그것은 '미제국주의'의 내부적 부패와 대외적 침략을 공격하고, "일본의 반동세력은 제국주의와 군국주의를 부활시키기 위해 미국의 독점자본주의세력과 유대를 굳히고 있다"고 비난했다.

이 대목에서 잠시 일본공산당의 한반도인식을 살피기로 한다. 일본공산당은 대한민국을 '미제국주의의 괴뢰'로 매도하고 북한을 높이 평가했다. 그 무렵 활발히 추진되던 한일수교협상을 맹렬히 비난하고 한일수교에 반대했다. 그 후에도 일본공산당은 한국의 베트남파병에 반대하고, 미국이 동북아시아에 국제적 반공기구를 창설하기 위해, 특히 중국을 봉쇄하기 위한 동북아시아판 나토NATO(북대서양조약기구)를 창설하기 위해, 한국을 첨병으로 쓰고 있다고 비난했다.

1964년 가을에 소련에서 대미 '유화주의자' 흐루쇼프가 실각하고 새 지도부가 등장했다. 브레즈네프 및 코시긴이 대표하는 새 지도부는 중국과 관계를 개선하려 했을 뿐만 아니라 일본공산당과도 관계개선을 시도했다. 이 무렵 일본사회당은 대체로 중소이념분쟁에서 중립적인 입장을 취하고자 했다. 반대로 일본공산당은 친중을 고수함으로써 국제공산주의운동계에서 고립됐었는데, 새 환경 속에서 노선수정을 고려하게 됐다.

궤도를 수정하려는 일본공산당의 시도는 1966년 들어 표면에 나타나기 시작했다. 우선 당은 미야모토 서기장을 단장으로 하는 대표단으로 하여금 1966년 2월부터 4월까지 중국과 북베트남 및 북한을 순방하게 했다. 이 과정에 미야모토는 지난날의 친중에서 조금씩 벗어나는 징후들을 보여주었다. 5월에 이르러서는 소련공산당을 뜻하는 '현대수정주의'와 중국공산당을 가리키는 '교조주의적 분파주의'를 동시에 비난했다. 극단적인 친중적 당원들의 출당조치도 뒤따랐다.

1966년 10월 24일에 제10차 당대회가 열렸을 때 미야모토는 마침내 '자주독립' 노선을 제시했다. 이미 친소파를 숙청했던 그는 이번에는 친중파도 숙청함으로써 자신의 당지도권을 크게 강화했다. 이 대회에 대한 그의 보고서가 지난날의 관행이던 노사카에 대한 찬양은커녕 노사카를 언급조차 하지 않은 사실은 그 점을 상징적으로 보여준다. 노사카는 일본공산당에서 '천황'으로 불리고 있었는데 그의 이름조차 전혀 언급하지 않았다는 것은 확실히 미야모토의 당지배가 철저해졌음을 증명하는 것이었다.

그러면 일본공산당에 대해 일본국민은 어느 정도 지지를 보냈던가? 1960년대를 놓고 볼 때 집권 자유민주당은 강력한 반공노선을 걸었다. 그들은 일본공산당이 폭력혁명을 옹호하고 있으며 의회민주주의를 파괴하려고 시도한다는 논리로 일본공산당을 혹독하게 비난하곤 했다. 민주사회당과 공명당 역시 반공노선에서 자유민주당과 공동보조를 취했다.

여기서 일본공산당이 학생운동에 어떻게 연결되어 있었는지 간단히 살피기로 하자. 1960년대에 학생운동계의 좌파세력은 일본공산당의 지도를 받았다. 그들은 곧 요요기파와 반反요요기파로 나뉘었다. 도쿄의 요요기는 일본공산당의 본부가 있던 곳이다. 일본공산당이 그동안 제시했던 노선들 가운데 의회주의와 평화혁명주의의 노선을 따르는 세력을 요요기파라고 불렀고, 폭력혁명 및 가두투쟁의 노선을 따르는 세력을 반요요기파라고 불렀다. 이러한 분파는 1970년대 중반까지 계속됐다.

4. 1970년대 이후의 일본공산당

당세를 확장시키다

1960년대에 일본공산당은 비록 완만하지만 지속적인 성장세를 보였다. 1961년의 제8차 대회 때 8만 명 수준이던 당원이 1964년의 제9차 대회 때는 15만 명 수준으로 늘었으며 1966년의 제10차 대회 때는 30만 명 수준으로 늘었다. 당의 일간기관지 『아카하타』의 발행부수도 1961년에 약 35만 부이던 것이 1964년에는 약 80만 부로 늘었고 1966년에는 약 150만 부로 늘었다. 중의원과 참의원의 의석수도 계속해서 늘었다. 1960년대 초에는 양원을 합쳐 세 명뿐이었는데, 1969년 말에는 양원을 합쳐 21명이나 됐다. 1958년 중의원선거 때 약 1백만 표를 얻었음에 비해 1969년의 중의원선거에서는 약 320만 표를 얻었다. 지방의회에서도 비슷한 현상이 나타났다. 1959년의 선거에서 740명이 당선됐는데 1969년의 선거에서는 1,562명이 당선된 것이다.

승세 속에 일본공산당은 1970년 7월 1일부터 7일까지 제11차 대회를 열었다. 이 대회는 일본공산당의 역사상 처음으로 거의 모든 회의를 처음부터 끝까지 언론에 공개했다. 이것은 고도의 산업사회에 걸맞은 공개적 정당의 모습을 과시해 국민에게 호감을 얻겠다는 당 지도부의 결정에 따른 것이었다. 동시에 이 대회의 문서들은 전투적 용어들을 훨씬 덜 사용했으며 당이 의회민주주의를 신봉하고 다당제를 지지한다는 뜻을 명백히 함과 아울러, 일본과 같이 선진화된 자본주의국가의 실정에 맞는 사회주의의 구현을 위해 노력하겠다고 선언해 프롤레타리아독재이론 또는 교조주의적 공산주의 투쟁이론으로부터 벗어나려는 모습을 보여주었다. 이것들은 1946년에 노사카가 내걸었던 '사랑받는 공산당'의 구호가 미야모토에 의해 재현된 부분이라고 하겠다. 일본공산당은 1976년의 당대회 때 공식적으로 프롤레타리아혁명론을 포기하고 의회민주주의에 입각한 사회주의적 개혁론을 채택한다.

제11차 대회는 여전히 노사카를 중앙위원회 의장으로 다시 뽑았다. 당수에 해당되는 중앙위원회 서기장은 중앙위원회 간부회 위원장으로 이름이 바뀌었으며, 이 자리에는 미야모토가 다시 뽑혔다. 미야모토의 지도체제가 다시 굳어진 것이었다. 제11차 대회를 통한 변신시도는 좋은 성과를 가져왔다. 1971년 4월에 실시된 지방의회선거에서 약 2,300명의 당원이 각급 의원으로 당선됐는데, 이것은 1969년에 비해 약 6백 명이 늘어난 것이었다. 1972년 5월에 실시된 중간선거의 결과, 의원수는 약 2,500명으로 늘어났다. 1971년 6월에 실시된 참의원선거에서 당은 무려 488만여 표를 얻어 1968년에 실시된 참의원선거 때보다 무려 350만여 표를 더 얻었다. 이 선거에서 그 이전의 선거 때보다 더 많은 득표와 높은 득표율을 보인 정당은 일본공산당 하나뿐이었다. 결과적으로 일본공산당은 모두 10석을 확보해 참의원에서 역사상 처음으로 원내교섭단체를 구성할 수 있었다.

1972년 12월에 실시된 중의원선거는 이것보다 더 큰 성공을 안겨주었다. 무려 38명이 당선돼 일본사회당에 이어, 그리고 민주사회당 및 공명당을 제치고, 제2야당으로 뛰어올랐던 것이다. 이때 당원의 수는 공식통계로 약 30만 명에 이르렀으며 당의 기관지 『아카하타』의 발행부수는 약 5백만 부에, 일요판 발행부수는 약 190만 부에 이르렀다. 그러나 1976년 12월의 중의원선거에서는 17석으로 후퇴했고, 1977년 7월의 참의원선거에서도 약세를 만회하지 못했다. 그러다가 1979년 10월의 중의원선거에서 39석을 얻는 데 성공했으나, 1980년 6월의 중의원 및 참의원 동시선거에서는 후퇴해 중의원에서 29개 의석을 얻는 것으로 그쳤다.

1977년의 참의원선거와 관련해 지적해야 할 것은 일본공산당 당수 미야모토가 이 선거의 전국구제도를 통해 비로소 원내에 진출했다는 사실이다. 그는 1983년에 실시된 참의원선거에서 재선됐다. 참의원 임기는 6년이므로 그는 12년에 걸쳐 국회의원으로 봉직한 것이다. 그는 1982년에 당수직을 당의 사회과학연구소장 후와 데쓰조不破哲三에게 물려주고 당중앙위원회 의장직만 유지했다.

노사카의 스파이전력이 폭로되다

1980년대 들어와 당세에는 큰 변화가 없었다. 그러다가 1990년대에 큰 추문이 발생했다. 당의 '천황' 노사카의 감춰진 과거가 폭로된 것이다.

1992년에 100세 생일을 맞아 당원 모두에게 큰 축하를 받았을 때까지만 해도 그는 인생의 정점에 서 있는 듯했다. 그러나 그 직후 뜻밖의 일이 터졌다. 소련이 붕괴되면서 그동안 기밀로 분류됐던 소련의 공식문서들이 공개되기 시작했는데, 코민테른 시절에 동지들을 밀고한 노사카의 스파이행위들도 공개된 것이다. 코민테른의 지령에 따라 미국에 두 차례 잠입해 활동했던 시기에는 코민테른과 미국 모두를 위해 이중스파이 노릇을 했다는 자료들도 공개됐다. 심지어 패전 직후 연합국의 일본점령기에도 연합국최고사령부의 첩자로, 또는 미국의 첩자로, 이중플레이를 했다는 자료들도 공개됐다. 노사카는 아무런 변명도 하지 않았고, 당은 그 사실들을 확인한 뒤 그해 말에 그를 제명했다. 이듬해인 1993년 11월 14일에 그는 쓸쓸히 죽었다. 『주간 신조新潮』1993년 11월 25일자 기사에 의하면, 유언에 따라 장례식도 하지 않았으며 유체는 대학병원에 기증됐다.

일본의 최대 월간지 『문예춘추』1994년 1월호는 노사카와 함께 평생을 공산주의운동에 바쳤으나 스파이라는 '오명'을 쓰고 은둔했던 이토 리츠伊藤律가 죽음을 앞두고 남긴 비망록을 공개했다. 이 비망록은 특히 전후 연합국의 일본점령기에 노사카가 맥아더사령부의 '첩자'로 은밀하게 활동했던 내용을 자세히 기록했다. 이 비망록은 노사카가 결국 삼중스파이였다고 결론지었다.

그러면 노사카의 묘는 어디에 있는가? 그의 유체는 대학병원에 기증됐으나 그의 유골은 분골粉骨돼 일부는 그의 고향인 야마구치현 하기시 센푸쿠지泉福寺에 있는 조상의 묘에 보관됐고, 일부는 도쿄도 아키가와秋川시에 있는 니시타마영원西多摩靈園에 보관됐다. 묘비에는 '풍설風雪의 발자취'라고 짧게 새겨졌다.

'21세기 초 집권'을 지향하다

일본공산당은 노사카파동을 겪으면서 탈냉전시대에 걸맞게 자기변신을 거듭했다. 프롤레타리아혁명론과 프롤레타리아독재론을 이미 포기한 사실을 계속 강조했고 미국에 대해서도 우호와 협력의 대상임을 분명히 했다. 북한이 1987년에 대한항공기를 폭파한 것을 계기로 북한과 교류를 끊었고 교조주의적 이데올로기에 얽매이지 않고 실용주의에 입각해서 국민을 위해 정직하게 봉사하는 국민정당으로 일할 것임을 거듭 다짐했다. 이렇게 볼 때, 일본공산당은 사회민주당이나 민주사회당과 다름이 없다. 당의 이름에 '공산'이 들어갔다고 해도, 폭력혁명론과 계급혁명론을 버리고 선거와 의회를 통한 '공산주의'의 실현을 지향하기 때문이다.

이러한 변신노력은 일본국민에게 좋은 반응을 불러일으켰다. 게다가 자유민주당정권의 부패와 추문, 그리고 일부 야당의 정략적인 이합집산에 대한 국민의 염증이 깨끗한 정치를 표방한 일본공산당에 반사이익을 안겨주었다. 그리하여 1996년의 총선에서는 중의원 26석, 참의원 15석을 확보해 제3야당으로 자리를 굳혔는데, 중의원선거에서 받은 표는 총투표의 13퍼센트에 이르는 약 730만 표로, 1970년대의 정점이던 10퍼센트 선을 넘어섰다. 놀라운 것은 전통적인 제1야당이던 일본사회당을 눌렀다는 사실이다. 1967년의 도쿄도의회선거에서는 자유민주당에 이은 제2정당으로 뛰어올랐고, 지방의회에서는 4,051명의 의원을 확보해 자민당마저 제치고 수석으로 제1당의 자리를 굳혔다.

일본공산당의 변신노력은 1997년 8월에 일본의 유명한 온천휴양지 아타미熱海시에서 열린 제21차 당대회에서도 두드러지게 나타났다. 대회는 '21세기의 이른 시기'에 연립형식으로 집권하겠다고 선언하고, 이어 차별화된 정책으로 '유일야당'임을 부각시켜 보수층에 접근하겠다고 방침도 발표했다. 우선 천황제와 자위대를 용인했다. 한국에 대해서는 호칭을 '남조선'에서 '한국'으로 공식변경하고 후와 데쓰조 당수의 방한을 추진하는 등 유화노선을 밟았다. 이 대회를 계기로 만 88세의 미야모토 중앙위원회 의장은 은퇴했다. '일본공산당의 대부'로 불리며 당내외 모두에서 존경을 받던 그는 2007년 7월 18일에 향년 99세로 별세했다.

2000년대에 들어서서 일본공산당은 지지세를 확장했다. 어떤 단체나 기업으로부터도 정치자금을 전혀 받지 않도록 강제한 규정이 '깨끗한 정당'으로서의 이미지를 심어주었다. 게다가 세계적 경제불황의 여파로 일본경제 역시 타격을 받으면서 물가는 오르는 반면에 실업자는 늘어나자, 서민층은 물론 중산층 가운데도 일본공산당을 선호하는 흐름이 커진 것이다. 2007년 9월부터 2008년 12월 사이에 약 1만 4천 명이 새로 입당한 사실이 그 흐름을 반영했다.

후와 데쓰조 위원장의 방한은 실현되지 않았다. 그러나 그의 후임 시이 가즈오志位和夫는 2006년 9월 5일에 5박 6일의 일정으로 방한했다. 이것 역시 일본공산당의 유연성을 보여주는 것으로 비쳤다.

| 맺는 생각들 |

1 우리는 중고등학생 때 받은 영어교육에서 'communism'이나 'socialism'과 같이 'ism'으로 끝나는 단어에는 복수를 표시하는 's'가 붙지 않는다고 배웠다. 그러나 그것은 사실이 아니다. 'ism'에도 's'가 붙을 수 있다. 그 대표적인 사례가 Marxism이다. 마르크스가 만년에 "나는 마르크스주의자가 아니다"라고 탄식하는 투로 말한 까닭은 이미 그 시절에 세상에는 그의 참뜻과는 달리 마르크스의 철학을 제 나름으로 해석해 "이것이 마르크스주의다"라고 말하는 사람들이 적잖았던 데 있었다. 그래서 'Marxisms'라는 표현이 생겼다. 이러한 마르크스주의, 저러한 마르크스주의 등 여러 다양한 마르크스주의들을 그렇게 표현한 것이다.

Marxism을 복수로 표현한 Marxisms는 결국 마르크스주의라는 이름 아래 '진짜 마르크스주의'보다도 '가짜 마르크스주의' '엉터리 마르크스주의' '못된 마르크스주의' 등이 유행했음을 의미한다. 그러한 '못된 마르크스주의'의 대표적 보기가 '소비에트 마르크스주의'다. 독일의 철학자들과 사회과학자들이 형성한 이른바 프랑크푸르트학파는 소련의 권력당국이 해석하고 정의했으며 실시한 마르크스주의를 '소비에트 마르크스주의'라고 명명했다. 그렇게 명명한 대표적 철학자가 마르쿠제였다. 나치의 박해를 피해 미국으로 망명하고 주로 매사추세츠주 브랜다이스시의 브랜다이스대학교에서 교수로 활동한 그는 '소비에트 마르크스주의'는 인간을 억압하고 인간성을 말살하는 교조적 이데올로기로서 마르크스가 정립한 정통마르크스주의와 구별되는 별종의 마르크스주의로 단정했으며, '소비에트 마르크스주의'를 배격할 것을 제의했다.

그렇다면 '진짜 마르크스주의'는 한국이 지향해야 할 이념인가? 저자는 그렇게 생각하지 않는다. 마르크스가 '인간해방'을 외친 것은 사실이고 거기에 담긴 인간주의적 사상은 일정하게 평가될 만하다. 그러나 마르크스가 분석의 대상으로 삼았던 시대와 지역은 어디까지나 19세기의 유럽자본주의국가들이었다. 여기서 도출된 이론들을 21세기의 한국에 적용하기에는 무리와 과오가 뒤따른다. 마르크스가 관찰과 분석의 대상으로 여겼던 19세기의 자본주의는 그 후 자기쇄신을 거듭 시도하면서 내재적 폐해를 제거하거나 교정하기 위해 지속적으로 노력해왔다. 마르크스의 본국인 독일에서도 오늘날에는 마르크스의 경제학이 결코 주류가 아니라는 사실을 우리는 기억할 필요가 있다. 교황 베네딕토 16세가 공산국가 쿠바를 방문하던 2012년 3월 23일에 "마르크스주의는 더 이상 현실에 부합하지 않는다"고 발언한 것은 새삼 경청하고 음미할 만하다.

2 마르크스주의가 단일의 이데올로기가 아니라 복수의 이데올로기인 것처럼, 공산주의와 사회주의의 경우도 마찬가지다. 공산주의라는 단일의 이름 아래 여러 다른 공산주의들이 존재한다. 캄보디아의 크메르 루주가 표방한 공산주의는 공산주의가 아니다. 크메르 루주의 공산주의는 살인마들이 무고한 사람들을 마구 학살하면서 자신들의 범죄행위를 합리화하기 위해 내건 구호에 지나지 않았다. 사회주의 역시 왜곡된 채 악용된 경우들이 적잖았다. 중국에서 마오쩌둥이 1950년대 말에 전개한 망상적 '대약진운동'을 '사회주의'라고 부르고, 1960년대 후반에 전개한 광란적 파괴행위를

'사회주의문화대혁명'이라고 불렀던 경우가 그 보기들이다. '대약진운동'과 '문화대혁명'의 구호 아래 얼마나 많은 무고한 사람들이 죽임을 당했고 박해를 받았던가.

북한의 집권세력이 말하는 사회주의 역시 진정한 의미의 사회주의가 아니다. 사회주의를 표방한다고 하면서 3대에 걸쳐 정권을 세습하는 왕조적 관행은 북한에서만 발견되며, 이 구시대적 관행은 북한이 사회주의국가가 아님을 웅변한다. 북한의 체제는 봉건적·군벌주의적 독재주의에 지나지 않는다. 그 체제 아래 수많은 사람들이 무고하게 죽임을 당했고 굶주림과 질병에 시달렸으며 감시와 박해를 받았다는 사실을 우리는 직시하지 않으면 안 된다.

3 흔히 이제 사회주의는 죽었다고 말한다. 확실히 폭력과 억압을 기둥으로 삼는 볼셰비즘의 사회주의는 죽었다. 소비에트러시아와 동유럽을 포함한 소련제국에서 실험된 볼셰비즘은 브레진스키 교수의 표현으로 '거대한 실패'로 끝났다. 예외적으로, 중국과 베트남 및 쿠바 등 몇몇 나라들에서 공산당1당독재의 공산주의체제가 유지될 뿐이다. 그렇지만 그 나라들에서도 경제운영에서는 자본주의적 요소들이 많이 받아들여졌으며, 그것들은 공산당1당독재체제의 변형을 가져올 것이다.

반면에 복수정당제와 선거 및 의회를 존중하며 그것들에 기초한, 달리 말해 자유민주주의와 의회민주주의에 기초한 사회주의는 살아 있고 앞으로도 그러할 것이다. 여기서 강조하고자 하는 것은 자유민주주의와 의회민주주의에 기초한 사회주의는 공산주의와 적대적 관계에 있다는 사실이다. 공산주의는 자유민주주의와 의회민주주의에 기초한 사회주의를 가장 두려워하며, 그러한 사회주의는 공산주의를 철저히 배격한다.

바로 그 사실을 정확히 알았기에, 스탈린은 유럽의 모든 사회민주주의정당들에게 각각 그 나라 안의 공산당과 합당하도록 압박을 가했다. 많은 사회민주주의정당들이 거기에 응함으로써 공산당에 대한 비판세력이면서 견제세력인 자신들을 스스로 소멸시켰다. 그 결과 유럽에서 공산당들이 몰락할 때 그들도 함께 몰락했다. 반면에 독일과 오스트리아에서는 사회민주주의자들이 스탈린의 압력을 견뎌냈다. 암살의 위협을 받으면서도 그들은 공산주의자들과의 통합을 거부했다. 그 결과 그들은 국민의 지지를 받아 집권하기도 했으며 역사발전에 이바지하기도 했다.

이렇게 볼 때, 해방공간 3년의 남한에서 이른바 진보적 좌파정당들이 조선공산당과 통합해 남조선로동당을 만들어냈던 것은 큰 과오였다. 통합을 통해 이른바 진보주의자들의 견제력이 상실됨으로써 조선공산당이 유혈을 동반한 과격한 폭력혁명으로 치닫는 것을 막지 못했고, 그리하여 남조선로동당이 남북분단의 고정화에 일정하게 봉사하도록 만들었기 때문이다.

4 돌이켜보면, 자유민주주의든 사회민주주의든 민주사회주의든 그 이념의 성격을 판별하는 핵심적 기준은 인간과 인간의 삶에 대한 존중에 있다. 인간을 존중하고 인간의 삶을 존중하며 인간의 삶을 향상시키는 이데올로기라면 그것의 표면적 이름은 그렇게 중요하지 않다. 그렇기에 '인간의 얼굴을 가진 자본주의' 또는 '인간의 얼굴을 가진 사회주의'라는 용어가 등장했던 것이다.

21세기에는 자본주의든 사회주의든 '인간의 얼굴을 가진 자본주의' 또는 '인간의 얼굴을 가진 사회주의'로 자리를 잡아야 국민 대다수의 지지를 확보할 수 있을 것이다. 결국 인간을 어느 무엇보다 중시하는 인간주의적 이데올로기만이 진정한 이데올로기인 것이다. 그 이데올로기의 중심적 단어는 사랑이다. 마르크스주의나 레닌주의처럼 증오로 무장한 이데올로기는, 볼셰비키혁명에서 보았듯, 그리고 북한판 사회주의혁명에서 보았듯, 인간을 죽이고 인간성을 말살하는 도구로 쓰일 뿐이다.

북한의 주체사상은 스스로를 '인간중심의 사상'이라고 내세우지만, 그것은 철저한 속임수다. 그것은 김일성일가의 가족독재체제를 합리화하기 위해 고안됐으며, 남한의 어떤 국민들을 '친북'으로 유도하기 위해 고안된 것이다.

김일성으로부터 시작되고 김정일을 거쳐 김정은으로 이어진 북한의 세습적·봉건적·군벌주의적 독재체제를 명백히 배척하지 않는 정치세력이 '진보'를 내세우며 그 세력을 비판하지 않은 채 제휴하는 또 다른 세력이 정치무대를 주도하게 될 때, 사람들 가운데는 정당들에 대해서보다 기독교의 역할과 교회의 역할에 새로운 기대를 걸게 되는 경향이 나타난다. 한국의 교회들에 대해 논란이 있음은 사실이나, 성경과 예수그리스도의 가르침에 충실하게 살려고 노력하는 성직자다운 교회지도자들이 적지 않다는 사실은 희망적이다. 장-프랑수아 르벨Jean-François Revel이 제시했던 명제, "마르크스냐 예수냐"에서 대답은 자명하다. 사랑과 용서, 그리고 화해를 제시한 예수의 가르침이 정답인 것이다.

그러나 본질적으로 불완전한 인간들이 모여서 살며 따라서 부정과 비리와 부패 및 불공정, 그리고 강자의 약자에 대한, 또는 강대국의 약소국에 대한 압제와 수탈이 존재하는 이 현실세계에서 예수의 가르침만을 외칠 수는 없다. 결국 상대적으로 더 나은 세력에 의한, 상대적으로 더 나은 정책의 집행이 그나마 해결의 실마리를 준다. 그러한 현실세계를 대할 때 다시 상기하게 되는 것은 버트런드 러셀 경의 경고다. 그는 마르크스의 이론들 가운데 상당히 많은 이론들이 논파됐지만, 부정과 불공정과 수탈, 그리고 불평등이 존속하는 사회 안에서는 반드시 마르크스주의 역시 존속하게 된다고 경고했다. "내 몸 하나를 희생해서라도 이 세상의 구원에 보탬이 되겠다"는 구세사상이 마르크스주의에 일관하고 있기 때문이다.

참고문헌

이 책을 쓰면서 참고한 문헌들 가운데 중요한 것들만 장별로 소개하기로 한다.

1부 소련과 동유럽 공산주의자들의 삶과 죽음

01 '과학적 사회주의'의 창시자들: 카를 마르크스와 프리드리히 엥겔스

마르크스의 전기는 많이 출판됐다. 저자는 다음의 두 책을 참고했다. Isaiah Berlin, *Karl Marx: His Life and Environment*, London: Oxford University Press, 1981; Jacques Attali, *Karl Marx ou L'esprit du monde*, Paris: Librairie Arthème Fayard, 2005.

마르크스가 제시한 논점들에 대한 철저한 분석은 다음에서 읽을 수 있다. Allen Wood, *Karl Marx*, London & New York: Routledge, 1999.

Biddulph, Howard Lowell, "Karl Marx's Early Thought in Soviet Philosophy," unpub. Ph. D. diss., Bloomington, Ind.: Indiana University, 1966.

Bottomore, T. B., *Karl Marx: Early Writings*, New York: McGraw-Hill, 1964.

De George, Richard T., *Patterns of Soviet Thought*, Ann Arbor: University of Michigan Press, 1966.

Fromm, Erich, *Marx's Concept of Man*, New York: Frederick Unger Publishing Co., 1961.

Tucker, Robert C., *Philosophy and Myth in Karl Marx*, 2nd ed., Cambridge: Cambridge University Press, 1972.

Wilson, Edmund, *To the Finland Station: A Study in the Writing and Acting of History*, Garden City: Double and Co., 1940.

마르크스가 런던의 하이게이트공동묘지에 묻히기까지의 과정은 다음에서 읽을 수 있다. Judith Yuille, *Karl Marx from Trier to Highgate*, London: Highgate Cemetery, 1991.

02 최초의 사회주의국가 건설자: 블라디미르 레닌

Baron, Samuel, *Phekhanov: The Father of Russian Marxism*, Stanford: Stanford University press, 1963.

Connor, James E.(ed.), *Lenin on Politics and Revolution: Selected Writings*, New York: Pegasus, 1968.

Hardy, Deborah, *Peter Tkachev: The Critic as Jacobin*, Seattle: University of Washington Press, 1977.

McNeal, Robert H., *Bride of Revolution: Krupskaya and Lenin*, Ann Arbor: University of Michigan Press, 1972.

Meyer, Alfred G., *Leninism*, Cambridge, MA.: Harvard University Press, 1957.

Reed, John, *Ten Days That Shook the World*, a new edition with an introduction by Bertram D. Wolfe, New York: The Modern Library, 1960.

Wolfe, Bertram D., *Three Who Made a Revolution: A Biographical History*, rev. ed., New York: Dell Publishing Co., 1964.

03 독일제국의 공산혁명가들: 리프크네히트 부자, 로자 룩셈부르크, 카를 카우츠키, 에두아르트 베른슈타인

Frölich, Paul, *Rosa Luxemburg: Her Life and Work*, Johanna Hoornweg(trans.), New York: Monthly Review Press, 1972.

Nettl, J. P., *Rosa Luxemburg*, London: Oxford University Press, 1966.

04 볼셰비키혁명의 설계자: 레온 트로츠키

Deutscher, Isaac, *The Prophet Armed: Trotsky, 1879~1921*, London: Oxford University Press, 1954.

―――, *The Prophet Unarmed: Trotsky, 1921~1929*, London: Oxford University Press, 1959.

―――, *The Prophet Outcast: Trotsky, 1929~1940*, London: Oxford University Press, 1963.

Eastman, Max, *Leon Trotsky: The Portrait of a Youth*, New York: AMS Press, 1925.

Mavrakis, Kostas, *On Trotskyism: Problems of Theory and History*, London: Routledge and Kegan Paul, 1976.

Serge, Victor & Natalya Sedova Trotsky, *The Life and Death of Leon Trotsky*, New York: Basic Books, 1975.

05 볼셰비키 최고의 경제이론가: 니콜라이 부하린

Stephen Cohen, *Bukharin and the Bolshevik Revolution, A Political Biography, 1888~1938*, Oxford: Oxford University Press, 1980. 이 책의 초판은 1973년에 뉴욕의

출판사 Alfred A. Knopf를 통해서 나왔다. 저자(김학준)가 참고한 Oxford University Press판은 1980년에 나왔으며, 코언 S. Cohen의 서문이 새로 추가되어 있다.

신경제정책 아래서의 부하린의 주장은 Alexander Erlich, *The Soviet Industrialization Debate, 1924~1928*, Cambridge, MA.: Harvard University Press, 1960, p. 16; Nicholas Spulber, *Soviet Strategy for Economic Growth*, Bloomington, Ind.: Indiana University Press, 1964, pp. 63~66.

부하린의 최후, 그리고 그의 아내와 아들에 대한 자료는 David Remnick, *Lenin's Tomb: The Last Days of the Soviet Empire*, New York: Random House, 1993, pp. 62~69.

06 소련을 허위와 폭력의 공간으로 만든 포악한 독재자: 이오시프 스탈린

Bullock, Allan, *Hitler and Stalin: Parallel Lives*, New York: Alfred Knopf, 1992.

Deutscher, Isaac, *Stalin: A Political Biography*, 2nd ed., New York: Oxford University Press, 1956.

Richardson, Rosamond, *Stalin's Shadow: Inside the Family of the World's Greatest Tyrants*, New York: St. Martin's Press, 1993.

Tucker, Robert, *Stalin as Revolutionary*, New York: W. W. Norton, 1973.

──────, *Stalin in Power: The Revolution from Above*, 1928~1941, New York: W. W. Norton, 1990.

Ulam, Adam, *Stalin: The Man and His Era*, New York: The Viking Press, 1973.

07 국가폭력을 주도한 고문기술의 천재: 라브렌티 베리야

Beria, Sergo, *My Father: Inside Stalin's Kremlin*, London: Gerald Duckworth and Company, 2001.

Knight, Amy, *Beria: Stalin's First Lieutenant*, Princeton: Princeton University Press, 1993.

08 같은 곳에 잠든 두 정적: 니키타 흐루쇼프와 뱌체슬라프 몰로토프

Frankland, Mark, *Khrushchev*, New York: Stein and Day, 1967.

Khrushchev, Sergei, *Khrushchev on Khrushchev*, Boston: Little Brown and Co., 1990.

Khrushchev, Nikita S., *Khrushchev Remembers*, Strobe Talbott(trans. & ed.), Boston: Little Brown and Co., 1970.

──────, *Khrushchev Remembers: The Last Testament*, Strobe Talbott(trans. & ed.), Boston: Little Brown and Co., 1974.

──────, *Khrushchev Remembers: The Glasnost Tapes*, with a Fore ward by Strobe

Talbott, Jerrold L. Schecter with Vyacheslav V. Luchkov(trans. & ed.), Boston: Little Brown and Co., 1990.

Molotov, Vyacheslav M. & Feliz Chuev, *Molotov Remembers: Inside Kremlin Politics*, Conversations with Felix Chuev, Albert Resis(ed.), Chicago: Ivan R. Dee, Inc., 1993.

Wolfe, Bertram D., *Khrushchev and Stalin's Ghost*, special student ed., New York: Frederick A. Praeger, 1957.

시아누크, 노로돔・버나드 크리셔, 『카리스마와 리더십: 시아누크 회고록』, 한영탁 옮김, 디자인하우스, 1990.

09 소련의 쇠락을 관리한 노인통치자들: 레오니트 브레즈네프, 유리 안드로포프, 콘스탄틴 체르넨코

Bialer, Seweryn, "The Harsh Decade: Soviet Politics in the 1980's," *Foreign Affairs*, Summer 1981.

Breslauer, George, *Khrushchev and Brezhnev as Leaders: Building Authority in Soviet Politics*, London: George Allen and Unwin, 1982.

Brown, Archie, "The Soviet Succession: From Andropov to Chernenko," *The World Today*, vol. 40, no. 40, April 1984.

Cohen, Stephen F., "Andropov's First Year: End of an Era, Not the Start," *The Boston Glove*, November 12, 1983.

Hough, Jerry F., "Soviet Succession: Issues and Personalities," *Problems of Communism*, vol. 31, no. 5, September-October 1982.

McNeal, Robert H., *The Bolshevik Tradition: Lenin, Stalin, Khrushchev, Brezhnev*, 2nd ed., Englewood Cliffs, N. J.: Prentice-Hall, 1975.

Ploss, Sidney I., "Soviet Succession: Signs of Struggle," *Problems of Communism*, vol. 31, no. 5, September-October 1982.

10 소련의 해체를 주도한 개혁가: 미하일 고르바초프

Gaddis, John Lewis, *The Cold War: A New History*, New York: Penguin Books, 2006. (국역본:『냉전의 역사』, 정철・강규형 옮김, 에코리브르, 2010)

11 비동맹의 중심 유고슬라비아와 고립된 약소국 알바니아의 공산주의자들: 요시프 티토와 엔베르 호자

Djilas, Milovan, *Conversations with Stalin*, Michael B. Petrovich(trans.), New York: Harcourt, Brace and World, 1962.

김학준, 「동구」, 『안보문제연구』, 국방대학원, 1976, pp. 82~92.
김학준, 「동구」, 『안보문제연구』, 국방대학원, 1977, pp. 69~77.
시아누크, 노로돔 · 버나드 크리셔, 『카리스마와 리더십: 시아누크 회고록』, 한영탁 옮김, 디자인하우스, 1990.

12 체코슬로바키아의 공산주의자들: 클레멘트 고트발트, 루드비크 스보보다, 알렉산드르 둡체크, 구스타프 후사크

Dubcek, Alexander, *Hope Dies Last: The Autobiography of Alexander Dubcek*, Jiri Hochman(trans. & ed.), New York: Kodansha International, 1993.

Mikus, Ioseph A., *Slovakia: A Political History*, Milwaukee: Marquette University Press, 1963.

Suda, Zdenek, *The Czechoslovak Socialist Republic*, Baltimore: The Johns Hopkins University Press, 1970.

Taborsky, Edward, *Communism in Czechoslovakia, 1948~1960*, Princeton: Princeton University Press, 1961.

13 노선을 두고 엇갈렸던 헝가리의 공산주의자들: 쿤 벨러, 너지 임레, 카다르 야노시, 루카치 죄르지

Polonsky, Antony, *The Little Dictators: The History of Eastern Europe since 1918*, London: Routledge and Kegan Paul, 1975.

Skilling, H. Gordon, *The Governments of Communist East Europe*, New York: Thomas Y. Crowell Co., 1966.

Staar, Richard F., *Communist Regimes in Eastern Europe*, Stanford, CA: Hoover Institution Press, 1967.

Zilahy, Peter, "The Aftertaste of Goulash Communism," *International Herald Tribune*, January 14~15, 2012, p. 6.

14 폴란드, 불가리아, 루마니아, 동독의 공산주의자들: 브와디스와프 고무우카, 그리고르 디미트로프, 니콜라에 차우셰스쿠, 발터 울브리히트, 에리히 호네커

Beck, Carl et al., *Comparative Communist Political Leadership*, New York: David Mckay Co., 1973.

Bromke, Adam, "Poland: The Cliff's Edge," *Foreign Policy*, no. 41, Winter 1980~1981.

Brzezinski, Zbigniew K., *The Soviet Bloc: Unity and Conflict*, rev. ed., New York: Frederick A. Praeger, 1961.

Cviic, Christopher, "Soviet-East European Relations," Richard Pipes(ed.), *Soviet Strategy in Europe*, New York: Crane, Russak and Co., 1978.

Griffith, William E., *The Soviet Empire: Expansion & Détente*, Lexington: Lexington Books, 1976.

Tökés, Rudolf L., *Opposition in Eastern Europe*, Baltimore: The Johns Hopkins University Press, 1971.

시아누크, 노로돔 · 버나드 크리셔, 『카리스마와 리더십: 시아누크 회고록』, 한영탁 옮김, 디자인 하우스, 1990.

· 저자의 마르크스주의 및 러시아 관련 주요 저술 목록

이 책을 쓰면서 이미 발표했던 저자의 저서들로부터도 인용했다. 그것들 가운데 중요한 참고도서 들은 다음과 같다.

김학준, 『소련정치론』, 일지사, 1976(1988년 8쇄로 절판).

─────, 『러시아 혁명사』, 문학과지성사, 1979(2009년 현재 수정 · 증보판 4쇄).

───── 엮음, 『현대소련의 해부』, 한길사, 1980(1986년 4쇄로 절판).

─────, 『소련외교론 서설』, 서울대학교출판부, 1981(1985년 증보판 1쇄).

───── 공역, 『마르크스의 철학과 신화』, 한길사, 1982(1993년 12쇄). 원서는 Robert Tucker, *Philosophy and Myth in Karl Marx*, 2nd ed.(Cambridge: Cambridge University Press, 1972)의 1979년 쇄.

─────, 『마르크시즘의 이해』, 정음사, 1984.

─────, 『러시아사』, 대한교과서주식회사, 1991(1993년 4쇄. 2005년 증보2판).

Kim, Hakjoon, *Korea in Soviet East Asian Policy*, Seoul: Kyunghee University Press, 1986.

─────, "An Analysis of the Presidium Members of the Czechoslovak Communist Party," *The Korean Journal of International Studies*, vol. 5, no. 1, Winter 1974.

─────, "Leadership Change from Brezhnev to Andropov: Its Impact on International Politics and the Korean Peninsula," *Korea and World Affairs*, vol. 7, no. 1, Spring 1983.

─────, "South Korean Perceptions of the Soviet Union," Pushpa Thambipillani & Daniel Matuszewski(eds.), *The Soviet Union and Asian-Pacific Trends: Views from the Region*, New York: The Praeger, 1990.

2부 동아시아공산주의자들의 삶과 죽음

· 1~8장까지 공통되게 활용된 책

Barnett, A. Doak, *Communist China: The Early Years, 1949~55*, New York: The Praeger, 1964.

─── & Ezra Vogel, *Cadres, Bureaucracy and Political Power in Communist China*, New York: Columbia University Press, 1967.

MacFarquhar, Roderick(ed.), *The Politics of China, 1949~1989*, New York: Cambridge University Press, 1993.

Pye, Lucian W., *Mao Tse-tung: The Man in the Leader*, New York: Basic Books, 1976.

Schram, Stuart R., *The Political Thought of Mao Tse-tung*, enlarged and rev. ed., Harmondsworth: Penguin, 1969.

01 중국공산당의 성장에 디딤돌을 놓은 민족주의자들: 쑨원과 쑹칭링

Chang, Jung & Jon Halliday, *Mme Sun Yat-sen(Soong Ching-ling)*, London: Penguin Books, 1986. (국역본:『송경령평전』, 이양자 옮김, 지식산업사, 1992)

Schiffrin, Harold Z., *Sun Yat-sen: A Reluctant Revolutionary*, Boston: Little Brown and Co., 1980. (국역본:『손문평전』, 민두기 옮김, 지식산업사, 1990)

Seagrave, Sterling, *The Soong Dynasty*, New York: Harper and Row, 1985.

손문,『삼민주의』, 이명구 옮김, 삼성미술문화재단, 삼성문화문고 13, 1972.

02 중국공산주의운동의 창시자들: 천두슈와 리다자오

Kuo, Thomas C., *Chèn Tu-hsiu, 1879~1942, and the Chinese Communist Movement*, South Orange, NJ.: Seton Hall University Press, 1975. (국역본:『진독수 평전』, 권영빈 옮김, 민음사, 1985)

Meisner, Maurice, *Li Ta-chao and the Origins of Chinese Marxism*, Cambridge: Harvard University Press, 1967. (국역본:『이대조: 중국사회주의의 기원』, 권영빈 옮김, 지식산업사, 1992)

Whiting, Allen S., *Soviet Policies in China*, New York: Columbia University Press, 1954.

03 중화인민공화국 건국의 주역: 마오쩌둥

Ch'en, Jerome, *Mao*, Englewood Cliffs, NJ.: Prentice-Hall, 1969.

Li, Zhisui, *The Private Life of Chairman Mao: The Memoirs of Mao's Personal Physician*,

New York: Random House, 1994. (국역본:『모택동의 사생활』, 전3권, 손풍삼孫豊三 옮김, 고려원, 1995)

MacFarquhar, Roderick, *The Origins of the Cultural Revolution, vol. II: The Great Leap Forward, 1958~1960*, New York: Columbia University Press, 1983.

Salisbury, Harrison E., *The Long March: The Untold Story*, New York: Harper and Row, 1985.

Schram, Stuart R., *Mao Tse-tung*, reprinted with revisions, New York: Penguin Books, 1970.

Schurmann, Franz, *Ideology and Organization in Communist China*, 2nd ed., Berkeley: University of California Press, 1968.

Schwartz, Benjamin, *Chinese Communism and the Rise of Mao*, Cambridge: Harvard University Press, 1951. (국역본:『중국공산주의운동사』, 권영빈 옮김, 형성사, 1983이 대표적이다.)

마오쩌둥과 펑유란의 관계에 대해서는『한겨레』, 2011년 12월 3일, 11면에 소개됐다.

마오쩌둥과 닉슨 사이의 정상회담에 대한 키신저의 회고는 다음에서 읽을 수 있다. 박승준, 「키신저가 말하는 중국」,『조선일보』, 2012년 1월 14일, A18면.

04 중화인민공화국 초기의 실권자: 류사오치와 저우언라이

Cheng, Peter, "Liu Shao-ch'i and the Cultural Revolution," *Asian Survey*, vol. 11, no. 10, October 1971, pp. 943~57.

Fan, K.(ed.), *Mao Tse-tung and Lin Piao: Post Revolutionary Writings*, Garden City, NY.: Anchor Books, 1972.

Fang, Percy Jucheng, *Zhou En-lai: A Profile*, Beijing: Foreign Languages Press, 1986.

Han, Suyin, *Eldest Son: Zhou Enlai and the Making of Modern China, 1898~1976*, New York: Hill and Wang, 1994.

Li, Tien-min, *Mao's First Heir Apparent Liu Shao-ch'i*, Taipei: Institute of International Relations, 1975.

바르누앙, 바르바라·위창건,『저우언라이 평전』, 유상철 옮김, 베리타스북스, 2007.

저우언라이에 대한 키신저의 관찰은 다음에 소개됐다. 박승준, 「키신저가 말하는 중국」,『조선일보』, 2012년 1월 14일, A18면.

05 개혁과 개방을 통한 중국현대화의 총설계자: 덩샤오핑

Baum, Richard(ed.), *Reform and Reaction in Post-Mao China: The Road to Tiananmen*, New York: Routledge, Chapman and Hall, 1991.

Evans, Richard, *Deng Xiaoping and the Making of Modern China*, New York: Viking Penguin, 1994.

Platt, Stephen R., "Is China Ripe for a Revolution?," *New York Times(Sunday Review)*, February 9, 2012.

Salisbury, Harrison E., *The New Emperors: China in the Era of Mao and Deng*, New York: Avon Books, 1992.

등소평, 『등소평 문선』 상·하, 김승일 옮김, 범우사, 1994.

자오쯔양, 『국가의 죄수: 자오쯔양 중국공산당 총서기 최후의 비밀 회고록』, 바오푸 정리, 장윤미·이종화 옮김, 에버리치홀딩스, 2010.

퓌엘, 카롤린, 『중국을 읽다 1980~2010: 세계와 대륙을 뒤흔든 핵심 사건 170장면』, 이세진 옮김, 푸른숲, 2012.

덩샤오핑에 대한 키신저의 관찰은 박승준, 「키신저가 말하는 중국」, 『조선일보』, 2012년 1월 14일, A18면.

이원복 교수의 논평은 『중앙일보』, 2011년 8월 31일, 8면에 게재되었다.

06 덩샤오핑 이후 현대중국정치의 견인차들: 장쩌민, 후진타오, 시진핑, 리커창

박근형, 『후진타오 이야기』, 명진출판, 2010.

샹장위, 『시진핑 리커창: 중국의 새로운 리더』, 이재훈 옮김, 강준영 감수, 도서출판 린, 2012.

양중메이, 『New China Leader, 후진타오』, 한우덕 옮김, 최준명 감수, 한국경제신문사, 2002.

이건우, 『중국을 말하다: 마오쩌둥에서 후진타오까지』, 지상사, 2009.

인민출판사 엮음, 『주룽지 기자에 답하다』, 강영매·황선영 옮김, 종합출판 범우, 2009.

조영남, 『용과 춤을 추자: 한국의 눈으로 중국 읽기』, 민음사, 2012.

질리, 브루스, 『장쩌민』, 형선호 옮김, 최준명 감수, 한국경제신문사, 2002.

쿤, 로버트 로렌스, 『중국을 변화시킨 거인 장쩌민』, 박범수·이윤성·이섬민 옮김, 랜덤하우스코리아, 2005.

07 문화대혁명기 가해자와 피해자로 나뉜 여걸들: 장칭, 덩잉차오, 왕광메이

Bonavia, David, *Verdict in Peking: The Trial of the Gang of Four*, New York: Putnam, 1984.

Karnow, Stanley, *Mao and China: A Legacy of Turmoil*, 3rd. ed., New York: Viking, 1990.

Terrill, Ross, *Madame Mao: The White-Boned Demon: A Biography of Madame Mao Zedong*, with a new postscript, New York: A Touchstone Book, 1992.

진평, 『덩잉차오 평전』, 전3권, 손승회 옮김, 소명출판, 2012.

08 중국공산당을 세계에 알린 서방언론인들: 에드거 스노, 님 웨일스, 안나 루이스 스트롱, 아그네스 스메들리

Hamilton, John Maxwell, *Edgar Snow: A Biography*, Bloomington: Indiana University Press, 1988.

MacKinnon, Janice R. & Stephen R. MacKinnon, *Agnes Smedley*, Berkeley: University of California Press, 1987.

Paul, Anthony, "The Long March: China's Founding Myth," *The Straits Times*, October 22, 2011, A34.

Snow, Edgar, *Red Star over China*, London: Victor Gollancz, 1937; New York: Random House, 1938.

―――, *The Other Side of the River: Red China Today*, New York: Random House, 1962.

―――, *The Long Revolution*, New York: Random House, 1970.

Snow, Helen Fosters(Nym Wales), *My China Years*, New York: William Morrow & Co., 1984.

whymant, Robert, *Stalin's Spy: Richard Sorge and the Tokyo Espionage Ring*, New York: St Martins Press, 1996.(1998?)

09 '공산주의스파이'라는 음해를 받았던 중국전문가: 오언 래티모어

Cotton, James, *Asian Frontier Nationalism: Owen Lattimore and the American Foreign Policy Debate*, Manchester, Eng.: Manchester University Press, 1989.

Newman, Robert P., *Owen Lattimore and the "Loss" of China*, Berkeley: University of California Press, 1992.

10 '황금 요람'에 잠든 몽골의 공산주의자들: 수흐바타르, 초이발산, 체덴발

Akiner, Shinin(ed.), *Mongolia Today*, London: Kegan Paul International, 1991.

Bawden, C. R., *Modern History of Mongolia*, New York: Praeger, 1989.

Ginsburg, T., "Political Reform in Mongolia: Between Russia and China," *Asian Survey*, vol. 35, no. 5, May 1995, pp. 459~71.

Sanders, Alan J. K., *Mongolia: Politics, Economics and Society*, London: Frances Pinter, 1987.

강톨가 외, 『몽골의 역사』, 김장구·이평래 옮김, 동북아역사재단, 2009.

11 베트남의 독립영웅: 호찌민

Bradley, Mark P., "Vo Nguyen Giap," James I. Matray(ed.), *East Asia and the United States: An Encyclopedia of Relations Since 1784*, Westport, CT.: Greenwood Press, 2002, vol. 2, pp. 661~62.

Lacouture, Jean, *Ho Chi Minh: A Political Biography*, Peter Wiles(trans), Jane Clark Seitz(ed.), New York: Random House, 1968.

Tin, Bui, *Following Ho Chi Minh: Memoirs of a North Vietnamese Colonel*, London: C. Hurst and Co., 1995.

12 캄보디아를 킬링필드로 만든 크메르 루주: 폴 포트, 키우 삼판, 누온 체아

Becker, Elizabeth & Seth Mydans, "Norodom Sihanouk, longtime Cambodian leader 89," *International Herald Tribune*, October 16, 2012, pp. 1, 4.

Clymer, Kenton J., "Khmer Rouge," James I. Matray(ed.), *East Asia and the United States: An Encyclopedia of Relations Since 1784*, Westport, CT.: Greenwood Press, 2002, vol. 1, pp. 303~304.

Cruvellier, Thierry, "Duch, the Khmer Rouge's Perfect Villain," *International Herald Tribune*, February 9, 2012, p. 8.

Jespersen, T. Christopher, "Pol Pot," James I. Matray(ed.), *East Asia and the United States: An Encyclopedia of Relations Since 1784*, Westport, CT.: Greenwood Press, 2002, vol. 2, pp. 486~87.

Mydans, Seth, "In Cambodia, a trial begins to lay Khmer Rouge past to rest," *International Herald Tribune*, June 28, 2011, pp. 1, 3.

박희창, 「누온 체아」, 『동아일보』, 2011년 7월 2일, B6면.

시아누크, 노로돔 · 버나드 크리셔, 『카리스마와 리더십: 시아누크 회고록』, 한영탁 옮김, 디자인하우스, 1990, pp. 108~19, 182~94.

크루벨리에, 티에리, 『자백의 대가: 크메르 루주 살인고문관의 정신세계』, 전혜영 옮김, 글항아리, 2012.

13 일본공산주의운동의 선구자들: 가타야마 센, 고토쿠 슈스이, 사카이 도시히코, 야마카와 히토시, 가와카미 하지메, 후쿠모토 가즈오

Beckmann, George M. & Okubo Genji, *The Japanese Communist Party, 1922~1945*, Stanford: Stanford University Press, 1969.

고토쿠 슈스이 전집편집위원회 엮음, 『고토쿠 슈스이 전집』, 도쿄: 일본도서센터, 1994; 임경화 엮고 옮김, 『나는 사회주의자다』, 교양인, 2011. 고토쿠 슈스이에 대해서는 전적으로 이 책에 의존했다.

14 후퇴의 시기와 합법화시대의 일본공산주의자들: 사노 후미오, 도쿠다 규이치, 미야모토 겐지, 노사카 산조, 후와 데쓰조

Kunii, Inene M., "Reds on the Rise," *Time*, October 6, 1997, p. 35.

Scalapino, Robert A., *The Japanese Communist Movement, 1920~1966*, Berkeley & Los Angeles: The University of California Press, 1967.

The Central Committee of the Communist Party of Japan, *The Fifty Years of the Communist Party of Japan*, Tokyo: The Publication Bureau of the Central Committee of the Communist Party of Japan, 1973.

이등율, 「3중 스파이 노사카 산조」, 『문예춘추』, 1994년 1월, pp. 311~29.

찾아보기(인명)

ㄱ

가가와 도요히코賀川豊彦 761, 763
가리구에, 샬럿Charlotte Garrigue 318
가스가 쇼지로春日庄次郎 790~91
가쓰라 다로桂太郎 748~49, 753
가오강高崗 471, 535
가오준만高君曼 423, 437
가와카미 하지메河上肇 432, 492, 743, 759, 775, 779
가타야마 센片山潛 743, 745, 747~48, 750~51, 753~54, 757~58, 763~66
간스, 에두아르트Eduard Gans 31
게뢰, 에르네Gerő Ernő 343~44
게오르기우, 콘스탄틴 비르질Constantin Virgil Gheorghiu 371~72
게오르기우-데지 게오르게Gheorghe Gheorghiu-Dej 372
고골, 니콜라이Nikolai V. Gogol 224~26
고르바초프, 미하일Mikhail S. Gorbachev 131, 153~54, 181, 183, 206, 210~11, 217, 231, 244, 276~78, 281~85, 288~89, 292~95, 330~31, 376, 546~47, 563, 687
고리키, 막심Maxim Gorky 215
고무우카, 브와디스와프Władysław Gamułka 303, 343, 357~64, 366
고토쿠 슈스이幸德秋水 743, 746~47, 749~53, 755~56
고트발트, 클레멘트Klement Gottwald 74, 235, 315, 320~24
곤도 마가라近藤眞柄 771
곤도 에이조近藤榮藏 758, 765~67
골드먼, 마셜Marshall Goldman 261
광서제 392, 398, 420
괴테, 요한 볼프강 폰Johann Wolfgang von Goethe 30
구노, 샤를Charles F. Gounod 225
구라하라 고레히토藏原惟人 780~81
굴원屈原 428~29
궈모뤄郭沫若 518, 639
그로미코, 안드레이Andrei A. Gromyko 228~31, 262, 281
그리신, 빅토르Viktor V. Grishin 255, 281
기노시타 나오에木下尙江 745
기시 노부스케岸信介 791
기에레크, 에드바르트Edward Gierek 364~65
김귀하金貴河 729~30
김산←장지락 589, 634~35
김성수金性洙 293~94
김영삼金泳三 289
김일성 10, 74, 161, 218, 263, 284~86, 290, 304, 307, 330, 373~74, 376, 381, 497,

찾아보기 **819**

720, 731, 737, 805

ㄴ

나겔, 오토Otto Nagel 105
나데즈다, 알릴루예바Nadezhda Alliluyeva 162~63, 190
나세르, 가말 압델Gamal Abdel Nasser 305~306
나이트, 에이미Amy Knight 182~84, 210~12, 217
나카에 조민中江兆民 746~47
나카조 유리코中條百合子 778
나폴레옹Napoléon Bonaparte 119, 155, 157
너지, 임레Nagy Imre 335, 340~52, 354, 363
네루, 자와할랄Jawaharlal Nehru 11, 305~306, 504, 706
네메트, 미클로시Nemeth Miklos 349
네예들리, 즈데네크Zdeněk Nejedlý 320
네이즈베스트니, 에른스트Ernst I. Neizvestny 244
노보트니, 안토닌Antonín Novotný 324, 326
노사카 산조野坂參三 760, 766, 773, 778, 782~91, 793, 795~97
놀, 론Lón Nol 730~33, 735
누온 체아Nuon Chea 727, 734, 741
뉴먼, 로버트Robert P. Newman 649, 653~55, 667
니콜라이 2세 80~81
니쿨린, 유리Yuri Nikulin 258
닉슨, 리처드Richard M. Nixon 230, 312, 373, 480~81, 514, 567, 631~32, 730

ㄷ

다윈, 찰스Charles Darwin 49, 227, 491, 698
다이리戴笠 653
다카바타케 모토유키高畠素之 757
다카세 기요시高瀨淸 766, 771
달라이 라마 674
달린, 세르게Serge Dalin 412
덕종德宗 519
덜레스, 존 포스터John Foster Dulles 249, 504
덩샤오핑鄧小平 7, 471, 477, 479, 485~86, 494, 507, 509~11, 517~45, 547~54, 560~62, 564~66, 568~69, 572, 575, 603, 608~609, 628
덩원밍鄧文明 519
덩잉차오鄧穎超 492, 500, 503, 587, 595~98, 604~606, 610~11
덩파鄧發 625
데무트, 헬레네Helene Demuth 48~49, 52
도브로자누, 알렉산드르Aleksandr Dobrodzhanu 338
도이처, 아이작Isaac Deutscher 111, 160
도쿠다 규이치德田球一 235, 766, 769, 773~74, 776~78, 781~82, 784, 786, 788~89
동치제同治帝 386, 392
돤치루이段祺瑞 408, 410, 421, 432, 439~40
둡체크, 알렉산드르Alexandr Dubček 283, 315, 324~33
둥비우董必武 437, 464
듀이, 존John Dewey 434
드골, 샤를Charles de Gaulle 715
드보르자크, 안토닌Antonín Dvořák 316
등애鄧艾 519

디미트로프, 그리고르Grigor Dimitrov 357, 366~70

ㄹ

라나리드, 노로돔Norodom Ranariddh 739
라데크, 카를Karl Radek 150, 153, 704
라리나, 안나Anna Larina 152~54
라밍羅明 527
라살레, 페르디난트Ferdinand Lassalle 56, 85, 105, 744~45, 747
라오수스饒漱石 471, 535
라우라, 마르크스Laura Marx 48
라코시, 마차시Rákosi Mátyás 340~44, 350
라쿠튀르, 장Jean Lacouture 702
라파포트, 헬렌Helen Rappaport 71
래티모어, 오언Owen Lattimore 14, 643~60, 662~68
량치차오梁啓超 392~94, 396~97, 423~25, 429~30, 451, 491, 697
러셀, 버트런드Bertrand Russell 410, 805
럿거스S. J. Rutgers 758, 764
레닌, 블라디미르Vladimir Ilyich Lenin 9~10, 12, 55, 57~81, 83, 97~98, 107~108, 111~16, 120, 131~32, 136~47, 151, 156~57, 159~61, 163, 166, 179, 181, 185, 211~13, 217, 220, 228, 235, 237, 245~46, 250, 260, 264, 268~70, 275, 278, 323, 325, 327, 337, 403, 411~12, 435, 437~38, 460, 496, 512, 523, 536, 538, 613, 641, 677~79, 688, 690, 704~705, 709, 711, 757, 766, 804
레득토Lê Đức Tho 721~22
레멜레, 헤르만Herman Remmele 338
레이건, 로널드Ronald Reagan 252, 267, 282, 354~55
레주언Lê Duân 719, 721~22
렘닉, 데이비드David Remnick 338
로마노프, 게오르기 미하일로비치Georgy Mikhailovich Romanov 81
로마노프, 그리고리Grigory Romanov 281
로세티, 가브리엘레Gabriele Rossetti 28
로세티, 크리스티나Christina G. Rossetti 28
록하트, 브루스Bruce Lockhart 229
롱게, 로베르 장Robert Jean Longuet 52
롱게, 예니Jenny Longuet 48, 52
롱게, 장Jean Longuet 52, 704
롱게, 찰스 펠리시엔 마크르스Charles Felicien Marx Longuet 52
롱게, 해리Harry Longuet 52
루게, 아르놀트Arnold Ruge 35
루빈시테인, 니콜라이Nikolai. G. Rubinshtein 225
루사코프, 콘스탄틴Konstantin Rusakov 256
루소, 장-자크Jean-Jacques Rousseau 491, 746
루쉰魯迅 427, 440, 590
루스벨트, 프랭클린Roosevelt, Franklin 214, 217, 628, 630, 648, 651~52, 658
루카치, 죄르지Lukács György 335, 352~54
룩셈부르크, 로자Rosa Luxemburg 83~84, 92~106, 353
룬게, 오토Otto Runge 103
뤼위안훙黎元洪 398, 421
류보청劉伯乘 530~32
류사오치劉少奇 437, 473, 476~77, 479, 485~88, 495~98, 500~505, 507~14, 519, 531, 533~37, 539~41, 543~44, 553, 572,

588, 597~603, 609, 622, 624
류위안柳原 514
리너李訥 593
리다자오李大釗 419~20, 422, 427~41, 444, 453, 455, 493
리드, 존John Reed 79~80, 492, 613~14
리리싼李立三 437~38, 443, 446~48, 455, 487, 494, 526, 704
리민李敏 592
리밍루이李明瑞 526
리벤트로프, 요하임 폰Joachim von Ribbentrop 165
리빈A. T. Rybin 170, 172, 174
리스트, 프란츠Franz Liszt 354
리웨이한李維漢 437~38, 527, 529
리즈쑤이李志綏 480~81, 593
리쭝런李宗仁 526, 532
리카도, 데이비드David Ricardo 36
리커창李克强 553, 579, 582~83
리코프, 알렉세이Alexei Ivanovich Rykov 113, 118, 139, 148, 150
리트비노프, 막심Maksim M. Litvinov 228~30, 247
리펑李鵬 547~48, 550, 561, 564~65, 569~70, 611
리푸춘李富春 527
리프크네히트, 빌헬름Wilhelm Liebknecht 44, 83~89, 106
리프크네히트, 카를Karl Liebknecht 83~84, 88~89, 93~94, 99~106
리히터, 제임스James Richter 212
린뱌오林彪 413, 459, 471, 477~80, 509, 513, 529~30, 532, 603~604
링지화令計劃 583

■

마르코스, 페르디난드Marcos, Ferdinand 606
마르쿠제, 헤르베르트Herbert Marcuse 43, 478, 801
마르크스, 카를Karl Marx 7, 9, 11, 13, 27~59, 61~62, 66, 85, 87, 90~94, 98, 103, 105, 115, 119, 124, 134, 325, 337, 353, 362, 433, 435, 460, 478, 523, 664, 668, 704, 711, 744, 757, 759, 763, 801~802, 805
마링, 헨드리퀴스Hendricus Maring 411~12
마브라키스, 코스타스Kostas Mavrakis 130
마사리크, 얀Jan G. Masaryk 319~22
마사리크, 토마시Thomáš Masaryk 317~24, 332
마셜, 조지George Marshall 660, 662
마오위안신毛遠新 607
마오쩌둥毛澤東 217, 230, 238, 250, 306, 312, 416, 433, 436~38, 445, 447~83, 485~88, 490, 495~96, 498~514, 518~19, 525~27, 529~45, 550~51, 553, 558~60, 562, 571, 573, 580, 587, 589~94, 596, 598~601, 603~604, 606~609, 622~26, 628, 631~33, 637~38, 640, 650, 662, 705, 710, 727, 731, 734~35, 791, 802
마잔산馬占山 617~18
마주로프, 콘스탄틴Konstantin Mazurov 256
마지르, 라이오시Madyr Laiosh 338
마키아벨리, 니콜로Niccolo Machiavelli 254
말렌코프, 게오르기Georgy M. Malenkov 171~74, 176~78, 194~97, 200~201, 203, 216, 220, 229, 234, 236, 238, 254, 260, 270, 342

매카시, 조지프Joseph McCarthy 629, 654, 661~63, 665~67
맥닐, 로버트Robert McNeal 254
맥아더, 더글러스Douglas MacArthur 781, 786, 797
머로샨 죄르지Marosán Gyögy 343
메드베데프, 로이Roy A. Medvedev 338
메르카데르, 라몬Ramón Mercader 125, 128
메를로-퐁티, 모리스Maurice Merleau-Ponty 130
메링, 프란츠Franz Mehring 94, 103, 105
메이스너, 모리스Maurice Meisner 428, 431~33
멘델, 그레고어Gregor Mendel 332
멩거, 카를Karl Menger 134
모건L. H. Morgan 50
모리스, 로버트Robert Morris 644
몰로토프, 뱌체슬라프 미하일로비치Vyacheslav M. Molotov 165, 167, 173, 177, 194, 200~201, 203, 223, 236, 238, 245~50, 254, 264, 270
몽테스키외 Montesquieu, Charles De 491
무솔리니, 베니토Benito Mussolini 66, 164
문일현 483
미아스니코프A. L. Miasnikov 167, 174
미야모토 겐지宮本顯治 773, 776, 778, 781~82, 786, 789~90, 793, 795~96, 798
미코얀, 아나스타시Anastas I. Mikoyan 201, 203, 243, 344
미테랑, 프랑수아François Mitterand 57
미프, 파벨Pavel Mif 460, 523
밀로셰비치, 슬로보단Slobodan Milošević 309

ㅂ

바르바라 바르누앙Barbara Barnouin 493, 595
바민, 알렉산더Alexander Barmine 660
바뵈프, 프랑수아François Émile Babeuf 56
바샤르헤이, 미클로시Vásárhelyi Miklás 348
바실레프스키, 알렉산드르Aleksandr M. Vasilevsky 169
바오다이保大 713~14, 716~17, 719
바우어, 브루노Bruno Bauer 32, 39
바우어, 에드거Edgar Bauer 39, 44
바우어, 오토Otto Bauer 135
바웬사, 레흐Lech Wałęsa 364~65
바쟁Bazin 707~708
바진巴金 518
바출리크, 루드비크Ludvík Vaculík 325
바쿠닌, 미하일Mikhail A. Bakunin 36, 56
바트뭉흐, 잠빙Jambyn Batmunkh 684, 687
박헌영朴憲永 709
방형남 354
버넘, 포브스Forbes Burnham 74
번즈, 메리Mary Burns 50
베네시, 에드바르트Edvard Beneš 319~22
베른슈타인, 에두아르트Eduard Bernstein 83, 89~93, 96, 99, 106, 147
베리야, 라브렌티Lavrenty Beria 127, 164, 168~71, 173~78, 181~218, 220, 234, 239, 253, 653
베리야, 세르고Sergo Beria 188, 205, 207, 211~20
베버, 막스Max Weber 353, 473~76, 664
베벨, 아우구스트August Bebel 85~87, 89, 101, 744
베스트팔렌, 예니 폰Jenny von Westphalen

34, 48, 52
베크, 칼Carl Beck 316
베크먼, 조지George M. Beckmann 755, 779
보골레포프, 이고르Igor Bogolepov 667
보구博古 460~62, 464
보로딘, 미하일Michael Borodin 413, 705
보로실로프, 클리멘트Kliment E. Voroshilov 167, 194, 201, 236, 238, 254
보응우옌잡Vo Nguyên Giap 710~11, 716~17, 719, 723
보이틴스키, 그리고리Grigori Voitinsky 411, 435, 774
뵘-바베르크, 오이겐 폰Eugen von Böhm-Bawerk 134
부를라츠키, 표도르Fodor Burlatski 259
부이꽝찌에우Bui Quang Chiêu 701
부텐코, 아나톨리Anatoli Butenko 259
부하린, 니콜라이 이바노비치Nikolai Ivanovich Bukharin 113, 118, 131~54, 156, 233, 237, 251, 266, 497, 704, 758, 774
불가닌, 니콜라이Nikolai A. Bulganin 171, 177, 200~204, 216, 233, 236, 238~39
불럭, 앨런Allan Bullock 157
브라운, 오토Otto Brown 461
브람스Johannes Brahms 354
브래드쇼, 로렌스Laurence Bradshaw 51
브레즈네프, 레오니트Leonid I. Brezhnev 202, 204, 225~26, 230, 238, 243~44, 251~61, 265~70, 272~74, 276, 280, 283, 306, 327, 793
브레진스키, 즈비그뉴Zbigniew K. Brzezinski 628, 803

브렌타노, 프란츠Franz Brentano 318
브리너, 율Yul Brynner 346
블레어, 앨런Alan Blair 210
블룸, 레옹Léon Blum 709
비노그라도프V. N. Vinogradov 170
비스마르크Otto Eduard Leopold von Bismarck 85~87
비신스키, 안드레이Andrey Vyshinsky 151, 220, 249
비앨러, 세베린Seweryn Bialer 259~60, 270
비에루트, 볼레스와프Bolesław Bierut 361~62
비트포겔, 카를Karl A. Wittforgel 664
빅토르, 오르반Viktor Orbán 349
빅토리아여왕 27
빌헬름 1세 86
빌헬름 2세 97

ㅅ

사노 마나부佐野學 773~76, 779
사노 후미오佐野文雄 773~75
사마광司馬光 517
사마천司馬遷 491
사부로프, 미하일Mikhail Saburov 200, 238
사이온지 긴모치西園寺公望 752
사카이 도시히코堺利彦 743, 748~50, 752~57, 763~68, 771, 774, 781
생거, 마거릿Margaret Sanger 641~42
생-시몽Claude Henri de Rouvroy Saint-Simon 56, 744
샤오샹첸徐向前 530
샤이데만, 필립Phillipp Scheidemann 102
샤크나자로프, 게오르기Georgy Shakhnazarov

259

샤피로, 레너드Leonard Schapiro 210

상중파向忠發 437, 443, 446~48, 526

서태후西太后 392, 397, 401

세도바, 나탈리아Natalia Sedova 110, 119, 129

셔먼, 프란츠Franz Schurmann 473~74

셰바르드나제, 에두아르트Eduard A. Shevard-nadze 281~82, 290~91

셰후, 메흐메트Mehmet Shehu 313

셸레핀, 알렉산드르Aleksandr N. Shelepin 241, 254

소에지마 다네오미副島種臣 392

솔제니친, 알렉산드르Aleksandr Solzhenitsyn 240

솔즈베리, 해리슨Harrison Salisbury 199, 462, 507, 517~18, 529, 538

쇼스타코비치, 드미트리Dmitrii Shostakovich 226

쇼팽Frédéric F. Chopin 79, 357

수슬로프, 미하일Mikhail A. Suslov 241, 254, 257, 262, 265, 273, 344

수카르노, 아크멧Achmed Sukarno 305~306, 600, 729

수하시니, 마니라트남Suhasini Maniratnam 616

수호바타르, 담디니Damdinï Suhbator 74, 669~70, 676~81, 683, 692

슈램, 스튜어트Stuart R. Schram 449

슈베르트, 헤르만Herman Schubert 338

슐트케, 프리츠Fritz Schultke 338

스노, 에드거Edgar Snow 14, 613~36, 639, 642, 648

스메들리, 아그네스Agnes Smedley 592,
613, 623, 636, 639~42

스메타나, 베드르지흐Bedřich Smetana 316

스미스, 애덤Adam Smith 36, 491

스베츠니코프, 클라브디Klavdi Svechnikov 258

스보보다, 루드비크Ludvík Svoboda 315, 325, 327~28, 330, 332

스즈키 분지鈴木文治 760, 762~63

스칼라피노, 로버트Robert A. Scalapino 788

스탈린, 이오시프Iosif Vissarionovich Stalin 7, 60, 64~65, 71~72, 76, 78, 101, 107~108, 110~23, 125~29, 131, 137~39, 142~44, 147~85, 188~98, 200~202, 207~20, 224~25, 228~30, 233~35, 238~40, 243, 245~50, 252~53, 257, 260, 263, 269~70, 280, 299~300, 302~304, 306~307, 311, 320, 323~25, 338, 340~43, 350, 353~54, 359~64, 372, 378~79

스탐볼리스키, 알렉산다르Aleksandar Stamboliyski 366~67

스트롱, 안나 루이스Anna Louise Strong 613~14, 636, 639, 642

스펜서, 허버트Herbert Spencer 28

슬란스키, 루돌프Rudolf Slansky 169, 320, 322

시가 요시오志賀義雄 776~78, 781~82, 792

시그레이브, 스털링Sterling Seagrave 404

시모노프, 콘스탄틴Konstantin M. Simonov 177

시아누크, 노로돔Norodom Sihanouk 239~40, 307~308, 310, 312~13, 376, 505, 539, 597, 727~35, 737~40

시엔키에비치Henryk Sienkiewicz 357

시이 가즈오志位和夫 799

시진핑 習近平 7, 471, 553, 579~84

시프린, 해럴드Harold Z. Schiffrin 395

신정현 申正鉉 109

쑨원孫文 14, 385~403, 405~16, 420, 424, 429, 439~40, 451~52, 454~56, 458, 491, 598, 615, 619, 640, 706

쑨취안팡孫傳芳 524

쑹메이링 宋美齡 405, 415, 417, 464, 523, 652

쑹아이링 宋靄齡 404~406, 417

쑹자오런 宋教仁 402

쑹칭링 宋慶齡 385, 403~407, 414~18, 619, 623~24, 633, 640, 706

ㅇ

아겔로프, 실비아Sylvia Ageloff 125

아데나워, 콘라트Konrad Adenauer 378

아라하타 간손 荒畑寒村 750, 754~57, 763, 765~67, 774~75, 784

아르망, 이네사Inessa Armand 79

아르바토프, 기오르기Giorgy Arbatov 263

아바쿠모프, 빅토르Viktor S. Abakumov 168

아베 이소安部磯雄 747

아이젠하워, 드와이트 Dwight D. Eisenhower 199, 230, 237, 240

아주베이, 알렉세이Aleksei Adzhubei 240

아카마쓰 가쓰마로赤松克麿 778

아쿠타가와 류노스케 芥川龍之介 778

안드로포프, 유리Yuri V. Andropov 183, 211, 217, 230, 251, 255, 261~68, 270~76, 280~81

안토네스쿠, 이온Ion Antonescu 371

알렉산드로스대왕 31, 155, 671

알리예프, 게이다르Geidar Alyev 265

알릴루예바, 스베틀라나Svetlana Alliluyeva 163, 170, 174~76, 180, 190, 208, 213

애치슨, 딘Dean Acheson 662

애틀리, 클레멘트Clement Attlee 214

앨리, 르위Rewi Alley 635, 639~40

야루젤스키, 보이치에흐Wojciech W. Jaruzelski 365

야마카와 히토시山川均 743, 750~51, 753, 756~57, 763~67, 770, 774~76, 784

야오원위안姚文元 477, 560, 608, 610

양상쿤楊尙昆 462, 543, 547, 566~68

양창지楊昌濟 452~53, 590

양카이후이楊開慧 453, 590~91

양후청楊虎城 464

에번스, 리처드Richard Evans 528, 538

에베르트, 프리드리히Friedrich Ebert 100, 102

에이블링, 에드워드Edward Aveling 50~51

엥겔스, 프리드리히Friedrich Engels 27, 34, 36, 38~41, 43, 45~46, 48~50, 55, 85, 87, 90~92, 105, 523

여기성 771

여운형 呂運亨 110

예젠잉葉劍英 598~99, 633

예조프, 니콜라이Nikolai I. Yezhov 191~92

옐친, 보리스Boris Yeltsin 75~76, 81, 288, 295

오가르코프, 니콜라이Nikolai Ogarkov 276

오스기 사카에大杉榮 748, 750, 753~56, 758, 764~65, 767~68

오야마 이쿠오大山郁夫 770, 775

오이스트라흐, 다비트David F. Oistrakh 225

오즈번, 클레이Clay Osborne 656
오쿠마 시게노부大隈重信 392
오쿠보 겐지 755, 779
와타나베 마사노스케渡邊政之輔 760~61, 774, 776
왕가샹王稼祥 527
왕광메이王光美 587, 595, 597~603, 606, 608, 610~11
왕둥싱汪東興 607~608
왕밍王明←천사오위 447, 462, 466, 472, 523, 527, 588~89
왕징웨이汪精衛 414, 455, 468, 524
왕하이룽王海容 540
왕훙원王洪文 477, 604, 607, 609
요기헤스, 레오Leo Jogiches 95, 98, 103
요시노 사쿠조吉野作造 759~60
요시다 시게루吉田茂 786, 788~89
요제프, 프란츠Franz Josef 339
우광후이吳廣惠 592
우스티노프, 드미트리Dmitri Ustinov 262, 273
우치무라 간조內村鑑三 749
우페이푸吳佩孚 524
울리야노프, 알렉산드르 일리치Aleksandr Ilyich Ulianov 58
울브리히트, 발터Walter Ulbricht 357, 378~81
울프, 버트럼Bertram Wolfe 254
원자바오溫家寶 570, 577, 583
월리스, 헨리Henry Wallace 657
웨드마이어, 앨버트Albert Wedemeyer 661
웨일스, 님Nym Wales←헬렌 포스터 613, 620, 634~35
위안스카이元世凱 399~403, 406~409,
420~21, 425~26, 428, 430, 451
위창건 493, 595
위치웨이俞啓威 624
위틀린, 새디어스Thaddeus Wittlin 210
유비劉備 518~19
유상철劉尙哲 493
유선劉禪 519
유인선劉仁善 700
응오딘지엠Ngô Đinh Diêm 714~15, 719~20, 724~25
응우옌반빈Nguyên Văn Vinh 700
응우옌안닌Nguyên An Ninh 702
응우옌타이혹Nguyên Thai Hoc 707~708
이그나티에프, 세묜Semyon D. Ignatyev 173
이누카이 쓰요시犬養毅 392, 779
이멜다 606
이바루리, 돌로레스Dolores Ibárruri 128
이반 3세 72
이엥 사리 741
이오페, 아돌프Adolf A. Ioffe 412
이원복 551~52
이쩡린李增林 765
이춘숙 764
이토 리츠伊藤律 797
이토 히로부미伊藤博文 747
이홍장李鴻章 388, 394

ㅈ

자멘호프, 루드비크Ludwig Lejzer Zamenhof 357
자스라이, 푼트사기인Puntsagiin Jasrai 692
자오지란趙級蘭 427

자오쯔양趙紫陽 542, 544, 547~48, 554, 561, 563~64
자토페크, 에밀Emil Zátopek 316
자포토츠키, 안토닌Antonín Zápotocký 324
장궈타오張國燾 437~38, 459, 463, 523, 589, 599
장몽린張夢麟 441
장쉐량張學良 464~65
장야오츠張耀祠 607~608
장제스蔣介石 119, 405, 413~15, 417, 443~44, 446~48, 455, 457, 459, 461~65, 467~69, 488, 495~502, 523~25, 528, 532, 538, 540~41, 556, 590, 596, 615~17, 619, 627, 631, 648, 650~53, 655~62, 706~707, 712
장지락張志樂 ➡ 김산
장징궈蔣經國 523, 540
장쩌민江澤民 549~50, 553~70, 576, 584, 739
장쭤린張作霖 440~41, 444, 464, 524
장춘차오張春橋 477, 607, 610
장칭江靑 416, 477~78, 482, 513~14, 541, 587~90, 593~610, 624, 628
장파쿠이張發奎 712
저우언라이 7, 217, 230, 408~409, 413, 416, 438, 446, 448, 455~56, 459, 464, 481, 485~86, 488~505, 507, 510, 512~16, 519~21, 526~27, 531~32, 535, 539~44, 550~51, 553, 555, 561, 573, 587~88, 590~92, 595~98, 600~601, 603~605, 610~11, 626, 632~33, 718, 721, 730~31, 733
정관잉鄭觀應 388, 451
제르진스키, 펠릭스Feliks Dzerzhinsky 187

젬추지나, 폴리나 세메노브나Polina S. Zhemchuzhina 248
조개晁開 541
조레스, 장Jean Léon Jaurès 57
조르게, 리하르트Richard Sorg 641, 662~63
존스, 클라우디아 베라Claudia Vera Jones 52
존슨, 린든Lyndon B. Johnson 230, 721
주가시빌리, 에카테리나Ekaterina Djugashvili 220
주더朱德 444, 447, 456, 458~59, 461, 468, 485, 494, 498, 501, 518, 527, 529, 532, 544, 592, 626, 640, 642
주룽지朱鎔基 555, 561, 563, 565~66, 568~70
주세죽朱世竹 709
주코프, 게오르기Georgy K. Zhukov 195, 202~204, 239
즈다노프, 안드레이Andrei A. Zhdanov 169, 196
지노비예프, 그리고리Grigory Zinoviev 68, 113~14, 117~21, 139, 142, 147~48, 150, 153, 704, 766
진웨이잉金維映 526, 529, 720
질라스, 밀로반Milovan Đilas 304
짜미양 677

ㅊ

차오위수曹玉書 441
차우셰스쿠, 니콜라에Nicolae Ceaușescu 357, 370, 372~78
차이위안페이蔡元培 431
차이콥스키, 표트르 일리치Chaikovsky,

Pyotr Il'ich 225
차이허썬蔡和森 438
처칠, 윈스턴Winston Churchill 162, 214, 249, 300
천궈푸陳果夫 417
천두슈陳獨秀 419~20, 422~27, 429~32, 434~46, 452~53, 455, 492, 496, 523, 525, 604
천리푸陳立夫 417
천사오위陳紹禹 ➡ 왕밍
천이陳毅 459, 505, 518, 532
천쯔메이陳其美 442
천쯔메이陳子美 442
체 게바라Che Guevara 15, 127
체덴발, 움자긴Yumjaagiyn Tsedenbal 669, 682~84, 687~89
체르넨코, 콘스탄틴Konstantin U. Chernenko 230, 250~51, 256, 260~61, 264, 268, 271~76, 280~81
체르니셰프스키, 니콜라이Nikolay Gavrilovich Chernyshevsky 56
체호프, 안톤Anton P. Chekhov 224
초이발산, 호를로긴Khorlooginn Choibalsan 669, 678~84, 689
초피치, 블라디미르Vladimir Chopich 338
최세웅崔世雄 54
최용건 502
추르바노바, 갈리나Galina Churbanova 257
추예프, 펠릭스Felix Chuev 246
취추바이瞿秋白 437~38, 443~48, 525~26
칭기즈칸成吉思汗 670~73, 685~86, 693

ㅋ

카가노비치, 라자르Lazar Kaganovich 177, 201, 233, 236, 238, 254
카다르, 야노시Kádár János 335, 344~45, 347~48, 350~52, 354
카라한, 레프 미하일로비치Lev Mikhailovich Karakhan 411
카로이, 미하이Károlyi Mihály 337
카르데나스, 라사로Lázaro Cárdenas 122
카메네프, 레브Lev B. Kamenev 113~14, 117~21, 139, 142, 148~50, 152~53
카스트로, 피델Fidel Castro 11, 15, 128
카우츠키, 카를Karl Johann Kautsky 83, 89~93, 99, 106, 136
카잉 구엑 에아브Kaing Guek Eav 740
카포네, 알Al Capone 151
카프카, 프란츠Franz Kafka 316
칸트, 이마누엘Immanuel Kant 30
칼리닌, 미하일Mikhail I. Kalinin 142
캉성康生 466, 513, 588~90, 610, 635
캉유웨이康有爲 391~92, 396~97, 420, 423, 425, 451, 490, 697
캔틀리, 제임스James Cantlie 387, 390~91
케네, 프랑수아François Quesnay 36
케네디, 존John F. Kennedy 230, 237, 240, 720
케렌스키, 알렉산드르Aleksandr F. Kerensky 68
케스틀러, 아서Arthur Koestler 151
코시긴, 알렉세이Aleksei N. Kosygin 244, 254~56, 306, 721, 793
코언, 스티븐Stephen F. Cohen 141, 145, 151, 154
코페르니쿠스Nicolaus Copernicus 357

콜레바토프, 아나톨리Anatoli Kolevatov 257~58

콜버그, 알프레드Alfred Kohlberg 659~60

콜비츠, 케테Käthe Kollwitz 105

쿠빌라이칸忽必烈汗 671, 674, 685

쿠시넨, 오토 263, 704

쿠오, 토머스Thomas Kuo 424~25

쿠즈네초프, 니콜라이Nikolai G. Kuznetsov 228~29

쿠즈네초프, 바실리Vasili Kuznetsov 256

쿤, 벨러Kun Béla 335, 337~38

쿵샹시孔祥熙 405, 417

퀴리, 마리Marie Curie 357, 409

크레스틴스키, 니콜라이Nikolai N. Krestinski 142

크로폿킨, 표트르Pyotr A. Kropotkin 226~28, 750, 754~55

크룹스카야, 나데즈다 콘스탄티노브나 Nadezhda Konstantinovna Krupskaya 59, 71~72, 78~79, 220

클리프, 토니Tony Cliff 94

키릴렌코, 안드레이Andrei Kirilenko 265

키신저, 헨리Henry A. Kissinger 480~81, 515, 551, 567, 721

키우 삼판Khieu Samphan 727, 734, 741

ㅌ

탄핑산譚平山 438

탕성하오唐盛鎬 459

탕화룽湯化龍 429~30

테일러, 조지George Taylor 664

토인비, 아널드Arnold J. Toynbee 668

톨스토이, 레프Lev N. Tolstoi 750

톰스키, 미하일Mikhail Pavlovich Tomsky 113, 118, 148, 150

투르게네프, 이반Ivan S. Turgenev 225

트로츠키, 레온Leon Trotsky 60, 68, 71, 97, 107~31, 137~39, 143, 146, 148, 153, 156, 160, 433, 442, 629, 709, 758, 766

트루먼, 해리Harry Truman 214, 248, 658~62, 714

트웨인, 마크Mark Twain 614

트카초프, 표트르Pyotr Nikitich Tkachov 62

티소, 요제프Josef Tiso 319

티토, 요시프 브로즈Josip Broz Tito 7, 199, 297~312, 350, 373, 733

티호노프, 니콜라이Nikolai S. Tikhonov 256

ㅍ

파데레프스키, 이그나치 얀Ignacy Jan Paderewski 358

파르빌라흐티, 운토Unto Parvilahti 209

파브스트Pabst 대위 103

파블로프, 이반Ivan Pavlov 71

파스파八思巴 674

판보이쩌우Phan Bôi Châu 698~99

판쩌우찐Phan Châu Trinh 698~700, 702~703

팜꾸인Pham Quynh 700~701

팜반동Pham Văn Dông 710~11, 720

패러데이, 마이클Michael Faraday 28

펑더화이彭德懷 458~59, 470~71, 475, 477, 485, 509~10, 513, 529~30, 536~37, 544, 580, 591~92, 626

펑위샹馮玉祥 439~40, 524~25

펑유란馮友蘭 478
펑전彭眞 477, 537, 539, 543
페너, 존 John Penner 338
페르부킨, 미하일 Mikhail G. Pervukhin 201, 238
페어뱅크, 존 John Fairbank 664
페트로브나, 마트료나 Matryona Petrovna 171, 174
포드, 제럴드 Gerald Ford 230, 374
포드고르니, 니콜라이 Nikolai V. Podgorny 254, 256
포이어바흐, 루트비히 Ludwig Feuerbach 27, 32~34, 52
폴 포트 Pol Pot 727, 732, 734~38, 740~41
폴, 앤서니 Anthony Paul 628
폴레보이, 세르게이 Sergei Polevoy 622
폴리, 에드윈 Edwin Pauley 658
폴마르, 게오르크 Georg Von Vollmar 90~91
표트르 대제 223
푸리에, 프랑수아 François Marie Charles Fourier 56, 744
푸이溥儀 398, 400, 439, 503
푸충잉蒲瓊英 530
퓌엘, 카롤린 Caroline Puel 552
프레오브라젠스키, 예브게니 Yevgeny Preobrazhensky 143
프로메테우스 32
프로코피에프, 세르게이 Sergei S. Prokofiev 225
프록스마이어, 윌리엄 William Proxmire 667
프뢸리히, 파울 Paul Frölich 93
프루동, 피에르-조제프 Pierre-Joseph Proudhon 36, 56, 744
플래트, 스티븐 Stephen R. Platt 585

플레하노프, 게오르기 Georgi V. Plekhanov 56~57, 60, 63~65, 92, 434, 748
피크, 빌헬름 Wilhelm Pieck 379

ㅎ

하벨, 바츨라프 Václav Havel 329~32
하타, 모하맛 Mohammed Hatta 706
하템, 조지 George Hatem 625, 642
함풍제咸豊帝 392
해밀턴, 존 맥스웰 John Maxwell Hamilton 630, 642
허쯔전賀子珍 590~93
헤겔 Georg Wilhelm Friedrich Hegel 27~33, 36, 39, 46
헤밍웨이 Ernest Hemingway 457
헤스, 모제스 Moses Hess 32, 38~39
헬렌 포스터 Helen Foster→님 웨일스
헹 삼린 Heng Samrin 737~38
호네커, 에리히 Erich Honecker 357, 378, 381
호르치, 미클로시 Horthy Miklós 339~40
호리 미치코堀美知子 748
호리가와 데쓰오堀川哲男 397
호자, 엔베르 Enver Hoxha 297, 310~13
호찌민 Hô Chi Minh 7, 74, 695~96, 702~12, 714~24, 727~28, 730, 735
홀게이트, 엘리너 Eleanor Holgate 645, 666
홍수전洪秀全 386~88, 585
화궈펑華國鋒 481~82, 541~42, 544, 607~608
황성준黃晟準 73
황싱黃興 395, 397
황장엽黃長燁 54, 240, 502, 538, 720

후버, 에드거Edgar Hoover 660, 665

후사크, 구스타프Gustáv Husák 283, 315, 328~33

후스胡適 427, 431, 434~35, 453

후야오방胡耀邦 542~44, 546~47, 564, 567, 573~74, 576~77

후와 데쓰조不破哲三 773, 796, 798~99

후진타오胡錦濤 553, 570~79, 582~84, 739

후쿠모토 가즈오福本和夫 743, 770, 773~75

후한민胡漢民 395, 454

훈 센Hun Sen 737~39

휠러, 로이스Lois Wheeler 635

흐루쇼프, 니키타Nikita S. Khrushchev 78, 129, 153, 168~74, 176~79, 181~83, 195~97, 199~203, 205~206, 208, 212, 216~18, 220, 223, 230~46, 249~51, 253~55, 257, 269~70, 279~80, 293, 306, 311~12, 343, 351~52, 362~63, 470, 474, 505~506, 508, 511~12, 535~36, 538, 548, 789, 793

히믈러, 하인리히Heinrich Himmler 653

히틀러, 아돌프Adolf Hitler 104, 155~57, 164~65, 247, 320, 367~68, 671, 727

힐퍼딩, 루돌프Rudolf Hilferding 134~36

찾아보기(책, 논문, 신문, 잡지 등)

ㄱ

『가난 이야기』 759
『가디언』 257, 640
「가오강-라오수스의 반당동맹에 관한 결의」 535
『가족과 사유재산 및 국가의 기원』 49
『갈매기』 224
『갑인일간』 430
『갑인잡지』 425
『강의 저쪽: 붉은 중국의 오늘』 631
「갱부생활의 비참함」 748
『건국방략』 409
『검찰관』 224
『경업敬業』 491
「경제정책에 있어서의 새로운 진로」 146
「경제학·철학 원고」 34, 36~38
『경제학개론』 98
『경종警鐘』 702
『경향신문』 592
「고귀한 문화유산은 잘 보존돼야 한다」 687
『고대사회』 50
「고타강령에 대한 비판」 87
『공산당』 436
『공산당 선언』 40~41, 43, 51, 92, 749
『공산주의의 ABC』 143
「공산주의의 원칙」 41

『교풍校風』 491
『구조개혁』 792
『국가와 혁명』 62
『국민일보』 424
『국부론』 491
「군국주의와 반군국주의」 89
『군주론』 254
『굶주림의 나라로의 여행』 445
『극동전선』 620
『근대사상』 754
『금융자본: 자본주의 발달에 있어서 가장 새로운 단계』 135
『기독교의 본질』 33~34

ㄴ

『나는 새로운 폴란드를 보았다』 637
『나는 역사의 진리를 보았다』 720
「나의 마르크스주의관」 433
『나의 생애』 120
『나의 아버지 베리야』 212
『나의 중국에서의 세월』 634
『남풍南風』 701
『내일의 중국』 638
『네이션』 637, 642
『노동』 752, 762

『노동세계』 745
『노동신문』 758
『노동운동』 758, 765
『노비 미르』 138
『노이에 라이니셰 차이퉁』 43
『노이에 차이트(새 시대)』 91
『높은 타타르지방』 646
「누가 바람을 보았는가」 28
『뉴 리퍼블릭』 627, 642
『뉴스』 710
『뉴스 라인』 128
『뉴욕 데일리 트리뷴』 44
『뉴욕 선』 618
『뉴욕 타임스』 199, 517
『뉴욕 헤럴드 트리뷴』 621

ㄷ

『다여적화多餘的話』 447
『대장정』 517, 529
『덩샤오핑과 현대중국 만들기』 528
「덩샤오핑의 죄행조사보고」 533
『데일리 메일』 70
『데일리 헤럴드』 627
『도시 사회주의』 747
『독립 베트남』 711
『독일 이데올로기』 40
『독일사회민주주의의 역사』 105
『독일에서의 혁명과 반혁명』 45
『독일-프랑스연보』 35
『동아일보』 354, 483, 545, 585, 741
『동양적 전제주의』 664
「뜰의 축제」 329

ㄹ

『라 뤼트』 709
『라오스와 베트남에서의 현금과 폭력』 638
『라이니셰 차이퉁』 32
『라이프』 627
『러시아에서의 자본주의의 발달』 59
『러시아의 계급투쟁과 혁명』 140
『러시아 혁명사』 58, 80, 111, 138, 156
『러시아혁명사 History of the Russian Revolution』 120~21
『런던 타임스』 648
『레닌의 무덤』 338
「레닌의 죽음에 관해」 116
『레닌주의의 기초들』 116, 523
『레닌주의자의 진로』 255
『로자 룩셈부르크 생애와 저술』 93
「로자 룩셈부르크의 정치사상: 러시아혁명 속에서의 그녀의 이론가적 지위와 관련하여」 94
『로테 파네(붉은 기)』 102
『루이 보나파르트의 브뤼메르』 44
『류큐혈루신서』 698
『르 파리아』 704
『리다자오와 중국 마르크스주의의 기원들』 428

ㅁ

「마르크스의「경제·철학」수고 논쟁」 36
『마르크스주의』 10, 769~70, 778
『마르크스주의를 옹호한다』 122
『마르크스주의와 민족문제』 137
『마르시즘의 이해』 94
『마오의 사생활: 마오쩌둥 주치의의 회고록』

480, 593
『마오쩌둥Mao Tse-tung』 449
『마오쩌둥의 형제와 다른 자매』 592
「마지막 황제」 400
『만국공보萬國公報』 388
『만주: 갈등의 요람』 647
『만주의 몽골사람들』 647
『매시즈The Masses』 79
『매주평론每週評論』 432
『명보明報』 425
「모순론」 465
『모스크바 뉴스』 637
「몰다우강」 316
『몰로토프는 기억한다: 크렘린 내부의 정치』 246
『몽골리언 메신저』 687, 689~91
『무기 속의 스페인』 637
『무산계급』 767
『무엇을 할 것인가』 61, 63
『문명평론』 758
『문예춘추』 797
『문학과지성』 36
『문회보文匯報』 477, 560
『미국과 중국의 관계』 661
『미야코신문』 780
『민권초보: 사회건설』 409
『민보民報』 394~95
「민본주의의 참뜻을 설명하고 헌정이 유종의 미를 거두는 방도를 논함」 760

ㅂ

『배반당한 혁명』 121
『법언보法言報』 429

『법의 정신』 491
『벚나무 과수원』 224
『베리야: 스탈린의 첫째가는 부하』 182, 210~11, 217
『베리야의 정원: 소비에트제국에서의 노예노동자 경험』 209
『베리야 잠정통치 시기의 소련의 독일에 대한 정책 재검토』 212
『베이징신보』 445
『베트남 망국사』 698
『베트남사』 700
『베트남혁명: 근본적 문제들과 핵심적 과제들』 722
『변경사 연구』 666
『부하린과 볼셰비키혁명: 하나의 정치 전기, 1888~1938』 141, 154
「북경의 55일」 393
『북부독일 매일신문』 85
『붉은 수도의 인상들』 445
『붉은 중국의 내막』 634
『빈곤의 철학』 56

ㅅ

『사기史記』 491
『사회개혁인가 혁명인가』 96
『사회계약론』 491, 746
『사회문제 연구』 759
『사회민주당 건설자 라살레』 747
『사회주의 신수神髓』 747
『사회주의 연구』 749, 757, 767
『사회주의』 763
『사회주의론』 747
「사회주의와 원로들」 748

『사회주의의 전제조건들과 사회민주주의의 과제들』 92
『산업노동시보』 783
「삼가 청년에게 고함」 426~27
『삼국지연의』 450, 489, 518~19, 696
『상강평론』 453
『상부상조: 진화의 한 요인』 227
「새로운 노선에 관한 서한」 114
『새로운 황제들: 모택동과 등소평 시대의 중국』 517, 538
『새터데이 이브닝 포스트』 621, 627
『서유기』 489
『선데이 타임스』 128
「선언서」 745
『성세위언盛世危言』 451
『세계를 뒤흔든 열흘』 79, 613
『세 자매들』 224
『소련정치론』 111
『소비에트 마르크스주의』 43
『송씨 왕조』 404~405, 407
『수호지』 450, 457, 489, 541, 565
『스탈린』 121
『스탈린과의 대화』 304
『스트레이츠 타임스』 628
「10월혁명과 러시아공산주의자들의 전술」 116
「10월혁명의 교훈」 114~17
『시애틀 노동조합 기록』 636
『시애틀 총파업의 역사』 636
「시작해야 할 시점」 61
『시카고 데일리 뉴스』 618
『신기원新紀元』 750
『신민총보新民叢報』 396, 424~25
『신사회』 756~57

『신사회 평론』 757
『신성가족』 39
「신세계」 316
『신조新潮』 431
『신종보晨鐘報』 430
『신청년』 426~27, 429~31, 433, 435, 492
「실천론」 465
「실천은 진리를 검증하는 유일한 기준이다」 542
「13인 선언」 118
『12년의 편지』 779
『쑨얏센: 마지못한 혁명가』 395
『쑨원: 구국의 정열과 중국혁명』 397

ㅇ

『아리랑』 589, 634
『아리랑의 노래: 조선인 혁명가의 생애 이야기』 634
『아사히신문』 641, 784
『아시아』 637
『아시아의 해법』 657
「아아, 증세!」 749
『아우크스부르크 매일신문』 85
『아주주간亞洲週間』 442
『아카하타』 788, 794, 796
「애국심과 자각」 425
『애틀랜틱 먼슬리』 637
「억울하게 죽었던 이들의 영혼이여, 평화롭게 잠드소서!」 689
「언치言治」 429
『에드거 스노: 하나의 전기』 630, 642
『여성과 사회주의』 85
『역사가 심판하게 하라』 338

「역사에서의 첫번째」 637
『역사와 계급의식: 마르크스주의의 변증법 연구』 353
『역사적 유물주의』 143
「연합정부론」 467
『영구혁명론』 121
『영국 노동자계급의 상태』 40
『영원한 평화를 위해, 인민민주주의를 위해!』 786
『오사카 평민신문』 752
『오언 래티모어와 중국의 '상실'』 649
『왜 붉은 정치권력이 중국에 존재할 수 있는가』 458
『외몽골 독립의 내막』 691
『외투』 224
『요로즈초보萬朝報(만조보)』 747~50
『요미우리신문』 673, 759
「우리 운동의 긴급한 과제」 61
『워싱턴 포스트』 670~72
『위마니떼ｌ' Humanite(인간성)』 57
『위스콘신 스테이트 저널』 180
「유대인 문제」 35
「유모레스크」 316
『유목민들과 정치위원들』 666
『유한계급의 경제이론』 134~36, 143
『이반 데니소비치의 하루』 240
「이소離騷」 428
『이스크라』 60~61, 159
『20세기의 괴물 제국주의』 747
『25시』 372
『이즈베스티야』 241~42
『인도차이나』 700
『인민위원: 베리야의 삶과 죽음』 210
『인민의 전쟁, 인민의 군대』 719

「인터내셔널」 264, 441, 784
「인터내셔널」 783
『일본경제평론』 759
『일본공산당, 1922~1945』 755, 779
『일본공산당의 50년』 782
『일본노동신문』 757
『일본의 공산주의 운동, 1920~1966』 788
『일본의 상황에 관해』 786
「일본제국주의에 반대하는 전술에 관해서」 463
『일차원적 인간』 43
「임금, 노동, 자본」 43
『잊을 수 없는 날들』 723

ㅈ

『자본』 29, 43, 45~47, 49, 99, 523, 757
「자본과 노동의 조화에 대해」 748
『자본주의의 수탈기구』 768
『자본축적론』 98
「자연에 관한 데모크리토스와 에피쿠로스 철학의 차이」 32
『자유신문』 747
『자치통감資治通鑑』 517
『자캅카스에서의 볼셰비키조직들에 관한 역사에 대해』 190
『작가문적作家文摘』 592
『장광설長廣舌』 747
『장정: 이제까지 알려지지 않은 얘기들』 462
『저우언라이 평전』 493, 595
『적광赤光』 521~22
『적기赤旗』 767, 782
「전국 진군명령」 532
『전기戰旗』 780

『전위』 767
『전환기의 경제학』 143
『정치경제학 비판』 45
『정치경제학 비판 요강』 45
『정치경제학 비판의 개요』 45
「정치운동과 경제운동」 757
「제7심포니」 226
『제국주의: 자본주의의 최고단계』 66, 136
『제국주의와 세계경제』 135~36, 143
「제삼해除三害」 432
『종의 기원들』 491, 698
『주간 신조新潮』 797
『죽은 영혼들』 224
「중국 및 영국 사이의 공동선언」 545
『중국 위의 붉은 별』 613, 622, 628, 630, 632~33
『중국백서China White Paper』 660~61
『중국에 새벽이 열리다』 638
『중국에서 온 편지』 638
『중국의 아시아 내부의 국경들』 668
『중국인민공사의 일어남』 638
『중국인이 중국을 정복하다』 638
『중국일보』 393
『중상모략에 의한 시련』 663
『중앙공론』 760
『중앙신문』 747
「중화인민공화국의 성립 이래의 당의 몇 가지 문제에 관한 결의」 473, 479
「지구전론」 465

ㅊ

『차이나 위클리 리뷰』 615~16
『천두슈(1879~1942)와 중국공산주의운동』 423
「1848~50년 프랑스의 계급투쟁」 44
『철학의 빈곤』 36
「청년」 430
『청년』 705
『청년의 복음』 751
『청년잡지』 426, 430
『청의보淸議報』 424

ㅋ

『카를 마르크스와 그의 체계의 종막』 134
『카이조改造』 757, 778
『캔자스시티 스타』 614, 627
『KGB: 소련에서의 경찰과 정치』 210
『쿠오바디스』 357

ㅌ

『타임』 181, 272
『태평양의 문제들』 648~49, 664~65
『톰 소여의 모험』 614
『투르키스탄에서의 재결합』 646
『투르키스탄으로 가는 사막의 길』 646
『트로츠키의 무덤』 109
『트로츠키주의에 관해: 이론과 역사의 문제들』 130
『트로츠키주의인가 또는 레닌주의인가』 114

ㅍ

『파우스트』 30
「84인 선언」 119
「패배의 문학」 778

『평민신문』 748~49, 752, 754~55
『포르뵈르츠』 87
「포이어바흐에 대한 테제」 52
『프라우다』 140, 161, 198~99, 205, 241~42, 257, 264, 273~74
『프랑스에 의한 식민화 과정』 704
『프랑크푸르터 차이퉁』 640
「프롤레타리아 리얼리즘의 길」 780
「피아노협주곡 제1번」 225

『후진타오: 21세기를 맞이하는 중국공산당의 새 지도자』 570
『흐루쇼프는 기억하고 있다』 168
『히로시마신문』 747

ㅎ

『하이루이파관』 477
『하퍼스』 637
『한 혁명가의 회상』 228
『한국문학』 109
『한낮의 어둠』 151
「항일구국을 위하여 전국동포에게 고하는 서書」 462
『해방』 757
『허클베리 핀의 모험』 614
「헝가리 광시곡」 354
「헝가리 무곡」 354
「헤겔법철학 비판」 35
『헤겔철학 비판』 33
『혁명과 국가』 62
『혁명방략革命方略』 396
『혁명으로 가는 길』 706
「혁명의 산물들」 637
『호찌민: 하나의 정치전기』 702
『호찌민을 따라서』 724
『홍성보紅星報』 527, 529
「횡설수설」 354
「후난농민운동 시찰보고서」 445, 456

찾아보기 **839**

찾아보기(기타)

ㄱ

가오강-라오수스 반당동맹사건 535
건국대강 25조 413
게페우GPU 188, 213
경극운동 600
경제결정론 46, 353
경제발전10개년계획 542
경제주의 59
경화정책 145
고타강령 87, 90
공부론共富論 584
공산당원의 수양에 관해 논함 501
공산당 제1차 검거 768
공산주의 10, 12~14, 37~39, 41, 47, 51~52, 57, 61~62, 69~70, 75, 77, 145, 152, 164, 221, 237, 240, 269, 275, 282, 304, 313, 320, 323, 329, 338, 341~42, 344, 352, 363~64, 381, 385, 412, 419, 432, 435~36, 441~42, 446, 453~54, 460, 506~507, 513, 520, 522, 531, 540, 556, 559, 580, 591, 598, 635, 643, 647~48, 658, 662, 665, 673, 678, 681, 690, 701, 706~707, 727, 733, 735, 738, 743, 753, 758~59, 763, 774~75, 777~78, 787, 789, 795, 798, 802~803
―― 국가 52, 69, 340, 354, 714, 743
―― 권력자 244~45
―― 독재체제 691
―― 사상 32, 53, 474, 494
―― 사회 37, 41
―― 역사 62, 129, 232
―― 운동 57, 80, 83, 84, 122, 128, 142, 235, 238, 304, 306, 341, 358~59, 367, 385, 419, 422~23, 435, 440, 459, 488, 494~95, 511, 537, 616, 622, 629, 640, 643, 702, 719, 743, 758, 770~71, 779, 784, 786, 789, 793
―― 이론가 115
―― 지도자 208, 265, 297, 299, 308, 338, 364, 366, 372, 490, 597, 778
―― 체제 41, 43, 344, 803
―― 혁명 47, 133, 337, 367, 506, 637, 678, 708
―― 혁명가 84, 448, 590, 709
굴라시 ―― 350~52
소비에트 ―― 37
소비자 ―― 237, 342
전보 ―― 498~99
전시 ―― 69, 142
좌익 ―― 659
좌파 ―― 139, 142, 146~47

공산주의자 7, 14~15, 36, 38, 56, 79, 101, 119, 122, 128, 209, 234, 245, 258, 263, 279, 297, 299, 303, 311, 313, 315, 322, 327~28, 335, 337~43, 350, 352~54, 357, 359~60, 363~64, 366~67, 370~72, 378, 385, 411, 413, 436, 439, 441, 455, 459, 463, 474, 485, 487, 494~96, 500, 504, 518, 520, 523~24, 534, 546, 577, 613, 621, 624, 629~30, 632, 634, 638~40, 643, 648~49, 651, 658, 664~65, 669, 704, 708~709, 715, 724, 734~35, 737, 745, 748, 756, 764~65, 773, 776~83, 785, 787~89

　—연맹 41

공합경운동 635

공황 762

관념론 33

구조개혁론 790

국가공안위원회 242, 262~63, 265, 290

국가두마Duma 67, 75

국공내전 502, 531, 553

국공합작 119, 407, 411~13, 439~40, 442~45, 454~55, 459, 464~67, 488, 495, 500, 523~24, 529, 557, 590, 596, 631, 649, 659~60, 705, 710

　제2차— 463~64, 529, 596

국공협상 467~68, 502

국공휴전 468

국립볼쇼이악단 79

국민대표대회 408

국제노동자협회 46

국제원자력위원회IAEA 250

국제적색노동조합←프로핀테른대회 766

국제주의 169, 303, 327, 424, 429

군축회담 267

굴라시 공산주의Goulash Communism 350~52

굴라크 열도列島 163

그룬트리세Grundrisse 45

극동국회의 777

극동혁명가들의 회의 764

근공검학勤工儉學운동 519, 521

근왕운동勤王運動 697

기독교민주당 378

ㄴ

나치 104, 165, 193, 195, 226, 228~29, 234, 259, 300, 320, 360, 379, 412, 637, 664, 801

　—독일 86, 165~66, 193, 195, 233, 298, 300~301, 303, 311, 316, 319~20, 340, 350, 353~54, 358~59, 360, 364, 367~668, 371, 653~54, 715, 733

　—정권 102, 104, 379

　반— 229, 259, 364, 366, 368

나치즘 121, 151

나토NATO(북대서양조약기구) 793

남북총리회담 289, 291

남순강화 549, 552, 566, 568

남파북파南坡北坡 540

냉전 195, 229, 231, 248, 278, 281~83, 288, 308~309, 344, 354~55, 363, 659, 689, 787

　—시대 230, 297~98, 305, 635, 689

　동서— 282, 285, 309, 311, 355

　탈— 280, 797

노동가치설 134
노동자대표들의 소비에트 111
노동자혁명당 128
노동절←메이데이 73, 763
노동조합운동 744
노멘클라투라Nomenklatula 213
노병勞兵소비에트 140
노보데비치공동묘지 223~26, 232, 242, 244, 250
농민에 의존하는 프롤레타리아의 혁명적 독재론 97

ㄷ

다이쇼 데모크라시 760
단극적 공산당지배체제 369
당장黨章 개정 보고 536
대숙청 126~27, 129, 137, 150, 152, 156, 190, 220, 230, 233, 246, 253, 299, 338
대아시아주의 391
　──강연 414
대약진운동 472~75, 482, 507~509, 536, 560, 571~72, 802~803
대역사건大逆事件 752~53, 756
대일평화조약 789
대한항공기 격추사건 267
도만홍한운동 420
도미노이론 720
도이 머이Đoâi Môi 722
독일공산당 101~102, 104, 378~79, 770
독일사회민주당SPD 87, 89, 91, 93, 96, 98~101, 106
독일사회주의노동당SAPD 87
독일사회주의민주노동당SDAP 86~87

독일통일 86, 283~86, 381~82
독일통합사회당 379~82
독일혁명 114
동방노동자공산주의대학교 487, 522, 704
동유운동東遊運動 698~99, 706

ㄹ

라마교부흥운동 686
라마교탄압 685~86
러시아공산당 69, 75, 81, 167, 678
러시아사회민주노동당 63, 69, 185~86
러시아사회민주당 63~64
러시아사회주의혁명투쟁 64
러시아소비에트사회주의연방공화국 69, 213
러시아음악협회 225
러시아인민주의 56
러시아혁명 64, 94, 97, 111, 119, 130, 140, 144, 225, 252, 353, 432, 453, 637, 757~58, 767
러시아혁명가 47, 60
러시아혁명사 64, 107
러일전쟁 750
레닌국립묘지 57, 72~73, 75, 78, 80, 179
레닌(의)노선 63, 65, 438, 678
레닌묘지보존협회 75
레닌연구소 73~75, 323, 709
레닌주의 9, 12, 60~61, 114~15, 166, 212, 217, 278, 325, 327, 496, 523, 677, 688, 704, 804
레드 퍼지Red purge→적색숙청
루마니아공산당 338, 372
루마니아노동자당 372
루산회의 508, 510, 536, 592

■

마르크스기념물기금 51
마르크스-레닌주의 235, 245, 311, 337, 435, 460, 465, 500~501, 536, 626, 629~30, 688, 705~706, 712, 743, 786
마르크스레닌주의연구소 45
마르크스주의 9, 12, 15, 42~43, 49, 52, 56~57, 59, 62~63, 66, 87~91, 93, 99, 101, 111, 133~35, 157, 165, 185, 318, 326, 353~54, 432~36, 444, 456, 478, 492~93, 518, 520, 523, 550, 557, 616, 623, 641, 647, 664, 677, 688, 704, 748~50, 759~60, 768, 770, 777, 778, 780, 801~802, 804~805
― 독서회 185
마르크스주의자 수정주의선언 91
마야구에즈호 732
마오쩌둥격하운동 514
만주사변 463, 617~18, 779
매카시선풍 629~31, 638, 642~43, 649, 653~54, 660, 665
메시아주의 53
메이데이 ➡ 노동절
멕시코공산당 758
멘셰비키의 러시아사회민주당 63
모스크바테제 769, 774, 777
몽골인민당 678~81
몽골인민혁명당 681~83, 687~88, 690
묘지혁명 244
무사바트 186
무산자혁명 87
무술변법 392
무장투쟁노선 358, 496
무혈혁명 399

문화대혁명 416, 442, 448, 475~79, 482, 508~509, 513~14, 525, 533, 537, 539~41, 543~44, 548, 551, 560~61, 565, 572, 581~82, 587, 600, 603~604, 606, 608~10, 632, 638, 691, 727, 733~35, 803
미국공산당 338, 629, 656
미국노동총동맹AFL 745
미일안전보장조약 789, 791

ㅂ

바르샤바조약 326~27, 344, 373
바쟁Bazin암살사건 707
반공민주운동 376
반공숙청 523~25
반공쿠데타 443, 488, 495~96, 596, 706, 729~30
반당사건 254
반둥회의 505
반反라밍 투쟁 527
반反사회주의법 87~88, 91, 93
반소 십자군전쟁 267
반反우파투쟁 233, 472, 559, 565
반反위안스카이운동 408, 421, 430
반전평화운동 52, 762
반차리즘 60
반청운동 390, 422
반청혁명 398~99
반체제사상 58
백단대전百團大戰 530
백두산의 영유권문제 511
백묘흑묘론 536~37
백색테러 768
베르니 주스타네메 319

베리야 문서 199
베리야의 형사적 범죄와 반당·반국가 행위에 대한 수사 조직에 관한 결의안 205
베리야제거작전 195, 202
베이징의정서 393
베트남공산당 706, 722~23
베트남국민당 702, 707~708
베트남노동당 717~19, 722
베트남독립동맹 710~11
베트남민족주의 696~97, 705
베트남전쟁 632, 695, 728
베트남청년혁명동지회 702, 705, 707
베트남파병 695, 729, 792
베트민 711~14, 716~19
베트콩 719, 721, 728, 730~31
벨벳혁명 328, 331
변법자강운동 392, 423
변증법 32, 40, 523
복지국가론 106
볼셰비키 63~65, 68, 114~15, 117, 119, 131, 133, 136~41, 143~44, 159~60, 167, 185~87, 189~90, 219, 226~28, 233~34, 245~46, 379
　──정권 69, 187~88, 228~29, 233, 676
　──지도자 80, 143, 145, 150~51, 160, 187, 228, 359
　──쿠데타 65, 83
　──혁명 79~81, 101, 107, 112, 133, 138~39, 142, 145, 153, 163, 185, 187, 189~90, 221, 229, 252, 267~69, 274, 337, 340~41, 411, 433, 459, 475, 492~94, 506, 676~77, 748, 757~58, 804
　노老 ── 150, 167, 243, 245

28인의 ── 460~62, 464, 466, 472, 498, 523, 526~27
── 의 러시아사회민주노동당 69
── 의 전조러시아공산당 69
부단혁명론 476, 478
부르주아 42, 69, 100, 106, 117, 134~35, 138, 245, 324, 328, 353, 466, 472, 503, 508, 602, 605, 701, 711, 736, 770
──계급 66~67, 116, 186, 237, 397~98, 428, 438, 466, 512, 601
──국제주의 169
──민주주의 39, 96, 139, 430, 774
──사회 96
──애국주의 166
──정부 96,
──정치경제학 37
──체제 96~97
──혁명 67, 185, 398, 466, 757
부분핵실험금지조약 792
부하린주의 149
불가리아공산당 366~69
불가리아사회민수당 369
불가리아소비에트화정책 368
불가침조약 165, 229, 247, 320
브레즈네프선언 327
비동맹국가정상회담 306
비동맹운동 306, 308, 311
──공동선언서 305
비린비공운동 604~605
비非미국적 행위에 관한 조사 631
비밀연설 236
비밀의정서 165, 247

ㅅ

4대국 외무장관회의 248
사변적 철학이론 33
4월 쿠데타 443
4월테제 68, 139
사유재산제 32
4·16사건 776
사회민주동맹 50~51, 412
사회주의 8, 10, 12, 14~15, 50, 54~55, 57, 87~94, 96, 99, 106, 115~17, 145~47, 149, 162, 217, 231, 236, 262~63, 282~83, 306, 324~26, 330~31, 345, 391, 395, 410, 420, 432, 434~35, 438, 453, 466, 476, 479, 492~95, 506, 549, 565, 576, 601, 681, 701, 720, 735, 744~45, 747~49, 751~58, 760~63, 769, 771, 776, 795, 802~804
　── 건설총노선 506~507
　── 국가 15, 55, 57, 67, 259, 264, 275, 327, 681~82, 803
　── 단체 95, 763, 769
　── 사상 48, 54
　── 세력 85
　── 운동 57, 85~88, 90, 92, 96~98, 105, 367, 493, 744~45, 748~49, 753~55, 757~58, 760, 762, 771
　── 이론 92
　── 정당 87, 762
　── 정부 116
　── 지도자 85, 94, 753
　── 체제 261, 411
　── 혁명 57, 64, 92, 99, 438~39, 472, 493, 682, 774, 804
　── 혁명가 61, 65, 105, 160, 521, 686, 765
　── 활동 89, 640
　── 과학적 27, 62, 493
　── 국제 689
　── 민주 9, 11~12, 15, 804
　── 인간주의적 54
　── 일국 117
　── 페이비언 9
사회주의인터내셔널SI 395
사회주의자 37, 40, 56~57, 62, 85, 88, 94~97, 103~105, 208, 227, 326, 380, 703, 709, 747~49, 752~54, 757~58, 763
사회주의적 의회주의 92
사회진화론 28, 698
3국간섭 360
3국협상세력 317
3두체제 113~14, 118, 148, 254
삼면홍기운동 507
삼민주의 389, 391, 413, 424, 451
3·15사건 778, 783
3·18대학살사건 440
3중전회 543
상부상조론 227
상하이사변 618, 779
상하이쿠데타 495
상하이테제 774, 777
상호우호협력조약 683
샌프란시스코회담 248
생존경쟁론 227
서울올림픽 395~85, 289
선부론 552
선제적 방위전략SDI 282
세계공산당대회 80, 475, 506, 538
세계공산혁명운동 83

세계대공황 770
세계산업노동자동맹IWW 750
세계 81개국 공산당·노동당대회 240, 511, 538, 719
세계혁명론←영구혁명론 115~17, 130, 433
소공작전 444, 499, 528, 617, 624
소련공산당 45, 72, 74~75, 78, 111~12, 117, 131, 147~48, 153, 161, 166~68, 176, 179, 183, 193, 197~98, 200, 210~12, 214~15, 217~19, 226, 230, 234~35, 241~43, 245, 251~53, 257~58, 261, 266, 268~69, 271, 273, 277~81, 283, 292~94, 311, 325, 327, 330, 343~44, 362, 376, 454, 504~505, 512, 523, 535, 637, 704, 789, 791, 793
소련노동조합개편대회 273
소브나르콤Sovnarkom 69
소비에트 64, 68, 111~12, 277, 335, 341, 368, 459, 463, 471, 499, 662~63, 676
　—공산주의 37
　—공화국 438, 447, 450, 459~62, 495, 498, 500, 526, 596, 599, 617
　—국가 69~70, 83, 100, 140~41, 144~45, 161, 185, 219, 228, 337, 341, 411, 438, 748, 757
　—권력 68, 183
　—노선 361
　—러시아 72, 80, 116, 145~46, 157, 160, 189, 268, 288, 411, 436, 495, 679~81, 803
　—마르크스주의 326, 801
　—사회주의공화국연방USSR 70, 188, 213
　—정권 116~17, 246, 250, 252, 335,

371, 743
　—정부 461, 486, 526, 627
　—체제 42, 67, 344, 432
　바쿠— 186
　반— 42, 187, 225~26, 303
　최고— 255~56, 262, 271, 276
솔리다르노시치 365
수정주의노선 89, 93, 147, 792
숙청재판극 150~51, 154
스탈린격하연설 179, 234~36
스탈린격하운동 153, 183, 190, 212, 238, 263, 311, 342, 362~63, 505
스탈린재단 180
스파르타쿠스단 83, 100~102, 104
시민 포럼 331
시안사건 500
시안사변 464
10월혁명 61~62, 67, 70, 73, 76, 79, 107, 111~12, 114, 117, 120~21, 126, 134~35, 138, 140, 144~47, 159~61, 228, 233, 246, 432~33, 520, 613, 676, 681
　볼셰비키— 73, 100~101, 120, 131, 213, 613
신경제정책 70, 113, 118, 144~49
신문화운동 410, 422, 426, 430~32, 434, 450, 452~53
신민학회 452~53, 486
신사군재건공작 501
신해혁명 391, 398, 401~402, 406, 420~21, 425, 428, 451, 491, 598, 674
신흥국가들의 경기(가네포) 728~29
실용주의노선 528, 541, 608~609
10개항 선언 707
12월테제 775

3M 478

ㅇ

아나-볼 논쟁 767~68
아시아 및 대양주 국가들의 노동자조합회의 504
아편전쟁 45, 387, 545
아프가니스탄침공 231, 260
아프리카아시아국가정상회담 305
알바니아공산당 310~11, 313
알바니아노동당 311
알바니아사회주의인민공화국 312
애국주의 65, 99, 117, 166, 429
얄타체제 164, 166
얄타회담 166, 217, 230, 248, 681
양백운동兩百運動 472
에르푸르트강령 89~91
에르푸르트대회 90
에피쿠로스학파 32
연좌제 59
영구혁명론→세계혁명론
영국공산당 51, 54
예조프사건 191
옌안시대 463, 500, 503, 528~29, 531, 634
오게페우OGPU 164, 188~89
5권헌법 396, 413
5대 강령 330
5부정부기구론 396
5·4운동 410, 422, 432~34, 444, 446, 453, 492, 519, 595
5·30사건 487, 522
오스트리아경제학파 134
오스트리아사회민주당 90

오시비엥침 259, 360
왕징웨이와 펑위샹의 공동성명 524
원자폭탄에 관한 특별위원회 195
위로부터의 강압적 혁명 161~63
위정척사운동 697
유고슬라비아공산당 300, 304, 310, 338
유고슬라비아민주연방공화국 301
유고슬라비아사회주의연방공화국 297, 307~308
유고슬라비아인민공화국 301
유네스코 75
유럽한국학회 322
유물론 32~33, 36, 101, 747, 750
  변증법적— 40
유물사관 40, 48~49, 756, 759
유엔캄보디아특별법정ECCC 740
6월위기 238
유토피아적 사회주의자 56
유화정책 442, 659
6·4사건 547
6·25전쟁 218, 315, 591
6중전회 508
을사조약 614
의사들의 음모 169~70, 198
의화단 393, 419
21개조 요구 407~408, 421, 426
28인의 볼셰비키 460~62, 464, 466, 472, 498, 523, 526~27
2월혁명 67~68, 70, 79, 84, 100, 112, 117, 144, 147, 160, 227, 233, 432, 676
2천어 선언 325
인간의 얼굴을 가진 사회주의 324~26, 330~31, 804
인간해방 34, 37, 802

인권헌장 77, 329
인도차이나공산당 705~707, 710~11, 715, 734
인도차이나분쟁 717
인도차이나와 한반도에 관한 국제회의 504
인민공사 472~73, 505~508, 510, 536
인민민주전정론 468~69
인민주의 56, 59, 111
일국사회주의론 115, 117
일국양제 545
일변도―邊倒외교 470
일본공산당 235, 641, 763, 765, 767~71, 773~99
일본공산청년동맹 769
일본노동당 770
일본상품불매운동 493
일본페이비언협회 769
1월봉기 102
임시집정 421
입헌정부수립 3단계론 396
잉여가치설 46, 48~49

ㅈ

자력갱생노선 475
자본주의 10, 12, 15, 34, 38, 40, 42, 46~47, 59~61, 66, 69, 88~89, 91, 93, 98, 118, 212, 217, 420, 478, 512, 539~40, 549, 562, 569, 601, 657, 691, 722, 735~36, 751, 758, 762, 770, 792, 802~804
　　―경제특구 562
　　―국가 66~67, 116, 162, 166, 549, 562, 608, 684, 795, 802
　　―사회 37~39, 42, 48, 144~45, 148,
227, 565, 638, 735
　　―제도 750
　　―진영 237
　　―체제 41, 43, 46, 65, 91, 96, 545
　　구조― 790
　　국가― 554
　　금융― 135
　　독점― 135, 792
　　서방― 387, 410
　　세계― 678, 770
　　현대― 135
자유노조운동 363~64
자유화운동 128, 261~62, 305, 340, 345, 348, 350, 379~80, 546, 583
자캅카스소비에트사회주의연방공화국 213
작업기율확립운동 266
장정 447, 461~62, 471, 499~501, 528~30, 542, 544, 559, 568, 580, 592, 596, 599, 624, 626, 628
적기사건 752~54
적색숙청←레드 퍼지 787~89
적성국감시위원단 315~16
적자생존론 227
전국구제도 796
전국노동대회 487
전국대표대회 437, 445~46, 454~55, 467, 472, 488, 495~96, 500~501, 506, 531, 535~36, 549, 563, 566, 569, 575~79, 595
전국마케도니아혁명기구 367
전국인민대표대회 417, 503~504, 508, 540, 542, 562, 568~69, 575~76, 579~80, 597
전국화학노동조합 359
전독일노동자동맹ADAV 85

전일본농민조합 770
전일본학생사회과학연합회(가쿠렌) 769, 778
전체주의적 독재주의 54
정사합일체제 506
정의연맹 41
정치팸플릿 44
정풍운동 466, 470, 500~501, 503, 580, 589
제국주의 66, 69, 86, 95, 98, 106, 117, 135~36, 141, 151, 240, 319, 401, 435, 465, 469, 491, 638, 641, 650, 657, 675, 680, 696, 715, 788, 790, 792
　─국가 65, 67, 136, 396, 399, 400, 407, 419~22, 637, 696, 724, 774, 790
　─론 65~66
　─세력 506, 749
　─전쟁 771
　─정책 135
　─침략자 624
　─투쟁 775
　미(국)─ 240, 307, 350, 475, 504, 602, 729, 786, 788, 790~92
　반─ 393, 433, 487, 675
　사회주의적─ 479
　서구─ 67, 162, 167, 212, 311, 324, 615~16, 637, 650, 729
　서양-─ 388, 391, 399, 411, 414, 421~22, 490, 492
　유럽─ 419~20
　일본─ 415, 426, 463, 465, 467, 498, 614~15, 626, 630, 647~48, 650, 653~54, 710, 781
　초─ 136
제국주의자 285, 592~93, 647, 707

제1인터내셔널 46, 86
제1차 세계대전 52, 65, 67, 99~100, 136, 299, 317~18, 335~37, 339~40, 353, 358, 366, 371, 378, 407, 421~22, 433, 452, 639, 701, 703
제1차 인도차이나 전쟁 715~16
제24차 국제정치학회 109
제2차 세계대전 137, 155, 164, 166, 195, 214, 229~30, 253, 262, 297, 300, 310, 313, 316~17, 340, 350, 358, 360, 364, 449, 473, 525, 553, 556, 618, 641, 658, 713, 728, 762, 783
제2차 인도차이나 전쟁 719~21
제2혁명 391, 401, 403, 406
제3혁명 407~409
제네바회담 718~19, 728
제정러시아 47, 58~60, 62, 67, 72, 80~81, 84, 88, 94, 97, 100, 111, 157~58, 185, 223~26, 228~29, 337, 389, 411, 674, 676~77, 750
제제운동帝制運動 408~409
제한주권론 327
조선공산당 775, 804
조선로동당 54, 240, 304, 502, 804
조정정책 508
조합평의회(효기카이) 769
종이 위에서의 혁명 108
주체사상 54, 805
중국공산당 119, 217, 230, 263, 304, 306, 311~12, 385, 405, 412~13, 416~17, 432, 434~48, 450, 453~73, 477~80, 482, 485~488, 490, 495~503, 505~506, 508~10, 513~15, 518, 520~29, 531~33, 535~36, 539, 542~44, 546~47, 549,

553~59, 563~69, 571, 574~80, 582~83, 585, 587~90, 593~98, 601, 604, 607~608, 610, 613~14, 617, 619, 622~31, 633~34, 636~43, 648~50, 652~53, 656~59, 661, 705, 710, 712, 717, 783~84, 786~87, 789~93
중국국민당 119, 217, 385, 402~404, 410, 412~17, 425, 434, 438~42, 445, 454~55, 458, 463~69, 495, 500, 524~27, 529, 531~32, 540, 543, 556~58, 589~91, 596, 615~17, 619, 621~22, 624, 626~27, 630~31, 633, 649, 651~53, 657~58, 661, 710~12, 715
중국인민정치협상회의 공동강령 503
중동평화협상 373
중서약국 388
중소우호동맹조약 470
중소이념분쟁 511~12, 789~90, 793
중일전쟁 442, 500, 556, 571, 783
중화민국 임시약법 399~400, 402~403
중화혁명당 403, 408, 410
지호론紙虎論 638
징강산투쟁 456, 458~59, 475, 505

ㅊ

차리즘 60~61, 65, 67, 108, 133, 138, 150
차티스트운동 40
참정권확대운동 98
창사폭동 446
처녀지개간사업 253
1956년의 헝가리혁명연구소 349
철도보호운동 398
철도파업 487

청년인터내셔널 89
청년헤겔학파 31, 39
청일전쟁 388~89, 556, 744
체카 187~88, 213
체코슬로바키아공산당 169, 235, 320~21, 326~27
체코슬로바키아공화국망명정부 320
체코슬로바키아의 강간 327
최고경제협의회 140
측천무후찬양운동 605
친독정권타도운동 368
친미외교 500
칭기즈칸복권운동 686

ㅋ

카라한선언 411
캄푸치아공산당 734~35, 741
캠프 데이비드의 정신 237
K-K 협력시대 237
코리아에 관한 의정서 248
코메콘COMECON 683
코민스테이트 145
코민테른 114, 119, 142~43, 150, 299, 302, 320, 338, 359, 361, 367~68, 379, 385, 411~13, 435, 438~39, 442~47, 456, 460~61, 487, 494~99, 522~24, 526~27, 588, 622, 629, 648, 678, 704~706, 709, 711, 758, 763~67, 769, 774~75, 777, 783~84, 786, 796
코민포름 302~304, 361, 786, 790
콤소몰Komsomol 252, 256
쿠바미사일사건 260
크렘린 월The Kremlin Wall 79

크론시타트요새 144~45
크메르 루주Khmer Rouge 727, 731~35, 737~41, 802
킬링 필드Killing Fields 727, 735~36

ㅌ

타이공산당 734
타이완공산당 776
태평양전쟁 467, 783
태평천국의 난 386~87, 584~85
테르미도르의 반동 119
테헤란회담 230, 248
톈안먼사건 543, 545~47, 549, 554, 564, 567
트로츠키주의 114~15, 127

ㅍ

파리평화협정 722, 738
파리평화회의 435
파시스트 66, 78, 300, 310, 338, 415, 654
863계획 545
8·1선언 463
8중전회 509
패배주의 65
페이비어니즘 494
평등주의 36, 56, 226, 266, 510, 629~30, 763
평화공존론 236~38
평화담판 532
평화 5원칙 504~505
포츠담회담 166, 230, 248
폭력배제의 합법주의투쟁 97
폭력혁명론 62, 96, 445, 798

폴란드공산당 358~60
폴란드노동당 359~61
폴란드사태 260
폴란드사회당 95, 361
폴란드왕국사회민주당 95
폴란드통합노동당 361~62, 364~65
프라하당대회 160
프라하의 봄 322, 325, 328~29
프랑스공산당 494, 520, 704
프랑스군정 52
프랑스혁명 35, 44, 119, 362
프랑크푸르트학파 43, 801
프로이센왕정체제 32
프롤레타리아 41, 93, 96~97, 101, 117~18, 130, 148, 601, 606, 711, 774, 778, 787
　──계급 61, 66~67, 237, 353, 433, 466, 512, 601
　──국가 101, 116~17, 606
　──국제주의 327
　──독재 139, 763, 775, 795, 797
　──의 전위대 774
　──의 혁명적 사회주의자 당 95
　──혁명 59~60, 65, 67, 83, 91, 93, 101~102, 127, 139, 337~38, 433, 454, 460, 630, 762, 795, 797
피데스FIDESZ 349
피의 일요일 64~65, 97, 111, 133
피츠버그협정 317
핑류리기의 396~97
핑진전투 532

ㅎ

하부구조-상부구조론 45

하이게이트공동묘지 27~28, 48~49, 51
한계효용론 134~35
한반도분쟁 717
한반도휴전협정 315
한소수교 289~90, 792
한소정상회담 278, 290
해방투쟁 67, 411, 678, 704
헝가리공산당 337~38, 340~41, 343, 347, 350, 353
헤겔우파 31
헤겔좌파 31
현대판 수정주의 506, 512
협박을 통한 협상 237
호국군 기의 408
호법북벌 409~10, 413
호찌민통로 731
홍방紅幇 404, 406
화이하이전투 532
황허강 기의 396~97
회오리바람 작전 346
효민공산당 765~66, 771
후링허우 579
후야오방-자오쯔양체제 542, 544
휴머니즘 42
흥중회興中會 388~89